U0947726

國家清史編纂委員會・文獻叢刊

張之洞全集

二

奏議

◎主編/趙德馨◎副主編/吴劍杰　馮天瑜

◎本册點校/周秀鸞

武漢出版社

第二册編輯説明

本册收録光緒十三年七月至光緒十八年閏六月，即張之洞出任兩廣總督、湖廣總督期間的奏章共一千零二十二件。包括底本《張文襄公全集》（北平文華齋一九二八年刊本）第二十二至三十二卷及第七十一卷中的一百零五件，另增補九百一十七件。增補各件，主要録自《光緒朝硃批奏摺》（中國第一歷史檔案館編，中華書局一九九五年版）、《宫中檔光緒朝奏摺》（臺北故宫文獻編輯委員會編，臺北故宫博物院發行，一九七三年版）和《京報》等。凡增補各件，均在目録中相應標題的上方標示圓圈，并隨文分别注明出處。

本册由周秀鸞負責點校整理。增補的文獻主要由周秀鸞、趙德馨、班耀波搜集，參加搜集文獻的還有周軍、尤小文、黎浩、王秀蘭、李慶珠、吴光全、蕭建忠、王聖奇、羅美香、趙華麗。

第二册目録

奏議 光緒十三年七月至光緒十八年閏六月

光緒十三年

光緒十四年

光緒十五年

光緒十六年

光緒十七年

光緒十三年

勘界完竣備陳歷年辦理情形摺[一] 光緒十三年七月初四日

竊自光緒十一年七月，臣承修恭膺簡命循驛出關。臣之洞、臣秉衡等欽奉諭旨會同辦理。十月間臣承修至鎮南關會同臣秉衡，與法國使吏浦理燮執據津約，反覆晰辯。因該使再三堅執，延至十二年二月，春深瘴起，經該國使臣電請駐京公使商由總理衙門奏准，暫行停勘。其時臣承修、臣秉衡僅會同該使，由鎮南關起勘，東至隘店，隘西至平而關，計程三百餘里。雖其中如邱契山紅門隘以及關前各要地稍有展拓，而辦理窒礙情形屢經專電祇陳，并於臣承修秋末起勘摺内詳細具奏。由驛遞回原摺，後開軍機大臣奉旨：知道了。欽此。

十月間，臣承修復帶同隨同辦理勘界道員暨司員等先後馳赴東興。適因越境海寧生事，法國改派使臣狄隆遷延不進。臣之洞於十一月二十七日欽奉十一月初八日寄諭，當經恭録，飛咨臣承修欽遵。並隨時電致臣承修，暨電飭沿邊地方文武、防營將弁懍遵指示，機宜辦理，約束兵勇，鎮静防範，不准越界生事，嚴禁流軍游匪藉端闌入。

十二月初三日接總理衙門電稱：該使已電請駐京公使恭斯當向署商懇，照雲南按圖劃界，當經奉奏俞允等語。狄隆旋亦到界，與臣承修等往還會議。查東界與西界情形不同，西界則居民鮮少，辨認較易。東界華越交錯，歸變邊氓多被法人殘虐。又皆實係華民，深恐淪于異域，於是扶老携幼紛紛内徙。遠者逃至欽廉，近者棲彌原野，日環使館，朝夕嘑號者以數千計。加以奸民游勇乘間麕集界上，謠訛四起，一夕數驚。此際激之則變生，聽之則不忍。若不妥籌安插，設或鋌而走險，必致多生枝節，上勞宸廑。當由臣之洞立即籌措卹邊經費銀一萬兩，馳解東興。飭令道員王之春、北海鎮總兵王孝祺、欽州知州李受彤，採得竹山一帶海灘官地二十餘里，築成圍堤，以工代賑，營勇合作。一則爲目前糊口之資，一則爲日後墾田之計。復歷次電飭地方官，百計彈壓開諭，總令静候勘定，不准稍生事端。并籌撥經費於東興街上趕造屋舍、舖户數百餘間，棲止流民，兼徠商賈。邊氓感戴皇仁，漸有生理，民情稍就安帖。

復經欽奉本年正月十五日電旨：嗣後分界大臣除中國現界不得絲毫假借外，其向在越界華離交錯處所，或歸於我，或歸於彼，均與和平商酌，即時定議，不必歸入請示。凡越界中無益于我者，與雖有前代證據而今已久淪越地者，均不必强争。無論新舊各界，一經分定，一律校圖畫綫，使目前各有遵守，總期速勘速了，免至别生枝節。等因。欽此。臣等均即欽遵商辦。當即由電覆奏。

臣大澂去年奉命撫粤以後，即經臣之洞鈔録奏案，委員賫至上海迎交，籌商辦法。抵粤後亦經隨時會同電商，並飭地方官妥籌安輯。臣秉衡委原派查界之文武兩員，賫帶圖證，隨駐東興，

[一] 以下二件録自抄本《張文襄公電稿》。

以備詢考辨析。復隨時與臣承修函電往來商酌定議。至臣承修與法使計會議十七次，持至十三年三月，該使始允將欽州西界之嘉隆、八莊、不要地、十萬山以及分茅嶺等處，劃歸於我。

查分茅嶺距欽州三百六十餘里，與輿圖志乘所載道里遠近脗合。其山後連北侖，前抵嘉隆，跨地甚廣。最高之嶺横亘特出，中高旁低，即所謂分茅嶺，亦名仗儀嶺。北六里有南碑村，舊傳有碑蹟。嶺東二里爲考邦隘，有伏波廟舊址現存。此嶺特高而多茅，嶺面開平數十畝，西南俯峒中平寮新安，東北關障重重，爲八莊門户。板蒙、康歷等十五村環嶺而處，地饒民悍，軍械最多。若不收歸我境，將來屯聚勾結，無論擾華擾越，皆爲邊患。經派員親往體察履勘，隘口極爲險要。其嶺脊爲諸水分流之所，東北一支名歷儀，水經八莊、北侖、嘉隆、那良，流二百七十餘里，爲古森河山東興入海。西南一支，出板興，匯坤琅水，經峒中平寮，流百餘里入越南新安州之新安江。此嶺之西分界似屬明顯清晰，法使屢次反覆，折辯半月而始定，遂將廣東界，東起竹山，西訖板興至峒中之北三里，廣西界，東起派遷山，西訖各達村接滇界，即日繪圖書約，彼此畫押，先後連銜電奏各在案。此廣西全界，廣東、欽州兩界，歷年辦理之詳細情形也。

至白龍尾一處，本無游移。江平、黄竹等處插入内地，阻我興汛。後路又梗我珍珠墩海口。在我則利害切近，而在彼則欲含混久居。惟外議經時，迄難就緒。二月間，接總理衙門電稱：恭斯當執伊外部電請，由伊與署商辦。經欽派王大臣與該使會商辯論白龍尾一處，並據伊外部圖，力争向屬中國，决無游移。筆舌操縱，相持三月之久。臣承修亦即派員赴京，將各該處輿圖並法圖所刊圖賚署備考。

四月間奉電旨：界事即日立約，鄧承修等准其暫回欽州。五月初八日復奉電旨：界務續立條約已派王大臣與法使畫押，應行設立界碑事宜，由地方會同駐越法員辦理。鄧承修著即馳驛回京。欽此。臣承修遵即率同各員等，由欽州取道南寧，乘船東下。二十八日抵廣州，接臣之洞轉咨總理衙門奏准咨行摺稿、抄約各件。摺内開：白龍尾及江平、黄竹一帶地方，均歸中國管轄。條約内載紅綫向南接畫越界茶古社以東，海中各島均歸中國等語。六月十七日委員馬復賁回總理衙門，遵旨發交照繪欽州海界圖，照録條約各件。臣等恭同校閲無異，即飭繪員遵依圖綫，合併欽州西界、廣西全界各圖，總繪全圖，清繕全約，恭呈御覽。

至先後畫押圖約，統咨送總理衙門，由總理衙門進呈。計廣東欽州界州之西境分茅嶺、嘉隆、八莊一帶，展界至嘉隆河，南北計一百數十里，東西三百餘里。州西南境江平、黄竹一帶，由思勒高嶺以南，展界至海，南北計四十餘里，南西六十餘里。廣西全邊界址迆長而曲，依尺截計中路鎮南關左右一段，於山形險要逼近處所，皆有展拓收入。其東界，舊在米强山，今拓至派遷山，計展五十餘里。西界水口關至俸俸村隘，其地爲龍州後脊，展界約二十里。由此斜綫迆西北行，接於滇界，凡村莊參差曲折之處，一律收入。均計展寬一二十里至四五十里不等，皆係有關邊防形勢之區。凡兹寸天尺地之來歸，無非禹甸周原之舊壤。皇猷聖澤，覃被遐荒，臣等仰稟宸謨，尤深欽悚。

臣之洞、臣大澂、臣秉衡於六月内，先後欽奉五月初十日寄諭：江平、黄竹向爲華民聚居，白龍尾地主歲祇巡哨一次。此後各該處善後事宜，應如何設官分汛妥籌布置，該督撫務當悉心會商，奏明辦理。等因。欽此。以後設立界牌，安設防汛諸事宜，臣之洞等自當會同督飭地方文武，詳細籌辦，另行陳奏。臣承修於拜摺後，即當率同司員供事等，遵旨北上。隨同辦理之廣東督糧道署高廉道王之春，即日銷差。

所有界務完竣歷年辦理情形、進呈圖約各緣由，理合會同恭摺具陳，伏祈皇太后、皇上聖鑒。

該衙門知道。單二件併發。

隨同出關勘界各員擇尤保獎片 光緒十三年七月初四日

再，此次隨同出關勘界各員，參酌機宜，奔馳瘴域，跋履險難，輾轉三年，始終其事，不無微勞。除道員李興鋭已經奉旨召用外，查有隨同辦理之二品銜廣東督粮道克魯巴圖魯王元春，體用兼賅，熟悉洋情，臨事決機，善能操縱。此次海寧變起，該道雍容坐鎮，甚洽輿情，洵爲兼司中不可多得之員。可否請旨送部帶領引見。

司員現任起居注主事楊宜治，才識淹雅，明干有爲。前派往十萬山、分茅嶺等處密勘輿地，稽考精詳。該員在總理衙門行走已及四年，應由衙門照章保升户、刑二部員外郎。此次出關始終勤慎。又，同知銜遇缺即選知縣廖錫恩，志識堅定，思慮周詳，曾充外洋領事官，留心時務。此次辦理交涉，悉臻妥愜。楊宜治、廖錫恩兩員應如何優加獎勵之處，臣等未敢擅擬，出自逾格鴻慈。

其餘繪圖人員、繙譯、供事等，跋涉瘴鄉時歷三年。於交涉事件，均能經理周妥。其東、西兩省派來員弁，或叠次履勘荒險事辭，或帶兵護送彈壓游匪，均屬久歷烟瘴，勤慎艱辛。擬請援照歷來勘界成案，請旨擇尤保獎，以昭激勸。如蒙俞允，再由臣等會同酌核，奏懇恩施。是否有當，伏乞聖鑒。

旨：另有旨。

粤省併征洋藥釐金應照奏案原數撥還洋款請飭催撥解以歸墊款摺 光緒十三年（八月初三日）[七月初七日]

竊查廣東辦理海防，先後四次息借匯豐洋款銀五百萬兩有奇，訂明分年分期歸還，計每年應還本息銀[自]七十餘萬（兩）至八九十萬不等。先經奏准將本省商包洋藥釐捐八十萬兩，專作歸還前借洋款本息之需。嗣因奉行新章，洋藥税釐併征，統歸税務司辦理，即據原辦包釐商人於本年正月内奏請，遵照新章，由各關彙收。並經臣之洞於正月内奏請，查照原案在於廣東洋關(及)[暨]六廠征收洋藥項下，照商人包定原數，每年劃[出]藥釐銀八十萬兩，按月匀解藩庫兑收，作爲歸還本省洋款專需。已准總理衙門、户部會同議覆，所奏歸還該省息借洋款，自係要需，應准届期暫由海關洋藥釐税内提撥應付等因。咨行遵照在案。

兹據廣東布政使高崇基會同海防善後局司道詳稱，查本年應還本省息借洋款共銀七十七萬九千二百餘兩，近年鎊價增昂，爲數尚不止此。從前商辦包釐，按月解庫備支，遇有期迫款鉅之時，仍可提前催繳。今[自]改歸税司開辦以後，數月之久，未據解到絲毫。前經電請總理衙門飭催，奉准電復，税司已收有銀十二萬兩，飭令提撥九萬兩。現又奉准户部咨，在於前次撥賸並新收藥釐項下提撥銀九萬餘兩各等因。即使如數撥解，已屬不敷甚鉅，乃卒之屢次電函往復，久未撥解［到司。直］至六月二十日，始准粵海關轉解［到］紋銀一十一萬九千四百餘兩。還期又近，所短仍多，以此類推，以後收數固未必驟豐，解期亦不能甚早。現計本年自正月以至六月，共五期，應還洋款本息連不敷鎊價共銀六十八萬九千餘兩。因藥釐未據解到，洋款陸續屆期，萬不得已，將司局各庫要款先行騰挪墊付，所有本省應支兵餉、勇粮，及擬解京協餉、旗營加餉、東北防費，暨新例捐輸項下認解海軍衙門銀十萬兩，皆已移緩就急，挪墊一空。轉瞬八月十四屆期，又應籌還洋款銀十餘萬兩，實屬挪無可挪，墊無可墊。竊思廣東庫項正當窘絀之時，洋款一項，本係指定藥釐歸還，此乃粵省舊有之款，户部議准之案，今驟少此大宗的款，憑何支（付）［拄］。目下兵勇粮餉急待補發，京協各餉屢奉檄催，若再（遲）［遷］延，則各營有譁潰之虞，部庫及各省要餉有延誤之咎。洋款屆期不能再墊，更有失信遠人，扣抵關税之慮。且税務司若本年不能解足八十萬兩，則本省挪墊之要需，未付之洋款，皆無從籌措。一有貽誤，關係匪輕，日夜焦思，不知所以爲計。合將本省支絀迫切情形及已墊未墊洋款數目，切實聲明，詳請奏咨飭催前來。

臣等覆核無異，相應請旨敕下總理衙門、户部飭催該洋關趕緊照數撥解，以憑撥還墊款，支解要需，及備還八月一期洋款之用。且每年藥釐八十萬兩，本係粵省竭力籌維，勸諭包辦商人已經辦足之數，［去年即已全數繳清，並非併徵改章後加收之款。］今雖改歸税司經理，户部自應仍照原數撥還，方無窒礙。如該洋關收數無多，其應如何另籌的款抵還之處，並請飭部速行議覆遵辦，以免貽誤。

（硃批）户部速議具奏。（欽此）［一］

彙奏請襲世職摺［二］

光緒十三年七月二十八日

竊准兵部咨，同治元年二月十六日奉上諭：嗣後陣亡殉難各員子孫承襲世職，著兵部行文各該督撫轉飭各州縣，將應襲職名，迅速查取，徑行具報，毋庸由府司轉詳。等因。欽此。又准兵部咨，襲職發標人員名數孔多，查册結宗圖已到人員各案襲職發標，三月彙奏一次等因。同治二年正月二十五日奉旨：依議。欽此。又准兵部咨，嗣後請襲世職應於文册内聲明於何年月日及在何處陣亡殉難，並議給世職奉旨日期，逐一詳細報明，毋得遺漏各等因。均經轉行遵照在案。

兹查光緒十三年夏季分，據嘉應州詳送請襲雲騎尉楊文昭，陸豐縣詳送請襲恩騎尉劉育才，均年已及歲，請襲職發標。聲明劉育才生長海濱，熟悉水性，情願改用外海水師。經臣逐一驗明，均堪發標學習。又據番禺縣詳稱廕生嚴紫柏年未及歲，請襲雲騎尉世職等情前來。伏查定例承襲世職，令嫡長、嫡次、庶出子孫承襲。又承襲雲騎尉、恩騎尉世職，年已及歲免其送部，令該督撫驗看具題。俟題准後，就近發標學習，支食全俸。雲騎尉扣至三年期滿，恩騎尉扣至五年期滿，出具考語給咨送部引見。又雲騎尉、恩騎尉有願改外海水師者，於發標學習時，預先呈明，分派外海水師各營，隨同出洋巡哨。雲騎尉扣滿三年，恩騎尉扣滿五年，如果明習水師，取具該管鎮將保結送部引見，以分發到營

［一］以上衍、脱、舛十一處及具奏日期，均據中華書局一九九五年版《光緒朝硃批奏摺》第八一輯第四七八至四七九頁删、補、校正。

［二］以下二件録自中國第一歷史檔案館編《光緒朝硃批奏摺》第三九輯，第八五五至八五八頁，中華書局一九九五年版。

之日爲始，統限五年期滿，輪缺補用。又緑營陣亡官員議給世職應行承襲人員，令該督撫查明，如年未及歲者，先將宗圖册結具題請襲，俟奉旨准襲後，給予半俸各等語。

今請襲雲騎尉楊文昭，請襲恩騎尉劉育才，均年已及歲，請襲職發標，劉育才並請改用外海水師，廕生嚴紫柏年未及歲請襲雲騎尉世職，均核與定例相符。相應彙列案由繕具清單恭呈御覽，請旨敕部核覆，將楊文昭、劉育才二員發標學習，支食全俸。楊文昭仍照例扣滿三年，劉育才扣滿五年，出具考語給咨送部引見。嚴紫柏自准襲之日起給予半俸，俟及歲時照例考驗辦理。除將各該員親供宗圖履歷册結咨送部科查核外，臣謹恭摺具奏，伏祈皇太后、皇上聖鑒。

兵部議奏。單併發。

請將李起高從優議卹片光緒十三年七月二十八日

再，前廣西左江鎮總兵李起高，經前督臣張樹聲於光緒九年奏派在廉州原籍會同提督馮子材，辦理高、廉、雷、瓊各府鄉團，奉旨允准在案。茲准馮子材咨稱，該鎮李起高以積勞過甚，傷病舉發，於本年六月十四日在防病故。查李起高廣東合浦縣人，由行伍洊保藍翎把總，咸豐三年管帶紅單戰船，隨同提督吴全美轉戰大江南北，疊挫凶鋒，歷保遊擊花翎。蒙恩賞給奬武金牌。八年進攻秣陵關，當先陷陣，力戰克之。同治二年奏派統領揚字營礮船，時值楚軍圍攻江甯正急，南北兩岸賊踪飄忽，該鎮沿江遏截大小數十戰，力却援寇，吴全美倚之如左右手。先後蒙恩簡放蘇松鎮總兵，調補廣西左江鎮總兵，賞給力勇巴圖魯名號，加提督銜，賞換阿克敦巴圖魯名號。光緒三年在左江鎮任内因病開缺。九年奏派辦團，時邊事孔亟，馮子材由欽統師援勦越南團防，專責於該鎮欽廉接壤越南水陸兼防，該鎮會同署廉州府李璲，悉心布置，籌捐經費鉅萬，創抽練輪操之法，聯絡軍民，聲勢甚壯。十一年法船封口往來北海窺探量水時，向海口礮臺轟擊，礮彈落岸多次，該鎮與署高州鎮總兵梁正源，管帶潮普勇遊擊方沿督率營團，堅持不動。敵知有備，不敢輕發。旋因勘界事起，難民充斥邊境，該鎮督團巡緝，彈壓地方，屢獲巨盜，閭閻賴以安堵。今夏界務甫定，而該鎮遽以積勞觸發傷病，在防次病故。請援照軍營立功後積勞病故例奏請賜卹，並將戰功事蹟宣付史館立傳等情。飭據廣東海防善後局司道造具該故鎮戰功事實、履歷清册詳請具奏前來。臣等查已故左江鎮總兵李起高，前隨提督吴全美統帶舟師轉戰長江，功績卓著，在籍辦團，保全桑梓，積受勞傷，遽致在防病故，悼惜殊深。合無仰懇天恩俯准飭部將該故鎮李起高，照軍營立功後病故例，從優議卹，並將戰功事蹟宣付國史館立傳，以彰勞勩。

李起高著照軍營立功後病故例從優議卹。餘依議。該衙門知道。

籌解粵海關第二批京餉等款銀兩摺[一]

光緒十三年七月二十八日

竊照光緒十三年分京餉，户部奏撥粵海關洋税銀十萬兩，新

[一] 録自中國第一歷史檔案館編《光緒朝硃批奏摺》第八六輯，第二九〇至二九一頁，中華書局一九九五年版。

增盈餘銀六萬兩。又是年東北邊防經費奏撥粵海關六成洋税銀十二萬兩，又京官津貼現准户部咨改爲加復俸餉，粵海關每年應解銀四萬兩。又各關應解抵閩京餉改爲加放俸餉案内，粵海關四成洋税每結提銀六千兩。又内務府廣儲司公用每年額撥粵海關税銀三十萬兩，例分四季起解。以上各款銀兩，均應趕緊籌解，以濟要需。查粵海關節次起解部庫各款銀兩，向由西商先行借墊，勢難起解現銀。光緒十年四月間奏准仍交商匯兑在案。茲光緒十三年分第二批京餉等款銀兩，經向西商志成信銀號借銀一十萬四千八百二十兩先行墊解，隨後由税收歸還，以資周轉。飭據廣東布政使高崇基遴委試用鹽庫大使興義、候補縣丞崇貴，領解光緒十三年分第二批京餉銀五千兩，另加平銀七十五兩，飯銀一百四十五兩，又東北邊防經費銀一萬兩，又加復俸餉銀五千兩，又部撥加放俸餉銀六千兩，又光緒十三年夏季分廣儲司公用銀七萬五千兩，另加平銀一千一百二十五兩，新增歸公加平銀一千八百七十五兩，抬費用項銀六百兩，統共銀一十萬四千八百二十兩。飭令該委員等領齎匯單文批，於光緒十三年六月初四日起程，附搭海輪進京，前赴户部、内務府分別報到，聽傳交納，以期妥速。除分咨查照兑收外，臣等謹合詞恭摺具陳，伏祈皇太后、皇上聖鑒。

該衙門知道。

再陳澳界膠葛立約必宜緩定摺并清單　光緒十三年七月二十八日

竊惟中國與葡萄牙議立新約一事，臣於三月内承准總理各國事務衙門來咨，當經臣暨撫臣吴大澂各抒所見，奏請從緩定約。奉硃批：該衙門知道。欽此。六月間疊准總署來電，查詢澳地關閘以内華民詞訟案件，是否仍歸地方官審理，旺厦村等處田糧每年實徵若干，歸葡人收租者若干等因。當經密委廣州府知府孫楫、候補知府富純、署香山縣知縣張文翰、前署香山縣知縣蕭丙堃、候補知縣蔡國楨等分別確查，旋據查明七村訟案、錢糧，仍歸香山縣管理。并查明洋藥來華分運，實與澳門無涉。業經據禀電復，並分別咨達函達總署商辦在案。

撫臣於七月十六、七、八等日親赴澳門水陸一帶履勘，目擊情形，旋省後與臣反覆籌商。大率澳門一帶，有葡人原租之界，有三十餘年久居之界，有十餘年來新占之界，有近數年圖占未得之界，區别甚多，實非一致。現當立約之際，彼必將含混貪求，若使稍不詳審，則遠慮近憂，處處棘手。除前奏所陳可慮七條之外，敬敢縷晰，再爲我皇太后、皇上陳之。

查旺厦一村，歲完糧銀、糧米共銀三十餘兩，其餘沙岡、新橋、沙梨頭、龍環、龍田、塔石等六村，依山而居，並無田糧。葡人先於各處强設路燈，藉收燈費，漸向各村强編門牌，勒收地租，旺厦村全不交納，龍環、塔石兩村不繳者十之六。至詞訟案件，其口角錢債細故，或由葡人就近處理，若人命重案，仍歸香山縣控告辦理，甚至圍墻以内遇有重案，往往由洋官照會香山縣歸案審辦，此皆咸豐、同治、光緒年間之案，均有案牘可稽。是澳門一島墻内土地、人民，歷年並未專歸葡人管轄，墻外可知。屢次紳民呈詞，深以入洋籍、輸夷賦爲恥，情詞憤激，不約而同。上年葡人勒收租鈔，旺厦村民鳴鑼拒之，立即遁去。强者固抗不完交，弱者亦從違各半。此次撫臣到澳接見各村各島居民，男婦老幼萬餘人，相率環觀，咸頌皇仁，歡呼感泣。察此情形，若明歸葡屬，各村各島斷不甘心。此民不服葡，一也。

關閘乃前明所設，以其地勢險仄，設守於此，國朝因之。［關閘］以南圍墻以北七村，仍是我疆，並非將閘南之地皆予葡人。道光季年以來，逐漸混占，修路、築臺，直抵關閘。且藉設燈救火諸事，勒向海中諸島收繳燈費、地租。建造洋房數間於大拔島迤西之山尾，當十字門內築一（墩）［礮］臺。又至澳西隔海灣仔、銀坑等處勒收船租、地租，民拒不繳。今若立約，彼必將關閘內七村及潭仔、過路環諸島攘爲己有，甚至隔海灣仔、銀坑一帶皆生希冀，此貪得無厭，二也。

澳門之南，山島對列內外兩重，名爲十字門。內重左山名大拔島，其有村落可泊船處名潭仔，右山名小横琴島。外重左山名九澳，右山名大横琴島，其有村落處名過路環，其島大於澳門六倍。潭仔居民約二百户，漁船極多，丁口四千餘。過路環居民約百（餘）［户］，丁口二千餘，餘兩島居人甚少。查高、廉、雷、瓊四府民船來往之路，正在澳門之南，潭仔、過路環之北。其過路環之外，即係大洋輪船可行，民船難行。若澳門屬葡，［彼必兼索兩島。兩島屬葡，］則粤省西四府民船皆須穿過葡境，是將西路自行阻塞。此海道有礙，三也。

澳門北面陸路一綫，與內地相連，長約二里，寬僅百步，名曰蓮花莖，恰肖其形，關閘即扼其上。葡人久蓄詭謀，欲將蓮花莖西面一帶填平，直接前山寨同知治所。岸外，計向澳門西北展出之地，長約九里半，寬約二里半。如此則所占更出關閘以外，不惟貪妄無理，而且險要全失。此次撫臣到彼，税司法來格呈出一圖，畫有紅綫，縱横數十道，皆葡人現擬填占之界，實可駭異。此奪我險要，四也。

朝廷所以允以澳予葡者，爲其協查洋藥税釐也。今據委員等確查禀稱，洋藥自海外入中華，皆徑到香港，分運各口，從無徑運澳門卸貨之船，是稽查之關鍵在港不在澳。葡人即包攬走私，澳門一隅所銷有限，尚可於澳外水陸兩途分防嚴緝。查英國助我稽查洋藥，現屬試辦，並非一定不易之法。萬一三數年後章程［變］改（變），香港不能嚴查，澳更無能爲功。此得之無名，五也。

不惟此也，税司法來格向委員知府蔡錫勇言，現因潭仔、過路環兩處及十字門一帶海面，葡人妄謂係葡之海界，以致我之緝私諸多不便等語。現在已經妄占作梗，若立約屬葡，其阻礙自必更甚，不惟洋盜、鹽梟、內地出洋各匪，無從捕截，即以洋藥論，不惟無益於緝私，而且正有害於緝私。此求益反損，六也。

英國圖澳之意已久，嘉慶十三年，曾有兵船占据澳門礮臺，謀奪葡利之案，經奉旨用兵驅逐而後去，英得香港後，此意乃息。今若以澳予葡，他國已難免覬覦，且此議倡自英人，恐英尤必設法攘之。查葡欠外國借款現已五千三百餘萬鎊，將來或折債抵换，或通融借用，俱在意中。港澳通連，水陸受敵，粤省海防，何堪設想。此徒資强敵，七也。

從前商口未開，洋舶入華，皆在澳門停泊，葡人獨據互市之利，故有奏准設立商船二十五隻。自英得香港，立爲馬頭，澳門貿易頓減，商船並無一存。租界內之洋房，大半現皆賣與華紳、華商爲業。近數年澳門既失闈姓之利，葡人益形貧窘，每年入不敷出，養兵止四百名，各臺皆係前膛舊礮，經費猶患不足。於是勒索附近華民鈔費、華船漁租，民多不從。若視爲屬地，强行制縛苛斂，旺厦諸村及潭仔諸島居民累萬，必與葡人爲難，葡人必受重創，一經決裂，轉難收拾。此別生枝節，八也。

伏查澳門一區，久爲粤省肘腋之患。自道光、咸豐以來，洋務紛紜，内患未靖，無暇議及，彼遂蒙混多占，得步進步，乃歷來無人禁制，非果葡之强盛不能禁制也。臣到粤後，即首將闈姓之利收回。上年春間，臣據旺厦村紳民呈稟，即經密札印委各員疊次密查，一面照會葡官禁阻，一面繪具地圖，考核葡人虚實，兵食、商務情形，並每年粤省接濟澳門米穀若干，經由（何）［河］道，以爲清理防遏之計。並於紫泥關設卡稽查走私蠶繭，以免土絲之利歸入澳門，疊經咨關行司飭局籌議有案。然非籌定辦法，奏奉諭旨，不敢輕易發難。其時以東、西兩省越邊界務未竣，未便同時並舉，擬俟越界既定，即當奏陳。先已於本年三月内咨達總署密籌辦法，嗣接到立約明文，隨即通籌利害，條列具奏。今覆加詳查，民情之憤，後患之深如彼，於藥徵之無益有害又如此，竊謂詳約總宜緩定，俟年餘後體察藥徵旺淡究竟若何，再行請旨定奪。如彼非理要求，或竟作爲罷論。

七月十三日復准總署來電，慮及此後更有侵占及轉屬他國兩節，令熟籌杜之之法。所慮誠關緊要。臣熟加籌度，若杜絶侵占一節，其圍墻以外、關閘以内葡人所有已成之馬路、洋墳、花園，似可聽其自然，不必拆毁。至於墻外閘内之兵房、礮臺，如能收回固善，即聽其存留亦尚無大礙。至於七村民居、民田，總當劃清界址，竪立碑石。已占者仍作爲租界，既經免其租銀，或作爲借居之界，未占者作爲官界，不得踰越。其澳門本島以外之潭仔、過路環兩處，必與理論。雖有修成礮臺、洋房、石路、塔燈等工，或酌給修費與之贖回，或已占者准其暫行租居，酌定年限。獨近逼潭仔、正當十字門之礮臺，必應歸我，未占者，我亦安營設汛，以資鈐制。應俟臨時相機妥籌，斷不容其占有諸島。其灣仔、銀坑一帶，與澳隔海，與香山縣土地相連，斷不准其覬覦。至蓮花莖以西填地，遠過關閘直接前山之詭謀，則豫爲揭明禁止，絶其妄想。青洲一墩，自前明已建洋寺，爲地甚小，應議明不准填地連接。總之，除原租圍墻以内之地，仍舊聽其居住外，已侵占者明示限制，察其於我有無大礙，分别租給、收回。未侵占者力爲劃清，嚴加防範。其海面按照公法，與之議明，不容擅占。以後只須責成地方文武隨時認真稽查，［並］派兵輪常往巡哨，督撫提臣每季一巡，即不致再有侵占。儻蒙朝廷主持，總署定之於内，疆臣必當守之於外。即如俄、法强國，邊界既經勘定，亦必期永遠循守，何况於葡。蓋清理從前之侵占，則須分别酌辦，若杜絶以後之再加侵占，粤省之力尚可辦到，亦斷不至因此致生衅端者也。

至轉屬他國一節，既已屬葡，則彼可自主，若仍爲華地，即與沿海各省地面無異，中國威力遠勝葡人，他國非有意外開衅，決不能憑空盗據。似可布告各國，聲明免其租銀，借與永遠居住，以示地主有屬。譬如賃屋假館之客，固不敢轉贈他人，即他人亦不能强行估買，防維較易爲力。若既已正推解之名，又欲施控制之計，竊恐更費周折矣。是欲杜轉屬之弊，尚不如仍舊之爲愈也。總之，澳無田地，其米糧皆係由香山縣石岐等處接濟，並違禁私運出洋，澳販恃爲大利，若米船數日不到，立形困窘。葡無商利，專恃勒抽華民以資用度，入不敷出，每年僅解繳該國銀二萬餘兩，已形竭蹶。葡無駐澳兵船，僅有租來他國兵船一號，泊於海中，餘有小巡輪數隻而已。其陸路礮舊兵單，迴非他國洋兵之比。以彼貧弱如此，我並不加驅逐，彼原租者聽其安居，久占者量加區別，新占者設法清理，未占者明文杜絶。彼方當深感聖朝怙冒之仁，斷不至與中國啓衅。

竊惟此次釐徵改章，赫德所自任者，不過歲增二百萬，澳門一路，協助之益已屬無多，若澳爲葡有，已屬得不償失，況協助未必得力乎。至總署來電，慮及葡使坐待一節。該使之意，蓋恐非常之惠，遲則生悔，又恐中國察知洋藥之效，於彼無功，則事將中變，以故亟於請盟。彼利在急，則我利在緩。可知煙臺之約，遲十年而後行，澳門之約，豈能責我數月而遽定。伏望聖明垂察，將臣前奏并此次所奏各節，敕下總理衙門妥籌詳議，緩與立約，免致民情梗阻，別生枝節，粵省幸甚。

（硃批）該衙門知道。單、圖併發。（欽此）〔一〕

謹將澳門詞訟案由、錢糧數目、葡人租銀人數，敬繕清單，恭呈御覽。

計開

詞訟。

一、咸豐十一年十月，西洋理事官獲解致死鄒亞倖兇犯陸亞邦，移請審辦一案。

一、同治元年七月，西洋理事官獲解致死有孕媳婦及孫二命兇犯冼開和，移請審辦一案。

又，西洋理事官獲解將其養女推壓入海淹斃犯婦樊蘇氏，移請審辦一案。

一、光緒八年十月，黄祺呈控吴逐如貪租背約一案。

又，梁騰芳呈控蕭啓琛抄搶貨物一案。

一、光緒十二年八月，吴逢昌呈控郭宏章串夷抄搶一案。

又，黄朝輝呈控何怡翰私頂串跳一案。

田糧。

一、仁一圖末甲，僧建城，共税三頃七十七畝八分五釐一毫，内税一頃五畝在望厦村，餘在界涌左右。額征銀一十二兩三錢三分，米一石八斗六升八合。

又，僧慶壽共税六畝三分零九毫，額征銀二錢八分，米三升三合。

一、番一圖末甲，張保和共税七十五畝零二釐二毫，内税三十餘畝在望厦村。額征銀一兩零四分，米一斗一升八合，補升銀一兩五錢六分，米六斗一升四合。

又，胡徐亮共税三十六畝一分九釐一毫，額征銀一兩零八分，米一斗四升。

一、良二圖八甲，李承蔭共税五十五畝零二釐五毫，俱在望厦村。額征銀一兩六錢二分，米一斗五升二合。

一、良五圖一甲，沈大任共税三十八畝二分九釐，額征銀一兩二錢五分，米一斗八升。

一、良七圖四甲，何大昌共税一頃四十二畝三分九釐九毫，額征銀三兩六錢八分，米四斗四升八合。

以上七柱，共征銀二十二兩八錢四分，米三石五斗五升三合，銀米合計共銀三十餘兩。

一、望厦村舖户、民居、篷屋大小四百餘間，壯丁千餘人，田四頃零，不繳租鈔。此外各村概無田畝。

〔一〕以上衍、脱、舛九處，均據中華書局一九九五年版《光緒朝硃批奏摺》第一一二輯第五六五至五七〇頁删、補、校正。

一、龍田村鋪户、民居大小七八十家，壯丁百餘人，龍環村鋪户、民居大小三四十家，壯丁七八十人，約半繳租鈔，每户自半元起至三元止不等。

一、水坑尾除進教圍外鋪户、民居、篷屋七十餘家，壯丁二三十人，搭石村除進教圍外鋪户、民居、篷屋四五十家，壯丁七八十人，每年約繳公鈔及街燈費共銀三百元。

一、沙梨頭村鋪户二十餘家，民居三百餘家，壯丁四五百人，每年約繳公鈔及緑衣、街燈等費共銀一千餘元。

一、沙岡村鋪户、船廠、灰爐六十餘家，篷屋三百餘家，每年約繳公鈔及緑衣、街燈等費共銀一千餘元。

一、新橋村鋪户二十餘家，民居二百餘家，壯丁二三百人，每年約繳公鈔及緑衣、街燈等費共銀一千餘元。

一、三巴門外石墻街鋪户三十餘家，民居一百餘家，每年約繳公鈔、街燈費共銀一千餘元。

一、潭仔鋪户、船廠六十餘家，民居、篷屋一百餘家，壯丁二三千人，每年約繳緑衣、街燈等費共銀一千餘元。葡人勒收地租、丁口每人半元，遇有紅白事，又勒繳租銀，該處迄未照繳。

一、過路環鋪户、船廠四十餘家，民居百餘家，每年約繳緑衣、街燈等費共銀一千餘元，未繳租鈔。

又，潭仔、過路環約有拖船八百餘隻，每隻寄泊一次，收銀二元二角半，每年約銀二千餘元。葡人於此二處派有陸路緑衣兵三十四名，潭仔二十名，過路環十四名。又小輪渡船兩隻。

查全澳鋪户、民居並附近各村，每年約共公鈔銀二萬四千餘元，地租銀一萬二千餘元。

計澳門各村各島丁壯約八千餘人，男婦老幼約共一萬數千人。

又，查葡人不及千名，兵丁不及四百名，唐人緑衣不及百名，兵船祇一艘，另教民約二百名。

設局清查沙田酌擬章程摺并清單　光緒十三年七月二十八日

竊照廣東欽遵諭旨，查辦沙田升科，經臣之洞援照勘辦山西豐甯官荒馬廠成案，奏請敕部頒發空白沙田執照，於上年十一月間派員領齎回粤。並前准户部咨，一俟辦有端倪，即將如何設局清丈，如何預限升科，如何追繳花息，一切章程、開辦日期、委員銜名，先行報部備查等因。當經飭行妥籌舉辦去後。兹據廣東布政使高崇基會同沙田總局司道詳稱，伏查濱海沙坦爲天地自然之利，積年閲歲，子母相生，工築滋培，連阡累陌。雖經疊次查辦，大抵皆就司册之可稽者，分別籌捐，而溢坦之隱匿如故。現經奏明，仿照豐甯馬廠成案辦理，由部頒發執照一萬張來粤，民情可資鼓舞。

查廣東沙田以廣州府屬爲最多，潮州府屬亦間有之。當飭廣州府知府孫楫添派委員在省設立總局，由該司道督率該局員等詳察檔案，悉心鉤核。並在南海、番禺、香山、順德、新會、東莞等縣各設分局，遴委明幹之員，會同各該地方官及紳士於上年十一月起次第開辦。其潮屬則由會潮嘉道潮州府督飭各該縣印委紳董設局查辦。體察民情，尚無異議。惟沙坦爲利之所在，匿報者距久耕之坦，已承者利輕則之糧，富豪視蔽匿爲固然，奸棍復譸張而嘗試，查辦不慎，流弊滋多。該司道督率局員酌中定章，於腴田則按則加升，於虚税則准其報豁，於溢坦則酌減花息，以徠自首。於老沙、新沙則各議繳款，以示區分。至潮州沿海沙坦，多係鹹水，與廣州沙田腴瘠不同，尤應查照舊案，分別辦理，以示體恤。緣清丈造端宏大，需款繁多，必宜寬爲籌備，仍力求撙節，核實動支，如有盈餘、花息、加升之款，一律充餉。至頒發部照之時，新沙業户報案具存，自可飭將原領司照繳呈换給。惟老沙年分深遠，民間歷經展轉分拆售賣，畝數不免畸零，届時給照，或須稍示變通，容俟體察情形，酌量辦理。從此經界既正，各安其業，既除兼并虚税之弊，亦息搆訟械鬬之端，似於國賦民生均有裨益。

至此次查辦沙田舊案，膠葛太多，積習把持最甚，清理極爲不易。全須在事各員紳不避勞怨，一秉公平，使民間樂於從事。查山西豐甯馬廠成案，係照異常勞績奏請給予奬叙。業經奉部核准在案。此次清田益賦，事同一律，而事體紛煩，收數較鉅，其繁難則更過之。應請先行援照奏咨立案，如辦有成效，准照異常勞績請奬，以期奮勉。并將酌擬章程八條，詳請具奏前來。臣等覆核無異，除咨部並將委員銜名隨時報部備查外，所有設局清查沙田情形暨酌擬章程，理合繕具清單，恭呈御覽。

（硃批）户部議奏，單并發。（欽此）

謹將設局清查廣東沙田升科，分别繳款换照，酌擬章程八條繕具清單，恭呈御覽。

一、查勘沙田，擬飭先報後丈也。業户所有沙坦，令自赴各該縣局呈報，如有田浮於税，未經報承者，准據實自首，仍歸管業。如延不自首，即俟各業户報齊後，由委員逐段勘丈。如丈有溢坦，或經人指控，即將溢出田畝召變充公，以示懲儆。

一、首報溢坦，擬酌減花息也。業户報呈沙坦，舊章成熟已久者，上則繳銀八兩，下則六兩，草白坦三兩。乃業户以繳價過鉅，因之隱匿不行具報。現擬格外從寬，如係自首者，准將花息酌減，上則六兩，下則四兩，草白坦二兩，勘明後分別給照、定則、升科、起徵，以後不得援以爲例。

一、已升老沙，擬一律清查也。已由斥鹵加升銀米者，是名老沙，既經照番禺上則完納，本可無庸查辦。惟新沙由老沙接漲，若專辦新沙，則民間將以老沙爲影射之地，易滋蒙混。現擬統行清查，飭令呈繳契照，如畝數相符，無庸清丈者，另案核辦。若田浮於税，必須清丈方能明晰者，飭令酌繳經費，以資貼補。

一、斥則沙坦，擬分等繳款也。現完斥鹵輕則各田成熟已久，早應加升銀米，而隱匿多年，積數較鉅，若令按年追繳，業户力有未逮。查光緒七年斥鹵補升，議令每畝酌完應升銀米銀一兩，充作海防經費。現擬從寬，已繳過海防經費者，飭繳清丈經費銀五錢，未繳海防經費者，飭繳欠糧銀一兩，清丈經費銀五錢，以示均平。

一、補升田畝，擬照各縣税則辦理也。查斥鹵沙坦，年久成熟，原案皆照番禺上則補升銀米。但地土之肥瘠不同，各縣之徵收有異，若强而爲一，民情多有未便，故自嘉慶二十三年以後，續辦升科之案甚屬寥寥。現擬酌量變通，分別等則，按照各該縣税則編徵，給發部照。如有以熟作荒、以高作下者，一經查實，即照欺隱田糧律究治。惟查原領部照，當時祇有上、中兩則字樣，未經聲叙下則，體察情形，不無觀望。擬俟辦有成效，再行續請頒發下則照，以資填發。

一、原報虚税，擬概予豁除也。舊例報承沙坦，統以自首之年升科，如有坍者，題請豁免。惟業户初承報時，往往約略多報，以冀將來成熟。內有日久尚未成田者，土豪遂藉此印照虛糧，影佔新生溢坦。自經此次查辦後，所有虛稅應予一概豁除。又從前未變屯坦，其時因半係虛額，故尚有未變之稅四百餘頃，現爲日已久，其間有無成熟，亦擬一律分別查辦，均按照田畝實數填給部照，以清賦稅而杜侵佔。

一、沙田升科，擬隨時分起咨部也。各沙查清給發部照，自應全案告竣始能造册達部。惟此次清查係爲一勞永逸、清釐賦稅起見，一經查明給照，若不隨時咨部，則躭延日久，適啓業户觀望之心，現擬查照光緒七年奏准成案，隨辦隨咨。一俟業户清繳銀兩覆勘明確，填發部照，取具圖結到司，按起分別新升、加升，具詳咨部，並將照根隨送，聽候查核，以免積壓，而示民信。

一、潮屬沙坦，擬分別辦理也。潮州沿海沙坦，多係鹽水，雖築成圍基，驟難盪滌，該處居民向多圈作魚塘，不盡成田種穀。本省成案，於潮屬沙坦，間有酌捐，從未澈查，是以歷次未經議及。此次請發部照，潮屬業户聞風樂從，亦願一律查辦。現擬體察情形，量加寬減，以示體恤。

委署道缺檄飭知府暫行護理摺〔一〕

光緒十三年七月　日

竊據韶州府知府譚恩祖稟報，調署南韶連道本任高廉道益齡，於光緒十三年七月初八日因病出缺等情前來。臣等伏查南韶連道所屬地方，山海交錯，與江西、湖南兩省接界，且有管理太平關稅務之責。稽查整飭，均關緊要。所遺道篆，亟宜遴員接署。查有補用道林賀峒，講求吏治，練達精詳，堪以署理南韶連道。惟太平關兼收稅務，未可一日無員。林賀峒未到任以前，先行檄飭韶州府知府譚承祖暫時護理，以重責成。除分飭遵照並將本任高廉道益齡因病出缺恭疏題報外，所請高廉道一缺，相應請旨迅賜簡放，以重職守。所有道員因病出缺委員接署緣由，臣等謹合詞恭摺具奏，伏乞皇太后、皇上聖鑒。

另有旨。

新選知縣留省學習片

光緒十三年七月　日

再，新選臨高縣知縣張廷，於光緒十三年閏四月初六日領憑到省，應飭赴新任。惟查臨高縣地當瓊州濱海要區，現在撫勦黎匪、辦理善後，一切均極吃重。該員初膺外任，於海疆情形未能熟悉。若遽飭令赴任，恐措置未能合宜。維經接准部咨選授人員不准留省，然地方緊要，自未便稍涉拘泥。擬將新選臨高縣張廷，暫行留省學習，俾資歷練，再飭赴任。據藩、臬兩司會詳前來。臣等謹附片陳明，伏乞聖鑒訓示。

吏部知道。

籌解第三批京餉等款銀兩摺〔二〕

光緒十三年八月初二日

竊前承准軍機大臣字寄，光緒十二年十二月初二日奉上諭：

〔一〕以下二件録自《京報》第二四八八號。

〔二〕録自中國第一歷史檔案館編《光緒朝硃批奏摺》第八六輯，第三〇一至三〇二頁，中華書局一九九五年版。

户部奏豫撥來年京餉，擬在地丁、鹽課等款内指撥，著於來年開印後分批起解。另片奏，光緒十三年内務府經費擬撥廣東鹽課銀五萬兩，著於來年開印後陸續徑解内務府交納。等因。欽此。並清單一紙，内開擬撥光緒十三年分京餉廣東鹽課銀二十萬兩。當經恭録轉行欽遵籌解。

又，廣東運庫應解京餉，難以起解現銀，歷經奏明，仍行交商匯兑。兹據兩廣鹽運使英啓詳稱，奉撥光緒十三年分京餉廣東鹽課銀二十萬兩及内務府經費鹽課銀五萬兩，前經在徵收光緒十二年、十三年分省河鹽課項内籌撥銀一十三萬兩，分作本年第一、第二批京餉及内務府經費，先後匯兑解京奏報在案。兹又在徵收光緒十三年分省河鹽課項内籌銀五萬兩，並隨解一五加平飯食銀一千五百兩，作爲本年第三批京餉。又在鹽課項内籌銀一萬兩，並隨解平餘拾費等銀三百三十兩，作爲本年第三批内務府經費。合共銀六萬一千八百三十兩，飭交殷實銀號百川通、日昇昌、蔚泰厚、新泰厚、蔚長厚、元豐玖等六家承領匯兑。遴委候補縣丞彭登焜、試用巡檢吴澄生領齎匯單文批，於本年八月十三日由粤起程，附搭輪船進京，照章支取足色紋銀，分赴户部、内務府投納，詳請具奏前來。臣等覆核無異，除分咨外，理合繕摺具陳，伏祈皇太后、皇上聖鑒。

該衙門知道。

揀員借補外海水師參將摺[一]　光緒十三年八月初二日

竊前准兵部咨，廣東水師提標中軍參將缺，係外海水師題補第二輪第二缺，輪用儘先人員。經臣查明外海水師儘先參將止有梁國權、劉大榮二員，未能勝此要缺之任。選以奏留廣東差遣，以外海水師副將儘先補用黄金福奏請借補。現准兵部議覆，以黄金福保案有不符之處，由部查明另行核奬，今請借補參將，礙難核准。所遺廣東水師提標中軍參將缺，應令另揀儘先名次在前人員請補。光緒十三年六月初一日奏，奉旨：依議。欽此。等因。咨行前來。查定例，水師參將缺出，先儘籍隷他省之員揀補。又定例，各省題調武職各缺，如因員缺緊要人地相需，將不合例人員保奏，應於摺内聲明，請旨交部核覆，恭候欽定。又案准兵部咨，武職借補章程，副、參、遊借至都、守止，借補人員即在儘先班次之内各等因。廣東水師提標中軍參將，爲水師各營領袖，且駐劄虎門寨城，該處爲省城門户，現當籌辦海防善後，緝捕巡防尤關緊要，非精明幹練之員，弗克勝任。除外海水師儘先參將止有梁國權、劉大榮二員，前摺已聲明均未能勝此要缺之任，未便請補外，應仍以經部覆准註册序補之外海儘先副將借補。兹會同廣東水師提督臣方耀詳加遴選，其名次在前之黄廷耀、謝遇奇於此缺亦人地未宜。查有奏留廣東水陸軍營差遣補用儘先副將吴元愷，年四十三歲，江蘇鎮江府金壇縣人，由俊秀在江蘇、湖北等省勦匪出力，遞保花翎儘先參將。嗣因勦平西捻案内出力保奏，同治九年四月初二日奉上諭：著以副將儘先補用，並賞給一品封典。欽此。奏留晋省接班補用。嗣因粤東海防喫緊，經臣於光緒十一年二月内電咨署山西撫臣奎斌，調令赴津募勇來粤派委各營

[一] 以下三件録自中國第一歷史檔案館編《光緒朝硃批奏摺》第三九輯，第八六三至八六六頁，中華書局一九九五年版。

要差。是年九月内奏留廣東水陸軍營差遣補用。十月初六日奉旨：著照所請。兵部知道。欽此。又於廣東籌濟滇桂餉械案内出力保奏，准兵部議覆給予加一級。光緒十二年十月二十三日奏，奉旨：依議。欽此。已造送履歷咨部註册。該員才器開朗，熟習船礮，前在各省軍營並無參革朦保情弊，現委署理撫標右營遊擊，於緝捕操防極能認真整頓，以之借補水師提標中軍參將，實屬人地相需。且係籍隸他省，雖儘先名次略後，與例稍有未符，謹隨摺聲明。合無仰懇天恩俯念員缺緊要，准以吴元愷借補水師提標中軍參將，以重海防。如蒙俞允，俟部覆到日給咨送部引見，以符定制。

兵部議奏。

揀員補授遊擊摺光緒十三年八月初二日

竊照案准兵部咨，廣西撫標右營遊擊梁桂春舊傷復發，請准開缺，應照例休致。其所遺廣西撫標右營遊擊，係部推之缺，既據扣留外補，相應行文迅揀儘先合例人員請補等因。當經轉行遵照。查武職各官，凡遇扣留外補各缺，應以儘先名次在先人員請補。其有人地未宜或别有事故者，須將名次在先各員按名指實，方准將名次在後人員揀補。又儘先人員如遇出有該員本籍之缺，及距籍在五百里以内者，仍准請補。俟准補後，再行查缺對調。久經循照辦理在案。廣西撫標右營遊擊，駐桂林府城，該處爲省會要區，必須精明幹練、聲望素著之員方足以資整頓。茲與護廣西撫臣李秉衡、提督臣蘇元春在於廣西省儘先遊擊人員内詳加遴選，除名次在先之林武利一員赴黔未回，蔣安瓊、韋士榮、郭玉華、黄政球、廖守祥、廖清齡、李建猷、黄國興、賀萬泰、張英、劉克順十一員，均於此缺人地未宜，未便遷就請補。

查有儘先補用遊擊陳顯道，年四十二歲，廣西平樂府荔浦縣人，由武童投效軍營，節年剿匪出力，遞保藍翎儘先都司。光緒十年三月隨同大軍出關，攻克越南諒山省屬陸岸縣礮臺及船頭地方案内奏獎，光緒十年九月十九日奉上諭：著免補都司，以遊擊儘先補用，並賞换花翎。欽此。旋因迭次攻克越南文淵州諒山夷省脱朗州長慶府等處案内出力保獎，光緒十一年五月十五日奉上諭：著賞加副將銜，並賞給札布東阿巴圖魯名號。欽此。因連年轉戰前敵，身受多傷，奏准免其騎射。現在龍州防營差遣，甚爲勤能。該員性情樸質，勇幹有爲，前在軍營並無參革朦保情弊，以之請補廣西撫標右營遊擊，洵堪勝任。雖儘先名次在後員缺距籍在五百里以内，與例稍有未符，惟名次在先各員非别有事故即人地未宜，應即以該員請補此缺，以實營伍。合無仰懇天恩俯准將陳顯道補授廣西撫標右營遊擊，俾收得人之效。如蒙俞允，俟部覆到日給咨送部引見，再行查缺對調，以符定制。

兵部議奏。

委員調署總兵片光緒十三年八月初二日

再，署廣西右江鎮總兵記名提督蔡金章調東另有差委，所遺篆務亟應委員接署。該鎮駐劄百色，爲滇、桂兩省咽喉，有督率防營彈壓伏莽之責。查有左江鎮總兵劉光裕，老成穩練，紀律嚴明，堪以調署。所遺左江鎮總兵篆務，駐劄南甯，爲龍州後路，尤關緊要。查有現在龍州軍營新授右江鎮總兵張春發，戰功卓著，熟悉鎮南關内外地勢情形，堪以調署。除分檄飭遵外，理合附陳，伏祈聖鑒。

兵部知道。

鹽大使試用期滿甄别片〔一〕光緒十三年八月初二日

再，前准部咨，嗣後佐貳雜職等官，除欽奉特旨發往，並曾任實缺人員外，其餘無論何項出身，凡係補缺應行具題者，試用期滿，由該督撫甄别具奏等因。歷經遵照辦理在案。兹據廣東按察使兼署兩廣鹽運使王毓藻，會同廣東布政使高崇基，將捐納鹽大使試用一年期滿之李嘉禧等各員，逐一詳加考察具詳請奏前來。臣等覆加察核，相應開列清單，出具考語，附片具陳，伏祈聖鑒。

吏部知道。單併發。

粤省仍請專認寶源洋款其補解畿餉應聽户部酌核摺光緒十三年（九月初九日）〔八月十四日〕

竊查廣東代還滇、桂借用寶源洋款尾數銀兩，前經户部奏准，由粤海關舊欠粤省兵餉並海防經費内劃抵在案。嗣准户部咨，據粤海關監督增潤呈覆各節，咨照到粤，當經轉行司局籌議，並與該監督商酌。查原咨内稱，廣東省應代還滇、桂尾欠寶源洋款二十二萬六千餘兩，本年二月奏明准照兩廣總督前奏，即在粤海關舊欠該省餉銀等款一百四十餘萬兩數内劃還。原以該督原奏内稱，粤海關應解該省兵餉並海防經費等款，一出自該關常税，一出自該關洋藥正税。〔常税徵收素旺，籌解綽乎有餘。洋藥正税〕徵收亦無不足。十年以後，收數稍絀，而經費開支浮糜。以此（知）〔委爲〕籌解無術，並非實情。該督與該關同官一省，見聞必確。且該關原欠〔該〕省銀一百四十餘萬兩之多，僅令還銀二十二萬餘兩，尚未及十分之二，且分爲兩年解還，尤不至稍形竭蹶。是以議准奏令該關遵照辦理。兹據該關監督呈稱，此項並無徵存，應還尾欠寶源洋款萬難設措，請予改撥，殊與該督前奏不符。究竟此項銀兩，該關能否籌解撥還，應由該督與監督會同奏明辦理。所請改撥之處，户部未便據咨議准等語。

臣等查寶源尾欠兩年分還銀二十二萬餘兩，上年五月臣之洞原奏，本係〔請〕由粤海關欠解粤餉歸還，部議未允，令由粤省籌還。至十一月臣之洞因奏請由粤認還，即以抵解舊欠近畿防餉，其不敷尾數，分年解補，嗣經部（覆）〔議〕，〔復〕令由海關欠餉撥還本年未還寶源之款，並撥〔還〕上年粤省已墊還寶源之款，其欠解畿餉，仍飭〔令〕解部。今〔户部復因〕該關監督增潤呈稱税項無存，萬難設措，〔又令會奏辦理，〕臣等與監督增潤商酌多次，迄無切實辦法。並准增（電）〔潤〕咨稱，自同治十年洋藥六廠開辦起，至光緒十三年正月（十）〔初〕八日止，共徵洋藥税銀四百一十九萬餘兩。除解過部庫及支銷各廠經費、輪拖船價、修葺輪船等項外，應存銀一百一十一萬餘兩。而伏莽經費、海防經費兩項，（其）〔共〕解過銀一百七十八萬餘兩，實不敷銀六十七萬餘兩。現在洋藥税釐併徵，統歸税務司經理，其（向不符）

〔一〕録自中國第一歷史檔案館編《光緒朝硃批奏摺》第五輯，第二七三頁，中華書局一九九五年版。

［前項不敷］銀兩，無款歸還，以之抵還本省洋款，萬難設措等語。

查該關所欠兵餉，出自常税，所欠海防經費，出自（洋）藥税，抵還寶源之款，係在兵餉、防費内移撥，自應合常税、藥税而並（及）［計］。乃關咨但計藥税之贏絀，而置常税於不論，若此款與常税無關也者，所論殊未清晰。且藥税以支銷浮糜，［而］始（告）無餘，否則以入抵出，未至棘手。查當日開辦六廠，本由籌濟粵餉而設，嗣後得魚忘筌，漸失經始命意。徒爲該監督增一支銷之款，而於應解之防費反至延欠，本非事理之平。所稱解過部庫，爲數恐亦無多。然事歷多員，並非增潤任内所欠。今該監督既以改撥爲請，［以］萬難設措爲詞，臣之洞雖同官一省，關務係其專司，其積年出入款目，騰挪牽搭，豈能一一代爲會計，謂舊欠者之何由致欠，難措者之何法籌措［耶］。（現在）［惟］洋款期限甚迫，臣等（只）［但］與該關［堅執］催索，［與户部］往返申辯，而不先事豫籌，臨渴掘井，必至貽誤。現督同藩司高崇基籌議，惟有先其所急，力求實際，無論何款需支，均先行挪（用）［移］，以備解還寶源尾欠十二萬一千餘兩之數，免致失信遠人，上廑宸慮。粵省［於他省］鉅款既經兩次認還，其舊欠近畿防餉一項，自屬無力兼認。或照臣之洞上年十一月奏准原案，即以代還寶源之數扣抵，或將上年粵墊寶源（三）［之］十萬四千餘兩並本年粵墊［寶源］之款，統歸該關補還户部。或應如何改撥，如何停免之處，應聽户部核辦。

再，部咨又稱，粵海關自同治十一年開辦洋藥正税起，所支經費有無侵蝕濫支，應由臣之洞一併清查［等因。查粵］海關局面寬（綽）［博］，開支六廠經費，不免浮糜，上年十一月臣之洞覆奏核減（吸）［汲］水門洋藥税經費摺内，業經詳晰陳明。惟粵海關事體，向多不按通行例章，事隔多年，無憑（詢）［得］其確數。自上年十一月奏定以後，歲支（銀）［限以］十萬。蓋自海緒任内漸從核減，增潤任内核減尤多。其以（爲）［前］歷任支銷是否核實，久已事過境遷，追求既無確據，恐亦無裨餉需。應請免其再加清查，以省案牘。據海防（等）［善後］局（員）司道詳請覆奏前來。所有粵省專認寶源洋款，其舊欠近畿防餉，請由户部酌核抵撥緣由，謹（會）［合］詞恭摺具奏。

再，此案粵省係向粵海關索還欠餉，該監督則力陳該關艱難。所處之地不同，自必各申其説，此摺礙難與該監督會奏，合併聲明。

（硃批）户部議奏。（欽此）〔一〕

請旌表節烈摺〔二〕 光緒十三年八月　日

竊據署曲江縣知縣陳塏詳據韶州府經歷辛楣、候補巡檢陳錫恩等呈稱，直隸昌平州人廣東候補知縣段維新之妾蔣氏，安徽新陽縣民蔣玉光之女，同治元年嫁段維新爲妾。該令段維新於光緒十二年委辦韶州府屬得西尾厘務，挈同眷屬寓居廠内。段維新素有痰喘舊疾，在韶復發，氏侍奉湯藥，衣不解帶，焚香禱祝，願以身代。迨段維新病重，於十三年二月二十七日在差身故。氏痛不欲生，絶粒三日，矢志殉節。經其大婦及嫡子多方勸慰，氏佯

〔一〕以上衍、脱、舛三十七處及具奏日期，均據中華書局一九九五年版《光緒朝硃批奏摺》第八一輯第四八四至四八六頁删、補、校正。

〔二〕以下五件録自《京報》第二四九一號。

聽受，以家人防密，無隙自盡，及家主殮後，適其寓屋傍臨河干，即於是月三十日昏夜開門潛出，自投於河。家人聞聲趨視，叫救不及，報縣飭差沿河打撈。三月初□日，在英德縣屬望夫岡下猫兒石地方尋獲段蔣氏屍身。經英德縣令周華林傳同嫡子段有成前往驗明，該氏麻衣整潔，面目如生。見者無不感傷。當經寅僚捐資殯殮，權厝該處山坡。職等誼屬同鄉，見聞真確，不忍聽其湮没，理合臚陳事實，由署曲江縣知縣加結詳請轉奏前來。臣等查官員身故，其妻妾有殉節者，由同鄉官於服官省分呈乞奏請旌表，與歷辦成案相符。今廣東候補知縣段維新之妾段蔣氏，捐軀殉節，義烈堪嘉。合無仰懇天恩俯准飭部照例旌表，以彰節烈而闡幽光。除將册結咨送部科查核外，臣等會同廣東學政臣汪鳴鑾合詞恭摺具陳，伏乞皇太后、皇上聖鑒訓示。

著照所請。禮部知道。

革員欠款全完請銷案摺　光緒十三年八月　日

竊照參革知縣羅煒，前任清遠縣任内欠解官租銀一千四百餘兩，迭經嚴催未據完解。經臣之洞前兼署巡撫任内彙案奏請，勒限嚴追。奉旨：著照所請。該部知道。欽此。即經轉行嚴飭完解去後。兹據廣東布政使高崇基、鹽運使英啓，會同交代總局司道詳稱，查該員羅煒欠解前項官租銀兩，經勒追後，於光緒十三年三月十六日據該員如數完解清楚，請將原參勒追之案奏請註銷等情前來。臣等覆核無異，相應請旨將前任清遠縣另案參革知縣羅煒原參勒追之案，准予註銷。

再，查該革員前解前項官租銀兩，係應解交運庫支給省城育嬰堂經費之款，向不列入季册報部，毋庸聲叙欠解年分。所有參革知縣欠解交代銀兩勒限後照數全完應請銷案緣由，謹會同恭摺具奏，伏乞皇上聖鑒訓示。

著照所請。該部知道。

揀補要缺州判摺　光緒十三年八月　日

竊查欽州州判沈筠，自光緒八年三月二十四日到任起，連閏計至十三年二月二十四日，烟瘴歷俸五年期滿，例應撤回，揀員升調。查定例，烟瘴升調缺出，應於現任對品人員内揀選調補。如無可調之員，其現任應升人員内有曾經荐舉卓異及俸滿保荐即升者，亦准咨部升補。又各省烟瘴員缺，不得以候補初任各項人員補用。又同治三年准部咨行，廣東烟瘴州縣佐雜，遇有缺出，令該督撫於内地屬員内揀選熟悉風土、能耐烟瘴、廉明之員調補，毋庸扣定年限。又定例，佐雜在外揀選之缺如無應調應升之人，令該督撫奏聞，於候補人員内揀選引見補授。倘候補人員不敷揀選，即於候選人員内揀選補授各等因。今欽州州判自應揀調升補。惟查廣東省府屬州判祇此一缺，並無現任可調人員。至應升人員，有布政司照磨陳徵招、鹽場大使諸鈞二員，係屬合例請升。但該二員均年逾六十，不耐烟瘴。此外本省並無合例應升之員，自應照例歸部揀選。據藩、臬兩司會詳前來。合無仰懇天恩俯念州判烟瘴要缺，升調乏員，勅部照例揀員帶領引見，恭候簡擢補授。臣等謹合詞恭摺具奏，伏乞皇太后、皇上聖鑒，勅部施行。

吏部知道。

委署道員片光緒十三年八月　日

再，南韶連道華祝三，現因大計保薦卓異，准吏部咨催給咨送部引見，當即轉行該道遵照起程。所遺南韶連道篆務，應即委員接署，以便華祝三交卸北上。查有現署督糧道事本任高廉道益齡，精明穩練，堪以調署。遞遺督糧道篆務，查有試用道閻希范，才長心細，堪以署理。除分札飭遵外，臣等謹附片具奏，伏乞聖鑒。

吏部知道。

紳士獨力捐修堤岸請建坊片光緒十三年八月　日

再，定例士民捐修橋梁道路，實於地方有裨。銀數至千兩以上者，准其請旨建坊，給予樂善好施字樣。茲據廣東布政使高崇基詳稱，據肇慶府四會縣紳士、廣西升用道儘先即補知府吴熾昌，遵祖父母遺命，獨力捐修沿城堤岸，添築石壩，自出己資並未勸募，共用工料銀一千二百餘兩。飭縣勘驗，委係工堅料實，一律完固。詳請奏懇建坊等情前來。臣等伏查廣西升用道儘先即補知府吴熾昌，遵其祖父母遺命，捐修本籍四會縣城外東西兩河堤岸，添築石壩，用銀一千二百餘兩，洵屬急公好義，有裨地方，與建坊之例相符。合無仰懇天恩俯准吴熾昌爲其故祖父三品封職附貢生吴廣熙、故祖母三品命婦吴梁氏，自行捐資合建一坊，給予樂善好施字樣，以昭激勸。至此項工程係屬民捐民辦，應請免其造册報銷。除咨部查核外，臣等謹附片陳明，伏乞聖鑒訓示。

著照所請。禮部知道。

八旗駐防文鄉試增加中額摺〔一〕光緒十三年八月　日

竊准廣州將軍臣繼格、廣州漢軍副都統兼署滿洲副都統臣鍾泰咨，據旗紳大挑教職劉彦明等呈稱，廣州駐防文鄉試取中三名，歷科遵辦。其始應試者，每科三十餘人。方今人才日盛，有志觀光者，約三百餘人。主司每有額滿見遺之憾。滿漢八旗諸生艱於上進，應請加增中額三名，每科取中六名，俾有志之士不致向隅。查嘉慶二十一年丙子科爲始，各省駐防生員於本省鄉試編立旗字號另額取中，學政録送十名，准取中一名。其零數過半者，亦准其照官卷例再取中一名。將來人數增多，總不得過三名，以示限制。此八旗駐防文鄉試定額三名之原委也。伏思開科之始，應考生員僅止三十餘人，定額三名，不爲不寬。惟近科以來，粤東滿漢八旗駐防，文風日盛，每科應試約有三百餘人。以今較昔，增至十倍，而中額限定三名，若不量爲推廣，則幾於百名取中一名。查廣州駐防武鄉試，經前廣州將軍臣長善等奏添中額五名，部議照准。又查繙譯鄉試酌定中額，係照駐防文闈鄉試之例，每十名取中一名，業經聲明，俟數年後，人數衆多，再請加增中額。今廣州八旗駐防文闈鄉試，事同一律。咨請援案奏懇加增中額三名，以廣登進等因。當經飭司核議。茲據廣東布政使高崇基，會同按察使王毓藻詳請援案奏加中額前來。臣等伏查，廣東駐防文闈鄉試，向係編立旗字號另額取中，原額三名。近科應試諸生較之從前不啻十倍之多，似此人文蔚起，若始終限以中額三名，未免有

〔一〕録自《京報》第二四九二號。

遺珠之憾。查繙譯鄉試係照駐防文鄉試十名取中一名之例，酌定中額。聲明俟數年後人數衆多，再請加添。廣州駐防武闈鄉試，亦經奏准加增中額五名各在案。合無仰懇天恩俯准將廣州駐防文闈鄉試，加增中額三名，每科取中六名，自光緒十四年戊子科爲始，俾潛修積學之士不致額滿見遺，以仰副聖朝嘉惠士林興育賢才之至意。是否有當，臣等謹會同廣州將軍繼格、廣州滿洲副都統兼署漢軍副都統臣興存恭摺具奏，伏乞皇太后、皇上聖鑒。

禮部議奏。

奏報粵東第九十六次正法盜犯摺（一）

光緒十三年八月　日

竊照粵省近年盜犯日熾，前經臣之洞會同前撫臣倪文蔚於光緒十一年十二月初一日奏請仍予先行就地正法，經刑部核議覆准。嗣後廣東省拿獲持械伙劫兇暴衆著之各項盜匪，無論水陸，不分首從，凡有案情重大罪干斬梟、斬決者，一律照土匪、馬賊、會匪、游勇章程，先行懲辦。其距省較遠者，由該廳州縣審實後，酌核道路遠近，如道府同城者，解由該管巡道督同覆審。不同城者，即分别解由最近之該管或府州覆審。如犯多路遠者，即由道府州親赴所屬覆審。均録供通禀督撫，核明情節確實，批飭就地正法。其廣州府屬及佛岡、赤溪二同知所獲盜匪，仍於審實後録供，解府審明禀批，交臬司會同營務處司道覆訊明確，禀候核飭，就地正法。案情重大者梟示，拒捕者格殺勿論。並將通省此項正法盜匪，按三個月彙奏一次。光緒十二年正月十四日具奏，奉旨：依議。欽此。等因。咨行到粵。當經通行欽遵辦理。查廣東省第九十五次辦過盜犯，業經彙奏在案。茲查自光緒十三年正月初九日起至四月初八日，復届三個月，應歸第九十六次彙奏，據各屬及緝捕員弁報獲盜犯共五十六名，均經訊明，分别解由該管道府及臬司會同營務處司道發審録供，禀經臣等核明，批飭就地正法，分别梟示。據臬司王毓藻將辦過盜犯造具案由罪名册，詳請具奏前來。臣等覆核無異，除將案由罪名册查核，並飭司備録全案供招咨部，暨洋盜另行具奏外，所有第九十六次正法盜犯，謹繕罪名清單，恭摺具陳，伏乞皇太后、皇上聖鑒。

刑部知道。單併發。

奏請籌濟滇桂餉械出力員弁改奬片

光緒十三年八月　日

再，准吏部咨，以臣等覆奏籌濟滇桂餉械出力員弁，請照原擬給奬一案，及附片覆奏提督劉永福一軍入關各員改奬一案，均應仍照尋常勞績核議，分别准駁。於光緒十三年六月初二日奏，奉諭旨，咨行到粵。臣等查覆奏兩案出力員弁，除部議核准改奬撤銷及行令查明覆奏之員應分别飭遵另辦外，其應行另核請奬各員，應即改請奬叙。所有籌濟滇桂餉械案内之知府用廣東候補同知吳景萱，應改請俟歸知府班後賞加三品銜，劉軍入關案内之候選同知孫鴻勳，應改請俟得缺後，以知府儘先補用，先換頂戴。廣東補用通判陳文埒改請俟補缺後，以直隸州知州補用。候選布政司理問鄺其照，改請俟得缺後以知州補用。廣東候選巡檢孫魯，

（一）以下二件録自《京報》第二五〇〇號。

改請俟補缺後以主簿前先補用。以上各員，均係按照尋常勞績改獎，合無仰懇天恩俯准改獎，以昭激勸。除將同知孫鴻勳等四員及部議核准之八品銜候選巡檢戴承澤捐案核准日期咨明吏部查核外，謹附片覆奏，伏乞聖鑒。

吏部議奏。

請准以曾紀渠補授知州摺〔一〕 光緒十三年八月　日

竊照羅定直隸州知州杜庭璆，於光緒十三年五月初七日因病開缺。所遺羅定直隸州知州係題調要缺，例應在外揀員請補，歸光緒十三年五月分截缺。查定例，各省道府、同知、直隸州，如係奉旨命往，或督撫題明留於該省候補，並著有勞績，經督撫保奏，奉旨儘先補用遇缺即補者，均無論應題、應調、應選之缺，令該督撫酌量才具，擇其人地相宜者，悉准先儘酌量補用。又吏部畫一章程內開，道府、直隸州知州遇題調要缺，以候補人員請補時，應先儘記名分發人員酌量請補。如果實係人地不宜，始准聲叙，以各項候補人員請補。又道府、直隸州知州遇應用候補時，先儘科甲出身人員。如科甲出身人員不合例，或人地不宜，應令詳細聲明，方准以別項出身候補人員請補。又題調州縣以上官員，必歷俸三年以上，方准揀選升調各等因。今羅定直隸州知州，係繁疲難題調要缺，管轄兩縣，民(猺)〔瑤〕雜處，政賦殷繁，非精明幹練之員，不足以資治理。現查通省並無合例應調人員，其各項候補人員內，亦無記名分發及科甲出身之人。復於應補應升人員内逐加遴選，非現居要缺，即人地未宜。惟查有迴避即用直隸州知州曾紀渠，年三十九歲，湖南湘鄉縣人，由廕生以知縣候選。同治三年江南克復，奉上諭，賞給直隸州知州照例補用。在本省率團撲滅會匪出力保奏，十年三月奉旨，賞加知府銜賞戴花翎。光緒四年選授連州直隸州知州，是年十一月初二日到任。因迴避胞伯前署督臣曾國荃，開缺改掣江西補用。旋經欽差兵部尚書彭玉麟奏調來粵差遣，俟防務告竣，仍歸廣東補用。十年五月准吏部咨，准留於廣東，以直隸州知州歸於迴避即用班内補用。於六月十五日領咨到省序補。續經前任學政臣馮爾昌保荐人材奏奉諭旨送部引見，請咨赴京，奉旨召見，交軍機處存記。先於九月初四日奉上諭，曾紀渠着交左宗棠差遣委用。隨即入閩差委，奉准改發福建補用。嗣和議已定，防務完竣，復經奏准給咨仍回廣東候補。十一年六月初五日回省，十二年正月聞訃丁本生母憂，請咨回籍，接丁本生父憂，先後治喪，期滿起復領咨。十三年閏四月二十九日限内回省。該員志趣純正，操守清廉，前在連州任内政聲卓著，至今州民歌頌不衰。以之補授羅定直隸州知州，洵堪勝任，實於要缺有裨。該員前經請補南雄州知州，部議以該員迴避即用原補係選缺人員，不得請補要缺。今請補羅定州知州要缺，與前奉部議仍有未符。惟查州縣以上題調要缺，歷俸已滿年限者，即准調補。該員曾紀渠前任連州知州，未迴避之前，歷俸已滿三年，照例應准調補。且係保荐人才，奉旨召見交軍機處存記之員，尤與尋常迴避即用人員不同。況員缺緊要，爲地擇人，例得據實陳明專摺奏請，據藩、臬兩司會詳前來。合無仰懇天恩

〔一〕録自《京報》第二五〇一號。

俯念員缺緊要，准以該員曾紀渠補授羅定直隸州知州，俾資治理。如蒙俞允，該員係迴避即用直隸州知州請補直隸州，銜缺相當，毋庸送部引見。臣等謹合詞恭摺具陳，伏乞皇太后、皇上聖鑒訓示。再，該員係迴避即用人員，毋庸核計叅罰，合併陳明。

吏部議奏。

請准以周蘭補授守備片[一] 光緒十三年八月 日

再，廣西四會營守備潘汝芹病故，遺缺前准兵部咨，係陸路題補第三輪第二缺，輪用儘先人員請補。經臣會同署廣東陸路提督臣鄭紹忠，選以督標中營藍翎儘先補用守備謝玉泉奏請補授。准兵部議駁，以謝玉泉儘先名次在四十名後，核與奏定章程不符，礙難核准。行令另揀儘先合例人員請補。復經覆奏，仍請准以謝玉泉補授。於光緒十三年四月初三日差弁齎回原片，奉硃批：兵部議奏。欽此。隨據報謝玉泉於本年六月二十三日在營次病故，正在咨報間，旋於六月二十九日准兵部咨，議覆謝玉泉准其補授四會營守備缺，鈔録原奏，咨行前來。惟謝玉泉病故在先，部覆准補在後。所有四會營守備缺，應照原出缺次，仍揀儘先合例人員請補。

查定例，各省題調武職各缺，如因員缺緊要，人地相需，將不合例人員保奏，應於摺内聲明，請旨交部核覆，恭候欽定等語。又案准兵部咨，具奏儘先各官，均按奉旨先後，挨次補用。此後應用儘先人員，其在前各員如係聲叙人地不宜者，至多不得過二十員。逾限者，即行議駁。又，請補員缺，如請補之員人地未宜，即照現任官員有人缺不甚相宜准酌量題請對調之例，揀員對調各等因。茲會同署廣東陸路提督臣鄭紹忠，在於經部覆准注册序補之陸路儘先守備内，詳加揀選。其名次在前各員，除黄宗錦因案勒令離營查辦，白琚前經另摺請補惠州協左營守備，李榮陞請補陸路提標左營守備外，此外李森泰、葉卓和、黄雄高、陳增福、高顯章、楊文釗、黄永安、何懋鑣、吴錦、黄國棟、彭文光、黄麟翔、何鴻飛、馬松貴、劉建勳、崔連鑣十六員，或人地未宜，或營伍未嫻，均未便請補。

查有連陽營左哨千總儘先守備周蘭，年五十五歲，廣東廣州府清遠縣人，由勇目勦匪出力，遞保藍翎儘先千總拔補今職。同治十二年三月二十七日接劄，因勦辦高明、鶴山、長沙等處客匪出力保奏，於同治十年十一月十七日奉上諭：著以守備仍留廣東儘先補用。欽此。造送履歷，經部覆准注册序補。嗣因六年俸滿，咨部留任换給劄付。該員幹練勤奮，操防認真，並無在外省軍營參革朦保情弊。以之補授四會營守備，洵堪勝任。雖儘先名次在後，與例稍有未符，惟以前各員均不合請補，謹隨摺聲明。合無仰懇天恩俯准以周蘭補授四會營守備。如蒙俞允，俟部覆到日，給咨送部引見。該員前摺聲明於此缺人地未宜並另行遵例揀員對調以符定制。謹會同署廣東陸路提督臣鄭紹忠合詞附片具陳。伏祈聖鑒，敕部核覆施行。

兵部議奏。

[一] 以下三件録自中國第一歷史檔案館編《光緒朝硃批奏摺》第三九輯，第九一一至九一四頁，中華書局一九九五年版。

請准以羅晉廷升補參將片 光緒十三年八月 日

再，前准兵部咨，廣東新會營參將范幹挺病故，遺缺係內河水師題補之缺，輪用第一缺儘先人員。廣東省並無內河水師儘先參將，亦無豫保揀發班內人員。應即過班以應升人員請補等因。經臣查明，內河水師遊擊應升班內，止有水師提標後營遊擊羅晉廷一員，歷俸雖已滿二年，惟未能勝此要缺之任。在於外海水師遊擊應升班內，選以水師提標左營遊擊陳奇彪請升。現准兵部議覆，以新會營參將係內河水師題缺。該省既有內河水師應升之員，自應照章請補，不得以外海人員通融揀補。今請以外海水師遊擊陳奇彪升補，礙難核准。應令查照例章辦理，以符定制。如果羅晉廷不勝此缺之任，俟請補後，再行揀員調補。光緒十三年六月初一日奏，奉旨：依議。欽此。等因。咨行前來。自應遵照辦理。

茲會同廣東水師提督臣方耀，查得內河水師遊擊應升班內水師提標後營遊擊羅晉廷，年四十九歲，廣東廣州府順德縣人，由軍功遞補今職，於光緒八年七月初三日接劄，歷俸二年以上。該員資格較深，才具平穩，現署陽江營遊擊，以之升補新會營參將，核與例章相符。惟籍隸本府，且未能勝此要缺之任，應遵照部行俟請補後，揀員調補。合無仰懇天恩俯准以羅晉廷升補新會營參將。如蒙俞允，俟部覆到日，給咨送部引見，並另行揀員調補。謹會同廣東水師提督臣方耀附片具陳，伏祈聖鑒，敕部議覆施行。

兵部議奏。

請准以徐盛標升補守備片 光緒十三年八月 日

再，准兵部咨，新會營左營守備但承恩病故，遺缺係內河水師題補第一輪第六缺，應用應升人員，行文迅揀合例人員請補等因。查定例，內河水師缺出，先儘歷俸二年以上者揀選保題實授。又，內河水師守備缺出，先准隔府別營人員內保題升調。如無合例可題之員，准於籍隸本府人員內題請升補。其由本營兵丁出身者，仍不准保題。又，卓異及保送回任候題者，歸入應升班內先儘補用。又各省題調武職各缺，如因員缺緊要，人地相需，將不合例人員保奏，應於摺內聲明，請旨交部核覆，恭候欽定各等語。茲會同廣東水師提督臣方耀，在於內河水師應升守備各千總內詳加揀選，並無軍政薦舉卓異及曾經保送回任候題人員。其歷俸較深之員，或因人地未宜，或有盜案未結，均未便請補。

查有順德協右營右哨千總徐盛標，年五十歲，廣東廣州府新會縣人，由新會營左營兵因迭次勦匪獲犯出力，遞拔今職。於光緒九年十一月初九日接劄，歷俸二年以上。該員緝捕勤能，明習營務，雖於前署順德協右營右哨二司把總兼代理順德協左營左哨頭司把總任內，有事主馮茂年家於光緒十二年正月十一日夜被劫一案，專汛承緝，業經開參疏防。嗣於光緒十三年閏四月十六日三參限內卸署卸代，飭回順德協右營右哨千總本任，即日仍回調理左營左哨頭司把總汛務，係業經卸代，例應議結。此外，並無承緝未結盜案。惟籍隸本府，並由本營兵丁出身，與例稍有未符。謹隨摺聲明，合無仰懇天恩俯准以徐盛標升補新會營左營守備，俾資整頓。如蒙俞允，俟部覆到日，即行給咨送部引見，並揀員對調，以符定制。謹會同廣東水師提督臣方耀附片具陳，伏祈聖鑒，敕部核覆施行。

兵部議奏。

整頓潮橋鹽務摺 光緒十三年九月初六日

竊照潮橋鹽務爲粵省鹽課大枝，自咸豐以來，疲累日深。前運同錢瑨欠課尤多，經臣奏參嚴追，並遴委潮州府知府朱丙壽兼署運同，責令設法疏銷，極力整頓。查該埠疲困之故，累在閩省汀州八埠。八埠者，汀州府所屬八州、縣，皆潮鹽行銷引地，自經匪擾，招商不前，由官自行拆辦。現在各埠運鹽，係由潮州廣濟橋掣配，溯流而上，水陸迭更，計程共八百餘里。灘河險阻，山路崎嶇，運脚愈昂，成本愈重。以致甯化、歸化、清流三埠，全被閩私侵占，潮鹽顆粒難銷，閩販銷鹽潮埠，賠餉虧累無窮。此時補救之法，惟有力紓商困，或可稍挽頹綱。

查福建西路邵武等屬所行閩鹽，自光緒八年已減釐金二成，續又量減二成，惟潮鹽引地未減。而所抽釐金，閩係招商包收，諸多留難，潮埠深受其累。擬請閩省將江屬各埠鹽釐，援照邵武各埠一律核減，以示持平而輕潮本。即由潮埠按照閩省每年原包釐金之數再減二成，代抽解繳，如有短絀，由粵照賠。於閩釐無損，而於潮綱有益，似爲簡便易行。至鹽務行銷之地，率有抽捐地方官緝私經費一項，惟江屬銷鹽既少，抽費如故，商力實難支持。嗣後應將此項抽捐經費，按銷鹽成數照繳，以百二十票爲十成，如銷不及成，則繳費亦照成遞減。如減釐節費以後，再將各路私鹽兩省合力查緝，鹺綱庶可日有起色。飭由兩廣鹽運司英啓督同潮州府兼署運同朱丙壽籌議具詳前來。

臣查行鹽省分包抽鄰釐，前四川督臣丁寶楨於黔岸引鹽，即係如此辦法，著有成效，歷有奏案可稽。閩省鹽釐向係閩商包繳，本非官辦，若改由潮埠代抽，不過略爲轉移，而彼此均有裨益。其應繳經費，按照銷鹽成數抽繳，亦極爲公允。惟事隸閩省，非粵之可得而專。當經電商閩浙督臣楊昌濬，疊准函電覆稱，減釐節費均可照辦，包商辦至年底亦屆期滿，即以正月爲限，交替接辦等因。臣查現在餉力，各省俱絀，減釐節費，深屬不易，閩浙督臣獨能勉顧鄰綱，力從樽節，若非素矢公忠，不分畛域，曷克臻此。其收繳詳細章程，應俟閩省咨會到粵，即便飭行照辦，並分飭各屬合力緝私，毋任仍前充斥，以期漸復舊觀。

（硃批）户部知道。（欽此）

廣東沿海迭遭颶風妥籌撫卹摺[一] 光緒十三年九月初六日

竊照廣東自本年入秋以來，天氣鬱蒸，沿海地面時發颶風，猛烈異常。誠恐地方被風成災，當飭各屬詳查去後。

茲據署陸豐縣知縣童朝珍稟稱，七月二十四日該縣陡發颶風，繼以大雨，倒塌垣八九丈，衙署民房數十間，沈没魚船甚夥，溺斃疍民十餘人。該縣並據小靖場大使周昌緒報稱，小靖鹽場墹口，沖缺十餘處，失鹽五百餘包。幸各處圍基完固，尚無潰決。晚禾猶未揚花，不致成灾。又據署碣石鎮總兵賴鎮邊稟稱，七月二十三、四等日，暴風驟起，愈發愈猛，摧壞衙署多間。碣石港口疍户船隻，多被撞壞，人口亦有損傷。又據高州府知府楊霽稟稱，八月初一日夜間，該府颶風大發，城内各衙署及民房俱有坍塌，

[一] 録自中國第一歷史檔案館編《光緒朝硃批奏摺》第九二輯，第六七二至六七四頁，中華書局一九九五年版。

城外各村舍被風較重。查訪各屬，田禾尚無大損，不致成灾。又據署茂名縣知縣鄭業崇禀稱，該縣於八月初一日夜間突遭颶風，摧壞屋宇，縣屬大路墟地方壓斃男婦三口。幸連日天氣已晴，晚稻不致歉收。又據署電白縣知縣孫鑄禀稱，八月初一、初二等日，颶風徹夜不休，暴雨如注，衙署、倉廒、民屋均多損壞，壓斃大小男婦十三名。又據署電茂場大使陳寶昉禀稱，八月初一日夜，風狂潮漲，鹽場各墹沖缺一百九十四處，水池沙幅皆被水浸，堆鹽被風吹水溶，耗失甚多。又據署化州知州彭貽蓀禀稱，該州於八月初一日夜間遭風，倉廒、監獄均被吹倒，幸無逃犯，亦未傷人。沿河稻田被淹，水涸後尚可補種。又據署欽州知州李受彤禀稱，八月初十、十一等日，大風雨日夜不息，白龍尾一帶海船失事甚多。東興潦水陡長數丈，民房多被沖没，幸晚禾尚堪補種。又據雷州府知府成治禀稱，八月初五、初九等日兩次颶風，該府城内幸未倒屋傷人。所屬遂溪縣衙署民房間有傾塌，徐聞縣境邊海風濤甚惡，白沙洋地方覆没船隻，溺斃人口，幸田禾尚無傷損，未致成灾。又據瓊州府知府謙貴禀稱，該府入秋以來，大雨滂沱，繼以颶風，連宵達旦，官署民廬多被摧塌。所屬感恩縣先於六月内猝遭颶風，港口商、民船隻間有覆溺。幸早稻均已穫完，尚不成灾。又據署赤溪協副將黄廷耀禀稱，八月初一日狂風陡發，吹倒民房二十餘間，涌内緝捕扒船撞沈二隻，汛房多被風擊裂。又據署陽江同知喻增偉禀稱，八月初一日該廳風雨大作，城厢内外民屋吹倒多處。海陵、太平二司地方濱海遭風尤烈，墻壁傾圮，壓斃男婦八名，沈没商船、漁艇共二百餘隻，淹壓人口七十六名。晚禾低處被鹹潮浸灌，高處尚無妨害各等情禀報前來。

臣等查本年沿海地方颶風時發，沈失船隻，倒塌屋宇，傷斃人口，淹没田禾，沖浸鹽墹。雖晚稻尚可補種，内地幸未成灾，而沿海商漁遭覆溺之慘，有蕩析之虞。顛沛情形，殊堪憫惻。臣等奉職無狀，致此咎徵，循省之餘，實深悚惕。現已飭司派員前往各屬，查明被風等處難民，妥籌撫卹。其城垣、衙署、倉獄〔一〕、鹽墹損壞處所，並飭各州縣場官分别設法修補完善，以安民業而重地方。所有惠、高、廉、雷、瓊、赤溪、陽江各府廳屬迭遭颶風現籌撫卹緣由，謹合詞恭摺具陳，伏祈皇太后、皇上聖鑒。

知道了。即著飭屬查明，妥籌撫恤，毋任失所。

請獎叙文報局人員摺〔二〕 光緒十三年九月初六日

竊臣之洞前准出使英法國大臣曾紀澤咨開，該大臣於光緒十二年三月初六日在英倫使署具奏出洋期滿人員援案請獎一摺，並將分駐天津、上海文報局員黄建筦、黄惠和等第三次三年期滿獎叙，照會津海、江海兩關道，詳請南、北洋大臣酌核具奏，以符原案。查廣東文報局員蔡錫勇，接遞出使西洋各國大臣往來文電，經理周密，毫無貽誤，已届三年期滿。如何議獎，應由臣之洞會同前撫臣倪文蔚就近酌核具奏等語，當經札行司局查覆。茲據廣東布政使高崇基會同善後局司道查明詳請奏獎前來。

臣等伏查該局於光緒八年十月開辦，扣至十一年十月，時已歷三年。廣東地當衝要，開局時正值各路海防吃緊，傳遞較多，除接遞總理衙門，南、北洋大臣，出使各國大臣及通商省分各署

〔一〕「倉獄」二字費解，據上文似應為「倉廒、監獄」。

〔二〕録自中國第一歷史檔案館編《光緒朝硃批奏摺》第一一二輯，第六九三至六九五頁，中華書局一九九五年版。

文牘，所有滇、桂兩省防營公牘及各省偵探委員稟報，亦由該局轉遞。計三年間接遞奏摺、夾板、文牘共一萬一千二百餘件，皆係隨到隨遞，經理慎密，並無貽誤。又時有發譯洋務要件，該員蔡錫勇創辦局務，綜司其事，勤勞最著。在事各員，隨同辦理，均能妥慎不懈，洵屬異常出力。自應援照天津、上海文報局光緒六年、十年閒北洋大臣李鴻章兩次奏獎成案，與出洋人員一律核獎，以示公允而昭激勸。文報局總辦委員三品銜遇缺前先選用知府蔡錫勇，擬請免選知府，以道員不論雙、單月遇缺即選。幫辦委員知縣用繙譯舉人樊淙，擬請俟補知縣後，以同知直隸州用，先換頂戴。生員胡又安擬請以巡檢不論雙、單月歸部選用。幫辦繙譯六品銜縣丞用祺威，擬請照同文館成案，以縣丞分發洋務省分歸候補班前先補用。書吏鹽知事銜蔡康，擬請以鹽知事不論雙、單月歸部選用。合無仰懇天恩俯准照擬給獎，以示鼓勵。除照章查取各該員出身履歷列册咨部查照暨咨總理衙門外，所有粵省創辦文報局人員三年期滿，查照津、滬成案請獎緣由，臣等謹合詞恭摺具奏，伏祈皇太后、皇上聖鑒訓示。

著照所請。該衙門知道。

籌解第四批鹽課京餉等款銀兩摺〔一〕 光緒十三年九月初八日

竊前承准軍機大臣字寄，光緒十二年十二月初二日奉上諭：戶部奏預撥來年京餉，擬在地丁、鹽課等款内指撥，著於來年開印後分批起解。另片奏，光緒十三年内務府經費擬撥廣東鹽課銀五萬兩，著於來年開印後陸續徑解内務府交納。等因。欽此。並清單一紙，內開擬撥光緒十三年分京餉廣東鹽課銀二十萬兩。當經恭録轉行欽遵籌解。又廣東運庫，應解京餉，難以起解現銀，歷經奏明，仍行交商匯兑。茲據兩廣鹽運使英啓詳稱，奉撥光緒十三年分京餉廣東鹽課銀二十萬兩及内務府經費鹽課銀五萬兩，前經在徵收光緒十二年、十三年分省河鹽課項内籌撥銀一十九萬兩，分作本年第一、第二、第三批京餉及内務府經費，先後匯兑解京奏報在案。茲又在徵收光緒十三年分省河鹽課項内籌銀五萬兩，並隨解一五加平飯食銀一千五百兩，作爲本年第四批京餉。又在鹽課項内籌銀一萬兩，並隨解平餘拾費等銀三百三十兩，作爲本年第四批内務府經費，合共銀六萬一千八百三十兩，飭交殷實銀號百川通、日昇昌、蔚長厚、蔚泰厚、新泰厚、元豐玖等六家承領匯兑。遴委候補布政使司經歷文海、候補鹽巡檢杜炳坤，領賫匯單文批，於本年九月二十五日起程，附搭輪船進京，分赴戶部、内務府交納。所有本年運庫奉撥京餉、内務府經費共銀二十五萬兩，均已照數解清等情，詳請具奏前來。臣等覆核無異，除分咨外，理合繕摺具陳，伏祈皇太后、皇上聖鑒。

該衙門知道。

五十生辰恭謝恩賞摺 光緒十三年九月十五日

竊臣於光緒十三年九月十三日承准軍機大臣咨，交到恩賞臣五十生辰御筆壽邊錫福扁額一面，御筆福、壽字各一方，金佛一

〔一〕録自中國第一歷史檔案館編《光緒朝硃批奏摺》第八六輯，第三一六至三一七頁，中華書局一九九五年版。

尊，紫檀嵌玉如意一柄，蟒袍面一件，小卷吉綢八件，湯綢八件。當即恭設香案，望闕叩頭謝恩祇領訖。伏念臣自分符竹，遠隔觚稜，壯也猶不如人，迂闊而遠於事。葵誠雖篤，曾無濟治之功，藥物時須，積有妨賢之懼。造道未深於學易，省躬倏届（於）［乎］知非。方慚雕朽之難期，迺忝錫齡之下逮。九重染翰，以賤士而荷天慈。五十加年，在疆臣尤爲異數。交廣兩部，籌邊愧唐相之才。奎璧雙輝，錫福兼箕疇之壽。莊嚴寶相，普度垂慈，璀燦瓊枝，捧盈知戒。觀五采彰施之象，如聞盛世都俞。推萬方衣被之恩，并使全家温煖。臣敢不勤修封守，仰副生成，依日升月恒之光，宣内輯外悠之治。蒲柳之秋雖早，太陽一照而生春。桂薑之性常存，晚節彌堅於報國。

［知道了］。〔一〕

改鑄關防條記片〔二〕 光緒十三年九月　日

再，上年添設廣東北海鎮移改高州鎮，所有應改關防條記，均經臣奏請勅部改鑄，頒發開用在案。茲據高州鎮水陸總兵黄廷彪呈稱，查得原設高州鎮標中軍遊擊關防清、漢篆文，向係廣東高廉羅鎮標中軍遊擊兼管左營關防字樣，與現改營制不符。又原設陽江鎮標左營中軍守備，前准部咨，該遊擊既改爲陽江專營，該守備自應一併改爲陽江營中軍守備等因。今該守備條記篆文，當循其舊。以上兩員關防條記，均應改鑄。

又，高州鎮標右營都司、右營中軍守備兩員所用漢字正文木質關防，均係乾隆年間頒給。雖文字與新改營制無殊，惟年久模糊，不足以昭慎重。現新設之北海鎮都司守備各員，奉准部議，均鑄給銅質清、漢篆文關防條記。所有高州鎮標右營都司、左營中軍守備，亦應改鑄銅質清、漢篆文關防條記各一顆，以歸一律。其原領之各關防條記，俟奉改鑄頒發到日，照例鐫字繳銷等因。飭據前廣東布政使高崇基查核詳請具奏前來。臣覆核無異，所有應行改鑄高州鎮中軍遊擊關防、右營都司關防、左營中軍守備條記、陽江營中軍守備條記共四顆，相應請旨勅部核明分別撰擬字樣改鑄頒發來粤，轉給開用，以昭信守。除咨部外，謹附片具陳，伏乞皇太后、皇上聖鑒。

參革管帶各員片〔三〕 光緒十三年九月　日

再，准補授雲南提督馮子材咨稱，營中管帶帮辦各員，必須深知自愛勤慎恤軍，方堪勝任。茲查所部幫辦右軍後營廣西候補直隸州知州丁學昌、管帶右軍前營花翎守備銜拔補千總陳寶光、帮辦右軍前營廣東補用從九品陳寶樞、帮辦右軍中營藍翎五品頂戴拔補把總李春發、帮辦右軍前營廣西補用典史陸迺松等五員，遇事招摇不恤士卒，除撤去差使外，應請從嚴叅辦以儆效尤等情。茲整頓營伍之際，此等不法員弁自未便稍事姑容。相應請旨將丁學昌、陳寶光、陳寶樞、李春發、陸迺松等五員，即行革職。内

〔一〕以上脱、舛兩處，據中華書局一九九五年版《光緒朝硃批奏摺》第二七輯第六八四至六八五頁補、校正。

〔二〕録自東吴仰止廬主輯《南皮張宫保政書》，一九〇一年上海圖書集成印書館印。

〔三〕録自《京報》第二五三七號。

陳寶光、李春發並拔去翎枝以肅軍律。謹附片奏參，伏乞聖鑒。

丁學昌等五員，均著即行革職。內陳寶光、李春發並拔去翎枝。該部知道。

請開復知縣頂戴摺[一] 光緒十三年九月　日

竊照前署英德縣知縣鍾錫綸交代初參限滿，欠解徵存雜款穀價銀一百八十餘兩、米三百九十餘石，迭經嚴催未據完解。經臣之洞於兼署巡撫任內，專摺奏請，摘頂勒限嚴追。欽奉諭旨：著照所請。該部知道。欽此。即經轉行嚴飭完解去後。茲據廣東布政使高崇基、署督糧道閻希范，會同交代總局司道詳稱，查該員鍾錫綸被參後，於光緒十二年十二月初九日，完解十二年分稅科羡耗銀一百八十八兩五錢八分三厘，已造入光緒十三年春撥冊報。又於光緒十二年十一月初五日，完解光緒十年省米二百石、營米一百六石二斗，業已造入光緒十一年奏銷冊報。又於光緒十三年四月十七日，完解光緒九年分省米三石一斗六升九合四勺，十年分省米一十五石八斗八升八合五勺，十一年分省米六十五石一斗八升三勺。又於光緒十三年閏四月二十日，完解光緒六年分省米八斗五升三合六勺，七年分省米一石一斗三合二勺，八年分省米一石三斗三升九合三勺，均應造入光緒十二年奏銷冊報。所有該員欠解前項銀米，業已完解清楚。請將原參摘頂之案具奏開復等情前來。臣等伏查該員鍾錫綸被參後，即將前署英德縣任內欠解銀米照數全完，尚知愧奮。相應請旨將前署英德縣候補知縣鍾錫綸原參摘頂處分，准其開復，以昭激勸。所有知縣欠解交代銀米參後全完請開復頂戴緣由，謹合詞恭摺具奏，伏乞皇上聖鑒訓示。

鍾錫綸著准其開復摘頂處分。該部知道。

參追知縣欠解交代銀兩摺 光緒十三年九月　日

竊據廣東布政使高崇基，會同交代總局司道詳稱，查有前署文昌縣知縣聶緝慶，交代初參限滿，未據造冊移交後任結報。先經咨部查參在案。現據該員於二參限內造冊結報到司，因款目不符，發回改造，並查得該員有徵存正款銀五百八十餘兩，迭經勒限嚴催，未據完解。詳請參追前來。相應請旨將前署文昌縣試用知縣聶緝慶，暫行摘去頂戴，勒限四個月將欠解銀兩掃數完解。倘逾限不完，或解不足數，即行查明是侵是挪，分別嚴參。所有參追前署知縣欠解交代銀兩緣由，謹合詞恭摺具奏，伏乞皇太后、皇上聖鑒訓示。

聶緝慶著暫行摘去頂戴，勒限追解。餘依議。該部知道。

委署知府片 光緒十三年九月　日

再，瓊州府知府謙貴，於光緒十二年大計薦舉卓異，現在請咨赴部引見。所遺瓊州府知府篆務，應行委員接署。查有試用知府徐瑋文，才識穩練，條理精詳，堪以署理。據布政使高崇基、按察使王毓藻會詳前來。除檄飭遵照外，臣等謹循例附片陳明，伏乞聖鑒。

吏部知道。

[一] 以下五件録自《京報》第二五三八號。

委署同知片 光緒十三年九月　日

再，廣州府前山海防同知陳坤，調省差委。所遺同知篆務，應行委員接署。查有卸署陽春縣知縣蕭丙堃，幹練勤明，勇於任事，堪以署理。該縣任內並無盜劫已起四參之案，茲據布政使高崇基、按察使王毓藻會詳前來。除檄飭遵照外，臣等謹循例附片陳明，伏乞聖鑒。

吏部知道。

知縣學習期滿飭赴本任片 光緒十三年九月　日

再，新選封川縣山民先經到省繳憑，當因封川界連廣西，盜風未靖，尤稱難治。該員初膺外任，於地方情形未能熟悉。經臣之洞前在兼署巡撫任內奏明留省學習，俾資歷練在案。茲查該員山民自留學習以來，派當差使，頗能奮發有爲，於地方情形，亦漸就熟悉，應即飭令前赴封川縣知縣本任，以重職守。據布政使高崇基會同按察使王毓藻具詳前來。臣等覆查無異，除咨明吏部外，謹附片陳明，伏乞聖鑒。

吏部知道。

查明教職佐雜並無延不赴任懇免開缺摺[一] 光緒十三年九月　日

竊准吏部咨稱，定例月選教職、佐雜，如原籍已經咨報給憑，該員延不赴任繳憑，缺分終屬虛懸。擬自原籍給憑之日起，除去正限之外逾限二年以上者，臣部即先開缺另選，仍飭令該督撫府尹等將文憑送部查銷。現查廣東省已報給咨未據咨報到任繳憑之西寧縣夜護司巡檢張鳳墀、番禺縣縣丞楊甲秀、封川縣訓導黃鍾岳、東安縣教諭陳懷經、陸豐縣訓導尹元照，已滿定例二年之限，未據咨報到任，應即照例開缺，歸於月分銓選。仍咨行廣東巡撫迅速查明該員延不赴任繳憑，或係本員逾限，或係該管官漏未咨報，應行詳細聲覆，以便分別議處。並將文憑速即隨時送部查銷等因，咨行到粵。經臣等飭據廣東布政使高崇基詳稱，查西寧縣夜護司巡檢張鳳墀，文憑部限光緒十一年五月初一日到任，除去程途雨阻例得扣展外，該員於八月初八日到任，實計違限不及兩月。又番禺縣丞楊甲秀，文憑部限光緒十一年六月二十三日到任。除去報明措資一個月，程途水阻例得扣展外，該員於八月初五日到省，計在限內。嗣因留省學習，漸就熟悉，於光緒十二年二月初四日飭赴本任，詳奉咨部銷案。又封川縣訓導黃鍾岳，文憑部限光緒十一年四月十七日到任，除去程途應行日期例得扣展外，該員於七月二十日到任，實計違限不及兩月。東安縣教諭陳懷經，文憑部限光緒十一年七月初七日到任，該員任省教讀，就近驗試給憑赴任，於七月初四日到任，係在限內，並無遲逾。又陸豐縣訓導尹元照，文憑部限光緒十一年八月初六日到任。該員在省教讀，就近驗試給憑赴任，於八月初三日到任，係在限內，並無遲逾。以上各員，均將文憑先後申繳到司，業經歸於光緒十一年秋季彙繳文憑案內，詳經咨銷在案。惟查各官到任，文憑照限按季送銷，經前藩司沈鎔經於光緒十一年十月十九日，因病開缺，移

[一] 以下二件録自《京報》第二五四九號。

交前署藩司蕭韶接收，時值承辦書吏相繼病歿，致未依限彙繳。本司於光緒十二年六月二十二日到任，清理案檔，查出積壓事件，派員督催，以資造辦此項文憑，係於本年六月初十日詳請咨銷。所有藩司前後失察，書吏辦事遲延，理合據實陳明，自請議處，具詳請奏前來。

臣等覆查官員到任繳憑，照例按季造報送部查銷，歷經遵照辦理。廣東省光緒十一年秋季，各官到任繳憑册結，遲至本年六月初十日始據該司詳送到院，經臣大澂咨送吏部查銷在案。惟西寧縣夜護司巡檢張鳳墀、番禺縣縣丞楊甲秀、封川縣訓導黃鍾岳、東安縣教諭陳懷經、陸豐縣訓導尹元照等五員，吏部計其給憑之日已滿二年之限，照例開缺，歸於月分銓選。其實各該員到任，或並無遲逾，或違限不及兩月，於該藩司繳憑遲延，以致誤開員缺。雖據詳稱前藩司沈鎔經因病開缺，移交前署藩司蕭韶，未及依限送銷。該司查出積壓事件，以次造辦，核其任卸時日，則先察書吏辦理遲延，均屬咎自應得，相應請旨將前署廣東布政使、現任浙江按察使蕭韶，現任廣東布政使高崇基，一併飭部照例議處。仰懇天恩俯准張鳳墀、楊甲秀、黃鍾岳、陳懷經、尹元照等五員免其開缺，仍留本任。已經選授西寧縣夜護司巡檢馬三得、選授番禺縣縣丞穆省三，應請留省另補。新選封川縣訓導羅嵩培、東安縣教諭王培德，另行歸月銓選。除咨部查照外，所有查明教職佐雜並無延不赴任，應請免其開缺，並將藩司照例議處緣由，是否有當，臣等謹合詞恭摺具奏，伏乞皇太后、皇上聖鑒，飭部議覆施行。

吏部議奏。

參革庸劣各員摺 光緒十三年九月　日

竊維州縣爲親民之官，民間疾苦惟州縣可曲體之而撫字之。其與民相接，尤在自理詞訟之時，責於聽斷者，公事必勤，輿情必洽。顢頇長厚之員，曲直是非，不能了了於心，即不能了了於口。公牘文字尚可取資於幕友，而坐理堂皇責無旁貸。不爲書差所播弄，必爲訟棍所揶揄。似此才力竭蹶，必致貽悮地方。臣等有察吏之責，見聞既確，亦不能稍事姑容。查有海康縣知縣寅保，性情闒弱，事理不明，聽訟含糊，不免授權於胥吏，實不勝牧令之任。又定安縣教諭譚宗濂，縱容書斗，物議沸騰。代理崖州永甯司巡檢邱仁鴻，交結匪類，品行卑污。相應請旨將海康縣知縣寅保，以府經歷縣丞降補。定安縣教諭譚宗濂、前代理崖州永甯司巡檢邱仁鴻，一併革職，以示懲儆。臣等爲澄叙官方起見，是否有當，謹合詞恭摺具奏。伏乞皇太后、皇上聖鑒。

寅保著以府經歷縣丞降補。譚宗濂、邱仁鴻均著革職。吏部知道。

新選運同先委署同知片[一] 光緒十三年十月初九日

再，新選兩廣鹽運司運同文炳於光緒十三年閏四月十八日領憑到省，自應飭赴新任。惟潮州運同一缺，督銷潮、嘉、汀、贛四屬引鹽，餉重課繁，疲難素著。自前任運同錢瑨虧短引餉經臣

[一] 録自中國第一歷史檔案館編《光緒朝硃批奏摺》第七五輯，第三三一至三三二頁，中華書局一九九五年版。

之洞奏參嚴追，責成潮州府知府兼署運同，極力設法整頓，事權較重，呼應較靈，近來稍有起色，未便遽行分辦。該員文炳甫經到省，於粵省鹽務尚未深悉，已將該員委署佛山同知篆務，俾資閱歷，俟察看潮橋鹺綱情形，再行酌量辦理，以昭慎重。據廣東布政使高崇基、兩廣鹽運使英啓會詳前來。謹合詞附片陳明，伏祈聖鑒。

吏部知道。

潮州知府兼署運同片光緒十三年十月初九日

再，兼署兩廣鹽運司運同潮州府知府朱丙壽告請終養，所遺運同一缺，運銷繁難，疲累素著，現在正當設法整頓之際，仍須責成潮州府知府兼綜合辦，始能呼應靈通，不虧課餉。查有現委署理潮州府知府方功惠，前曾署理運同，諳練鹺務，熟悉情形，堪以委令兼署。據兩廣鹽運使英啓會同廣東布政使高崇基具詳請奏前來。除批飭遵照外，謹循例合詞附片具奏，伏祈聖鑒。

吏部知道。

派員周歷南洋各埠籌議保護摺光緒十三年十月二十四日

竊臣於光緒十二年二月二十五日遵旨會同出使大臣張蔭桓具奏，籌議外洋各埠捐船護商情形。當經奏派總兵銜兩江儘先副將王榮和、鹽運使銜候選知府余瓗先赴南洋有名諸島，詳慎周歷，飭將設官、造船兩事一併密加商度，以憑籌定切實辦法等因。奉旨：該衙門知道。欽此。當經總理衙門電致駐英、荷、日使臣轉告該國外部去後，該委員王榮和等於十二年七月二十七日由粵起程，先後往查各島埠情形，均經隨時稟報，頗爲詳悉。本年七月各回粵東，臣復面加考詢，大抵設立領事一節，事甚切要，勢亦可行。謹撮其大要，爲我皇太后、皇上陳之。

查該委員等所歷南洋計二十餘埠，先至小吕宋，爲日斯巴尼亞國屬。次新加坡，次麻六甲、次檳榔嶼，次仰江，皆英國屬。次日裏各附埠，次加拉巴各附埠，次加拉巴，次三寶壠各附埠，次泗里末，皆荷蘭國屬。次新金山之鉢打穩，次雪梨，次美利濱，次亞都律省各附埠，次衮司倫，次衮司倫各附埠，皆英國屬。

其抵小吕宋也，華民分訴日人虐害情形，懇請派官保護，自籌經費。緣該處華民五萬餘人，貿易最盛，受害亦最深。該委員等詳查被害各案，或挾嫌故殺，或圖搶故燒，甚至官兵徇私，巡差訛詐，暴歛橫征，顯違條約，當經擇要照會日官查辦。時值土人聯名擬逐內地華工，該委員等到吕，其議遂寢。綜核情形，非設總領事不可。其分設正副各領事暨駐劄處所，由總領事因地制宜，擇員稟委，以期妥洽。

其抵新加坡也，與原設領事左秉隆往見坡督各官，禮意尚洽。該處華民十五萬人，富甲各處，除衙舍公產外，所有實業華人居其八，洋人僅得其二，每年往來華工又最多。英設華民政務司專理其事，立法尚稱公允。惟不向中國領事衙門報名，情意既不聯絡，而目擊招工客館作奸欺瞞，無從禁止，亦失保護之旨。似應並由中國領事官稽查，以重事權而免流弊。

至麻六甲、檳榔嶼兩處，與新加坡相連，華商居多，生意繁盛。又附屬石郎阿國之吉隆埠，卑力國之罅埠，均尚知保護華工。華人開采錫鑛者十餘萬衆，富至百萬者數人，服飾禮儀，一如故鄉，無所改換。檳榔嶼一埠，人材聰敏爲諸埠之冠，宜添設副領事一員，與駐坡領事相助爲理，益可以收後效。

其抵緬甸之仰江也，該處華人三萬餘衆，設有甯陽會館及各公司。該員徧加訪查，出産以米石爲大宗，寶石、牛皮等物次之。自英據其地，收餉設戍，密邇騰越，爲中國隱患。此處宜設副領事，聯絡商情，必於邊事有益。

其抵日裏也，該處爲原奏所未及。華工亦萬餘衆，來自汕頭等處。先由客頭帶至新加坡、檳榔嶼，經英官查過，自願傭工者，訂立華文合同，往日裏爲傭。所業種菸、紮菸，勤奮者年終可餘番銀百餘元，否則不足糊口。工頭以賭傾其資，繼以稱貸，第二年復須留工，則返鄉無日。查荷官洋文章程内載，工人有過，准園主送官訊辦，不得私自鞭撻，做工不得過三年之限，限滿後無論有無虧欠，園主皆應給予川資，不得再留等語。而園主陽奉陰違，於華文合同内並不叙明，任意虐待，經該委員等告知荷官，始允爲設法整頓。此處宜設副領事，以資保護。

其抵加拉巴也，該處華民七萬餘衆，荷人捐税繁多，睹風尤熾，甚至迫令入彼國籍。其附近之波哥内埠、文丁内埠，皆有華人聚處。又有三寶壠與疏羅，及麥里芬，及泗里末、惹加等處，皆荷蘭國屬地，華人二十餘萬衆，荷官横肆暴虐。該委員等接見華商，備言其苦。中國如籌保護，小呂宋而外，當以加拉巴爲先。該處宜設總領事，兼辦三寶壠等處事務，於荷屬各埠華人，加以恩義，數十萬衆皆可内附。其分設副領事，一切與小呂宋同。

其抵新金山之鉢打穩埠也，華工三千餘衆，雪梨附近華人萬餘衆。美利濱埠、旺加拉打埠、必治活埠、叭拉辣埠、紐加士埠、市丹塔埠，均屬新金山外埠，惟庇釐市檳埠係袞司倫之省城。又有湯市喊路埠、波得忌利士埠及谷當埠，每處華人自數百至千餘不等，該委員皆勤加撫慰。查新金山即英屬澳士地利，爲五大洲之一，地方遼闊，物産繁富，多五金鑛産。華人至者頗多，英欲阻之，特立收人税之法，每人納英金十鎊方准登岸，間有收至三十鎊者。似可援照美國總領事章程，在雪梨大埠派設總領事一員，總理雪梨及美利濱、亞都律、袞司倫各埠並紐討蘭島華人商務，則華工得所庇倚，謀生益覺有資。其各埠副領事，可即令商人兼辦，無須發給薪費。

此該委員等先後禀報籌辦及回粤後面加考詢之大略情形也。

臣查委員王榮和等于役南洋，海程五萬餘里，各埠商民覩漢官之威儀，仰堯天之覆幬，莫不歡呼迎謁，感頌皇仁，其懇求保護之情，極爲迫切。查出洋華民數逾百萬，中國生齒日繁，藉此消納不少。近年各國漸知妒忌，苛虐驅迫，接踵效尤。若海上不安其居，即歸内地，沿海驟增此無數游民，何以處之。故保護之舉，實所以弭近憂，而非以勤遠略也。儻蒙朝廷設立領事，加以撫循，則人心自然固結，爲南洋之無形保障，所益匪淺。該委員所到之處，各該國洋官款接照料，禮意甚優，英屬尤爲周至，商及保護等事，亦俱和平承允。其議設領事一節，英屬最爲欣然，力勸速辦，俾資約束，荷、日限於公法，亦皆無辭相拒。

查小呂宋距中國最近，華民望切倒懸，必須先設總領事駐劄其地，以收遠近之心，以伸華商之氣。經臣電商張蔭桓，擬派總兵銜兩江儘先補用副將王榮和爲駐劄小呂宋總領事。緣該處閩人最多，王榮和籍隸福建，穩練精詳，究心洋務，素爲閩人所信服。此次出差南洋，親歷小呂宋各埠，熟習情形，深得窾要，以之充當總領事，人地實屬相宜。應由該大臣先向日國商定發給憑照事宜，再行奏明辦理。

隨准該大臣咨稱，業經照會外部概允照辦，而藩部以土人齮齕爲詞，懼設官之後，喧賓奪主，礙其溢征，是以至今延宕。臣查各國通例，凡立通使之後，即可派領事駐劄其地保護商人。古巴等處，中國早經設官，小吕宋同爲日屬，何獨不可。應請旨飭下總理衙門，與日使會商，催令該國速發憑照，不容推宕，一面由臣咨會張蔭桓催促外部速辦。此外商務較繁之埠，應如何添設正副領事，應俟小吕宋辦有規模，再行推廣。至英、荷各屬，或苛待華工，或暴征身税，亦應次第設官申理，容俟般鳥各島一律訪查之後，由臣分别咨商駐英、(和)[荷][一]、法使臣，酌度奏明辦理。

所有總領事、繙譯、隨員等官薪俸，前經奏明，請由中朝籌給。本年六月十二日承准總理衙門咨開，此次小吕宋新設領事薪俸經費，應由何項撥給，應給若干，由臣妥籌辦法等因。臣體察所稟情形，各該島甚願自籌，力亦能辦。將來小吕宋總領事派定後，應在出使經費項下，將第一年經費先行核給，較爲得體。並照總理衙門奏覆新加坡成案，飭令該領事將歲收册照各費報明抵還。第二年後便可不費公帑，餘者作爲造船公款，稟候撥用。其總領事等署中一切辦公雜用，應准於所收册照等費内動支開報，毋庸另請公款，一年後稟報核定數目。其設領事之處，就其餘款酌撥若干，量設書院一所，亦先從小吕宋辦起。由臣捐資倡助，並購置經書發給存儲，令各該領事、紳董選擇流寓儒士以爲之師，隨時爲華人子弟講授。使其習聞聖人之教，中國禮義彝倫之正，則聰明志氣之用，得以擴充而愈開，水源木本之思，益將深固而不解。從此輾轉傳播，凡有血氣，未必無觀感之思。查各埠入款，以每年注册及進出口船牌之費最爲名正言順，誠使事機順利，不致别有阻礙，屈計該處此兩項收入不少。除抵支領事公費，尚可逐漸積存一款，以備購置護商兵船之用。一切收撥章程，應俟設官之後，再行飭令核擬。如所收册照船牌等費不敷開銷，擬懇恩准由粤省勸諭各該埠商量力捐資，奬以虚銜、封典、翎枝，專充領事經費，永不提用，各埠旺淡不等，挹彼注兹，必可敷用。

(硃批)該衙門議奏。(欽此)

續查未歷各埠片 光緒十三年十月二十四日

再，上年奏派總兵銜副將王榮和、鹽運使銜知府余瓗周歷南洋有名諸島，往返程期約須八閲月，所有(月)薪[水]公費每月統共需銀一千三百八十兩，請由粤海關歲撥出使經費項下就近劃給，均經奏明在案。

現據該委員等稟稱，自上年七月起程，至本年七月初四日由新金山折回粤省止，已逾期四月有餘。所至各埠如日裏、柔佛、庇釐市濱、亞都律、大金山、叭拉辣、旺加拉打、必治活、谷當九處，皆原案未及(備)載，而華民衆多，商務緊要，不得不順道一往，以致往返稽時，未能如期蕆事。先經稟准展期六箇月，綜核支用不敷已多，重洋未克隨時請領，當由新金山折回。現擬續請[經費]再往般鳥、西貢、海防、暹羅各處查看等情。

臣查王榮和等(祇以遠隔)重洋跋涉，不(辭)[憚]勞瘁，所查各埠情形甚爲詳(細)[悉]。般鳥一島，地方廣闊，距中華洋面不遠。至暹羅、西貢、海防等處南洋近地，華民極多，尤應體訪明確，自應將前奏未歷各埠，仍由該委員等一律訪查，以竟

[一]「和」，疑為「荷」。

全局。當經咨會粵海關監督臣長有，在於出使經費項下續撥六箇月經費銀八千二百八十兩，發給該委員等收領，以便遄行。

（硃批）該衙門知道。（欽此）〔一〕

遵旨酌保勘界出力各員摺〔二〕 光緒十三年十月二十四日

竊照隨同出關勘界出力各員，經臣等援照歷辦勘界成案擬請擇尤保奬，於光緒十三年七月初四日附片具奏。八月二十四日差弁賫回原摺，奉硃批：另有旨。欽此。並准軍機處鈔單内開：本日軍機大臣面奉諭旨，鄧承脩等奏請將隨同出關勘界各員奬勵等語，王之春著交軍機處存記，楊宜治著以户、刑二員弁著准其擇尤酌保，毋許冒濫。欽此。仰見朝廷甄録前勞，不遺邊遠之意，曷勝欽感。當即恭録轉行欽遵。隨據東、西兩省善後局司道查開出力各員弁，請予奏奬前來。伏查此項人員勞績次第臣之洞等與臣承脩先經在粵公同核擬。竊思東、西兩省辦理界務，爲時已及三年，該員弁等久歷煙瘴邊荒之地，備極艱辛。而於諸務隨同辦理，悉臻妥貼，不無微勞足録。既經奉旨准予擇尤酌保，理合擇其尤爲出力者查開勞績，繕列清單，恭呈御覽。合無仰懇天恩俯准照擬奬叙，以昭激勸。其千把以下武弁，咨部核給奬叙。除另繕各該員弁履歷咨部外，謹合詞恭摺奏陳。伏祈皇太后、皇上聖鑒訓示。

該部議奏。單併發。

請賞赫政二品頂戴片光緒十三年十月二十四日

再，三品銜前江漢關税務司赫政，此次勘辦界務，派充繙譯，辛苦三年，始終其事，蒙犯瘴癘，險阻不辭。上年南關會議時，於邊隘險要處所尚能設法辨争，其勞頗有足録，其心尤屬可嘉。合無仰懇天恩賞加二品頂戴之處，出自宸裁。謹附片具陳，伏祈聖鑒。

該衙門議奏。

請優卹勘界瘴故片光緒十三年十月二十四日

再，光緒十一年廣西勘辦界務需員，經臣之洞、臣秉衡先後派補用副將李定勝、廣西補用知州陳子廉、監生羅正誼前赴南關聽候勘界大臣鄧承脩差遣。該員生等奔走邊荒，不避艱險，觸冒瘴癘，均於途次先後病故，殊堪憫惻。據東西善後局司道詳請奏卹前來。合無仰懇天恩俯准將已故副將李定勝、知州陳子廉、監生羅正誼均照軍營瘴故例，從優議卹，以慰忠魂。謹附片奏陳，伏祈聖鑒。

李定勝等均著照軍營瘴故例從優議卹。該部知道。

開除兩廣鐵禁變通旗程暫免税釐摺〔三〕

光緒十三年十月二十四日

竊臣前奉諭旨，開辦鑛務，以資利用。各就地方情形詳加酌

〔一〕以上衍、脱、舛七處，據中華書局一九九五年版《光緒朝硃批奏摺》第八六輯第三三九至三四〇頁删、補、校正。

〔二〕以下三件録自臺北故宫文獻編輯委員會編《宫中檔光緒朝奏摺》第三輯，第四六四至四六五頁，臺北故宫博物院一九七三年版。

〔三〕録自中國第一歷史檔案館編《光緒朝硃批奏摺》第七七輯，第一〇〇至一〇一頁，中華書局一九九五年版。

度，奏明辦理等因。誠以煤、鐵等物皆製器所必需，而鐵鑛之爲用尤亟，然必須銷場通暢，鑛務方有起色。臣於上年十二月援照山西成案，奏開兩廣鐵禁，准令出洋，冀以敵侵銷而暢土貨。欽奉諭旨准行，當即恭録轉行欽遵辦理。惟查廣東地方凡有鐵器發賣，須在運司衙門告運指定地方，給以總督衙門旗票，依限繳銷，違則有罰。以致各商拘守旗程，劃分地界，彼此鐵貨禁不往來。境内且難流通，又何能遠行出海。粤鐵素號精良，出産最饒，先年大爐、土爐各有數十座，歲徵鐵六百餘萬斤，載在鐵志。乃近年以來，洋鐵充斥，爐座紛紛倒閉，每年所徵鐵税不及從前十分之一，通年所徵止數百金。良由拘牽舊法，自相禁阻，坐使洋鐵充塞，粤鐵愈成積滯，而奸販繞越、偷漏仍屬難免，以致工商益困，課餉日絀，雖有開禁之名，並無出洋之實。查收買鐵斤，内地興販，悉從民便，例有明文。何獨於粤省土産之鐵多方禁錮，徒令鑛法多一窒礙，粤民少一營生。臣前奏業已詳陳，既奉諭旨大開海禁，則内地行銷更復何所違礙。亟須設法變通，准其擇便運售，毋庸告運，亦無所用其旗程。嗣後鐵貨與尋常貨物無異，不得再分畛域。至於販運鉎鐵、鐵器，每萬斤向應完納軍監牙加斤弔等税五兩三錢四分二釐，又鐵器每百斤應完釐金一錢，生熟鐵百斤應完釐金二三分，爲數本屬甚輕。加以近年徵解愈少，並無大濟。應請將此項税釐自光緒十四年正月起三年内暫行寬免，俾商販減輕成本，容易運銷，始足以敵外來之鐵，收已失之利。惟當考究數目，以便周知衰旺。現擬由臣刊刷運票，印發各關廠，飭令鐵斤於出爐起運時報明，所過第一道釐廠填給運票，沿途查驗放行。至出海各口之廠，掣回繳銷，不准需索絲毫規費。無釐廠之處，由各府税廠。無税廠之處，由海關委員就近查驗。各按月彙報察核，統俟出洋暢旺，再行酌定抽收。現在税釐既經暫免，則凡隨徵之鐵規、小禮、雜項亦應暫停，均俟開徵税釐再復舊章。惟此項内有向解翰林院讀書銀八十兩、内閣飯食銀二百兩，皆係辦公必需之項，未便缺乏，應設法另籌如數照解。其開設爐座與興販鐵斤各爲一事，所有大爐、土爐各餉仍應照舊完納，以示區別。據兩廣鹽運使英啓會同廣東布政使高崇基、署廣西布政使周鶴具詳請奏前來。臣等覆核無異，相應據情奏懇天恩准予照辦，俟鐵貨出洋暢旺，再將應完税釐酌定抽收，於鑛務、商情實有裨益。除咨總理衙門，户、工二部外，所有開除鐵禁變通旗程暫免税釐各緣由，謹會同廣東撫臣吴大澂、護理廣西撫臣李秉衡恭摺具陳，伏祈皇太后、皇上聖鑒。

著照所請。該衙門知道。

力疾銷假籲懇陛見摺 光緒十三年十月二十五日

竊臣前因久病未痊，疊疏乞罷，於八月二十四日差弁賫回原摺，奉硃批：著再賞假兩箇月，毋庸開缺。欽此。恩慈優容，感悚交集，當即一面黽勉供職，一面加意調治。

緣臣以極迂極鈍之才，處兩廣至繁至難之地，思力日趨於艱苦，陰陽遂至於交傷。近日籌辦諸事，粗具規模，現届兩月假滿，氣體之疲，肝脾之證，雖仍如前，而神思稍覺活潑，夜寐稍覺定静。伏念臣病軀竊位，無補時艱，乃守官之疚責方深，而大造之洪施無盡。浮沉戀棧，則有不安，固求弛擔，則又不敢。但可支持自效，亦何容再瀆宸聰。[謹]當力疾銷假，隨時醫調，一應地方事件，仍照常竭誠辦理。惟臣自光緒十年閏五月來粤，瞬逾三年，遠離闕廷，夢寐依戀，早應奏請展覲，(祗)[祇]以夏間即經乞病，未得上請。今已銷假，自應及時疏陳，合無籲懇天恩准臣入都陛見，俾抒瞻就之忱。至兩省重大事務，地方詳細情形，亦得縷晰敷陳，面聆聖訓，庶幾欽承有自遵守，奉行可免隕越，無任懇切屏營之至。如蒙恩允，所有兩廣總督篆務，仰祈簡員署理，俾臣得以交卸起程。

（硃批）毋庸來見。（欽此）〔一〕

開設書局刊布經籍摺 光緒十三年十月二十五日

竊惟經學昌明，至我朝爲極盛。道光年間，前督臣阮元校刊皇清經解一千四百餘卷，藏板學海堂，既已表章先正，亦以鼓舞來學。於是海内通經致用之士，接踵奮興，迨今六十餘年，通人著述日出不窮。或有藁草遺編，家藏槧本，當時未見，近始流傳，亟應續輯刊行，以昭聖代文治之盛。況學海堂爲當日創刊經解之所，是粤省尤當力任此舉，勉紹前規。

臣等海邦承乏，深惟治源亟宜殫敬教勸學之方，以收經正民興之效。此外史部、子部、集部諸書，可以考鑑古今，裨益經濟，維持人心風俗者，一併蒐羅刊播。上年即經臣之洞捐貲設局舉辦，然必須籌有常款，擇有定地，方能經久。現經臣等公同籌度，即將省城内舊機器局量加修葺，以爲書局，名曰廣雅書局。臣之洞捐銀一萬兩，臣大澂捐銀三千兩，順德縣青雲文社捐銀一萬兩，仁錫堂西商捐銀一萬兩，省城惠濟倉紳士捐銀五千兩，潮州府[知府]朱丙壽捐銀五千兩，共銀四萬三千兩，發商生息，每年得息銀二千三百六十五兩。又誠信堂、敬忠堂商人每年捐銀五千兩，共七千三百六十五兩，以充書局常年經費。計款項尚不甚充，如以後别有籌捐之款，再當湊撥應用，視經費之贏絀，爲刊書之多寡。檄飭兩廣鹽運司綜理局事，博訪文學之士詳審校勘。將來各書刊成，當隨時刷印咨送國子監，以備在監肄業者考覽之助。

（硃批）該衙門知道。（欽此）〔二〕

建築牛山礮臺完竣摺 光緒十三年十月二十五日

竊查廣東省河東路北岸之牛山地方，距省七十里，其東八里曰波羅廟，即南海神廟所在。由此登陸可達烏涌燕塘，爲入省大道，道光年間洋船[即]係由此登陸。其地與沙路南北相對，爲長洲之左臂，魚珠之外屏。其下海洲四段相接，名(曰)[四]沙口，凡由虎門入口之船，必經蓮花山下駛進四沙口，方能上抵黄埔，以達省城，水陸均當衝要。

光緒十一年間，飭委德弁周覽省防形勢，僉謂此處必宜築造礮臺，方不致令敵人由波羅一帶登陸，襲我魚珠各臺營後路。當飭記名總兵李先義督率副將吴元愷、都司吴良儒相度形勢，繪具圖說。經臣之洞覆加核定，就該山建築新式礮臺七座，兵房、暗道、子藥房均依法配造。礮路所向，正扼四沙口咽喉，若敵船將近，可與沙路之礮(犄)[掎]角呼應。即使敵船横過，又可與魚珠之礮首尾夾攻。安設阿模士莊十二頓新式鋼礮四尊，克虜伯二十一生特、三十五倍口徑新式鋼礮三尊。各礮係先後電託出使大

〔一〕以上衍、脱、舛四處，據中華書局一九九五年版《光緒朝硃批奏摺》第五輯第三九〇至三九一頁删、補、校正。

〔二〕以上衍、脱三處，據中華書局一九九五年版《光緒朝硃批奏摺》第一〇四輯第三八三至三八四頁删、補。

臣曾紀澤、許景澄分向英、德兩廠訂購。臺工於本年二月間告竣，各礮自前年六月至今年十月陸續到齊安放妥貼。臣等親往驗視，臺工、演放礮位均屬合法得用，所費亦較從前所建礮臺爲省。所有礮價、臺工、地價，飭局彙案造銷。現派記名總兵李先義督同副將吴元愷率營駐守操練，以固省河藩籬。

（硃批）該衙門知道。（欽此）〔一〕

粵潮二關及瓊州北海兩新關第一百六結徵税銀數摺〔二〕 光緒十三年十月二十五日

竊照光緒十年四月間准户部咨，會議各海關洋税奏銷，瓊州、北海兩關未據按結奏報，應令遵照定章一律開單奏報一摺。奉旨：依議。欽此。咨行到粵。當經欽遵辦理。查粵海、潮州二關徵收洋税四成項下銀兩，歷准户部並總理各國事務衙門咨，每月撥解陝西協餉銀一萬兩，嗣改爲籌邊軍餉。又，每季籌辦内務府、造辦處赤金各五百兩。又，每結撥解抵還閩省借款銀六千兩，嗣改爲加放俸餉。又，應解南北洋經費，嗣准總理海軍事務衙門咨，撥歸海軍衙門作爲常年餉需經費之用各等因。所有同治五年二月十六日第二十三結起至光緒十二年十二月初七日第一百五結止，粵海、潮州二關徵解銀數，歷經按結奏報在案。兹自光緒十二年十二月初八日起至十三年三月初七日止，計三箇月爲第一百六結，粵海、潮州二關徵收正税洋藥税共銀四十三萬二千二十四兩四錢八分八釐，核計四成銀一十七萬二千八百九兩七錢九分五釐二毫，除撥解光緒十二年五月、六月、七月籌邊軍餉共銀三萬兩，辦解内務府十三年春季分赤金價銀九千二百五十兩，造辦處十三年春季分赤金價銀九千二百五十兩，抵還閩省借款解京改放俸餉銀六千兩外，實存四成銀一十一萬八千三百九兩七錢九分五釐二毫。又，本届第一百六結期内，粵海、潮州二關徵收洋船船鈔、土貨半税，招商局輪船貨税、船鈔、土貨半税，及粵海大關徵收子口税，潮州新關徵收招商局輪船洋藥税各項，共銀五萬三千四百一十九兩九錢五分九釐。至粵海大關招商局輪船洋藥税，潮州新關子口税，本届並無徵收。又，瓊州、北海兩新關自光緒十二年十二月初八日起至十三年三月初七日止，計三箇月，爲第一百六結。瓊州、北海兩新關徵收正税、洋藥税共銀五萬二千五百八十九兩五錢二釐。又，本届第一百六結瓊州、廉州北海二新關徵收船鈔、土貨半税、子口税各項共銀二千一百四十八兩九錢九分九釐。至招商局輪船貨税、船鈔、洋藥税、土貨半税本届並無徵收。所有粵海、潮州二關及瓊州、廉州北海二新關第一百六結徵收正税及船鈔、子口税、洋藥税、土貨半税各緣由，除咨總理衙門暨户部外，再光緒三年四月間准户部咨，瓊州、北海兩關所收洋税，既無外國扣款，自毋庸再行分別四成、六成報解，合併陳明。臣等謹繕列清單，會同南洋通商大臣兩江總督臣曾國荃，恭摺具陳，伏祈皇太后、皇上聖鑒。

該衙門知道。單併發。

〔一〕以上衍、脱、舛五處，據中華書局一九九五年版《光緒朝硃批奏摺》第六四輯第六一五頁删、補、校正。

〔二〕録自中國第一歷史檔案館編《光緒朝硃批奏摺》第七二輯，第一四五至一四六頁，中華書局一九九五年版。

開復知縣姚繼志頂戴摺[一] 光緒十三年十月　日

竊照前代理瓊山縣知縣姚繼志交代初參限滿，欠解正雜款銀一千六百餘兩、米七百五十餘石，迭經嚴催未據完解。經臣等專摺奏請摘頂勒限嚴追。欽奉硃批：姚繼志着暫行摘去頂戴，勒限完解。餘依議。該部知道。欽此。當即行司嚴飭完解去後。茲據廣東布政使高崇基、署督糧道閻希范，會同交代總局司道詳稱，查該員被參後，於光緒十三年七月初六日，完解光緒十二年分裁船米價銀一百七十一兩五錢一分七厘，又於是月初九日完解光緒十二年分地丁正耗銀八百九十七兩三錢四分九厘，又於是月二十三及二十九等日完解光緒十二年分勻徵稅科羨耗銀四十五兩二錢九分八厘，光緒十二年扣存耗米糶價盈餘銀三百六十五兩三錢六分三厘，光緒十二年藉田谷價銀四兩一錢七分二厘，俱造入光緒十四年春季冊報。又完解光緒十二年飯食二成銀二十九兩二錢七分二厘二毫，又完解光緒十二年支剩囚糧銀四十九兩三錢九分，又完解光緒十二年扣平銀三十三兩一錢三分五厘，俱係另冊造報，不入季冊。又於光緒十三年七月初十及八月十四等日完解光緒十二年裁兵三成米七百二十八石九斗三合七勺，完解赤溪案內儲倉米二十六石三斗五升九勺，俱造入光緒十二年奏銷冊報。所有該員欠解前項銀米，業已批解清楚，請將原參摘頂之案具奏開復等情前來。臣等覆查該員姚繼志，於被參後，即將前代理瓊山縣任內欠解銀米，照數全完，尚知愧奮。相應請旨將前代理瓊山縣試用通判姚繼志原參摘頂處分准其開復，以昭激勸。所有知縣欠解交代銀米參後全完請開復頂戴緣由，謹合詞恭摺具奏，伏乞皇太后、皇上聖鑒訓示。

姚繼志著准其開復摘頂處分。吏部知道。

委署知府片 光緒十三年十月　日

再，潮州府知府朱丙壽，現據呈請開缺終養，所遺潮州府知府篆務，應行委員接署。查有候補知府方功惠，心細才優，通達治體，堪以署理。據布政使高崇基、按察使王毓藻會詳前來。除檄飭遵照外，臣等謹循例附片陳明，伏乞聖鑒。

吏部知道。

請表揚前運司洪汝奎摺 光緒十三年十一月初三日

竊照已革兩淮鹽運使洪汝奎，前經臣之洞以廣東防務善後需才孔殷，將該革員奏調及立身居官大端分晰上陳，欽奉諭旨，發往廣東差遣委用。先是該革員卧病居家，臣鴻章深念其才品不凡，閒廢可惜，屢次致書約赴天津，處之賓幕，以資遇事商榷，該革員以疾辭。迨奉詔起用，感激聖恩，力疾航海南來，於上年冬間抵粵，經臣之洞委辦海防善後局，虛衷諮訪。該革員探討利弊，不遺餘力，議論皆中肯綮。以病軀積勞，於十二月內歿於粵省差次。忠忱徒切，未竟厥施，臣等同深痛惜。

茲據江蘇江甯府紳士國子監學正銜舉人汪士鐸等十二人，江蘇揚州府紳士按察使銜前署山東兗沂曹濟道候補道姚光鼐等十二人，先後聯名呈稱：該革員洪汝奎，原籍安徽，寄籍湖北，由舉人考取教習，留京當差。師事故大學士倭仁、故侍郎吕賢基、吴廷棟，勉爲經世有用之學，以躬行實踐爲主，日有記録。嗣以粵匪之亂，迭經故湖北巡撫胡林翼、故大學士曾國藩辟

[一] 以下二件録自《京報》第二五六五號。

參戎幕，贊畫軍謀，多所裨助。洎自江甯，由教習知縣洊保道員，先後委辦善後、營務、保甲各局事宜。時大難甫平，城中房產地基爲豪强侵占，該革員躬率履勘，扶弱鋤强，疲氓復業。同治五年，臣鴻章署任兩江，諗知該革員廉正精核，長於理財，檄委總理江甯糧臺。該革員設法句稽，不避嫌怨，力顧要需，出納逾數千萬，裁禁濫支，節存鉅款，後來興修水利、籌辦海防，並資其用。而新疆巡撫劉錦棠所統老湘營一軍，始終籌濟軍餉凡七百餘萬兩，用收廓清西域之功，尤爲有裨時局。歷任兩江督臣均傾心委任，沈葆楨尤所器異，連章論薦，渥蒙厚恩，遂由候補道員簡擢兩廣鹽運使，旋調任兩淮鹽運使。該革員自筦淮綱，力節浮冗，甄拔沉滯，設經國堂以課僚屬，凡委差委缺，胥視其殿最以爲衡裁。適逢海嘯奇灾，淮南各場被禍最烈，該革員發款籌捐，盡心賑撫，沿海竈丁數百萬胥慶更生。地方諸務，鋭意振興，未及期年，百廢具舉。旋因案罷職，遣戍去任之日，父老遮留追送，不絶於道。考其得罪之由，究由於嫉惡過嚴之故，業蒙恩命賜環，特旨録用。兹以力疾馳驅，於廣東差次病故，江淮士民感念遺澤，謳思不已。查原任揚州府知府何金壽，前經故大學士左宗棠奏奉上諭：左宗棠奏，已故知府遺愛在民，懇恩宣付史館一摺，已故揚州府知府何金壽，講求吏治，輿論翕服，實屬遺愛在民，該故員生平政績，著宣付史館立傳，以彰循吏。等因。欽此。今洪汝奎前任兩淮運司，清節惠政，實屬後先濟美，相應援案呈請具奏。籲懇聖恩，將該革員事蹟宣付國史館，列入循吏傳。並可否懇恩開復原官，以勵循良等語。該紳等先後赴臣國荃、臣鴻章衙門呈遞。臣之洞、臣大澂復准安徽撫臣陳彝咨送揚州府紳士姚光甗等公呈，懇祈具奏，請予表揚前來。

臣等伏查該革員洪汝奎，饋軍戡亂，具有前勞，善政宜民，尚留遺愛，已蒙恩旨發粵委用，是其前愆可原，人才可用，早在宸鑒之中。兹據該紳等臚列事實，請予奏懇恩施。查已革貴州巡撫林肇元在籍病故，前經雲貴督臣岑毓英奏准開復革職處分，欽奉諭旨，嗣後不得援以爲例。自應欽遵辦理。惟該紳等係兼爲洪汝奎懇恩列入循吏傳，臣等未敢壅於上聞。且洪汝奎已奉特旨起用，究與廢棄之員有別，其應如何加恩之處，出自聖裁，臣等未敢擅擬。

再，此摺係臣鴻章、臣國荃因洪汝奎係在粵差委病故，咨送公呈，函商臣之洞等由粵會銜具奏。

（硃批）洪汝奎獲咎較重，且係未經開復人員，所請均毋庸議。（欽此）

續裁營勇摺 光緒十三年十一月初三日

竊查瓊郡現已肅清，省外各路匪鄉辦理亦漸就緒，所有各勇營自應隨時酌量裁撤、歸併、填紮，以節餉需。綜計提督馮子材所部萃軍暨全字兩營，共裁去十七底營四千二百五十名，尚存五底營一千二百五十名，親軍一百三十名。水師提督方耀所部潮普勇裁去一營五百名，尚存五整營勇一千五百名，親軍二百名。署陸路提督鄭紹忠所部安勇裁去一營五百名，尚存五整營勇二千五百名，親軍一百名。潮州鎮總兵鄧安邦所部各項巡勇共裁去三百五十五名，尚存巡勇六百四十名，駐守礮臺鋭勇一底營二百五十名。廣西補用道方長華所部瓊軍八底營，除撥歸署高廉道王之春前赴欽防兩底營，撥歸雷瓊道朱采四底營外，實裁去方長華所部勇兩底營五百名。調署碣石鎮總兵劉永福所部福軍裁去三底營六百名，尚存兩底營四百名，親軍一百名。以上所裁各營，均飭截至六月底止。署高廉道王之春經撥帶兩底營，裁去一營二百五十名，尚存勇二百五十名，親軍一百名。北海鎮總兵王孝祺所部勤軍裁去一營二百五十名，尚存勇二百五十名，親軍一百名。本年閏四月內，於省城奏設緝務局，原募勇丁四百八十名，又守備羅祺原帶巡防沙面靖衛營勇三百名，又知縣李家焯原帶河南緝捕一百名，三項共八百八十名，裁去三百八十名，尚存五百名，併爲緝務營，歸緝務局管帶。都司司徒驥於上年十一月查辦恩平、開平、新甯、鶴山等處積匪，原募勇丁二百名，全裁。經理福軍營務同知孫鴻勳，除所帶新福軍兩營，全數撥歸雷瓊道朱采外，實裁親兵一百名。知州田明曜原帶西關緝捕勇一百名，全裁。以上所裁各營勇皆於十月以前陸續裁撤，計共裁勇丁七千九百八十五名。

又，署前山同知蕭丙堃，於九月內新募巡緝勇丁二百名，並添配拖船兩號，輪船一號。收除併計，實裁減勇丁七千七百八十五名。仍酌量地方遠近，加給口糧，其有籍隸外省者，加給一箇月餉銀，並分雇船隻，派員押送回籍，沿途均屬安謐。此外，由營務處委員查遣湘、皖、廣西等省游勇十起，共一千四百七十四名，亦經分別內外江海，雇船給資，妥爲押送。

（硃批）該部知道。（欽此）

粵潮二關及瓊州北海兩新關第一百七結徵稅銀數摺[一]　光緒十三年十一月初三日

竊照光緒十四年四月間准户部咨，會議各海關洋稅奏銷，瓊州、北海兩關未據按結奏報，應令遵照定章一律開單奏報一摺。奉旨：依議。欽此。咨行到粵，當經欽遵辦理。查粵海、潮州二關徵收洋稅四成項下銀兩，歷准户部並總理各國事務衙門咨，每月撥解陝西協餉銀一萬兩，嗣改爲籌邊軍餉，又每季籌辦內務府、造辦處赤金各五百兩，又每結撥解抵還閩省借款銀六千兩，嗣改爲加放俸餉，又應解南北洋經費嗣准總理海軍事務衙門咨，撥歸海軍衙門作爲常年餉需經費之用，各等因。所有同治五年二月十六日第二十三結起至光緒十三年三月初七日第一百六結止，粵海、潮州二關徵解銀數歷經按結奏報在案。茲自光緒十三年三月初八日起連閏至五月初十日止，計三箇月，爲第一百七結。粵海、潮州二關徵收正稅、洋藥稅共銀四十三萬六千八百二兩六分八釐，核計四成銀一十七萬四千七百二十兩八錢二分七釐二毫。除撥解光緒十二年八月、九月、十月籌邊軍餉共銀三萬兩，辦解內務府十三年夏季分赤金價銀九千二百五十兩，造辦處十三年夏季分赤金價銀九千二百五十兩，抵還閩省借款、解京改放俸餉銀六千兩外，實存四成銀一十二萬二百二十兩八錢二分七釐二毫。又本屆第一百七結粵海、潮州二關徵收洋船船鈔、土貨半稅、招商局輪船貨稅船鈔、洋藥稅、土貨半稅及粵海大關徵收子口稅各項，共銀七萬九千一百六十兩八錢九分三釐。至潮州新關子口稅，本屆並無徵收。又瓊州、廉州北海兩新關，自光緒十三年三月初八日起連閏至五月初十日止，計三箇月，爲第一百七結。瓊州、北海兩新關徵收正稅、洋藥稅共銀六萬七千八百七十八兩一錢九分六

[一] 以下二件録自中國第一歷史檔案館編《光緒朝硃批奏摺》第七二輯，第一五三至一五六頁，中華書局一九九五年版。

釐。又本届第一百七結瓊州、廉州北海二新關徵收船鈔、土貨半税、子口税各項共銀二千四百八十三兩六錢五分六釐。至招商局輪船貨税、船鈔、洋藥税、土貨半税，本届並無徵收。所有粵海、潮州二關及瓊州、廉州北海二新關第一百七結徵收正税及船鈔、子口税、洋藥税、土貨半税各緣由除咨總理衙門暨户部外，再光緒三年四月間准户部咨，瓊州、北海兩關所收洋税既無外國扣款，自毋庸再行分別四成、六成報解，合併陳明。臣等謹繕列清單會同南洋通商大臣兩江總督臣曾國荃恭摺具陳，伏祈皇太后、皇上聖鑒。

該衙門知道。單併發。

梧潯兩廠先年短徵盈餘酌量加賠寬免摺 光緒十三年十一月初三日

竊臣等前將廣西梧州税廠短徵盈餘銀兩擬請免六賠四，潯州税廠盈餘無徵，請予豁免，於本年六月間具奏，奉硃批：户部議奏。欽此。旋准户部議覆，梧廠前已賠過三四成，現在請賠四成，殊與全行請免無異，應於梧廠已賠外，再令酌賠數成。潯廠所請全免之數，亦令酌賠數成，均由該督撫酌度情形釐定成數，再行奏明辦理。等因。奏奉諭旨，咨行到粵，當即飭行遵照去後。茲據署廣西布政使周鶴察酌情形，將該兩廠短徵、無徵盈餘數目議請分別加賠，暨仍予寬免，具詳前來。臣等覆查梧、潯兩廠徵收短絀，歷來已久。自前廣西撫臣劉長佑將同治十一年以前短徵銀兩奏請豁免，始將梧廠正税整頓足額。維時署任之員固魯鏗暨接署之員覺羅英鋭，僅能將正税解足。至同治十二三年又經整頓盈餘，始酌令接署之員常興賠銀數千兩。嗣後各員雖皆援照著賠，惟確係短徵，故所賠多寡數目亦無定則。而固魯鏗、英鋭兩員任内並未著賠，楊廷璵一員所賠僅兩成有餘。臣等前摺擬請責令各該員悉賠四成，已屬格外從嚴，實與全行請免大有區别。若果此項盈餘確有可徵，則前撫臣何不勒賠於固魯鏗等之時，而必著賠於常興等以後。足見當時辦理皆係察酌情形以爲輕重。蓋同治十二三年以後，較固魯鏗等任内之時地方漸臻安謐，差可勒令賠填也。臣等前擬悉賠四成，若論固魯鏗、英鋭兩員在任情形尚難及此，其餘各員從前皆係覈實賠繳，諒亦鮮有餘力。惟部議既令酌量再賠，自應勒令各該員勉力措繳。臣等體察情形，再四籌商，雖賠款未可稍輕而追呼要期有濟。如固魯鏗等病故已十有餘年，縱從重著賠，恐亦有名無實。合無仰懇天恩俯准將同治十三年以前各員仍令著賠四成，免其再加外，其光緒元年以後各員，無論前已賠過或三成或四成，概令賠足五成，勒令按限清完以示懲儆。至於潯廠正税尚且短絀，每年猶須勒賠始能解足，其盈餘一項竟係無徵，與梧廠之短徵者更有不同。且又未另抽經費，雖欲注茲挹彼，亦屬無從，委係督責難施，臣等前摺業經詳陳。應懇鴻施仍照臣等原奏，將該廠歷年未徵盈餘，概予豁免，庶辦理各得其平。臣之洞之在廣東凡屬税釐但有可爲之方，無不力圖整頓。前於肇慶税廠改章革弊，本年多收六萬餘金，而潮州税廠每年亦多解二萬金，俱有明驗。其於貪劣之輩參追鉅款舉發靡遺，豈於梧、潯各員稍存寬貸。誠以該兩廠先年盈餘，或徵收短額，或實係無徵，與侵蝕虧挪有異，故不憚一再懇恩代求減免。上以布朝廷寬大之仁，下以收實事求是之效，庶不致查抄羈繫纍纍，終歸無著。至該兩廠嗣後辦法，臣等前奏暨現准部議均已詳晰，自當遵照辦理以杜弊端。

户部議奏。

粤海關籌解銀兩委員起程日期摺〔一〕光緒十三年十一月初九日

竊照光緒九年五月間接准户部咨，奏加京官津貼，每年粤海關應解銀四萬兩，自光緒九年爲始，以後按年額解。准户部咨，此項津貼改爲加復俸餉。又，各關應解抵閩京餉改爲加放俸餉案内，粤海關四成洋税，每結提解六千兩。又，内務府廣儲司公用，每年額撥粤海關税銀三十萬兩，例分四季起解。以上各款銀兩，均應趕緊籌解，以濟要需。

查粤海關節次起解部庫各款銀兩，向由西商先行借墊，勢難起解現銀。光緒十年四月間奏准，仍交商匯兑在案。兹光緒十三年分第三批京官津貼，改爲加復俸餉等款銀兩，經向西商志成信、協成乾銀號，借銀九萬四千六百兩，先行墊解，隨後由税收歸還，以資周轉。飭據廣東布政使高崇基遴委候補鹽知事毓幹、試用巡檢文焕，領解光緒十三年分第三批光緒十一年分加復俸餉銀一萬兩，又部撥加放俸餉銀六千兩，又光緒十三年秋季分廣儲司公用銀七萬五千兩，另加平銀一千一百二十五兩，新增歸公加平銀一千八百七十五兩，抬費用項銀六百兩，統共銀九萬四千六百兩。飭令該委員等領賫匯單文批，於光緒十三年十月初四日起程，附搭輪船，由海道進京，前赴户部、内務府分别交納，以期妥速。除分咨查照兑收外，臣等謹合詞恭摺具陳，伏祈皇太后、皇上聖鑒。

該衙門知道。

籌解第四批鹽課京餉等款銀兩片光緒十三年十一月初九日

再，廣東鹽課，光緒十三年奉撥京餉銀二十萬兩，内務府經費銀五萬兩，先後三批已解京餉銀一十五萬兩、内務府經費銀四萬兩，尚未解京餉銀五萬兩、内務府經費銀一萬兩。前據兩廣鹽運使英啓全數籌足，作爲第四批，詳委候補布經歷文海、候補鹽巡檢杜炳坤，領匯進京投納，業經奏報在案。委員尚未起程，適准户部來電，九月二十四日奏奉旨將各省關本年欠解部款，儘數改解河南河工應用等因。兹據該運使英啓詳稱，應解本年第四批京餉銀五萬兩截留改解河南河工，自應設法妥解，以免疏虞。當經發交商號百川通、元豐玖、蔚泰厚、新泰厚、蔚長厚、日昇昌等，於十月十三日匯至天津，由北洋大臣李鴻章轉解河南河工應用。其第四批京餉項下，應隨解一五加平飯食銀一千五百兩，暨内務府經費銀一萬兩，平餘抬費等銀三百三十兩，共銀一萬一千八百三十兩，仍照交商號日昇昌、元豐玖，飭委候補布經歷文海領賫匯單文批，改於本年十月初六日起程附輪進京，分别投納。所有本年奉撥廣東鹽課京餉銀二十萬兩、内務府經費銀五萬兩，均已照數解清等情，具詳請奏前來。臣等覆核無異，除分咨外，謹合詞附片陳明，伏祈聖鑒。

該衙門知道。

〔一〕以下二件録自《京報》第二五八〇號。

委員赴京投納部墊槍款片〔一〕 光緒十三年十一月初九日

再，部墊毛瑟槍價十三萬六千三百餘兩，部咨飭令廣東籌還，先經奏明，擬請從光緒十二年起，每年帶解銀一萬兩，並將光緒十二年分應解銀一萬兩飭委候補知縣敬輔等領解，由商號匯京，經奏咨，接准部覆在案。茲據廣東布政使高崇基，會同善後局司道詳稱，光緒十三年分應帶解前項部墊毛瑟槍價銀一萬兩，現已籌足，飭由殷實商號日昇昌、百川通、蔚長厚、新泰厚、蔚泰厚匯兑至京。飭委廣東補用知縣王壽民於十月二十七日起程搭解赴部投納，詳請具奏前來。臣等覆核無異，除咨呈海軍衙門及咨户部外，理合附片具陳，伏祈聖鑒。

該衙門知道。

請奬勵粵海關監督增潤片〔二〕 光緒十三年十一月初九日

再，粵海關監督增潤在任一年有餘，實力稽徵，克盡厥職。各關應徵正額盈餘銀兩除照舊徵解足數外，仍溢解常税銀三萬八千五百七十餘兩。上年捐助順直、山東賑捐銀各一千兩，籌借三海工程洋款本年應還三期，本利銀共十一萬兩。又此項洋款解京，另有紋水、運脚、雜費等項銀三萬一千五百兩，均係該監督一律捐足報效。核其在任年餘，徵收既屬有贏無絀，籌捐公項復較前數任爲獨多，洵屬竭誠報效。遇有中外交涉事宜，均能與臣等會商妥辦。伏查前監督文銛、俊啓、崇光、海緒，因辦理關務出力，歷經前督撫臣暨臣之洞奏明，渥蒙聖恩優加奬勵，分别以副都統三院卿候補在案。今該監督增潤任滿交卸，其榷務出力並捐繳要需最多之處，臣等未便壅於上聞，謹援案附陳，伏祈聖鑒。

增潤著以内務府三院卿候補。

改定瓊州營制摺 光緒十三年十一月初九日

竊照瓊州一島，爲海疆第一（要衝）〔衝要〕，孤峙大洋，逼近越境，内綏黎、客，外籌海防，在在胥資兵力，而勇營需餉浩繁，殊非經久之計。迭經與督辦欽廉防務提督馮子材、水師提督方耀、署陸路提督鄭紹忠暨瓊州鎮道往復詢商。臣等督飭司道參考羣言，覆加酌核，惟有就瓊州原有之制兵，酌設練軍，加足練餉，一洗緑營積弊，庶可化虚糜（而）爲實用。

查瓊州鎮標裁存額兵四千零九十九名，擬就瓊州鎮標左右兩營、崖州協、萬州營、儋州營、海口營、海安營共七營，每營抽練陸軍一底營計二百五十名，書識、號令、親兵、紅藍旗俱在其内，七底營共一千七百五十名。先將馬兵、戰兵儘數歸練，不敷之數，以守兵補足。又瓊州水陸額設崖州、儋州、海口、海安等營，拖船十號，現擬先行整頓七號，分撥崖州二號、儋州二號、海口二號、海安一號，共配撥練軍二百五十名，連前陸軍共二千名。陸軍不論馬、步、戰、守，每名均給月餉實銀三兩，每練軍

〔一〕録自中國第一歷史檔案館編《光緒朝硃批奏摺》第五七輯，第八一〇頁，中華書局一九九五年版。

〔二〕録自中國第一歷史檔案館編《光緒朝硃批奏摺》第七二輯，第一三七頁，中華書局一九九五年版。

十名，設（副）［什］長一名，月餉三兩三錢。拖船正兵月餉三兩，每號設正副舵工各一名，正舵工每名月餉六兩，副舵工每名四兩五錢。陸軍每營五哨，中哨營官自帶拖船，每一號爲一哨。陸軍哨官二十八員，拖船哨官七員。水陸哨官均於本營千、把外委内選充，不拘實缺、候補，每員月給薪水銀九兩。所有薪糧均不扣建。營官七員，即以本營現任副、參、遊等官兼充，無論官階大小，每員月支辦公費銀一百兩。如遇（有）［入山］剿捕，擇要屯防，爲日甚久，管帶之將官未便終年在外，應每營各設幫帶一員，以便更番而資兼顧，即於本營現任都、守内酌派兼充。幫帶官七員，每員月給夫馬費十五兩。以瓊州鎮總兵爲（號）統領，（自）［月］支辦公費銀二百兩。統計練餉、薪水、公費，每年共需銀［八萬］八千八百四十八兩。各營除抽練之外，尚應存守兵二千零九十九名，以充看管城門、局庫，護解人犯各項例差，及勻撥各處緊要塘汛，以存舊制。此抽撥練軍酌定練餉之章程也。

查此項抽練之馬、步、戰、守各兵，原有底餉銀三萬三千餘兩，又原有本色糧米七千二百石，每石按照部章，六營均折銀七錢，海安營折銀五錢，共銀五千餘兩。又馬兵原有馬料米折銀五百六十餘兩，一律由藩庫［粮道］及高廉雷瓊各道［庫］分別扣出，移交海防善後局凑撥練餉，既歸畫一，且免延欠。共抵銀三萬八千五百餘兩，尚不敷支銀五萬餘兩。擬即就瓊州現駐防勇十底營中酌裁五底營，每年計裁銀八萬一千餘兩，除撥補此項不敷之練餉外，每年計可節省銀三萬零二百餘兩，遇閏之年應加月餉薪費共七千三百七十八兩有奇。除原有餉米外，較之閏年勇餉，所省仍多。俟勇營報裁之日，即爲練軍起支之時，其挑剩之守兵二千餘名應支餉米，仍（照）［按］舊章。此酌（撥）［裁］勇營撥補練餉之辦法也。

至抽練之兵，悉按勇營規制，一律挑選精壯足額，臨時派委大員點驗。向來虛伍攤扣、散涣驕惰等積習，嚴行禁革。其有革退事故，即由練營募補，不得沿襲缺底頂充之弊。革退者，將積欠餉米清給本人，（已）［亡］故者，清給家屬。其底營之本管都、守、千、把等官，不得干預。但不得以別省之人充補，應專募廣東本省之人，（毋）［勿］庸拘定瓊州一府［之人］。餉項每月支發一次。陸軍七底營，務令一營合紮一處，朝夕操練，不准散處城市，兼習工商。海風猛烈，支帳難以耐久，均令搭蓋營房居住，即以每年應領帳棚經費抵作工料修（理）［葺］之用。所有軍［火］器［械］由軍（需）［械］局照章核發。拖船責令住船勤操巡洋會哨，練習風濤沙綫。水（路）［陸］均由瓊州鎮督率考（校）［核］，認真奉行。至支發練餉，責成雷瓊道切實稽（查）［察］，按季稟報，如有缺扣，稟明查參。此挑練成軍、屯劄操練、發餉、稽（查）［察］之章程也。

以上各（條）［節］略仿直隸練軍章程，而月（費）［餉］薪水及火夫、長夫等項撙節甚多。至統（領）［帶］、管帶各鎮將，雖係有缺人員，而廉俸無多，又經減成，萬萬不敷用度。以［必］致攤扣百出，難期整頓。況海外瘴鄉，尤須優加體恤，方能專心盡力。且本營各有將官統帶之，總兵不能照別省章程自帶一營，別無薪公可資津補，自宜一律籌給，以資辦公，而免流弊。由海防善後局司道核議會詳請奏前來。

臣等查瓊防勇營，分布黎峒及郡城海口地方，（巡察鎮壓）

[巡防鎮撫]爲數不能過單。若非酌設練軍，則勇營斷難議裁，而緑營無憑整（頓）[飭]，原有之底餉銀米，徒滋虛耗。今加餉抽練，挹彼注（此）[兹]，一轉移間，營（兵）[伍]可（爲）[期]有用，勇餉亦多節省，似於瓊防不無裨益。

（硃批）該部議奏。（欽此）[一]

瓊州伐木免税墾田給奬片 光緒十三年十一月初九日

再，瓊州黎山開通，山内林木茂美，田土饒沃，現在籌辦善後，開濬利源，尤以伐木、墾田爲當務之急。

前經奏明招商伐木，略分官辦、商辦二法，官辦亦須轉售商人，仍應廣爲招徠。查商貨向以木料爲大宗，瓊郡素産木材，而歷年出口，（本）[木]税收數甚屬幾微[二]，良由黎山深阻，煙户甚稀，人工運脚，無一不昂，商販不前，坐棄大利。兹當黎山初開，欲興商務，必須寬籌辦法，減輕成本，以來商賈而惠黎歧。現擬凡由瓊州出口木料，三年之内，所有關税、釐金暫行寬免。官山則指定地方，限以四至，給予護照開采。黎産則與黎人公平價買，三年之後再行察看情形，量徵釐税。若能開通老山，木料層出不窮，商賈雲集，徵榷自形暢旺，埠頭日見繁盛，邊民生計利賴良多。

至開墾田畝，緩徵薄賦，亦經奏明在案。惟近來民人入山覓地，多係零星認墾，不成片段，田土之利本微，又屬瘴鄉，若欲廣集商民，大開阡陌，必須格外鼓勵，始足歆動羣情。現擬出示曉諭，商民有能集資前往雇募黎歧開墾，一人名下認墾至千畝及萬畝以上，三年成熟者，酌量給以千、把、外委等武職，以示奬勵，而資鈐束。庶商民聞風興起，踴躍赴功，田土可期日闢。

（硃批）該部議奏。（欽此）

粤海關籌撥改解河南河工銀兩如數解清摺[三] 光緒十三年十一月初十日

竊臣長有於光緒十三年九月二十七日承准户部電開，粤海關應解本年洋税盈餘京餉十一萬兩、洋税籌邊軍餉九千兩、邊防經費十萬兩，奉旨改解河南河工應用，限十月内全數解清等因。

查粤海關歷解京餉，均係由西商銀號借墊匯兑。惟豫省向無匯路，當經電准北洋大臣李鴻章電覆，速匯天津支應局交收轉解等因。臣長有先後由商號籌借分批趕解，於第一次匯解銀八萬兩，第二次匯解銀七萬兩，第三次匯解銀六萬九千兩，共銀二十一萬九千兩，均於十月内發交西商志成信、協成乾銀號匯兑，解赴天津支應局交收，轉解河南河工應用。所有奉撥改解河南河工銀兩如數解清緣由，除咨户部暨河道督臣、河南撫臣查照外，謹合詞恭摺具陳，伏祈皇太后、皇上聖鑒。

户部知道。

[一] 以上衍、脱、舛三十二處，據中華書局一九九五年版《光緒朝硃批奏摺》第五七輯第八〇七至八一〇頁删、補、校正。

[二] 據中華書局一九九五年版《光緒朝硃批奏摺》第九二輯第六八五頁校正。

[三] 録自中國第一歷史檔案館編《光緒朝硃批奏摺》第九八輯，第四五九頁，中華書局一九九五年版。

截提展限捐輸銀解京委員起程日期摺〔一〕 光緒十三年十一月初十日

竊臣等前因海軍開辦伊始，餉需浩繁，請於廣東扆限捐輸收款內截提銀十萬兩解京，轉解海軍衙門應用，於光緒十三年閏四月內具奏。奉硃批：該衙門知道。欽此。旋准户部咨開，截提捐銀十萬兩，應令逕行赴海軍衙門交納，毋庸解交部庫以免周折等因。當經轉行遵照。

茲據督辦廣東海防新例捐輸局廣東布政使高崇基詳稱，已將前項截提捐銀十萬兩，發交商（人）［號］〔二〕日昇昌、百川通、蔚長厚、新泰厚、蔚泰厚匯兑入京。飭委候補知縣王壽民領賫匯單文批，於光緒十三年十月二十七日由海道起程進京，支取銀兩，赴海軍衙門交納。其餘展限所收捐款，已照案充支瓊廉防餉，彙案造報等情，詳請具奏前來。臣等覆核無異，除咨呈海軍衙門暨咨户部外，謹合詞恭摺具陳，伏祈皇太后、皇上聖鑒。

該衙門知道。

賑濟黄河決口灾民片〔三〕 光緒十三年十一月初十日

再，本年八月間河南鄭州黄河決口，奪溜南趨，下流一帶田廬被淹，灾區甚廣，居民蕩析，徧地鴻嗷。前閲電報，仰蒙皇太后、皇上渥沛恩施，發帑截漕，分投散放，痌瘝念切，聖德同天，凡在臣民無不同深欽感。臣等恭閲之下，當飭司局勸諭官、紳、商、富各户廣爲捐助，而捐款一時難集，誠恐緩不濟急，因先行籌墊銀一萬兩，於九月間匯至上海協賑公所知縣謝家福兑收，轉解豫省充賑在案。茲再籌墊銀二萬兩，飭交商號日昇昌、百川通、蔚長厚、新泰厚、蔚泰厚等於十月二十日由粤匯至天津，交北洋大臣李鴻章轉解河南助賑，以期妥速。合計粤省先後兩次，共籌解銀三萬兩。俟捐款集有成數，除收還墊款外，仍當陸續匯解賑濟灾民。據廣東布政使高崇基具詳前來。除咨北洋大臣、河南撫臣查照外，謹合詞附片陳明，伏祈聖鑒。

户部知道。

洋商火油有害中國民命物業請禁阻摺〔四〕 光緒十三年十一月初十日

竊據署澄海縣知縣張問崇稟稱，縣屬汕頭地方，九月十八日戌刻，永和横街永盛紙店樓上火水燈炸裂延燒，經駝浦司巡檢史堃率帶丁壯勇役前往撲救，因附近各店均有火水存儲，又值風高物燥，直至十九日丑初，始行救息。計燒去大小鋪屋四百餘家。並據惠潮嘉道德泰稟同前由。又據署陽江鎮總兵統帶定字營記名提督陶定昇稟稱，十月初一日戌刻，有省港華洋輪渡行至虎門外沙角地方，客艙火水燈炸，全船被焚，船上搭客六百餘人連水手

〔一〕録自中國第一歷史檔案館編《光緒朝硃批奏摺》第六四輯，第九〇一頁，中華書局一九九五年版。

〔二〕「商人」，似應為「商號」。

〔三〕録自中國第一歷史檔案館編《光緒朝硃批奏摺》第三一輯，第八六頁，中華書局一九九五年版。

〔四〕録自中國第一歷史檔案館編《光緒朝硃批奏摺》第二六輯，第二八四至二八五頁，中華書局一九九五年版。

等約計七八百人，經駐守各礮臺慶軍勇丁並水師營兵救活七八十人，餘均焚斃、溺斃各等情前來。臣先於初二日辰刻接據電報，當飭善後局飛派委員前往查看，將被焚落水屍骨妥爲撈獲斂埋，並飭愛育善堂具棺前往收斂。此次華洋輪船火發之際，勢猛時速，無從撲救，不特該船已成灰燼，且使同時併命者共有七百餘人之多，殘骨浮屍徧滿洲渚，慘毒殊不忍言。

臣伏查火水油一項大都來自美國，價值甚賤，行用日多，其性猛烈，稍一不慎輒致焚如。粤省炎方向多火患，省城上年冬令無日無之。查其失火之由，什九由於火水。光緒八年九月，大南門外火災延燒千餘家，燬失財物千餘萬，即因火油所致。近日因此致灾之案，更復層見疊出。計自此油盛行以來，數年之間，傷殘中國之民人，燬失中國之物産，僅以廣東一省而論，其受害已不可勝數，沿海各省便可知矣。竊謂洋藥之害人，其物固毒，其勢尚緩。至火油，則無處不有，一經炸裂，愈撲愈甚，頃刻之間延燒無算，財産、人民咸歸烏有。論其害人，殆有甚於洋藥。至於火油盛行，以致中國向用之花生、菜、豆等油行銷日少，其有礙於小民生計者，固關緊要，而尚在其次。上年臣飭各廠加重火水釐金，原爲使其成本日重，行銷自稀起見。而美國公使即向總署嘵瀆，旋准總署咨詢，當將詳細情形分别咨函，於本年四月間密復在案。竊思條約内，如硝磺等類有關軍需，米、豆等項繫於民食，均不准洋商販運，是中國貨物尚有不准洋商販運之條。至外國貨物爲害於民如此其烈，既係號稱友睦之邦，即不應爲利己損人之事。查光緒七年美國續修條約，因華人赴美傭工有礙於彼，設法阻止，限定人數、年數，禁制多端。彼可因華工之有害禁我不往，我亦因火油之有害禁彼不來。取益防損彼此一律，方爲持平之道。以此抵制，彼當無辭。相應請旨敕下總理衙門，援照續約之明文，體察粤省之鉅害，與該國公使議訂章程。並密致出使大臣張蔭桓，與其外部力商，以後洋商不准販運火油入口，否則限以箱數。儻再不能從，亦應仿照洋藥之法，另立税則專條，不得與他貨並論。其如何□□□□中國辦理庶一二年間來者漸少，則閭閻之燎原無患，小民之生計亦日紓矣。臣爲慎重民命籌杜灾患起見，謹會同廣東撫臣吴大澂合詞恭摺具陳，伏祈皇太后、皇上聖鑒。

該衙門知道。

籌解京餉截留款片〔一〕 光緒十三年十一月十四日

再，光緒十年八月間，粤省海防喫緊，奏請將京餉截留三十六萬五千兩。除經部議准留及續經補解撥抵外，計尚欠解銀九萬兩。内光緒十年分太平關常税京餉三萬兩、固本餉六萬兩，疊經奏請免解。准户部議覆，令自本年起每年帶解銀一萬兩等因。茲據廣東布政使高崇基詳稱，光緒十三年分應帶解前項光緒十年分太平關常税京餉銀一萬兩，現已勉力籌措，照案交殷實商號日昇昌、百川通、蔚長厚、新泰厚、蔚泰厚匯兑至京。委員候補知縣王壽民領賫匯單，於光緒十三年十月二十七日起程，由海道進京赴部投納等情，詳請奏咨前來。臣等覆核無異，除咨部外，謹附片具陳，伏祈聖鑒。

户部知道。

〔一〕録自中國第一歷史檔案館編《光緒朝硃批奏摺》第八六輯，第三六二頁，中華書局一九九五年版。

帶解光緒十二年分固本兵餉摺〔一〕 光緒十三年十一月二十四日

竊查廣東應解固本兵餉每月銀一萬兩，歷經解過七十六批，至光緒十二年分，應解固本兵餉十二萬兩。因粤省費繁累重，籌措萬難，經臣之洞會同前撫臣倪文蔚於上年五月間奏請與廣西協餉併計抵解，或各半分解，隨於上年冬閒，兩次解過十二年分固本餉銀六萬兩，尚欠銀六萬兩。又經臣之洞於查覆廣東收支款目案内奏明，俟能設法籌出，再當竭力措解。准户部議覆，令自十三年起，每年帶解一萬兩等因。兹據廣東布政使高崇基詳稱，光緒十三年分應帶解光緒十二年分固本餉銀一萬兩，已勉力籌措，作爲七十七批，照案交殷實商號日昇昌、百川通、蔚長厚、新泰厚、蔚泰厚匯兑至京，委員候補知縣王壽民領賫匯單，於光緒十三年十月二十七日起程，由海道進京赴部投納等情，詳請奏咨前來。臣等覆核無異，除咨部外，理合恭摺具陳，伏祈聖鑒。

户部知道。

法領事毆打我武弁緣由片〔二〕 光緒十三年十一月二十四日

再，法國領事官於咸豐年間，在廣東省城租設領事公署。其初因恐百姓猜疑生事，疊經派撥撫標弁兵二十名、管帶武弁一員前往守護，原爲彈壓閒雜人等而設。近年以來，漸加欺凌役使，日增月盛。上年十一月閒，臣訪聞法國領事白藻泰，有擅將派往記名外委張文輝肆行毆辱情事。旋據撫標中軍叅將鳳鳴禀報，轉據記名外委張文輝禀稱，奉派前往法領事署守護彈壓，詎領事於署中大、小事件，如把門看更，埽地升旗，往來送信，斬草伐蕉，及出門在轎前後跟隨諸事，一概委之兵丁，視同僕役。稍不如意，拳打脚踢不止一次。公署房門鑰匙，責成外委收管，十一月二十八日該領事由沙面到署，外委趕取鑰匙，將公事房開門，該領事見院旁有砍斷樹株，不由分説誣爲外委所砍，登即扯住辮髮，鞭踢交加。旋回沙面，令外委於二十九日早到。彼届時入見，該領事將門關閉，喝令下跪，外委不從，不由置辯，復扯辮髮勒跪，令將砍樹賣銀供出。外委實無此事，何能供認，遂被領事命人看管等由，轉禀到臣。正在查辦閒，接據該領事洋文譯稱，張文輝竊砍署内樹木五十餘株，該領事親見，將其捉住等情前來。

臣查向來派撥弁兵前赴法領事署駐紥，係爲彈壓閒雜人等起見，並非爲該領事服役之人。假使張文輝砍樹果真，亦應告知該管上司查明撤換，何得將中國武弁肆行毆辱，妄自鞭踢。況所謂樹乃院中叢生小樹，高止四五尺，其署内雜居教民閒人，常有攀折爲薪之事，並非成材大木，每株不過值錢數百文，甚非貴重之物。再三究詰查詢，張文輝並未竊砍。且其時領事至署，張文輝正在持鑰開門，又何能分身砍樹。即使意在竊砍，亦決不令該領事目覩。該領事所謂親見之言，顯屬無據。是張文輝並無竊砍之事，自屬可信。至署内跑役、更夫、僕從人等理應自備，焉得以

〔一〕録自中國第一歷史檔案館編《光緒朝硃批奏摺》第五七輯，第八一八頁，中華書局一九九五年版。

〔二〕録自中國第一歷史檔案館編《光緒朝硃批奏摺》第一一二輯，第六至八頁，中華書局一九九五年版。

保護之弁兵作服役之奴隸。該領事身任職官，應知禮體，乃毆辱我弁目，僕役我兵丁，實屬悖理違約。其時標營共憤，决不肯再往法署，均欲與之理論，臣飭該將等極力彈壓。適臣於十二月初二日親往拜晤該領事，初次交接意在於通好聯絡。西例初晤者，但叙交際，不議公事。乃該領事叫呶不休，詞氣暴横，欲臣將該弁治以軍法，屬臣另换弁兵。臣婉詞排解，謂即當查明，如有不合，自當懲辦。該領事謂何待於查，因告之以弁兵即有過失，當告中國官懲辦。彼謂，既伐我樹，毆打亦有何妨等語。種種悖謬無禮，實堪髮指。即其僕從，亦無不愕眙相顧，訝其太過。臣復百端譬曉，告以如此毆辱誣竊，營兵憤怒，必生事端。以後所派弁兵，必不肯來。且謂領事既謂該弁兵爲不肖，何必再换，徒致多滋口舌。此乃勸喻之詞，並無不派之語。乃該領事次日即將該弁兵逐回。臣當飭鳳鳴切飭該弁兵仍行前往，勿令藉口。臣於此事極力涵容，僅止照會詰問，該領事詞窮理屈，粤省法國主教邵鑒牧亦深斥之。該領事愈加愧怒，乃揑詞向該國公使妄訴，謂臣欲撤回弁兵，不加保護，以爲先發制人，冀免詰責之計。旋准總理衙門電詢原委，臣以此事實與民閒無涉，亦與保護無涉，當經電復在案。竊思砍伐叢樹，物微事小，所值有限。弁兵即偶失稽察，其過甚微。武弁之職雖卑，究屬中國弁兵，體制所繫，豈容領事毆打誣辱。目前雖暫爲容忍，若不妥定辦法，以後營兵懷憤，難免不别生事端。應請敕下總理衙門，將種種情節告知該國公使，白藻泰已自認毆打，彼若肯懲黜領事，立即撤换，我即黜弁賠樹，亦所可行。如或彼此俱作爲無事，則須嚴飭該領事，以後不得再有妄爲，向該管撫標參將認錯息事。至原派弁兵，本未嘗令其撤回，現仍暫留保護。惟撫標弁兵令充此役，多受凌侮，於禮制大屬有妨，必應更正。臣擬將此項弁兵改换練勇，酌派勇目管帶前往該領事署守護，專在頭門外彈壓，不准在署内任其役使，以資保護而維大體。應請一併飭下總理衙門向法公使言明，以後如再非禮相加，仍將此項練勇立行裁撤，免生後論。此事因總署電稱上年十二月二十八日來電業經進呈御覽，理合奏明辦理，謹附片陳明，伏祈聖鑒。

該衙門知道。

輪船踫沈民船訊明洋船賠款結案摺〔一〕

光緒十三年十一月二十四日

再，上年十月間，據前署番禺縣知縣陳起倬禀稱，據船户駱坤禀，向業西江横州船裝送貨物，此次裝運高要埠商官鹽五百九十五包，往高要交納。光緒十二年十月二十五日夜戌初時候由省開行，至海珠礮臺右邊，適遇英國往來省城香港之華洋夜渡輪船駛來，伊即將船閃避，而該輪船並不依法駕駛，竟向伊船撞來，以致全船沈没，船鹽什物均已漂失無存。伊與水手向識水性，旋遇撈救得生。計失船、物共值銀一千八百兩有零，應令該輪船賠償等情，由縣轉禀核辦到臣。當查英國行船免碰章程内開，輪船與他船相近，即當緩駛或停輪。儻爲勢所迫，即當倒行各等語。此次駱坤見有輪船，即經閃避，並無不合。而該華洋輪船既不緩駛，又不停輪，更不倒行，以致將民船撞沈，船貨全行沈没，實屬任意違章。其曲在彼，理應索

〔一〕録自中國第一歷史檔案館編《光緒朝硃批奏摺》第一一一輯，第二八四至二八五頁，中華書局一九九五年版。

賠，以示公允。當即照會英國領事，將該船扣留，訂期會審去後。

嗣據該領事復稱，此案應由上海之副海政司審問，或由香港管理刑名之洋官審理，領事官不能審問等語。又經臣以條約及廣東省向辦成案切實駁復，該領事始終堅執不允，云無扣留輪船之權。再三辨駁往返文移，該領事意在宕延。數月以來，迄無成説。經臣將辦理情形咨呈總署查察在案。

嗣有英國管理刑名之海政司，因事來省，臣即與之面商，應由其傳集會訊，該洋官始允出票拘傳，定期於本年四月二十八日來省會訊。臣即委署番禺縣知縣楊蔭廷前往觀審，並照延英國律師，以備辨論。經洋官審定，華洋輪船應行退讓，乃任意斜駛，咎有應得。所有駱坤索賠款目，應即賠償等情。臣查洋船來往省河，任意駕駛，其勢猛速，民船退避不及即遭碰沈，或致傷人。此等案件非止一端，此案迭次文移，反復面論，始終堅持，得賠銀款。該洋官所斷，既屬平允，中國辦理亦尚得手。旋據該輪船將願賠洋銀二千五百元，由該律師交來。除該律師筆費、訟費、盤費共銀一千一百元外，餘數經臣札發善後局，全付駱坤具領收訖。所有臣辦理輪船碰沈民船經洋官會同訊明洋船認錯賠款結案緣由，理合附片具陳，伏乞聖鑒。

該衙門知道。

瓊州開鑛暫免税釐片〔一〕 光緒十三年十一月二十(四)[七]日

再，瓊州府昌化縣境内大豔山，府志名峻靈山，多産銅及石緑，故亦名爲石緑山。前經香山職員張廷鈞招集股分，購備機器，前往開采，業經奏明在案。

查石緑爲銅苗所結，下有銅鑛，精華上溢，融爲石緑。每石緑百斤，佳者可鍊銅十餘斤至二十斤不等，其不能鍊銅者，賣作顔料。茲查大豔山地近黎境，道路既遠，瘴癘尤重，出産雖佳，工費甚昂。現在黎境甫通，鑛務創始，儻無確利可圖，必致觀望自沮，惟有減輕成本，始足以徠商販而惠民黎。茲擬將昌化石緑及銅斤凡販運出瓊州海口者，自光緒十四年起，三年之内，所有山税及關税、釐金，概行暫免，俟開采行銷大旺，再將税釐酌量抽取。其餘瓊屬五金等鑛，如有集資開辦，亦即一律辦理，暫免税釐。庶幾通商惠工，地利興而島民裕矣。

（硃批）户部知道。（欽此）

巡視海口摺 光緒十三年十一月二十七日

竊惟廣東帶海爲疆，三洋海面均以粤爲首衝。粤省緊要海口，廣州六門而外，欽、廉、瓊、潮最爲扼重。省防虎門一帶水陸各營壘，迭經臣會同歷任撫臣巡閲多次，惟省外尚（末）[未]及周歷。目前兩粤吏治軍政，大端粗舉，臣雖以孱軀力疾，未敢偷安。茲定於十二月初二日乘輪出省，隨帶測繪員生，由虎門放洋，先巡瓊州海口，次至廉州北海，次歷欽州洋面，次至潮州汕頭，周覽形勢，審度築臺設戍處所，測量兵輪出入要隘，兼以詢訪風(土)[士]民情，考核吏事營伍。回省日徧閲廣屬五門内外河海

〔一〕此件具奏日期據中華書局一九九五年版《光緒朝硃批奏摺》第一〇一輯第九七八頁校正。

港汊及西海水道，計往返約需旬餘。理合恭摺具報，伏祈聖鑒。

（硃批）知道了。（欽此）〔一〕

密陳鄭紹忠久任有益片光緒十三年十一月二十七日

再，署廣東陸路提督記名提督前潮州鎮總兵鄭紹忠，自光緒十年辦理海防，奏署陸路提督以來，威信卓然，軍民愛戴。近年奏派查辦廣、肇、韶等郡匪鄉，已著成效。前丁母憂，經臣奏明：廣東各鎮如該署提督才器堪膺斯任者，實難其人，懇請暫留提督署任，奉旨允准在案。茲恭閱邸鈔，本年十一月初八日奉上諭：「御史金壽松奏請飭唐仁廉赴廣東提督本任等語。提鎮大員留帶他省勇營，事所常有，朝廷慎重防務，具有權衡。唐仁廉簡授提督後，如果現在防營無須該提督管帶，李鴻章定行具奏。或廣東本任緊要，必須唐仁廉赴任，張之洞亦必據實上陳，何待言官陳請。等因。欽此。」仰見聖主眷顧巖疆，任官惟取其宜，聽言必求其是，欽服莫名。

伏查廣東陸路提督一缺，轄境寥闊，民俗獷悍，自非威望素孚，情形熟習，措施鮮能應手。該署提督鄭紹忠功績才望，與水師提督方耀相埒，而質樸清廉，厚重謙謹，所部安勇紀律嚴明，秋毫無犯，士民愛敬，尤異常情。前年大修廣屬三水、清遠等處圍基，該署提督親身勸督工程，隄防永固。目前查辦匪鄉，於盜匪之踪跡，弁兵之利弊，紳團之情僞，無不周悉。巨匪凶黨，以次殲除，輕重緩急，悉合機宜。且陸路各營將弁，大半皆其舊部，隨在稽察整頓，湔除綠營積習，均能實事求是。如能久於其任，俾得盡其所長，裨益營務，造福地方，實非淺鮮。茲因明詔所及，謹將該署提督鄭紹忠署篆得力，久任有益之處，據實附片密陳，以備裁擇。

（硃批）知道了。（欽此）

添設各路電綫摺光緒十三年十一月二十七日

竊照兩廣電綫，前已造至梧州，並分達南甯、龍州等處，惟自梧州至桂林省城，相距七百餘里尚未設有電綫。嗣因西省設立防營，兼有勘界、商務事宜，均關緊要，文檄往來甚遲，若非設立官報，不足以通消息而速事機。當於上年十一月經臣之洞檄委電報局委員候選直隸州知州沈嵩齡，督飭員弁由梧州開工，歷昭平、平樂、陽朔至桂林省城，共造綫路六百四十五里。一路俱屬高山峻嶺，幸趲工迅速，於本年四月十五日竣工，即在桂林設立分局一所。復以綫路過長，巡護難周，於昭平添設報房一所。此由廣西梧州展至桂林省城電綫之情形也。

又，雷、瓊、欽、廉前經一律展設電綫，節節靈通，惟欽州至東興仍須由驛投遞。嗣因傳遞勘界官報，所關甚鉅，當於去年十月間飭委員沈嵩齡分飭趕造。由欽州歷防城、茅嶺抵東興，計綫路三百二十里。因茅嶺河面甚闊，另用鋼綫飛渡，以省水綫之費，於上年十二月初十日竣工，即在東興設立子局一所。此由欽

〔一〕以上衍、舛四處，據中華書局一九九五年版《光緒朝硃批奏摺》第五四輯第三〇一頁删、校正。

州展至東興電綫之情形也。

又，官軍赴瓊勦辦客、黎各匪，飛檄往來，急需遞報，仍飭委員沈嵩齡於上年九月間督飭興造。自海口開工，由定安至萬州，復由定安至屯昌而抵嶺門，並經番響入黎峒，以達毛西村，計綫路七百五十里。中隔大河，均用長木飛綫。另由番響經打運及毛站、凡陽至萬充，計綫路一百八十里。又由儋州至昌化，以備鑛務通報，計綫路二百零六里。又由儋州至那大，經南豐進黎峒，以達番崙而抵毛西村，與東路接合，計綫路三百六十五里，其間隨營通電。由萬州至陵水，由陵水至崖州，復由澄儋進抵和舍、那大一路，共計常綫、軍綫七百三十五里。除拆卸常綫、軍綫三百三十五里外，實造存常綫、軍綫一千九百零一里，均於本年閏四月、八月間陸續竣工。在崖州設立子局一所，在屯昌、萬州、陵水、嶺門、那大、儋州、昌化、凡陽等處設立報房八所。現擬將嶺門報房移設番響，以便分綫。此由瓊州海口展至黎峒各處電綫之情形也。

又，據署高廉道王之春稟稱，高廉控制兩郡，現在北海通商，欽邊籌防，事機動關緊要。當即飭委沈嵩齡自岸步設機，歷石城、化州而抵高州，計綫路二百四十里，於本年十一月初四日竣工。即在高州設立子局一所，並將雷州子局移設岸步，仍在雷州設一報房。此由岸步展至高州電綫之情形也。

又，光緒十一年間准雲貴督臣岑毓英咨，奏請興辦電綫。欽奉上諭：著照所請。由廣西南甯接設電綫，直達雲南。其應如何擇地安綫之處，並著派員前往查勘，妥爲籌畫，奏明辦理。欽此。等因。其時因綫路設立未周，費用較鉅，再三籌議，無從辦理。嗣後鄂、川入滇直達蒙自一路電綫，業經奉旨建造。查廣西南界接壤滇邊，桂、滇皆南鄰越南，滇境則西接緬甸，若僅恃由鄂入滇一綫傳達電音，設有雷雨（拆）〔折〕斷綫桿〔一〕，阻滯堪虞。且遇有軍務之時，由滇、川、滬、鄂展轉至粵，恐有交會壅滯之患。臣等因將廣西南甯至滇境剥隘一段，先行由粵勘造，一面與雲貴督臣往返籌商。旋准雲貴督臣電復，自剥隘至蒙自地方，即由粵購料接造，並籌款添設騰越一綫，則滇中防務絶無隔閡之虞等語。現由廣西南甯府經百色廳接至雲南剥隘，約計綫路八百餘里，於十二月開工，明年二月初旬計可告竣，即在百色、剥隘二處設立子局各一所。其剥蒙一綫，俟剥隘工竣後，由滇省委員接造。此後滇粵氣通，兩綫並行，邊防大有裨益。此由南甯展至剥隘、並滇省擬接通電綫之情形也。

以上各路電綫經費，均由海防善後局籌款支給，飭令該委員格外撙節，不得稍事虛糜。俟一律竣工，即將承造各處電綫地名、里數，彙案核實報銷。

茲據廣東善後局司道轉據電報局候選直隸州知州沈嵩齡具詳請奏前來。臣等查核以上各路電綫，縱横三千九百餘里，均能迅速竣工，核實撙節，得應急需。且瓊州内地，山高林密、瘴癘薰蒸、水土惡劣，在各軍攻勦喫緊之時，萬分危險。該員弁工勇人等，懸軍深入，毫無退避，以致瘴故者至六十餘人之多。航海登山，蒙瘴冒險，實爲向來所未有。現在南甯至剥隘一路，該處山嶺崎嶇，人煙稀少，逆水轉運，將及千里，其艱險亦復相同，殊爲備極勞瘁。可否俟工竣後由臣等援照上届成案，擇尤保奬，出

〔一〕「拆斷」，似應為「折斷」。

自逾格鴻慈。謹會同廣西撫臣李秉衡恭摺具奏，伏祈聖鑒。

（硃批）著照所請。該衙門知道。（欽此）

舉人匿匪不交暫行斥革片[一] 光緒十三年十一月二十七日

再，廣東地方民風强悍，動輒尋仇。小則糾黨兇毆，大則約期械鬬。事後族紳包庇，以致犯難弋獲。光緒十三年四月閒，南海縣民人譚、陸兩姓偶因細故起衅，彼此争毆，互相報復。譚姓將陸姓房屋打壞，尚未傷人，維時有與陸姓同宗隔村居住之匪徒陸亞由等聞知，糾黨前往幫助。路經蒙姓村旁，蒙姓紳耆恐其滋事，閉閘攔阻。該匪等竟敢放火焚燬蒙姓蠶寮，鎗傷蒙宗求殞命。經縣訪聞，會營查拏，各匪均各逃匿。當即責成兩造族紳交匪，譚姓族紳已交匪黨三名，惟舉人陸師彦屢次玩延，並不將該族正兇首匪交案，顯係恃符庇縱。查該舉人陸師彦，係同治十二年癸酉科中式廣東鄉試舉人，應行斥革，以憑傳案勒交。據南海縣知縣郭樹榕詳由廣東按察使王毓藻會同布政使高崇基覆核具詳前來。臣等覆查無異，相應請旨將舉人陸師彦暫行斥革，以便傳案勒交兇匪從嚴究辦，以挽頽風。謹合詞附片奏陳，伏祈聖鑒。

陸師彦著暫行斥革。餘依議。該部知道。

粤關督捐賑一萬兩請給奬片[三] 光緒十三年十一月二十七日

再，河南鄭州河决，灾區甚廣，拯救饑溺需賑浩繁。臣等督同僚屬倡捐助賑，茲據粤海關監督長有捐銀一萬兩，以濟豫賑，業經解交藩司彙齊匯解豫省應用，實屬好義急公。查有前任粤海關監督增潤報捐昆明湖建造水操學堂銀一萬兩，經海軍衙門奏請，賞加二品銜並賞戴花翎，仰蒙懿旨允准在案。茲長有報捐賑款，與增潤捐數相同，雖據稱不敢仰邀議叙，究未便没其好善之忱。應如何奬勵之處，出自逾格鴻慈，臣等未敢擅擬，謹附片陳明，伏祈聖鑒訓示。

户部議奏。

粤省協黔餉銀匯解情形片[三] 光緒十三年十一月二十七日

再，部撥廣東協黔餉銀每月三千兩，歷年因庫儲匱乏，僅能酌量解濟。本年四月劃撥貴州委員在粤購買軍火銀五千兩，十一月十三、二十三等日，先後發交商號百川通電匯銀共二萬兩，飭赴貴州藩庫交收。查粤省撥餉太多，十分困絀，現值歲暮，鉅債山積，本難兼顧。惟貴州素稱貧瘠，助餉甚苦，近日實恐不支，不能不於萬難設法之中騰挪籌濟。茲於十一月二十四日欽奉寄諭，貴州軍餉專待各省解濟，現在欠發甚鉅，需款孔亟，飭令迅籌大批趕緊撥解。等因。欽此。當經恭録行司欽遵辦理。以後但使有可籌措，自當續行解濟。據廣東布政使高崇基詳請奏咨前來。理合附陳，伏祈聖鑒。

户部知道。

[一] 録自《京報》第二六一六號。

[二] 録自《京報》第二六一〇號。

[三] 以下二件録自中國第一歷史檔案館編《光緒朝硃批奏摺》第五七輯，第八二三至八二四頁，中華書局一九九五年版。

撥解滇省協餉二萬兩分辦軍火電綫片 光緒十三年十一月二十七日

再，廣東舊欠雲南減成協餉十三萬餘兩，光緒十二年十月内經臣之洞勉力籌解銀一萬兩，並將粵省代滇借餉受累情形據實奏陳聲明，餘俟察看庫儲，如能羅掘周轉，再行籌解。旋准户部咨，據雲貴督臣岑毓英奏稱，粵省代滇借款甚鉅，請將欠款緩催等因。咨行到粵。臣等續又竭力籌措銅本銀二萬兩匯解雲南，亦經奏明在案。所有節次解款，皆係設法挪墊，勉顧大局，實與從井救人無異。茲准雲南督撫臣來電内開，粵省欠滇協餉，前經奏請緩催，今西南防軍欠餉已積至三箇月，又須勦辦順甯府屬（獞）［僮］匪，請籌銀發交委員卓觀廉承領，俾得採辦軍火運解回滇。又准電開，粵電已興工，由南甯安至剥隘，其由剥隘至蒙自電綫，應由滇辦，請由粵代購電綫、電瓶，價由協餉扣還，不過萬金上下。接通剥蒙綫後，擬將餘料再爲籌款湊添騰越一綫，則細事均可照料，滇中防務無隔閡之虞各等因前來。伏查前項協滇舊餉，本係遠年陳欠，而粵省應收粵海關積欠餉項百有餘萬，屢催未解，且尚須認還寶源洋款，其於別省舊欠本屬難以兼籌。惟念剥蒙電綫實爲邊防要圖，經臣之洞疊次咨商雲貴督臣，始克定議舉辦。且滇省現又勦辦（獞）［僮］匪，須用軍火，皆屬當務之急，無論如何爲難，自應勉力籌濟。茲設法籌撥銀二萬兩，以一萬兩查照來電發交滇省委員江蘇候補府經歷卓觀廉承領，俾得採辦軍火趕緊運回。其一萬兩即由粵代購電綫、電瓶並機器兩副，隨帶報綫等應用各物，連自粵至剥隘運費約共銀一萬兩。將來有無贏絀，事竣後再向滇省核算，均照來電在協餉項下扣除。所有電綫、物料即由粵匠順帶前往，到時接造，以濟要需。據廣東布政使高崇基會同善後局司道詳請具奏前來。所有撥解滇省協餉二萬兩分辦軍火、電綫緣由，除咨户部暨南北洋大臣外，謹合詞附片具陳，伏祈聖鑒。

户部知道。

粵省認還寶源洋款舊欠畿餉應由粵海關徑解部庫摺[一] 光緒十三年十一月二十七日

竊准户部咨，議覆粵省仍請認解寶源洋款，其補解畿餉或抵或撥一摺。原奏内稱，寶源尾欠銀兩，本係議由粵海關欠款内劃還。該監督現未籌解，既經該督代爲挪款歸還，應仍由粵海關舊欠該省餉銀照數劃提歸款。所有該省應解舊欠光緒十一年近畿防餉二十四萬兩，該省目前無力兼認，應令自光緒十四年起分作三年帶解，以清款目等因，咨行到粵。當經轉行司局籌議。

伏查寶源畿餉兩款，臣之洞上年奏明粵省祇能勉認其一。前經户部議准，寶源一款應令粵海關由舊欠餉銀内劃還。因該關監督以萬難設措爲詞，而洋款期限已迫，臣等慮失信遠人，業經承認清還，皆係由應解各餉内極力挪墊，以急款現銀自任，而以陸續解部者屬之於海關，聽之於部撥，已不可謂不力任其難。茲户部令粵海關於舊欠餉銀照數劃提，歸還粵省墊付寶源之項，而令粵省將畿餉仍行帶解，在部臣之意以爲如此移抵，則責粵省仍認

〔一〕録自中國第一歷史檔案館編《光緒朝硃批奏摺》第八一輯，第五〇五至五〇七頁，中華書局一九九五年版。

幾餉，自當無辭。殊不知海關之欠粵餉已成積習，是以臣之洞等於上年五月會奏收支摺內，請將粵海關欠粵鉅餉，寬免一百餘萬，但令代還寶源洋款，原所以杜推宕而求實濟。今部咨但令撥還粵省，該關不過視爲尋常，舊欠必致仍前拖延。轉瞬來年即屆，關無撥到之銀，粵亦無重認之力，則幾餉必致延誤。雖予以叅處，情勢亦有難籌。臣等督同司局再四籌商，與其令粵海關歸還粵省，曷若直令徑解部庫，更爲便捷。除該關應解二十二萬餘兩外，其餘一萬餘兩，仍由粵省分作三年帶解，以成二十四萬之數。庶款目既免糾紛，而責成較爲切要。誠以海關舊欠粵省餉銀，係兵餉、防費兩項。兵餉出自常税，爲常年的款。防費出自洋藥，先年徵收，並非短絀。若以還粵之款責令解京，則該監督不致視等故常，必可勉籌清款。年限或予稍寬，該關自不難措辭。儻僅令粵省劃提歸款，該關必不照解，粵省從何劃提。若以勉認其一之款已經解清，因而責令并認其二，似粵省未免偏枯，而部款亦不免懸宕。據廣東布政使高崇基會同善後局司道詳請具奏前來。伏念部庫歸補，誠關重要，粵關局面究屬寬饒。若粵省既已代他省認還數十萬之洋款，而又責以重複解部，粵力實有不堪。合無仰懇天恩俯念粵力萬分困絀，認還之鉅款已清，劃提之欠餉難恃，敕下户部，轉飭粵海關，將前項應還粵省銀二十二萬餘兩，徑解部庫，免多周折。粵省自當將尾數解足，庶於奏案相符而部庫亦實有裨益。除咨户部外，理合恭摺具陳，伏祈皇太后、皇上聖鑒。

户部知道。

鄭瑞璠王壽齡革職提案審辦片[一] 光緒十三年十一月　日

再，指捐廣東試用從九品鄭瑞璠，前經緝務局派令管帶勇丁，查緝盜匪。玆訪聞鄭瑞璠暨廣東試用從九品王壽齡，私設拖船，有藉端誣良勒詐得職情事，實屬藐法妄爲，亟應澈查究辦。據廣東布政使高崇基、按察使王毓藻，會同緝務局轉據廣州府知府孫楫具詳前來。臣等覆查無異，相應請旨將捐納指省廣東試用從九品鄭瑞璠、廣東試用從九品王壽齡，一併先行革職，發交廣州府提案嚴行審辦，以肅法紀。謹附片具奏，伏乞聖鑒。

鄭瑞璠、王壽齡均著先行革職，提案審辦。該部知道。

縣丞虧短銀米摘頂嚴追摺[二] 光緒十三年十一月　日

竊據廣東布政使高崇基、署督糧道閻希范，會同交代總局司道詳稱，查有前任新安縣縣丞吴棨森，交代初叅限滿未據結報，先經咨部查叅在案。玆查該員有徵存雜款銀二百三十餘兩，裁節三成豆米三百二十餘石，迭經嚴催未據完解，詳請叅追前來。相應請旨將前任新安縣縣丞吴棨森，暫行摘去頂戴，勒限四個月，將欠解銀米照數全完。倘逾限不完，或完不足數，即行查明是侵是挪，奏請革職監追查抄備抵。如其抵不足數，即將各該管上司應行分賠職名，一併開單具陳，以符部議而免推延。所有叅追縣

[一] 録自《京報》第二五八〇號。

[二] 録自《京報》第二五八五號。

丞交代欠解銀米緣由，臣等謹合詞恭摺具奏，伏乞皇太后、皇上聖鑒訓示。

吴榮森著暫行摘去頂戴，勒限完繳。餘依議。該部知道。

遵旨札飭陳寳箴馳赴河南辦理河工片[一]

光緒十三年十一月　日

再，准吏部咨，光緒十三年九月十一日奉上諭：降調浙江按察使陳寳箴，著發往河南，隨同成孚、倪文蔚辦理河工事宜。即著兩廣總督飭令該員迅速赴工，毋稍遲誤。等因。欽此。查降調浙江按察使陳寳箴，上年經臣奏調來粵差委，派令會同司道總理營務處事務，措置裕如。復於本年閏四月奏明派委該員會同臬司王毓藻總理省城緝務局事務，一切均臻妥協。現值河工緊要，需員孔亟，臣先閲邸鈔，即經恭録諭旨，札飭該員趕將經手事件料理清楚，迅速赴工。當據該員禀報，在粵並無經手未完事件，遵於十月十三日起程，馳赴河南，隨同辦理河工事宜等情前來。除咨明東河督臣成孚、河南撫臣倪文蔚查照外，理合附片陳明，伏祈聖鑒。

知道了。

委署總兵片光緒十三年十一月　日

再，新設廣西柳慶鎮總兵，接壤湘黔苗疆緊要。准提督蘇元春電稱，新授柳慶鎮總兵馬盛治，現統邊軍，遠在南關，未能離防。自應先行委員前往署理，以專責成，俾得速行料理裁改諸事宜。查有補用總兵奏補廣西慶遠協副將董履高，謀勇兼裕，紀律嚴明。光緒十年剿擒思恩縣匪徒莫夢弼，辦理迅速。於柳慶一帶情形，尤爲熟習，堪以署理。除檄飭遵照，並刊發木質關防另片奏明外，理合附陳，伏乞聖鑒。

該部知道。

刊刻木質關防條記片光緒十三年十一月　日

再，廣西新設鎮道以下各缺印記，前經奏請敕部鑄給，並委廣東解餉委員劉廷棠等赴部請領各在案。惟鑄成賫領到粵，轉發西省，尚需時日。新設文武各缺，均係邊要。柳慶鎮總兵一缺，駐劄柳州，控制苗疆，舊係提督坐鎮之地，必須該鎮早到治所，經理建置移撥諸事宜，惟有刊發木質關防條記，以便先行委署應用。除廣西太平歸順道關防業經護撫臣奏明刊發，其餘文缺應由廣西刊給外，茲由臣飭營務處刊刻木質鎮守廣西柳慶等處總兵官之關防，柳慶鎮標左營兼管中軍遊擊關防，柳慶鎮標右營遊擊關防，柳慶鎮標左營守備條記，柳慶鎮標右營守備條記，龍州城守營遊擊關防，龍州城守營中軍守備條記，共七顆，發給委署各員開用。俟部頒到日，再行飭銷。謹會同護理廣西撫臣李秉衡附片陳明，伏祈聖鑒。

該部知道。

揀員升補陸路都司片[二]

光緒十三年十一月　日

再，准兵部咨，廣東崖州協中軍都司鮑燦，准升補瓊州鎮中

[一] 以下三件録自《京報》第二五九二號。
[二] 以下二件録自《京報》第二六〇九號。

軍遊擊，所遺崖州協中軍都司係題調之缺，行令照例揀員升調等因。查定例，各省題調之缺，先儘現任人員揀調，如實無堪以揀調者，准於現任合例應升人員内保題升用。又各省題調武職各缺，如因員缺緊要，人地相需，將不合例人員保奏，應於摺内聲明，請旨交部核覆，恭候欽定各等語。崖州協中軍都司，係陸路烟瘴題調之缺，必須能耐烟瘴，熟悉情形之員，方克勝任。兹會同署廣東陸路提臣鄭紹忠，在於現任陸路都司内，逐一遴選。非現居要缺，即人地未宜，實無堪以調補之員，應在現任守備合例應升人員内，揀員升補。查現任守備並無曾經薦舉卓異註册候升人員，雖有歷俸較深之莫勝章一員，惟於烟瘴之缺未宜。查有兩廣督標左營中軍守備劉泮，年五十六歲，廣東廣州府香山縣人。由武童在本省及隨赴江南勦匪出力，遞保花翎儘先守備加都司銜補授今職。同治十年十二月十一日接札，十一年八月二十八日到任。該員操守廉謹，勇往樸實，歷俸三年以上，於崖州地方情形熟悉，且能耐烟瘴。現委署理廣州協左營都司，措置裕如，以之升補崖州協陸路中軍都司，洵堪勝任。雖有歷俸較深之員，惟於烟瘴要缺未宜。謹隨摺聲明，合無仰懇天恩俯准以劉泮升補崖州陸路協中軍都司，實於烟瘴要缺有裨。如蒙俞允，俟部覆到日，給咨送部引見，以符定制。謹會同署廣東陸路提督臣鄭紹忠合詞附片具奏，伏乞聖鑒，勅部核覆施行。

兵部議奏。

前粤關督捐賑請移獎子弟片 光緒十三年十一月　日

再，卸任粤海關監督增潤，因河南賑務方殷，慨捐銀六千兩交藩司彙齊匯解，以濟豫賑。雖據稱不敢仰邀奬叙，惟該員業經交卸監督之任，猶復念切痌瘝捐助鉅款，實屬見義勇爲。查直隸、山東賑捐章程，向准移奬子弟。合無仰懇天恩准將此項賑捐銀六千兩，移奬該員子弟，以昭激勸，出自鴻慈。除咨明河南河臣、撫臣外，謹合詞附片奏陳，伏祈聖鑒。

著照所請。該部知道。

揀員補授遊擊片〔一〕 光緒十三年十一月　日

再，准兵部咨，廣東南韶連鎮左營遊擊方文病故，遺缺係陸路題補第二輪第一缺，應用儘先人員。既據扣留，應令迅揀合例人員請補等因。查定例，各省題調武職各缺，如因員缺緊要，人地相需，將不合例人員保奏，應於摺内聲明，請旨交部核覆，恭候欽定。又，儘先人員均按奉旨先後挨次補用。如名次在前之員實在揀選不得其人，必須按名指實於此缺何項人地不宜，方准將名次在後之員請補各等語。兹會同署廣東陸路提督臣鄭紹忠，在於經部覆准註册序補之陸路儘先遊擊内詳加遴選。名次在前之鄭鵬飛、鄒延祺、陳鍾英、何元勳均於此缺人地未宜，未便請補。查有督標中營儘先遊擊方敬，年五十三歲，廣東潮州府普甯縣人，由勇目在廣西、廣東、江西、福建等省勦匪，遞保花翎補用遊擊加叅將銜。嗣因力解貴州安順城圍、勦平鎮甯州屬等處出力保奏，同治十二年九月二十八日奉上諭：方敬着仍留原省，以遊擊儘先補用。欽此。因前在軍營打仗受傷，奏准邀免騎射，咨送履歷，

〔一〕録自《京報》第二六一五號。

經部核覆，准其註册叙補。該員才識兼優，任事勇往。現委署崖州協副將事務，於營伍地方撫黎善後各事宜，均能認真整頓，辦理裕如，並無在外省軍營叅革矇保情弊。以之補授南韶連鎮左營遊擊，實堪勝任。雖儘先名次略後，與例稍有未符，惟在前各員均不合請補，謹隨摺聲明。合無仰懇天恩俯准以方敬補授南韶連鎮左營遊擊，俾營伍藉資整頓。如蒙俞允，俟部覆到日給咨送部引見，以符定制。謹會同署廣東陸路提督臣鄭紹忠附片具陳，伏乞聖鑒，勑部核覆施行。

兵部議奏。

揀員補授海防副將摺〔一〕 光緒十三年十一月　日

竊准兵部咨，廣東大鵬協副將鄭耀祥病故，遺缺係外海水師題補第二輪第二缺，應用儘先人員。既據扣留，應令迅揀名次在前合例人員請補等因。經臣以奏留廣東差遣外海水師儘先補用副將黃金福，奏請補授。准兵部議駁：查黃金福前經借補水師提標中軍叅將，因保案有不符之處，由部查明，另行核獎具奏辦理。今續請補授大鵬協副將，仍難議准。所遺副將員缺，應令另揀儘先人員請補。光緒十三年七月十八日覆奏。奉旨：依議。欽此。等因。咨行前來。當經轉行遵照。查定例，水師副將缺出，本省之人不准題補本省之缺。又各省題調武職各缺，如因員缺緊要，人地相需，將不合例人員保奏，應於摺内聲明，請旨交部核覆，恭候欽定各等語。臣謹會同署廣東水師提督臣王孝祺，在於經部覆准註册序補之外海水師儘先副將内，另行詳加遴選。查有碣石鎮中軍遊擊儘先副將黃廷耀，年五十一歲，廣東廣州府順德縣人，由勇目充伍拔補千、把總，剿匪出力，遞保花翎儘先遊擊，補授水師提標右營遊擊，調補今職。又於剿辦越南狗頭山、亞婆灣等處洋匪出力保奏。同治十二年十一月二十二日奉上諭：着以叅將補用。欽此。光緒二年閏五月十二日，接領遊擊札付。嗣於剿辦瓊州府屬儋、臨客匪出力案内保奏，請免補叅將以副將仍留廣東儘先補用。光緒六年五月初四日奉旨：着照所請獎勵。欽此。咨送履歷，准兵部註册序補。該員幹練有爲，水師嫻熟，現委署赤溪協副將，於巡洋緝捕均能認真整頓，以之補授大鵬協副將，洵堪勝任。且儘先名次在前，雖籍隸本省，現當籌辦海防善後之際，水師人才難得，未便稍涉拘泥，隨摺聲明。合無仰懇天恩俯念員缺緊要，准以黃廷耀補授大鵬協副將員缺，以重海防。該員籍隸本省，例應與福建會商揀員對調。惟閩、粤兩省現在籌辦海防善後均須熟悉本省洋面之員方能得力。並懇暫緩對調。如蒙俞允，俟部覆到日給咨送部引見，以符定制。謹會同署廣東水師提督臣王孝祺合詞恭摺具奏，伏乞聖鑒，勑部核覆施行。

兵部議奏。

閩廠協造廣甲輪粤廠自造廣戊輪竣工驗收片〔二〕 光緒十三年十一月　日

再，粤省前託閩廠協造鐵脅等兵輪大小八艘，暨粤廠自造較

〔一〕録自《京報》第二六一六號。
〔二〕録自中國第一歷史檔案館編《光緒朝硃批奏摺》第六四輯，第九〇五頁，中華書局一九九五年版。

大淺水兵輪二艘，業經於本年六月奏明，並將各艘尺寸、馬力、載重、速率、價值、捐款各若干分別聲明在案。茲於十月間，准署船政大臣裴蔭森咨，協造第一號廣甲兵輪竣工，當經派員赴閩領駕回粵。至粵造廣戊兵輪亦先於九月內畢工，據總辦船局分省補用道王葆辰、分部員外郎熊方柏稟請驗收。臣等於十一月二十四日出赴黃埔察驗。廣甲，三桅鐵脅木舨，長英尺二百二十一尺，寬三十三尺有奇，喫水極深一十三尺有奇，配三氣鼓卧機馬力一千六百匹，船首尾分配克虜伯十五生新式長鋼礮三尊，左右分配荷乞開士連珠礮四尊。廣戊，雙桅鐵脅木舨，長英尺一百五十尺，寬二十尺，喫水極深七尺，配康邦雙氣鼓卧機，馬力四百匹。其機器概由該廠粵匠譚茂自行製造。首尾已配定克虜伯十二生、十生半新式長礮各一尊，桅盤船腰連珠礮四尊，外洋購定未到，暫從別船移用。因令兩輪銜尾開駛。廣甲船身堅穩，機器精良，每半時行十二海里，如湯氣滿榜約行十四海里。廣戊各項器具亦俱堅固靈捷，每半時行十海里，如湯氣滿榜約行十二海里。一切均與原約相符。現飭海防善後局各按船式等差配齊弁勇、工役，酌照粵省向章支給薪糧。飭令該管帶等加意練習，以供操防。甲、戊兩輪均屬外籌捐辦，應請敕部查照奏准原案免其造册報銷。除咨呈海軍衙門並分咨户、兵二部外，理合附片奏陳，伏祈聖鑒。

該衙門知道。

請開復降補府經歷張光裕片〔一〕 光緒十三年

十一月　日

再，廣東試用通判張光裕，前辦前山釐局緝私勇丁缺額太多，公項亦多含糊，經臣之洞奏參以府經歷降補，勒令如數賠繳，奉旨允准，行令確切查追在案。茲據釐務局司道會同布政使高崇基、按察使王毓藻詳稱，查明降補府經歷張光裕，前辦前山洋藥釐局置辦軍火等項，未能核省，挪用公項銀二百三十九兩。又挑換緝私勇丁，前後參差長領口糧銀三百六十兩，共銀五百九十九兩。現於被參後，如數賠繳清楚，是該員當時不無含糊，事後尚知愧奮，請開復原官以觀後效，詳請具奏前來。臣等伏查張光裕前在洋藥釐廠，因置辦軍火挪動公項銀兩，事屬因公。其缺額勇丁亦因挑換時前後參差，致有長領銀兩，尚與浮開冒銷者有間。既據該司道等查明追繳清楚，尚知愧奮。合無仰懇天恩俯准將降補府經歷張光裕開復原官，以觀後效。出自逾格鴻慈，謹附片具陳，伏祈聖鑒。

張光裕著准其開復原官。該部知道。

總兵張春發暫緩陛見片〔二〕 光緒十三年　月　日

再，據署廣西左江鎮新授右江鎮總兵張春發稟稱，於上年欽奉上諭，補授廣西右江鎮總兵，當即恭摺叩謝天恩，籲請陛見。奉硃批：著來見。欽此。應請遴員接替，以便交卸起程前來。臣等伏查左江鎮一缺，駐紮南甯，爲龍州後路，極爲緊要。因該總兵戰功卓著，熟悉鎮南關内外地勢情形，是以於四月内奏署斯缺。查目前龍州防營所有前經奏留之貴州安義鎮總兵蔣宗漢，已由臣

〔一〕録自《京報》第二五八七號。

〔二〕以下四件録自中國第一歷史檔案館編《光緒朝硃批奏摺》第四〇輯，第六六至七一頁，中華書局一九九五年版。

秉衡奏明飭赴本任。新授廣東南韶連鎮總兵方友升，亦經離營赴都陛見。近來得力諸統領既多離營，西省沿邊一帶似不可無熟悉武職大員鎮撫彈壓。該總兵初赴署任，正資整頓。合無仰懇天恩俯念廣西邊防衝要，准令該總兵張春發暫緩進京。俟邊防布置大定，再行交卸入覲，實於地方有裨。是否有當，謹合詞附片具陳，伏祈聖鑒。

著照所請。

揀員借補守備片 光緒十三年 月 日

再，准兵部咨，廣東羅定協左營守備王耀禮病故，遺缺係陸路部推之缺，應用儘先人員。既據扣留，應令迅揀合例人員請補等因。又准部咨，大銜借補小缺，都、守借至千、把止，借補人員即在儘先班次之內。又准兵部咨，具奏儘先各官，均按奉旨先後挨次補用，此後應用儘先人員。其在前各員聲叙人地不宜者，至多不得過二十員。逾限者，即行議駁。光緒十年九月二十七日具奏，奉旨：依議。欽此。各等因。查定例，各省題調武職各缺，如因員缺緊要人地相需，將不合例人員保奏，應於摺內聲明，請旨交部核覆，恭候欽定等語。茲會同署廣東陸路提督臣鄭紹忠詳加遴選。陸路儘先守備班內合例請補各員，均於此缺人地不宜。應即在於經部覆准注册序補之陸路儘先都司班內揀員借補。除羅惇材、葉添彪、林慶、謝人貴、黄楚一告假尚未回營，馮錫榮丁憂尚未服闋外，其名次在前各員，或人地不甚相宜，或營伍尚未嫻熟，均未便請補。茲查有督標儘先都司蔡珠，年四十九歲，廣西懷集縣人，由勇目在廣西、廣東、福建等省勦匪出力遞保花翎儘先守備，先換都司頂戴。嗣於勦辦瓊州府屬儋、臨客匪出力保奏，請免補守備，以都司留於廣東儘先補用。光緒六年五月初四日奉旨：著照所請獎勵。欽此。咨送履歷，經部覆准注册序補。該員歷練勤能，長於緝捕，現署三水營守備，於營伍操防實能認真整頓。其於羅定協左營地方情形尤爲熟悉，並無在外省軍營參革矇保情弊，以之借補羅定協左營守備，實堪勝任。雖該員都司儘先名次在二十名以外，查揀員借補係爲缺擇人起見，與本班序補不同。前經以名次在二十名以外之儘先都司林進陞借補南韶連鎮中營守備缺，經部覆准有案。謹隨摺聲明，合無仰懇天恩俯准以蔡珠借補羅定協左營守備，俾要缺得人。如蒙俞允，俟部覆到日，即行給咨送部引見，以符定制。謹會同署廣東陸路提督臣鄭紹忠合詞附片具陳，伏祈聖鑒，敕部議覆施行。

兵部議奏。

揀員補授守備片 光緒十三年 月 日

再，准兵部咨，廣東碣石鎮左營守備李廣聰病故，遺缺係外海水師題補第五輪第五缺，應用儘先人員。既據扣留，應令迅揀合例人員請補等因。查前准兵部咨，具奏儘先各官均按奉旨先後挨次補用。其名次在前各員，除親喪、降革、病故、迴避本籍、告假離營及保升者，隨案送到履歷均准其聲叙外，如係聲叙人地不宜者，至多不得過二十員，逾限即行議駁。奉旨：依議。欽此。等因。又定例，各省題調武職各缺，如因員缺緊要人地相需，將不合例人員保奏，應於摺內聲明，請旨交部核覆，恭候欽定等語。茲會同署廣東水師提督臣王孝祺在於外海水師經部覆准注册歸班序補之儘先守備内，詳加揀選。其名次在前，除周榮宗告假尚未回營，彭連勝丁憂尚未服闋外，沈榮光、湯廷相、滿俊均於此缺人地未宜，未便請補。查有水師提標中營儘先守備吴南，年五十歲，廣東廣州府順德縣人，由勇目在廣東、廣西等省勦匪出力，遞保儘先千總，飭發水師提標中營效力，於同治十二年閏六月十二日到營。嗣於勦辦瓊州儋、臨客匪出力案内保奏，請免補千總以守備留營儘先補用。光緒六年五月初四日奉旨：著照所請獎勵。等因。欽此。造送履歷，准兵部咨覆注册序補在案。該員勤能老練，熟習海洋，並無在外省軍營參革朦保情弊，以之補授碣石鎮左營守備，洵堪勝任。雖名次略後，與例稍有未符，惟在前各員均不合請補，謹隨摺聲明。合無仰懇天恩俯准以吴南補授碣石鎮左營守備，俾營伍藉資整飭。如蒙俞允，俟部覆到日，給咨送部引見，以符定制。謹會同署廣東水師提督臣王孝祺合詞附片具奏，伏祈聖鑒，敕部核覆施行。

兵部議奏。

揀員補授守備片 光緒十三年　月　日

再，准兵部咨，廣東澄海營右營守備何汝昌病故，遺缺係外海水師題補第五輪第四缺，應用儘先人員。既據扣留，應令迅揀合例人員請補等因。查定例，各省題調武職各缺，如因員缺緊要人地相需，將不合例人員保奏，應於摺内聲明，請旨交部核覆，恭候欽定等語。茲會同署廣東水師提督臣王孝祺在於外海水師儘先守備内詳加揀選，除周榮宗告假往浙江措資尚未回營，彭連勝丁憂尚未服闋外，其名次在前之沈榮光、湯廷相、滿俊、吴南、陳尚發、劉振德、趙希祖、許朝泰，或人地未宜，或營伍未嫻，均不合請補。查有四會營千總水陸儘先補用守備武永泰，年四十三歲，直隸天津府天津縣人，由勇目在直隸、山東、山西等省勦匪遞保藍翎補用千總，同治十三年投效來粤。經前升任兩廣鹽運使國英派赴各海口緝私，嗣經前任督撫臣派往香山等縣勦捕洋盜，於勦除逆匪黄汶南等出力案内保奏，光緒三年十一月二十六日奉旨：賞加都司銜。欽此。經臣奏准留於廣東差遣，遇有水陸相宜缺出酌量補用。又於籌濟滇桂餉械出力案内保奏，經部議覆，俟補千總後以守備歸廣東水陸缺出儘先補用。光緒十二年十月二十三日奉旨：依議。欽此。續經拔補四會營千總，准兵部咨覆，與例相符，應准其拔補注册，並發到劄付轉給祇領在案。該員樸直勇敢，熟習海洋，現統帶河海巡緝營輪扒船緝捕，極爲得力。以之補授澄海營右營守備，實屬人地相需。雖儘先名次在後，與例稍有未符，惟在前各員均不合請補，現當籌辦海防善後之際，未便稍涉遷就，謹隨摺聲明。合無仰懇天恩俯准以武永泰補授澄海營右營守備。如蒙俞允，俟部覆到日，給咨送部引見，以符定制。謹會同署廣東水師提督臣王孝祺合詞附片具陳，伏祈聖鑒，敕部核覆施行。

兵部議奏。

與英外部商設香港領事片〔一〕 光緒十三年　月　日

再，查英屬香港一島，華民流寓者十四五萬，逼近廣東省城，

〔一〕録自中國第一歷史檔案館編《光緒朝硃批奏摺》第一一一輯，第二八五至二八六頁，中華書局一九九五年版。

尤爲中外往來咽喉。凡華洋各商貨物，均先至香港，然後轉運各省。其交涉事件之繁難者，一曰逃犯，一曰走私，一曰海界。衹以該處並無華員，無以通中外之情，於廣東全省政務，每形捍格。是商設領事，實於大局尤關緊要。前任使臣郭嵩燾有此志而未及辦，曾紀澤任内曾經照會英外部數次，迄無成議。揣其隱情，蓋因全島多寓華民，而洋人不過數千，若准設華官與廣東大吏聲息相通，在彼不免多懷顧慮，所以靳而未許。臣昨辦文與外部援照公法商定通例，而未明提香港。該外部侍郎山特生果向英文參贊馬格理以香港一處爲疑，且云恐華官不習外務，或竟侵權越分，致多窒礙。臣思新加坡領事左秉隆與英官頗能相得，外部亦稱其辦理妥洽，因遣馬格理告以香港若設領事，當以左秉隆調往開辦。察其辭意，似尚易商。惟遇事設法支展，必再四催問而始辦，則外部之常例也。容俟外部覆文到日，如仍不遽允，臣再當相機辯論。理合附片具陳，伏乞聖鑒訓示。

該衙門知道。

光緒十四年

恭報巡海旋省并查閱圍隄情形摺 光緒十四年正月初五日

竊臣於上年十二月初二日乘輪出巡各海口，兼巡五門河道，當經奏報在案。隨即率同道員王之春及熟（習）［悉］礮臺各將弁等乘坐新造廣甲兵輪出海，藉以考驗該輪行駛遲速。於初五日南行抵瓊州海口港，登岸閱視海口所城外舊臺及府城情形，併周歷府西之西場、金牛嶺、水英等處，詳加測量，與該鎮、道等籌商撫輯黎客及善後、招商、建築馬頭［諸］事宜。初七日西北行，抵廉州屬之北海鎮，登岸查閱冠頭嶺、地角山、南漍等處形勢。初八日西行，抵欽州屬之白龍尾，泊舟珍珠墩，登岸查閱該島及沿邊沿海諸沙形勢，與該鎮、道、府、州等籌度設官、安汛諸事宜。江平、嘉隆、八莊等處紳團遠來迎謁，當經各加拊循、犒賞，該紳團等喜於內附，無不感頌皇仁，歡（忭）［抃］鼓舞。初十日東南行，抵北岸雷州府屬之海安所，登岸查閱博漲、白沙各舊臺形勢。十四日經由香港東抵汕頭，連日登岸查閱崎碌大小兩礮臺暨馬嶼、馬仔、澳頭等處口門形勢。適潮州鎮、道、府等稟報海陽縣大隄工竣，稟請委驗，當即由汕抵府城查閱該隄工程。還汕後，復至南岸查閱蘇安山礮臺。十九日還至香港，二十至二十五等日，換坐中等兵輪，由八塘尾、觀音沙周歷蕉門、横門、磨刀門、崖門，惟虎跳門上下口均有沙淺，未能駛過，遂泝西（江）

[海]而上，直抵肇慶府城。沿途查閲圍基各工，西抵肇慶府上之五榕峽口，率同該道、府、縣等查閲桂林、景福、羅秀等圍，沿途查看甘竹灘、陳頭、石壁等處河道，於二十六日旋省。

大率瓊州海口，地勢平衍，淺灘過寬。泊輪處所尋常礟力難及，設防最爲不易。廉州北海雖有冠頭、天馬諸嶺，而迤東平沙，皆可登岸，亦須礟臺、礟隊相輔爲用，始克有濟。海安舊臺不適於用，尚須另爲布置。汕頭口門最緊，量築新臺易於得力。五門内扼要之區，以觀音沙、仰船海、潭洲山、猪頭山、竹洲頭等處爲要。綜計内外各口應行籌辦各事宜，容俟分案奏陳。其潮州海陽縣隄工，地廣工鉅，一律坦平堅實，足爲郡城保障。該隄係民捐民辦，已集資二十餘萬兩，間有小鄉力絀，未能補苴完密處所，勢難再爲題捐。當飭該道、府於潮州紳富捐尾數内提銀五千兩，以助民力所不逮。其西江各圍及道經之北江大路圍，尚屬完固。惟西江之羅秀圍，地衝村貧，關繫高明一縣利害，上年新築外隄，尚嫌卑薄，必須加築石隄。當即督飭肇[陽]羅道孔憲(穀)[轂]督同紳董估計工費，刻日籌款趕修，以防春漲，工成後專案奏報。

(硃批)知道了。(欽此)[一]

籌解粤海關第四批京官津貼銀兩摺[二] 光緒十四年正月初五日

竊照光緒九年五月間，接准户部咨，奏加京官津貼，每年粤海關應解銀四萬兩，自光緒九年爲始，以後按年額解。隨准户部咨，此項津貼改爲加復俸餉。又各關應解抵閩京餉，改爲加放俸餉案内，粤海關四成洋税，每結提銀六千兩。又舊欠光緒八、九兩年分東北邊防經費，部議光緒十二、三兩年補解銀六萬五千兩。又造辦處米艇，每年應解銀三萬兩，内務府廣儲司公用，每年額撥粤海關税銀三十萬兩，例分四季起解。以上各款銀兩，均應趕緊籌解，以濟要需。查粤海關節次起解部庫各款銀兩，向由西商先行借墊，勢難起解現銀。光緒十年四月間奏准仍交商匯兑在案。兹光緒十三年分第四批京官津貼改爲加復俸餉等款銀兩，經向西商志成信、協成乾銀號借銀一十七萬八千三百兩，先行墊解，隨後由税收歸還，以資周轉。飭據廣東布政使高崇基遴委候補縣丞鍾奇，試用鹽大使興讓，領解光緒十三年分第四批光緒十一年分加復俸餉銀三萬兩，又部撥加放俸餉銀六千兩，又補解光緒八、九兩年分東北邊防經費銀三萬二千五百兩，光緒十三年分造辦處米艇銀三萬兩，另加平銀四百五十兩，新增歸公加平銀七百五十兩，又光緒十三年分冬季分廣儲司公用銀七萬五千兩，另加平銀一千一百二十五兩，新增歸公加平銀一千八百七十五兩，抬費用項銀六百兩，統共銀一十七萬八千三百兩，飭該委員等領齎匯單文批，於光緒十三年十一月二十四日起程，附搭海輪進京，前赴户部内務府分别交納，以期妥速。所有光緒十三年分奉撥京餉及東北邊防經費銀兩，均經分别起解至京，劃解甘肅、河南，先後清款。其例解加放俸餉、廣儲司公用、造辦處米艇各銀兩，亦已依限解清。其餘各項未解銀兩，容再趕緊籌解，以應要需。除分咨查照外，臣等謹合詞恭摺具陳，伏祈皇太后、皇上聖鑒。

該衙門知道。

[一] 以上衍、脱、舛七處，據中華書局一九九五年版《光緒朝硃批奏摺》第五四輯第三一〇至三一一頁删、補、校正。

[二] 録自《京報》第二〇四四號。

密陳東西兩省司道府及提鎮各官考語單〔一〕 光緒十四年正月初五日

竊照每年歲底，例應將所屬司道府及提督各官出具切實考語，密行陳奏。查粵省近年以來，各員相率砥礪，吏治漸有起色。武營縱弛積習亦漸改觀。十三年冬間，臣乘輪出省巡視各海口，於沿海文武各官政事、輿情覆加詳察。至此外兩省文武各員，均經多方董勸，循名責實，考其成績，參以衆論，除隨時甄別薦舉外，茲屆一年出考之期。查廣東南韶連道華祝三、瓊州府知府謙貴，均請咨引見，尚未回任。高廉道王景賢尚未到任。潮州府知府朱丙壽告請終養。肇慶府知府紹榮尚未到任。廣西布政使馬丕瑶尚未到任。鹽法道及新設太平歸順道鎮安府各缺，現經揀員請補，均尚未接准部覆。南甯府知府彭鑾、慶遠府知府志潤、柳州府知府玉祥均尚未到任。思恩府知府劉恩溥奉委來東，尚未回任。廣東陸路提督唐仁廉、南韶連鎮總兵方友升、新設廣西柳慶鎮總兵馬盛治均尚未到任，例不加考。此外，實缺各員雖經調署他缺，治績仍可考覈，自應一併開列，以仰副朝廷察吏安民練材講武之至意。所有兩省司道府及提鎮各官謹出具切實考語，密繕清單，恭呈御覽。伏祈皇太后、皇上聖鑒。

知道了。單四件、片一件留中。

提督回任總兵照案陛見片〔二〕 光緒十四年正月初五日

再，廣東水師提督方耀，業經陛見旋省，應即仍回水師提督本任。其現署水師提督調補北海鎮總兵王孝祺交卸後，應飭仍回本任，當經分別咨行遵照。茲據王孝祺呈稱，前在署潮州鎮總兵任內，奉旨補授廣西右江鎮總兵，應行陛見，經前督臣張樹聲以海防緊要奏請暫緩北上。奉旨：著照所請，暫緩來見。欽此。嗣奉旨調補廣東新設北海鎮總兵，歷經奏署高州鎮總兵水師提督各篆已閱數年。現在防務大定，應遵前案入都陛見等情前來。臣伏查現在廣東海防安謐，該總兵王孝祺自應照案入都，俾申瞻覲之忱。所有提督回任並總兵照案陛見緣由，謹附片具陳，伏祈聖鑒。

知道了。

請頒守備條記片〔三〕 光緒十四年正月初五日

再，廣西邊要各缺添移裁改一案，前經奏明將提標左、右二營改爲柳慶鎮標左、右二營，造册隨案咨部覆奏，請敕部鑄給關防條記，並飭委員劉廷棠等赴部請領各在案。茲准兵部咨，柳慶鎮總兵，柳慶鎮左、右二營遊擊，龍州城守營遊擊、守備各關防條記共五顆，經撰擬字樣知照禮部。其提標左、右二營中軍守備，前奏未據詳細聲明，隨案移撥，今請領該二營守備條記，撰擬字樣之處未便據咨率准，應令再行奏明辦理等因。臣查廣西提標左、右二營，全營改爲柳慶鎮標左、右二營，先經造册咨明兵部有案。所有提標左、右二營守備員缺，自係一律隨案移撥，俱改爲柳慶鎮標左、右二營守備。茲准部咨，相應奏請敕部鑄造，迅爲頒發。

〔一〕録自中國第一歷史檔案館編《光緒朝硃批奏摺》第五輯，第五一三頁，中華書局一九九五年版。
〔二〕録自《京報》第二六四一號。
〔三〕録自《京報》第二六四二號。

此外，守備以下各員，亦係隨案移撥，合併聲明。謹會同廣西撫臣沈秉成、提督臣蘇元春附片具奏，伏祈聖鑒。

該部知道。

移改守備缺片〔一〕 光緒十四年正月初五日

再，前因籌議廣西邊隘，酌移提督帶領提標中營將弁，改駐龍州。該處係烟瘴地方，經臣等請將内地部選之提標中營守備員缺，改爲烟瘴題調之缺，暨將一切辦理情形，恭摺奏明在案。旋准兵部議覆，准如所奏辦理，惟所請將提標中營守備改爲烟瘴題調之缺，係照邊俸之例辦理，仍令查明應作爲幾年邊俸期滿之缺。查各省部推之缺，向有定額。今將提標中營守備改爲題調之缺，應令於通省内擇其較簡之題缺，仍改爲部推，以重銓選。其改設各員弁，是否隨缺移撥，抑或另行請補，一併詳查分别題咨報部核辦等因。當經轉行遵照。兹准廣西提督臣蘇元春來咨，該提臣督飭該營中軍叅將，悉心查核提標中營守備一缺，擬應作爲五年邊俸期滿之缺。並查廣西省題缺有慶遠協右營守備，駐紮河池州，營務較簡，擬請改爲部推之缺，以符定額而重銓選。此外，改設各員弁均係隨缺移撥，毋庸另行請補，咨請具奏前來。臣覆核無異，除咨明兵部外，謹合詞附片具陳，伏祈聖鑒，勅部核議施行。

兵部議奏。

請於嘉應州城建左宗棠專祠摺 光緒十四年正月初十日

竊照原任東閣大學士左宗棠，前於光緒十一年奉命督辦福建軍務，力疾視師，盡瘁報國，歿於福州軍次。欽奉恩旨優卹，特謚文襄，入祀京師昭忠祠、賢良祠，並於湖南原籍及立功省分建立專祠。仰惟聖朝篤念藎臣飾終之典，報祀之恩，至優極渥，凡有血氣，欽感同深。

兹據廣東嘉應直隸州紳士、知府銜陝西補用直隸州知州張其翽率同闔州紳耆呈稱，竊惟已故大學士左宗棠，樞輔重臣，勛庸懋著，勦平髮、捻，底定回疆，功在旂常，無煩贅述，而紳等則有不容已於言者。當同治四年，髮逆僞康王汪海洋一股，由江西定南竄入廣東，攻據鎮平，經閩軍邀擊，江西去路已斷，該逆遂由連平繞越和平、興甯各境，進陷嘉應。維時前閩浙總督左宗棠，既奉命節制江西、福建、廣東三省各軍，策賊東西流走無定，利於困而不利於攻，遂定長圍坐困之計。自率大軍，由漳州進駐廣東大埔，下令先由東、西、南三面滚營進紮，江、閩、粤諸軍十餘壁，各有分地，水陸環進，以乘賊敝。汪逆百計衝突，迄不得逞，遽率悍黨數萬，猛撲東南方。江、閩各營官軍并力夾擊，大敗賊軍，槍斃汪逆。餘衆仍推僞偕王譚體元及胡瞎子爲首，負嵎死拒。適故提督鮑超一軍入粤會勦，行抵州西相公亭，累戰皆捷。左宗棠即飭州南一面粤軍迤紮而東，閩軍迤紮而西，長圍一合，飛走皆窮，（捦）〔擒〕斬三萬餘人，受降五萬餘人，譚、胡二逆先後殲斃，全股盪平，克復嘉應州城，俾山陬海澨之民，出水火而登衽席。迄今二十餘年，父老追思，猶爲感頌。現距該故大學士歿已二載，閩、浙、陝、甘各省均已遵旨奏請建祠，而嘉應一

〔一〕録自《京報》第二六四四號。

州爲積年逋寇殄滅之地，大功於此告竣，若不請建專祠，何以慰謳思而彰崇報。爲此聯名呈懇據情陳奏等情，由署嘉應直隸州知州金桂馨具詳前來。

臣等查髮逆自金陵敗竄之後，餘孽以汪海洋爲最悍，擁衆二十餘萬，由江、閩竄粤，所過摧陷，盤踞嘉應州城。粤省兵單，僅敷扼守，賴故大學士左宗棠督師入境，合圍殲賊，聚而殲旃，得截横流而免滋蔓。論其勘定之功，關係廣東全省。兹該紳等呈請爲該故大學士建立專祠，衆議僉同，羣情允協。相應據情籲懇天恩准於嘉應州城内地方建立已故大學士左宗棠專祠，列入（祠）[祀]典，地方官春秋致祭，以垂久遠而順輿情。[出自鴻慈]。謹合詞[恭摺]具陳，伏祈[皇太后、皇上]聖鑒。

（硃批）著照所請。禮部知道。（欽此）[一]

轟開府江險灘片 光緒十四年正月初十日

再，廣西水道自桂林至梧州，名曰府江，會灘、樂、恭、荔諸水，灘險石多，最爲舟楫之患。前明萬歷年間，廣西巡撫蔡應科設法疏鑿，數年之久，未能盡平。嗣後官商人等雖亦隨時修治，獲效甚難。

臣前查悉西省縴路廢壞，灘瀨險絶。光緒十二年内籌發款項，並江蘇協賑紳士嚴作霖等捐項，會同護理廣西撫臣李秉衡，飭委總兵馬進祥、桂林府同知趙慶蕃、永福縣知縣任玉森等，將平樂、昭平一帶山路先行修理，當將籌辦情形奏明在案。嗣該員等因尚有餘款，復將平樂至省縴路一併接修完善，並鏟鑿險灘五處。惟各灘僅能略去水面亂石，其水底石根堅牢，奔湍漩洑，非斧鑿所能施。因復派委知縣陳瀛藻、縣丞張焕斗携帶機器、炸藥及工匠人等前赴各灘，以機器鑿石成孔，泗水安放炸藥，以電綫轟發，凡有險要惡石，連根炸碎。自光緒十三年二月起至四月漲發暫停，計開將軍灘、木碌、秀才、犁灘、三門、柳木、龍口、險窖、上下仰威鎮、篩箕、象棋、黄牛、小背等灘一十有四。迨至十月，仍飭該委員復行開辦，維時冬乾水涸，險石盡出，除前開各灘擇險再加轟除外，至年底工竣。另又開下古欖、上古欖、耙灘、木夾、鎖匙、强灘、面灘、小神、唐調、馬灘、下延亭、金雞、大龍、大結、廖家、横灘、黑山脚、韭菜、龍鬚、五大連、假險窖等灘二十有一。此外各灘尚平，無須再事轟炸。綜計兩次由蒼梧以迄陽朔約（一）[七]百餘里，共開險灘三十五處，商民往來，莫不稱便。據該委員等繪具圖説，稟報前來。

臣伏查桂林府江灘石林立，有礙舟行，向爲商旅之患，此次施（放）[用]炸藥，化險爲平，從此利涉同占，似於商情民命均有裨益。所需經費，除電綫、炸藥、機器外，經飭東善後局於公用開款籌發銀四千餘兩。所有開竣灘河情形，謹會同廣西撫臣沈秉成附片具陳，伏祈聖鑒。

（硃批）知道了。（欽此）[二]

[一] 以上衍、脱、舛七處，據中華書局一九九五年版《光緒朝硃批奏摺》第二七輯第七三六至七三八頁删、補、校正。

[二] 以上衍、舛四處，據中華書局一九九五年版《光緒朝硃批奏摺》第九八輯第六五一至六五二頁删、校正。

廣東省甄別千總劾不及數摺〔一〕 光緒十四年正月初十日

竊照乾隆六十年准兵部咨稱，嗣後各省甄別千總，年終彙咨報部時，其甄別及數者，於咨内聲明。如果無衰庸戀缺應行甄別之處，令該督撫等將無可劾參緣由切實聲明具奏等因。歷經遵辦在案。臣查每年甄別千總，廣東省應劾五員。今光緒十三年分廣東省劾去廣州協右營左哨千總匯存、赤溪協左營右哨千總梁英揚二員，甄別尚未及數。此外，各鎮協營千總，據各提鎮咨覆，逐一詳加查核，俱尚勤慎供職，並無衰庸應劾之員。臣仍當留心考察，如有年力就衰及操防懈怠者，即行隨時劾參，以肅營伍，斷不敢稍事姑容。至廣西省各營千總甄別是否足數，未准廣西提臣咨會，容俟咨催到日另行辦理，合併陳明。謹循例恭摺具奏，伏祈皇太后、皇上聖鑒。

兵部知道。

謝賜福字摺〔二〕 光緒十四年正月二十五日

光緒十四年正月十七日，摺弁回粵齎到御賜福字一方，當即恭設香案望闕叩頭祇領。欽惟我皇上軒籙延洪，嬀簧秉訓。書正月者大一統，日麗春暉。頌豐年者綏萬邦，雲干祥吕。降天章於雲漢，昌符應南極之占。迓帝祉於炎維，温紓先東風而至。臣職羈溟甸，夢繞天閶。蓂琯頻更，未遂朝正之願。芝泥疊實，曷殫拱極之忱。暑寒期泯乎民咨，清晏翹占乎史瑞。如三光之照臨下土，常瞻聖藻之高懸。合四海以同我太平，願廣皇恩之敷錫。所有微臣感激榮幸下忱，謹繕摺具奏，叩謝天恩。伏祈皇太后、皇上聖鑒。

知道了。

甄別同知等照例留補片〔三〕 光緒十四年正月　日

再，查勞績候補捐納試用道府丞倅州縣等官，到省一年期滿，均應照章考試甄別具奏，歷經遵辦在案。兹查有候補班前先補用同知直隸州知州黃鎮南，辦事樸誠，用心精細。候補同知直隸州李榮富，練達勤能，留心吏治。候補班前遇缺前先補用知縣李荆門，幹練精明，勇於任事。候補班前先補用知縣茹慶銓，才學兼優，從公勤慎。候補知縣周駿炳，才具穩練，遇事講求。均經照例考試，堪以留省，各按本班補用。據藩、臬兩司具前詳來。除將各該員詳細履歷開單咨明吏部外，臣等謹附片具陳，伏乞聖鑒。

吏部知道。

粵東第九十八次正法盜犯彙奏摺〔四〕 光緒十四年二月　日

竊照粵省近年盜風日熾，經臣之洞會同前撫臣倪文蔚於光緒十一年十二月初一日奏請，仍予先行就地正法。經刑部核議覆准，

〔一〕録自中國第一歷史檔案館編《光緒朝硃批奏摺》第四〇輯，第七五至七六頁，中華書局一九九五年版。
〔二〕録自中國第一歷史檔案館編《光緒朝硃批奏摺》第二七輯，第七四八頁，中華書局一九九五年版。
〔三〕録自《京報》第二六四六號。
〔四〕録自《京報》第二六六八號。

嗣後廣東省拿獲持械夥劫、兇暴衆著之各項盜匪，無論水陸，不分首從，凡有案情重大罪干斬梟、斬決者，一體照土匪、馬賊、會匪、游勇章程，先行懲辦。其距省較遠者，由該廳州縣審實後，酌核道路遠近。如道府同城者，解由該管巡道督同覆審。不同城即分别解由最近之該管道或府州覆審。如犯多路遠者，即由道府州親赴所屬覆審，均録供通禀督撫，核明情節確實，批飭就地正法。其廣州府屬及佛岡、赤溪二同知所獲盜匪，仍於審實後録供解府，審明通禀，批交臬司會同營務處司道覆訊明確，禀候核飭就地正法。案情重大者，梟示。拒捕者，格殺勿論。並將通省此項正法盜匪，按三個月彙奏一次。光緒十二年正月十四日具奏，奉旨：依議。欽此。等因。咨行到粤。當經再行欽遵辦理。廣東省第九十七次辦過盜犯，業經彙奏在案。兹查自光緒十三年六月初九日起至九月初一日，復届三個月，應歸第九十八次彙奏。據各屬及緝捕員弁報獲盜犯共三十九名，均經訊明，分别解由該管道府及臬司會同營務處司道覆審録供，禀經臣等核明批飭就地正法，分别梟示。據臬司王毓藻將辦過盜犯造具案由罪名册詳請具奏前來。臣等覆核無異，除將案由罪名册送部查核，並飭司備録全案招咨部暨洋盜另行具奏外，所有第九十八次正法盜犯，謹彙繕罪名清單，恭摺具陳，伏祈皇太后、皇上聖鑒。

刑部知道。單併發。

飭知縣孫汝源赴本任片〔一〕 光緒十四年二月　日

再，新選三水縣知縣孫汝源，先經到省繳憑。當因三水縣地處西、北兩江之衝，民情强悍，訟獄繁多，素稱難治。該員初登仕版，恐其措置未能合宜。經臣等附片奏明留省學習，俾資歷練在案。兹查該員孫汝源，自留省學習以來，於地方民情漸就熟悉。應即飭令前赴三水縣知縣本任，以重職守。據布政使高崇基會同按察使王毓藻具詳前來。臣等覆查無異，除咨明吏部外，謹附片具陳，伏乞聖鑒。

吏部知道。

籌解旗營加餉第一批銀數摺〔二〕 光緒十四年三月初六日

竊前承准軍機大臣字寄，光緒十一年八月二十二日，欽奉慈禧端佑康頤昭豫莊誠皇太后懿旨：前據侍郎薛允升奏請飭裁減勇營將中外各旗營加餉訓練一摺，當經諭令軍機大臣，會同户部妥議。兹據會議具奏，今欲酌加旗營餉需，惟有將各省營勇裁減浮濫。每省每年各裁節銀二三十萬，分批解部，以供加餉練兵之用等語。著各直省將軍、督撫破除成見，迅將各該省現有勇營切實核減。其裁勇所節之餉，從光緒十二年起，每省每年可得若干，先行奏明，專款存儲，分批解部備用。不准以斟酌情形無可裁撤等詞一奏塞責。等因。欽此。當即恭録分行司局欽遵籌解。因粤省餉力萬難，一時未能籌定專款。光緒十二年先由商號借銀十萬兩匯解赴京。嗣於覆奏查明廣東原奏收支款目尚無歧異摺内，附列清單，聲明旗營加餉一款，係欽奉懿旨飭籌之件，無論如何爲

〔一〕録自《京報》第二六七六號。

〔二〕録自中國第一歷史檔案館編《光緒朝硃批奏摺》第五八輯，第二五至二六頁，中華書局一九九五年版。

難，自當竭力籌措。以後每年解足十萬兩，仍俟籌定動支款項另行奏明立案等因。所有光緒十三年分應解前項旗營加餉銀十萬兩，業經分作兩批，委員先後匯解赴京交納各在案。茲據廣東布政使高崇基詳稱，光緒十四年分應解前項旗營加餉銀十萬兩，擬在於司庫各款内籌銀二萬兩，作爲第一批，交商號日昇昌、百川通、蔚長厚、新泰厚、蔚泰厚匯兑赴京，飭委開復知縣徐德度等領賫文批，於光緒十四年二月二十六日起程，由海道進京，支取銀兩赴部交納等情，詳請奏咨前來。臣等覆核無異，除飭將本年應解銀兩趕緊陸續籌解及咨明户部外，謹合詞恭摺具陳，伏祈皇太后、皇上聖鑒。

户部知道。

籌解第一批京餉等款銀兩摺〔一〕 光緒十四年三月初六日

竊照承准軍機大臣字寄，光緒十三年十一月初四日奉上諭：户部奏，豫撥來年京餉，擬在地丁、鹽課等款内指撥銀七百萬兩，著於來年分批提前趕解。另片奏，光緒十四年内務府經費，擬撥廣東鹽課銀五萬兩，著於來年開印後陸續徑解内務府交納。等因。欽此。並清單一紙，内開擬撥光緒十四年分京餉廣東鹽課銀二十萬兩。當經恭録轉行欽遵籌解。又粤東運庫應解京餉，難以現銀解部，歷經奏請仍行交商匯兑在案。

茲據兩廣鹽運使英啓詳稱，在於徵收光緒十三年分省河鹽課項内籌銀五萬兩，並隨解一五加平飯食銀一千五百兩，作爲本年奉撥第一批京餉。又在鹽課項内籌銀二萬兩，並隨解平餘拾費等銀六百六十兩，作爲本年奉撥第一批内務府經費，合共銀七萬二千一百六十兩，飭交殷實銀號百川通、蔚泰厚、新泰厚、蔚長厚、日昇昌、元豐玖承領匯兑入京，遴委補用巡檢韓方樸、試用巡檢德芳領賫匯單文批，於本年二月初二日起程，附搭輪船進京，照章支取足色紋銀，分赴户部、内務府投納，詳請具奏前來。臣等覆核無異，除分咨户部、内務府外，理合恭摺奏陳，伏祈皇太后、皇上聖鑒。

該衙門知道。

請將蔡錫勇照原保給獎片〔二〕 光緒十四年三月初六日

再，三品銜候選知府蔡錫勇，自光緒元年由總理各國事務衙門咨送粤東差委，嗣經出使大臣陳蘭彬奏帶出洋，三年期滿，仍回粤省當差。計先後在粤辦理洋務十餘年之久，均無貽誤，屢經出使大臣鄭藻如、徐承祖奏調，充當參贊。時因粤省海防喫緊，交涉事繁，經臣之洞與前撫臣倪文蔚於光緒十年十二月附片奏明，該員係海防洋務最爲得力之員，未便令其遠赴外洋，并請俟該員服闋後，以知府留於廣東補用，奉旨允准。旋准部咨，以留省一節與奏定章程不符，只准留粤差委，不准委署地方各缺，咨行遵照在案。上年九月間，又因創辦文報局三年期滿，經出使大臣曾紀澤奏明，天津、上海、廣東各文報局接遞出使西洋各國大臣往

〔一〕録自《京報》第二六八三號。

〔二〕録自中國第一歷史檔案館編《光緒朝硃批奏摺》第五輯，第六〇五頁，中華書局一九九五年版。

來文電，經理周密，毫無貽誤，由各該省督撫臣就近酌核奏奬等因。是以臣等援照天津、上海文報局成案奏獎，請免選知府以道員不論雙單月遇缺即選。欽奉硃批：著照所請。欽此。仰見朝廷垂念海疆，不没微勞之至意，曷勝欽感。嗣准吏部咨，以粤省創辦文報，不過尋常局務差委。與天津、上海文報局辦理南北洋要務有閒，仍應按照尋常勞績，分别核議。並查明該員丁憂後曾否奏留有案，覆奏核辦等因。奏奉諭旨，咨行前來。伏查天津、上海、廣東各文報局，事同一律。前經出使大臣曾紀澤奏明，由北洋、廣東就近核辦，原係相提並論，並未强分軒輊。旋經李鴻章奏稱，文報局員所辦，皆重大慎密之件，較之出洋隨員僅辦一國之事者，勞勩尤著。應與出洋人員一律請奬等因，奏准在案。則廣東文報局奬案，自應一體辦理，未便兩歧。況查津、滬文報局開辦有年，率循甚易。若廣東文報局則於光緒八年前督臣曾國荃飭令該員蔡錫勇經始創辦，倍屬繁難。且當南洋首衝之地，值海氛告警之秋，其時未設電綫，一切軍報、公牘絡繹不絶，動關機要，成敗利鈍所繫匪輕。較之津、滬局員遵守舊章接遞文報者，其勞勩祇有過之，斷無不及。似不得目爲尋常局務。且該員蔡錫勇兼充洋務委員，惟其深明大體，遇有交涉轇轕之事均能折衝樽俎，悉協機宜。是以徐承祖等相率奏調。臣之洞權量緩急，以彼時海防方亟，廣東時勢事機重於外洋，將該員奏留在粤，藉資得力。儻從前許其出洋，則已届三年期滿，優奬可膺。乃因奏留辦理重務，轉致阻其登進之階，似不足以示持平。臣等查該員蔡錫勇，效力海疆，資勞最久。即以文報局論，與津、滬各局實無區别。況又兼辦海防洋務，較之出洋隨員僅辦一國之事者，尤著勤勞。經臣等彙併爲一，僅援北洋成案請奬，而部議又予核駁，且該員屢次奏奬之案，俱未議准。是該員專辦交涉繁難之事而從事多年，寸階難進，將何以鼓勵人材。合無仰懇天恩准將三品銜遇缺前先選用知府蔡錫勇，仍照原保給奬，免選本班以道員不論雙單月遇缺即選，以昭激勸。出自逾格鴻慈。至該員於光緒九年内丁母憂，正值海防倥偬，經前督臣張樹聲飭仍在局當差。旋因徐承祖奏調，經臣之洞奏留，疊經聲叙有案，合併聲明。除咨部查照外，謹附片具陳，伏祈聖鑒。

著照所請。該部知道。

彙奏請襲世職摺[一] 光緒十四年三月初六日

竊准兵部咨，同治元年二月十六日奉上諭：嗣後陣亡殉難各員子孫承襲世職，著兵部行文各該督撫，轉飭各州縣，將應襲職名迅速查取，徑行具報，毋庸由府司轉詳，以免煩擾。等因。欽此。又准兵部咨，各省襲職發標人員名數孔多，查册結宗圖已到人員，各按襲職發標，三月彙奏一次。内有應行引見恭候欽定之員，行令迅速給咨等因。同治二年正月二十五日奉旨：依議。欽此。又准兵部咨，嗣後請襲世職，應於文册内聲明於何年月日及在何處陣亡殉難，並將議給世職奉旨日期，逐一詳細報明，毋得遺漏等因。均經轉行遵照辦理。茲光緒十三年冬季分，據英德、清遠、合浦等縣先後詳送請襲雲騎尉鄧纘英、郭壽臻、吴興章、劉紹棠、李焕光，均年已及歲，呈請襲職發標。經臣逐一驗看，

[一] 録自中國第一歷史檔案館編《光緒朝硃批奏摺》第四〇輯，第一四八至一四九頁，中華書局一九九五年版。

均堪發標學習。又據新會、番禺二縣詳稱，廕生林安邦、黄秉廉，均年未及歲，請襲雲騎尉世職各等情前來。伏查定例，承襲世職，令嫡長子承襲。如嫡長子有故及患病殘廢者，令嫡長孫承襲。如無嫡長孫，令嫡次子孫承襲。如無嫡次子孫，令庶出子孫承襲。如無庶出子孫，許令弟姪應承繼者承襲。又承襲雲騎尉世職，年已及歲，免其送部，令該督撫驗看具題。俟題准後，就近發標學習，支食全俸，扣至三年期滿，出具考語給咨送部引見。又，緑營陣亡官員，議給世職應行承襲人員，令該督撫查明，如年未及歲者，先將宗圖册結具題請襲，俟奉旨准襲後，給予半俸各等語。今請襲雲騎尉鄧纘英、郭壽臻、吴興章、劉紹棠、李焕光，俱年已及歲，請襲職發標。廕生林安邦、黄秉廉，均年未及歲，請襲雲騎尉世職，均核與定例相符。相應彙列案由，繕具清單，恭呈御覽，請旨敕部核覆，將鄧纘英、郭壽臻、吴興章、劉紹棠、李焕光發標學習，支食全俸，仍照例扣滿三年，出具考語給咨送部引見。林安邦、黄秉廉自准襲之日起給予半俸，俟及歲時，照例考驗辦理。除將各該員親供宗圖履歷册結咨送部科查核外，謹繕摺具奏，伏祈皇太后、皇上聖鑒。

兵部議奏。單併發。

請照補要缺遊擊摺[一] 光緒十四年三月初六日

竊照案准兵部咨，廣西撫標右營遊擊梁桂春舊傷復發，請准開缺，應照例休致。其所遺廣西撫標右營遊擊，係部推之缺，既據扣留外補，相應行文迅揀儘先合例人員請補等因。當將廣西撫標右營遊擊員缺，由臣會同護廣西撫臣李秉衡、廣西提督臣蘇元春奏請，以儘先補用遊擊陳顯道補授。現准兵部咨，該員儘先名次在後，部中官册在陳顯道之前尚有曹連城、梁志剛、張馨甫、李貴錦、林大魁、雷克先等六員，摺内漏未聲叙，礙難議准。應令查明聲覆到日再行核辦等因。光緒十三年十月初七日具奏。奉旨：依議。欽此。等因。咨行前來。伏查部中官册，曹連城、梁志剛、張馨甫、李貴錦、林大魁、雷克先六員，名次均在陳顯道之前。除李貴錦前由川赴黔剿匪出力，經四川督臣吴棠等奏保，光緒元年十二月初三日奉上諭，著以參將儘先補用，並賞加副將銜，該員總歸參將班内序補。雷克先一員，現因病請開缺。以上二員均毋庸擬補。其梁志剛，前因患病久不在營，現仍未據報回標。曹連城未據報到標日期，且儘先遊擊保案並未將奉旨日期聲叙。張馨甫、林大魁，現查西省送到候補官册並無其名，另行咨查。以上四員亦未便遷就請補。合無仰懇天恩俯念員缺緊要，准以陳顯道補授廣西撫標右營遊擊，俾收得人之效。如蒙俞允，俟部覆到日給咨送部引見，再行查缺對調，以符定制。除咨覆兵部查照外，臣謹會同廣西撫臣沈秉成、廣西提督臣蘇元春合詞恭摺具陳，伏祈皇太后、皇上聖鑒，敕部議覆施行。

兵部議奏。

查明總兵都守互稟情形請分别懲儆片[二] 光緒十四年三月初六日

再，上年九月間據瓊州鎮標右營都司黄福稟揭，卸任都司鍾

[一] 録自《京報》第二六八五號。
[二] 録自《京報》第二六八八號。

金銓，唆擺鎮署幕友莊士廉，勒收盤務。本管總兵楊瑞山，有偏聽劣幕情事。又據瓊州鎮左營守備張煊禀稱，被莊士廉懷挾私嫌顛倒是非。旋據署瓊州鎮總兵楊瑞山以該都司黄福、守備張煊，有尅扣兵餉，不守法紀情事，應否從嚴參劾，請飭查辦各等情，先後具禀到臣。維時正當舉辦軍政，該員等互相禀訐，虚實均應澈究，未便遽行注考，當於册内注明。該都司黄福、守備張煊兩員，現因另案查辦，俟查覆到日再行奏明分别辦理等因，咨部查照在案。當即札飭本任瓊州鎮總兵賴鎮邊、雷瓊道朱采，就近確查。茲據該鎮道禀稱，該總兵都守等互禀各節，查得該營各兵，遇有借支公櫃銀兩，至散餉時該都司、守備照扣還櫃，餘銀折錢找補。又兵丁向有幫貼差費，以備出差之用，相沿已久，並無全扣餉包，亦未將舊設塘兵私行裁撤。該營向有難裔名糧，係以從前殉難弁兵之子孫充補。内有年幼不能當差，都司黄福曾欲開除另補，該總兵不准，亦即中止。該都司到任時，係借馬騎坐，隨後有馬，即將所借他人之馬交還，尚無强取情弊。其營中截存曠馬米草銀兩，皆係存櫃，並未乾没。額外王鴻年等應得兵餉，早經給領，亦無勒令汛兵每月致送月規銀一元情事。至於都司黄福到任之時，盤務尚未查清，楊瑞山輒欲令其結報，是否卸任都司鍾金銓唆擺鎮幕莊士廉從中進讒，事無左證。黄福以盤務無著，三次具禀鎮署，本屬因公。至莊士廉曾向張煊需索節禮未能滿欲，以致挾嫌，人言嘖嘖，實屬有因各等情，禀請核辦前來。

臣查前署瓊州鎮總兵楊瑞山，在瓊州時辦事諸多任性。臣去臘巡海至瓊，查詢文武各官，僉稱該總兵因黄福、張煊禮儀小節未能周到，致成嫌隙，遇事苛求。此次所禀都司黄福、守備張煊尅扣勒索等情，查無實據。其幫貼差費相沿已久，尚係辦公之需。乃因末節小嫌，且以黄福盤務不肯結報，屢與該總兵辯詰，遂偏聽幕友莊士廉，遽以尅扣重情率行禀揭。雖一切案牘多出莊士廉之手，該總兵不識文字，莫能辨别，然並不細心體察，輒即禀陳，殊屬粗疏。惟該總兵前在南關打仗甚屬奮勇，現在提督馮子材防營，相應請旨將記名總兵楊瑞山暫行摘去頂戴，以示薄懲而觀後效。劣幕莊士廉，需索挾嫌，希圖傾陷，以致禀訐紛紜，實屬大干法紀。其平日不安本分已可概見。據查莊士廉係五品頂戴附貢生，應請即行斥革，咨行原籍浙江暨廣東各屬，一體查拏歸案。究明有無另犯别情，嚴行懲辦。瓊州鎮標右營都司黄福、左營中軍守備張煊，雖查無尅扣勒索情事，惟於幫貼差費等項到任不能整頓裁革，究屬不合，均應即撤任察看，各記大過二次。已卸都司鍾金銓，交代有無虧短，已飭嚴加盤查，照例核辦。至該營難裔，如果年小不能差操，自應開除，挑選精壯以成勁旅。其幫差一項如何裁禁，並飭該鎮道查酌辦理，以肅營制而重操防。所有查明總兵都守互禀情形請旨分别懲儆緣由，除咨部查照外，謹附片具陳，伏祈聖鑒。

著照所請。該部知道。

請開復降補守備方恭片[一]　光緒十四年三月初六日

再，副將銜廣東候補遊擊方恭，前奉委統帶潮普軍，因身弱多病，難勝將領，勇丁亦不甚足，經臣奏參請以守備降補，奉旨

[一] 録自《京報》第二六九〇號。

允准在案。查該員被參以後，歷經派委辦理本省防務，均能不辭勞瘁，認真出力。臣因其熟習惠、潮等府情形，上年派令隨同水師提督方耀帶勇查辦匪鄉，該員痛改故習，所部勇丁俱屬精壯足額，紀律整肅。凡遇圍捕事宜，踴躍争先，極爲得力，疊經拏獲著匪多名，禀解方耀行營懲辦，地方獲臻安謐。洵屬深知愧奮，卓著勞績。且查其從前多病，係因在營積勞致疾，近已醫治就痊，强健奮勉，堪供驅策。現當營伍需材之際，合無仰懇天恩准將降補守備方恭開復原官原銜，仍以遊擊補用，以昭激勸。出自逾格鴻慈，謹附片具陳，伏祈聖鑒。

著照所請。兵部知道。

請准以何鴻飛補授守備片〔一〕 光緒十四年三月初六日

再，准兵部咨，廣東肇慶協右營守備盧泰病故，遺缺係陸路部推之缺，應用儘先人員。既據扣留，應即迅揀儘先合例人員請補等因。查定例，各省題調武職各缺，如因員缺緊要，人地相需，將不合例人員保奏，應於摺内聲明請旨交部核覆，恭候欽定等語。茲會同署廣東陸路提督臣鄭紹忠，在於經部覆准注册序補之陸路儘先守備内，詳加揀選。除黄宗錦因案勒令離營查辦外，其名次在前之李森泰、葉卓和、黄雄高、陳增福、高顯章、楊文釗、黄永安、何懋鑣、吴錦、黄國棟、彭文光、黄麟翔，或人地不宜，或營伍未嫻，均未便請補。查有督標中營儘先守備何鴻飛，年五十六歲。廣東廣州府東莞縣人，由武童勦匪出力遞保藍翎千總，並加守備銜。復於勦辦捻逆張總愚一律肅清案内保奏。同治八年七月初七日奉上諭：著以守備儘先補用，並加都司銜，賞換花翎。欽此。銷差回粤，飭發督標中營效力，造送履歷，經部覆准注册序補。該員才力明幹，緝捕勤能，並無在外省參革朦保情弊，以之補授肇慶協右營守備，洵堪勝任。雖儘先名次在後，與例稍有未符，惟在前各員均不合請補，現當整飭營伍之際，未便稍涉遷就，謹隨摺聲明。合無仰懇天恩俯准以何鴻飛補授肇慶協右營守備。如蒙俞允，俟部覆到日，給咨送部引見，以符定制。謹會同署廣東陸路提督臣鄭紹忠合詞附片具陳，伏祈聖鑒，敕部核覆施行。

兵部議奏。

請准以吴廷楨補授守備片 光緒十四年三月初六日

再，准兵部咨，廣東惠來營中軍守備周紹東勒休，遺缺係陸路部推之缺，應用期滿武進士。行令照章揀員請補等因。查前准兵部咨，奏定疏通營用武進士補缺章程内開，嗣後部推守備缺出，自此次奉旨之日起，各計各省無論部中擬補、該省請補，統計補用儘先三人後，插補營用武進士一人。無論由武生、兵生中式武進士，統按到標五年期滿，揀選在前並無事故者請補。同日期滿，以科分名次先後爲斷。儻該員與是缺人地不宜，或遇本府本營之缺准先請補，另揀對調，不得聲請過班，請補時毋庸調取引見，給劄令其赴任。至各省駐防武進士以營守備用者，分發本省學習

〔一〕以下二件録自中國第一歷史檔案館編《光緒朝硃批奏摺》第四〇輯，第一五四至一五六頁，中華書局一九九五年版。

五年期滿，應與該省漢武進士一體請補。各項武進士既有推缺可補，不得再補題缺。如有請發鄰省學習者，應即掣發推缺鄰省，毋庸核計題缺等因。於光緒九年七月十二日奉旨：依議。欽此。茲惠來營中軍守備員缺，會司著廣東陸路提督臣鄭紹忠，在於陸路期滿營用武進士內詳加揀選。其到標在前之成傑，已保舉歸儘先都司班。陳仁昌已保舉歸儘先守備班。謝繼鼎、廣安、于翔俱丁憂，尚未服闋。趙時光告假尚未回營。均不合請補。查有督標中營效力期滿營用武進士選用守備吴廷楨，年三十九歲，廣東肇慶府開平縣人，由武監生應同治十二年癸酉科廣東鄉試中式武舉，光緒二年赴京應丙子恩科會試中式武進士。奉旨：以營守備用。欽此。經兵部發給驗票，發回本省原營效力。光緒四年九月二十日到省，稟繳驗票送銷，並請改發督標中營效力。於光緒四年十月十三日到標。嗣因效力五年期滿，咨准部覆注册留營候補。又於粵省廣、瓊、廉、潮四府屬，捐資辦團防、守要隘出力案内保奏，請以守備儘先補用。准兵部議駁，改爲以守備選用。光緒十三年六月初一日具奏。本日奉旨：依議。欽此。該員年壯才明，留心營伍，以之補授惠來營中軍守備，洵堪勝任。雖有到標在前之員，惟均不合請補，謹隨摺聲明。合無仰懇天恩俯准吴廷楨補授惠來營中軍守備，俾營伍藉資整頓。如蒙俞允，該員毋庸迴避本營本府，照章亦毋庸送部引見，應請敕部給與劄付，令其赴任。謹會同署理廣東陸路提督臣鄭紹忠合詞附片具陳，伏祈聖鑒，敕部核覆施行。

兵部議奏。

迴避守備徐盛標暫免查缺對調片[一] 光緒十四年三月初六日

再，准兵部咨，廣東新會營左營守備缺准以順德協右營右哨千總徐盛標升補。至是缺守備駐紮廣州府，該員係廣州府人，例應迴避，應令照章揀員對調，以符定制等因。當經轉行遵照。茲查廣東省内河守備六缺，除新會營左營守備係徐盛標本缺，督標水師營守備葉維光已准升補水師提標前營都司，尚未引見開缺補人。此外，水師提標後營守備潘斯洛、順德協左營守備嚴大翎、新會營右營守備尹林安均係廣州府人，順德協右營守備梁芝芬雖係肇慶府人，而此缺駐紮廣州府順德縣城，於徐盛標亦屬本府，均不合調補。合無仰懇天恩俯准將新會營左營守備徐盛標暫免查缺對調，仍俟有隔府合例人員，再行揀調，以符定制。如蒙俞允，恭候命下遵行。謹會同廣東水師提督臣方耀附片具陳，伏祈聖鑒。

兵部議奏。

金應澍捐款助賑請建坊片 光緒十四年三月初六日

再，廣東補用鹽運同金武祥之父三品封職金應澍，素性仁厚，樂善不倦，前經該運同迎養來粵。聞豫省水灾甚鉅，即令其長孫在原籍常州府江陰縣蒐集家資，湊成庫平銀一千兩，寄交鹽務公所兑收，彙寄河南助賑。據兩廣鹽運使英啓，會同廣東布政使高崇基詳請奏奬前來。查各省紳民捐助善舉銀在千兩以上者，例准請旨建坊。茲三品封職金應澍，慨捐鉅款，核其所捐銀數與建坊

[一] 以下二件録自《京報》第二六八三號。

定例相符。合無仰懇天恩俯准在籍建坊，給予樂善好施字樣，以昭激勸。除飭將所捐銀兩彙解河南助賑並咨部外，臣等謹附片具陳，伏祈聖鑒。

著照所請。禮部知道。

英輪傷斃疍婦踫壞官輪認錯賠款片（一）

光緒十四年三月初六日

再，光緒十二年十月十三日，英國保安輪船由香港來省下錨，碰傷疍婦陳李氏一口，醫調不效，於十六日因傷身死一案，臣當即嚴切照會英領事秉公究辦。旋據該領事覆稱，因小艇攔其船頭，援引過失殺人之條，謂下錨時係耳目所不及，思慮所不到，不能責成船主，禍由小艇自招等情。臣查南海縣所禀暨屍親供詞與該領事來文情節不符，當經詳細駁覆，催令勒傳船主會審公斷。嗣據英領事覆稱，保安船主係美國人，應歸何國審問，當待英、美兩國使臣商定再行訊問等情。疊經臣往返文行，面催辯駁，該領事藉詞延宕，日久未能斷結。其中情節，先經咨呈總理各國事務衙門在案。

又，光緒十三年十月三十日，保安輪船在省河碰壞靖江、海鏡清、飛電官輪三艘。除飛電一船受傷甚輕，經該保安輪船公司即日賠修，毋庸置議外，其靖江、海鏡清兩輪受傷較重，經臣照會英領事懲辦該船主，勒令保安輪船公司賠修。該領事代洋商申辯，謂係因避中國渡船致碰官輪，强辯多端，不肯任咎。疊經臣分晰駁覆，催令駐滬英官海政司來粵公斷去後。本年正月間，英領事來見，願將以上兩案調處了結，以免涉訟。臣當與言明，必得該保安洋商認錯賠償，嚴戒船主以後行船往來，務須加意小心，不准再有疏忽之事，則已往之愆，未嘗不可稍從寬宥。該領事往返調停，費盡脣舌，始漸就範。本年二月初六日，據英領事照稱保安輪船下錨壓傷陳李氏一案及碰壞靖江、海鏡清官輪一案，該輪船公司以不幸有前項事體，實深惋惜。當即嚴飭該公司各輪船船主及船上司事人等，以後務須加意小心，不准再有此等慘傷之事，自願認錯賠償銀五千元，以結前項兩案。如允收此款，請將以上兩案一概注銷等語。

臣查疍婦陳李氏被保安輪船下錨誤壓致斃一案，實堪憫惻。至碰壞官輪兩艘，查係措手不及，雖屬行駛粗率，尚非故意衝撞，其情不無可原。查碰船章程及外省辦過成案，淹斃人命所賠不過一百兩左右，海鏡清久未入澳，本在應修之列，靖江本係舊船，應行修改。此次兩輪被碰，核計修復之費與該公司願賠之款無大出入。陳李氏被壓因傷致死，情原可憫，究係誤傷，無論如何嚴辦，該船主不能有擬抵之條。至碰壞官輪亦係出於無心，只須有款修復，則易舊爲新，在我亦不致有受虧之事。既經該領事調處，該公司亦自知錯誤情願認賠，自可不必深究。當經照覆英領事轉飭該公司，將賠款五千元繳出，准將兩案注銷，以清塵牘而全交誼。旋據該領事繳到洋銀五千元，當在此款内從優撥給洋銀三百元卹賞陳李氏家屬，餘款作爲貼修海鏡清、靖江等費，應即將案注銷。英領事阿哩巴士德於此兩案其始不無迴護，迨經分晰駁覆，並不始終固執，復爲設法轉圜，尚知顧全睦誼。且自光緒十二年

（一）録自中國第一歷史檔案館編《光緒朝硃批奏摺》第一一一輯，第二八八至二八九頁，中華書局一九九五年版。

九月抵粤以來，一切事件尚肯和平商辦。凡洋商及内地奸民有恃符妄爲唆聳生事者，頗能按理開導阻止，洵爲領事中明白曉事之員。除札飭海防善後局，將海鏡清、靖江兩輪剋日修理完固外，合將英國保安輪船下錨傷斃疍婦一案及碰壞官輪兩艘一案該公司認錯賠款完結各緣由，謹附片具陳，伏祈聖鑒。

該衙門知道。

請補遊擊守備員缺摺〔一〕 光緒十四年三月十三日

竊臣等先於光緒十二年春間會奏，籌議廣西邊隘分營扼劄酌移提督，另設柳州總兵各緣由一摺，准兵部議准，廣西提督由柳州移駐龍州，原有提標制兵五營，撥中軍參將一營，隨赴龍州，以符體制。原屬新太協之龍憑營都司，改爲龍州城守營遊擊，隸於提督，例設該遊擊中軍守備。新太協率其所轄左營都司、馗纛營都司共兩營，改屬提督。其新太協右營守備一營，即行裁撤。其柳州添設總兵一員，駐劄柳州府，以提標左右兩營改爲鎮標左右兩營。左營即爲該鎮中軍，提標前後兩營即行裁汰，官、弁遇缺另補。又准部咨，新設龍州城守營遊擊並中軍守備及各營千總、把總、外委各缺，立營方始，均關緊要，恭候命下。臣部行文該督迅即揀員請補各等因，均經先後轉行遵照。現准禮部將各關防條記鑄就，經臣派委領解京餉委員廣東補用通判劉廷棠等，赴京領齎回東，派員解赴廣西布政司衙門，分別移給各該營收領開用。所有未經請補之新設龍州城守營遊擊、守備員缺，應即迅速揀員請補，以專責成。查新設龍州城守營遊擊缺，係由三年俸滿煙瘴題調之龍憑營都司缺改設，原應照邊俸三年期限。惟查廣西提標中營守備隨該營參將移駐龍州，經廣西提督臣蘇元春擬作爲邊俸五年期限之缺，咨請附片奏明在案。新設龍州城守營遊擊及龍州城守營中軍守備與提標中營守備，同駐龍州，應即一併擬以五年邊俸煙瘴題調之缺，俾歸畫一。查定例，各省題調缺出先儘現任人員揀選調補。龍州遊擊員缺，地當衝要，接連越疆，係煙瘴要缺，必須熟悉風土、能耐煙瘴之員，方克勝任。

茲會同廣西提督臣蘇元春查有裁缺之前任廣西提標前營遊擊任加桂，年五十六歲，安徽懷甯縣人，由行伍節年隨勦江西、湖南、廣西等省賊匪出力，遞保花翎參將銜，以遊擊留於廣西儘先補用。同治八年擬補廣西提標中營遊擊，同治十年十二月十九日奉旨調補廣西提標前營遊擊。現因該營裁撤，開缺聽候另補。該員久歷戎行，資深才卓，且熟習風土，能耐煙瘴，以之請補龍州城守營遊擊，洵屬人地得宜。又龍州城守營遊擊中軍守備與該遊擊同駐龍州，亦係煙瘴要缺，仍應照章揀選熟悉風土、能耐煙瘴之員請補，方稱厥職。復經會選得裁缺之前任廣西提標前營中軍守備張英，年五十歲，廣西桂林府臨桂縣人，由勇目節年隨勦出力，保獎儘先守備，遞保免補都司，以遊擊儘先補用。光緒十年十二月經部擬補廣西提標前營守備，現因該營裁撤，開缺聽候另補。該員明練有爲，營伍整飭，且熟習風土，能耐煙瘴，龍州城守營遊擊中軍守備亦非籍隸本府，以之請補此缺，亦堪勝任，理合會摺奏請。合無仰懇天恩俯准將該員任加桂補授龍州城守營遊擊，張英補授龍州城守營遊擊中軍守備，以實營伍而資就熟。如

〔一〕録自《京報》第二六八四號。

蒙俞允，該員任加桂由裁缺遊擊請補遊擊，張英由裁缺守備請補守備，均係對品補回，應請毋庸送部引見，合併陳明。除咨明兵部查照外，謹會同廣西提督臣蘇元春合詞恭摺具奏，伏祈皇太后、皇上聖鑒，敕部核覆施行。

兵部議奏。

請准以李玉龍升補遊擊摺[一] 光緒十四年三月十三日

竊照廣西思恩營遊擊熊錦奇病故，遺缺係題調之缺，接准部咨行令揀員升調等因。查定例，各省題調缺出，先儘現任人員題請調補。如無合例堪調者，准於應升人員內保題升用。又題調缺出，照例揀選具題，其有員缺緊要，人地實在相需，而所保之員與例稍有未符者，將不合例之處詳細聲明，請旨交部核覆各等語。廣西思恩營遊擊，駐紮思恩府武緣縣城，係苗疆煙瘴之缺，必須熟習風土、能耐煙瘴之員，方克勝任。粵西內地遊擊，非現居要缺，即人地未宜，現無堪以調補之員。應於現任人員內揀選升補。茲會同廣西提督臣蘇元春詳加揀選，查有裁缺原龍憑營都司李玉龍，現年五十八歲，廣西柳州府馬平縣人，由行伍歷年隨勦出力，保獎花翎儘先補用都司，加遊擊銜，准補廣西提標右營守備，遞升今職。光緒六年六月二十九日在部接劄，是年十一月初八日到任。該員幹練勤能，營務明習，且熟悉風土，能耐煙瘴。思恩營遊擊距該員本籍五百里以外，以之升補此缺，洵堪勝任。惟調缺請補與例稍有未符，第人地實在相需，例得專摺奏請。合無仰懇天恩俯念煙瘴要缺需員，准以裁缺原龍憑營都司李玉龍升補思恩營遊擊，以期人地相宜。如蒙俞允，俟接准部覆再行給咨赴部引見，以符定制。臣謹會同廣西提督臣蘇元春合詞恭摺具奏，伏祈皇太后、皇上聖鑒，敕部核覆施行。

兵部議奏。

請准以張邦福補授參將片 光緒十四年三月十三日

再，廣西全州營參將員缺，先經臣會同廣西提督臣蘇元春，奏請以儘先補用參將張邦福補授。現准兵部咨，張邦福儘先名次在後，尚有在前之秦玉奇、朱鳳才、黃興仁、劉先科等四員，該督摺內漏未聲敘，礙難議准，應令查明聲覆到日再行核辦等因。於光緒十四年正月初六日具奏。奉旨：依議。欽此。等因。咨行前來。伏查部行儘先參將官册內秦玉奇、朱鳳才、黃興仁、劉先科四員，名次均在張邦福之前，除劉先科因奏獎克復諒山出力人員案內，光緒十一年八月二十一日奉上諭，著免補參將以副將儘先補用，該員應歸副將班內序補。其告降借補遊擊之秦玉奇、朱鳳才、黃興仁三員既經告降，自應歸遊擊班序補，未便再補參將之缺。且均於此缺人地不宜，不敢稍涉遷就。合無仰懇天恩俯念員缺緊要，准以張邦福補授全州營參將，俾收得人之效。如蒙俞允，俟部覆到日給咨送部引見，以符定制。除咨覆兵部查照外，謹會同廣西提督臣蘇元春合詞附片具陳，伏祈聖鑒，飭部議覆施行。

兵部議奏。

[一] 以下二件録自《京報》第二六八三號。

請准以莫正美升補都司片〔一〕 光緒十四年三月十三日

再，前出有廣西右江鎮左營都司尚國瑞病故，遺缺係題調之缺，應即以合例人員題請升調。因一時驟難其選，經臣等查以鎮安協右營守備黄廷芳升補。接准兵部咨，廣西右江鎮左營都司於光緒十年五月初十日出缺，黄廷芳於光緒七年六月二十四日到任，核計該員俸滿在出缺之後，所請以黄廷芳升補與例不符，應毋庸議，應令另揀俸滿合例人員升補等因。查定例，各省題調缺出先儘現任人員揀選題調，如無合例堪調者，准於應升人員内保題升用。又題調缺出，照例揀選具題，其有員缺緊要，人地實在相需，而所保之員與例稍有未符者，將不合例之處詳細聲明，請旨交部核覆各等語。廣西右江鎮標左營都司駐劄百色廳城，係煙瘴題調之缺，必須熟習風土、能耐煙瘴之員，方克勝任。粤西現任都司，非現居要缺，即人地未宜，現無堪以調補之員，應於現任人員内揀選升補。兹會同廣西提督臣蘇元春詳加揀選，查有平樂協右營守備莫正美，現年五十八歲，廣西柳州府馬平縣人，由行伍歷年隨勦保獎花翎儘先補用守備，經兵部題補廣西撫標左營守備，光緒元年八月初二日在部接劄，續調補右江鎮中營守備，因邊俸三年期滿調補今職。嗣於連年援勦越南、堵勦黔苗案内保奬，同治十二年十二月二十一日奉旨，以都司儘先補用。該員奮發有爲，勞績卓著，且熟悉風土、能耐煙瘴。右江鎮左營都司缺距該員本籍在五百里以外，以之升補此缺，洵堪勝任。惟調缺請補與例稍有未符，第人地實在相需，例得專摺奏請。合無仰懇天恩俯念煙瘴要缺需員，准以平樂協右營守備莫正美升補右江鎮左營都司，以期人地相宜，有裨營伍。如蒙俞允，俟接准部覆，再行給咨赴部引見，以符定制。其所遺平樂協右營守備缺，係部推之缺，粤西現有儘先守備人員，應請扣留外補，合併陳明。除咨覆兵部外，臣謹會同廣西提督臣蘇元春合詞附片具奏，伏祈聖鑒，敕部核覆施行。

兵部議奏。

請准以劉鯤升補遊擊片〔二〕 光緒十四年三月十三日

再，竊臣等前以塷纛營都司伍起祥升補廣西右江鎮右營遊擊，經兵部議駁。時因合例人員驟難其選，經臣等仍請以該員伍起祥覆奏請升。兹准兵部咨，廣西右江鎮右營遊擊，於光緒十年四月十三日出缺。伍起祥於光緒十年六月二十一日到任，核該員俸滿在出缺之後，所請仍以伍起祥升補之處，應毋庸議，應令另揀俸滿合例人員升補等因。查定例，各省題調缺出，先儘現任人員揀選題調。如無合例堪調者，准於應升人員内保題升用。又題調缺出，照例揀選具題，其有員缺緊要，人地實在相需，而所保之員與例稍有未符者，將不合例之處詳細聲明，請旨交部核覆各等語。廣西右江鎮右營遊擊，駐紮泗城府城，係煙瘴題調之缺，必須熟習風土、能耐煙瘴之員，方克勝任。粤西内地遊擊，非現居要缺，即人地未宜，現無堪以調補之員，應於現任人員内揀選升補。兹

〔一〕録自中國第一歷史檔案館編《光緒朝硃批奏摺》第四〇輯，第一六五至一六六頁，中華書局一九九五年版。

〔二〕録自《京報》第二六八三號。

會同廣西提督臣蘇元春詳加揀選，查有上林營都司劉鯤，現年四十一歲，廣東廣州府香山縣人，由藍翎侍衛選補廣西撫標右營守備，遞升今職。於光緒六年十二月初六日在部接劄，光緒七年四月初二日到任。嗣於廣西防軍歷年援勦越南邊匪案内保獎，光緒九年八月二十五日奉上諭：著以遊擊補用。該員年强力果，才敏藝精，且熟悉風土，能耐煙瘴，以之升補此缺，洵堪勝任。惟調缺請補與例稍有未符，第人地實在相需，例得專摺奏請。合無仰懇天恩俯念煙瘴要缺需員，准以上林營都司劉鯤升補右江鎮右營遊擊，以期人地相宜。如蒙俞允，俟接准部覆再行給咨赴部引見，以符定制。其所遺上林營都司缺，俟部覆到日另行照例揀員請補，合併陳明。除咨覆兵部查照外，臣謹會同廣西提督臣蘇元春合詞附片具奏，伏祈聖鑒，敕部核覆施行。

兵部議奏。

請准以李春元升補都司片[一] 光緒十四年三月十三日

再，前出有廣西三里營都司劉志仁升補，遺缺係題調之缺，經臣等查以提標中營守備聶顯彰請補。接准兵部咨，廣西三里營都司於光緒十一年四月十六日出缺，聶顯章於光緒十一年三月初一日到任，核計該員俸滿在出缺之後，所請以聶顯彰升補之處與例不符，應毋庸議，應令另揀俸滿合例人員升補等因。查定例，各省題調缺出，先儘現任人員揀選題調。如無合例堪調者，准於應升人員内保題升用。又題調缺出，照例揀選具題，其有員缺緊要，人地實在相需，而所保之員與例稍有未符者，將不合例之處詳細聲明，請旨交部核覆各等語。廣西三里營都司駐紮思恩府，屬上林縣三里地方，係煙瘴題調之缺，必須熟習風土、能耐煙瘴之員，方克勝任。粵西現任都司均於此缺人地未宜，現無堪以調補之員，應於現任人員内揀選升補。茲會同廣西提督臣蘇元春詳細揀選，查有潯州協右營守備李春元，現年五十六歲，廣西桂林府臨桂縣人，由武舉歷年隨勦出力保獎藍翎儘先補用守備，准補廣西桂林營守備，調補今職。光緒七年十月十九日在任接劄。該員勤練老成，操防勤奮，且熟悉風土，能耐煙瘴，三里營都司缺距該員本籍在五百里以外，以之升補此缺，洵堪勝任。惟調缺請補與例稍有未符，第人地實在相需，例得專摺奏請。合無仰懇天恩俯念煙瘴要缺需員，准以潯州協右營守備李春元升補三里營都司，以期人地相宜。如蒙俞允，俟接准部覆再行給咨赴部引見，以符定制。其所遺潯州協右營守備員缺，係部推之缺。粵西現有儘先守備人員應請扣留外補，合併陳明。除咨覆兵部查照外，臣謹會同廣西提督臣蘇元春合詞附片具奏，伏祈聖鑒，敕部核覆施行。

兵部議奏。

報解本年籌邊軍餉數目摺[二] 光緒十四年三月十三日

竊准户部咨，奏撥戊子年籌邊軍餉一摺，單開廣東省銀二十

[一] 録自中國第一歷史檔案館編《光緒朝硃批奏摺》第四〇輯，第一六八至一六九頁，中華書局一九九五年版。

[二] 録自中國第一歷史檔案館編《光緒朝硃批奏摺》第五八輯，第三五頁，中華書局一九九五年版。

萬兩等因，當經行司籌解。茲據廣東布政使高崇基詳稱，此項籌邊軍餉關係要需，自應遵照趕緊籌措。茲在藩庫各款内竭力湊撥銀五萬兩，作爲戊子年第一批籌邊軍餉，照案發交商號日昇昌、百川通、蔚長厚、新泰厚、蔚泰厚匯兑至京，遴委開復知縣徐德度領齎文批，於光緒十四年二月二十六日起程，由海道進京支取銀兩赴部交納，詳請奏咨前來。臣等覆核無異，除咨户部外，謹合詞恭摺具陳，伏祈皇太后、皇上聖鑒。

户部知道。

粤海關籌解第一批京餉等款銀兩摺〔一〕

光緒十四年三月十三日

竊照光緒十四年分京餉，户部奏撥粤海關洋税銀十萬兩，新增盈餘銀六萬兩。又，本年東北邊防經費，奏撥粤海關六成洋税銀十二萬兩。又，恭辦大婚典禮，奏准提撥粤海關抵閩京餉改爲加放俸餉款内銀一萬八千兩，並提京官津貼改爲加復俸餉款内銀四萬兩。又，内務府廣儲司公用，每年額撥粤海關税銀三十萬兩，例分四季起解。以上各款銀兩，均應趕緊籌解，以濟要需。

查粤海關節次起解部庫各款銀兩，向由西商先行借墊，勢難起解現銀。光緒十年四月間奏准，仍交商匯兑在案。茲光緒十四年分第一批京餉等款銀兩，經向西商志成信、協成乾銀號，借銀一十二萬五千七百兩，先行墊解，隨後由税收歸還，以資周轉。飭據廣東布政使高崇基遴委試用縣丞竇駿、候補巡檢張蒿年，領解光緒十四年分第一批京餉銀二萬五千兩，另加平銀三百七十五兩、飯銀七百二十五兩，又東北邊防經費銀一萬兩，又大婚典禮提撥加放俸餉銀六千兩，並提撥另款加復俸餉銀五千兩，又光緒十四年春季分廣儲司公用銀七萬五千兩，另加平銀一千一百二十五兩，新增歸公加平銀一千八百七十五兩，抬費用項銀六百兩，統共銀一十二萬五千七百兩。飭令該委員等領齎文批，於光緒十四年三月初一日，由海道進京支取銀兩，前赴户部、内務府分别交納，以期妥速。除分咨查照外，臣等謹合詞恭摺具陳，伏祈皇太后、皇上聖鑒。

該衙門知道。

出省查勘圍基及緝捕河道情形片光緒十四年三月二十六日

再，臣之洞因北江猛漲，親赴北江各縣查勘圍基，前於會奏分籌防護水災摺内陳明在案。當於三月十五日乘小輪船泝北江而上，過清遠峽至白鶴汛，連日天宇開霽，查看沿岸漲痕，詢問上游一帶水已消退，民田人口幸無損傷。即轉輪下峽，會同署陸路提督鄭紹忠，於沿江各大圍詳加查閲。所有清遠縣屬之倒水灣、正江口、山塘、石角等圍，三水縣屬之長洲、清塘、榕塞、東海口等圍壩，均屬完固。間有蟄陷滲漏者，均經該提督督同各該縣官紳相機修築。其支河各圍及四會、花縣、英德、佛岡并西江所經之高要、高明、南海腹地各圍，分遣委員前往查覆，俱獲無虞。遂駛過西江下游，查勘三水縣屬大路圍水竇工程，高要縣屬羅秀圍石隄工程，並南海縣屬之西江沿岸各圍。羅秀石隄業經興工，當經諄飭該管肇陽羅道孔憲瑴，督率印委紳董趕築蕆事。沿途順查緝捕河道，過新會縣屬之江門、燕子塔、熊

〔一〕録自《京報》第二六八四號。

海，西抵新甯縣屬之新昌、荻海，周歷香山縣屬之梅涌、虎跳門、疊石海、白花頭、小欖、鷓哥嘴，順德縣屬之木頭、海板、沙尾、李家沙，番禺縣屬之蠔滘口、紫泥關、沙灣、八塘尾、獅頭海、大欖口，東抵東莞縣屬之新塘河等處，以上皆海汊衝要，河道廣闊處所。查看新設巡緝輪扒各船，稽察文武員弁勤惰，於二十一日旋省。

查本年春漲，西、北兩江各圍，幸資捍衛，臣等現飭擇其衝要卑薄處所，趕緊修補完固，豫防夏秋盛漲。其緊要工程，民力實在瘠苦者，並酌量籌發官款，以爲倡率，俾令迅速集捐修築，早日成功，以收曲突徙薪之益。至東江上游，向無基圍。下游東莞縣屬之福隆、司馬兩圍，被水甚重，圍大田多。潮州府屬海陽、澄海兩縣大隄，地段廣長，關繫甚鉅，此次坍卸雖少，該處秋漲素盛，尤宜慎防。應即一體酌發官款，分飭潮州鎮總兵鄧安邦、署潮州府知府方功惠、署潮州鎮中軍遊擊方沿，分別會同各該縣督（勸）[飭]紳董集捐修復。

（硃批）知道了。（欽此）[一]

請准以李先義借補副將摺[二] 光緒十四年三月二十六日

竊准兵部咨，廣東廣州協副將喀郎阿軍政案内勒休，遺缺係陸路題補第一輪第五缺，應用儘先人員，行令迅揀儘先名次在前之員請補等因。查定例，儘先人員均按奉旨先後挨次補用。如在前之員，實在揀選不得其人，必須按名指實於此缺何項不宜，方准將名次在後之員聲明請補。又，陸路副將缺出，本省之人不准題補本省之缺。又，各省題調武職各缺，如因員缺緊要，人地相需，將不合例人員保奏，應於摺内聲明，請旨交部核覆，恭候欽定各等語。又，案准兵部咨，武職借補章程，提鎮借至副、參、遊止。借補人員即在儘先班次之内等因。查廣州協副將，駐紮省會外城，管轄地方遼闊，華洋雜處，事務繁難，非精明幹練之員，不克勝任。茲會同署廣東陸路提督臣鄭紹忠在於經部覆准注册序補陸路儘先副將内，詳加遴選。除何明立、丁順、潘灼文，俱告假回籍外，其鄭潤材、余大勝、龔尚春、畢昌鼎四員，或資望尚淺，或人地不甚相宜，未便遷就請補。查有奏留廣東遇有水陸缺出酌量借補、補用之記名總兵李先義，年五十四歲，安徽廬州府合肥縣人，由軍功在本省勦匪出力，遞保花翎儘先副將，並加總兵銜。嗣於同治十一年十一月皖防各軍歷年勦匪擒斬首逆尤爲出力案内保奏，請以總兵交軍機處記名，請旨簡放。奉旨：著照所請獎勵。欽此。光緒八年五月，經提督吴長慶差委前赴山西，即在晋省投效。光緒十年閏五月經臣奏調來粤差遣，奉旨允准，於是年八月初六日到粤，十月十一日到標，委令統帶廣勝軍，已咨送履歷，准兵部咨覆注册。復經臣於光緒十三年十月奏請以原官留於廣東，遇有水陸缺出，酌量借補補用。光緒十三年十二月十一日奉硃批：著照所請。兵部知道。欽此。旋准兵部咨，飭取履歷，經即造具出身履歷册，送部查核。該員久歷戎行，勇敢練達，前在外省軍營並無參革朦保情弊，以之借補廣州協副將，洵堪勝任。且係隔省人員，雖儘先副將本班有人，與例稍有未符，惟查

[一] 以上衍、舛三處，據中華書局一九九五年版《光緒朝硃批奏摺》第九八輯第五二九至五三〇頁删、校正。

[二] 以下二件録自《京報》第二七一〇號。

本班各員均不合請補，謹隨摺聲明。合無仰懇天恩俯念員缺緊要，准以李先義借補廣州協副將，俾資整頓。如蒙俞允，俟部覆到日，即行給咨送部引見，以符定制。謹會同署廣東陸路提督臣鄭紹忠合詞恭摺具陳，伏祈皇太后、皇上聖鑒，敕部核覆施行。

兵部議奏。

請准以祁國勳補授守備片光緒十四年三月二十六日

再，准兵部咨，廣東增城營左營守備郭河東病故，遺缺係陸路部推之缺，應用期滿差官。既據扣留，應令迅揀合例人員請補等因。查前准兵部咨，片奏變通差官補缺章程内開，嗣後差官留差一年者，除題推各缺到班仍按到標先後與各項儘先人員序補外，准其於推缺用過武進士一人後插用差官一人，亦以到標先後爲序。於光緒十年九月二十七日具奏。奉旨：依議。欽此。等因。遵照在案。兹會同署廣東陸路提督臣鄭紹忠，在於分發差官歸陸路儘先守備班内詳加揀選。查有督標中營分發差官儘先守備祁國勳，年四十五歲，廣東東莞縣人，由武舉揀選三等，同治十一年二月二十六日頂補差官，除免差扣至光緒元年十月十八日四年期滿，並請留差一年期滿。光緒二年二月初一日驗放，初二日奉旨：著以營守備用。欽此。呈請分發兩廣督標，免其試用，以守備儘先補用。光緒三年八月二十七日到標，呈繳驗票咨銷。准兵部咨覆，以光緒三年八月二十七日收標之日作爲儘先日期，遇有廣東省題推陸路守備缺出，即行題補。該員年强材健，差操勤能，以之補授增城營左營守備，洵堪勝任。且到標名次在前，雖籍隸本府與例稍有未符，謹隨摺聲明。合無仰懇天恩俯准以祁國勳補授增城營左營守備，俾營伍操防藉資整頓。如蒙俞允，俟部覆到日，給咨送部引見，並揀員對調，以符定制。謹會同署廣東陸路提督臣鄭紹忠合詞附片具陳，伏祈聖鑒，敕部核覆施行。

兵部議奏。

籌解大婚典禮銀兩委員起程日期摺[一]

光緒十四年三月二十六日

竊照光緒十四年三月初五日接准户部咨，提撥大婚典禮款項一摺，光緒十四年二月初一日奏，奉旨：依議。欽此。欽遵鈔録原奏清單咨行到粤。查清單内開，廣東省應解京官津貼，改爲加放俸餉銀一萬五千兩，已據解到部庫銀七千二百兩，尚應解銀七千八百兩，又應解十四年分還清西征洋款騰出銀二十萬兩等因，當即行司欽遵辦理。兹據廣東布政使高崇基詳稱，同治八年廣東省奉撥陝甘月餉，原係指撥釐金，嗣在月餉内劃還，西征洋款自應在釐金項下撥解，歷年因釐金撥款浩繁，收不敷支，節次解還西征洋款均由藩運兩庫籌挪墊解，並無騰出餘款。計至光緒十三年西征洋款一律還清籌墊實爲不少。此次大婚典禮需用緊要，分當盡力籌措，趕緊報解，應即將前項奉撥銀二十萬兩，照案由藩運兩庫各半籌足，分作兩批解京。兹將頭批銀十萬兩，並奉提光緒十三年應解加放俸餉銀七千八百兩，共十萬七千八百兩，交由

[一] 録自中國第一歷史檔案館編《光緒朝硃批奏摺》第二七輯，第七七一頁，中華書局一九九五年版。

西商銀號日昇昌、百川通、蔚長厚、新泰厚、蔚泰厚匯兑赴京，飭委候補知縣劉保仁等領賫匯單，於光緒十四年三月二十六日起程，由海道進京，支取銀兩赴户部交納等情，詳請奏咨前來。臣等覆核無異，除咨明户部外，謹合詞恭摺具奏，伏祈皇太后、皇上聖鑒。

户部知道。

籌解第二批鹽課京餉等款銀兩摺[一] 光緒十四年三月二十六日

竊照承准軍機大臣字寄，光緒十三年十一月初四日奉上諭：户部奏，豫撥來年京餉擬在地丁、鹽課等款内指撥銀七百萬兩，著於來年分批提前趕解。另片奏，光緒十四年内務府經費，擬撥廣東鹽課銀五萬兩，著於來年開印後陸續徑解内務府交納。等因。欽此。並清單一紙，内開擬撥光緒十四年分京餉廣東鹽課銀二十萬兩。當經恭録轉行欽遵籌解。又，粤東運庫應解京餉，難以現銀解京，歷經奏明仍行交商匯兑在案。

茲據兩廣鹽運使英啓詳稱，光緒十四年分奉撥京餉，廣東鹽課銀二十萬兩、内務府經費鹽課銀五萬兩，前經在於徵收光緒十三年分省河鹽課項内籌銀五萬兩，一五加平飯食銀一千五百兩，内務府經費銀二萬兩，平餘抬費等銀六百六十兩，共銀七萬二千一百六十兩，作爲本年奉撥第一批京餉及内務府經費，於本年二月初二日委員韓方樸等領賫匯單赴京投納，詳奉奏報在案。現又在於徵收光緒十四年分省河鹽課項内籌銀五萬兩，並隨解一五加平飯食銀一千五百兩，共銀五萬一千五百兩，作爲本年第二批京餉。又在鹽課項内籌銀一萬兩，並隨解平餘抬費等銀三百三十兩，共銀一萬三百三十兩，作爲本年第二批内務府經費，飭交殷實銀號百川通、日昇昌、蔚泰厚、新泰厚、蔚長厚、元豐玖匯兑入京。遴委候補鹽知事謝承祖、試用鹽巡檢杜炳坤領賫匯單文批，於本年四月初四日由粤起程，附搭輪船進京，照單支取足色紋銀，分赴户部、内務府投納，詳請具奏前來。臣等覆核無異，除分咨户部、内務府兑收，其餘未解銀兩仍飭陸續籌解外，謹合詞具陳，伏祈皇太后、皇上聖鑒。

該衙門知道。

恭謝天恩摺[二] 光緒十四年三月二十六日

光緒十四年三月二十日准吏部咨，正月二十三日奉上諭：三載考績，爲國家激揚大典。中、外、滿、漢諸臣有能職守恪共勞勩最著者，允宜特加甄叙，以示優眷。陜甘總督譚鍾麟、兩廣總督張之洞、雲貴總督岑毓英、甘肅新疆巡撫劉錦棠、福建臺灣巡撫劉銘傳，盡心民事，綏緝巖疆，殫竭藎忱，不辭勞瘁。譚鍾麟、張之洞、岑毓英，均著交部議叙。等因。欽此。聞命之下，感悚難名。伏念臣本無幹略，謬典雄圻。親吏事而非長，睹時艱而無補。綜核方急，則培養有媿於窮檐。激揚雖嚴，而節取難苛於羣吏。酌用猛用寬之政，勞弗避而怨奚辭。謀足兵足食之方，志徒奢而才不逮。涓埃罔效，病疢滋深。兩疏避賢，優容已厚。三年

[一] 録自《京報》第二七一〇號。

[二] 録自中國第一歷史檔案館編《光緒朝硃批奏摺》第五輯，第六二六至六二七頁，中華書局一九九五年版。

考績，甄叙重叨。海波不揚，秉廟算而未能盡職。天顔有喜，及疆臣而尤屬殊恩。揣分逾涯，懔衷臨谷。臣惟有勵勤補拙，圖易思艱。矢知無不爲之愚忠，懔事過輒忘之聖訓。濡在梁之翼，極知不稱乎褒嘉。竭十駕之駑，豈敢自忘於鞭策。所有微臣感激下忱，謹繕摺具奏，叩謝天恩，伏祈皇太后、皇上聖鑒。

知道了。

籌備河工賑需片[一] 光緒十四年三月　日

再，前准户部具奏籌備河工賑需一摺。奉旨：覽奏均悉。裁撤長夫暨鹽商捐輸、當商匯號交銀三條，着照所請行。等因。欽此。抄録原奏清單，咨行到粤。當經轉行籌辦。所有裁撤長夫、鹽商捐輸兩項，均已飭據司局妥籌辦法，先後奏明在案。尚有當商匯號交銀一條，查清單内開，擬令查明各當商每年應交税銀數目，預行飭交二十年之課，准抵二十年應交之税，應自光緒十四年起一律計算，統限年底掃數解司。再，匯兑號商，亦係殷實富户，擬令每號捐銀六百兩，只捐一次，免其承領部帖。以上兩款所收銀兩，均由該省報部候撥，作爲河工專款等因，亦經轉飭辦理去後。

茲據廣東布政使高崇基詳稱，查粤省富户，每家每年應完餉銀五兩，所有奉行飭令預交二十年之課，准抵二十年應交之税，業經飭行各屬並委員前往曉諭遵辦。已據各屬陸續禀覆，各當户均經遵照，趕緊籌備完繳。又飭據南海、番禺二縣，查得省城匯兑商號，現有蔚泰厚、元豐玖、協成乾、新泰厚、日昇昌、蔚長厚、百川通、志誠信等八家，已諭飭各該商遵照每號捐銀六百兩，迅即完繳司庫，聽候報撥。此外，通省並無匯兑號商。所有當商預交餉銀及匯商捐繳銀兩業已遵辦緣由，請先行具奏前來。臣等覆核無異，除飭趕緊催取存儲候撥，並咨明户部外，謹合詞附陳，伏乞聖鑒。

户部知道。

飭令當商預交税課片 光緒十四年三月　日

再，前准户部咨，籌議河工賑需用款一摺，清單内開，各省當商每年應完當税，飭令交二十年之課，專作河工之用，由地方官給予收照，註明所交銀數及准抵年分，以免混淆等因。咨行到粤，當經轉行迅辦去後。茲據廣東布政使高崇基詳稱，遵即派員前往各屬，會同地方官，飭各當商自光緒十四年起，遵照每年應完五兩之數，預交二十年之課，准抵二十年應交税銀，由地方官給予收照，註明所交銀數及准抵年分，以免遺漏。現據各屬陸續禀覆，商人亦甚樂從，業已飭令趕緊籌繳，統限年底掃數解司。一俟解繳全齊，另行彙詳報部撥用外，理合先行詳請奏咨等情前來。臣等覆核無異，除咨部查照，並嚴飭各屬官吏，倘有藉此需索，即行從嚴參治外，謹合詞附片陳明，伏乞聖鑒。

户部知道。

教習知縣試用期滿照例序補片[二] 光緒十四年三月　日

再，查定例内開，期滿教習、俸滿教職知縣，分發至省試用

[一] 以下二件録自《京報》第二六八五號。
[二] 録自《京報》第二六八七號。

者，到省二年後，令該督撫照例甄别，按班序補。又准部咨，嗣後無論何項出身，凡係補缺，應行具題者，試用期滿，由該督撫詳加甄别，專摺具奏各等因。咨行遵照在案。茲查教職期滿分發知縣周爾珍，湖南澧州人，由廪生應光緒乙亥恩科，本省鄉試中式第六十八名舉人。丁丑年考取咸安宫漢教習，三年期滿。七年三月初六日奉旨：以知縣用。欽此。呈請分發，簽掣廣東。光緒九年七月十三日到省，十一年二月十二日聞訃丁母憂回籍，服滿起復。十三年九月初九日回省，試用已滿二年，例應甄别。據藩、臬兩司詳加察看具詳請奏前來。臣等覆加查核，該員周爾珍，識卓才優，留心吏治，堪膺民社。臣等謹會同附片陳明，伏乞聖鑒。

吏部知道。

請准以龐景榮補授守備片〔一〕 光緒十四年三月 日

再，准兵部咨，廣東電白營守備何慶祥軍政案内革職，遺缺係外海水師題補第五輪第六缺，輪用揀發人員，應令照章揀選合例人員請補等因。查定例，水師守備缺出，於隔府别營人員内揀選題補。又定例，各省題調武職各缺，如因員缺緊要人地相需，將不合例人員保奏，應於摺内聲明，請旨交部核覆，恭候欽定等語。茲會同廣東水師提督臣方耀，在於現已歸標經部歸入揀發守備班序補各員内，詳加揀選。其名次在前之陳存澤、龔霈恩、張翼鵬、余景華、李國清，均於此缺人地不宜，未便請補。查有陽江鎮左營存城千總調補儋州水師營千總龐景榮，年五十三歲，廣東高州府吴川縣人，由勇目隨勦出力，遞保藍翎千總，銷差回粤，飭發陽江鎮左營收標效力。旋拔補陽江鎮左營存城千總，調補儋州水師營千總。光緒十二年四月初一日接調補劄付。又前因勦辦羅化、岑容等處股匪出力案内保奏，同治五年八月十七日奉上諭：著以守備升用。欽此。又因拏獲洋盜黄汶南等出力案内保奏，俟補守備後，以都司補用。光緒三年十一月二十六日奉旨：著照所請獎勵。等因。欽此。該員辦事勤能，海疆熟習，屢擒大夥洋盗，實爲外海水師奮勇出色之員，並無在外省軍營叅革朦保情弊，以之補授電白營守備，實堪勝任。雖名次略後，及籍隸本府，與例稍有未符，惟在前各員人地均不相宜，自未便稍涉遷就，謹隨摺聲明。合無仰懇天恩俯准以龐景榮補授電白營守備，俾營伍捕務藉資整頓。如蒙俞允，俟部覆到日給咨送部引見，並揀員對調，以符定制。謹會同廣東水師提督臣方耀附片具陳，伏乞聖鑒，敕部核覆施行。

兵部議奏。

請以彭文光補授守備摺 光緒十四年四月初四日

竊准兵部咨，廣東潮州鎮標左營中軍守備郭喜陞，軍政案内降二級調用。遺缺係陸路部推之缺，輪用儘先人員，應令揀選儘先名次在前之員請補等因。查定例，各省題調武職各缺，如因員缺緊要人地相需，將不合例人員保奏，應於摺内聲明，請旨交部核覆，恭候欽定等語。茲會同署廣東陸路提督臣鄭紹忠，在於經部覆准注册序補之陸路儘先守備内詳加揀選。除黄宗錦因案勒令

〔一〕以下二件録自《京報》第二七〇六號。

離營查辦外，其名次在前之李森泰，久假不歸。黄雄高已另摺請補四會營守備。此外葉卓和、陳增福、高顯章、楊文釗、黄永安、何懋鑣、吴錦、黄國棟，或人地不宜，或營伍未嫻，均未便請補。查有廣州協左營儘先守備彭文光，年五十六歲，廣東廣州府東莞縣人，投效軍營隨勦出力，遞保藍翎千總，復於勦辦任賴捻逆股匪一律肅清案内保奏，同治七年八月初九日奉上諭：著免補千總，以守備儘先補用。欽此。凱撤回粤，飭發廣州協左營效力，造送履歷，經部覆准注册序補。該員勤幹有爲，熟悉營務，從戎最早，屢受重傷，並無在外省參革朦保情弊，以之補授潮州鎮標左營中軍守備，洵堪勝任。雖儘先名次在後，與例稍有未符，惟在前各員均不合請補，謹隨摺聲明。合無仰懇天恩俯准以彭文光補授潮州鎮標左營中軍守備。如蒙俞允，俟部覆到日給咨送部引見，以符定制。謹會同署廣東陸路提督臣鄭紹忠合詞恭摺具陳，伏祈皇太后、皇上聖鑒，敕部核覆施行。

兵部議奏。

籌解大婚典禮第二批銀兩委員起程日期摺〔一〕光緒十四年四月初四日

竊前准户部咨，提撥大婚典禮款項一摺，光緒十四年二月初一日奏，奉旨：依議。欽此。欽遵鈔録原奏清單咨行到粤。查清單内開，廣東省應解京官津貼改爲加放俸餉銀一萬五千兩，已據解到部庫銀七千二百兩，尚應解銀七千八百兩。又應解十四年分還清西征洋款，騰出銀二十萬兩等因。當即行司欽遵辦理。伏查本省歷年解還西征洋款，均由藩、運兩庫籌挪墊解，並無騰出餘款。此次大婚典禮需用緊要，當即照案由藩、運兩庫先行籌銀十萬兩作爲第一批，並將奉提光緒十三年應解加放俸餉銀七千八百兩，交商匯解，於光緒十四年三月二十六日派委候補知縣劉保仁等領賫匯單起程，業經奏報在案。兹據廣東布政使高崇基詳稱，再由藩、運兩庫籌銀十萬兩作爲第二批，交由商號日昇昌、百川通、蔚長厚、新泰厚、蔚泰厚，匯兑赴京。飭委廣東試用同知孫鴻勳，領賫匯單，於光緒十四年四月初九日起程，由海道進京，支取銀兩，赴户部交納等情，詳請奏咨前來。臣等覆核無異，除咨明户部外，謹合詞恭摺具奏，伏祈皇太后、皇上聖鑒。

户部知道。

改設總兵各缺分飭赴任調署摺光緒十四年四月初四日

竊查陽江鎮總兵，前經奏請裁撤併入高州鎮改爲水陸總兵。奉上諭：黄廷彪著改補高州鎮總兵。欽此。又分撥高州鎮所屬改設北海鎮水陸總兵，因新印未經頒到，奏明暫仍照舊辦理等因各在案。現准禮部咨，添設改鑄各關防，均經發交委員領賫來粤，應即飭令總兵黄廷彪即赴改設高州鎮水陸總兵新任。所有現署陽江鎮總兵記名提督陶定昇，應即調署新設北海鎮水陸總兵篆務，飭令該鎮等各將所屬應行移撥規畫事宜，遵照新改營制迅速舉行，認真整頓，以重營伍而壯邊防。其原署高州鎮總兵記名提督熊鐵生，飭即交卸回省，仍回沙角礮臺防營。當將新鑄北海、高州兩

〔一〕以下二件録自《京報》第二七〇九至二七一〇號。

鎮總兵官暨遊擊以下各關防，分別發給領用，並飭將原頒關防鎸字繳銷。除分檄飭遵外，所有飭令總兵赴任調署各緣由，理合恭摺具陳，伏祈皇太后、皇上聖鑒。

兵部知道。

鹽務人員試用期滿甄別摺〔一〕 光緒十四年四月初四日

竊查前准部咨，嗣後佐貳雜職等官，除欽奉特旨發往並曾任實缺人員外，其餘無論何項出身，凡係補缺應行具題者，試用期滿，由該督撫甄別具奏等因，歷經遵照辦理在案。茲據兩廣鹽運使英啓，會同廣東布政使高崇基，將捐納鹽大使試用期滿之張景棫、錢世珣二員，詳加考察，具詳請奏前來。臣等覆加察核，開列清單，出具考語，理合繕摺具奏，伏祈皇太后、皇上聖鑒。

吏部知道。單併發。

斥革貢生區福年片〔二〕 光緒十四年四月初四日

再，前因廣東試用從九品鄭瑞璠、王壽齡等私設拖船誣良勒詐，經臣等奏參，奉硃批：均著先行革職，提案審辦。欽此。當經欽遵飭發訊究在案。茲查高要縣屬同知職銜附貢生區福年，即區次鵬，平日素工刀筆，干預公事，唆訟把持，積惡多端，素爲地方巨蠹。此次與鄭瑞璠、王壽齡等聯名刻戳傳單，有夥謀詐害情事。經臣等訪聞，飭緝務局拏獲，搜出原單，發府資訊。該職員一味支吾，顯係恃符狡展，未便姑容。據廣東按察使王毓藻會同布政使高崇基、緝務局轉據廣州府知府孫楫具詳，並聲明該職員供稱同治元年科考取入高要縣學附生，光緒二年在京銅局報捐貢生，六年在貴州省報捐同知職銜，因家中失火，捐照被燬，無從繳驗等情，亦未准據貴州省咨照有案，詳請查明革辦前來。臣等覆查無異，相應請旨將捐納同知職銜附貢生區福年，即區次鵬，即行斥革，發交廣州府歸案嚴審，按例懲辦，以肅法紀。除咨部查明該職員報捐各案是否相符，有無冒充情弊，咨覆核辦外，謹附片具陳，伏祈聖鑒。

著照所請。該部知道。

請准以黄雄高補授守備片〔三〕 光緒十四年四月初四日

再，廣東四會營守備潘汝芹病故，遺缺前准兵部咨係陸路題補第三輪第二缺，輪用儘先人員請補。當經選以督標中營藍翎儘先補用守備謝玉泉請補，謝玉泉旋已病故。復按照原出缺次選以連陽營左哨千總儘先守備周蘭請補，聲明該員前摺聲叙於此缺人地未宜，另行遵例揀員對調。現准兵部咨，四會營守備缺，請以連陽營左哨千總儘先守備周蘭補授，另行揀員對調，礙難核准，應令另揀儘先名次在前於此缺人地較爲相宜人員請補等因。查定例，各省題調武職各缺，如因員缺緊要人地相需，將不合例人員

〔一〕録自中國第一歷史檔案館編《光緒朝硃批奏摺》第五輯，第六四四頁，中華書局一九九五年版。

〔二〕録自《京報》第二七一〇號。

〔三〕以下四件録自中國第一歷史檔案館編《光緒朝硃批奏摺》第四〇輯，第二〇六至二一〇頁，中華書局一九九五年版。

保奏，應於摺內聲明，請旨交部核覆，恭候欽定等語。茲會同署廣東陸路提督臣鄭紹忠，在於經部覆准注册序補之陸路儘先守備內詳加揀選。除黄宗錦因案勒令離營查辦外，其名次在前之李森泰久假不歸，葉卓和於此缺人地不宜，均未便請補。查有督標中營儘先守備黄雄高，年四十六歲，廣東廣州府番禺縣人。投效軍營隨勦出力，遞保藍翎千總。嗣因克復漳州等城出力案內保奏。同治五年十月初七日奉上諭：著以守備儘先補用，並賞加都司銜。欽此。銷差回粤，飭發督標中營效力，造送履歷，經部覆准注册序補。該員才明技練，歷著勞績，並無在外省叅革朦保情弊，以之補授四會營守備，洵堪勝任。雖儘先名次略後，與例稍有未符，惟在前各員均不合請補，惟該員於此缺人地較爲相宜，謹隨摺聲明，合無仰懇天恩俯准以黄雄高補授四會營守備。如蒙俞允，俟部覆到日給咨送部引見，以符定制。謹會同署廣東陸路提督臣鄭紹忠合詞附片具奏，伏祈聖鑒，敕部核覆施行。

兵部議奏。

請准以宋承桂升補守備片 光緒十四年四月初四日

再，准兵部咨，廣東那扶營守備游勳臣，久不在省，查無下落開缺。其所遺那扶營守備員缺，係陸路題補第三輪第六缺，輪用應升人員。既據扣留，應即迅揀合例應升人員請補等因。查定例，陸路守備缺出，輪應各項應升人員補用者，先以奉旨回任候題，及軍政卓異，並歷俸三年出兵著績之千總補用。又各省題調武職各缺，如因員缺緊要人地相需，將不合例人員保奏，應於摺內聲明，請旨交部核覆，恭候欽定等語。茲會同署廣東陸路提督臣鄭紹忠，在於陸路應升守備各千總內詳加遴選，並無軍政薦舉卓異人員，其曾經保送回任候題及歷俸較深之員，或於此缺人地未宜，或有盜案未結，或丁憂尚未服闋，均未便請補。查有督標左營右哨千總宋承桂，年四十八歲，廣東肇慶府高要縣人，由行伍出師廣西勦匪出力，遞拔今職。光緒元年七月二十一日接劄，嗣因六年俸滿，保送給咨赴部，經欽派王大臣驗收，請旨照例回任候升。光緒八年三月初六日覆奏。奉旨：依議。欽此。隨准兵部咨，換給劄付，令其回任候升。是年三月十六日接領換給俸滿劄付，計至光緒十年五月二十一日，初、次、三年期滿甄別，咨准兵部咨覆，准其仍留候升注册。光緒十三年軍政薦舉卓異，未准兵部議覆。該員明白穩練，整頓操防，現委署撫標右營守備，辦理裕如，以之升補那扶營守備，洵堪勝任。雖尚有曾經保送回任候題歷俸較深之員，惟均不合請補，謹隨摺聲明。合無仰懇天恩俯准以宋承桂補那扶營守備，俾資整頓。如蒙俞允，俟部覆到日，即行給咨送部引見，以符定制。謹會同署廣東陸路提督臣鄭紹忠合詞附片具陳，伏祈聖鑒，敕部核覆施行。

兵部議奏。

請准以劉祖發補授守備片 光緒十四年四月初四日

再，廣西右江鎮屬恩隆營守備張占林，在關外差委，受瘴病故。所遺恩隆營守備缺，係題調之缺。接准部咨行令揀員升調等因。查定例，各省題調缺出，先儘現任人員揀選題調等語。又光緒十二年春間，臣等會奏，籌議廣西邊隘分營扼紮，酌移提督，裁改武職，另設柳州總兵各緣由一摺，准兵部議覆，提標前後兩營即行裁汰，官弁遇缺另補各等因。當經轉行遵照。茲查廣西恩隆營守備，駐紮百色廳屬恩隆縣城，係苗疆煙瘴題調之缺，必須熟習風土、能耐煙瘴之員，方克勝任。茲會同廣西提督臣蘇元春，查有裁缺另補之原任廣西提標後營守備劉祖發，年四十二歲，廣西桂林府臨桂縣人，由勇目節年隨剿江西、廣東各匪出力遞保以守備儘先補用。光緒八年四月經兵部擬補廣西提標後營守備，是月十二日奉旨：劉祖發依擬用。餘依議。欽此。現因該營裁撤開缺，聽候另補。該員年力精强，操防奮勉，且熟悉風土，能耐煙瘴。恩隆營守備亦非籍隸本府，以之請補此缺，洵堪勝任，理合會摺奏請。合無仰懇天恩俯准該員劉祖發補授恩隆營守備，以實營伍而資就熟。如蒙俞允，該員劉祖發由裁缺守備請補守備，係對品補回，應請毋庸送部引見，合併陳明。臣謹會同廣西提督臣蘇元春合詞附片具奏，伏祈聖鑒，敕部核覆施行。

兵部議奏。

水師守備王德欽買私販運革職片 光緒十四年四月初四日

再，廣東水師提標中營藍翎候補守備王德欽，派委管駕緝捕第二號扒船，駐紮長洲地段，輒敢私遣兵丁赴香港買私販運。經緝私輪船在長洲附近洋面拏獲私鹽兩船，並在船兵丁及水師旗幟、號衣等件，當發交緝私局員訊。據兵丁、船户等供稱，此項私鹽，委係王德欽在香港油蔴地雇用盤艇裝運過船，令該兵丁等運赴番禺縣屬茭塘地方售賣等語。再三研究，矢口不移。查該守備，身充扒船管駕，膽敢販私漁利，實屬藐法已極。當此整頓鹺綱之際，未便稍事姑容。據兩廣鹽運使英啓詳請奏參前來。相應請旨將廣東水師提標中營候補守備王德欽即行革職，拔去藍翎，以肅營伍而儆效尤。謹附片具陳，伏祈聖鑒。

王德欽著即行革職，拔去藍翎。兵部知道。

大雨成灾賑濟廉欽二州片[一] 光緒十四年四月二十八日

再，據廉州府知府劉齊潯電禀，自三月二十七日起，大雨三晝夜，城外平地水深數尺及丈餘不等，衝倒民房，兼有淹斃人口。當即多雇船隻，分投拯救，全活甚衆。城内存糧本少，在城文武捐廉購米，發局平糶，並設廠施粥。靈山縣武利、伯勞一帶，同時被水，已派員查勘撫恤等情。又據欽州直隸州知州李受彤電禀，三月二十八日風雨極大，城外河漲丈餘，居民猝被水患。該員與參將黄培松及萃軍都司王殿光，並各營弁等，捐資分雇船隻，設法拯救，安插高處棲止。離城較遠各村墟，派員運米散放。防城縣之如昔、茅嶺等處，聞亦被水，尚未損傷人口，現亦派員運米接濟等情。臣等伏查廉、欽二州府，雨水過大，山澗匯注，小民蕩析離居，實堪憫惻。雖驟發之水不致久停成灾，惟值此青黄不接之時，民食最關緊要。兼之生者修建屋宇，死者收斂掩埋，均須量爲資助。廉州素少存糧，而購買較便。欽州稍有存米，而採辦維艱。當即發銀三千兩、米五百石，以濟廉州靈山賑需。又發

[一] 録自中國第一歷史檔案館編《光緒朝硃批奏摺》第三一輯，第一一一頁，中華書局一九九五年版。

捐局加捐海防新班先用免試用，並捐免保舉吏部過班知照，於是年八月二十日行文，應扣至十月初五日接到過入新班。先因委解餉械異常出力保奏，俟補缺後以同知直隸州留省補用。十二年十一月初五日奉旨：依議。欽此。該員辦事勤明，留心吏治，以之補授潮州府通判，堪以勝任，與例相符。據藩臬兩司會詳前來，相應請旨准以海防新班先補用通判倪思鐸補授潮州府通判缺。如蒙俞允，該員係新班先用通判請補通判，銜缺相當，毋庸送部引見。臣等謹合詞恭摺具奏，伏乞皇太后、皇上聖鑒，敕部議覆施行。

吏部議奏。

再，粵東省補缺例限九十日，此缺准部咨駁另補照限減半計算，自應以光緒十四年五月二十一日接到部文之日起限辦理，今另選請補，係在限內，並無遲逾，合併陳明。

曾紀渠兼署韶州府知府片〔一〕 光緒十四年七月初八日

再，韶州府知府譚承祖調省派充本年戊子科內簾監試。所遺韶州府知府篆務，查有署南雄州迴避即用直隸州知州曾紀渠，實心愛民，勇於任事，堪以兼署。據布政使高崇基、按察使王毓藻會詳前來。除檄飭遵照外，臣等謹附片陳明，伏祈聖鑒。

吏部知道。

岑傳霖調署電白縣知縣片〔二〕 光緒十四年七月初八日

再，署電白縣知縣孫鑄調省差委，所遺電白縣知縣篆務應行委員接署。查有准調新會縣知縣岑傳霖，盡心民事，穩練和平，堪以署理。據布政使高崇基、按察使王毓藻會詳前來。除檄飭遵照外，臣等謹循例附片陳明，伏祈聖鑒。

吏部知道。

兼署撫篆銷假謝恩摺 光緒十四年七月十八日

竊臣前因觸發肝鬱舊疾，奏懇賞假調理。本年六月二十二日差弁賫回原摺，奉硃批：賞假一箇月。欽此。茲於七月十一日承准總理各國事務衙門七月初十日來電，奉旨：本日已有旨令吳大澂署理河東河道總督，毋庸來京請訓。廣東巡撫令張之洞兼署，吳大澂接奉電旨後即交卸起程，勿稍延緩。欽此。即於十八日准撫臣吳大澂委員賫送廣東巡撫並（大）〔太〕平橋監督各關防暨王命旗牌、文卷前來，臣當即恭設香案，望闕叩頭謝恩，祗領任事。

伏念臣久玷疆寄，薄劣難勝，乃以病困頻侵，渥蒙賞假，辦公之餘，勉圖攝養，奈木旺土虧等（症）〔證〕仍未少減。假期將滿，方擬續假醫調，適拜兼署撫篆之命，仔肩愈重，痼疾難瘳，恐隕越之滋愆，益屏營而罔措。惟是鄭工緊要，撫臣吳大澂剋日前赴河督署任，自不得不力疾視事，以便撫臣交卸起程。雖艱鉅非病軀可支，而官守無旁貸之責，臣惟有勉策衰庸，殫圖報稱。植孤根而恩愈厚，冀邀勿藥之占。佩兩綬而事彌繁，敢昧匪躬之義。期於本任、署任公事，均無貽誤，以仰答高厚鴻慈於萬一。

（硃批）知道了。（欽此）〔三〕

〔一〕録自《京報》第二八四一號。

〔二〕録自《京報》第二八一三號。

〔三〕以上衍、舛四處，據中華書局一九九五年版《光緒朝硃批奏摺》第五輯，第七六九至七七〇頁刪、校正。

籌解固本京餉銀兩摺〔一〕 光緒十四年七月十八日

竊照同治五年欽奉上諭：直隸固本餉項，前經諭令廣東按月解銀一萬兩。現著仍照原定數目，改解部庫交納。等因。欽此。歷經在洋藥、釐金等項下籌銀二百二十八萬兩，解過七十七批。現准部咨，廣東應解光緒十四年分固本餉銀，暨應帶解舊欠餉銀，現已五月將盡，尚未據解到一批，應催轉飭藩司即將十四年分固本餉銀十二萬兩，並應帶解舊欠銀三萬兩，暨上年應帶解十年舊欠一萬兩，共十六萬兩，即行趕緊籌畫解部等因，咨行到粵。又經轉飭遵照。

茲據廣東布政使高崇基詳稱，粵省本年奉撥解京各餉數在百萬有奇，此外廣西、貴州各省協餉尚須極力籌解。而本省海防善後餉項經費數尚不貲，以本年入款計之，出入相衡，約尚短銀四五十萬兩，始敷應用。此項固本餉，原係在於洋藥、釐金項下按年撥解。現在藥釐改歸稅司辦理，每年指定劃撥八十萬兩爲專還洋款之用，而本年洋款本省應還九十餘萬，加以榜價昂貴，約尚短銀十六萬餘兩之多，若欲將固本餉銀新舊並解，更從何出。所有光緒十四年分固本餉銀暨帶解舊欠，實難如數設措。惟部檄嚴切，未敢稽延，再三籌度，惟有先向西商日昇昌、百川通、蔚長厚、新泰厚、蔚泰厚等號暫行挪借銀三萬兩，作爲第七十八批起解，以顧要需。仍交該商等匯兑至京，委員候補知縣葆椿領賫匯單，於光緒十四年七月十九日起程，由海道進京赴部投納。以後惟有竭力籌措，俟臨時體察情形如何，再當詳請奏明辦理等由具詳前來。臣覆核無異，除咨部外，理合恭摺具陳，伏祈皇太后、皇上聖鑒。

户部知道。

籌解第三批釐金京餉摺 光緒十四年七月十八日

竊准部咨，光緒十四年原撥京餉案内，廣東奉撥釐金銀十萬兩等因。咨行到粵。當經督飭司道欽遵籌解去後。業據籌銀五萬兩。分作第一、第二兩批釐金京餉，委員徐德度等及曾宗泗等先後領賫匯單起解進京投納在案。茲據布政使高崇基會同釐務總局司道詳稱，在於釐金項下再籌銀二萬兩，作爲第三批起解釐金京餉，遴委候補知縣葆椿領賫匯單，於光緒十四年七月十九日起程，附搭輪船進京，支取銀兩，赴部投納等情具詳前來。臣覆核無異，理合恭摺具奏，伏祈皇太后、皇上聖鑒。

户部知道。

籌墊河工要款摺〔二〕 光緒十四年七月十八日

竊惟鄭州河決以來，宵旰憂勞，疊發鉅帑，力籌堵決，以奠羣黎。近因河工久未奏效，復命臣大澂署理河督。雖河勢工情尚未深悉，而前款將罄，不問可知。斯時想已經部臣籌維撥濟巨款。惟臣大澂到豫之始，勢難無米爲炊，必須略有籌備，當與臣之洞熟商。臣之洞查鄭州河工關繫全局，久勞宸廑，自宜協力圖維，不分畛域。惟粵省

〔一〕以下二件録自中國第一歷史檔案館編《光緒朝硃批奏摺》第八六輯，第四八三至四八四頁，中華書局一九九五年版。

〔二〕録自中國第一歷史檔案館編《光緒朝硃批奏摺》第九八輯，第五八七至五八八頁，中華書局一九九五年版。

鄭工捐例開辦以來，所收不過六萬餘金。近准部咨，提銀三萬三千兩解赴山東作挑河經費，所餘已不甚多。此項捐輸，本爲鄭工而設，擬即提解豫省。但爲數無多，難資應用。惟有籌墊應急，免誤要工。雖粤省困絀萬狀，自顧不遑，然不敢不先其所急，稍爲中流一壺之助。茲經臣等公同商定，督同藩司、善後局司道詳加籌畫，擬先向百川通、日昇昌、蔚長厚、蔚泰厚、新泰厚等商號，先行借墊銀十萬兩解往，以應急需。俟將來收捐後，陸續歸還。即於七月二十三日匯解天津鄭工轉運局兑收，轉解河南，俾臣大澂到任之初，得資應用。據廣東布政使高崇基會同善後局司道具詳前來。除咨部暨咨河南撫臣外，謹合詞恭摺具奏，伏祈皇太后、皇上聖鑒。

户部知道。

請仍以祁國勳補授守備片[一] 光緒十四年七月十八日

再，廣東增城營左營守備郭河東病故，遺缺前准兵部咨，係陸路部推之缺，應用期滿差官，應令迅揀合例人員請補。當經臣會同署廣東陸路提督臣鄭紹忠奏請，以督標中營分發差官儘先守備祁國勳補授。茲准兵部議覆，查祁國勳到標名次在後，其到標在前者尚有朱德賢一員，今請以到標在後之祁國勳補授，核與定章不符，礙難核准。應令將到標在前之員請補，以符定章等因。光緒十四年五月二十五日奏。奉旨：依議。欽此。等因。咨行前來。伏查朱德賢一員，已據報於光緒十三年九月二十七日病故，謹照章查明聲覆。合無仰懇天恩俯准仍以祁國勳補授增城營左營守備，俾營伍操防藉資整頓。如蒙俞允，俟部覆到日給咨送部引見，並揀員對調，以符定制。謹會同署廣東陸路提督臣鄭紹忠合詞附片具奏，伏祈聖鑒，敕部核覆施行。

兵部議奏。

新授總兵馬盛治暫緩陛見片 光緒十四年七月十八日

再，准廣西提督臣蘇元春來咨，據統領邊防各軍新授廣西柳慶鎮總兵馬盛治禀稱，前在關前隘營次，欽奉上諭補授柳慶鎮總兵，當經具摺謝恩，籲請陛見。嗣差弁賫回原摺，奉硃批：著來見。欽此。應即束裝北上。請遴員接統防軍，俾得交卸起程等情。查邊外游衆未能一律斂戢，防務仍難稍弛。且龍州通商即將開辦，諸事正關緊要，佐理尤宜得人。該員馬盛治，熟悉邊情，治軍嚴整，堪資臂助，似未便更易生手。咨請奏懇准留該員，仍統防軍，暫緩入都陛見前來。臣伏查蘇元春所商各節均係實在情形。合無仰懇天恩俯念邊務緊要，准令馬盛治暫緩赴都。俟邊務稍鬆，再行入京陛見，實於邊防有裨。臣謹會同廣西提督臣蘇元春合詞附片具陳，是否有當，伏祈聖鑒。

著照所請。

請准以武椿升補遊擊片 光緒十四年七月十八日

再，前出有廣西思恩營遊擊熊錦奇病故，遺缺係題調之缺，

〔一〕以下四件録自中國第一歷史檔案館編《光緒朝硃批奏摺》第四〇輯，第三六七至三七〇頁，中華書局一九九五年版。

經臣等查以裁缺龍憑營都司李玉龍請補。接准兵部咨，李玉龍係裁缺候補都司，應遇有都司缺出，酌量補用。所請升補遊擊之處，礙難議准，仍令另行揀員升補等因。查定例，各省題調缺出，先儘現任人員揀選題調。如無合例堪調者，准於應升人員内保題升用。又題調缺出，照例揀選具題。其有員缺緊要，人地實在相需，而所保之員與例稍有未符者，將不合例之處，詳細聲明，請旨交部核覆各等語。思恩營遊擊駐劄思恩府武緣縣城，係苗疆煙瘴題調之缺，必須熟習風土，能耐煙瘴之員，方克勝任。粵西内地遊擊，非現居要缺，即人地未宜，現無堪以調補之員，應於現任人員内揀選升補。茲會同廣西提督臣蘇元春詳加揀選，查有鎮安協中軍都司武椿，現年五十二歲，直隸廣平府曲周縣人，由花翎侍衛選補廣西平樂協中軍都司，調補今職。光緒八年九月初四日接領調補鎮安協中軍都司劄付，是年十二月十八日到任。因光緒八年軍政案内薦舉，領咨晋京引見尚未回任。該員明幹勤奮，才練資深，且熟習風土，能耐煙瘴，以之升補此缺，洵堪勝任。惟調缺請補與例稍有未符，第人地實在相需。例得專摺奏請。合無仰懇天恩俯念煙瘴要缺需員，准以鎮安協中軍都司武椿升補思恩營遊擊，以期人地相宜。如蒙俞允，其所遺鎮安協中軍都司缺，俟部覆到日另行照例揀員請補，合併陳明。除咨覆兵部查照外，臣謹會同廣西提督臣蘇元春合詞附片具奏，伏祈聖鑒，敕部核覆施行。

兵部議奏。

懲儆緝捕不力各員片 光緒十四年七月十八日

再，廣東盜匪向以香港、澳門爲逋逃之藪，其渠魁安居港澳，糾集黨與，駕艇潛入内河，伺便劫掠，輒即颺匿洋界。廣州府屬各縣濱臨大海，港汊紛歧，尤易圖劫，疊經臣督飭文武員弁上緊緝捕。本年二月五月間，曾派弁派輪在香山、順德等縣海汊四路分投攻截，斬獲大夥劇盜數起。詎六月初一夜，南海縣屬林村鄉事主附貢生陳序璿等家，復有被盜夥劫、拒斃人命情事。臣聞報後，即經加懸重賞，分飭營縣將弁迅速截拏。乃事逾旬日，獲犯甚屬寥寥。查近省要地盜匪肆行猖獗，該營縣等實屬緝捕不力。除將該管李村汛把總何廷揚撤任留緝，並將廣州協副將黃金福記過嚴飭督緝外，相應請旨將署南海縣知縣張璿、廣州協左營守備關貴昌，一併摘去頂戴，以示懲儆。仍勒限嚴緝本案真盜，務獲究辦。儻逾限無獲，再行從嚴撤參。理合附片具陳，伏祈聖鑒。

著照所請。該部知道。

粵潮二關及瓊州北海兩新關第一百十一結徵税銀數摺（一） 光緒十四年八月二十五日

竊照光緒十年四月間准户部咨，會議各海關洋税奏銷，應令遵照定章一律開單奏報一摺，奉旨：依議。欽此。咨行到粵。當經欽遵辦理。查粵海、潮州二關徵收洋税四成項下銀兩，歷准户

（一）録自中國第一歷史檔案館編《光緒朝硃批奏摺》第七二輯，第二六一至二六二頁，中華書局一九九五年版。

部並總理各國事務衙門咨，每月撥解陝西協餉銀一萬兩，嗣改爲籌邊軍餉。又每季籌辦内務府、造辦處赤金各五百兩。又每結撥解抵還閩省借款改爲加放俸餉銀六千兩。又應解南北洋經費，嗣准總理海軍事務衙門咨，撥歸海軍衙門作爲常年餉需經費之用各等因。所有同治五年二月十六日第二十三結起至光緒十四年二月十九日第一百十結止，粤海、潮州二關徵解銀數，歷經按結奏報在案。

兹自光緒十四年二月二十日起至五月二十一日止計三箇月爲第一百十一結，粤海、潮州二關徵收正税、洋藥税共銀五十三萬九千八百兩八分八釐，核計四成銀二十一萬五千九百二十兩三分五釐二毫。除撥解光緒十三年八月九月十月分籌邊軍餉共銀三萬兩，辦解内務府十四年夏季分赤金價銀九千二百五十兩，造辦處十四年夏季分赤金價銀九千二百五十兩，抵還閩省借款解京改放俸餉銀六千兩外，實存四成銀十六萬一千四百二十兩三分五釐二毫。又本届第一百十一結粤海、潮州二關徵收洋船船鈔、土貨半税，招商局輪船貨税船鈔、土貨半税及粤海大關徵收子口税，潮州新關徵收招商局輪船洋藥税各項，共銀八萬三千七百三十九兩四錢六分二釐。至粤海大關招商局輪船洋藥税、潮州新關子口税本届並無徵收。又瓊州、廉州北海兩新關，自光緒十四年二月二十日起至五月二十一日止計三箇月爲第一百一十結。瓊州、北海兩新關徵收正税、洋藥税共銀七萬五千七百三十五兩六錢三分六釐。又本届第一百十一結瓊州、廉州北海二新關徵收土貨半税、子口税，瓊州新關船鈔各項，共銀一千七百七十九兩二錢三分。至招商局輪船貨税、船鈔、洋藥税、土貨半税及廉州北海新關船鈔本届並無徵收。再，光緒四年四月間准户部咨，瓊州、北海兩關所收洋税既無外國扣款，自毋庸再行分別四成六成報解等因在案。所有粤海、潮州二關及瓊州、廉州北海二新關第一百十一結徵收正税及船鈔、子口税、洋藥税、土貨半税各緣由，除咨總理衙門暨户部外，謹繕列清單，會同南洋通商大臣兩江總督臣曾國荃恭摺奏陳。至廣東巡撫係臣之洞兼署，毋庸會銜，合併陳明。伏祈皇太后、皇上聖鑒。

該衙門知道。單併發。

籌解第三批鹽課京餉等款銀兩摺[一] 光緒十四年八月二十五日

竊前承准軍機大臣字寄，光緒十三年十一月初四日奉上諭：户部奏，豫撥來年京餉擬在地丁、鹽課等款内指撥銀七百萬兩，著於來年分批提前趕解。另片奏，光緒十四年内務府經費，擬撥廣東鹽課銀五萬兩，著於來年開印後陸續徑解内務府交納。等因。欽此。並清單一紙，内開擬撥光緒十四年分京餉廣東鹽課銀二十萬兩，當經恭録轉行欽遵籌解。又粤東運庫京餉，難以現銀解部，歷經奏明仍行交商匯兑。

兹據兩廣鹽運使英啓詳稱，光緒十四年分奉撥京餉，廣東鹽課銀二十萬兩、内務府經費銀五萬兩，前經在於徵收光緒十三年、十四年分省河鹽課項内兩次籌銀十三萬兩，作爲本年京餉及内務府經費，分爲第一、二批，於本年二月初二日委員韓方樸等，四月初四日委員謝承祖等，領賫匯單赴京投納，奏報在案。現又在

[一] 録自中國第一歷史檔案館編《光緒朝硃批奏摺》第八六輯，第四九八至四九九頁，中華書局一九九五年版。

於徵收光緒十四年分省河鹽課項内籌銀五萬兩，並隨解一五加平飯食銀一千五百兩，共銀五萬一千五百兩，作爲本年第三批京餉。又在鹽課項内籌銀一萬兩，並隨解平餘抬費等銀三百三十兩，共銀一萬三百三十兩，作爲本年第三批内務府經費。飭交殷實銀號百川通、日昇昌、蔚泰厚、蔚長厚、新泰厚、元豐玖匯兑入京，遴委試用縣丞崇禧等領齎匯單，於本年八月初十日起程，附搭輪船進京，支取足色紋銀，分赴户部、内務府投納，詳請具奏前來。臣覆核無異，除分咨户部、内務府兑收，並飭趕緊籌解清款外，理合恭摺具陳，伏祈皇太后、皇上聖鑒。

該衙門知道。

賑濟固安等處水灾片[一] 光緒十四年八月二十五日

再，恭閲邸鈔，七月十四日欽奉上諭：本年入秋以後，大雨連緜，永定河水勢威漲，迭出險工。七月初六日，蘆溝汛南岸七號石隄及南二工十七號、北上汛十二號等處大隄均被漫溢，刷寬口門四五十丈不等各等因。欽此。旋准兼管順天府府尹潘祖蔭電稱，永定決固安等處灾，囑速籌賑等語前來。伏查固安等處，地近畿郊，此次水灾甚重，傷人甚多。蘆溝一帶，道殣相望。其蕩析顛沛情形，何堪設想，自應仰體聖慈，力籌協濟。惟廣東本省今年亦苦水灾，春夏之間雨潦相仍，東、西、北三江同時並漲，衝塌圍基、民房不少。物力竭蹶，遠遜於前，賑捐難期踴躍。若待集有成數，始行匯解，誠恐緩不濟急。當飭司局兩次竭力設法籌墊銀一萬五千兩，又匯費補色銀一千八百餘兩，於八月初四、初六等日先後發交殷實商號百川通等，由電匯解順天府尹衙門投收，分撥灾區散放，以廣皇仁。俟陸續收有捐項，再行歸還墊款。據善後局司道詳請奏咨前來。除咨會順天府尹外，謹附片具陳，伏祈聖鑒。

該衙門知道。

改設北海高州兩鎮後議定巡洋會哨章程摺[二] 光緒十四年八月二十五日

竊照廣東改設北海鎮，水陸總兵裁撤。陽江鎮改設高州鎮，水陸總兵各營將弁裁撤。改撥既殊，所有遞年分班巡洋之統巡、總巡、分巡各員，及會哨章程，自應變通辦理。先據署陽江鎮總兵陶定昇核議，列册呈繳，當經飭司妥議詳辦去後。

兹據廣東布政使高崇基，會同署按察使王景賢詳稱，查巡洋舊章，每年分爲上下兩班，上班自正月初一日起至六月底止，下班自七月初一日起至十二月底止。現改設高州鎮總兵統轄外海水師，上班應以高州鎮爲統巡，下班應以陽江營遊擊爲統巡。改陽江營、電白營洋面爲一段，每年上班以陽江營守備爲總巡，下班以電白營守備爲總巡。吴川、硇洲、東山三營洋面照舊爲一段，每年上班仍以硇洲營都司爲總巡，吴川營守備爲分巡，下班以吴川營都司爲總巡，東山營守備爲分巡。其會哨日期，上班高州鎮於三月初十日，酌帶陽江、電白各營兵船，照章到黄茅洲洋面，

〔一〕録自中國第一歷史檔案館編《光緒朝硃批奏摺》第三一輯，第一二二頁，中華書局一九九五年版。

〔二〕録自中國第一歷史檔案館編《光緒朝硃批奏摺》第五四輯，第三三二至三三三頁，中華書局一九九五年版。

與中路水師提標右營遊擊兵船會哨。五月初十日，酌帶陽江、電白、吴川、硇洲、東山各營兵船，到硇洲洋面，與西下路海口營叅將兵船會哨。下班陽江營遊擊於八月初十日到黄茅洲，與中路水師提標中軍叅將兵船會哨，十一月初十日到硇洲洋面，與西下路瓊州鎮兵船會哨。其赤溪協副將水師兩營現改爲獨營，逕隸水師提督。所有赤溪左右兩營洋面，應另爲一段。每年上班以赤溪協副將爲總巡，該協右營都司爲分巡。下班以該協左營都司爲總巡。其會哨日期，上班該協副將及右營都司駕船隨同高州鎮依期分往黄茅洲、硇洲各洋面會哨。下班該協左營都司隨同陽江營遊擊依期分往黄茅洲、硇洲各營會哨。此高州鎮及赤溪協變通巡洋會哨之章程也。

新設北海鎮水陸總兵，已將龍門協水師左右兩營改歸北海管轄。查向章，龍門協水師左右二營爲一段。每年上班龍門協副將爲統巡，龍門協右營都司爲總巡，左營守備爲分巡。下班歸瓊州鎮總兵統巡，龍門協左營都司爲總巡，龍門協右營守備爲分巡。兹擬上班仍派龍門協副將統巡，照舊於三月初十日酌帶兵船到潿洲洋面與海口營叅將會哨，五月初十日到白龍尾洋面巡緝。下班以北海鎮爲統巡，督率總巡龍門協左營都司，分巡龍門協右營守備，駕船於八月初十日到潿洲洋面與瓊州鎮會哨，十一月初十日到白龍尾洋面巡緝。此又北海鎮變通巡洋會哨之章程也。

以上各營，應派隨統巡，隨總巡，及專巡、協巡暨各段内巡洋員弁均照舊章，由各該營派撥造册繳報。遇有失事，各按地段查取職名開叅等情，詳請奏咨前來。臣查核所議巡洋會哨變通章程，均屬妥協。除檄飭遵照並咨明兵部兵科外，謹會同廣東水師提督臣方耀合詞恭摺具陳，伏祈皇太后、皇上聖鑒。

兵部知道。

總兵出缺委員接署摺[一] 光緒十四年八月二十五日

竊據署兩廣督標中軍副將王世清呈報，據瓊州鎮總兵賴鎮邊家丁盧彬禀稱，家主賴鎮邊自上年八月間飭赴本任整頓海防營制、籌辦黎匪善後各事宜，積勞受瘴。本年七月初一日，輪值下班統巡，力疾從公，督帶船隻出洋巡緝。在徐聞縣屬三墩洋面重感風寒，舉動維艱，洋次乏醫調治，即坐輪船順道抵省就醫。詎受病已深，醫藥無效，於七月二十七日病故等由前來。

臣查瓊州現當整飭海防營制及籌辦黎匪善後之際，該鎮有統轄水陸各營之責，要缺未便曠懸。查有留粤補用總兵借補廣東廣州協副將李先義，膽識兼優，軍律嚴肅，堪以署理。除檄飭遵照外，所遺瓊州鎮總兵員缺，相應請旨迅賜簡放，以重職守。所有總兵因病出缺委員接署緣由，臣謹恭摺具陳，伏祈皇太后、皇上聖鑒。

另有旨。

請懲儆知縣陳第榮史光溥片[二] 光緒十四年八月二十五日

再，本年四月間，瓊州府屬定安縣三牛坡地方鄉民祈雨，抬神至署請官致禱。該縣知縣陳第榮出拜遲延，鄉民衆多候久，一時憤激，將該縣擁出街市侮辱。當飭署瓊州府知府徐瑋文前往確查起衅情事。委因該縣行禮過遲，鄉愚無知，謂其慢神，以致臨

[一] 録自《京報》第二八六七號。
[二] 以下二件録自中國第一歷史檔案館編《光緒朝硃批奏摺》第五輯，第七九五至七九六頁，中華書局一九九五年版。

時滋生事端，尚無別情。並據雷瓊道朱采查明，該縣平日聽斷偏執，不饜人望，民情怨恫實基於此等情，先後稟覆前來。查鄉民藉端肆辱官長刁風斷不可長，已飭嚴拏爲首滋事匪徒，照例懲辦。至該縣陳第榮於鄉民迎神禱雨出拜偶遲，雖無不合，惟其平日斷案任性偏苛，以致不洽輿情，動取侮辱，臨事復不能彈壓，實屬粗浮無能，難膺民社。又四會縣知縣史光溥，聽斷含糊，才難治劇。並訪聞有信用門丁致招物議情事，委員密查屬實，均屬未便姑容。相應請旨將定安縣知縣陳第榮，以府經縣丞降補。四會縣知縣史光溥，文理尚優，以教職歸部銓選，以肅官方。所遺各缺，遵照新章，分別應咨、應留，另行咨部辦理。合併聲明，謹附片奏參，伏祈聖鑒。

著照所請。該部知道。

試用鹽大使期滿甄別片 光緒十四年八月二十五日

再，前准部咨，嗣後佐貳雜職等官無論何項出身，凡係補缺應行具題者，試用期滿，由該督撫甄別具奏等因。歷經遵照辦理在案。茲據兩廣鹽運使英啓會同廣東布政使高崇基詳稱，查有試用鹽大使劉湜，福建閩縣監生，遵海防例報捐鹽大使，指分廣東試用，於光緒十二年十二月內到省繳照。又試用鹽大使蔡敦培，江蘇丹徒縣監生，遵籌餉例報捐鹽大使，分發試用籤掣兩廣，光緒九年四月在部領照，是年十一月在途聞訃丁父憂回籍守制。服滿起復，於光緒十三年二月內到省。又試用鹽大使徐之玉，直隸臨榆縣附貢生，遵海防例報捐鹽大使，指分廣東試用，光緒十三年閏四月內到省繳照。以上三員，均試用一年期滿，詳加考察，具詳請奏前來。臣查劉湜年强才裕，蔡敦培年壯差勤，徐之玉講求鹺務，均堪以本班留省照章補用。除將履歷咨部外，理合附片具奏，伏祈聖鑒。

吏部知道。

恭報早稻收成分數摺〔一〕 光緒十四年八月二十六日

竊照禾稻收成，關繫民食，例應查明分數，恭摺具奏。茲廣東省光緒十四年早稻登場，據布政使高崇基將各屬收成分數查明，彙報到前撫臣吳大澂移交前來。臣覆加查核，廣州府屬收成六分，韶州府屬收成六分有餘，惠州府屬收成六分有餘，潮州府屬並南澳廳所屬隆、深二澳收成七分有餘，肇慶府屬收成六分，高州府屬收成七分，雷州府屬收成七分，廉州府屬收成七分有餘，瓊州府屬收成七分有餘，羅定州屬收成七分，連州屬收成八分，南雄州屬收成八分，嘉應州屬收成六分有餘，佛岡廳收成七分，綏（猺）〔瑤〕廳收成八分，陽江廳收成七分，赤溪廳收成七分。合計通省早稻收成實共六分有餘。臣謹循例恭摺具奏，伏祈皇太后、皇上聖鑒。

知道了。

查明六月分雨水田禾糧價摺〔二〕 光緒十四年八月二十六日

竊照廣東省光緒十四年五月分雨水、田禾、糧價，及西、北

〔一〕 録自中國第一歷史檔案館編《光緒朝硃批奏摺》第九二輯，第七一六至七一七頁，中華書局一九九五年版。

〔二〕 録自中國第一歷史檔案館編《光緒朝硃批奏摺》第九四輯，第七一三至七一四頁，中華書局一九九五年版。

兩江水勢復漲，沖決圍基，分别查勘、撫恤各情形，先經前撫臣吳大澂奏聞在案。兹查廣東省城光緒十四年六月分上、中、下三旬得雨數次，現在天氣晴暢，江水全行消退。上月被決各圍，趕築秋欄，以次完竣。早稻陸續收穫，晚禾亦堪插蒔，園蔬、雜糧並皆暢茂。省外各屬稟報與省城大略相同。糧價較上月稍減，民情靜謐，堪以仰慰聖懷。所有光緒十四年六月分雨水、田禾、糧價謹繕清單，恭摺具奏，伏祈皇太后、皇上聖鑒。

再，此摺前撫臣吳大澂未及奏報卸事，是以由臣奏報，合併陳明。

知道了。

遴選鄉試内簾同考官摺〔一〕光緒十四年八月二十六日

竊查科場條例内開，直省鄉試内簾官，該督撫照例調取科甲出身之現任州縣等官考充。又乾隆三十六年、道光九年先後議准，如現任各員文理荒疏，或有經手要件，實在不敷考選，即將委署州縣以上及即用分發人員詳加遴選，擇其文理優長者與實缺人員一體充當，仍將現任人員實在不敷派用情由專摺奏明，以重分校而杜弊端等因。歷經遵照辦理。

查廣東省文闈鄉試，向用内簾官十員。嗣因辦理捐輸節次加廣中額，應試人數較多。前於同治五年奏請添設同考官三員，欽奉諭旨允准各在案。兹光緒十四年戊子科鄉試内簾同考官應派十三員，臣遵例於通省科甲出身之現任丞倅州縣内，細加體察。除地方緊要及有經手要件各員未便檄調外，調到實缺及即用大挑、候補、試用知縣，南雄州州同，共三十員，於八月初一日傳集臣署中，出題考試，詳閱文藝，細察品行。堪充内簾者，實缺順德縣知縣魏傳熙、河源縣知縣李徵庸等二員，即用知縣史繼澤、胡文瀚、張問崇，大挑本班儘先補用知縣劉鎮寰，大挑知縣馮瑩，候補班報捐本班儘先補用知縣魏邦翰，候補知縣鄧倬堂，試用知縣呂椿培、陶祖培、龍紹儀，分發知縣陳廷蔚等十一員，均由進士、舉人出身，文理優長。臣於八月初六日入闈封門後，即將各員一體派入内簾充當同考官，嚴飭盡心襄校，務拔真才，以光大典。理合循例奏聞，伏乞皇太后、皇上聖鑒。

知道了。

部選知縣李恩元留省學習片〔二〕光緒十四年八月二十六日

再，部選海康縣知縣李恩元，於光緒十四年五月二十八日領憑到省，應即飭赴本任。惟查海康縣爲雷郡首邑，沿海要區，訟獄繁多，民魯俗悍，素稱難治。該員係由捐納知縣選授斯缺。仕版初膺，甫來嶺海，於民情吏事均未熟諳，擬將新選海康縣知縣李恩元留省學習，俾資歷練。據藩、臬兩司會詳前來。臣謹附片陳明，伏祈聖鑒。

吏部知道。

〔一〕録自中國第一歷史檔案館編《光緒朝硃批奏摺》第一〇四輯，第七五二至七五三頁，中華書局一九九五年版。

〔二〕録自《京報》第二八六五號。

部選知縣張延留省學習熟悉赴任片〔一〕

光緒十四年八月二十六日

再，部選臨高縣知縣張延，先經到省繳憑。當因臨高縣地當瓊州濱海要區，正值撫黎開山辦理善後，一切均極喫重。該員初膺外任，恐其措置未能合宜。經臣會同前撫臣吴大澂附片奏明留省學習，俾資歷練在案。茲查該員張延，自留省學習以來，於吏治事宜，漸就熟悉，應即飭令前赴臨高縣知縣本任，以重職守。據廣東布政使高崇基具詳前來。除咨明吏部外，謹附片陳明，伏祈聖鑒。

吏部知道。

粵東第一百次正法盜犯開單彙奏摺〔二〕

光緒十四年八月二十六日

竊照粵省近年盜風日熾，經臣會同前撫臣倪文蔚，於光緒十一年十二月初一日奏請仍予先行就地正法，經刑部核議覆准。嗣後廣東省拏獲持械夥刦、兇暴衆著之各項盜匪，無論水陸，不分首從，凡有案情重大罪干斬梟、斬决者，一體照土匪、馬賊、會匪、游勇章程，先行懲辦。其距省較遠者，由該廳州縣審實後，酌核道路遠近，如道府同城者，解由該管巡道督同覆審。不同城者，即分別解由最近之該管或道或府州覆審。如犯多路遠者，即由道府州親赴所屬覆審。均録供通稟督撫，核明情節確實，批飭就地正法。其廣州府屬及佛岡、赤溪二同知所獲盜匪，仍於審實後録供解府審明，通稟批交臬司會同營務處司道覆訊明確，稟候核飭就地正法。案情重大者梟示。拒捕者格殺勿論。並將通省此項正法盜匪，按三箇月彙奏一次。光緒十二年正月十四日具奏，奉旨：依議。欽此。等因。咨行到粵。當經通行欽遵辦理。

查廣東省第九十九次辦過盜犯，業經彙奏在案。今自光緒十三年十二月初九日起至十四年三月初八日，復届三箇月，應歸第一百次彙奏。據各屬及緝捕員弁報獲盜犯共六十三名，均經訊明，分別解由該管道府及臬司會同營務處司道覆審録供，稟經臣會同前撫臣吴大澂核明，批飭就地正法，分別梟示。據臬司王毓藻將辦過盜犯造具案由罪名册，詳請具奏前來。臣覆核無異，除將案由罪名册送部查核，並飭司備録全案供招咨部，暨洋盜另行具奏外，所有第一百次正法盜犯，謹彙繕罪名清單，恭摺具陳，伏祈皇太后、皇上聖鑒。

刑部知道。單併發。

籌解鄭工用款片〔三〕

光緒十四年八月　日

再，前准北洋大臣李鴻章電稱，户部奏撥鄭工用款内，廣東省籌邊軍餉項下籌解銀十萬兩，粵海關四成洋税籌邊軍餉項下籌解銀十萬兩等因前來。查廣東省奉撥戊子年籌邊軍餉銀二十萬兩，業經先後兩批籌銀一十萬兩，遴委開復知縣徐德度及試用通判徐

〔一〕録自《京報》第二八六七號。

〔二〕録自中國第一歷史檔案館編《光緒朝硃批奏摺》第一〇九輯，第六〇二至六〇三頁，中華書局一九九五年版。

〔三〕録自中國第一歷史檔案館編《光緒朝硃批奏摺》第九八輯，第六一一頁，中華書局一九九五年版。

保奏，應於摺内聲明，請旨交部核覆，恭候欽定等語。茲會同署廣東陸路提督臣鄭紹忠，在於經部覆准注册序補之陸路儘先守備内詳加揀選。除黄宗錦因案勒令離營查辦外，其名次在前之李森泰久假不歸，葉卓和於此缺人地不宜，均未便請補。查有督標中營儘先守備黄雄高，年四十六歲，廣東廣州府番禺縣人。投效軍營隨勦出力，遞保藍翎千總。嗣因克復漳州等城出力案内保奏。同治五年十月初七日奉上諭：著以守備儘先補用，並賞加都司銜。欽此。銷差回粤，飭發督標中營效力，造送履歷，經部覆准注册序補。該員才明技練，歷著勞績，並無在外省叅革朦保情弊，以之補授四會營守備，洵堪勝任。雖儘先名次略後，與例稍有未符，惟在前各員均不合請補，惟該員於此缺人地較爲相宜，謹隨摺聲明，合無仰懇天恩俯准以黄雄高補授四會營守備。如蒙俞允，俟部覆到日給咨送部引見，以符定制。謹會同署廣東陸路提督臣鄭紹忠合詞附片具奏，伏祈聖鑒，敕部核覆施行。

兵部議奏。

請准以宋承桂升補守備片光緒十四年四月初四日

再，准兵部咨，廣東那扶營守備游勳臣，久不在省，查無下落開缺。其所遺那扶營守備員缺，係陸路題補第三輪第六缺，輪用應升人員。既據扣留，應即迅揀合例應升人員請補等因。查定例，陸路守備缺出，輪應各項應升人員補用者，先以奉旨回任候題，及軍政卓異，並歷俸三年出兵著績之千總補用。又各省題調武職各缺，如因員缺緊要人地相需，將不合例人員保奏，應於摺内聲明，請旨交部核覆，恭候欽定等語。茲會同署廣東陸路提督臣鄭紹忠，在於陸路應升守備各千總内詳加遴選，並無軍政薦舉卓異人員，其曾經保送回任候題及歷俸較深之員，或於此缺人地未宜，或有盗案未結，或丁憂尚未服闋，均未便請補。查有督標左營右哨千總宋承桂，年四十八歲，廣東肇慶府高要縣人。由行伍出師廣西勦匪出力，遞拔今職。光緒元年七月二十一日接劄，嗣因六年俸滿，保送給咨赴部，經欽派王大臣驗收，請旨照例回任候升。光緒八年三月初六日覆奏。奉旨：依議。欽此。隨准兵部咨，換給劄付，令其回任候升。是年三月十六日接領换給俸滿劄付，計至光緒十年五月二十一日，初、次、三年期滿甄别，咨准兵部咨覆，准其仍留候升注册。光緒十三年軍政薦舉卓異，未准兵部議覆。該員明白穩練，整頓操防，現委署撫標右營守備，辦理裕如，以之升補那扶營守備，洵堪勝任。雖尚有曾經保送回任候題歷俸較深之員，惟均不合請補，謹隨摺聲明。合無仰懇天恩俯准以宋承桂補那扶營守備，俾資整頓。如蒙俞允，俟部覆到日，即行給咨送部引見，以符定制。謹會同署廣東陸路提督臣鄭紹忠合詞附片具陳，伏祈聖鑒，敕部核覆施行。

兵部議奏。

請准以劉祖發補授守備片光緒十四年四月初四日

再，廣西右江鎮屬恩隆營守備張占林，在關外差委，受瘴病故。所遺恩隆營守備缺，係題調之缺。接准部咨行令揀員升調等因。查定例，各省題調缺出，先儘現任人員揀選題調等語。又光緒十二年春間，臣等會奏，籌議廣西邊隘分營扼紥，酌移提督，裁改武職，另設柳州總兵各緣由一摺，准兵部議覆，提標前後兩營即行裁汰，官弁遇缺另補各等因。當經轉行遵照。茲查廣西恩隆營守備，駐紮百色廳屬恩隆縣城，係苗疆煙瘴題調之缺，必須熟習風土、能耐煙瘴之員，方克勝任。茲會同廣西提督臣蘇元春，查有裁缺另補之原任廣西提標後營守備劉祖發，年四十二歲，廣西桂林府臨桂縣人，由勇目節年隨剿江西、廣東各匪出力遞保以守備儘先補用。光緒八年四月經兵部擬補廣西提標後營守備，是月十二日奉旨：劉祖發依擬用。餘依議。欽此。現因該營裁撤開缺，聽候另補。該員年力精强，操防奮勉，且熟悉風土，能耐煙瘴。恩隆營守備亦非籍隸本府，以之請補此缺，洵堪勝任，理合會摺奏請。合無仰懇天恩俯准該員劉祖發補授恩隆營守備，以實營伍而資就熟。如蒙俞允，該員劉祖發由裁缺守備請補守備，係對品補回，應請毋庸送部引見，合併陳明。臣謹會同廣西提督臣蘇元春合詞附片具奏，伏祈聖鑒，敕部核覆施行。

兵部議奏。

水師守備王德欽買私販運革職片 光緒十四年四月初四日

再，廣東水師提標中營藍翎候補守備王德欽，派委管駕緝捕第二號扒船，駐紮長洲地段，輒敢私遣兵丁赴香港買私販運。經緝私輪船在長洲附近洋面拏獲私鹽兩船，並在船兵丁及水師旗幟、號衣等件，當發交緝私局員訊。據兵丁、船户等供稱，此項私鹽，委係王德欽在香港油蔴地雇用盤艇裝運過船，令該兵丁等運赴番禺縣屬茭塘地方售賣等語。再三研究，矢口不移。查該守備，身充扒船管駕，膽敢販私漁利，實屬藐法已極。當此整頓鹺綱之際，未便稍事姑容。據兩廣鹽運使英啓詳請奏參前來。相應請旨將廣東水師提標中營候補守備王德欽即行革職，拔去藍翎，以肅營伍而儆效尤。謹附片具陳，伏祈聖鑒。

王德欽著即行革職，拔去藍翎。兵部知道。

大雨成災賑濟廉欽二州片〔一〕 光緒十四年四月二十八日

再，據廉州府知府劉齊潯電禀，自三月二十七日起，大雨三晝夜，城外平地水深數尺及丈餘不等，衝倒民房，兼有淹斃人口。當即多雇船隻，分投拯救，全活甚衆。城内存糧本少，在城文武捐廉購米，發局平糶，並設廠施粥。靈山縣武利、伯勞一帶，同時被水，已派員查勘撫恤等情。又據欽州直隸州知州李受彤電禀，三月二十八日風雨極大，城外河漲丈餘，居民猝被水患。該員與參將黄培松及萃軍都司王殿光，並各營弁等，捐資分雇船隻，設法拯救，安插高處棲止。離城較遠各村墟，派員運米散放。防城縣之如昔、茅嶺等處，聞亦被水，尚未損傷人口，現亦派員運米接濟等情。臣等伏查廉、欽二州府，雨水過大，山澗匯注，小民蕩析離居，實堪憫惻。雖驟發之水不致久停成災，惟值此青黄不接之時，民食最關緊要。兼之生者修建屋宇，死者收斂掩埋，均須量爲資助。廉州素少存糧，而購買較便。欽州稍有存米，而採辦維艱。當即發銀三千兩、米五百石，以濟廉州靈山賑需。又發

〔一〕録自中國第一歷史檔案館編《光緒朝硃批奏摺》第三一輯，第一一一頁，中華書局一九九五年版。

銀一千五百兩、米一千石，以濟欽州防城賑需。廉州賑銀電飭附近釐廠撥用，欽州賑銀及兩處賑米均派員用輪船解往，以期迅速而應急需。謹合詞附片具陳，伏乞聖鑒。

覽奏均悉。即著飭屬妥爲散放，毋令災民失所。

廣州等屬被水村莊撫恤片[一] 光緒十四年四月 日

再，廣東省自本年二月間陰雨連綿，惠州府屬東江水發，沿及廣州府之東莞縣境被淹村莊，並北江潮州同時水漲，分籌防護情形，業經臣等恭摺奏聞在案。續據四會縣知縣史光溥稟報，該縣自二月下旬以來，大雨傾盆，連宵達旦，水勢驟漲。屬内隆伏圍當大小兩河之冲，圍基多有塌損，幸未漫決。自三月初八日以後，天氣晴霽，水勢日消，早秧尚可補種。又據清遠縣知縣左濤、海豐縣知縣潘維麒各稟稱，同時被水，幸基圍加意防護，不致冲決，田禾尚可補插，民房亦無損壞。又據署嘉應直隸州知州金桂馨稟報，二月下旬，大雨如注，河流驟漲，宣洩不及，各鄉一片汪洋。州城四面皆水，未刈之麥，多被淹浸，新秧甫種，亦遭漂沒。又據從化縣知縣周駿炳稟報，二月間，雨水過多，河流泛溢，縣屬之河基圍塌損四十餘丈，民人幸無受傷，田廬亦無損壞。又據英德縣知縣周華林稟報，二月二十五、六等日，大雨傾盆，河水陡漲，城鄉内外民房衙署均被淹浸，鄉民避居高阜，尚無倒塌房屋、淹斃人口情事。又據增城縣知縣黄維清稟報，二月下旬，大雨如注，該縣地處低窪，水勢建瓴而下，基圍民房均有冲塌。又據代理長樂縣知縣吴應廉稟報，縣屬同時積雨，山水奔騰，河堤亦有冲塌，民房倒塌十餘間，壓斃人口四名。又據龍川縣知縣張灼稟報，縣屬大雨滂沱，河水驟漲，堤基民房間有損壞。又據興甯縣知縣沈春輝稟報，該縣河道淺窄，上通長樂，下達嘉應。本年二月中旬以後，山水陡發，大小河堤冲決十餘丈，低田雖多被淹，時方蒔秧，一俟水退，尚可挑淤補種。又據永安縣知縣吴兆張稟稱，陰雨過多，水勢汛溢，倒塌民房百餘間，幸未損傷人口，天色已晴霽，秧可補種，不致成災等情，陸續稟報前來。臣等伏查此次水漲，業經先派委員備帶銀兩，分路會同地方官查勘圍基，加意防護。如有坍損滲漏，趕緊修築完固。至於民田被淹，時方插秧播種，水退尚可補救。除飭各屬將被水村莊妥籌撫恤，不使小民流離失所外，所有各州縣續報被水情形，臣等謹合詞附片陳明，伏乞聖鑒。

知道了。

遴員署理首縣片 光緒十四年四月 日

再，光緒十年接准吏部咨行，首府縣缺出，先於通省正途人員内揀選委署。如實無合例堪以委署之員，或人地不宜，始准於摺内詳細聲明，以各項出身人員遴選署理等因。歷經遵照辦理在案。茲查南海縣郭樹榕撤任，遺缺係省會首縣要缺，應即遴員接署。先於通省正途人員揀選，非現居要缺，即人地未宜。再於各項出身人員内遴選，查有本班儘先補用知縣張璿，精明幹練，熟悉民情，堪以署理。據布政使高崇基、按察使王毓藻會詳前來。

[一] 以下二件録自《京報》第二七三七號。

除檄飭遵照外，臣等謹循例附片陳明，伏乞聖鑒。

吏部知道。

請以曾紀渠補授羅定直隸州知州摺〔一〕

光緒十四年四月　日

竊查羅定直隸州知州杜（廷）［庭］璆〔二〕，於光緒十三年五月初七日因病開缺。係題調要缺，歸十三年五月分截缺，例應在外揀員請補。當經臣等請以迴避即用直隸州知州曾紀渠奏補。接准吏部咨覆，曾紀渠前由廣東連州直隸州選缺知州，因迴避開缺，留省即補，例應請補選缺直隸州。今請補羅定直隸州知州要缺，仍令另行揀選等因。查定例，各省道府、同知、直隸州知州，如係奉旨命往，或督撫題明留於該省候補，並著有勞績，經督撫保奏，奉旨先儘補用遇缺即補者，均無論應題、應調、應選之缺，令該督撫酌量才具，擇其人地相宜者，悉准先儘酌量補用。又吏部畫一章程内開，道府、直隸州如遇題調要缺，以候補人員請補時，應先儘記名分發人員酌量請補。如果實係人地不宜，始准聲叙，以各項候補人員請補。又道府、直隸州知州遇應用候補時，先儘科甲出身人員。如科甲出身人員不合例，或人地不宜，應令詳細聲明，方准以别項出身候補人員請補。又題調州縣以上官員，必歷俸三年以上，方准揀選題調各等因。兹查羅定直隸州知州，係繁疲難題調要缺，管轄兩縣，民（猺）［瑶］雜處，政務殷煩，非精明幹練之員，不足以資治理。本應遵照部議另行揀員請補，惟查通省並無合例應補人員。其各項候補人員内，亦無記名分發及科甲出身之人。復於應補應升人員内逐加遴選，非現居要缺，即人地未宜。查迴避即用直隸州知州曾紀渠，年四十歲，湖南湘鄉縣人，由廕生以知縣候選，同治三年江南克復，奉上諭，賞給直隸州知州照例補用。在本省率團撲滅會匪出力保奏，十年三月奉旨，賞加知府銜，並賞戴花翎。光緒四年選授連州直隸州知州，是年十一月初二日到任。因迴避胞伯前署督臣曾國荃，開缺改掣江西補用。旋經欽差兵部尚書彭玉麟奏調來粵差遣，俟防務告竣，仍歸廣東補用。十年五月准吏部咨，准留於廣東，以直隸州知州歸於迴避即用班内補用。於六月十五日領咨到省序補。續經前任廣東學政馮爾昌保薦人材奏奉諭旨送部引見，請咨赴京，奉旨召見，交軍機處存記。先於九月初四日奉上諭：曾紀渠着交左宗棠差遣委用。隨即入閩差委，奏准改發福建補用。嗣以防務完竣，復經奏准給咨仍回廣東候補。十一年六月初五日回省，十二年正月聞訃本丁生母憂，請咨回籍。接丁父憂，先後治喪，期滿起復領咨。十三年閏四月二十九日限内回省。該員志趣純正，操守清廉。前在連州任内，政聲卓著，州民至今稱頌，洵堪補授羅定直隸州知州。臣等係爲地擇人起見，請將該員補授斯缺。雖經吏部議駁，惟查題補州縣以上要缺，如果歷俸已滿年限而人地實在相需者，定例均准題補，並不論其原補是何缺分。至於原補選缺之迴避即用人員，不准補要缺，自係初膺民社，資格未深，繁劇之區恐難勝任，故應仍補選缺，以昭慎重。今該員曾紀渠，係奉上諭以直隸州知州補用之員。前在連州直隸州知州任内，歷俸已滿三年。按諸例章，本在可補題調要缺之列，且經保薦奉旨召見，

〔一〕録自《京報》第二七三八號。

〔二〕此人名在本册第二十頁為杜庭璆。今據《樂府詩集·郊廟歌辭七》有「堂獻瑶篚，庭敷璆縣」句，暫定為杜庭璆。

交軍機處存記，自與尋常迴避即用人員只補選缺者不同。應請仍以該員補授羅定直隸州知州，人地實在相需，例得據實陳明，專摺奏請。據藩、臬兩司會詳前來。合無仰懇天恩俯准仍以該員紀渠補授羅定直隸州知州，俾資治理而裨地方。如蒙俞允，該員係迴避即用直隸州知州，請補直隸州知州銜缺相當，毋庸送部引見。臣等謹合詞恭摺具陳，伏乞皇太后、皇上聖鑒訓示。

吏部議奏。

斥革舉人李錫培武生麥玉成片[一]

光緒十二年九月至十四年四月　日

再，查南海縣屬之珊門、大栅、大良、官洲等十四圍，地處三水下游，每遇盛漲，珊門四圍先受其衝。加以隄身卑薄，一被衝刷，無不立見潰決。四圍既決，則腹内巾子、大有等十圍，亦即隨之坍塌。泛濫之患，幾於無歲無之。各村百姓受灾，已非一日。紳士、知縣李應鴻等目覩情形，亟圖補救，隨於光緒十一年冬間集衆籌議，擬將該四圍隄身加高培厚，以禦水勢。復於鄰近桑園圍之馬頭岡地方，建築石閘，以衛腹内各隄，自行捐集經費五萬兩，尚不敷銀四五萬兩，懇撥官款協助等情，稟經前署督糧道蕭韶率同署南海縣知縣張琮勘查，所議各節實爲捍灾要圖，稟請撥款給示興築。當經臣批飭善後局籌發圍工款四萬金，妥爲開辦。經該縣張琮與桑園圍及十四圍諸紳熟議，作閘三道，既障外水兼疏内水。並議明築成後，如夏間内水疏消不暢，即將此閘拆毁。乃桑園圍在籍户部主事張琯生、户部郎中潘譽征等，不顧大局，不察形勢。輒以馬頭岡建閘有礙該圍出水之道具呈，出頭攔阻。即經臣婉切批諭，曉以連鄉接畛，誼如一家，桑園圍歲領巨款，幸獲有秋，十四圍罹灾已久，今適有官民合辦之舉，機會難逢，令其虛衷籌商，同紓飢溺。復委前署督糧道李蕊立即馳往，秉公履勘，妥籌兩全之策，稟候核辦，以存睦誼而成要工。

旋據勘明桑園圍，北界上桑園圍、仙跡圍，田廬相連，僅隔吉贊、横基及螺岡等小平山，東界大栅圍，中隔一河，西南界西海，其大勢坐東北向西南，其形如箕，水皆匯於西海。由馬頭岡出東海者，僅吉水竇一小支。西樵山七十二峰在桑園圍東南，惟吉水鄉係山北脚下，水歸吉水竇，餘皆不由此出。是馬頭岡建閘，有利於大栅等圍，無害於桑園圍明甚。況馬頭岡海口狹隘，今擬建二閘於水中，先由南岸陸地開建一閘，計三閘擴開海口三分之一，足障外水之入，並足利内水之出，形勢昭彰，顯而易見等語。周諮博訪，衆論僉同。即桑園本圍公正紳士翰林院編修陳序球數致十四圍信函，經李應鴻呈閱，亦極言馬頭岡建閘於桑園圍有利無害，力勸興工。乃張琯生、潘譽征等一味强横，希圖力敗善舉，竟於該道未勘之先，一日忽有舉人李錫培、武生麥玉成糾集無賴多人，揚旗鳴礮，將十四圍工廠八所、木排二排、浮橋二道，概行焚燬，搶掠器物，礮傷水手、工人四名，鑿沈石船二隻。該道聞信趕往彈壓，當經督飭該縣張琮勘明廠船焚沈，驗明工人周亞春等四名傷痕屬實。即傳各紳責飭，仍敢恃刁支飾，不服理勸。查馬頭岡石閘既經大員往勘，飭令繪圖稟核，自應静候勘確籌商。果使官斷不平於桑園圍實有妨礙，再行到省控訴亦甚不難。且時

[一] 録自中國第一歷史檔案館編《光緒朝硃批奏摺》第一一〇輯，第八九八至九〇〇頁，中華書局一九九五年版。

值冬令，春水未生，數萬金石閘鉅工亦非旬月所能竣事。無論有無水害，目前並無急迫情形，何至於運料方始，停工待勘之際，遽爾糾衆逞凶。若非十四圍忍忿守法，立時已成械鬭之禍。似此幸灾逞强，糾匪滋事，暴横藐玩至此而極，若不從嚴懲處，不足以儆刁風。據署南海縣知縣張琮詳由廣東按察使王毓藻會同布政使高崇基查明，李錫培係中式同治丁卯科本省舉人，詳請奏革前來。

臣查李錫培、麥玉成不恤鄰灾，不候官勘，抗官、糾衆、焚搶、傷人，實屬悖理藐法。除飭查明張瑄生、潘譽征有無主謀抗拒聚匪焚掠情事，再行據實嚴行參辦，並飭緝滋事各匪，務獲究辦外，相應請旨將舉人李錫培、武生麥玉成一併先行斥革，以憑歸案審辦，理合附片奏陳。再，廣東巡撫係臣兼署，毋庸會銜，合併陳明，伏祈聖鑒。

李錫培、麥玉成均著斥革歸案審辦，餘依議。該部知道。

加增閩廠協造兵輪經費并聲明辦法摺

光緒十四年五月初八日

竊查臣等上年具奏廣東分年捐款，由閩廠協造鐵脅穹甲快船四艘，共協銀三十六萬兩，又協造中號兵輪四艘，協銀一十二萬兩，聲明請免報銷等因一摺。欽奉硃批：該衙門知道。欽此。嗣准户部咨，議覆船政大臣裴蔭森奏，請動用工料，仍歸船政報銷一摺。以所造兵輪係由捐辦，與南洋之動支官款者不同，將來應由廣東彙報。該大臣所請由廠報銷之處，應毋庸議。又於裴蔭森奏請援照開濟快船成案動支官款仍由船政報銷摺内，議以此項兵輪係粵省官商捐辦，與開濟快船事由官辦者不同，所請動支閩省官款及代爲報銷之處，礙難核准各等因。會同海軍衙門奏，奉懿旨：依議。欽此。先後咨行到粵，並准船政大臣裴蔭森咨會籌辦前來。

伏查兩次部咨，皆議駁閩廠所請報銷，而令照粵省原擬辦法。夫粵省原議，本謂粵濟閩費，閩濟粵工，不論需費若干，惟以大船每艘協銀九萬，中船每艘協銀三萬爲率。緣訂議之初，工料皆從約估，未能絲絲入扣，且謂公款公用，尤不必過較錙銖。其實各船需用繁鉅，斷非數萬之資所能造成。若如部議，不准閩支官款，則不敷之物料，將自何出。不准閩爲報銷，似常年之工資，亦歸粵認。在閩廠有難行之勢，即粵船有中輟之虞，有不得不縷晰上陳於聖主之前者。

臣等溯議辦此事之初，粵省並無可籌之款，徒以官紳商民，忠忱激發，報效銀八十萬兩，以三年之力，成十艘之用。而有船不可無礮，除備購礮價二十餘萬兩，並粵省船局自造廣戊、廣己兩小輪工價五萬數千兩外，以之再製大、中八輪，實有不敷。適值閩廠爲南洋代造三船告竣，器全工暇，遂商爲協造之舉。誠以閩廠工匠豢養有常，不令造船，便成坐食，且虞荒惰，而閩廠造船經費又苦難支，是以臣等前奏有粵濟閩經費之不足，閩助粵工力所有餘之語。此蓋兩省均有利益，資閩廠之成局，成粵防之利器，非欲使閩廠爲粵之故，驟然多請撥支數十萬也。

粵省原奏所謂不動庫款者，謂粵協數十萬，全出捐資，不動粵省庫款，閩廠就原有經費協造，亦不另撥閩省庫款也。閩省原奏所謂船政自行報銷者，乃就閩廠原有之常年經費中，分晰造報協造粵省某船用過工費若干，其應銷之數，自當循照閩省舊章辦理。如部駁所云，則是經費工力皆須粵認，是直粵省雇賃閩廠、閩工而爲之耳，何名爲協造乎。與臣等原奏既有未符，與他省協造成案亦不畫一。夫南洋前製快船動用官款，閩廠且爲代造，助以工料之不足。今粵省兵輪出自民捐，實歸官用，將來造成，尚須遵照海軍衙門奏定章程，馳赴津沽聽候查驗，與民捐民用者迥然不同。雖非全數報效，較之南洋，究可省官款一半，而轉不令協助工費，臣等反覆思之，未解其理。江、粵同爲海疆，户部斷無厚於江而苛於粵之理。竊揆部臣之意，似係誤會閩奏，疑爲閩廠將因此於年例外多支多銷若干萬，以致嚴切駁阻。

查粵省於歷年悉索之餘，能捐船礮費八十萬，可謂急公好義，竭盡綿力。而船政大臣於作輟兩難之際，思爲協造之法，其支持籌畫，亦實具見苦心。茲粵價已匯，閩料已買，而閩廠奉駁，欲停辦而不能，欲續捐而無力，不但失此次商民之心，且以阻後來勸捐之路，則是反不如不捐之爲愈也。惟既屢經部駁，且又謂協費未能及半，自不得不勉籌辦法，以冀兩全。臣等與裴蔭森往復函商，切實估計，廣甲一艘，約計工料銀二十二萬兩，乙、丙、丁三船，每艘約二十萬兩，庚、辛、壬、癸四艘，每艘約六萬兩，合計約共需工費銀一百零六萬兩。以協濟各半計之，粵省應協助五十三萬兩，除原議協銀四十八萬兩外，擬再統行協助銀五萬兩，凑足半價五十三萬兩，其餘一半，由閩支銷。庶閩廠不致掣肘，粵船得以告成，與兩省原奏之案亦相符合。然粵省於捐定鉅資之外，復增數萬之多，實已萬分爲難矣。

竊念國家設立船政，原爲海疆各省造船而設，經費有專款，員匠有常額，自造與協造，本無區別，協粵與協江，更無差等，不過爲粵省多造一船，即爲別省少造一船，要之於閩廠經費並無出入。合無仰懇天恩俯念此舉有益粵防，無損閩款，敕部立案，准照臣等所議辦理，仍由船政自行造報，以清款目。至於各船礮位，現擬改設耳臺，添配一尊，並須較大者，原備礮價二十餘萬，仍有不敷，尚須勉籌集捐彌補，以成斯舉而裨海防。

（硃批）該衙門知道。（欽此）

粵海關籌解第二批京餉等款銀兩摺[一]

光緒十四年五月初八日

竊照光緒十四年分京餉，户部奏撥粵海關洋税銀十萬兩，新增盈餘銀六萬兩。又本年東北邊防經費，奏撥粵海關六成洋税銀十二萬兩。又恭辦大婚典禮奏准提撥粵海關抵閩京餉改爲加放俸餉款内銀一萬八千兩，並提京官津貼改爲加復俸餉款内銀四萬兩。又内務府廣儲司公用每年額撥粵海關税銀三十萬兩，例分四季起解。以上各款銀兩，均應趕緊籌解，以濟要需。

查粵海關節次起解部庫各款銀兩，向由西商先行借墊，勢難起解現銀。光緒十年四月間奏准，仍交商匯兑在案。茲光緒十四年分第二批京餉等款銀兩，經向西商志成信、協成乾銀號借銀一十八萬五百八十兩先行墊解，隨後由税收歸還以資周轉。飭據廣東布政使高崇基遴委試用鹽經歷施樑等，領解光緒十四年分第二批京餉二萬五千兩，另加平銀三百七十五兩，飯銀七百二十五兩。又新增盈餘銀二萬兩，另加平銀三百兩，飯銀五百八十兩。又東北邊防經費銀四萬兩。又大婚典禮要需銀一萬五千兩。又光緒十

[一] 録自《京報》第二七四九號。

四年夏季分廣儲司公用銀七萬五千兩，另加平銀一千一百二十五兩，新增歸公加平銀一千八百七十五兩，抬費用項銀六百兩。統共銀一十八萬五百八十兩。飭令該委員等領賫文批，於光緒十四年四月初十日由海道進京，支取銀兩，前赴户部、内務府分別交納，以期妥速。除分咨查照外，臣等謹合詞恭摺具陳，伏祈皇太后、皇上聖鑒。

該衙門知道。

剿辦瓊匪出力文員請奬摺[一] 光緒十四年五月初八日

竊准吏部咨，議覆光緒十三年二月十七日臣等具奏攻克瓊州中、東兩路黎巢，殲除首逆暨生擒西路客匪、首逆，異常出力文、武員弁擇尤請奬一摺，將列保各員，按照章程分別准駁等因，奏奉諭旨咨行到粤。

臣等查本年正月内，准兵部咨，議覆此案保奬武職，係按照剿辦臺灣生番成案異常勞績核准。而吏部核議，係按照尋常勦匪勞績分別駁令另核請奬。竊以此次從征各員弁，經歷奇險，觸犯瘴毒，戡定頑梗，撫綏生黎，實與臺灣勦辦生番無異。其出力之艱苦，文武一體，並無區別。惟既經部行另核，不得不勉將各員分別核減，聲請改奬。然其中如知府馮相華、教諭鍾仁寵二員，尤爲此案首功，其勞勩卓越，又非僅如武員之摧鋒陷陣、斬將搴旗已也。

查馮相華係提督馮子材之第五子，此次隨馮子材渡瓊統帶萃軍中軍、右軍四營，毅然以勦平黎匪自任，爲諸軍將士之倡。逆首陳鍾明什密老巢，在萬山之中，險邃瘴毒，自來軍士無敢深入者。馮相華首率所部，直搗中堅，會合諸軍，擒渠掃穴。迨移軍攻勦萬州、陵水等處匪徒，每戰身先士卒，將十八村哮黎一帶逆巢盪平。而此次馮相華與馮相榮在陵水、崖州，先後感瘴幾死。回欽州後，始漸痊愈。諸軍因見馮子材之親子尚且親臨前敵，深入瘴鄉，冒死不顧，扶病不退，以故人思感奮，戰不旋踵。是此次官軍所以能深入各黎峒者，實馮相榮、馮相華兩員有以倡率而激勵之，而馮相華尤爲樸勇難得，實近今統將所罕覯。

又查鍾仁寵係萬州拔貢，就職教諭，以土紳帶土勇首先收降匪黨林開信，合殲逆首陳鍾青，爲此次平黎奏功之始。以後無役不從，身爲嚮導，探悉賊情，屢立戰功，而率先諸紳創辦開山工程，開通萬州西峒、北峒等路七八百里，招撫生黎數千户，至今仍令駐軍凡陽。該處爲黎山適中扼要瘴癘最毒之地，經營黎峒必以此處爲樞紐，然須土紳、土勇方能永遠屯劄。該員鎮撫黎歧，搜緝餘匪，耐瘴耐勞，邊氓翕服。

以上二員實爲各營文武員紳之冠，而鍾仁寵於以後黎事尚須重資其力。若論功行賞，轉出武員之下，實無以昭激勸而勵將來。該二員應懇聖恩仍照原保給奬。其餘各員，一律照尋常勞績核減改奬。據營務處司道覆核會詳請奏前來。

臣等查黎地水土毒惡，人所共知，從軍各員崎嶇苦戰，傷病餘生，雖經奏保，展轉核駁，往復經年，如此案列保之道員楊玉書，直隸州知州羅家泰，知縣陳仕、石佩瓊，典簿韓方炳，縣主

[一] 録自《京報》第二七四七號。

簿徐承澍等，未及保奬之副將朱廷棟，知縣晁振翮、陳烈，州判王國棟等，皆係立志報國真實出力之人，均未覩恩綸，已歸泉壤。聖主明見萬里，當亦爲之惻然。茲謹分別開列清單恭呈御覽。合無仰懇天恩俯准照奬，以示鼓勵，出自逾格鴻慈。除從九品胡慶祥、梁鄂二員，俟查明捐案再行核辦外，謹合詞恭摺具奏，伏祈皇太后、皇上聖鑒。

吏部議奏。單併發。

彙奏請襲世職摺[一] 光緒十四年五月初八日

竊准兵部咨，同治元年二月十六日奉上諭：嗣後陣亡殉難各員子孫承襲世職，著兵部行文各該督撫，轉飭各州縣，將應襲職名迅速查取，逕行具報，毋庸由府司轉詳。等因。欽此。又准兵部咨，襲職發標人員名數孔多，查册結宗圖已到人員，各按襲職發標，三月彙奏一次等因。同治二年正月二十五日奉旨：依議。欽此。又准兵部咨，嗣後請襲世職，應於文册内聲明何年月日在何處陣亡殉難，議給世職奉旨日期，逐一詳細報明，毋得遺漏各等因。均經轉行遵照在案。茲查光緒十四年春季分，據嘉應州、高要縣先後詳送承襲雲騎尉曾昭彝、吴炳金，均年已及歲，呈請發標。又據高要、海陽、清遠、合浦各縣詳送請襲雲騎尉梁燕時、張邦基、鄭開科、陳次楨、黄樑清、曾廷瑞，俱年已及歲，請襲職發標。經臣逐一驗明，均堪發標學習。伏查定例，承襲世職，令嫡長、嫡次、庶出子孫承襲。如無嫡長、嫡次、庶出子孫，許令弟姪應承繼者承襲。又承襲雲騎尉世職，年已及歲，免其送部，令該督撫驗看具題，俟題准後，就近發標學習，支食全俸。扣至三年期滿，出具考語，給咨送部引見各等語。今承襲雲騎尉曾昭彝、吴炳金，年俱及歲，呈請發標。請襲雲騎尉梁燕時、張邦基、鄭開科、陳次楨、黄樑清、曾廷瑞，年俱及歲，請襲職發標。核與定例相符，相應彙列案由繕具清單，恭呈御覽，請旨敕部核覆，將曾昭彝、吴炳金、梁燕時、張邦基、鄭開科、陳次楨、黄樑清、曾廷瑞，發標學習，支食全俸，扣滿三年，出具考語，給咨送部引見。除將各該員親供宗圖履歷册結咨送部科查核外，臣謹恭摺具陳，伏祈皇太后、皇上聖鑒。

兵部議奏。單併發。

請敕部准將侯振光仍照原奬片 光緒十四年五月初八日

再，卷查光緒二年十一月内准兵部咨稱，准廣東巡撫張兆棟咨，以外委侯振光前因招撫曹冲客匪出力，請准遇有相當千總缺出，即行拔補，咨部注册等因。查侯振光，前因招撫曹冲客匪出力，未據該撫奏報有案。所請將該弁俟有相當千總缺出即行拔補之處，未便率准。相應咨行該撫查照奏明辦理等因。由該前撫臣咨會前督臣劉坤一查照辦理。旋經該弁侯振光以招撫投誠志圖報效等詞，在京具控。准都察院將該弁咨解回粤查辦。因案内人證行提未到，經前督臣咨部展限。嗣臣於光緒十年到任，督飭讞局提案訊明擬結，咨經刑部核覆完結在案。惟原咨擬飭該弁回營當

[一] 以下二件録自中國第一歷史檔案館編《光緒朝硃批奏摺》第四〇輯，第二五〇至二五一頁，中華書局一九九五年版。

差，仍照前議，俟有相當千總缺出酌量拔補，迄今未准兵部議覆注册。該弁無班可歸，自應查照前次部咨，將該弁出力原案奏明辦理。查同治六年四月内，前任督臣瑞麟、撫臣蔣益澧會奏，進勦曹冲客匪，大加懲創，旋即悔罪投誠，真心就撫，籌辦善後情形一摺。原奏内稱，田頭踞匪，赴營遞禀求撫，剴切批示，派外委侯振光持入寨中宣示。旋據侯振光帶領客目吴福堂等四人，匍匐來營乞命求撫等語。是該弁勞績，早經奏報有案。伏查該弁前在曹冲，奮不顧身，深入賊寨，招撫悍賊，實屬著有微勞。乃年久未邀奬叙，未免向隅。兹經查明原案相符，合無仰懇天恩敕部准將侯振光仍照原奬免補外委把總，遇有相當千總缺出，即行拔補，以示鼓勵。出自鴻慈。除咨部外，謹附片具陳，伏祈聖鑒。

著照所請。兵部知道。

請開復降補參將張殿雄片〔一〕 光緒十四年五月初八日

再，降補參將前記名總兵張殿雄，先因委帶輪船勇丁不足，不遵調度，並有縱容子弟情事，當經臣於光緒十一年正月奏參，以參將降補，奉旨允准在案。查該員自被參後，臣因其熟悉駕駛，才尚可用，維時海防正亟，該員奉派赴港澳一帶及欽廉北海等處偵探轉運，備歷艱險，均能無誤機宜。上年春閒，因勦辦瓊屬崖州生黎，復派帶輪，赴崖州、陵水各港口轉運餉械，巡緝盗匪，嚴防句結。該處海口沙淺礁多，風濤最惡，人多畏避。該員往來梭巡，嚴斷接濟，以故崖州南林嶺黎巢得以迅速攻克。該員遇事奮勉，歷久不懈，實屬深知愧奮，著有微勞。合無仰懇天恩俯准將降補參將張殿雄開復原官，仍以總兵記名簡放，以示鼓勵而資觀感。出自逾格鴻慈。謹附片具奏，伏祈聖鑒。

著照所請。兵部知道。

籌解本年旗營加餉第二批銀數摺〔二〕 光緒十四年五月十四日

竊前承准軍機大臣字寄，光緒十一年八月二十二日，欽奉慈禧端佑康頤昭豫莊誠皇太后懿旨：前據侍郎薛允升奏請飭裁減勇營將中外各旗營加餉訓練一摺，著各直省將軍、督撫破除成見，迅將各該省現有勇營切實核減。其裁勇所節之餉，從光緒十二年起，每省每年可得若干，先行奏明，專款存儲，分批解部備用。等因。欽此。當即恭録分行司局欽遵籌解。因粤省餉力萬難，一時未能籌定專款，光緒十二年先由商號借銀十萬兩匯解赴京。嗣於覆奏查明廣東原奏收支款目尚無歧異摺内，附列清單，聲明旗營加餉一款，係欽奉懿旨飭籌之件，無論如何爲難，自當竭力籌措。以後每年解足十萬兩，仍俟籌定動支款項，另行奏明立案等因。所有光緒十三年分前項餉銀，業經照數匯解。其光緒十四年分應解前項旗營加餉銀十萬兩，先經籌銀二萬兩作爲第一批，飭委開復知縣徐德度等領解奏報在案。兹據廣東布政使高崇基詳稱，再由商號借墊銀三萬兩，作爲第二批，即交該商號日昇昌、百川通、蔚長厚、新泰厚、蔚泰厚匯兑至京，隨後再由司庫籌還歸款，

〔一〕録自《京報》第二七七〇號。

〔二〕以下三件録自中國第一歷史檔案館編《光緒朝硃批奏摺》第五八輯，第七八至八〇頁，中華書局一九九五年版。

遴委試用通判徐德葆領齎匯單，於光緒十四年四月二十六日起程，由海道進京，支取銀兩赴部交納等情，詳請奏咨前來。臣等覆核無異，除飭將本年應解銀兩陸續籌解暨咨户部外，謹合詞恭摺具陳，伏祈皇太后、皇上聖鑒。

户部知道。

報解戊子年籌邊軍餉第二批銀數摺

光緒十四年五月十四日

竊准户部咨，奏撥戊子年籌邊軍餉一摺，單開廣東省銀二十萬兩等因。即經行司籌撥銀五萬兩，作爲戊子年第一批籌邊軍餉。飭委開復知縣徐德度等，領解赴部投納，業經奏報在案。茲據廣東布政使高崇基詳稱，此項籌邊軍餉，關係要需，自應趕緊籌解。惟目前庫儲萬難周轉，先由商號借墊銀五萬兩，作爲戊子年第二批籌邊軍餉，即交該商號日昇昌、百川通、蔚長厚、新泰厚、蔚泰厚匯兑至京，隨後再由司庫籌還歸款。遴委試用通判徐德葆領齎匯單，於光緒十四年四月二十六日起程，由海道進京，支取銀兩赴部交納等情，詳請奏咨前來。臣等覆核無異，除咨明户部外，謹合詞恭摺具陳，伏祈皇太后、皇上聖鑒。

户部知道。

廣東駐防旗營添練洋礮厚集勁旅片

光緒十四年五月十四日

再，廣東駐防旗營，先年創設前膛洋車礮十二尊，續又由臣等飭軍械局撥給克虜伯後膛車礮十二尊，與洋槍隊一同操練，頗臻嫻熟。茲准廣東將軍臣繼格暨副都統臣興存、鍾泰咨稱，從前所設洋車礮二十四尊，爲數較少，不敷分布。現擬添購克虜伯洋礮十二尊，隨配開花礮子一千二百箇，連前共成三十六尊，可與洋槍合操，亦可自成一隊。約共需價九千八百餘兩，在於同文館節省經費積存項下動撥應用。其新添礮兵一百二十名，仍照前設洋槍、洋礮奏定章程，每名月支口糧銀二兩一錢。頭目八名，共加銀五兩。合共月需銀二百五十七兩，暨春、秋兩季操演子藥，擬統由善後局一併支領。臣等伏查，駐防旗營添練後膛車礮，多儲利器，厚集勁旅，洵爲今日要務。當經商妥照辦，分飭各該局照數支發應用，由善後軍械局司道詳請奏咨前來。除由將軍臣繼格等自行具奏暨咨部立案外，謹附片具陳，伏祈聖鑒。

該衙門知道。

遵旨察看運司英啓才力尚堪勝任摺(一)

光緒十四年五月十四日

竊臣等承准軍機大臣字寄，光緒十四年三月二十五日奉上諭：廣東鹽運使英啓，著張之洞、吴大澂悉心察看。如竟不能勝任，即行據實參奏，毋稍遷就。將此各諭令知之。欽此。仰見聖主澄叙官方之至意，欽佩莫名。伏查該運司英啓，品端學優，廉静寡欲，用心精密，辦事認真。上年入冬以後，因感受溼熱患肝陽不潜之證，遇肝火上衝時，兩耳頗近重聽，應對稍覺喫力。然

(一) 録自中國第一歷史檔案館編《光緒朝硃批奏摺》第七五輯，第三六五頁，中華書局一九九五年版。

與之接坐久談，亦能隨事登答，從容商搉。臣等悉心察看，該司自上年春間到任後，屏絶饋遺，嚴束丁胥。粤省鹽務繁疲，極力整頓，日見起色。去年省河及潮橋官引行銷暢旺，爲歷年所無。臣等公同商酌，核其才具操守，尚能勝任。近兩月來，耳疾亦較爲輕減。竊惟目前粤餉萬分支絀，鹽課是一大宗，該司既能實力整頓，著有成效，年歲又非衰老，當不至遽成痼疾。臣等仍當隨時察看，并令其趕緊醫治。如以後病證日增，政務廢弛，自當據實參奏，斷不敢稍爲遷就，以致貽誤。所有遵旨察看運司各緣由，謹合詞恭摺具奏，伏祈皇太后、皇上聖鑒。

知道了。

舊疾復發懇恩賞假摺 光緒十四年五月十五日

竊臣以（疾）［病］軀庸材，渥荷高厚之恩，自上年十月力疾銷假（假）後，極思勉策朽鈍，求盡職守，稍答涓埃，未敢稍存畏難偷安之念。乃本年春間，感受濕熱，觸發肝鬱舊證，左脅作痛。醫者誤用猛劑，正犯醫經所忌攻伐無辜之條，以致正氣大傷，土被木侮，水爲火鑠，陰陽不和，夜不能寐。近日肝經愈虧，憤急不免時發，則殊於治事有妨。亦欲勉强遏抑，則木旺不能自制。自揣病證，非息心理氣，難望轉機。惟有籲懇天恩，賞假一月，俾得静心醫治，其重要事件，仍當力疾籌辦。俟假滿後，體察病勢，能否稍爲平復，再當奏懇恩施。

（硃批）賞假一箇月。（欽此）〔一〕

知縣薄紹緒欠解參後全完請開復摺〔二〕

光緒十四年五月　日

竊照前署文昌縣知縣薄紹緒，徵存光緒十年分錢糧充支兵餉銀三千六百七十九兩六錢二分，延未完解，業經奏參摘頂，勒限清完。嗣後據該員完解道庫地丁錢糧銀二千兩，業經彙入是年奏銷册内報部，核計尚未完銀一千六百七十九兩六錢二分。復查得該員交代案内另有徵存正雜銀一千七百七十八兩四錢六分五厘二毫，統共欠解正雜款穀價銀三千四百五十八兩八錢五厘二毫，即經嚴催，未據報解。復經奏請革職，勒限嚴追。欽奉諭旨轉行遵照去後。兹據布政使高崇基會同交代總局司道詳稱，據該參員薄紹緒於光緒十三年三月十九日，完解光緒十年分地丁兵餉銀一千六百七十九兩六錢二分，此款向不入季册報撥。又於十二月二十三日完解徵存光緒九年分地丁及官俸銀一千四十七兩六錢六厘五毫，内除官俸銀二十三兩三錢七分五厘五毫不入季册外，計銀一千二十四兩二錢三分一厘。又完解光緒九年分備支項下均平銀三十二兩五分二厘，備支銀二百六十一兩七錢四分七厘，税羨銀一十三兩三分五厘，折價耗米銀三十一兩三錢六分，糧道養廉銀六兩。又完解光緒十年分税羨銀七兩七錢五厘四毫，折價耗米銀二兩七錢四分二厘，雜税羨餘銀一十二兩。以上各款，俱造入光緒十四年秋季册報。又完解短交盤缺穀價銀六十六兩六錢六分八厘，扣存光緒九年扣平銀三十九兩九錢二分五厘二毫，光緒十年分扣

〔一〕以上衍、舛四處，據中華書局一九九五年版《光緒朝硃批奏摺》第五輯第六九五册、校正。

〔二〕以下二件録自《京報》第二七七〇號。

平銀一十八兩五錢九分七厘六毫，光緒九年役食二成銀一百兩八錢，光緒十年官俸銀一百三十八兩二錢二分六厘五毫。以上各款向不入季册報撥。統計完解正雜銀三千四百五十八兩八分五厘二毫，核與原參數目相符，已經全數完解清楚，請將該員原參摘頂革職之案具奏開復等情前來。臣等伏查，該員薄紹緒，於被參後即將前署文昌縣任内欠解銀兩，照數全完，尚知愧奮。相應請旨將前署文昌縣即用知縣薄紹緒原參摘頂革職處分，准其開復，以昭激勸。所有知縣欠解徵存銀兩參後全完請開復緣由，謹合詞恭摺具奏，伏乞皇太后、皇上聖鑒訓示。

著照所請。該部知道。

知縣毛昌善余澍疇欠解銀米請革職嚴追摺 光緒十四年五月　日

竊廣東布政使高崇基、署督糧道閻希范，會同交代總局司道詳稱，查有前署吳川縣知縣毛昌善，徵存正雜款銀二千二百餘兩、米二千三百餘石。已故前代理新甯縣知縣余澍疇，徵存雜款銀一百餘兩。均經勒限嚴催，未據完解，詳請參追前來。相應請旨將前署吳川縣事候補知縣毛昌善暫行摘頂，已故前代理新甯縣事候補知縣余澍疇暫行革職，勒限令該員及該故員家屬，於四個月内，各將欠解銀米掃數完解。倘逾限不完，或解不足數，再行嚴參查抄備抵。如抵不足數，即將各該管上司應行分賠職名，一併開送，以重庫款而免推延。所有參追知縣欠解交代銀米緣由，臣等謹合詞恭摺具奏，伏乞皇太后、皇上聖鑒訓示。

著照所請。該部知道。

籌解河工銀兩片[一] 光緒十四年五月　日

再，廣東省每年應解河工銀一萬兩。前因道路梗塞，暫行停解。自同治五年起至光緒十三年，均經按年籌解在案。茲查光緒十四年分，應解河工銀兩，係在本年奏銷課餉項下動支。現在十四年課餉所存無多，不敷支解，而鄭州大工尚未合龍，江淮水勢正當夏漲，所有南河各廳修防工程較往年尤爲緊要，自當提前籌墊。現經督飭兩廣鹽運使英啓，於庫存款内籌銀一萬兩，作爲光緒十四年分河工銀兩，發交殷實商號日昇昌、元豐玖領齎文批，於光緒十四年五月二十三日匯解前赴漕運督臣衙門投納。所有籌解前項銀兩，俟收有光緒十四年分課餉，即行歸還原款，仍列入光緒十四年奏銷册内造報。除循例恭疏題報並咨明户、工二部外，臣等謹附片具陳，伏祈聖鑒。

該部知道。

遵籌欽州新界善後事宜摺 光緒十四年六月初四日

竊臣等於光緒十三年六月初一日，承准軍機大臣字寄，光緒十三年五月初十日奉上諭：此次所定粤省界務，將勘界大臣意見不合歸入請示之白龍尾、江平、黄竹等處一律劃歸中國。江平、黄竹向爲華民聚居，白龍尾地方歲祇巡哨一及，此後各該處善後事宜，應如何設官分汛，妥籌布置，該督撫務當悉心會商，奏明辦理。等因。欽此。仰見聖主眷顧海疆，固圉綏邊之至意。當即

[一] 録自中國第一歷史檔案館編《光緒朝硃批奏摺》第八一輯，第五六二頁，中華書局一九九五年版。

恭録行知藩、臬二司，海防善後局，營務處司道，高廉道，北海鎮會議詳覆，並咨商水陸提督及督辦欽廉防務提督馮子材去後。

上年十二月，臣之洞巡視粵海各口，復親至白龍尾地方，登岸查閲該島形勢。督同該鎮、道、府、州諮詢籌度。僉以欽州地方本屬荒闊難治，今復拓地定界，幅幀愈廣，控制愈難。惟有於近邊扼要分設縣治，將欽州量爲升改，以重事權而資撫馭。其白龍尾一處，爲北海之蔽遮，南溟之門户，上可設礮臺，下可泊兵輪，宜設專營弁兵駐守島岸，再於龍門協酌添師船，巡緝洋面，庶水陸各專責成，邊海自臻静謐。臣之洞回省後，與臣大澂切實商辦，詢謀僉同，當經飭司檄委署欽州知州李受彤兼理靈山縣印務，以便統籌早定。第事體繁重，飭查覆核，往復多次，始能定議。正擬具奏間，復承准軍機大臣字寄，光緒十四年四月二十六日奉上諭：欽州與越南交界劃定後，曾諭張之洞等將各該處善後事宜妥籌布置。迨張之洞巡閲各海口，據奏親至欽州察看情形，其應行籌辦事宜，現尚未據奏到。此次定界，將白龍尾、江平、黄竹等處一律劃入中國，扼險設防，極關緊要。其十萬大山一帶，田畝膏腴，惟素有匪踪出没，既經劃入内地，其如何安民靖盗，著張之洞、吴大澂悉心會商，將新定各界設官、分汛一切事宜，妥速議奏，毋再延緩。等因。欽此。

兹謹悉心會商，詳加酌度。查欽州自隋、唐以來，皆領縣治。隋爲甯越郡，領縣六。唐爲欽州總管府，領縣四。自宋迄明，皆領縣二。宋州治即今治。明洪武初改欽州爲府，繼改爲縣，又改爲州，隸廉州府。我朝因之。其輿地之廣，方六百里有奇，分縣而治，自昔已然。今則南自江平、長山至白龍尾，拓地百餘里，北自嘉隆江至峒中墟，拓地二百餘里。地勢增廣，邊民新附，中外時有交涉事件，撫綏防範，斷非一州牧所能獨任。若分置同知、通判等官，與欽州不相統攝，勢隔權分，反生窒礙。酌古準今，惟有升欽州爲直隸州，相度邊要，分建一縣，爲輔車之依，資指臂之使。

查防城司在欽州西南一百里，東達州治，西近東興，前控白龍尾，後通廣西南甯府屬各隘，乃欽州西南之衝要。明萬歷間曾剏建土城，國朝原設有廉防同知駐劄防城，乾隆十二年始移防城同知於龍門，後復移駐瓊州，復由瓊州移改爲赤溪同知。兹擬即其地建置防城縣，應請添設知縣一員，作爲衝繁難煙瘴要缺。分欽州之東興、如昔司、白龍尾及新收迤南之江平、黄竹，迤西之嘉隆、八莊等處，悉隸防城。其防城司巡檢舊轄之三娘灣頭二三甲地方，與防城隔一海港，仍應歸欽州管轄。

欽州既劃出防城一縣之地，截長補短，應於接壤州縣分撥地段數處，增其式廓。查廉州府所領合浦、靈山二縣，皆爲壯縣，靈山轄地二十二練，疆域最廣，與欽州犬牙相錯，應分畫靈山縣西南所屬之秋風、菩提、博莪三練，青塘練一半地方及林墟司巡檢所駐之陸屋墟，與欽州交界之平銀渡，縣正南之那思、那彭，東南之丹竹、那麗等處，悉隸欽州。以上地方，均距靈山遠而欽州近，地僻俗悍，論形勢之宜，治理之便，均應撥歸欽屬。擬請升欽州爲直隸州，改爲衝繁難煙瘴要缺，以新設之防城縣歸其管轄，一切刑名錢穀事件，均歸高廉道考核，不隸廉州府。

高廉道應請改爲高廉欽道。該道原駐劄高州府城，該府所屬各海口既非衝要，陸路北界廣西容縣，亦非極邊。廉、欽邊海交衝，今昔情形迥異，海防邊備最爲喫重。高州距廉州陸路六百里，距欽州七百餘里，緩急難資籌辦，應將該道移駐廉州府城，以便控馭。其欽州原設之吏目、學正及長墩、沿海兩司巡檢，仍歸欽州管轄。其靈山縣林墟司巡檢所駐之陸屋墟及所轄之秋風、博莪等練，均已撥歸欽州，應改爲欽州林墟司巡檢。原設欽州州判，應改爲防城縣縣丞，仍駐東興。原設防城司巡檢，改爲防城縣典史。欽州如昔司巡檢，改爲防城縣如昔司巡檢。江平一十七甲，地方沃衍，應增設江平司巡檢一員，並屬防城。欽州復設訓導，移爲防城縣訓導，毋庸再設。所有升改添設正佐教雜各缺，均係地處極邊，防務喫重，兼係煙瘴，除教職仍歸部選，并照舊例煙瘴缺辦理外，應擇其人地實在相宜者，由外酌量升調揀補，分别題咨辦理，五年俸滿，照煙瘴邊缺之例撤回内地升用。題升欽州知州王松齡、現任防城司巡檢何元龍，係裁缺人員，應照例留粤另補擬升。欽州直隸州文武學額，應請仍照舊額取進，新設之防城縣學額，擬請歲科兩試各取進文生四名，歲試取進武生四名。惟欽州距廉州府道路僻遠，學臣按試建置考棚，支應夫馬，一切諸多不便，擬請將新升欽州直隸州并所屬新設防城縣仍附廉州府棚考試。此欽州升改添設文職員缺之擬議辦法也。

新經劃定白龍尾地方，重山巨浸，界畫中外，誠海防一大關鍵。擬請添設白龍營陸路都司一員，設兵一百名，並設該營中軍千總一員，左右哨外委二員，駐守其地，即歸欽州營參將統轄。當與水陸兩提臣籌商，查有惠州協副將之中軍都司堪以撥調，所遺營務，該協右營守備駐劄歸善縣城，與府城近在咫尺，堪以兼管，毋庸再設。此外新收各界，江平擬增設千總一員，新設之防城縣，擬增設城守千總一員，以北崙汛千總移駐。所遺北崙汛，應以思勒外委移補。思勒距江平十里，堪以兼顧，不必再補。嘉隆擬設把總一員，以三口浪汛移駐。三口浪汛應以埇崙汛外委移劄，埇崙汛以尖山汛把總補劄，尖山汛離欽州僅三里，不必再補。板興擬設千總一員，以三十六村汛千總移駐，三十六村汛距王光汛十五里，應歸王光汛兼管，毋庸再補。除舊有弁兵移駐外，所有新設之白龍營陸路都司一營，應設兵一百名，防城城守千總應設兵三十名，江平增置千總，應設兵二十名，共添設陸路額兵一百五十名。其龍門協水師左營所轄汛地，悉屬欽州地方，如北崙、王光汛等，皆與廣西交界，鞭長莫及，荒遠難稽，率多有汛無兵，幾同虚設。兹當添設營汛之際，亟應區分水陸界限，一掃積弊，整頓操防。擬將該協左營原轄之濱海牙山礮臺、石龜嶺礮臺、漁洲坪、漁埇港、三口浪、紅沙灣等汛及舊有弁兵，仍歸該協左營都司管轄。其餘近内陸路汛地弁兵，概撥歸欽州營參將管轄。陸汛中有龍門協左營中軍守備一員，分駐東興，虚有水師中軍之名，應改爲欽州營陸路守備。其龍門協左營水師中軍守備事務，本係該協左營都司兼管，毋庸另設。經此次劃撥之後，龍門協左營兵額較少，應增設中號輪船一艘，酌配練兵四十名，增設拖船二號，共配練兵七十名，歸龍門協左營都司管轄，龍門協副將統轄。減陸地之汛，增海面之船，亦於水師名稱其實。統計水陸營汛共添設額兵二百六十名。

查同治九年前督臣瑞麟奏裁冗兵，加餉練軍，曾將欽州營及龍門協左右營裁減三成額兵六百六十五名。現因邊地展拓，擬添復水陸兵丁二百六十名。邊防緊要，不同内地。緑營口糧，均照粤省練餉向章分别支給。添復額數應於廣州等處緝捕輪扒各船所配練兵内裁併移撥，毋庸增設。白龍尾爲邊海極衝，已經擇定地勢，擬築礮臺四五座，以資控扼而衛邊氓。其購礮築臺事宜，即當籌款舉辦，專案奏報。新設額兵百名，力量尚單，現以馮子材所部萃軍防勇分哨駐防，尚可聯絡一氣。並擬撥新增之防城、江平兩千總及東興千總所轄之埇崙外委那馬、松柏隘、羅浮峒三汛地，暨原有裁存額兵，歸新設白龍營都司管轄。龍門協所管洋面，今已遠至白龍尾以西，其地盜匪出没無常，且附近洋面時有法船遊弋。擬設中號輪船一艘，尚覺不敷，現由省城另派兵輪一艘駐泊白龍尾一帶，協同往來巡緝。其濱海各港汛地盜匪，則責成該協左營都司督同師船及原有汛兵緝捕。內地支河盜匪，則責成欽州營緝捕。庶內河外海各有攸司，不同前此之漫無稽考。此又欽州添設水陸營汛之擬議辦法也。

現署欽州知州李受彤，署任有年，地方利病既熟，輿情尤爲愛戴。現委兼理靈山縣事，俾增縣撥鄉各事宜，一手經理完竣。新定中越各界，該員均已選擇團總、鄉正，編立保甲。前此內地窮民，多將田産轉賣越民，日久遂淪爲越地，現已疆理田畝，嚴行禁止，違者惟該處團總、鄉正是問。其擬設之防城縣所轄五峒田土，向來納糧僅徵丁銀，現在邊防藉資團力，自未便遽議升科。新收江平、八莊等處，邊民新附，應請暫照五峒向章，止納丁銀。其五峒地方，積年開墾官荒甚多，設縣後，應令請領墾照，酌納官租。尚有沿海潮荒，堪以築圍成田，亦准民間請領墾照，自行堵築，候田成熟，酌納官租。此後户口日增，田土日闢，隨時察看情形，再請升科。其欽州防城、靈山撥分地界，所有地丁、兵米應即一律查核清楚，分别各歸各納。至十萬大山在欽州西南一百六十里貼浪都地方，自廣西上思州樞羊嶺發脉，連亘粵東西及越南邊境，深邃險阻，山外可耕之地頗爲不少。現在欽、靈各邊界有提督馮子材所部萃軍分紮，廣西上思州有提督蘇元春所部分紮，內地尚無匪踪出没，仍當隨時督飭各營，於界內嚴密巡緝，以靖地方。其分茅嶺與越南分界地方，尚有漢伏波將軍馬援遺廟，當於新收各界要隘按照圖約標明界址，以杜混淆侵占之弊。其移駐高廉欽道新設防城縣之城垣衙署及白龍營官署兵房，應如何籌款營造，暨欽州直隸州防城縣、白龍營等處文武廉俸役食各項經費，一切未盡事宜，統俟奉旨允准後詳晰核明，分别奏咨辦理。

（硃批）該部速議具奏。（欽此）

光緒十三年五月十四年二月電旨電奏開單摺[一]

光緒十四年六月初四日

竊臣於光緒十年間具奏，請將海防緊要事件電致總理衙門代奏者，每月照録原文彙奏一次，並因欽奉電旨間有碼數參差，文義難解者，繕單呈請敕發總理衙門覈對存案。如有舛誤，即咨照更正，奉旨允行。所有光緒十三年四月以前恭録電旨並電奏，均經具摺奏陳在案。茲將光緒十三年五月十四年二月歷次電旨、電奏，彙繕清單，恭摺具奏，伏祈皇太后、皇上聖鑒。

該衙門知道。單二件併發。

奏西北兩江水災情形督飭救護撫恤摺[二]

光緒十四年六月初四日

竊前因春間東江、北江雨多漲發，經臣等先後出省查勘，派

[一] 録自中國第一歷史檔案館編《光緒朝硃批奏摺》第三三輯，第二三六頁，中華書局一九九五年版。

[二] 録自《京報》第二七八五號。

員分投防護撫恤，奏明辦理在案。維時西潦未發，廣、肇等屬尚無大患。惟積水已多，深恐一交夏漲，汛濫堪虞。疊經嚴飭各官、紳多方籌備。詎自三月以後，仍復雨多晴少，緜延不斷。直至五月初旬，大雨晝夜傾注，至十一、十二等日，西江合自廣西梧州來之黔江，自懷集來之綏江，北江合自江西來之湞水，自湖南來之武水，同時驟漲。西江尤甚，上游漲至二丈有餘，遠近巨細各水奔騰匯集。節據各屬飛報肇慶屬之高要、高明、四會，廣州屬之清遠、三水、南海等縣，圍基均有漫決。肇慶府城被水圍浸，盡將城門上閘堵塞，幸未灌入。四會縣城內，街市成渠。肇慶屬之廣甯、開建兩縣，雖無圍田，地處山坳上游，同時被水。當經臣等一面分派文武委員，携帶銀兩、木椿、麻袋各物，分赴各縣堵築搶護，並帶麪餅、米石順道賑濟。臣之洞一面於五月十八日乘坐小輪，星夜駛往。先赴西江，次及北江，親歷各大圍，督飭員弁紳民設法晝夜搶護，懸立重賞，購料運土，多方接濟，並派兵勇協助工作。三水衝要各圍，函商署陸路提督鄭紹忠親督搶護，各圍居民亦甚竭力。惟此次水勢與光緒十一年相等，且閒有更增四五寸者，而雨多漲久，此次爲尤甚。計此三月有餘，圍身俱在巨浸之中，加以外河盛漲，竇門被壅，內水不消，腹背浸灌，幾無不坍卸、滲漏之圍。椿料難繼，取土尤艱，鄰壑奔騰，冒基而過，人力難施。故雖竭力搶救，而當衝久浸之圍漫溢坍潰，仍復不少。

綜計高要縣屬漫決銀江大圍一，盤塘、香山、赤頂、榕村等小圍四。高明縣屬漫決南岸、三洲等大圍二，俊洲、白鶴、陳等、霄陵、崇步等小圍五。四會縣屬漫決隆伏、倉豐、大興、姚沙等大圍四，永安、黄岡、馬岡、白鶴、墩頭、橫瀝、高露等小圍七。清遠縣屬漫決亨圖堡小圍一。三水縣屬漫決竈岡、茶岡、石版、鯰沖、白木灣、禾涌、古竈、沙頭、蜆塘、雄旗、南岸、王公等小圍十二。南海縣屬漫決大柵、大良、大有、茯洲三圍、羅格等大圍五，溶洲、永安、官洲、沙蜆殼、白木塱、花岡、豐岡、白木灣、獺魚塘、沙利等小圍十。大率高要之圍，由於盡力抵禦，大江內出，小河不免衝溢。高明之圍，由於地瘠民貧，無力堵築。四會之圍，由於綏江上注，西江下頂，無從抵禦。三水之圍，由於西江倒灌，北江橫溢。南海之圍，由於水來稍緩，民狃便安，工料不豫，地低水盛，八面受敵。其高要之豐樂、長利、院主腰、古竹峒、陶溪等圍，高明之秀麗、大沙、陶築等圍，四會之豐樂、馬鞍、欖岡等圍，清遠之倒水灣、黄岡基等圍，三水之木棉、高豐、永豐，魁岡、谿陵、白泥、翠坑、黄花基等圍，南海之鼎安圍、東圍、西圍等圍，均極危險。幸以搶救獲全。高要羅秀圍，石工幸已趕竣，雖受村後榕村圍灾水淹浸，尚免沖潰漂没。其餘各縣大圍，因上次大修以後，圍基較爲高厚，得免潰溢。所有被水各圍，內外汪洋一片，早稻俱已淹没，房屋在平地者悉浸水中，倒塌尚少。僅高露圍淹斃兩人，餘圍人口尚無損傷。惟各處灾民，早造既已失收，現多露棲山麓隄頂，情形實爲可憫。除當即酌發給銀米、椿料，親駐圍上。一俟積水稍退，即行趕築秋攔，俾得補種晚稻。倒塌房屋，酌給修費，俟冬令水涸，再當設法倡率督勸，一律修補堅完，以安民業。

目前天氣晴霽，江漲已消，米價平定，圍內積水宣洩，灾民當可漸次復業。至廣甯縣屬程村、石狗、曲水、西岸、新招鋪、石澗、折石鋪、官塘、羅坑、平岡、顧溪、永義鋪、寺前鋪等村，沖塌民房五百餘間，各村田禾皆被淹浸，溺斃一人。開建縣屬倒塌茅寮、土房二百餘間，傷斃五人。所損田禾無多，均經分別發款撫恤。此外，佛岡、英德、鶴山、從化、德慶、封川等廳州縣，均經委員查明，雖爲盛漲所經，尚不爲患。再，東江以上各屬，續經查明，惠州府屬連平州永安縣，嘉應州併屬長樂、鎮平、興甯等縣，同時亦被江西諸嶺山水沖溢。惟嘉應、長樂兩處，淹斃各四人，間有坍塌城垣，沖決壆岸，倒壞民房。連平州因倒房壓斃、溺斃各一人。永安縣倒壞沿溪民房百餘間。此外各屬均無大損。亦經委員勘辦，飭令籌款修補撫恤。其籌發官款，堵築、撫恤銀數，統俟秋冬間核定總計，彙案奏報。所有西北兩江圍基漫決，親往督飭救護並會商撫恤補築各情形，謹合詞繕摺具奏，伏祈皇太后、皇上聖鑒。

知道了。即著飭屬查明被災户口，妥爲撫恤，毋任失所。並將潰決圍基趕緊脩築，以衛農田。該部知道。

陳明未閲撫臣致法領事信函無從知照總署并非兩歧片〔一〕 光緒十四年六月初四日

再，臣於光緒十四年二月二十八日欽奉電傳諭旨：法領事鋸樹毆弁一案，經吴大澂致信排解，一切照舊。乃張之洞並未知照總署，殊屬非是。此等細故，外省督撫隨宜商辦，得結即結。若已有定議，尤應即時知照總署。等因。欽此。嗣於三月二十五日承准總理衙門來咨，鈔録原奏及照會法使底稿，撫臣致法領事信稿，一併咨行到臣。自應欽遵了結，循舊辦理。以後遇有交涉事件，凡經撫臣與臣商酌，暨接有咨移函件，必當遵照隨時咨照總署，以備裁酌。至此案原委，經臣於上年十一月詳晰陳明，又於本年二月兩次電達總署，計邀聖慈垂察。惟此次撫臣致領事之函，未經與臣閲看，其中如何措詞，亦未與臣言及。今經總署鈔示原稿，臣始得知，臣於奉到電旨後，隨即面詢撫臣。據稱當日發函匆促，以故未及商定。臣於此函始終並未與聞，實無從鈔録知照。伏念臣與撫臣共任封疆，豈分畛域，如果曾經商酌，固不敢前後兩歧，亦豈肯有心互異。此案經總署照會公使，令其於此項弁兵從優相待，如有過失應告知該管上司查辦，具見維持體制。臣感佩之餘，轉增惶悚。所有遵旨辦理，暨此案並未閲過撫臣信函，無從知照總署，並非兩歧各緣由，理合附片陳明，伏祈聖鑒。

該衙門知道。

奏報光緒十三年上忙錢糧銀兩數目摺〔二〕 光緒十四年六月十一日

案准部咨，州縣每年應徵錢糧銀兩，除例准留支及實欠在民外，儘數提解司庫。下忙限十二月底截清，解司銀數造册詳報。督撫於二十日内專摺具奏，將原册送部。又准部咨，上下忙錢糧以額徵數目按八分計算，上忙匀爲三分，下忙匀爲五分徵收，其餘二分歸奏銷前徵完，分別藩司功過，責令督催。又准部咨，各

〔一〕録自中國第一歷史檔案館編《光緒朝硃批奏摺》第一一二輯，第一二頁，中華書局一九九五年版。

〔二〕録自中國第一歷史檔案館編《光緒朝硃批奏摺》第六五輯，第八六八至八六九頁，中華書局一九九五年版。

省上下兩忙錢糧，著於截止後，上忙限十一月底，下忙限次年五月底，分晰成數報部等因。均經轉行遵辦在案。

兹據廣東布政使高崇基詳稱，廣東省光緒十三年分應徵地丁、雜税、屯丁等項，連閏共銀一百一十一萬八千九百六十八兩二錢一分八釐。自光緒十三年正月初一日起至十一月底上忙期滿止，各屬起解司道庫及存留等項共銀三十七萬七千五百二十二兩四錢九釐八毫。又額徵耗羡銀一十八萬一千八百八十六兩七錢六分八釐，截至十一月底上忙期滿止，各屬完解司銀四萬七千五百三十七兩五錢六分九釐二毫，額徵正耗二項統計分數，上忙匀爲三分計算，已屬有盈無絀，除各廳州縣應行留支外，均據解收司道各庫檢查各屬實徵底簿，核算相符。未完之數，委係實欠在民，並無捏飾等情前來。除行司嚴催各屬迅將未完銀兩上緊催徵，歸入奏銷前接徵完解，毋許稍有延欠。並將已未完數目各册，咨送吏、户二部外，所有廣東省徵收光緒十三年上忙錢糧數目，臣等謹合詞恭摺具陳，伏乞皇太后、皇上聖鑒。

户部知道。

彙奏光緒十三年十一月至十四年四月咨結交代各案摺〔一〕

光緒十四年六月十一日

竊准户部咨，前經本部於光緒十年八月十五日具奏，申明州縣交代例限，並請嚴定藩司處分一摺，欽奉諭旨，行文各省欽遵。凡交代各案，應令分别已、未完結，半年彙奏一次。並將已結若干案，有無未解銀兩，於何月日提解司庫，逐案聲叙，飛催查照辦理等因，咨行到粤。即經飭行遵照辦理，並將光緒十二年十一月起至十三年十月底止陸續咨結各案列單奏報在案。

兹據廣東布政使高崇基詳稱，自光緒十三年十一月起至十四年四月底止，半年届滿，所有陸續咨結各屬交代共三十七案，均係光緒十三年以後新案。交代内有二十九案各該員任内徵收正雜錢糧、銀米各款，先經支解清楚，並無未解之項。其餘八案徵存銀米未據解清，業已另案奏參勒追。應俟續解有項，隨時分别詳辦等情前來。臣等覆核無異，除飭司將欠解銀米各案認真追繳，並將未結交代嚴催結報外，臣等謹繕清單，恭摺具奏，伏乞皇太后、皇上聖鑒。

户部知道。單併發。

代理知縣幸光萃欠解參後全完請開復摺〔二〕

光緒十四年六月十一日

竊照前代理海豐縣降補府經縣丞幸光萃交代初叅限滿，欠解正雜款銀一百余兩，迭經嚴催未據完解。經臣之洞兼署巡撫任内，彙案奏請摘頂勒限嚴追。欽奉諭旨，轉行遵照去後。兹據布政使高崇基會同交代總局司道詳稱，查該員幸光萃被叅後，於光緒十三年四月十三日完解徵存光緒十一年地丁銀四十八兩三錢一分二釐，又完解耗羡銀八兩一錢六分五釐，已列入光緒十三年秋季册報。又於光緒十四年二月十六日完解徵存光緒十一年分耤穀價銀

〔一〕録自中國第一歷史檔案館編《光緒朝硃批奏摺》第八一輯，第五六四頁，中華書局一九九五年版。

〔二〕以下三件録自《京報》第二七七二號。

六兩一錢四分五釐，造入光緒十四年秋季册報。又徵存各年鮖門地租銀四十九兩七錢六分，此款係由縣支給瘋民口糧之用，向不列册造報，現已補交清款。以上共完解及補交銀一百一十二兩三錢八分二釐，核與原參數目相符，業已全數完解，請將原參摘頂之案具奏開復等情前來。臣等伏查該員幸光萃，於被參後，即將前代理海豐縣任內欠解交代銀兩照數全完，尚知愧奮。相應請旨將前代理海豐縣降補府經縣丞幸光萃原參摘頂處分，准其開復，以昭激勸。所有代理知縣欠解交代銀兩參後全完請開復緣由，謹合詞恭摺具陳，伏乞皇太后、皇上聖鑒訓示。

著照所請。該部知道。

請准以楊霽調補知府摺 光緒十四年六月十一日

竊照潮州府知府朱丙壽呈請開缺回籍終養，接准部咨，欽奉上諭：廣東潮州府知府員缺緊要，著該督撫於通省知府内揀員調補。所遺員缺，著隆斌補授。欽此。

查潮州府係衝繁難要缺，管轄九縣，地處海疆，民情强悍，必須精明幹練之員，方足以資治理。臣等督同司道於通省現任知府内逐加遴選，非現居要缺，即人地未宜。查有高州府知府楊霽，年五十一歲，正紅旗漢軍恒泰署佐領下人，由增貢生中式，咸豐八年戊午科順天鄉試舉人，同治四年乙丑科進士，殿試一甲第三名。欽授翰林院編修，五年十二月實録告成，奉旨紀録一次。六年八月簡放廣西學政，七年七月東捻肅清，恩旨加一級。九年八月賞加侍講銜。十一年二月協辦院事兼本衙門撰文，十二月襄辦大婚典禮，給隨帶加二級。十二年正月恩詔加一級，閏六月，充奏辦院事兼庶常館提調充國史館協修。十三年四月散館一等，六月充教習庶吉士。光緒元年二月充實録館纂修。二年二月京察一等，記名以道府用，四月充丙子科會試磨勘官，七月充丙子科河南鄉試副考官，十二月充文淵閣校理。三年二月初七日奉旨補授江蘇松江府知府，八月到省，未及赴任，丁母憂回旗守制。服滿起復，奉旨補授山西平陽府知府，六年六月十八日到任。七月初六日在任聞訃丁父憂，請咨回旗守制。闋服滿起復，赴部驗到。八年十一月十九日奉旨補授廣東惠州府知府，九年四月二十日到任。十一年調補高州府知府，十二年二月二十五日卸惠州府事，四月二十五日到高州府任。該員守潔才優，整躬率屬，遇事認真，任勞任怨，以之調補潮州府知府，實於海疆要缺有裨，與例亦屬相符。合無仰懇天恩俯念海疆員缺緊要，准以高州府知府楊霽調補潮州府知府，俾資治理。如蒙俞允，該員由實缺知府遵旨揀調知府，毋庸送部引見，並無庸核計參罰。所遺高州府知府缺，應遵旨即以隆斌補授。據藩、臬兩司會詳前來，臣等謹恭摺具陳，伏祈皇太后、皇上聖鑒訓示。

吏部議奏。

委員代理知府片 光緒十四年六月十一日

再，雷州府知府成治調省差委。所遺雷州府知府篆務，應行委員接署。查有候補知府尹恭保，講求吏治，學贍才優，堪以代理。據布政使高崇基、按察使王毓藻會詳前來。除檄飭遵照外，臣等謹循例附片陳明，伏乞聖鑒。

吏部知道。

寓美粤商禀懇詳議新約以維生計據情上陳摺光緒十四年（七月十四日）［六月十二日］

竊臣等據粤省及香港業金山生理各行店職員陳選良等聯名禀稱：竊商等在粤垣、香港開設金山生理行店有年，與美國舊金山埠華商行店一脉相通，互相維繫。該處華民往來無阻，生理方能茂盛，反是則否。上年洛士丙冷之案未結，商賈裹足，市面寂寥。迨至賠款既償，商業始漸興復。詎近日接寓居舊金山商民函電，謂中美現定約款，禁止華工赴美，以二十年爲限，未往者概不准去，已回者不能復往，業經議院核定，使臣畫押，瀝懇禀達等語。查寓美華人約十餘萬衆，每歲物故者幾三千人，回華者數千人，是二十年後美國當無華人足跡矣。商等生業所關，何堪設想。粤東出洋人衆，每歲所得懋遷之利，不下數百萬金。蓋在［金山］，覓利較易，故銷貨亦多，如綢緞、衣服、鞵襪、瓷器、丸藥、油、酒、茶、糖、海味、醬料之類，舉凡華民日用之需，無一不取資於中國，每歲以千餘萬計，而關税所入亦成鉅款。可見華民往美者愈多，則華商之財源愈旺。不徒有繫民生，實亦大關國計。且内地遇有水旱偏灾，華民在外捐助者，遞年不下數十萬金。以其積蓄裕如，故能相率赴義，踴躍急公。今如禁例果行，不獨通商大局（有）［頓］變，竊恐商等生理均須停閉。由是南洋各埠相率效尤，共禁華工，是廣、肇、惠、潮各屬及閩省窮民謀生無（策）［路］，屯聚中土，其隱患有不堪設想者。或謂新約若定，所有華民從前在美歷年被毀物業共二十餘萬元皆可索償，未嘗無益。不知彼以目前之小利相餌，豈可因此而貽永遠之鉅患哉。美國此議，必曰志在禁華工，與華商無涉。不知既禁華工，則華商勢必不禁而自絶。光緒六年，美國遣使來華續訂條約，聲明，華工往美，准美國（代）［可以或］爲整理或定人數、年數之限，並非禁止前往。至人數、年數，總須酌中定限等語。該國甫經換約，即擬例限禁二十年，美之總統以限期太久，與約不符，改（期）［限］十年。於今已閲六載，方幸限期將滿，生業可以重興，不意今日復有二十年之禁，將使華商生業不絶不已。上年洛士丙冷一案，既蒙軫恤於前，此日商務所關，尤賴挽維於後。查條約雖經使臣畫押，尚有一年期限，允否出自朝廷。此時未經互换，惟有籲懇俯察下情，咨達總署，堅拒其請，則商等合粤垣、香港、舊金山各行店數千家生理，數十萬生靈，叨沐天恩，曷其有極等情前來。

臣等查廣東人滿爲患，無業遊民皆恃出洋爲謀生之路。就美國而論，華人十餘萬衆日用飲食，無一不取資於中土，推而至於南洋羣島，比比皆［然］，是華民謀生之路愈廣，則中國貨物之銷流愈多。華工以力作而獲值，華商即以販運接濟而收其利，事本相因，（利）［財］不旁落，未有禁華工而不礙［於］華商者也。又况美既作俑於先，難保南洋各島不踵行於後。本年三月間，（美）［英］屬之新金山有禁［止］華人登岸之案，經英廷駁飭，其事暫寢，現猶（有）［苛］增人税，意使不禁自絶。據洋報所載，有欲援美國成案遣使來華訂約之議。倘南洋各島相率效尤，概（與）［興］厲禁，則華人生（理）［計］日促，商務日微，内地無業閒民日多，所關綦重，似不可不預爲之計。

查光緒六年中美續修條約，有並非禁止華工前往之條。又稱：如所定章程與中國商民有損，可由中國駐美使臣與美國外部公同妥議，中國總理衙門亦可與美國駐京公使公同妥爲定議，總期彼此有益無損各等語。現在使臣張蔭桓籌議寓美華人善後事宜，所訂［詳］細約（條）款未准，（録）［鈔］咨有案，（邇）［其］間辦理情形是否如該商民所陳，無從懸揣。既據合詞稟訴，於華商生計有關，臣等未敢壅於上聞。可否敕下總理衙門查核利弊，設法維持之處，出自聖裁。

（硃批）該衙門知道。（欽此）〔一〕

粤潮二關及瓊州北海兩新關第一百八結徵税銀數摺〔二〕 光緒十四年六月十二日

竊照光緒十年四月間准户部咨，會議各海關洋税奏銷，應令遵照定章，一律開單奏報一摺，奉旨：依議。欽此。咨行到粤。當經欽遵辦理。查粤海、潮州二關，徵收洋税四成項下銀兩，歷准户部並總理各國事務衙門咨，每月撥解陝西協餉銀一萬兩，嗣改爲籌邊軍餉。又每季籌辦内務府、造辦處赤金各五百兩，又每結撥解抵還閩省借款改爲加放俸餉銀六千兩，又應解南北洋經費，嗣准總理海軍事務衙門咨，撥歸海軍衙門作爲常年餉需經費之用各等因。所有同治五年二月十六日第二十三結起至光緒十三年五月初十日第一百七結止，粤海、潮州二關徵收解銀數，歷經按結奏報在案。

兹自光緒十三年五月十一日起至八月十四日止計三箇月，爲第一百八結。粤海、潮州二關徵收正税、洋藥税共銀六十萬六千一百二十一兩二錢六分五釐，核計四成銀二十四萬二千四百四十八兩五錢六釐。除撥解光緒十二年十一月十二月、十三年正月籌邊軍餉共銀三萬兩，辦解内務府十三年秋季分赤金價銀九千二百五十兩，造辦處十三年秋季分赤金價銀九千二百五十兩，抵還閩省借款解京改放俸餉銀六千兩外，實存四成銀十八萬七千九百四十八兩五錢六釐。又本届第一百八結粤海、潮州二關徵收洋船鈔、土貨半税、招商局輪船貨税、船鈔、洋藥税、土貨半税及粤海大關徵收子口税各項共銀七萬九千二百七十一兩八錢八分。至潮州新關子口税本届並無徵收。又瓊州、廉州北海兩新關，自光緒十三年五月十一日起至八月十四日止計三箇月爲第一百八結，瓊州、北海兩新關徵收正税、洋藥税共銀七萬四千一百二十五兩五分。又本届第一百八結瓊州、廉州北海二新關徵收船鈔、土貨半税、子口税各項共銀三千一百五十六兩二錢四分三釐。至招商局輪船貨税、船鈔、洋藥税、土貨半税本届並無徵收。所有粤海、潮州二關及瓊州、廉州北海二新關第一百八結徵收正税及船鈔、子口税、洋藥税、土貨半税各緣由，除咨總理衙門暨户部外，再，光緒三年四月間准户部咨，瓊州、北海兩關所收洋税既無外國扣款，自毋庸再行分别四成六成報解，合併陳明。臣等謹繕列清單，會同南洋通商大臣兩江總督臣曾國荃恭摺具陳，伏祈皇太后、皇上聖鑒。

該衙門知道。單併發。

〔一〕以上衍、脱、舛十八處及具奏日期，據中華書局一九九五年版《光緒朝硃批奏摺》第一一二輯第九九至一〇一頁删、補、校正。

〔二〕録自中國第一歷史檔案館編《光緒朝硃批奏摺》第七二輯，第二三九至二四一頁，中華書局一九九五年版。

奏報廣東省光緒十三年上半年收解釐金數目摺[一] 光緒十四年六月十二日

竊准部咨，同治八年二月初五日奉上諭：釐金一項，現據各該省奏報，每年減收已不下數百萬兩。若辦理不善，經費將何所出。各該督撫仍須悉心酌核，力除中飽，毋得徒博虛譽，率行減免。遇有局卡太密重複徵收者，仍隨時裁汰懲辦，其釐金報部章程，仍照兩淮鹽釐半年奏報一次。著馬新貽將開報式樣鈔録，咨行各該省查照辦理。等因。欽此。欽遵。嗣准兩江督臣馬新貽將兩淮鹽釐開報式樣録送來粵，轉行查照。

又，同治八年十二月，前撫臣李福泰奏報太平關盈餘溢額一片，聲明參酌已撤坐釐成式，在於繁盛海口，分別補抽，以濟軍餉。隨於粵東省城及南海縣之佛山，順德縣之陳村，新會縣之江門，設廠補抽貨釐。又，光緒二年閏五月，前督臣劉坤一於遵旨覆奏前督臣英翰所陳粵省情形並應辦事宜摺内聲明，於近年貿易較盛之廉州北海、瓊州海口等處，設廠抽釐，以裨經費。並因北海地方界連高、雷兩郡，陸路處處可通，易於繞越，又在高、雷兩屬水東等處，添設卡廠抽收貨釐。並查得西江大洲廠偏在一隅，稽徵不能得力，經將該廠移設德慶州屬都城地方，以便稽查而杜偷漏。嗣於光緒七年二月間，准户部咨，鹽釐一項既係改歸運司按引抽收，應將收支數目另案詳報，勿庸歸併貨釐册内開報，致滋弊混等因。又經轉行遵照辦理。其新香海口五廠補抽貨釐，係因近海各處漏匿漸多，於光緒十二年六月間始行設法整頓，陸續開辦。截至年底止，綜計各廠下半年收數比較光緒十一年下半年收數已增多銀六萬八千餘兩。若以通年合計，當可增收十三萬餘兩。經臣之洞於光緒十二年十二月覆奏收支摺内詳細聲明，續經奏明該五廠創辦以後，規模既定，收數尚可加多。又省河補抽係光緒十三年正月間設局開辦，所有光緒十二年十二月以前抽收行坐貨釐及鹽釐數目，節經開列清單，奏報在案。

玆查光緒十三年正月初一日起至六月底止，逥閏共收原設東、西、北三江及續設廉州並高、雷兩屬水東、北海等廠貨釐洋銀五十二萬一千六百二十六兩八錢八分四釐二毫七絲，補抽省城新香海口五廠，暨省河佛山、江門、陳村等處貨釐洋銀三十萬二百五十七兩三錢六分八釐八毫，又抽鹽釐洋銀四萬二千二百三十兩二錢九分。據廣東布政使高崇基會同釐務局司道仿照兩淮鹽釐式樣，分別造册詳請具奏前來。臣等覆查無異，除各册送部外，謹分列清單恭摺具陳。

再，鹽釐一項，業已改歸運司按引抽收，是以清單内不復分列各廠名目，合併陳明，伏祈皇太后、皇上聖鑒，敕部核覆施行。

户部知道。單併發。

查明勘界出力人員請仍照原擬給奬摺[二] 光緒十四年六月十二日

竊照隨同勘辦東西兩省界務人員，前經勘界大臣鄧承脩會同臣等擇尤奏奬，光緒十四年正月十七日奉到硃批：該部議奏。單

[一] 録自中國第一歷史檔案館編《光緒朝硃批奏摺》第七七輯，第一四五至一四七頁，中華書局一九九五年版。

[二] 録自中國第一歷史檔案館編《光緒朝硃批奏摺》第五輯，第七二二頁，中華書局一九九五年版。

併發。欽此。茲經吏部核議，分别准駁，奏奉諭旨咨行到粤。查吏部原奏内稱，滇越勘界事竣，前據續保人員僅止五員，茲據奏保廣東、廣西隨辦勘界文職列保至三十六人之多，謹照奏定章程及歷辦成案，分别准駁等語。臣等查廣東、西勘辦界務，事關兩省，時歷三年，情變百出，迥非思議所及。隨同勘辦各員，胼胝奔命，備嘗艱苦，其久暫難易勞逸情形與滇省相去懸殊。臣等擇其尤爲出力者，公同核擬保奬，分計一省不過十餘人，並奏帶之隨員、供事、繙譯、測繪各生均在其内，計數似不爲多。惟既經部駁，其未及奏咨人員，應即遵照删去。其奏咨有案勞績卓著者，自應分别聲叙，仍請照原擬給奬，另繕清單恭呈御覽。合無仰懇天恩俯准照奬，以昭激勸而免向隅。出自逾格鴻慈。謹合詞恭摺具奏，伏祈皇太后、皇上聖鑒訓示。

該部議奏。單、片併發。

粤潮二關及瓊州北海兩新關第一百九結徵税銀數摺[一] 光緒十四年六月十三日

竊照光緒十年四月間准户部咨，會議各海關洋税奏銷，應令遵照定章，一律開單奏報一摺，奉旨：依議。欽此。咨行到粤。當經欽遵辦理。查粤海、潮州二關，徵收洋税四成項下銀兩，歷准户部並總理各國事務衙門咨，每月撥解陝西協餉銀一萬兩，嗣改爲籌邊軍餉。又每季籌辦内務府、造辦處赤金各五百兩，又每結撥解抵還閩省借款改爲加放俸餉銀六千兩，又應解南北洋經費，嗣准總理海軍事務衙門咨，撥歸海軍衙門作爲常年餉需經費之用各等因。所有同治五年二月十六日第二十三結起至光緒十三年八月十四日第一百八結止，粤海、潮州二關徵解銀數，歷經按結奏報在案。

茲自光緒十三年八月十五日起至十一月十七日止計三箇月，爲第一百九結。粤海、潮州二關徵收正税、洋藥税共銀五十四萬二千八十兩六錢二分五釐，核計四成銀二十一萬六千八百三十二兩二錢五分。除撥解光緒十三年二月三月四月籌邊軍餉共銀三萬兩，辦解内務府十三年冬季分赤金價銀九千二百五十兩，造辦處十三年冬季分赤金價銀九千二百五十兩，抵還閩省借款解京改放俸餉銀六千兩外，實存四成銀十六萬二千三百三十二兩二錢五分。又本届第一百九結期内粤海、潮州二關徵收洋船船鈔、土貨半税，招商局輪船貨税、船鈔、土貨半税及粤海大關徵收子口税，潮州新關徵收招商局輪船洋藥税各項，共銀八萬五千五百三十九兩七錢七分二釐。至粤海大關招商局輪船洋藥税、潮州新關子口税，本届並無徵收。又瓊州、廉州北海兩新關，自光緒十三年八月十五日起至十一月十七日止計三箇月爲第一百九結。瓊州、北海兩新關徵收正税、洋藥税共銀八萬六千二百八十六兩一錢七分二釐。又本届第一百九結瓊州、廉州北海兩新關徵收船鈔、土貨半税、子口税各項共銀一千八百五十兩一錢三分八釐。至招商局輪船貨税、船鈔、洋藥税、土貨半税，本届並無徵收。所有粤海、潮州二關及瓊州、廉州北海二新關第一百九結徵收正税及船鈔、子口税、洋藥税、土貨半税各緣由，除咨總理衙門暨户部外，再，光緒三年四月間准户部咨，瓊州、北海兩關所收洋税既無外國扣款，自毋庸再行分别四成六成報解，合併陳明。臣等謹繕列清單，會

[一] 以下二件録自中國第一歷史檔案館編《光緒朝硃批奏摺》第七二輯，第二四一至二四五頁，中華書局一九九五年版。

同南洋通商大臣兩江總督臣曾國荃恭摺具陳，伏祈皇太后、皇上聖鑒。

該衙門知道。單併發。

粵潮二關及瓊州北海兩新關第一百十結徵税銀數摺光緒十四年六月十三日

竊照光緒十年四月間准户部咨，會議各海關洋税奏銷，應令遵照定章一律開單奏報一摺，奉旨：依議。欽此。咨行到粵。當經欽遵辦理。查粵海、潮州二關徵收洋税四成項下銀兩，歷准户部並總理各國事務衙門咨，每月撥解陝西協餉銀一萬兩，嗣改爲籌邊軍餉。又每季籌辦内務府、造辦處赤金各五百兩。又每結撥解抵還閩省借款改爲加放俸餉銀六千兩。又應解南北洋經費，嗣准總理海軍事務衙門咨，撥歸海軍衙門作爲常年餉需經費之用各等因。所有同治五年二月十六日第二十三結起至光緒十三年十一月十七日第一百九結止，粵海、潮州二關徵解銀數，歷經按結奏報在案。

兹自光緒十三年十一月十八日起至十四年二月十九日止計三箇月爲第一百十結，粵海、潮州二關徵收正税、洋藥税共銀四十五萬八千五百五十六兩二錢九釐，核計四成銀十八萬三千四百二十二兩四錢八分三釐六毫。除撥解光緒十三年五月六月七月籌邊軍餉共銀三萬兩，辦解内務府十四年春季分赤金價銀九千二百五十兩，造辦處十四年春季分赤金價銀九千二百五十兩，抵還閩省借款解京改放俸餉銀六千兩外，實存四成銀十二萬八千九百二十二兩四錢八分三釐六毫。又本届第一百十結粵海、潮州二關徵收洋船船鈔、土貨半税，招商局輪船貨税、船鈔、洋藥税、土貨半税及粵海大關徵收子口税，各項共銀六萬一千四百四十二兩一錢三分三釐。至潮州新關子口税，本届並無徵收。又瓊州、廉州北海兩新關，自光緒十三年十一月十八日起至十四年二月十九日止計三箇月爲第一百十結，瓊州、北海兩新關徵收正税、洋藥税共銀八萬七百六十二兩五錢四釐。又本届第一百十結，瓊州、廉州北海二新關徵收船鈔、土貨半税、子口税各項共銀三千二百四兩九錢五分。至招商局輪船貨税、船鈔、洋藥税、土貨半税，本届並無徵收。所有粵海、潮州二關及瓊州、廉州北海二新關第一百十結徵收正税及船鈔、子口税、洋藥税、土貨半税各緣由，除咨總理衙門暨户部外，再，光緒三年四月間准户部咨，瓊州、北海兩關所收洋税既無外國扣款，自毋庸再行分别四成六成報解，合併陳明。臣等謹繕列清單，會同南洋通商大臣兩江總督臣曾國荃恭摺具陳。伏祈皇太后、皇上聖鑒。

該衙門知道。單併發。

請准以國樑借補參將摺〔一〕 光緒十四年六月十三日

竊臣准兵部咨，廣西賓州營參將馬遇春革職，遺缺係部推之缺，既據扣留外補，應令迅揀合例人員請補等因。查同治八年准兵部咨，推廣武職借補章程，提、鎮借至副、參、遊止。副、參、遊借至都、守止。借補人員，即在儘先班次之内等因，歷經循照辦理在案。廣西賓州營參將，駐劄思恩府屬之賓州城，該處上通

〔一〕録自《京報》第二七八七號。

泗城，下達潯郡，匪徒最易出没，必須精明幹練之員，方克勝任。茲會同廣西提督臣蘇元春詳加揀選。查有原廣西提標右營遊擊移改柳慶鎮右營遊擊花翎儘先補用副將國樑，年五十四歲，正白旗漢軍馬甲。同治十二年補授廣西提標右營遊擊，同治十三年七月二十七日到任，因赴越南援勦克平巨憝出力，彙案保獎，請免補參將以副將儘先補用，並賞戴花翎。隨經兵部議駁，嗣經前廣西撫臣慶裕查案覆奏，仍請照原請給獎。光緒七年六月初四日奉旨：著准照原保獎勵，該部知道。等因。欽此。因廣西更改營制，以提標右營遊擊改爲柳慶鎮右營遊擊，將該員隨缺移改，現委署廣西提標中軍參將事務。該員老成穩練，曉暢戎機，雖前在廣西提標右營遊擊任内，有不豫揭屬弁周名魁年力衰弱弓馬生疏一案，部議以照例降二級留任，係屬公罪，例准議抵銷去紀録四次，抵免降一級留任，仍降一級留任。事在光緒十年恩旨以前寬免，核與升轉之例無礙，亦與部定借補限制相符，以之借補賓州營參將，洵堪勝任。合無仰懇天恩俯念要缺需員，准以柳慶鎮右營遊擊花翎儘先補用副將國樑借補廣西賓州營參將，俾於地方營務有裨。如蒙俞允，俟接准部覆再行照例給咨赴部引見，以符定制。臣爲參將員缺緊要起見，謹會同廣西提督臣蘇元春合詞恭摺具陳，伏祈皇太后、皇上聖鑒，敕部議覆施行。

兵部議奏。

爲曾丙熙請獎片〔一〕 光緒十四年六月十四日

再，奏派隨辦界務户部候補主事曾丙熙，經臣等奏保免補主事，以本部員外郎遇缺即補。現准部咨，核與定章不符，行令另核請獎，並以該員丁憂回籍，未聲叙何年月日著有勞績，應令隨案聲明等因。查該員係總理各國事務衙門章京，光緒十二年經總理衙門奏派，隨辦勘界，於是年十月行抵欽州勘界大臣鄧承脩行營差次。維時界務甫在開辦，該員熟習洋務，探討邊情，考訂圖約，因應咸宜。屢隨鄧承脩親赴芒街會議，彼族要挾恫喝，反覆變詐，該員隨同辯論，侃侃不屈。合校細圖，更立詳約，隨事襄助，裨益宏多。迨三月内界務告竣，該員適以丁憂離差，未及隨摺請獎。此次既經部行另核，應請賞加四品銜，以示鼓勵。謹合詞附片覆陳，伏祈聖鑒。

覽。

委員署理按察使高廉道篆務片〔二〕 光緒十四年六月 日

再，竊准吏部咨，光緒十四年四月二十日奉上諭：山東布政使着王毓藻補授。欽此。又光緒十四年四月二十一日奉上諭：廣東按察使着王之春調補。欽此。欽遵轉行遵照在案。伏查升授山東布政使王毓藻應即交卸廣東按察使之任。調補廣東按使王之春現在奏請陛見，迎摺北上。所遺按察使篆務，查有高廉道王景賢，精細和平，實心辦理，堪以署理。遞遺高廉道篆務，查有候補道周炳勳，平正通達，遇事認真，堪以委令署理。除分檄飭遵外，臣等謹會同附片具陳，伏乞聖鑒。

吏部知道。

〔一〕録自中國第一歷史檔案館編《光緒朝硃批奏摺》第五輯，第七二六頁，中華書局一九九五年版。

〔二〕以下二件録自《京報》第二七七二號。

委員接署知府片 光緒十四年六月 日

再，署肇慶府知府黄杰調省差委。所遺肇慶府知府篆務，應行委員接署。查有候補知府朱成翼，力果心精，任勞任怨，堪以署理。據布政使高崇基、按察使王毓藻會詳前來。除檄飭遵照外，臣等謹循例附片陳明，伏乞聖鑒。

吏部知道。

地方匪徒滋事就地正法片〔一〕 光緒十四年六月 日

再，准督辦欽廉防務雲南提督臣馮子材咨，本年正月内訪聞廉州府屬地方，有匪徒僞造印文，招摇誆騙情事。當飭地方文武，先後拿獲匪犯何漢臣、彭鎮魁、曹金榜三名，起出私造關防、功牌、行知，飭發署欽州知府李受彤訊。據該犯何漢臣、彭鎮魁、曹金榜供稱，均係湖南省人。何漢臣原名松伯，向充跟役哨書。因聞欽州防營尚多由籍，前來欲圖進營當差，及到廉州府城，聞界務已定，人地生疏，無路謀生，遂用何漢臣字冒充花翎遊擊，向各店鋪告幫度日。彭鎮魁、曹金榜，俱係銷差散勇。該犯等先後遇會往來熟習，因貧苦難度，夥同在逃之散勇陳樹堂、賀文賓、曹玉山、彭丙生等，商同起意，僞造關防、功牌、行知，賣錢使用。因何漢臣向充哨書，諳曉功牌、行知式様，又有舊印封數個，即令賀文賓照様描寫，陳樹堂用板雕刻，彭丙生、曹玉山、曹金榜、彭鎮魁用紙刷印，由何漢臣標判，計共僞造兩廣總督關防一顆，廣西巡撫關防一顆，廣西提督印信一顆，督辦軍務廣西提督行營關防一顆，督辦廣西邊防廣西提督清漢文關防一顆，統領恪靖定邊楚軍前福建布政使清漢文關防一顆，共關防印信六顆。捏造功牌、行知，刊成板片三分，共計刷印功牌一百五十餘張，保舉行知一百三十餘件，於上年臘底造齊，各分功牌、行知多少不等，並分給彭鎮魁素識之黄海洲十餘套，分赴高州、欽州、合浦等處發賣，尚未得贓。該犯等於本年正月内行至靈山、欽州等處，即被拿獲，並起獲僞造之廣西巡撫關防、廣西提督印信、督辦廣西邊防廣西提督行營關防、督辦軍務廣西提督行營關防，共四顆，功牌、行知板各一套，封筒板一塊，其餘僞造關防、功牌、行知、封筒各板，均係在逃陳樹堂帶去，各供不諱。該州審明録供，稟由馮子材批飭在營正法，並將起獲僞造關防、印信、功牌、行知等項銷燬等情咨報前來。除飭司通行嚴緝逸犯陳樹堂等，務獲究報外，謹合詞附片具陳，伏乞聖鑒。

知道了。

請准以惠登甲調補知縣摺〔二〕 光緒十四年七月初八日

竊照番禺縣知縣侯甲瀛，陞補崖州知州，已准吏部核覆。所遺番禺縣知縣，係衝繁疲難最要缺，例應在外揀員題補。查番禺縣爲省會首邑，政務殷繁，時有發審要案。且華洋雜處，事多交涉，必須聽斷明敏，尤貴操縱得宜，非精明幹練才識俱優之員，不足以勝

〔一〕録自《京報》第二七八五號。
〔二〕録自《京報》第二八一一號。

煩劇。臣等與藩、臬兩司於通省現任候補即用及應陞各員内逐加遴選，非現居要缺，即人地未宜。惟查有海陽縣知縣惠登甲，年五十歲，甘肅安化縣人，由廩生中式同治八年補行壬戌恩科甲子正科本省鄉試舉人，光緒二年丙子恩科會試中式進士，以知縣即用，籤分廣東。三年三月十九日到省題補饒平縣知縣，九年三月二十日到任。遵例捐免歷俸調補海陽縣知縣，十四年四月二十日到任。該員心細才優，安詳穩練，以之調補番禺縣知縣，洵堪勝任。惟番禺縣係屬題缺，今請調補與例稍有未符。又該員前在饒平縣任内有接徵經徵未完錢糧因公處分，但係實欠在民，例免計算。且番禺縣缺最爲繁要，人地實在相需，例得據實陳明，專摺奏請，據藩、臬兩司會詳前來。合無仰懇天恩俯念省會首邑員缺緊要，准以該員惠登甲調補番禺縣知縣，實於地方有裨。如蒙俞允，該員係現任知縣，請調知縣，銜缺相當，毋庸送部引見。所遺海陽縣知縣，係衝繁難三項要缺，例應在外揀選調補，俟接准部覆，另行選員請調。臣等謹恭摺具奏，伏乞皇太后、皇上聖鑒訓示。

再，該員係再調之員，參罰案由另行列册送部，罰俸銀兩飭依例限完繳。又該員任内並無承審案件及承緝未獲盜案已起降調革職參限，合併陳明。

吏部議奏。

請准以倪思鐸補授通判摺〔一〕 光緒十四年七月初八日

竊准部咨，同治八年七月初十日奏准各省應行更换請補之缺，該督撫接到部文後，另揀合例人員依限請補，係例應具題者，即專摺具奏等因。歷經遵辦在案。茲查前准吏部咨行，潮州府通判王松齡陞補欽州知州，所遺潮州府通判缺，准其留於該省另行請補。係坐光緒十二年十二月初九日行文，照限減半，計至十三年正月二十四日限滿開缺，於正月十四日接准部咨，應歸正月分截缺辦理。是月陞調遺通判一項，只此一缺，毋庸籤掣，業經截缺，請以候補班前補用通判劉傳林題補。嗣准吏部咨駁，以海防新班先通判班内尚有合例之員，例應先儘請補。所請以劉傳林補授之處，應毋庸議。其潮州府通判員缺，應令更换請補等因到粵。臣等伏查，奉行海防新例銓補章程内開，道府同知、直隸州知州、通判、知州、知縣陞調，所遺留補選缺，無論何項到班，俱先用海防新班先用二人，海防新班即用一人。再用舊例銀捐遇缺先一人。如無人，用舊例銀捐遇缺人員。再無人過班，即接用各項輪用班次一人。以五缺爲一週等因。今潮州府通判王松齡陞補遺缺自奉行海防新例後係第一次出缺，應照部咨以海防新班先用人員請補。茲會選有海防新班先補用通判倪思鐸，年五十三歲，浙江會稽縣人，祖籍順天大興縣，由監生遵籌餉例報捐從九品，分發廣東試用，捐免驗看，同治九年十一月二十三日驗看留省，十年捐陞通判，分發指省廣東試用，並加鹽提舉銜，請咨進京。光緒二年二月初十日經欽派王大臣驗放覆奏，奉旨：著照例發往。欽此。是年六月二十九日領照到省，八年二月聞訃丁母憂回籍守制，服滿赴部就近呈報起復，應以十年八月初九日接到部文之日作爲該員服滿到省日期，業經咨部查覆知照在案。十二年四月在廣東

〔一〕録自《京報》第二八一四號。

捐局加捐海防新班先用免試用，並捐免保舉吏部過班知照，於是年八月二十日行文，應扣至十月初五日接到過入新班。先因委解餉械異常出力保奏，俟補缺後以同知直隸州留省補用。十二年十一月初五日奉旨：依議。欽此。該員辦事勤明，留心吏治，以之補授潮州府通判，堪以勝任，與例相符。據藩臬兩司會詳前來，相應請旨准以海防新班先補用通判倪思鐸補授潮州府通判缺。如蒙俞允，該員係新班先用通判請補通判，銜缺相當，毋庸送部引見。臣等謹合詞恭摺具奏，伏乞皇太后、皇上聖鑒，敕部議覆施行。

吏部議奏。

再，粵東省補缺例限九十日，此缺准部咨駁另補照限減半計算，自應以光緒十四年五月二十一日接到部文之日起限辦理，今另選請補，係在限內，並無遲逾，合併陳明。

吏部知道。

曾紀渠兼署韶州府知府片〔一〕光緒十四年七月初八日

再，韶州府知府譚承祖調省派充本年戊子科內簾監試。所遺韶州府知府篆務，查有署南雄州迴避即用直隸州知州曾紀渠，實心愛民，勇於任事，堪以兼署。據布政使高崇基、按察使王毓藻會詳前來。除檄飭遵照外，臣等謹附片陳明，伏祈聖鑒。

吏部知道。

岑傳霖調署電白縣知縣片〔二〕光緒十四年七月初八日

再，署電白縣知縣孫鑄調省差委，所遺電白縣知縣篆務應行委員接署。查有准調新會縣知縣岑傳霖，盡心民事，穩練和平，堪以署理。據布政使高崇基、按察使王毓藻會詳前來。除檄飭遵照外，臣等謹循例附片陳明，伏祈聖鑒。

吏部知道。

兼署撫篆銷假謝恩摺光緒十四年七月十八日

竊臣前因觸發肝鬱舊疾，奏懇賞假調理。本年六月二十二日差弁賚回原摺，奉硃批：賞假一箇月。欽此。茲於七月十一日承准總理各國事務衙門七月初十日來電，奉旨：本日已有旨令吳大澂署理河東河道總督，毋庸來京請訓。廣東巡撫令張之洞兼署，吳大澂接奉電旨後即交卸起程，勿稍延緩。欽此。即於十八日准撫臣吳大澂委員賚送廣東巡撫並（大）〔太〕平橋監督各關防暨王命旗牌、文卷前來，臣當即恭設香案，望闕叩頭謝恩，祇領任事。

伏念臣久玷疆寄，薄劣難勝，乃以病困頻侵，渥蒙賞假，辦公之餘，勉圖攝養，奈木旺土虧等（症）〔證〕仍未少減。假期將滿，方擬續假醫調，適拜兼署撫篆之命，仔肩愈重，痼疾難瘳，恐隕越之滋愆，益屏營而罔措。惟是鄭工緊要，撫臣吳大澂剋日前赴河督署任，自不得不力疾視事，以便撫臣交卸起程。雖艱鉅非病軀可支，而官守無旁貸之責，臣惟有勉策衰庸，殫圖報稱。植孤根而恩愈厚，冀邀勿藥之占。佩兩綬而事彌繁，敢昧匪躬之義。期於本任、署任公事，均無貽誤，以仰答高厚鴻慈於萬一。

（硃批）知道了。（欽此）〔三〕

〔一〕錄自《京報》第二八四一號。
〔二〕錄自《京報》第二八一三號。
〔三〕以上衍、舛四處，據中華書局一九九五年版《光緒朝硃批奏摺》第五輯，第七六九至七七〇頁刪、校正。

籌解固本京餉銀兩摺〔一〕 光緒十四年七月十八日

竊照同治五年欽奉上諭：直隸固本餉項，前經諭令廣東按月解銀一萬兩。現著仍照原定數目，改解部庫交納。等因。欽此。歷經在洋藥、釐金等項下籌銀二百二十八萬兩，解過七十七批。現准部咨，廣東應解光緒十四年分固本餉銀，暨應帶解舊欠餉銀，現已五月將盡，尚未據解到一批，應催轉飭藩司即將十四年分固本餉銀十二萬兩，並應帶解舊欠銀三萬兩，暨上年應帶解十年舊欠一萬兩，共十六萬兩，即行趕緊籌畫解部等因，咨行到粵。又經轉飭遵照。

茲據廣東布政使高崇基詳稱，粵省本年奉撥解京各餉數在百萬有奇，此外廣西、貴州各省協餉尚須極力籌解。而本省海防善後餉項經費數尚不貲，以本年入款計之，出入相衡，約尚短銀四五十萬兩，始敷應用。此項固本餉，原係在於洋藥、釐金項下按年撥解。現在藥釐改歸稅司辦理，每年指定劃撥八十萬兩爲專還洋款之用，而本年洋款本省應還九十餘萬，加以榜價昂貴，約尚短銀十六萬餘兩之多，若欲將固本餉銀新舊並解，更從何出。所有光緒十四年分固本餉銀暨帶解舊欠，實難如數設措。惟部檄嚴切，未敢稽延，再三籌度，惟有先向西商日昇昌、百川通、蔚長厚、新泰厚、蔚泰厚等號暫行挪借銀三萬兩，作爲第七十八批起解，以顧要需。仍交該商等匯兑至京，委員候補知縣葆椿領齎匯單，於光緒十四年七月十九日起程，由海道進京赴部投納。以後惟有竭力籌措，俟臨時體察情形如何，再當詳請奏明辦理等由具詳前來。臣覆核無異，除咨部外，理合恭摺具陳，伏祈皇太后、皇上聖鑒。

戶部知道。

籌解第三批釐金京餉摺 光緒十四年七月十八日

竊准部咨，光緒十四年原撥京餉案内，廣東奉撥釐金銀十萬兩等因。咨行到粵。當經督飭司道欽遵籌解去後。業據籌銀五萬兩。分作第一、第二兩批釐金京餉，委員徐德度等及曾宗泗等先後領齎匯單起解進京投納在案。茲據布政使高崇基會同釐務總局司道詳稱，在於釐金項下再籌銀二萬兩，作爲第三批起解釐金京餉，遴委候補知縣葆椿領齎匯單，於光緒十四年七月十九日起程，附搭輪船進京，支取銀兩，赴部投納等情具詳前來。臣覆核無異，理合恭摺具奏，伏祈皇太后、皇上聖鑒。

戶部知道。

籌墊河工要款摺〔二〕 光緒十四年七月十八日

竊惟鄭州河决以來，宵旰憂勞，疊發鉅帑，力籌堵决，以奠羣黎。近因河工久未奏效，復命臣大澂署理河督。雖河勢工情尚未深悉，而前款將罄，不問可知。斯時想已經部臣籌維撥濟巨款。惟臣大澂到豫之始，勢難無米爲炊，必須略有籌備，當與臣之洞熟商。臣之洞查鄭州河工關繫全局，久勞宸廑，自宜協力圖維，不分畛域。惟粵省

〔一〕以下二件録自中國第一歷史檔案館編《光緒朝硃批奏摺》第八六輯，第四八三至四八四頁，中華書局一九九五年版。

〔二〕録自中國第一歷史檔案館編《光緒朝硃批奏摺》第九八輯，第五八七至五八八頁，中華書局一九九五年版。

鄭工捐例開辦以來，所收不過六萬餘金。近准部咨，提銀三萬三千兩解赴山東作挑河經費，所餘已不甚多。此項捐輸，本爲鄭工而設，擬即提解豫省。但爲數無多，難資應用。惟有籌墊應急，免誤要工。雖粤省困絀萬狀，自顧不遑，然不敢不先其所急，稍爲中流一壺之助。茲經臣等公同商定，督同藩司、善後局司道詳加籌畫，擬先向百川通、日昇昌、蔚長厚、蔚泰厚、新泰厚等商號，先行借墊銀十萬兩解往，以應急需。俟將來收捐後，陸續歸還。即於七月二十三日匯解天津鄭工轉運局兑收，轉解河南，俾臣大澂到任之初，得資應用。據廣東布政使高崇基會同善後局司道具詳前來。除咨部暨咨河南撫臣外，謹合詞恭摺具奏，伏祈皇太后、皇上聖鑒。

户部知道。

請仍以祁國勳補授守備片[一] 光緒十四年七月十八日

再，廣東增城營左營守備郭河東病故，遺缺前准兵部咨，係陸路部推之缺，應用期滿差官，應令迅揀合例人員請補。當經臣會同署廣東陸路提督臣鄭紹忠奏請，以督標中營分發差官儘先守備祁國勳補授。茲准兵部議覆，查祁國勳到標名次在後，其到標在前者尚有朱德賢一員，今請以到標在後之祁國勳補授，核與定章不符，礙難核准。應令將到標在前之員請補，以符定章等因。光緒十四年五月二十五日奏。奉旨：依議。欽此。等因。咨行前來。伏查朱德賢一員，已據報於光緒十三年九月二十七日病故，謹照章查明聲覆。合無仰懇天恩俯准仍以祁國勳補授增城營左營守備，俾營伍操防藉資整頓。如蒙俞允，俟部覆到日給咨送部引見，並揀員對調，以符定制。謹會同署廣東陸路提督臣鄭紹忠合詞附片具奏，伏祈聖鑒，敕部核覆施行。

兵部議奏。

新授總兵馬盛治暫緩陛見片 光緒十四年七月十八日

再，准廣西提督臣蘇元春來咨，據統領邊防各軍新授廣西柳慶鎮總兵馬盛治禀稱，前在關前隘營次，欽奉上諭補授柳慶鎮總兵，當經具摺謝恩，籲請陛見。嗣差弁賫回原摺，奉硃批：著來見。欽此。應即束裝北上。請遴員接統防軍，俾得交卸起程等情。查邊外游衆未能一律斂戢，防務仍難稍弛。且龍州通商即將開辦，諸事正關緊要，佐理尤宜得人。該員馬盛治，熟悉邊情，治軍嚴整，堪資臂助，似未便更易生手。咨請奏懇准留該員，仍統防軍，暫緩入都陛見前來。臣伏查蘇元春所商各節均係實在情形。合無仰懇天恩俯念邊務緊要，准令馬盛治暫緩赴都。俟邊務稍鬆，再行入京陛見，實於邊防有裨。臣謹會同廣西提督臣蘇元春合詞附片具陳，是否有當，伏祈聖鑒。

著照所請。

請准以武椿升補遊擊片 光緒十四年七月十八日

再，前出有廣西思恩營遊擊熊錦奇病故，遺缺係題調之缺，

[一] 以下四件録自中國第一歷史檔案館編《光緒朝硃批奏摺》第四〇輯，第三六七至三七〇頁，中華書局一九九五年版。

經臣等查以裁缺龍憑營都司李玉龍請補。接准兵部咨，李玉龍係裁缺候補都司，應遇有都司缺出，酌量補用。所請升補遊擊之處，礙難議准，仍令另行揀員升補等因。查定例，各省題調缺出，先儘現任人員揀選題調。如無合例堪調者，准於應升人員内保題升用。又題調缺出，照例揀選具題。其有員缺緊要，人地實在相需，而所保之員與例稍有未符者，將不合例之處，詳細聲明，請旨交部核覆各等語。思恩營遊擊駐劄思恩府武緣縣城，係苗疆煙瘴題調之缺，必須熟習風土，能耐煙瘴之員，方克勝任。粵西内地遊擊，非現居要缺，即人地未宜，現無堪以調補之員，應於現任人員内揀選升補。茲會同廣西提督臣蘇元春詳加揀選，查有鎮安協中軍都司武椿，現年五十二歲，直隸廣平府曲周縣人，由花翎侍衛選補廣西平樂協中軍都司，調補今職。光緒八年九月初四日接領調補鎮安協中軍都司劄付，是年十二月十八日到任。因光緒八年軍政案内薦舉，領咨晋京引見尚未回任。該員明幹勤奮，才練資深，且熟習風土，能耐煙瘴，以之升補此缺，洵堪勝任。惟調缺請補與例稍有未符，第人地實在相需。例得專摺奏請。合無仰懇天恩俯念煙瘴要缺需員，准以鎮安協中軍都司武椿升補思恩營遊擊，以期人地相宜。如蒙俞允，其所遺鎮安協中軍都司缺，俟部覆到日另行照例揀員請補，合併陳明。除咨覆兵部查照外，臣謹會同廣西提督臣蘇元春合詞附片具奏，伏祈聖鑒，敕部核覆施行。

兵部議奏。

懲儆緝捕不力各員片 光緒十四年七月十八日

再，廣東盜匪向以香港、澳門爲逋逃之藪，其渠魁安居港澳，糾集黨與，駕艇潛入内河，伺便劫掠，輒即颺匿洋界。廣州府屬各縣濱臨大海，港汊紛歧，尤易圖劫，疊經臣督飭文武員弁上緊緝捕。本年二月五月間，曾派弁派輪在香山、順德等縣海汊四路分投攻截，斬獲大夥劇盜數起。詎六月初一夜，南海縣屬林村鄉事主附貢生陳序瑺等家，復有被盜夥劫、拒斃人命情事。臣聞報後，即經加懸重賞，分飭營縣將弁迅速截拏。乃事逾旬日，獲犯甚屬寥寥。查近省要地盜匪肆行猖獗，該營縣等實屬緝捕不力。除將該管李村汛把總何廷揚撤任留緝，並將廣州協副將黃金福記過嚴飭督緝外，相應請旨將署南海縣知縣張璿、廣州協左營守備關貴昌，一併摘去頂戴，以示懲儆。仍勒限嚴緝本案真盜，務獲究辦。儻逾限無獲，再行從嚴撤參。理合附片具陳，伏祈聖鑒。

著照所請。該部知道。

粵潮二關及瓊州北海兩新關第一百十一結徵税銀數摺〔一〕 光緒十四年八月二十五日

竊照光緒十年四月間准户部咨，會議各海關洋税奏銷，應令遵照定章一律開單奏報一摺，奉旨：依議。欽此。咨行到粵。當經欽遵辦理。查粵海、潮州二關徵收洋税四成項下銀兩，歷准户

〔一〕 録自中國第一歷史檔案館編《光緒朝硃批奏摺》第七二輯，第二六一至二六二頁，中華書局一九九五年版。

部並總理各國事務衙門咨，每月撥解陝西協餉銀一萬兩，嗣改爲籌邊軍餉。又每季籌辦内務府、造辦處赤金各五百兩。又每結撥解抵還閩省借款改爲加放俸餉銀六千兩。又應解南北洋經費，嗣准總理海軍事務衙門咨，撥歸海軍衙門作爲常年餉需經費之用各等因。所有同治五年二月十六日第二十三結起至光緒十四年二月十九日第一百十結止，粤海、潮州二關徵解銀數，歷經按結奏報在案。

茲自光緒十四年二月二十日起至五月二十一日止計三箇月爲第一百十一結，粤海、潮州二關徵收正税、洋藥税共銀五十三萬九千八百兩八分八釐，核計四成銀二十一萬五千九百二十兩三分五釐二毫。除撥解光緒十三年八月九月十月分籌邊軍餉共銀三萬兩，辦解内務府十四年夏季分赤金價銀九千二百五十兩，造辦處十四年夏季分赤金價銀九千二百五十兩，抵還閩省借款解京改放俸餉銀六千兩外，實存四成銀十六萬一千四百二十兩三分五釐二毫。又本届第一百十一結粤海、潮州二關徵收洋船船鈔、土貨半税，招商局輪船貨税船鈔、土貨半税及粤海大關徵收子口税，潮州新關徵收招商局輪船洋藥税各項，共銀八萬三千七百三十九兩四錢六分二釐。至粤海大關招商局輪船洋藥税、潮州新關子口税本届並無徵收。又瓊州、廉州北海兩新關，自光緒十四年二月二十日起至五月二十一日止計三箇月爲第一百一十結。瓊州、北海兩新關徵收正税、洋藥税共銀七萬五千七百三十五兩六錢三分六釐。又本届第一百十一結瓊州、廉州北海二新關徵收土貨半税、子口税，瓊州新關船鈔各項，共銀一千七百七十九兩二錢三分。至招商局輪船貨税、船鈔、洋藥税、土貨半税及廉州北海新關船鈔本届並無徵收。再，光緒四年四月間准户部咨，瓊州、北海兩關所收洋税既無外國扣款，自毋庸再行分别四成六成報解等因在案。所有粤海、潮州二關及瓊州、廉州北海二新關第一百十一結徵收正税及船鈔、子口税、洋藥税、土貨半税各緣由，除咨總理衙門暨户部外，謹繕列清單，會同南洋通商大臣兩江總督臣曾國荃恭摺奏陳。至廣東巡撫係臣之洞兼署，毋庸會銜，合併陳明。伏祈皇太后、皇上聖鑒。

該衙門知道。單併發。

籌解第三批鹽課京餉等款銀兩摺[一] 光緒十四年八月二十五日

竊前承准軍機大臣字寄，光緒十三年十一月初四日奉上諭：户部奏，豫撥來年京餉擬在地丁、鹽課等款内指撥銀七百萬兩，著於來年分批提前趕解。另片奏，光緒十四年内務府經費，擬撥廣東鹽課銀五萬兩，著於來年開印後陸續徑解内務府交納。等因。欽此。並清單一紙，内開擬撥光緒十四年分京餉廣東鹽課銀二十萬兩，當經恭録轉行欽遵籌解。又粤東運庫京餉，難以現銀解部，歷經奏明仍行交商匯兑。

茲據兩廣鹽運使英啓詳稱，光緒十四年分奉撥京餉，廣東鹽課銀二十萬兩、内務府經費銀五萬兩，前經在於徵收光緒十三年、十四年分省河鹽課項内兩次籌銀十三萬兩，作爲本年京餉及内務府經費，分爲第一、二批，於本年二月初二日委員韓方樸等，四月初四日委員謝承祖等，領齎匯單赴京投納，奏報在案。現又在

[一] 録自中國第一歷史檔案館編《光緒朝硃批奏摺》第八六輯，第四九八至四九九頁，中華書局一九九五年版。

於徵收光緒十四年分省河鹽課項内籌銀五萬兩，並隨解一五加平飯食銀一千五百兩，共銀五萬一千五百兩，作爲本年第三批京餉。又在鹽課項内籌銀一萬兩，並隨解平餘抬費等銀三百三十兩，共銀一萬三百三十兩，作爲本年第三批内務府經費。飭交殷實銀號百川通、日昇昌、蔚泰厚、蔚長厚、新泰厚、元豐玖匯兑入京，遴委試用縣丞崇禧等領齎匯單，於本年八月初十日起程，附搭輪船進京，支取足色紋銀，分赴户部、内務府投納，詳請具奏前來。臣覆核無異，除分咨户部、内務府兑收，並飭趕緊籌解清款外，理合恭摺具陳，伏祈皇太后、皇上聖鑒。

該衙門知道。

賑濟固安等處水灾片〔一〕 光緒十四年八月二十五日

再，恭閲邸鈔，七月十四日欽奉上諭：本年入秋以後，大雨連緜，永定河水勢威漲，迭出險工。七月初六日，蘆溝汛南岸七號石隄及南二工十七號、北上汛十二號等處大隄均被漫溢，刷寬口門四五十丈不等各等因。欽此。旋准兼管順天府府尹潘祖蔭電稱，永定决固安等處灾，囑速籌賑等語前來。伏查固安等處，地近畿郊，此次水灾甚重，傷人甚多。蘆溝一帶，道殣相望。其蕩析顛沛情形，何堪設想，自應仰體聖慈，力籌協濟。惟廣東本省今年亦苦水灾，春夏之間雨潦相仍，東、西、北三江同時並漲，衝塌圍基、民房不少。物力竭蹶，遠遜於前，賑捐難期踴躍。若待集有成數，始行匯解，誠恐緩不濟急。當飭司局兩次竭力設法籌墊銀一萬五千兩，又匯費補色銀一千八百餘兩，於八月初四、初六等日先後發交殷實商號百川通等，由電匯解順天府尹衙門投收，分撥灾區散放，以廣皇仁。俟陸續收有捐項，再行歸還墊款。據善後局司道詳請奏咨前來。除咨會順天府尹外，謹附片具陳，伏祈聖鑒。

該衙門知道。

改設北海高州兩鎮後議定巡洋會哨章程摺〔二〕 光緒十四年八月二十五日

竊照廣東改設北海鎮，水陸總兵裁撤。陽江鎮改設高州鎮，水陸總兵各營將弁裁撤。改撥既殊，所有遞年分班巡洋之統巡、總巡、分巡各員，及會哨章程，自應變通辦理。先據署陽江鎮總兵陶定昇核議，列册呈繳，當經飭司妥議詳辦去後。

茲據廣東布政使高崇基，會同署按察使王景賢詳稱，查巡洋舊章，每年分爲上下兩班，上班自正月初一日起至六月底止，下班自七月初一日起至十二月底止。現改設高州鎮總兵統轄外海水師，上班應以高州鎮爲統巡，下班應以陽江營遊擊爲統巡。改陽江營、電白營洋面爲一段，每年上班以陽江營守備爲總巡，下班以電白營守備爲總巡。吳川、硇洲、東山三營洋面照舊爲一段，每年上班仍以硇洲營都司爲總巡，吳川營守備爲分巡，下班以吳川營都司爲總巡，東山營守備爲分巡。其會哨日期，上班高州鎮於三月初十日，酌帶陽江、電白各營兵船，照章到黄茅洲洋面，

〔一〕録自中國第一歷史檔案館編《光緒朝硃批奏摺》第三一輯，第一二二頁，中華書局一九九五年版。

〔二〕録自中國第一歷史檔案館編《光緒朝硃批奏摺》第五四輯，第三三二至三三三頁，中華書局一九九五年版。

與中路水師提標右營遊擊兵船會哨。五月初十日，酌帶陽江、電白、吴川、硇洲、東山各營兵船，到硇洲洋面，與西下路海口營叅將兵船會哨。下班陽江營遊擊於八月初十日到黄茅洲，與中路水師提標中軍叅將兵船會哨，十一月初十日到硇洲洋面，與西下路瓊州鎮兵船會哨。其赤溪協副將水師兩營現改爲獨營，徑隸水師提督。所有赤溪左右兩營洋面，應另爲一段。每年上班以赤溪協副將爲總巡，該協右營都司爲分巡。下班以該協左營都司爲總巡。其會哨日期，上班該協副將及右營都司駕船隨同高州鎮依期分往黄茅洲、硇洲各洋面會哨。下班該協左營都司隨同陽江營遊擊依期分往黄茅洲、硇洲各營會哨。此高州鎮及赤溪協變通巡洋會哨之章程也。

新設北海鎮水陸總兵，已將龍門協水師左右兩營改歸北海管轄。查向章，龍門協水師左右二營爲一段。每年上班龍門協副將爲統巡，龍門協右營都司爲總巡，左營守備爲分巡。下班歸瓊州鎮總兵統巡，龍門協左營都司爲總巡，龍門協右營守備爲分巡。茲擬上班仍派龍門協副將統巡，照舊於三月初十日酌帶兵船到潿洲洋面與海口營叅將會哨，五月初十日到白龍尾洋面巡緝。下班以北海鎮爲統巡，督率總巡龍門協左營都司，分巡龍門協右營守備，駕船於八月初十日到潿洲洋面與瓊州鎮會哨，十一月初十日到白龍尾洋面巡緝。此又北海鎮變通巡洋會哨之章程也。

以上各營，應派隨統巡，隨總巡，及專巡、協巡暨各段内巡洋員弁均照舊章，由各該營派撥造册繳報。遇有失事，各按地段查取職名開叅等情，詳請奏咨前來。臣查核所議巡洋會哨變通章程，均屬妥協。除檄飭遵照並咨明兵部兵科外，謹會同廣東水師提督臣方耀合詞恭摺具陳，伏祈皇太后、皇上聖鑒。

兵部知道。

總兵出缺委員接署摺[一]　光緒十四年八月二十五日

竊據署兩廣督標中軍副將王世清呈報，據瓊州鎮總兵賴鎮邊家丁盧彬禀稱，家主賴鎮邊自上年八月間飭赴本任整頓海防營制、籌辦黎匪善後各事宜，積勞受瘴。本年七月初一日，輪值下班統巡，力疾從公，督帶船隻出洋巡緝。在徐聞縣屬三墩洋面重感風寒，舉動維艱，洋次乏醫調治，即坐輪船順道抵省就醫。詎受病已深，醫藥無效，於七月二十七日病故等由前來。

臣查瓊州現當整飭海防營制及籌辦黎匪善後之際，該鎮有統轄水陸各營之責，要缺未便曠懸。查有留粤補用總兵借補廣東廣州協副將李先義，膽識兼優，軍律嚴肅，堪以署理。除檄飭遵照外，所遺瓊州鎮總兵員缺，相應請旨迅賜簡放，以重職守。所有總兵因病出缺委員接署緣由，臣謹恭摺具陳，伏祈皇太后、皇上聖鑒。

另有旨。

請懲儆知縣陳第榮史光溥片[二]　光緒十四年八月二十五日

再，本年四月間，瓊州府屬定安縣三牛坡地方鄉民祈雨，抬神至署請官致禱。該縣知縣陳第榮出拜遲延，鄉民衆多候久，一時憤激，將該縣擁出街市侮辱。當飭署瓊州府知府徐瑋文前往確查起衅情事。委因該縣行禮過遲，鄉愚無知，謂其慢神，以致臨

[一] 録自《京報》第二八六七號。

[二] 以下二件録自中國第一歷史檔案館編《光緒朝硃批奏摺》第五輯，第七九五至七九六頁，中華書局一九九五年版。

時滋生事端，尚無別情。並據雷瓊道朱采查明，該縣平日聽斷偏執，不饜人望，民情怨恫實基於此等情，先後稟覆前來。查鄉民藉端肆辱官長刁風斷不可長，已飭嚴拏爲首滋事匪徒，照例懲辦。至該縣陳第榮於鄉民迎神禱雨出拜偶遲，雖無不合，惟其平日斷案任性偏苛，以致不洽輿情，動取侮辱，臨事復不能彈壓，實屬粗浮無能，難膺民社。又四會縣知縣史光溥，聽斷含糊，才難治劇。並訪聞有信用門丁致招物議情事，委員密查屬實，均屬未便姑容。相應請旨將定安縣知縣陳第榮，以府經縣丞降補。四會縣知縣史光溥，文理尚優，以教職歸部銓選，以肅官方。所遺各缺，遵照新章，分別應咨、應留，另行咨部辦理。合併聲明，謹附片奏參，伏祈聖鑒。

著照所請。該部知道。

試用鹽大使期滿甄別片 光緒十四年八月二十五日

再，前准部咨，嗣後佐貳雜職等官無論何項出身，凡係補缺應行具題者，試用期滿，由該督撫甄別具奏等因。歷經遵照辦理在案。茲據兩廣鹽運使英啓會同廣東布政使高崇基詳稱，查有試用鹽大使劉湜，福建閩縣監生，遵海防例報捐鹽大使，指分廣東試用，於光緒十二年十二月内到省繳照。又試用鹽大使蔡敦培，江蘇丹徒縣監生，遵籌餉例報捐鹽大使，分發試用籤掣兩廣，光緒九年四月在部領照，是年十一月在途聞訃丁父憂回籍守制。服滿起復，於光緒十三年二月内到省。又試用鹽大使徐之玉，直隸臨榆縣附貢生，遵海防例報捐鹽大使，指分廣東試用，光緒十三年閏四月内到省繳照。以上三員，均試用一年期滿，詳加考察，具詳請奏前來。臣查劉湜年强才裕，蔡敦培年壯差勤，徐之玉講求鹺務，均堪以本班留省照章補用。除將履歷咨部外，理合附片具奏，伏祈聖鑒。

吏部知道。

恭報早稻收成分數摺〔一〕 光緒十四年八月二十六日

竊照禾稻收成，關繫民食，例應查明分數，恭摺具奏。茲廣東省光緒十四年早稻登場，據布政使高崇基將各屬收成分數查明，彙報到前撫臣吳大澂移交前來。臣覆加查核，廣州府屬收成六分，韶州府屬收成六分有餘，惠州府屬收成六分有餘，潮州府屬並南澳廳所屬隆、深二澳收成七分有餘，肇慶府屬收成六分，高州府屬收成七分，雷州府屬收成七分，廉州府屬收成七分有餘，瓊州府屬收成七分有餘，羅定州屬收成七分，連州屬收成八分，南雄州屬收成八分，嘉應州屬收成六分有餘，佛岡廳收成七分，綏（猺）〔瑶〕廳收成八分，陽江廳收成七分，赤溪廳收成七分。合計通省早稻收成實共六分有餘。臣謹循例恭摺具奏，伏祈皇太后、皇上聖鑒。

知道了。

查明六月分雨水田禾糧價摺〔二〕 光緒十四年八月二十六日

竊照廣東省光緒十四年五月分雨水、田禾、糧價，及西、北

〔一〕 録自中國第一歷史檔案館編《光緒朝硃批奏摺》第九二輯，第七一六至七一七頁，中華書局一九九五年版。

〔二〕 録自中國第一歷史檔案館編《光緒朝硃批奏摺》第九四輯，第七一三至七一四頁，中華書局一九九五年版。

兩江水勢復漲，沖決圍基，分別查勘、撫恤各情形，先經前撫臣吳大澂奏聞在案。兹查廣東省城光緒十四年六月分上、中、下三旬得雨數次，現在天氣晴暢，江水全行消退。上月被決各圍，趕築秋攔，以次完竣。早稻陸續收穫，晚禾亦堪插蒔，園蔬、雜糧並皆暢茂。省外各屬稟報與省城大略相同。糧價較上月稍減，民情靜謐，堪以仰慰聖懷。所有光緒十四年六月分雨水、田禾、糧價謹繕清單，恭摺具奏，伏祈皇太后、皇上聖鑒。

再，此摺前撫臣吳大澂未及奏報卸事，是以由臣奏報，合併陳明。

知道了。

遴選鄉試内簾同考官摺〔一〕 光緒十四年八月二十六日

竊查科場條例内開，直省鄉試内簾官，該督撫照例調取科甲出身之現任州縣等官考充。又乾隆三十六年、道光九年先後議准，如現任各員文理荒疏，或有經手要件，實在不敷考選，即將委署州縣以上及即用分發人員詳加遴選，擇其文理優長者與實缺人員一體充當，仍將現任人員實在不敷派用情由專摺奏明，以重分校而杜弊端等因。歷經遵照辦理。

查廣東省文闈鄉試，向用内簾官十員。嗣因辦理捐輸節次加廣中額，應試人數較多。前於同治五年奏請添設同考官三員，欽奉諭旨允准各在案。兹光緒十四年戊子科鄉試内簾同考官應派十三員，臣遵例於通省科甲出身之現任丞倅州縣内，細加體察。除地方緊要及有經手要件各員未便檄調外，調到實缺及即用大挑、候補、試用知縣，南雄州州同，共三十員，於八月初一日傳集臣署中，出題考試，詳閱文藝，細察品行。堪充内簾者，實缺順德縣知縣魏傳熙、河源縣知縣李徵庸等二員，即用知縣史繼澤、胡文瀚、張問崇，大挑本班儘先補用知縣劉鎮寰，大挑知縣馮瑩，候補班報捐本班儘先補用知縣魏邦翰，候補知縣鄧倬堂，試用知縣吕椿培、陶祖培、龍紹儀，分發知縣陳廷蔚等十一員，均由進士、舉人出身，文理優長。臣於八月初六日入闈封門後，即將各員一體派入内簾充當同考官，嚴飭盡心襄校，務拔真才，以光大典。理合循例奏聞，伏乞皇太后、皇上聖鑒。

知道了。

部選知縣李恩元留省學習片〔二〕 光緒十四年八月二十六日

再，部選海康縣知縣李恩元，於光緒十四年五月二十八日領憑到省，應即飭赴本任。惟查海康縣爲雷郡首邑，沿海要區，訟獄繁多，民魯俗悍，素稱難治。該員係由捐納知縣選授斯缺。仕版初膺，甫來嶺海，於民情吏事均未熟諳，擬將新選海康縣知縣李恩元留省學習，俾資歷練。據藩、臬兩司會詳前來。臣謹附片陳明，伏祈聖鑒。

吏部知道。

〔一〕録自中國第一歷史檔案館編《光緒朝硃批奏摺》第一〇四輯，第七五二至七五三頁，中華書局一九九五年版。

〔二〕録自《京報》第二八六五號。

部選知縣張延留省學習熟悉赴任片[一]

光緒十四年八月二十六日

再，部選臨高縣知縣張延，先經到省繳憑。當因臨高縣地當瓊州濱海要區，正值撫黎開山辦理善後，一切均極喫重。該員初膺外任，恐其措置未能合宜。經臣會同前撫臣吳大澂附片奏明留省學習，俾資歷練在案。茲查該員張延，自留省學習以來，於吏治事宜，漸就熟悉，應即飭令前赴臨高縣知縣本任，以重職守。據廣東布政使高崇基具詳前來。除咨明吏部外，謹附片陳明，伏祈聖鑒。

吏部知道。

粵東第一百次正法盜犯開單彙奏摺[二]

光緒十四年八月二十六日

竊照粵省近年盜風日熾，經臣會同前撫臣倪文蔚，於光緒十一年十二月初一日奏請仍予先行就地正法，經刑部核議覆准。嗣後廣東省拏獲持械夥劫、兇暴衆著之各項盜匪，無論水陸，不分首從，凡有案情重大罪干斬梟、斬决者，一體照土匪、馬賊、會匪、游勇章程，先行懲辦。其距省較遠者，由該廳州縣審實後，酌核道路遠近，如道府同城者，解由該管巡道督同覆審。不同城者，即分別解由最近之該管或道或府州覆審。如犯多路遠者，即由道府州親赴所屬覆審。均録供通稟督撫，核明情節確實，批飭就地正法。其廣州府屬及佛岡、赤溪二同知所獲盜匪，仍於審實後録供解府審明，通稟批交臬司會同營務處司道覆訊明確，稟候核飭就地正法。案情重大者梟示。拒捕者格殺勿論。並將通省此項正法盜匪，按三箇月彙奏一次。光緒十二年正月十四日具奏，奉旨：依議。欽此。等因。咨行到粵。當經通行欽遵辦理。

查廣東省第九十九次辦過盜犯，業經彙奏在案。今自光緒十三年十二月初九日起至十四年三月初八日，復届三箇月，應歸第一百次彙奏。據各屬及緝捕員弁報獲盜犯共六十三名，均經訊明，分別解由該管道府及臬司會同營務處司道覆審録供，稟經臣會同前撫臣吳大澂核明，批飭就地正法，分別梟示。據臬司王毓藻將辦過盜犯造具案由罪名册，詳請具奏前來。臣覆核無異，除將案由罪名册送部查核，並飭司備録全案供招咨部，暨洋盜另行具奏外，所有第一百次正法盜犯，謹彙繕罪名清單，恭摺具陳，伏祈皇太后、皇上聖鑒。

刑部知道。單併發。

籌解鄭工用款片[三]

光緒十四年八月　日

再，前准北洋大臣李鴻章電稱，户部奏撥鄭工用款内，廣東省籌邊軍餉項下籌解銀十萬兩，粵海關四成洋税籌邊軍餉項下籌解銀十萬兩等因前來。查廣東省奉撥戊子年籌邊軍餉銀二十萬兩，業經先後兩批籌銀一十萬兩，遴委開復知縣徐德度及試用通判徐

[一] 録自《京報》第二八六七號。

[二] 録自中國第一歷史檔案館編《光緒朝硃批奏摺》第一〇九輯，第六〇二至六〇三頁，中華書局一九九五年版。

[三] 録自中國第一歷史檔案館編《光緒朝硃批奏摺》第九八輯，第六一一頁，中華書局一九九五年版。

德葆等領解赴京投納在案。計尚未解銀一十萬兩，現准電知改撥鄭工應用，當經轉飭遵照籌解。

茲據廣東布政使高崇基在庫存各款内湊銀十萬兩，交由殷實商號日昇昌、百川通、蔚長厚、新泰厚、蔚泰厚於光緒十四年八月二十三日匯解天津鄭工轉運局道員何維楷兑收，轉解河南，以應要需具詳請奏前來。臣覆核無異，除咨部及分咨查照外，理合附片具陳，伏祈聖鑒。

户部知道。

知縣李作楨試用期滿甄别片[一] 光緒十四年八月　日

再，案准吏部咨，歸班文進士、繙譯進士俟本科截取，赴部投供後，准其隨時呈請分發籤掣各省，並准捐指一省，試用一年，照例甄别留省，按照到省先後，如同日到省，按照科分甲第名次補用。又准部咨，嗣後無論何項出身，凡係補缺應行具題者，試用期滿，由該督撫詳加甄别，專摺具奏各等因。歷經遵辦在案。茲查截取進士分發知縣李作楨，四川郫縣進士，籤分刑部學習。因無力在部當差，改歸進士知縣原班銓選，遵例呈請分發，籤掣廣東。光緒十年十月二十二日到省，十一年十一月聞訃丁父憂回籍，服滿起復。十四年四月二十日回省試用，已滿一年，例應甄别。據藩、臬兩司詳加察看，會詳請奏前來。臣覆加察核，該員李作楨心思精細，辦事勤能，堪膺民社。臣謹附片具陳，伏祈聖鑒。

吏部知道。

同知陳坤暫緩引見片[二] 光緒十四年八月　日

再，現准部咨，廣州府海防同知陳坤，歷俸十年期滿，飭令交代清楚，給咨赴部引見等因，轉行遵照在案。伏查該員陳坤，先經派委清查藩庫各款，句稽精細，深爲得力。光緒九年大計保薦卓異，十一年部行調取引見，當經臣會同前撫臣倪文蔚附片奏明，暫緩赴部，奉旨允准，迄今又閲三年。查該員現已交卸海防同知篆務，惟其清查庫儲各款，雖經辦有端倪，祇緣歷年既久，款目繁多，未能剋期完竣，似應責成始終其事，以竟全功。未便另易生手，致稽時日。合無籲懇天恩俯准該員陳坤暫緩赴部引見，俟清查事竣，再行飭令領咨北上。據布政使高崇基具詳請奏前來。除咨吏部外，臣謹附片具陳，伏祈聖鑒，飭部查照施行。

著照所請。吏部知道。

沈春輝調署博羅縣知縣片 光緒十四年八月　日

再，博羅縣知縣韓燁祚，調省差委，所遺博羅縣知縣篆務，應行委員接署。查有興甯縣知縣沈春輝，明晰安詳，奉公勤奮，堪以調署。該員任内並無盜刦已起四參之案，據藩、臬兩司會詳前來。除檄飭遵照外，臣謹循例附片陳明，伏祈聖鑒。

吏部知道。

[一] 録自《京報》第二八六四號。

[二] 以下二件録自《京報》第二八六七號。

知縣鄒兆麟試用期滿甄別片〔一〕光緒十四年九月十三日

再，前准部咨，無論何項出身，凡係補缺應行具題者，試用期滿，由該督撫詳加甄別，專摺具奏等因。歷經遵辦在案。茲查拔貢分發知縣鄒兆麟，四川南充縣拔貢，朝考以知縣用，簽掣廣東。光緒十二年八月二十一日到省，試用已滿二年，例應甄別。據廣東布政使高崇基會同署廣東按察使王景賢詳加察看，具詳請奏前來。臣覆加察核，該員鄒兆麟，志正才長，年力精壯，堪膺民社。除咨部外，謹附片具陳，伏祈聖鑒。

吏部知道。

香山紳士捐修寨城摺 光緒十四年九月二十二日

竊前准部咨，各省捐修城工，應於議修議築之始，先行奏明存案。該處有無軍務，在於摺内詳細聲明等因，通行遵照在案。現據廣東布政使高崇基詳稱，據香山縣紳士在籍候選道劉永康等呈稱，世居縣屬之前山寨，地濱海澨，近接澳門，城垣年久失修，坍頹過半。城内舊址狹隘，居民生齒日繁，駐足無地。自應及時修拓，以資棲止而固苞桑。該紳自願捐資集事，不敢請給官款。當經檄飭署廣州府海防同知蕭（炳）〔丙〕堃會同委員候補通判張士彥，勘得前山寨城北依山麓，西南面海，東爲直走澳門之大路。該城舊址長三百六十丈，高僅八尺或五六尺不等。現擬將東、西、南三面一律卸舊換新，加展至三百三十七丈。城脚用石，城身用灰沙三合土，築高一丈一尺。城堞用磚，高三尺五寸，仍設東、西、南三門。所有門竇、礮臺，悉如舊址。其北城舊基長一百六十五丈，毋庸加展。擬將城身築高一丈，城堞亦三尺五寸。通計周圍共長五百零二丈，較之舊址加展一百四十二丈，城墻皆厚七尺。城外東南角開濠一道，長一百五十丈，兩面砌堤，共闊二丈六尺。至於城身加展所用糧田稅地，多係劉姓公産。計城墻壓占田地一十一畝二分，開濠用田六畝五分，東、西、南三面拓城共用田地三十七畝，内有別姓三畝九分，由劉永康等給價買回，一併捐作城基。應完糧稅照舊輸納，所有圈入地場仍歸原主管業，分別勘丈明確核實。估計共需經費銀四萬餘兩，劉永康自願獨力擔承，成此盛舉，並不請官發款，亦毋須別處籌捐。據該同知等勘明圈築之處，並無阻礙橋梁道路，民情亦甚樂從。並據劉永康等呈請開工等情，稟覆到司，由該司具詳請奏前來。

臣伏查前山寨城建自前明天啓年間，當水陸扼要之衝，爲形勢所争之地。内達香山縣城，外接澳門十里而近，在今尤爲衝要。現因該城舊址窄狹，民間棲止不敷。邑紳劉永康等自願出資修理，加展城身一百四十餘丈，所需經費及應用田地悉係該紳捐給，不動官款。洵屬急公好義，自應准其開工修拓，以順輿情。惟粤省現無軍務，該紳捐修前山寨城，係爲保衛居民，鞏固海疆起見，自當遵照部章先行奏明存案。一俟城工告竣，委員驗收，仍照民捐民辦章程，免其造册報銷。至劉永康等所捐修城經費及拓作城基田地，現飭分別開報姓名細數，再加覆核。工竣之日，合無仰懇天恩俯准給予奬叙，以昭激勸。

（硃批）著照所請。該部知道。（欽此）〔二〕

〔一〕録自中國歷史第一檔案館編《光緒朝硃批奏摺》第五輯，第八二三頁，中華書局一九九五年版。

〔二〕以上衍、舛三處，據中華書局一九九五年版《光緒朝硃批奏摺》第一〇三輯，第四七〇至四七二頁删、校正。

粤海關籌解第三批京餉等款銀兩摺[一]

光緒十四年九月二十二日

竊照光緒十四年分京餉，户部奏撥粤海關洋税銀十萬兩，新增盈餘銀六萬兩。又本年東北邊防經費，奏撥粤海關六成洋税銀十二萬兩。又各關應解抵閩京餉改爲加放俸餉案内，粤海關四成洋税，每結提銀六千兩。又京官津貼改爲另款加復俸餉，每年粤海關應解銀四萬兩。又光緒十四年籌邊軍餉，奏撥粤海關四成洋税銀十二萬兩、六成洋税銀二十萬兩。又内務府廣儲司公用，每年額撥粤海關税銀三十萬兩，例分四季起解。以上各款銀兩，均應趕緊籌解，以濟要需。

查粤海關應解各款銀兩，向由西商先行借墊，勢難起解現銀。光緒十年四月間奏准，仍交商匯兑在案。兹光緒十四年分第三批京餉等款銀兩，經向西商志成信、協成乾銀號借銀一十四萬五千四百八十兩先行墊解，隨後由税收歸還以資周轉。飭據廣東布政使高崇基遴委候補布經歷文海等，領解光緒十四年分第三批京餉新增盈餘銀二萬兩，另加平銀三百兩，飯銀五百八十兩。又東北邊防經費銀二萬兩，又加放俸餉銀六千兩，又光緒十二年分另款加復俸餉銀一萬兩，又光緒十四年籌邊軍餉四成洋税銀一萬兩，又光緒十四年秋季分廣儲司公用銀七萬五千兩，另加平銀一千一百二十五兩，新增歸公加平銀一千八百七十五兩，抬費用項銀六百兩。統共銀一十四萬五千四百八十兩，飭令該委員等領齎文批，於光緒十四年九月十六日由海道進京支取銀兩，前赴户部、内務府分別交納，以期妥速。除分咨查照外，謹合詞恭摺具陳，伏祈皇太后、皇上聖鑒。

該衙門知道。

粤海關奉撥鄭工銀兩如數解清摺[二] 光緒十四年九月二十二日

竊臣長有於光緒十四年八月十五日准北洋大臣李鴻章電開，户部奏撥鄭工用款内，粤海關四成洋税籌邊軍餉項下，籌解銀十萬兩等因。臣長有遵即照案籌備銀兩，先後分批趕解。第一次匯解銀五萬兩，第二次匯解銀五萬兩，共銀十萬兩，均於八月内發交西商志成信、協成乾銀號匯兑，解赴天津支應局交收轉解河南鄭工應用。所有粤海關四成洋税籌邊軍餉項下，奉撥河南鄭工銀兩如數解清緣由，除咨户部暨河道督臣、河南撫臣查照外，謹合詞具陳。再，廣東巡撫係臣之洞兼署，毋庸會銜，合併陳明。伏祈皇太后、皇上聖鑒。

户部知道。

籌解本年旗營加餉第三批銀數摺[三] 光緒十四年九月二十二日

竊前承准軍機大臣字寄，光緒十一年八月二十二日，欽奉慈

[一] 録自《京報》第二八九三號。

[二] 録自中國第一歷史檔案館編《光緒朝硃批奏摺》第九八輯，第六二九至六三〇頁，中華書局一九九五年版。

[三] 録自中國第一歷史檔案館編《光緒朝硃批奏摺》第五八輯，第一八一頁，中華書局一九九五年版。

禧端佑康頤昭豫莊誠皇太后懿旨：前據侍郎薛允升奏請飭裁減勇營將中外各旗營加餉訓練一摺，著各直省將軍、督撫破除成見，迅將各該省現有勇營切實核減。其裁勇所節之餉，從光緒十二年起每省每年可得若干，先行奏明，專款存儲，分批解部備用。等因。欽此。當即恭録分行司局欽遵籌解。因粤省餉力萬難，一時未能籌定專款。光緒十二年先由商號借銀十萬兩匯解赴京。嗣於覆奏查明廣東原奏收支款目尚無歧異摺内，附列清單，聲明旗營加餉一款，係欽奉懿旨飭籌之件，無論如何爲難，自當竭力籌措。以後每年解足十萬兩，仍俟籌定動支款項另行奏明立案等因。所有光緒十三年分前項餉銀，業經照數匯解。其光緒十四年分應解前項旗營加餉銀十萬兩，先經籌銀五萬兩，分作兩批，飭委開復知縣徐德度及試用通判徐德葆等，領解赴京投納奏報在案。茲據廣東布政使高崇基詳稱，在於司庫各款内再籌銀二萬兩，作爲第三批，交由商號日昇昌、百川通、蔚長厚、新泰厚、蔚泰厚匯兑至京，遴委試用通判尚昌錡等領賫匯單，於光緒十四年九月初三日起程，由海道進京支取銀兩赴部交納等情，詳請奏咨前來。臣覆核無異，除飭將本年應解銀兩陸續籌解暨咨户部外，謹恭摺具陳，伏祈皇太后、皇上聖鑒。再，廣東巡撫係臣兼署，毋庸會銜，合併陳明。

户部知道。

提督鄭紹忠丁憂服闋日期片〔一〕 光緒十四年九月二十二日

再，署廣東陸路提督記名提督鄭紹忠，前丁母憂，業經奏明在案。茲准該署提督咨稱，自光緒十二年五月二十五日聞訃丁憂起，不計閏扣至光緒十四年八月二十五日，二十七箇月服闋，呈請奏咨前來。伏查該署提督鄭紹忠，樸誠勇毅，威望素孚，前由潮州鎮總兵本任調署南韶連鎮，嗣辦海防，復奏署陸路提督。上年在署任内，聞訃丁憂，維時查辦匪鄉正在喫緊，經臣奏明廣東各鎮如該提督才器堪以接署者，實難其人，懇請暫留署任，素服辦事。奉旨允准，並開去潮州鎮總兵底缺。數年以來，該署提督於應辦各屬盜藪，悉力搜捕。所有著名漏網渠魁，以次殲除殆盡，地方安枚，成效大彰。且於舊部安勇以及所屬緑營，尤能時加整頓，力除疲惰之習，紀律尤爲嚴明，軍民均深悦服，實屬克共厥職，有益海疆。前因本任廣東陸路提督唐仁廉到任無期，復經臣陳明該署提督署篆得力，久任有益等情各在案。茲據具報服闋日期，除咨部查照外，理合附片具陳，伏祈聖鑒。

兵部知道。

總兵劉光裕暫緩陛見片〔二〕 光緒十四年九月二十二日

再，臣接據調署廣西右江鎮總兵、本任左江鎮總兵劉光裕禀稱，該鎮於光緒六年十二月十二日蒙恩補授廣西左江鎮總兵。七年閏七月二十日接印任事，光緒十年七月届滿三年，當禀請前督臣張樹聲代請陛見。前督臣以邊務喫緊，奏請暫緩進京。欽奉諭

〔一〕録自《京報》第二八八八號。
〔二〕録自《京報》第二八八七號。

旨：著照所請。欽此。欽遵在案。茲自光緒十年七月起至十三年七月又屆三年，例應恭摺奏請陛見。惟現奉調署右江鎮總兵篆務，駐劄百色，應否奏請交卸北上，請示核辦前來。臣查百色距省遥遠，接壤滇邊，地當衝要，彈壓巡防素稱喫重。目前廣西界務甫定，措置邊防，消弭伏莽，未可稍形疏懈。劉光裕抵右江鎮總兵署任，措置均屬得宜，似未便更易生手。合無仰懇天恩俯准該鎮劉光裕仍留右江鎮總兵署任，暫緩進京。俟西省商務就緒，邊事益臻安謐，再請陛見，實於邊地有裨。臣謹會同廣西提督臣蘇元春合詞附片具陳。是否有當，伏祈聖鑒訓示。

著照所請。

查明七月分雨水田禾糧價情形摺〔一〕 光緒十四年九月二十三日

竊照廣東省光緒十四年六月分雨水、田禾、糧價情形，先經臣恭摺奏聞在案。茲查廣東省城本年七月上旬得雨數次，中、下兩旬晴雨相間，農田沾潤，早稻以次收穫，晚禾秀發，園蔬、雜糧亦皆暢茂。省外各屬禀報與省城大略相同。糧價較上月稍減，民情安謐，堪以仰慰聖懷。

知道了。

奏報光緒十三年下忙錢糧銀兩數目摺〔二〕 光緒十四年九月二十三日

案准部咨，州縣每年應徵錢糧銀兩，除例准留支及實欠在民外，儘數提解司庫。下忙限十二月底截清，解司銀數造册詳報。督撫於二十日内專摺具奏，將原册送部。又准部咨，上下忙錢糧以額徵數目，按八分計算。上忙勻爲三分，下忙勻爲五分徵收，其餘二分歸奏銷前徵完，分别藩司功過，責令督催。又准部咨，各省上下兩忙錢糧，於截止後，上忙限十一月底，下忙限次年五月底，分晰成數報部等因。均經轉行遵辦在案。

茲據廣東布政使高崇基詳稱，廣東省光緒十三年分有閏，應徵地丁、雜税、屯丁等項，共銀一百一十一萬八千九百六十八兩二錢一分八釐。除上忙期内已完銀三十七萬七千五百二十二兩四錢九釐八毫，自光緒十三年十二月初一起至光緒十四年五月下忙期滿止，續完銀四十三萬九千二十五兩二錢五分三釐一絲四忽。又額徵耗羨銀一十八萬一千八百八十六兩七錢六分八毫，除上忙期内已完銀四萬七千五百三十七兩五錢六分九釐二毫，今下忙期滿續完銀五萬三千五百一十七兩四錢八分九釐一毫。額徵正耗二項，統計分數，下忙勻爲五分計算，已完三分七釐八毫六絲三忽，未完一分二釐一毫三絲七忽。除各廳州縣應行留支外，均據解收司道各庫檢查各屬實徵底簿，核算相符，未完之數，委係實欠在民，並無捏飾等情前來。除行司嚴催各屬迅將未完銀兩上緊催徵，歸於奏銷前接續完解，並將已、未完數目各册，咨送吏、户二部外，所有廣東省徵收光緒十三年分下忙錢糧數目，臣謹循例恭摺具陳，伏祈皇太后、皇上聖鑒。再，兩廣總督係臣本任，毋庸會銜，合併陳明。

〔一〕録自中國第一歷史檔案館編《光緒朝硃批奏摺》第九四輯，第七二四至七二五頁，中華書局一九九五年版。
〔二〕録自中國第一歷史檔案館編《光緒朝硃批奏摺》第六六輯，第八至九頁，中華書局一九九五年版。

該部知道。

籌解第三批地丁京餉摺〔一〕 光緒十四年九月二十三日

竊准部咨，光緒十四年奏撥京餉案内，廣東奉撥地丁銀十萬兩等因，咨行到粵。當經督飭司道欽遵籌解去後。現據布政使高崇基詳稱，查廣東省上年起解地丁京餉，係交商匯解，業經詳奉奏明在案。光緒十四年分京餉項下，奉撥地丁銀兩，業經照案先後籌交商號匯解銀五萬兩，分作兩批，委員候補知縣劉保仁等領齎匯單起解進京。茲再籌銀二萬兩，作爲第三批京餉，交殷實銀號日昇昌、百川通、蔚長厚、新泰厚、蔚泰厚匯兑至京，以期迅速。飭委試用通判尚昌錡等領齎匯單，於光緒十四年九月初三日起程，由海道進京，支取銀兩赴部投納等情，具詳前來。臣覆查無異，除咨户部查照驗收外，理合恭摺具奏，伏祈皇太后、皇上聖鑒。

户部知道。

籌解第四批釐金京餉摺 光緒十四年九月二十三日

竊准部咨，光緒十四年原撥京餉案内，廣東奉撥釐金銀十萬兩。等因。咨行到粵。當經督飭司道欽遵籌解去後。業據籌銀七萬兩，先後分作三批，委員徐德度等按批領齎匯單，起解進京投納在案。

茲據布政使高崇基會同釐務總局司道詳稱，在於釐金項下再籌銀二萬兩，作爲第四批起解釐金京餉，遴委試用通判尚昌錡等領齎匯單，於光緒十四年九月初三日起程，附搭輪船進京，支取銀兩赴部投納等情，具詳前來。臣覆核無異，理合恭摺具奏，伏祈皇太后、皇上聖鑒。

户部知道。

籌解第四批鹽課京餉等款銀兩摺〔二〕 光緒十四年九月二十八日

竊前承准軍機大臣字寄，光緒十三年十一月初四日奉上諭：户部奏，豫撥來年京餉擬在地丁、鹽課等款内指撥銀七百萬兩，著於來年分批提前趕解。另片奏，光緒十四年内務府經費，擬撥廣東鹽課銀五萬兩，著於來年開印後陸續徑解内務府交納。等因。欽此。並清單一紙，内開擬撥光緒十四年分京餉廣東鹽課銀二十萬兩。當經恭録轉行欽遵籌解。又，粵東運庫京餉難以現銀解部，歷經奏明仍行交商匯兑。

茲據兩廣鹽運使英啓詳稱，光緒十四年分奉撥京餉，廣東鹽課銀二十萬兩、内務府經費銀五萬兩，前經在於徵收光緒十三年、十四年分省河鹽課項内籌撥銀一十九萬兩，分作本年第一、第二、第三批京餉及内務府經費，先後匯兑解京，詳奉奏報在案。茲又在於徵收光緒十四年分省河鹽課項内籌銀五萬兩，並隨解一五加平飯食銀一千五百兩，共銀五萬一千五百兩，作爲本年第四批京餉。又在鹽課項内籌銀一萬兩，並隨解平餘抬費等銀三百三十兩，共銀一萬三百三十兩作爲本年第四批内務府經費。飭交殷實銀號

〔一〕以下二件録自中國第一歷史檔案館編《光緒朝硃批奏摺》第八六輯，第五一五至五一六頁，中華書局一九九五年版。

〔二〕録自《京報》第二八九三號。

百川通、日昇昌、蔚泰厚、蔚長厚、新泰厚、元豐玖匯兑入京。遴委候補典史卓照等，領齎匯單，於本年十月初三日起程，附搭輪船進京，支取足色紋銀，分赴户部、内務府投納。所有本年運庫奉撥京餉、内務府經費共銀二十五萬兩，均已照數解清等情，詳請具奏前來。臣覆核無異，除分咨外，謹繕摺具陳，伏祈皇太后、皇上聖鑒。

該衙門知道。

籌解本年旗營加餉第四批銀數摺〔一〕 光緒十四年九月二十八日

竊照光緒十一年八月二十二日，欽奉慈禧端佑康頤昭豫莊誠皇太后懿旨：今欲酌加旗營餉需，惟有將各省營勇裁減浮濫。每省每年各裁節銀二三十萬，分批解部，以供加餉練兵之用。等因。欽此。當即恭録分行司局欽遵籌解。因粵省餉力萬難，一時未能籌定專款，光緒十二年先由商號借銀十萬兩匯解赴京。嗣於覆奏查明廣東原奏收支款目尚無歧異摺内，附列清單，聲明旗營加餉一款，係欽奉懿旨飭籌之件，無論如何爲難，自當竭力籌措。以後每年解足十萬兩，仍俟籌定動支款項，另行奏明立案等因。旋將光緒十三年分應解銀兩如數解清。至光緒十四年分應解旗營加餉銀十萬兩，先經籌銀七萬兩，分作三批飭委開復知縣徐德度等並試用通判徐德葆、試用通判尚昌錡等領解赴京投納奏報在案。茲據廣東布政使高崇基詳稱，在於司庫各款内，再籌銀三萬兩作爲第四批，交由商號日昇昌、百川通、蔚長厚、新泰厚、蔚泰厚匯兑至京，遴委試用知縣沈麟書領齎匯單，於光緒十四年十月初三日起程，由海道進京，支取銀兩赴部交納。所有光緒十四年分旗營加餉銀十萬兩全數解清等情，詳請奏咨前來。臣覆核無異，除咨明户部外，謹恭摺具陳，伏祈皇太后、皇上聖鑒。

户部知道。

籌款撥補第五次洋款遞年不敷鎊價摺〔二〕 光緒十四年九月二十八日

竊臣之洞前因歸還第五次洋款不敷榜價甚多，咨催粵海關籌款補解。經臣長有呈請部覆，准户部覆稱，查該關各項經費及火耗善舉籌款，每年開支甚鉅。前令每年匀挪銀六萬餘兩歸還洋息，若再能撙節動支，必尚有可匀之處。應令會同妥議設法裁節，每年能匀出若干，即撥補若干。下餘不敷之數，由粵省自行籌補等因。當經臣之洞轉飭司局籌議辦理。

據廣東布政使高崇基，會同海防善後局司道詳稱，此項粵海關歸還洋款，乃係光緒十一年正月初九日電奏爲他省代借撥應急餉，由各省關歸還。十二日奉旨允准。部議由粵海關按年認還息銀，其本銀尚未派定認還省分，須俟光緒十七年以後方議還本，與本省所借第一、第二、第三、第四等次洋款爲粵省充餉者，兩不相涉。其不敷榜價，似不應粵省代還。至粵省原奏不敷榜價由粵籌補，係指粵省自用洋款而言。光緒十二年五月原奏曾經詳晰

〔一〕録自中國第一歷史檔案館編《光緒朝硃批奏摺》第五八輯，第一八九至一九〇頁，中華書局一九九五年版。

〔二〕録自中國第一歷史檔案館編《光緒朝硃批奏摺》第八一輯，第五八一至五八二頁，中華書局一九九五年版。

聲叙在案。今因海關應還之洋款，遞年每期榜價不敷尚多，奏准部咨令由海關經費裁節撥補，不敷之數仍由粵省自籌。查粵省司局因本省所用洋款，將藥釐八十萬盡數指還，以致固本等餉茫然無措。加之本年以來各省協餉、工賑等款，籌挪、墊借，悉索靡遺。若當年爲他省代借之洋款其不敷之榜價，實屬萬難兼顧。然若不籌一辦法，勢必至要款虛懸。再四籌維，伏查同治年間開辦六廠洋藥稅，奏明每月撥解伏莽經費銀二萬兩，光緒二年改爲海防經費。上年八月復經奏明，自本年起減半撥解，每年止須解銀十二萬兩。其力甚紓，解少收多，足資注挹。若於此項六廠洋藥稅撥補前項洋款遞年每期不敷榜價，是以粵省原有之款抵海關應還榜價不敷之項，似屬順理成章。又海關六成洋稅，歷年收數日多，今年愈形豐旺。或請在此項開銷，亦不致有妨他項用款等情，詳請察核奏咨前來。

臣等伏查，此項不敷榜價，部咨令於海關經費各款裁節撥補。如果有款可裁，自應照辦。臣長有溯查粵海關經費各款，從前扣平減折，業已至再至三。光緒九年復准部咨，令於此項撥解京員津貼每年四萬兩，經將用款大加核減，仍屬不敷。當於洋藥稅廠支銷項下裁減湊解，咨部有案。嗣因歸還洋款每年截留六成洋稅二十萬兩外，尚短銀六萬餘兩，曾奉部行在於粵海關經費等項內匀挪應用。維時經前監督臣海緒，以經費各款萬難再事搜羅，仍在六成洋稅項下撥解足額，遞年相沿辦理。上年洋藥改用稅司一切支銷愈形窘迫，安能更有盈餘歸還榜價。此中情形衆所共知。臣之洞查粵海關經費各款委屬無可騰挪，至於粵省司局困絀無從設法亦係實情。臣等公同商酌，此項不敷榜價，乃係爲他省代借之洋款，原經奏准由各省關歸還者，本非粵省應還之項。查六廠洋藥稅有減解海防經費一款，本屬粵省原有之項，除撥歸粵省應用外，現有餘存。又六成洋稅收數日增，且洋款動撥有案可循，此兩項中無論以何項撥補不敷榜價均屬有著，尚不爲難。據詳前情所有第五次洋款遞年每期不敷榜價，合無仰懇天恩俯准在於粵海關六廠洋藥稅撥補，抑或併於六成洋稅開銷，以歸有著。出自逾格鴻慈。除咨部外，謹合詞恭摺具陳，伏祈皇太后、皇上聖鑒。

戶部議奏。

請准以吴南補授守備片[一] 光緒十四年九月二十八日

再，廣東碣石鎮左營守備李廣聰病故，遺缺前准兵部咨，係外海水師題補第五輪第五缺，應用儘先人員，行令迅揀合例人員請補。當經臣會同前署廣東水師提督臣王孝祺奏請以水師提標中營儘先守備吴南補授。茲准兵部議覆，查吴南儘先名次在二十名以內，雖據奏稱在前之沈榮光等未便請補，惟尚有在前之龔振高一員，該督摺内漏未聲叙，所請礙難核准。應令查明聲覆到日，再行核辦等因。光緒十四年三月初六日奏。奉旨：依議。欽此。等因。咨行前來。伏查龔振高一員，已據瓊州鎮呈報，於光緒十三年三月二十一日病故，謹遵照查明聲覆。合無仰懇天恩俯准仍以吴南補授碣石鎮左營守備，俾海防營伍藉資整飭。如蒙俞允，俟部覆到日，給咨送部引見，以符定制。謹會同廣東水師提督臣

[一] 以下三件録自中國第一歷史檔案館編《光緒朝硃批奏摺》第四〇輯，第四六三至四六六頁，中華書局一九九五年版。

方耀合詞附片具奏，伏祈聖鑒，敕部核覆施行。

兵部議奏。

請准以武永泰補授守備片 光緒十四年九月二十八日

再，廣東澄海營右營守備何汝昌病故，遺缺前准兵部咨，係外海水師題補第五輪第四缺，應用儘先人員，行令迅揀合例人員請補。當經臣會同前署廣東水師提督臣王孝祺奏請以四會營千總水陸儘先補用守備武永泰補授。茲准兵部議覆，查武永泰儘先名次在二十名以內，雖據奏稱在前之沈榮光等或人地未宜，或營伍未嫺不合請補，惟尚有在前之龔振高一員，該督摺內漏未聲叙，所請礙難核准。應令查明聲覆到日，再行核辦等因。光緒十四年三月初六日奏。奉旨：依議。欽此。等因。咨行前來。伏查龔振高一員，已據瓊州鎮呈報，於光緒十三年三月二十一日病故，謹遵照查明聲覆。合無仰懇天恩俯准仍以武永泰補授澄海營右營守備，於海防營伍均有裨益。如蒙俞允，俟部覆到日，給咨送部引見，以符定制。謹會同廣東水師提督臣方耀合詞附片具奏，伏祈聖鑒，敕部核覆施行。

兵部議奏。

請准以雷同聲補授守備片 光緒十四年九月二十八日

再，光緒十三年舉行軍政案內，經臣查有廣西提標左營守備，現改柳慶鎮左營守備劉明成，才力不及，特疏糾叅。現准兵部議覆，照例將該員降二級調用。所遺柳慶鎮左營守備，係部推之缺，輪用期滿營用武進士人員，行令迅即揀選合例人員請補等因。當經轉行遵照。查前准兵部咨，具奏營用武進士補缺壅滯，擬請嗣後部推守備缺出，除漢侍衛及門衛千總應用月缺不計外，其餘自此次奉旨之日起各計，各省無論部中擬補、該省請補，統計補用儘先三人後，插補營用武進士一人，由部行令該督撫，無論由武生中式，及由兵生中式武進士，統按到標五年期滿揀選在前並無事故者，奏請補用。如同日期滿，以科分名次先後爲斷。儻該員與是缺人地不宜，或係兵生出身，適遇本府本營之缺，准其先行請補，另揀合例人員對調，概不得聲叙過班。此項武進士係奉旨録用後赴部分發之員，請補時毋庸調取引見，即由部發給劄付，令其赴任等因。光緒九年七月十二日奉旨：依議。欽此。欽遵在案。臣查廣西柳慶鎮左營守備，駐柳州府城，係部推之缺，接准部咨輪用期滿營用武進士。茲會同廣西提督臣蘇元春查照部行章程，在於廣西省期滿營用武進士內悉心遴選。其到標在前之馮國啓，於光緒十年夏間經前督臣張樹聲委令西江緝私，旋經另行委員接辦。該員延不移交，經前督臣張樹聲行令摘頂記過聽候察看。秦步陞，營伍尚未熟習。均未便請補。查有廣西撫標左營效力期滿營用守備雷同聲，年二十八歲，廣西南甯府宣化縣人。由武生應光緒五年己卯科廣西省鄉試中式武舉，光緒六年赴京應庚辰科會試中式武進士，奉旨：以營守備用。欽此。經兵部發給驗票發回本省撫標左營效力。光緒七年閏七月十八日到標，現經五年期滿。該員精壯勤能，營務諳練，以之補授柳慶鎮左營守備，洵堪勝任。雖有到標在前之員，惟均不合請補，謹隨摺聲明。合無仰懇天恩俯准雷同聲補授柳慶鎮左營守備，俾營伍藉資整頓。如蒙俞允，該員毋庸迴避本營本府，照章亦毋庸送部引見，應請敕部給與劄付，令其赴任。謹會同廣西提督臣蘇元春合詞附片具陳，伏祈聖鑒，敕部核覆施行。

兵部議奏。

知縣陸維祺蔡國楨奏留改省片[一] 光緒十四年九月二十八日

再，海防試用知縣陸維祺，經臣於光緒十二年八月內附片奏調廣東差委，奉旨允准在案。維時該員陸維祺已改發湖南試用。隨准湖南撫臣給咨到粵，當經委辦洋務、釐務、緝務各局，均能潔慎從公，認真整頓。查該員前在湖北充宜昌洋關委員有年，於交涉事宜極爲熟習，頗能動中窾要。嗣後改發湖南，並非洋務省分，若令仍回湖南候補，未免用違其長。又江蘇候補班前儘先補用知縣蔡國楨，前於光緒十二年秋間由駐美叅贊官銷差回華，道經廣東，經臣奏留差委，亦經奉旨允准在案。歷派該員辦理洋務，熟於條約，深悉洋情，辯論精細，操縱有方，甚屬得力。現在廣東洋務紛繁，交涉事件日多，需才尤亟，合無仰懇天恩俯准將陸維祺、蔡國楨兩員，各以原班改留廣東，分別試用、補用，俾收指臂之效。如蒙俞允，所有該員等改留省分應繳離省分發銀兩，仍當飭令照例呈繳，以符定章。再，陸維祺一員係到省試用期滿業經甄別人員，因奏調差委續請改留補用，與自行報捐改省不同，未便因奏留改省轉令斷其原資，應請即以該員前在湖南到省日期，作爲此次到省日期，庶足以示區別而昭公允。蔡國楨一員，係由江蘇候補縣丞保升知縣，該員現有委辦交涉事件，應俟事竣再行給咨引見，合併陳明。除咨部查照外，謹附片具陳，伏祈聖鑒。

著照所請。該部知道。

請開復知縣守備頂戴片[二] 光緒十四年九月二十八日

再，署理南海縣知縣張璿、廣州協左營守備關貴昌，前因附貢生陳序璿等家被盜夥刦拒斃人命事，逾旬日獲犯寥寥。經臣以該員等緝捕不力，附片奏叅摘去頂戴，勒限嚴緝。奉硃批：著照所請。該部知道。欽此。欽遵在案。

該員等自被叅後，極力設法，多方購緝，先後據報會同拏獲本案起意首盜高矮仔洪，暨夥盜麥亞六等共十二名，均供認本案行刦得贓拒捕斃命等情不諱。除飭照章審擬懲辦，並嚴緝在逃夥黨務期全獲外，查此案盜匪首夥共係二十二名，茲該員等於限內先後拏獲十二名。計已獲犯過半，兼獲盜首，尚屬愧奮。據署廣東按察使王景賢詳請具奏開復頂戴前來。臣覆覈無異。合無仰懇天恩准將署理南海縣知縣張璿、廣州協左營守備關貴昌兩員，一併賞還頂戴，以資策勵。出自鴻慈。謹附片奏陳，伏祈聖鑒。

著照所請。該部知道。

籌解第四批太平關常税京餉片[三] 光緒十四年九月　日

再，光緒十四年分京餉，户部指撥廣東太平關常税銀十五萬兩，業經飭司籌銀七萬五千兩，分作三批，飭委開復知縣徐德度、

[一] 録自《京報》第二八九三號。

[二] 録自《京報》第二八八八號。

[三] 録自中國第一歷史檔案館編《光緒朝硃批奏摺》第八六輯，第五二三頁，中華書局一九九五年版。

試用同知孫鴻勳、試用通判徐德葆等，先後匯解赴部投納，均經奏報在案。

茲據布政使高崇基詳稱，又在司庫籌銀四萬兩，作爲第四批太平關常税京餉，照案交由殷實商號日昇昌、百川通、蔚長厚、新泰厚、蔚泰厚匯兑赴京，以期迅速。仍俟太平關税收有銀兩解還歸款。飭委試用通判尚昌錡等領齎匯單，於光緒十四年九月初三日起程由海道進京，支取銀兩赴部投納等情具詳前來。臣覆核無異，除咨部外，理合附片陳明，伏祈聖鑒。

户部知道。

籌解第二批東北邊防經費片〔一〕　光緒十四年九月　日

再，東北邊防經費，部撥廣東釐金銀八萬兩，先經臣於光緒十二年十二月間奏准，將粵省墊過東三省槍價銀十一萬三千二百四十一兩四錢九分三釐，分爲三年匀扣抵解，每年應抵解東北邊防經費銀三萬七千七百四十七兩一錢六分四釐三毫在案。光緒十四年分，部撥東北邊防經費銀八萬兩，除照案扣抵外，尚應解銀四萬二千二百五十二兩八錢三分五釐七毫，先經籌銀二萬兩，作爲第一批，交委員徐德葆領解赴京投納。茲據布政使高崇基會同釐務總局司道詳稱，在於釐金項下再籌銀二萬二千二百五十二兩八錢三分五釐七毫，作爲第二批東北邊防經費，全數起解，交殷實商號日昇昌等匯兑至京，派委試用通判尚昌錡等領齎文批、匯單，附搭輪船進京，支取銀兩赴部投納。據報於光緒十四年九月初三日起程，詳請具奏前來。臣覆核無異，除咨呈海軍衙門暨户部外，謹附片具陳，伏祈聖鑒。

該衙門知道。

查明八月分雨水田禾糧價摺〔二〕　光緒十四年十月初六日

竊照廣東省光緒十四年七月分雨水、田禾、糧價前經奏聞在案。

茲查廣東省城本年八月上旬得透雨數次，中、下二旬均有雨澤。粵省向來八月以後雨水甚稀，本年秋雨應時，大爲有益。農田霑足，土膏滋潤，晚禾以次結穗，園蔬、雜糧亦皆青葱暢茂，可望豐收。省外各屬禀報與省城大略相同。糧價較上月稍減，民情安謐，堪以仰慰聖懷。所有光緒十四年八月分雨水、田禾、糧價，臣謹繕清單恭摺具奏，伏祈皇太后、皇上聖鑒。

知道了。

籌解第五批釐金京餉摺〔三〕　光緒十四年十月初六日

竊准部咨，光緒十四年原撥京餉案内，廣東奉撥釐金銀十萬

〔一〕録自中國第一歷史檔案館編《光緒朝硃批奏摺》第五八輯，第一九二頁，中華書局一九九五年版。

〔二〕録自中國第一歷史檔案館編《光緒朝硃批奏摺》第九四輯，第七三三至七三四頁，中華書局一九九五年版。

〔三〕以下二件録自中國第一歷史檔案館編《光緒朝硃批奏摺》第八六輯，第五二五至五二六頁，中華書局一九九五年版。

兩等因，咨行到粵。當經督飭司道遵照籌解去後。業據籌銀九萬兩，先後分作四批，委員徐德度等領賫匯單起解進京交納在案。茲據布政使高崇基會同釐務總局司道詳稱，在於釐金項下再籌銀一萬兩，作爲第五批起解釐金京餉，遴委試用知縣沈麟書領賫匯單，於光緒十四年十月初三日起程，附搭輪船進京，支取銀兩赴部投納。所有光緒十四年分奉撥釐金京餉十萬兩業已全數解清等情具詳前來。臣覆查無異，理合恭摺具陳，伏祈皇太后、皇上聖鑒。

户部知道。

籌解第四批地丁京餉摺 光緒十四年十月初六日

竊准部咨，光緒十四年原撥京餉案内，廣東奉撥地丁銀十萬兩等因，咨行到粵。當經督飭司道遵照籌解去後。據布政使高崇基詳稱，奉撥地丁京餉，業經先後籌銀七萬兩，分作三批飭委候補知縣劉保仁等，領賫匯單起解進京交納在案。茲再籌銀三萬兩，作爲第四批，仍照案交殷實商號日昇昌、百川通、蔚長厚、新泰厚、蔚泰厚匯兑至京，以期迅速。飭委試用知縣沈麟書領賫匯單，於光緒十四年十月初三日起程，由海道進京，支取銀兩赴部投納。所有奉撥光緒十四年分地丁京餉銀十萬兩，業已全數解清等情具詳前來。臣覆查無異，除咨户部查照驗收外，謹恭摺具陳，伏祈皇太后、皇上聖鑒。

户部知道。

參追欠解交代銀米各員摺〔一〕 光緒十四年十月初六日

竊據廣東布政使高崇基、署督糧道閻希范會詳稱，查有前署廣寧縣知縣帖宗晋徵存正雜款穀價銀六千一百餘兩、米五百三十餘石，前任海康縣知縣寅保徵存正雜款銀五千六百餘兩、米五百八十餘石，前署高明縣知縣唐大鏞徵存正雜款銀三千六百餘兩、米三百八十餘石，前署新安縣縣丞蕭兆勳徵存雜款銀六十七兩零、米八十石四斗三升八合，均經勒限嚴催，未據完解，詳請參追前來。相應請旨將前署廣寧縣事候補知縣帖宗晋、前任海康縣知縣降補府經歷縣丞寅保、前署高明縣知縣候補通判唐大鏞、前署新安縣縣丞蕭兆勳四員，暫行摘頂，勒限四箇月各將欠解銀米掃數完解。倘逾限不完，或解不足數，再行嚴參查抄備抵。如抵不足數，即將各該管上司應行分賠職名一併開送，以重庫款而免推延。所有參追各員欠解交代銀米緣由，臣謹繕摺具陳，伏祈皇太后、皇上聖鑒。

著照所請。該部知道。

光緒十三年分徵收錢糧銀米未完一分以上各員開單具奏摺〔二〕 光緒十四年十月十一日

竊准部咨，光緒六年正月二十五日奉上諭：户部奏籌備餉需

〔一〕録自中國第一歷史檔案館編《光緒朝硃批奏摺》第八一輯，第五八五至五八六頁，中華書局一九九五年版。

〔二〕録自中國第一歷史檔案館編《光緒朝硃批奏摺》第六六輯，第一一一至一一二頁，中華書局一九九五年版。

一摺，著於奉到此旨後，督率藩、運各司，並該關監督等，悉心經畫，妥籌定議，據實覆奏。等因。欽此。當經前督撫臣移會粵海關監督暨督同藩、運兩司，釐務、交代兩局司道，遵照部行各條，分別妥議。內有嚴核地丁各項奏銷一條，議請嗣後如實係未完分數較多，有關革職降調處分者，始行請奏。其僅係降留罰俸處分，仍照舊章，隨案具題，以歸簡便，彙案覆奏在案。嗣准户部議覆，前定嚴核奏銷章程，專摺奏報，係爲清理弊源起見，仍應遵照將地丁、鹽課各奏銷有關處分者，一面具題，一面開單專摺奏報。續又准部咨，具奏明定處分一摺內開，各省縱未能依限具題，無難隨時入奏，乃有已過具題之限，始將未完分數出奏者，有逾限數月尚未具奏者，若不查照例限，明定處分，則臣部前奏幾成具文。惟有請旨將各項具題之限，作爲奏報未完分數之限，凡此項閣鈔到部，由部核明出奏日期。倘例限已逾始據出奏，臣部即於覆奏時，隨摺附叅。如奏報逾限，實係司道府州縣衛等官承辦遲延者，應令該督撫於摺內據實聲明，由部將承辦之員奏請議處等因，均經轉行遵照去後。

茲據廣東布政使高崇基詳稱，粵東省光緒十三年分所有經督徵地丁、錢糧、銀米未完一分以上各員，理合遵章繕具清單，呈請奏報。至本案光緒十三年分奏銷，前經臣奏明，自光緒十三年爲始，每届趲早一月辦理，以期復歸舊制，經部議覆照准在案。今本案於本年九月二十九日開單具詳請奏前來。臣覆核無異，除咨部外，謹繕摺具奏並繕簡明清單恭呈御覽，伏祈皇太后、皇上聖鑒，敕部核覆施行。

户部議奏。單併發。

查明光緒十三年分徵收舊賦完欠數目摺[一]　光緒十四年十月十六日

竊照各省每年奏銷時，應將徵收歷年舊欠正雜錢糧數目及未完分數考成專摺奏報。現屆辦理光緒十三年分奏銷之期，除是年應徵新賦銀米已、未完數目，業據司詳另核具奏外，茲據廣東布政使高崇基詳稱，查自同治十一年起至光緒十二年止，舊欠未完地丁備支經費連緩徵，除續完及豁免外，尚應徵銀一百八十八萬五千八百三十一兩零，內已完銀八萬三千一百一兩零，未完銀一百八十萬二千七百三十兩零。另，從前各州縣徵存未解地丁及備支經費共銀一萬三千九百六十六兩零，全未完解。又舊欠耗羨銀三十一萬五千七百六十五兩零，內已完銀一萬一千四十九兩零，未完銀三十萬四千七百一十五兩零。另從前各州縣徵存未解耗羨銀一千九百四十七兩零，全未完解。又自道光三十年起至光緒十二年止，舊欠民米連緩徵，除續完及豁免外，尚未完米七十七萬五千五百九石零，內已完米六萬三千八百一十六石零，未完米七十一萬一千六百九十二石零。另從前各州縣徵存未解米四萬九千九百七十一石零。以上各屬徵存未解地丁備支耗羨等銀，業於交代案內叅追勒催完解。其未完米石係由歷年各路辦理軍務就近提支軍需，未據赴司領解。現經嚴飭各屬領解清款，分別收支。再，光緒十年八月初五日欽奉恩旨，豁免光緒五年以前民欠錢糧。所有各屬未完同治十一年起至光緒五年止民欠錢糧，業經通飭據實

[一] 以下二件録自中國第一歷史檔案館編《光緒朝硃批奏摺》第八一輯，第五八九至五九〇頁，中華書局一九九五年版。

開報。現尚未據各屬列册申繳齊全，請俟嚴催。各屬册報到日，查明徵存在官及實欠在民數目，另行分別催提造册請豁。現在奏銷册内仍作未完列報等情，詳請具奏前來。經臣覆核無異，所有光緒十三年分徵收舊賦完欠數目，謹循例恭摺具奏，並繕清單敬呈御覽。再，兩廣總督係臣本任，應毋庸會銜，合併陳明。伏祈皇太后、皇上聖鑒，敕部查照施行。

户部知道。單併發。

盤驗藩庫銀數及徵收錢糧完欠數目摺 光緒十四年十月十六日

竊照每年奏銷時，例應將藩庫實行正雜銀兩及應徵銀米完欠數目，分晰盤查具奏。兹届光緒十三年分奏銷之期，經臣督同司道各官赴庫盤查，計捐貢監等款正項銀三十三萬七千二十九兩零，耗羨銀六十八萬八千六十五兩零，雜項銀一百四十萬二千四百八兩零。因正項錢糧銀兩不敷支放，歷年暫將以上正、雜各款全行借墊，應俟徵解還款，逐加查驗相符，並無虧短情弊。

其應徵地丁、民屯糧米，據布政使高崇基、督糧道韓文鈞，將完欠數目分晰開報前來。臣覆查光緒十三年分額徵地丁等項實應徵銀一百一十一萬八千七百六十二兩零，内已完銀九十五萬三千三百四十六兩零，尚未完銀一十六萬五千四百一十六兩零。計完八分以上，未完一分有餘。又額徵米石實應徵米三十四萬八百六十五石零，内已完米二十七萬八千三十三石零，尚未完米六萬二千八百三十二石零。計完八分以上，未完一分有餘。現經督同藩司、運道將未徵民欠銀米，勒限趕緊徵完。如有逾延，即行查參。除將司庫實存銀數及各屬現年徵收已未完分數照例分案造册題咨外，所有盤驗司庫銀數，及光緒十三年分通省徵收錢糧銀米完欠數目各緣由，臣謹循例恭摺奏報，伏祈皇太后、皇上聖鑒。

户部知道。

徵收光緒十三年分錢糧比較上三年完欠分數摺〔一〕 光緒十四年十月十六日

案准部咨，各省徵收錢糧比較限期，統以年底截數，次年二月造報。春撥之時，即將新賦項下額徵若干，蠲緩若干，已、未完若干，舊賦項下帶徵若干，應徵若干，比之上三年或多或少，一一註明，另行開單奏報。即以道光五年春撥爲始，一律遵辦。嗣又准部咨行，此次各直省單開未完分數，總以年底未届奏銷不能全完爲詞。是通年全額錢糧，尚未徵齊。不若仍以奏銷截數開單具奏比較更爲周帀各等因。轉行遵照在案。兹辦理光緒十三年分奏銷之期，除循例題報外，據布政使高崇基將光緒十三年徵收錢糧比較上三年完欠數目，註明入季解道留支各數，并查明徵收未解一項，於現辦十三年奏銷，遵照定例，歸入未完項下開列專案咨部，開單請奏前來。臣覆核無異，理合恭摺繕單敬呈御覽。再，兩廣總督係臣本任，毋庸會銜。伏祈皇太后、皇上聖鑒，敕部查照施行。

户部知道。單併發。

〔一〕録自中國第一歷史檔案館編《光緒朝硃批奏摺》第六六輯，第二一頁，中華書局一九九五年版。

金價日昂循照舊章不敷採辦懇准予從實報銷摺[一] 光緒十四年十月十九日

竊粵海關於同治七年間承准總管内務府劄行，每季解交庫平足金一千兩以供應用。嗣於光緒元年，復承准總管内務府劄行，奏准辦買足金一千兩，分解廣儲司銀庫及造辦處各五百兩等因。其時金價每兩約值銀十八兩有奇，連保燕梳在内，統共報銷每金一兩合銀十八兩五錢。嗣經户部指駁，以京城足金市價每金一兩合銀十五兩有奇至十六兩不等，著即覈實開支價銀十六兩，不得任意加增。經前監督文銛將粵東金價日漸翔貴，不能覈減緣由據實呈覆，並請部示定價若干，將金兩價銀解部，由京採辦，未蒙允准。復經前監督俊啓博訪周諮，僉稱每金一兩，時價值銀二十兩零，即照原價十八兩五錢，業已不敷甚多，應請仍照原數開支。經户部劄覆，以金價長落無定，近年金價昂貴係實在情形，准照十八兩五錢開支，以示體恤在案。臣長有於上年八月到任報解秋季足金一千兩，其時金價每金一兩值銀二十三兩六錢，深爲駭異。明查暗訪，果係實情。因思此項足金爲内廷要需，不敢稍延。又冀冬間金價漸落，截長補短，亦未敢照增長價值開報。迄今一年以來，金價有增無減。復經札飭南海、番禺兩縣查明時價若干，切實具報。旋據覆稱，查訪明確，每金一兩實需價銀二十四兩八錢，更較上年昂貴。廣稽輿論，實緣洋人通商以來，販運各項洋貨，各商均用足金，較用洋銀爲便。又洋商赴各省貿易，多買足金出洋，往返圖利，以致各省金價一律騰貴。若每金一兩祇限報銷價銀十八兩五錢，賠累太多，力有未逮。惟有籲懇天恩敕下户部覈議，將粵海關採辦金兩自明年春季起，准照市價長落，覈實開銷。其上年秋季起至本年冬季止，仍照十八兩五錢開報。統計前後六季不敷之數，悉由臣長有竭力賠補。儻以後金價稍賤，亦必隨時遞減，不敢援爲成案致蹈虛糜。臣之洞詳加體察，亦係實在情形。所有粵東金價日昂，循照舊章不敷採辦，籲懇天恩敕部查覈明確，准予從實報銷緣由，謹合詞恭摺具陳，伏乞皇太后、皇上聖鑒。

户部議奏。

籌解第五批太平關常税京餉片[二] 光緒十四年十月 日

再，光緒十四年分京餉，户部指撥廣東太平關常税銀十五萬兩，業經籌銀一十一萬五千兩分作四批，飭委開復知縣徐德度、試用同知孫鴻勳、試用通判徐德葆、試用通判尚昌錡等，先後領解赴部投納在案。

茲據布政使高崇基詳稱，又在司庫籌銀三萬五千兩作爲第五批太平關常税京餉，全數起解，照案交由殷實商號日昇昌、百川通、蔚長厚、新泰厚、蔚泰厚匯兑赴京，以期迅速。仍俟太平關税收有銀兩解還歸款。飭委試用知縣沈麟書領賫匯單，於光緒十四年十月初三日起程，由海道進京支取銀兩赴部投納等情具詳前來。臣覆核無異，除咨部外，理合附片陳明，伏祈聖鑒。

户部知道。

[一] 録自中國第一歷史檔案館編《光緒朝硃批奏摺》第七二輯，第二八一至二八二頁，中華書局一九九五年版。

[二] 以下二件録自中國第一歷史檔案館編《光緒朝硃批奏摺》第八六輯，第五三九頁，中華書局一九九五年版。

籌解另款加復俸餉片 光緒十四年十月　日

再，光緒十三年三月二十六日准户部咨，京員津貼銀兩改爲另款加復俸餉，仍照額解部以備搭放等因。

竊查廣東省每年應解銀一萬五千兩，内由釐金項下籌解銀七千八百兩，運庫籌解銀七千二百兩。除運庫應解銀兩由運司另行籌解外，茲據布政使高崇基詳稱，在釐金項下籌銀七千八百兩，作爲起解光緒十四年分另款加復俸餉，交殷實商號日昇昌、百川通、蔚長厚、新泰厚、蔚泰厚匯兑赴京。遴委試用知縣沈麟書，領賫匯單，於光緒十四年十月初三日起程由海道進京，支取銀兩赴部投納等情具詳前來。臣覆核無異，理合附片具陳，伏祈聖鑒。

户部知道。

恭報晚稻收成分數摺〔一〕 光緒十四年十一月初六日

竊照禾稻收成，關繫民食，例應查明分數恭摺具奏。茲廣東省光緒十四年晚稻登場，據布政使高崇基將各屬收成分數查明彙報前來。臣覆加查核，廣州府屬收成七分，韶州府屬收成七分，惠州府屬收成七分，潮州府屬收成七分有餘，肇慶府屬收成六分有餘，高州府屬收成七分，雷州府屬收成七分，廉州府屬收成七分有餘，瓊州府屬收成七分，羅定州屬收成七分，連州屬收成六分有餘，南雄州屬收成七分有餘，嘉應州屬收成六分有餘，佛岡廳收成六分有餘，綏（猺）〔瑶〕廳收成七分，陽江廳收成六分，赤溪廳收成七分，合計通省晚稻收成實共七分。臣謹循例恭摺具奏，伏祈皇太后、皇上聖鑒。

知道了。

籌解固本兵餉銀兩摺〔二〕 光緒十四年十一月初六日

竊照同治五年欽奉上諭：直隸固本餉項，前經諭令廣東按月解銀一萬兩。現著仍照原定數目，改解部庫交納。等因。欽此。歷經籌銀二百二十八萬兩解京交納。本年六月間，接准部咨，催令將光緒十四年分固本餉銀十二萬兩，並應帶解舊欠銀三萬兩，暨上年應帶解十年舊欠銀一萬兩，共銀十六萬兩，趕緊籌解等因。當查前項固本餉銀，本省向在洋藥釐金項下撥解。現在藥釐改歸税司辦理，每年劃留銀八十萬兩專爲備還洋款之用，無可挪撥。經向商號借銀三萬兩，作爲起解十四年分固本兵餉，遴委候補知縣葆椿領解赴部投納。並將本省出入不敷，前項新舊餉銀實難如數設措情形奏明在案。現准部咨，固本餉銀前經奏定每月籌銀一萬兩，並非專指洋藥釐金而言，應令無論動用何款，先將十四年餉銀暨應帶解舊欠各款，除此次報解三萬兩外，下餘銀十三萬兩、趕緊接續報解等因。當經轉飭遵照。茲據廣東布政使高崇基詳稱，固本餉銀前奉奏定每月一萬兩，在户部雖未指令專撥何項，而廣東歷届籌解舊案則係專在洋藥釐金項下動支。自洋藥改章劃留爲專還洋款之用，固本餉無項可籌，本係實在情形。茲奉准部咨，無論動用何款先行報解。惟粤省庫儲久匱，本年解款尤多，前項固本餉銀實無堪以動撥之款。但部檄嚴切，惟有仍向西商日昇昌、

〔一〕録自中國第一歷史檔案館編《光緒朝硃批奏摺》第九二輯，第七二七頁，中華書局一九九五年版。

〔二〕録自中國第一歷史檔案館編《光緒朝硃批奏摺》第五八輯，第二一二至二一三頁，中華書局一九九五年版。

百川通、蔚長厚、新泰厚、蔚泰厚挪借銀九萬兩，作爲光緒十四年四月至十二月固本兵餉，以顧要需。仍交該商等匯兑至京，委員候補知府潘培楷領齎匯單，於光緒十四年十月十九日起程，由海道進京赴部投納。所有光緒十四年分固本兵餉十二萬兩，現已掃數解清。俟籌撥有項，再行歸還商款。其應帶解舊欠銀三萬兩，現實無可籌畫，應俟隨時體察情形。如果稍可周轉，再當措解。其部催上年應帶解十年舊欠銀一萬兩，查十年舊欠共係九萬兩，内太平關常税三萬、固本餉六萬。前准部覆，此項舊欠自十三年起每年帶解一萬兩，已於上年十月帶解常税銀一萬兩，即係十年舊欠之項，自應毋庸補解等情，詳請奏咨前來。臣覆核無異，除咨明户部外，謹恭摺具陳，伏祈皇太后、皇上聖鑒。再，廣東巡撫係臣兼署，毋庸會銜，合併陳明。

户部知道。

粤海關籌解第四批京餉等款銀兩摺[一]

光緒十四年十一月初六日

竊照光緒十四年分京餉，户部奏撥粤海關洋税銀十萬兩，新增盈餘銀六萬兩。又本年東北邊防經費，奏撥粤海關六成洋税銀十二萬兩。又各關應解抵閩京餉改爲加放俸餉案内，粤海關四成洋税每結提銀六千兩。又京官津貼改爲另款加復俸餉，每年粤海關應解銀四萬兩。又光緒十四年籌邊軍餉奏撥粤海關四成洋税銀十二萬兩、六成洋税銀二十萬兩。又造辦處米艇每年應解銀三萬兩，内務府廣儲司公用每年額撥粤海關税銀三十萬兩，例分四季起解。以上各款銀兩，均應趕緊籌解，以濟要需。

查粤海關應解各款銀兩，向由西商先行借墊，勢難起解現銀。光緒十年四月間奏准，仍行匯兑在案。兹光緒十四年分第四批京餉等款銀兩，經向志成信、協成乾銀號借銀一十九萬六千一百二十兩，先行墊解，隨後由税收歸還以資周轉。飭據廣東布政使高崇基遴委試用縣丞竇駿等領解光緒十四年分第四批京餉銀五萬兩，另加平銀七百五十兩，飯銀一千四百五十兩，共銀五萬二千二百兩，内除恭辦大婚足金價銀四萬八千七百六十兩外，實解銀三千四百四十兩。又新增盈餘銀二萬兩，另加平銀三百兩，飯銀五百八十兩，共銀二萬八百八十兩，内除恭辦大婚足金價銀二萬兩外，實解銀八百八十兩。又東北邊防經費銀五萬兩，又加放俸餉銀一萬二千兩，又光緒十二年分另款加復俸餉銀一萬兩，又光緒十四年籌邊軍餉四成洋税銀一萬兩，又光緒十四年分造辦處米艇銀三萬兩，另加平銀四百五十兩，新增歸公加平銀七百五十兩，又光緒十四年冬季分廣儲司公用銀七萬五千兩，另加平銀一千一百二十五兩，新增歸公加平銀一千八百七十五兩，抬費用項銀六百兩，統共銀一十九萬六千一百二十兩。飭委該員等領齎匯單文批，於光緒十四年十月十九日起程，附搭海輪進京，前赴户部、内務府分别交納，以期妥速。所有光緒十四年奉撥京餉及東北邊防經費銀兩，例解加放俸餉、廣儲司公用、造辦處米艇各銀兩，均已依限分别解清。又籌邊軍餉四成洋税項下銀兩，亦經分别起解赴京，暨撥解河南鄭工清款。其餘未解銀兩，容再趕緊籌解，以應要需。除分咨查照外，謹合詞恭摺奏陳。再，廣東巡撫係臣之洞兼署，

[一] 録自中國第一歷史檔案館編《光緒朝硃批奏摺》第八六輯，第五四一至五四三頁，中華書局一九九五年版。

毋庸會銜，合併陳明。伏祈皇太后、皇上聖鑒。

該衙門知道。

奏報光緒十三年下半年收解釐金數目摺〔一〕 光緒十四年十一月初六日

竊准部咨，同治八年二月初五日奉上諭：釐金一項，現據各該省奏報，每年減收已不下數百萬兩。若辦理不善，經費將何所出。各該督撫仍須悉心酌核，力除中飽，毋得徒博虛譽，率行減免。遇有局卡太密重複徵收者，仍隨時裁汰懲辦。其釐金報部章程，仍照兩淮鹽釐半年奏報一次。著馬新貽將開報式樣鈔録，咨行各該省查照辦理。等因。欽此。欽遵。嗣准兩江督臣馬新貽將兩淮鹽釐開報式樣録送來粵，轉行查照。

又，同治八年十二月，前撫臣李福泰奏報太平關盈餘溢額一片，聲明參酌已撤坐釐成式，在於繁盛海口，分別補抽，以濟軍餉。隨於粵東省城及南海縣之佛山，順德縣之陳村，新會縣之江門，設廠補抽貨釐。又光緒二年閏五月，前督臣劉坤一於遵旨覆奏前督臣英翰所陳粵省情形並應辦事宜摺内聲明，於近年貿易較盛之廉州北海、瓊州海口等處設廠抽釐，以裨經費。並因北海地方界連高、雷兩郡，陸路處處可通，易於繞越，又在高、雷兩屬水東等處，添設卡廠抽收貨釐。並查得西江大洲廠偏在一隅，稽徵不能得力，經將該廠移設德慶州屬都城地方，以便稽查而杜偷漏。嗣於光緒七年二月間，准户部咨，鹽釐一項既係改歸運司按引抽收，應將收支數目另案詳報，勿庸歸併貨釐册内開報，致滋弊混等因。又經轉行遵照辦理。其新香海口五廠補抽貨釐，係因近海各處漏匿漸多，於光緒十二年六月間始行設法整頓，陸續開辦。截至年底止，綜計各廠下半年收數比較光緒十一年下半年收數已增多銀六萬八千餘兩。若以通年合計，當可增收十三萬餘兩。經臣於光緒十二年十二月覆奏收支摺内詳細聲明，續經奏明該五廠創辦以後，規模既定，收數尚可加多。嗣因洋藥改用税司，將該五廠補抽貨釐於光緒十三年三月間改歸九龍、拱北兩關税司接收辦理。又省河補抽係光緒十三年正月間設局開辦，所有光緒十三年六月以前抽收行坐貨釐及鹽釐數目，節經開列清單，奏報在案。

茲查光緒十三年七月初一日起至十二月底止，共收原設東、西、北三江及續設廉州並高、雷兩屬水東、北海等廠貨釐洋銀五十萬九千五十九兩四錢五分五毫，補抽省城、省河、佛山、江門、陳村暨九龍、拱北兩關等處貨釐洋銀二十七萬二千九百八十九兩三錢三分，又抽鹽釐洋銀三萬九千七百六十八兩二錢四分三釐，據廣東布政使高崇基會同釐務局司道仿照兩淮鹽釐式樣分別造册詳請具奏前來。臣覆查無異，除各册送部外，謹分別清單恭摺具陳。至鹽釐一項，業已改歸運司按引抽收，是以清單内不復分別各廠名目。再，廣東巡撫係臣兼署，毋庸會銜，合併陳明，伏祈皇太后、皇上聖鑒，敕部核覆施行。

户部知道。單併發。

〔一〕録自中國第一歷史檔案館編《光緒朝硃批奏摺》第七七輯，第一七九至一八〇頁，中華書局一九九五年版。

彙奏請襲世職摺[一] 光緒十四年十一月初六日

竊准兵部咨，同治元年二月十六日奉上諭：嗣後陣亡殉難各員子孫承襲世職，著兵部行文各該督撫轉飭各州縣，將應襲職名，迅速查取，徑行具報，毋庸由府司轉詳。等因。欽此。又准兵部咨，襲職發標人員名數孔多，查册結宗圖已到人員，各按襲職發標，三月彙奏一次等因。同治二年正月二十五日奉旨：依議。欽此。又准兵部咨，嗣後請襲世職，應於文册内聲明於何年月日及在何處陣亡殉難，並議給世職奉旨日期，逐一詳細報明，毋得遺漏等因。均經轉行遵照辦理在案。茲查光緒十四年秋季分，據歸善縣崖州詳送承襲雲騎尉葉廷楨、黎獻廷，俱年已及歲，呈請發標。又據嘉應、合浦、東莞、三水各州縣詳送請襲雲騎尉黄遵慈、蔡繩祺、蔡繩紀、梁汝雲、李郁深、黄佐平、盧允亨，又據新甯縣詳送請襲恩騎尉馮金龍，均年已及歲，請襲職發標。黎獻廷、黄佐平二員聲明生長海濱，熟悉水性，情願改用外海水師。經臣逐一驗明，均堪發標學習。伏查定例，承襲世職令嫡長、嫡次、庶出子孫承襲。如無嫡長、嫡次、庶出子孫，許令弟姪應承繼者承襲。又承襲雲騎尉、恩騎尉世職，年已及歲，免其送部，令該督撫驗看具題。俟題准後就近發標學習，支食全俸。雲騎尉扣至三年期滿，恩騎尉扣至五年期滿，出具考語，給咨送部引見。又雲騎尉有願改外海水師者，於發標學習時，豫先呈明，分派外海水師各營，隨同出洋巡哨。扣滿三年，如果明習水師，取具該管鎮將保結，送部引見，以分發到營之日爲始，統限五年期滿輪缺補用各等語。今承襲雲騎尉葉廷楨、黎獻廷俱年已及歲，呈請發標。請襲雲騎尉黄遵慈、蔡繩祺、蔡繩紀、梁汝雲、李郁深、黄佐平、盧允亨，請襲恩騎尉馮金龍，均年已及歲，請襲職發標。黎獻廷、黄佐平二員並請改用外海水師，均核與定例相符，相應彙列案由，繕具清單，恭呈御覽，請旨敕部核覆，將葉廷楨、黎獻廷、黄遵慈、蔡繩祺、蔡繩紀、梁汝雲、李郁深、黄佐平、盧允亨、馮金龍發標學習，支食全俸。葉廷楨、黎獻廷、黄遵慈、蔡繩祺、蔡繩紀、梁汝雲、李郁深、黄佐平、盧允亨九員仍照例扣滿三年，馮金龍一員扣滿五年，出具考語給咨送部引見。除將各該員親供宗圖履歷册結咨送部科查核外，理合恭摺奏陳，伏祈皇太后、皇上聖鑒。

兵部議奏。單併發。

總兵王孝祺陛見回粤赴任片 光緒十四年十一月初六日

再，北海鎮總兵王孝祺，陛見回粤，應即飭赴本任，以專責成。除檄飭遵照外，謹附片陳明，伏祈聖鑒。

知道了。

吴景萱調署知府片[二] 光緒十四年十一月初六日

再，韶州府知府譚承祖於光緒十四年十月十一日因病出缺，所遺韶州府知府篆務，應行委員接署。查有補缺後知府用試用同

[一] 以下二件録自中國第一歷史檔案館編《光緒朝硃批奏摺》第四〇輯，第四九六至四九八頁，中華書局一九九五年版。

[二] 以下三件録自中國第一歷史檔案館編《光緒朝硃批奏摺》第五輯，第八九〇至八九一頁，中華書局一九九五年版。

知署廣州府通判吴景萱，才具明練，情形熟習，堪以調署。據布政使高崇基、署按察使王景賢會詳前來。除檄飭遵照，並將該府譚承祖因病出缺緣由循例恭疏題報外，所出韶州府知府缺係選缺，粤省現有應補人員，應請扣留外補。臣謹附片陳明。伏祈聖鑒。

吏部知道。

隆斌署理瓊州府知府篆務片 光緒十四年十一月初六日

再，署瓊州府知府徐瑋文調省差委。所遺瓊州府知府篆務，應行委員接署。查有准補高州府知府隆斌，年壯才明，奉公勤謹，堪以署理。據布政使高崇基、署按察使王景賢會詳前來。除檄飭遵照外，臣謹循例附片陳明，伏祈聖鑒。

吏部知道。

揀員調署知縣篆務片 光緒十四年十一月初六日

再，大埔縣知縣趙夢奇，先經調簾交卸篆務，飭委奏明留省學習之靈山縣知縣查榮耀暫行代理在案。茲查代理花縣知縣王炳如調省所遺之缺，該員趙夢奇明晰勤奮，堪以調署。遞遺大埔縣篆務，查有代理斯缺之查榮耀，循謹安詳，堪以署理。又署順德縣知縣徐多鈐調省所遺之缺，查有清遠縣知縣左疇，守潔才長，堪以調署。遞遺清遠縣篆務，查有卸增城縣知縣黄維清，勤慎穩練，堪以調署。該員趙夢奇、左疇、黄維清等，任内均無盜劫已起四參之案。據藩、臬兩司會詳前來。除分檄飭遵外，臣謹循例附片陳明，伏祈聖鑒。

吏部知道。

查明九月分雨水田禾糧價情形摺〔一〕 光緒十四年十一月初九日

竊照廣東省光緒十四年八月分雨水、田禾、糧價，先經臣恭摺奏聞在案。

茲查廣東省城光緒十四年九月分上、中二旬，得有雨澤數次。下旬晴霽，高低田畝土膏滋潤，晚禾以次結穗。園蔬、雜糧亦皆暢茂，可望豐收。各屬稟報與省城大略相同。糧價較上月稍減，民情安謐，堪以仰慰聖懷。所有光緒十四年九月分雨水、田禾、糧價，臣謹繕清單，恭摺具奏。伏祈皇太后、皇上聖鑒。

知道了。

被水各屬來春無須接濟摺〔二〕 光緒十四年十一月初九日

竊承准軍機大臣字寄，光緒十四年十月初三日奉上諭：本年廣東惠州等府被水，均經該督撫等查勘撫卹，小民諒不致失所。惟念來春青黄不接之時，民力未免拮据，傳諭該督撫等體察情形，如有應行接濟之處，即行據實覆奏，務於封印以前奏到，候朕於新正降旨加恩。此外有無被灾地方應行調劑撫卹之處，著一併查奏，候旨施恩。將此各諭令知之。等因。欽此。遵旨寄信到臣。仰見聖主軫念民依，有加無已至意，欽感莫名。當經行司確查詳

〔一〕録自中國第一歷史檔案館編《光緒朝硃批奏摺》第九四輯，第七四七至七四八頁，中華書局一九九五年版。

〔二〕録自中國第一歷史檔案館編《光緒朝硃批奏摺》第三一輯，第一三〇至一三一頁，中華書局一九九五年版。

辦去後。茲據廣東布政使高崇基、按察使王之春詳稱，查本年二、三月間，陰雨連緜，東江河水盛漲，惠州府屬之河源、和平、龍川、長甯、歸善、海豐、永安、連平、博羅等州、縣，廣州府屬之東莞、佛岡、清遠、三水、從化、增城等縣，韶州府屬之英德縣，嘉應州及所屬之興甯、長樂等縣，均遭水患。當經分派委員携帶銀米，分投撫卹。迨五月初旬，西、北兩江復同時並漲，肇慶府屬之高要、高明、四會等縣，廣州府屬之南海、三水、清遠等縣，圍基均有漫決，民房亦多沖塌。經臣乘坐輪船親往查勘，所有被水貧民，派員發給銀米、麪餅，妥爲賑濟。並購備木樁、麻袋，分給各圍，督率紳民、業户，將潰决處所修理完固，趕築秋攔，補種晚禾。現在收穫已畢，年歲尚稱中稔，糧價平減，民情安謐。此外並無被灾之區，察看情形，來春似可無須接濟等情，詳請覆奏前來。臣覆查無異，所有遵旨查明廣東省本年被水各屬均經分别撫卹，來春無須接濟緣由，謹恭摺覆陳，伏祈皇太后、皇上聖鑒。

知道了。

籌解近畿防餉尾數委員起程日期摺[一]

光緒十四年十一月初九日

竊准户部咨，粤省舊欠近畿防餉二十四萬兩，應令粤海關將應還粤省代墊寶源洋款之二十二萬餘兩，自十四年起分作三年，照數徑解部庫。至粤省應解之二萬餘兩，爲數無幾，並令趕緊清解。奏奉諭旨：依議。欽此。等因。咨會到粤。當經轉飭籌解。茲據廣東布政使高崇基詳稱，查本省舊欠光緒十一年近畿防餉二十四萬兩一項，除由粤海關將應還本省代墊寶源洋款兩期尾欠銀二十二萬六千一百一十九兩九錢三釐徑解部庫劃抵外，尚餘應解畿餉銀一萬三千八百八十兩九分七釐。前經奏明仍由本省分作三年帶解，以成二十四萬兩之數。接准部覆，以尾欠畿餉銀一萬餘兩爲數無幾，飭令趕緊清解。茲在司庫各款内勉力籌措銀一萬三千八百八十兩九分七釐，併作一次起解，以清尾欠。交由商號日昇昌、百川通、蔚長厚、新泰厚、蔚泰厚匯兑至京，委員候補知府潘培楷領齎匯單，於光緒十四年十月十九日起程，由海道進京赴部投納等情詳請奏咨前來。臣覆核無異，除咨明户部外，理合恭摺具陳，伏祈皇太后、皇上聖鑒。再，廣東巡撫係臣兼署，毋庸會銜，合併陳明。

户部知道。

參追前任知縣陳第榮欠解交代米石片[二]

光緒十四年十一月初九日

再，據廣東布政使高崇基、督糧道韓文鈞會詳稱，查有前任定安縣知縣降補府經縣丞陳第榮，欠解徵存米七十餘石，迭經勒限嚴催，未據完解，詳請參追前來。相應請旨將前任定安縣知縣降補府經縣丞陳第榮，暫行摘頂，勒限四箇月將欠解米石掃數完解。倘逾限不完，或解不足數，再行嚴參查抄備抵。如抵不足數，

[一] 録自中國第一歷史檔案館編《光緒朝硃批奏摺》第五八輯，第二一四頁，中華書局一九九五年版。
[二] 録自中國第一歷史檔案館編《光緒朝硃批奏摺》第八一輯，第六〇〇頁，中華書局一九九五年版。

即將各該管上司應行分賠職名一併開單具陳，以重庫款而免推延。所有參追前任知縣欠解交代米石緣由，臣謹附片具陳，伏祈聖鑒。

著照所請。該部知道。

知縣劉鎮寰試用期滿甄別片〔一〕光緒十四年十一月初九日

再，查大挑分發知縣到省試用一年期滿，例應隨時甄別。又准部咨，無論何項出身人員，凡係補缺應行具題者，試用期滿，由該督撫詳加甄別，專摺具奏等因。歷經遵辦在案。茲查大挑本班儘先補用知縣劉鎮寰，湖南衡陽縣附生中式同治癸酉科本省鄉試第十七名舉人，光緒六年庚辰科大挑一等，以知縣用簽掣廣東，光緒十年三月二十四日到省。嗣因勦辦黎匪出力，保歸大挑本班儘先補用。丁父憂回籍，服滿起復，十四年正月二十八日回省試用已滿一年，例應甄別。據藩、臬兩司詳加察看，具詳請奏前來。臣覆加察核，該員劉鎮寰年力精强，吏事明晰，堪膺民社。除將該員履歷送部外，謹附片具陳，伏祈聖鑒。

吏部知道。

部選知縣萬琨留省學習片光緒十四年十一月初九日

再，部選海豐縣知縣萬琨，於光緒十四年八月二十六日領憑到省，應即飭赴本任。惟查海豐縣係沿海要區，民强俗悍，素稱難治。該員由捐納知縣選授斯缺，仕版初登，於地方情形尚未熟悉。擬將該員萬琨留省學習，俾資歷練。據藩、臬兩司會詳前來。臣謹附片陳明，伏祈聖鑒訓示。

吏部知道。

議卹死事把總張起勝片〔二〕光緒十四年十一月初九日

再，廣東瓊州鎮右營左哨二司把總張起勝，奉派赴省請領餉項，於光緒十三年八月初一日由省僱坐安頓輪船回瓊。是月初五晚，駛至七洲洋面，遭風漂没身亡。由前瓊州鎮總兵賴鎮邊移報善後局司道，會同布政使高崇基詳請奏卹前來。臣伏查定例，大洋、大江，凡官兵因公差委，遭風漂没身故者，照議卹巡洋官兵淹斃之例辦理。又官兵出洋巡哨，遭風漂没身故者，把總例給卹銀一百兩，加贈一級，廕子弟一人，以把總補用。又，同治七年四月十四日准兵部咨，嗣後請卹之案，一面具奏，一面將籍貫、履歷、勞績造册隨摺咨部等因。今把總張起勝，因奉派赴省請餉，遭風淹斃，係屬因公殞命，情堪憫惻，核與請卹之例相符。合無仰懇天恩敕部，照例議卹，以慰死事。除册送部查核外，謹附片具陳，伏祈聖鑒訓示。再，廣東巡撫係臣兼署，毋庸會銜，合併陳明。

著照所請。兵部知道。

〔一〕以下二件録自《京報》第二九三九號。

〔二〕録自《京報》第二九四五號。

香山順德等縣拏獲大盜請破格獎勵片[一]

光緒十四年十一月初九日

再，廣東香山、順德等縣地濱大海，港汊紛歧，盜匪出没無常。而一二著名盜魁混迹港、澳，爲逋逃藪，糾黨時出肆劫，實爲閭閻巨患。兹查香山著名大盜李畝，漏網多年，往來海洋，句結夥黨，四出劫掠，焚燒鄉村，殺傷事主，拒斃官兵，打單嚇詐，擄人勒贖，不計次數。近數年來，香山鄰近各縣大夥劫案，多係該匪爲首，實屬罪大惡極。疊經嚴飭該營、縣設法緝拏，期在必獲。本年十月，經署香山協副將何長清、署香山縣知縣張文翰，先後偵知該匪藏匿坦洲金斗灣、冷熱池等處，三次往捕未獲，當場槍斃悍匪二名，追獲悍黨吴亞祐即祐仔一名，奪獲匪艇二隻。十月二十六日，復據綫人奔報，該匪糾黨在大嵐地方潛匿圖劫。當經該營、縣會商，密飭署左營守備儘先都司蒙啓森，儘先都司黄麟瑞，千總梁安邦、張光有，把總梁耀燾、謝松芳等，督帶輪扒各船，乘夜駛往，登岸圍捕。黄麟瑞、蒙啓森首先撞門進攻。該匪等驚起，各放洋槍拒敵，猛悍異常。槍斃兵丁陳在陞、勇目楊亞銀，並槍傷黄麟瑞右肩膊甚重，兵勇亦多被傷。蒙啓森奮不顧身，放槍迎擊，當將該匪李畝擊傷倒地拏獲。督同弁兵生擒凶黨馮良、陳保即趙華保、余亞松、冼亞迪等四名，餘衆潰散，起獲洋槍多枝，打單圖章五箇。李畝傷重，未及取供，旋即身故。馮良、陳保供，係李畝護身悍黨。余亞松等亦認劫多次。由該副將何長清、該縣張文翰會禀請辦前來。當飭將李畝屍身傳集兵民驗明屬實，戮取首級示衆。餘匪派員前往覆訊，分别就地懲辦。

又查順德著匪曾亞杰，自同治年間即倡爲聯義堂名目，動輒糾夥百數十人，出没海洋、内河打單擄劫，擾害地方十有餘年。兹據順德協副將利輝禀稱，本年九月初五日，偵知該匪在新會之篁村隱匿，當派守備徐盛標、把總施相廷會同署守備李來、千總聶鎮漢督勇馳往圍捕。該匪率黨放槍拒捕。徐盛標、施相廷等督勇撲近格鬬，登將該匪拏獲，餘匪逃逸。訊據該匪供稱，並各鄉民指稱，該匪十七歲即行爲匪，凶悍陰鷙，糾黨甚衆，各匪奉爲渠魁。歷在順德、新會一帶糾夥行劫，殺人放火不下數十百次。控案纍纍，婦孺無不切齒等情。當經該副將將該匪解省覆訊，業飭研訊明確，批飭就地正法，傳首犯事地方示衆，以昭炯戒。

查光緒五年准吏部咨，章程内開，拏獲著名巨盜一名，或斬梟、斬决盜犯五名以上者，俱照拏獲捻匪之例保奏，指定應升官階，免其送部引見。又各省獲盜人員，如係舉發巨案，拏獲著名大盜，勞績與戰功無異者，經該督撫指實案由、獲犯詳叙情形，奏請破格獎勵，准其指定應升官階各等因。查以上兩案拏獲李畝、曾亞杰二名，均係著名大盜。而李畝一案拏獲盜犯在五名以上，核其罪名均係斬梟、斬决之犯，既與部章相符，而該員蒙啓森、黄麟瑞、梁安邦、施相廷等俱係身先士卒，奮勇受傷，拏獲巨憝，實與戰功無異，自應照章奏請破格獎勵。除受傷兵勇分别卹賞及把總以下並出力稍次各弁另行分别咨獎外獎並飭將餘匪嚴拏務獲外，所有拏獲著名大盜尤爲出力之儘先都司蒙啓森、黄麟瑞均請以遊擊儘先補用，儘先千總梁安邦、施相廷均請以守備儘先補用，以示鼓勵。仰懇天恩俯准照獎，出自逾格鴻慈。其傷亡兵丁陳在

[一] 録自中國第一歷史檔案館編《光緒朝硃批奏摺》第一一九輯，第二一四至二一五頁，中華書局一九九五年版。

陞、勇目楊亞銀應請一併飭部議卹，以慰死事。除將案由履歷咨部外，謹附片具陳，伏祈聖鑒訓示。再，廣東巡撫係臣兼署，毋庸會銜，合併聲明。

該部議奏。

奏卹把總黃國維兵丁蕭元清等片[一] 光緒十四年十一月　日

再，署廣東香山協右營左哨二司把總該營儘先把總黃國雄，因奉派帶師船緝捕，迭獲著匪解辦。光緒十四年正月二十八日巡至香山白石環海面，適遇賊匪行刦瑞玉麟□船。該署把總黃國雄即督率兵丁駛往捕賊，與賊鏖戰，幾及兩時。旋因丸鉛火藥用盡，力竭捐軀。隨同兵丁蕭元清、歐有亮、黃官善、于成光、林金、陳桂、余官帶、黃瑞、黃益、蔡有、林有，同時被傷殞命。據善後局司道會同署按察使王景賢查明詳請奏卹前來。臣覆查，署把總黃國維與兵丁蕭元清等，均因捕盜力竭捐軀，殊堪憫惻，相應請旨勅部從優分別議卹，以慰死事。除冊送部查核外，謹附片具陳，伏乞聖鑒訓示。再，廣東巡撫係臣兼署，毋庸會銜，合併陳明。

著照所請。兵部知道。

添設電綫援案保奬出力各員摺[二] 光緒十四年十一月　日

竊照廣西梧州至桂林、南甯至滇省剥隘、廣東欽州及瓊、高等府，添設電綫在事出力各員，前經臣會同撫臣吴大澂具奏，俟工竣後，援照上届成案，擇尤保奬。於光緒十四年二月初八日欽奉硃批：着照所請。該衙門知道。欽此。嗣准部咨，以出力各員，非創辦者可比，且與接遞緊急軍報有間，核諸上届成案，應稍與區别，照尋常勞績保奬，仍照章將委辦銜名及到工日期，先行咨部立案等因。奏奉諭旨，咨行到粤，遵即轉行欽遵辦理。並查明在事出力各員銜名及到工日期，設綫里數，咨明吏部在案。兹查廣西南甯展至滇省剥隘電綫，於本年四月初七日工竣。又自汕頭展至潮州府城綫路九十里，於四月初五日工竣。又自省城展至韶州府南雄州以抵庾嶺與江西綫接，共綫路一千里，於八月二十九日工竣。統計添設東、西兩省各路電綫，業已全工告成。據廣東海防善後局司道，轉據兩廣電報局候選直隸州知州沈嵩齡詳稱，廣西梧州至桂林省城，南甯至滇省剥隘，廣東欽、瓊、高、潮、韶、南雄等府州，添設電綫共計四千九百餘里。先後經總辦各路電綫委員沈嵩齡，督飭員弁迅速竣工，核實撙節。所有在事各員，均係逾越險阻，渡海登山，久駐瘴鄉，深入夷黎村峒，僵仆相繼，毫無畏避。而欽州正當勘定界務，瓊州正在攻剿黎匪吃緊之時，該員弁等身犯危險，出生入死，晝夜趕工，以傳緊報，俾界務速成，剿黎奏捷，功效昭著，實與上届傳遞緊急軍報無甚區别。瓊州一路，瘴故人員至六十餘名之多。其南甯至剥隘一路，類多窮山曠野，數十里毫無人烟，水土惡毒，虎狼盜賊在在堪虞。土人夷獠爲目所未見，彈壓保護極費周章。該員弁等鼓勇直進，設法疏通，經年累日，始抵於成。其所經歷之地段艱苦之情狀，較諸

[一] 録自《京報》第二九四〇號。
[二] 録自《京報》第二九三九號。

上屆創辦，實爲過之。仍應請照上屆成案保奬。尚有值報學生，前經聲叙查明，續行開呈請奬。兹並擇尤擬保數名，俾免向隅等情，詳請具奏前來。臣查電綫勞績，只可就道里之遠近，工程之難易，分別等差。若論添設與創辦，則各路荒遠，電線從未經見，名爲添設，實同創辦。至傳遞軍報緊急與否，只可以之分別報生之勞績。若論安設綫路之員，自當兼論其工段之艱險，成功之迅速，似未便僅以軍報緩急次第之也。此次添設電綫，各路道遠瘴毒，艱險之狀，瘴故之多，既遠踰上屆電工，而欽州勘定界務，得藉電報上秉宸謨，開拓井疆，永綏邊圉。瓊州黎患，一歲數起。自大舉潡辦後，黎歧帖服，迄今無出巢肆擾者。電綫之有益，實與上屆並無軒輊。而剥隘一路，得通滇粤之氣，使萬里無隔閡之虞，其爲裨益，又非僅著效目前已也。若一律照尋常勞績給奬，似不足以勵勤勞而昭激勸。應請仍照上屆成案，擇其尤爲出力各員，照異常勞績保奬。其出力稍次者，仍照尋常勞績擬奬，以示區别。謹開具清單，恭呈御覽，仰懇天恩俯准照奬。出自逾格鴻慈。

再，沈嵩齡一員，係上年十一月奏報添設電綫摺内聲明，檄委該員督造各路電工。且迭次奏咨俱係司局轉據該員詳辦有案。是以前將各員先行咨部立案咨内但聲叙據該員沈嵩齡詳稱，未將該員銜名另行列入，合併陳明。除履歷咨部外，理合恭摺具陳，伏乞皇太后、皇上聖鑒。再，廣東巡撫係臣兼署，毋庸會銜，合併聲明。

著照所請，分别給奬。該衙門知道。單併發。

迅鑄印記關防片[一]　光緒十四年十一月　日

再，臣前奏欽州新定各界，應行添設升改文武正雜各缺。現經吏、兵二部核准，奏奉諭旨，咨行到粤。所有一切未盡事宜，業經分别飭催妥議奏咨辦理。其新設升改各缺，應行鑄换關防印記，均須及早鑄造頒發，以昭信守。新改高廉欽道關防，清漢篆文曰分巡高廉欽兵備道兼管水利之關防。新升欽州直隸州，印文曰欽州之印。新設防城縣，文曰防城縣印。新設防城縣訓導，文曰防城縣儒學訓導條記。改設防城縣丞，文曰防城縣縣丞條記。新設江平司巡檢，文曰防城縣江平司巡檢印。欽州如昔司巡檢撥歸防城，文曰防城縣如昔巡檢司印。靈山縣林墟司巡檢撥歸欽州，文曰欽州林墟巡檢司印。新設白龍營陸路都司，文曰廣東欽州白龍營都司之關防。龍門協左營水師中軍守備改爲欽州營陸路守備駐札東興，文曰廣東欽州營東興守備之條記。以上各缺需用關防印記甚亟，相應請旨勅下吏、兵二部查照，撰擬字樣，恭呈欽定後，咨送禮部迅速鑄成頒發來粤，俾得及時開用。其舊有之印記，俟新印頒到依限繳銷。謹附片具陳，伏乞聖鑒。

該部知道。

查明十月分雨水田禾糧價情形摺[二]　光緒十四年十二月十二日

竊照廣東省光緒十四年九月分雨水、田禾、糧價情形，業經

[一] 録自《京報》第二九四一號。
[二] 録自中國第一歷史檔案館編《光緒朝硃批奏摺》第九四輯，第七六三頁，中華書局一九九五年版。

臣恭摺奏聞在案。

茲查廣東省城光緒十四年十月分上旬，得有微雨數次。中、下二旬晴霽，高低田畝納稼登場，晚禾收穫將畢，二麥青葱，園蔬、雜糧亦皆暢茂。各屬禀報與省城大略相同。糧價較上月稍減，民情静謐，堪以仰慰聖懷。

知道了。

彙奏光緒十四年五月至十月咨結交代各案摺[一] 光緒十四年十二月十二日

竊准户部咨，前經本部於光緒十年八月十五日具奏，申明州縣交代例限，並請嚴定藩司處分一摺，欽奉諭旨，行文各省欽遵。凡交代各案，應令分别已、未完結，半年彙奏一次，並將已結若干案，有無未解銀兩，於何月日提解司庫，逐案聲叙，飛催查照辦理等因，咨行到粤。即經飭行遵照辦理。並將光緒十三年十一月起至十四年四月底止咨結各案開單會奏在案。

茲據廣東布政使高崇基詳稱，自光緒十四年五月起至十月底止，半年届滿。所有陸續咨結各屬交代共三十三案，均係光緒十三年以後新案。交代内有二十八案，各該員任内徵收正雜錢糧、銀米各款，先經支解清楚，並無未解之項。其餘五案徵存銀米未據解清，業已另案分别奏參勒追，應俟續解有項，隨時分别詳辦等情前來。臣覆核無異，除飭司將欠解銀米各案認真追繳，並將未結交代嚴催結報外，臣謹繕清單恭摺具奏。再，兩廣總督係臣本任，應請毋庸會銜，合併陳明，伏祈皇太后、皇上聖鑒。

户部知道。單併發。

本年覆查保甲完竣暨整頓情形摺[二] 光緒十四年十二月十二日

竊照各屬編查保甲，向於秋收後責成該管道、府、州親往認真抽查，督撫於每歲底彙奏一次，歷經遵照辦理。溯查道光三十年三月初三日奉上諭：著直省各督撫嚴飭各州縣力復舊章，實心辦理。並飭該管各官隨時巡查，毋稍疏懈。等因。欽此。又於是年十一月二十六日奉上諭：各督撫府尹，身任疆圻，宜如何勤思綏輯，著即遵照前奉諭旨，各將地方現辦章程據實具奏。州縣中認真奉行、著有成效、衆所共知者，即應加以鼓勵。其奉行不力，或虚詞欺飾及借端擾累者，亦即指名嚴參懲辦。毋得以空言覆奏，致良法美意徒成具文，將此通諭知之。等因。欽此。又於光緒十三年二月十九日奉上諭：著各直省督撫嚴飭所屬，將保甲事宜認真辦理，不得僅以造册申報敷衍塞責，用副朝廷戢暴安良實事求是之意。將此通諭知之。等因。欽此。均經通飭各屬欽遵辦理在案。茲届光緒十四年秋收後查辦之期，經該管道府州親往抽查，造具册結，由藩、臬兩司核明會詳請奏前來。

臣伏查廣東地方，民物繁滋，盜風素熾。加以毗連湘、桂，游勇尤多。密邇港、澳，逋逃最易。惟有嚴詰内奸，庶免句結外匪。保甲之法誠爲當務之急，前經臣疊次籌撥款項，資遣各路游勇，委派員弁陸續押送回籍。其有無故逗遛者，均隨時驅逐出境。

[一] 録自中國第一歷史檔案館編《光緒朝硃批奏摺》第八一輯，第六〇八至六〇九頁，中華書局一九九五年版。

[二] 録自中國第一歷史檔案館編《光緒朝硃批奏摺》第二六輯，第二九六至二九七頁，中華書局一九九五年版。

又於內河、海口等處，添派輪、扒各船，分段駐紮，嚴密查緝，疊據禀報捕斬大夥强盜多起。前因奏明查辦匪鄉，分飭員弁帶勇親赴各屬，責成公正紳耆，設立鄉長、社長、族正、族副、房正、房副，凡有各鄉匪徒，勒令房族綑送究辦，民間均屬踊躍遵行。年來省外各郡縣以次清釐，稂莠日少，頗著成效。蓋即本周禮比閭族黨相保相受之意，實與清查保甲相輔而行。本年冬間，按察使王之春到任後，復經詳擬整頓保甲團防弭盜章程二十條，設法籌款，獎勵員弁、官紳，令其聯爲一氣，分段稽查。添置望樓柵卡，嚴緝窩家，建設棲流所，棲止閒雜游民。並設法編查小艇，水陸並舉，使匪徒無託足之區，立法尚屬周密。現經臣督飭該司於省城繁要地方，先行開辦，務令文武各員實力奉行。此本年以來防緝盜匪、清查保甲之實在情形也。

茲届年底，例應覆奏。臣未敢率循故事，空言塞責，理合將現辦情形據實上陳，仍飭屬隨時嚴查，認真經理，不許日久懈生，以仰副朝廷綏靖海疆之至意。所有光緒十四年分覆查各屬保甲完竣暨現籌整頓情形，理合恭摺具奏，伏祈皇太后、皇上聖鑒。再，兩廣總督係臣本任，毋庸會銜，合併陳明。

知道了。

查明學政閱文幕友姓名籍貫具奏摺〔一〕

光緒十四年十二月十二日

竊照乾隆三十八年欽奉上諭：學政閱文幕友，極小省分亦不得不及五六人，著各督撫留心稽察，隨時據實奏聞。欽此。又，道光十六年欽奉上諭：學政幕友，不得專用本籍之人，致滋流弊等因。欽此。欽遵在案。

茲新任廣東學政樊恭煦於光緒十四年十一月二十四日到任，將閱文幕友姓名、籍貫開列咨送前來。臣覆加查核，所延幕友八人，俱係分隸各省，並非專用本籍之人。除隨時留心稽察外，謹繕列該學政幕友姓名清單，循例具奏，伏祈皇太后、皇上聖鑒。

知道了。

參追已故知縣周駿炳片〔二〕

光緒十四年十二月十二日

再，前署從化縣知縣已故知縣周駿炳，在從化縣任內欠解徵存雜款穀價銀七百五十餘兩、米三百三十餘石，節經嚴催，未據完解。據廣東布政使高崇基、督糧道韓文鈞詳請參追前來。相應請旨將前署從化縣知縣已故知縣周駿炳，暫行革職，勒限該家屬四箇月內將欠解銀米掃數完解。儻逾限不完，或解不足數，再行嚴參查抄備抵。若抵不足數，即將各該管上司應行分賠職名一併開送，以重庫款而免推延。謹附片奏參，伏祈聖鑒。

著照所請。該部知道。

知縣蕭開啓試用期滿甄別片〔三〕

光緒十四年十二月十二日

再，前准部咨，無論何項出身人員，凡係補缺應行具題者，

〔一〕録自《京報》第二九七二號。
〔二〕録自中國第一歷史檔案館編《光緒朝硃批奏摺》第八一輯，第六〇九頁，中華書局一九九五年版。
〔三〕録自《京報》第二九六三號。

試用期滿，由該督撫詳加甄別具奏等因，歷經遵辦在案。茲查拔貢分發知縣蕭開啓，江西吉水縣拔貢，朝考以知縣用，籤掣廣東。光緒十二年九月初九日到省，試用已滿二年，例應甄別。據廣東布政使高崇基會同廣東按察使王之春詳加察看，具詳請奏前來。臣覆加察核，該員蕭開啓，年力精壯，吏事講求，堪膺民社。除咨部外，謹附片具陳。再，兩廣總督係臣本任，毋庸會銜，合併陳明，伏祈聖鑒。

吏部知道。

委員署理司道片〔一〕 光緒十四年十二月十二日

再，現准吏部咨，十月十七日奉上諭：廣西巡撫著高崇基補授。等因。欽此。十月十八日奉上諭：廣東布政使著游智開補授。等因。欽此。當經轉行欽遵。查新授廣東布政使游智開到粤尚需時日，應即先行委員接署，以便升任廣西撫臣高崇基交卸起程。所遺廣東藩司篆務，查有按察使王之春，才識明決，整飭吏治，堪以署理。遞遺臬司篆務，查有高廉道王景賢，端謹持躬，詳慎精密，曾署臬篆，措置裕如，堪以署理。遞遺高廉道篆務，查有在任候補道本任瓊州府知府謙貴，吏治穩練，事理明達，堪以署理。除分檄飭遵外，臣謹附片奏陳。再，兩廣總督係臣本任，毋庸會銜，合併陳明，伏祈聖鑒。

吏部知道。

佘培軒接署廉州府知府篆務片〔二〕 光緒十四年十二月十二日

再，廉州府知府吳錫璋於光緒十四年十一月十六日因病出缺，所遺廉州府知府篆務應行委員接署。查有另補知府佘培軒，資深才練，辦事穩成，堪以署理。據布政使高崇基、按察使王之春會詳前來。除檄飭遵照，並將該府吳錫璋因病出缺緣由循例恭疏題報外，所出廉州府知府缺，相應請旨迅賜簡放，以重職守。臣謹附片具陳。再，兩廣總督係臣本任，毋庸會銜，合併陳明，伏祈聖鑒。

另有旨。

韓煇祚接署陽春縣知縣篆務片〔三〕 光緒十四年十二月十二日

再，署陽春縣知縣趙起鵬調省差委。所遺陽春縣篆務，應行委員接署。查有准調香山縣知縣韓煇祚，性情恪謹，吏事詳明，堪以署理。據布政使高崇基、按察使王之春會詳前來。除檄飭遵照外，臣謹循例附片奏陳。再，兩廣總督係臣本任，毋庸會銜，合併陳明，伏祈聖鑒。

吏部知道。

粤潮二關及瓊州北海兩新關第一百十二結徵税銀數奏報摺〔四〕 光緒十四年十二月十三日

竊照光緒十年四月間，准户部咨，各海關洋税奏銷，應令遵

〔一〕〔三〕 録自《京報》第二九六四號。

〔二〕 録自《京報》第二九五二號。

〔四〕 録自中國第一歷史檔案館編《光緒朝硃批奏摺》第七二輯，第三〇二至三〇三頁，中華書局一九九五年版。

照定章，一律開單奏報一摺。奉旨：依議。欽此。咨行到粤，當經欽遵辦理。查粤海、潮州二關，徵收洋税四成項下銀兩，歷准户部並總理各國事務衙門咨，每月撥解陝西協餉銀一萬兩，嗣改爲籌邊軍餉。又每季籌辦内務府、造辦處赤金各五百兩。又每結撥解抵還閩省借款，改爲加放俸餉銀六千兩。又應解南北洋經費，嗣准總理海軍事務衙門咨，撥歸海軍衙門作爲常年餉需經費之用各等因。所有各關徵解銀數，歷經按結奏報在案。兹自光緒十四年五月二十二日起至八月二十五日止，計三箇月，爲第一百十二結。粤海、潮州二關徵收正税、洋藥税，共銀五十二萬一十七兩三錢七分五釐，核計四成銀二十萬八千六兩九錢五分。除撥解光緒十三年十一月、十二月，十四年正月分籌邊軍餉共銀三萬兩，辦解内務府十四年秋季分赤金價銀九千二百五十兩，造辦處十四年秋季分赤金價銀九千二百五十兩，抵還閩省借款解京改放俸餉銀六千兩外，實存四成銀十五萬三千五百六兩九錢五分。又粤海、潮州二關徵收洋船船鈔、土貨半税，招商局輪船貨税、洋藥税、土貨半税，及粤海大關徵收子口税、招商局輪船鈔各項，共銀七萬六千一百六兩六錢二分一釐。至潮州新關子口税、招商局輪船船鈔，本届並無徵收。又本届第一百十二結，瓊州、北海兩新關，徵收正税、洋藥税共銀七萬五千三百六十三兩一錢一釐，徵收船鈔、土貨半税、子口税各項，共銀二千八百十六兩四錢一分九釐。至招商局輪船貨税、船鈔、洋藥税、土貨半税，本届並無徵收。再，光緒四年四月間，准户部咨，瓊州、北海兩新關所收洋税既無外國扣款，自毋庸再行分别四成、六成報解等因在案。所有粤海、潮州二關及瓊州、廉州北海二新關第一百十二結徵收正税及船鈔、子口税、洋藥税、土貨半税各緣由，除咨總理衙門暨户部外，謹繕列清單，會同南洋通商大臣兩江總督臣曾國荃恭摺奏陳。再，廣東巡撫係臣之洞兼署，毋庸會銜，合併陳明，伏祈皇太后、皇上聖鑒。

該衙門知道。單併發。

學政試竣任滿並無私弊摺[一] 光緒十四年十二月十三日

竊照學政考試有無劣蹟，例應每年陳奏一次。道光二十七年接准禮部咨開，欽奉上諭：該督撫等於年終密考，率皆以場規整肅、士論悦服爲詞，習成故套，毫無切實考語，殊非秉公覈實之道。嗣後各該督撫等，務宜破除情面，認真訪察。如該學政等不公、不勤，或徇私壞法，以及約束幕友、家丁、胥吏人等不能嚴肅，甚至精神疲敝不能振作，有玷厥職，均著該督撫等秉公具奏，不得仍以空言塞責。倘意存見好，徇隱不舉，别經發覺，惟該督撫等是問。將此通諭知之。欽此。又，咸豐元年准吏部咨開，奉上諭：各省學政，經朕特簡爲士子表率，亦各宜砥礪廉隅，恪守清操，雖延請幕友出棚按試，費用較繁，向資棚規津貼，但各省均有舊章，豈容踵而加厲。嗣後各學政如有不知自愛，任意需索者，著各督撫隨時查察，據實叅奏，毋稍徇隱。欽此。欽遵在案。

兹廣東學政臣汪鳴鑾，本年考過韶州、肇慶、南雄、連州等府州。據藩司轉據各屬申報，俱係遵例關防，提調教官，均無干預私謁諸弊

[一] 録自中國第一歷史檔案館編《光緒朝硃批奏摺》第一〇五輯，第三五〇至三五一頁，中華書局一九九五年版。

等情前來。臣查汪鳴鑾視學廣東於茲三載，關防嚴密，弊絶風清，按試所至，尤以訪求耆宿，敦勵儒修爲亟。本年十月薦舉績學耆儒張其翻等，及奏獎教職潘履端各員，欽奉諭旨，分别給予京銜在案。該學政宏獎羣才，孜孜不倦，黌序奮興，崇尚實學，士習蒸蒸日進，端潔公明，實足與前學臣胡瑞瀾後先濟美。現在汪鳴鑾試竣任滿，新任學臣樊恭煦業經到任。應俟按試時，臣再行留心察看，如有前項弊端，即當破除情面據實奏聞。所有學政試竣任滿察看並無私弊情形，理合恭摺具奏，伏祈皇太后、皇上聖鑒。

知道了。

粵東洋務人員請援案三年獎叙一次摺〔一〕

光緒十四年十二月十三日

竊照粵東遠控南洋，近連港、澳。廣州口岸爲各國麕聚之區。即潮州之汕頭，瓊州之海口，廉州之北海，均屬通商處所，洋舶所至，洋人所居，交涉事繁變幻百出。舉凡海防、教案、關税、釐金，在在與吏治民生相爲維繫，因應或失乎機宜，則操縱難期於適當。故人材亟宜培植，而洋務尤當講求。臣抵任後，酌度情形，於光緒十二年六月飭將督糧道署向設之洋務局裁併，改設洋務處一所，即委藩、臬、運三司督糧道會同籌畫，並選擇正佐各員，有明習條約、通知洋情而又素行端謹者，充當委員，隨同辦理，俾資歷練。於光緒十三年閏四月二十日附片奏明在案。臣維廣益必本於集思，儲材尤資夫獎勵。洋務處自開辦以來，在事各員隨臣辦理，悉皆詳慎研求，殫精竭慮，於一切交涉事件頗能領會約章，深明窾要，累月經年，尚無貽誤，均屬著有微勞。查南北洋口岸辦理洋務人員，每届三年給獎一次，迭經奉旨允准在案。廣東通商口岸四處之多，且與香港、澳門毗連，交涉事件尤爲繁重，較之南北洋情形實無區别。合無仰懇天恩俯准援照南北洋成案，每届三年期滿准予獎叙一次，以彰成效而勵將來。如蒙俞允，臣當遵照光緒九年部咨奏定章程，將洋務差委各員銜名，先行咨部立案。所有粵東辦理洋務人員懇請援案每届三年獎叙一次緣由，理合恭摺具陳，伏祈皇太后、皇上聖鑒。再，廣東巡撫係臣兼署，毋庸會銜，合併陳明。

吏部議奏。

請開復舉人原職並免繳捐復銀兩片〔二〕

光緒十四年十二月十三日

再，前因東莞縣舉人捐納户部郎中王葆真，私行佔墾西大坦沙坦，抗不繳息升科。並查有包攬阻撓厚德、涌口兩鄉王姓各户延不完繳升科經費情事。經臣會同本任廣東撫臣吴大澂奏參，請旨將該紳暫行斥革歸案辦理。奉旨允准，當經恭録飭行派員赴縣會同嚴行究追去後。茲據廣東布政使高崇基、按察使王之春，會同沙田局司道詳稱，此項沙坦三十餘頃，業經東莞縣知縣王煦暨委員候補同知劉忱會同勘明，委係官荒。嚴提該革紳王葆真勒追歷年侵收花息，體察情形，酌中定數。經該革紳與其族衆合共遵繳銀二萬兩，依限解交善後局，撥充海防經費。並將該坦追出召

〔一〕録自中國第一歷史檔案館編《光緒朝硃批奏摺》第一一二輯，第七〇五至七〇六頁，中華書局一九九五年版。

〔二〕録自《京報》第二九六四號。

據業户王永思等，照章繳價承耕，該革紳亦不敢從中霸阻。並查明厚德、涌口兩鄉王姓各户，相距甚遠，該革紳尚無包攬阻撓情事。所有該兩鄉應完升科沙田經費，已另行究追辦理，詳請奏予開復前來。伏查革紳王葆真，與其族衆侵收沙坦多年，抗不繳息升科，一經奏參提究，即將花息坦價率族措繳，追出坦地，另召承耕，不敢始終抗延霸阻，尚屬深知愧悔。其厚德、涌口兩鄉應完經費，亦經查明，尚非該革紳包攬阻撓。合無仰懇天恩俯准將暫革舉人、捐納户部郎中王葆真開復原職並舉人，免繳捐復銀兩，以昭激勸。除咨部外，謹附片具陳，伏祈聖鑒。

吏部議奏。

請更换總兵敕諭片〔一〕　光緒十四年十二月十三日

再，據廣東高州鎮總兵黄廷彪稟稱，本年十月十三日欽奉頒到光緒十二年十二月十九日撰給高州鎮總兵官坐名敕諭一道，仍照舊制撰給，與現在改撥營制未符，稟懇奏請换給，以資遵守等情前來。臣查原設高州鎮總兵，鎮守高、雷、廉、羅等府州地方，專轄陸路營汛。前經臣奏准，專設北海鎮水陸總兵，裁併陽江鎮，改設高州鎮爲水陸總兵，已將原轄之石城、廉州、欽州、雷州、徐聞各營將弁兵丁，撥歸北海鎮統轄，改設高州鎮，仍駐劄高州府城，鎮守高州、陽江、羅定等府廳州地方，統轄本標左、右二營暨羅定、陽江、吴川、電白、陽春、硇洲、東山水陸各營，與北海鎮轄地環接，均有海防之責。其巡洋會哨章程，亦經臣議定奏明在案。該鎮自改設以來，水陸兼轄。鎮守地方既與原制不同，而巡海、綏邊、内鎮、外防情形亦異。海防有事，則應與北海鎮聯絡一氣，力固藩籬。無事則應整軍設險，綏靖洋面，申警斥堠，遏緝奸宄，安輯軍民。該鎮黄廷彪現奉到坐名敕諭一道，既係仍照舊制撰給，自應奏請更换，俾名實相符，得以瞻奉遵循，克盡厥職。相應請旨飭下内閣查照改撥營制及現在情形，另行撰擬，恭呈欽定頒發，以資遵守。其現奉坐名敕諭一道，俟换給敕諭到日，即由該鎮恭繳。除將改設議准原案鈔送内閣並咨兵部外，理合附片具奏，伏祈聖鑒。

該衙門知道。

審明誤傷母命重犯按律定擬摺〔二〕　光緒十四年十二月十六日

竊照瓊山縣民吴鴻興，因瘋誤傷親母吴林氏身死一案，先經該縣劉思敏訪聞查拏，據報詣驗，並據族鄰將吴鴻興綑送到案，提驗吴鴻興目瞪神呆，不能取供。傳集犯妻、族鄰，連犯解省，經臣飭發廣州府審辦。兹據將犯病醫愈審擬，由司解勘前來。

臣親提研鞫，緣吴鴻興籍隸瓊山縣，係吴林氏親子，平素孝順，與妻吴張氏亦相和睦。光緒十四年三月間，吴鴻興染患瘋病，吴林氏因未滋事，不願報官鎖錮。五月二十日早，吴鴻興瘋病復發，在廳前跳舞，並將桌上磁碗擲碎。吴張氏喊阻，吴鴻興舉拳趕向吴張氏毆打。適吴林氏從房内走出，吴鴻興趕攏勢猛，誤撞吴林氏臂膊，吴林氏站立不住，側跌木板櫈上，連櫈倒翻，櫈頭

〔一〕録自中國第一歷史檔案館編《光緒朝硃批奏摺》第三四輯，第一七六至一七七頁，中華書局一九九五年版。

〔二〕録自《京報》第二九八三號。

跫傷左脇，碎磁擦傷右手腕。時有族人吴鴻菁、吴鴻方瞥見，趕進喝阻。詎吴林氏傷重，逾時殞命。經縣訪聞查拏，據報詣驗，並據族鄰將吴鴻興綑送到案。提驗吴鴻興目瞪神呆，不能取供，傳集犯妻、族鄰，連犯解省，飭發廣州府，將犯病醫愈審擬，由司勘轉提審。據供前情不諱，究非有心干犯，亦無裝飾情弊，案無遁飾。

查律載，子毆母殺者，凌遲處死。又例載，子誤傷母致死，律應凌遲處死者，仍照本律定擬。援引白鵬鶴案内欽奉諭旨，及隴阿候案内欽奉諭旨，恭候欽定。又，瘋病之人，其鄰佑人等容隱不報，以致殺人者，照知人謀害他人不即阻當首報律，杖一百各等語。又，恭查嘉慶十八年三月二十一日奉旨：此案白鵬鶴因向伊嫂白葛氏借取燈油不給，出街嚷罵。白葛氏趕出門首理論，白鵬鶴拾取土坯向白葛氏擲毆，不期伊母白王氏出勸，以致誤傷殞命。刑部引子毆父母殺者凌遲處死律，又因鬬毆誤殺旁人以鬬殺論律比，擬問以凌遲處死。核其情節，白鵬鶴遥擲土坯，誤殺其母，非其思慮所及，與鬬毆誤殺者究屬有間。白鵬鶴著改爲斬立決。嗣後有案情似此者，即照此問擬。餘依議。欽此。又，道光二年三月初二日奉上諭：明山奏，審擬誤傷祖母重犯一摺。此案隴阿候與余茂勝口角、争毆，誤傷祖母阿潮奶身死。該撫因例無專條，請依孫毆祖父母殺者律，凌遲處死。倫紀攸關，固當加重定擬。但誤傷究與毆殺者有間，朕準情酌理，隴阿候著改爲斬立決。嗣後遇有誤傷祖父母致死之案，即照此問擬。欽此。欽遵在案。

此案吴鴻興因瘋病復發，向伊妻吴張氏趕毆，適伊母吴林氏從房内走出，該犯趕攏勢猛，誤撞吴林氏跌跫致傷身死，實係一時失誤，與白鵬鶴等案情節相同。惟倫紀攸關，自應照律問擬。吴鴻興合依子毆母殺者凌遲處死律，凌遲處死，照例刺字，恭候欽定。地保林其松，鄰人吴鴻菁、吴鴻方，明知吴鴻興染患瘋病，不即報官鎖錮，致釀重案，均合依瘋病之人鄰佑人等，容隱不報，以致殺人者，照知人謀害他人不即阻當首報律，杖一百例，擬杖一百，折責發落。林其松仍革去地保，犯妻吴張氏因其姑吴林氏不願具報，事由尊長所主，應請免其置議。屍棺據給領埋，木櫈案結銷燬。除供招咨部外，所有審明定擬緣由，臣謹恭摺具奏，伏祈皇太后、皇上聖鑒，敕部核覆施行。再，兩廣總督係臣本任，毋庸會銜，合併陳明。

刑部速議具奏。

老生三場完竣未經中式循例具奏摺[一]

光緒十四年十二月十六日

案查科場條例内開，鄉試三場完竣，未經中式年老士子，由監臨詳查年歲，分別貢監生員，合例者，於榜後開具清單，奏交禮部覆核，請旨賞給舉人副榜。又年老諸生，前科業已恩賞副榜，此次應試仍在八十以上，禮部覆奏時摺内聲明，毋庸加賞。又，咸豐二年准禮部咨稱，各省辦理老生録科時，將生員何年入學，貢監何年報捐應試，現年若干歲，查明於榜發後具奏，並造册送部覆核。又，光緒五年准禮部咨，嗣後老生恩賞，擬比照捐納貢監已滿十科之例，量爲變通。必須入學年分查係三科以前者，方

[一] 録自《京報》第三〇一一號。

准入單具奏。其有甫經入學，並入學在三科以内者，雖年例已符，概不准其開列。又，光緒九年准禮部咨，嗣後鄉試奏請年老例貢監恩賞時，即將貢監原捐各照送部，以憑查核。俟部奏准後，該貢監等既經蒙恩賞給舉人副榜，原捐執照無須發還收執，即由部分送户部、國子監查銷各等因。均經飭行遵照在案。

今光緒十四年廣東省舉行戊子科文闈鄉試，臣忝任監臨。經將應試三場完竣未經中式年老諸生詳加查核，除年例未符諸生照例扣除外，查有九十以上副貢生阮秀森等九名，八十以上附貢生鄺春元等三十七名，三場完竣，未經中式。調閱原卷俱各真草完全，文理明順，復咨會學。臣查明該生等欽賜報捐貢監入學年分均屬相符，其貢監生報捐係在十科以前，曾經應過鄉試。行據升任布政使高崇基確查移交，現署布政使王之春詳覆前來。臣伏維皇仁翔洽，海隅多耆艾之祥。聖澤覃敷，嶺表萃菁莪之秀。際中天之景運，應南極之壽昌。是以多士奮興，皓首不忘勵志。人文蔚起，龐眉尚切觀光。校文字則真草皆完，稽學册而例年悉合。久荷湛恩培植，宜邀曠典榮施。除造册並例貢監照咨送禮部查核外，臣謹會同廣東學政臣樊恭煦恭摺具奏，並將各老生姓名、年歲另繕清單敬呈御覽，伏祈皇太后、皇上聖鑒，敕部核覆施行。

禮部議奏。單併發。

總兵因病出缺委員接署摺[一] 光緒十四年十二月十八日

竊照潮州鎮總兵鄧安邦本年十一月經臣電調來省，籌辦東莞、新安等處沙田暨該兩縣沿海毗連香港一帶地方查辦匪鄉事宜。該總兵前在軍營打仗，積受勞傷，茲因查辦沙田匪鄉，往還海上，海風峻厲，觸發舊疾，漸形沈重，回省就醫。據報於十二月十三日在省寓病故。查該總兵自咸豐同治以來，剿平福建武平、詔安兩縣及粵省髮逆暨各路會匪、土匪，戰功卓著。輿論以該總兵與提督方耀、鄭紹忠稱爲粵中三將，於地方情形、兵團利弊，均極透澈，辦事誠懇，不私貨財，素爲鄉里所推服。近年辦理海防，查辦匪鄉，籌造兵輪，講求緝捕，清查沙田等事，靡役不與苦心經營，纖悉必盡，積勞過甚，舊疾發動，馴致不起。病殆時，具禀於臣，陳明經手事件，井井有條。惟以病入膏肓，未報國恩爲恨，無一語及私。時事多艱，將才難得，臣追念袍澤之誼，痛惜實深。除俟查明該總兵戰功事蹟，懇恩賜卹外，查潮州地方濱海，民俗强悍，該鎮有統轄陸營兼辦海防之責，要缺未便久懸。查有北海鎮總兵王孝祺，勳望素孚，軍律嚴整，堪以調署。遞遺北海鎮總兵，查有記名提督陶定昇，樸誠勇敢，治軍有方，堪以署理。除分飭遵照外，所遺潮州鎮總兵員缺緊要，相應請旨迅賜簡放，以重職守。所有總兵因病出缺委員接署並請旨簡放緣由，謹恭摺具陳，伏祈皇太后、皇上聖鑒。

另有旨。

電綫不宜與法接摺 光緒十四年十二月二十日

竊臣前准北洋大臣李鴻章來咨，法國旱綫自鎮南關邊外達東京、西貢各處，中國旱綫如與該綫相接，則以上各處電報自可接

[一] 録自《京報》第二九六九號。

轉。已准總理衙門咨，允其接連，咨臣轉飭兩廣官電局遵辦等由。臣當時即慮其窒礙甚多，然來咨既云總署允准，只可照轉。嗣據登萊青道盛宣懷稟同前事，其時已在北洋批准接連、總署覆准之後。其准駁之權，已不屬之於粤，准固無所用其准，駁亦無從施其駁，並非由臣批准而後定議也。嗣後未據盛宣懷將章程稟送，近據十月二十一日該道電稟，始知又有廣東東興與越南芒街接綫之議。臣見此事愈推愈廣，流弊愈多，即將其中窒礙及萬不可准情形，詳悉電達總理衙門及李鴻章查照。隨接李鴻章復電云，業經畫押，似難翻悔。兹准李鴻章來咨，知已具奏，鈔録摺稿章程咨行到臣。

伏查接綫之議，發之於法公司，惟所接乃兩廣地方之官綫，所關乃兩廣地方之利害，而創議之初，並未與兩廣督、撫臣一商，迨已有成説而後咨臣接辦，及定議之時，亦無函電咨會。迨臣電既發，而云已畫押在先。李鴻章之批准，盛宣懷之籌議，無非爲中國受益起見，所言有利無害各節，謂各國未聞以電綫相連爲害，原非絶無所見，但於兩粤情形未能深悉。且中外相交，與外洋各國相交亦難一致。臣責在粤疆，固不敢好爲辯論，亦何敢緘默依違。

查洋參贊博來説帖内云，英國原有大東水綫可達各國，中國旱綫雖接，仍須由水綫轉寄，價雖稍廉，遲速迥異，且多周折，時須修理，將來綫報未必能多等語，是接綫並無大益明矣。東興、南關皆鄰越境，中國設電，本欲我之軍報速過於人，如法亦可用，則與法共其利，且爲法占其利矣。至有事斷綫之説，一日不失和，一日不能斷。廣西太平府上思州，廣東欽、廉等處，皆多教堂、教民。龍州係商務總匯之區，尤逼肘腋。萬一有事，虚失機宜，彼皆頃刻可達，避長攻短，盡洩密謀，及至決裂斷綫，戰守之先機已失矣。或謂教民到處皆有，龍州即不接綫，彼亦可由香港、海防轉寄。然緊急呼吸之際，一迂一直，利鈍即殊。教民固隨處有之，龍邊險要之區，電綫軍情所係，與尋常内地情形似難並論。然則無事接綫，收利甚微，有事斷綫，受累已迫，此東西兩省電綫萬不可與法接之實在情形也。凡此種種利不敵害情形，臣皆已詳電總署及李鴻章。無如臣在先未得與謀，無從阻止，電至業已畫押，致難挽回。

查鎮南關官局電綫，前年早已撤至憑祥，擬逐漸收至龍州。其東興官局電綫，原爲勘界而設，界務既竣，即擬收至欽州而止。經費既屬難籌，巡修尤爲不易。東興地僻報稀，更非南關可比。南關、東興之綫既撤，龍州、欽州之距越界或百數十里，或二百餘里，斷無爲法國特造遠綫，待其來接之理。且東興一帶人情浮動，邊民雜處，時思與法相仇。儻知此綫係爲法人來接而設，難保不集聚多人，生事毁拆。文武官弁相距較遠，恐彈壓照料不周，轉多枝節。此又東興電綫尤不可與法接之實在情形也。

不特此也，我代洋人傳報，後累實多。溯查光緒十二年八月間，臣接英領事費里德照會稱，准香港水師總兵移稱，本月十八日下午兩點鐘零五十分，本總兵發電報與瓊州英領事官，詎是晚九點鐘始到。似此躭閣已非一次，中國電局如此任意將官報躭延，實於該國家事務大有關礙等語，當經臣嚴詞駁斥在案。夫由廣至瓊僅逾三時，中國電報之所常有。此不過平日無甚關係之報，彼已公然行文詰責，視同彼之郵傳遲誤公文者然，可謂謬妄無理之至。英且如此，何况於極暴極横之法。夫未與接連之綫，洋人尚敢無理挑剔，如其即與接連，彼此相共，或遲或誤，彼更有詞。

假使兩電並需即發，先此後彼，必致相爭，後我先人，亦無此理。且香港局大人多，尚有遲誤，南關、東興地僻人少，更不免雷雨梗阻，停待舛錯之虞。勢必致各路電局委員、報生爲接遞洋報之故，奔命不遑，救過不暇，領事查詢，公使瀆擾，譙責辯析，唇舌滋多。不知中國自設電局，本無一事，何苦而爲此也。夫商局獲利，受累猶可說也，官局無故而自擾，不可解也。現在南關之綫，北洋已允接連，應如何嚴防流弊及密行補救之處，可否敕下總理衙門密籌酌辦。

至東興之綫，昨接李鴻章來電云，或可推延中止，屆期由粵酌量議奏等語，應請敕下總理衙門查核存記，如法人得步進步，再來瀆陳，即以粵省官民不願辦理爲詞，嚴拒其請，地方幸甚。

（硃批）該衙門知道。（欽此）

查明十一月分雨水糧價情形摺[二] 光緒十四年十二月二十日

竊照廣東省光緒十四年十月分雨水、田禾、糧價情形，業經臣恭摺奏聞在案。茲查廣東省城光緒十四年十一月分上、中二旬得有雨澤數次，下旬晴霽，晚禾、雜糧收穫已畢，麥苗秀發，園蔬亦皆暢茂。省外各屬稟報與省城大略相同。糧價較上月稍減，民情靜謐，堪以仰慰聖懷。所有光緒十四年十一月分雨水糧價情形，臣謹繕清單恭摺具奏。伏祈皇太后、皇上聖鑒。

知道了。

請准以侯勉忠借補參將摺[三] 光緒十四年十二月二十日

竊准兵部咨，廣東欽州營參將方鼇病故，遺缺係陸路題補第二輪第二缺，應用儘先人員。既據扣留，應令迅揀儘先合例人員請補等因。查定例，各省題調武職各缺，如因員缺緊要，人地相需，將不合例人員保奏，應於摺內聲明，請旨交部核覆，恭候欽定。又儘先人員均按奉旨先後挨次補用，如名次在前之員實在揀選不得其人，必須按名指實於此缺何項人地不宜，方准將名次在後之員請補。又陸路參將，如請補之員籍隸本省，例應迴避，於摺内聲明，揀選隔省對調各等語。又案准兵部咨，武職借補章程提鎮借至副、參、遊止。借補人員即在儘先班次之内等因。查欽州營參將駐紮欽州城，係煙瘴要缺，與越南毗連。現當籌辦邊防之際，非精明幹練之員，弗克勝任。茲會同署廣東陸路提督臣鄭紹忠詳加揀選，陸路儘先參將班内，合例請補各員，均於此缺人地不宜，未便遷就請補。查有記名總兵侯勉忠，年六十三歲，廣東清遠縣人，由勇目在廣東、廣西等省勦匪出力，遞保花翎副將。嗣於援勦越南股匪，削平巨憝，攻克者巖出力案内保奏，光緒六年三月初九日奉上諭：著免補副將，以總兵記名簡放，並賞給技勇巴圖魯名號。欽此。咨送履歷，准部咨覆注册。該員老成幹練，歷著戰功，現署羅定協副將，於營伍捕務均能實力整頓，並無在外省軍營叅革朦保情弊，以之借補欽州營參將，洵堪勝任。惟籍

〔一〕録自中國第一歷史檔案館編《光緒朝硃批奏摺》第九四輯，第七七三頁，中華書局一九九五年版。

〔二〕録自《京報》第二九七三號。

隸本省，與例稍有未符。惟本班各員均不合請補，謹隨摺聲明。合無仰懇天恩准以侯勉忠借補欽州營參將，俾資整頓。如蒙俞允，俟部覆到日，給咨送部引見，並在西省參將内查缺對調，以符定制。謹會同署廣東陸路提督臣鄭紹忠合詞恭摺具奏，伏祈聖鑒，敕部議覆施行。

兵部議奏。

請准以劉百禄補授遊擊片〔一〕光緒十四年十二月二十日

再，准兵部咨，廣東碣石鎮標中軍遊擊儘先副將黄廷耀，補授大鵬協副將。所遺碣石鎮標中軍遊擊，係外海水師題補第三輪第一缺，應用儘先人員，行令照章揀選合例人員奏補等因。查定例，各省題調武職各缺，如因員缺緊要人地相需，將不合例人員保奏，於摺内聲明，請旨交部核覆，恭候欽定等語。又定例，水師遊擊缺出，於隔府別營人員内揀選題補。又儘先人員，均按奉旨先後挨次補用。如名次在前之員實在揀選不得其人，必須按名指實於此缺何項人地不宜，方准將名次在後之員請補等因。兹會同廣東水師提督臣方耀，在於部行准歸班序補之外海水師儘先遊擊内，詳加揀選。其名次在前之陳起龍，於此缺人地未宜。何晋卿，丁憂尚未起復。查有水師提標中營儘先遊擊劉百禄，年五十八歲，廣東東莞縣人，由勇目前赴陝西、江南、廣西等省勦匪出力，遞保花翎儘先都司補缺後以遊擊儘先補用。嗣於攻克貴州新城老巢，擒斬要逆殆盡，上游一律肅清案内保奏。同治十二年正月十五日奉上諭：著免補都司，以遊擊儘先補用，並加副將銜。欽此。又於攻克普安、安南各縣城池，並解安順府城圍，勦平牛角坡、香爐山各老巢，擒斬首逆下游肅清案内保奏。同治十二年九月二十八日奉上諭：著賞給二品封典。欽此。凱撤回粤，飭發水師提標中營效力，咨送履歷，經部覆准註册序補。該員勤能練達，熟習海洋，前在外省軍務並無叅革朦保情弊，以之補授碣石鎮標中軍遊擊，洵堪勝任。雖儘先名次略後，與例稍有未符，惟在前之員不合請補。合無仰懇天恩俯准以劉百禄補授碣石鎮標中軍遊擊，俾資整頓。如蒙俞允，俟部覆到日，給咨送部引見，以符定制。謹會同廣東水師提督臣方耀附片具陳，伏祈聖鑒，敕部核覆施行。

兵部議奏。

請准以尹林安補授都司片光緒十四年十二月二十日

再，准兵部咨，前山營都司陳崇安病故，遺缺係内河水師題補第四缺，應用儘先一員。既據該督扣留，應即迅揀儘先合例人員請補等因。查定例，儘先人員均按奉旨先後挨次補用。如名次在前之員，實在揀選不得其人，必須按名指實於此缺何項人地不宜，方准將名次在後之員請補。又准部咨，嗣後遇有内河水師缺出，先准直隸隔府之人請補。倘實無可揀選，准以本府人員題補。該督撫試看該員宜於外海者，即以外海之缺改補。倘不熟習外海

〔一〕以下二件録自中國第一歷史檔案館編《光緒朝硃批奏摺》第四〇輯，第五五一至五五二頁，中華書局一九九五年版。

情形，長於陸路者，以陸路之缺改補。該督撫先行咨部立案，限一年内揀缺請補，均不入輪缺計算。俟奉旨改補後，再行開除内河底缺，照章輪補。將來升補，仍按出身核計。又各省題調式職各員，如因員缺緊要人地相需，將不合例人員保奏，應於摺内聲明，請旨交部核覆，恭候欽定等語。查前山營都司駐劄香山縣屬前山寨城，與西洋國居住之澳門海島切近，巡防緝捕最關緊要。非精明幹練、熟悉地方情形，兼通洋務之員，弗克勝任。茲會同廣東水師提督臣方耀在於内河水師經部覆准注册序補之儘先都司内詳加揀選，其名次在前之湯恩、鍾祥光、盧光漢、潘璘，均於此缺人地不宜，未便遷就請補。查有新會營右營守備儘先都司尹林安，年五十一歲，廣東東莞縣人，由勇目在本省剿匪出力，記名把總拔補補缺後，以千總升用。嗣赴閩省剿匪，於援解永定城圍閩省肅清案内保奏。同治五年十月初七日奉上諭：著以守備儘先補用，並賞戴藍翎。欽此。又於追剿江閩竄粵逆匪，克復鎮平、嘉應各城案内保奏。同治五年十二月初五日奉上諭：著賞加都司銜。欽此。又於本省歷年出洋捕盜，會辦越南亞婆濿等處洋匪出力案内保奏，請俟補守備後，以都司儘先補用。同治十二年十一月二十二日奉硃批：著照所請奬勵。欽此。又於拏獲香山等縣洋盜黄汶南等出力保奬案内，奏請補守備後，免補都司，以遊擊儘先補用。准兵部奏駁，改爲俟補守備升任都司後，再以遊擊儘先補用。光緒四年六月初三日奉旨：依議。欽此。嗣因出有新會營右營守備缺，經前督臣張樹聲奏請補授，准兵部咨覆准補。並以奉旨之日爲始，歸入内河水師儘先都司班内注册序補。又於圍捕香山等縣盜匪杜亞林等出力案内保奏。光緒十年十月十五日奉旨：著賞加副將銜。欽此。於准補守備案内赴部，光緒十四年三月十二日經兵部帶領引見，奉硃筆圈出，著准其補授照例用。欽此。給劄赴任。該員勇敢精詳，熟習船礮，前在外省軍營並無參革蒙保情弊，以之補授前山營都司，洵堪勝任。雖籍隸本府，儘先名次略後，與例稍有未符，惟在前各員均不合請補，未便稍涉遷就。謹將不合例緣由隨摺聲明。合無仰懇天恩准以尹林安補授前山營都司，俾資整頓。如蒙俞允，該員甫經引見，毋庸送部。請敕部給予劄付。惟籍隸本府，是否宜於外海，抑長於陸路，容俟試看再行咨部立案。謹會同廣東水師提督臣方耀附片具奏，伏祈聖鑒，敕部核覆施行。

兵部議奏。

密陳東西兩省司道府及提鎮考語摺[一]

光緒十四年十二月二十日

竊照每年歲底，例應將所屬司道府及提鎮各官出具切實考語，密行陳奏。臣於粵省文武各員近年來隨事董戒，多方激揚，各該員尚知謹畏濯磨。貪暴鄙劣之員已不多見，吏治似漸有起色，營伍亦鮮妄爲。其間有奉職無狀，經臣查出，如四會縣知縣史光溥、定安縣知縣陳第榮、署瓊州鎮總兵楊瑞山、廣西賓州營參將馬遇春、鬱林營參將張忠祥等，均於今歲先後參劾在案。本年春夏間，臣兩次出省查勘水災，所有各員政事官聲，隨處訪察。其距省稍遠之處，則察其辦事是否妥洽，有無成效，參以司道考核，

[一] 録自中國第一歷史檔案館編《光緒朝硃批奏摺》第六輯，第五二至五三頁，中華書局一九九五年版。

證以差員詢訪，以定優絀。茲届一年出考之期，查廣東省新授布政使游智開、陸路提督唐仁廉、瓊州鎮總兵姜桂題，均尚未到省。南韶連道華祝三，引見未回。肇陽羅道多齡、肇慶府知府吴澍霖、雷州府知府邳馨，均甫經赴任。新補高州府知府隆斌，前經委署瓊州府事，到任未及三月。韶州府知府譚承祖、廉州府知府吴錫璋、潮州鎮總兵鄧安邦，均業經病故。又，廣西省新授左江道恩立、右江道張汝梅，均未據報到任。思恩府知府劉恩濬，奉委催餉來東，尚未回任。平樂府知府志彭，到任未及三月。柳慶鎮總兵馬盛治，現在龍州防營尚未到任。均毋庸注考。此外由實缺升任調署暨奏署已久之員，治績仍可考覈，自應一併開列，以仰副朝廷察吏安民、整軍講武之至意。所有兩省司道府及提鎮各員謹出具切實考語，密繕清單，恭呈御覽，伏祈皇太后、皇上聖鑒。再，廣東巡撫係臣兼署，所有巡撫任内應出各員考語，相應毋庸贅陳，合併聲明。

知道了。單四件、片一件留中。

特參不職文武各員片[一] 光緒十四年十二月二十日

再，文武各員其有才不勝任暨不循法度者，亟應隨時甄别，以示儆戒。查有試用同知王燿彬，本年派充鄉試闈差。該員心地模糊，辦事粗率，臣正入闈監臨，屢戒不悛。又本任南海縣知縣郭樹榕，人素有才，尚能辦事。惟近來精神疏略，頗涉浮華，於防檢丁胥未能周密，實屬難膺首劇。又南澳鎮右營守備賴國安，前年因事調省察看，經原任瓊州鎮總兵賴鎮邊稟請，帶赴瓊州差委。本年夏間，賴鎮邊未經稟候批檄，輒由該鎮委令代理該鎮中軍遊擊，已屬不合。賴鎮邊旋即病故，該守備公然自稱代辦鎮行文各處，并委員代理瓊州鎮所屬海安營遊擊，實屬昏謬妄爲。相應請旨將試用同知王燿彬，以州同降補。南海縣知縣郭樹榕，開缺留省另補。南澳鎮右營守備賴國安，即行革職，以肅官方。理合附片奏陳，伏祈聖鑒。

另有旨。

籌修廣州旗營衙署兵房摺[二] 光緒十四年十二月二十二日

竊照廣州旗營大小官員衙署九十三所，共房二千三百四十四間，兵房九千三百五十間，遇有坍塌，向准借款興修，分八年由俸餉扣還，歷經辦有成案。溯自道光二十六年、二十八年、同治初年三次借動藩司糧道各庫款興修，均經扣還清款。迄今數十年，剥蝕漂摇，漸致損壞。加以今年春夏霪雨連番，颶風屢作，不但道光年間所修之房不堪棲止，即同治年間修竣者亦多坍塌。各官兵無力修葺，若不趕緊籌辦，恐傾圮益甚，需費益多。經協領等官稟由，臣繼格等委員查勘屬實，核與借款興修成案相符。除應修衙署九十三所，二千三百四十四間，共需修費銀一萬四千三百二十兩，在於旗庫借支動用，仍照章由各官俸銀内分作八年扣還外，所有兵房九千三百五十間，按照向章每間借銀八兩，共需銀七萬四千八百兩，擬於司庫項下籌借。咨經臣之洞飭行籌議去後。

[一] 録自《京報》第二九五二號。
[二] 録自《京報》第二九五九號。

茲據署廣東布政使王之春，會同糧儲道韓文鈞詳稱：廣東旗營兵房年久失修，逐漸傾壞，自係實情。茲擬借款興修，共需銀七萬四千八百兩。惟目前庫儲十分支絀，實難籌此鉅款，茲竭力設法籌挪，擬先由藩庫籌借銀四萬兩，以便乘此冬晴及早興修。其餘銀三萬四千八百兩，容俟明歲體察情形再行詳咨商酌辦理等情，詳請具奏前來。臣之洞伏查，該司道等所議皆係實在情形。現在各兵房待修孔亟，轉瞬春令雨多，誠恐不便工作。乘此冬日晴燠，自宜及時趕辦，擇要興修。臣等會同商酌。合無仰懇天恩俯念廣州旗營衙署兵房日久坍塌，難於棲止，准其在於藩庫先行籌借銀四萬兩，俾作兵房修費，仍限八年，在於兵餉項內陸續扣還。其餘銀兩能否籌措，容俟臣之洞督同司道明年體察情形商酌辦理。除咨部外，謹合詞恭摺具陳，伏祈皇太后、皇上聖鑒。再，廣東巡撫係臣之洞兼署，毋庸會銜，合併聲明。

著照所請。户部知道。

廣東省甄別千總劾不及數摺[一] 光緒十四年十二月二十二日

竊照乾隆六十年准兵部咨稱，嗣後各省甄別千總，年終彙咨報部時，其甄別及數者，於咨内聲明。如果無衰庸戀缺應行甄別之處，令該督撫等將無可劾參緣由切實聲明具奏等因。歷經遵辦在案。臣查每年甄別千總，廣東省應劾五員。今光緒十四年分，廣東省劾去海口營左哨千總鄧步雲一員，甄別尚未及數。此外，各鎮協營千總，據各提鎮咨覆，逐一詳加查核，俱尚勤慎供職，並無衰庸應劾之員。臣仍當留心考察，如有年力就衰及操防懈怠者，即行隨時劾參，以肅營伍，斷不敢稍事姑容。至廣西省各營千總甄別，已准廣西提臣咨會另行辦理，合併陳明。謹循例具奏，伏祈皇太后、皇上聖鑒。

兵部知道。

請准以伍起祥升補遊擊摺 光緒十四年十二月二十二日

竊廣西新設龍州城守營遊擊缺，先經臣等以裁缺之前任廣西提標前營遊擊任加桂請補。旋准部咨，議覆廣西龍州城守營遊擊缺以任加桂補授議駁一摺，光緒十四年七月十一日具奏。奉旨：依議。欽此。鈔録原奏内開，廣西龍州城守營遊擊請以裁缺提標前營遊擊任加桂補授。查該員係裁缺候補，並非現任人員，請補調缺核與定例不符，應毋庸議，仍令另揀合例人員升調，以符定制等因。當經轉行遵照。查定例，題調缺出，先儘現任人員揀選調補。如無合例堪調者，准於應陞人員内保題陞用。又題調缺出，照例揀選具題，其有員缺緊要，人地實在相需，而所保之員與例稍有未符者，將不合例之處詳細聲明，請旨交部核覆各等語。廣西龍州城守營遊擊，駐龍州城，係五年邊俸煙瘴題調之缺。該處地當衝要，接連越疆，必須熟悉風土、能耐煙瘴之員，方克勝任。粤西内地遊擊，非現居要缺，即人地未宜，實無堪以調補之員，應於現任人員内揀選陞補。

[一] 以下五件録自中國第一歷史檔案館編《光緒朝硃批奏摺》第四〇輯，第五六八至五七四頁，中華書局一九九五年版。

茲臣與廣西提督臣蘇元春詳加揀選，查有馗纛營都司伍起祥，現年四十二歲，桂林府靈川縣人，由勇目投效軍營，節年隨勦出力，經兵部題補梧州協右營守備，遞陞今職，於光緒十年四月二十三日在部接劄，是年六月二十一日到任。嗣於克復諒山案内保獎。光緒十一年八月二十一日奉上諭：著以都司在任陞補遊擊，並賞加条將銜。等因。欽此。該員精强幹練，久歷戎行，且熟習風土，能耐煙瘴。龍州城守營遊擊，距該員本籍五百里以外，以之陞補此缺，洵堪勝任。惟調缺請補與例稍有未符，第人地實在相需，例得專摺奏請。合無仰懇天恩俯准以馗纛營都司伍起祥陞補龍州城守營遊擊，於地方營伍均有裨益。如蒙俞允，俟接准部覆，再行給咨赴部引見，以符定制。其所遺馗纛營都司員缺，係題調之缺，容俟接到部覆，另行照例辦理，合併陳明。除咨明兵部外，臣謹會同廣西提督臣蘇元春合詞恭摺具奏，伏祈皇太后、皇上聖鑒，敕部核覆施行。

兵部議奏。

請准以蘇金有升補守備片 光緒十四年十二月二十二日

再，竊照廣西新設龍州城守營守備缺，先經臣等以裁缺之前任廣西提標前營守備張英請補，旋准部咨，議覆廣西龍州城守營守備以張英補授議駁一摺，光緒十四年七月十一日具奏。奉旨：依議。欽此。鈔録原奏内開，廣西龍州城守營守備請以裁缺提標前營守備張英補授，查該員係裁缺候補，並非現任人員，請補調缺核與定例不符，應毋庸議。仍令另揀合例人員升補，以符定制等因。當經轉行遵照。查定例，題調缺出，先儘現任人員揀選調補。如無合例堪調者，准於應升人員内保題升用。又題調缺出，照例揀選具題，其有員缺緊要人地實在相需，而所保之員與例稍有未符者，將不合例之處聲明，請旨交部核覆各等語。廣西龍州城守營守備，駐龍州城，係五年邊俸煙瘴題調之缺。該處地當衝要，接連越疆，必須熟習風土、能耐煙瘴之員，方克勝任。粤西内地守備，非現居要缺，即人地未宜，實無堪以調補之員，應於現任人員内揀選升補。

茲臣與廣西提督臣蘇元春詳加揀選，查有廣西新太協左營千總蘇金有，現年五十四歲，廣西南甯府宣化縣人，由行伍遞拔今職。同治十三年七月十一日接劄，隨因六年俸滿，咨部留任，换給劄付。該員才優力健，緝捕認真，且熟習風土，能耐煙瘴。龍州城守營守備非該員本府之缺，以之請補，洵堪勝任。惟調缺請補，與例稍有未符，第人地實在相需，例得專摺奏請。合無仰懇天恩俯念煙瘴要缺需員，准以廣西新太協左營千總蘇金有升補龍州城守營守備，以期人地相宜。如蒙俞允，俟接准部覆，再行給咨赴部引見，以符定制。其所遺新太協左營千總弁缺，俟接准部覆再行選弁拔補，合併陳明。除咨明兵部外，臣謹會同廣西提督臣蘇元春合詞附片具奏。伏祈聖鑒，敕部核覆施行。

兵部議奏。

請准以何貴龍升補遊擊片 光緒十四年十二月二十二日

再，竊照廣西思恩營遊擊一缺係題調之缺，先經臣等以鎮安協中軍都司武椿奏請升補，准兵部咨，議覆廣西思恩營遊擊請以武椿升補議駁一摺，光緒十四年十月二十七日具奏。奉旨：依議。欽此。鈔録原奏内開，查武椿於光緒八年軍政案内保薦卓異，十年六月領咨進京引見，因中途患病，便道回籍，將原領劄文等件呈繳，由直隸總督咨請開缺。當經兩廣督臣以告病例應委驗屬實，方准開缺咨駁。旋經直隸總督委員勘驗，復於十二年七月據該員呈報病痊，仍請給咨，迄今又逾二年，尚未到部。似此任意遲延，是否別有情弊，抑或病尚未痊，咨查該督辦理往返查詢，勢必久稽時日。所有廣西思恩營遊擊員缺，係屬題調要缺，未便久懸，應令另揀合例人員請補。所請以武椿升補遊擊之處，應毋庸議等因。查定例，題調缺出，先儘現任人員揀選題調。如無合例堪調者，准於現任應升人員内保題升用。又題調缺出，照例揀選具題，其有員缺緊要人地實在相需，而所保之員與例稍有未符者，將不合例之處詳細聲明，請旨交部核覆各等語。廣西思恩營遊擊駐思恩府武緣縣城，係苗疆煙瘴題調之缺，必須熟習風土、能耐煙瘴之員，方克勝任。粤西内地遊擊，非現居要缺，即人地未宜，現無堪以調補之員，應於現任人員内揀選升補。

兹會同廣西提督臣蘇元春詳加揀選，查有上思營都司何貴龍，現年四十五歲，廣東番禺縣人，由藍翎侍衛光緒六年七月内選補廣西麥嶺營都司，調補今職。光緒十四年三月十三日接領調補上思營都司劄付，是年十月初六日到任。該員勤奮勇敢，久任邊陲，且熟習風土、能耐煙瘴，以之升補此缺，洵堪升任。惟調缺請補，與例稍有未符，第人地實在相需，例得專摺奏請。合無仰懇天恩俯念煙瘴要缺需員，准以上思營都司何貴龍升補思恩營遊擊，以期人地相宜。如蒙俞允，俟接准部覆，再行給咨赴部引見，以符定制。其所遺上思營都司缺，俟部覆到日照例揀員請補，合併陳明。除咨明兵部外，臣謹會同廣西提督臣蘇元春合詞附片具奏，伏祈聖鑒，敕部核覆施行。

兵部議奏。

請准以趙邦慶升補守備片 光緒十四年十二月二十二日

再，前出有廣西右江鎮屬恩隆營守備一缺，係題調之缺，經臣等查以裁缺廣西提標後營守備劉祖發請補。接准部咨，議覆廣西恩隆營守備員缺請以劉祖發補授議駁一摺，於光緒十四年七月二十二日具奏。奉旨：依議。欽此。鈔録原奏内開，廣西恩隆營守備請以裁缺提標後營守備劉祖發補授。查該員係裁缺候補守備，並非現任人員，請補調缺核與定例不符，應毋庸議。應令另揀合例人員升補，以符定制等因。查定例，各省題調缺出，先儘現任人員揀選調補。如無合例調補者，准於應升人員内保題升用。又題調缺出，照例揀選具題，其有員缺緊要人地實在相需，而所保之員與例稍有未符者，將不合例之處詳細聲明，請旨交部核覆各等語。兹查恩隆營守備，駐劄百色廳屬恩隆縣城，係苗疆煙瘴題調之缺，必須熟習風土、能耐煙瘴之員，方克勝任。粤西内地守備，非現居要缺，即人地未宜，實無堪以調補之員，應於現任人員内揀選升補。

臣與廣西提督臣蘇元春詳加揀選，查有廣西撫標右營右哨千總趙邦慶，年五十二歲，廣西桂林府臨桂縣人，由武生入伍，歷年隨剿出力保奬藍翎儘先千總，遞拔今職，同治十二年正月十四日接劄。嗣因六年俸滿，咨部留任，換給劄付。旋因二次甄別，於光緒十一年九月内領咨進京。經欽派王大臣驗放，請旨照例准其留任。奉旨：依議。欽此。該員勤幹有爲，操防得力，且熟習風土，能耐煙瘴，亦非籍隸本府，以之請補恩隆營守備，洵屬人地相宜。惟調缺請補，與例稍有未符，第人地實在相需，例得專摺奏請。合無仰懇天恩俯念要缺需員，准以廣西撫標右營右哨千總趙邦慶，升補恩隆營守備，以實營伍。如蒙俞允，該員係俸滿保送奉旨回任之員，今請補守備，毋庸送部引見。應請給予恩隆營守備劄付，令其赴任。其所遺廣西撫標右營右哨千總弁缺，俟接准部覆，再行選弁拔補。合併陳明。除咨明兵部外，臣謹會同廣西提督臣蘇元春合詞附片具奏，伏祈聖鑒，敕部核覆施行。

兵部議奏。

試期不敷請暫行歲科併考摺〔一〕 光緒十四年十二月二十六日

竊查廣東歲科兩試，惟雷州、瓊州、廉州、陽江廳四屬向例歲科併行。其餘廣州等處六府、四直隸州，均係歲科分試。近年人文日盛，考數愈多，兼以自省按試，北江之南韶連及東江之惠潮嘉等屬，均係逆流而上，間有陸行，水淺、沙多，舟行遲滯，程期難必。其高廉雷瓊等處，則程兼水陸，往返紆迴，路尤遥遠。歷届按期辦理，三年之内，計日已甚迫促。臣恭煦素知廣東棚多路遠，試事必須赶辦，抵任後即行文肇慶、羅定暨南韶連等處，飭令迅將縣州府試辦理完竣，明歲正月初六日即由省起程，依次接試。臣之洞亦代爲籌及，擬於海道可通之處，改乘官輪前往，以期節省行程，庶考試日期稍寬，得以從容校閱。茲接京局來電，十二月初八日奉上諭：明年舉行歸政典禮，崇上皇太后徽號，著於光緒十五年舉行恩科鄉試，十六年舉行恩科會試。等因。欽此。查鄉試之前，必須舉行録科事宜。計明歲七月至九月，均須在省辦理文武録科，三年之中又除去三月。統計試期更少，無論如何趕辦，日期實屬不敷。而明年自正月至六月底，須考畢肇、羅、南、韶暨廣州等六府州文武歲試，亦實萬難趕辦。若將生童各場勉强歸併，必致混雜草率，且各屬試院坐號亦不敷用。臣等再四籌商，各棚試期實屬無從騰展，惟有將内河陸路距省最遠往返周折之處，量爲變通，暫改歲科併考。一極西之高州府，一極東之嘉應州，一極北之南雄州，此三棚若改爲併試，庶幾道路直捷程期較少。通省考試得以周徧，各屬生童既免向隅而校閲亦不致草率貽誤。溯查道光十三年江西學政翁心存，以補行正科鄉試辦理録遺，致稽時日，曾援照乾隆、嘉慶年間成案，奏准將南安、贛州兩府暫行歲科併考在案。今廣東明歲舉行恩科鄉試情事相同，合無仰懇天恩俯准將廣東之高州府、嘉應州、南雄州三屬暫行歲科併考，以資周轉而免貽誤。臣等爲慎重試事起見，謹合詞恭摺具奏。是否有當，伏乞皇太后、皇上聖鑒訓示。

著照所請。禮部知道。

〔一〕録自《京報》第二九七二號。上奏日期據《京報》第三二三四號樊恭煦奏摺内容確定。

委員接署知府等缺片[一] 光緒十四年十二月　日

再，署潮州府知府方功惠，現委專署潮州鹽運同缺。所遺潮州府知府篆務，應行委員接署。查有羅定直隸州知州曾紀渠，才長氣壯，明幹有爲，堪以署理。其所遺羅定直隸州知州篆務，查有卸順德縣知縣魏傳熙，和平穩練，吏事精詳，堪以署理。又署香山縣知縣張文翰，調省差委。所遺香山縣知縣篆務，查有卸河源縣知縣李徵庸，志趣不俗，才守兼優，堪以署理。該員魏傳熙、李徵庸各任内並無盗劫已起四參之案，據藩、臬兩司會詳前來。除分檄飭遵外，臣謹循例附片具陳。再，兩廣總督係臣本任，毋庸會銜，合併陳明，伏祈聖鑒。

吏部知道。

甄别知府等員片 光緒十四年十二月　日

再，勞績捐納候補試用同知、通判、州縣等官，到省一年期滿，例應分别考察、面試，甄别具奏，歷經遵辦在案。兹查有候補班前先補用同知王長裕，年壯才明，從公勤勉。候補班儘先前補用直隸州知州秦福和，年力精强，才具幹練。候補知縣烏爾興額，年强才裕，吏事留心。均經詳加考察，分别照章考試，堪以各按本班序補。據藩、臬兩司具詳前來。除將各該員詳細履歷開單咨明吏部外，理合附片具陳。再，兩廣總督係臣本任，毋庸會銜，合併陳明，伏祈聖鑒。

吏部知道。

試用巡檢黄華嶽虧挪公款懲究片[二] 光緒十四年　月　日

再，試用巡檢黄華嶽，前經營務處派充支應委員。現經查出該員虧挪公款銀一千四百九十兩零，當經勒限追繳。今限期屆滿，僅據繳到銀二百六十兩，尚欠一千二百三十兩零。屢次嚴催，未據完繳，實屬謬劣疲玩。據廣東布政使高崇基、按察使王毓藻，會同營務處司道，詳請奏參前來。相應請旨，將試用巡檢黄華嶽先行革職，一面嚴行押追。儻敢再行延宕，另行從嚴究辦。謹附片具陳，伏祈聖鑒。

黄華嶽著先行革職，嚴行押追。餘依議。該部知道。

賑濟通州灾民片[三] 光緒十四年　月　日

再，本年夏秋間，順天通州等處雨多河漲，堤岸漫決，下游地方同時被水。蒙恩賞給京倉漕米五萬石，專備順屬冬撫之用。深仁厚澤，薄海同欽。臣等恭閲邸鈔，當飭司局設法勸捐，以備賑款。旋准兼管順天府府尹潘祖蔭電致請速籌助等情前來。臣等查粤省近因外省偏灾，疊次協助，實已不遺餘力。惟現值冬令嚴寒，畿輔重地灾民困苦，待賑尤殷，若俟捐款收獲始行匯解，未免緩不濟急。當飭仍由司局先籌墊銀一萬兩，又補紋水銀八百二

〔一〕以下二件録自《京報》第二九五二號。
〔二〕録自中國第一歷史檔案館編《光緒朝硃批奏摺》第六輯，第一三三頁，中華書局一九九五年版。
〔三〕録自中國第一歷史檔案館編《光緒朝硃批奏摺》第三一輯，第一五六至一五七頁，中華書局一九九五年版。

十兩，匯費銀三百五十兩，合共銀一萬一千一百七十兩，發交殷實商號百川通、新泰厚、日昇昌、蔚泰厚、蔚長厚，由電匯解順天府尹衙門投收，分撥災區散放，以期妥速。俟集有捐項，除收還墊款外，再當陸續匯解，俾資接濟。善後局司道詳請奏咨前來。除咨順天府府尹外，謹合詞附陳，伏祈聖鑒。

該衙門知道。

廣西邊隘營制改動片〔一〕 光緒十四年 月 日

再，前因籌議廣西邊隘酌移提督帶領提標中營將弁，改駐龍州。該處係煙瘴地方，經臣等請將内地部選之提標中營守備員缺，改爲煙瘴題調之缺，暨將一切辦理情形恭摺奏明在案。旋准兵部議覆：准如所奏辦理。惟所請將提標中營守備改爲煙瘴題調之缺，係照邊俸之例辦理。仍令查明應作爲幾年邊俸期滿之缺。查各省部推之缺，向有定額。今將提標中營守備改爲題調之缺，應令於通省内擇其較簡之題缺，仍改爲部推，以重銓選。其改設各員弁，是否隨缺移撥，抑或另行請補，一併詳查分别題咨報部核辦等因。當經轉行遵照。茲准廣西提督臣蘇元春來咨，該提臣督飭該營中軍參將，悉心查核，提標中營守備一缺，擬應作爲五年邊俸期滿之缺。並查廣西省題缺，有慶遠協右營守備，駐劄河池州，營務較簡，擬請改爲部推之缺，以符定額而重銓選。此外改設各員弁，均係隨缺移撥，毋庸另行請補，咨請具奏前來。臣覆核無異，除咨明兵部外，謹合詞附片具陳，伏祈聖鑒，敕部核議施行。

兵部議奏。

查辦匪鄉惠潮一路不分畛域片〔二〕 光緒十四年 月 日

再，廣東潮州府各屬，民情素稱强悍。同治以前，械鬬刦擄、焚殺相尋，幾同化外。經前督臣瑞麟於同治七年奏派署潮州鎮總兵方耀督兵勦辦，以潮人治潮，芟夷剪伐，盡殲匪類，地方綏靖垂二十年。近來匪鄉漸覺蠢動，各屬時有械鬬之案，該府緝匪辦案，專恃各營弁所帶之勇，積威之漸，不免流弊之滋，軍民積不相能，或藉端生事，或呼應不靈，該府素無勇營，倉卒有事，地方官幾至束手無策。竊惟兩漢郡守，皆有典兵之責，故能禁暴安良，吏治稱美。今雖文武分途，然遇有邊要强悍之區，文職大員亦必資以權力，方不致釀亂掣肘。查現署潮州府知府曾紀渠，整頓地方，勤求民瘼，與士民甚爲相洽。現經飭令選募三底營，名曰安潮營，薪糧一切照楚軍營制支給，專歸該署府統帶。遇有匪鄉重案，可資彈壓，調遣一切。劣紳、土豪、莠民、悍族，均可鈐束化導，消患未形。潮州與惠州毗連，前經奏明查辦匪鄉，以惠潮爲一路。現查惠州未辦之匪鄉尚多，勇力亦形單薄，已飭令該署府不分畛域，兼顧惠州。如接到惠州府縣文移，有需用兵力之處，即由該署府體察情形，派撥弁勇馳往，會同該營縣妥爲辦理。除分札飭遵外，理合附片具陳。再，廣東巡撫係臣兼署，毋庸會銜，合併聲明，伏祈聖鑒。

該部議奏。

〔一〕録自中國第一歷史檔案館編《光緒朝硃批奏摺》第三四輯，第一八一至一八二頁，中華書局一九九五年版。

〔二〕録自中國第一歷史檔案館編《光緒朝硃批奏摺》第五四輯，第三五〇至三五一頁，中華書局一九九五年版。

參革都司蕭禮先片〔一〕 光緒十四年　月　日

再，臣訪聞廣東儘先補用都司蕭禮先，履歷不確，劣蹟甚多。當經飭據署督標中軍副將王世清確查稟稱，該都司蕭禮先保舉原案，係湖南永州府人。現查明在粵當差之蕭禮先，係廣東歸善縣人。籍貫歧異，顯有弊端。查詢該都司，言語支吾。且查歷年以來，鑽營招搖，不安本分。光緒八年曾在定功礮台副將吴迪文部下當差，旋因不守營規撤差等情。復經臣札飭營務處司道飭傳蕭禮先，按照王世清稟查各節，覆加詳訊，據實稟辦。詎蕭禮先迭傳不到，四處訪尋，並無下落。顯係情虛畏罪逃匿。相應請旨將都司蕭禮先，即行革職，嚴拏到案確訊究辦。謹附片奏陳，伏祈聖鑒。

蕭禮先著即行革職，嚴拿訊究。兵部知道。

提督唐仁廉赴任鄭紹忠即陛見片 光緒十三年至十四年　月　日

再，補授廣東陸路提督唐仁廉業經抵粵，自應前赴新任。其現署陸路提督鄭紹忠，前奉旨補授廣東高州鎮總兵，旋蒙簡授湖南提督。經該提督兩次具摺陳請陛見，交卸後應即迎摺北上，俾申瞻覲之忱。除分咨查照外，謹附片具陳，伏祈聖鑒。

知道了。

光緒十五年

謝賜福字摺〔二〕 光緒十五年正月二十七日

光緒十五年正月二十四日摺弁回粵，賫到御賜福字一方。當即恭設香案，望闕叩頭謝恩祇領。欽惟我皇上黼扆當湯，瑶圖建極。開明堂以坐治，握乾符而闡坤珍。崇璇室之徽稱，奏關雎而叶麟趾。九華春煖，雲章騰璀璨之輝。萬里波平，星象占壽昌之應。龍光遥賁，鼇戴彌虔。臣兩綬滋慚，久兼劇任，九疇錫羡，疊荷醲施。廣楓宸敷錫之原，布桂海祥和之化。正值榮光河出，宣房塞兮萬福來。常瞻聖藻天臨，璿璣正而三階泰。所有微臣感激榮幸下忱，理合繕摺叩謝天恩，伏祈皇上聖鑒。

知道了。

查明上年十二月分雨水糧價情形摺〔三〕

光緒十五年二月十一日

竊照廣東省光緒十四年十一月分雨水、糧價情形，業經奏聞

〔一〕以下二件録自中國第一歷史檔案館編《光緒朝硃批奏摺》第四〇輯，第五八二至五八三頁，中華書局一九九五年版。

〔二〕録自中國第一歷史檔案館編《光緒朝硃批奏摺》第六輯，第一七六至一七七頁，中華書局一九九五年版。

〔三〕録自中國第一歷史檔案館編《光緒朝硃批奏摺》第九四輯，第七八九頁，中華書局一九九五年版。

在案。

茲查廣東省城光緒十四年十二月分上、中、下三旬得雨數次，土膏滋潤，麥苗秀發，園蔬亦皆青葱暢茂。省外各屬禀報與省城大略相同。糧價較上月稍減，民情静謐，堪以仰慰聖懷。謹具繕清單恭摺具奏，伏祈皇上聖鑒。

知道了。

籌解第一批鹽課京餉等款銀兩摺[一] 光緒十五年二月十一日

竊照承准軍機大臣字寄，光緒十四年十一月二十四日奉上諭：户部奏，預撥來年京餉擬在地丁、鹽課等款内指撥銀七百萬兩，著於來年分批提前趕解。另片奏，光緒十五年内務府經費，擬撥廣東鹽課銀五萬兩，著於來年開印後陸續徑解内務府交納。等因。欽此。並清單一紙，内開擬撥光緒十五年分京餉廣東鹽課銀二十萬兩。當經恭録轉行欽遵籌解。又，粵東運庫應解京餉，難以現銀解部，歷經奏請仍行交商匯兑在案。

茲據兩廣鹽運使英啓詳稱，在於徵收光緒十五年分省河鹽課項内籌銀五萬兩，並隨解一五加平飯食銀一千五百兩，作爲本年奉撥第一批京餉。又在鹽課項内籌銀二萬兩，並隨解平餘抬費等銀六百六十兩，作爲本年奉撥第一批内務府經費。合共銀七萬二千一百六十兩，飭交殷實銀號百川通、新泰厚、蔚泰厚、日昇昌、蔚長厚、元豐玖承領匯兑入京。遴委候補鹽知事龔純等領賫匯單文批，於本年二月初三日起程，附搭輪船進京，支取足色紋銀，分赴户部、内務府投納，詳請具奏前來。臣覆核無異，除分咨外，謹繕摺具陳，伏祈皇上聖鑒。再，廣東巡撫係臣兼署，無庸會銜，合併陳明。

該衙門知道。

籌解部撥第一批地丁京餉摺 光緒十五年二月十一日

竊准部咨，光緒十五年奏撥京餉案内，廣東撥地丁銀十萬兩等因，咨行到粵。當經飭司欽遵籌解去後。據署布政使王之春詳稱，查上年起解地丁京餉，係交殷實商號匯解，業經詳奉奏明在案。茲光緒十五年分奉撥地丁京餉，現籌銀三萬兩作爲第一批，仍交殷實商號日昇昌、百川通、蔚長厚、新泰厚、蔚泰厚匯兑至京，以期迅速。飭委候補知府王秉恩領賫匯單，於光緒十五年二月初三日起程，由海道進京，支取銀兩赴部投納等情，具詳前來。臣覆核無異，除咨户部外，理合恭摺奏報，伏祈皇上聖鑒。

户部知道。

籌解第一批釐金京餉摺 光緒十五年二月十一日

竊准部咨，光緒十五年原撥京餉案内，廣東奉撥釐金銀十萬兩等因，咨行到粵。當經督飭司道遵照籌解去後。茲據署布政使王之春會同釐務總局司道詳稱，在於釐金項下籌銀三萬兩，作爲第一批起解釐金京餉，照案交由殷實商號日昇昌、百川通、蔚長厚、蔚泰厚、新泰厚匯兑進京。遴委候補知府王秉恩領賫匯單，

[一] 以下四件録自中國第一歷史檔案館編《光緒朝硃批奏摺》第八六輯，第五八四至五八七頁，中華書局一九九五年版。

於光緒十五年二月初三日起程，附搭輪船到京，支取銀兩，赴部投納等情具詳前來。臣覆查無異，除咨户部外，理合恭摺具陳，伏祈皇上聖鑒。

户部知道。

籌解第一批太平關常税京餉片 光緒十五年二月十一日

再，准户部咨，光緒十五年分京餉指撥廣東太平關常税銀十五萬兩，當經轉飭籌解去後。兹據署廣東布政使王之春詳稱，查太平關税向由南韶連道徵解。兹光緒十五年分京餉奉撥太平關常税銀十五萬兩，現尚未准南韶連道移解過司。惟京餉關繫緊要，應請照案先由商號借墊匯解，以期迅速。兹向殷實銀號日昇昌、百川通、蔚長厚、新泰厚、蔚泰厚借墊銀四萬兩，作爲第一批太平關常税京餉，即由該商號匯兑赴京。仍俟太平關税解到發還歸款。飭委候補知府王秉恩領賫匯單，於光緒十五年二月初三日起程，由海道進京支取銀兩，赴部投納等情具詳前來。臣覆核無異，除咨户部外，理合附片陳明，伏祈聖鑒。

户部知道。

籌解本年旗營加餉第一批銀數摺〔一〕 光緒十五年二月十一日

竊照光緒十一年八月二十二日，欽奉慈禧端佑康頤昭豫莊誠皇太后懿旨：今欲酌加旗營餉需，惟有將各省營勇裁減浮濫。每省每年各裁節銀二三十萬，分批解部，以供加餉練兵之用。等因。欽此。當即恭録分行司局欽遵籌解。因粤省餉力萬難，一時未能籌定專款。光緒十二年先由商號借銀十萬兩匯解赴京。嗣於覆奏查明廣東原奏收支款目尚無歧異摺内，附列清單，聲明旗營加餉一款，係欽奉懿旨飭籌之件，無論如何爲難，自當竭力籌措。以後每年解足十萬兩，仍俟籌定動支款項，另行奏明立案等因。業將光緒十三年及十四年分應解前項旗營加餉銀兩，按年分批，先後委員匯解赴京交納各在案。兹據署廣東布政使王之春詳稱，光緒十五年分應解前項旗營加餉銀十萬兩，擬在於司庫各款内籌銀三萬兩，作爲第一批，交商號日昇昌、百川通、蔚長厚、新泰厚、蔚泰厚匯兑赴京，飭委候補知府王秉恩領賫文批，於光緒十五年二月初三日起程，由海道進京支取銀兩，赴部交納等情，詳請奏咨前來。臣覆核無異，除飭將本年應解銀兩趕緊陸續籌解，暨咨户部外，理合恭摺具陳，伏祈皇上聖鑒。再，廣東巡撫係臣兼署，毋庸會銜，合併陳明。

户部知道。

報解本年籌邊軍餉數目摺 光緒十五年二月十一日

竊准户部咨，奏撥己丑年籌邊軍餉一摺，單開廣東省銀二十萬兩等因。當經行司籌解。兹據署廣東布政使王之春詳稱，此項籌邊軍餉，關係要需，自應遵照趕緊籌措。兹在藩庫各款内竭力湊撥銀五萬兩，作爲己丑年第一批籌邊軍餉，照案發交商號日昇

〔一〕以下二件録自中國第一歷史檔案館編《光緒朝硃批奏摺》第五八輯，第三〇一至三〇三頁，中華書局一九九五年版。

昌、百川通、蔚長厚、新泰厚、蔚泰厚匯兑至京。遴委候補知府王秉恩領賫文批，於光緒十五年二月初三日起程，由海道進京支取銀兩，赴部交納，詳請奏咨前來。臣覆核無異，除咨户部外，理合恭摺具陳，伏祈皇上聖鑒。再，廣東巡撫係臣兼署，毋庸會銜，合併陳明。

户部知道。

請改鑄遊擊等員關防條記片[一] 光緒十五年二月十一日

再，上年添設廣東北海鎮移改高州鎮，所有應改關防條記，均經臣奏請敕部改鑄頒發開用在案。茲據高州鎮水陸總兵黄廷彪呈稱，查得原設高州鎮標中軍遊擊關防，清漢篆文向係廣東高廉羅鎮標中軍遊擊兼管左營關防字樣，與現改營制不符。又原設陽江鎮標左營中軍守備，前奉准部咨，該遊擊既改爲陽江專營，該守備自應一併改爲陽江營中軍守備等因。今該守備條記篆文尚循其舊。以上兩員關防條記均應改鑄。又高州鎮標右營都司、左營中軍守備兩員，所用漢字正文木質關防，均係乾隆年間頒給。雖文字與新改營制無殊，惟年久模糊，不足以昭慎重。現新設之北海鎮都司、守備各員，奉准部議，均鑄給銅質清漢篆文關防條記。所有高州鎮標右營都司、左營中軍守備，亦應改鑄銅質清漢篆文關防條記各一顆，以歸一律。其原領之各關防條記，俟奉改鑄頒發到日，照例鐫字繳銷等因，飭據前廣東布政使高崇基查核詳請具奏前來。臣覆核無異，所有應行改鑄高州鎮中軍遊擊關防、右營都司關防、左營中軍守備條記、陽江營中軍守備條記共四顆，相應請旨飭部核明，分别撰擬字樣改鑄頒發來粤，轉給開用，以昭信守。除咨部外，謹附片具陳，伏祈聖鑒。

禮部知道。

委員接署知縣片[二] 光緒十五年二月十一日

再，恩平縣知縣何榮樟稟請開缺終養。所遺恩平縣篆務，應行委員接署。查有委署清遠縣事增城縣知縣黄維清，吏治明晰，處事安詳，堪以調署。遞遺清遠縣篆務，查有代理斯缺之新甯縣知縣何福海，民事奮勤，地方熟悉，堪以署理。該員黄維清、何福海，任内均無盗劫已起四叅之案。據藩、臬兩司會詳前來。除檄飭遵照外，臣謹循例附片具陳。再，兩廣總督係臣本任，毋庸會銜，合併陳明。

吏部知道。

知縣陸維祺留粤試用片 光緒十五年二月十一日

再，湖南海防試用知縣陸維祺，前經臣奏調廣東差委，歷派辦理洋務、釐務、緝務各局，均能潔慎從公，認真整頓。因湖南並非洋務省分，若令回湘候補，實屬用違其長。復經臣於光緒十四年九月奏請，將該員以原班改留廣東試用。奉硃批：著照所請。該部知道。欽此。欽遵在案。茲准吏部咨稱，據湖南巡撫王文韶

〔一〕録自《京報》第三〇〇六號。

〔二〕以下三件録自中國第一歷史檔案館編《光緒朝硃批奏摺》第六輯，第一九一至一九三頁，中華書局一九九五年版。

奏稱，廣東洋務近來甚爲静謐，湖南尚有應辦事件，需員差委。陸維祺如無經手未完事件，即令銷差回湘等因。奉旨照准。查該員本係湖南候補人員，應俟在粤經手事竣，即行銷差回湘。所請改留廣東之處，應毋庸議等因。咨照來粤。本應飭令前往，惟廣東洋防現雖静謐，而洋務交涉之事極爲繁多，紛紜變幻，枝節横生，於海防、教案、界務、釐務，無不日有轇轕，操縱極難得當。該員陸維祺，才優心細，委辦洋務，悉合機宜。現在經手要件甚多，深資得力，實未便令其回湘。合無仰懇天恩俯念粤省洋務重要，將該員陸維祺仍遵前奉硃批，以原班改留廣東試用，俾收得人之效。如蒙俞允，該員係奏留改省，未便斷其原資，並請仍照前奏，以該員前在湖南到省日期，作爲廣東到省日期，以昭公允而示區别。所有該員改留省分應繳離省分發銀兩，仍當飭令照例呈繳。再，該員上年試用期滿，經臣咨由湖南撫臣出具考語，照例甄别在案，合併聲明。除咨部外，謹附片具陳，伏祈聖鑒。

吏部議奏。

甄别鹽大使劉際泰片 光緒十五年二月十一日

再，前准部咨，嗣後佐貳雜職等官，無論何項出身，凡係補缺應行具題者，試用期滿，由該督撫甄别具奏等因。歷經遵照辦理在案。茲據兩廣鹽運使英啓，會同升任廣東布政使高崇基詳稱[一]，查有議叙試用鹽大使劉際泰，江蘇吴縣附貢生捐職鹽大使，充實録館漢謄録，全書告成議叙，以本項應得之缺准其分發各省試用一年，照例題補。復遵籌餉例報捐，指省廣東試用，並捐免保舉。光緒十三年閏四月初九日由吏部帶領引見。奉旨：著照例發往。欽此。是月二十五日由吏部給發執照起程，於是年九月初八日到省，試用已滿一年，詳加考察，具詳請奏前來。臣查劉際泰，年富差勤，堪以本班留省照章補用。除咨部外，理合附片具陳，伏祈聖鑒。

吏部知道。

廣東勸捐海防經費第四次收捐銀數懇獎叙摺[二] 光緒十五年二月十三日

竊照光緒十年正月，准户部咨，議覆前督臣張樹聲等奏粤東海防需款甚鉅請援照賑捐章程勸捐助餉一摺。奉旨：依議。欽此。咨行到粤，業經轉行遵照辦理。並將自光緒十年三月初二日開捐起，截至十一年十二月底止，收捐員名銀數先後分作三次奏請獎叙。嗣又准户部咨，議覆臣等奏粤東海防經費捐輸請分别給獎一摺，聲明此項海防經費捐輸，係照現行常例指捐職銜貢監等項，均已繳足十成實銀，應飭查明案内已捐未獎各捐生，仍照例定十成銀數請獎，不得附入海防減成新例請獎，各歸各案，以昭核實等因。又准部咨，請開鄭工捐例一摺，聲明廣東海防經費捐雖無實職官階，究與新章不無窒礙，應令暫停請獎，俟鄭工新例限滿停止，再行報部核辦等因。均經轉行遵照各在案。茲據署布政使王之春，將此項捐銀自光緒十二年正月起至十三年十二月底止作

[一] 此件稱高崇基為升任廣東布政使，而高已於十四年底升任廣西巡撫矣。存疑。

[二] 録自中國第一歷史檔案館編《光緒朝硃批奏摺》第八〇輯，第一五二至一五三頁，中華書局一九九五年版。

爲第四次請奬，内收捐封典升銜職銜七百八十三名，正項銀二十二萬八千四百四十二兩。貢生一百四十九名，正項銀一萬九千六百八兩。監生二千四百一十八名，正項銀二十六萬六百二十八兩。統共捐生三千三百五十名，共收正項銀五十萬八千六百七十八兩，核與現行常例銀數相符，業經分別填給實收，交各捐生收執，其捐項均已撥充本省海防經費之用。並據聲明，鄭工新例捐輸廣東係光緒十三年十二月初八日始行開辦，維時各處尚未周知，報捐寥寥，此項海防經費第四次捐輸，自十二年正月起係在鄭工新例未開以前，各屬捐生陸續報捐，由各屬陸續轉報到省，截至十三年十二月，始將實收填給清楚。是以於年底截數造報，與鄭工新例並無窒礙，已遵將海防經費暫停請奬，俟鄭工限滿停止再行辦理等情，造册具詳前來。臣覆核無異，除咨部外，所有廣東勸捐海防經費第四次收捐銀數懇恩奬叙緣由，理合恭摺具奏。再，兩廣總督係臣本任，應請毋庸會銜，合併陳明。伏祈皇上聖鑒，敕部核覆施行。

户部議奏。

知縣唐大琬拏獲鄰境盜犯請開復摺〔一〕

光緒十五年二月十三日

竊據署廣東按察使王景賢，會同署布政使王之春詳稱，查例載，官員拏獲鄰境盜犯罪應斬梟斬決三名以上者，俱准送部引見。又，官員任内有承緝逃盜未獲之案，准將拏獲鄰境逃盜之案抵銷等語。茲查東莞縣事主葉宗翰押店被劫各案，先據革留前任新安縣開缺另補知縣唐大琬，在前潮州鎮總兵鄧安邦行營，首先拏獲盜犯葉亞九、陳亞囉、鄧葆淩、葉亞有、吴帶起、張四丙、洪炳東、葉浮生、蕭積深、魏大眼集、蘇老鼠生、劉亞淦、梁亞口即口仔等十三名。訊認行劫得贜，均罪應斬梟、斬決。業經審擬遵照新章先行正法，列入第一百零一次彙奏，並造具供招，咨部在案。實屬著有微勞，例得送部引見。惟該員前在新安縣任内，有疏防斬犯張亞富越獄之案，經部議以革職留任，原屬照例辦理。第該員先已奏准開缺另補，照例須俟補官日革職留任，四年無過開復。今尚未另補别缺。既經迭獲巨盜，審明稟辦，似可以功抵過。查閲邸報，四川冕甯縣知縣吴雲許，在任疏防，斬犯王亞三越獄未獲，經部議以降一級調用公罪。旋因拏獲鄰境盜犯王椿庭等六名解辦，奏准開復降調處分，並免留緝，核與唐大琬情事相同。援案詳請具奏前來。合無仰懇天恩俯准將革留前新安縣開缺另補知縣唐大琬獲盜出力之案，抵銷革職留任處分，仍准以知縣歸本省候補，並免留緝之處，出自逾格鴻慈。理合恭摺具陳。再，廣東巡撫係臣兼署，毋庸會銜，合併陳明。伏祈皇上聖鑒，敕部議覆施行。

吏部議奏。

請准以李受彤補授知州摺〔二〕

光緒十五年二月十三日

竊照欽州知州，前准部咨，准其升爲直隸州知州，定爲衝繁

〔一〕録自《京報》第三〇一二號。

〔二〕以下二件録自中國第一歷史檔案館編《光緒朝硃批奏摺》第六輯，第一九八至二〇〇頁，中華書局一九九五年版。

難煙瘴要缺，由外升調揀補等因。查定例，煙瘴缺出，令該督撫於現任人員内揀選熟悉風土、能耐煙瘴之員題咨補調，不得以候補初任各項人員題咨補用。又煙瘴地方，知縣以上官員，准其不扣年限升調兼行。又，煙瘴各缺，仍擇其能耐煙瘴之員升用，毋庸拘定先准卓異之員請升各等因。今欽州直隸州知州，係衝繁難煙瘴要缺，必須精明幹練、能耐煙瘴之員，方足以資治理。臣督同藩、臬兩司於通省候補及應升並現任各員内逐加遴選。非現居要缺，即人地未宜，實無堪以升調請補之員，自應照章揀補。查有候補直隸州知州李受彤，年四十九歲，廣西臨桂縣人，原籍湖南祁陽縣，由附生中式舉人，辛未科大挑二等，以教職選用，選授廣西宣化縣教諭。光緒四年在廣東滇捐局遵籌餉例報捐知州，指省分發廣東試用。五年九月二十一日到省，並無在粵遊幕。續因派委勘界出力，保奏以直隸州知州遇缺即補，係十四年四月十九日奉旨，六月初九日接到部文，現署欽州直隸州知州篆務。查該員署理欽州已逾三載，前經派充勘界委員，旋以新收各界設官分汛欽州及所屬靈山、防城兩縣，展轉劃撥，委令兼理靈山縣事，於增縣撥鄉定界、綏邊各事，盡心規畫，悉臻周妥。嗣於交卸靈山篆後，復經委令以欽州兼理防城縣事，俾其籌辦建置事宜。該員志端守潔，器穩才長，署任有年，於邊地情形、民生利病、中外交涉等事，熟悉透澈，輿情尤爲愛戴。以之補授欽州直隸州知州，實堪勝任。惟保舉過班，尚未甄別，與例稍有未符。第查該員前以知州到省業經甄別，究與初次到省人員有別。且人地實在相需，例得據實陳明，專摺奏請，據藩、臬兩司會詳前來。合無仰懇天恩俯念煙瘴極邊員缺緊要，現當界務甫定，轄屬升改之初，締造、經營需才正亟，非他項煙瘴缺可比。該員係原辦界務人員，一切較易措置，准以該員李受彤補授欽州直隸州知州，嗣後不得援以爲例，實於地方大有裨益。如蒙俞允，俟部覆到日照例給咨送部引見。理合恭摺具奏。再，兩廣總督係臣本任，毋庸會銜，合併陳明，伏祈皇上聖鑒。

吏部議奏。

甄別教職佐雜無應行參劾摺 光緒十五年二月十三日

竊照定例，教職雜職年終彙咨甄別，不及百之二三，令該督撫等專摺具奏等因。伏查廣東省教職一百八十二員，每年應劾四員。佐雜三百零七員，每年應劾六員。光緒十四年分教職佐雜並無衰庸戀棧應行參劾之員，據署布政使王之春、署按察使王景賢詳請具奏前來。除督飭所屬，再加考察。如有應劾之員，隨時辦理，並照例另行咨部外，所有光緒十四年分廣東省教雜各官並無應行參劾緣由，臣謹會同廣東學政臣樊恭煦恭摺具奏。再，兩廣總督係臣本任，應請毋庸會銜，合併陳明，伏祈皇上聖鑒。

吏部知道。

請准以朱國安補授參將摺〔一〕 光緒十五年二月十三日

竊准兵部咨，廣東雷州營參將余大勝病故，遺缺係陸路題補第二輪第三缺，輪用豫保無人，應以揀發人員請補。既據扣留，

〔一〕錄自《京報》第三〇一二號。

應令迅揀合例人員請補等因。查定例，各省題調武職各缺，如因員缺緊要，人地相需，將不合例人員保奏，應於摺内聲明，請旨交部核覆，恭候欽定。又，陸路參將，如請補之員籍隸本省，例應迴避，於摺内聲明，揀選隔省對調。又，現准兵部咨，嗣後奏補員缺，如聲稱人地相宜、人地實在相需者，查係例應迴避之缺，概不准請補。又，部行輪缺章程，保舉補用升用未保儘先者，及捐納分發降調曾經保留省分，養親事畢、病痊不必坐補原缺開復、捐復各項人員，均歸揀發班補用，各等語。廣東省陸路揀發參將，並無降調曾經保留省分，養親事畢、病痊不必坐補原缺開復、捐復各項人員，祇有保舉補用分發人員。兹會同署廣東陸路提督臣鄭紹忠，在於經部覆准歸揀發班注册序補各員内詳加揀選。其名次在前之張其威、丁錦堂，或因病請假，或營務未諳，未便請補。查有連陽營遊擊補用參將朱國安，年五十九歲，廣東廣州府東莞縣人，由武童歷在廣東、福建等省勦匪出力，遞保花翎儘先遊擊。光緒十二年十月奏補今職，准兵部議覆准其補授，行令給咨赴部引見後再行給與劄付，令其赴任。光緒十三年閏四月十二日覆奏。奉旨：依議。欽此。又於廣東辦理海防出力案内保奏，請俟補缺後，以參將儘先補用。准兵部議覆，改爲俟補遊擊後，以參將補用。光緒十三年七月初七日具奏，本日奉旨：依議。欽此。嗣因准補遊擊案内給咨送部，光緒十四年六月初六日經兵部帶領引見，奉硃筆圈出，著准其補授照例用。欽此。隨准部給劄付限票，令其赴任。於是年九月十八日京旋抵省，咨送履歷，准兵部咨覆，應以奏補遊擊之日歸於補用參將班内序補，現委署南韶連鎮中軍遊擊。該員老練勤能，兵民胥洽，以之請補雷州營參將，洵堪勝任。雖名次在後，及籍隸本省，與例稍有未符，惟在前各員均不合請補，謹隨摺聲明。合無仰懇天恩俯准以朱國安補授雷州營參將，俾營伍地方藉資整頓。如蒙俞允，該員引見未滿三年，應請敕部給與劄付，俟部覆到日，容臣於西省參將内查缺對調，以符定制。其所遺連陽營遊擊缺，係陸路部推之缺，粤省現有儘先人員，應請扣留，並俟部覆開缺時，容臣另行揀員請補。謹會同署廣東陸路提督臣鄭紹忠合詞恭摺具陳。伏祈皇上聖鑒，敕部核覆施行。

兵部議奏。

彙奏請襲世職摺[一] 光緒十五年二月十三日

竊准兵部咨，同治元年二月十六日奉上諭：嗣後陣亡殉難各員子孫承襲世職，著兵部行文各該督撫，轉飭各州縣，將應襲職名迅速查取，徑行具報，毋庸由府司轉詳。等因。欽此。又准兵部咨，襲職發標人員名數孔多，查册結宗圖已到人員，各按襲職發標，三月彙奏一次等因。同治二年正月二十五日奉旨：依議。欽此。又准兵部咨，嗣後請襲世職，應於文册内聲明何年月日在何處陣亡殉難，議給世職奉旨日期，逐一詳細報明，毋得遺漏各等因。均經轉行遵照在案。兹查光緒十四年冬季分，據嘉應州番禺縣先後詳送請襲雲騎尉侯秉均、黎愛育，年已及歲，請襲職發標。又據新興縣詳，承襲雲騎尉李錫勇，年已及歲，呈請發標。經臣逐一驗明，均堪發標學習。伏查定例，承襲世職，令嫡長、嫡次、庶出子孫承襲。如無嫡長、嫡次、庶出子孫，許令弟姪應

[一] 以下六件録自中國第一歷史檔案館編《光緒朝硃批奏摺》第四〇輯，第六六一至六六八頁，中華書局一九九五年版。

承繼者承襲。又承襲雲騎尉世職，年已及歲，免其送部，令該督撫驗看具題，俟題准後就近發標學習，支食全俸，扣至三年期滿，出具考語給咨送部引見各等語。今請襲雲騎尉侯秉均、黎愛育，年俱及歲，請襲職發標。承襲雲騎尉李錫勇，年已及歲，呈請發標，核與定例相符。相應彙列案由，繕具清單恭呈御覽，請旨敕部核覆，將侯秉均、黎愛育、李錫勇發標學習，支食全俸，扣滿三年，出具考語，給咨送部引見。除將各該員親供宗圖履歷册結咨送部科查核外，臣謹恭摺具陳，伏祈皇上聖鑒。

兵部議奏。單併發。

請准以羅寅補授都司片 光緒十五年二月十三日

再，准兵部咨，廣東香山協左營中軍都司曹威龍病故，遺缺係外海水師題補第三輪第五缺，應用儘先人員。既據扣留，應即迅揀儘先合例人員請補等因。查定例，各省題調武職各缺，如因員缺緊要人地相需，將不合例人員保奏，應於摺内聲明，請旨交部核覆，恭候欽定等語。茲會同廣東水師提督臣方耀，在於經部覆准注册序補之外海水師儘先都司内，詳加揀選。其名次在前之梁贊廷、沈龍光，均告假尚未回營，未便請補。查有水師提標中營遇缺即補都司羅寅，年五十歲，湖南寶慶府城步縣人，由武童在湖南、江西勦匪遞保藍翎守備，留於江西補用。嗣因攻克湖北通城、崇陽，義甯等城出力保奏，咸豐十一年九月十七日奉上諭：著免補守備，以都司歸江西遇缺即補，加遊擊銜，並賞換花翎。欽此。又因勦平廣東赤溪廳所屬之長沙等處客匪出力保奏，同治十年十一月十七日奉上諭：著改留廣東水師提標，俟補都司後，以遊擊補用。欽此。飭發水師提標中營效力，咨准部覆，應以改留奉旨之日爲始，歸入廣東水師都司班内注册，遇有水師都司缺出，按照新章，挨次序補。該員熟習海口礮臺，戰功卓著，前在外省軍營並無叅革朦保情弊，以之補授香山協左營中軍都司，洵堪勝任。雖儘先名次略後，與例稍有未符，惟在前各員均不合請補，謹隨摺聲明。合無仰懇天恩俯念員缺緊要，准以羅寅補授香山協左營中軍都司，俾資整頓。如蒙俞允，俟部覆到日，即行給咨送部引見，以符定制。謹會同廣東水師提督臣方耀附片具陳，伏祈聖鑒，敕部核覆施行。

兵部議奏。

請准以劉振德補授守備片 光緒十五年二月十三日

再，准兵部咨，廣東碣石鎮中營守備黄廷琛病故，遺缺係外海水師題補第六輪第一缺，應用儘先人員。既據扣留，應令迅揀合例人員請補等因。查定例，水師守備缺出，於隔府別營人員内揀選題補。又各省題調武職各缺，如因員缺緊要人地相需，將不合例人員保奏，應於摺内聲明，請旨交部核覆，恭候欽定等語。茲會同廣東水師提督臣方耀，在於經部覆准注册序補之外海水師儘先守備内，詳加遴選。除周榮宗告假赴浙江措資未回，彭連勝丁憂尚未服闋，滿俊已據報病故外，其名次在前之沈榮光、湯廷相、陳尚發，或於此缺人地未宜，或營伍尚未嫻熟。查有水師提標中營儘先守備劉振德，年四十四歲，廣東廣州府東莞縣人，由勇目在雲南勦匪遞保儘先千總守備銜。嗣因克復永昌府及永平各城出力保奏，同治十二年五月十三日奉上諭：著免補千總，以守備儘先補用，併加都司銜，賞戴藍翎。欽此。銷差回粵，呈請改用外海水師，飭發水師提標中營收標，於同治十三年四月十八日到營，帶赴出洋試驗。嗣因試驗期滿，保題給咨送部引見。准兵部咨覆，光緒七年六月二十日咨送内閣，經欽派王大臣驗放，請旨發回本省照例用。光緒七年六月二十一日覆奏，欽奉諭旨：依議。欽此。應以此次驗放奉旨之日爲始，歸入儘先水師守備班注册，遇有廣東省外海水師守備缺出，按照新章，挨次序補。該員營務穩練，船礮熟習，前在外省軍營並無參革朦保情弊，以之補授碣石鎮中營守備，洵堪勝任。雖儘先名次略後，與例稍有未符，惟在前各員均不合請補，謹隨摺聲明。合無仰懇天恩俯念員缺緊要，准以劉振德補授碣石鎮中營守備，以資整頓。如蒙俞允，該員曾經引見，奉旨發回候題，毋庸再行送部，應請敕部發給劄付，飭令赴任。謹會同廣東水師提督臣方耀附片具陳，伏祈聖鑒，敕部核覆施行。

兵部議奏。

請准以熊子烜補授守備片 光緒十五年二月十三日

再，案准兵部咨，廣東電白營守備何慶祥軍政案内革職，遺缺係外海水師題補第五輪第六缺，輪用揀發人員，應令照章揀選合例人員請補等因。經臣會同水師提督臣方耀揀以陽江鎮左營存城千總調補儋州水師營千總龐景榮請補。嗣准兵部奏駁，龐景榮廣東高州府人，是缺守備駐紮高州府，既稱該員與是缺守備實堪勝任，又因迴避本府請揀員對調，核與奏定章程不符，礙難議准，應令另揀合例人員請補，以符定章。光緒十四年十一月十八日奏，奉旨：依議。欽此。等因。咨行前來。自應遵照辦理。茲會同廣東水師提督臣方耀在於揀發班内詳加揀選，其名次在前之龔霈恩、業已病故。梁藻臣，因案尚未議結。李國清已據報丁憂。陳存澤、張翼鵬、余景華、譚建勳均於此缺人地不宜，未便請補。查有水師提標中營效力武進士補用守備熊子烜，年四十一歲，廣東嘉應州人，由兵丁報捐武監生，應庚午科鄉試中式武舉，辛未科會試中式武進士，甲戌科補行殿試三甲，兵部帶領引見，奉旨：著以營守備用。欽此。呈請分發原營效力，兵部發給驗票回粵，改用外海水師，試驗期滿，保題送部咨送内閣，經欽派王大臣驗放，請旨發回本省照例用。光緒七年九月二十六日奏，奉旨：依議。欽此。經兵部給發驗票回省，以改用驗放奉旨之日爲始，歸入揀發水師守備班内，遇有該省水師守備缺出，照章題補等因。該員明白精壯，海道熟諳，以之補授電白營守備，實堪勝任。雖名次略後，與例稍有未符，惟在前各員均不合請補，謹隨摺聲明。合無仰懇天恩俯准以熊子烜補授電白營守備，俾營伍藉資整頓。如蒙俞允，該員於改用外海水師試驗期滿保題案内，業經送部引見。今請補守備，毋庸送部，應請敕部發給劄付。謹會同廣東水師提督臣方耀附片具陳，伏祈聖鑒，敕部核覆施行。

兵部議奏。

請准以彭瑞琦升補守備片 光緒十五年二月十三日

再，准兵部咨，廣東水師提標中營守備黎炳泰病故，遺缺係外海水師題補第五輪第九缺，輪用應升人員請補。既據扣留，應令迅揀應升人員請補等因。查定例，外海水師缺出，將歷俸一年以上人員升補。又卓異及保送回任候題者，歸入第九缺應升班内先儘補用。又各省題調武職各缺，如因員缺緊要人地相需，將不合例人員保奏，應於摺内聲明，請旨交部核覆，恭候欽定各等語。廣東省外海水師各千總内，並無軍政薦舉卓異及保送回任候題人員。茲會同廣東水師提督臣方耀，在於歷俸一年以上應升人員内詳加揀選，其歷俸較深合例應升各千總，或於此缺人地未宜，或營伍洋面尚未諳熟，均不合請補。查有崖州協水師千總彭瑞琦，年三十五歲，廣東高州府吴川縣人，由行伍在本省緝捕巡洋出力，遞保儘先千總，拔補今職。光緒十三年閏四月二十五日接劄，前署督臣曾國荃奏遵保水師人才案内，經附列該員以備採擇。該員精勤勇往，練習海洋歷俸一年以上，任内並無事故，亦無在外省軍營帑革朦保情弊。現委管帶廣亨輪船，駛赴白龍尾一帶洋面巡緝，極爲得力。以之升補水師提標中營守備，洵堪勝任，實屬人地相需。雖尚有歷俸較深之員，與例稍有未符，現當籌辦海防善後之際，未便稍涉遷就，謹將不合例緣由隨摺聲明。合無仰懇天恩俯准以彭瑞琦升補水師提標中營守備，以資整頓。如蒙俞允，俟部覆到日，給咨送部引見，以符定制。謹會同廣東水師提督臣方耀合詞附片具陳，伏祈聖鑒，敕部核覆施行。

兵部議奏。

請准以陳紹科補授守備片光緒十五年二月十三日

再，准兵部咨，廣西左江鎮右營守備秦兆龍病故，遺缺係部推之缺，輪用期滿差官人員。既據扣留外補，行文迅即照章揀員請補等因。查前准兵部咨，變通差官補缺章程内開，嗣後差官留差一年者，除題推各缺到班，仍按到標先後與各項儘先人員序補外，准其於推缺用過武進士一人後插用差官一人，亦以到標先後爲序，於光緒十年九月二十七日具奏。奉旨：依議。欽此。等因。遵照在案。茲會同廣西提督臣蘇元春詳查分發差官歸廣西儘先守備班内，祇有廣西撫標左營差官儘先守備陳紹科一員，現年三十九歲，貴州開泰縣人，由武舉揀選二等，於光緒二年十二月十三日頂補差官，除免差扣至光緒五年五月十三日三年期滿，光緒五年九月初九日引見。奉旨：以營守備用。欽此。復留差一年，期滿呈請分發廣西，免其試用，以營守備儘先補用。旋應光緒六年庚辰科會試，中式第一百二十七名武進士，殿試三甲第八十七名，以衛守備用，仍歸本班差官，分發廣西原省，以營守備儘先補用。光緒七年六月初八日到標，呈繳驗票咨銷，准兵部咨覆，以光緒七年六月初八日作爲儘先日期，遇有廣西題推守備缺出，即行題補。該員年壯差勤，講求營伍，以之補授左江鎮右營守備，洵堪勝任。合無仰懇天恩俯准以陳紹科補授左江鎮右營守備，俾營伍操防藉資整頓。如蒙俞允，俟部覆到日，給咨送部引見，以符定制。謹會同廣西提督臣蘇元春附片具奏，伏祈聖鑒，敕部核覆施行。

兵部議奏。

潮橋鹽務疲弊改章試辦摺光緒十五年二月二十八日

竊照潮橋鹽務，遞年應銷額引二十萬零五千餘道，額徵正餉銀一十二萬六千四百餘兩，部飯銀一千（九）［八］百（六）［九］十餘兩，均捐銅斤水脚銀九百八十餘兩，爲廣東鹽課大枝，向設有鹽運分司運同專司其事。嘉慶二十一年以後，銷路漸滯，迭經奏准展限分年帶銷。道光三年以後，遂至屢次奏請展緩奏銷年限。自咸豐以來，引地迭被匪擾，鹽[土扁]窮乏，埠務尤壞，閩私充斥，遞年引鹽不能（報）〔拆〕銷足額。每届奏銷，辦理竭蹶，多至七成三分而止。除道光、咸豐年間展限奏銷不計外，同治元年起至光緒五年奏銷止，節經前督臣奏請展緩限期，已至五次之多，而催追守提，仍復艱難萬狀。兼以曬價運脚，悉出於官，運同籌備無資，勢不能不暫借官款，往往致有拖欠。至已革前運同錢瑨虧帑尤鉅，幾成不了之局，經臣奏參勒追，百計督催，派員代爲經理，方將奏銷勉强辦至七成一分。嗣後兩次委令潮州府兼署運同，重以事權，輕其費用，復奏明行閩引地減釐節費，所以設法維持者不遺餘力。此兩年奏銷始能復還七成三分之數，僅免拖欠公帑。雖略有微效，仍非長策。且兼署本出一時權宜，知府責在地方，又不能人人皆熟鹺務，斷無常令兼署鹽篆之理。然使歸運同專辦，則流弊更不可問。歷考數十年來，皆係減成奏銷，雖亦有運同辦理得法，仍不能有銖兩之增。儻天時人事一有不齊，即必有鉅萬之短，且不惟奏銷不足額〔而〕已也。歷届展緩奏銷限期，初則因乎匪擾，後則沿爲疲玩。每届展緩，少者三月，多者十一月。一届之銷數不能有加，而數月之（課餉）〔餉課〕已歸無著。此則無形之短絀，格外之取巧，實使（課餉）〔餉課〕於虧之中而又有虧者也。

查潮橋疲累之故，約有數端。埠商倒歇，僅存空名。暫招水客代辦曬運，胥由官出。銷數之旺歉，〔全〕視乎運本之多寡。官本不裕，收儲不廣。船户居奇，商販勒揹。雖有暢銷之機會，已無可售之存鹽，其累一。運本至少亦須五六萬金，運同無論實署之員，何從籌此鉅本。向來辦法，皆係以印票重息向商號借貸。近年閩私日多，鹽務利微，迥非昔比。迨稍有贏餘，僅償逋負，其累二。資本不敷，挪用課餉，徵存正款，藉口拖欠，日久遂成侵虧，其累三。積重難返，陋規痼習不能破除，因而私沖無忌，愈致折閲，其累四。距省遼遠，自爲風氣，司巡衆多，薪工浩大，酬應紛煩，虚糜浮濫，其累五。運同新舊交替，舊任存鹽往往減價爭銷，新舊兩任同致虧損，其累六。運同部選者，人地固屬生疏，委署者，爲日又不能甚久。幕友司事之盤踞，書巡兵役之疲（玩）〔頑〕，聯爲一氣，牢不可破，其累七。積弊相沿，根株難拔，奏銷永無足額之期，庫帑時有虧欠之患。懲前慮後，深切憂焦。若不（亟）〔急〕思變計，將并此七成三分之銷數，亦且不可長恃。即使日日嚴檄追呼，任任撤任參革，亦屬無濟。此潮橋鹽務疲壞已極，必須改絃更張之實在情形也。

臣督同鹽運使英啓熟籌詳議，迭派委員明察暗訪，一切利弊，現已灼然無疑，必須盡破向來之成局，始能挽救以後之頹綱。查光緒十年准户部通行開源節流事宜内鹽法一條云，如四川督臣丁寶楨不避嫌怨，一洗積弊，歲入鉅款。他省果能認真核實，必有增益，切勿觀望延宕等語。是户部極以四川改辦官運爲認真（整頓）〔核實〕。又肇慶府黄江廠税務，積虧多年，久未足額，經臣奏准改章，專派委員稽徵，收數加倍，具有明效。今潮橋鹽務疲壞已極，亟應查照部行，酌採四川官運辦法，仿照黄江廠税務成案，改章設局，委員辦理。蓋潮橋配運行銷，悉由運同自主，利則歸己，害則歸公，消長盈虧，莫可究詰。若改歸委員澈底清查，操縱悉在運司，本籌於官，利歸於國。茲擬在潮州設立官運局，由運司自行督辦，遴委廉幹之員，前往潮橋駐局專辦，於運庫雜款項下撥（還）［發］運本六萬兩，俾資配運。凡潮橋拆引、配鹽、督銷、完餉、緝私等事，均責成委員一手經理，仿照通綱章程，蓋用運司三聯印照，飭發領運，按月截根繳查。其潮屬各場官場務仍由運同考察，各場鹽墹，亦照舊由運同督飭整理，以廣場産而濟埠銷。至官運局引餉考成，即開列委員銜名，以專責成。其運同衙門另行於節省經費項下籌給津貼，以資辦公，不准稍有阻撓。運本足則場鹽無慮賣私，浮費裁則成本較爲輕省，設局另辦則衙門痼習一律革除，委員接替則存鹽新舊不致争售，諸弊廓清，正餉自裕。查有試用知縣周福昌，才具精强，力任勞怨。歷年委辦鹽務各差，俱能認真整頓，著有（明）［成］效。即委該員充潮橋官運局總辦。其一切詳細章程，由運司隨時體察情形，酌核飭辦，嚴加考核。

竊惟潮橋鹽務疲敝積數十年，此次改章滌弊，於課餉必能大有起色，斷不止歷届七成三分之數。如果天時人事一切平順應手，或能辦足十成奏銷亦未可知。現經切飭該總辦委員周福昌極力整頓，務將一切利弊豁然呈露。果能解足十成奏銷，則每年可增正課三萬四千餘兩。創始既有明效，以後接踵辦理者，皆有成式可循，斷不能聽其因仍朦混，任意虧短。從此常年正課可增鉅款，創辦之功，實非尋常出力可比。查黄江廠税務改章，徵收加倍，曾蒙恩旨將創辦委員照異常勞績給奬，經部議准行在案。至廠税係加增額外節省，潮橋鹽務係加增正課，難易輕重尤有不同。自應籲懇恩施，援照黄江廠税成案，准照異常勞績請奬，以示鼓勵，出自逾格鴻慈。

所有潮橋鹽務改章、設局、委員試辦各緣由，據兩廣鹽運使英啓具詳請奏前來，臣覆核無異。除咨部查照外，理合恭摺具陳，伏祈聖鑒［訓示］。

（硃批）户部議奏。（欽此）〔一〕

兩省鐵爐不分官私煽鑄片〔二〕 光緒十五年二月二十八日

再，粤省諸鑛惟鐵爲多，歷年粤省所銷洋鐵爲數甚鉅，必須將土鐵疏通利導，既興地利，亦塞漏卮。前經臣奏請開除東、西兩省鐵禁，變通旗程，暫免釐税，裁革規費各節，均經奉旨允准通行，欽遵辦理在案。上年以來，復經委員分赴兩省查訪鐵務情形，實力整頓。據稱近來運鐵之地畛域雖除，鑄鐵之爐弊累仍重。是以流通雖易而出鐵不多。推求其故，大爐餉税重，土爐餉税輕，私爐無税無餉。私爐有吏役、地棍包庇者，有官爐影射匿税者，官爐報充報停事繁費重，於是大爐漸化爲土爐，土爐漸化爲私爐，爐名愈少，餉税愈微。近來有名之規費雖禁，而無名之需索不能絶，私爐之占奪不能止。私爐雖無官税，必有私規，又時爲官爐所牽制，亦不能暢所欲爲，以致官爐、私爐獲利皆薄。既不能多鑄，自不能多銷。且私爐皆係山僻散處力作貧民，若必欲禁絶，寬之則虚文而無實，嚴之則滋擾而不值。以故雖有地利，觀望仍多，無益餉需，徒滋中飽。臣督飭司道詳加核議，僉謂欲除積弊，惟有化私爲官，從此盡去官爐、私爐名目。凡開爐座，無分官私，均係自食其力，應聽其任便煽鑄。所有從前爐商，悉行注銷。官爐無須報充，私爐無須隱匿。不報充，則無官規。

〔一〕以上衍、脱、舛十四處，據中華書局一九九五年版《光緒朝硃批奏摺》第一輯，第一五一至一五四頁删、補、校正。

〔二〕録自《京報》第三〇二八號。

不隱匿，則無私規。擬自光緒十五年起，暫將爐餉、爐税停徵三年，俾其傳播鼓舞，盡力鼓鑄，設法開采。三年限滿，歸入運銷，所過釐卡帶徵，照數撥補。約計粵省市面所銷土鐵之數，以釐抵餉，斷無不敷。如此辦理，餉税無日減之虞，胥吏失需索之柄，必於鐵政大有裨益。

查廣東爐座，向有大爐、土爐之分，大爐每座應納爐餉銀五十三兩，每兩加火耗三分，事隸藩司。土爐每座應納爐餉銀五兩三錢，每兩加平三分三釐，事隸運司。從前爐座尚多，屢因停歇無徵，疊經咨部豁除。近年大爐每年共徵正耗餉銀一千三百五十九兩零二分五釐，土爐每年共徵正耗餉銀三百一十二兩七錢。二共應徵銀一千六百七十一兩七錢二分五釐。然猶逐年短欠，催繳維艱。廣西所抽名曰爐税，有鐵爐，有土爐，名目不同。每座均徵爐税銀十兩，每年共完爐税二百五十兩，事隸廣西藩司。合計兩省所徵之數，均屬寥寥。惟均係報部之款，今暫予停徵，其現年應完之數未便虚懸，應即照近年徵足數目，廣東每年共銀一千六百七十一兩七錢二分五釐，廣西每年共銀二百五十兩，在兩省閒款項下暫籌抵補。俟將來限滿，仍照上項原數，在釐廠帶徵，撥歸藩、運兩庫，抵還應徵爐款。統計兩省所停爐餉、爐税，爲數不及二千兩，而種種無等之煩費，不禁而除，種種牽制之弊端，一洗而盡。此後煽鑄日盛，運販流通，果使土鐵之釐日旺，外鐵之銷日絀，官民皆饒，何有於千餘金之爐餉，洵屬無損庫款，有益商民。並擬設法招集商股，置辦機器，精求鎔鍊之法，仿照洋鐵鑄成各種合用料件，以期推行盡利。據廣東布政司會同兩廣鹽運司、東釐務局司道，廣西布政司會同西釐金局司道，具詳前來。當經函商廣西撫臣沈秉成意見相同，相應奏明辦理。除咨部外，謹會同廣西撫臣沈秉成附片具陳，伏祈聖鑒。再，廣東巡撫係臣兼署，無庸會銜，合併陳明。

户部知道。

甄別知縣蕭錫壬戴式藩片[一] 光緒十五年二月 日

再，前准部咨，無論何項出身人員，凡係補缺應行具題者，試用期滿，由該督撫詳加甄別，專摺具奏等因。歷經遵辦在案。兹查大挑知縣蕭錫壬，河南光州廩生中式，同治庚午科本省鄉試第五十五名舉人。光緒六年庚辰科大挑一等，以知縣用，籤掣廣東，回籍候咨。嗣經咨取來廣。光緒十三年十一月初三日到省，試用已滿一年。又，拔貢分發知縣戴式藩，湖南鳳凰廳拔貢，朝考以知縣用，簽掣廣東，光緒十二年九月十三日到省，試用已滿二年。均應照例甄別。據藩、臬兩司詳加查看，具詳請奏前來。臣覆加察核，該員蕭錫壬，持躬謹飭，才具明晰。戴式藩，年力精强，留心吏治。均屬堪膺民社。除將該員等履歷咨部外，謹附片具陳，伏祈聖鑒。

吏部知道。

參追前署知縣翟茂萱欠解交代銀兩片[二] 光緒十五年二月 日

再，據署廣東布政使王之春，會同交代局司道詳稱，查有前

[一] 録自《京報》第三〇一一號。

[二] 録自《京報》第三〇一五號。

署西甯縣知縣翟茂萱，徵存雜款銀四千六百餘兩，迭經勒限嚴催，未據完解，詳請參追前來。相應請旨將前署西甯縣知縣候補通判翟茂萱，暫行摘頂，勒限四個月將欠解米石掃數完解。倘逾限不完，或解不足數，再行嚴參查抄備抵。如抵不足數，即將各該管上司應行分賠職名，一併開單具陳，以重庫款而免推延。所有參追前署知縣欠解交代銀兩緣由，臣謹附片具陳，伏乞聖鑒。

著照所請。該部知道。

請緩造津通鐵路改建腹省幹路摺 光緒十五年三月初三日

本年二月初六日承准軍機大臣字寄，光緒十五年正月十五日欽奉慈禧端佑康頤昭豫莊誠皇太后懿旨：前據總理海軍事務衙門奏請由天津至通州接修鐵路，當經降旨允准。嗣據御史余聯沅等先後陳奏，請停辦鐵路，均諭令總理海軍事務衙門會同軍機大臣妥議具奏。茲據會商籌議，逐款臚陳，詳加披閱，所陳各節，辨駁精詳，敷陳剴切。其於條陳各摺内似是而非之論，實能剖析無遺。惟事關創辦，不厭求詳。在廷諸臣於海防機要，素未究心，語多隔膜。該將軍、督撫等身膺疆寄，辦理防務，利害躬親，自必講求有素。著慶裕、定安、曾國荃、卞寶第、裕祿、張之洞、崧駿、陳彝、德馨、劉銘傳、奎斌、王文韶、黄彭年按切時勢，各抒所見，迅速覆奏，用備采擇。等因。欽此。仰見朝廷勤求民隱，鄭重海防之至意。

竊惟泰西創行鐵路將及百年，實爲馴致富强之一大端。其初各國開建幹路，以通孔道，迨後物力日裕，闢路日多，支脉貫注，都邑相屬。百貨由是而灌輸，軍屯由是而聯絡。上下公私，交受其益。初費鉅資，後享大利，其功效次第，實在於此。今中國方汲汲講求安攘之略，自不得不采彼長技以爲自强之助。伏查總理海軍事務衙門覆奏所陳，迅海防、省重兵、便轉運、通貨物、興鑛産、利行旅、速郵傳、捷賑濟諸條，鐵路之利，亦已詳明確實，包舉無遺。且欲推之南北各省，廣安鐵路，以振全局，在王大臣謀畫閎遠，本非專爲津通之一隅。

臣之愚見，竊以爲今日鐵路之用，尤以開通土貨爲急，蓋論中外通商以後之時局，中國民生之豐歉，商務之息耗，專視乎土貨出産之多少，與夫土貨出口較洋貨進口之多少以爲斷。近數年來，洋貨、洋藥進口價值，每歲多於土貨出口價值者約二千萬兩，若再聽其耗漏，以後斷不可支。現在洋貨、洋藥之來源無可杜遏，惟有設法多出土貨、多銷土貨以救之。此乃王道養民立國之本源，並非西商争利會計之小數。中國物産之盛，甲於五洲，然腹地奥區，工艱運貴，其生不蕃，其用不廣。且土貨率皆質粗價廉，非多不利，非速不多，非用機器、化學不能變粗賤爲精良，化無用爲有用。苟有鐵路，則機器可入，笨貨可出，本輕費省，土貨旺銷，則可大減出口釐税以鼓舞之。於是山鄉邊郡之産，悉可致諸江岸海瑞〔一〕而流行於九洲四瀛之外。銷路暢則利商，製造繁則利工。山農、澤農之種植，牧豎、女紅之所成，皆可行遠得價則利農。内開未盡之地寶，外收已虧之利權，是鐵路之利，首在利民，民之利既見，而國之利因之。利國之大端，則徵兵、轉餉是矣。方今强鄰環伺，外患方殷，内而沿海沿江，外而遼東三省、秦隴沿邊，回環何止萬里，防不勝防，費不勝費。若無輪車鐵路應援赴敵，以静待動，安所得無數良將精兵利礮巨餉而守之。夫守國即所以衛民，故利國之與利民實相表裏，似宜先擇四達之衢，

〔一〕「瑞」疑應為「壖」。

首建幹路，以爲經營全局之計，以立循序漸進之基。至津通一路，其緩急輕重之宜，尚有宜加審察者，請爲我皇上縷晰陳之。

查御史余聯沅等原奏，或恐洋教之煽張，或惜捐金以資敵，或以狡謀利啖爲懼，或以人心風俗爲憂。不知鐵路不過行程迅速，至洋人洋教之多少，與此無涉。造路之鐵可用華產，修路之工仍用民人，洋匠薪工亦屬有限。洋廠勸造，不過市儈圖攬貿易之故智，此事似非別藏禍心。輪機與輪船、電綫等確有利用之實，不得謂之淫巧。凡此數端，舉無足慮。至所陳引敵、失業二事，業經王大臣剖析詳盡，自屬切中時宜。惟津通密邇輦轂，非尋常散地可比。以臣所聞，俄德鐵路相接，俄人則改寬其軌道以限止德車。德國鐵路之入都城者，必穿行土邦達礮壘，而後得達柏林。法國巴黎城外諸路，皆有大堡環護之。即英人與法接界處海底鐵路之議，雖因工艱而止，亦由怵於法岸近峙，自失海險之故。是外國顧念根本，未嘗不慎重深嚴。今大沽鐵路已至天津，若再開至通州，不爲置兵築壘以扼要隘，但恃臨時收車撤軌之圖，則備預似覺未密，苟於中途多設堅臺巨礮以爲之備，則所費必在百萬以外，籌款實屬不貲。其當審者一也。

查奎潤等摺内稱，津通之民，以車船、行店、負販爲生者約六萬人，一家五口，已有三十萬人。此項人數本難確知，然就極少計之，仰食於此者總不下六七萬人。粗貨舟行不能盡廢，短車客店不能盡歇，尚可安插其半，其廢業者必有三萬餘人。若鐵路既開，其投效公司，傭趁車站，固必需轉移執事之人。顧津通二百餘里，地段不長，中站停頓不過數處，一切修路掃軌等役，需人不能甚多。據西人鐵路述略稱，英地四萬里鐵路，執事等衆需十六萬五千人。以此爲準，津通二百里僅需八百餘人，加以各項販運夫役，不能過三千人。其鐵路左右鄰近鄉邑，無甚巨鎮名區，人貨赴集亦難甚旺，多方安插，終恐不敷。蓋津通一段，内近神京，外近海口，又有倉場。三者兼之，故閒民苦其太多，而地段又苦其太短，其難於消納，實與他處不同。至於廬舍尚可給費遷移，若墳墓多所毀遷，亦恐不易設處。其當審者二也。

或謂非常之舉，難與圖始，鐵路爲利便所在，不得鰓鰓過慮，致失事機。顧查所以續辦津通者，但爲養路計耳。夫籌養路之需，而度支轉益屯防之費，恤公司之困，而郊甸乃有無告之民，利害相兼，宜籌兩全之策。其當審者三也。

又查西國鐵路，每爲距遠水口、陸行艱滯而設。有無輪車，利鈍懸絶，故雖重費勞擾而不嫌。今則潞河深通，帆檣如織，車騾馳驟，經宿可至，商旅驛遞，爲益無多，權以西例，此路尚非所亟。其當審者四也。

至於徵兵一節，誠於軍事有益，然當今所憂者，外患耳。津、沽爲京師門户，常屯重鎮在焉。大沽有事，後路援師早應厚集津門，若待至天津郡城告急，勢難再分都門之禁旅遠出赴援，亦無從抽大沽、山海關之防軍回師宿衛，苟無此路，亦無甚妨。其當審者五也。

夫利不百而不興，害雖隱而必慎，既非萬不得已之計，即宜防意外枝節之端。設此路創造之時，稍有紛擾，則習常蹈故者，益將執爲口實，視爲畏途。以後他處續造，集股之官商必裹足，疑沮之愚氓必有辭，則鐵路之功終無由成，而鐵路之效終無由見矣。記曰，先其易者，後其節目，及其久也，相説以解。言舉事宜有次第也。今津通一路，關繫既重，不便尤多，此則鐵路中之節目也。竊查翁同龢等請試行鐵路於邊地，以便運兵，徐會灃等請改設於德州、濟甯，就黄河故道墊路，以便運漕。均擬緩辦津通爲另闢一路之計。但邊地偏遠，無裨全局，若於邊隅發端，其效難見，且非商旅輻輳之所，則鐵路費無所出，不足以自存。德濟一路，黄河岸潤沙鬆，勉强樁築，工費太鉅，河流遷徙無定，其鐵橋等事尤難時時改作，似擬改之路尚非盡善。

臣愚以爲宜自京城外之盧溝橋起，經行河南達於湖北之漢口鎮，此則鐵路之樞紐，幹路之始基，而中國大利之所萃也。蓋豫、鄂居天下之腹，中原綰轂，胥出其塗，鐵路取道，宜自保定、正定、磁州，歷彰、衛、懷等府，北岸在清化鎮以南一帶，南岸在滎澤口以上，擇黄河上游灘窄岸堅、經流不改之處，作橋以渡河。則三晋之轍，下於井陘，關隴之驂，交於洛口，西北聲息刻期可通。自河以南，則由鄭、許、信陽驛路以抵漢口，東引淮、吴，南通湘、蜀，萬里奔凑，如川赴壑。語其利便，約有數事：内處腹地，不近海口，無引敵之慮，利一。南北二千餘里，原野廣莫，編户散處，不如近郊之稠密，一屋一墳，易於勘避，利二。幹路袤遠，廠盛站多，經路生理既繁，緯路枝流必旺。執鞭之徒，列肆之賈，生計甚寬，舍舊謀新，決無失所，利三。以一路控八九省之衝，人貨輻輳，貿易必旺，將來汴洛、荆襄、濟東、淮泗經緯縱横，各省旁通，四達不悖，豈惟有養路之資費，實可裕無窮之餉源，利四。近畿有事，三楚舊部，兩淮精兵，電檄一傳，不崇朝而雲集都下。或内地偶有土寇竊發，發兵征討，旬日立可盪平。徵兵之道，莫此爲便，利六。中國鑛利惟煤鐵最有把握，太行以北煤鐵最旺而最精，然質最重，路最艱。既有鐵路，則輦機器以開采，用西法以煎鎔，鑛産日多，大開三晋之利源，永塞中華之阨漏，利七。海上用兵，首慮梗漕，東南漕米百餘萬石，由鎮江輪船溯江而上，三日而抵漢口，又二日而達京城，由盧溝橋運赴京倉道里與通州相等，足以備河海之不虞，闢飛輓之坦道，而又省挑河剥運之浮縻。較之亰道王家營一路，僻於黄河下流者，辦理最有把握，利八。此路既成，但有利便，並無紛擾，民受其益，人習其事，商覩其利，將來集資推廣續造不至爲難。兵民食貨，無往而不宜。公私行役轉運，盗竊損失，雨潦稽延，虧耗蠹蝕之患，不禁而自止。關東隴右以次推行，惟力是視，二十年以後，中國武備屹然改觀矣。

難者曰，幹路之利誠如此矣，其如費鉅難成何。則請以分段之法爲之。擬分自京至正定爲首段，次至黄河北岸，又次至信陽州爲二、三段，次至漢口爲末段。中原地勢平衍，工力可省，若令承辦員匠核實撙節，估計大約每里不過五六千金。一段不過四百萬内外，合計四段之工，須八年造成，則款亦八年分籌。中國之大，每年籌二百萬之款，似尚不至無策。開辦之始，先就首段估造，俟本段工竣，餘段以次推廣。其籌款之法，除由鐵路公司照常招股外，應酌擇各省口岸較盛，鹽課較旺之地，分别由藩、運兩司關道轉發印票股單，設法勸集。集股多者，股商及承辦之員優予奬勵，並准該公司援照前案借商款墊解，以資周轉。至購買鐵料取之海外，則漏卮太多，實爲非計。查山西之鐵，産自平定、盂縣者可運致於獲鹿縣，産自澤潞者可運致於清化鎮。鐵軌非同船礮，取材不在至精，土煉之産雖遜洋鐵，亦足濟用。即使價值略貴幾微，其財仍散在中國，不宜斤斤計較。應一面迅速於正定、清化分置煉鐵機爐，以供取用。除首段動工參購洋料外，其餘悉用土鐵，以杜外耗，庶幾施工有序，而藏富在民。

總之，津通之視豫鄂，度地考工，相去懸絶。臣之爲是議者，非敢有鶩廣侈大之心，實以置路於可開可不開之區，雖一節有所必惜。展路於有利無害之域，即艱重亦所當爲。擬請責成李鴻章，仍令原派總辦鐵路各員，督飭該公司熟籌全局，擴充原議，次第舉工。臣識解迂愚，謹遵按切時勢各抒所見之旨，竭誠籌度。詳切上陳，伏候聖明裁度，飭下海軍衙門通籌熟計，采擇施行，國計幸甚，民生幸甚。

至該公司呈請試辦鐵路原案，係自認接續至山海關。此路通接關東，誠爲要工，應飭其照案修造，未便聽其中道改圖，壟斷罔利。如必以養路賠累爲辭，則此乃海防應辦之事，無妨籌動官款，或酌助官本，或於目前該公司生理未旺之時，暫行酌給津貼養路經費，以示體恤。其商借洋債，仍由該商自行清理，似覺較爲簡便。

旨：留中。欽此。

慈禧端佑康頤昭豫莊誠壽恭欽獻皇太后懿旨：前因籌議鐵路事宜，諭令沿江沿海各督撫各抒所見，以備采擇。嗣據陸續覆奏，詳加披閲。其偏執成見、不達時勢及另籌辦法尚未合宜者毋庸議外，張之洞、劉銘傳、黄彭年所奏，各有見地。而張之洞所議自盧溝橋起，經行河南達於湖北之漢口鎮，劃爲四段，分作八年造辦等語，尤爲詳盡。此事爲自强要策，必應通籌天下全局，海軍衙門原奏，意在開拓風氣，次第推行，本不限定津通一路。但冀有益於國，無損於民，定一至當不易之策，即可毅然興辦，毋庸築室道謀。著總理海軍事務衙門即就張之洞所奏各節，詳細覈議奏明請旨。張之洞、劉銘傳、黄彭年摺各一件，均著鈔給閲看。欽此。

查明正月分雨水糧價情形摺[一] 光緒十五年三月二十八日

竊照廣東省光緒十四年十二月分雨水、糧價，業經臣恭摺奏聞在案。茲查廣東省城光緒十五年正月分上、中、下三旬，得有雨澤十餘次，土膏滋潤，農田漸次翻犂，二麥秀實，園蔬、雜糧亦皆暢茂。省外各屬禀報與省城大略相同。糧價較上月稍增，民情静謐，堪以仰慰聖懷。

知道了。

粵海關籌解第一批京餉等款銀兩摺[二] 光緒十五年三月二十八日

竊照光緒十五年分京餉，户部奏撥粵海關洋税銀十萬兩，新增盈餘銀六萬兩。又本年東北邊防經費，奏撥粵海關六成洋税銀十二萬兩。又光緒十五年籌邊軍餉，奏撥粵海關四成洋税銀十二萬兩，六成洋税銀二十萬兩。此款應令照案截留，歸還洋款之用。又，各關應解抵閩京餉改爲加放俸餉案内，粵海關四成洋税每結提銀六千兩。又京官津貼改爲另款加復俸餉，每年粵海關應解銀四萬兩。又内務府廣儲司公用，每年額撥粵海關税銀三十萬兩，例分四季起解。以上各款銀兩，均應趕緊籌解，以濟要需。

[一] 録自中國第一歷史檔案館編《光緒朝硃批奏摺》第九四輯，第八〇七至八〇八頁，中華書局一九九五年版。

[二] 以下二件録自中國第一歷史檔案館編《光緒朝硃批奏摺》第八六輯，第五九七至五九九頁，中華書局一九九五年版。

查粤海關應解各款銀兩，向由西商先行借墊，勢難起解現銀。光緒十年四月間奏准仍行匯兑在案。茲光緒十五年分第一批京餉等款銀兩，經向西商志成信、協成乾銀號借銀一十六萬七百兩，先行墊解，隨後由税收歸還，以資周轉。飭據署廣東布政使王之春，遴委候補鹽知事鐵勛等，領解光緒十五年第一批京餉銀二萬五千兩，另加平銀三百七十五兩，飯銀七百二十五兩，又東北邊防經費銀二萬兩，又籌邊軍餉四成洋税銀二萬兩，又加放俸餉銀六千兩，又光緒十三年分另款加復俸餉銀一萬兩，又光緒十五年春季分廣儲司公用銀七萬五千兩，另加平銀一千一百二十五兩，新增歸公加平銀一千八百七十五兩，抬費用項銀六百兩，統共銀一十六萬七百兩，飭令該委員等領賫匯單文批，於光緒十五年三月初一日，由海道進京，支取銀兩前赴户部、内務府分别交納。除分咨查照外，謹合詞恭摺奏陳。再，廣東巡撫係臣之洞兼署，毋庸會銜，合併陳明，伏祈皇上聖鑒。

該衙門知道。

籌解第二批地丁京餉摺光緒十五年三月二十八日

竊准部咨，光緒十五年奏撥京餉案内，廣東撥地丁銀十萬兩等因咨行到粤。當經飭司欽遵籌解去後。茲據署廣東布政使王之春詳稱，部撥地丁京餉業經籌銀三萬兩，作爲第一批，飭委候補知府王秉恩，領賫匯單起解進京交納在案。茲再籌銀二萬兩，作爲第二批，仍交商號日昇昌、百川通、新泰厚、蔚泰厚、蔚長厚匯兑至京。飭委候補布經歷何亮采等領賫匯單，於光緒十五年四月初十日起程，由海道進京支取銀兩，赴部投納等情，詳請具奏前來。臣覆核無異，除咨部外，理合恭摺具陳。再，兩廣總督係臣本任，毋庸會銜，合併陳明，伏祈皇上聖鑒。

户部知道。

籌解本年固本兵餉銀兩摺[一] 光緒十五年三月二十八日

竊照同治五年欽奉上諭：直隸固本餉項，前經諭令廣東按月解銀一萬兩。現著仍照原定數目，改解部庫交納。等因。欽此。歷經遵照辦理。因粤省費繁累重，節經奏請分别緩解，然於萬難之中，猶疊次帶解過光緒十一、十二各年分欠解銀兩。此款向係在洋藥釐項下動支，嗣因藥釐改歸税司辦理，每年劃留銀八十萬兩，專爲備還洋款之用，無可挪撥。本省入不敷出，前項餉銀實難如數籌措，業將拮据情形奏明，並籌借銀三萬兩，作爲十四年春季分固本兵餉，委員葆椿匯解入京。隨准部咨，固本餉銀前經奏定，每月籌解銀一萬兩，應令無論動用何款，趕緊接續報解等因。復向商號借銀九萬兩，作爲光緒十四年四月至十二月固本兵餉，飭委候補知府潘培楷領解赴部投納。聲明應帶解舊欠銀三萬兩，實屬無可籌畫。又准部咨，令將應帶解舊欠銀三萬兩迅速籌解，再有欠解十年分太平關常税銀二萬兩、固本餉銀六萬兩，即自光緒十五年起，每年補解太平關常税銀五千兩、固本餉銀五千兩，俟太平關常税補清之後，每年補解固本餉銀一萬兩，不得稍

[一] 録自中國第一歷史檔案館編《光緒朝硃批奏摺》第五八輯，第三三八至三三九頁，中華書局一九九五年版。

有蒂欠等因。亦經行司遵照籌解在案。茲據署廣東布政使王之春詳稱，應解光緒十五年分固本餉銀十二萬兩，現在庫儲匱絀，實無堪以動撥之款。若再將舊欠銀兩同時併解，籌措尤難。茲向商號百川通、日昇昌、新泰厚、蔚長厚、蔚泰厚，籌借銀二萬兩，作爲光緒十五年正月、二月固本兵餉，仍交該商等匯兑至京。俟籌有款項，再行歸還。遴委候補布政司經歷何亮采等領賫匯單，於光緒十五年四月初十日起程，由海道進京赴部投納。其舊欠銀兩，惟有竭力籌措，另行分別帶解補解，以清款目，詳請具奏前來。臣覆核無異，除咨明户部外，理合恭摺具陳。再，廣東巡撫係臣兼署，毋庸會銜，合併陳明，伏祈皇上聖鑒。

户部知道。

籌解海軍備用銀款分年按季解津摺〔一〕

光緒十五年三月二十八日

竊前准會辦海軍事務北洋大臣李鴻章函開，海軍衙門經費拖欠，擬由兩江、兩廣、湖廣、四川、江蘇、湖北、江西各督撫，籌積鉅款，解津生息，以備海軍要需等因。當經臣督同司道籌商，認籌銀一百萬兩，分作五年籌解，電覆去後。旋經海軍衙門將各省並直隸籌定數目，於光緒十四年十二月十五日具奏，欽奉懿旨：依議。欽此。等因。由北洋大臣李鴻章咨粤查照，將籌款正雜名目，分別奏咨辦理。當即轉飭籌辦在案。

茲據海防善後局司道詳稱，查海軍此項籌備銀兩，粤省認籌銀一百萬兩，自本年起分作五年，按季撥解。計每年應解二十萬兩，每季應解五萬兩，業經聲明不動正款，惟有隨時妥爲設法籌措，一時尚難指定專款名目。現在本年春季即應籌解銀兩，未便遲延。茲先向百川通商號借墊銀五萬兩，於三月初十日電匯至北洋大臣衙門兑收，作爲本年春季應解之款。以後自當按季咨解天津。所有認籌海軍備用銀款數目，並匯解本年春季銀兩緣由，詳請奏咨立案前來。臣覆核無異，除咨明户部並北洋大臣外，理合恭摺具陳。再，廣東巡撫係臣兼署，毋庸會銜，合併聲明，伏祈皇上聖鑒。

該衙門知道。

查明守備誣拏生員請旨革職片〔二〕

光緒十五年三月二十八日

再，案據前署新會縣知縣包永昌稟稱，光緒十二年十一月初七日，據水師提標候補守備梁藻臣到縣面稱，稟奉代理水師提標中營參將簽票帶領兵丁來縣屬石咀村，緝拏行劫新會當店案內盜犯林道疊一名。並稱林道疊窩盜庇匪，屬縣加派差勇發給封條，以憑往辦等語。該縣查驗簽票屬實，即交給封條，並撥勇丁、差役各十名，派令哨弁吴柏權帶同前往。因該守備籍隸新會，熟習地方情形，且係奉差緝盜，囑其乘便查緝石咀村著匪林立程、林亞穩、林立照、林亞樂四名，以靖地方。該守備又向署新會營參將潘瀛，借勇十名、扒船一隻，率同前赴石咀村，將生員林蔭芬即林道疊之房屋及閉歇之藥材店一併查封。其看店之林德經、教

〔一〕録自中國第一歷史檔案館編《光緒朝硃批奏摺》第六五輯，第五二至五三頁，中華書局一九九五年版。

〔二〕以下二件録自中國第一歷史檔案館編《光緒朝硃批奏摺》第四〇輯，第七五八至七六〇頁，中華書局一九九五年版。

讀之監生何宗振出阻，一併拘拏。又誤聞信盛酒米店係著匪林立程所租，亦將該店查封，並將開店之林立稔即林亞席一名拏獲，一併解縣。該署縣訊明林德經等三人均係良民，並查明生員林蔭芬即林道疊並非刦盜，據該村紳耆到案具保，當將林德經三人交保省釋，房屋、店鋪揭封給還，並飭局紳將該守備梁藻臣扣留看管，聽候查明稟辦時，該守備已先行回省。旋據局紳查稱，生員林蔭芬，故父林名香，前與林宗道等借有梁藻臣資本，夥開穀欄，生理歇業，經前縣飭將存穀變價攤還各債，梁藻臣未能滿欲，以致挾嫌誣指林蔭芬等爲盜，欲圖假公報復。又據孀婦莫陳氏遣抱呈控伊子莫翼貞亦被梁藻臣聲稱捕賊，扭禁在家數日，始行釋放。又據孀婦林司徒氏遣抱呈控該守備假冒擾害。該守備梁藻臣亦遣抱控追林道疊等尾欠銀兩各等情，稟請飭查究辦。當即咨據水師提督方耀查明該守備奉票緝匪，鹵莽滋事，實屬咎有應得，咨覆核辦。復飭司委員澈查明確，飭傳該守備來省，發交廣州府督同讞局訊辦。茲據審訊屬實，稟由署廣東按察使王景賢會同署布政使王之春核明稟請參辦前來。伏查守備梁藻臣，以在營候補人員，輒因債務私嫌誣捏生員，指爲刦盜，朦稟該營參將請發簽票，又囑新會營縣加派兵差、船隻，妄拏良民多人，擅封店屋。似此朦請兵勇挾嫌擾害，其藐法橫行實出情理之外。粵省營弁兵勇，往往有不法之徒假捏差委，誣拏良民，擾累訛詐情事。此等惡習，必應嚴行懲辦，以挽頹風。相應請旨將武進士廣東水師提標候補守備梁藻臣，即行革職，發往軍台效力贖罪，以示懲儆。代理水師提標中軍參將補用遊擊林才，於梁藻臣稟請緝匪，並不查明有無案據，遽給簽票，以致妄拏良民。雖未釀成事端，究屬疏忽，應一併請旨交部議處。前署新會縣知縣包永昌，查驗簽票屬實，撥給差勇、封條，又因該守備奉營差委熟習情形，託其乘便緝匪。旋經查明妄拏良民，立即釋放，稟請扣留懲辦，尚無不合，應與見票派船撥勇之前署新會營參將潘瀛一併免其置議。謹附片具奏，伏祈聖鑒。

梁藻臣著即革職，發往軍臺效力贖罪。林才著交部議處。餘依議。

崖州協都司守備巧於侵漁請懲降補片

光緒十五年三月二十八日

再，據署廣東瓊州鎮總兵李先義稟稱，崖州協地處僻遠，該協兵餉向由崖州、昌化、感恩三州縣地丁錢糧項下就近撥解。該州縣地瘠民貧，因徵收不起，批解遲延，不能按季給領，各兵待用孔亟，往往向該管餉項之都守求借。遂有不肖之員，以濟兵食爲名，廣開通借之門，巧擅剋扣之計，以錢一千一二百文先行借給，至放餉時作爲紋銀一兩扣還。甚至餉已解到，仍復延閣一兩月，始行散放。弊竇因之叢生，營伍從何整頓。茲查有崖州協陸路中軍都司蔣大觀、崖州協水師守備黃尊賢，均確有前項折算情弊。亟應據實揭參，以警效尤等情前來。

查瓊州正當整飭營伍之際，現經臣檄飭司局籌議餉章，設法籌款墊支，務使一律按季撥發，依期散放，不容稍有扣減，以清弊端而作士氣。該都司蔣大觀等預借兵餉，加重折算收還，雖與無端刻扣者有間，究屬巧於侵漁。相應請旨將崖州協陸路中軍都司蔣大觀以守備降補，崖州協水師守備黃尊賢以千總降補，以示懲儆。謹附片奏參，伏祈聖鑒。

著照所請。該部知道。

查明二月分雨水糧價摺[一] 光緒十五年四月初十日

竊照廣東省光緒十五年正月分雨水、糧價，業經臣恭摺奏報在案。茲查廣東省城光緒十五年二月分得雨較多，高低田畝一律霑足，早稻半已播種，二麥秀實，園蔬、雜糧亦皆茂盛。省外各屬稟報與省城大略相同。糧價較上月稍增，民情静謐，堪以上慰宸廑。所有光緒十五年二月分雨水、糧價情形，臣謹繕清單，恭摺具陳，伏祈皇上聖鑒。

知道了。

籌解第二批鹽課京餉等款銀兩摺[二] 光緒十五年四月初十日

竊照承准軍機大臣字寄，光緒十四年十一月二十四日奉上諭：户部奏預撥來年京餉，擬在地丁鹽課等款内指撥銀七百萬兩，著於來年分批提前趕解。另片奏，光緒十五年内務府經費擬撥廣東鹽課銀五萬兩，著於來年開印後陸續徑解内務府交納。等因。欽此。並清單一紙，内開擬撥光緒十五年分京餉廣東鹽課銀二十萬兩。當經恭録轉行欽遵籌解。

又，廣東運庫應解京餉難以現銀解部，歷經奏請仍行交商匯兑在案。茲據兩廣鹽運使英啓詳稱，光緒十五年分部撥京餉並内務府經費，前經籌解京餉銀五萬兩、内務府經費銀二萬兩共銀七萬兩，作爲第一批，於本年二月初三日委員龔純等解京，詳明奏報在案。茲又在徵收光緒十五年分省河鹽課項内籌銀五萬兩，並隨解一五加平飯食銀一千五百兩，共銀五萬一千五百兩，作爲本年第二批京餉。又在鹽課項内籌銀一萬兩，並隨解平餘抬費等銀三百三十兩，共銀一萬三百三十兩，作爲本年第二批内務府經費，飭交殷實商號百川通、日昇昌、蔚泰厚、新泰厚、蔚長厚、元豐玖匯兑入京。遴委候補知縣潘偉琛等領賫匯單文批，於本年四月初六日由粤起程，附搭輪船進京，支取足色紋銀，分赴户部、内務府投納，詳請具奏前來。臣覆核無異，除分咨外，謹繕摺具陳。再，廣東巡撫係臣兼署，無庸會銜，合併陳明，伏祈皇上聖鑒。

該衙門知道。

籌解第二批釐金京餉摺 光緒十五年四月初十日

竊准部咨，光緒十五年奉撥京餉案内，廣東應撥釐金銀十萬兩等因，咨行到粤。當經督飭司道遵照籌解去後。茲據署廣東布政使王之春，會同釐務總局司道詳稱，部撥釐金京餉，業經籌銀三萬兩作爲第一批，飭委候補知府王秉恩領賫匯單起解在案。茲再籌銀二萬兩，作爲第二批，仍交商號日昇昌、百川通、蔚長厚、蔚泰厚、新泰厚，匯兑至京，以期迅速。飭委候補布政司經歷何亮采等領賫匯單，於光緒十五年四月初十日由海道進京，支取銀兩赴部交納等情，詳請具奏前來。臣覆核無異，除咨部外，理合恭摺具陳。再，兩廣總督係臣本任，毋庸會銜，合併陳明，伏祈皇上聖鑒。

户部知道。

[一] 録自中國第一歷史檔案館編《光緒朝硃批奏摺》第九四輯，第八一二頁，中華書局一九九五年版。

[二] 以下三件録自中國第一歷史檔案館編《光緒朝硃批奏摺》第八六輯，第六〇七至六一〇頁，中華書局一九九五年版。

籌解第一批加復俸餉片 光緒十五年四月初十日

再，准户部咨，提解加復俸餉一片，光緒十四年十一月二十四日奏。奉旨：依議。欽此。鈔録原奏咨行到粤。查原奏内開，各省應解西征洋款改爲加復俸餉一款，前經議令江蘇等省，自十三年分起按年解部。嗣於上年提撥大婚典禮款項時，復令各省將應解十三、十四兩年銀兩，全數提撥應用，自應仍令遵照奏案。自光緒十五年起，將每年應解銀二十萬兩，按年如數解清，以濟俸餉要需等因，當即行司欽遵辦理。兹據署廣東布政使王之春詳稱，本年部行改撥加復俸餉，自應查照西征洋款舊案，由藩、運兩庫各半籌解。兹在藩庫釐金項内籌銀五萬兩，又由運庫課餉項内籌銀五萬兩，共銀十萬兩，作爲光緒十五年第一批加復俸餉，照案發交商號日昇昌、蔚長厚、新泰厚、百川通，匯兑至京。飭委候補布政司經歷何亮采等領賫匯單，於光緒十五年四月初十日起程，由海道進京，支取銀兩赴部投納等情，詳請具奏前來。臣覆核無異，除咨明户部外，理合恭摺具陳。再，廣東巡撫係臣兼署，毋庸會銜，合併陳明，伏祈聖鑒。

户部知道。

籌解本年旗營加餉第二批銀數摺[一] 光緒十五年四月初十日

竊照光緒十一年八月二十二日，欽奉慈禧端佑康頤昭豫莊誠皇太后懿旨：今欲酌加旗營餉需，惟有將各省營勇裁減浮濫。每省每年各裁節銀二三十萬，分批解部，以供加餉練兵之用。等因。欽此。當即恭録分行司局籌解。因粤省餉力萬難，一時未能籌定專款。光緒十二年先由商號借銀十萬兩匯解赴京。嗣於覆奏查明廣東收支款目尚無歧誤摺内，附列清單，以旗營加餉一款，係欽奉懿旨飭籌之件，無論如何爲難，自當竭力籌措。以後每年解足十萬兩，仍俟籌定動支款項，另行奏明。所有光緒十三、四年分應解銀兩，均經解足。至光緒十五年分應解旗營加餉銀十萬兩，先經籌銀三萬兩，作爲第一批，於本年二月内飭委候補知府王秉恩領解赴京奏報在案。兹據署廣東布政使王之春詳稱，現再籌銀二萬兩，作爲本年旗營加餉第二批，照案發交商號百川通等匯兑，遴委候補布政司經歷何亮采等領賫匯單，於光緒十五年四月初十日起程，由海道進京支取銀兩赴部交納等情，詳請具奏前來。臣覆核無異，除咨明户部外，理合恭摺具陳。再，廣東巡撫係臣兼署，毋庸會銜，合併陳明，伏祈皇上聖鑒。

户部知道。

請准以廖得勝升補參將摺[二] 光緒十五年四月初十日

竊臣查廣西融懷營參將左殿甲病故，遺缺係題調之缺，經前督臣張樹聲奏請以廣西提標前營遊擊任加桂請補，旋准兵部議覆，任加桂有失察把總王宗德諱盜不報之案，例有展參，經部行查未據聲覆，尚未議結，請升參將礙難議准。令查明聲覆議結後，再行奏明辦理。隨經查明覆部，未准核覆。嗣因廣西省更改營制，

[一] 録自中國第一歷史檔案館編《光緒朝硃批奏摺》第五八輯，第三四三至三四四頁，中華書局一九九五年版。

[二] 録自中國第一歷史檔案館編《光緒朝硃批奏摺》第四〇輯，第七七〇至七七二頁，中華書局一九九五年版。

裁去提標前營，其原任提標前營遊擊任加桂，經部行明應歸候補遊擊班候補。其融懷營參將一缺，復經兵部另文單開。行令迅即揀選合例人員請補，以重職守各等因。當經先後轉行遵照。查定例，各省題調缺出，先儘現任人員揀選題調，如無合例堪調者，准於應升人員内保題升用。又題調缺出，照例揀選具題，其有員缺緊要人地實在相需，而所保之員與例稍有未符者，將不合例之處詳細聲明，請旨交部核覆各等語。廣西融懷營參將，駐劄柳州府屬懷遠縣城，隸歸柳慶鎮轄，係苗疆煙瘴要缺。必須熟悉風土、能耐煙瘴之員，方克勝任。粵西應調參將三缺内，新選鬱林營參將黄培松，尚未到任。准補全州營參將張邦福、借補賓州營參將國樑，均未引見。張邦福現留東差委。以上三員，皆不合調補，應於現任遊擊内揀員請升。查廣西省遊擊十缺，除准補尚未引見之右江鎮右營遊擊劉鯤，及請補廣西撫標右營遊擊陳顯道、龍州城守營遊擊伍起祥、思恩營遊擊何貴龍，均未經部核准。柳慶鎮右營遊擊現未請補有人。其歷俸已滿二年應升之桂林營遊擊王萬傑，該員係直隸撫甯縣人，由侍衛推補今職，例本合升，惟該員於煙瘴地方未能相宜。籍隸本省歷俸已滿年限之右江鎮中軍遊擊劉登洪，現有命案疏防統轄職名未經議結。隆林營遊擊龔紹良、柳慶鎮中軍遊擊張志和，均經西撫臣調省察看，俱未便請升。臣與廣西提督臣蘇元春往返函商，詳加揀選，查有左江鎮中軍遊擊廖得勝，年五十九歲，廣西馬平縣人，由行伍隨赴江南剿匪節次打仗出力，洊保花翎儘先都司，推補義甯協中軍都司，遞補廣西右江鎮右營遊擊。歷煙瘴邊俸三年期滿，調回内地調補今職。光緒十年七月初一日接領調補劄付。該員幹練耐勞，情形熟習，且能耐煙瘴，以之升補融懷營參將，可期得力。第籍隸本省，與例稍有未符，惟舍此現無堪以請補之員。且融懷營參將一缺，虛懸日久，未便再事延宕，理合詳細聲明，專摺奏請。合無仰懇天恩俯念要缺需員，准以廣西左江鎮中軍遊擊廖得勝升補融懷營參將員缺，俾實營伍而資整頓。如蒙俞允，俟接准部覆，即行給咨送部引見後，再行揀員對調，以符定制。其所遺左江鎮中軍遊擊，係部推之缺，粵西現有儘先遊擊人員應請扣留外補，合併陳明。臣謹會同廣西提督臣蘇元春合詞恭摺具奏，伏祈皇上聖鑒，敕部核覆施行。

兵部議奏。

奏革知府澈究罰科銀兩片[一] 光緒十五年四月初十日

再，廣東試用知府金桂馨，前在署理嘉應州任内，於應辦事宜毫無整頓。所具禀牘，日惟孳孳爲利。臣經屢次批飭，罔知悛改。及聞交卸有日，遂即縱令丁役肆行苛擾。去任之際，輿論譁然，有攔阻船隻擲石鬨鬧情事。正在飭查間，疊據嘉應州屬舉人張莘田等、在籍甘肅試用知縣宋燕謙等，先後聯名來省具控，以該員金桂馨在任遇有詞訟案件，動輒罰捐銀兩。交卸時，僅據撥修書院及建神廟銀數百兩，餘皆無著。開列科罰各案，請飭追繳。經臣飭據惠潮嘉道德泰查明各案内，有該員金桂馨自行科罰及閽丁籍案勒借情事，據實禀揭。當經檄飭藩、臬兩司轉飭金桂馨，將家丁胡姓、劉姓兩名交案澈究。乃該員金桂馨並不將家丁遵照

[一] 録自《京報》第三〇六二號。

交出，一味推延，且具禀申辯。據稱，在任時所罰數案，均已撥充地方公用，此外並無科罰案件。並謂閽丁所得銀兩，出自餽送借貸，似非勒索各等語。

臣查該員金桂馨去任之時，民怨沸騰，又因藉案科罰，被控飭追，既不將家丁交案，公然聲稱送借似非勒索，尤堪駭異，實屬昏謬玩法。相應請旨將廣東試用知府金桂馨，暫行革職，勒令將家丁胡姓、劉姓兩名交出歸案，傳提原控要證，澈底訊究。所有勒罰各款，是否家丁婪索朦蔽，抑係該員串罰入己，再行分别按例懲辦，以儆貪擾。謹附片奏陳，伏祈聖鑒。

著照所請。該部知道。

籌解第一批太平關常税項下改解内務府經費片[一] 光緒十五年四月　日

再，准户部咨，光緒十四年十二月十八日附片奏，擬將前撥太平關應解京餉銀十五萬兩内，劃出銀十萬兩，作爲内務府經費，改解内務府交納等因。本日奉旨：依議。欽此。當即轉行欽遵辦理。茲據署廣東布政使王之春詳稱，查光緒十五年分京餉部撥太平關常税銀十五萬兩，先因未准南韶連道籌解過司，已向商號借墊銀四萬兩作爲第一批太平關常税京餉，飭委候補知府王秉恩領解赴京投納在案。茲奉准户部咨，行將前撥太平關常税應解光緒十五年分京餉銀十五萬兩内，劃出銀十萬兩，作爲内務府經費，改解内務府交納等因。自應遵照辦理。茲向商號日昇昌、蔚泰厚、百川通、蔚長厚、新泰厚借墊銀三萬五千兩，隨解加平抬費銀一千一百五十五兩，作爲起解第一批太平關常税項下，改解内務府經費。即由該商號匯兑赴京，仍俟太平關税解到發還歸款。飭委候補布經歷何亮采等領賫匯單，於光緒十五年四月初十日起程，由海道進京，支取銀兩，赴内務府交納等情，詳請具奏前來。臣覆核無異。除咨户部、内務府外，理合附片具陳。再，兩廣總督係臣本任，毋庸會銜，合併陳明，伏祈聖鑒。

該衙門知道。

欽州升改添設文職各缺片[二] 光緒十五年四月　日

再，准吏部咨，議奏廣東欽州升改添設文職各缺一摺，原奏内開，增改教雜各缺，該督摺内僅稱，均係地處極邊，防務喫重，兼係煙瘴，並未聲明作爲何項缺分，仍令體察情形奏明辦理等因。當經轉行查議去後。茲據署布政使王之春、署按察使王景賢會詳稱，查原設之欽州州判、吏目、學正、訓導及長墩、沿海、如昔、防城各巡檢，均係煙瘴要缺，由外揀選咨調，五年俸滿撤回内地升用。靈山縣屬之林墟司巡檢，係部選缺。今奉准將欽州屬之州判裁汰，改爲防城縣縣丞，吏目改爲欽州直隸州吏目，學正改爲欽州直隸州學正，訓導改爲防城縣訓導，長墩司巡檢改爲欽州直隸州長墩司巡檢，沿海司巡檢改爲欽州直隸州沿海司巡檢，如昔司巡檢改爲防城縣如昔司巡檢，防城司巡檢裁汰改爲防城縣典史。以上教雜各缺，應請仍照舊例定爲煙瘴要缺。添設之防城縣江平

[一] 録自中國第一歷史檔案館編《光緒朝硃批奏摺》第八六輯，第六一九至六二〇頁，中華書局一九九五年版。

[二] 以下三件録自《京報》第三〇六二號。

司巡檢，地處極邊，兼係煙瘴，應請援照防城司巡檢，亦定爲煙瘴要缺。教職照例由外揀調，雜職各缺由外酌量升調揀補，五年俸滿，撤回内地升用。其改歸欽州直隸州之林墟司巡檢，並請仍照舊例定爲選缺。粤省現有應補人員，應請扣留外補。除欽州直隸州知州、防城縣知縣二缺，業經揀員請補外，所有裁缺之題升欽州知州王松齡、現任欽州州判張廷弼、防城司巡檢何元龍，均照例留粤另補。現任如昔司巡檢何建猷，已丁母憂開缺，尚未據員調補，應俟此次奏定缺分接准部覆，再行起限辦理等情，詳請具奏前來。臣覆查無異，理合附片具陳。伏祈聖鑒，敕部議覆施行。再，兩廣總督係臣本任，毋庸會銜，合併陳明。

吏部議奏。

道員朱采給假醫調片 光緒十五年四月 日

再，雷瓊道朱采，本年二月間因公進省，沿途乘坐輪船感受海風，驟病寒熱。前在瓊郡二年積受瘴癘，一時觸發，醫治驟難痊可。茲據該道具禀，請假兩月，在省醫調等情前來。臣查該道精力素健，辦事認真，任勞任怨。籌辦撫黎開山善後事宜，正資得力。現在因公來省，偶感風寒，調治即可就痊。惟瓊郡遠在海外，水土較惡，醫藥亦不及省城之便，自應量予體恤，給假醫調。所有雷瓊道篆務，應即委員暫行代理。查有候補道顧元勳，老成穩練，堪以派委，暫行代理。一俟該道朱采調理就痊，即行飭回本任。除分飭遵照外，謹附片陳明。再，兩廣總督係臣本任，毋庸會銜，合併聲明，伏祈聖鑒。

吏部知道。

甄別知府知縣片 光緒十五年四月 日

再，勞績捐納候補試用知府、知縣等官到省，一年期滿，例應分別考察面試甄別具奏。歷經遵辦在案。茲查有候補知府熊世池，年力精强，例案明習。海防試用知縣畢昌言，年富才明，遇事奮勉。均經詳加考察，照章考試，堪以各按本班序補。據藩、臬兩司具詳前來。除將各該員詳細履歷開單咨明吏部外，理合附片具陳。再，兩廣總督係臣本任，毋庸會銜，合併陳明，伏祈聖鑒。

吏部知道。

請賞還總兵原職片[一] 光緒十五年四月 日

再，恭奉光緒十五年三月十六日恩詔内開：自同治元年以來，曾經任用現已革職官員，除大計貪贓及居官不職以至失守城池各員外，若有才力堪用者，詳開緣由，奏明請旨。等因。欽此。茲據廣東營務處司道詳，據前甘肅補用總兵降補都司馬鴻圖禀稱，現年五十三歲，直隸永平府撫甯縣人，由武舉中式補行庚申恩科進士，欽點頭等侍衛，派在乾清門當差。期滿，以參將用。嗣因剿匪出力，歷保總兵，留於甘肅補用。光緒三年六月署理陝西洮岷營副將，因失察中軍都司阮道元剋扣兵餉勒索陋規案内，經陝甘總督左宗棠奏參，以都司降補。光緒十年閏五月奉調來粤，是年十二月内奏留廣東軍營差遣，嗣奉委署碣石鎮標中軍遊擊、澄

〔一〕録自中國第一歷史檔案館編《光緒朝硃批奏摺》第四〇輯，第八〇九頁，中華書局一九九五年版。

海營參將、連陽營遊擊各事務，勉矢慎勤，力圖報稱。今恭逢恩詔，查辦革職官員，祇得縷情懇請轉詳奏明等情，由營務處司道詳請具奏請旨前來。

臣查奏調留粵差遣降補都司馬鴻圖，係因失察屬員被參降補，與自蹈愆尤者迥別，尚屬情有可原。且曾在内廷當差有年，並無貽誤，迨調粵差遣委署，亦復穩練有爲，才力可用。今恭逢曠典，萬方共沐鴻施。可否仰懇天恩賞還原職，仍留廣東差委之處，出自逾格鴻慈。理合附片陳請，伏祈聖鑒。

馬鴻圖著交兵部帶領引見。

查明三月分雨水田禾糧價情形摺[一]　光緒十五年五月十五日

竊照廣東省光緒十五年二月分雨水、糧價情形，業經臣奏聞在案。茲查廣東省城光緒十五年三月分上、中、下三旬，得有大雨數次，高低田畝一律霑足，早禾陸續插蒔，雜糧、蔬菜、桑株亦皆青葱秀發。省外各屬稟報與省城大略相同。惟依山瀕海之區，現值青黃不接，糧價較上月稍增，地方敉安，民情静謐，堪以仰慰聖懷。所有光緒十五年三月分雨水、田禾、糧價情形，臣謹繕清單恭摺具奏。伏祈皇上聖鑒。

知道了。

查明二麥收成分數摺[二]　光緒十五年五月十五日

竊查光緒十五年廣東省各屬栽種二麥，現已收割完竣。據署廣東布政使王之春查明收成分數，呈請具奏前來。臣覆加查核，除廉州、欽州兩府州屬及綏（猺）〔瑶〕、赤溪二廳，新會等二十九州縣，土性不宜二麥，向不栽種外，茲查廣州府屬收成七分有餘，韶州府屬收成七分有餘，惠州府屬收成七分，潮州府屬收成六分有餘，肇慶府屬收成六分有餘，高州府屬收成七分，雷州府屬收成七分，瓊州府屬收成七分，羅定州屬收成七分有餘，連州屬收成七分有餘，南雄州屬收成七分有餘，嘉應州屬收成七分有餘，佛岡廳收成八分，陽江廳收成七分。合計通省二麥收成共有七分。臣謹繕摺具奏。伏祈皇上聖鑒。

知道了。

惠潮嘉應等處被水情形摺[三]　光緒十五年五月十五日

竊照惠州府屬歸善、博羅暨廣州府屬之東莞等縣，均在東江下游。據惠州府李璲暨各該縣稟報，入夏以來，陰雨連緜，五月初間，河水陡漲丈餘，歸善縣屬城市、村莊低下之處，均被浸灌，水深數尺，田禾間有淹浸。博羅大略相同。東莞地處下游，水勢較緩。該縣之福隆、司馬兩大圍，去年培修完固，尚無坍決。查東江水勢不及上年之猛，除東莞外，均無圍田。惟早禾正當暢茂，忽遭異漲，恐早稻難免歉收。此外人口有無損傷、房屋基壆有無

〔一〕録自中國第一歷史檔案館編《光緒朝硃批奏摺》第九四輯，第八二三頁，中華書局一九九五年版。

〔二〕録自中國第一歷史檔案館編《光緒朝硃批奏摺》第九二輯，第七四八頁，中華書局一九九五年版。

〔三〕録自《京報》第三〇九九號。

倒塌，並上游連平、龍川、河源等州縣有無被水，均俟查明，分別撫恤。又據署潮州府曾紀渠電禀，四月底至五月初，雨多驟漲，水勢極猛，有房屋全閒及連根大樹流下，沿河並有浮屍，已飭收埋。聞係嘉應州出蛟，因上游福建汀州府水勢亦大，潮郡大河壞船、壞鹽不少。大埔縣爲大水所經，尚無傷損。潮州府城鄉各隄，尚無潰決，現已消退等情。又據惠潮嘉道德泰電禀，本月初四日，嘉應州屬鎮平縣白馬、興福兩鄉，山水暴發，水漲一丈有餘，人口、田廬損傷甚多。初七日夜閒，嘉應州松源堡河水陡漲丈餘，淹斃人口數十名，沖去鋪屋千餘閒。下游海陽縣境內，撈獲掩埋流屍二百餘具。現已飛飭該州縣並委員携帶銀米，前往確查賑救各等語。臣查嘉應鎮平等處，向稱貧瘠。此次驟被水災，情形極重，實堪憫惻。若由省籌賑，緩不濟急。已電飭該道在潮州商號暫借銀五千兩，就近派員馳往，詳查被灾傷損情形，分投賑濟。將來由賑捐項下撥還。一面由省派委知府常穆飭司籌銀一萬兩，携往嘉應鎮平，會同地方官，斟酌情形，妥速賑撫，以免流離。並飭各縣設法保護隄岸，確查大埔及上游各處是否不致成災，再行分別辦理。所有惠、潮、嘉等處被水大概情形，理合恭摺奏聞。再，廣東巡撫係臣兼署，毋庸會銜，合併聲明，伏祈皇上聖鑒。

知道了。即著飭屬妥爲賑撫，毋任灾民失所。

出省查勘西北兩江圍基情形片 光緒十五年五月十五日

再，上年冬間經臣疊次檄飭東、西、北三江凡有圍基各縣，急趁冬晴水涸，於向來卑薄、去年被水處所修築完固。并派員會同各屬文武員弁督率紳民，籌發經費，倡率民捐，妥速辦理，務於春水未至之前一律蕆事。復於本年春間籌款，委員豫買應用之木椿、竹纜、篾摺等項，分儲水道總匯各縣，以備緩急。

四月中旬，省城連日大雨，各路漸次加漲。臣慮新築沙土未實，即於四月二十一日乘坐小輪出省，親往履勘督催。先泝北江，轉過西江，仍由北江還省。中途由青歧口入閱四會之綏江，由新興江口入閱肇慶府城外之支河，由三洲口入閱高明之支河，由官山海口入閱南海之支河。所有三水、四會、高（明）［要］、高（要）［明］、鶴山、南海（等）［各］縣各大圍，晝夜奔馳，詳加查勘。凡沿江暨内河小輪可通之重要各處，均登岸步行察看。此外沿岸各圍，舟行可覩，培築尚屬認真，即於二十六日回省。

現在圍内各田禾苗長發，彌望青葱。續據四會縣禀報，四月底晝夜大雨，五月初一日該縣上游廣西懷集縣暴漲驟下，水長一丈有餘，幸各圍基略有坍裂處所，均經竭力保護無虞。於初三日後水勢旋即消退。若此後晴雨應時，夏漲平緩，西、北兩江郡縣或可無意外之虞。臣仍切飭員弁督率慎防，以免疏虞。

（硃批）知道了。（欽此）〔一〕

粵海關籌解第一批京餉等款銀兩摺〔二〕 光緒十五年五月十五日

竊照光緒十五年分京餉，户部奏撥粵海關洋税銀十萬兩，新

〔一〕以上衍、舛五處，據中華書局一九九五年版《光緒朝硃批奏摺》第九八輯，第七一六至七一七頁删、校正。

〔二〕録自《京報》第三〇九三號。

增盈餘銀六萬兩。又本年東北邊防經費奏撥粵海關六成洋税銀十二萬兩。又光緒十五年籌邊軍餉奏撥粵海關四成洋税銀十二萬兩，六成洋税銀二十萬兩，此款應令照案截留歸還洋款之用。又各關應解抵閩京餉改爲加放俸餉案内，粵海關四成洋税，每結提銀六千兩。又内務府廣儲司公用，每年額撥粵海關税銀三十萬兩，例分四季起解。以上各款銀兩，均應趕緊籌解，以濟要需。

查粵海關應解各款銀兩，向由西商先行借墊，勢難起解現銀。光緒十年四月間奏准，仍行匯兑在案。兹光緒十五年分第二批京餉等款銀兩，經向西商志成信、協成乾銀號借銀一十九萬一千五百八十兩，先行墊解，隨後由税收歸還，以資周轉。飭據署廣東布政使王之春，遴委鹽提舉銜試用通判王遵路等，領解光緒十五年第二批京餉銀二萬五千兩，另加平銀三百七十五兩，飯銀七百二十五兩，又新增盈餘銀二萬兩，另加平銀三百兩、飯銀五百八十兩，又東北邊防經費銀三萬兩，又籌邊軍餉四成洋税銀三萬兩，又加放俸餉銀六千兩，又光緒十五年夏季分廣儲司公用銀七萬五千兩，另加平銀一千一百二十五兩，新增歸公加平銀一千八百七十五兩，抬費用項銀六百兩，統共銀一十九萬一千五百八十兩，飭令該委員等領齎匯單文批，於光緒十五年四月二十六日由海道進京，支取銀兩，前赴户部、内務府分別交納。除分咨查照外，謹合詞恭摺具奏。再，廣東巡撫係臣之洞兼署，毋庸會銜，合併陳明，伏祈皇上聖鑒。

該衙門知道。

籌解第一批東北邊防經費銀兩片[一]

光緒十五年五月十五日

再，光緒十五年東北邊防經費部撥廣東釐金銀八萬兩，當經轉飭籌解去後。兹據署布政使王之春，會同釐務總局司道詳稱，在於釐金項下籌銀四萬兩，作爲起解第一批東北邊防經費，交殷實商號百川通等匯兑至京，派委候補知縣潘偉琛領齎匯單文批，附搭輪船進京，支取銀兩赴部投納。據報於光緒十五年四月二十六日起程，詳請具奏前來。臣覆核無異，除咨呈海軍衙門暨户部外，謹附片具陳。再，兩廣總督係臣本任，毋庸會銜，合併陳明，伏祈聖鑒。

該衙門知道。

知縣田郅軒欠解參後全完請開復摺[二]

光緒十五年五月十五日

竊照本任西甯縣知縣田郅軒，欠解徵存正雜款穀價銀五千四百餘兩、米二十餘石，迭經嚴催，未據完解。經前撫臣吳大澂會同臣彙案奏請摘頂，勒限嚴追。欽奉諭旨轉行遵照去後。

兹據署布政使王之春、督糧道韓文鈞詳稱，查該員田郅軒被參後，於光緒十五年四月二十三日完解光緒十二年分地丁銀二千九百八十八兩七錢三分四釐，耗羡銀五百五兩九分六釐，税羡銀

[一] 録自中國第一歷史檔案館編《光緒朝硃批奏摺》第六五輯，第五六頁，中華書局一九九五年版。

[二] 録自中國第一歷史檔案館編《光緒朝硃批奏摺》第八一輯，第六四三至六四四頁，中華書局一九九五年版。

一千五百八十三兩一錢二分八釐四毫。四月二十九日完解光緒十二年分耗米變價銀四十三兩七錢三分，耗米盈餘銀一百一十五兩二錢一分八釐，糧道養廉銀一十七兩二錢八分四釐、役食小建銀五兩八錢七分，廪膳曠缺銀五兩一錢三分二釐、支賸囚糧銀九兩三錢二分二釐，耤穀價銀八兩八分八釐。以上各款，均俟造入光緒十五年秋季册報。又，完解廉俸役食扣平銀二十四兩五錢一分，役食二成銀六十一兩七分，盤缺穀價銀三十六兩九錢三分七釐四毫，以上各款俱不入季册造報。四月三十日完解光緒十二年分米二十五石七斗四升九合六勺四抄，應俟造入光緒十四年奏銷隨核册報。所有該員欠解銀米，業已全數完解清楚，核與原參數目相符。請將該員原參摘頂之案具奏開復等情前來。臣伏查該員田郅軒於被參後，即將欠解銀米照數全完，尚知愧奮。相應請旨將本任西甯縣知縣田郅軒原參摘頂處分，准其開復，以昭激勸。所有知縣欠解交代銀米參後全完請開復頂戴緣由，理合恭摺具陳。再，兩廣總督係臣本任，毋庸會銜，合併陳明，伏祈皇上聖鑒。

著照所請。該部知道。

知縣潘維麒虧欠參追片〔一〕 光緒十五年五月十五日

再，據署廣東布政使王之春、督糧道韓文鈞詳稱，查有前署海豐縣潘維麒，徵存雜款銀二千二百餘兩、米三百餘石，疊經勒限嚴催未據完解，詳請參追前來。相應請旨將前署海豐縣事候補通判潘維麒，暫行摘頂，勒限四箇月，將欠解銀米掃數完解。儻逾限不完，或解不足數，再行照例從嚴參辦。所有參追前署知縣欠解交代銀米緣由，臣謹附片具陳。再，兩廣總督係臣本任，毋庸會銜，合併陳明，伏祈聖鑒。

著照所請。該部知道。

周華林接署樂昌縣知縣篆務片 光緒十五年五月十五日

再，樂昌縣知縣李春暉禀報患病，所遺樂昌縣知縣篆務應行委員接署。查有卸英德縣知縣周華林，性情樸實，治理安詳，堪以署理。該員任内並無盜刦已起四參之案，據署布政使王之春、署按察使王景賢會詳前來。除檄飭遵照外，臣謹循例附片奏陳。再，兩廣總督係臣本任，毋庸會銜，合併陳明，伏祈聖鑒。

吏部知道。

陳榮坤補授遊擊片〔二〕 光緒十五年五月十五日

再，准兵部咨，廣東高州鎮中軍遊擊額勒登額病故，遺缺係陸路部推之缺，應用儘先人員。既據扣留，應令迅即揀員請補等因。查定例，各省題調武職各缺，如因員缺緊要人地相需，將不合例人員保奏，應於摺内聲明，請旨交部核覆，恭候欽定等語。又定例，儘先人員均按奉旨先後挨次補用。如名次在前之員實在揀選不得其人，必須按名指實於此缺何項人地不宜，方准將名次

〔一〕以下二件録自《京報》第三一六〇號。

〔二〕録自中國第一歷史檔案館編《光緒朝硃批奏摺》第四〇輯，第八一八至八一九頁，中華書局一九九五年版。

在後之員請補等因。

茲會同署廣東陸路提督臣鄭紹忠，在於部行准歸班序補之陸路儘先遊擊内，詳加揀選。除張記廷丁憂尚未服闋，劉應禧告假尚未回營，吴建壽業已病故外，其名次在前之陳鍾英、何元勳、潘遠富、林鴻昌、曾德銘、黄玉祥、吴佳春、梁仕偉、馮殿旺、方沿、鄒培、龐玉璞、張國榮、陳之瑞、張殿琦、朱煇煌，或人地不宜，或營伍未嫻，均未便請補。查有奏留廣東遇有水陸缺出酌量借補補用儘先遊擊陳榮坤，年五十歲，廣西北流縣人，由勇目隨同剿匪，嗣隸提督馮子材部下，在鎮南關打仗出力，遞保花翎儘先都司，復隨提督馮子材剿辦瓊州黎匪，於攻克中、東兩路黎匪老巢出力案内，奏請以遊擊儘先補用，並加副將銜。光緒十三年九月二十五日奉旨：依議。欽此。經臣奏請留於廣東，遇有水陸缺出酌量借補補用。光緒十三年十二月十一日奉硃批：著照所請。兵部知道。欽此。造送履歷咨准部覆，以留省奉旨之日爲始，歸班序補。該員勇敢勤樸，戰功卓著，並無在外省軍營參革朦保情弊，現委署理陸路提標後營遊擊，辦理裕如。以之補授高州鎮中軍遊擊，洵堪勝任。雖儘先名次在後，與例稍有未符，惟在前各員不合請補。合無仰懇天恩俯准以陳榮坤補授高州鎮中軍遊擊，俾營伍捕務藉資整頓。如蒙俞允，俟部覆到日，給咨送部引見，以符定制。謹會同署廣東陸路提督臣鄭紹忠附片具陳，伏祈聖鑒，敕部核覆施行。

兵部議奏。

籌解己丑年第三批籌邊軍餉銀兩片[一]

光緒十五年五月二十一日

再，准户部咨，奏撥己丑年籌邊軍餉一摺，光緒十四年十一月二十四日奉旨：依議。欽此。並清單内開廣東省銀二十萬兩等因，當經行司籌解。嗣據籌銀十萬兩，分作兩批，飭委候補知府王秉恩、候補布政司經歷何亮采等，先後領解赴部投納，均經奏報在案。茲據署廣東布政使王之春詳稱，此項籌邊軍餉，關係要需，自應趕緊籌解。現在藩庫各款内，竭力再湊撥銀二萬兩，作爲己丑年籌邊軍餉第三批，照案發交商號百川通等匯兑至京。遴委候補知縣潘偉琛領賫匯單，於光緒十五年四月二十六日起程，由海道進京支取銀兩，赴部投納等情，詳請奏咨前來。臣覆核無異，除咨部外，謹附片具陳。再，廣東巡撫係臣兼署，毋庸會銜，合併陳明，伏祈聖鑒。

户部知道。

籌解固本兵餉銀兩片

光緒十五年五月二十一日

再，案照同治五年欽奉上諭：直隸固本餉項，前經諭令廣東按月解銀一萬兩。現著仍照原定數目，改解部庫交納。等因。欽此。久經遵照辦理。查此款向在洋藥釐金項下支解。嗣因藥釐改歸税司辦理，每年劃留銀八十萬兩專爲備還洋款之用，固本餉項無所從出，疊將拮据情形奏明。隨准部咨，固本餉銀前經奏定每月籌解銀一萬兩，應令無論動用何款，趕緊接續報解等因。粵省

[一] 以下二件録自中國第一歷史檔案館編《光緒朝硃批奏摺》第五八輯，第三七〇至三七一頁，中華書局一九九五年版。

庫儲異常支絀，實無堪以動撥之款。當向商號籌借銀二萬兩，作爲光緒十五年正、二月分固本兵餉，飭委候補布政司經歷何亮采等領解赴部投納，業經奏報在案。茲據署廣東布政使王之春詳稱，此項固本兵餉，關繫要需，現在庫款匱絀無可籌措，再向商號百川通、日昇昌、蔚泰厚、新泰厚、蔚長厚，籌借銀三萬兩，作爲光緒十五年三、四、五月分固本兵餉，仍交該商等匯兑至京。俟籌有款項再行歸還。遴委候補知縣潘偉琛領賫匯單，於光緒十五年四月二十六日起程，由海道進京赴部投納。其舊欠銀兩一時實難設措，容俟竭力籌畫，另行帶解清款等情，詳請具奏前來。臣覆核無異，除咨户部外，謹附片具陳。再，廣東巡撫係臣兼署，毋庸會銜，合併陳明，伏祈聖鑒。

户部知道。

奏報廣東光緒十四年上半年收解釐金數目摺〔一〕

光緒十五年五月二十一日

竊准部咨，同治八年二月初五日奉上諭：釐金一項，現據各該省奏報，每年減收已不下數百萬兩。若辦理不善，經費將何所出。各該督撫仍須悉心酌核，力除中飽，毋得徒博虛譽，率行減免。遇有局卡太密重複徵收者，仍隨時裁汰懲辦。其釐金報部章程，仍照兩淮鹽釐半年奏報一次。著馬新貽將開報式樣鈔録，咨行各該省查照辦理。等因。欽此。欽遵。嗣准兩江督臣馬新貽將兩淮鹽釐開報式樣録送來粵，轉行查照。

又，同治八年十二月前撫臣李福泰奏報太平關盈餘溢額一片，聲明參酌已撤坐釐成式，在於繁盛海口分別補抽以濟軍餉。隨於粵東省城及南海縣之佛山，順德縣之陳村，新會縣之江門，設廠補抽貨釐。又，光緒二年閏五月前督臣劉坤一於遵旨覆奏前督臣英翰所陳粵省情形並應辦事宜摺内聲明，於近年貿易較盛之廉州北海、瓊州海口等處設廠抽釐，以裨經費。並因北海地方界連高、雷兩郡，陸路處處可通，易於繞越，又在高、雷兩屬水東等處，添設卡廠抽收貨釐。並查得西江大洲廠偏在一隅，稽徵不能得力，經將該廠移設德慶州屬都城地方，以便稽查而杜偷漏。嗣於光緒七年二月間，准户部咨，鹽釐一項既係改歸運司按引抽收，應將收支數目另案詳報，勿庸歸併貨釐册内開報，致滋弊混等因。又經轉行遵照辦理。其新香海口五廠補抽貨釐，係因近海各處漏匿漸多，於光緒十二年六月間始行設法整頓，陸續開辦。截至年底止，綜計各廠下半年收數比較光緒十一年下半年收數已增多銀六萬八千餘兩。若以通年合計，當可增收十三萬餘兩。經臣於光緒十二年十二月覆奏收支摺内詳細聲明，續經奏明該五廠創辦以後，規模既定，收數尚可加多。嗣因洋藥改用税司，將該五廠補抽貨釐於光緒十三年三月間改歸九龍、拱北兩關税司接收辦理。又省河補抽係光緒十三年正月間設局開辦，所有光緒十三年十二月以前抽收行坐貨釐及鹽釐數目節經開列清單，奏報在案。

茲查光緒十四年正月初一日起至六月底止，共收原設東、西、北三江及續設廉州並高、雷兩屬水東、北海等廠貨釐洋銀四十八萬七千三百五十八兩一錢九分三釐，補抽省城省河、佛山、江門、陳村暨九龍、拱北兩關等處貨釐洋銀三十二萬九千五百二十九兩

〔一〕録自中國第一歷史檔案館編《光緒朝硃批奏摺》第七七輯，第二〇三至二〇四頁，中華書局一九九五年版。

七錢二分七釐二毫，又抽鹽釐洋銀四萬一千六百九十二兩一錢四分九釐。據署廣東布政使王之春會同釐務局司道仿照兩淮鹽釐式樣分别造册詳請具奏前來。臣覆查無異，除各册送部外，謹分列清單恭摺具陳。至鹽釐一項，業已改歸運司按引抽收，是以清單内不復分别各廠名目。再，廣東巡撫係臣兼署，毋庸會銜，合併陳明，伏祈皇上聖鑒，敕部核覆施行。

户部知道。單併發。

彙奏請襲世職摺〔一〕 光緒十五年五月二十一日

竊准兵部咨，同治元年二月十六日奉上諭：嗣後陣亡殉難各員子孫承襲世職，著兵部行文各該督撫，轉飭各州縣，將應襲職名迅速查取，徑行具報，毋庸由府司轉詳。等因。欽此。又准兵部咨，襲職發標人員名數孔多，查册結宗圖已到人員，各按襲職發標，三月彙奏一次等因。同治二年正月二十五日奉旨：依議。欽此。又准兵部咨，嗣後請襲世職，應於文册内聲明何年月日及在何處陣亡殉難，並議給世職奉旨日期，逐一詳細報明，毋得遺漏等因。均經轉行遵照在案。茲光緒十五年春季分，據文昌、合浦、開平、番禺、東莞、電白、石城、海陽、饒平、茂名各縣，先後詳送請襲雲騎尉韓福疇、李鶴山、梁以楷、葉其吉、周翰儀、潘庭芳、翟桂芬、崔成熙、彭城秀、蔡士彬、黄占鼇、陳逢勝，均年已及歲，請襲職發標。韓福疇一員聲明生長海濱，熟悉水性，情願改用外海水師。經臣逐一驗明，均堪發標學習。伏查定例，承襲世職，令嫡長、嫡次、庶出子孫承襲。如無嫡長、嫡次、庶出子孫，許令弟姪應承繼者承襲。又，承襲雲騎尉世職，年已及歲，免其送部，令該督撫驗看具題。俟題准後，就近發標學習，支食全俸。雲騎尉扣至三年期滿，出具考語，給咨送部引見。又雲騎尉有願改外海水師者，於發標學習時預先呈明，分派外海水師各營，隨同出洋巡哨，扣滿三年。如果明習水師，取具該管鎮將保結，送部引見，以分發到營之日爲始，統限五年期滿，輪缺補用各等語。今請襲雲騎尉韓福疇、李鶴山、梁以楷、葉其吉、周翰儀、潘庭芳、翟桂芬、崔成熙、彭城秀、蔡士彬、黄占鼇、陳逢勝，均年已及歲，請襲職發標。韓福疇一員並請改用外海水師，均核與定例相符。相應彙列案由，繕具清單，恭呈御覽，請旨敕部核覆，將韓福疇、李鶴山、梁以楷、葉其吉、周翰儀、潘庭芳、翟桂芬、崔成熙、彭城秀、蔡士彬、黄占鼇、陳逢勝，發標學習，支食全俸，仍照例扣滿三年，出具考語，給咨送部引見。除將各該員親供宗圖履歷册結咨送部科查核外，理合恭摺具陳，伏祈聖鑒。

兵部議奏。單併發。

光緒十四年春季分廣東省委署直隸州知縣各缺摺〔二〕 光緒十五年五月二十一日

竊准部咨，咸豐十一年十一月二十三日奉上諭：給事中高延祜奏，各省更調州縣請飭部嚴定章程等語，嗣後各省州縣無論奏調、委署、代理，著每届三月彙奏一次，由吏部嚴行查核。如有

〔一〕 録自中國第一歷史檔案館編《光緒朝硃批奏摺》第四〇輯，第八三二至八三三頁，中華書局一九九五年版。

〔二〕 以下四件録自中國第一歷史檔案館編《光緒朝硃批奏摺》第六輯，第三一九至三二三頁，中華書局一九九五年版。

違例更調等弊，即將該省督、撫、藩司分別叅奏。等因。欽此。欽遵辦理在案。茲據署廣東布政使按察使王之春詳稱，光緒十四年春季分，出有署南雄直隸州知州唐樹滋，調省差委，遺缺以迴避即用直隸州知州曾紀渠署理。又署高要縣事准調新會縣知縣岑傅霖，調署電白縣知縣，遺缺以試用通判榮勳署理。又署揭陽縣知縣王崧調省差委，遺缺以試用通判魏恒署理。又署會同縣知縣朱文煇調省差委，遺缺以試用通判黃贊勳署理。又南海縣知縣郭樹榕撤任，遺缺以本班儘先補用知縣張璿署理。均無違例更調情弊，遵照定章，詳請具奏前來。臣覆查無異，理合恭摺具陳。再，兩廣總督係臣本任，毋庸會銜，合併陳明，伏祈皇上聖鑒。

吏部知道。

光緒十四年夏季分廣東省委署代理州縣各缺摺 光緒十五年五月二十一日

竊准部咨，咸豐十一年十一月二十三日奉上諭：給事中高延祜奏，各省更調州縣請飭部嚴定章程等語。嗣後各省州縣無論奏調、委署、代理，著每屆三月彙奏一次，由吏部嚴行查核。如有違例更調等弊，即將該省督、撫、藩司分別叅奏。等因。欽此。欽遵辦理在案。

茲據署廣東布政使按察使王之春詳稱，光緒十四年夏季分，出有興甯縣知縣沈春輝調署博羅縣知縣，遺缺以本班儘先補用知縣李洪毓代理。又署連平州知州陳廷宣調省差委，遺缺以拔貢試用知縣程錦文署理。又署陵水縣知縣饒繼志調省差委，遺缺以試用通判舒志署理。又署從化縣知縣周駿炳病故，遺缺以煙瘴俸滿知縣劉炤乙署理。又東莞縣知縣王煦調簾差委，遺缺以拔貢本班儘先補用知縣劉秉奎代理。又增城縣知縣黃維清調簾差委，遺缺以試用知縣李祖榮代理。又署新會縣知縣包永昌調簾差委，遺缺以試用同知劉忱代理。又英德縣知縣周華林調簾差委，遺缺以試用知縣鄧清圻代理。又河源縣知縣李徵庸調簾差委，遺缺以大挑試用知縣施念祖代理。又大埔縣知縣趙夢奇調簾差委，遺缺以靈山縣知縣查榮耀代理。又豐順縣知縣鄧衍憙調簾差委，遺缺以候補知縣烏爾興額代理。又茂名縣知縣潘泰謙調簾差委，遺缺以試用知縣蔣星熙代理。又合浦縣知縣林兆禧調簾差委，遺缺以候補知縣左新前代理。又署電白縣知縣孫鑄調省差委，遺缺以准調新會縣知縣岑傅霖署理。均無違例更調情弊，照章詳請具奏前來。臣覆查無異，理合恭摺具陳。再，兩廣總督係臣本任，毋庸會銜，合併陳明，伏祈皇上聖鑒。

吏部知道。

光緒十四年春季分廣東省酌委挨委員缺片 光緒十五年五月二十一日

再，前任順天府尹蔣琦齡等條奏疏通正途案内，經部議奏，嗣後各省州縣缺出，先委正途一人，次委勞績一人，再將各項委用試用人員輪委一人，仍令將輪委班次並出缺日期詳叙，每屆三月奏報等因。於同治元年五月初五日奉旨：依議。欽此〔一〕。咨行到粵，即經分別酌委、挨委員缺班次，按季奏咨在案。茲光緒十四年春季分，出有署會同縣知縣朱文煇調省差委，遺缺係挨委簡缺，例應按班輪委，因該縣地方緊要，暫時酌委試用通判黃贊勳署理，不入班次積缺計算。據署廣東布政使按察使王之春查明，

〔一〕下頁第一件，二〇七頁第一件，同一事均於同治元年六月初五日奉旨。孰是孰非，存疑。

詳請具奏前來。除咨明吏部外，臣謹循例附片具奏。再，兩廣總督係臣本任，毋庸會銜，合併陳明，伏祈聖鑒。

吏部知道。

光緒十四年夏季分廣東省酌委挨委員缺片光緒十五年五月二十一日

再，前任順天府尹蔣琦齡等條奏疏通正途案內，經部議奏，嗣後各省州縣缺出，先委正途一人，次委勞績一人，再將各項委用試用人員輪委一人，仍令將輪委班次並出缺日期詳叙，每届三月奏報等因。於同治元年六月初五日奉旨：依議。欽此。咨行到粵。即經分別酌委、挨委員缺班次，按季奏咨在案。茲光緒十四年夏季分出有興甯縣知縣沈春輝調署博羅縣知縣，遺缺係挨委簡缺，例應按班輪委。因該縣地方緊要，暫時酌委本班儘先補用知縣李洪毓代理，不入班次積缺計算。又署連平州知州陳廷宣調省差委，遺缺輪用正途班，以拔貢試用知縣程錦文署理。又署從化縣知縣周駿炳病故，遺缺輪用勞績班，以煙瘴俸滿知縣劉熠乙署理。據署廣東布政使按察使王之春列册詳請具奏前來。除册送部外，臣謹循例附片具奏。再，兩廣總督係臣本任，毋庸會銜，合併陳明，伏祈聖鑒。

吏部知道。

鹽大使三員試用期滿均堪補用片[一]光緒十五年五月二十一日

再，前准部咨，嗣後佐貳雜職等官，無論何項出身，凡係補缺應行具題者，試用期滿，由該督撫甄別具奏等因。歷經遵照辦理在案。茲據兩廣鹽運使英啓，會同署廣東布政使王之春詳稱，查有試用鹽大使石成庚，湖南瀘溪縣人，由監生因勦匪出力遞保，以鹽大使分發省分儘先補用加六品銜，簽分兩廣，於光緒七年正月二十四日到省。又試用鹽大使任洪九，山東高密縣人，由供事議叙未入流，因勦匪出力奏奉上諭，著免選本班，以鹽大使分省歸候補班前補用，籤掣兩廣，於光緒十年八月初四日到省。又試用鹽大使黄秀品，浙江臨海縣人，由監生遵海防例報捐鹽大使，指分廣東試用，於光緒十四年正月十四日到省。以上三員均試用已滿一年，詳加考察，具詳請奏前來。臣查石成庚年健差勤，任洪九安詳明白，黄秀品年富力强，均堪以本班留省照章補用。除咨部外，理合附片具奏，伏祈聖鑒。

吏部知道。

遵章考察候補試用知府尹恭保通判雷其蔚片[二]光緒十五年五月二十一日

再，勞績捐納候補試用知府、通判等官，到省一年期滿，例應分別考察面試，甄別具奏，歷經遵辦在案。茲查有候補知府尹恭保，學問優長，辦事認真。試用通判雷其蔚，舉止老成，才具明晰。均經詳加考察，照章考試，堪以各按本班序補。據藩、臬

[一] 録自中國第一歷史檔案館編《光緒朝硃批奏摺》第七五輯，第四二〇頁，中華書局一九九五年版。

[二] 以下三件録自中國第一歷史檔案館編《光緒朝硃批奏摺》第六輯，第三二三至三二五頁，中華書局一九九五年版。

兩司具詳前來。除將各該員詳細履歷開單咨明吏部外，理合附片具陳。再，兩廣總督係臣本任，毋庸會銜，合併陳明，伏祈聖鑒。

吏部知道。

擇尤保獎洋務各員片光緒十五年五月二十一日

再，現准吏部咨，議覆臣奏請將粵東辦理洋務出力各員，援照南北洋成案每届三年給予獎叙一摺，部議以此次奏明奉旨之日起，扣滿三年請獎一次，仍以十員爲率，以示限制等因。奏奉諭旨，咨行到粵。自應遵照辦理，何敢再四瀆陳。伏思通商省分交涉事務之繁，北洋而外首推粵省。南洋似尚遜之。此皆確有事實案據之可憑者。粵省口岸有四處之多，互市傳教之案，已不勝其繁。而又近連港、澳，畛域各分，猾商奸民倚爲護符，盜匪鹽梟藉爲逃藪。緝捕、稽查種種棘手。近年自欽越定界以後，邊務尤殷，大局所關，既不能不嚴其防維，又不便操之過激。此中斟酌權宜之苦衷，實爲他省所未有。臣前以洋務事體無一不與吏治民生相涉，必須合通省有職掌之大員悉心籌畫，又必廣集羣材以資練習。當於光緒十二年六月飭將向設之洋務局裁併，改設洋務處一所，即委藩、臬、運三司督糧道會同籌辦，並選擇正佐各員隨同辦理，於光緒十三年閏四月奏明在案。各該員等自奉委隨臣辦理以來，於一切交涉事件，頗能講求約章，諳悉竅要。當法人款局定後，各國領事乘閒要求，事無鉅細，紛至沓來。加以年來整頓税釐，嚴防偷漏，凡於正課有起色之處，即於洋商有不便之私，煩瀆争辯，幾無虚日。臣隨時督飭在事各員，嚴折婉商，於剛柔緩急之閒，尚能操縱如法，三年以來並無貽誤，而臣亦藉以收指臂之助。至未設洋務處以前，正當海防喫緊之際，稽查洋船，雇募洋弁，采探敵情，講求防禦，無日不與洋人交涉，膠葛繁難在在胥關重要。各該員等早已隨臣辦理，久歷艱辛，較之平時辦理洋務尤爲勤奮出力。臣於款議既成，本擬專案請奬，以資激勸，嗣以南北洋辦理洋務人員三年一保已有成案，粵省業經奏明設立洋務處，瞬届三年期滿，事同一律，當邀恩准，是以未與隨辦防務各員一同列保。若自光緒十年海防喫緊之時計之，其實已逾五年。臣目擊各員勤奮艱辛、始終無閒，實不便没其以前之微勞。合無仰懇天恩俯准自光緒十二年六月洋務處奏明開辦之日起，扣滿三年，按照部議擇尤保獎十員，以資鼓勵。出自逾格鴻慈。除將洋務差委各員銜名另行咨部立案外，謹附片具陳，伏祈聖鑒。

吏部議奏。

調署督糧道等員片光緒十五年五月二十一日

再，新授廣東布政使游智開現已到省，飭赴新任。署布政使事廣東按察使王之春，應即飭回按察使本任，以重職守。其署按察使王景賢，本應飭回高廉道本任，惟查廣東督糧道向係總辦全省釐務，現在正當整頓緊要之際，王景賢曾任户部司員，歷練老成，綜核精細，且省城各局務甚爲繁重，應即調署督糧道，以資會同整頓。所遺高廉道缺，查有本任督糧道韓文鈞，謹飭安詳，講求吏治，堪以調署。除分檄飭遵外，謹附片具陳。再，兩廣總督係臣本任，毋庸會銜，合併陳明，伏祈聖鑒。

吏部知道。

同文館諸生照章考試分别奬勵摺[一] 光緒十五年六月十二日

竊廣東設立同文館以來，前於同治六年十月因各生學有成效，經前署將軍慶春會同前兩廣總督瑞麟等考察，擇其文藝堪以造就者咨送六名到京，經總理各國事務衙門考試，均堪造就，奏准作爲繙譯生監生，准其一體鄉試，分别派充將軍督撫各衙門繙譯官。行令嗣後該省於該學生等三年學成後，即行奏明，分别給予生監併派充繙譯官。如有精通西語西文才識出衆者，另行送京考試，授以官職等因。嗣於同治十年三月已届三年，經前任廣州將軍長善會同前兩廣總督瑞麟等照章奏明辦理。續經將軍長善等查各衙門繙譯官有名無實，奏準將繙譯官裁撤，於諸生中擇其西語優長者，遇奴才等接晤洋人令其來署代傳言語，年終考覈，擇尤犒賞，以節糜費。復於同治十三年及光緒三年、六年、九年、十二年屢届三年期滿，均經前任廣州將軍長善及奴才繼格等先後遵照定章奏明辦理在案。兹自光緒十二年五月起至本年五月止，同文館諸生學習又閲三年，自應遵照定章將學成諸生認真考試。當飭令西教習雷尼在於各學生内，擇其平日好學，於西語西文較能通曉者，開送十六名。奴才等公同面試，先以漢字題令繙西文，復以西字題令譯漢文。考得正紅旗漢軍童生丁永焜、正藍旗滿洲童生愛存、山東曹州府單縣童生周自齊、鑲白旗滿洲童生元章、正紅旗滿洲附生聯康、正白旗滿洲童生熙臣、直隸順天府大興縣監生李淦鏞、廣東廣州府番禺縣童生潘元發等八名，漢文尚屬平通，據西教習雷尼評閲西文亦無大謬，均堪造就。理合奏明請將丁永焜、愛存、元章、熙臣等四名，各給予繙譯生。聯康係屬附生，應請援案給予附貢生。李淦鏞係屬監生，應請作爲監貢生。周自齊、潘元發二名應請作爲監生，均準其一體鄉試，均仍飭在館學習，以期學益深粹。其餘學生，查其優劣分别去留，以示懲勸。所有同文館照章考試肄業諸生，分别給予繙譯生、附貢生、監貢生、監生各緣由，謹合詞恭摺具奏，伏乞皇上聖鑒，訓示遵行。

著照所請。該衙門知道。

查明四月分雨水田禾糧價情形摺[二] 光緒十五年六月二十九日

竊照廣東省光緒十五年三月分雨水、田禾、糧價，業經臣恭摺奏聞在案。兹查廣東省城光緒十五年四月分上、中、下三旬，晴雨相閒，高低田畝積水充盈，早禾秀發，園蔬、雜糧亦皆青葱暢茂。各屬禀報與省城大略相同。糧價較上月稍增，民情安謐如常，堪以仰慰聖懷。所有光緒十五年四月分雨水、田禾、糧價，臣謹繕清單，恭摺具奏，伏祈皇上聖鑒。

知道了。

[一] 張之洞與廣州將軍繼格等滿族官員的會奏，録自臺北故宫文獻編輯委員會編《宫中檔光緒朝奏摺》第四輯，第五〇六至五〇七頁，臺北故宫博物院一九七三年版。

[二] 録自中國第一歷史檔案館編《光緒朝硃批奏摺》第九四輯，第八四七頁，中華書局一九九五年版。

徵收光緒十四年上忙錢糧銀兩數目摺[一] 光緒十五年六月二十九日

案准部咨，州縣每年應徵錢糧銀兩，除例准留支及實欠在民外，儘數提解司庫。下忙限十二月底截清，解司銀數造册詳報。督撫於二十日内專摺具奏，將原册送部。又准部咨，上、下忙錢糧以額徵收數目按八分計算。上忙勻爲三分，下忙勻爲五分徵收，其餘二分歸奏銷前徵完，分別藩司功過，責令督催。又准部咨，各省上、下兩忙錢糧於截止後，上忙限十一月底，下忙限次年五月底，分晰成數，報部等因。均經轉行遵辦在案。茲據廣東布政使游智開詳稱，廣東省光緒十四年分應徵地丁、雜税、屯丁等項，共銀一百九萬三千三百一十六兩七錢一分六釐。自光緒十四年正月初一日起至十一月底上忙期滿止，各屬起解司道庫及存留等項，共銀三十六萬九千三百五十二兩二錢三分八釐四毫三絲。又額徵耗羨銀一十七萬七千五百七十六兩四錢四分二釐。截至十一月底上忙期滿止，各屬完解司銀四萬八千一百六十九兩五錢三分六釐一毫。額徵、正耗二項統計分數，上忙勻爲三分計算，已屬有盈無絀，除各廳州縣應行留支外，均據解收司道各庫，檢查各屬實徵底簿，核算相符。未完之數，委係實欠在民，並無捏飾等情前來。除行司嚴催各屬迅將未完銀兩上緊催徵，歸入奏銷前接續完解，毋許稍有延欠，並將已、未完數目各册，咨送吏、户二部查照外，所有廣東省徵收光緒十四年分上忙錢糧數目，臣謹循例恭摺具陳。再，兩廣總督係臣本任，毋庸會銜，合併陳明，伏祈皇上聖鑒。

户部知道。

光緒十四年秋季分廣東省委署代理知縣各缺摺[二] 光緒十五年六月二十九日

竊准部咨，咸豐十一年十一月二十三日奉上諭：給事中高延祜奏各省更調州縣請飭部嚴定章程等語。嗣後各省州縣，無論奏調、委署、代理，著每届三月彙奏一次，由吏部嚴行查核。如有違例更調等弊，即將該省督、撫、藩司分別叅奏。等因。欽此。欽遵辦理在案。

茲據署廣東布政使按察使王之春詳稱，光緒十四年秋季分，出有高明縣知縣蔡逢恩撤任，遺缺以拔貢試用知縣鄒兆麟署理。又署西甯縣知縣翟茂萱調省差委，遺缺以孝廉方正試用直隸州州判任玉衡代理。又博羅縣知縣韓煇祚調省差委，遺缺以興甯縣知縣沈春輝署理。又四會縣知縣史光溥撤省察看，遺缺以捐班前先用同知王鴻鈞署理。又開建縣知縣金召棣病故，遺缺以試用知縣邱鴻星署理。均無違例更調情弊，遵照定章詳請具奏前來。臣覆查無異，理合恭摺具陳。再，兩廣總督係臣本任，毋庸會銜，合併陳明，伏祈皇上聖鑒。

吏部知道。

〔一〕録自中國第一歷史檔案館編《光緒朝硃批奏摺》第六六輯，第一五七至一五八頁，中華書局一九九五年版。

〔二〕以下三件録自中國第一歷史檔案館編《光緒朝硃批奏摺》第六輯，第三七二至三七四頁，中華書局一九九五年版。

光緒十四年秋季分廣東省州縣出缺輪委班次片光緒十五年六月二十九日

再，前任順天府尹蔣琦齡等條奏疏通正途案内，經部議奏，嗣後各省州縣缺出，先委正途一人，次委勞績一人，再將各項委用、試用人員輪委一人，仍令將輪委班次並出缺日期詳叙。每届三月奏報等因。於同治元年六月初五日奉旨：依議。欽此。咨行到粤。即經分別酌委、挨委員缺班次，按季奏咨在案。兹光緒十四年秋季分，出有高明縣知縣蔡逢恩撤任，遺缺以拔貢試用知縣鄒兆麟署理。又署西甯縣知縣翟茂萱調省差委，遺缺以孝廉方正試用直隸州州判任玉衡代理。又博羅縣知縣韓煇祚調省差委，遺缺以興甯縣知縣沈春輝署理。又四會縣知縣史光溥撤省察看，遺缺以捐班前先用同知王鴻鈞署理。以上四缺，俱係挨委簡缺，例應按班輪委，因各該縣地方緊要，暫時酌委該員鄒兆麟等署理、代理，均不入班次積缺計算。又開建縣知縣金召棣病故，遺缺輪用委用試用班，以試用知縣邱鴻星署理。據署廣東布政使按察使王之春列册詳請具奏前來。除册送部外，臣謹循例附片具陳。再，兩廣總督係臣本任，毋庸會銜，合併陳明，伏祈聖鑒。

吏部知道。

試用知府通判知縣期滿甄別片光緒十五年六月二十九日

再，勞績捐納候補試用知府、通判、知縣到省，過班一年期滿，例應分别考察、面試甄別具奏，歷經遵辦在案。兹查有試用知府陳望曾，年力精强，才具明達。試用通判徐雋聲，精細安詳，辦事穩慎。試用通判蔣文英，年壯力强，公事明晰。候補知縣王壽民，幹練有爲，奉公勤勉。均經詳加考察，分别照章考試，堪以各按本班序補。據藩、臬兩司具詳前來。除將各該員詳細履歷開單咨明吏部外，理合附片具陳。再，兩廣總督係臣本任，毋庸會銜，合併陳明，伏祈聖鑒。

吏部知道。

修築珠江隄岸摺光緒十五年七月初三日

竊照廣東省城，南臨珠江，亦稱省河，承西、北兩江之下游。歷年以來，省河北岸官地，民間逐漸侵占填築，與水争地，淤停日多。每逢異漲，西關、南關一帶皆苦水患。蓋自洋人在省城外西南隅當白鵝潭之口，建築沙面，廣造洋房，不特地勢高整，界畫分明，而石隄陡峻，江流湍急，力能刷沙，致淤沙停積，多在上下游水緩之處。其沙面以上、以下沿（江）[河]一帶，私占民地，屋宇參差，瓦礫蕪穢，雜投淤積，無從禁阻，潮退以後，皆成泥灘。近年地方豪族，往往明目張膽，填築河身，蓋造房屋，動輒斗入河心數十丈。若不亟爲禁斷，將來擡踵效尤，河身日窄，三十年後，爲患何可勝言。臣數年以來，蒿目民（間）[艱]，博采衆論，督同司、道、府、縣悉心籌議，僉以欲弭水患，必先杜絶侵占。欲杜侵占，必須明示限制。惟有在省河北岸堅築長隄，整齊畫一，增損均有所不能，侵占填築之弊，不禁自絶。再於沙面南岸斜對之洲頭嘴地方，適當西、北江頂衝之處，另闢一河以分水勢。由鷄鴨滘經馬涌、瑶頭諸村過省城之東五里，至鴨（墪）[墪]關以下始歸入省河北支正流。復將南岸鰲魚洲江面最窄、素號阻水之處，開掘寬通，使上游江水之來，既分其流，復去其(梗)[鯁]，從容暢行，西關、南關繁富之區，自無水患。臣詳加籌度，實爲當務要圖，不容少緩。疊經臣親督委員周歷河道，勘查地勢。

南關自天字馬頭起，東至東關東涌尾止，西至沙面止，又越沙面之西舊名西礮臺，西至横沙止，東西共長一千八百丈有奇，一律築成石隄。東西地勢錯出不齊，迤東填築較寬，迤西填築較窄，總期於水勢無礙，修成之隄，一律堅築馬路，以便行車。沿隄多種樹木，以蔭行人。馬路以内，通修鋪廊，以便商民交易。鋪廊以内，廣修行棧，鱗列櫛比。隄高一丈，隄上共寬五丈二尺，石磡厚三尺，隄幫一丈三尺，馬路三丈，鋪廊六尺。其沙面以東，粤海大關之左，現爲洋行香港輪渡馬頭，擬於其右添設丁字馬頭，爲將來官設輪渡停泊之所。並在沙面以西之横沙地方，爲招商局輪船建造馬頭一所，以惠遠商。西關沿河，南自横沙起，北至增步止，約長千餘丈，舊有民間自築護田圍基，一律加高培厚。酌開小涌，并設竇門，既防外漲，兼洩後路自白雲山南來之内水。統計西關、南關一帶，隄基、馬頭及河南挑河之費，約共需銀四十餘萬兩，若分段填築，所費尚不甚多。

今先從南關適中之天字馬頭築起，中爲官輪大馬頭，東西共接築一百二十丈以爲首段。層列木樁，入土丈餘。隄外砌長方石塊縱横十層，高以一丈爲率。石底鋪以紅毛泥，石縫攙以鐵錠石磡之内，以土和灰沙舂築堅實，務令鞏固平整。於本年三月内興工，八月内即可竣工。迤東迤西及西關一帶分爲十段，接續推廣，分派員匠照式興(工)[築]，並多開小涌，爲小艇避風之處。約計兩年，大致可以修成。其沿河新填私占之地段，房屋應令其拆徙。年久侵占之户，但須清丈明白，從寬免其追究。房屋非有大礙，不令遷徙，儻必須撤去，其實係貧苦者，酌給遷(徙)[移]修屋之費。如有劣紳土豪從中把持抗阻，漁利妨民，即行奏請嚴懲。惟此項修築經費，若責令商民自辦，築室道謀，集款不易。若非官爲籌墊，未易刻期觀成。且分段計費，尚不爲多，擬先由官暫行籌墊。每一段修成之後，即隨時招令公正紳商承領新填地段，繳還修築經費，准其蓋造[鋪]房(屋)。西、南兩關沿河均係商賈輻輳之區，一聞准其繳價承領，極爲樂從。清還此項經費，甚不爲難，可以無須動用官款。此後遞年地租、馬頭各租，即以留備每年疏濬河道、興修一切水利之用。

伏查廣(州)[府]名邦，素稱雄劇，乃自洋人築成沙面，隄岸堅固，馬路寬平。民居毗連之處，街埠逼窄，棚寮破碎，不獨相形見絀，商務受虧實非淺鮮。且粤省通商三十年，洋行輪渡久設馬頭，而省河之内，我之官輪、兵輪以及招商局商輪並無馬頭一處，不獨上下不便，亦於體制有關。一經修築隄岸，街衢廣潔，樹木葱茂，形勢遠出其上。而市房整齊，馬頭便利，氣象一新，商務自必日見興起。且粤省米穀均在花埭，離城甚遠。城厢内外湫隘，又無可儲糧之地。所有沿隄行店，應即多修米棧，以便屯積，緩急便可恃以無恐。水患既息，商利亦興，實爲粤省商民久大無窮之利。此項工費隨墊隨還，不動庫款，應請毋庸造册報銷。

(硃批)該部知道。(欽此)[一]

[一] 以上衍、舛十處，據中華書局一九九五年版《光緒朝硃批奏摺》第九八輯，第七三八至七四〇頁删、校正。

恭報早稻收成分數摺[一] 光緒十五年七月初三日

竊照禾稻收成，關繫民食，例應查明分數，恭摺具奏。茲廣東省光緒十五年早稻登場，據布政使游智開將各屬收成分數，查明彙報前來。臣覆加查核，廣州府屬收成六分有餘，韶州府屬收成六分有餘，惠州府屬收成六分有餘，潮州府屬並南澳廳所屬隆、深二澳收成六分有餘，肇慶府屬收成六分有餘，高州府屬收成七分，雷州府屬收成七分，廉州府屬收成六分有餘，瓊州府屬收成六分有餘，羅定州屬收成七分，連州屬收成七分有餘，南雄州屬收成七分有餘，嘉應州屬收成四分有餘，欽州屬收成六分有餘，佛岡廳收成七分有餘，綏（猺）[瑤]廳收成七分，陽江廳收成七分，赤溪廳收成七分。合計通省早稻收成實共六分有餘。臣謹循例恭摺具陳，伏祈皇上聖鑒。

知道了。

籌辦工賑情形摺[二] 光緒十五年七月初三日

竊照本年四五月間，惠、潮兩府山水漲發，嘉應州暨鎮平縣水灾尤重，當飭由潮州商號暫借銀五千兩，就近派員解往。並飭司籌銀一萬兩，派委知府常穆馳往賑恤，均經奏明在案。適因常穆感冒未能遄行，當即改派知府張賡雲携款前往。正在趕辦之際，又據惠潮嘉道德泰電稟，平遠縣屬之差干、鄒坊、黄畬等鄉，於五月初三晚，山水驟漲，漂溺人口，倒塌房屋，淹没田禾不少。又嘉應州屬除松源堡一帶被水外，白渡堡亦被水沖損房物田禾甚多。復經飭司撥銀二千兩，統交張賡雲查勘酌量分賑，並由惠潮嘉道添派委員，幫同辦理去後。茲據該道德泰暨各處印委各員稟報，此次鎮平縣發水，上游東路自江西來，西路自福建來[三]，加以艾壩出蛟，各鄉山水暴漲，是以被灾最重。縣屬白馬、文基、興福、招福、同福、艾壩、金沙、藍坊、徐溪、石磜、廣福、高思、豐樂等鄉，同時沖決河隄水陂一萬數千丈，倒塌房屋數千間，溺斃人民數百名口，沈没鹽船二百餘艘，壅壓糧田八萬二千四百餘石，淹損田禾約在七分，地方實已成灾。察看情形，萬難開徵。鄉民失業，多務逃亡。經該員等安撫始定，是放賑、修隄均不可緩。第需款甚鉅，現在貧富同歸於盡，難資民力，稟請撥款籌辦前來。臣查鎮平地方，環山濱河，居民依山爲屋，專藉河隄保衛田廬，兼築坑隄、水陂，藉隄蓄水，以資灌溉。與廣肇各屬圍基及潮屬隄工濱臨大河者，情形不同。此次山潦驟發，隄決陂平，必須重築隄岸，挑去沙淤，修復陂圳，有田可耕，小民始無虞失所。惟是地瘠灾沈，祇可撥款興修，以工代賑，庶隄成而民復業，工訖而賑亦竣。復經飭局籌銀一萬兩解往舉辦，並令業户助貲，丁壯助力，官民合辦，迅底於成。婦女、老弱不能力作者，仍分別賑助銀米。其嘉應州屬松源、白渡堡等處被水情形，較鎮平差減。平遠縣之差干、鄒坊一帶，漂没人口十餘名，倒塌民房五六百間，被灾亦甚不輕。已由該員等酌撥銀米，分投賑濟。此籌辦嘉應州鎮平、平遠兩縣工賑之情形也。

[一] 録自中國第一歷史檔案館編《光緒朝硃批奏摺》第九二輯，第七五二至七五三頁，中華書局一九九五年版。

[二] 録自《京報》第三一四三號。

[三] 鎮平縣現為蕉嶺縣，福建在此之東，江西在此之西。此處東路、西路疑誤。

至惠州府屬歸善、博羅兩縣，及廣州府屬之東莞縣被水情形，先經奏報在案。茲查歸善縣各村基壆潰決，早禾略傷，城垣間塌，尚未損及人口。博羅縣屬沖決基壆一千二百餘丈，倒塌房屋二百餘間，淹斃婦女一口，田禾約損十分之二。東莞縣屬沖決隄壆九處，倒塌房屋數十間。又續查得廣州府屬從化縣地方，四五月間亦經暴漲沖決田壆一千五百餘丈，倒塌民屋三十餘間。又新安縣地方，四月驟被颶風，九龍、東涌、大鵬等處寨城，均有坍塌，沿海倒塌房屋甚多，壓斃八人，沙壅田禾數十畝。又肇慶府屬廣甯縣，沖決圍基，傷損田廬，淹斃五人。又惠州府屬陸豐縣，沖決隄壆，禾稻間有淹損。小靖場鹽塌亦被水沖，頗有損失。以上各處均經隨時切飭該地方官，分别籌款撫恤，修復。此外廣州府屬之增城，惠州府屬之河源、長甯、永安、海豐、龍川、連平等州縣，潮州府屬之海陽、潮陽、豐順、揭陽、饒平、大埔等縣，水消迅速，尚無大損。此各屬今夏被水輕重之實情也。

伏查此次水災，鎮平縣最重，嘉應州次之，平遠縣又次之，地方均極貧苦，鎮平災民尤多。經臣督飭司道四次籌撥銀二萬七千兩，爲之分賑，並以工代賑，趕築鎮平隄工，懇治田畝，俾得趕種晚稻，藉資補救。又據署潮州府知府曾紀渠捐銀一千兩，鎮平縣知縣鄒之麟會督在城文武員紳湊捐銀六百餘兩，惠潮嘉道德泰捐購米一百石，署嘉應州知州劉清泰籌借銀三百餘兩，省城愛育堂紳董捐銀七千兩，先後解濟鎮平工賑。其餘各屬亦飭趕緊培修隄壆。目下灾民均尚不致流離，堪以上慰宸廑。至鎮平本年錢糧應如何蠲緩，嘉應、平遠錢糧應否蠲緩之處，候飭藩司查明分别辦理。所有各屬被水、被風及籌辦工賑情形，理合恭摺具陳。再，廣東巡撫係臣兼署，毋庸會銜，合併陳明，伏祈皇上聖鑒。

知道了。即著將工賑事宜認真辦理，毋任灾黎失所。餘依議。

光緒十四年冬季分廣東省委署代理州縣各缺摺[一] 光緒十五年七月初三日

竊准部咨，咸豐十一年十一月二十三日奉上諭：給事中高延祜奏，各省更調州縣請飭部嚴定章程等語。嗣後各省州縣，無論奏調、委署、代理，著每届三月彙奏一次，由吏部嚴行查核。如有違例更調等弊，即將該省督、撫、藩司分别參奏。等因。欽此。欽遵辦理在案。

茲據署廣東布政使按察使王之春詳稱，光緒十四年冬季分，出有代理會同縣知縣張文林，聞訃丁父憂，遺缺以即用知縣張士鍠署理。又署陵水縣知縣舒志病故，遺缺以試用同知格通額署理。又署南雄直隸州知州曾紀渠稟求卸任，遺缺以候補班儘先補用運同蔣偉署理。又嘉應直隸州知州姚克濬病故，遺缺以試用知府劉清泰署理。又署順德縣知縣徐多鉁調省差委，遺缺以清遠縣知縣左壔調署，所遺清遠縣知縣缺以卸增城縣知縣黄維清調署。黄維清到任需時，未接篆以前，以卸新甯縣知縣何福海代理。其黄維清所遺增城縣知縣缺，以試用同知晏賜書署理。又代理花縣知縣王炳如調省差委，遺缺以卸大埔縣知縣趙夢奇署理。所遺大埔縣知縣缺，以代理斯缺之新選靈山縣知縣查榮耀專署。又署陽春縣知縣趙起鵬調省差委，遺缺以准調香山縣知縣韓煇祚署理。又署新會縣知縣包永昌簾差事竣，留省差委，遺缺以代理斯缺之試用同知劉忱專署。又河源縣知縣李徵庸簾差事竣，留省另委，遺缺

[一] 録自中國第一歷史檔案館編《光緒朝硃批奏摺》第六輯，第三八七至三八九頁，中華書局一九九五年版。

以代理斯缺之大挑試用知縣施念祖專署。又豐順縣知縣鄧衍憙簾差事竣，留省另委，遺缺以代理斯缺之候補知縣烏爾興額專署。又代理澄邁縣知縣雷發聲另有差委，遺缺以試用同知張同福署理。又英德縣知縣周華林簾差事竣，調署合浦縣知縣，遺缺以代理斯缺之試用知縣鄧清圻專署。又署海豐縣知縣潘維麒調省差委，遺缺以截取進士知縣李作楨署理。又封川縣知縣山民聞訃丁母憂，遺缺以候補班儘先補用知縣邱錦清署理。又署鶴山縣知縣彭保乂調省差委，遺缺以候補同知張經贊代理。又署儋州知州賈培業調省差委，遺缺以候補本班儘先補用知縣鄧炳春署理。又龍川縣知縣張灼調省，遺缺以本班儘先前補用知縣温樹棻署理。又欽州知州奉准升爲欽州直隸州知州，以前署欽州知州候補直隸州知州李受彤署理。又兼理靈山縣知縣李受彤署理新設欽州直隸州知州，遺缺以教習分發試用知縣董汝礪署理。均無違例更調情弊，遵照定章詳請具奏前來。臣覆查無異，理合恭摺具陳。再，兩廣總督係臣本任，毋庸會銜，合併陳明，伏祈皇上聖鑒。

吏部知道。

訊辦洋盜摺〔一〕 光緒十五年七月初三日

竊照廣東省拏辦洋盜，經臣彙同會匪、土匪，於光緒十三年正月十九日奏報在案。當以粵洋廣闊，港汊紛歧，盜匪出没靡常，檄行水師將弁，會同地方營汛，實力巡緝。

據前署廉州府知府李璲禀報，管帶第五營快船龍門協右營外委陳馗、儘先外委李定鵬，在烏雷外洋擒獲洋盜蘇亞溸一名。又據龍門協右營外委王簡文等，在對達洋面擒獲洋盜賴陳養、楊亞渞二名。蘇亞溸、賴陳養訊供行刦得贓，楊亞渞僅止服役。又據前雷州府知府成治禀報，徐聞縣楊逢篁會營，擒獲儋州龍門步外洋行刦、潛回徐聞白沙地方洋盜梁亞二即陳亞二等四名。又海康縣巡船協同師船，擒獲洋盜周非二等四名，解由該府審辦。又據靖海輪船把總區季良等，在新甯縣屬芒洲洋面，擒獲洋盜趙亞浦等六名，解交廣州府審辦。又據前署瓊州鎮總兵楊瑞山禀報，督飭鎮濤輪船帶同師船，在臨高洋面擒獲洋盜金亞勝等十三名，高德洋面擒獲温朝有等六名，解交雷瓊道審明，何有順、羅亞南、傅亞進、吴得富、吴亞食、劉亞晚六犯，供認行刦得贓，餘係在船服役，另行按辦。又據統帶省河緝捕前兼理督標中軍副將吴元愷，派撥弁勇在赤溪廳屬洋面，擒獲洋盜黄亞興混名三角興一名，解交廣州府審辦。又據雷瓊道朱采禀，署海口營守備李森，管駕師船在三墩洋面，擒獲洋盜龐亞二等二名，解由該道審辦。又據前廉州府知府吴錫璋禀，龍門協派撥弁勇，在深水洋面擒獲洋盜張老快九即安鋪九一名，解由該府審辦。又據雷瓊道朱采禀，海口營會同海安營員弁，管駕輪拖各船，在土名東營牛墩洋面，擒獲洋盜梁得盛等七名。又據該道准署海安營移在山狗吼外洋，擒獲洋盜陳亞二即應琛一名，均解由該道審辦。又據海鏡清輪船員弁，在新安縣屬三水門洋面，擒獲洋盜温錦長等七名，解交廣州府審辦。又准水師提督方耀咨，據署碣石鎮右營都司蘇鎮超、署守備林上發禀，在沿海先後擒獲洋盜王合成、葉亞有、文濼淮、文平山、鄧亞彰、陳椿有、陳亞右、李亞權、陳亞牛、陳亞田、

〔一〕録自中國第一歷史檔案館編《光緒朝硃批奏摺》第一〇九輯，第六一二至六一三頁，中華書局一九九五年版。

杜亞北十一名。內陳亞右等五名，先後在監病故。餘犯解交惠州府審辦。又據前署新安縣聶大昇會營在土名獨斗羊外洋，擒獲洋盜陳亞志等三名，解交廣州府審辦。先後據各該道府審明，由東臬司會同營務處覆核稟辦，暨准方耀咨報，均經臣核供分別批行正法、梟示及戮屍示衆各在案。

茲據署臬司王景賢，將正法各犯開具名數、案由，詳請具奏前來。臣覆核無異，除飭司備録供招咨部，並分檄勒緝各逸盜，務獲懲辦。所有續獲洋盜訊辦緣由，謹彙繕清單具奏。再，廣東巡撫係臣兼署，毋庸會銜，合併陳明，伏祈皇上聖鑒。

刑部知道。單併發。

爲已故提督唐得勝議卹片〔一〕

光緒十五年七月初三日

再，管帶湘軍慶字左營提督銜記名總兵唐得勝，於光緒九年冬閒隨同兵部尚書臣彭玉麟來粵辦理海防。原派管帶湘軍慶字前營駐防沙角地方，爲海口衝要處所。該故員開山壘石築成礮臺，於粵東海疆門户愈形堅固。嗣於十一年十月內，將湘軍慶字前營改爲左營，仍留該故員唐得勝接帶。數年以來，久駐海濱，積受風雨溼熱，觸動舊傷成疾。然於操防事宜仍復始終不懈，至光緒十四年八月二十八日在防營病故。

臣伏查記名總兵唐得勝，自咸豐初年投營效力，隨同霆軍轉戰多省，疊著戰功，洊保今職。光緒九年，復奉調來粵，委帶湘軍慶字營，駐防沙角。當海防喫緊之際，創築礮臺，講求操防，志不少懈，以致積勞病故，殊堪憫惻。據廣東海防善後局司道核議請卹前來。合無仰懇天恩俯准飭部將已故提督銜記名總兵唐得勝，照軍營立功後積勞病故例議卹，以昭激勸，出自鴻施。除將該故員履歷咨送部科查核外，謹附片具陳。再，廣東巡撫係臣兼署，毋庸會銜，合併陳明，伏祈聖鑒。

著照所請。該部知道。

縣丞蕭兆勳欠解參後全完請開復片〔二〕

光緒十五年七月初三日

再，前署新安縣縣丞蕭兆勳欠解徵存雜款銀六十七兩零、米八十石四斗三升八合，疊經嚴催未據完解，前經彙案奏請摘頂，勒限嚴追。奉硃批：著照所請。該部知道。欽此。當即轉行嚴催完解去後。茲據署布政使王之春、督糧道韓文鈞詳稱，查該員被參後，於光緒十四年十月十三日完解光緒十三年分耗米盈餘銀四十五兩九錢八分，已造入十五年春季册報。又於光緒十五年二月十九日完解十三年分屯税科火耗銀六兩二錢五分三釐六毫六絲，又於五月十六日完解耤田穀價銀六兩七分，造入十五年秋季册報。又完解十三年分米八十石零四斗三升八合，造入十四年奏銷隨核册報。又據現任新安縣丞稟報，蕭兆勳任內欠解雜款內有留縣丞支銷耗米等款銀九兩三錢三分八釐五毫六絲，亦經如數補支。所有原參徵存雜款銀米，均已解支清楚，請將原參摘頂之案具奏開復前來。

〔一〕録自中國第一歷史檔案館編《光緒朝硃批奏摺》第四一輯，第四五頁，中華書局一九九五年版。

〔二〕録自中國第一歷史檔案館編《光緒朝硃批奏摺》第八一輯，第六五〇至六五一頁，中華書局一九九五年版。

臣伏查該縣丞蕭兆勳於被參後，即將欠解銀米照數全完，尚知愧奮，相應請旨將前署新安縣縣丞蕭兆勳，原參摘頂處分，准其開復，以昭激勸。所有縣丞欠解銀米參後全完請開復頂戴緣由，理合附片具陳。再，兩廣總督係臣本任，毋庸會銜，合併陳明，伏祈聖鑒。

著照所請。該部知道。

限定出洋米數酌捐建倉積穀經費摺 光緒十五年七月初（三）［七］日

竊查內地米穀舊例，本禁出洋。無如粵省商民常恃澳門爲淵藪，借自運租穀爲名，蒙混走漏，關役吏胥得其規費，輒聽漏逸，數十年來相沿已久，迭經臣查拏懲辦，而仍未能禁絶。再四訪查，推求其故，緣外洋貿易之人，什九皆係粵產，計粵民出洋者不下數十萬，外邦水土異宜，飲食不慣，必須購食本省最上一種之油黏白米，始免疾病。是以出洋米穀得價最重，而越南、暹羅等處洋米貨色稍次者，每年販運入口，約在一千萬石內外。粵民率用賤值購食洋米，轉將內地上米販運出洋，以圖厚利。若概行嚴禁，不特外洋華商本屬粵民，僑寓遠邦，固未便斷其接濟，且粵省內地農民以貴易賤，以少易多，自食之外，尚可略沾餘潤。一旦不令周轉，於小民生計並未受益，轉致有拂商情，多方影射（偷）［透］漏，查禁終無實際。然聽其由澳門轉運，漫無限制，又恐日運日多，外洋多一銷路，即內地少一儲蓄，亦非經久備荒之道。當經飭令廣州府督同南海、番禺兩縣，會同九龍、拱北兩關委員體察輿情，悉心籌議。

茲據稟稱，粵米出洋勢難全禁，未免有名無實，不若查明外洋粵商食米確數，明定限制。前數年約每年出洋百萬石上下，以出洋米石最少之年計之，亦在五十萬石以外。請即以五十萬石爲限，儻遇多運，即行禁止。歲或偶歉，雖不滿數，亦即停減。此項出洋之米，並擬每石酌令捐銀一錢，穀石減半，由九龍、拱北兩關代收，每年約可收銀四五萬兩。此乃粵米出洋商民所捐之款，即爲粵民建倉積穀，備修田園以爲根本之計等情。

臣查粵省米穀出洋，實係專濟粵民，今昔情形，（過）［迥］然不同。且外洋各國多食麥麵，惟東（西）［南］各洋食米，而越南、暹羅即係南洋地方，產米最多，且以其餘分販粵省，是外洋之無須華米甚明。其爲出洋粵民自行買食，尚屬可信。今既未能全禁出洋，自當籌一妥善之策，以期推行盡利，於內外商民兩無窒礙。且每年進口之米約在一千萬石，而出洋之米只准五十萬石，計所出之數僅當所入二十分之一，於民食似無虧損。且可稽察確數，酌予限制，隨時消息。該府縣暨委員等所籌各節，均係實在情形，自應照議舉辦。所捐經費，因稽（查）［察］出洋米穀而起，自以建倉積穀爲先。經臣飭局委員會同該府縣在於東關、西關內外選擇善地，各建一倉。在東者，擬名之曰廣豐東倉。在西者，擬名之曰廣豐西倉。按年以銀四萬兩買穀存儲，有餘留爲備修田園之用。粵省卑溼，穀不耐久。兩倉擬共儲穀十萬石爲率，收足即存銀備用，仍三年糶換一次。所有倉穀收放各事，遴選公正紳士經營，並派監倉委員稽（查）［核］，由督糧道督飭員紳妥協經理。不由吏胥經手，以杜流弊。

至澳門商民向係仰食粵米，該商民等同係中國赤子，不忍視同化外。每出洋米穀百石，准其多帶二十石以爲澳門［華］民食

（華）米，免捐倉穀銀兩。此項乃米商捐助，專備本省積穀，係屬民捐民用，並非抽收稅釐。官董其事，而不用其款。商出其資，而民收其益。仍視年歲豐歉以爲權衡，實於粵省根本之計大有裨益。

（硃批）户部知道。（欽此）〔一〕

籌建槍礮廠摺 光緒十五年七月初七日

竊廣東地方，邊防、海防胥關緊要，槍礮一項，最爲急需。臣於光緒十三年五月内奏明建設槍彈廠，購買機器兩副，鑄造毛瑟、馬梯呢、士乃得、雲者士得四種槍彈，衹以爲經費所限，故僅得小試其端。查水陸各軍需用槍礮，概係購自外洋，不但耗蝕中國財用，漏卮難塞，且訂購需時，運送遥遠，辦理諸多周折。設遇緩急，則洋埠禁售，敵船封口，更有無處可購、無（處）〔路〕可運之慮。況所購之械，種式不一，精粗各别，彈碼各異，倉卒尤易誤事。詳籌時勢，必須設廠自（籌）〔鑄〕槍礮，方免受制於人，庶爲自强持久之計。惟廣東司局各庫經費有常，京協各（項）〔餉〕數倍他省，加以本省餉需浩繁，萬分竭蹶，實無餘力兼籌此舉。當查光緒十二年間，曾據文武官紳暨鹽埠各商分年捐資，以三年爲率，約集銀八十萬兩，在福建船廠及本省分造甲、乙至壬、癸兵輪十號，並購配礮械，均經奏准辦理（有）〔在〕案。計自光緒十二年起至十四年底止，業已三年期滿，所有捐款陸續繳齊。因復督同司道將領籌議，擬將前項捐款接續勸辦，以作開設槍礮廠專款。各紳商以款鉅力絀，頗形觀望。復經竭力開導，始允自光緒十五年〔正月〕起，扣至十七年底（止），續捐三年。指定專充購買鑄造〔槍礮〕機器並建造廠屋經費，總以足敷開廠之用爲度。

查後膛新式單響、連響各洋槍，如馬梯呢、毛瑟、哈乞開司、黎意等名目，以及次等舊式洋槍，不下一二十種。各省從前陸續添購或倉卒取辦，往往兼收並蓄，不甚擇别，以致分給軍營槍式，多有參差。現既設廠自造，自宜仿照西國軍制，擇定一式，使弁兵專意操演，器與人習，臨戰更資得力。綜計諸式中，惟德國之毛瑟槍，各軍購用最多，於號碼近遠、機簧裝卸較爲諳熟。槍之退力較馬梯呢稍輕，後膛機簧則視哈乞開司、黎意等槍較爲樸實耐用。德之陸軍冠於各國，以此恃爲利器。近又訪知該國照單響毛瑟槍式改造連珠十響，軍中一律換用，實爲最新最精之式。

至純鋼後膛礮位，向推德國之克虜伯、英國之阿模士莊兩種爲最精。而克虜伯廠以泥罐煉鋼，後膛横門堅固，尤出其右。該廠口徑十五生以上大礮，造法深奥，經費太鉅，目前未可猝辦。至所製十二生以内過山礮式，運載輕便，利於陸戰。近日洋戰，步隊專恃礮隊爲前驅，亟宜先行仿造，以立初基。以上槍、礮兩式，均經臣詳切考究，確可采用。惟連珠毛瑟槍，德國官廠自造，其式尚未傳播。克虜伯礮專以出售，不肯爲他國代造。所有一切機模，無從覓致，未免臨淵徒羨。

臣又訪知柏林地方力拂機器廠，於該國槍礮模式，常有承造，情形最熟。因電託出使德國大臣洪鈞與之商詢，購鑄造新式連珠毛瑟槍及造克虜伯過山礮各項機器全副。其汽機馬力加大，以便

〔一〕以上衍、舛八處及具奏日期，據中華書局一九九五年版《光緒朝硃批奏摺》第九一輯，第一〇六至一〇七頁删、校正。

槍礮兼造，鍋爐併爲一廠，較得節省。旋接洪鈞覆稱，該廠應允能辦。因與訂定造槍機器一分，每日能成新式連珠十響槍五十枝，汽機馬力一百二十匹。又造礮機器一分，每年能成克虜伯口徑七生半至十二生過山礮五十尊，共净價一百五十一萬七千七百六十馬［克］。又添購槍尾尖刀機器全副，净價八萬一千四百八十三馬［克］。共合銀三十餘萬兩，十一箇月成交。

此事係由外籌捐，不請獎叙，並非動支庫款經費。惟關繫海防重務，遵經咨請海軍衙門核示。現承准覆稱，廣東捐款開廠鑄造軍械，並未動支帑項，尚屬妥善，自應照准。等因在案。昨已付匯定銀，妥立合同，繪就廠圖寄粤。此外購地、設廠、造屋，約需銀數萬兩。現經擇得距省西北四十餘里石門地方，後依山麓，前臨北江，地勢深奥，近内水運，亦復利便，於建廠甚爲相宜。當即派員經理，按照洋圖，刻日庀料興工。其槍管鋼料及罐煉礮鋼，俟開鑄伊邇，暫向德國名廠購備，以期精良適用。此擇式仿造槍礮之擬辦情形也。

竊惟外洋槍礮造法，日變日新，近今益臻精絶，淵源奥窔，本屬不易窺尋。向來辦理，皆患製造之難而利其可以購獲，遂致相率因循，未遑變計。各省雖經試造林明敦槍及阿模士莊小礮，但槍式既舊，礮式尚非精品。且偶一仿造，非專廠開鑄，規模未見恢拓，於中國風氣尚難振作。臣此次興辦，幸廣東官商黽勉急公，續捐鉅貲，不動庫款，於非常拮据之中，得有措手，是以不憚委曲繁重，鋭意舉行。將來擬即以雜式年久等槍，發給腹地緑營緝捕團勇，而以新式快槍專給精兵勁旅，彈壓邊海要地。當可使水陸軍容肅然改觀。若經費充裕，成槍迅速，不獨廣東軍營取給不窮，並可協濟各省。至過山礮一項，若能製造精熟，則臺礮、船礮亦可次第擴製，以收大效。尤盼鐵鑛各山采煉得法，日旺日精，數年之後鋼料、鐵料悉取内地，則尤度支無形之利矣。一俟機器運到，廠屋落成，開爐鑄造，當再將各項工費、鑄造情形詳晰奏聞。

（硃批）該衙門知道。（欽此）［一］

查明五月分雨水田禾糧價情形摺［二］ 光緒十五年七月初七日

竊照廣東省光緒十五年四月分雨水、田禾、糧價業經臣恭摺奏聞在案。茲查廣東省光緒十五年五月分上、中、下三旬，雨多晴少，早禾漸次結實，園蔬、雜糧亦皆秀發。各屬禀報與省城大略相同。糧價較上月稍增，民情安謐，堪以仰慰聖懷。惟惠、潮兩府上游山水漲發，尚無妨礙。嘉應州屬縣被水患，損傷人口、田廬，業經飭查賑撫，並專摺奏明在案。

此外續據廣州府屬之增城、從化等縣禀報被水，新安縣屬九龍司等處被風，肇慶府屬廣甯縣被水。各該縣基壆、房屋、田禾閒有沖塌、損壞，勘明不致成災。均經臣分别批飭委勘辦理，另摺奏報。所有光緒十五年五月分雨水、田禾、糧價並各屬被水、被風情形，臣謹繕清單，恭摺具奏，伏祈皇上聖鑒。

知道了。

［一］以上衍、脱、舛十一處，據中華書局一九九五年版《光緒朝硃批奏摺》第一〇二輯，第二一六至二一八頁删、補、校正。

［二］録自中國第一歷史檔案館編《光緒朝硃批奏摺》第九四輯，第八五三頁，中華書局一九九五年版。

奏報太平關税接徵第二十三年期滿收支數目摺[一] 光緒十五年七月初七日

竊照粵省太平關税務，自同治五年十月更定新章起，截至光緒十四年二月二十三日止，共歷二十二年期滿，徵收税數，先經各前撫臣按年奏報在案。茲自光緒十四年二月二十四日起至十五年二月二十三日止，第二十三年接徵期滿，據管關委員署理南韶連道林賀峒列册呈報，太平關本届共徵貨税正銀一十萬零四千三百四十四兩零五分八釐，耗銀一萬零四百三十四兩四錢零七釐，傾銷紋水銀一萬一千四百七十七兩八錢四分六釐，羡餘銀一萬九千八百二十五兩三錢七分二釐，共徵洋銀一十四萬六千零八十一兩六錢八分三釐。在關支銷各廠薪工雜用銀三萬一千七百三十五兩四錢四分，實解存藩司庫洋銀一十一萬四千三百四十六兩二錢四分三釐。併據江海關呈報代徵絲税正銀四萬七千一百七十四兩九錢四分九釐，耗銀四千七百一十七兩四錢九分三釐，共徵紋銀五萬一千八百九十二兩四錢四分二釐。查太平關定額正税盈餘及江海關代徵絲税共應徵銀一十三萬四千八百二十五兩一錢七分五釐，本届太平關及江海關所徵税數，遵照部行除所徵耗銀及傾銷紋水銀不入比較外，核計合共徵收正税羡餘銀一十七萬一千三百四十四兩三錢七分九釐，比較定額實溢徵銀三萬六千五百一十九兩二錢零四釐。除江海關代徵銀兩由蘇省解京外，太平關徵解税款，已由藩司易换紋銀，支解部撥京外餉需。容俟奏銷時，飭司核明易紋支解確數，另行報部。至此次在關支銷薪工一切均係格外節省，實用實銷，且概以洋銀支發，應仍遵前旨懇請准予動用，併免扣減二成，以示體恤。除再督飭該關道實力徵收，不准稍涉疏懈外，所有太平關税務改辦第二十三年期滿收支數目緣由，理合恭摺具奏，伏祈皇上聖鑒。

户部知道。

彙奏十四年十一月至十五年四月咨結交代各案摺[二] 光緒十五年七月初七日

竊准户部咨，前經本部於光緒十年八月十五日具奏，申明州縣交代例限，並請嚴定藩司處分一摺，欽奉諭旨，行文各省欽遵。凡交代各案，應令分別已、未完結，半年彙奏一次。併將已結若干案，有無未解銀兩，於何月日提解司庫，逐案聲叙，飛催查照辦理等因，咨行到粵。即經飭行遵照辦理，並將光緒十一年十一月起至十四年十月底止咨結各案開單奏報在案。

茲據署廣東布政使王之春詳稱，自光緒十四年十一月起至十五年四月底止，半年届滿，所有陸續咨結各屬交代共四十二案，均係光緒十四年以後新案。交代内有三十八案，各該員任内徵收正雜錢糧、銀米各款，先經支解清楚，並無未解之項。其餘四案徵存銀米，未據解清，業已另案奏參勒追。應俟續解有項，隨時分別詳辦等情前來。臣覆核無異，除飭司將欠解銀米各案認真追繳，並將未結交代嚴催結報外，臣謹繕清單恭摺具奏。再，兩廣總督係臣本任，應請毋庸會銜，合併陳明，伏祈皇上聖鑒。

户部知道。單併發。

〔一〕録自中國第一歷史檔案館編《光緒朝硃批奏摺》第七二輯，第三五〇至三五一頁，中華書局一九九五年版。

〔二〕録自中國第一歷史檔案館編《光緒朝硃批奏摺》第八一輯，第六五四頁，中華書局一九九五年版。

光緒十四年冬季分廣東酌委挨委員缺班次片〔一〕 光緒十五年七月初七日

再，前任順天府尹蔣琦齡等條奏疏通正途案内，經部議奏，嗣後各省州縣缺出，先委正途一人，次委勞績一人，再將各項委用、試用人員輪委一人。仍令將輪委班次，並出缺日期詳叙，每屆三月奏報等因。於同治元年六月初五日奉旨：依議。欽此。咨行到粤。即經分别酌委、挨委員缺班次，按季奏咨在案。兹光緒十四年冬季分，出有清遠縣知縣左壽調署順德縣知縣，遺缺以卸增城縣知縣黄維清署理。又大埔縣知縣趙夢奇簾差事竣，調署花縣知縣，遺缺以代理斯缺之新選靈山縣知縣查榮耀專署。又署陽春縣知縣趙起鵬調省差委，遺缺以准調香山縣知縣韓烺祚署理。又河源縣知縣李徵庸簾差事竣，留省另委，遺缺以代理斯缺之大挑試用知縣施念祖專署。又豐順縣知縣鄧衍熹簾差事竣，留省另委，遺缺以代理斯缺之候補知縣烏爾興額專署。又代理澄邁縣知縣雷發聲另有差委，遺缺以試用同知張同福署理。又英德縣知縣周華林簾差事竣，調署合浦縣知縣，遺缺以代理斯缺之試用知縣鄧清圻專署。又署海豐縣知縣潘維麒調省差委，遺缺以截取進士知縣李作楨署理。又署鶴山縣知縣彭保乂調省差委，遺缺以候補同知張經贊代理。又龍川縣知縣張灼調省，遺缺以本班儘先前補用知縣温樹棻署理。又兼理靈山縣知縣李受彤署理新設欽州直隸州知州，遺缺以教習分發試用知縣董汝礪署理。以上十一缺，俱係挨委簡缺，例應按班輪委。因各該縣地方緊要，暫時酌委該員黄維清等署理，均不入班次積缺計算。又代理會同縣知縣張文林，聞訃丁父憂，遺缺輪用正途班以即用知縣張士鋥署理。又封川縣知縣山民聞訃丁母憂，遺缺輪用勞績班以候補班儘先補用知縣邱錦清署理。據署廣東布政使按察使王之春列册詳請具奏前來。除册送部外，臣謹附片具陳。再，兩廣總督係臣本任，毋庸會銜，合併陳明，伏祈聖鑒。

吏部知道。

蔣武琛署理道務片〔二〕 光緒十五年七月初七日

再，本年舉行己丑恩科鄉試，飭委署南韶連道林賀峒充當監試官。所遺南韶連道篆務，查有試用道蔣武琛，老成穩慎，公事細心，堪以署理。除分檄飭遵外，臣謹附片具陳。再，兩廣總督係臣本任，毋庸會銜，合併陳明，伏祈聖鑒。

吏部知道。

薛謙代理知府片〔三〕 光緒十五年七月初七日

再，惠州府知府李璲調委文闈内簾監試，所遺惠州府知府篆務，查有候補知府薛謙，才猷老練，治獄詳明，堪以代理。據布政使游智開、按察使王之春會詳前來。除檄飭遵照外，臣謹附片具陳。再，兩廣總督係臣本任，毋庸會銜，合併陳明，伏祈聖鑒。

吏部知道。

〔一〕録自中國第一歷史檔案館編《光緒朝硃批奏摺》第六輯，第三九〇至三九一頁，中華書局一九九五年版。
〔二〕録自中國第一歷史檔案館編《光緒朝硃批奏摺》第一〇四輯，第七八七頁，中華書局一九九五年版。
〔三〕録自中國第一歷史檔案館編《光緒朝硃批奏摺》第六輯，第三八九頁，中華書局一九九五年版。

謙貴接署韶州府篆務片〔一〕 光緒十五年七月　日

再，署韶州府知府吴景萱調省另有差委，所遺韶州府篆務，應行委員接署。查有卸瓊州府知府謙貴，老成謹練，辦事周詳，堪以調署。據藩、臬兩司會詳前來。除檄飭遵照外，謹附片具奏。再，兩廣總督係臣本任，毋庸會銜，合併陳明，伏祈聖鑒。

吏部知道。

知縣李恩元學習期滿飭赴本任片 光緒十五年七月　日

再，部選海康縣知縣李恩元，先經到省繳憑。當因海康縣爲雷郡首邑，沿海要區，訟獄繁多，民魯俗悍，素稱難治。該員初膺仕版，於民情吏事均未熟諳，經臣附片奏明留省學習，俾資歷練在案。茲查該員李恩元，自留省學習以來，於吏治事宜漸就熟悉，應即飭令前赴海康縣知縣本任，以重職守。據布政使游智開具詳前來。除咨明吏部外，謹附片奏陳。再，兩廣總督係臣本任，毋庸會銜，合併陳明，伏祈聖鑒。

吏部知道。

候補知縣趙鳳昌甄別片 光緒十五年七月　日

再，前准吏部咨，凡勞績保舉應須甄別人員，均令該督撫詳加試看。在省人員，以保案奉文之日起，扣滿一年，分別奏咨甄別後，方准按班補用等因。歷經遵辦在案。茲查有候補知縣趙鳳昌，年壯才優，辦事穩細，業經詳加考察，照章考試，堪以本班序補。據藩、臬兩司具詳前來。除將該員詳細履歷咨部外，謹附片具陳。再，兩廣總督係臣本任，毋庸會銜，合併陳明，伏祈聖鑒。

吏部知道。

僉差不慎斬犯落河打撈無獲案審明辦理片〔二〕 光緒十五年七月　日

再，前據清遠縣詳報，接遞佛岡廳秋審斬犯藍亞進，遭風覆舟，致犯落河，打撈無獲一案，經臣會同前撫臣倪文蔚奏請，將僉差不慎之佛岡直隸同知岳齡、清遠縣知縣羅煒、清遠縣潖江司巡檢俞定榮，照例降級留任，勒限緝拿，一面飭提解役葉超等到省，發委廣州府審辦。茲據訊擬由司具詳前來。臣覆加查核，緣葉超籍隸佛岡廳，周進籍隸清遠縣，充當該廳縣差役。藍亞進因糾竊未經得財，被追拒傷事主身死，審依竊盜未得財逃走，被追拒捕殺人首犯斬例，擬斬監候具題。接准部覆，列入光緒十一年新事秋審解勘發回。是年四月十二日，與樂昌等縣犯人陳得仁等五名，一同遞至清遠縣。次日經該縣知縣羅煒監提各犯，驗明刑具，選派家丁梁貴、僉差周進、江祥移營，撥兵李金澤、趙連陞，協同長解差役葉超、何祥，押解藍亞進，赴佛岡廳。另撥兵役護解陳得仁等五犯赴英德縣交替，均交派遞秋審人犯委員清遠縣潖江司巡檢俞定榮督解。迨至潖江司分路，俞定榮因陳得仁等人數較多，親身解赴英德，另派家丁平福協同丁役雇船押解藍亞進前

〔一〕以下三件録自中國第一歷史檔案館編《光緒朝硃批奏摺》第六輯，第四一九至四二〇頁，中華書局一九九五年版。

〔二〕録自《京報》第三一四九號。

進。十五日，船抵該縣屬冷坑地方，該處河寬水深，陡遇狂風，致船傾覆，人犯一併落河。周進與船户黄亞華、黄亞北鳧水上岸，雇人打撈，藍亞進與梁貴、何祥、李全澤、趙連陞，漂没無蹤。平福、江祥被溺身死，葉超遇救得生。報縣勘驗，詳報提省委審。據供前情不諱。臣查此案解役葉超、周進押解秋審斬犯藍亞進，中途遭風覆舟，致犯落河，雖訊無賄縱疏脱情事，該處河寬水深，並無刑具之丁役平福等既已落水溺斃，該犯藍亞進身繫全刑，落水更難存活。惟屍身究未撈獲，是否實已溺斃，抑係鳧水脱逃，難以懸定，自應比律問擬。除周進續據詳報病故外，葉超應比依獄卒失於防範，致囚自盡者杖六十律，擬杖六十。事犯在光緒十五年三月十六日欽奉恩詔以前，所得杖罪准予援免，並免其監候待質，遞籍保釋，仍革役。僉差不慎各員飭再確查藍亞進實在下落，另行分别辦理。除咨部外，謹附片具陳。再，兩廣總督係臣本任，毋庸會銜，合併陳明，伏乞聖鑒。

刑部議奏。

光緒十四年分徵收錢糧未完一分以上各員開單具奏摺[一]　光緒十五年八月初一日

竊准部咨，光緒六年正月二十五日奉上諭：户部奏籌備餉需一摺，著於奉到此旨後，督率藩、運各司，並該關監督等，悉心經畫，妥籌定議，據實覆奏。等因。欽此。當經前督撫臣移會粵海關監督暨督同藩、運兩司，釐務、交代兩局司道，遵照部行各條，分别妥議。内有嚴核地丁各項奏銷一條，議請嗣後如實係未完分數較多，有關革職降調處分者，始行請奏。其僅係降留罰俸處分，仍照舊章，隨案具題，以歸簡便，彙案覆奏在案。嗣准户部議覆，前定嚴核奏銷章程，專摺奏報，係爲清理弊源起見，仍應遵照將地丁、鹽課各奏銷有關處分者，一面具題，一面開單專摺奏報。續又准部咨，具奏明定處分一摺内開，各省縱未能依限具題，無難隨時入奏，乃有已過具題之限，始將未完分數出奏者，有逾限數月尚未具奏者，若不查照例限，明定處分，則臣部前奏幾成具文。惟有請旨將各項具題之限，作爲奏報未完分數之限，凡此項閣抄到部，由部核明出奏日期。倘例限已逾始據出奏，臣部即於覆奏時隨摺附參。如奏報逾限，實係司道府州縣衛等官承辦遲延者，應令該督撫於摺内據實聲明，由部將承辦之員奏請議處等因。均經轉行遵照去後。

茲據廣東布政使游智開詳稱，粵東省光緒十四年分所有經督徵地丁、錢糧、銀米未完一分以上各員，理合遵章繕具清單，呈請奏報。查粵省奏銷前經臣奏明，自光緒十二年爲始，每届趲早一月辦理，以期復歸舊制。查光緒十二、十三兩年奏銷，均經逐年趲早一月。上年於十月具題在案，本年經臣竭力飭司多方督催，現已趲早兩箇月。本届所辦光緒十四年分奏銷，現於八月内具題，兩年以後，即可復歸舊制，合併聲明。今本案於本年七月二十日開單具詳請奏前來。臣覆核無異，除咨部外，謹繕摺具奏，並繕簡明清單恭呈御覽。再，兩廣總督係臣本任，毋庸會銜，合併陳明，伏祈皇上聖鑒，敕部核覆施行。

户部議奏。單併發。

[一] 録自中國第一歷史檔案館編《光緒朝硃批奏摺》第六六輯，第一六二至一六三頁，中華書局一九九五年版。

開鑄制錢及行用情形摺光緒十五年八月初六日

竊照光緒十三年三月初五日奉上諭：户部奏，遵議張之洞奏廣東購辦機器，試鑄制錢、銀元，並擬令督辦鑛務大臣兼理瀘州鑄錢事宜各一摺，覽奏均悉。現議規復制錢，必應廣籌鼓鑄變通辦理，以輔（各）［京］局之不足，張之洞擬於廣東購用機器鑄造制錢，自係因地制宜之策。惟創辦之始，應將工本一切確切估計，方免將來掣肘。該督摺内始稱價本及火耗等項，與鑄成所值銀數不致虧折，又有目前粤鑄兼用中外銅鉛，虧折過鉅等語。究竟鑄錢一千所值銀數有無虧折，仍著詳細核算，據實覆奏。至所奏兼鑄銀元一節，事關創始，尚須詳慎籌畫，未便率爾興辦，著聽候諭旨遵行。該督摺内所稱弛禁商人酌議挪借，究係何項商人，並著明晰具奏。等因。欽此。

查機器鑄錢，事屬創始，一切價本火耗工費，非開鑄之後，無從核計準數，故一時未能覆奏。此項機器，於光緒十三年四月間，由使英大臣劉瑞芬向英國喜頓廠定購，訂期十八箇月造成，分三批運粤，至上年十二月底一律到齊。當經委派候選道蔡錫勇、江蘇知縣薛培榕籌度建廠鑄造。其廠屋先經擇地於東門外一里之黄華塘，買地八十二畝有奇，貼近東濠，加開寬深，便於轉運，照圖建廠，至本年二月間廠屋落成。所有機器亦陸續安設齊備，於四月二十六日開爐試鑄。先將日本紫銅六成參配英國白鉛四成鎔成扁塊，再用火烘熱，以機輪輾成銅片，次用機器軋出方孔錢胚，摇洗磨光，然後印字成錢。計展轉十餘手，無一不取資於機器。其運動健捷匀準，實非人力所能及。故所成之錢，輪廓光潔，字體精好，私鑄斷難仿效。謹將錢樣一千枚分裝二匣，恭呈御覽。論機器全副之力，每日能造錢二千六百緡。惟開（鑄）［辦］之初，人與器不相習，洋匠僅有四名，分教未能徧及，開用機器不及十分之一，每日成錢不過百餘緡。邇來匠徒所學漸臻純熟，添募工匠，加開機器，目下每日已能成錢五百緡，再過數月逐漸增多，至於機器全開，每日即可成錢二千餘緡。此開局後數月以來鑄（錢）［造］之大略情形也。

至核計工本火耗一節，此時機器尚未全開，工匠亦未募足，而且諸少熟手，本難遽定確數。大約就粤省已買之銅、鉛價值核算，每日成錢在千緡以上，則可免於虧折，若在千緡以下，則遞有些微虧耗。將來匠徒日習日熟，如能日鑄二千緡以上，則可有盈無絀，即銅價稍長，亦尚無妨。蓋發軔雖藉馬力，成物則在機器，如馬力可動機器十座，今只用其五，馬力減用其半，則煤火虚耗一倍矣。諸如此類，莫得準數，故必盡機器之力量，始可定火耗之多寡。今就每日成錢五百緡計之，洋匠每七日休息一日，一月作工二十五日，得制錢一萬二千五百緡。每錢一文重庫平一錢，每千文重一百兩，折合六斤四兩，内配銅六成鉛四成。洋銅每百斤值銀十一兩七錢二分，洋鉛百斤值銀五兩五錢，連傾鎔火耗，共用銅四萬八千零四十七斤，值銀五千六百三十餘兩，用鉛三萬三千九百八十四斤，值銀一千八百七十兩，合計銅鉛價本、火耗（合共）［共合］銀約七千五百餘兩。煤炭、泥罐、鋼模約銀二千六百四十餘兩，委員、司事、華洋匠役薪工各費約銀二千七百餘兩。總計銅鉛價本、工火等費，每一月約需銀一萬三千兩。鑄成制錢一萬二千五百緡，若以銀一兩易錢一千文計之，尚不敷銀數百兩，此指日鑄五百緡而言。若同此匠役人（敷）［數］而技藝純熟，一日可鑄千緡，一月以作工二十五日計之，可鑄錢二萬五千緡，核計價本工費約二萬四五千兩，便可敷用，是則不至於虧折矣。此核（計）［算］價本工費之大略情形也。

溯當光緒十三年臣［擬］購（辦）機器之初，東洋銅價頗平，今雖洋銅頓長，然較之滇銅，價仍懸殊。故前奏稱用二等洋銅洋鉛，價本火耗不致虧折。若兼中外銅鉛，則虧折必鉅。查粵省滇銅甚少，並無準價，白者珍貴過甚，只可製器，不能鑄錢。紅者每百斤［價］二十四兩，貴於洋銅已將一倍，雖質比洋銅爲佳，而虧折過鉅。此外則有内地舊銅、廢銅，每百斤價十二兩，搜買既屬無多，銅質又復不净，難受機器軋力。雖經提煉，仍易酥裂，不足以充鼓鑄，以故目前未能兼用。滇銅應俟滇省鑛務辦有起色，銅價大減，再行商定銅價、運費，采辦參用。雖少有虧折，究屬以中國之銀，易中國之銅，其利不至外溢。即使以後洋銅之價漸平，年年漏卮，亦非長策。此則鑛務之不可不亟圖鼓舞振興者也。

自開局至今，已鑄成制錢二萬餘緡，應即定價行用。臣督飭東藩司游智開、道員蔡錫勇等詳加核議，現定爲每錢一千值銀一兩，百文值銀一錢，十文值銀一分，一文值銀一釐，整齊畫一。無論官民收支出入皆準此數，永無增減。每百每貫，皆係足陌，收發皆不准扣底減數。先行搭放官項，每月善後局支發薪糧公費、采辦雜支等項，均定搭放二成。至本省現開鄭工捐局、（振）［賑］捐局，凡報捐者准以新錢上兑，由司局自行以應發銀款通融抵收。將來解部時，仍按定例銀數起解。一切釐税捐款繳官之項，均准搭交，出入均照每錢一千作銀一兩。官發只搭二成，官收則自二成以上以至全用新錢抵銀交納者聽，不限成數。意在發從少而收從多，官先貴而民自重。至新錢雖經通行，其市面舊錢仍准照舊行用。嚴禁奸商藉端抬舊錢之價，以免物價增昂，軍民受累。至行用新錢，除發給藩、運兩司官銀店承領行銷外，其餘省城各銀店，俱准取保赴錢局領回，存店代銷。民間如願以銀易［新］錢者，即赴各銀店按每千一兩之定價兑換。如願以新錢易銀者，准赴官錢局亦按每千一兩之定價兑換。私鑄私銷，照例嚴禁。總之，每錢一（分）［文］質重一錢，值銀一釐以示簡，出入同價以示平，價值永無增減以示定，有發有收以示通，准赴官局换銀以示信，市錢不禁以示自然。業由司局出示曉諭，於八月初三日開用，民間以新錢銖兩齊（一）［足］，質文俱精，莫不先覩爲快，各處（銀）［錢］店争來局領回發兑，城鄉商民，俱遵照定價交易貨物，行用尚屬暢利，市面並無紛擾。此定價開用新錢之大（略）［概］情形也。

現計購置鑄錢機器全副，並附鑄造銀元大號機器四架及鎸刻各種（綱）［鋼］模，共價值、運脚、保險費銀三十一萬五千餘兩。購買民地建造廠屋、局房、橋道並開濬河濠、水池，安放機爐，製辦器具，雜物，共用工料價銀一十四萬六千餘兩。至前奏所稱與弛禁商人代向富商挪借應用，即指誠信、敬忠兩堂截緝闈姓之商人而言。此項借款係屬暫時挪移，已由善後局陸續籌款歸還。

（硃批）覽奏均悉。各省錢樣向有成式。該省鑄錢應用清文寶廣二字，並不必添鑄庫平一錢字様。該部知道。（欽此）〔一〕

〔一〕以上衍、脱、舛十七處，據中華書局一九九五年版《光緒朝硃批奏摺》第九一輯，第八〇八至八一二頁删、補、校正。

洋商附鑄銀元請旨開辦摺光緒十五年八月初六日

竊臣於光緒十三年正月二十四日具奏，粵省購辦機器試鑄制錢擬請附鑄銀元一片。於三月二十七日接准户部咨，奉上諭：所陳兼鑄銀元一節，事關創始，尚須詳慎籌畫，未便率爾興辦，著聽候諭旨遵行。等因。欽此。經臣欽遵在案。

現在制錢甫經開鑄，一切辦理情形，業已另摺陳明，所有銀元，遵旨尚未開鑄。兹有香港英商匯豐（洋）［銀］行，因前數年籌借洋款，與中國時有交易，前月遣人至海防善後局面商。聞粵省欲鑄銀元，該行有英國輪墩及美國舊金山所出（款）［條］銀，每條約重一千兩，成色較中國紋銀稍高，欲求代爲附鑄。按月陸續交來，多則十餘萬兩，少亦四五萬兩，鑄成後，願在中國各口一體行用。每鑄銀百元，補工火銀一元。並送來條銀四條，請爲試鑄。經海防善後局司道稟商到臣。

伏查粵省除藩司地丁部款、運司鹽引正課、海關税項均用紋銀投納外，其餘運庫雜款、各府［税］廠釐金、捐項、租息、一切雜款及善後局支發各項，率皆通用洋鑄銀錢。至民間所用，則更全係洋錢。此等情形，不獨粵省爲然，如臣前摺所稱，閩、臺、江、浙、皖、桂等十餘省大率相同。是外國洋錢之行銷日多一日，即中國紋銀之漏卮日甚一日，此已爲中外所共知，無俟微臣之贅述。至匯豐爲英國著名之銀行，在中國口岸生意繁多，遠勝他行。其意因中國南方各省多用洋錢，外國所來之（銀條）［條銀］，不便散碎使用。欲自在香港開鑄，則購（辦）［買］機器，置造廠屋，所費不貲。欲在外國鑄就運來，則中國近來通用之洋錢，大半皆係墨西哥國所鑄，條銀所出之地與洋錢所鑄之地相去太遠，運費甚多。不如粵省與香港相距咫尺，朝發夕至，便於往來，可以節省費用。且以中國所鑄之銀錢行用於中國，理勢既順，獲利自饒。此匯豐洋行情願鑄用中國銀元之實在情形也。前准户部來咨，本擬請旨允准試辦，惟原咨令將部臣所陳四弊預籌杜絶，慎選賢員，切實經理，終始如一，以期推行盡利。並云目擊時艱，亦思興鑄銀錢，權衡國用。是部臣之意，實以試鑄銀元爲可行，且擬准粵省試辦，惟興利必先防弊，自係慎重銀（帑）［幣］之意。

臣查部臣原奏，謂中國之銀出洋者多，一旦聚以鑄幣，恐致價貴源涸。查現在粵省試鑄銀元，其銀條取諸匯豐，乃係來自外國。即使匯豐條銀或有短絀，亦可向别家洋行購買，於中國原有紋銀並無銷耗。且可使外洋紋銀充牣中華，則源涸之弊無矣。

部臣又恐鑪匠攙和，小民銷翦。查攙和之弊，最易辨識，聞聲辨色，皆可不爽。局員詳備，監察衆多，只在經理得宜，章程周密，所謂慎選賢員，即無此弊。至小民私銷一節，查此事銷燬無利，保其必無。既無機廠，亦難私鑄。小民私翦一節，查銀元上鑄明重幾錢幾分，輪廓花（紋）［文］均極精緻，若稍有虧缺輕不齊者，銀店尤易辨别。再查粵省所用洋銀，率皆椎鑿日久破壞爛板，現在誠不免有翦碎使用之事。今官局擬鑄銀元，並擬照外洋通例，兼鑄每元二開、五開、十開、二十開之小銀元，以便民用，亦鑄明分兩輕重。民間交易即一錢數分之微，可以小銀元搭用，無須等平，可免紛争。既可零用，何須私翦，則攙和私翦之弊無矣。

部臣又慮鎔化銷折，官帑有虧。臣細加考核，如銀元大小兼鑄，核計成本足可通融抵補，不致有虧。至匯豐附鑄之銀元，已議定酌補工火，將來贏則多鑄，歉則少鑄，操縱因時，則銷折虧帑之弊無矣。

部臣又慮銀色太低，減成取利，用必不暢。臣查中國所用之洋錢，從前各國皆有，近則墨西哥國所鑄盛行。臣飭逼曉化學之（洋）［西］匠，將各種洋錢逐加化驗，大率得銀九（錢）［成］，不相上下，始知從前有謂只七成者，其說不實。至各國所鑄小洋錢，通例皆逐次遞減成色，最少者亦有八成左右。今粵省擬鑄銀元，意取中外流通，其大銀元定用九成，小銀元由八成六遞減至八成爲止。色雖稍遜，工費較多，其實成本仍係一律。總期較之外洋所鑄成色相符，或且稍勝，民間自無異說，斷不肯任意減成，以致自（相）［生］窒礙，則減成不暢之弊無矣。

至部臣謂廣東省銀元鑄成後，税釐雜項均准搭收，各省協款應查明受協各省向用銀元與否，分別辦理一節。臣查粵省擬議，原係解部各項仍用紋銀，向用洋錢省分，乃以新鑄銀元搭解，與部議正復相同。

伏查部臣所慮四弊，臣俱已熟慮周防，並無窒礙。然臣所謂此事之有益者，猶不在此。泰西各國，率皆自鑄金銀各幣，自相寶貴，不用别國之錢。中國乃用各國錯雜所鑄之銀錢，甚至黴黑破碎不可辨識，而民間争相行用，其於體制實有所關。傳云，惟器與名，不可以假人。今遠人慕化，欲用中國所鑄之銀元，其文曰光緒元寶，如推行漸廣，不特中國各口岸，即越南、暹羅、南洋各島均可用中國之銀元。各該處華民甚多，其心皆有所維繫，是此事實大有裨於國體。至利析錙銖，抑其末也。惟洋錢每元向重七錢二分，臣前奏因中國之銀中國所用，故擬定爲庫平七錢三分。兹據匯豐洋行聲稱，仍擬鑄七錢二分，則與向有洋錢一律，便於交易。竊思既欲中外通行，自宜俯順商情，仍以七錢二分爲率，至附鑄之小銀元，亦照此遞爲差減，民間向來以此爲便。現今省内省外市面觸處皆是，自可行銷無滯。

總之，此事臣再三籌度，可發可收，似屬有利無弊。合無仰懇天恩准照部臣前議，由粵省開鑄試辦。即由户部行知各省，凡向用洋錢各省關，一律通行，准其與洋錢一體完納華洋釐税并各項雜款、一切捐項。其官、商、軍、民或用中國銀元，或用洋鑄銀錢，隨宜通用，聽其自便。粵省所鑄之銀元，刻鏤精工，成色有准，較之東洋銀錢過無不及。商民既肯用洋鑄之銀錢，豈有轉不願用中國自鑄銀元之理。且並不禁外國之洋錢，又不强其必用官鑄之銀元，於市面、民情兩無紛擾。至向用洋錢各省，藩（庫）［運］關庫所收之項，其向用紋銀投納者，儻有用新鑄銀元交納，應准其仍照各該省行用洋錢向章，補繳紋水，於經制之款，亦屬毫無窒礙。

謹將廣東錢局試鑄銀元式樣大小［計］五種，［每種十元］，分裝兩匣，開［列清］單恭呈御覽。

計開

一號銀元十枚，每枚重庫平七錢三分，現擬改爲七錢二分。二號銀元十枚，每枚重庫平三錢六分五釐，現擬改爲三錢六分。三號銀元十枚，每枚重庫平一錢四分六釐，現擬改爲一錢四分四釐。四號銀元十枚，每枚重庫平七分三釐，現擬改爲七分二釐。五號銀元十枚，每枚重庫平三分六釐五毫，現擬改爲三分六釐。以上大小銀元分兩，係照光緒十三年原奏每元重七錢三分，依次遞減，今因匯豐（洋）［銀］行商請附鑄，擬改爲每元重七錢二分，二號以次按照遞減，以順商情。

（硃批）户部議奏。單併發。（欽此）〔一〕

擬設織布局摺 光緒十五年八月初六日

竊自中外通商以來，中國之財溢於外洋者，洋藥而外，莫如洋布、洋紗。洋紗縷細且長，織成布幅廣闊，較之土布，一匹可抵數匹之用。紡紗、染紗、軋花、提花悉用機器，一夫可抵百夫之力。工省價廉，銷售日廣。考之通商貿易册，布、[紗]、毛布三項，年盛一年，不惟衣土布者漸稀，即織土布者亦買洋紗充用。光緒十四年銷銀將及五千萬兩。查洋藥一項，中國向有絲、茶兩宗足以相抵。近則日本、印度、意大里等國起而争利，徧植茶、桑，所出幾與中國相埒，華貨因之滯銷。是絲、茶本爲中國獨擅之利，今已成爲共分之利。棉布本爲中國自有之利，自有洋布、洋紗，反爲外洋獨擅之利。耕織交病，民生日蹙，再過十年，何堪設想。今既不能禁其不來，惟有購備機器紡花織布，自擴其工商之利，以保利權。第近年以來，中國殷商大賈，屢有議及此者，徒以資本難集，心志不齊，迄今尚無成效。臣督同善後局司道詳籌熟商，擬在廣東省城開設織布官局，官爲商倡，先行籌款墊辦，以應急需，俟辦有規模，再陸續招集商股。當即電致出使英國大臣新授廣東巡撫劉瑞芬，考究機器價值及建廠設局辦法。

又查洋製之布，式樣衆多，難以偏效。現擇中國最爲通行之布樣七種，曰原色扣布一種，曰原色布上、次二種，曰白色布上、次二種，曰斜紋布一種，曰提花色布一種。各取布樣，附同棉花寄交英廠，以便照配織機，依式仿製。嗣接劉瑞芬電稱，寄到棉花經英廠考驗，能織原色扣布、斜紋布及原色次等布三種，若織上等細布，須參美國棉花各半，紡成細紗，方能合用。臣查中國附近長江各省均産棉花，以江南通州所産者爲最佳，其次爲嘉定、南翔之花，又次爲浙江甯波及江南松江府屬之花。雖非出自粤産，然由上海運粤，價脚甚廉，且其利均在中國。惟各花僅能成布三種，若欲織成上項七種，必須少參洋花。查英、法各國，棉花必購之印度與美國，皆非本土所産，然織布紡紗，獲利固已不貲。今中國自有之棉花已能成布三種，統計成布七種，不過參用洋花十分之三，而工價較之外洋既賤，成布即可出售，又省往返運費，其獲利自當勝於洋人。

現計中國織布商局僅有上海一處，經營十餘年，尚未就緒。若粤省開設官局，營運有效，再能推廣於沿江各省，悉變洋布爲土布，工作之利日開，則漏卮之害日減。且洋布本非中國所有，雖用機器以代人工，並非奪力作小民之利，本務長策，無踰於此。已於本年七月内訂購布機一千張，照配紡紗、染紗、軋花、提花各項機器及汽爐、鍋爐、水管、汽管、機軸等件，共需價英金八萬四千八百三十二鎊，外加運脚、保險，以鎊價折合，共需銀四十餘萬兩，機器分五次運粤，十三箇月在輪墩交清。計來年秋冬之間，可一律運到。出布長短，視紗縷粗細爲定，照每匹二十六鎊至三十二鎊者合算，每機日可出布一匹。建造廠屋占地縱横約八十丈，除地基外，工料約需銀十萬餘兩。廣東省城民居稠密，無可設局之地，擬在河南購（買）[地]填築，約需銀數萬兩。華

〔一〕以上衍、脱、舛十七處，據中華書局一九九五年版《光緒朝硃批奏摺》第九一輯第八一二至八一六頁删、補、校正。

洋工匠薪工、煤火等費，現未開局，尚難預計。應俟機器運到，廠屋落成，次第開工，再將各項工費、織辦、銷售情形詳晰奏聞，以備考核，且備他省仿照開辦。

（硃批）該衙門議奏。（欽此）〔一〕

商定稽查外國育嬰堂辦法摺 光緒十五年八月初六日

竊自通商以來，外國教士在各口岸每設有育嬰堂收養嬰孩，育成者固有其人，而夭折者亦復不少。在彼以行善圖名，未必遽加殘害。無如民間訛言，易滋疑惑，遇有嬰孩病故，道聽塗説，輒謂係剜眼剖心之所致，展轉傳述，激成衆怒。因而焚毁教堂，殺戮教士，事變倉卒，遂至一發難收。類此之案，不勝枚舉。必須妥籌辦法，庶足以釋羣疑而消隱患。

本年五月間，據番禺縣民人陳至剛赴臬司衙門禀稱，東門外淘金坑常有嬰孩尸首，由法國育嬰堂舁往掩埋，爲數甚多。傳聞有剜眼剖心之事，雖未目擊，究屬可疑，難保無殘害情弊，懇請查辦等語。當經臬司王之春派委員弁帶同陳至剛在東門城緝獲挑尸之陳亞發一名，並嬰尸七具，即交番禺縣訊。據陳亞發供，係教士育嬰堂收養病死舁往掩埋者。一時觀者盈千累百，勢甚洶涌，共抱不平。經番禺縣將尸身當衆驗明，確係因病身死，並無半點傷痕。羣疑始釋，陸續解散。當令陳至剛具結完案。無如粵省民情浮動，謡言四起，聲稱洋人殘害嬰孩，鑿鑿有據，必欲盡殺教士，毁拆教堂而後甘心。遍出匿名揭帖，定於六月初八日集衆舉事。各國領事紛紛照請保護，調撥兵船以備不虞。臣當飭地方文武多方開導，嚴密預防，各員弁等竭力彈壓，幸不致滋生事端，民情漸就安謐。臣當與法國署領事于雅樂妥商，令教士將所設育嬰堂每日收養及病故嬰孩各若干名，按月（刊）〔列〕單具報。每月由臣派員到該嬰堂查看一次，如育養未得其法，或乳媪照顧不力，隨時商令更改。如有病故，立即填寫報單，報由管理育嬰堂委員親往驗明，加蓋驗戳，給還該嬰堂存據，然後用棺木殮埋，不得仍前用物包裹。並擬就報單式樣，照送法領事轉飭教士遵辦去後。旋據覆稱，所開各節至周且備，均係永遠相安極好之長策，自當一一遵照辦理等語。業已分別委員照章妥辦，兩月以來，極爲相安。

臣伏查外國教堂收養嬰孩，最爲生事之媒，大率總以殘害人命招人訴病，一唱百和，莫釋羣疑。同治戊辰天津教堂一案，幾至不可收拾。此外各省因此致生枝節，亦復不少，此次粵省商定稽查辦法，適得法領事于雅樂人頗明白解事，一切就範，風浪立平，要在括其總綱而不豫其細事，嚴其考核而不禁其收留。在彼藉以明心迹，在我即以息浮言，洵屬兩益之舉。相應將此案原委暨以後商定辦（法）〔理〕章程奏明，並咨明總理衙門立案，將來各省皆可相機援照仿行，似於安民弭衅之道不無裨益。

（硃批）該衙門知道。（欽此）〔二〕

〔一〕　以上衍、脱、舛四處，據中華書局一九九五年版《光緒朝硃批奏摺》第一〇一輯，第六八八至六九〇頁刪、補、校正。

〔二〕　以上衍、舛四處，據中華書局一九九五年版《光緒朝硃批奏摺》第一二〇輯第一五七至一五八頁刪、校正。

軍需善後各案請開單奏報免造細册摺

光緒十五年八月初六日

竊查光緒九年法越生衅，廣東實當南洋首衝，海防戰守之需，前督臣張樹聲回任併力經營，倉卒多未就緒。至光緒十年臣到任之初，警報疊至，事機緊迫，帑藏空虚，水無兵輪，陸少巨礮，分防四口，遠顧海南，舉凡增兵、置械、設險、攔河，以及添購水雷、魚雷、電綫、軍火等事，均爲事勢之所迫，窮日夜之力，取辦於一時。加以欽遵諭旨，力任其難。援閩、援臺、協滇、協桂，既救鄰疆之急，復謀規越之軍，至於萃、勤兩軍大舉出關，餉需尤鉅。海面擾而釐税日虧，餉饋急而羅掘俱罄。軍火購之重洋而難到，商款借之香港而彌艱。百計籌措，苦心撙節，涓滴之餉源，皆由臣省嗇搜集而來。一出一入，莫不親加綜覈，嚴杜虚糜，力求實濟。重賞以鼓勇士，廣募以偵敵情，兵氣奮揚，儆備周密，幸得疆境晏然，四民不擾。仰賴國家威福，南關告捷，强敵大挫，款議遂成，諸軍漸撤。又值瓊州黎、客爲患，移師勦撫，欽、廉界務孔亟，調勇籌防。外患既紓，懲前毖後，復籌集巨款，廣購車礮及毛瑟精槍各種軍火，分給本省防營，並奏明解濟近畿防軍，暨海軍衙門轉撥東三省練兵之用。又以購械外洋，緩急終不足恃，置辦機器，仿造船礮，勉爲自强經久之圖。現在兵輪漸增，臺礮略備，水雷、魚雷、槍彈各局及水、陸師學堂已有規模可觀。此數年以來，籌辦海防善後諸務用款之實在情形也。

綜計光緒九年起至光緒十四年底止，約共用銀二千五百餘萬兩，積年既久，合之爲數甚鉅，分之則屬無多，均經歷任司局大小各員公同覈支。臣覆加覈定，無一非明白顯著，實用實支。其間查出舊案中一二劣員稍涉侵漁，皆經嚴參示儆，從重追罰，一洗從前虚冒積習。惟籌備海防，事多創舉，軍情瞬息百變，思慮所及，但求無誤，立即施行，各項用款大半爲例章所無。餘如轉餉越南，運械臺北，海上封阻，諸國牽制，計覓洋輪，遠雇馱馬，事當喫緊，不免居奇。類皆不惜重資，期以必濟，其支數亦難與例章符合。若必責以造具細册款目如例，不獨各將領有所不能，即熟於例案者亦無從措手，若由各局員代爲按例改造，亦實無此辦法。

伏查同治三年以至光緒八年，各省軍需用款多係開單報銷，其時羣寇盪平，吏治整飭，並未聞各省筦理度支之司局各員任意浮冒、各擁巨資。光緒八年九月，復經欽奉上諭：各省軍需用款，歷年既久，用款甚煩，善後事宜名目尤多，若必造具細册，與例脗合，往往再三駁查，稽延時日。甚至遷就挪移，串通囑託，百弊叢生。並有應行造報之案，積久未辦，轉不足以昭覈實。所有光緒八年八月以前各省未經報銷之案，著將收支款目分年分起開具簡明清單，奏明存案，免其造册報銷。等因。欽此。仰見聖明垂察，於造册報銷一切爲難情事，實已燭照無遺。旋因言者奏稱，免造細册，外重内輕，易滋流弊。復經部臣覈議，光緒九年正月以後各省軍需善後各款，概令一律造册報銷，不准再有開單。並行令各省將兵數、勇數、餉數先行報部立案，預爲覈銷根據。在部臣之意，以爲頂立案據，覆覈各籍，准駁分明，向來書吏需索、刁難、遲延、積壓之弊，可以一概捐除。乃行之未久，而需索之弊仍不能除，積壓稽（延）〔遲〕，因循如舊。蓋款目事件最爲煩碎繳繞，即如此次部章，户部則議令（工）兵〔工〕應銷之案，不必造入户部册内，兵部則又令造送全册，工部復令將兵勇實數專咨報部，章程已難畫一。至若兵部須開兵勇花名起止，轉運軍火斤重，道里遠近。工部須開礮臺軍裝工料做法細册，尤爲煩瑣，易起吹求。或款目不誤，駁其月日，或出入不誤，駁其案據，雖有精明之堂司，難窮吏胥之伎倆。臣在山西巡撫任内，曾將以上各弊奏陳，不惜籌定飯銀，以圖省事。然飯銀之數有限，其實近來各省辦理報銷，聞不免於正款之外，提存另款鉅數，暗給書吏。臣愚不知此項另款從何而出，粤省財用如此艱難，豈能辦此。即使有款可籌，以實用實銷之款，因恐書吏作奸，而爲此請託之舉，實非臣之所敢出也。

查光緒八年以前，廣東善後、海防兩案報銷，已逾數年。以循舊造報之案，猶復往返行查，迄未能准銷完案。兹再益以六年，新款多爲例章所無，且須分年滾接造報，前案未准，後案復積，年復一年，清釐愈難。款目懸宕，流弊滋多，殊非慎重庫儲之道。且户部之意，重在預立案據，原奏内稱，有籍可稽，造册能覈，開單亦能覈。無籍可考，開單有弊，造册亦有弊。是開單之與造册不過繁簡之分，初無出入之別。粤省近年新支各款，俱已遵章報部立案，若必令造具細册，不過多增案牘，册籍如山，徒使堂司各官閱不能閱，算不能算。而原册細數，斷難與例脗合，往返駁查，祇供書吏刁難之具，展轉延壓，永無了結。臣督同海防善後局兼辦報銷事務司道詳加籌議，惟有援照從前成案，開單奏報，免造細册，始克破除積習，迅速清釐。由該司道等具詳請奏前來。

臣查此次廣東海防，各口較他省爲衝繁，事機較他省爲急迫，收支各款，半係籌自本省，並非悉動庫儲，亦非盡屬額收。且用款半係購辦船械、修造臺廠，以爲久圖，非如從前軍需，多係勇丁口糧，耗散即歸烏有。惟欲求實用實銷，造報斷難如例，一經挑駁，覈准無期。查光緒八年以前，各省軍需善後銷案，多半邀恩開單奏報，部書無可藉手暗中，裨益公款，實非淺鮮。粤省自籌諸款既極艱難，用項自力從覈實，較之從前髮、捻報銷各案，慎重實爲過之。合無仰懇天恩俯念粤省海防善後各案，款積六年，事關五省，價少成例，款多外籌，舊案不結，新款難清。准其援案將光緒九年起截至十四年底止廣東軍需善後收支各款，開具簡明清單，奏明存案，暫免造册報銷，俾清積壓而重庫款。如蒙俞允，應請特旨飭遵，出自逾格鴻恩。其從前奏定每兩一釐之報銷飯銀，自當隨案照數解部，以資辦公，斷不拖欠。合計已及銀二萬五千餘兩，此皆各營各局文武將士刻苦餘積而來，爲數實已不少。此後防務已定，舊案已清，用款較簡，分年造報，較易爲力。自十五年以後，防營勇糧及製造等事，仍當遵照部章造册報銷，不敢援以爲例。

（硃批）該部議奏。（欽此）〔一〕

沙田發給部照片 光緒十五年八月初六日

再，廣東遵旨查辦沙田升科，〔前〕經（前撫）臣奏請敕部頒發空白執照一萬張，並將設局清查升科，分別繳款換照章程奏明在案。查廣州府屬沙田舊章，其老沙已補升者，均照番禺上則徵收銀米。其新沙未經成熟者，均完斥鹵輕則，每畝約完銀四釐有奇，不徵米。凡老沙、新沙各坦，向俱祇發司照，或由縣發給墾

〔一〕以上衍、舛四處，據中華書局一九九五年版《光緒朝硃批奏摺》第八一輯，第六六〇至六六三頁删、校正。

單，便執爲管業之據。今設局清查，無論已升、未升，上則、中則、斥則，自應一律换給部照，俾資遵守。惟此次户部所發執照，祇有上則、中則兩起，並無斥則之照。各局委員每多拘泥，遇有[未]熟坦畝，遂謂無照可發，議請停給。

臣查光緒十二年七月内請頒部照，原奏聲明，無論老沙、新沙，一律换給部照。老沙無庸再丈，按册核給。新沙清丈明確，立時填給。嗣後民間買賣過割，以此爲憑，仍分别上則、中則，升科起徵等語，並無何項沙坦無庸發給部照之説。且前次奏定章程，聲明草、白等坦酌减花息，勘明後分别給照定則，升科起徵，是草、白坦亦應給照，尤爲明甚。但未成熟，未便遽發上則、中則之照耳，非謂斥則以下遂不發給部照也。况草、白、水坦等項，望影估築，尤易起争，豈可轉令私照管業，留貽訟累。且今日之新坦，即將來之熟田，一經給照，則土名、畝數、業户姓名、承墾年月，一一明晰。俟五年升科之期，户不須另查，田不須（清）[另]丈，業户雖欲延匿，而州縣有册可憑。祇須勘明成熟，分别科則，按户加升，豈不簡易扼要，一勞永逸。且本届清丈，勞費數年，若於此次大舉清丈之後，業户仍無確實可信之部照執以爲憑，必致成熟届期，重丈有擾，换照有費，胥吏得賄，永不報升。覬覦不息，訟端不已，葛藤懸宕，撤局無期。是（使）[徒爲]胥吏開一需索之門，爲民間留無數未完之案。當經嚴飭司局一律發給部照，以示民信而清田額。勒限今年年底，將所領部照一萬張一律發竣，如有不敷，再行奏請續發。惟現領部照，既無斥則等項名目，若待另行請領，未免往返需時。除熟坦分别上則、中則填照發給外，應將未熟之草坦、白坦、水坦照章列入斥則，一律發給部照。於照内分晰註明，令地名、畝段、花户、墾期一一有案可稽。俟五年成熟補升之期，按册查勘，未熟者仍其舊貫，已熟者改注補升科則。則賦既不匿，民亦不擾，實於清賦、恤民均屬大有裨益。

再，查新安縣向未報有沙田，此次查出該縣沙田，皆係鹹水沙坦，遠遜香山、東莞等處，且併不及潮州。應酌照前次奏明潮州府屬沙坦辦法，酌量寛减，以示體恤，仍一律發給部照，俾免向隅。

（硃批）户部知道。（欽此）[一]

全瓊肅清請彙奬出力員弁摺 光緒十五年八月初六日

竊臣於光緒十三年二月會同前撫臣吴大澂具奏，續剿陵萬黎匪首要就殲一摺。欽奉硃批：覽奏均悉。所有出力各員弁，著俟全瓊肅清，准其擇尤彙案奏保。等因。欽此。又於是年六月會奏攻克崖州南林老巢通籌善後事宜一摺。奉到硃批：此次出力人員，准其遵照前旨，擇尤保奏。等因。欽此。迭經隨時恭録咨行欽遵辦理各在案。

查瓊州黎、客各匪以次廓清，前經奏明分别裁留勇營，責成雷瓊道朱采搜捕逸匪，通籌善後。上年二月，據該道查悉陵水縣屬七弓地方伏莽未清，尚有漏網之匪首黄那絲、符琶娘[等]盤踞山内。當派總兵朱逵陸、游擊李渭培等督隊進攻，連克匪寨六

[一] 以上衍、脱、舛六處，據中華書局一九九五年版《光緒朝硃批奏摺》第九二輯，第七五九至七六〇頁删、補、校正。

處，擊斃悍匪數十名，我軍員弁亦有傷亡。朱逵陸等會合兵團踰險深入，三月初十日攻破什常村老巢，生擒匪首黄那絲、符琵娘等解府懲辦。復經分兵搜捕五弓及崖州之過山、弔羅等處，拏獲首要王那東、王拂記、謝其青等，黎、客匪黨殲除略盡，全瓊一律肅清。一年以來，各峒黎歧馴服，絶無糾衆出擾之事。自本年九月起，先將瓊州鎮標兩營改爲練軍兩營，裁去防勇三營，以後當查照奏案，陸續裁改。

現在瓊州黎境，分設撫黎局八處，各派委員一兩人，文武參用。每局各募土勇一百名或數十名，責令該員等經管平決争訟，緝拏盜匪，修路墾田，設墟招商等事。嶺（南）［門］一局、南豐一局、凡陽一局、番嶇一局、樂安一局、廖二弓一局、茅地一局、古振州一局，皆係扼要之所，即爲將來設官控制，應增應移張本。其新開各路，近外者暢行無阻，近内者稍有水冲草没之處，已嚴飭各局隨時巡查，修理、芟剔，以免梗塞。設立墟市數處，商販漸集。如定安之荔支園，陵水之閔安墟，儋州之薄沙峒、牙汪村等處，民黎食貨交易日多。其各墟所設義學，黎人子弟多有來附學者。至伐木、墾田、開鑛三端，前經奏明招商辦理，現在陵萬、崖州一帶木料，已暢出十餘萬株，商人集貲前往認辦者絡繹不絶。瓊山之蛤幗塘，昌化之大聘村，臨高之番嶇等處地方，開墾成田者，數百畝至二三千畝不等。昌化大豔山銅鑛，銅苗最旺，商人張廷鈞不惜工本，開采甚力。今年五月内正在得手，將見大枝鑛苗之際，山巖忽致傾塌，阻塞龍口，該商並無退沮，現議另開口門。但瘴癘惡毒，工役多傷，一時未能深入。另勘得會同、樂會交界之雙灘鉛鑛甚旺，現已招商試辦。所有先後在事員弁，冒瘴越險，僵僕相繼，歷久不移，實屬異常出力，兹彙案擇尤，按照部章請奬，由海防善後局司道開具清單，詳請（摭）［具］奏前來。臣覆加查核，各員弁或臨戰殲擒首要，或率軍攻克堅巢，已經兩次奏奉恩旨，准其保奬。嗣後三年以來，籌辦善後，披山破寨，擒匪安良，開路設墟，勘山興利，均係深入瘴鄉，備嘗艱苦。仰懇天恩俯准照奬，以昭激（勵）［勸］。除傷亡瘴故員弁，附請賜卹，暨千、把各弁咨部請奬外，理合恭摺具陳，伏祈聖鑒。

（硃批）該部議奏。單併發。（欽此）〔一〕

查明六月分雨水田禾糧價情形摺〔二〕 光緒

十五年八月初六日

竊照廣東省光緒十五年五月分雨水、田禾、糧價，業經臣恭摺奏聞在案。兹查廣東省城光緒十五年六月分上、中、下三旬得有雨澤十餘次，早稻陸續收穫，晚禾以次插蒔，園蔬、雜糧亦皆暢茂。省外各屬稟報與省城大略相同。糧價較上月稍減，民情静謐，堪以仰慰聖懷。所有光緒十五年六月分雨水、田禾、糧價，臣謹繕清單，恭摺具奏，伏祈皇上聖鑒。

知道了。

〔一〕以上衍、脱、舛六處，據中華書局一九九五年版《光緒朝硃批奏摺》第一一七輯，第二二三至二二七頁删、補、校正。

〔二〕録自中國第一歷史檔案館編《光緒朝硃批奏摺》第九四輯，第八六八頁，中華書局一九九五年版。

籌解第三批鹽課京餉等款銀兩摺[一] 光緒十五年八月初六日

竊照承准軍機大臣字寄，光緒十四年十一月二十四日奉上諭：户部奏，預撥來年京餉，擬在地丁、鹽課等款内指撥銀七百萬兩，著於來年分批提前趕解。另片奏，光緒十五年内務府經費，擬撥廣東鹽課銀五萬兩，著於來年開印後陸續徑解内務府交納。等因。欽此。並清單一紙，内開擬撥光緒十五年分京餉廣東鹽課銀二十萬兩。當經恭録轉行，欽遵籌解。

又廣東運庫應解京餉，難以現銀解部，歷經奏請，仍行交商匯兑在案。茲據兩廣鹽運使英啓詳稱，光緒十五年分部撥京餉並内務府經費，前經先後籌解京餉十萬兩，内務府經費銀三萬兩，共銀一十三萬兩，分作第一、二批於本年二月初三、四月初六等日，委員龔純、潘偉琛等解京，詳明奏報在案。茲又在徵收光緒十五年分省河鹽課項内，籌銀五萬兩，並隨解一五加平飯食銀一千五百兩，作爲本年第三批京餉。又在鹽課項内籌銀一萬兩，並隨解平餘抬費等銀三百三十兩，共銀一萬三百三十兩，作爲本年第三批内務府經費。飭交殷實商號百川通、新泰厚、日昇昌、蔚泰厚、蔚長厚，遴委候補知縣何鸞書、候補鹽大使王師俊領齎匯單文批，於本年八月初三日由粤起程附搭輪船進京，支取足色紋銀，分赴户部、内務府投納，詳請具奏前來。臣覆核無異，除分咨外，謹繕摺具陳。再，廣東巡撫係臣兼署，毋庸會銜，合併陳明，伏祈皇上聖鑒。

該衙門知道。

陳明指撥鄭工捐輸銀兩並無廣東應解之款片[二] 光緒十五年八月初六日

再，前准軍機大臣字寄，光緒十五年七月初三日奉上諭：張曜奏，前經部議加培黄河兩岸堤埝，指撥各省鄭工捐輸銀兩，現除山西等省陸續解到外，其餘指撥江蘇、甘肅、新疆、福建、臺灣、江西、湖北、湖南、四川、廣東、廣西、雲南、貴州應解山東銀兩，迄今尚未起解等語。山東黄河增培堤埝工程，需款孔亟，既經該部指撥，各省鄭工捐項，均係有著之款，何以尚未報解。即著各該省督撫迅將前項銀兩如數解往山東，以資工用，毋稍延緩。等因。欽此。寄信前來。臣查山東加培黄河兩岸堤埝，指撥各省鄭工捐輸銀兩，前准山東撫臣咨會粘鈔工部會同户部原奏，各省奉撥數目已足三十萬兩。内祇廣西應解一萬六千七百六十五兩六錢四分，並無廣東應解之款。未審山東撫臣原奏所指何款，抑係筆誤，無從懸擬。當經電詢山東撫臣，茲准覆稱，前在工次未帶卷，以致筆誤等語。除飭司遵照及咨明户部外，理合附片具陳。再，廣東巡撫係臣兼署，應毋庸會銜，合併陳明，伏祈聖鑒。

户部知道。

籌解十五年分河工銀兩片 光緒十五年八月初六日

再，廣東省每年應解河工銀一萬兩，前因道路梗塞，暫行停

[一] 録自《京報》第三二〇一號。

[二] 以下二件録自中國第一歷史檔案館編《光緒朝硃批奏摺》第九八輯，第七五三至七五四頁，中華書局一九九五年版。

解。自同治五年起至光緒十四年，均經按年籌解在案。兹届光緒十五年分應解河工銀兩，係在本年奏銷課餉項下動支。惟查十五年課餉所存無多，不敷支解，而河工需款緊要，未便稍事耽延，應即提前籌解。現經督飭兩廣鹽運使英啓，於庫存款内籌銀一萬兩，作爲光緒十五年分河工銀兩，發交殷實商號日昇昌、蔚泰厚須賫文批，於光緒十五年七月二十九日匯解，前赴漕運督臣衙門投納。所有籌解前項銀兩，俟收有光緒十五年分課餉即行歸還原款，仍列入光緒十五年奏銷册内造報。除循例恭疏題報並咨明户、工二部外，臣謹附片具陳，伏祈聖鑒。

該部知道。

潮橋光緒七年分課引奏銷未完一分以上各官任卸起止月日及課引數目奏報摺[一] 光緒十五年八月初六日

竊准户部咨行，廣東地丁、鹽課各奏銷有關處分者，一面具題，一面開單專摺奏報，由部核定處分，先行覆奏，庶經徵人員知所儆懼，帑項不致虚懸。又准户部咨開，各省鹽務，向有商竈之殊，定例考核，並有課引之異。州縣等官經徵督銷，如有奏銷未完報參，向例由該省將各州縣年額餉引，並已、未完各數目，及各該員任卸起止，限期分別開報。廣東省潮橋餉引，本係各商應繳商課，與向例專責州縣經徵之竈課情形不同，似宜分別商竈辦理，以昭核實。所有該省餉引商課，仍咨該督轉飭，每届奏銷按照原奏，一面具題，一面即將未完各員分別課引，詳細查明，開具清單奏報。仍由本部照例會同吏部辦理各等因。均經先後轉行遵照辦理。兹據兩廣鹽運使英啓詳稱，光緒七年分潮橋引餉奏銷，遵照展限，應於光緒十二年三月底造册詳報。業將未完分數各官職名造册，另行詳請查核具題。所有本案未完一分以上各員任卸起止月日及課引數目，相應遵照部行造具清册，詳請奏報等由前來。臣覆核無異，除恭疏具題外，謹繕具清單，恭摺具奏，伏祈皇上聖鑒，敕部核議施行。

户部議奏。單併發。

潮橋光緒八年分課引奏銷未完一分以上各官任卸起止月日及課引數目奏報摺 光緒十五年八月初六日

竊准户部咨行，廣東地丁、鹽課各奏銷有關處分者，一面具題，一面開單專摺奏報，由部核定處分，先行覆奏，庶經徵人員知所儆懼，帑項不致虚懸。又准户部咨開，各省鹽務，向有商竈之殊，定例考核，並有課引之異。州縣等官經徵督銷，如有奏銷未完報叅，向例由該省將各州縣年額餉引，並已、未完各數目，及各該員任卸起止，限期分別開報。廣東省潮橋餉引，本係各商應繳商課，與向例專責州縣經徵之竈課情形不同，似宜分別商竈辦理，以昭核實。所有該省餉引商課，仍咨該督轉飭，每届奏銷按照原奏，一面具題，一面即將未完各員分別課引，詳細查明，開具清單奏報。仍由本部照例會同吏部辦理各等因。均經先後轉

[一] 以下三件録自中國第一歷史檔案館編《光緒朝硃批奏摺》第七五輯，第四三三至四三六頁，中華書局一九九五年版。

行遵照辦理。茲據兩廣鹽運使英啓詳稱，光緒八年分潮橋引餉奏銷，遵照展限，應於光緒十三年二月底造册詳報。業將未完分數各官職名造册，另行詳請查核具題。所有本案未完一分以上各員任卸起止月日及課引數目，相應遵照部行造具清册，詳請奏報等由前來。臣覆核無異，除恭疏具題外，謹繕具清單，恭摺具奏，伏乞皇上聖鑒，敕部核議施行。

户部議奏。單併發。

潮橋光緒九年分課引奏銷未完一分以上各官任卸起止月日及課引數目奏報摺 光緒十五年八月初六日

竊准户部咨行，廣東地丁、鹽課各奏銷有關處分者，一面具題，一面開單專摺奏報，由部核定處分，先行覆奏，庶經徵人員知所儆懼，帑項不致虛懸。又准户部咨開，各省鹽務，向有商竈之殊，定例考核，並有課引之異。州縣等官經徵督銷，如有奏銷未完報參，向例由該省將各州縣年額餉引，並已、未完各數目，及各該員任卸起止，限期分別開報。廣東省潮橋餉引，本係各商應繳商課，與向例專責州縣經徵之竈課情形不同，似宜分別商竈辦理，以昭核實。所有該省餉引商課，仍咨該督轉飭，每届奏銷按照原奏，一面具題，一面即將未完各員分別課引，詳細查明，開具清單奏報。仍由本部照例會同吏部辦理各等因。均經先後轉行遵照辦理。茲據兩廣鹽運使英啓詳稱，光緒九年分潮橋引餉奏銷，遵照展限，應於光緒十四年正月底造册詳報。業將未完分數各官職名造册，另行詳請查核具題。所有本案未完一分以上各員任卸起止月日及課引數目，相應遵照部行造具清册，詳請奏報等由前來。臣覆核無異，除恭疏具題外，謹繕具清單，恭摺具奏，伏祈皇上聖鑒，敕部核議施行。

户部議奏。單併發。

遵旨察看鎮道大員德泰黄廷彪摺[一] 光緒十五年八月初六日

竊臣於光緒十五年五月初十日承准軍機大臣字寄，光緒十五年四月十六日奉上諭：廣東惠潮嘉道德泰、高州鎮總兵黄廷彪，著張之洞悉心察看。如竟不能勝任，即行據實參奏，毋稍遷就，將此諭令知之。欽此。當經欽遵詳加察看。伏查惠潮嘉道德泰，性情謹厚，職守素勤，惟外任未久，見事稍緩，防弊未周，迭經臣痛切戒勉。該道深自警省，遇事講求，釐剔弊端，於幕友詳加選擇，家丁嚴行約束，本年夏間嘉應、鎮平等州縣水災甚重，該道倡捐籌賑，甚爲盡心。臣詳加察看，尚堪勝任。至高州鎮總兵黄廷彪，人尚老成，熟悉營務。惟緑營更事既深，不免沾染習氣。利心未能盡除，於操防訓練一切未能認真整頓，毫無振作之志。高州邊海重鎮，該員久任斯地，恐於地方營伍終無裨益，未敢稍涉遷就。相應請旨將高州鎮總兵黄廷彪，即行開缺，另簡勤廉知兵之將，以任邊要而重職守。所有遵旨察看鎮道能否勝任緣由，謹分別據實覆陳，伏祈皇上聖鑒。

另有旨。

[一] 録自中國第一歷史檔案館編《光緒朝硃批奏摺》第四一輯，第九〇至九一頁，中華書局一九九五年版。

爲馮子材請封典片〔一〕 光緒十五年八月初六日

再，准督辦欽廉防務雲南提督馮子材函稱，本年欽奉兩次恭上慈禧端佑康頤昭豫莊誠壽恭欽獻皇太后徽號，恩詔内外文武各官，悉照現在職銜給予封典。等因。欽此。伏念子材猥以菲材，謬膺專閫，南關之役，渥荷恩施，賞加太子少保銜，並先後議叙加九級。異數殊榮，捐糜莫報。溯查咸豐九年奉命督辦鎮江軍務，曾由提督銜甘肅西甯鎮請給三代一品封典。同治元年在廣西提督任内，恭遇覃恩，復請給本身妻室並貤封伯父胞兄一品封典。兹復恭逢慶典禮成，聖恩渥沛，擬由太子少保銜懇恩賞給封典。但未悉應當如何辦理等情，詢商前來。臣查馮子材仕歷三朝，身經百戰，諒山之捷，力摧强敵，宣播皇威，厥功尤偉。近年平定瓊州黎、客各匪，督辦欽廉防務，邊圉晏然，勳勤卓著。兹逢慶典推恩，該提督應得本任一品封典，前已疊蒙恩給。現在擬由太子少保銜懇請賞給封典，自與恩詔條款相符。竊查該提督之意甚以叨加文銜爲榮。惟太子少保係文階正二品，若給予二品封典，該提督久已疊叨提督一品之封，似有參差。若仍按武職一品請封，又未足以彰恩賞宫銜之榮。遇此事外省查無成案，臣實未敢擅擬。其應如何賞給封典，以示恩眷而勵勳勞之處，伏候聖裁，出自逾格鴻施。謹附片具陳，伏祈聖鑒。

該部議奏。

參追前任同知知縣欠解銀米片〔二〕 光緒十五年八月初六日

再，據廣東布政使游智開、署督糧道王景賢詳稱，查有前任南澳同知周錡徵存米四百六十餘石，前任龍川縣張灼徵存正雜款穀價銀一千三百餘兩，疊經勒限嚴催，未據完解，詳請參追前來。相應請旨將前任南澳同知周錡、前任龍川縣知縣張灼暫行摘頂，再勒限四箇月將欠解銀米掃數完解。儻逾限不完，或解不足數，再行照例從嚴參辦。所有參追前任同知、知縣欠解交代銀米緣由，臣謹附片具陳。再，兩廣總督係臣本任，毋庸會銜，合併陳明，伏祈聖鑒。

著照所請。該部知道。

代婁雲慶奏請陛見片〔三〕 光緒十五年八月初六日

再，據新授廣東潮州鎮總兵記名提督婁雲慶禀稱，雲慶本年三月二十三日在湖南原籍地方欽奉諭旨，補授潮州鎮總兵。當經呈請湖南撫臣王文韶據情代奏，叩謝天恩。兹自籍來粵，蒙將兵部劄付轉飭承領，業將收到劄付日期申報在案。惟查雲慶仰承恩簡，例應奏請陛見。兹已行抵粵省，亟應奏懇恩准陛見，稍申犬馬戀主之忱等情，呈請代奏前來。相應據情代奏，請旨遵行。謹附片具陳，伏乞聖鑒訓示。

著來見。

〔一〕録自《京報》第三二一八號。

〔二〕録自中國第一歷史檔案館編《光緒朝硃批奏摺》第六六輯，第一六五頁，中華書局一九九五年版。

〔三〕録自中國第一歷史檔案館編《光緒朝硃批奏摺》第四一輯，第九三頁，中華書局一九九五年版。

廣西巡撫因病出缺由藩司暫行護理片〔一〕光緒十五年八月初六日

再，案查廣西巡撫因病出缺，循例應由臣衙門奏派藩司暫行護理，歷經前任督臣遵辦在案。本年七月十三日，據廣西藩司馬丕瑶電稱，廣西撫臣高崇基於七月初十日丑刻因病出缺，現將撫篆封存藩庫，日行事件照例由藩司暫行代辦等情前來。當以電奏迅速，封疆重寄，應請旨派員護理。除電飭該藩司照例由驛馳奏請旨簡放，並自行電奏外，當經電致總理各國事務衙門代奏請旨，應否飭令該藩司暫行護理撫篆之處，伏候聖裁等因。旋於七月二十日承准總理衙門復電，奉旨：張之洞、馬丕瑶兩電均悉，廣西巡撫著馬丕瑶暫行護理。欽此。除轉電馬丕瑶欽遵辦理並循例咨行外，理合附片陳明，伏祈聖鑒。

知道了。

知縣錢振逵試用期滿甄別片光緒十五年八月初六日

再，前准部咨，無論何項出身人員，凡係補缺應行具題者，試用期滿，由該督撫詳加甄別具奏等因。歷經遵辦在案。茲查拔貢分發知縣錢振逵，浙江長興縣拔貢，朝考以知縣用，籤掣廣東。光緒十三年三月二十三日到省，試用已滿二年，例應甄別。據署廣東布政使王之春會同署廣東按察使王景賢詳加察看具詳請奏前來。臣覆加察核，該員錢振逵，精壯詳明，留心吏治，堪膺民社。除咨部外，謹附片具陳。再，兩廣總督係臣本任，毋庸會銜，合併陳明，伏祈聖鑒。

吏部知道。

知縣丁墉欠解參後全完請開復摺〔二〕光緒十五年八月初六日

竊查前署高要縣知縣丁墉徵存正、雜款銀八千五十餘兩、米一千八百八十餘石，迭經嚴催，未據完解。經前撫臣倪文蔚會同臣專摺奏請革職，勒限嚴追，欽奉諭旨，轉行遵照去後。

茲據廣東布政使游智開會同署督糧道王景賢詳稱，查該員丁墉被參後，於光緒十三年八月二十六日完解光緒十年、十一年税羨銀八十二兩四錢三分七釐、十一年耤穀價銀八兩二錢七分八釐。又十一月十六日完解光緒十年、十一年耗米盈餘銀四百五十二兩九錢三分九釐、耤穀價銀七兩一錢七分五釐、糧道養廉銀三十七兩三錢九分七釐，均已造入光緒十四年春季册報。同日又完解光緒十年支賸囚糧變價銀六十九兩七錢七分六釐，此款俟造入光緒十五年秋季册報。同時又完解光緒十年官租銀三十兩二錢四分三釐，十年、十一年役食二成銀一百一十六兩六錢七分七釐，此款向不入季册造報。又於光緒十四年十一月二十六日完解光緒十一年地丁正銀一百九十兩七錢五分七釐、耗羨銀三十二兩二錢三分八釐。又十一月二十九日完解光緒十一年地丁正銀一千七百一十兩八錢六分四釐、耗羨銀二百八十九兩一錢三分六釐，均已造入光緒十五年春季册報。又光緒十五年二月初三日完解光緒十一年地丁正銀一千三百六十八兩六錢九分一釐二毫、耗羨銀二百三十

〔一〕以下二件録自中國第一歷史檔案館編《光緒朝硃批奏摺》第六輯，第四三〇頁，中華書局一九九五年版。

〔二〕録自中國第一歷史檔案館編《光緒朝硃批奏摺》第八一輯，第六六四至六六五頁，中華書局一九九五年版。

一兩三錢八釐。又二月十三日完解光緒十一年地丁正銀六十三兩四錢八分三釐三毫、耗羨銀一十兩七錢二分八釐七毫。又二月十九日完解光緒十一年地丁正銀八十五兩七錢一分八釐六毫、耗羨銀一十四兩四錢八分六釐四毫。又四月十三日完解光緒十年科場銀三十三兩三錢三分三釐，十年米耗盈餘銀一百五十三兩二錢二分二釐，十年、十一年税羨銀三百二十九兩七錢四分八釐。又五月二十九日完解光緒十一年地丁正銀二千二百二十六兩一錢七分二毫、耗羨銀三百七十六兩二錢二分二釐八毫，十年米耗盈餘銀二兩四錢二釐，十一年糧道養廉銀四錢二分一釐，均俟造入光緒十五年秋季册報。又於光緒十五年七月初三日完解光緒八、九、十、十一等年渡餉銀五十六兩，應俟造入十六年春季册報。完解光緒十年、十一年各項扣平銀七十五兩四錢四分一釐，此款向不入季册造報。又於光緒十五年五月二十八日完解光緒十年、十一年本色米一千八百八十四石四斗四升九合四勺，此項米石造入光緒十四年奏銷册報。以上完解各款銀米，查照原參數目，業已完解清楚，請將原參革職之案具奏開復等情前來。

臣伏查該員丁墉被參後即將前署高要縣任內欠解銀米照數全完，尚知愧奮，相應請旨將前署高要縣另案降補府經縣丞續經開復試用知縣丁墉暫行革職處分，准其開復，以昭激勸。所有知縣欠解交代銀米參後全完請開復原官緣由，謹恭摺具陳。再，兩廣總督係臣本任，毋庸會銜，合併陳明，伏祈皇上聖鑒。

著照所請。該部知道。

請議卹陣亡瘴故人員片（一）　光緒十五年八月初六日

再，瓊州攻克中、東兩路黎巢及續剿陵萬黎匪陣亡、瘴故人員，前經臣分別奏請賜卹在案。

茲查自攻克崖州南林黎巢及盪平七弓、五弓等處匪巢以來，迄今三年，所有在事文武員弁，除七弓陣亡武職四員外，其積勞瘴故者共有三百三十餘員之多，均未及邀獎叙，遽已殞身瘴域，賫志重泉，實堪憫惻。查崖州爲瓊南瘴癘最重之區，陵水、七弓、五弓等處，均與崖境接壤，山深水毒，林莽糾紛，各該員弁等，鑿險縋幽，擒渠埽穴，開通各路，安置電綫，次第經營善後事宜，設墟市、建義學以及招商、墾田、伐木等事，歷久不懈，扶病不退。或歿於營次，或殞於中途，其忠壯堅忍，矢志報國，百折不回，尤堪悼惜。

茲查明陣亡衆將方呈祥等四員，瘴故文員補用知府准補南雄州知州陳起倬等六十一員，武員提督銜總兵蕭永清等二百六十五員，分別等差，開具清單，懇恩敕部議卹。其有升銜、升階者，均請照升銜、升階賜卹。出自逾格鴻慈。除將傷亡瘴故勇丁彙案造册咨部議卹外，謹附片具陳。再，廣東巡撫係臣兼署，毋庸會銜，合併聲明，伏祈聖鑒。

該部議奏。單併發。

（一）録自中國第一歷史檔案館編《光緒朝硃批奏摺》第一一七輯，第二二四至二二五頁，中華書局一九九五年版。

道員朱采飭回本任片〔一〕光緒十五年八月二十二日

再，雷瓊道朱采本年因公進省，偶感風寒，觸發在瓊積受瘴病，請假兩月在省醫調。當飭委候補道顧元勳暫行代理。均經奏明在案。嗣據該道朱采調理就痊，稟請銷假。經臣以瓊州改設練軍，籌辦礮臺工程，招商開鑛、伐木諸務事體繁重，文牘難詳，暫留該道在省面商籌辦，兼令會辦營務處。現在諸事均已定議，應即飭回本任，迅速舉辦。除分檄飭遵外，謹附片陳明。再，兩廣總督係臣本任，毋庸會銜，合併聲明，伏祈聖鑒。

吏部知道。

請頒廣雅書院扁額摺光緒十五年八月二十二日

竊照廣東省會創建廣雅書院，合課東、西兩省諸生，臣於光緒十三年六月曾經奏明在案。嗣經書院落成，選調兩省士子肄業其中，嚴定學規，慎防流弊，分經、史、理學、經濟四門，隨其性之所近而習之，各立課程日記，以便考核。兩省肄業生額定各百名，人數衆多，添設分教四人，分門講授。至策勵品行，考察勤惰，院長實總其成。臣於公餘之暇，間詣書院考業稽疑，時加訓勉，先之以嚴辨義利，課之以博約兼資，大(旨)〔指〕欲力救漢學、宋學〔門户〕之偏，痛戒有文無行之弊。兩年以來，才俊輩出，造就斐然，其餘亦多恪守院規，不蹈陋習。十年以後，人才必大有可觀。竊惟嶺海雄博，本多秀傑之才，近來華洋錯處，事雜言哤，習俗所移，其志趣凡下者，多存希圖倖獲之念。其才智穎悟者，或有歧於異學之憂。臣設立書院之舉，竊欲鼓舞士類，維持世風。上者闡明聖道，砥厲名節，博(古通今)〔通古今〕，明習時務，期於體用兼備，儲爲國家楨幹之材。次者亦能圭璧飭躬，恂恂鄉黨，不染浮囂近利習氣，足以淑身化俗。士習既善，民風因之。

伏惟我朝崇儒重道，列聖典學右文，各省會書院多蒙發帑興修，贍給諸生膏火。江蘇之紫陽書院，浙江之敷文、崇文兩書院，福建之鼇峰書院，均蒙聖祖仁皇帝頒給御書扁額。其江蘇、福建之紫陽、鼇峰兩書院，重蒙高宗純皇帝頒賜扁額。同治年間，福建創（立）〔建〕正誼書院，江蘇重建正誼、紫陽兩書院，復蒙穆宗毅皇帝俯允疆臣之請，頒發御書扁額。欽列（聖）〔朝〕宸翰之昭垂，示多士訓行之正軌，人文日盛，厥有由來。今粵（東）〔省〕創建廣雅書院，事同一律，且兩省肄業人才尤多。相應援案仰懇天恩頒發御書扁額一方，垂範士林，以正學術，以勵儒修。俾海隅邊徼之士，得以瞻仰，率由奮興鼓舞，從此賢才蔚起，經正民興，皆涵濡聖澤於靡涯矣。

（硃批）著照所請。（欽此）〔二〕

沙路設防籌定久計摺光緒十五年八月二十二日

竊照廣東省河入虎門後，至黄埔尾分爲南、北兩支。南支溯流經沙路至省城西南四里之白鵝潭，北支溯流經魚珠過城南亦至白鵝潭。北支較淺，南支較深，均爲廣州口岸中外船隻出入必經

〔一〕録自中國第一歷史檔案館編《光緒朝硃批奏摺》第六輯，第四四一頁，中華書局一九九五年版。

〔二〕以上衍、脱、舛八處，據中華書局一九九五年版《光緒朝硃批奏摺》第一〇五輯，第三五七至三五八頁删、補、校正。

之路。光緒十年間，海防戒嚴，南北兩支分用船石、橋椿兩道攔截，南支沙路全行阻斷，北支魚珠尚留口門十五丈以通舟楫。自和局定後，魚珠一支照常開通。沙路一支爲粵防大局所關，經臣於光緒十一年六月、十二年二月先後奏請永不宜開。蓋欲藉所沈船石爲根，令其挂淤生洲，日久便多紆折淺阻，以後全力專扼北支一路，庶幾簡要易施。乃洋人注意中國形勢，各國使臣、領事，始則聯幫瀆請開此河道，繼復藉口爲有礙行船之利，經總理衙門與臣内外堅拒，不予曲從，數年以來，費盡筆舌，彼則百計圖維，必求開通此路而後已。

臣深惟事勢，各國皆以開河爲便，將來終必藉端要求，必須籌一開通而仍可防守之方，乃爲盡善。連年反覆籌思，多方考究。查外洋河道設險之法，除礮臺、水雷以外，惟有排立品字鐵樁一法，最有實際而無窒礙。鐵樁林立，深插沙底，中留口門，有事趕即堵塞。其要在阻船而不阻水，最爲無弊，敵人雖用水雷，不能驟然攻拔，且較之堆石阻攔不免爲水浪衝倒漂散者尤勝。疊經督飭洋務處通曉工作算法之員及水雷、魚雷局各員弁，探測河道，籌定辦法。擬在舊建木橋之外沈石築壩處，徧樹鐵樁，中間留口門十五丈，旁立紅綠燈以爲標識，以備無事時仍可行船，有事時立即封堵。其法，樁長數丈，用螺絲接合，其樁根亦有螺絲紋，旋轉入於河底，深可七八尺，用品字式三樁紐合，上加鐵蓋，是爲一攢。每攢相距約一丈，分列内外兩排，以大鐵（練）[鍊]交加維繫，備極穩固。口門兩旁密樹鐵樁，作圓弧式以利水流。視水之淺深定樁之長短，使高與水面齊平。除數年來旁岸新長沙淤水深不過數尺者，毋庸樹樁外，統共需用鐵樁一千零三十桿，每桿長自三丈至七丈不等。將配合接榫之法，繪圖注説，寄交德國著名鐵廠名哈爾噶爾脱詳加考校，照式定造。由使德大臣洪鈞與該廠議價，共德銀五十七萬八千七百九十八馬克，扣減三釐，約合銀十三萬四千餘兩。於本年四月十五日訂定，限十五箇月交清。分作十批，第一批四五個月起運，約計冬月可以抵粵，以後按月陸續運到，即可陸續興工。並由該廠代募匠目一人來粵監工，經理接合（訂）[釘]樹，約一年内可以安畢。此工若成，則河道可塞可開，操縱在我，於水道、戰備兩無妨礙。現辦係下樁兩層，已足資遏敵戰守之用，所費亦不甚多。以後擬兩年加增一次，向外添樹鐵樁兩層，日引月長，愈增愈密，若遞加至十數層，則河路永臻鞏固。至樹立鐵樁薪工各費，約需萬餘金，現未開辦，無從預定確數，應俟工竣之後，核實開報，統由海防善後經費項下支銷。

查本年二月承准總理衙門函開，英德兩使同時照會要求各節共五事，囑令酌議孰可通融允許，蓋開通沙路，即其一端。其西江添岸行輪、内地租房屯貨兩節，爲害甚鉅，關涉各省各口全局利害，斷不可允，必宜堅拒。其聯單不得加徵、領單不宜偏枯兩事，尚可允許，已允代爲切飭核辦。至開河一節，尚只關繫廣東一省，臣其時已經籌有設樁之策，考明價值作法。若照此布置，即開通後亦尚不至險要全失。當經電商總署，以備分別准駁在案。現已一面次第舉辦，我之守具既備，則彼族之請開與否，靜以聽之，將來相機因應，均不爲難。

（硃批）該衙門知道。（欽此）〔一〕

〔一〕以上衍、脱、舛五處，據中華書局一九九五年版《光緒朝硃批奏摺》第九八輯，第七五七至七五九頁删、補、校正。

請定獲盜獎勵章程摺 光緒十五年八月二十二日

竊照歷准吏部咨，拏獲著名巨盜一名，或斬梟、斬決盜犯五名以上，俱照拏獲捻匪之例保奏。又各省獲盜人員，如係舉發巨案，拏獲著名大盜，勞績與戰功無異者，奏請破格獎勵，准其(捐)[指]定應升官階，各等語。又歷准兵部咨，除軍營戰功外，概不准越級免補等語。定章昭著，本極允協詳明。乃部中雖有此章，而粵省屢次所保拏獲大盜無異戰功各員，雖聲請從優，無不以尋常勞績議駁，揆諸粵省情形，實有窒礙。

伏查廣東盜匪素多，近海地方爲甚，近年情形尤有不同，疊經臣奏明在案。大率以香港、澳門爲老巢，各有頭目，分立堂名，遣人四出打單。凡鄉鎮富商、僻静瓶窯、沙田業户，皆爲打單之所及，按時收取鉅貲，名曰行水。以重貲爲賄買洋界巡役，置備礮械，撫恤夥黨傷亡等費，餘始分贜。其根蒂深穩，夥黨衆多，與别處盜賊首夥臨時湊集，得贜隨手耗散，有窩可緝，有巢可破者，其情事迥不相同。雇船無從禁，軍火無從絶，接濟無從斷，加以海面遼闊，内河紛歧，每一出掠，無不結隊連艘。船則置有大礮，身則懷有連響洋槍，兵勇追捕，冒死拒鬬。有時盜雖被縶，其在前弁勇亦必身受多傷，甚至立時殞命。或動殺事主，或放火延燒，或擄其子女。海盜則動將全船商民溺斃，良民受害，實堪髮指。及合力尋蹤追捕，則已遁歸港、澳，竄入一步，捕之無從，擊之不可。該匪等恃以無恐，不啻形同叛逆。疊經臣嚴飭地方文武暨緝捕員弁多方截拏，不惜厚集兵力，優懸重賞。近年以來，陸續平毁匪巢，捕斬首要不下數百名。所有東江、西江、北江各府縣，以及海北廉、欽，海南瓊州之内地，盜風大減，商民安業。從前一縣歲出盜案百餘者，今則每年不過數起或竟無一案。凡係近内地方無所牽制者，似已均有實效。惟廣州府及沿海地方，錮結已久，迄未止息。

溯查粵盜素横，歷見前史，國朝奏牘言之極詳。嘉慶十六年，前督臣松筠於一年之内捕斬盜匪一千六百餘名。當時松筠奏定專條内稱，粵東盜案，除尋常行劫僅止一二次，夥衆不及四十人，並無拜會及别項重情，仍照例具題外，如夥衆四十人以上，或不及四十人而有拜會結盟、拒傷事主、奪犯傷差、假冒職官，或行劫三次以上，或脱逃二三年後就獲各犯應斬決者，均加梟示，恭請王命，先行正法等語。經刑部纂入則例刊本，通行在案。

夫夥衆雖不及四十，已屬不少，而以其僅劫一二次，猶謂之尋常盜劫，若在他省，可謂駭人聽聞者矣。立法如此之重，懲辦如此之嚴，而匪徒絶無警懼。迨至亂後，賊膽愈張，在昔不過拒傷事主，今則屢屢殺傷弁兵。在昔不過奪犯傷差，今則已獲之盜，公然由香港洋官行文索回。在昔或行劫三次以上，或脱逃二三年，以爲重情，今則首要之盜，行劫百餘次、漏網十餘年者有之。在昔問有拜會結盟，今則港、澳逋匪，大率皆係三合會，並且立有堂名。如巨匪曾亞杰、曾鱸魚全稱爲聯義堂，李畝、李安稱爲隆義堂，王觀稱爲新隆義堂，黄有成稱爲聯勝堂。自曾亞杰被獲，曾鱸魚全逃往洋界，其黨復與黄有成合稱義勝堂之類，是凶燄較昔尤甚。至同治三年間，前督臣毛鴻賓、撫臣郭嵩燾等奏請，將舉發巨案或拏獲著名大盜，核其勞績與戰功無異者，給與優獎，並將盜犯仍照新章從嚴懲辦，業經部議奏准通行。查其原奏所稱寇亂之興，其原多起於劫盜，得一捕盜之良吏，亦足以稍遏亂萌。

又謂，今日治盗，有從嚴無從寬，有速斷無久稽等語，實於廣東情形深切著明。今日港、澳情形又非二十年前之比，賄串洋巡，厚募狀師，多方抗庇，凶狡愈甚，捕獲愈難。疊經臣奏明，並函咨總署電致使英大臣，與香港洋官籌商交犯之法，始終偏執庇護，未肯允從。

竊思廣東盗風甚於他省，治盗專條重於他省，獨於獲盗勞績仍與尋常無别，似覺輕重失平。在部臣［之］意以爲捕盗無關大局，不過尋常兵差捕快之所優爲，故不許其比照戰功。殊不知廣東盗賊每與官兵拒戰，當其肆劫之時，礮火震地，兵勇團練聞警奔赴，或圍或追，賊黨槍礮横飛，當者立殞，若非弁勇多人致死格鬭，鮮能就獲。故凡獲數盗，我軍必有傷亡，核其情形，實與打仗無異。較之他省緝盗，零星掩捕，恃重無虞者，其難易何啻霄壤。此等情形，中外人人皆知。若以此項勞績視爲尋常，則臨事孰肯争先效命。查部章所謂尋常勞績者，大率補缺後以何官補用及加銜而已。今日候補武弁盈千累百，老死未必有補缺之期。若已有加銜，以後即無進步，副將以上不能保，越級不能保，免補本班不能保，翎枝不能保，先换頂戴不能保，甚至儘先字樣亦被駁改，舊制千、把歸外省拔補者，亦新立補缺後名目。所有遷擢褒榮之實際無一焉，是其意專在裁抑奬案而已。

夫各省現無軍務之時，各營將弁正宜設法以練其膽力，考其才技，即隱儲他日邊疆戰守之才，不於緝捕取之，於何取之。若但觀其操故套之陣法，供塘汛之例差以爲殿最，豈足以得人才乎。歷考本朝名臣，文如姚啓聖、于成龍、胡林翼，武如藍廷珍、李長庚、關天培等，皆由捕盗知名大用，是此事實可以識拔人才。臣於捕盗員弁嚴檄督責，多方激勵，及至請奬之時，輒爲部議所格。有罰無賞，但託空言，孰爲用命。今以向有比照軍營戰功、比照拏獲捻匪之定章明文者，反從駁斥，是不惟不能破格奬（勵）［勸］，且並部定多年之常格而亦廢之。誠恐士氣愈隳，盗風愈熾，再過數年，將爲地方大患。且例章者，或因廷臣之條陳，或經部臣之奏定，本係因時制宜，並非一成不易。惟有籲懇天恩，廣東内河、外海等處，遇有拏獲著名盗首，或拿獲大夥盗匪多名，或迭次拏獲盗匪積至二十名以上，核其勞績與戰功無異者，無論文武，准將獲盗之員照軍營異常勞績從優保奬，以示鼓勵。臣爲綏靖海疆，激勵人材起見。如蒙俞允，仰懇特旨准行，出自逾格鴻施。事關地方亂萌，民生鉅害，不敢不懇切瀝陳。臣不勝惶悚待命之至。

（硃批）該部議奏。（欽此）［一］

派員查辦瑶匪片 光緒十五年八月二十二日

再，廣東連山廳（猺）［瑶］排，踞五嶺之脊，界連粤、湘、桂三省。深山重谷，羣瑶恃險負固，屢作不靖。自道光十二年勦辦以後，漸就安戢。近二十年來，其頑悍之瑶排，故態復萌，每每出巢劫擄焚殺，民村亦遂糾衆，互相報復，讎隙日深，滋蔓日廣，良民被其擾害，不得安居。（近）［歷］年文武均以拘拏購捕空談敷衍了事，兵差人等俱無敢入瑶山傳人緝犯者。地處山僻，距省遥遠，地方文武多不據實禀報，省城無憑核辦，以致肆無忌憚，愈逞凶殘。

［一］以上衍、脱、舛五處，據中華書局一九九五年版《光緒朝硃批奏摺》第一〇五輯，第九九八至一〇〇一頁删、補、校正。

本年正二月間，疊據連州直隸州知州朱璟、署連山綏瑶廳同知輔良、三江協副將宋福慶禀稱：連山軍寮、火燒等（猺）［瑶］排與梅村、上坪村民衆尋衅，糾黨至菜園墈、火鋪尾一帶焚掠，戕斃民人。迭經派撥兵勇查拏，該瑶排愍不畏法，恃衆抗拒，屢出肆擾。該文武會禀請派兵勇查辦前來。當經檄飭署南韶連道林賀峒抽調兵勇三百餘名馳往連山，督飭地方文武將歷年民瑶搆衅之案澈底查辦，安撫良瑶，嚴緝奸民。其一二稔惡之瑶排，相機懲辦，以消亂萌。旋據該道林賀峒查明，自光緒元年迄今，民瑶積案六十七起，瑶控民者僅止二起，餘皆自逞强横，肆行報復。其兇惡最著之瑶排爲殺人坪、打鐵沖、黄瓜沖三排，自來未經懲創。而火燒寨、新寨、耳環沖等處，實爲黄瓜沖等排出入門户，該瑶排屢釀巨案。此次飭令交凶，屢抗不遵，當經該道調派兵勇進火燒寨等處圍捕。該瑶先已避匿，各軍進燬其巢，搜獲殲斃悍瑶數名，而著名之皮道二、（汕）［油］里、唐三諸凶均在逃未獲。殺人坪、打鐵沖、黄瓜沖三排仍負固不服，中爐（炕）［坑］、上蒂源、六暗三排仍復抗傳不到，藐法情形極爲頑悍可惡。

臣惟民瑶相攻，爲害無所底止，必須將瑶寨、民寨歷年凶悍滋事之匪，分别拏獲懲辦，始足以弭後患而示持平。惟瑶人負山爲固，伺便出擾，民人恨之切齒。若不先將瑶排各匪搜獲懲辦，只辦民寨之匪，則民人不服。然非懾以兵威，則瑶人斷不能交匪聽命。此時若不早辦，以後釀成巨（案）［患］，必致重煩兵力。復經遴委候補通判鄭敦善署理綏瑶同知，就地募土勇五百名，隨同林賀峒籌辦，並飭將電綫由英德縣展接至連州，以速軍報。正在布置之際，林賀峒適以丁憂離粤，現在廣東道員中無可委辦之員。兹查有廣西丁憂候補道前南甯府知府何昭然，果毅有爲，曉暢兵事。上年冬間經前撫臣沈秉成派辦慶遠府土族匪徒莫（國）［幗］經等滋事一案，擒渠散脅，辦理迅速，尤見才識。查瑶排境接廣西，事關兩省，前經電商前廣西撫臣高崇基，札調該道來東督辦連州瑶排事宜，所有連州、連山兩屬文武及三江協弁兵並歸該道何昭然節制，以一事權。飭即添募親兵一百名，馳往連州、連山等處，體察情形，妥爲辦理。並調廣西分防平樂府之副將梁效賢率領部勇一營，前赴瑶山西面賀縣一帶堵遏，以資協助。

現議辦理之法，惟在分别良莠，宣諭良瑶勿得黨庇助惡，其不法瑶沖，則分路扼要築卡，斷其鹽、布、木植貿易以困之。焚山開路，兵勇步步進紮，擇其［瑶］排中腹心之地築碉紮營。數月以後，該瑶必然窮蹙，自當縛獻凶渠，一切咸受約束。一面嚴飭民寨勒交凶匪，將歷年民瑶互相劫擄之案澈底清釐。其往來瑶山搆衅滋事之奸民，尤須捕獲懲辦，以期永息衅端。再將築碉留（營）［勇］、移營增汛各事宜，詳切籌辦，以期經久綏安。

（硃批）知道了。（欽此）〔一〕

爲鄧安邦請卹并請立傳摺 光緒十五年八月二十（八）［二］日

竊查已故原任潮州鎮總兵鄧安邦，籍隸東莞縣，年少貧甚，勤力養親，有孝友之稱。粤東盗起，應募爲團練勇目。咸豐四年，會匪李文茂黨數萬犯省城北門，官軍失利，該故鎮時帶團練三百

〔一〕以上衍、脱、舛九處，據中華書局一九九五年版《光緒朝硃批奏摺》第一一七輯，第二三二至二三三頁删、補、校正。猺，徑改為瑶。

禦賊於小磨盤山，戰獨力，賊終敗走。時前督臣葉名琛於五層樓以遠鏡觀戰，見一壯士縱横盪決，所向無前，傳見詢姓［名］，稱之爲鄧勇士，撥入廣州協充伍，以外委拔補，此該故鎮在粵立功知名之始也。自時厥後，屢隨官軍先後克復順德、和平等縣，攻破匪巢多處。七年，英人肇釁攻廣州，該故鎮以勇丁五百禦之東郊，遇於三寶墟，鏖戰勝之。是役也，尤爲粵人所稱。迨和議成，英人於稠人中見之，亦指謂曰，此勇將也。旋以緝拏（土）［會］匪、（會）［土］匪、海盜，積功累擢都司，賞戴花翎。同治三年，髮逆餘孽分竄福建、江西等處，將窺廣東，粵人大震，該故鎮隨同前廣東布政使李福泰帶勇堵剿。時逆首丁太陽等擁衆數萬，踞福建之武平縣，閩、粵各軍會攻久未克，福泰予以五千人馳至，遂與方耀、吴贊誠等會師，連［戰］拔之，由峰市進攻永定踞匪。而丁太陽竄陷詔安，該故鎮進紮下饒之分水關。賊以大隊如牆而進，該故鎮躍馬，自以抬槍隊擊之。賊不少却，復出馬隊來犯。該故鎮令從弟鎮邦抄其右，賊驚走，遂薄詔安城，連戰克之。是役也，該故鎮屢出奇兵，功最著。時康逆汪海洋陷鎮平縣，聞李福泰駐平遠，繞截餉道，圍平遠。該故鎮赴援，馳兩晝夜抵城下，饑疲無糧，雜取芋薯食之，力戰獲勝。賊復以馬隊由校場山後猱騰上城，幾入矣，該故鎮戰益急，賊始潰退。再敗之於大柘，降其利酋朱興隆，掃九嶺、茶園等賊，連營七座平之。又連破安仁老墟賊營十餘座，攻破坑口大巢，斬其僞酋多名，遂破超竹、大柘賊巢。時道員康國器以閩軍入境，該故鎮爲之嚮導，戰屢勝，降其僞天將譚富。會閩、粵諸軍收復鎮平縣城，廓清花旗餘黨。康逆竄江西不利，折回闌入和平縣城，該故鎮追及，復竄連平，再走和平。該故鎮與方耀等鏖之於白沙洲頭，追至下車，賊渡河而東，該故鎮從之。賊疾走三百里，陷嘉應州。遂會江、閩諸軍合圍克復嘉應州城，髮逆全股蕩平。論功擢遊擊加參將銜，並賞給鋭勇巴圖魯名號。

同治六年帶勇隨剿曹冲客匪，連戰屢勝，事竣陞參將加副將銜。又剿捕土匪多起，擢副將。光緒四年匪徒闌入佛岡廳城，該故鎮帶勇會同鄭紹忠剿平之，擢記名總兵。丁母憂，尋丁父憂，起復簡放潮州鎮總兵。光緒十四年十一月因公來省，舊疾舉發，遂以不起。此該故鎮頻年立功、積勞病故之實在事蹟也。

臣伏查鄧安邦以勇目奮跡行間，轉戰本省、外省各處，克復多城，剿平土匪多起，大小三百餘戰，未嘗敗衄，捕斬劇盜，尤不勝數。平日躬行節儉，而厚於養士，遇事推誠，故士卒樂於用命，所向有功。所部弁兵團勇，頗多驍悍難馴之徒，該故鎮善於駕馭，能令各盡其長。該故鎮與提督方耀、鄭紹忠齊名，有粵東三將之稱。光緒十年臣來督粵，時法越搆釁，防務方殷。該故鎮尚未服闋，臣奏委署理廣州副將，統率重兵，調集團練，駐守魚珠，築成洋式礮臺七座，自創地雷地營，軍民輯睦，深資捍衛。事平後，連年講求海防，所有籌款咨商閩廠協造兵輪，以及添購臺礮、船礮，查辦沙田，辦理匪鄉等事，該故鎮贊成之力爲多。臨歿之際，語不及私，所具遺稟，惟以綏靖地方爲念，實屬一時良將，未易多得。

臣前於奏報該故鎮出缺時，曾經聲明，俟查明戰功事蹟奏請賜卹在案。茲經查明，合無仰懇天恩敕部照軍營立功後病故例，從優議卹，並將該故鎮戰功事蹟宣付國史館立傳，俾垂不朽而勵

戍行。［除將履歷事實咨部查核外，理合恭摺具陳。伏祈聖鑒。］

（硃批）著照所請。該衙門知道。（欽此）〔一〕

盤驗司庫銀數通省徵收完欠數目摺〔二〕

光緒十五年八月二十二日

竊照每年奏銷時，例應將藩庫實存正雜銀兩及應徵銀米完欠數目，分晰盤查具奏。茲届光緒十四年分奏銷之期，經臣督同司道各官赴庫盤查。計捐貢監等款正項銀三十三萬七千二十九兩零，耗羨銀六十三萬六千八百二十八兩零，雜項銀一百三十二萬六千二十兩零。因正項錢糧銀兩不敷支放，歷年暫將以上正雜各款全行借墊，應俟徵解還款，逐加查驗相符，並無虧短情弊。其應徵地丁、民屯糧米，據布政使游智開、署督糧道王景賢將完欠數目分晰開報前來。臣覆查光緒十四年分額徵地丁等項實應徵銀一百九萬三千一百三十四兩零，内已完銀九十三萬三千六百三十六兩零，尚未完銀一十五萬九千四百九十八兩零，計完八分以上，未完一分有餘。又，額徵米石實應徵米三十四萬七百石零，内已完米二十七萬四千七百四十一石零，尚未完米六萬五千九百五十九石零，計完八分以上，未完一分有餘。現經督同藩司、糧道將未徵民欠銀米，勒限趕緊徵完。如有逾延，即行查參。除將司庫實存銀數及各屬現年徵收已、未完分數照例分案造册題咨外，所有盤驗司庫銀數及光緒十四年分通省徵收錢糧銀米完、欠數目各緣由，臣謹循例恭摺奏報。再，兩廣總督係臣本任，毋庸會銜，合併陳明，伏祈皇上聖鑒。

户部知道。

籌解第三批釐金京餉摺〔三〕 光緒十五年八月二十二日

竊准部咨，光緒十五年奉撥京餉案内，廣東應撥釐金銀十萬兩等因。咨行到粤。當經督飭司道遵照籌解去後。茲據廣東布政使游智開會同釐務總局司道詳稱，部撥釐金京餉，業經籌銀五萬兩，作爲第一、二批，飭委候補知府王秉恩等領齎匯單起解在案。茲再籌銀三萬兩，作爲第三批，仍交商號日昇昌、百川通、蔚長厚、蔚泰厚、新泰厚匯兑至京，以期迅速。飭委候補知府尹恭保等，領齎匯單，於光緒十五年八月十八日由海道進京，支取銀兩，赴部交納等情，詳請具奏前來。臣覆核無異，除咨部外，理合恭摺具陳。再，兩廣總督係臣本任，毋庸會銜，合併陳明，伏祈皇上聖鑒。

户部知道。

籌解第三批地丁京餉摺光緒十五年八月二十二日

竊准部咨，光緒十五年奏撥京餉案内，廣東應撥地丁銀十萬兩等因。咨行到粤。當經飭司欽遵籌解去後。

茲據廣東布政使游智開詳稱，部撥地丁京餉，業經籌銀五萬

〔一〕以上衍、脱、舛七處及日期，據中華書局一九九五年版《光緒朝硃批奏摺》第四一輯，第一〇七至一〇九頁删、補、校正。

〔二〕録自中國第一歷史檔案館編《光緒朝硃批奏摺》第八一輯，第六六七頁，中華書局一九九五年版。

〔三〕以下五件録自中國第一歷史檔案館編《光緒朝硃批奏摺》第八六輯，第六五九至六六四頁，中華書局一九九五年版。

兩，作爲第一、二批飭委候補知府王秉恩等，領齎匯單，起解進京交納在案。茲再籌銀二萬兩，作爲第三批，仍交商號日昇昌、百川通、新泰厚、蔚泰厚、蔚長厚匯兑至京。飭委候補知府尹恭保等，領齎匯單，於光緒十五年八月十八日起程，由海道進京，支取銀兩赴部投納等情，詳請具奏前來。臣覆核無異，除咨部外，理合恭摺具陳。再，兩廣總督係臣本任，毋庸會銜，合併陳明，伏祈皇上聖鑒。

户部知道。

籌解固本兵餉片 光緒十五年八月二十二日

再，案照同治五年欽奉上諭：直隸固本餉項，前經諭令廣東按月解銀一萬兩。現著仍照原定數目，改解部庫交納。等因。欽此。久經遵照辦理。

查此款向在洋藥釐金項下支解，嗣因藥釐改歸税司辦理，每年劃留銀八十萬兩，專爲備還洋款之用，固本餉項無所從出，疊將拮据情形奏明。隨准部咨，固本餉銀，前經奏定每月籌解銀一萬兩，應令無論動用何款，趕緊接續報解等因。粤省庫儲異常支絀，實無堪以動撥之款。當向商號先後籌借銀五萬兩，作爲光緒十五年正、二、三、四、五月分固本兵餉，分作兩批，飭委候補布政司經歷何亮采等、候補知縣潘偉琛，領解赴部投納，均經奏報在案。

茲據廣東布政使游智開詳稱，此項固本兵餉關繫要需，現在庫款匱絀無可籌措，再向商號百川通、日昇昌、新泰厚、蔚泰厚、蔚長厚籌借銀三萬兩，作爲光緒十五年六、七、八月分固本兵餉，仍交該商等匯兑至京。俟籌有款項，再行歸還。遴委候補知府尹恭保、候補直隸州知州賈敦忭，領齎匯單，於光緒十五年八月十八日起程，由海道進京，赴部投納。其舊欠銀兩一時實難設措，容俟竭力籌畫，另行帶解清款等情，詳請具奏前來。臣覆核無異，除咨户部外，謹附片具陳。再，廣東巡撫係臣兼署，無庸會銜，合併陳明，伏祈聖鑒。

户部知道。

籌解第二批太平關常税京餉片 光緒十五年八月二十二日

再，准户部咨，光緒十五年分京餉指撥廣東太平關常税銀十五萬兩。前因太平關税銀尚未解到，業據藩司先向商號借墊銀四萬兩，作爲第一批，飭委候補知府王秉恩領齎匯單赴部投納，並奏報在案。嗣准户部咨，將前撥太平關常税應解光緒十五年分京餉銀十五萬兩内，劃出銀十萬兩作爲内務府經費，改解内務府交納等因。除遵照劃出銀十萬兩另行籌解外，計尚應解光緒十五年太平關常税京餉尾數銀一萬兩。茲據廣東布政使游智開詳請照案向殷實商號百川通、日昇昌、新泰厚、蔚泰厚、蔚長厚借墊銀一萬兩，作爲第二批太平關常税京餉，即由該商號匯兑赴京，以期迅速。仍俟太平關税解到，發還歸款。飭委候補知府尹恭保等，領齎匯單，於光緒十五年八月十八日起程，由海道進京，支取銀兩，赴部投納等情具詳前來。臣覆核無異，除咨户部外，理合附片具陳。再，兩廣總督係臣本任，毋庸會銜，合併陳明，伏祈聖鑒。

户部知道。

鎮南關通商經費請在協餉數内劃解片

光緒十五年八月二十二日

再，前准户部咨，會奏鎮南關開辦通商經費，擬令暫於太平關常税項下撥給一摺。光緒十四年五月二十五日具奏，本日奉旨：依議。欽此。粘鈔原奏，咨行到粤。查原奏内開，統計該關每月需經費銀五百五十八兩，一年共應支銀六千六百九十六兩。擬請自光緒十四年起，在於太平關常税項下，按年照數撥給等因。又據廣西太平歸順道蔡希邠稟稱，龍州通商，前奉奏明仿照嘉峪關章程覈辦。查嘉峪關通商出入衹有一口，向設文案一員，查驗貨物一員，幕友一人，已足敷用。龍州道路紛歧，現設鎮南關外，尚有水口、平而兩關，皆條約載准通商之路，將來亦有貨物出口。又，三界廟查驗進口放行單，均須添設委員，而鎮南關係總匯之區，必須提調商務一員，業經前護撫臣李秉衡札委龍州同知辦理，不領薪水。此外尚有查驗貨物一員，每月照支銀二十四兩。文案一員，每月照支銀三十兩。幕友一人，改爲會辦文案一員，每月照支幕薪銀二十兩。兹擬添鎮南關查驗出口放行單一員，兼司彈壓，每月酌支銀五十兩。又添設水口關查驗出口放行單一員，每月酌支銀二十四兩。又添平而關查驗出口放行單一員，每月酌支銀二十兩。又添三界廟查驗進口放行單一員，每月酌支銀十六兩。每處各添巡丁二名，每名每月酌支銀三兩，共銀二十四兩。每月合共增銀一百三十四兩。查嘉峪關向有由津海關調來委員二員，每月共支薪水銀一百四十兩。前經咨明，如有添調，亦照案辦理等因在案。現本省有員，毋須另調，擬即以此項銀一百四十兩分給新添四員薪水及巡丁工食，尚屬有盈無絀，於嘉峪關章程亦屬相符。又，南關、龍州並須各添稽查一員，所需薪水由該道自行籌給。請咨明户部，按月加給銀一百三十四兩，統由廣東太平關彙解，以資辦公各等由前來。當即轉行司道會同籌議去後。

兹據廣東布政使游智開會同署理南韶連道蔣武琛詳稱，查太平關税務，前因洋舶日增，江粤來往貨物多由海道行走，短絀甚鉅。疊經各前任撫臣奏明，奉文將絲税、正耗，在於江海關代徵撥補，並於本省繁盛海口，仿照坐釐成式，分別補抽，勉資挹注。近年太平關常税，將絲税暨釐金撥數彙併計算，每年不過徵銀十四萬餘兩，除解支關廠委員、書役人等薪水、工食及部飯等銀三萬餘兩外，實僅存解司銀十萬數千兩。而常年奉撥京餉，暨本省兵餉合共十八九萬兩之多，每年所短在八九萬餘兩，均係由司先行籌解，俟太平關税收有銀兩再行撥還。歷經詳奉咨部有案。是太平關税常年解款尚有不敷，若再加部撥通商經費，暨該關稟請加給銀兩合共每年需銀八千三百零四兩，實屬無款可籌。該司查廣東向有撥解西省協餉銀兩，即係備廣西各項經費之用。所有部撥鎮南關通商經費每年六千六百九十六兩，應請即在協餉數内劃出，由東省專款籌解，以作該關常年經費，毋庸在於太平關税籌撥，免致有名無實。至該關道稟請每年加給銀一千六百零八兩，應俟奉准部議。如果准其照加，亦請於協餉數内劃解，以歸畫一等情，詳請具奏前來。臣覆加查覈，所議各節，皆係實在情形。除咨部查照外，謹附片具陳。再，兩廣總督係臣兼署，毋庸會銜，合併陳明，伏祈聖鑒。

户部議奏。

粵潮二關及瓊州北海兩新關第一百十三結徵收洋藥稅銀數奏報摺〔一〕光緒十五年八月二十二日

竊照光緒十年四月間，准户部咨，各海關洋稅奏銷，應令遵照定章一律開單奏報一摺。奉旨：依議。欽此。又，光緒十五年四月間准户部咨，洋藥稅銀另款奏報，毋再併入洋稅案内，以免轇轕等因。當經咨商辦理。茲自光緒十四年八月二十六日起至十一月二十九日止，計三箇月爲第一百十三結，粵海、潮州二關徵收洋藥稅共銀十三萬一千九十九兩六錢七釐，核計四成銀五萬二千四百三十九兩八錢四分二釐八毫。又粵海、潮州二關徵收招商局輪船洋藥稅及瓊州、廉州北海兩新關徵收洋藥稅共銀一萬二千一百十九兩二錢一分三釐。至瓊州、廉州北海兩新關招商局輪船洋藥稅，本屆並無徵收。再，光緒四年四月間，准户部咨，瓊州北海兩新關所收洋稅既無外國扣款，自毋庸再行分別四成、六成報解等因在案。所有粵海、潮州二關及瓊州、廉州北海二新關第一百十三結徵收洋藥稅緣由，除咨總理衙門暨户部外，謹繕列清單，會同南洋通商大臣兩江總督臣曾國荃恭摺奏陳。再，廣東巡撫係臣之洞兼署，毋庸會銜，合併陳明，伏祈皇上聖鑒。

該衙門知道。單併發。

粵潮二關及瓊州北海兩新關第一百十三結徵收正稅並船鈔土貨半稅銀數奏報摺光緒十五年八月二十二日

竊照光緒十年四月間，准户部咨，各海關洋稅奏銷，應令遵照定章，一律開單奏報一摺。奉旨：依議。欽此。咨行到粵。當經欽遵辦理。查粵海、潮州二關，徵收洋稅四成項下銀兩，歷准户部並總理各國事務衙門咨，每月撥解陝西協餉銀一萬兩，嗣改爲籌邊軍餉。又每季籌辦内務府、造辦處赤金各五百兩。又每結撥解抵還閩省借款，改爲加放俸餉銀六千兩。又應解南北洋經費，嗣准總理海軍事務衙門咨，撥歸海軍衙門作爲常年餉需經費之用各等因。所有各關徵解銀數，歷經按結奏報在案。茲自光緒十四年八月二十六日起至十一月二十九日止，計三箇月，爲第一百十三結，粵海、潮州二關徵收正稅共銀三十七萬四千二百三十五兩八錢八分八釐，核計四成銀十四萬九千六百九十四兩三錢五分五釐二毫。除撥解光緒十四年二月、三月、四月分籌邊軍餉共銀三萬兩，辦解内務府十四年冬季分赤金價銀九千二百五十兩，造辦處十四年冬季分赤金價銀九千二百五十兩，抵還閩省借款解京改放俸餉銀六千兩外，實存四成銀九萬五千一百九十四兩三錢五分五釐二毫。又粵海、潮州二關徵收洋船船鈔、土貨半稅，招商局輪船貨稅、土貨半稅及粵海大關招商局輪船船鈔各項，共銀九萬二千四十六兩二錢八分二釐。至粵海大關子口稅及潮州新關子口稅，並招商局輪船船鈔，本屆並無徵收。又本屆第一百十三結瓊州、北海兩新關徵收正稅共銀四萬九千九百五十兩四錢一分四釐，徵收船鈔、土貨半稅、子口稅各項共銀一千一百五十七兩七錢六分四釐。至招商局輪船貨稅、船鈔、土貨半稅，本屆並無徵收。再，光緒四年四月間，准户部咨，瓊州、北海兩新關所收洋稅，

〔一〕以下二件録自中國第一歷史檔案館編《光緒朝硃批奏摺》第七二輯，第三六八至三七〇頁，中華書局一九九五年版。

既無外國扣款，自毋庸再行分別四成、六成報解等因在案。所有粤海、潮州二關及瓊州、廉州北海二新關第一百十三結徵收正税及船鈔、子口税、土貨半税各緣由，除咨總理衙門暨户部外，謹繕列清單，會同南洋通商大臣兩江總督臣曾國荃恭摺奏陳。再，廣東巡撫係臣之洞兼署，毋庸會銜，合併陳明，伏祈皇上聖鑒。

該衙門知道。單併發。

廣東省光緒十四年下半年收解釐金數目摺(一)

光緒十五年八月二十二日

竊准部咨，同治八年二月初五日奉上諭：釐金一項，現據各該省奏報，每年減收已不下數百萬兩。若辦理不善，經費將何所出。各該督撫仍須悉心酌核，力除中飽，毋得徒博虛譽，率行減免。遇有局卡太密重複徵收者，仍隨時裁汰懲辦。其釐金報部章程，仍照兩淮鹽釐半年奏報一次。著馬新貽將開報式樣鈔録，咨行各該省查照辦理。等因。欽此。欽遵。嗣准兩江督臣馬新貽將兩淮鹽釐開報式樣録送來粤，轉行查照。

又，同治八年十二月前撫臣李福泰奏報太平關盈餘溢額一片，聲明叅酌已撤坐釐成式，在於繁盛海口，分別補抽，以濟軍餉。隨於粤東省城及南海縣之佛山，順德縣之陳村，新會縣之江門，設廠補抽貨釐。又，光緒二年閏五月，前督臣劉坤一於遵旨覆奏前督臣英翰所陳粤省情形並應辦事宜摺内聲明，於近年貿易較盛之廉州北海、瓊州海口等處設廠抽釐，以裨經費。並因北海地方界連高、雷兩郡，陸路處處可通，易於繞越，又在高、雷兩屬水東等處，添設卡廠抽收貨釐。並查得西江大洲廠偏在一隅，稽征不能得力，經將該廠移設德慶州屬都城地方，以便稽查而杜偷漏。嗣於光緒七年二月間，准户部咨，鹽釐一項既係改歸運司按引抽收，應將收支數目另案詳報，勿庸歸併貨釐册内開報，致滋弊混等因。又經轉行遵照辦理。其新香海口五廠補抽貨釐，係因近海各處漏匿漸多，於光緒十二年六月開始行設法整頓，陸續開辦。截至年底止，綜計各廠下半年收數，比較光緒十一年下半年收數，已增多銀六萬八千餘兩。若以通年合計，當可增收十三萬餘兩。經臣於光緒十二年十二月復奏收支摺内詳細聲明，續經奏明，該五廠創辦以後，規模既定，收數尚可加多。嗣因洋藥改用税司，將該五廠補抽貨釐於光緒十三年三月間改歸九龍、拱北兩關税司接收辦理。又省河補抽係光緒十三年正月開設局開辦。所有光緒十四年六月以前抽收行坐貨釐及鹽釐數目，節經開列清單，奏報在案。

茲查光緒十四年七月初一日起至十二月底止，共收原設東、西、北三江及續設廉州並高、雷兩屬水東、北海等廠貨釐洋銀五十四萬六千六兩九錢七分二釐，補抽省城省河、佛山、江門、陳村暨九龍、拱北兩關等處貨釐洋銀三十五萬一千七百二十二兩六錢四分六釐六毫，又抽鹽釐洋銀五萬七千二百六十兩六錢二分七釐。據廣東布政使游智開會同釐務局司道仿照兩淮鹽釐式樣分別造册，詳請具奏前來。臣覆查無異，除各册送部外，謹分列清單恭摺具陳。至鹽釐一項，業已改歸運司按引抽收，是以清單内不復分別各廠名目。再，廣東巡撫係臣兼署，毋庸會銜，合併陳明，伏祈皇上聖鑒，敕部核覆施行。

户部知道。單併發。

(一) 録自中國第一歷史檔案館編《光緒朝硃批奏摺》第七七輯，第二二八至二二九頁，中華書局一九九五年版。

廣東省徵收光緒十四年分錢糧比較上三年完欠分數摺[一] 光緒十五年八月二十二日

案准部咨，各省徵收錢糧比較限期，統以年底截數，次年二月造報。春撥之時，即將新賦項下額徵若干，蠲緩若干，已、未完若干，舊賦項下帶徵若干，應徵若干，比之上三年或多或少，一一注明，另行開單奏報。即以道光五年春撥爲始，一律遵辦。嗣又准部咨行，此次各直省單開未完分數，總以年底未届奏銷不能全完爲詞。是通年全額錢糧，尚未徵齊，不若仍以奏銷截數開單具奏比較更爲周匝各等因。轉行遵照在案。茲辦理光緒十四年分奏銷之期，除循例題報外，據布政使游智開將光緒十四年徵收錢糧，比較上三年完欠數目，注明入季解道留支各數，並查明徵收未解一項，於現辦十四年奏銷，遵照定例，歸入未完項下開列專案咨部，開單請奏前來。臣覆核無異，理合恭摺繕單敬呈御覽。再，兩廣總督係臣本任，應毋庸會銜，合併陳明。伏祈皇上聖鑒，敕部查照施行。

户部知道。單併發。

廣東省光緒十四年分催徵舊賦完欠數目摺 光緒十五年八月二十二日

竊照各省每年奏銷時，應將徵收歷年舊欠正雜錢糧數目及未完分數考成專摺奏報。現届辦理光緒十四年分奏銷之期，除是年應徵新賦銀米已、未完數目，業據司詳另核具奏外，茲據廣東布政使游智開詳稱，查自同治十一年起至光緒十三年止，舊欠未完地丁備支經費連緩徵，除續完及豁免外，尚應徵銀一百八十萬二千七百三十兩零。內已完銀八萬五千一十二兩零，未完銀一百七十一萬七千七百一十七兩零。另從前各州縣徵存未解地丁及備支經費共銀一萬三千九百六十六兩零，內已完銀三十七兩零，未完銀一萬三千九百二十八兩零。又舊欠耗羨銀三十萬四千七百一十五兩零，內已完銀一萬三千六百一十八兩零，未完銀二十九萬一千九十六兩零。另從前各州縣徵存未解耗羨銀一千九百四十七兩零，全未完解。又自道光三十年起至光緒十三年止，舊欠銀米連緩徵除續完及豁免外，尚未完米七十一萬一千六百九十二石零，內已完米二萬一百二十八石零，未完米六十九萬一千五百六十三石零。另從前各州縣徵存未解米四萬九千九百七十一石零，內已完米八十八石零，未完米四萬九千八百八十二石零。以上各屬徵存未解地丁備支耗羨等銀，業於交代案內衆追勒催完解。其未完米石係由歷年各路辦理軍務，就近提支軍需，未據赴司領解。現經嚴飭各屬領解清款，分別收支。再，光緒十年八月初五日欽奉恩旨，豁免光緒五年以前民欠錢糧。所有各屬未完同治十一年起至光緒五年止民欠錢糧，業經通飭據實開報。現尚未據各屬列册申繳齊全，請俟嚴催。各屬册報到日，查明徵存在官及實欠在民數目，另行分別催提造册請豁。現在奏銷册內仍作未完列報等情，詳請具奏前來。經臣覆核無異，所有光緒十四年分徵收舊賦完欠數目，謹循例恭摺具奏，並繕清單敬呈御覽。再，兩廣總督係臣本任，應毋庸會銜，合併陳明。伏祈皇上聖鑒，敕部查照施行。

户部知道。單併發。

[一] 以下二件録自中國第一歷史檔案館編《光緒朝硃批奏摺》第六六輯，第一六七至一六九頁，中華書局一九九五年版。

籌解本年旗營加餉第三批銀數摺[一] 光緒十五年八月二十二日

竊照光緒十一年八月二十二日，欽奉慈禧端佑康頤昭豫莊誠皇太后懿旨：今欲酌加旗營餉需，惟有將各省營勇裁減浮濫。每省每年各裁節銀二三十萬，分批解部，以供加餉練兵之用。等因。欽此。當即恭録分行司局籌解。因粤省餉力萬難，一時未能籌定專款，光緒十二年先由商號借銀十萬兩匯解赴京。嗣於覆奏查明廣東收支款目尚無歧誤摺内，附列清單，以旗營加餉一款係欽奉懿旨飭籌之件，無論如何爲難，自當竭力籌措。以後每年解足十萬兩，仍俟籌定動支款項，另行奏明。所有光緒十三、四年分應解銀兩，均經解足。至光緒十五年分，應解旗營加餉銀十萬兩，先經籌銀五萬兩，分作兩批，飭委候補知府王秉恩並候補布政司經歷何亮采等，領解赴京，奏報在案。茲據廣東布政使游智開詳稱，現再籌銀三萬兩，作爲本年旗營加餉第三批，照案發交商號百川通等匯兑，遴委候補知府尹恭保、候補直隸州知州賈敦忭，領齎匯單，於光緒十五年八月十八日起程，由海道進京，支取銀兩，赴部交納等情，詳請具奏前來。臣覆核無異，除咨明户部外，理合恭摺具陳。再，廣東巡撫係臣兼署，毋庸會銜，合併陳明，伏祈皇上聖鑒。

户部知道。

要缺需員懇准仍以李受彤補授摺[二] 光緒十五年八月二十二日

竊照欽州知州，前准部咨，准其升爲直隸州知州，定爲衝繁難煙瘴要缺，由外升調揀補等因。當經臣請以候補直隸州知州李受彤奏補，接准吏部咨覆，該員係初任候補人員，且保升直隸州亦未據甄別，按照定例，不准請補。應令另行揀選等因。本應遵照部議，另行揀補。惟欽州直隸州知州係衝繁難煙瘴要缺，該處界連越南，時有中外交涉事件。現當界務方殷，轄屬升改之初，一切事宜多屬創辦，非精明幹練、能耐煙瘴、熟悉邊情民事、善於操縱之員，不足以資治理。臣督同藩、臬兩司於通省候補及應升並現任各員内，復加遴選，實無人地相宜堪以升調請補之員。查候補直隸州知州李受彤，年五十歲，廣西臨桂縣人。原籍湖南祁陽縣，由附生中式舉人，辛未科大挑二等，以教職選用，選授廣西宣化縣教諭。光緒四年，在廣東滇捐局遵籌餉例報捐知州，指省分發廣東試用。五年九月二十一日到省，並無在粤遊幕。續因派委勘界出力，保奏以直隸州知州遇缺即補。十四年四月十九日奉旨，計六月初九日接到部文，現署欽州直隸州知州篆務。該員雖係初仕候補，改官亦未甄別，與例稍有未符。惟查請改設欽州直隸州原奏内，曾經聲明，由外升調揀補。所云揀補，自係包括無論是否初任候補人員。該員前任知州，曾經甄別，究與前官改官均未甄別者微有不同。至該員署理欽州已逾三載，於邊事民情詳審熟悉，輿情尤爲愛戴，歷委籌辦劃地建置、勘界立牌一切事宜，均能盡心規畫，悉臻周妥，亦與別項

〔一〕録自中國第一歷史檔案館編《光緒朝硃批奏摺》第五八輯，第四一六至四一七頁，中華書局一九九五年版。

〔二〕以下六件録自中國第一歷史檔案館編《光緒朝硃批奏摺》第六輯，第四四二至四四八頁，中華書局一九九五年版。

候補初任人員有間。近接准總理各國事務衙門來電，目前正值法人約期勘立界牌，酌量分劃，事權甚重，正在檄飭該員妥爲辦理。此三數年內，必須原辦之員經理防維，斷不便驟易生手。若以人地生疏不諳交涉之員請補，令其到任，則恐致貽誤。不令到任，則仍屬有名無實，似非綏邊覈實之道。且該州係奏明新設直隸州，事當創始，尤難拘以選補成例。應請仍以該員補授欽州直隸州知州，實屬人地相需。據藩、臬兩司會詳前來。合無仰懇天恩俯念欽州邊瘴緊要，華洋交涉，且該州係創設之缺，定界非常有之事，准仍以該員李受彤補授欽州直隸州知州，俾資治理而靖邊氓。嗣後不得援以爲例。如蒙俞允，俟部覆到日，照例給咨送部引見，以符定章。臣係爲邊地交涉界務重要起見，理合恭摺具奏。再，兩廣總督係臣本任，應毋庸會銜，合併陳明，伏祈皇上聖鑒。

吏部議奏。

光緒十五年春季分廣東省委署代理州縣各缺摺 光緒十五年八月二十二日

竊准部咨，咸豐十一年十一月二十三日奉上諭：給事中高延祜奏各省更調州縣請飭部嚴定章程等語。嗣後各省州縣無論奏調、委署、代理，著每屆三月彙奏一次，由吏部嚴行查核。如有違例更調等弊，即將該省督、撫、藩司分別參奏。等因。欽此。欽遵辦理在案。茲據廣東布政使游智開詳稱，光緒十五年春季分，出有羅定直隸州知州曾紀渠調署潮州府知府，遺缺以卸順德縣知縣魏傳熙署理。又仁化縣知縣陳禹年病故，遺缺以試用知縣續芳署理。又署香山縣知縣張文翰調省差委，遺缺以卸河源縣知縣李徵庸署理。又龍門縣知縣張全葆行令引見，遺缺以卸南雄州州同王兆莊署理。又恩平縣知縣何榮樟告終養，遺缺以委署清遠縣事增城縣知縣黄維清調署，其所遺清遠縣知縣缺，以代理斯缺之卸新甯縣知縣何福海專署。又德慶州知州楊文駿調省差委，遺缺以准補化州知州杜紹唐署理。又署化州知州章毓桂調省差委，遺缺以候補本班儘先補用知縣魏邦翰署理。又署河源縣知縣施念祖調省差委，遺缺以試用知縣畢昌言代理。又遂溪縣知縣汪椿恒回省就醫，遺缺以教職分發知縣聶大昇署理。又署和平縣知縣鍾錫綸調省差委，遺缺以候補知縣葉樹榮署理。又陽山縣知縣徐沅調省差委，遺缺以試用通判符翕署理。又新設防城縣知縣缺，以試用同知孫鴻勳代理。均無違例更調情弊。遵照定章詳請具奏前來。臣覆查無異，理合恭摺具陳。再，兩廣總督係臣本任，毋庸會銜，合併陳明，伏祈皇上聖鑒。

吏部知道。

請准以李徵庸調補南海縣知縣摺 光緒十五年八月二十二日

竊照准部咨行缺單內開，南海縣知縣郭樹榕開缺留省，所遺南海縣知縣係衝繁疲難四項最要缺，例應在外揀選題補。該縣爲省會首邑，政務殷繁，時有發審要案及交涉洋務，非精明幹練才識兼優之員，不足以資治理。臣督同藩、臬兩司於本省候補即用及應升各員內，逐加遴選。非現居要缺，即人地未宜，實無合例堪勝斯缺之員。惟查有河源縣知縣李徵庸，年四十歲，四川鄰水縣人，由附生中式，同治六年丁卯科併補行壬戌恩科本省鄉試舉人，甲戌科考取景山官學教習，光緒三年丁丑科會試中式進士，以主事用，籤分刑部河南司行走。四年丁父憂回籍，五年接丁母憂，七年先後服滿起復，在籍修墓。十二年到部供職，奉派河南司主稿，覆看湖廣司秋審。是年遵海防例降捐知縣，歸新班即選，授河源縣知縣。復由閩省遵茶捐例捐加同知銜，十三年九月二十六日到任。嗣遵鄭工例捐免試俸歷俸，於十四年十二月十六日赴部庫上兑，經奉到執照，呈繳咨銷在案。係屬報捐在先，出缺在後。查該員勤明任事，爲守兼優，以之調補南海縣知縣，洵堪勝任。惟南海縣本屬題缺，今請調補與例稍有未符，而人地實在相需，例得據實陳明，專摺奏請。據藩、臬兩司會詳前來，合無仰懇聖恩俯念省會首邑員缺緊要，准以李徵庸調補南海縣知縣，實於要缺有裨。如蒙俞允，該員係現任知縣請調知縣，銜缺相當，毋庸送部引見。所遺河源縣知縣缺，粤省現有應補人員，請扣留在外。俟接准部覆，另行選員請補。該員任内並無承審積案及徵解錢糧，承緝未獲盜案已起降調革職參限。其參罰案件，係在光緒十五年三月十六日欽奉恩詔以前，悉予豁免，毋庸列造。理合繕摺具奏。再，兩廣總督係臣本任，毋庸會銜，合併陳明，伏祈皇上聖鑒。

吏部議奏。

光緒十五年春季分廣東省州縣缺出輪委班次片 光緒十五年八月二十二日

再，前任順天府尹蔣琦齡等條奏疏通正途案内，經部議奏，嗣後各省州縣缺出，先委正途一人，次委勞績一人，再將各項委用、試用人員輪委一人，仍令將輪委班次並出缺日期詳叙，每屆三月奏報等因。於同治元年六月初五日奉旨：依議。欽此。咨行到粤。即經分別酌委、挨委員缺班次，按季奏咨在案。

茲光緒十五年春季分，出有龍門縣知縣張全葆行令引見，遺缺以卸南雄州州同王兆莊署理。又恩平縣知縣何榮樟告終養，遺缺以委署清遠縣事增城縣知縣黄維清調署，其所遺清遠縣知縣缺，以代理斯缺之卸新甯縣知縣何福海專署。又德慶州知州楊文駿調省差委，遺缺以准補化州知州杜紹唐署理。又署化州知州章毓桂調省差委，遺缺以候補本班儘先補用知縣魏邦翰署理。又署河源縣知縣施念祖調省差委，遺缺以試用知縣畢昌言代理。以上六缺，俱係挨委簡缺，例應按班輪委，因各該州縣地方緊要，暫時酌委該員王兆莊等署理，均不入班次積缺計算。又仁化縣知縣陳禹年病故，遺缺輪用委用試用班，以試用知縣續芳署理。又遂溪縣知縣汪椿恒回省就醫，遺缺輪用正途班，以教職分發知縣聶大昇署理。又署和平縣知縣鍾錫綸調省差委，遺缺輪用勞績班，以候補知縣葉樹榮署理。又陽山縣知縣徐沅調省差委，遺缺輪用各項同知通判班，以試用通判符翕署理。據廣東布政使游智開列册詳請具奏前來。除册送部外，臣謹附片具陳。再，兩廣總督係臣本任，毋庸會銜，合併陳明，伏祈聖鑒。

吏部知道。

王存善署理知縣片 光緒十五年八月二十二日

再，光緒十年接准吏部咨行，首府首縣缺出，先於通省正途人員内揀選委署。如實無合例堪以署理之員，或人地不宜，始准於摺内詳細聲明，以各項出身人員遴選署理等因。歷經遵照辦理在案。茲查署南海縣知縣張璿，調署東莞縣知縣，遺缺係省會首縣要缺，應即遴員接署。先於通省正途人員内揀選，非現居要缺，即人地未宜。再於各項出身人員内遴選，查有現署廣糧通判事試用通判王存善，學優才卓，深悉民隱，堪以署理。據布政使游智開、按察使王之春會詳前來。除檄飭遵照外，臣謹循例附片具陳。再，兩廣總督係臣本任，毋庸會銜，合併陳明，伏祈聖鑒。

吏部知道。

試用通判知縣期滿甄別片 光緒十五年八月二十二日

再，捐納試用通判、知縣，到省一年期滿，例應分别考察面試，甄别具奏，歷經遵辦在案。茲查有試用通判張澤樹，樸健耐勞，供差勤勉。試用通判費紹緯，講習例案，造就堪資。試用知縣謝師元，吏事明習，舉動安詳。均經詳加考察，分别照章考試，堪以各按本班序補。據藩、臬兩司具詳前來。除將各該員詳細履歷開單咨明吏部外，理合附片具陳。再，兩廣總督係臣本任，毋庸會銜，合併陳明，伏祈聖鑒。

吏部知道。

請准以黃金福補授副將摺(一) 光緒十五年八月二十二日

竊准兵部咨，廣東順德協副將利輝丁憂，遺缺係内河水師題補第一輪第一缺，輪用儘先人員。既據扣留，應令查照例章揀員請補等因。查定例，水師副將缺出，本省之人不准題補本省之缺。又定例，各省内河水師額缺本少，一時揀選乏人，准以外海水師人員通融題補。又現准部咨，嗣後奏補員缺，如聲叙人地相宜、人地實在相需者，查係例應迴避之缺，概不准其請補各等語。茲會同廣東水師提督臣方耀詳加揀選，查内河水師儘先副將止有潘德言一員，未准部覆註册。外海水師儘先副將亦止有謝遇奇一員，營伍尚欠歷練，均未便請補。查有奏留廣東差遣以外海水師副將儘先補用黃金福，年四十六歲，廣東潮州府潮陽縣人，因在江南等省迭次勦匪出力，遞保花翎儘先遊擊，加副將銜，並給阿克敦巴圖魯名號。續保免補遊擊，以參將留甘儘先補用。嗣於勦辦番社積年在事出力員弁請奬案内，光緒四年四月二十九日奉上諭：著免補參將，以副將儘先補用，並賞加總兵銜。欽此。銷差回籍，尚未赴部引見分發，經前督臣劉坤一奏請，留於廣東差遣，以外海水師副將儘先補用。光緒五年九月二十四日奉旨：著照所請。兵部知道。欽此。飭發水師提標中營效力，於光緒六年四月初三日到營，造送履歷。准兵部咨覆，該員由陸路出身，仍照向章飭令巡洋將備帶領出洋，試驗一年期滿，給咨送部引見，再行按照原保官階歸入水師班内序補。嗣試驗期滿，例應保題給咨送部引見。經前署督臣曾國荃以派委該員督辦省河南路防務，統帶勇營。時值海防喫緊，未便更易生手，奏請暫緩送部，俟補缺時，併案給咨送部引見。光緒九年八月十一日奉旨：著照所請。兵部知道。欽此。因前在陝甘等省勦匪受傷，奏准邀免騎射，又於勦辦廣東歸善縣屬稔山會匪全股殲散擒斬首要案内保奏，奉旨以總兵記名

(一) 録自《京報》第三二〇七號。

簡放，准兵部議覆，改爲議叙，給予加一級。光緒十年八月二十五日奉旨：依議。欽此。又因拏獲哥老會匪首李世潰等案內，奏請交部從優議叙。准兵部議覆，給予加一級，再加紀録二次。光緒十三年二月十一日奉旨：依議。欽此。該員勇幹勤明，河道熟習，前在外省軍營並無叅革朦保情弊，現委署理廣州協副將，於營伍捕務均能認真整頓，辦理裕如，實爲將領中出色之員。合無仰懇天恩俯准以黄金福補授順德協副將。如蒙俞允，該員係籍隸本省，且於改用外海水師試驗期滿案內應行引見，俟部覆到日，併案給咨送部。並咨商兩江督臣在於江南内河水師副將揀員對調，以符定制。謹會同廣東水師提督臣方耀合詞恭摺具奏。伏祈皇上聖鑒，敕部核覆施行。

兵部議奏。

請准以黄廷芳升補都司摺[一] 光緒十五年八月二十二日

竊准兵部咨，廣西上林營都司劉鯤，准補右江鎮右營遊擊。所遺上林營都司員缺，係題調之缺，行文迅揀合例人員升調等因。查定例，各省題調缺出，先儘現任人員揀選題調。如無合例堪調者，准於應升人員内，保題升用。又題調缺出，照例揀選具題，其有員缺緊要、人地實在相需，而所保之員與例稍有未符者，將不合例之處詳細聲明，請旨交部覈覆各等語。廣西上林營都司，駐紮泗城府西林縣城，係煙瘴題調之缺，必須熟悉風土、能耐煙瘴之員，方克勝任。粤西現任都司，非現居要缺，即人地未宜，均無堪以調補之員，應於現任人員内揀選升補。茲會同廣西提督臣蘇元春詳加揀選，查有擬調賓州營守備鎮安協右營守備黄廷芳，年五十九歲，廣西南甯府宣化縣人，由行伍歷年隨剿出力保奬藍翎，拔補千總，遞補鎮安協右營守備，於光緒六年十二月十二日接劄，七年六月二十四日到任。光緒十五年五月内題請調補賓州營守備，未准部覆。該員久歷戎行，穩成幹練，且熟悉風土，能耐煙瘴。上林營都司缺距該員本籍在五百里以外，以之升補此缺，洵堪勝任。惟調缺請補與例稍有未符，第人地實在相需，例得專摺奏請。合無仰懇天恩俯念要缺需員，准以擬調賓州營守備鎮安協右營守備黄廷芳升補廣西上林營都司，庶於地方營伍有裨。如蒙俞允，俟接准部覆，再行給咨赴部引見，以符定制。其所遺鎮安協右營守備員缺，係題調之缺，俟接部覆，再照例揀員請補，合併陳明。謹會同廣西提督臣蘇元春合詞恭摺具陳，伏祈皇上聖鑒，敕部覈覆施行。

兵部議奏。

請准將武弁陶國安等留粤補用片 光緒十五年八月二十二日

再，奏留江南差委記名提督陶國安、儘先推補副將羅三元、儘先補用守備吴得望，前因辦理海防，隨同統領湘軍定字各營提督陶定昇來粤，分別派充營哨各官，於築臺、攔河諸役，備著勤勞。嗣經分派駐守省防各臺礮，演放巨礮，教練士卒，均能歷久

[一] 以下八件録自中國第一歷史檔案館編《光緒朝硃批奏摺》第四一輯，第一一一至一二〇頁，中華書局一九九五年版。

不懈，克副任使。又，記名提督黃超羣，光緒十一年由閩來粵投效，委帶督標練軍，嗣復派赴瓊州，剿辦黎客各匪，奮勉圖功，不避艱險。現委管帶輪船，巡緝省河，留心捕務。又升用提督補用總兵朱遠陞，由廣西邊防軍營調辦瓊州黎匪。光緒十四年三月督勇攻克七弓什常村賊巢，生擒匪首，搜捕餘匪，撫綏黎歧，深入瘴城，樸實勇敢，備著勤勞。又福建水師提標儘先補用都司林國祥，於光緒六年調粵管帶輪船，熟於駕駛，兼通測繪之學。頻年奉差往來南洋各海口，熟悉風濤沙綫，教練兵勇槍礮，甚資得力。又福建補用都司儘先守備方喜恩，由勇目投效廣東潮普營，歷保守備，留閩補用。現在潮普營當差，遇事勤奮，於廣東洋面水師緝捕情形尤爲熟悉。合無仰懇天恩俯准將提督陶國安、黃超羣，總兵朱遠陞，副將羅三元，守備吳得望，留於廣東，各以原官分別借補、叙補。都司林國祥、守備方喜恩，留於廣東，遇有水師缺出，按班叙補。俾資策遣而裨操防。除飭取各該員等履歷咨部及分別咨明兩江、閩浙各督臣外，理合附片具陳，伏祈聖鑒。

著照所請。兵部知道。

請暫免對調副將片光緒十五年八月二十二日

再，廣東大鵬協副將缺，經臣奏請以儘先副將碣石鎮中軍遊擊黃廷耀補授。嗣准兵部議覆，查黃廷耀儘先名次在前，現在亦無事故，請補副將核與定章相符，應請准其補授，並令即行按限給咨該員赴部引見後，再行給與劄付。至該員籍隸本省，照章應行揀調。雖據奏稱福建、廣東兩省籌辦海防善後，請暫緩對調等語，惟現在福建、廣東並無軍務，所請應毋庸議，仍令照章會商閩浙總督，揀員對調，以符定制等因。光緒十四年三月二十二日奏。奉旨：依議。欽此。當經轉行遵照，並咨商閩浙督臣在於閩省水師各副將内，查明何員籍隸本省，熟悉粵東洋面，堪與該員黃廷耀對調，咨覆核辦。隨准覆稱，查閩省額設水師副將三員，内閩安協副將員缺，甫奉部咨，以水師提標中軍參將王世明掣補。該員係湖南長沙縣人，現在尚未授劄到營任事。海壇協副將佘致廷，係湖南長沙縣人。金門協副將王國才，係安徽舒城縣人。是閩省水師實缺副將三員内，既無籍隸本省，例應迴避之員。且各該員，亦無曾在粵省勦匪著績，熟悉粵洋之人堪以調往等因。現在既無可調之員，合無仰懇天恩俯准將大鵬協副將黃廷耀，暫免查缺對調。仍再咨明閩浙督臣，俟閩省水師副將有合例堪與對調人員，再行咨商揀調，以符定制。謹會同廣東水師提督臣方耀附片具陳，伏祈聖鑒。

兵部知道。

請准仍以尹林安補授都司片光緒十五年八月二十二日

再，廣東前山營都司陳崇安病故，遺缺前准兵部咨，係内河水師題補第四缺，應用儘先人員。經臣會同廣東水師提督臣方耀奏請，以新會營右營守備儘先都司尹林安補授。茲准兵部覆稱，查尹林安儘先名次在後。據該督將名次在前人員按名聲叙人地不宜，該員請補是缺都司，聲叙洵堪勝任。惟係籍隸本府應行迴避之員，不准聲叙請補，自應照章議駁。其廣東前山營都司缺，應令照章將名次在前之員請補。雖據聲稱人地不宜，然既係迴避本府，准補後即可分別外海陸路揀缺調補，辦理並無窒礙。不得聲叙名次在前人員，致與定章不符。至揀調所遺之缺，或仍以内河水師人員挨次請補，或即以外海人員通融題補，臨時酌量奏明辦理等因。光緒十五年五月二十六日奏。奉旨：依議。欽此。咨行前來。臣即與廣東水師提督臣方耀往返函商，覆加確覈。查名次在前之鍾祥光，年近衰邁，湯恩、盧光漢、潘璘，營伍尚欠歷練，均未便遷就請補。且該四員均係籍隸本府。查新會營右營守備儘先都司尹林安，勇敢精詳，熟習船礮，實爲營伍中出色之員，且既與名次在前之四員同係籍隸本府，自應就其才具短長，酌量遴補。合無仰懇天恩俯准仍以尹林安補授前山營都司，俾昭激勸。如蒙俞允，該員甫經引見，毋庸送部，請敕部給予劄付。該員籍隸本府，惟係生長海濱，能任波濤，宜於外海，並請敕部立案，以外海之缺改補，合併陳明。謹會同廣東水師提督臣方耀合詞附片覆陳，伏祈聖鑒，敕部覈覆施行。

兵部議奏。

爲都司蒙啓森等請奬片 光緒十五年八月二十二日

再，前因廣東儘先都司蒙啓森等拏獲著名大盗尤爲出力，經臣奏保請將都司蒙啓森、黄麟瑞均以遊擊儘先補用，千總梁安邦、施相廷均以守備儘先補用，奉硃批：兵部議奏。欽此。兹准兵部咨，傷亡兵勇另行議卹。查所保各員，係免補本班及請儘先班次均與定章不符，應將蒙啓森、黄麟瑞改爲俟補都司後以遊擊補用。梁安邦、施相廷改爲俟補千總後以守備補用等因。具奏，奉旨：依議。欽此。咨行到粤。伏查廣東地方，盗匪猖獗。前經臣疊次奏明，並現經瀝陳獲盗艱苦情形，奏請照軍營勞績從優保奬在案。上年所獲盗犯李畝、曾亞杰等，皆係積年海盗巨魁，黨與衆多，肆刦無忌。其焚掠鄉村，殺傷事主，拒斃官兵之案，不計次數。經臣嚴飭營縣，懸立重賞，期以必獲。該都司等查實該匪蹤迹，督率兵勇，奮不顧身，圍捕格鬥，合共拏獲六名之多，而兵勇陳在陸、楊亞銀，立被匪黨槍傷身死。都司黄麟瑞帶傷甚重，兵勇受傷亦多。臣覈其勞績，實係異常出力，是以奏保免補本班及儘先班次。今兵部均改爲補缺後補用字樣，查近來武職人員擁擠沈滯，非名次在二十名内者，不能請補。似此微末員弁，補缺無期，安望升擢。竊思補缺後字樣以之奬勵尋常勞績則可矣，儻使與盗對敵，生死决於俄頃，臨事則有性命之憂，事後視爲尋常之舉，孰肯躬蹈不測之險以除民害。誠恐盗風日盛，弁勇無死鬭之志，微臣亦無激勵之方，於地方關繫非小。查歷准吏部咨，拏獲著名巨盗一名，或斬梟、斬决盗犯五名以上，俱照拏獲捻匪之例保奏。又各省獲盗人員，如係舉發巨案，拏獲著名大盗，勞績與戰功無異者，奏請破格奬勵，准其指定應升官階各等語。細繹章程，無非於慎重名器之中，仍示激勵人才之意。此次臣所保各員似與定章尚無不符。查例章所謂與戰功無異者，不過指槍礮格鬭，冒死奮勇而言。今蒙啓森等所獲之李畝、曾亞杰，既係著名大盗，而其開槍格鬭，兵死弁傷，實與戰功無異。若不按拏獲大盗專條，僅照尋常捕盗給奬，實不足以示區别而勵戎行。合無仰懇天恩俯念粤省緝捕艱險遠過他省，微臣所請奬勵係遵照部章明文，准照臣原保將廣東儘先都司蒙啓森、黄麟瑞均以遊擊儘先補用，儘先千總梁安邦、施相廷均以守備儘先補用。出自逾格鴻慈。至該員等覆歷，業經咨部在案，除咨部查照外，謹附片具陳，伏祈聖鑒。

兵部議奏。

請准以劉承漢升補都司片光緒十五年八月二十二日

再，廣西鎮安協中軍都司武椿病故，遺缺係題調之缺，接准部咨行文，迅揀合例人員升調等因。查定例，各省題調缺出，先儘現任人員揀選題調。如無合例堪調者，准於應升人員内保題升用。又題調缺出，照例揀選具題。其有員缺緊要人地實在相需，而所保之員與例稍有未符者，將不合例之處，詳細聲明，請旨交部核覆各等語。廣西鎮安協中軍都司，駐紮鎮安府屬歸順州城，係邊疆煙瘴要缺，必須熟悉邊情、能耐煙瘴之員，方克勝任。粤西内地都司，非現居要缺，即人地未宜，實無堪以調補之員，應於現任人員内揀員升補。兹會同廣西提督臣蘇元春詳加揀選，查有擬調鎮安協右營守備賓州營守備劉承漢，年四十四歲，廣西潯州府桂平縣人，由武舉充補兵部差官，蒙保免引見以營守備遇缺儘先即補，並加都司銜。嗣經期滿分發本省，奏補賓州營守備，光緒八年七月十四日到任，光緒十五年五月内題請調補鎮安協右營守備，未准部覆。該員强健勤能，營伍整飭，且熟習邊情，能耐煙瘴。鎮安協中軍都司缺距該員本籍在五百里以外，以之升補此缺，洵堪勝任。惟調缺請補與例稍有未符，第人地實在相需，例得專摺奏請。合無仰懇天恩俯念要缺需員，准以擬調鎮安協右營守備賓州營守備劉承漢，升補廣西鎮安協中軍都司，俾地方營伍藉資整頓。如蒙俞允，俟接准部覆，再行給咨送部引見，以符定制。其所遺賓州營守備員缺，係部推之缺，粤西現有儘先守備人員，應請扣留外補，合併陳明。臣謹會同廣西提督臣蘇元春附片具奏，伏祈聖鑒，敕部核覆施行。

兵部議奏。

請准以秦金照補授守備片光緒十五年八月二十二日

再，准兵部咨，廣東肇慶水師營中軍守備員缺，以新會營左營守備徐盛標調補。其所遺新會營左營守備員缺，係内河水師題補第二輪第一缺，輪用儘先人員。既據扣留，應令迅即揀員請補等因。查定例，内河水師守備缺出，先儘隔府别營人員内保題升用。又各省題調武職各缺，如因員缺緊要人地相需，將不合例人員保奏，應於摺内聲明，請旨交部核覆，恭候欽定等語。兹會同廣東水師提督臣方耀，在於内河水師經部注册序補之儘先守備内，詳加揀選。除龍萬清、尹超羣、鄧勝川、鍾兆清，已咨送履歷尚未准部覆注册外，其名次在前之陸利芬、黄日光、梁錫侯、馮玉德，均於此缺人地不宜，均未便請補。查有奏留廣東差遣遇有水陸缺出分别補用、借補儘先守備秦金照，年四十八歲，山西高平縣人，由武童在皖充當戈什哈調赴陝西剿匪出力，遞保藍翎儘先千總。嗣因帶隊追剿烏拉特旗竄匪出力案内保奏。同治十一年四月二十三日奉諭：著以守備仍歸山西撫標儘先補用，並賞加都司銜。欽此。銷差回籍，飭發收標，隨於光緒十年九月來粤投效。經臣奏請留於廣東差遣，遇有水陸缺出分别補用、借補。光緒十三年三月二十日奉硃批：著照所請。欽此。咨送履歷，准兵部咨覆，應以奏留奉旨之日爲始，歸入廣東儘先守備班内序補。該員年强才穩，營伍優嫺，並無在外省叅革朦保情弊。現委署理羅定協左營守備，辦理裕如。以之補授新會營左營守備，洵堪勝任。雖儘先名次略後，與例稍有未符，惟在前各員均不合請補，謹隨摺聲明，合無仰懇天恩俯准以秦金照補授新會營守備。如蒙俞允，俟部覆到日，給咨送部引見，以符定制。謹會同廣東水師提督臣方耀附片具奏，伏祈聖鑒，敕部核覆施行。

兵部議奏。

爲把總朱善慶請卹片 光緒十五年八月二十二日

再，廣東廣州協右營藍翎儘先拔補把總朱善慶，奉派管帶防勇駐防孖寶廠巡緝。光緒十四年十月初六日夜三更時候，聞報南海縣黄鼎司屬龍船涌二板橋外地方，有香姓家被盜行劫。該弁不分畛域，帶勇馳往，時盜已行劫下船颺逸，該弁奮勇當先追捕，被盜礮子轟傷肚腹頭顱肩膝六處，受傷過重，於是年十一月十八日因傷殞命。據海防善後局司道查明詳請奏卹前來。臣查藍翎儘先把總朱善慶，捕盜勤奮，身受多傷殞命，殊堪憫惻。相應請旨敕部從優議卹，以慰死事。除册送部查核外，謹附片具陳。再，廣東巡撫係臣兼署，毋庸會銜，合併陳明，伏祈聖鑒。

著照所請。該部知道。

知縣褚瑛欠解參後全完請開復摺[一] 光緒十五年八月二十二日

竊照前署西甯縣知縣褚瑛，欠解徵存雜款穀價銀四千六百餘兩、米九百餘石，疊經嚴催未據完解。經臣於前兼署撫篆任内，彙案奏請革職，勒限嚴追。欽奉諭旨，轉行遵照去後。茲據布政使游智開、署督糧道王景賢詳稱，查該員被參後，於光緒十三年六月十九日完解光緒九、十、十一等年備支俸廪曠缺銀四十二兩四錢七分四釐，光緒九、十、十一、十二等年備支均平役食小建充餉銀一十三兩八錢一分九釐，俱已造入光緒十四年春季册報。又完解俸廉役食扣平銀八十八兩五錢四分七釐，盤缺穀價銀七十兩二錢三釐。又光緒十四年十一月二十三日完解光緒九、十、十一、十二等年役食二成銀二百一十六兩一錢一釐。以上各款，向不入季册造報。又完解税羡銀三千五百四十五兩四分一釐四毫、糧道養廉銀五十八兩九錢五分五釐，光緒九、十、十一等年耗米變價銀一百二十七兩八錢八分二釐，耗米盈餘銀四百四十七兩一分七釐，光緒九、十等年營地租銀一十一兩五錢二分五釐，俱已造入光緒十五年春季册報。又完解光緒九、十、十一、十二等年支剩囚糧變價銀一十四兩九錢一分五釐，此款俟入光緒十五年秋季册報。又光緒十一年十一月二十日完解光緒十一年分米七百七十一石六斗五升五合二勺二抄，此米已造入光緒十一年奏銷册報。又光緒十五年六月初十日完解光緒十、十一兩年米一百九十五石二斗一升二合六勺，應俟造入光緒十四年奏銷册報。所有該員欠解銀米，業已全數完解清楚，核與原參數目相符。請將該員原參革職之案具奏開復等情前來。

臣伏查該員褚瑛於被參後，即將欠解銀米照數全完，尚知愧奮。相應請旨將前署西甯縣候補知縣褚瑛原奏參革職處分准其開復，以昭激勸。所有知縣欠解交代銀米參後全完，請開復原官緣

[一] 以下二件録自中國第一歷史檔案館編《光緒朝硃批奏摺》第八一輯，第六六八至六七二頁，中華書局一九九五年版。

由，理合恭摺具陳。再，兩廣總督係臣本任，毋庸會銜，合併陳明，伏祈皇上聖鑒。

著照所請。該部知道。

知縣毛昌善余澍疇欠解參後全完請開復片光緒十五年八月二十二日

再，前署吴川縣知縣毛昌善徵存正雜款銀二千二百餘兩、米二千三百餘石，已故前代理新甯縣知縣余澍疇徵存雜款銀一百餘兩，均經嚴催，未據完解。經前撫臣吴大澂會同臣彙案奏請，分别摘頂革職，勒限嚴追。欽奉諭旨，恭録轉行欽遵查照去後。茲據布政使游智開、署督糧道王景賢詳稱，查該員毛昌善被參後，於光緒十四年四月十四日完解光緒十三年兵餉銀六百七十一兩九錢，已造入光緒十三年奏銷册報。又於四月十九日完解光緒十二年税科羡耗銀一百七十三兩八錢六分五釐、十三年税科羡耗銀二百四兩五錢二分二釐六毫，六月十三日完解光緒十二年税科羡耗銀一百三兩六錢八分八釐、十三年税科羡耗銀一百三十六兩三錢四分八釐四毫，六月十六日完解光緒十二年糧道養廉銀一十八兩八錢四分四釐八毫、耗米變價銀五十兩四錢八分七釐七毫二絲、耗米盈餘銀四十九兩七錢五分三釐六毫、屯折耗米銀二兩五錢一分五釐六毫、耤穀價銀三兩四錢九分一釐二毫，十三年糧道養廉銀五兩一錢六分七釐二毫、耗米盈餘銀六十二兩八錢八釐、耤穀價銀四兩一錢三分，均已造入光緒十四年秋季册報。同日，又完解光緒十二年役食二成銀三十三兩二錢四分，十三年役食二成銀四十一兩五錢四分四釐，此款向不入季册造報。七月初六日完解光緒十二年糧道養廉銀二十八兩二錢六分七釐二毫、耗米變價銀七十五兩七錢三分一釐五毫八絲、耗米盈餘銀七十四兩六錢三分二毫、屯折耗米銀三兩七錢七分三釐四毫、耤穀價銀五兩二錢三分六釐八毫，十三年糧道養廉銀七兩七錢五分八毫、耗米盈餘銀九十四兩二錢一分二釐、耤穀價銀六兩一錢九分五釐，均已造入光緒十五年春季册報。同日，又完解光緒十二年役食二成銀四十九兩八錢六分、十三年役食二成銀六十二兩三錢一分六釐，此款向不入季册造報。十一月二十六日完解光緒十二年渡餉銀一十兩三錢七分六釐、小建銀六兩五錢九釐、廪膳扣曠銀一十兩六錢六分八釐、田租銀九兩四錢二分六釐，十三年田租銀九兩八錢六分九釐，又移交後任支銷銀一兩三錢二分九釐、小建銀七兩三錢九釐，俱已造入光緒十五年春季册報。同日又完解光緒十二年扣平銀二十九兩一錢八分三釐，十三年扣平銀三十三兩七錢一分三釐，此款向不入季册報。十二月二十六日完解光緒十三年税羡銀一十二兩九錢六分九釐、科場額銀八錢七分九釐，完解十二年耗羡銀一百六十八兩八錢七分二釐，十三年耗羡銀六兩八錢八分九釐，俟造入光緒十六年春季册報。又於十一月二十六日完解雷州營十三年兵米一千四百四十四石一斗三升四合六勺，十二月二十八日完解十三年裁兵三成米五百三十九石二斗一升七合九勺、儲倉米一十二石六斗二升一合三勺，光緒十五年二月二十五日完解光緒十二年裁兵三成米二百八十七石五合、裁兵三成折價米一十一石一斗八升二合六勺、儲倉米二十八石二斗九升四合四勺，六月二十日完解光緒十三年儲倉折價米二十六石五斗一升二合七勺，俟造入十四年奏銷册報。又據余澍疇家屬將欠解客田變價銀一百四十兩，如數解繳善後局兑收。此款係支給客民資本之項，向不入季册報撥。以上該參員等，完解各款銀米，查照原參數目均屬相符，請將原參摘頂革職之案具奏開復等情前來。

臣伏查該員毛昌善及余澍疇家屬，於被參後即將欠解銀米照數全完，尚知愧奮。相應請旨將前署吴川縣事候補知縣毛昌善、已故前代理新甯縣事候補知縣余澍疇，原參摘頂革職處分，准其開復，以昭激勸。所有知縣欠解銀米參後全完，請開復緣由，理合附片具陳。再，兩廣總督係臣本任，毋庸會銜，合併陳明，伏祈聖鑒。

著照所請。該部知道。

遵旨恭擬漢字繙譯題目摺[一] 光緒十五年八月二十二日

竊照光緒十五年己丑恩科文闈鄉試，臣遵例入闈監臨，於八月十七日考試繙譯。封門後，面向正考官臣李端棻領出欽命繙譯題，鈐封完固，當與提調監試公同敬謹拆閲。止有清字論題一紙，未見漢字繙譯題。查歷届繙譯鄉試，俱係兩題，當即於十七日巳刻電致總理各國事務衙門代奏，請旨應否補發漢字繙譯題一道，由電迅速傳知。惟字數較多，懇請諭知所出何書，標明起止即可檢核無誤。但電綫難免意外遲滯，各旗生至十九日晚間，例須出場。謹與正、副考官公同商酌，如候至十八日亥刻尚未奉到京城覆電，即由考官查照舊式，恭擬刊發，俾諸生仍得如期完場，不致遲延，是否允協，謹電奏陳明，祈代奏等因。旋於八月十九日承准總署電開，奉旨：洽電十八日亥刻始到，發題已遲，即著照擬辦理。欽此。欽遵。查十七、十八兩日，因濟甯以北電綫阻滯，候至十八日亥刻尚未奉到電旨，當即商由正考官臣李端棻查照舊式，在於御選古文淵鑑内，恭擬漢字繙譯題一道，與副考官臣王仁堪校對無誤，刊發考試完場在案。除將頒發清字論題照例恭繳奏事處，暨將試卷封送禮部外，所有恭擬漢字繙譯題目，謹照録清單，恭呈御覽。理合恭摺具奏，伏祈皇上聖鑒。

知道了。

遴選人員充當内簾同考官摺 光緒十五年八月二十二日

竊查科場條例内開，直省鄉試内簾官，該督撫照例調取科甲出身之現任州、縣等官考充。又，乾隆三十六年、道光九年，先後議准，如現任各員文理荒疏，或有經手要件實在不敷考選，即將委署州縣以上，及即用分發人員，詳加遴選，擇其文理優長者，與實缺人員一體充當。仍將現任人員實在不敷派用情由，專摺奏明，以重分校而杜弊端等因。歷經遵照辦理。

查廣東省文闈鄉試，向用内簾官十員。嗣因辦理捐輸，節次加廣中額，應試人數較多。前於同治五年奏請添設同考官三員，欽奉諭旨允准各在案。茲光緒十五年己丑恩科鄉試内簾同考官，應派十三員。臣遵例於通省科甲出身之現任丞倅州縣内，細加體察。除地方緊要及有經手要件各員，未便檄調外，調到實缺及即用、候補、截取試用同知、知縣共三十員，於八月初一日傳集臣

[一] 以下二件録自中國第一歷史檔案館編《光緒朝硃批奏摺》第一〇四輯，第七九五至七九七頁，中華書局一九九五年版。

署中，出題考試。詳閱文藝，細察品行，堪充内簾者，實缺署順德縣事清遠縣知縣左壽、澄海縣知縣王耀曾、徐聞縣知縣趙光表、東莞縣知縣王煦等四員。署新甯縣事准補平遠縣知縣陳紹棠，即用知縣李滋然，候補同知孫寶琮，試用同知趙起鵬，試用知縣馮瑩、龍紹儀、吕椿培、蔣學溥、陳陔等九員，均由進士、舉人出身，文理優長。臣於八月初六日入闈封門後，即將各員一體派入内簾，充當同考官，嚴飭盡心襄校，務拔真才，以光大典。理合循例奏聞，伏祈皇上聖鑒。

知道了。

拏獲積匪審明正法情形摺〔一〕 光緒十五年八月二十二日

竊照粤省積匪糾結，經臣會同前撫臣調派文武大員分路督營查辦。截至光緒十三年五月止，所有辦過積匪彙摺奏報在案。光緒十三年六月以後，據署三水縣知縣何福海稟報，會同安勇，督飭紳耆，拏交匪犯胡亞敦等三十四名。翁源縣知縣史寶臣、清遠縣知縣左壽稟報，督飭役勇拏獲匪犯何繼英等二十九名。英德縣知縣周華林、代理花縣知縣王炳如稟報，督飭役勇，拏獲匪犯伍什養等十三名。署廣甯縣知縣帖宗晋、佛岡廳千總劉家琫，拏獲匪犯李洪進等八名，先後解由分辦韶肇一路署陸路提督鄭紹忠行營，審明疊次强劫，内黄亞紋、宋七指二名，在佛岡廳竪旗滋事，咨經臣覈飭就地懲辦。又准鄭紹忠咨派調署清遠營把總劉明達、管帶巡船武舉朱棟材，捕獲劫匪黄亞四等五名。據花縣稟獲匪犯朱記靈等四名。廣甯縣稟獲匪犯譚細興一名。英德縣稟獲匪犯胡上洪等四名。内黄木西、黄木水二名訊非同夥，當經交保，張錢仔一名，另行訊辦。其黄亞四等十一名，均供認糾劫及致傷事主，均咨准在清遠行營正法。又准水師提督方耀，咨派弁協同署陸豐海豐縣，責成紳耆帶同役勇拏交匪犯鄭亞擾等二十二名，江亞考等三名，解經方耀行營，審明疊次械鬭、强搶、强擄。又獲會匪陳亞杰、陳亞窗，盜匪蕭傳喜等八名，經前署惠州府知府夏獻銘訊明，結拜三點會，拒敵官兵，及疊劫幫鬭。又據惠州府知府李璲稟，署陸路提標中軍參將麥坤會同後營守備桂榮，督率兵勇，拏獲盜匪張亞金、薛亞舉二名，審係疊劫拒捕。均咨經臣覈飭正法。又准方耀先後咨，親督弁勇馳赴東莞縣霄邊、錦厦、涌頭各鄉，拏獲積年行劫、糾鬭著匪蔡大、黄揮等十九名，續據各營將弁同各鄉紳耆拏交鬬劫各匪蔡大肚委等十四名，内鄧霸羅春、蔡加受、林朋牙太三名，在監病故。又據咨督率縣營拏獲著匪李林受等三十四名，回虎門後，督飭各營拏獲盜匪蔡崖穩等十名，擊斃蔡紅毛秩等五名，續獲蔡保受等四名，分别確訊，咨經臣一併覈飭在行營正法。另各鄉送交情輕各犯二百七十餘名，又二百二十三名，當即訊明責釋交保。又據前潮州鎮總兵鄧安邦、前署廣州協副將黄金福、前順德協副將利輝，會同南海、順德、東莞各縣營督飭役勇，拏獲匪犯陸亞有等六十七名。又據前署新會營參將潘瀛、都司盧滿江，督同哨弁兵勇，拏獲匪犯葉亞九等五十二名。均解經江浦行營，委員候補知府嚴家疇、吴尚恭審明疊次强劫節次，稟經臣批飭正法。又據前廉州府知府吴錫璋稟報，拏獲

〔一〕録自中國第一歷史檔案館編《光緒朝硃批奏摺》第一〇九輯，第六一四至六一六頁，中華書局一九九五年版。

盗匪勞世前、黄生馬六二名，訊明併請正法。又准督辦欽廉防務雲南提督馮子材咨，據署欽州直隸州李受彤稟獲職監黄國傳一名，訊明慣行爲匪，索詐多贓，咨革正法。又馮子材派萃軍弁勇，協同李受彤，並龍門協左營都司梁鼎勳、欽州營守備賴連會，督同欽州存城外委梁殿楨，那黎汛把總陳仕和，平銀汛外委藩蔭初，分帶兵勇拏獲平銀地方搶劫官帑要匪劉二等十四名，格殺簡亞二一名，共十五名，訊明全股獲案，經臣嚴飭正法。以上各路自十三年六月至本年八月止，綜計正法積匪三百四十五名。

臣伏查粤省自分路查辦匪鄉以來，東江惠州一帶械鬬之風漸息。西江肇慶一帶盗匪斂迹，商旅暢行。韶州之英德，廣州之三水、清遠，盗藪漸次搜清，迥異數年以前。廉欽一帶，近年頑鄉鬬匪亦漸歛戢。惟廣屬東莞、新安風氣素稱横悍，强宗大族動以小故聚鬬，歷年未遑大加懲創。現經咨會方耀移營，專辦東莞、新安兼顧增城鬬案，陸續辦有成效。咨令乘此兵威，認真搜捕，以期匪戢民安。除以後辦理情形仍隨時奏報外，所有查辦匪鄉接續拏獲積匪正法各情形，理合恭摺奏陳。再，廣東巡撫係臣兼署，毋庸會銜，合併陳明。伏祈皇上聖鑒。

知道了。

陳明彈壓石城縣積匪緣由懲處苛派兵費人員片〔一〕

光緒十五年八月二十二日

再，案查光緒十年冬間，石城縣積匪林掘頭六即林明章，招集外匪，抗官滋事。經該縣文武帶兵圍捕殲斃，擒獲多名正法，業據稟報完結在案。嗣據該匪族林經章等，以藉案肆殺林明章等十二名等情，在高廉道衙門具控，由省派委候補通判童朝珍前往查訊。緣首匪林掘頭六，素行凶横，向爲附近鄉村之害。因争砍鄰村樹木，凶毆傷人被控，屢傳不到，聚衆抗拒，因而假託邪神妖言惑衆，向廣西地方招募外匪，欲圖滋事。經該前縣郭樹榕會同署化石營都司儘先參將余雄飛，帶領兵勇，馳往彈壓查拏，拏獲降神妖童一名。匪黨突出奪犯，當場拒斃練勇何亞四一名，拒傷兵勇四名，並添招外匪在附近村莊搶米。該縣等調團圍捕，匪等施放槍礮，盡力抵拒。官兵縱火焚柵，攻破匪巢，擊斃林掘頭六及餘衆共十餘名，拏獲林劉福、林亞二、李十二、林十七四名，訊明正法。其餘脅從，均經解散。查閲匪族林經章等原控呈詞内稱，官兵到時與林掘頭六打仗，祇聞鎗礮，未敢出看。又稱林掘頭六由廣西招有數十人等語。又查林經章原控粘單内開，被殺者共十二人，是該匪之拒敵招黨及擊斃人數，業經該匪族自行供明有據，並無藉案肆殺情事。實因該匪族等見郭樹榕彼時調省，希圖狡翻，迨經訊明，業已具結完案。嗣又經臣訪聞，此案林掘頭六等招匪抗官，拒殺勇丁，固屬罪有應得，而該縣等辦理不免操切，事後又有索取各鄉兵費各情，屢查未能明晰。本年夏間，臣復委候補知府夏獻銘前往密行確查，據稟該匪首林掘頭六争伐山樹，恃衆凶毆、抗傳不到、招黨拒敵、傷斃勇丁，連日降神託爲妖言，謂須盡力攻打官兵，詞甚狂悖，實屬形同叛逆，罪不容誅。且查當日所獲夥犯林經慶供詞，謂被林掘頭六捉回煮飯，每餐需米數斗，以備所招廣西外匪八十人暨伊村三四十人之食等語。是

〔一〕録自中國第一歷史檔案館編《光緒朝硃批奏摺》第一一九輯，第二二二二至二二二四頁，中華書局一九九五年版。

其黨已至百餘人，勢甚猖獗，竟敢先行傷斃兵勇五名。該縣等當時圍捕，實係迫於時勢不能不如此辦理，尚非有意操切。至事後需索兵費一層，傳聞雖有閤縣公局攤派五六千貫之説，查無案據。但查核該縣團紳公信賑簿，鶴樹壩一鄉計繳出錢七百千文，此外聞尚有派繳之鄉，但未能查出確數。以查辦匪鄉，而科派別鄉攤出勇糧，遂致人言藉藉等情稟覆前來。

臣查高州等處素多匪黨，光緒八年會匪圖撲郡城，同日强刼電白縣監獄，雖經拏辦多名，餘黨在逃猶衆。光緒十年爲時相距未久，且正值九、十月間海防喫緊，各處土匪頗思蠢動以圖搶掠，不可不嚴爲之防。石城地處濱海，尤防擾動。此案匪首林掘頭六招黨至百餘人，敢於拒斃官兵，殊非尋常匪徒可比。該縣營等於海防喫緊之際，立即帶兵圍捕，當即帖然，辦理尚屬迅速。惟曾經匪族具控，不得不予查辦。茲經疊次查明，辦理雖近操切，尚無藉案肆殺情事。惟該縣郭樹榕暨署化石營都司余雄飛，圍捕土匪，因兵勇繁多，派令各鄉各團供給兵費，爲數甚多，致令鄰村良民亦受其累，實屬藉端滋擾，苛派病民。且訪知該兩員歷任操守俱屬難信，余雄飛前年赴化州辦案時，亦有囑派兵費之事，自應予以懲處。據廣東按察使王之春會同布政使游智開詳請奏參前來。臣覆查無異，相應請旨將開缺另補知縣候選知府郭樹榕、留粤補用儘先參將余雄飛，均即行革職，以肅官方。理合附片具陳。此案因情節重要，屢次委查詢訪，情節紛歧，以致歷任臬司俱未及詳請具奏。茲已經覆查明確，是以始行奏報。再，廣東巡撫係臣兼署，毋庸會銜，合併陳明，伏祈聖鑒。

著照所請。該部知道。

核明照章改奬片[一]　光緒十五年八月二十二日

再，臣前次奏保添設粤東、西兩省電綫出力人員内，有候選布照磨鈕世俊，請免補本班，以知縣不論雙、單月儘先選用。奉旨：著照所請，分別給奬。該衙門知道。單併發。欽此。嗣准吏部咨，查奏定章程，軍營中攻克城池、斬擒要逆勞績，始准越級保升。今該員所請，非應升之階，核與奏定章程不符。應令另核奏明請奬等因。於光緒十五年三月初一日奏，奉諭旨咨行到粤。當即恭録咨行欽遵辦理。茲據廣東海防善後局司道飭據兩廣電報局委員候選知府沈嵩齡核明照章改奬，詳請覆奏前來。臣覆核無異，合無仰懇天恩將候選布照磨鈕世俊准其免選本班，以縣丞不論雙、單月儘先選用，以示鼓勵。出自鴻慈。謹附片覆陳，伏祈聖鑒。

吏部議奏。

調補湖廣總督謝恩摺[二]　光緒十五年八月二十六日

竊臣於光緒十五年八月二十四日准吏部咨，光緒十五年七月十二日奉上諭：張之洞著調補湖廣總督。兩廣總督著李瀚章補授，即赴新任。張之洞俟李瀚章到任後，即赴調任，毋庸來京請訓。欽此。聞命之下，感悚莫名，當即恭設香案，望闕叩頭謝恩訖。

[一] 録自《京報》第三二一八號。
[二] 録自中國第一歷史檔案館編《光緒朝硃批奏摺》第六輯，第四六五至四六六頁，中華書局一九九五年版。

伏念臣以一介之迂儒，叨兩粵之重寄，倥傯受任，黽勉措持。溯自海防息兵，界務蕆事，所孜孜以圖者，懲前毖後之計。所刻刻自警者，卧薪嘗膽之心。開局鑄礮，扼河設樁，南關增臺，瓊海築壘，船官備用，武學儲材。不敢襲與民休息之空談，以致違事過輒忘之明訓。至於修圍堤、建倉廪以厚民生，禁餽遺、裁捐攤以澄吏治。整頓釐税之收數，規復錢糧之奏銷，以及盜匪、黎（猺）［瑶］、錢幣、鹽鐵。築江岸之商埠以收利柄，教紡織之工作以塞漏卮。培養士林，刊布經籍，標本均有當治之病，中外尤多膠葛之端。既未便蹈故而襲常，復不能顧此而遺彼。計五年之承乏，每併日以經營。惟是智慮過拙，財用尤艱，日日皆在力疾之中，事事皆由困勉而出。以上各件，或始立基本，或甫刱規模，功未見而過常叢，心雖長而力苦短。咎責未塞，慙悚方深。兹復仰荷恩綸，量移腹地，特畀以形勝上游之重鎮，更策其迂疏孱病之庸材，循省鴻施，尤深兢惕。惟有將經手要件，趕緊清釐，一俟新任督臣李瀚章到粵，即行交替赴鄂。前功未就，已無補於涓埃。後效方艱，惟益殫於駑鈍。自廣州而移荆府，敢渝陶甓之勤勞。離越俗而望衡雲，竊慕韓詩之誠悃。所有微臣感激下忱，理合繕摺具奏叩謝天恩，伏祈皇上聖鑒。

知道了。

籌設煉鐵廠摺 光緒十五年八月二十六日

竊以今日自强之端，首在開闢利源，杜絶外耗。舉凡武備所資槍礮、軍械、輪船、礮臺、火車、電綫等項，以及民間日用、農家工作之所需，無一不取資於鐵。兩廣地方産鐵素多，而廣東鐵質尤良。前因洋鐵充斥，有礙土鐵，經臣疊次奏請開除鐵禁，暫免税釐，復奏免爐餉，請准任便煽鑄，以輕成本而敵侵銷。多方以圖，無非欲收已失之利，還之於民。

查洋鐵暢銷之故，因其向用機器，煅鍊精良，工省價廉，察華民習用之物，按其長短、大小、厚薄，預製各種料件，如鐵板、鐵條、鐵片、鐵鍼等類，凡有所需，各適其用。若土鐵則工本既重，鎔鑄欠精，生鐵價值雖輕，一經（練）［煉］爲熟鐵，反形昂貴。是以民間競用洋鐵，而土鐵遂至滯銷。以本省鐵貨出入計之，每年洋鐵入廉州者約四五十萬斤，入瓊州者百萬斤有奇，入省城佛山者約一千餘萬斤，入汕頭者約二百餘萬斤。内地鐵貨出洋以鍋爲大宗，其往新嘉坡，新、舊金山等處，由佛山販去者約五十餘萬口，（由）汕頭販去者約三十餘萬口，［惠州淡水販去者約二十餘萬口］，由廉州運往越南者約四萬餘口。此外鐵鎚運往澳門等處者每年約五六萬斤，鐵綫運往越南者先年約十餘萬斤，近因越税太苛，業經停販。然此皆粗賤之物，凡稍精稍貴之鐵板、鋼條，則不惟不能外行，且皆取資洋産。以各省各口鐵貨出入計之，查光緒十二年貿易總册所載，各省進口鐵條、鐵板、鐵片、鐵絲、生鐵、熟鐵、鋼料等類共一百一十餘萬擔，鐵針一百八十餘萬密力，每一密力爲一千針，合共鐵價、針價約值銀二百四十餘萬兩。而中國各省之出口者，銅、鐵、錫、［鉛］併計祗一萬四千六百數十擔，約值銀一十一萬八千餘兩，不及進口二十分之一。至十三年貿易總册，洋鐵、洋針進口值銀二百一十三萬餘兩。十四年貿易總册，洋鐵、洋針進口值銀至二百八十餘萬兩。而此兩年内竟無出口之鐵，則是土鐵之行銷日少。再過數年，其情形豈可復問。

臣督同海防善後局司道局員暨熟（識）［悉］洋務之員詳加籌

度，必須自行設廠，購置機器，用洋法精煉，始足杜外鐵之來。惟是廣東近年餉繁費絀，安有餘力更爲斯舉。然失此不圖，惟事以銀易鐵，日引月長，其弊何所底止。計惟有先籌官款墊支開辦，俟其效成利見，商民必然歆羨，然後招集商股，歸還官本，付之商人經理，則事可速舉，貲必易集。大率中國創辦大事，必須官倡民辦，始克有成。經臣於本年三月間電致出使英國大臣劉瑞芬，往返籌商數月之久。兹准劉瑞芬電復，現與英國諧塞德公司鐵廠訂定鎔鐵大爐二座，日出生鐵一百頓，並煉熟鐵、煉鋼各爐，壓板、抽條兼製鐵路各機器，共價英金八萬三千五百鎊。先匯定銀二萬七千八百三十三鎊，運保費在外。機器分五次運粵，十四箇月交清等語。當經飭局將定銀鎊價折合銀十三萬一千六百七十兩零，如數先行籌匯，訂立合同。至於建廠地方，[現]擇定於省城外珠江南岸之鳳凰岡地方，水運便利，地勢平廣，甚爲相宜。俟繪就廠圖寄粵，即當趕緊建造。此購辦機器，自設[煉]鐵廠之擬辦情形也。

竊惟通商以來，凡華民需用之物，外洋莫不仿造，窮極精巧，充塞土貨。彼所需於中國者，向祇絲、茶兩種，近（來）[年]外洋皆講求種茶、養蠶之法，出洋絲、茶漸減，愈不足以相敵。土貨日少，漏巵日多，貧弱之患，何所底止。近來各省雖間有製造等局，然所造皆係軍火，於民間日用之物，尚屬闕如。臣愚以爲華民所需外洋之物，必應悉行仿造，雖不盡斷來源，亦可漸開風氣。洋布、洋米而外，洋鐵最爲大宗，在我多出一分之貨，即少漏一分之財，積之日久，强弱之勢，必有轉移於無形者。是以雖當竭蹶之時，亦不得不勉力籌辦。至於開采鐵鑛，尤須機器西法，始能鉤深致遠，取精出旺，臣現已分向英、德兩國聘募鑛師來粵勘驗，以便購機精采。儻物力稍紓，尚擬將民間需用各鐵器及煤油、火柴等物，悉行自造，將來鑄造漸多，豈惟粵民是賴，尚可分銷各省。一俟機器運到，開煉以後辦理情形，再當隨時詳晰具奏。

（硃批）户部議奏。（欽此）[一]

派員募勇分路緝捕片 光緒十五年八月二十六日

再，粵省盜案之多，以南海、番禺、順德三縣爲尤甚。前經派定緝捕船勇，雖弋獲不少，而地方遼闊，河海紛歧，現有緝捕兵勇，以之追緝搜捕，尚可致力，若欲防護各路鄉鎮，絶其打單，實屬不敷分布。臣熟加籌度，港、澳藪匿盜匪，雖竭力與之籌商，誠恐一時猝難就範。惟有合力大舉將劇盜大夥痛加懲創數次，一年數月之後，匪黨内訌之謀，漸知畏戢。各鄉恃有官軍，始敢拒其打單之需索，彼打單不行，無以爲賄串、包庇之資。一面與英國外部剴切熟商，務令酌改交犯章程，驅逐在港匪徒，並商葡國一律協助，庶可從容清理。

現經添募勇船，將三屬分爲六路，派令署廣州協副將黄金福充當總辦，駐紮中左路，專任南海、五斗、黄鼎、神安、番禺、鹿步一帶。署督標後營參將補用都司蒙啓森分辦中右路，專任南海、江浦、九江、順德江村一帶。署水師提標左營遊擊黄增勝分辦西路，專任南順交界之西海、馬甯一帶。本任南澳鎮右營遊擊陳榮輝分辦東路，專任順德之陳村，番禺之沙灣、茭塘一帶。署

[一] 以上衍、脱、舛十處，據中華書局一九九五年版《光緒朝硃批奏摺》第一〇二輯，第一三五至一三六頁及一一一輯第二九四至二九五頁删、補、校正。

順德協副將鄭潤材分辦南路，專任順德縣城附近及容奇、（挂）［桂］洲[一]、紫泥一帶。已革清遠營遊擊莫善喜分辦北路，專任南海之三江、金利、番禺之慕德里一帶。除鄭潤材原有船勇外，其餘五路各募緝勇五百名，每路各撥給中輪、小輪各一號，拖船、扒船各十號，配齊礮械。如有不敷，就近雇用。勇糧、船租等項，均由善後局照章發給。又省城地面五方雜處，搶竊頻仍，現飭總辦保甲局務候補道劉鎮楚添募壯勇三百名，分段巡察，以靖地方。一俟盜風漸息，捕務稍鬆，再行酌量裁併。現嚴定賞罰章程，各專責成。如能盜息民安著有成效，當予從優奬勵，儻所分地段，仍任盜匪往來，不能攔截捕獲，定即嚴加參處。

（硃批）該衙門議奏。（欽此）

粤海關籌解第三批京餉等款銀兩摺[二]

光緒十五年八月二十六日

竊照光緒十五年分京餉，户部奏撥粤海關洋税銀十萬兩，新增盈餘銀六萬兩。又本年東北邊防經費，奏撥粤海關六成洋税銀十二萬兩。又光緒十五年籌邊軍餉，奏撥粤海關四成洋税銀十二萬兩、六成洋税銀二十萬兩。此款應令照案截留歸還洋款之用。又，各關應解抵閩京餉改爲加放俸餉案内，粤海關四成洋税每結提銀六千兩。又内務府廣儲司公用每年額撥粤海關税銀三十萬兩，例分四季起解。以上各款銀兩，均應趕緊籌解，以濟要需。

查粤海關應解各款銀兩，向由西商先行借墊，勢難起解現銀。光緒十年四月間奏准仍行匯兑在案。茲光緒十五年分第三批京餉等款銀兩，經向西商志成信、協成乾銀號借銀二十萬一千五百八十兩，先行墊解，隨後由税收歸還，以資周轉。飭據廣東布政使游智開遴委候補鹽大使福泰等，領解光緒十五年第三批京餉銀二萬五千兩，另加平銀三百七十五兩、飯銀七百二十五兩，又新增盈餘銀二萬兩，另加平銀三百兩、飯銀五百八十兩，又東北邊防經費銀三萬五千兩，又籌邊軍餉四成洋税銀三萬五千兩，又加放俸餉銀六千兩，又光緒十五年秋季分廣儲司公用銀七萬五千兩，另加平銀一千一百二十五兩，新增歸公加平銀一千八百七十五兩，抬費用項銀六百兩，統共銀二十萬一千五百八十兩。飭令該委員等領齎匯單文批，於光緒十五年八月二十五日由海道進京，支取銀兩，前赴户部、内務府分别交納。除分咨查照外，謹合詞恭摺具奏。再，廣東巡撫係臣之洞兼署，毋庸會銜，合併陳明，伏祈

皇上聖鑒。

該衙門知道。

查辦沙田請敕部再發執照一萬張片[三]

光緒十五年八月二十六日

再，前因查辦沙田，經臣奏請敕部頒發執照一萬張，派員領解回粤開辦在案。查各屬沙田業户向苦抽捐之重、雜費之多。此

[一]「挂洲」應為「桂洲」。據中華書局一九九五年版《光緒朝硃批奏摺》第五四輯，第三七二頁校正。

[二] 録自中國第一歷史檔案館編《光緒朝硃批奏摺》第八六輯，第六七一至六七二頁，中華書局一九九五年版。

[三] 録自中國第一歷史檔案館編《光緒朝硃批奏摺》第六六輯，第一二七頁，中華書局一九九五年版。

次辦理升科，實屬清賦便民，無不願請領部照。惟前次領回之照，祇有上、中兩則，局員等辦事拘泥，遇有不及中則之田，往往停照不發。經臣查悉，飭令無論報升、報溢，熟坦暨未熟之草坦、白坦、水坦，一概發給部照，前奏業經聲明。現在應發之照較多，前照一萬張尚不敷用，應請敕下户部再發空白執照一萬張，毋庸填注賦則，以便臨時查明按則填寫，以免停丈待照，致有稽延。據廣東布政使游智開會同沙田局司道詳請具奏前來。

臣查目前沙户領照甚爲踴躍，若待前次所領部照一萬張發竣册報，始行續領，未免稽延。自應豫行請發，以慰民望而裨正賦。除委員赴部請領外，謹附片具陳。

再，前准户部咨，照費每萬張計銀二千兩，上次解到之銀尚餘庫平銀一千兩，專款存儲以備續領執照之用。此次領照一萬張，遵再籌解照費一千兩，合併陳明，伏祈聖鑒。

户部知道。

籌解雲南銅本銀兩片[一]

光緒十五年八月二十八日

再，准户部咨，具奏遵旨指撥雲南銅本銀兩以應急需一摺，内開廣東省應解光緒十五年西征洋款，改爲加放俸餉項下，指撥銀十二萬兩等因。光緒十五年三月二十日奉上諭：廣東於加放俸餉項下，改解銀十二萬兩，著於本年六月間解到一半，年底全數解清，不得諉卸遲延。欽此。等因。當經飭司欽遵辦理去後。茲據廣東布政使游智開詳稱，查廣東省光緒十五年分，應解西征洋款改爲加放俸餉銀二十萬兩，於未奉改撥雲南銅本之先，已籌銀十萬兩於光緒十五年四月初十日飭委候補布政司經歷何亮采等領解赴部投納，業經詳奉奏明在案。今奉改撥雲南銅本銀十二萬兩，計不敷銀二萬兩。現擬在於未解光緒十五年分籌邊軍餉内劃解銀二萬兩，以符原撥雲南銅本之數。查加放俸餉銀兩，係由藩、運兩庫各半籌解。茲在於運庫課餉及藩庫釐金項内共籌銀五萬兩，交商號天順祥匯解赴雲南藩司衙門投納，轉解督辦雲南鑛務唐炯兑收。所有廣東省起解加放俸餉改解銅本，暨不敷銀兩，擬於未解十五年分籌邊軍餉項下劃撥足數緣由，詳請具奏前來。臣覆核無異，除咨明户部及雲貴督臣、雲南撫臣、督辦雲南鑛務唐炯查照外，謹附片具陳。再，廣東巡撫係臣兼署，毋庸會銜，合併陳明，伏祈聖鑒。

户部知道。

肇慶府税廠徵税加倍請照案給奬摺[二]

光緒十五年八月　日

竊臣前於光緒十三年六月内查明肇慶府黄江税廠積弊，改章辦理一年期滿，徵收加倍，將該廠委員陳占鰲照尋常勞績奏請奬勵，並聲明此項溢銀每年約五萬兩，又橋羨及加徵盈餘項内責令解足一萬二千兩，共六萬二千兩，並潮州府税廠新增節省銀二萬兩，三項共八萬二千兩解交善後局，名爲額外節省防費，一併留作買礮專款。並續經奏明肇慶税廠於照解四項正額外，每年能將新增各款六萬二千兩解足，應照尋常勞績請奬，均奉旨允准各在

[一] 録自中國第一歷史檔案館編《光緒朝硃批奏摺》第九一輯，第八一六至八一七頁，中華書局一九九五年版。

[二] 録自《京報》第三二一一號。

案。

前據肇慶府税廠委員山西補用道陳占鰲禀稱：自光緒十三年五月二十二日起至十四年五月二十一日止，第二次一年期滿，共收正税盈餘等銀十萬二千七百七十四兩八錢九分二釐，又由桂皮地税項下劃還正税銀七千三百十二兩四錢一分二釐，合共徵銀十一萬八十七兩三錢四釐。除支不及一成廠用外，連撥還桂皮地税，實解繳司局銀十萬一千三百二十四兩二錢二分一釐六毫。除照章解足四項正額外，共溢解銀四萬二千一百九十兩。又橋羨及加增盈餘項内勒令解足之一萬二千兩亦係新增，應撥入併計，合共解新增銀五萬四千一百餘兩。又據禀稱自光緒十四年五月二十二日起至十五年五月二十一日止，第三次一年期滿共收正税盈餘等銀一十一萬八千一百三十三兩六錢一釐七毫，又由桂皮地税項下劃還正税銀四千二百五十八兩八錢七分九釐，共徵銀一十三萬二千三百九十二兩四錢八分七釐。查肇慶府税廠每年應解正税銀一萬二千八百兩，院司養廉銀三百八十餘兩，羨餘銀一萬五千九百五十兩，加增盈餘銀二萬兩，橋羨銀一萬兩，共額解銀五萬九千一百三十餘兩。現計徵銀一十二萬二千三百九十餘兩，係屬加倍有餘，除廠用於原定一成數内撙節支用不及一成外，連撥還桂皮正税，實解繳司局銀一十一萬九百七十四兩六錢六分四釐，除四項正額外，共溢解銀五萬一千八百四十餘兩，連橋羨及加增盈餘項内新章勒令解足之一萬二千兩併計，已浮於新增六萬二千餘兩之數等情前來。

伏查肇慶府黄江税廠改章以來，於今三載，初次一年期滿，業經徵收加倍，乃第二次期滿，核計收數稍絀，然已溢解甚多，較之新增加倍六萬二千兩之數僅短銀七千餘兩。臣恐該委員等日漸懈弛，疊經嚴飭實力稽徵，茲届三次一年期滿，徵收又復加倍有餘，多於新增六萬二千兩之數，該委員陳占鰲始終勤慎久而不懈，實屬不可多得。除疊次解局各款批飭照案一併存作買礮專款外，據廣東海防善後局司道詳請具奏，並請將委員陳占鰲照案請奬前來。臣查肇慶税廠第三次一年期滿徵收加倍，該委員陳占鰲實屬稽徵得力，自應遵照奏案照尋常勞績請奬。合無仰懇天恩俯准將山西儘先補用道陳占鰲賞加二品銜，以示鼓勵。出自逾格鴻慈。除將陳占鰲履歷咨送吏部查照外，理合恭摺具陳。再，廣東巡撫係臣兼署，毋庸會銜，合併陳明，伏祈皇上聖鑒。

吏部議奏。

籌解東北邊防經費第二批銀數片[一] 光緒十五年八月　日

再，光緒十五年東北邊防經費，部撥廣東釐金銀八萬兩，當經轉飭籌解去後。現據布政使游智開會同釐務總局司道詳稱，查廣東省光緒十五年奉撥東北邊防經費，先經在於釐金項下籌銀四萬兩作爲第一批，交殷實商號百川通等匯兑至京，派委候補知縣潘偉琛領賫匯單文批，附搭輪船進京交納。茲再籌銀二萬兩，作爲第二批東北邊防經費，交殷實商號百川通等匯兑至京，派委候補知府尹恭保等領賫匯單文批，附搭輪船進京，支取銀兩赴部投納。據報於光緒十五年八月十八日起程，詳請具奏前來。臣覆核

〔一〕録自中國第一歷史檔案館編《光緒朝硃批奏摺》第五八輯，第四三二頁，中華書局一九九五年版。

無異，除咨呈海軍衙門暨咨户部外，謹附片具陳。再，兩廣總督係臣本任，毋庸會銜，合併陳明，伏祈聖鑒。

該衙門知道。

遵旨籌辦鐵路謹陳管見摺光緒十五年九月初十日

竊臣承准軍機大臣字寄，光緒十五年八月初二日奉上諭：朕欽奉慈禧端佑康頤昭豫莊誠壽恭欽獻皇太后懿旨，總（管）［理］海軍事務衙門奏，遵議通籌鐵路全局一摺。據稱擬照張之洞條陳，由盧溝橋直達漢口，現在先從兩頭試辦，南由漢口至信陽州，北由盧溝至正定府，其餘再行次第接辦，并臚陳籌款購地各節，所奏甚爲賅備。業據一再籌議，規畫周詳，即可定計興辦。著派李鴻章、張之洞會同海軍衙門將一切應行事宜妥籌開辦，並派直隸按察使周馥、清河道潘駿德隨同辦理，以資熟手。此事造端閎遠，實爲自强要圖，惟創始之際，難免羣疑。著直隸、湖北、河南各督撫剴切出示，曉諭紳民毋得阻撓滋事。總期内外一心，官商合力，以蕆全功，而裨至計，餘均照所請行。將此各諭令知之。欽此。茲於九月初七日承准總理海軍事務衙門抄録原奏，咨行到粤。

竊惟此舉造端宏大，乃國家自强之遠謨。聖上不以臣病軀庸材爲不肖，命與李鴻章同肩此舉，艱鉅重任，豈敢辭諉。惟是開非常之源，必當出萬全之計。大學云，物有本末。又云，知所先後。古今常變，理無不賅。就今日鐵路一事論之，則不外耗爲本，計利便爲末，儲材爲先，興工爲後。就外洋富强之術統言之，則百工之化學、機器、開采、製造爲本，商賈行銷爲末，銷土貨、敵外貨爲先，徵税裕餉爲後。現經廟堂定議，開辦順直豫鄂一（道）［路］，按海軍衙門原奏，計程三千餘里，計費三千餘萬，需款需鐵均屬極鉅。若取資洋債、洋鐵，則外耗太多。且外洋金鎊之價日貴，前五年止銀三兩七錢，今年漲至四兩五、六、七錢不等，借款鉅則年限遠，十年以後便不知漲至幾何矣。至洋鐵現亦驟漲，若購之他國，法人必將執乙酉新約，强思獨攬，多滋唇舌。設竟專歸一國，彼壟斷居奇，更不可問。是洋款、洋鐵兩端，皆必致坐受盤剥，息外有息，耗中有耗。臣前奏鐵路之益，專爲銷土貨、開利源、塞漏卮起見，若因鐵路而先漏巨款，似與此舉本意未免相戾。

至臣前奏原擬各省招股，准該公司暫借商款墊辦，以資周轉。因欲責成該公司承辦，不得不略予通融，俾其作速興工，以免藉口津通賠累，堅執推諉。且墊辦不過初年，所借亦屬有限，自尚無妨。今既經海署確核路長費鉅，此斷非該公司所能獨任，其遲速盈虧，自宜從長另計。

臣竊審此事推行之序，似宜以積款、采鐵、煉鐵、教工四事爲先，而勘路開工次之。試就海署原奏需款三千萬，限期十年之數計之。若將鄭工新改海防捐例再酌減一二成，每年可收一百萬以外至二（三）百萬。洋藥税釐除户部指撥外，尚有贏餘，每年亦可指撥一百萬。此兩款每年將及三百萬，由户部提存，專儲爲鐵路之用。若仍不敷，竣工稍展一二年，似亦無妨。款既有著，即一面急求煉鐵、采鐵之方。

查晋鐵並非不善，特由煎煉未精。若多購略小機爐，分拆轉運到地裝合，足可運入晋境，尚無須遽造鐵路，此節已向外洋詢明。平、盂鐵出（自）［至］小范，即可由清河運。澤、潞鐵出至衛輝，即可由衛河運。粤亦産鐵，近由臣購定機（器）［鑪］，設廠鎔煉，業經奏明在案。由粤至鄂，水運可通。聞湖北大冶縣向來産鐵，該縣近省濱江，俟到鄂後，當詳晰勘明，妥籌采煉之法。有此三省之鐵，（即）［足］可供此幹路之用。目前宜即揀派曾經出洋學生一二十人分赴鐵路各國，專習此藝。俟兩年回華指授工匠，展轉傳習，則工作并可無需洋匠多人。此時專講采鐵、煉鐵，俟新鐵之采日旺，舊鐵之煉日精，彼時積款已足，路工已嫻，再爲定期開工修路，兩端並舉，一氣作成，合計亦不過十年内外。查美國每年添造鐵路或一二千里，或六七千里，足見工料應手，並不甚遲。

至分段辦理一節，海署所奏南北並舉之法，極爲扼要。臣前奏分爲四段辦法，不過約略計費之詞。似宜分爲南北兩路，黄河以北至盧溝爲北路，直隸督臣任之，黄河以南至漢口爲南路，湖廣督臣任之。其道里遠近約略相等。豫境跨河，兩路均宜兼令河南撫臣會同辦理。如此則首尾一氣，其勘路運料，一切便於合計通（算）［籌］。緣南路開造，即宜由漢口直造至河南省城，則路成之日，商旅立見輻輳。若信陽尚非繁盛都會，僅造至此，運載尚少，經費難敷。橋道雖多，惟黄河一橋最爲鉅費。聞外國鐵路遇有大河，（則）［即］以輪船數艘，上安鐵軌，接渡火車，所延不過數刻，所省（費）［實］多，且可留此天險，以備不虞。

其出示一節，似可從緩，俟興工有日，再當剴切曉示。蓋民間不知鐵路爲何事，漢口游民（甚）［素］多，會匪尤衆，況山東水灾甚廣，流民四出，此時開辦尚早，即不宜驟爲宣示，致令莠民地棍造言煽惑，别滋事端。臣曾電商北洋大臣暨河南撫臣，均以爲然。

至鐵路利民之端，尤莫如差徭一事。直、豫兩省最苦差累，胥吏拉派車騾，重價勒索，錢糧正銀一兩，差（銀）［錢］攤至加一兩倍。若火車暢行，所有官差、兵差、［餉差］、貢差，皆由火車，於民間一無所取，從此爲北省驛路小民永除鉅累。若并將此節剴切（曉）［宣］諭，地方自必欣悦。其經由之路，實在里數若干，有無應改應避之處，應俟到鄂後詳加考究，派委妥員密爲相度，詳慎辦理。如有失業之人，亦須豫籌安插，總以不致疑（累）［衆］擾民爲主。

又集股一節，竊擬幹路專歸官辦，以一事權。枝路留待商股，以便招徠。路成［利］見（利），商（股）［賈］自然争趨，枝路較短，集股較易。

總之，此事儲鐵宜急，勘路宜緩，開工宜遲，竣工宜速。蓋此舉必待全功既竟，大利乃彰。若款尚未籌，鐵尚未備，急遽從事，枝枝節節而爲之，此數年中，人但見日日償債，處處鳩工，未見其利，但見其擾。設數年中偶有水、旱灾祲，軍國要用，必致謡謗繁興，中作而輟，徒糜巨款，致棄前功，此尤不可不慮者也。誠能量力而舉，相時而動，此時惟汲汲以開鑛、煉鐵爲先務，并令各省將中國所需格致、算學、化學、鑛學諸事加意講求，則無論鐵路之費多費少，效速效遲，事事注在養民，滴滴歸於中土，利源日開，漏卮日塞，明有强國之效，暗有富民之益。此則聖天子創物利用之宏規，斷然有利而無弊者也。

以上各節，謹就臣管見所及陳其大略，其山西平、盂、澤、潞各鐵鑛及道路情形，臣當一面委員分投詳勘，所有一應事宜，臣當隨時籌酌會商辦理。除先經山東登萊青道盛宣懷由海軍衙門飭令詢商，當經電復轉達海署，暨疊次與北洋大臣電商外，理合恭摺覆奏，伏祈聖鑒。

（硃批）該衙門知道。（欽此）[一]

請於羅定州城建福興專祠并請立傳摺

光緒十五年九月初十日

竊據督辦廣東欽廉防務雲南提督馮子材呈稱，原任綏遠城將軍福興，前因患病開缺回旗調理，光緒十三年四月初三日在京寓病故。欽奉上諭：前任綏遠城將軍福興，咸豐、同治年間從事戎行，轉戰廣東、廣西、湖南、湖北、奉天等省，迭著戰功，歷任都統、將軍，克勤厥職。前因患病開缺，兹聞溘逝，軫惜殊深，加恩著照將軍例賜卹，任内一切處分悉予開復。應得卹典，該衙門察例具奏。伊孫筆帖式鐵寶，著賞給主事，分部行走，用示篤念藎臣至意。欽此。旋蒙賜祭一壇，予謚莊慤。仰見聖主眷顧勛勤，褒卹有加，哀榮已極。特念子材自效力戎旃，即隸該故將軍部下，轉戰兩粵、湘、鄂、江南等省。竊見該故將軍志慮忠誠，謀勇兼裕，身經百戰，屢受重傷。其有功於粵民，尤在羅定羅鏡墟一役，將積年狂寇聚殲於一隅，不致蔓延爲害，實屬有裨大局。高州、羅定兩屬紳民，感念功德，崇報尚虚，謳思彌切。子材同屬粵民，當時復與其役，知之最稔，義有不容不爲之陳請者。

查該故將軍福興，滿（州）[洲]正白旗人，姓穆爾察氏。道光十五年由一品廕生補三等侍衛，出任直隸懷安路都司，洊升參將。經前任直隸總督訥爾經額保舉將才，升任直隸督標中軍副將。咸豐元年蒙文宗顯皇帝特恩，擢授廣東高州鎮總兵，來京陛見，召見九次。赴任高州，時值粵匪披猖，逆首凌十八係髮逆洪秀（全）[泉]起事黨魁，道光二十九年即在廣西金田地方拜會倡亂，與洪秀（全）[泉]等同惡相濟，擾及兩省，盤踞羅定州屬之羅鏡墟地方。前督臣徐廣縉駐軍信宜，剿辦經年，前後幾及百戰，未能得手。該故將軍奉派前往攻剿，至則簡士卒，廣間諜，設方略，先將附墟礮壘十餘座一律平燬。督率諸軍，定計合圍，進攻羅鏡，身先士卒，躍馬入陣，飛石傷胸，墜地絶而復甦，督戰益急，卒擣其巢，賊魁[授]首，凶渠悍黨殲除净盡。旋督粵軍，剿平廣西鬱林、博白兩屬土匪。蒙恩賞戴花翎，賞給剛安巴圖魯名號，補授廣西提督，奉命馳往湖南軍營協剿。咸豐六年，奉旨補授西安將軍，幫辦向榮軍務。旋奉命赴江西，會同曾國藩督辦江西軍務。維時東南事亟，劇寇縱横，該故將軍提粵卒不滿五千，軍無見糧，以饑疲之衆，奔馳大江南北，備歷艱險。惟以忠義激勵將士，摧鋒陷陣，屢奏膚功。咸豐五年，在江南則克復高淳縣城及東壩鎮。六年解鎮江之圍。七年在江西則解貴溪之圍，擊退回犯廣信大股逆匪，力遏賊衝。八年赴援浙江，踏平衢州油栅地方賊營數十座及城外堅壘十二處，解衢州之圍。身受槍彈重傷，懇恩賞假在營調理，欽奉寄諭，回京當差。十年奉旨召見，以傷口未合，經軍機大臣代奏，蒙恩賞五福拔毒散。十一年十一月銷假，補授正黄旗漢軍都統。同治元年管理神機營事務。四年奉旨選帶神機營威遠隊二千名前赴奉天，會同故大學士文祥剿辦馬賊。督率官軍於中陽堡、朝陽坡、新河口等處，三獲大捷，殲斃馬賊無算。五年署理盛京將軍，派軍分剿馬賊餘黨，拏獲匪首馬傻子正法，奉省以次肅清。奉旨授察哈爾都統，旋簡放綏遠城將軍。六

[一] 以上衍、脱、舛十八處，據中華書局一九九五年版《光緒朝硃批奏摺》第一〇二輯，第七七一至七七四頁删、補、校正。

年以衰病疏請開缺，回旗調理。該故將軍馭將治軍，知人善任，拊將領如子弟，與士卒同甘苦。每能以少擊衆，制勝出奇。身殁之後，家無餘財，奄有古名將之風。

其任高州鎮時，整軍經武，紀律嚴明。羅鏡地屬羅定，界接高州。凌十八竄踞該墟，黨衆幾及萬人，屢敗官（將）［軍］，兩郡震動。該故將軍摧狂寇於方張，防狡虜之四逸，出奇制勝，聚而殲旃，俾高州、羅定兩屬得免蹂躪。紳民父老感頌遺澤，馨香俎豆之思，久而弗忘。以子材向在行間，熟悉高羅戰狀，兼久隸該故將軍部下，審知生平事蹟、各省戰功。函（屬）［囑］呈請具奏，籲懇天恩准於高州府暨羅定州城内建立該故將軍專祠，以隆報祀，並將生平事蹟宣付史館等情前來。

臣查已故綏遠城將軍福興，忠勇樸誠，勛庸昭著。其剿平羅鏡墟之逆匪凌十八，實爲粤逆洪秀（全）［泉］倡亂黨魁。粤亂初起，洪逆竄踞永安州城，亦只一隅之地，以攻剿不力，該逆竄出湖南，遂致流毒海内。凌十八竄踞羅鏡，負隅抗拒，前督臣徐廣縉督剿經年，攻之不克。該故將軍相機進剿，一鼓盪平，盡殲醜類。恭讀欽定剿平粤匪方略，文宗顯皇帝有掃數殲除深慰朕懷之諭。具徵此役戰勝攻取，關係至重，非僅功在一方。前年該故將軍病殁，仰蒙寵予易名，賞延於世，其事功本末，久契宸衷。既係輿論感頌，部將陳情，臣未敢壅於上聞，相應據情奏明。可否仰懇天恩准於高州府羅定州城内，由地方捐建已故綏遠城將軍福興專祠，並將該故將軍生平事蹟宣付國史館，以彰藎績。出自逾格鴻慈，理合恭摺上陳，伏祈聖鑒。

（硃批）著照所請。該衙門知道。（欽此）［一］

回湘各軍前在粤防出力員弁擇尤保奬摺［二］

光緒十五年九月初十日

竊臣前於光緒十一年十二月遵旨，將籌辦海防尤爲出力之主、客各軍文武員弁開單奏請奬叙。早經部議分别准駁咨覆至粤省。原奏内聲明，所有留粤湘軍已於此次列單請奬，其遣回湖南之湘軍各營員弁勇丁，應由兵部尚書彭玉麟查明保奬各在案。查粤防前次遣撤回湘各軍，計有振字、合字、慶字、樹字等營員弁，均在應保之列。前經咨會彭玉麟查覈奏保，並知照遣回各營統領管帶官暨前總理湘軍營務處現任廣東按察使王之春去後。疊據婁雲慶、劉樹元、王之春等，將遣回湖南各軍應保之文武員弁，切實查明，擇尤擬保呈請尚書彭玉麟覈辦。該尚書以各員弁均在粤防出力，仍應由臣查明具奏。據王之春等開具清單呈請覈辦前來。

臣查回湘各軍向在粤防駐紮虎門外之沙角、大角、蒲州及中路魚珠一帶，尤係外海當衝之地，鑿山築臺，設雷安礮，晝夜儆備，枕戈度歲，較之他軍尤爲喫重艱苦。今粤防主、客各軍均已仰邀朝廷奬勵。該員弁等獨以調遣回湘之故，甄録不及，未免向隅。臣就原開各單詳加查覈，均係身在行間勞勣卓著之員，所請奬叙，均係按照例章，並無冒濫，理合另繕清單，恭呈御覽，仰懇天恩俯准照奬，以示鼓勵，出自逾格鴻慈。此案請保各員弁，均已遣散回籍，查開履歷一時未能彙齊。除將繳到履歷先行咨部，並飭

［一］以上衍、脱、舛九處，據中華書局一九九五年版《光緒朝硃批奏摺》第四一輯，第一三八至一四一頁删、補、校正。

［二］録自《京報》第三二三一號。

催趕造陸續咨送外，謹會同前兵部尚書臣彭玉麟恭摺具陳。再，廣東巡撫係臣兼署，毋庸會銜，合併聲明，伏祈皇上聖鑒。

該部議奏。單併發。

開復已革舉人等衣頂片〔一〕 光緒十五年九月初十日

再，已革南海縣舉人李錫培、武生麥玉成，前因阻築桑園圍馬頭岡石閘，不候官勘，輒行糾衆毁廠傷人。當經臣奏請先行斥革歸案審辦，奉旨允准在案。迭據南海縣知縣查傳人證，研訊確情。據該革舉李錫培等供稱，馬頭岡建築石閘，桑園圍農民不明利害，以爲此閘築成，桑園圍田園廬基均受其害，鄉愚無知，一時情急，聚衆閧入工廠。該革舉等聞信趕赴，衆勢洶洶。喝阻不及，以致毁廠傷人。事起倉卒，實無主謀糾匪、逞凶抗拒等情。現在工人周亞春等四人傷痕俱已平復，工廠所失各物均照價賠償。該縣等復經查詢十四圍紳民，俱言當日衅起一時，在場均係桑園圍鄉間愚民，並無匪徒乘間滋擾。該革舉等委無糾衆逞凶情事。所傷工人傷痕實已平復，現在十四圍各圍基均已一律加高培厚，石閘現奉飭停工待勘，十四圍紳士知縣李應鴻等均願具結領價歸款，彼此和息。該革舉等亦深知愧悔，近日甚爲安分守法，應請將該革舉李錫培、武生麥玉成前革衣頂奏請開復，以資觀感。在籍户部主事張琯生、户部郎中潘譽征等，並查無主謀糾衆焚搶情事，應請一併免議，由藩、臬兩司核明詳請具奏前來。

臣查該革舉李錫培等，於關繫鄰村河道水患之舉，不候官勘，一味横强，出頭攔阻，致釀毁廠傷人之事，原屬咎有應得。惟既查無糾匪搶刦等事，現復願將工廠失物照價認賠，與鄉鄰益敦睦誼，尚屬深知愧悔。相應請旨准將已革舉人李錫培、武生麥玉成衣頂，一併開復，以資觀感。在籍户部主事張琯生、户部郎中潘譽征等，既查無主謀抗拒情事，應請一併免其置議。除咨部外，謹附片具陳。再，廣東巡撫係臣兼署，毋庸會銜，合併陳明，伏祈聖鑒。

著照所請。該部知道。

彙奏請襲世職摺〔二〕 光緒十五年九月初十日

竊准兵部咨，同治元年二月十六日奉上諭：嗣後陣亡殉難各員子孫承襲世職，著兵部行文各該督撫轉飭各州縣，將應襲職名迅速查取，徑行具報，毋庸由府司轉詳。等因。欽此。又准兵部咨，襲職發標人員名數孔多，查册結宗圖已到人員，各按襲職發標，三月彙奏一次等因。同治二年正月二十五日奉旨：依議。欽此。又准兵部咨，嗣後請襲世職，應於文册内聲明於何年月日及在何處陣亡殉難，並議給世職奉旨日期，逐一詳細報明，毋得遺漏等因。均經轉行遵照在案。兹光緒十五年夏季分，據普甯縣詳，送承襲雲騎尉陳福海，年已及歲，呈請發標。又據吴川縣詳，送承襲雲騎尉改作文生員應試曾繼勳，屢試未第，情願入標學習，請更名紀壎，並請發標。又據陸豐、海豐、平遠、嘉應、長樂各州縣先後詳，送請襲雲騎尉温保安、王慶恩、馮颺、李鉦榮、吉

〔一〕録自《京報》第三二三二號。

〔二〕以下三件録自中國第一歷史檔案館編《光緒朝硃批奏摺》第四一輯，第一四三至一四七頁，中華書局一九九五年版。

鯍孫。又據海陽縣詳，送請襲恩騎尉邢步升。均年已及歲，請襲職發標。溫保安、王慶恩二員，聲明生長海濱，熟悉水性，情願改用外海水師。經臣逐一驗明，均堪發標學習。伏查定例，承襲世職，令嫡長、嫡次、庶出子孫承襲。如無嫡長、嫡次、庶出子孫，許令弟姪應承繼者承襲。又承襲雲騎尉、恩騎尉世職，年已及歲，免其送部，令該督、撫驗看具題。俟題准後，就近發標學習，支食全俸。雲騎尉扣至三年期滿，恩騎尉扣至五年期滿，出具考語，給咨送部引見。又承襲雲騎尉人員，於未經發標學習之前呈請考試者，准其以世職頂帶應試，毋庸給與世職俸銀。如應試數次後，仍願入標學習者，准其發標學習，照例給俸。又雲騎尉有願改外海水師者，於發標學習時，預先呈明，分派外海水師各營，隨同出洋巡哨，扣滿三年，如果明習水師，取具該管鎮將保結送部引見，以分發到營之日爲始，統限五年期滿，輪缺補用各等語。今承襲雲騎尉陳福海，年已及歲。曾紀壎，情願入標學習，呈請發標。請襲雲騎尉溫保安、王慶恩、馮颺、李鉦榮、吉鯍孫，請襲恩騎尉邢步升，均年已及歲，請襲職發標。溫保安、王慶恩二員並請改用外海水師，均覈與定例相符，相應彙列案由，繕具清單，恭呈御覽，請旨敕部覈覆，將陳福海、曾紀壎、溫保安、王慶恩、馮颺、李鉦榮、吉鯍孫、邢步升，發標學習，支食全俸。陳福海、曾紀壎、溫保安、王慶恩、馮颺、李鉦榮、吉鯍孫七員，仍照例扣滿三年，邢步升扣滿五年，出具考語，給咨送部引見。除將各該員親供宗圖履歷册結咨送部科查覈外，理合恭摺具陳，伏祈皇上聖鑒。

兵部議奏。單併發。

請准以陳榮坤補授遊擊片光緒十五年九月初十日

再，廣東高州鎮中軍遊擊缺，先經臣會同署廣東陸路提督臣鄭紹忠選以奏留廣東水陸儘先遊擊陳榮坤奏請補授。茲准兵部議覆，名次在前之陳鍾英等，雖據按名聲叙，惟尚有注册名次在前之方杜、方武、郭繼禄等三員，摺内漏未聲叙，遽請以名次在後之陳榮坤補授，礙難核准。應令查明聲覆到日，另行核辦等因。光緒十五年七月十八日奏。奉旨：依議。欽此。咨行前來。伏查方杜、方武二員均未造送履歷咨部，郭繼禄一員雖已造送履歷，尚未接准部覆注册，且現丁父憂，均未便請補。謹遵查聲覆。合無仰懇天恩俯准仍以陳榮坤補授高州鎮中軍遊擊，俾免營缺久懸。如蒙俞允，俟部覆到日，給咨送部引見，以符定制。謹會同署廣東陸路提督臣鄭紹忠附片覆奏，伏祈聖鑒，敕部核覆施行。

兵部議奏。

請准以楊松林升補守備片光緒十五年九月初十日

再，竊照廣西恩隆營守備一缺，先經臣等會選廣西撫標右營右哨千總趙邦慶升補，尚未引見，旋丁母憂。接准兵部咨，例應退回千總本任，俟服滿後再行升轉。所遺恩隆營守備員缺，係煙瘴題調之缺，行令迅即揀員升調等因。查定例，各省題調缺出，先儘現任人員揀選調補。如無合例調補者，准於應升人員内保題升用。又題調缺出，照例揀選具題，其有員缺緊要人地實在相需而所保之員與例稍有未符者，將不合例之處詳細聲明，請旨交部核覆各等語。茲查恩隆營守備，駐紮百色廳恩隆縣城，係苗疆煙瘴題調之缺，必須熟習風土、能耐煙瘴之員，方克勝任。粵西内地守備，非現居要缺，即人地未宜。實無堪以調補之員，應於現任人員内揀選升補。臣與廣西提督臣蘇元春詳加揀選，查有廣西提標中營右哨千總楊松林，年五十三歲，廣西柳州府馬平縣人，由行伍歷年隨勦出力，保奬俟補千總後以守備儘先補用，並賞戴藍翎，遞拔今職。光緒二年九月二十四日接領千總劄付，又於援勦越南匪徒出力，保奬俟補守備後以都司儘先補用，先换頂戴。嗣因六年俸滿，於光緒九年七月内領咨晉京，經欽派王大臣驗放請旨照例用。奉旨：依議。欽此。該員勇往幹練，營伍熟習，且熟習風土，能耐煙瘴，亦非籍隸本府，以之請補恩隆營守備，洵屬人地相宜。惟調缺請補與例稍有未符，第人地實在相需，例得專摺奏請。合無仰懇天恩俯念要缺需員，准以廣西提標中營右哨千總楊松林，升補恩隆營守備，以實營伍。如蒙俞允，該員係俸滿保送奉旨照例用之員，今請補守備，毋庸送部引見，應請給予恩隆營守備劄付，令其赴任。其所遺廣西提標中營右哨千總弁缺，俟接准部覆，再行選弁拔補，合併陳明。臣謹會同廣西提督臣蘇元春合詞附片具奏，伏祈聖鑒，敕部核覆施行。

兵部議奏。

建築瓊廉海口礮臺摺 光緒十五年九月二十日

竊惟瓊州一府，孤懸海中，逼近越南，關鍵中外，地方千里，黎山廣深，榛狉未啓，林木茂美，鑛産頗多，强敵日伺，垂涎已久。蓋自英得香港以來，不惟商務殷繁，尤於屯泊修造兵輪爲便，泰西各國，羣相豔羡，於中華洋面諸島，莫不欲探得善地爲開設埠頭、停頓兵輪之所。是瓊島一隅，在中國則如石田，如贅瘤，然令他人據之，則全粤不能一日安枕。非惟一國之覬覦，實爲列邦所屬目，[數]年來測訪洋情，參之事勢，實已見有端倪。仰蒙聖主明見萬里，采侍郎曾紀澤之奏，以該處情形較臺灣尤爲喫重，特頒諭旨，令籌經久之計，欽服莫名。

查瓊州離省過遠，限隔大洋，若非豫爲籌備完固，令其可戰可守，自固藩籬，一旦有事，無論水陸赴援，斷然無及。惟是峒黎叛、服不常，客匪句煽爲患，疾在腹心，遑云外侮。近年勦撫兼施，黎、客綏靖，獷俗略變，利源漸開。内患既紓，外防宜亟，減勇練兵，因地設險，亟應以次遞舉。

臣前年冬間，因出巡各海口，先至瓊州海口，親加相度。海灘廣闊，敵人巨艦難以駛近，然其船礮甚巨，足可護其登岸舢板。若我之臺礮稍弱，則徒受礮而不能擊敵。濱海舊有廢礮臺二座，修造既未合法，地基亦被淹浸。當勘得海口城西五里之秀英山，土人稱爲水英山，地勢最好，距敵較近，岡阜高廣，可以東西兼顧，應築臺七座。海口城西十里之西場，地亦堅實，其地亦可登岸，應築臺三座。每臺各配大礮一尊，均二十四生、三十五倍口徑長礮，始足及遠攻堅。海口城後西南之大英山，地勢聳出，俯瞰海口(令)[所]城，應築臺五座，配十五生長礮五尊。外洋所爭，專重海口埠頭，此防敵人萬一登岸屯踞海口，有此巨礮下擊，自難立足。該山堅實高燥，外人久圖侵占，民情不願。光緒(元)[九]年至十二年間，屢煩筆舌。若築有礮臺，兼可消患無形。其海口城西三里之鹽竈，近年建有鎮瓊臺，城西一里臨河舊有得勝臺，地低沙鬆，只可量加修治，酌設田雞等礮，以資輔助。

惟瓊州海口形勢，海岸平衍，海灘散漫，若敵人用舢板小輪分投伺便登岸，更難防遏。比年以來，熟加諮度，惟有沿海堅築礮隄，方可有恃。今將濱海一帶西自西場起，東至牛始舊礮臺止，共二十餘里，築一堅厚長隄，開修礮路，通行礮車，用以扼擊沿灘入口敵船。礮臺遠攻，車礮近擊，交相爲濟，庶可云以守則固。惟隄基甚長，海港間阻，又須多造堅橋，工程浩大，籌辦不易。先後飭委雷瓊道朱采、署瓊州鎮總兵李先義履勘，復派署北海鎮總兵陶定昇帶同精於測繪之將弁前往覆勘，博采衆論，酌定辦法。兼以需款甚鉅，年來多方撙節騰挪，始得有所藉手。現在派委朱采、李先義督辦礮隄工程，會同切實估計。隄身自西至東，長共五千五百五十九丈有奇，高八尺，厚二丈。隄牆高四尺，一律堅築平坦，通行礮車，共配七生半車礮一百零二尊，計十七隊，操演精熟，以備攻擊。隄脚遍栽簕竹、波羅茨，護隄（當）［擋］潮，以期經久。所有隄工、橋工及隄牆栽種簕竹一切［約］需銀七萬餘兩。現已刻日興工，其臺工俟礮到再行確估，趕速修竣安設。此勘估興築瓊州海口礮隄、礮臺及分配臺礮、車礮之情形也。

廉州北海一口，去越甚近，敵船自海防來一日可到，近接九頭山，又爲海盜之窟宅，瓊防而外，此爲最亟。臣前至北海巡視，冠頭一嶺最爲扼要。嶺之左右數峰相倚，遠瞰大洋，正對輪船來路。前派副將劉幹清監修之礮臺，其時海防緊迫，倉卒趕辦，雖工程尚爲堅實，惟地勢低而臺心小，不能安設大礮。迤東平沙廣漠，皆可登岸。曾與北海鎮總兵王孝祺商酌，廉防不能專恃礮臺，必須陸軍礮隊與礮臺相輔爲用，始能得力。現擬於冠頭嶺、天馬嶺、石龜尾諸山，擇要居高築臺五座，配二十四生礮五尊，扼擊敵人巨艦。廉州平衍，向可行車，其平沙一帶，擬練車礮五隊，配八生七車礮三十尊，用馬駕運，以備敵人近岸往來馳驟攻擊及援護礮臺之用。此又籌議興築廉州北海礮臺及分配臺礮、車礮之情形也。

計瓊、廉礮臺共十五座，瓊州沿海卑濕，地基不固，築臺須加樁石。北海冠頭嶺因山爲臺，又費開鑿之工。是瓊、廉臺工皆較尋常工費爲鉅，已飭該鎮道俟礮隄築成時，接續確估興辦。

查前次購定各礮，係奏明以肇、潮兩税廠新增節省防費爲買礮專款，訂購十五生長礮五十尊。除第一批運到五尊外，其餘四十五尊，臣權劑緩急，配撥瓊、廉兩防，礮力尚嫌其小。於上年電致出使德國大臣洪鈞，與克虜伯廠改訂二十四生三十五倍口徑長礮二十尊，架件全，共配擊鐵甲鋼彈六百顆、開花鋼彈一千四百顆、鋼子母彈四百顆、硬鐵彈一千六百顆，引火五（十枚）［千枝］、裝彈炸藥二萬二千啓羅。又額外添配小粒藥九百五十啓羅，藥筒一百二十六啓羅，專爲新式子母彈之用。此項礮價，除以從前議定之價相抵，仍動支奏定買礮專款外，今改訂大礮，核計應加七萬餘兩，當於沙田經費項下補足。業經籌付半價，礮到全清。其籌墊之款，應於十年專款項下陸續扣還，並限定於明年十月全分造齊運粵。又訂購七生半車礮一百零二尊，有車無鞍，（三）［八］生七車礮三十尊，車件配全。每礮，彈一百顆。共價一百四十七萬八千三百五十馬，合銀三十七萬餘兩，運保費在外。現已匯付半價，定立合同，限十四箇月造齊運粵。此項改訂之二十四生長礮二十尊，計撥瓊防十尊，廉防五尊，尚餘五尊，留爲省防横（擋）［檔］、沙角等處之用。

其潮防汕頭地方，前奏明應於口門之澳頭、馬仔、馬嶼三處添築礮臺，安礮十尊。其地防禦較緩，所訂之礮，今已改撥瓊防。應俟潮州新丈沙田經費，今年冬底即可收有成數，當照案買足布置。至新收之白龍尾地方，亦爲緊要。前遵旨將設官分汛事宜籌定舉辦，並奏明應築礮臺四五座，以資控扼。查該處海港，內通欽州、防城，實爲欽防之門户。臣前此巡視，率同提督蔡金章等詳加審度，定於近內較高之山建設礮臺五處。現將省防撤出之四頓重以上克虜伯鋼礮五尊，撥發該處應用，委署北海鎮總兵陶定昇前往勘估臺工，督同馮子材所部將弁修造。

大抵外洋性情，無時不思進步，無事不伏暗著，東西兩粤沿海沿邊，眈眈無已。若我已明有征繕之備，則彼自陰消其覬覦之心。此臣所以不敢苟幸目前之無事，而必汲汲竭蹶以圖之者也。所有建築瓊、廉海口礮臺、礮隄，改訂大礮，訂購車礮各緣由，[除]咨呈海軍衙門暨咨户、兵二部外，理合恭摺具陳。

再，瓊、廉防務，必須礮臺、礮隊相輔爲用，應行籌辦各事宜，分案奏陳，曾經臣於光緒十三年十一月奏明在案。此次添配臺礮、車礮，係遵照從前奏案辦理，是以未經咨商海軍衙門，理合陳明。

[另有旨。][一]

上諭：張之洞奏建築瓊廉海口礮臺以固防局一摺，覽奏均悉。各省築臺購礮等事，均應先期咨商海軍衙門，議定有案，方准興修，前經該衙門奏准通飭遵照。瓊、廉防務，張之洞前於巡視海口摺內奏明興辦，惟係統陳大概情形，並未將築臺若干，購礮若干，先行咨商海軍衙門籌定請旨。現在閱時已久，始將購礮築臺各節一一陳奏，均係動用鉅款，率行定議，殊屬不合。張之洞著傳旨申飭。所奏瓊、廉等處現辦各事宜，均著該衙門議奏。欽此。

查勘榆林港形勢籌議駐營築臺片 光緒十五年九月二十日

再，據署瓊州鎮總兵李先義、代理雷瓊道顧元勳、署崖州知州唐鏡沅等稟稱：本年七月初三日，有法國兵輪駛進崖東百里之榆林港，沿港量水。由港西上岸，釘樁四處，港口有石樁，均用灰塗，東、西兩岸分插紅、白四小旗。十七日復來插標十五處，有海關巡船遇見等情。當電飭瓊關税司查覆。旋據覆稱，該關名開辦之巡船在榆林港相遇，詢其何事，據稱到瓊島西南測量水道。查瓊州除海口而外，皆非通商口岸，法船何得入港量水，上岸釘樁、插標。非特顯背條約，實屬包藏禍心。除飭將各樁標撤毁，並照會法領事嚴切禁阻，暨電達總理各國事務衙門詰問法使外，當即派李先義帶同精於測繪將弁數員，乘駕兵輪前往榆林港測量查勘去後。

兹據該鎮及各將弁稟稱，勘得榆林港兩山環抱，水口緊而且深，形如葫蘆，口門內水深港闊，可泊鐵甲大船十餘艘，中號兵輪二三十艘。各山林木叢雜，泉水甚甘，周圍十餘里土人及來往舢板皆往取水。如海防有事，[能]紮水寨爲營，形勢之勝，不獨爲瓊海他口所無，即廣東通省各海島亦所罕覯。查瓊州海面，七洲洋一帶風浪最惡，無可停泊。若將此港籌備完密，設瓊海有事，我之鐵艦與敵艦攻擊之時，倘值風暴不便，得此可資收泊，又有礮臺以爲犄角，實爲講求海軍必爭之地等情，繪圖貼説，稟請核

[一] 以上脱、舛十處，據中華書局一九九五年版《光緒朝硃批奏摺》第六四輯，第六三七至六四〇頁補、校正。

辦前來。

臣查法人窺伺瓊州已非一日，此次在榆林港量水插標，狡謀顯露。該港水深能泊鐵艦，並可取水避風，若不幸爲敵所據，兵輪中道停泊有所，豈惟瓊州一府之憂，將南洋各口胥被其害。方今環瀛各國眈眈羣伺，此港既爲形勢之區，牖户綢繆，自應亟圖豫防之計。現擬於榆林港口門外東山樂道嶺、西山獨田嶺分築礮臺各三座。兩岸相距二百餘丈，敵船若欲進口，中等礮力儘可摧堅。若配十五生新式長礮六尊，足資扼守。惟該港經營，必須及早築臺，尚可從容。現經雷瓊道朱采調派一營前往駐扎，令其覆加體察，一俟定議，即行籌款購礮興工。

（硃批）該衙門議奏。（欽此）〔一〕

捐建瓊州昭忠祠摺 光緒十五年九月二十日

竊照瓊州黎、客各匪，踞巢負固，糾衆殺掠，蘖牙蔓衍三十餘年，殘害地方，爲患日亟。自光緒十二年八月奏明大舉澈辦，剿撫兼施，數年以來，鉅患克紓，庶務畢舉，良民安業，黎峒樂生。在事文武員弁，艱苦備嘗，陣亡瘴故，纍纍不絶。計兩次奏卹道員楊玉書、總兵易榮華等共三百六十二員，其各營兵勇應彙案咨部議卹者，復有一千數百名之多。

查瓊州黎峒，寒暖不時，瘴癘尤毒，各該員弁等擣穴擒渠，馴生闢土，通道安電，建學設墟，以及招商伐木，墾田開鑛等務，靡不踰越險阻，窮極幽深，出入鋒鏑，蒙犯霧露，朝病夕故，九死一生。往往未邀獎敘之恩，遽已殞身瘴域。乃前者僵踣，後者繼進，奮發不悔，退避毫無。跡其矢志報國，致命捐軀，瘴海忠魂，實堪矜憫。先後准督辦欽廉防務雲南提督馮子材函咨，並據雷（州）〔瓊〕道朱采等禀稱，〔以〕各該員弁等有功於民，以死勤事，軍民感戴，將吏同欽，既邀朝廷賜卹之恩，應體盛世褒忠之典，建祠報祀，於禮攸宜。竊擬籌捐集款，於瓊州府城購地創建昭忠祠，合祀此次剿撫黎客瘴故賜卹之三品銜山西候補道楊玉書，及一應在事陣亡瘴故曾經奏卹之員弁兵勇紳團。懇請具奏前來。合無仰懇天恩俯准列入祀典，飭地方官春秋致祭，以慰羣情而勵效命。

（硃批）著照所請。該部知道。（欽此）〔二〕

籌定廣西邊防摺 光緒十五年九月二十日

竊維廣西邊防，重在鎮南關。向時通道往來，祇由文淵州一路可入內地，雖有別隘，封禁甚嚴。自和約告成，南關通商，此外平而、水口兩關，亦條約載明通商之路，歧中有歧，防不勝防。經臣屢商廣西提督臣蘇元春，隨時體察妥籌布置。

迭據報稱，法人在越南地方擬開鐵路，由海甯出峒中、那陽以達諒山，復由文淵、扣波至龍州平而關外之白欖村，在彼屯貨，以便商運。從前商販舊路，係由文淵進南關，至樟村登船，路約百里。今改此道，由文淵、扣波緣邊行走，至平而關之上登船，路亦百里，而可繞避鎮南關前各隘。且勢據龍州上〔游〕，南關轉

〔一〕以上衍、脱三處，據中華書局一九九五年版《光緒朝硃批奏摺》第一一二輯，第一五至一六頁删、補。

〔二〕以上衍、脱、舛四處，據中華書局一九九五年版《光緒朝硃批奏摺》第四一輯，第一五七至一五八頁删、補、校正。

居其後。無事則轉運商貨，行銷廣西、雲、貴，可避各處稅釐。有事則轉運兵餉，亦極便捷等情。

臣察法人狡謀避險，深懷叵測，未可因款議新成，稍弛戒備。疊與蘇元春往來電商，以電音簡略，未能曲暢所言。該提督擬來東就商邊務，經臣電請總理各國事務衙門代奏，奉旨允准，當即恭録轉電去後。茲該提督於七月二十四日到東，據稱，中外邊地處處接壤，揆度形勢，必須於平而關增置礮臺，以備防守。前飭副將楊昌魁駐營該處，密切查勘。應築臺者四處，北岸則平而汛對過之嶺頂，並距數里之底隘，各築一臺，南岸則距汛二里許之平公嶺，并巴口隘右嶺，各築一臺。四處均土山，可爲暗臺，經該提督親勘，洵屬扼要。又彬橋先築之各臺亦須修築，其平公嶺等處尚須設營，應隨時酌量抽調，各等情。

查法人開鑿新路，繞出南關，其爲力爭上游，蓄意深入，已可概見，自不得不置臺設備，以爲之防。且鎮南關中路一帶，舊日布置之礮，尚不敷用，亦須酌增數臺，以臻完密。惟龍州一帶地多山嶺，此專爲防敵人之陸路步隊及水路小船，不比扼海攻堅，無須甚大之礮，且由梧江歷灘溯流上至龍州，大礮亦難挽運。茲經臣與蘇元春籌商，共應添新式十二生、三十五倍口徑長礮二十尊，各配彈一百顆。由東省代爲訂購，運至龍州，由蘇元春酌量布置。約須銀十八萬餘兩，運保費在外。其價由廣東陸續墊付，即在廣西協餉項下分作三年扣還，每年扣銀五萬。計尚不敷三萬，容俟臣抵鄂後竭力籌措，於每年實協桂餉之數加解一萬，以裨防局。運費、保險若干，再由協餉續扣。查東省每年應解西省協餉十二萬兩，近年籌解之數，除撥抵各項墊款外，大率每年解西現銀均在十萬八萬之間。計此後三年內，每年仍當實解西餉銀七萬兩，西省較前僅歲少銀二三萬兩，若將邊防各勇暫裁一營，即可省出二萬餘金，減隨時可添之勇，置經久有用之礮，實爲籌邊至計。臣復囑該提督前往虎門等處，閱看所有礮臺工程式樣及布置情形，以便仿照辦理。該提督閱看後，即於八月十六日起程，由梧州水（道）［路］回防，合併陳明。

（硃批）該衙門議奏。（欽此）[一]

查明七月分雨水田禾糧價情形摺[二] 光緒十五年九月二十日

竊照廣東省光緒十五年六月分雨水、田禾、糧價先經臣恭摺奏聞在案。茲查廣東省城光緒十五年七月分上、中、下三旬得雨十餘次，農田霑潤，早稻以次收穫，晚禾秀發，園蔬、雜糧亦皆暢茂。省外各屬稟報與省城大略相同。糧價較上月稍減，民情靜謐。大約今年晚造收成頗有豐熟之望，堪以仰慰聖懷。所有光緒十五年七月分雨水、田禾、糧價，臣謹繕清單，恭摺具奏。伏祈

皇上聖鑒。

知道了。

［一］以上衍、脱、舛四處，據中華書局一九九五年版《光緒朝硃批奏摺》第六四輯，第六四一至六四二頁删、補、校正。

［二］録自中國第一歷史檔案館編《光緒朝硃批奏摺》第九四輯，第八八四頁，中華書局一九九五年版。

籌解第四批蠶金京餉摺[一] 光緒十五年九月二十日

竊准部咨，光緒十五年奉撥京餉案内，廣東應撥蠶金銀十萬兩等因。咨行到粤。當經督飭司道遵照籌解去後。茲據廣東布政使游智開會同蠶務總局司道詳稱：部撥蠶金京餉，業經先後籌銀八萬兩，作爲第一、二、三批，飭委候補知府王秉恩等，領賫匯單起解在案。現在籌銀二萬兩作爲第四批，仍交商號日昇昌、百川通、蔚長厚、蔚泰厚、新泰厚匯兑至京，以期迅速。飭委補用知州徐澐等，領賫匯單，於光緒十五年九月二十三日由海道進京，支取銀兩，赴部交納。所有本年奉撥蠶金京餉銀十萬兩業已全數解清等情，詳請具奏前來。臣覆核無異，除咨部外，理合恭摺具陳。再，兩廣總督係臣本任，毋庸會銜，合併陳明，伏祈皇上聖鑒。

户部知道。

籌解第四批地丁京餉摺 光緒十五年九月二十日

竊准部咨，光緒十五年奏撥京餉案内，廣東撥地丁銀十萬兩等因。咨行到粤。當經飭司欽遵籌解去後。

茲據廣東布政使游智開詳稱，部撥地丁京餉，業經先後籌銀七萬兩作爲第一、二、三批，飭委候補知府王秉恩等，領賫匯單起解進京交納在案。現再籌銀三萬兩作爲第四批，仍交商號日昇昌、百川通、新泰厚、蔚泰厚、蔚長厚匯兑至京，飭委補用知州徐澐等，領賫匯單，於光緒十五年九月二十三日起程，由海道進京，支取銀兩，赴部投納。所有本年奉撥地丁京餉銀十萬兩，業已全數解清等情，詳請具奏前來。臣覆覈無異，除咨部外，理合恭摺具陳。再，兩廣總督係臣本任，毋庸會銜，合併陳明，伏祈皇上聖鑒。

户部知道。

籌解本年旗營加餉第四批銀數摺[二] 光緒十五年九月二十日

竊照光緒十一年八月二十二日欽奉慈禧端佑康頤昭豫莊誠皇太后懿旨：今欲酌加旗營餉需，惟有將各省營勇裁減浮濫。每省每年各裁節銀二三十萬，分批解部，以供加餉練兵之用。等因。欽此。當即恭録分行司局籌解。因粤省餉力萬難，一時未能籌定專款，光緒十二年先由商號借銀十萬兩，匯解赴京。嗣於覆奏查明廣東收支款目尚無歧誤摺内，附列清單，以旗營加餉一款，係欽奉懿旨飭籌之件，無論如何爲難，自當竭力籌措，以後每年解足十萬兩，仍俟籌定動支款項另行奏明。所有光緒十三、四年分應解銀兩均經解足，至光緒十五年分應解旗營加餉銀十萬兩，先經籌銀八萬兩，分作三批，飭委候補知府王秉恩並候補布政司經歷何亮采等、候補知府尹恭保等，先後領解赴部投納，均經奏報在案。茲據廣東布政使游智開詳稱，現再籌銀二萬兩，作爲本年旗營加餉第四批，照案發交商號日昇昌等匯兑，遴委補用知州徐澐、補用知縣劉鎮寰，領賫匯單，於光緒十五年九月十三日起程，

[一] 以下二件録自中國第一歷史檔案館編《光緒朝硃批奏摺》第八六輯，第六七九至六八〇頁，中華書局一九九五年版。

[二] 以下二件録自中國第一歷史檔案館編《光緒朝硃批奏摺》第五八輯，第四四八至四四九頁，中華書局一九九五年版。

由海道進京，支取銀兩，赴部交納等情，詳請具奏前來。臣覆核無異，除咨明户部外，理合恭摺具陳。再，廣東巡撫係臣兼署，毋庸會銜，合併陳明，伏祈皇上聖鑒。

户部知道。

籌解己丑年籌邊軍餉第四批銀數片

光緒十五年九月二十日

再，准户部咨，奏撥己丑年籌邊軍餉一摺，光緒十四年十一月二十四日奉旨：依議。欽此。並清單内開廣東省銀二十萬兩等因，當經行司籌解。嗣據籌銀十二萬兩，分作三批，飭委候補知府王秉恩、候補布政司經歷何亮采等，先後領解赴部投納，均經奏報在案。茲據廣東布政使游智開詳稱，此項籌邊軍餉，關係要需，自應趕緊籌解。現再在於藩庫各款内設法籌措銀二萬兩，作爲己丑年籌邊軍餉第四批，照案發交商號日昇昌等匯兑至京，遴委補用知州徐澐、補用知縣劉鎮寰，領齎匯單，於光緒十五年九月十三日起程，由海道進京，支取銀兩，赴部投納等情，詳請具奏前來。臣覆覈無異，除咨部外，謹附片具陳。再，廣東巡撫係臣兼署，毋庸會銜，合併陳明，伏祈聖鑒。

户部知道。

參追前任知縣同知欠解交代銀米片〔一〕

光緒十五年九月二十日

再，據廣東布政使游智開、署督糧道王景賢會詳稱，查有前任樂昌縣李春暉徵存雜款銀二千三百三十餘兩、米一百五十石零，已故前署陽江同知嚴家疇徵存雜款穀價銀一千五百六十餘兩、米七十九石零，已故前署翁源縣慶禄徵存正雜款穀價銀七百三十餘兩，迭經嚴催未據完解，詳請參追前來，相應請旨將前任樂昌縣知縣李春暉暫行摘頂，已故前署陽江同知候補知府嚴家疇、已故前署翁源縣准補花縣知縣慶禄暫行革職，均勒限四箇月將欠解銀米掃數完解。儻逾限不完，或解不足數，再行嚴參查抄備抵，以重庫款。所有參追前任知縣、同知欠解交代銀米緣由，謹附片具陳。再，兩廣總督係臣本任，自應毋庸會銜，合併陳明，伏祈聖鑒。

著照所請。該部知道。

代陳王仁堪請假片〔二〕

光緒十五年九月二十日

再，准廣東副考官王仁堪函稱，竊仁堪奉命典試廣東，於八月初一日到省，初六日入闈，將試卷悉心校閲，取中如額，於九月初十日揭曉。秋闈事畢，應即回京供職。惟念仁堪自光緒八年聞訃丁父憂回籍守制，光緒十年起復到京，迄今又歷六年，先人墳塋久未展拜，南望松楸時深依戀。因思粤閩連境，航海數日可到，函請代奏籲懇天恩賞假十五日，回籍省墓，俾得稍展孺私。假滿後即當趕緊回京，恭復恩命，不敢稍事耽延等情前來。理合據情附片代陳，伏祈聖鑒。

王仁堪著賞假十五日。

〔一〕録自中國第一歷史檔案館編《光緒朝硃批奏摺》第八一輯，第六八一頁，中華書局一九九五年版。

〔二〕録自中國第一歷史檔案館編《光緒朝硃批奏摺》第一〇四輯，第八〇九頁，中華書局一九九五年版。

爲香山紳士捐拓寨城請獎片[一] 光緒十五年九月二十日

再，前因香山縣紳士在籍候選道劉永康等呈請捐拓前山寨城，經臣奏請俟工竣照民捐民辦章程，免其造册報銷，並請給予奬叙。奉硃批：著照所請。該部知道。欽此。旋准户部咨，俟工竣時，出具司道大員切實甘結，按照常例加四分之一請獎虚銜封典，並准其移奬子弟。又准工部咨，劉永康等捐修城工請給奬叙，即與動用正款無異，例應造册報銷，予以保固限期各等因，咨行到粤。均經轉行遵照去後。嗣據稟報工竣，由司委員候補知州徐澐前往驗收。據稱會同代理廣州府海防同知蔡國楨、前山營都司黎中配實驗得新拓寨城，北面高一丈，東、南、西三面高一丈一尺，城身厚七尺，周圍原報通長五百二丈，今丈量實長五百四十二丈，係因濱臨海面，或緊靠山脚，審曲面勢，臨時加展。城脚用石厢砌，亦因地勢以爲高下，計高二三尺不等。城身用灰沙三合土築成，城堞用甎加砌，計高三尺五寸、厚一尺。合計城垣連堞，北面通高一丈三尺五寸餘，面通高一丈四尺五寸，東、南、西三方照舊式開門，寬深各一丈八尺、高二丈一尺，門頂弧形穹起，用紅甎盤砌，門樓起兵房一間，門扇用鐵板包釘，城西北隅天生巨石上建礮臺一座，用三合土填築臺堞，用甎加砌，並修復兵房、火藥房、製造房各一間，均係甎墻瓦蓋。東南城外河濠原報一百五十丈，今丈量實長一百八十丈，因城既加展，濠亦隨之。沿濠兩邊用木樁夾石砌成隄岸，深二三尺至四五尺不等，闊二丈六尺，間有略狹之處，亦因限於地勢。以上各處通行勘驗，委係工堅料實。至其新築城基，地近海濱，均按近日最精作法。先用杉木樁打入地中作脚，以期堅實。詢諸工匠暨附近居民，異口同詞，均稱並無虚僞。合共用銀五萬二十二兩一錢，備列細數，取具工匠譚光等保固三十年切結。並據紳士劉永康稟，此項城工濠工自光緒十三年十二月初八日開工，至十四年十月二十日工竣，所用木石甎土等料以及大小工作並佔用田地價值約計銀五萬兩有奇，皆由該紳獨力捐辦，並未領有官款，亦未捐募衆貲，意在保衛鄉閭，不敢迎邀奬叙各等情具報前來。

查前山寨城，從前舊址狹隘，該紳劉永康等不惜重貲，擴而充之，於海疆深有裨益。既經委員勘驗工料堅實，照例取結保固，雖該紳自稱不敢邀奬，惟前據該地方官稟請給奬奏准有案，自應照案辦理。但查前奏估計經費祇需銀四萬餘兩，茲據報用銀五萬有奇，雖係臨時加展城垣，工料增多，然究與前案不符。既須請奬，未便兩歧，復經委員候補知府富純前往覆勘。據稱工程浩繁，所用銀兩尚無浮冒。茲將一切雜費删除二成，共尚用工料銀四萬一十七兩六錢八分，涓滴皆屬正用，委係實支實銷，並無絲毫冒濫等情。據廣東布政使游智開會同海防善後局司道詳請具奏前來。

臣覆查前山寨城爲廣州府海防同知駐叙，已荷聖慈允准，而户部議令按常例加四分之一請奬，祇許奬給虚銜等項，是較鄭工事例加倍猶且不得實職。而工部又令照例報銷，責紳民以向未諳曉之例，似不足以示鼓勵而勸將來。惟既准部咨，應即勉爲造報。合無仰懇天恩敕部將該紳候選道劉永康等從優議給奬叙。出自逾

［一］録自中國第一歷史檔案館編《光緒朝硃批奏摺》第一〇三輯，第五三一至五三三頁，中華書局一九九五年版。

格鴻施。除飭開具應獎銜名咨送户部，並造具册結另送工部核銷外，謹附片具陳，伏祈聖鑒。

該部覈議具奏。

知縣陳瀛藻欠解參後全完請開復片〔一〕

光緒十五年九月二十日

再，候補知縣陳瀛藻，前署海康縣任内欠解正雜款銀二千一百八十三兩九分四釐二毫，又前署澄邁縣任内欠解正雜各款銀四千五百三十四兩八錢九分九釐四毫、米二百九十八石三斗五升，迭經嚴催未據完解，前經奏請暫行革職，勒限嚴追，欽奉諭旨，轉行欽遵，嚴催完解去後。茲據布政使游智開、署糧道王景賢會詳稱，查該員陳瀛藻被參後，完解海康縣任内徵存正雜款銀二千一百八十三兩九分四釐二毫，内光緒十五年七月二十六日完解徵存光緒八年分地丁銀一十一兩五錢二分一釐、光緒七年分税科羨耗銀七十二兩一錢四分三釐、光緒八年分税科羨耗銀一百九十六兩七錢四分七釐、光緒九年分税科羨耗銀三十兩三錢二分三釐，扣存光緒八年分廪膳曠缺銀一錢六分二釐。又，於是年九月十六日完解徵存光緒八年分耗米盈餘銀八十四兩五錢八釐二毫、光緒七年分税科羨耗銀八百九兩八錢六釐、光緒八年分税科羨耗銀八百三十三兩七分四釐、光緒九年分税科羨耗銀一百二十一兩二錢九分，扣存光緒七年分耤穀價銀一十一兩七錢六分、光緒八年分耤穀價銀一十一兩七錢六分，俱候造入光緒十六年分春季册報。又，澄邁縣任内正雜款銀四千五百三十四兩八錢九分九釐四毫，内光緒十二年三月初六日完解徵存光緒十年分税科羨耗銀一十八兩一錢五分七釐，已造入光緒十二年秋季册報。又於光緒十一年十月十三日完解徵存光緒十年分地丁銀六百七十一兩八分六釐，已彙造入光緒十三年春季册報。又於光緒十四年八月二十九日完解徵存光緒十年分地丁銀五百兩，係撥解雷瓊道庫充支兵餉之項，已造入光緒十三年分奏銷隨奏册報。又於是年三月二十九日完解徵存光緒九年分地丁銀四百五十六兩七分三釐，已造入光緒十五年秋季册報。又於是年七月二十六日完解徵存光緒七年分地丁銀一千二百一十七兩二錢七分七釐七毫、光緒八年分地丁銀四百八十八兩五錢九分九釐、光緒九年分地丁銀八百五十四兩三錢五分七釐、光緒九年分榔税銀二十三兩二錢六分二釐，扣存光緒九年分役食小建銀一十二兩五錢七分九釐七毫，徵存光緒九年分税科羨耗銀五兩三分一釐。又於是年九月十六日完解徵存光緒九年分税科額羨火耗銀九兩九分七釐、光緒九年分糧道養廉銀九兩三錢三分三釐、光緒十年分糧道養廉銀二兩六錢四分六釐、光緒九年分耗米變價銀一十五兩三錢四分、光緒十年分耗米變價銀四兩三錢四分九釐、光緒九年分耗米盈餘銀四十七兩七錢一分五釐、光緒十年分耗米盈餘銀一十三兩五錢二分八釐，扣存光緒九年分囚糧變價銀一十兩三錢、光緒十年分囚糧變價銀一十兩三錢四釐，徵存光緒九年分耤穀價銀一十四兩八錢八釐，俱候造入光緒十六年春季册報。又於是年七月二十六日完解扣存光緒九年分役食平銀四十一兩七錢五分二釐，又於是年八月十六日完解扣存光緒九年分役食二成銀一百九兩三錢五釐，前項銀兩向不列入季册造報。

〔一〕録自中國第一歷史檔案館編《光緒朝硃批奏摺》第八一輯，第六八一至六八三頁，中華書局一九九五年版。

又完解米二百九十八石三斗五升，內光緒十四年九月十八日完解節存光緒六年分裁兵三成米一百九石一斗三升五合、光緒七年分裁兵三成米一百五十石九斗九升四合，俱造入光緒十三年奏銷隨核册報。又於光緒十五年七月二十九日完解節存光緒六年分裁兵三成米四合、光緒九年分裁兵三成米三十八石二斗一升七合，俱候造入光緒十五年奏銷隨核册報。所有徵存銀米，俱已完解清楚，請將原參革職之案奏請開復前來。

臣伏查該員陳瀛藻於被參後已將欠解銀米照數全完，尚知愧奮，相應請旨將前署海康澄邁縣事候補知縣陳瀛藻原參革職之案，准其開復，以昭激勸。理合附片具陳。再，兩廣總督係臣本任，毋庸會銜，合併陳明，伏祈聖鑒。

著照所請。該部知道。

奏獎廣東同文館在館各員摺[一] 光緒十五年九月二十四日

竊廣東同文館自同治三年設立以來，每届三年，在館各員暨漢文教習、分教習等教有成效，均經奏請獎勵在案。茲自光緒十二年至本年又閱三載，奴才等曾將在館學成諸生當堂考試，擇其西文、漢文優長者八名，奏請分別給予繙譯生、附貢生、監貢生、監生。奉硃批：著照所請。該衙門知道。欽此。欽遵亦在案。所有館中提調漢文教習及館長、分教習等，均能常川在館認真教誨，不無微勞足録，自應查照向章，酌請獎叙以示鼓勵。茲謹將各該員等分別擬保開列清單，恭呈御覽，可否照給獎叙之處，出自逾格鴻施，除開具各員履歷咨部外，謹合詞恭摺具奏。伏乞皇上聖鑒。

著照所請。該衙門知道。單片併發。

請獎同文館繙譯生片 光緒十五年九月二十四日

再，廣東同文館自同治三年五月設立，所有肄業各生三年學習有成，分別給予繙譯生、監生，准其一體鄉試，並准充各衙門繙譯官。其由繙譯官出身之員，著有勞績，均以府經縣丞爲陞階。旗人願就武職者，以防禦爲陞階，續經議擬繙譯官當差得力三年期滿，或繙譯鄉試清文熟悉，點畫無訛，或文鄉試三場完竣，文理平通，未經中式者，均照案給予府經縣丞爲陞階，各等因，奏准在案。又於同治十年十月，經前任將軍長善等請將繙譯官裁撤，並以旗人由繙譯官遽以防禦陞用未免過優，請專以府經縣丞文員差委，亦奏准在案。茲查光緒十二年考取爲附貢生之馬廷亮等五名，均已當差三年，董鴻鈞、李光亨、馬廷亮、楊晟應過戊子科文鄉試，三場完竣，文理尚屬平通。佟朝慶應過戊子科繙譯鄉試，清文熟悉，點畫無訛。均經咨明總理各國事務衙門及吏部在案。每遇奴才等接見洋人，令該生等來署代傳言語，頗稱得力，人品亦尚端謹。又歷届保舉六品銜候補班前先用縣丞之清安、清瑞，六品銜以縣丞用之茂連、楊福，以縣丞用之齊海、多興、蔣俊等，均當差逾三年，每遇洋文照會、文報等件，令其繙譯漢文，並無錯誤，代傳言語甚屬敏捷，亦且人品端方，均應照章一律請給陞階，以示獎勵。奴才等公同酌覈繙譯生董鴻鈞、李光亨、佟朝

[一] 以下二件録自臺北故宮文獻編輯委員會編《宮中檔光緒朝奏摺》第四輯，第七〇八至七一〇頁，臺北故宮博物院一九七三年版，是張之洞與繼格等的會奏。

慶、楊晟，附貢生馬廷亮，均請以縣丞用。齊海、多興、蔣俊均請賞加六品銜。茂連、楊福均請仍以縣丞送部簽掣洋務省分，歸候補班前先補用。清安、清瑞請俟補缺後，以知縣歸候補班前先補用。以上各員可否照給奬叙之處，出自逾格鴻施。所有同文館之繙譯生當差復届三年期滿分別擬請奬勵各緣由，謹附片具陳，伏乞聖鑒。

覽。

籌解第二批内務府經費片[一] 光緒十五年九月 日

再，准户部咨，光緒十四年十二月十八日附片奏請將前撥太平關應解京餉銀十五萬兩内，劃出銀十萬兩，作爲内務府經費改解内務府交納等因。奉旨：依議。欽此。當即轉行欽遵辦理。兹據廣東布政使游智開詳稱，查光緒十五年分京餉部撥太平關常税銀十五萬兩，内除已解京餉銀五萬兩外，尚應改解内務府經費銀十萬兩，先經籌解第一批内務府經費銀三萬五千兩，隨解加平抬費銀一千一百五十五兩，作爲起解第一批太平關常税項下改解内務府經費，飭委候補布經歷何亮采等領解，赴内務府交納在案。現再向殷實銀號日昇昌、百川通、蔚長厚、新泰厚、蔚泰厚借墊銀三萬兩，隨解加平抬費銀九百九十兩，作爲起解第二批太平關常税項下改解内務府經費，即由該商號匯兑赴京，仍俟太平關税收有銀兩發還歸款。飭委候補知州徐澐等領賫匯單，於光緒十五年九月二十三日起程，由海道進京，支取銀兩，赴内務府交納等情，詳請具奏前來。臣覆覈無異，除咨户部、内務府外，謹附片具陳。再，兩廣總督係臣本任，毋庸會銜，合併陳明，伏祈聖鑒。

該衙門知道。

籌解東北邊防經費第三批銀數片[二] 光緒十五年九月 日

再，東北邊防經費，部撥廣東釐金銀八萬兩，當經先後籌銀六萬兩作爲第一、二批，委員候補知縣潘偉琛等領解赴京交納在案。兹據布政使游智開，會同釐務總局司道詳稱，在於釐金項下再籌銀二萬兩，作爲第三批東北邊防經費，交殷實商號百川通等匯兑至京，派委補用知州徐澐等領賫匯單，於光緒十五年九月二十三日由海道進京，支取銀兩，赴部投納。所有奉撥東北邊防經費，業已全數起解等情，請奏前來。臣覆覈無異，除咨呈海軍衙門暨户部外，謹附片具陳。再，兩廣總督係臣本任，毋庸會銜，合併陳明，伏祈聖鑒。

該衙門知道。

甄别知縣片[三] 光緒十五年九月 日

再，前准吏部咨，凡勞績保舉應須甄别人員，均令該督撫詳加試看。在省人員以保案奏文之日起，扣滿一年，分別奏咨甄别

[一] 録自中國第一歷史檔案館編《光緒朝硃批奏摺》第八六輯，第六九〇頁，中華書局一九九五年版。
[二] 録自中國第一歷史檔案館編《光緒朝硃批奏摺》第五八輯，第四五五頁，中華書局一九九五年版。
[三] 録自《京報》第三二三三號。

後，方准按班補用等因。歷經遵辦在案。兹查有候補知縣趙鳳昌，年壯才優，辦事穩細，業經詳加考察，照章考試，堪以本班序補。據藩、臬兩司具詳前來。除將該員詳細履歷咨部外，謹附片具陳，伏乞聖鑒。

吏部知道。

鄉試武闈委游智開幫同校閱片[一] 光緒十五年九月 日

再，本年恭逢己丑恩科，廣東鄉試文闈業已事竣，應即接考武闈，臣兼署廣東巡撫，例應主試。惟現奉諭旨調任湖廣總督，聞新任兩廣督臣李瀚章不日可到，正值交替之際，亟須將督撫兩署經手要件趕緊清理，實形冗迫。所有武闈頭、二場考試，馬、步箭技勇，有需時日。擬即飭委廣東布政使游智開幫同校閱，臣仍當不時親往考校。至届三場時，臣親行入闈覆試取録，以昭慎重而免稽延。謹附片陳明，伏祈聖鑒。

知道了。

裁革州縣規費各項加給公費津貼摺 光緒十五年十月十二日

竊惟察吏之本，首在清廉。爲政之方，貴乎平恕。從古未有不恤民而能言治者，亦未有不恤吏而能恤民者。廣東仕宦素有豐膴之名，其實州、縣優缺本屬無多。自同治六、七兩年裁減各州、縣米羨，每年計銀三十餘萬兩，進款頓少，而司庫派解之捐攤各款，道府之節、壽陋規，各上司衙門之水禮、門包、辦差雜費一切如故。州、縣計無復之，若非骩法鬻獄，即是虧欠庫款。大率大缺則擾累無底，小缺則窮困無聊。强黠者則以貪墨敗檢，名玷搢紳。庸闇者則以虧空獲罪，全家流落。苟非操行十分耿介，罕有能自全者。其中豈必盡甘暴棄，一經絓累，不克自拔。爲人材計，亦甚可閔可惜。夫上司誅求無厭，而責屬員之貪黷［虧空］，是謂無理。上下互相挾制，互相徇隱，聽其虧帑虐民，是謂無政。其究仍歸於國計民生交受其害而已。

臣前在山西巡撫任内，奏明將通省陋規全裁，改給公費，并將各屬攤捐全行（籌）［裁］免，籌款抵補，各屬稱便。

光緒十年來粵後，即考知此間積弊。徒以海防（虧累）［界務］以及各國交涉事體急迫紛紜，加以水灾、匪鄉、籌餉、善後等事統籌兼顧，物力日力皆有不給。且積重已久，非澈底查清，亦難輕舉。惟有先於省城端其本源，示之表率。除臣實署兩衙門所有饋遺雜費，於到任日即已一律禁絶外，司、道衙門亦經嚴行戒禁。於屬吏之或優或劣，隨事示以勸懲。自高崇基爲藩司、于蔭霖爲臬司，相助爲理，力懲貪風，習爲儉約，粵省風氣爲之一變。省外屬吏，頗不乏聞風（興）［觀］感者。隨於光緒十三年，爲瓊州道、府籌（足）［定］公費，將陋規一律裁禁。上年秋冬間，臣再兼撫篆，責任較專，當飭藩司將各屬公私出入各款，逐一詳查，竭數月之力，始得一一呈露。兹經臣督同兩司悉心籌議，必欲爲廣東州縣永除鉅累，廣東吏治清其本源。一規禮宜革，一捐攤宜裁，一辦差浮費宜省，一例差宜少派，一道府公費宜籌發，

［一］録自中國第一歷史檔案館編《光緒朝硃批奏摺》第一〇四輯，第八一一頁，中華書局一九九五年版。

一州縣苦缺宜津貼。

查陋規一項，相沿已久，本非道府所樂爲，特以辦公無資，不免襲常蹈故。謹飭者聽其自然，量從寬簡。鄙俗者斤斤計較，表率難言。其名目亦甚猥雜，如節、壽、到任禮，季規，月費，油米柴炭，客案修金，盤查倉庫費，秋審費，到任水禮，過山禮，乾脩，修署，門包，共十四款。或此有彼無，或大同小異，應即一律禁革，不准別立名目，需索巧取。其有必不能省之公務供支各款，雖難全無，應照先時裁減一半。

又查捐攤一項，乃本省需用而不能開銷者，於是派之府、廳、州、縣，此百餘年各省相沿之痼習。大缺在二千金内外，小缺亦在二百金内外。屬吏之力既不能堪，於是百計宕欠。其應解司庫者，或始終懸欠，任扣養廉，或設法抵兑，利歸胥吏。其歷任流攤者久成虚濫，徒於交代案内多費筆墨，延誤例限。計藩司衙門凡十二款，曰香蠟差費、高錫差費、小書工食、憲書三成、綏(猺)［瑶］廳練勇經費、瑶目口糧、餉差盤費、清查無著、(擬)［攤］款報資、塘兵餉不敷、火藥價、草鳥船經費。臬司衙門凡三款，曰驛傳房紙劄飯食、傳供飯食、司監加增藥餌。以上各款概行裁免，其有向需支發之項，約歲需銀二萬餘兩，由司局另籌開款動支抵補。以後道、府、廳、州、縣各員養廉，除自行稟請留抵部款外，均發現銀，不准扣抵。至捐解道、府衙門各款，除向係實解公用者，其所解多寡之數，各仍其舊。凡無名之款，或有捐無解之虚款，及流攤(數)［款］目，一概全裁，亦不准再將新款稟請起攤。

其學政歲科兩試考棚經費，往來夫船，(勿)［向］爲州縣藉詞虧累之端。除棚規本屬各省通行多年舊章，自應循舊辦理，此外考棚辦差雜費，爲數實繁。學臣樊恭煦持廉恤吏，深知治體，與臣會商酌定，一律裁減三成。並令司、局、道、府不得將候委人員無故多委例差，以省擾累。此分別禁革規禮，裁免捐攤，核減差費之辦法也。

規禮既裁，各道府中如督糧道、南韶連道、廣州、肇慶、潮州、廉州等府，或向有奏定公費，或向有關稅盈餘，支用尚充。其餘道府［各缺］減成廉俸，於辦公實有不敷，必應籌給公費。學政按試各屬，隨棚幕丁、吏役人數較多，並爲隨棚人役酌籌出差津貼，皆係所給之數稍羸於所裁之數。其承辦考試各州、縣，暨最爲瘠苦之鎮平、平遠、感恩、昌化四縣，亦酌加津貼，以資辦公而免藉口。計抵攤、公費、差費、津貼四項，通年共需銀七萬七千餘兩，即於誠信、敬忠兩堂商人捐款項下動支。此係由外新籌之款，與司局各正款無涉，以之爲恤吏戒貪之用，似屬相宜。此籌給公費津貼之辦法也。

似此分別釐正，積弊一清，道府既充然有餘，州縣亦脱然無累。有餘則(有)［可］以正色率下，無累則可以勉爲循良。倘道府仍巧取於下，牧令仍轉剥於民，以及侵挪錢糧，甘受賄賂，兩司不難詳參，道府不難稟揭，從嚴懲處，亦復何辭。從此官無重累，民無虐政，庫無虧款，廣東吏治民生［庶幾］可日臻上理矣。

(硃批)該部知道。(欽此)〔一〕

〔一〕以上衍、脱、舛十二處，據中華書局一九九五年版《光緒朝硃批奏摺》第八六輯，第六九一至六九三頁刪、補、校正。「猺」徑改為「瑶」。

核定州縣錢糧表目片光緒十五年十月十二日

再，州、縣徵收錢糧，例應隨時報解。乃廣東省各屬，習成疲玩，每届奏銷，遲逾六、七箇月始行造辦，已歷多年。不肖之員，藉此挪移，延不報解。其廉謹者亦復視爲泛常。虧短之弊，因之而起。殊不思報解遲延，在各州、縣非不暫覺從容，惟縱弛既慣，積成虧空，日後必深受其累，皆寬縱之上司有以誤之也。欲除此弊，惟有嚴核徵存，早催報解。臣前兼署巡撫時，即仿照鹽務辦法，督同藩司通飭各屬勒限徵解，嚴定功過。自光緒十二年爲始，每届奏銷，趲早一箇月辦理，以期規復舊制，經於上年會同前撫臣吴大澂附片奏明在案。

臣猶恐各牧令狃於積習，藩司眩於紛繁，待至事後參追，於庫帑仍無實濟。必得一簡明格式，豫籌早催，然後上有所稽，下有所守。及再兼撫篆，因復詳加考核，定一格式，名爲各州縣錢糧新舊徵解完欠表，共兩葉。其前一葉爲表目，將該處額徵、額解、正雜錢糧、銀米等項數目，逐款明晰填注。次一葉爲每月完欠表，將此月徵收某項若干、報解若干、坐支若干、尚欠若干，據實填注。兩葉黏訂相連，均於月底截數，限次月初三日稟繳督、撫、司、道及本管府州查核，不准遺漏。各上司將每一州、縣按月所報接續訂成一册。儻有徵存未解，或徵多報少，上司即可隨時指款嚴提。如有不按月造報，即予撤任停委。如此辦理，目前雖有不便通融之苦，日後自有脱然無累之樂。新章既嚴，其一切浮費應酬亦可藉以拒絶，豈獨庫款無虧，吏治亦必有起色。既經通飭照辦去後，各州、縣知臣於嚴核之中寓以矜全，尚能奮勉趕解。本年應辦十四年奏銷，業已趲早兩箇月於八月内辦竣具題。以後藩司如果遵照程式認真考核，隨時督催，再過一年，則廣東奏銷即可復舊章例限，虧空亦當漸稀，所以裨益庫款，保全州縣者實屬不少。

（硃批）户部知道。（欽此）

進呈粤海圖説摺光緒十五年十月十二日

竊臣前經承准總理各國事務衙門來電，奉旨：著將沿海各口地形繪圖貼説，並將某營現紮某口，兵勇若干，何人管帶，有無礮臺，分别詳細注寫，以備考證。等因。欽此。嗣准咨同前由，[行]令遵奉諭旨，督飭所司繪刊簡明圖説，毋漏毋枝，進呈乙覽。並咨送軍機處及總署各一分，以備稽核等因。當經分别恭録咨行，欽遵辦理在案。

查廣東爲南洋首衝，近連港、澳，遠控越南，沿海各口迴環，廣袤四千餘里，内河外海，暗礁明島，叢雜林立，必欲測繪精(密)[審]考核詳明，斷非旦夕所能集事。當於光緒十二年設立海圖館，派委户部主事趙濱彦、廣西候補道方長華等，督飭通曉算法、輿地之學生員弁等，分赴各海口，疊次履勘，詳確測繪。派候選道蔡錫勇在館總司其事。區分廣州省防、潮防、廉防、瓊防爲四路，約舉極衝、次衝、又次衝爲三等。就各路所繪草圖，所録條記，覆加匯合，繪爲總圖、分圖，詳爲之説。所有經費支銷各款，均已分晰奏咨立案。各該員生等出入風濤，無間寒暑，候潮汐，測沙礁，辨島嶼，凡輪帆可達之處，戰守緩急之宜，靡不周歷審視，反覆推求。兼以勇營調撥不常，礮臺逐漸增築，均須隨時添纂改訂。自光緒十二年正月開辦起，截至十三年七月蔵事。臣於是年冬間乘輪巡海，隨帶測繪員生親歷四路，復就所繪各圖詳加核正，裁定義例，令内閣中書楊鋭刪除繁蕪，鈎提綱要，定爲圖説一卷。大要以當務切用爲主，故略於前事，詳於近事，略於山川，詳於阨塞。凡圖中極衝、次衝、又次衝，均爲之説。若輪船所不到，守備所不及之處，皆從其略。共爲總圖五：廣東全省海口總圖一，(四)[各]路海口總圖(一)[四]。分圖九：中路廣州省防分圖六，東路潮防、西路廉防、南路瓊防分圖各一。圖説一本。裝潢成帙，恭呈御覽。

(硃批)知道了。圖留覽。(欽此)〔一〕

查明八月分雨水田禾糧價情形摺〔二〕 光緒十五年十月十二日

竊照廣東省光緒十五年七月分雨水、田禾、糧價前經奏聞在案。茲查廣東省城本年八月分上、中、下三旬得有大、小雨澤十餘次，粵省向來八月以後雨水甚稀，本年秋雨應時，大爲有益。高低田畝一律霑足，晚禾以次結穗，園蔬、雜糧亦皆暢茂，可望豐收。省外各屬稟報與省城大略相同。糧價較上月稍減，民情靜謐，堪以仰慰聖懷。所有光緒十五年八月分雨水、田禾、糧價，臣謹繕清單，恭摺具奏。伏祈皇上聖鑒。

知道了。

奏報光緒十四年下忙錢糧銀兩數目摺〔三〕 光緒十五年十月十二日

案准部咨，州縣每年應徵錢糧銀兩，除例准留支及實欠在民外，儘數提解司庫。下忙限十二月底截清解司，銀數造册詳報。督撫於二十日内專摺具奏，將原册送部。又准部咨，上、下忙錢糧，以額徵數目按八分計算。上忙勻爲三分，下忙勻爲五分徵收，其餘二分歸奏銷前徵完，分别藩司功過，責令督催。又准部咨，各省上、下兩忙錢糧，於截止後，上忙限十一月底，下忙限次年五月底，分晰成數報部等因。均經轉行遵辦在案。茲據廣東布政使游智開詳稱，廣東省光緒十四年分應徵地丁、雜税、屯丁等項共銀一百九萬三千三百一十六兩七錢一分六釐，除上忙期内已完銀三十六萬九千三百五十二兩二錢三分八釐四毫二絲，自光緒十四年十二月初一起至光緒十五年五月下忙期滿止，續完銀四十萬四千三百九十九兩七錢三分六釐七毫二絲四忽。又額徵耗羨銀一十七萬七千五百七十六兩四錢四分二釐，除上忙期内已完銀四萬八千一百六十九兩五錢三分六釐一毫，今下忙期滿續完銀五萬三千六百七十四兩五錢七分八釐三毫。額徵正耗二項統計分數，下忙勻爲五分計算，已完三分九釐一毫九絲一忽，未完一分零八毫零九忽。除各廳州縣應行留支外，均據解收司道各庫。檢查各屬實徵底簿，核算相符，未完之數，委係實欠在民，並無捏飾等情前來。除行司嚴催各屬，迅將未完銀兩上緊催徵，歸於奏銷前接續完解，並將已、未完數目各册，咨送吏、户二部外，所有廣

〔一〕以上衍、脱、舛六處，據中華書局一九九五年版《光緒朝硃批奏摺》第一〇四輯，第三八八至三八九頁刪、補、校正。

〔二〕録自中國第一歷史檔案館編《光緒朝硃批奏摺》第九四輯，第八九三頁，中華書局一九九五年版。

〔三〕録自中國第一歷史檔案館編《光緒朝硃批奏摺》第六六輯，第一九一至一九二頁，中華書局一九九五年版。

東省徵收光緒十四年分下忙錢糧數目，臣謹循例恭摺具陳。伏祈皇上聖鑒。再，兩廣總督係臣本任，毋庸會銜，合併陳明。

該部知道。

歷年加餉練兵已支口糧銀兩造册請銷摺[一] 光緒十五年十月十二日

竊照同治七年三月内，經前督臣瑞麟奏稱，粤東水陸營伍，應設練兵。除瓊州鎮遠隔重洋暫緩抽練外，其餘陸路兵丁三萬五千四百九十二名、水師兵丁二萬四千八百八十三名，抽練三成，計共練兵一萬八千一百一十二名，於月餉外每名每日加口糧銀六分等因，於同治七年四月二十六日奉旨：知道了。欽此。嗣准部咨，以粤省練兵經費爲額外添支之款，應令力求撙節。又於同治九年七月内奏，粤東水陸各營兵丁，參酌閩浙成案，裁減冗兵三成，將所存七成，加給月餉，責成將弁換班輪流訓練，遇有緝匪辦案，即酌調練兵應用，毋庸支給行糧。至前奏三成練兵，除瓊州鎮等營未經抽練外，其内地各營已於同治七年一律抽調，後因八年夏間察看營汛緊要處所，查照部議，陸續撙節。現通省合計約共減停一成、抽練二成，所有各處緝捕扒船及署潮州鎮總兵方耀現辦潮州積匪，均裁減壯勇，搭配練兵。其所加口糧，前經奏明每名月給銀一兩八錢，嗣又量爲區别，征調剿捕離營遠者，每名酌增三錢，實給二兩一錢。其在營操練聽候征調及配船巡緝離營近者，每名酌減三錢，實給一兩五錢。統在本省善後項下籌支等因。奉旨允准。欽遵辦理。又於光緒二年閏五月内，前督臣劉坤一奏，粤省已練各營兵額，除裁減三成外，尚額兵四萬二千餘名，抽調二成就營操練，各營多者二三百名，少者百餘名或數十名，畸零散漫，不能成軍，飭令編立營制，多者損之，少者益之，務足五百名，合營併操，以齊部伍。瓊州各營續又一律抽練，於光緒九年將各營練兵數目造册咨部，並聲明前後增減起止日期，於報銷時截清造報各在案。兹據廣東報銷局司道詳稱，粤省加餉練兵，始自同治七年，先經奏定章程，每名每月加支餉銀一兩八錢。嗣復量爲區别，征調差遣離營較遠者，每名又酌增三錢，實給二兩一錢。其在營操練暨防地近者，酌減三錢，實給一兩五錢。又因節省餉項，凡有奏調差遣始支加餉，其在營操練者，暫行停給。並分别離營較遠及地方緊要者，月支銀一兩八錢，附近本營者酌減三錢，實支一兩五錢。嗣又合操調練仍照舊章，每名月支銀一兩八錢。此歷年支發練兵加餉之詳細情形也。溯自同治七年開操以來，爲時已久，爲數已多。所有各員弁支過口糧銀兩，陸續造册，請銷前來。數目繁鉅，不易句稽。所有各年報銷，酌量分爲四案。自同治七年開操起至八年八月減練止爲一案，皆係照章每名支銀一兩八錢。又自同治八年九月停練一成抽練二成起，至十年十二月止爲一案。又自同治十一年正月裁兵抽練起，至光緒二年三月合操調練止爲一案。皆係奉調差遣始支加餉，在營操練者暫行停給，並分别離營較遠及地方緊要者，每名月支銀一兩八錢，附近本營者，酌減三錢，實支銀一兩五錢。又自光緒二年四月合操調練起暫截至光緒八年十二月止爲一案，皆係復舊章，每名月支銀一兩八錢。如此條分縷列，庶幾秩然不紊。該司道等

（一）録自中國第一歷史檔案館編《光緒朝硃批奏摺》第五八輯，第四六三至四六五頁，中華書局一九九五年版。

覆加確覈，均與奏准章程相符，並無浮冒，造具清册，並聲明本案加餉練兵暫截至光緒八年十二月底止，係奉行新章。以前應照舊章彙案報銷等由，具詳請奏前來。臣覆覈無異，除將各册咨送户、兵二部外，理合恭摺具陳。再，廣東巡撫係臣兼署，毋庸會銜，合併陳明。伏祈皇上聖鑒。

該部知道。

圍基防護完固並籌發工賑銀兩數目摺[一]

光緒十五年十月十二日

竊臣前於光緒十四年六月初四日具奏廣東西、北兩江同時盛漲，圍基多有漫決，督飭救護、會商撫恤補築各情形一摺，奉硃批：知道了。即著飭屬查明被灾户口，妥爲撫恤，毋任失所。並將潰決圍基趕緊修築，以衛農田。該部知道。欽此。等因。旋准户部咨，令將籌發官款係何款目，動用銀數，以及撫恤情形詳細分晰據實報部。又准工部咨，廣東此次漫決各圍基，間有與大修各縣所屬圍基相同者，是否即在十二年新修圍基工段之内，應令速即確查報部，並將此次潰決處所繪圖貼説一併送部，以資考核各等因，咨行到粤。當即轉行遵照辦理去後。

伏查廣東地處海濱，爲衆水之所匯注。上年三月東、北兩江相繼漲溢，而惠州府屬之歸善、河源、博羅、長甯、龍川、永安等縣，嘉應州暨所屬之興甯縣，韶州府屬之英德縣，肇慶府屬之四會縣，廣州府屬之清遠、從化、增城、東莞等縣，同時被水，而東莞之福隆圍決焉。迨至五月積潦未消，加以久雨，西、北兩江復漲。肇慶、廣州兩府所屬各縣適當其衝，勢若建瓴，田廬淹没，圍基漫決，幾成灾患。經臣兩次出省督飭救護，分派員弁携帶銀兩、木樁、麻袋各物，擇要堵築，並帶米石、麪餅順道賑濟。所有辦理情形暨衝決圍基地名，均經臣先後縷晰奏明在案。上年冬所決各圍，經臣飭催修築，一律完固。復於本年春間未雨綢繆，預備捍禦物料，分儲各縣，以備緩急。今夏四月水發之時，臣乘坐小輪周歷履勘，均皆防護完善。迨至五、六月内水勢加漲，不亞前年。高要、四會、清遠等縣各圍舊基間有坍卸，幸賴物料早備，隨時搶築，得免疏虞。現届秋深，水勢平減，據有圍基各縣具報，一律完固等情前來。

溯查廣東頻年遭水，圍基潰決，雖有多寡之殊，然每年必有其事。小民蕩析離居，最堪憫惻。經臣督飭員弁，率同紳董業户籌集公、私各款，合力修築，並多備物料，先事預防，本年盛漲竟獲悉臻完好。刻下情形通省幸獲一律豐收，爲民間所保全者，不下鉅萬。現在水勢已退，仍當督飭各屬妥爲保護，隨時加意培築。所有支過銀數，自應彙案奏報以昭核實。統計南海縣發工賑銀一萬五十二兩八錢，三水縣發工賑銀一萬一千三百七十五兩一分一釐，清遠縣發工賑銀一萬九百九兩二錢五分，肇慶府發賑款銀二千五百六十六兩四錢八分一釐五毫，高要縣發工賑銀一萬二千五百兩，又修理羅秀圍石工共銀六千六百二十兩九錢八分五釐五毫，高明縣發工賑銀一萬一千八十八兩七錢六分，四會縣發工賑銀一萬一千一百八十九兩六錢二分二釐，廣甯縣發賑款銀二千兩，惠州府發賑款銀一萬六千七百二十八兩一分二釐三毫，博羅縣發賑款銀二千八百六十二兩四錢

[一] 録自中國第一歷史檔案館編《光緒朝硃批奏摺》第九八輯，第七七九至七八一頁，中華書局一九九五年版。

八分，歸善縣發工賑銀一千五百九十七兩，另購買分發各屬木椿麻袋竹纜等項銀一萬一千二百八十五兩二錢八分六釐、委員薪水船價等項銀二千七百一十兩八錢五分五釐，合共支用銀一十一萬六千九十三兩五錢四分三釐三毫。此項銀兩係由賑捐暨備荒經費項下開支，以工代賑，實支實用，所修各圍並無十二年新修工段在内，應請免其造册繪圖，以省繁牘等情，據善後局司道詳請具奏前來。臣覆查無異，除咨部外，謹恭摺具陳。再，廣東巡撫係臣兼署，毋庸會銜，合併陳明，伏祈皇上聖鑒。

户部知道。

請准以史繼澤補授知縣摺〔一〕 光緒十五年十月十二日

竊照准調香山縣知縣韓焯祚，據報於光緒十五年六月十三日在陽春縣署任病故，業經恭疏題報。所遺香山縣知縣係海疆繁疲難兼三要缺，例應由外揀員調補。查定例，知縣應調缺出，令於現任人員内揀選調補。如無合例堪調之員，准以例准請補之候補並進士即用人員酌補。查香山縣爲濱海要區，地廣民殷，政繁俗悍，轄屬澳門地方華洋雜處，撫綏彈壓均關緊要，非精明幹練之員不足以資治理。臣督同藩、臬兩司於通省現任知縣應調人員内逐加遴選，非現居要缺即人地未宜，實無堪以調補之員。惟查有進士即用知縣史繼澤，現年三十二歲，係貴州貴陽府人，由廩生中式光緒乙酉科本省鄉試舉人，丙戌科會試中式貢士，殿試三甲進士，引見奉旨以知縣即用，籤掣廣東。光緒十二年八月三十日到省。該員才識明敏，操守謹嚴，以之補授香山縣知縣，洵堪勝任。惟調缺請補與例稍有未符，惟人地實在相需，例得專摺奏請。據藩、臬兩司會詳前來。合無仰懇天恩俯念海疆員缺緊要，准以即用知縣史繼澤補授香山縣知縣，俾資治理。如蒙俞允，該員係即用知縣請補知縣，銜缺相當，毋庸送部引見，理合恭摺具奏。再，兩廣總督係臣本任，毋庸會銜，合併陳明，伏祈皇上聖鑒。

吏部議奏。

奏明因傷邀免騎射武職員弁片〔二〕 光緒十五年十月十二日

再，案准兵部咨，咸豐八年七月十五日内閣奉上諭：嗣後送部引見武職員弁，遇有因傷不能射箭者，即由該督撫奏明辦理，不得僅以咨文報部，以符定制。等因。欽此。欽遵在案。茲據署督標中軍副將王世清稟，准前署督撫右營參將儘先副將畢昌鼎移稱，前在軍營於同治十一年十月内，在甘肅西甯府屬小峽口打仗，被傷左手中、次兩指，骨損筋斷，難以張弓挾矢。又准借補肇慶水師營參將黃榮華移稱，前在軍營於咸豐八年三月内，在安徽蕪湖縣屬灣沚地方打仗，被匪槍傷右胯，矛傷胸前，復於同治三年四月内，克復常州府城被匪槍傷左脚，均經驗明醫痊，惟傷口時作酸痛，難以挽强運重。俱經署督標中軍副將王世清驗明屬實，出具印結呈繳覈辦。又據署瓊州鎮總兵李先義呈，據前代理崖州協副將留粵儘先補用遊擊請補高州鎮中軍遊擊陳榮坤稟稱，前隨

〔一〕録自《京報》第三二四五號。
〔二〕以下二件録自中國第一歷史檔案館編《光緒朝硃批奏摺》第四一輯，第一八五五至一八六六頁，中華書局一九九五年版。

往越南剿匪，於光緒元年三月内，攻克襄安府屬一帶賊壘，被匪挑刀刺斷右手曲池筋絡，並被礮傷左太陽偏額並右邊顴骨。是年五月内，克復河陽老巢，又被賊匪礮傷胸膛及左腕兩膝，均經驗列頭等醫愈，無如筋斷骨破，時作酸軟疼痛，難以挽强運重。經署瓊州鎮李先義驗明屬實，出具印結呈繳覈辦。又據署碣石鎮總兵劉永福呈，據前署碣石鎮中營守備督標中營儘先補用都司陶烈武禀稱，光緒五年投效驤武左營充當勇目，隨往越南剿匪，被賊槍傷左膝。又因追賊跌馬，傷患左手肩臂等處，雖經醫治平復，惟難以挽强運重。飭委署碣石鎮中軍遊擊刁經明驗明屬實，出具印結呈繳覈辦。又據署廣州協副將黄金福禀，據前署廣州協左營右哨千總香山協右營儘先都司黄麟瑞禀稱，前因獲盗被匪槍傷右臂，雖經醫愈，惟不能舉重挽强，飭委署廣州協左營都司劉泮驗明屬實，出具印結呈繳覈辦等由前來。臣覆覈無異，除結存案外，合無仰懇天恩俯准畢昌鼎、黄榮華、陳榮坤、陶烈武、黄麟瑞，均邀免騎射，以示體恤。謹附片具陳，伏祈聖鑒。

著照所請。兵部知道。

更正保獎清單片光緒十五年十月十二日

再，兩江儘先補用遊擊吴世清，前由都司奉調隨勘蘇浙閩粤電路來粤，復派辦理粤省各路電綫，於兩廣官商各電局創辦綫路經理軍報出力案内，經臣於光緒十二年五月間會同直隸總督臣李鴻章、前廣東巡撫臣倪文蔚、前護理廣西巡撫臣李秉衡合摺保獎，請以遊擊仍留兩江儘先補用。奉旨允准，並接部覆行知遵照在案。兹據該遊擊吴世清禀稱，該員原係遊擊銜兩江督標儘先補用都司，前次保獎清單内繕作儘先遊擊請以遊擊仍留兩江儘先補用，係屬錯誤，請咨部更正等情前來。臣覆查屬實，相應請旨飭部，將該員前於兩廣電綫保奬清單内，更正遊擊銜兩江儘先都司吴世清請以遊擊仍留兩江儘先補用註册，以免兩歧。除將該員出身履歷咨送兵部查覈外，理合附片陳明，伏祈聖鑒。

兵部知道。

籌解第四批鹽課京餉等款銀兩摺(一)光緒十五年十月十八日

竊照承准軍機大臣字寄，光緒十四年十一月二十四日奉上諭：户部奏，預撥來年京餉，擬在地丁鹽課等款内指撥銀七百萬兩，著於來年分批提前趕解。另片奏，光緒十五年内務府經費，擬撥廣東鹽課銀五萬兩，著於來年開印後陸續徑解内務府交納，等因。欽此。並清單一紙，内開擬撥光緒十五年分京餉廣東鹽課銀二十萬兩。當經恭録轉行欽遵籌解。又廣東運庫應解京餉，難以現銀解部，歷經奏請仍行交商匯兑在案。兹據兩廣鹽運使英啓詳稱，光緒十五年分部撥京餉銀二十萬兩、内務府經費銀五萬兩，前經先後籌解京餉銀一十五萬兩、内務府經費銀四萬兩，共銀一十九萬兩，分作第一、二、三批於本年二月初三、四月初六、八月初三等日，委員龔純、潘偉琛、何鸞書等解京，詳明奏報在案。現又在徵收光緒十五年分省河鹽課項内籌銀五萬兩，並隨解一五加平飯食銀一千五百兩，作爲本年第四批京餉，又在鹽課項内籌

(一) 録自《京報》第三二四一號。

銀一萬兩，隨解平餘拾費等銀三百三十兩，作爲本年第四批内務府經費，飭交殷實商號百川通、新泰厚、日昇昌、蔚泰厚、蔚長厚，遴委候補鹽大使李積棻領賫匯單文批，於本年十月初六日由海道進京，支取足色紋銀，分赴户部、内務府投納。所有本年奉撥廣東鹽課京餉銀二十萬兩、内務府經費銀五萬兩，均已照數解清等情，詳請具奏前來。臣覆核無異，除分咨外，謹恭摺具陳。再，廣東巡撫係臣兼署，毋庸會銜，合併陳明。伏祈皇上聖鑒。

該衙門知道。

請優獎潮橋官局改章足額委員摺〔一〕 光緒十五年十月十八日

竊臣前因潮橋鹽務疲壞，創議改章設局委員試辦，並請援照黄江税廠改章徵收加倍照異常勞績給獎成案具奏。奉硃批：户部議奏。欽此。旋准户部咨，粘鈔議覆原奏，内開改章各節，應准照辦。惟撥發運本銀六萬兩，如何分年歸還，前奏未經聲明，應令轉飭酌定歸還年限，並將開辦日期一併報部。至創辦潮橋鹽務委員援案請奬一節，應俟該年引餉奏銷到部時，果係照額全完，再由户部移咨吏部照章覈議。再，潮橋光緒七、八、九、十等年引餉奏銷，均已早逾定限，並令遵照奏案趕緊勒限分案造報等語具奏。奉旨：依議。欽此。等因。咨行到粤。遵即轉行欽遵辦理去後。查潮橋鹽務，經臣奏請改章後，即據總辦委員試用知縣周福昌馳抵該處，於本年三月十一日開局接辦。正在清釐整頓，即值連旬陰雨，未能起矾多收。至五月初一、二日，大河峰市及石上壩等處山水驟發，衝倒鹽倉三座，存鹽顆粒全没。其各倉被水灌入底鹽融化，約共失鹽一萬二三千包。又小河地方，係在鎮平縣下游，維時鎮平發蛟水高數丈，衝没村莊，淹斃人口甚多。小河水客鹽包在艾壩、下壩、炭山等處者，共失去十七八萬包。大小鹽船沈没二百數十艘，又共失鹽五六十票，絮店運館大半倒塌，爲數十年來未有之奇灾。各水客等創鉅痛深、幾將停運。向來潮橋課餉惟賴小河，若配運不時，鄰私沖占，餉項即無所出。臣當即電飭該委員設法配運，以免脱節。凡有可以恤商顧餉之處，即儘力籌濟。幸賴該員志能堅持，才能濟變，且官本充裕，數月以來得資周轉。計自開局起截至八月底止，據報徵收餉銀六萬二千餘兩。查潮橋額餉除抵補撥補外，每年應徵銀一十二萬一千二百餘兩，照依奏銷趲限，以十一箇月爲一年，按日攤計，每日應徵銀三百六十七兩有奇。光緒十一年奏銷，係本年八月底届限，前署運同方功惠於十四年十月初一日經徵起，截至本年三月十一改章前一日止，計歷五箇月零十一日，徵銀四萬二千二百餘兩，祇係照舊僅敷七分三釐之數。該局自三月十一日接徵起至八月底止，計五箇月零二十日，覈其所報徵數按日計算，業已足敷十成奏銷。此改章以後大有成效之實在情形也。夫以今年夏間大河、小河同時被水，鹽務殆將不振，幸改章得法，官本充足，得以轉敗爲功。以此五月有餘計之，已復奏銷原額。現值秋冬晴霽，埸矾大開，更無他慮。儻夏間更遇天時相湊，尚可冀收數加增。若官局辦過一届奏銷，即可垂爲程式，以後永無更改短絀之虞。此次所發運本六萬兩，原欲令諸凡寬裕，以收多財善賈之益。擬請自開辦日

〔一〕録自中國第一歷史檔案館編《光緒朝硃批奏摺》第七五輯，第四四七至四四九頁，中華書局一九九五年版。

起分作十年歸還，每年還銀六千兩。至潮橋光緒十一年分引餉，應於光緒十四年十月初一日起徵光緒十五年八月底截數，十一月底造册奏銷。現值改章，運同與官局交替，各有責成，未便接續併計。應請分爲兩次辦理，將潮橋十一年分奏銷，自十四年十月初一日起至十五年三月十一改章前一日止，運同經徵收餉已完、未完數目先行截清，覈明分數，造册奏銷。其官運局於十五年三月十一日開辦之日起至八月底止，接徵數目按月覈計考成，另行造報。仍照舊章於截數後豫留三箇月，由司造册詳辦。本年業已屆限，應俟接准部覆再行起限，以清眉目。嗣後仍按年遵限辦理。至於開辦之始，積弊糾紛，水潦爲灾，適逢其會，羣情疑阻觀望不前，若非委員周福昌任怨任勞，不爲利誘，俾章程秩然有緒，危局賴以不摇，則雖有美意良法亦將中變。臣深知改辦之難，是以前次奏請援照黄江廠徵收加倍成案作爲異常勞績請奬。若如部議所云，俟該年引餉奏銷到部，果係全完，始由户部咨移吏部照章覈議。所謂照章者，不過照奏銷全完之舊例議叙而已，似此掃除百年之弊端，大增常年之正課，改章創法，爲粤省鹽務開闢風氣。且該員又非鹽務本缺，循例供職之事若止奬以加級等項，實不足以鼓勵人材。查潮橋鹽務改章開局接辦之日起扣滿十一箇月，至本年八月底止，爲半屆奏銷。又自本年九月初一日起亦扣滿十一箇月至光緒十六年七月底止爲一屆奏銷。除本年半屆奏銷已至十成外，其明年一届全數奏銷如果亦徵足十成全餉，實不得不謂爲異常勞績。擬仍將該委員奏請優奬，以昭平允。如此辦理，方與尋常奏銷議叙大有區别，庶足以示激勸而裨度支。據兩廣鹽運使英啓具詳請奏前來。臣覆加查覈，皆係實在情形。合無仰懇天恩敕下吏部、户部立案，准予比照黄江税廠改章優奬成案，所有潮橋官運局今年半届奏銷暨明年全數奏銷，如果俱能徵足奏銷全餉，即准將該總辦之員照異常勞績請奬。出自逾格鴻慈。臣爲鼓勵新章局員維持以後鹽課起見，不得不詳切瀝陳。除咨部外，理合恭摺具陳，伏祈皇上聖鑒。

著照所請。該部知道。

辦理水陸師學堂情形摺　光緒十五年十月十八日

竊臣於光緒十三年六月，會同撫臣吴大澂奏（請）〔設〕水陸師學堂，籌建堂舍，酌定課程，並調熟習大員總辦，專摺奏陳在案。當於黄（浦）〔埔〕長洲地方舊日博學館原有房屋，甄選學生，調派教習暨各委員，購（買）〔置〕書籍、儀器，先行開辦。一面即就左近勘購田地四十七畝有奇，價銀四千五百九十二兩，就地建造新學堂一座。計正中一路前後五院，内有樓者三院，以作（講）〔誦〕堂及委員教習住房。左右兩路前後各四院，均屬上下樓房，以作學生住房。後院小房平列者三院，以爲厨竈、茶房、浴房暨丁役住房。凡爲院一十有六，爲房一百八十有六，而每院之左右廂廊、正中路亭之屬不計焉。堂外别建機器廠一座，鑄鐵廠一座，附廠煙囱一座，儲料所、打鐵廠、匠丁住房大小共七間。又建操廠一座，操場一區，演武廳一座，帥臺一座，操場水溝三道，（前）〔堂〕後圍墻一周，堂前石隄一帶洋木馬頭一座。共支工料銀五萬九千二百餘兩，較之原奏估銀六萬兩之數，尚屬有減無增。各項工程業已次第完竣，工料均屬堅實，規模亦頗壯闊。計機器廠内應設十二匹馬力汽機鍋爐全座，並大小鏇鐵床、〔鉋鐵床〕、鑚鐵機、削鐵床、翦鐵機一十七架，暨手用器具、銅鐵鋼料，約共英金二千五百鎊。此項機器亦已由英購致。此學堂購地鳩工大略情形也。

其學生係於博學館原有七十餘名［中，甄別選留五十餘名］派令分習駕駛、管輪諸學。比年歷經考校，察其器識、資質、體氣之不如式者，陸續剔退十有餘名，現存三十八名。十四年五月由天津調致曾充行伍、膽力素優之武職員弁二十名，經派令專習陸師諸學。十五年八月，復由福建船政後學堂調致曾經在堂三四年之水師學生三十七名，以其在閩原屬分習駕駛、管輪，而入堂先後不等，察其造詣（深淺）［淺深］，或另列一班，或量與博學館舊生分別併班入堂受課。本年九月又由天津招致曾經讀書能文幼童二十名，以其初入學堂，權令學習英文、算學，以爲初基。將來酌配水師、陸師，仍專一藝。此連年先後入堂學生分派學習大略情形也。

博學館舊有房舍無多，委員、教習暨各學生皆併屋而居，（講）［誦］堂亦不敷分布，現在新堂既成，自應分別居住。新堂大倍舊堂，即以分居駕駛、管輪兩項學生，而以舊堂專居陸師學生。其委員、教習亦各視所職分配兩堂，俾約束教導咸有專責。兩堂經費，原奏每月約需銀五千兩，查當時係籌先行開辦駕駛、陸師兩項。其管輪一項，因經費最鉅，但籌兼習之法，是以水師、陸師學生各祗額設七十名。今則［駕駛］、管輪（駕駛）、陸師三項同時並舉，管輪亦額設學生七十名，共額設二百一十名，又增建管輪機器廠一座，廠内匠丁、料件一一有費，則按月所需，自較原估增鉅。而自開辦以來，臣督飭在堂各員凡百力求撙節。現在按月所支華洋教習委員薪費、學生膏火茶飯、丁役工食暨各項雜費，率皆不過三千兩左右。以此逆計，將來學生招足二百一十名之額，並添派教習，除練船經費及堂内隨時值有添置大宗儀器、書籍、文具、畫具，仍照章另案領款造銷外，兩堂每月常川用費，度仍不越五千餘金，實屬初估意願之所不及。此新、舊兩堂分別布置及堂内按月常川經費大略情形也。

至於水師學生所需練船，擬即以廣甲輪船充用，委派儘先副將劉恩榮爲練船總管，船政學生拔補千總陳壁光爲練船副總管。船内應設練船正洋教習一員，槍礮洋教習一員，帆纜洋教習一員，均已電致使英大臣劉瑞芬代爲募訂。其該船應行（分）［添］配器具，修改帆桅艙位，學生應帶上船之儀器、書籍、號衣、帽靴之屬，均經分別製辦。查水師之有練船，所以與學堂相輔而行，學生在堂既備習水師諸學之理，派登練船，乃以使即平時在堂所學者一一徵諸實踐，以備嫻其法。此次設立練船，擬以三年爲限，三年之中，擬分六次出洋，俾周歷中國沿海口岸島澳及附近南洋、東洋各國口岸。從前閩廠練船全年薪糧雜費約共支銀六萬餘兩，此次所擬練船員弁名額薪糧之可得而計者，每月約共支銀二千六百餘兩，其煤炭、引水、華洋紙筆隨時添置，一切雜費無從懸揣，應令總管練船官撙節動支，核實造銷。然約計一歲薪糧、雜費兩項所需，大約當［在］四萬兩左右，較諸閩廠練船成案，歲可省銀約二萬兩，而一切規模仍臻全備。此籌辦練船並約估練船經費大略情形也。

查學堂開辦以來，已逾二年有奇，駕駛頭班學生一十四名，在堂應授諸學業已次第畢業，年内可以派登練船。其陸師頭班學生十九名亦已學成，堪以派赴各營供差。在事各員不無微勞足録，學生之歷考優等者，亦不乏堪期造就之材。查從（先）［前］天津武備學堂、水師學堂著有成效，先後經北洋大臣李鴻章奏請，將在事出力之委員、教習暨優等學生，援照總理衙門同文館成案，二年奏保一次。奉旨：著照所請，該衙門知道。欽此。經吏部核奏，以查所保既據奏准有案，應照異常勞績給獎。嗣後二年保獎一次，即以現在所保人數爲定額。再，此次事屬刱始，是以按異常勞績給獎。下届二年期滿保獎，擬請照尋常勞績核辦，以示區別等因具奏。奉旨：依議。欽此。欽遵在案。現在廣東創設水陸師學堂已逾二年，著有成效，與天津水師、武備兩堂事同一律。合無仰懇天恩俯准將在堂出力之委員、教習暨優等學生，照北洋成案，初次按異常勞績保獎，俾在事者益奮勉以圖功，願學者更聞風而興起。如蒙俞允，當由新任督撫臣擇尤奏請獎勵。嗣後每届二年期滿，仍照尋常勞績保獎。至天津武備、水師兩堂係屬分案保獎，員額自爲較少。現在粵堂係水師、陸師併案請獎，堂内委員、教習暨各班學生額均較多，將來應獎員額自必倍於津堂一案所獎之數，俾免或抱向隅。

（硃批）著照所請。該衙門知道。（欽此）〔一〕

增設洋務五學片 光緒十五年十月十八日

再，近來萬國輻湊，風氣日開，其溺於西人之説，喜新攻異者固當深戒，然其確有實用者，亦不能不旁收博采，以濟時需。查西學門類繁多，除算學曩多兼通外，［尚］有鑛學、化學、電學、植物學、公法學五種，皆足以資自强而裨交涉。

查外國以開鑛爲富國首務，以中國地産至蕃，而銅、鐵、鉛、煤之屬，多從洋購，其招商開鑛者，擇之不精，取之不盡，理之又不得其人，往往虧本無效，視爲畏途。將來鐵路創興，用鐵益廣。輪船日富，用煤益多。縱一時未能遠銷外國，總當使中國之材足供中國之用。此鑛學宜講也。

提煉五金，精造軍火，制作百貨，皆由化學而出。今各省開局製造之事甚繁，而物料之涉於化學不能自製自修者，仍必取資外洋。且不通其理，則必不盡其用。此化學宜講也。

電之爲用，若電綫、電燈、電發雷礮之屬，最裨軍政。今各省用電之事甚多，而生電之機、發電之（氣）［器］、製電之藥亦皆仰給外洋。此電學宜講也。

聖人教民樹藝，後世抑爲農家。西人竊其緒餘而推闡之，遂立植物一學。析其物類性質，辨其水土宜忌，勒爲成書。天時之窮，濟以人力。人力之窮，輔以機器。於是國無棄地，地無遺力。農桑爲生民之本業，方今生齒日多，灾沴時有，豈可不亟爲經營。此植物之學宜講也。

泰西各國以邦交而立公法，獨與中國交涉，恒以意要挾，舍公法而不用。中國亦乏深諳公法能據（之）以争［之］者。又凡華民至外洋者，彼得以其國之律按之。而洋人至中土者，我不得以中國之法繩之。積久成憤，終滋事端。夫中外之律，用意各殊。中國案件，命盗爲先，而財産次之。泰西立國，畸重商務，故其律法於凡涉財産之事，論辯獨詳。及其按律科罪，五刑之用，輕重之等，彼此亦或異施。誠宜申明中國律條，參以泰西公法，稽其異同輕重。衷諸情理至當，著爲通商律例。商之各國，頒示中外。如有交涉事出，無論華民及各國之人在中土者，咸以此律爲

〔一〕以上衍、脱、舛十五處，據中華書局一九九五年版《光緒朝硃批奏摺》第五二輯，第五二一至五二四頁刪、補、校正。

斷，庶臨事有所依據，不致偏枯。顧欲爲斯舉，非得深諳中外律法之人不可。此公法之學宜講也。

凡此數端，皆爲有益自彊之務。今粤省既設水陸師學堂以儲武備人材，則此數種學藝，亦應及時講習，以期相輔而行。臣已電致出使英國大臣劉瑞芬，分别募致鑛學、化學、電學、植物學、公法學五種洋教習各一員，來粤教授。水陸師學堂屋宇寬（廠）［敞］，應即令新立五學附設其中。此項學生擬各以三十名爲額，五項共額設一百五十名。惟鑛學、公法兩項人員，在其國皆食優俸，募作教習，薪費必倍尋常。凡習公法者，於精通該國語文以後，尚須兼習希臘、臘丁二國語文，則此項學生未便以新招者當之，以致縻費多而收效遲。現由閩廠酌調已通英國語文及各項算學之上等學生五六十名，更就上海廣方言館及廣東同文館考校録取，以充斯選，可期事半功倍。

除應行拓建堂舍，購置各項書籍、儀器、［機器］、畫具、文具、藥料之屬，暨按月所需經費，（悉）［飭］由總辦水陸師學堂道員吴仲翔等分别籌計，另案咨部外，所有增設洋務五學情形，謹附片具陳，伏祈聖鑒。

（硃批）該衙門知道。（欽此）〔一〕

續造兵輪片 光緒十五年十月十八日

再，廣東船局製成廣戊兵輪一艘，業於光緒十三年十一月間附片奏明在案。十四年四月間廣己一艘，亦經完竣。試洋察看，船身機器（即）［暨］駛行速率〔二〕，均屬及格，與廣戊大略相同，經臣先後遴員管帶分駐巡防。嗣因惠、潮、高、廉一帶海面，尚在需輪，而該局歲修各船工作多暇，曠廢可惜。所有委員、工匠等必須日有所事，庶可講求精純。當飭接續起製鐵脅鋼舭鋼殼雙桅兵輪，經總辦船局分省補用道王葆辰、幫辦廣東試用知府熊方柏遴選船局差遣軍功黄福華繪具圖説，飭令承造。計船長英尺一百五十尺，寬二十三尺，喫水極深十尺，配康邦新式卧機馬力五百匹，船前耳臺擬安十二生礮兩尊，船後擬安十一生礮一尊，中桅上擬安五管荷乞開士聯珠礮一尊，以能出大洋爲度，每半時約行三十三中里。礮價在外，估計全船工料銀五萬七千餘兩。擬共造兩艘，一名廣金，備欽州海面常川巡防之用。一名廣玉，備瓊州海面常川巡防之用。廣金於本年六月間開造，兹於本月安上鐵板、龍骨，限明年春間一律工竣試洋。一面添調閩廠出洋藝成學生候選知縣鄭成、候選縣丞曾宗瀛兩員到工，常川測量較定，以臻精密。

臣查粤廠船工，不比他省鉅廠，所籌者零星之捐款，所用者土著之工匠，鋭意發端，冥思創造，只如椎輪大輅，小試其端。今由木殼漸製鐵殼，由淺水漸駛大海，風氣可望日開。該局總辦王葆辰、熊方柏等精勤詳實，熟習竅要，考求督察，不憚煩勞，洵屬殫心出力，有裨實用。所需經費，仍係照案外籌捐辦，應請敕部查照奏准戊、己兩艘成案，免其造册報銷。至閩廠協造各艘，節次准船政大臣裴蔭森電咨，廣庚一艘已於本月上旬造竣。經臣遴委都司張斌酌帶柁手人等赴閩接帶，日内即可回粤，派撥巡洋。

〔一〕以上衍、脱、舛八處，據中華書局一九九五年版《光緒朝硃批奏摺》第一〇五輯，第三五二至三五三頁删、補、校正。

〔二〕此句「即」字似應為「暨」字。

其廣乙一艘，業經下水，年底亦可竣工。

（硃批）該衙門知道。（欽此）

請録用姚覲元摺 光緒十五年十月十八日

竊臣欽奉本年三月十六日恭上慈禧端佑康頤昭豫莊誠壽恭欽獻皇太后徽號恩詔應行事宜内開：自同治元年以來，曾經任用現已革職官員，若有事係冤枉被革，果有才力堪用者，在京聽該衙門，在外聽該督撫查明，詳開緣由，奏明請旨。等因。欽此。欽遵。仰見聖主行慶推恩，甄録廢棄，愛惜人才之至意。

兹查有已革廣東布政使姚覲元，前經大學士閻敬銘在户部尚書任内，奏參監司大員前户部司官聲名貪劣，羣議沸騰，請予罷斥。奉旨：廣東布政使姚覲元、湖北荆宜施道董雋翰、湖北候補道楊鴻典，均著革職，即行回籍。等因。欽此。查該革員以户部郎中蒙恩簡授川東道，初膺外任，即有政聲。時臣視學四川，按試所至，深知該革員操守廉謹，從不向所屬府縣苛索陋規，衆論皆同，臣甚器其爲人。洎升任湖北按察使，到鄂未久，即署理湖北藩司。綜核名實，獎廉懲貪，爲前督撫臣所倚任。迨擢粤藩，該革員感激恩遇，益加奮勉。開辦沙田升科事宜，整頓通省釐務，條理精密，均有成效可紀。治事之暇，時以刊刻經籍，培植士類爲務，故所在常存去後之思。該革員歷仕三省，臣考之輿論，按之所見所聞，實未見有貪劣之蹟。推求其故，緣同治年間，户部司官不免多招物議。外人徒見該員同係部中出色、屢當要差之員，遂致一例譏彈，不加詳考區别。閻敬銘嫉惡素嚴，其再入都門，離京已久，曹司近事，自難詳知，不過采諸人言，遂致彙登白簡。跡其所爲，委無病國妨民之實蹟。該革員現在僑寓江蘇省城，精力甚爲强健，並無厚産鉅資。果係貪劣之員，久任農部，歷綰藩條，不應如此。綜其操守謹飭，才幹優長，練習度支，博通掌故，實爲今日切實有用之才。若任令廢棄，實爲可惜，似當期以後效，俾其效用國家。相應奏明請旨，可否量加録用之處，恭候聖裁。

臣現在奉命會辦鐵路事宜，造端閎遠，雖舉事不求速效，而論功期在必成。所有采鐵、煉鐵、勘路等事，均須預爲布置。鄂省現患水灾，民情浮動，尤須熟習情形之大員贊畫一切，微臣始得有所藉手。該革員如蒙俞允起用，可否仰懇天恩將該革員發往湖北，交臣差遣委用，以收指臂之助。出自逾格鴻慈。謹恭摺具陳，伏祈聖鑒訓示。

旨：留中。欽此。

密薦人才片 光緒十五年十月十八日

再，爲治以得人爲要。臣嶺表五年，考察僚屬，聽言觀行，或敏於才，或篤於守，隨宜器使，尚不乏人。惟求其才識俱卓，爲守兼優，足以儲爲大用者，僅得二員，爲廣東雷瓊道朱采，署潮州府知府羅定直隸州知州曾紀渠。

查朱采曾任山西汾州府，操行廉正，卓著循聲，蒙恩簡授雷瓊道。該員到任之始，黎、客甫靖，伏莽未清，督率勇營，剿平五弓、七弓等處匪徒，全瓊肅清。籌辦善後，凡撫黎、通道、治盗、遣勇、建學、設墟、招商、開鑛、伐木、墾田諸務，爲人所不肯爲、不能爲者，該員苦心經營，次第畢舉。現在嶺門、凡陽、南豐一帶黎峒新開之路，牛車暢行，墟市數十處，煙火相接，耕鑿日盛，商賈懋遷，黎歧嚮化，無刦掠之案，有弦誦之聲。近復裁勇練兵，籌築海口礮隄、礮臺，盡牖户綢繆之計，杜强鄰窺伺之謀。其才守風力，洵足獨當一面。

羅定州知州曾紀渠，前任連州知州，即有惠政，曾經光禄寺卿馮爾昌保薦人才，奉旨：交軍機處存記。臣審知其人，於該員到粵後即委辦緝務，非種必鋤，不畏彊禦。歷任南雄、羅定兩州，均屬頌聲載道，遠近流傳。現署潮州府事，潮州號稱難治，從前匪鄉近復萌動，時有械鬬之案，强紳倚勢，官吏無權。該員到任以來，整肅紀綱，杜絶請託。所屬要案，皆親提審訊，判斷明決，抑强扶弱，剔弊除奸。今夏潮屬大水，嘉應直隸州水灾尤重。該員不分畛域，竭力代籌，多方賑濟，境内境外，民無流亡。該員年壯氣盛，往往面折人非，而整頓地方，駕馭紳士，復能通達權變，操縱咸宜。肆應之才，剛果之操，兼而有之。

時事多艱，人才難得。該二員志趣器幹，迥異俗吏之所爲，皆係實蹟昭著。若蒙聖明破格擢用，假以事權，必能展其才猷，有裨大局，敢信其决不至蹈庸鄙因循之譏。臣爲時局需才起見，謹附片密陳，以備朝廷采擇。

（硃批）朱采、曾紀渠均著交軍機處存記。（欽此）

密薦將才片 光緒十五年十月十八日

再，署理廣西柳慶鎮總兵慶遠協副將記名總兵董履高，智勇深沉，勛勤卓著。同治元年投效淮軍，克復常熟、昭文兩縣，首先登城，以六品軍功奏保守備，管帶江蘇撫標親兵中營。疊復江陰、無錫、金匱等縣城，勦平東西捻匪，均與其役，洊保總兵。光緒五年，前督臣張樹聲任廣西巡撫，奏調差委，勦平思恩謀逆匪首莫夢弼全股。十年奉調出關，統帶五營，適當邊軍潰退，强寇方張。該總兵遏紮前敵屯梅，法人大股來犯，以孤軍血戰五晝夜，糧盡援絶，士卒夷傷大半，該總兵左骽亦爲槍彈擊斷。法遂攻谷松，陷諒山，直叩南關。臣於保關克諒摺内，曾將情形奏明在案。當時軍中不乏驍將，設令調度得宜，使爲該總兵後繼，强敵當不致鴟張若此。該總兵傷重，經年未愈，經臣調東醫治，爲之多訪良醫，内外兼治，始就痊可，左足猶有微跛。奏署柳慶鎮總兵，經畫改撥營汛事宜，井井有條，軍民翕服。

該總兵厚重有體，可任大事，在將領中尤爲難得。以該員之忠勇苦戰，衆論交推。以後如蒙聖恩優加拔擢，邊關將士必更當觀感奮興，似（與）［於］〔一〕邊防武備不無裨益。臣歷年與聞邊防，備知戰狀。今將去粵，不敢不詳切瀝陳，可否存記以備簡用之處，伏候聖裁。

（硃批）董履高已簡放廣西左江鎮矣。（欽此）

查明九月分雨水田禾糧價情形摺〔二〕 光緒十五年十月二十日

竊照廣東省光緒十五年八月分雨水、田禾、糧價，先經臣恭摺奏聞在案。茲查廣東省城光緒十五年九月分上、中、下三旬，

〔一〕「似與」，應為「似於」。據中華書局一九九五年版《光緒朝硃批奏摺》第四一輯，第八三頁校正。

〔二〕録自中國第一歷史檔案館編《光緒朝硃批奏摺》第九四輯，第八九九頁，中華書局一九九五年版。

得有雨澤數次，爲向來所罕有。高低田畝土膏滋潤，晚禾俱已結穗，將次成熟，園蔬、雜糧亦甚暢茂，可望豐收。各屬禀報與省城大略相同。糧價較上月稍減，民情安謐，堪以仰慰聖懷。所有光緒十五年九月分雨水、田禾、糧價，臣謹繕清單，恭摺具奏。伏祈皇上聖鑒。

硃批：知道了。

參革劣紳摺光緒十五年十月（十八）[二十]日

竊粤省沙田，向爲豪紳利藪，每一沙一圍之中，必舉有力者爲之首事，倡立名目，藉爲把持。計通省沙田以香山、東莞、順德爲最多，而此等風氣亦惟該三縣爲最甚。光緒十二年間，順德縣大南沙一案，何太英等恃勢勒賄，庇匪藐法，經臣據實奏參，仰蒙聖明懲辦在案。查東莞沙田以萬頃沙一圍爲大宗，計田三百數十頃。該縣紳士倡立明倫堂名目，築圍收租。其中有官築屯田，該紳等承佃繳租者。亦有官屯變價，該紳等繳價承領者。又有向爲民業，該紳等出價買受者。甚至恃勢抑價强買佔耕者，亦復有之。亦有民間田畝，投託該紳等代爲出名，使佃户不敢違抗，他人不敢與爭。統名之曰明倫堂沙田，而其實並非一致。必舉三、五劣紳素能魚肉鄉里、人所畏懼者管理其事，該紳等從中侵蝕，無所不爲。假一縣學校之名，以挾制官長，恐喝鄉黨，而其中不過三數紳士藉以爲漁利之資。此等情形，即粤人亦所深悉。臣蒞任以來，亦有所聞，徒以事未發覺，姑示含容，不爲已甚。此萬頃沙田豪紳假名漁利之實在情形也。

嗣本年夏間，疊據沙田局禀稱，東莞明倫堂紳局承種之萬頃沙圍中，共計三百餘頃，内有田一百三十餘頃乃係官[屯]變價，該紳等承領三十餘年，應繳屯價花息一十八萬餘兩，僅繳過銀三萬兩，其餘所欠甚鉅，延不繳完，禀請嚴催。當經臣飭催速繳，該紳等置若罔聞，其意視官之催迫爲具文，以己之延欠爲本分。臣因該紳等所欠官項計銀十四萬兩有餘，尚有承領博學館生息銀八萬兩，又有承佃官田歷年積欠督糧道屯租銀一萬九千餘兩，合計共銀二十六萬餘兩，一時斷未能繳完，徒事追呼，難期清繳。明倫堂紳局又向爲人所畏忌，其田恐無他人敢承。查省城廣雅書院尚有臣籌捐發商生息銀十餘萬兩，當經批令該紳等將田一百三十餘頃繳出歸入廣雅書院。其所欠之銀十四萬兩有零，即由廣雅書院代還。此項屯田變價，本係官田，該紳等承領三十餘年，收租已屬不少，乃至今並未繳價。即論民間買賣田業，多年總不交價，豈能將田土據爲己物，亦只有田主收回另售他主。此時由官收回官田，免其繳價，由廣雅書院代還，既非將其私置田産罰以充公，又非勸令捐助，辦理可謂和平。該紳等初以爲延欠官租（田）[屯]價，官必無可如何。聞臣决意澈辦，乃與分局委員相商，倒填年月，分批繳銀四萬兩，以爲藉口之計。至其餘之十萬餘兩及所欠屯租，仍無影響。此該紳等之延欠租項，舞弊朦混之實在情形也。

臣伏查沙田清丈給照升科，係奉諭旨飭辦，屢准户部咨催，斷不容稍有延欠。至此項屯田，本係官物，尤非沙田民業可比，當經臣飭委奏調廣西知府石承霖前往，會同署東莞縣知縣張璿切實開導。乃該紳視地方官爲無[足]重輕，抗匿不面。該縣等傳佃繳契，該紳等嗾令佃户概行逃匿，又復揑造長紅標貼，稱此爲一邑之義舉，其勢直不容官爲過問。經臣札飭東莞縣知縣，將管理明倫堂紳士指名詳參，該紳等始稱來省商辦。臣因該紳等既來省城，飭令沙田局委員署南海縣知縣王存善會同署東莞縣知縣張璿，傳集該紳等勸諭，該紳等仍行抗匿，轉託他紳面見該縣等商辦。該縣等令將田一百三十餘頃繳出，該紳等乃云歷年所費築圍工本計銀數十萬兩。查粤省沙田向章，其始批給佃户承租，議定或五年、或十年承耕而不收租項，謂之荒頭。其田應築之圍，即由佃户出資，如需費過鉅，亦係按年扣租，田主無須費本。此等章程，通省皆知。該紳等承領三十餘年，現在已成上熟之田，豈有荒頭尚未滿限之理，亦何曾出過築圍工本。（亦）不過藉此爲辭，意在刁難。臣復令東莞縣知縣諭飭該紳，僅令收回未經繳價之八十餘頃。其限外倒填年月所繳之四萬［兩］，本應發還，亦姑從寬，作爲限内所繳，不再令繳屯田。並令酌給築［圍］工本銀四萬兩，以示體恤。又［不］令易佃，即令明倫堂紳局作爲（控田）［總佃］，俾其繳租之外，仍可冀沾餘利。似此辦理，實屬格外從寬從厚。乃該紳等始猶不遵，繼則口云遵辦，而又求加築圍工本，並云官給之築圍工本四萬兩，不能將所欠之屯租及承領之博學館生息銀兩扣抵。查積年所欠屯［租］，本係應完之項，［扣］除（扣）博學館之項，更可免交息銀，該紳等不肯扣除，其爲有意欲延欠兩款銀兩，不問可知。似此佔耕官田，始終違抗，實屬大干法紀。且該縣區區一紳局，已坐享膏腴二百餘頃之厚利，而此八十餘頃，尚欲全數霸吞，而不肯撥歸書院，使兩省士林稍爲沾溉。［此］不惟國憲難容，且亦非人情所有。

尤可異者，臣飭署南海縣知縣王存善會同勸諭，原因該縣本係沙田局委員，又係管理廣雅書院委員，並非局外之人，於本分公事，分應秉公竭力籌辦。乃該紳恨該縣語言切實，竟敢昌言於衆，謂臣如奏參諸人，臣雖調任湖廣，該紳等必入京，設法屬人將王存善參劾，藉圖報復。又託人告之臬司，謂必與王存善尋讎洩忿，意在挾制。該紳等之意，不過欲蹈何崇光之故智，指使言官把持地方政務，其視朝廷紀綱法令有如弁髦，實在狂悍已極。現據署東莞縣知縣張璿會同沙田局委員禀復，並查［開］該紳等銜名前來。

查有候選直隸州知州黎家崧、捐納户部郎中何慶修，均屬攬權抗官，營私專利。大挑教諭郭（康）［庚］吉、職員錢萬選，均與黎家崧等朋比爲奸，夥分私利，遇事把持。而黎家崧尤爲劣蹟多端，平日最好干預公事。相應請旨將黎家崧、何慶修、郭（康）［庚］吉、錢萬選等四員一并斥革，永不開復。又禮部祠祭司主事鄧佐槐，亦係在局管事，惟平日爲人尚近謹飭，此事雖一同在局與聞，尚非主謀。應請暫行斥革，俟查辦完竣，察看能否改過，有無阻撓情事，再行奏請開復。其欠租欠價之沙田八十二頃，已飭署東莞縣知縣張璿將該田查封，勒令收回，撥作廣雅書院常産，另行招佃承租。並據東莞在籍［刑部］主事黄崿呈請認租此項沙田，每畝每年願繳租二兩五錢。批准該紳承領，每年將地租繳縣，由縣解送廣雅書院作爲常年經費。其應繳變價花息銀十萬零八千兩，即由該書院經費項下照數撥交沙田局充餉，以清款目。其東莞明倫堂紳局所欠屯租一萬九千餘兩，仍嚴行勒追，如再敢（延抗）［抗延］及有霸田不交情事，再當從嚴參辦。

臣查廣東地方公正紳士固多，而無知劣紳把持公事、漁利抗官、罔知法度者亦復不少，最爲惡習。沙田一端，尤爲利藪，豪强兼併，病民抗官，愍不畏法。而又假借名目，陰持利權，直視官田爲己物，官租爲應行乾没之款。該縣紳士亦多怨恨呰議，側目不平。臣辦理此案，決不欲稍從刻覈，迭次從寬，而該紳等始終藐抗，若不嚴加懲辦，實無以清田賦而儆强横。不惟於沙田大局有妨，且將謂劣紳漁利結黨抗官爲得計，於紀綱風氣尤有關繫。臣在任一日，於地方應辦之事必當竭力舉辦，斷不敢存五日京兆之心，稍爲遷就。

（硃批）另有旨。（欽此）〔一〕

廣西邊關修築礮臺請撥部款摺 光緒十五年十月二十日

竊臣前因法人在越南開鑿新路，繞出南關上游，蓄意深入，其心叵測。亟應置臺設備，預爲之防，已將廣西提臣蘇元春來東會商情形及籌款購礮緣由奏明在案。所有購礮墊款，應由西省協餉項下分年劃扣之處，當照奏案分晰電明廣西撫臣馬丕瑶去後。〔兹據〕復稱，新購礮價，歲扣協餉五萬，邊餉不敷分撥，西省力實難支。且礮位甚巨，舊築礮臺未盡合式，必須另築。合計添築之臺共二十座，修築之費尚無所出等情，電商另籌辦法前來。

臣查西餉維艱，委係實情。此項礮價十八萬兩外，尚有運、保費約二萬兩，共二十萬兩，每年協餉應即改爲扣撥四萬，實解八萬，四年扣除十六萬。其不敷之四萬，仍由鄂省照每年實協之數（扣）〔加〕解一萬，四年解清，以裨防局。現在訂購礮價，已准使德大臣洪鈞電復，與克廠訂立合同，應先付銀四萬餘兩，已飭由善後局籌墊匯付。自明年起，每年由廣西協餉項下照扣四萬，陸續撥還墊款。西省既有歲解現銀八萬，防營裁固寬裕，不裁亦可支持，應由西省自行酌辦，已與馬丕瑶往復電商妥協。其舊臺既未合式，此項新設之二十臺，自應照新式加功修築，（令其）一律精堅。惟修築之紅毛泥、青磚、鐵器等項，均須由香港及東省購往。統計全臺礮堂、兵房、藥房、暗道暨購辦物料、轉運脚價，竭力撙節，就至少之數核計，每座亦需九千餘兩，臺二十座需銀十八萬餘兩。

查龍州現已通商，實爲水陸衝衢，西南鎖鑰，與他處沿邊地方非敵人所專注者不同。若遇春夏江漲，由龍州乘船建瓴而下，數日即抵潯梧。以南關往事而論，前有文淵、諒山之阻，祇以守備空虚，强敵渝盟，遂爾長驅直入，今實逼處，此又復開拓新路，繞出上游，包藏禍心，若復不爲之備，倉卒有變，詎堪設想。懲前毖後，此項臺工實爲目前要務，決不可緩。惟需款甚鉅，西省既無可籌，東省墊購礮價，棉力已竭，不敷之款，不得已議於鄂省協餉籌加。悉索俱盡，實屬無可再籌。合無仰懇天恩俯念廣西邊防重要，有關全局，飭部迅由各省關另撥銀十八萬兩解赴廣西，務於光緒十六年夏間解齊，爲修築礮臺之費，以鞏邊陲。將來工竣之時，如實有不敷，當由東、西兩省設法撙節騰挪籌辦。臣極知部臣籌撥甚難，各省關亦應接不暇，第事關邊防至計，爲數止此十八萬〔兩〕，各省關分撥多者數萬，少者一二萬，只須籌解一次，移緩就急，尚可騰挪。惟新式礮臺西省邊關諳悉者少，俟此項撥款解到，即由（廣）東〔省〕揀派臺工熟手，委員前往會同監修，以期合式經久。

〔一〕以上衍、脱、舛十七處及具奏日期，據中華書局一九九五年版《光緒朝硃批奏摺》第六六輯，第二〇四至二〇八頁删、補、校正。

（硃批）該衙門議奏。（欽此）〔一〕

添募安潮營片 光緒十五年十月二十日

再，廣東潮州府各屬，民情素稱强悍，同治以前，械鬭刦擄焚殺相尋，幾同化外。經前督臣瑞麟於同治七年奏派署潮州鎮總兵方耀督兵勦辦，以潮人治潮，芟夷翦伐，盡殲匪類，地方綏靖垂二十年。近來匪鄉漸覺蠢動，各屬時有械鬭之案。該府緝匪辦案，專恃各營弁所帶之勇，積威之漸，不免流弊之滋。軍民積不相能，或借端生事，或呼應不靈。該府素無營勇，倉卒有事，地方官幾至束手無策。竊惟兩漢郡守，皆有典兵之責，故能禁暴安良，吏治稱美。今雖文武分途，然遇有邊要强悍之區，文職大員亦必資以權力，方不致釀亂掣肘。查現署潮州府知府曾紀渠，整頓地方，勤求民瘼，與士民甚爲相洽。現經飭令選募三底營，名曰安潮營，薪糧一切照楚軍營制支給，專歸該署府統帶。遇有匪鄉重案，可資彈壓調遣，一切劣紳土豪、莠民悍族，均可鈐束化導，消患未形。潮州與惠州毗連，前經奏明查辦匪鄉，以惠、潮爲一路。現查惠州未辦之匪鄉尚多，勇力亦形單薄，已飭令該署府不分畛域，兼顧惠州，如接到惠州府縣文移，有需用兵力之處，即由該署府體察情形，派撥弁勇馳往，會同該營縣妥爲辦理。

（硃批）該部議奏。（欽此）

通飭各屬修建監獄遷善所片 光緒十五年十月二十日

再，查廣東各府、廳、州、縣監獄，大半污濁狹隘，甚至頹壞不堪。其繁劇大縣，訟獄尤多，甲於各省，一切盜案、鬭案、擄拐、搶竊等事，無日無之。皆係兇悍積惡之徒，一經獲案，斷不遽供，又未便輕釋。除無罪待質者歸入候審公所外，以上各犯歷係（押拘）［拘押］羈所。其情節重要未經審結之人，不便取保者，亦暫行押候質訊。其重要與監獄無殊，而其苦累較監獄尤甚。南海、番禺兩首縣本境人犯已多，又加以上司發交管押，及各縣解省罪犯，各營解送盜匪，南海監羈磤房、枷房共六處，合計至五百餘人，番禺三處，將及三百人。往往僅有兩楹、三楹，而拘繫數十人至百餘人者。粵地酷暑，一年之中，大半苦熱，穢濕薰蒸，疾疫易起，瘐斃常多。惻隱者尚知禁戒丁胥凌虐，昏昧者則付之不問。殊不思愚民犯法，但應治以例内之罪，不應使受非分之苦，況又有案情未定者乎。

臣數年來，疊經通飭各屬清理監羈，矜恤罪囚。又於光緒十三年將省城内綏靖營舊營房改修完整，增添房舍，建設遷善所，飭令南、番兩縣將磤犯撥入一百數十人，潔其居處，裕其衣食，資以工本，令人教以各種工藝，俾將來釋出謀生有具，不致再蹈（前）［非］辜。本年夏間，炎熱過甚，經臣委員周查南、番監羈枷房、磤房各處，其擁擠困苦情形，實難言狀。隨經分派委員徧查通省監羈情形，逐一稟復。臣督飭司局詳加籌議，除臬司廣州府衙門監獄自行籌捐修理外，擬於通省府、廳、州、縣中，擇其訟獄較繁、急需修理者，如惠州府、陽江同知、嘉應州、南海縣、番禺縣、順德縣、香山縣、新會縣、東莞縣、清遠縣、三水縣、

〔一〕以上衍、脱、舛七處，據中華書局一九九五年版《光緒朝硃批奏摺》第五八輯，第四七二至四七四頁删、補、校正。

新甯縣、高要縣、開平縣、恩平縣、曲江縣、歸善縣、長甯縣、陸豐縣、海豐縣、連平州、澄海縣、茂名縣、合浦縣、瓊山縣二十五處，俱飭令將監獄、羈所大加修理，務令寬大乾爽。其惠、潮、肇、高、廉五府附郭之歸善、海陽、高要、茂名、合浦五縣，礮犯較多，游民亦衆，並令仿照南、番兩縣辦法，設立遷善所。所有此項修造工費暨常年經費，爲數不貲，先其所急，自應從省會辦起。南海人犯（衆）［最］多，原有監羈太窄，城内購地價［值］又最貴。番禺人犯較少，舊有監羈尚不甚狹。當經委員勘估南海縣監羈並修需銀二萬五千餘兩，番禺需銀三千五百餘兩。據署南海縣王存善稟稱，自願捐銀（一）［五］千兩，就地（令）［另］籌銀七千兩。署番禺縣楊文駿稟稱，自願捐銀一千五百餘兩，其不敷之數，由司局籌捐補足。刻已經臣核定圖式，興工趕造。其省外州縣，先令其自行酌量籌捐，不敷者稟請酌核發足。［由］臣先捐廉以爲之倡。查鹽商續捐善後經費餘款項下，尚存銀二萬餘兩，即先儘此項動支。此外藩庫尚存有積年陳案罰款繳款及臬司衙門贓贖款，亦可湊集銀二萬餘兩，以充修造工費。其平日矜恤事宜，除原有囚糧及該州縣自發羈犯口食，飭令從優給發外，並由臬司於外籌保甲經費項下撥銀二萬兩，以充常年經費，分別等差，酌給添補，以期粥飯、醫藥、涼席、棉衣等項皆足於用。其餘未經發款之處，地方較簡，均飭各屬將監羈自行酌量整飭，並嚴禁丁胥刻減、凌虐、勒索諸弊。

伏惟恤刑之要，固在決獄，然一獄之成，未定則待讞，既定則待報，往往經年累月，使不有以善處，則爰書未就，而死者已纍纍矣。況明刑、弼教，兩者相（需）［須］，儻純任嚴（刑）［威］，則苟免無恥，遷善莫由。今力籌矜恤［化導］之方，俾拘繫者無駢填之患，以免瘐斃。開釋者有自贍之術，以免刑辟。以後果能實力奉行，於聖朝欽恤之治，或亦可稍裨萬一。

（硃批）該部知道。（欽此）[一]

總兵出缺委馬進祥接署摺[二] 光緒十五年十月二十日

竊據廣西右江鎮標中軍遊擊劉登洪呈報：據調署右江鎮總兵事左江鎮總兵劉光裕家丁劉右辰稟稱，該鎮劉光裕因染患燒熱病證，醫藥無效，於光緒十五年九月二十日病故等由前來。臣查右江鎮駐劄百色，爲滇桂兩省咽喉，有督率防營，彈壓伏莽之責，要缺未便曠懸。查有現署平樂協副將記名總兵馬進祥，樸實勇敢，辦事認真，堪以署理。除檄飭遵照外，其所遺左江鎮總兵員缺相應請旨迅賜簡放，以重職守。所有總兵因病出缺緣由，臣謹恭摺具陳。伏祈皇上聖鑒。

另有旨。

請准以陳海平升補都司片 光緒十五年十月二十日

再，准兵部咨，廣東香山協右營都司譚捷元病故，遺缺係外海水師題補第三輪第六缺，輪用應升人員，行令迅即揀選合例人員請補等因。查定例，外海水師缺出，先儘歷俸一年以上者揀選

[一] 以上衍、脱、舛十二處，據中華書局一九九五年版《光緒朝硃批奏摺》第一一〇輯，第一六〇至一六二頁刪、補、校正。

[二] 以下二件録自中國第一歷史檔案館編《光緒朝硃批奏摺》第四一輯，第一八七至一八八頁，中華書局一九九五年版。

保題實授。又外海水師都司缺出，應於隔府別營人員揀選題補，如以籍隸本府例應迴避之員請補，於准補後揀員對調。又現准部咨，嗣後奏補員缺，如聲叙人地相宜、人地實在相需者，查係例應迴避之缺，概不准其請補各等語。又卓異回任候題者，歸應升班内先儘補用等因。茲會同廣東水師提督臣方耀，在於外海水師實任守備合例應升各員內，逐一遴選，並無卓異候題之員。除歷俸較深之黄廷勳一員已保舉補用都司，應歸揀發班序補毋庸議外，查有水師提標右營守備陳海平，現年五十三歲，廣東廣州府新安縣人，由行伍前赴江南勦匪出力，遞保藍翎儘先守備，補授今職。遵豫捐例報捐正四品頂戴，光緒五年九月二十二日接劄，是年十二月二十七日到任。光緒八年十二月經前署督臣曾國荃奏保，堪備器使。該員年健才裕，船礮優嫻，歷俸一年以上，前在外省軍營並無參革朦保情弊，以之升補都司，洵堪勝任。合無仰懇天恩俯准以陳海平升補香山協右營都司。如蒙俞允，該員係籍隸本府，俟部覆到日，另行揀員對調，給咨送部引見，以符定制。謹會同廣東水師提督臣方耀合詞附片具陳。伏祈聖鑒，敕部核覆施行。

兵部議奏。

防城學額請照原奏添設摺光緒十五年十月二十二日

竊臣前經覆奏欽州設官分汛各事宜摺內，請將防城縣歲科兩試學額各添設文生四名，歲試添設武生四名等因。欽奉硃批：該部速議具奏。欽此。茲准禮部咨，行令查照分設縣治成案，由欽州、靈山學額内抽撥數名，作爲防城縣定額。其欽州、靈山各學額，除分撥外，作爲各學定額，其歲試取進武生，亦應由欽州、靈山兩學額内酌撥等因。[奏]奉諭旨，咨行到粤，自應遵照部議辦理。惟查禮部所引成案，與此案情形迥異。且邊邑新設，丁賦(既)[俱]增，邊氓初附，亦應加鼓舞，以結民心，有未可盡拘成案者，敢爲我皇上縷晰陳之。

查禮部覆奏援照廣東新會、開平二縣分設鶴山縣一案議駁，不知鶴山係就新會、開平原有之地分出一縣，户口錢糧毫未加增，學額自應抽撥。防城係增設之縣，新收邊地四百餘里，增添户口萬餘，所屬啼鷄、松逕、豪了等處田賦及五峒丁糧地租，歲徵二千五百餘兩。他處土田，以後尚可陸續升科，賦入歲有所加。錢糧既增，學額豈宜靳而不與。前奏照小學定額，文武每試各四名，勢難再少。此防城學額之例應添設者也。欽州地方原轄六百里，今以東興、如昔等處撥隸防城，而益以靈山、秋風、博莪、菩提等練及新收邊地，所轄六百里有增無減。欽州文風[本]爲廉屬之冠，今升爲直隸州，疆域式增而學額轉減，於情理未協，於體制亦非所宜。此欽州學額之仍應照舊者也。靈山人文蔚起，而學額向止八名，才以額限，士多向隅。今既經割地，又減學額，未免過於偏枯，此靈山學額之不應抽撥者也。自咸豐、同治以來，欽州團練衛民、悍灾禦患，捐資已有十七八萬緡之多，有案可查，以地處邊遠，未知報明請奬。迨後已奉有停止永廣學額之旨，士民久深缺望。茲值邊邑新增，經營締造，借資民力者正多，亟應破格鼓勵，多加學額，以慰邊民慕義之心。今請設之額，每試四名，既不能多，若再由欽、靈兩學額内抽撥，必不能及四名，防城得之不以爲喜，欽、靈失之適以爲憂。此又無益於防城而有損於欽、靈者也。

而臣更有進者，欽州與越南接壤，向有華人家居越南入學州籍者，越人耳濡目染，亦多嚮學。自越南多故，異端横行，入主出奴，兼以財利誘脅，吾民從之如市。目擊頹波，正宜拔取秀髦，振興文教，黜邪崇正，經正民興（士習），與［民風］邊防關係均非淺鮮。在朝廷添設學額數名，無損名器，而邊地多得秀才數輩，足敦羣倫。自應請照原奏添設防城學額，歲科兩試各取四名，歲試取進武生四名，毋庸在欽州、靈山兩學額内抽撥。其廉州府府學十二名，向爲欽州、靈山、合浦三屬分取，每考欽州占三四名不等。今欽州升爲直隸州，廉州分取欽、靈合之額尚在，應請撥出三名歸入欽州學額，以昭公允。

以上各節據署欽州直隸州知州李受彤妥議具禀，由藩、臬二司核明詳請具奏前來。合無仰懇天恩仍准照臣原奏防城歲科兩試額取文生各四名，歲試武生取進四名，毋庸在欽州、靈山兩學額内抽撥。並（淮）［准］將廉州府學額内撥出三名，歸入欽州學額。出自逾格鴻慈。謹會同廣東學政臣樊恭煦恭摺具陳。伏祈聖鑒訓示。

（硃批）禮部議奏。（欽此）〔一〕

珠江隄岸接續興修片 光緒十五年十月二十二日

再，臣建議修築粤省珠江隄岸，以弭水患而興商務。前經奏明，先從南關天字馬頭築起，並修造官輪大馬頭，其迤東迤西及西關一帶，分爲十段接續興工等情。欽奉硃批：該部知道。欽此。兹查天字馬頭第一段隄岸及官輪馬頭工程現已告竣，隄岸東西計長一百二十丈，隄工、路工、石料丈尺俱照前奏定程式，堅實平整。中爲官輪大馬頭，以大木樁列下水中，上鋪堅厚木板作丁字式，長十一丈，前寬三十丈，後寬六丈，前泊兵輪，後爲小艇灣入避風之所。隄岸整齊畫一，可永杜侵占之患。隄上馬路寬平，排立行戗，街衢清潔，氣象恢宏。所有填築地段新修鋪房，商民争來承領繳價。其隙地未修之鋪屋，均有商人分領，自認興修。西關房租、地租，一月以來，已經紛紛減價。此後遞年地租及馬頭各租，籌還墊修全隄經費，綽有餘裕。向之言不便者，悉已改稱利便，萬口一詞，民情大懽。

查泰西各國富强之術，工爲其基，商爲其用，官任其事，商營其利。所有開設埠頭，經營貿易，皆係官爲規畫主持。粤省此舉，原以弭水患而興商務，現在明效大彰，迤東迤西未修之隄工，業已選擇匠頭曾發議定價值，承領興築。照奏案分爲十段，南關自天字馬頭修成之隄分起，隄東至洪廟一段，洪廟至東濠口一段，東濠口至觀音廟，觀音廟至川龍口一段，隄西至潮音街一段，潮音街至源昌街一段，源昌街至同德街一段，西關自西礮臺起至横沙一段，横沙至半塘一段，半塘至澳口一段。一律築成石隄，共長一千八百丈有奇，飭令如式趕築興修，限一年半告竣。其餘填沙、開涌、建橋、種樹及局用一切，均飭監修委員等隨時核實勘估，撙節辦理。至西關增步應加之圍基，横沙應修之商輪馬頭，河南應疏之洲頭嘴河道，應開之鰲魚洲江面，以及招商承辦電燈、馬車各業，一俟全隄工成，即行接續籌辦。大率此項隄路圍河各工程，雖共需銀四十餘萬，然可以隨墊隨收，並無須全墊巨款。

〔一〕以上衍、脱、舛七處，據中華書局一九九五年版《光緒朝硃批奏摺》第一〇四輯，第八一四至八一六頁删、補、校正。

至於將來利益，租豐税旺，官民均利，確有把握。惟首段成效已見，將來必有猾商豪棍飾詞捐餉，希圖包攬承修。一則必致工程草率，體式參差，橋涌減少，鋪面猥雜，攙礙全局。二則徒見小利，必致與沿河鋪民、水濱漁艇苛求争競，搆訟生端。三則租賃居奇，以全省商民之開源，據爲數家壟斷之利藪。種種流弊，萬不可行。故此項工程必應明白立案，總以全工仍歸官辦爲宜，不容商棍干豫攬擾。

（硃批）該衙門知道。（欽此）

恭報交卸兩廣督篆日期摺 光緒十五年十月二十二日

竊臣欽奉諭旨，調補湖廣總督，當即具摺叩謝天恩。茲新任兩廣督臣李瀚章業已抵粤，臣當將兩廣總督關防、鹽政印信、王命旗牌暨文案卷宗，於光緒十五年十月二十二日派委督標中軍副將王世清、廣州府知府孫楫齎送新任督臣接收，即於是日交卸督篆。

伏念臣渥承恩命，督粤五年，邊海繁難，菲材魯鈍。雖日日鮮偷安之暇，而事事深内歉之心。顧牖户而亟綢繆，撫閭閻而慙富教。事多草創，修飾尚望於將來，恩許量移，報稱豈殊於易地。新任督臣曾任廣東藩、臬，在粤最久，情形素悉，辦理自必裕如。[容]臣再將近日應辦事宜詳細告知。現在料理行裝，定於下月初間由海道乘輪，遵旨馳赴調任。

（硃批）知道了。（欽此）[一]

調蔡錫勇等赴鄂差委片 光緒十五年十月二十二日

再，臣奉命督辦鐵路事宜，任大責重，事屬創舉，亟應廣資羣策，先事儲才。查湖北省漢口地方，洋商紛集，宜昌以上，新議行輪，交涉事體本屬繁重。現在當務之急，尤以開采、製造諸事爲先，必須精於綜核、勇於任事之員，方足以備任使。

茲查有遇缺即選道蔡錫勇，器識閎遠，熟悉洋情，曾充美、日各國繙譯、參贊等官，奏明辦理粤省洋務有年。近來粤防交涉、創造一切事務，悉以諮之。該員力持大體，動中機宜，深資倚任。又在籍山西候補道陳占鼇，前因肇慶黄江税廠改章，奏派該員試辦，綜理精密，任怨任勞。每年除原額解足外，新增溢解銀六萬有奇，得供海防購礮要需。頃臣奏請開采晋鐵，即派該員前往澤州、潞安兩府查勘鐵鑛，籌度轉運道路及設廠安爐之處。又候選知府沈嵩齡，總辦兩廣電局，創設東、西兩省各路電綫，不避艱險，悉臻妥協，工鉅用宏，該員竭力撙節，杜絶虚糜。又廣東候補知州凌兆熊，操履謹飭，才識俱優，博學多通，於洋務西法，俱能殫精考究。該員本係廣西人員，前因辦理洋務調東差委，嗣經改留廣東，於交涉事宜，深資得力。又廣東候補知縣趙鳳昌，志潔才敏，辦事誠實，心精力果，通達時務，於電綫事宜及外洋軍火，最爲考究精細。又江蘇補用知縣薛培榕，才長心細，操守端廉，歷經臣奏派創設廣東槍彈廠及錢局工程，開鑄銅錢銀元各事宜，始終其事，精思勤力，工料一律精堅，於安置機器，撫馭

[一] 以上衍、脱三處，據中華書局一九九五年版《光緒朝硃批奏摺》第六輯，第五三〇至五三一頁删、補。

洋匠，精細得法，實屬辦理工程最爲出色可信之員。

以上六員，均查明在東並無經手未完事件，應請調赴湖北差遣委用。除陳占鼇即由粵派赴山西外，其蔡錫勇等五員即由臣隨帶赴鄂，以赴事機而資得力。合無仰懇天恩俯允所請，出自鴻慈。謹附片具陳。伏祈聖鑒。

上諭：張之洞奏調員差遣等語。候選道蔡錫勇、山西候補道陳占鼇、候選知府沈嵩齡、廣東候補知州凌兆熊、候補知縣趙鳳昌、江蘇候補知縣薛培榕，均著發往湖北交張之洞差遣委用。欽此。

添募親兵帶鄂差遣片 光緒十五年十月二十二日

再，臣在廣東向有親兵礮隊二百名，專練行營車礮及各種新式洋槍，操練精熟。茲奉命調任湖廣，查鄂省地近中原，難得外洋軍火，新式快槍已屬罕覯，後膛車礮更係絶無。以彼上游重鎮，南北交衝，綢繆豫防，自宜講求武備。今擬將此項親兵帶往鄂省，俾各營觀感肄習，漸開風氣。臣到任後，當再籌款添購利械，分給各營，以備不虞。現飭將親兵添招五十名，連前共二百五十名，合成一底營，派委廣東水師提標、儘先補用都司吳良儒管帶，隨臣赴鄂，聽候差遣。所需薪糧，在粵時照章支領，截至到鄂之日，即由鄂省給發，並在粵借撥黎意槍一千枝，彈一百萬，携帶赴鄂，分給發各營操練，該價到鄂繳還。

上諭：張之洞奏隨帶親兵前赴湖北等語。各省督標均有額定兵弁，足敷差委，本不必另立親兵名目。近來總督赴任，輒復添帶親兵前往，既多縻費，且與定制不符。該督所請添招親兵五十名，著不必行。其原有之二百名，即著管帶官吳良儒帶回廣東，不准隨往湖北。經此次訓諭之後，如督、撫升調赴任，倘有再行瀆請者，定即與以懲處不貸。將此通諭知之。欽此。

潮橋光緒十年分課引奏銷未完一分以上各官任卸起止月日及課引數目造具清册摺〔一〕 光緒十五年十月二十二日

竊准户部咨行，廣東地丁鹽課各奏銷有關處分者，一面具題，一面開單專摺奏報，由部核定處分，先行覆奏，庶經徵人員知所儆懼，帑項不致虚懸。又准户部咨開，各省鹽務向有商竈之殊，定例考核並有課引之異，州縣等官經徵督銷，如有奏銷未完報叅，向例由該省將各州縣年額餉引並已未完各數目，及各該員任卸起止限期，分別開報。廣東省潮橋餉引，本係各商應繳商課，與向例專責州縣經徵之竈課情形不同，似宜分別商竈辦理，以昭核實。所有該省餉引商課，仍咨該督轉飭，每届奏銷按照原奏，一面具題，一面即將未完各員分別課引詳細查明，開具清單奏報，仍由本部照例會同吏部辦理各等因。均經先後轉行遵照辦理。茲據兩廣鹽運使英啓詳稱，光緒十年分潮橋引餉奏銷，遵照展限應於光緒十四年十二月底造册詳報，業將未完分數各官職名造册，另行詳請查核具題。所有本案未完一分以上各員任卸起止月日及課引數目，相應遵照部行造具清册，詳請奏報等由前來。臣覆核無異，

〔一〕録自中國第一歷史檔案館編《光緒朝硃批奏摺》第七五輯，第四五〇頁，中華書局一九九五年版。

除恭疏具題外，謹繕具清單，恭摺具奏，伏祈皇上聖鑒，敕部核議施行。

户部議奏。單併發。

光緒十四年三月至十五年八月電旨電奏開單摺〔一〕光緒十五年十月二十二日

竊臣於光緒十年閒具奏，請獎海防緊要事件電致總理衙門代奏者，每月照録原文彙奏一次，並因欽奉電旨，閒有碼數參差，文義難解者，繕單呈請敕發總理衙門覈對存案。如有舛誤，即咨照更正，奉旨允行。所有光緒十四年二月以前恭録電旨並電奏，均經具摺奏陳在案。茲將光緒十四年三月至十五年八月歷次電旨、電奏，彙繕清單，恭摺具奏，伏祈皇上聖鑒。

該衙門知道。單二件併發。

恭報交卸兼署廣東撫篆並起程日期摺 光緒十五年十月二十七日

竊臣恭閱邸鈔，光緒十五年九月初七日奉上諭：廣東巡撫著游智開署理。等因。欽此。臣現已於十月二十二日交卸兩廣督篆，奏報在案，所有兼署撫篆，應即一併交卸。惟游智開署理粤撫之部文，候至二十五日未到，恐中途或有他故，當經電請總理各國事務衙門代奏，可否於奉到電旨後，即將撫印交游智開署理，請旨遵行。茲於二十六日承准總署復電，奉旨：張之洞電奏已悉。廣東巡撫印務，即著移交游智開接署。欽此。遵即於二十七日將廣東巡撫關防、太平橋監督關防、王命旂牌、文案卷宗派員賫送游智開接收。臣即於是日交卸兼署撫篆，即日起程前赴虎門海口，候有輪船，即行馳赴調任。

（硃批）知道了。（欽此）

籌解第三批内務府經費片〔二〕光緒十五年十月　日

再，准户部咨，光緒十四年十二月十八日附片奏請將前撥太平關應解京餉銀十五萬兩内，劃出銀十萬兩作爲内務府經費，改解内務府交納等因。奉旨：依議。欽此。當即轉行欽遵辦理。茲據廣東布政使游智開詳稱，查光緒十五年分京餉部撥太平關常税銀十五萬兩内，除已解京餉銀五萬兩外，尚應改解内務府經費銀十萬兩，業經先後籌解内務府經費銀六萬五千兩，隨解加平抬費銀二千一百四十五兩，分作兩批，飭委候補布經歷何亮采等、候補知州徐澐等領解赴内務府交納在案。現再向殷實銀號百川通、日昇昌、蔚泰厚、蔚長厚、新泰厚借墊銀三萬五千兩，隨解加平抬費銀一千一百五十五兩，作爲起解第三批太平關常税項下改解内務府經費，即由該商號匯兑赴京。仍俟太平關税收有銀兩，撥還歸款。飭委候補通判張光裕等，領賫匯單，於光緒十五年十月十六日起程，由海道進京，支取銀兩赴内務府交納等情，詳請具奏前來。臣覆核無異，除咨户部、内務府外，謹附片具陳。再，兩廣總督係臣本任，毋庸會銜，合併陳明，伏祈聖鑒。

〔一〕録自中國第一歷史檔案館編《光緒朝硃批奏摺》第三三輯，第二四三至二四四頁，中華書局一九九五年版。

〔二〕録自《京報》第三二四一號。

該衙門知道。

籌解另款加復俸餉片〔一〕 光緒十五年十月 日

再，光緒十三年三月二十六日准户部咨，京員津貼銀兩改爲另款加復俸餉，仍照額解部，以備搭放等因。竊查廣東省每年應解銀一萬五千兩，內由釐金項下籌解銀七千八百兩，運庫籌解銀七千二百兩，除運庫應解銀兩由運司另行籌解外，茲據布政使游智開詳稱，在釐金項下籌銀七千八百兩，作爲起解光緒十五年分另款加復俸餉，交殷實商號日昇昌、百川通、蔚長厚、新泰厚、蔚泰厚匯兑赴京，遴委候補通判張光裕等，領齎匯單，於光緒十五年十月十六日起程，由海道進京，支取銀兩赴部投納等情具詳前來。臣覆核無異，理合附片具陳。再，兩廣總督係臣本任，毋庸會銜，合併陳明，伏祈聖鑒。

户部知道。

籌還部墊毛瑟槍價銀數片〔二〕 光緒十五年十月 日

再，部墊毛瑟槍價十三萬六千三百餘兩，部飭令廣東籌還。先經奏明，擬請從光緒十二年起每年帶解銀一萬兩，並將光緒十二、十三年分每年應解銀一萬兩先後飭委候補知縣敬輔、王壽民、試用通判尚昌錡等領解，由商號匯京，業經奏咨接准部覆在案。茲據廣東布政使游智開，會同善後局司道詳稱，光緒十五年分應帶解前項部墊毛瑟槍價銀一萬兩，現已籌足，飭由商號日昇昌、百川通、蔚泰厚、新泰厚、蔚長厚匯兑至京，遴委試用通判張光裕等於十月十六日起程搭解赴部投納，詳請具奏前來。臣覆核無異，除咨呈海軍衙門及咨户部外，理合附片具陳。再，廣東巡撫係臣兼署，毋庸會銜，合併陳明，伏祈聖鑒。

該衙門知道。

籌解固本兵餉銀數片 光緒十五年十月 日

再，案照同治五年欽奉上諭，直隸固本餉項，前經諭令廣東按月解銀一萬兩，現著仍照原定數目改解部庫交納。等因。欽此。久經遵照辦理。查此款，向在洋藥釐金項下支解，嗣因藥釐改歸税司辦理，每年劃留銀八十萬兩專爲備還洋款之用，固本餉項無所從出，疊將拮据情形奏明。隨准部咨，固本餉銀，前經奏定每月籌解銀一萬兩，應令無論動用何款，趕緊接續報解等因。粵省庫儲異常支絀，實無堪以動撥之款，當向商號先後籌借銀八萬兩，作爲光緒十五年正、二、三、四、五、六、七、八月分固本兵餉，分作三批，飭委候補布政司經歷何亮采等，候補知縣潘偉琛、候補知府尹恭保等，解部投納，均經奏報在案。茲據廣東布政使游智開詳稱，此項固本兵餉，關係要需，現在庫款匱絀無可籌措，再向商號百川通、日昇昌、蔚泰厚、蔚長厚、新泰厚籌借銀四萬兩，作爲光緒十五年九、十、十一、十二月分固本兵餉，仍交該商等匯兑至京，俟籌有款項再行歸還。遴委候補通判張光裕等，

〔一〕録自中國第一歷史檔案館編《光緒朝硃批奏摺》第八六輯，第七〇九頁，中華書局一九九五年版。

〔二〕以下三件録自中國第一歷史檔案館編《光緒朝硃批奏摺》第五八輯，第四八四至四八五頁，中華書局一九九五年版。

領賫匯單，於光緒十五年十月十六日起程，由海道進京赴部投納。其舊欠銀兩，一時實難設措，容俟竭力籌畫，另行帶解清款等情詳請具奏前來。臣覆覈無異，除咨户部外，謹附片具陳。再，廣東巡撫係臣兼署，毋庸會銜，合併陳明，伏祈聖鑒。

户部知道。

籌解己丑年籌邊軍餉第五批銀數片 光緒十五年十月　日

再，准户部咨，奏撥己丑年籌邊軍餉一摺，光緒十四年十一月二十四日奉旨：依議。欽此。並清單内開，廣東省銀二十萬兩等因。當經行司籌解。嗣據籌銀十四萬兩，分作四批，詳委候補知府王秉恩、候補布政司經歷何亮采等，候補知縣潘偉琛、補用知州徐澐等，先後領解，赴部投納。均經奏報在案。茲據廣東布政使游智開詳稱，此項籌邊軍餉，關係要需，自應趕緊籌解。現仍在於藩庫各款内設法籌措銀四萬兩，作爲己丑年籌邊軍餉第五批，照案發交商號百川通等匯兑至京，遴委候補通判張光裕等，領賫匯單，於光緒十五年十月十六日起程，由海道進京，支取銀兩赴部投納等情，詳請具奏前來。臣覆核無異，除咨部外，謹附片具陳。再，廣東巡撫係臣兼署，毋庸會銜，合併陳明，伏祈聖鑒。

户部知道。

楊安典接署北海鎮總兵片[一] 光緒十五年十月　日

再，署理廣東北海鎮總兵奏留廣東差委記名提督陶定昇，現因患病請假回省。所遺北海鎮總兵篆務，查有奏留兩廣差遣委用記名提督楊安典，才力明幹，火器優嫻，堪以接署。除檄飭遵照外，所有委署總兵緣由，謹附片具奏，伏乞聖鑒。

兵部知道。

楊文駿接署番禺縣知縣片[二] 光緒十五年十月　日

再，署番禺縣知縣楊蔭廷，現經委署羅定州知州。所遺番禺縣知縣篆務，應行委員接署。查有卸德慶州知州楊文駿，志趨□端，才守兼備，堪以署理。該員任内並無盜劫已起四參之案。據布政使游智開、按察使王之春會詳前來。除檄飭遵照外，臣謹循例附片奏陳。再，兩廣總督係臣本任，毋庸會銜，合併陳明，伏乞聖鑒。

吏部知道。

部選知縣李其嶲留省學習片 光緒十五年十月　日

再，部選花縣知縣李其嶲，於光緒十五年七月十一日領憑到省，應即飭赴本任。惟花縣民俗素稱强悍，盜匪繁多，該員甫經到粤，於地方情形尚未熟悉。擬將該員李其嶲暫行留省學習，俾

〔一〕録自《京報》第三二四三號。
〔二〕以下四件録自《京報》第三二四五號。

資歷練。據藩、臬兩司會詳前來。臣謹附片奏陳。再，兩廣總督係臣本任，毋庸會銜，合併陳明，伏祈聖鑒。

吏部知道。

紳士麥霖芳等捐銀建坊片 光緒十五年十月　日

再，光緒十一年五月間，西、北兩江潦水盛漲，大雨傾盆，晝夜不絕。廣肇兩屬圍基多被冲決，查勘成災。經臣會同前撫臣倪文蔚，督飭司道籌撥銀兩，並倡率各官紳廣爲捐助，以資賑恤。所有辦賑修基情形，迭經奏報在案。查有清遠縣紳士道銜候選鹽運同麥霖芳，遵其故父麥崇光、故母麥朱氏遺命，捐助賑銀一千兩。又六品頂戴甘濟霖，遵其故父甘子能、故母甘劉氏遺命，捐賑銀一千兩。又五品翎頂候選經歷麥穎芳，遵其故兄原任山東即墨縣知縣麥瑞芳遺囑，捐助賑銀一千兩，解局放銀詳請給奬。當經前撫臣倪文蔚批令查明彙奬去後。茲據布政使會同善後局司道分別查明，詳請具奏前來。臣伏查定例，各省士民捐助賑銀一千兩以上者，請旨建坊，給予樂善好施字樣。今該紳麥霖芳等，各遵命捐銀一千兩，核與建坊之例相符。相應請旨俯准麥霖芳爲其故父麥崇光、故母麥朱氏，甘濟霖爲其故父甘子能、故母甘劉氏，均各合建一坊。麥穎芳爲其故兄原任即墨縣知縣麥瑞芳建坊。以昭激勸。除咨部查照外，臣謹附片具陳。再，兩廣總督係臣本任，毋庸會銜。合併陳明，伏乞聖鑒。

著照所請。禮部知道。

惠登甲調署花縣知縣片 光緒十五年十月　日

再，署花縣知縣趙夢奇，飭回大浦縣知縣本任。所遺花縣篆務，應行委員接署。查有准調番禺縣知縣惠登甲，樸實廉謹，聽斷公平，堪以調署。據布政使游智開、按察使王之春會詳前來。除檄飭遵照外，臣謹循例附片奏陳。再，兩廣總督係臣本任，毋庸會銜，合併陳明，伏乞聖鑒。

吏部知道。

開復革員朱兆槐片[一] 光緒十五年三月至十月　日

再，准吏部咨，據已革廣東佛岡廳直隸同知朱兆槐呈稱，光緒四年二月緣土匪滋事，當即號召鄉團一律擊退，除格斃外，生擒一百七名，首犯亦即弋獲，均經解省訊辦。經前兩廣總督劉坤一等以該革員值官兵未到之先，召團擊賊，具見平日居官民情愛戴，請革職留任以觀後效。奉部議，照野賊苗蠻擾害地方例，革職在案。謹閱本年三月十六日恩詔內載：自同治元年以來，曾經任用現已革職官員，除大計貪贓及居官不職以至失守城池各員外，若有事係冤枉被革，果有才力堪用者，在京聽候該衙門，在外聽該督撫查明詳開緣由，奏明請旨。等因。欽此。革員自揣年力尚强，不甘廢棄，現因遊幕在京，取具同鄉京官印結，就近具呈查辦施行等因前來。查該革員被議革職之案，有無冤枉及是否才力

[一] 録自中國第一歷史檔案館編《光緒朝硃批奏摺》第六輯，第六七一至六七二頁，中華書局一九九五年版。原件日期為光緒十五年，月日不詳。今據此件内容是張之洞兩廣總督任内的奏章，事在光緒十五年三月十六日詔書之後，故定為光緒十五年三月至十月。

堪用，本部無憑查核，所請礙難照准。其所呈各節是否與恩詔條款相符，應聽該督撫查明辦理具奏等情前來。當經轉行司局查明，妥議詳辦。茲據署廣東按察使王景賢會同署布政使王之春、善後局司道詳稱，並據該革員朱兆槐具稟到司，聲明光緒十年恭逢皇太后五旬萬壽來京祝嘏，奉旨賞給原銜頂戴等情。本司道等伏查，已革佛岡廳同知朱兆槐，於光緒四年二月二十夜因鄰境清還縣逸盜歐就起糾黨闌入廳城，該革員於賊初入城時督率兵民，保守街道，與之相持。一面號召鄉團，於五日内將賊擊退，衙署倉庫及監獄印信均無毁失。事後復獲犯多名，並將首匪歐就起於一月内拏獲，分别懲辦，由司詳奉奏咨，旋准吏部議覆，將該革員朱兆槐照野賊苗蠻擾害地方攻陷城寨例，議以革職等因，行司飭遵在案。茲恭逢光緒十五年三月十六日恩詔查辦廢員，奉准吏部據該革員朱兆槐具呈咨查行司查辦。查該革員朱兆槐，前在佛岡廳任内，經鄰境逸盜闌入廳城，當即督率兵民，號召鄉團，於五日内將賊擊退。復於一月内，將首匪歐就起拿獲解省，訊明正法。雖屬疏忽於前，尚知愧奮於後。且該革員年力尚强，才堪起用，其獲咎並非大計貪贓及居官不職，核與恩詔條款相符，似應准其查辦，詳請具奏前來。臣等覆核無異，相應請旨可否將已革前任廣東佛岡廳同知朱兆槐，准予開復，以昭激勸。除咨移部科外，謹合詞附片具陳，伏祈聖鑒訓示。

著照所請。該部知道。

到湖廣任謝恩摺 光緒十五年十一月二十七日

竊臣前將交卸兩廣督篆及兼署廣東撫篆暨起程赴鄂日期，先後奏報在案。茲於光緒十五年十一月二十五日，行抵湖北省城。二十六日，准前任督臣裕禄將湖廣總督關防、王命旗牌、文案卷宗，派委武昌府知府李有棻、督標中軍副將蔣澤斌齎送前來。當即恭設香案，望闕叩頭謝恩，祗領任事。

伏念臣一介庸儒，迂疏寡效，渥承巽命，迭領連圻。昔視學以采風，循行江漢。今綏疆而問俗，遠及衡湘。顧茲中原綰轂之區，適當潦水告灾之後。臣惟有敷宣德意，期蘇澤野之嗷鴻。整飭戎行，務靖江湖之伏莽。所有地方應辦事宜，隨時與湖北、湖南撫臣，和衷商榷，認真籌辦，以冀仰答高厚鴻慈於萬一。

（硃批）知道了。（欽此）

遣散親兵並奏留吴良儒片 光緒十五年十二月初九日

再，臣由粤起程，行次江蘇上海地方。恭閲邸鈔，光緒十五年十一月初七日奉上諭：張之洞奏，隨帶親兵前赴湖北等語。各省標均有額定兵弁，足敷差委，本不必另立親兵名目。近來總督赴任，輒復添帶親兵。既多糜費，且與定制不符。所請添募親兵五十名，著不准行。其原有之二百名，即著管帶官吴良儒帶回廣東，不准隨（赴）［往］湖北。等因。欽此。

查臣隨帶赴鄂親兵二百名，本係淮軍。恭讀諭旨，遵即飭管帶官補用遊擊廣東儘先都司吴良儒，傳諭該親兵等，即行起程，仍乘原輪，帶回廣東。該親兵等僉稱，離鄉已久，既經渡海，均不願再回粤省。當即在上海地方，由臣酌量賞給川資，妥爲遣散。至管帶官都司吴良儒，本係臣由山西奏調赴粤之員。歷在軍營出力，紀律嚴明，任事勇往，甚爲得力。現在親兵既已遣散，該都司已離粤省，在粤並無經手未完事件。據稱在粤數年，水土不服。早年從軍剿匪，屢到鄂省，於湖北風土情形，尚爲熟悉，情願改歸湖廣督標效力等語。查部定章程，副、參以下各官保有省分者，遵旨留於該省候補，奏明改發者，乃行照准等語。歷經前任督臣將他省武職，奏准改發湖（北）［廣］督標有案。可否仰懇天恩准將補用遊擊儘先都司吴良儒改留湖北歸標，按班序補之處，相應請旨遵行。

（硃批）著照所請。該部知道。（欽此）〔一〕

湖南湖北現任知府知縣遵例迴避摺〔二〕

光緒十五年十二月初九日

竊查吏部則例内載，外官有關係刑名、錢穀、考核、糾參者，不分遠近，係族中，俱令官小者迴避。現任外官如督撫有本族應迴避者，俱令迴避鄰省另補。如總督兼轄省分，亦應迴避出省，即咨部以界連省分改掣。凡現任迴避人員，均令該督撫先行委員接署，令其離任等語。茲查湖南永順府知府張曾敭，直隸南皮縣人，係臣無服族姪曾孫。湖北應山縣知縣張樞，係臣嫡堂姪。均應遵例迴避。相應奏明張樞應照例改掣省分揀補，張曾敭係由京察記名道府奉旨簡放長沙府遺缺人員，其應如何辦理之處，應請敕部核議，照例辦理。除飭湖南、湖北藩司先行委員接署，令各該員即行離任，並咨明吏部吏科外，理合恭摺具陳，伏祈皇上聖鑒。

吏部議奏。

湖北被水賑款不敷請開賑捐摺〔三〕

光緒十五年十二月初九日

竊照湖北本年水灾極重，前經臣奎斌會同前督臣裕禄先後奏蒙恩施，准在本省司道庫儲各項下，兩次共提撥銀十五萬兩，俾資賑撫接濟。並懇請分别蠲緩新舊銀米，以紓民力各在案。

查武昌、漢陽、黄州、安陸、德安、襄陽、荆州、宜昌、鄖陽、荆門各府州所屬，皆有被灾地方。或秋霖爲患，雜糧浥爛，或漫決成灾，田廬淹没。近省沿江濱漢之區，情形尤重，爲十餘年來未有之灾。省城對江之漢陽府、漢口鎮等處灾黎，扶老携幼遠來就食者，已有五萬餘口。當飭地方印委各員督率紳耆，搭蓋蘆棚，分設粥廠，妥爲撫恤，陸續前來者逐日增添。現在節逾冬至，饑民老弱婦女匍匐於風霜泥塗之中，號寒嗁饑之聲，實爲耳不忍聞，目不忍覩。臣之洞到任旬日，疊據各屬請款修隄加賑之文，急如星火。隄防關繫農田來春生計，修復萬不可緩。每隄工程，動需鉅萬，原請之賑款實屬不敷分撥，而各屬灾民，饑寒交迫，百十成羣，環向地方官乞賑，所在皆是。目前並須製放棉衣、添棚增廠，所費尤鉅。鄂省五方雜處，人心浮動，時恐游會各匪句結煽動。現在低田未盡涸出，補種之麥苗恐難一律暢茂。來年若遇春荒，尤屬不堪設想，亟應設法籌款，撫綏安輯，消患未萌。

〔一〕以上衍、舛四處，據中華書局一九九五年版《光緒朝硃批奏摺》第四一輯，第二三七至二三八頁删、校正。

〔二〕録自《京報》第三二九二號。

〔三〕録自中國第一歷史檔案館編《光緒朝硃批奏摺》第三一輯，第二二七至二二八頁，中華書局一九九五年版。

鄂省庫儲各有指撥專款悉索殆盡。現遭大水之後，課釐短絀，官民交困，益屬措注無資。

查光緒十三年湖北水灾，奏准開辦賑捐，得資接濟。近年山東本有賑捐，現准兩江督臣曾國荃來咨，亦經奏請開辦江蘇、浙江、安徽三省賑捐。今年湖北水灾較之光緒十三年爲更甚，惟有援案奏請開辦賑捐，庶仰朝廷獎叙之榮，得收紳富解推之效，以蘇窮黎而靖地方。此次開辦擬即查照海防新章，封典、虚銜、貢監各項，均照四成報捐，翎枝亦照海防新章減成之數核收，限一年截止。再，查曾國荃此次片奏推廣賑捐各條，應請俟部議准後援照一律辦理，以期湊集捐款，多活民命。由湖北藩、臬兩司會同善後局司道具詳請奏前來。謹合詞恭摺具陳，伏祈皇上聖鑒，敕部速議施行。

户部速議具奏。

湖北各標鎮協營原額增裁缺額兵馬戰船數目仍改題爲奏摺〔一〕 光緒十五年十二月初九日

竊查接管卷内前准部咨，各省經制原額調撥裁汰安塘駐防缺額實在兵丁、馬匹數目，應每年造册送部查核彙題，並酌定簡明册式頒發照造等因。湖北自兵燹後，各營馬匹年額倒斃例由朋銀買補者，因餉乾積欠未發，尚未添補足額。其額設戰船，亦均被燬無存，歷經具奏將前項數目暫請改題爲奏在案。

兹據湖北布政使調補臺灣布政使蒯德標詳稱，湖北督標、撫標、提標，鄖陽鎮、宜昌鎮，漢陽、黄州、竹山、施南各協，武昌、荆州、襄陽、鄖陽各城守，興國、德安、均光、荆門、遠安、衛昌、蘄州、安陸、宜都、荆州隄防二十三標鎮協營，自道光二十二年酌辦崇陽善後事宜及咸豐八年酌議裁馬改步之後，舊設經制原額調撥裁汰安塘駐防缺額兵丁二萬五百五名、營馬二千二百二十三匹、船九十七隻，内咸豐九年抽撤陸營兵丁備撥長江水師，暨同治八九年先後裁撤漢陽、荆州水師，武昌城守，黄州協道士洑等營兵二千一百五十七名、馬二百一十八匹，又於光緒十一年奉文裁兵節餉案内，裁兵二千九百二十一名、馬二百八十一匹。現在實存營兵一萬五千四百二十七名，内馬戰兵一千四百八十七名、步兵四千二百九十八名、守兵九千六百四十二名，又馬步額外外委二百四十九員，共計一萬五千六百七十六員名。騎操馬一千七百二十四匹，内經制外委馬一百三十匹，額外外委馬一百七匹，兵丁馬一千四百八十七匹。據各該營遵照部頒册式，分晰造具光緒十五年清册，由司彙造總册，聲明年額倒斃馬匹仍因餉乾積欠未發，尚未添補足額，以及被燬戰船應俟庫款充裕分别籌補齊全，方可循例題報，請仍照案改題爲奏等情前來。

前任督臣裕禄未及核辦，旋即卸事移交到臣，覆核無異。除將各册送部外，謹會同湖北巡撫臣奎斌、湖北提督臣程文炳恭摺具奏，伏祈皇上聖鑒。

該部知道。

〔一〕 録自中國第一歷史檔案館編《光緒朝硃批奏摺》第三四輯，第二二二至二二三頁，中華書局一九九五年版。

掃解本年海防經費片〔一〕 光緒十五年十二月初九日

再，前承准海軍衙門咨開，北洋防費應撥給湖北釐金銀三十萬兩，分批徑解北洋兑收等因。查湖北省釐金項下，原撥南北洋海防經費銀三十萬兩。光緒六年三月經北洋大臣奏准按八成分解，每年共應解銀二十四萬兩。所有十二、十三、十四等年分應解前項銀兩，奉議改解海軍衙門，並專解北洋，均經遵照分別解清。本年已籌解第一批至第十一批共銀二十二萬兩，經前督臣裕禄附片奏報在案。

茲據湖北善後局司道詳報籌撥第十二批庫平銀二萬兩，飭委遊擊黄銘新，於十二月初八日解交湖北淮軍收支轉運局兑收轉解北洋，以應要需。所有本年奉撥海防經費銀二十四萬兩業已掃數解清等情，詳請奏咨前來。除分咨外，理合會同湖北巡撫臣奎斌附片具陳，伏祈聖鑒。

該衙門知道。

籌解貴州協餉片 光緒十五年十二月初九日

再，前准貴州巡撫臣潘霨咨，貴州協餉，鄂省欠解銀十五萬八千兩，請飭速籌撥解等因。業於光緒十三、十四兩年解過銀四萬二千兩，經前督臣裕禄附片奏報在案。

茲據湖北善後局司道詳稱，現復續籌長沙平銀一萬兩，查照貴州來文，較準法碼，發交漢鎮商號天順祥承領匯赴貴州，以應要需等情，詳請奏咨前來。除分咨外，理合會同湖北撫臣奎斌附片具陳，伏祈聖鑒。

户部知道。

借撥粤省槍礮片 光緒十五年十二月初十日

再，臣前在兩廣任内，歷年購置外洋各種後膛精槍、行營車礮，爲數不少，存儲尚多。茲奉命調任湖廣，湖北地處上遊，會匪伏莽竊發時虞，亟應籌備軍實，以應緩急。近來南北洋暨沿海各省，演習槍隊、礮隊，均屬優嫺。湖北爲通商要岸，地方衝劇，營伍爲外人所屬目。而各營猶復沿用舊式前膛槍礮，於後膛槍隊、礮隊操演之法，多未通曉，亦無以副朝廷整軍經武之意。臣前經奏明，借撥黎意槍一千枝。自粤起程時，復與軍械局司道商酌，再撥黎意槍一千枝，共二千枝，槍彈二百萬粒，七生半克虜伯行營車礮十八尊，礮彈九千枚，隨帶赴鄂，發交鄂省軍火局，妥慎存儲，隨時酌量撥給各［防］營應用。其價值若干，應俟廣東核明後由湖北籌撥歸還。

（硃批）該衙門知道。（欽此）〔二〕

湖北各營損失軍械尚未補足請展緩題報摺〔三〕 光緒十五年十二月初十日

竊照湖北各標、鎮、協、營軍火器械、戰船、馬匹等項例應每年十月委員盤查，造具册結，於封印前具題。惟自軍興以來，

〔一〕以下二件録自中國第一歷史檔案館編《光緒朝硃批奏摺》第五八輯，第五一五頁，中華書局一九九五年版。

〔二〕以上衍、脱三處，據中華書局一九九五年版《光緒朝硃批奏摺》第五八輯，第五一八至五一九頁删、補。

〔三〕以下三件録自中國第一歷史檔案館編《光緒朝硃批奏摺》第五八輯，第五一六至五一八頁，中華書局一九九五年版。

武漢等府前次屢被賊擾，各營軍械燬失居多。即未被擾之處，先後征調出師，遺失損壞所存無幾。已責成各營於補領積欠俸餉內，督飭該兵丁自行陸續賠補。曾經奏明俟各營補足原額，再行循例具題在案。茲查各營軍械燬失動缺者多，祇以鄂省近年奉撥協餉以及工賑經費等項需用浩繁，庫款益形支絀，而緑營積欠俸餉，又准部咨停給，以致原失軍械，難以補製齊全。現屆光緒十五年盤查具題之期，經前督臣裕禄委員逐一查驗，現存軍械均屬堅利合用。其未經補製各件，應俟庫款充裕，補發欠餉，添製齊全，再行循例造册具題，以昭核實。據湖北布政使調補福建臺灣布政使蒯德標詳請具奏前來。臣覆核無異，除咨部外，謹會同湖北巡撫臣奎斌、湖北提督臣程文炳恭摺具陳，伏祈皇上聖鑒。

兵部知道。

籌解淮軍月餉片 光緒十五年十二月初十日

再，前准户部咨：議覆直隸督臣李鴻章奏淮軍月餉支絀，請將江漢關應解額款於四六成洋税項下通融匀撥案內，議令江漢關應解淮餉，如六成洋税無款，即在四成洋税及五成二釐招商局税內按數提解等因。奉旨：依議。欽此。咨行欽遵辦理。查江漢關奉撥直隸督臣李鴻章淮軍月餉四成洋税銀二萬兩、六成洋税銀三萬兩，均解至本年九月分止，經前督臣裕禄隨時奏報在案。茲應解直隸督臣李鴻章及提督劉盛休所部淮軍本年十、十一、十二三箇月分四六成税銀，即在第一百十六、十七兩結所徵四成洋税項下動支庫平銀六萬兩。又在第一百十七結所徵六成洋税項下動支庫平銀六萬兩，並在第一百十六結徵存五成二釐局税項下動支庫平銀三萬兩。委解湖北淮軍收支轉運局交收轉解。由湖北漢黄德道監督江漢關税務江人鏡具詳請奏前來。除分咨外，理合會同湖北巡撫臣奎斌附片具陳，伏祈聖鑒。

户部知道。

籌解光緒十六年第二批甘肅新餉片 光緒十五年十二月初十日

再，承准軍機大臣字寄，光緒十五年八月十九日奉上諭：户部奏籌撥甘肅新餉一摺，甘肅關內外各軍餉銀關繫緊要，現經該部將光緒十六年新餉指撥湖北省銀三十三萬兩，著該督撫等嚴飭司道，按照部撥數目，於本年十二月底止趕解三成。至來年四月底止，再解三成，其餘四成，統限九月底掃數解清。等因。欽此。業經欽遵籌解第一批銀六萬兩，經前督臣裕禄附片奏報在案。茲據湖北布政使蒯德標會同善後局司道詳稱，在於鹽課釐金項下籌撥光緒十六年第二批甘肅新餉銀四萬兩，於本年十二月初十日發交漢鎮天成亨商號匯解赴甘肅藩庫交收等情，詳請奏咨前來。除分咨外，理合會同湖北巡撫臣奎斌附片具陳，伏祈聖鑒。

户部知道。

奏陳湖北防營駐劄處所官弁兵勇數目摺[一] 光緒十五年十二月初十日

竊前准兵部咨，內閣鈔出光緒十五年十月二十八日奉上諭：「各軍務平定以來，各直省設立防營，朝廷歲糜巨帑，不知凡幾。各營勇額糧餉必應事事核實，方足以鼓勵軍心。近聞營中惡習，往往虛冒額數，剋扣餉項，統領營官養尊處優，並不時時操練，一切廢弛情形幾與從前綠營積弊相等，殊堪痛恨。著各該將軍、督撫將該省現有各營，隨時嚴查。如有前項情弊，即行嚴參治罪。至各營駐劄處所及管帶銜名兵勇數目，迭經該部奏准通飭一一咨報，各該省視爲具文，總未能據實開報。著自接奉此旨後，限於兩月內一律開單詳晰具奏，以備稽核。如有更换管帶員弁或移劄他處，並著隨時奏聞。欽此。」當經前督臣裕祿轉飭遵辦去後。茲據湖北布政使調補臺灣布政使蒯德標會同善後局兼辦報銷事務司道，將湖北省水陸防營駐劄處所及統帶、管帶營哨官弁銜名、兵勇數目，開單詳請具奏前來。

臣等查湖北省原設防營自光緒十一年經前督臣裕祿、撫臣彭祖賢分別裁留減定月餉後，尚存提督宋德鴻所統鴻字中、左、右三營，副將常遠藻所統升字中、左兩營，暨湖北提臣程文炳鳳字馬隊二營，分劄武漢、襄樊一帶。提督周得升鼎字正、副二營，係專爲堵緝北私而設，分駐麻城一帶。提督丁長春等水師健捷等八營及省城護運礮船一隊，分駐安襄鄖荆宜河道，巡緝護解，均關緊要。其健捷右營前經抽裁舢板五號奏明有案。現復裁去管帶官一員，歸併左營副將張國棟管帶，共成健捷七營。湖北居長江上游，爲中原樞紐，襄鄖上接河南、陝西，梟匪、刀痞出没無常。漢口、宜昌又係通商口岸，華洋雜處，良莠不齊。會匪根株尚未净盡，各路遣散勇丁又籍隸湖北、湖南者居多，必須各營分布扼劄，以資鎮攝，方免匪徒句結滋事。茲欽奉前因，臣等自當督飭司道詳加體察，隨時認真整頓。如統帶營官有虛冒額數、剋扣餉項情事，即行奏請嚴參治罪，斷不姑容，以仰副聖主整軍經武之至意。

謹將湖北防營駐劄處所官弁兵勇數目繕具清單，恭呈御覽。除飭湖北善後局仍照案按季造册，詳咨户、兵二部查核外，謹合詞恭摺具陳，伏祈皇上聖鑒。

該部知道。單併發。

揀員分別升補長江水師員弁摺[二] 光緒十五年十二月初十日

竊照長江水師員弁出缺，向係開單會奏請補。茲查有簰洲營前哨守備、漢陽營左哨一隊千總各缺，經臣成謀遴選資格較深、熟悉水師之曹春華、羅大興二員，遵照奏定章程，分別升補，咨商到臣之洞。查曹春華、羅大興均由已經借補官階遞請升轉，相應照章聲明可否准其升補，伏候欽定，理合繕具清單，恭呈御覽。如蒙俞允，俟部覆到日，曹春華一員，應照例給咨送部引見。羅大興一員，應請敕部頒給劄付，以昭信守。除飭取該員等履歷咨

[一] 録自中國第一歷史檔案館編《光緒朝硃批奏摺》第三四輯，第二二三至二二四頁，中華書局一九九五年版。

[二] 録自中國第一歷史檔案館編《光緒朝硃批奏摺》第四一輯，第二五一頁，中華書局一九九五年版。

部外，謹會同兩江督臣曾國荃恭摺具奏，伏祈皇上聖鑒。

兵部議奏。單併發。

知縣短交參後繳解請開復摺[一] 光緒十五年十二月初十日

竊查前署江陵縣知縣林佐，交代案内短交司、道兩庫正雜各款銀一萬八千九百五十八兩三錢八分，前因已逾二參例限，未據清解，當經臣奎斌會同前任督臣裕禄專摺奏參革職，勒限完繳。欽奉硃批：著照所請。該部知道。欽此。欽遵。轉飭司道，按限勒追。兹查該員短交各款銀兩均已一律完解清楚，據湖北布政使蒯德標、按察使覺羅成允、署督糧道魏綗會詳前來，相應請旨將前署江陵縣事、前大冶縣知縣林佐革職處分，照例開復。除將完解銀兩入撥造報緣由咨部查照外，謹合詞恭摺具奏，伏祈皇上聖鑒。

著照所請。該部知道。

湖南巡撫丁憂開缺奉旨令臬司暫護撫篆摺[二] 光緒十五年十二月十八日

竊准湖南撫臣邵友濂本年十二月初十日函稱：友濂頃接電信，知本生繼母李氏於十二月初三日在京寓病故，懇即代爲奏請電旨，迅賜簡員接任，俾得星夜起程等語。恭閲電傳本月十二日邸鈔，奉上諭：湖南布政使著何樞補授。等因。欽此。十四日邸鈔，奉上諭：湖南巡撫著張煦調補。等因。欽此。查張煦、何樞到任均需時日，當於十五日電請總理各國事務衙門代奏，以湖南臬司沈晋祥已抵湘省，於初十日接篆，可否令沈晋祥暫行護理撫篆之處，請旨遵行。兹於十七日承准總署復電，本日奉旨：張之洞電奏已悉，新授湖南撫、藩均未到任，著沈晋祥暫行護理巡撫。欽此。遵即恭録轉行沈晋祥欽遵接護撫篆。所有湖南巡撫丁憂開缺暨請旨暫護撫篆各緣由，理合恭摺奏陳，伏祈皇上聖鑒。

知道了。

奏委兼署臬篆片 光緒十五年十二月十八日

再，湖南臬司沈晋祥現經奉旨暫行護理巡撫，所遺臬司篆務自應遴員接署。查有湖南糧儲道吕世田，前經湖南撫臣奏委兼署臬司，辦理裕如。現甫交卸，堪以仍委兼署，以資熟手。除檄飭遵照外，謹附片奏陳，伏祈聖鑒。

知道了。

總兵羅縉紳丁憂開缺請旨簡放摺[三] 光緒十五年十二月十八日

竊據湖北宜昌鎮總兵羅縉紳呈報，親母周氏於光緒十五年十一月二十六日在宜昌鎮任所病故。該總兵係屬親子，例應丁憂，呈請題報開缺前來。

查該鎮界連四川，爲全楚上游門户，兼係通商口岸，控制巡

〔一〕録自中國第一歷史檔案館編《光緒朝硃批奏摺》第八一輯，第七〇四頁，中華書局一九九五年版。

〔二〕以下二件録自《京報》第三二九二號。

〔三〕録自《京報》第三二八五號。

防員缺緊要，相應請旨迅賜簡放，以重職守。謹會同湖北巡撫臣奎斌、湖北提督臣程文炳恭摺具陳，伏祈皇上聖鑒。

另有旨。

總兵丁憂請旨仍令暫行署理片[二] 光緒十五年十二月十八日

再，宜昌鎮羅縉紳丁憂開缺，業經專摺請旨簡放。該鎮篆務亟應揀員接署。惟查宜昌爲川楚門户，通商馬頭，五方雜處，良莠不齊。各屬萬山叢雜，界連川省，伏莽尤多。該鎮羅縉紳先在宜昌統帶水師，繼復實任總兵，已歷二十餘年，於川楚交界水陸情形最爲熟悉。整飭營伍，巡緝匪徒，兵民協和，地方静謐。疊據宜昌府東湖縣等來禀，均以該鎮丁憂，地方士民恐易生手緩急驟難得力爲詞。臣到任未久，於實缺鎮協及記名候補提鎮各員才具器識未及周知。商之撫臣奎斌，亦以通省武員，熟悉宜昌一帶情形鮮能出羅縉紳之右者，一時調署委署均難其人。現經檄飭該鎮中軍遊擊蒯德浦，暫行代辦宜昌鎮篆務，將日行公事照常辦理，其緊要事件仍令與羅縉紳商酌。竊擬請旨仍令羅縉紳暫行署理，一俟簡放之員來鄂，接手有人，即行飭令交卸鎮篆。其所帶健捷副營各船勇丁暨奏設救生各船，仰懇天恩仍令羅縉紳照舊統帶。將來審酌地方情形緩急，再准該鎮請假回籍，補行終制，以符定章。臣爲慎重地方起見，是否有當，聽候諭旨遵行。謹會同湖北巡撫臣奎斌附片具陳，伏祈聖鑒訓示。

另有旨。

光緒十三年正月至十二月湖北善後收支款目造册報銷摺[三] 光緒十五年十二月十八日

竊據委辦湖北善後局報銷事務湖北布政使調任臺灣布政使蒯德標，候補道瞿廷韶、錫璋詳稱，案照前奉諭旨：同治三年六月以前各處辦理軍務未經報銷之案，准將收支款目總數分年分起開具簡明清單，奏明存案，免其造册報銷。其自本年七月起，一應軍需，凡有例可循者，務當遵例支發，力求撙節。其例所不及有應酌量變通者，亦須先行奏咨備案。事竣之日，一體造册報銷。並令將應如何分年分起核實開報之處，先行妥議章程具奏。等因。欽此。業將咸豐八年六月起至同治三年六月底止收支款目總數，分作三起，開具清單。續將同治三年七月起至光緒五年閏三月底歸併善後之日止，收支各款分作十一案。並將光緒五年四月起至十二年十二月底止，作爲善後第一案至第八案，造具細册，分别開報，均經先後具詳請奏，奉部覆准在案。

茲復督飭局員詳細句稽所有光緒十三年正月起至十二月底止作爲善後第九案報銷。善後局收到本省藩司糧鹽道庫撥解款項，淮鹽、鄂釐，宜昌、應竹各鹽課關税、釐金等項銀錢，並湖北督銷淮鹽局撥解鼎字副營薪糧各款，共銀二百二十五萬二千七百八十兩零四錢二分六釐三毫八絲八忽七微八纖。內撥解京餉協餉共銀一百五十六萬三千二百四十三兩九錢八分五釐五毫六絲六忽五

[二] 録自中國第一歷史檔案館編《光緒朝硃批奏摺》第四一輯，第二七五頁，中華書局一九九五年版。

[三] 録自中國第一歷史檔案館編《光緒朝硃批奏摺》第五八輯，第五二六至五二八頁，中華書局一九九五年版。

微，應支各營官弁兵勇薪費、口糧、馬乾、夫價，並問津小火輪船月需薪工、洋煤等款，共銀五十四萬零七百五十六兩八錢四分九釐三毫一絲三忽九微。又撥解調直武毅各營買補倒馬價值銀一百三十八兩九錢五分五釐九毫零八微。又支給水師各營礮船修費銀二千零六十兩，更換篷索銀二千四百一十兩，峽江救生紅船舵工水手月餉等銀五千八百六十一兩二錢四分六釐二毫零八忽，大修經費錢合銀四百一十二兩八錢零九釐六毫零七忽二微。購辦外洋軍火價值銀三萬一千一百五十一兩七錢三分六釐七毫四絲五忽八微，委員盤費銀三十兩零八錢零四釐，運送水脚銀一千零六十九兩九錢四分零七毫，添製藥鉛、軍火、鍋帳、器械等件用過工料銀三萬六千一百一十七兩八錢九分零三毫五絲七忽九微。水路運送留防各營餉銀軍火支給委員盤費銀六十九兩五錢八分八釐，船户水脚等銀一百五十二兩一錢四分二釐五毫四絲三忽八微。以上各款通共支銀二百一十八萬三千四百七十五兩九錢四分八釐九毫四絲三忽九微。除撥解京餉共銀五十一萬零五十六兩三錢六分二釐九毫五絲二忽九微，撥解甘肅等省協餉，並借撥、撥還各款共銀一百零五萬三千一百八十七兩六錢二分二釐六毫一絲三忽六微，業經詳請分咨受協各省自行入收造報外，實請銷銀六十二萬零二百三十一兩九錢六分三釐三毫七絲七忽四微。

查前項支用銀兩，俱係實用實銷，並無浮冒，應請准銷。此案報銷共收銀二百二十五萬二千七百八十兩零四錢二分六釐三毫八絲八忽七微八纖，共支銀二百一十八萬三千四百七十五兩九錢四分八釐九毫四絲三忽九微，尚存銀六萬九千三百零四兩四錢七分七釐四毫四絲四忽八微八纖，應歸入下次第十案入收彙報。除兵勇花名清册另行詳咨外，繕齎收支總散各册，並繪具水路轉運圖說，詳請奏銷前來。臣等覆加查核，俱係實用實銷，並無浮濫。除將各册並圖說分送部科查照外，謹合詞恭摺具陳，伏祈皇上聖鑒，敕部核銷施行。

户部議奏。

廣東籌墊賑鄂銀兩由粵代募賑捐項下扣還片[一] 光緒十五年十一月至十二月 日

再，臣之洞前在兩廣總督任内，接准臣奎斌函稱，湖北水災甚巨，籌賑極難，灾民待拯孔殷等情。當經督飭粵省司局趕籌協賑，設法廣爲勸募。惟捐數收齊需時，緩不濟急，先由廣東善後局籌墊銀一萬八千兩，派委奏調湖北差委候選知府沈嵩齡馳往安徽、蕪湖地方購米一萬石，運往散放，以資急賑而拯灾黎。已據該府沈嵩齡運解到鄂，由臣奎斌斟度情形分撥漢陽、安陸、襄陽、宜昌、鄖陽五府各賑米二千石，派員趲運前往核實散放。此項籌墊銀兩，將來即由廣東代募賑捐項下如數扣還，其捐助各員名統歸入湖北賑捐内核請獎叙。據湖北藩、臬二司會同善後局司道具詳請奏前來。謹合詞附片陳明，伏祈聖鑒。

該部知道。

[一] 録自中國第一歷史檔案館編《光緒朝硃批奏摺》第三一輯，第二三五頁，中華書局一九九五年版。

江漢關籌解第五年第二期洋款利銀及第一期應補鎊價銀兩片〔一〕 光緒十五年十二月　日

再，前准户部咨，神機營息借洋款奏令各海關按期歸還一摺内稱：此次該營續收洋款一百四十四萬磅，均自光緒十一年八月二十三日爲第一年第一期歸付利銀之始，照每磅三兩五錢核算，共銀二百二十四萬六千四百磅，合廣平銀七百八十六萬二千四百兩。擬令津海、東海、江漢三關，各分派本息共銀一百五十七萬二千四百八十兩，江海關分派本息共銀三百十四萬四千九百六十兩。仍照光緒十一年二月奏定辦法，令各該關先期二十日解交江海關兑收，届期統由江海關道隨時照外洋磅價漲落作合磅價，或盈或絀，即由該關分别應墊應存，再與原派歸還之海關按期結算清楚等因。光緒十二年正月二十八日具奏。奉旨：依議。欽此。欽遵咨行前來。當經轉飭遵照辦理。所有江漢關應還第一年二期起至第五年一期止應付利銀，並第四年四期應補磅價銀兩，均經先後委員解交江海關驗收給領，附片奏報在案。

茲據湖北漢黄德道監督江漢關税務江人鏡詳稱，准江海關鈔送詳稿内稱，光緒十五年九月初七日應付怡和第五年第一期利銀，查照是日上海電匯外洋市價核算，江漢關應還庫平銀二萬一千八百兩四錢八分三釐二毫一絲一忽六微，較部撥銀一萬七千六百四十兩，實增庫平銀四千一百六十兩四錢八分三釐二毫一絲一忽六微，由道墊付，咨請解滬歸款等因。茲查光緒十五年十二月十一日爲第五年第二期，即在第一百十七結所徵六成洋税項下動支庫平足色銀一萬七千六百四十兩，作爲第五年第二期應付利銀。又支庫平足色銀四千一百六十兩四錢八分三釐二毫一絲一忽六微，作爲第五年第一期應補磅價銀兩。飭委候補知縣胡廷松解赴江海關驗收，分别給領歸款等情詳請奏咨前來。臣覆核無異，除分咨外，謹會同湖北巡撫臣奎斌附片具陳，伏乞聖鑒。

該衙門知道。

籌解本年第二批甘肅新餉銀兩片〔二〕 光緒十五年十二月　日

再，光緒十四年八月二十八日奉上諭：户部奏籌撥甘肅新餉一摺。甘肅關内外各軍餉銀關繫緊要，現經户部將光緒十五年新餉指撥湖北省銀三十三萬兩。著該督撫等嚴飭司道按照部撥數目，於本年十二月底止趕解三成，至來年四月底止再解三成，其餘四成統限九月底掃數解清。等因。欽此。業經欽遵，籌解第一批銀六萬兩，附片奏報在案。茲據湖北布政使蒯德標會同善後局司道詳稱，在於鹽課釐金項下籌撥光緒十五年第二批甘肅新餉銀三萬兩，於本年十二月初三日發交漢鎮天成亨商號，匯解赴甘肅藩庫交收等情，詳請奏咨前來。除分咨外，理合會同湖北巡撫臣奎斌附片具陳，伏乞聖鑒。

户部知道。

〔一〕録自中國第一歷史檔案館編《光緒朝硃批奏摺》第八一輯，第七〇八至七〇九頁，中華書局一九九五年版。

〔二〕録自中國第一歷史檔案館編《光緒朝硃批奏摺》第五八輯，第五四二頁，中華書局一九九五年版。

調任兩湖未及三月例不出考片〔一〕 光緒十五年十二月　日

再，查督撫所轄藩、臬、道府及提、鎮各員並學政考試聲名，例應於年終密摺具奏。茲臣欽奉恩命調任兩湖，時值歲暮應行覈辦之期，惟到任未及三月，例不出考。所有湖北、湖南兩省藩、臬、道府賢否，提、鎮能否勝任，及學政考試有無弊端，應即認真考察。如確有見聞，自當破除情面，隨時分別舉劾，以期仰副朝廷澄叙官方，整飭戎行之至意。謹附片陳明，伏祈聖鑒。

知道了。

同知捐修隄工循例建坊片〔二〕 光緒十五年十二月　日

再，查定例，士民捐修橋梁、道路實於地方有裨。捐銀至千兩以上者，請旨建坊，給予樂善好施字樣，聽本家自行建坊等語。茲有湖北漢陽縣在籍浙江候補同知萬正細，因湖北漢陽縣江岸隄工坍塌，奏明由紳富量力輸捐修砌。該同知遵其故父二品封職萬玉龍、故母萬朱氏遺命，倡首捐銀一千兩以濟要工等情，由湖北漢陽府轉據調補福建臺灣布政使湖北布政使蒯德標詳請具奏前來。臣等覆查，該同知所捐銀數核與建坊之例相符。合無仰懇天恩俯准萬正細之故父母萬玉龍、萬朱氏在於本籍漢陽縣照例建坊，給予樂善好施字樣，以昭激勸而示旌獎。出自鴻慈。謹合詞附片具陳，伏乞聖鑒。

著照所請。禮部知道。

江漢關籌解第五年第一期神機營息借洋款片〔三〕 光緒十五年　月　日

再，前准户部咨，神機營息借洋款，奏令各海關按期歸還一摺内稱：此次該營續收洋款一百四十四萬磅，均自光緒十一年八月二十三日爲第一年第一期歸付利銀之始，照每磅三兩五錢核算，共銀二百二十四萬六千四百磅，合廣平銀七百八十六萬二千四百兩。擬令津海、東海、江漢三關，各分派本息共銀一百五十七萬二千四百八十兩，江海關分派本息共銀三百十四萬四千九百六十兩。仍照光緒十一年二月奏定辦法，令各該關先期二十日解交江海關兑收。届期統由江海關道隨時照外洋磅價漲落作合磅價，或盈或絀，即由該關分別應墊應存，再與原派歸還之海關，按期結算清楚等因。光緒十二年正月二十八日具奏。奉旨：依議。欽此。欽遵咨行前來。當經轉飭遵照辦理。所有江漢關應還第一年二期起至第四年四期止應付利銀，並第四年三期應補磅價銀兩，均經先後委員解交江海關驗收給領，附片奏報在案。

茲據湖北漢黄德道監督江漢關稅務江人鏡詳稱，准江海關鈔送詳稿内稱，光緒十五年六月初四日應付怡和第四年第四期利銀，

〔一〕録自中國第一歷史檔案館編《光緒朝硃批奏摺》第六輯，第六三九頁，中華書局一九九五年版。

〔二〕録自《京報》第三二九二號。

〔三〕録自中國第一歷史檔案館編《光緒朝硃批奏摺》第八一輯，第六八五至六八六頁，中華書局一九九五年版。該輯將此件具奏日期定為光緒十五年九月。那時張之洞還在兩廣總督任上，不可能為湖北事具奏。故將此件置此，具奏月日，付諸闕如。

查照是日上海電匯外洋市價核算，江漢關應還庫平銀二萬一千九百六十三兩一錢七分九釐五毫六絲，較部撥銀一萬七千六百四十兩，實增庫平銀四千三百二十三兩一錢七分九釐五毫六絲，由道墊付，咨請解滬歸款等因。茲查光緒十五年九月初七日爲第五年第一期，即在第一百十六結所徵六成洋税項下動支庫平足色銀一萬七千六百四十兩，作爲第五年第一期應付利銀。又支庫平足色銀四千三百二十三兩一錢七分九釐五毫六絲，作爲第四年第四期應補磅價銀兩。飭委候補從九品陳毓焯解赴江海關驗收，分別給領歸款等情，詳請奏咨前來。臣覆核無異，除分咨外，謹會同湖北巡撫臣奎斌附片具陳，伏乞聖鑒。

該衙門知道。

江漢關籌解第五年第四期神機營息借洋款片[一]

光緒十五年　月　日

再，前准户部咨，會議神機營息借洋款本息銀兩指關劃還一摺内稱：該營於光緒十年九月十四日初次收到借款六萬磅，合計十足廣平銀二十萬零一千九百六十八兩八錢。其利銀按一年四期，每期應付一千零五十磅。該營已於光緒十年十二月十七日將頭期利銀如數墊付，應照此次咨報本利銀兩數目，擬飭江漢關遵照議定章程期限，先期二十日照數解赴上海，交江海關查收，由該關按期作合磅價，兑付怡和洋行。至該洋行收到本利銀兩，應如何給與海關憑據爲將來結算之根，應令江海關道查照向辦借還洋款定章辦理，以期交割清楚等因。光緒十一年二月十五日具奏。本日奉旨：依議。欽此。欽遵咨行前來。當經轉飭遵照辦理。所有江漢關應付第一年第二期起至第五年第三期止應付利銀，已經委員解赴江海關驗收給領，並將神機營墊付第一年頭期利銀委解赴京交納，分別附片奏咨在案。

茲據湖北漢黄德道監督江漢關税務江人鏡詳稱，查光緒十五年十月初九日爲第五年第四期，即在第一百十六結所徵六成洋税項下，籌撥庫平足色銀三千五百三十四兩四錢五分四釐，作爲第五年第四期應付利銀。飭委補用布照磨舒濤解赴江海關驗收給領等情，詳請奏咨前來。臣覆核無異，除分咨外，理合會同湖北巡撫臣奎斌附片具陳，伏乞聖鑒。

該衙門知道。

[一] 録自中國第一歷史檔案館編《光緒朝硃批奏摺》第八一輯，第六九六頁，中華書局一九九五年版。該輯將此件具奏日期定為光緒十五年十月，疑誤。因那時張之洞尚未到湖廣任事，故將具奏月日付諸闕如。

光緒十六年

總兵龔繼昌因病出缺請旨簡放摺〔一〕 光緒十六年正月初四日

竊據湖北鄖陽鎮標中軍遊擊胡永發呈報：鄖陽鎮總兵龔繼昌前在軍營打仗，屢受重傷，時發時愈。茲因感冒風寒，觸發傷疾甚重，醫藥罔效，於光緒十五年十二月十九日因病出缺。該遊擊謹將總兵關防封固收存，稟請奏報開缺，並委員接署等情前來。

臣查鄖陽地方界連秦豫，山川險要，俗悍民强，彈壓巡防責任綦重，自應先行委員接署。查有漢陽協副將樊國泰，營務老練，辦事明爽，堪以署理。除檄飭遵照外，所遺湖北鄖陽鎮總兵員缺緊要，相應請旨迅賜簡放以重職守。謹會同湖北巡撫臣奎斌、湖北提督臣程文炳恭摺具奏，伏祈皇上聖鑒。

另有旨。

湖北查無應劾千總緣由片 光緒十六年正月初四日

再，恭查乾隆六十年二月十三日内閣奉上諭：各省甄别千總，儻實無可劾之員，准其聲明緣由，據實具奏。欽此。經部議奏，嗣後各省年終彙咨報部時，如該省果無衰庸戀棧應行甄别之處，令該督撫等將無可劾參緣由具奏等因。奉旨：依議。欽此。欽遵在案。

茲届光緒十五年年終彙咨報部之期，查湖北省每年應甄别千總二員，經前督臣裕禄咨行撫提暨鎮協各營查覆，現任實缺千總，均堪供職，尚無應劾之弁。除仍由臣隨時訪查，如有庸劣不職即行參革，並湖南省應行甄别千總循例咨報外，所有光緒十五年湖北省各標營查無應劾千總緣由，謹會同湖北提督臣程文炳附片具陳，伏祈聖鑒，敕部查照施行。

兵部知道。

江漢關第一百十三結至一百十六結收支款項數目開單具陳摺〔二〕 光緒十六年正月初四日

竊照前准户部咨，抄奏内開，各海關洋税奏銷辦理未能劃一，應令遵照定章，將收支數目按結開單奏報一次。仍扣足四結開單奏銷一次，概不得以收支數目串入原摺，以致混雜不清。仍一面造具四柱清册暨支銷經費銀兩清册，分送户部暨總理各國事務衙門，以憑核銷等因。光緒十年二月二十五日具奏。本日奉旨：依議。欽此。又准咨開，第九十五結期滿清單，僅有收支款目，以致各結總數未能聯貫。嗣後應令將舊管、新收、開除、實在分爲四柱，逐款開列，以昭明晰等因。均經先後轉行遵照辦理。所有江漢關光緒十三年八月十五日起至十四年八月二十五日止一年關期届滿，分别造具收支數目各册，前經奏咨在案。茲據湖北漢黄

〔一〕 以下二件録自中國第一歷史檔案館編《光緒朝硃批奏摺》第四一輯，第三三六至三三七頁，中華書局一九九五年版。

〔二〕 録自中國第一歷史檔案館編《光緒朝硃批奏摺》第七二輯，第四一七頁，中華書局一九九五年版。

德道監督江漢關稅務江人鏡詳稱，自光緒十四年八月二十六日第一百十三結起至十五年九月初六日第一百十六結止，一年四結期滿，徵收洋商、招商局華商各項稅鈔及支解數目，分結造具四柱清册並經費銀兩清册，詳請奏咨前來。臣覆核無異，除將各册送部外，謹會同南洋通商大臣兩江總督臣曾國荃、湖北巡撫臣奎斌恭摺具陳，並繕具清單，恭呈御覽，伏祈皇上聖鑒。

該衙門知道。單併發。

謝賜福字摺[一] 光緒十六年正月初十日

光緒十六年正月初八日，摺弁回鄂，賚到御賜福字一方。當即恭設香案，望闕叩頭謝恩祗領。欽惟我皇上虞裳垂拱，軒籙延洪。乘春覘出震之初煦，慈暉而集慶。函夏慶綏豐之屢正，黼扆以當陽。羲畫開祥，來自閶闔九重之上。箕疇錫瑞，被乎洞庭八百而遥。聖藻三光，春聲萬户。臣分符守土，望斗瞻天，祝萬年而賡江漢之詩，隨八伯而上星雲之頌。五風十雨，豫占沴氣之消融。七澤三湘，同泳恩波之浩蕩。所有微臣感激榮幸下忱，理合繕摺叩謝天恩，伏祈皇上聖鑒。

知道了。

遴員遞署司道員篆務摺 光緒十六年正月十五日

竊照湖北布政使蒯德標欽奉諭旨調補福建臺灣布政使，當值湖北省舉行己丑恩科鄉試，奏留暫緩交卸。嗣於文、武兩闈辦竣後已届冬閒，復經臣奎斌以該司熟悉情形，飭令辦理光緒十五年大計，俾免展延。茲據該司蒯德標禀稱，現在計典業經告竣，並無經手未完事件，新任藩司鄧華熙到鄂尚無定期，該司奉旨入覲未敢久稽，禀請交卸北上等情前來。所有湖北藩司篆務，亟應遴員接署，以重職守。查有湖北按察使覺羅成允，操履端方，留心吏治，堪以署理。所遺湖北臬司篆務，查有湖北荊宜施道方恭釗，廉明勤慎，條理周詳，堪以署理。所遺荊宜施道及宜昌關監督各篆務，查有湖北鹽法武昌道葉蔭昉，老成穩妥，安静詳明，堪以調署。遞遺鹽法武昌道篆務，查有湖北候補道瞿廷韶，練達精詳，情形熟悉，堪以署理。除分檄飭遵外，臣等謹合詞恭摺具奏，伏祈皇上聖鑒。

吏部知道。

請將廣東武員武永泰張彪改留湖廣歸標片[二] 光緒十六年正月十五日

再，儘先都司廣東澄海右營守備武永泰、四品銜儘先補用守備廣東肇慶協右營右哨千總張彪，歷在軍營剿匪出力，樸誠勇敢，熟習洋式軍火。臣前任兩廣時，疊次派委水陸各營要差，深資得力。該二員現經委解奏撥軍火來鄂。查鄂省伏莽尚多，練兵戢匪皆宜亟爲講求，所有教練新式外洋槍礮暨緝匪、緝私各事宜，在在需員差委。擬即將該二員留鄂差委補用，以資得力。查部定章程，奏調隔省實任人員差委者，於奉旨允准後，即將底缺開除，

[一] 以下二件録自中國第一歷史檔案館編《光緒朝硃批奏摺》第六輯，第六八九至六九一頁，中華書局一九九五年版。

[二] 以下二件録自中國第一歷史檔案館編《光緒朝硃批奏摺》第四一輯，第三三七至三三八頁，中華書局一九九五年版。

留於奏調省分，由該督撫遇缺先儘請補。其實缺人員曾經續保升階，先將原省開除，以奏調奉旨之日歸新調省分，各歸升階本班，挨次序補等語。今該二員係廣東實缺營弁，續保升階，營中並無經手未完事件。今既奏請改留湖廣歸標，自應開除廣東底缺，以符定章。相應仰懇天恩俯准將儘先都司廣東澄海右營守備武永泰、四品銜儘先補用守備廣東肇慶協右營右哨千總張彪，改留湖廣歸標，各歸升階本班序補，俾得策遣有資。出自鴻慈，除飭取該二員履歷咨部外，謹附片具陳，伏祈聖鑒。

著照所請。兵部知道。

守備唐天元久病不愈勒令休致片 光緒十六年正月十五日

再，據署湖南鎮筸鎮總兵崧熤呈稱，長安營中軍守備唐天元，於光緒十四年十月間因染受瘴氣，請假三月回籍調養，復又續假三月，均稟經前督臣裕祿批准，並委員署理各在案。迄今日久，假期早逾，委員往查，該員尚未痊愈。邊疆營伍未便任其戀棧，致滋貽誤。請照例勒令休致，以肅戎行等情前來。臣查守備唐天元，既因久病不愈，經該署總兵委員往查屬實，應即照例勒令休致。相應請旨將湖南長安營中軍守備唐天元勒令休致，以重營伍。所遺湖南長安營中軍守備員缺，係題補之缺，湖南省現有應補人員，容臣另行揀員請補。謹會同護湖南巡撫臣沈晋祥、護湖南提督臣周瑞龍附片具陳，伏祈聖鑒。

著照所請。兵部知道。

宜昌關第一百十三結至一百十六結收支款項數目開單具陳摺[一] 光緒十六年正月十五日

竊照前准户部咨，鈔奏内開，各海關洋税奏銷辦理未能劃一，應令遵照定章，按結開列清單奏報一次，仍扣足四結開單奏銷一次，概不得以收支數目串入原摺，以致混雜不清。仍一面造具四柱清册暨支銷經費銀兩清册，分送户部暨總理各國事務衙門，以憑核銷。奉旨：依議。欽此。又准咨，江漢關第九十五結期滿清單，僅有收支款目，以致各結總數未能聯貫。嗣後應令將舊管、新收、開除、實在分爲四柱，逐款開列，以昭明晰等因。均經先後轉行遵照辦理。所有宜昌關自光緒十三年八月十五日第一百九結起至十四年八月二十五日第一百十二結止，一年四結期滿徵收各項税銀及支銷經費各數目，詳經恭摺奏報在案。

兹據湖北荆宜施道監督宜昌關税務方恭釗詳稱，自光緒十四年八月二十六日第一百十三結起至十五年九月初六日第一百十六結止，一年四結期滿，所有徵收各項税銀及支銷經費並另款徵收洋藥税釐銀兩各數目，造具清册並開具清單，詳請奏咨前來。臣覆核無異，除將徵收税項並支銷經費各册及四柱清單咨送總理各國事務衙門、户部户科查照外，謹會同南洋通商大臣兩江總督臣曾國荃、湖北巡撫臣奎斌恭摺具奏，並繕具清單恭呈御覽，伏祈皇上聖鑒。

該衙門知道。單併發。

[一] 録自中國第一歷史檔案館編《光緒朝硃批奏摺》第七二輯，第四一八頁，中華書局一九九五年版。

湖北省光緒十四年地丁各項徵信册籍遵辦摺〔一〕

光緒十六年正月二十四日

竊查前准户部咨，奏定釐剔官吏經徵錢糧積弊章程，並頒徵信册式，行令填註民欠花户銀數，刊示鄉閭，以資徵信等因。當經行司通飭各屬，一體遵辦在案。兹據江夏、武昌、咸甯、嘉魚、蒲圻、興國、大冶、漢陽、漢川、黄陂、孝感、沔陽、黄岡、蘄水、羅田、黄梅、廣濟、鍾祥、京山、潛江、天門、雲夢、應城、江陵、公安、石首、監利、松滋、枝江、荆門等州縣，並武昌、武左、沔陽、黄州、蘄州、荆州、荆左、荆右等衛，先後將光緒十四年暨節年地丁隨驢南折屯餉籽粒蘆課等款，緩徵民欠以及應豁錢糧五項徵信册籍，造賫到司。由司核明，飭發該司經歷托溥等，照式擺印，裝訂齊全，册面加蓋司印，移行各該管道府，分散鄉閭，並照造一分送部備查。其年清年款各屬應照部章，毋庸造辦。漕、南二米由糧道另案造送。據湖北布政使荆德標、署督糧道魏綱會詳請奏前來。臣等覆核無異，除將賫到册籍咨送户部備查，並飭該管道府照章分散，確付鄉閭，勿令稍有隔閡，仍不時抽查外，所有湖北省光緒十四年地丁各項徵信册籍遵辦緣由，謹合詞恭摺具奏，伏祈皇上聖鑒。

户部知道。

江漢關籌解第六年第一期洋款利銀片〔二〕

光緒十六年正月　日

再，前准户部咨，會議神機營息借洋款本息銀兩指關劃還一摺内稱，該營於光緒十年九月十四日初次收到借款六萬磅，合計十足廣平銀二十萬零一千九百六十八兩八錢。其利銀按一年四期，每期應付一千零五十磅。該營已於光緒十年十二月十七日將頭期利銀如數墊付，應照此次咨報本利銀兩數目，擬飭江漢關遵照議定章程期限，先期二十日照數解赴上海，交江海關查收，由該關按期作合磅價，兑付怡和洋行。至該洋行收到本利銀兩，應如何給與海關憑據爲將來結算之根，應令江海關道查照向辦借還洋款定章辦理，以期交割清楚等因。光緒十一年二月十五日具奏。本日奉旨：依議。欽此。欽遵咨行前來。當經轉飭遵照辦理。所有江漢關應付第一年第二期起至第五年第四期止應付利銀，已經委員解交江海關驗收給領，並將神機營墊付第一年頭期利銀委解赴京交納，分别附片奏咨在案。

兹據湖北漢黄德道監督江漢關税務江人鏡詳稱，查光緒十六年正月十二日爲第六年第一期，即在第一百十七結所征六成洋税項下，籌撥庫平足色銀三千五百三十四兩四錢五分四釐，作爲第六年第一期應付利銀。飭委候補縣丞董治勛解赴江海關驗收給領等情，詳請奏咨前來。臣覆核無異，除分咨外，理合會同湖北巡撫臣奎斌附片具陳，伏祈聖鑒。

該衙門知道。

〔一〕録自中國第一歷史檔案館編《光緒朝硃批奏摺》第六六輯，第三二七至三二八頁，中華書局一九九五年版。

〔二〕録自中國第一歷史檔案館編《光緒朝硃批奏摺》第八一輯，第七二〇至七二一頁，中華書局一九九五年版。

請調陶定昇熊鐵生赴鄂差委片〔一〕 光緒十六年二月初九日

再，湖北地處上游，南北衝要，游會各匪，伏莽潛滋，實爲隱患。鄂省武職中副、參以下人材雖尚不乏，至奏留鄂省之記名提、鎮本無多人，而其閒材器出衆曾經大敵堪勝統領重任者，甚屬寥寥，緩急殊無足恃。臣體察情形，必須得二三宿將，隨時整頓操防，既可消患未萌，且可備有事任使。茲查有記名提督陶定昇、熊鐵生二員，前因辦理海防，經尚書彭玉麟調赴廣東。臣在兩廣任内，遵旨密薦將才，疊次將該提督等才具戰績，詳切臚陳，並先後委署陽江、北海、高州等鎮篆務，築臺教礮，練軍緝匪，歷久不渝。陶定昇出自老湘軍合字營，熊鐵生出自霆軍，均屬忠壯誠樸，謀勇兼優，結實可靠。其歷著戰功，朝廷久已稔知，無待臣之縷陳。上年陶定昇因水土不服，熊鐵生因妻雲慶到粵後慶軍統帶有人，先後均已由粵請假回湖南原籍。似此知名宿將，未便任令置散投閒。合無仰懇天恩俯准將記名提督陶定昇、熊鐵生二員，調赴湖北差遣委用，俾臣得資臂助。出自鴻慈。臣爲豫儲將材以備緩急起見，謹附片具奏，伏祈聖鑒。

該省現無軍務，著毋庸調往。

籌解協滇餉銀片〔二〕 光緒十六年二月初九日

再，湖北省奉撥欠解雲南協餉三分之一，銀五十一萬七千餘兩，業經先後撥解銀四十三萬兩，由前督臣裕禄附片奏報在案。茲據署湖北布政使覺羅成允，會同善後局司道詳稱，現復勉籌長沙平銀二萬兩，發交雲南催餉委員知縣吴本仁，領匯赴滇，以應要需等情，詳請奏咨前來。除分咨外，理合會同湖北巡撫臣奎斌附片具陳，伏祈聖鑒。

户部知道。

動撥司庫銀兩凑解協滇餉銀片 光緒十六年二月初九日

再，前准户部咨，議覆四川總督劉秉璋奏滇省新舊協餉無力解足案内，令川省月協滇餉銀二萬三千兩，自光緒十五年九月起，每月減去銀五千兩，改由湖北在於鹽貨等釐及司庫各款内按月協解銀三千兩，江漢關六成洋税項下按月協解銀二千兩。如六成洋税無款，應准在於四成洋税項下凑解等因。當經前督臣裕禄轉飭遵辦去後。茲據署湖北布政使覺羅成允會同善後局司道及湖北漢黄德道監督江漢關税務江人鏡詳稱，在於司庫減平項下動撥長沙平銀六千兩，局庫鹽貨釐金項下動撥長沙平銀六千兩，江漢關第一百十七結所徵六成洋税項下動撥庫平銀八千兩，作爲光緒十五年九月起至十二月止四箇月分協滇餉銀，均發交雲南催餉委員知縣吴本仁領匯赴滇。所有動撥司庫銀兩應請就款開除，以免轇轕等情，分別詳請奏咨前來。除分咨外，理合會同湖北巡撫臣奎斌附片具陳，伏祈聖鑒。

户部知道。

〔一〕録自中國第一歷史檔案館編《光緒朝硃批奏摺》第四一輯，第三六二頁，中華書局一九九五年版。

〔二〕以下二件録自中國第一歷史檔案館編《光緒朝硃批奏摺》第五八輯，第五七六至五七七頁，中華書局一九九五年版。

籌撥本年第一批北洋海軍經費片〔一〕 光緒十六年二月初九日

再，承准海軍衙門咨開，光緒十六年分，北洋海軍經費應撥湖北釐金銀三十萬兩，分批徑解北洋兑收等因。查湖北省釐金項下，原撥南北洋海防經費銀三十萬兩，光緒六年三月經北洋大臣奏准按八成分解，每年共應解銀二十四萬兩。所有十二至十五等年分應解前項銀兩，照案應改解海軍衙門，並專解北洋，均經遵照分別解清附片奏報在案。茲據湖北善後局司道詳報，籌撥光緒十六年第一批庫平銀四萬兩，飭委遊擊黄銘新於正月二十七日解交湖北淮軍收支轉運局兑收，轉解北洋，以應要需等情，詳請奏咨前來。除分咨外，理合會同湖北巡撫臣奎斌附片具陳，伏祈聖鑒。

該衙門知道。

江漢關第一百十七結收支款項數目開單具陳摺〔二〕 光緒十六年二月初九日

竊照前准户部咨，抄奏内開，各海關洋税收支數目辦理未能劃一，應令遵照定章，按結開列清單奏報一次，仍扣足四結開單奏銷一次，概不得以收支數目串入原摺，以致混雜不清。仍一面造具四柱清册暨支銷經費銀兩清册，分送户部暨總理各國事務衙門，以憑核銷等因。光緒十年二月二十五日具奏。本日奉旨：依議。欽此。又准咨，第九十五結期滿清單，僅有收支款目，以致各結總數未能聯貫。嗣後應令將舊管、新收、開除、實在分爲四柱，逐款開列，以昭明晰等因。均經轉行遵照辦理。

茲據湖北漢黄德道監督江漢關税務江人鏡詳稱，江漢關徵收各項税鈔及支解各數目，前經截至光緒十五年九月初六日第一百十六結止，詳請奏咨在案。茲查自光緒十五年九月初七日起至十二月初十日止，第一百十七結期滿徵收洋商各項税鈔及上結報存税鋠，除支解外，計存六成洋税銀八萬七千二百七十三兩二錢零八釐，又上結報存四成洋税及本結新收四成洋税，除撥解外，計存四成洋税銀八萬四千零四兩三錢三分八釐。又另款徵收招商局各項税鈔，除撥解外，計存四成八釐各税銀六萬五千七百八十三兩七錢三分一釐。已如數歸併六成洋税内開報。至上結報存五成二釐局税及本結新收五成二釐局税，除撥解外，計存五成二釐局税銀八萬二千九百八十七兩五錢二分二釐。又，此結遵照新章，徵收洋藥税釐銀及上結報存銀，除支解外，計存銀五萬七千七百七十五兩九錢零二釐。又收洋商、局商在漢買辦土藥煙膏出口正税銀二百一十八兩一錢、半税銀一百零九兩零五分，已歸於華洋各税項内開報等情，詳請奏咨前來。臣覆核無異，除俟一年期滿按結造具收支經費各册暨另繕總單分別報銷外，所有第一百十七結徵收洋商華商各項税鈔及支解各數目，謹會同南洋通商大臣兩江總督臣曾國荃、新授察哈爾都統湖北巡撫臣奎斌，恭摺具陳，並繕具四柱清單，恭呈御覽，伏祈皇上聖鑒。

該衙門知道。單併發。

〔一〕　録自中國第一歷史檔案館編《光緒朝硃批奏摺》第六五輯，第七四頁，中華書局一九九五年版。

〔二〕　以下三件録自中國第一歷史檔案館編《光緒朝硃批奏摺》第七二輯，第四二三至四二六頁，中華書局一九九五年版。

宜昌關第一百十七結收支各款税銀數目開單具陳摺光緒十六年二月初九日

竊照前准户部咨，抄奏内開，各海關洋税收支數目辦理未能劃一，應令遵照定章，按結開列清單奏報一次，仍扣足四結開單奏銷一次，概不得以收支數目串入原摺，以致混雜不清。仍一面造具四柱清册暨支銷經費銀兩清册，分送户部暨總理各國事務衙門，以憑核銷等因。光緒十年二月二十五日具奏。本日奉旨：依議。欽此。又准户部咨，江漢關第九十五結期滿清單，僅有收支款目，以致各結總數未能聯貫。嗣後應令將舊管、新收、開除、實在，分爲四柱，逐款開列，以昭明晰各等因。先後轉行遵照辦理。

兹據湖北荆宜施道監督宜昌關税務方恭釗詳稱，宜昌關徵收各項税銀，前經截至光緒十五年九月初六日第一百十六結止，詳請奏咨在案。兹自光緒十五年九月初七日起至十二月初十日止，第一百十七結期滿，所徵税銀除照章開支外，實存銀四萬一千四百十四兩九錢二分三釐。前經詳請咨明奉准部覆，歸入一年報銷案内，解存藩庫，委員解京。再，本結並無洋藥進口，亦無罰款銀兩。又洋商僱用華船現由常關徵料，毋庸造册報銷等情，詳請奏咨前來。臣覆核無異，除將清單、清册咨送總理各國事務衙門、户部户科查照外，所有宜昌關第一百十七結收支各款税銀數目緣由，謹會同南洋通商大臣兩江總督臣曾國荃、新授察哈爾都統湖北巡撫臣奎斌，恭摺具陳，並繕具四柱清單，恭呈御覽，伏祈皇上聖鑒。

該衙門知道。單併發。

籌解出使經費片光緒十六年二月初九日

再，據湖北漢黄德道監督江漢關税務江人鏡詳稱：前奉總理衙門劄開，會奏籌備出使各國經費，擬於各關所收六成洋税作爲十成分算，每結酌提一成，另款存儲，聽候隨時指撥，以作出使經費之用，均自第六十五結爲始，一體遵照辦理。續奉行知令將每結提存之款，撥寄江海關彙收，以資分撥。又奉總理衙門劄，出使經費不敷撥用，擬於所收六成洋税，仍作十成分算，即於此十成内，於原提一成之外，再提半成。並令於商局留關備撥六成税内，亦按十成計算，酌提一成半，均自第七十一結爲始，按結解至江海關備用各等因。

查江漢關第一百十六結提存前項經費銀兩，業經委解江海關驗收詳請奏咨在案。兹查第一百十七結所徵洋商進出口正税六成銀兩，除開支税務司並關用經費及傾鎔折耗等銀外，實存銀五萬六千一百八十二兩五錢八分九釐，按十成計算，應提一成五釐出使經費銀八千四百二十七兩三錢八分八釐。又收招商局輪船進出口正税四成八釐銀兩，除開支傾鎔折耗外，實存銀三萬九千七百二十九兩五錢九分三釐，按十成計算，應提一成五釐出使經費銀五千九百五十九兩四錢三分九釐。遵照户部核覆，每萬兩扣給解費銀二百兩，即在所提出使經費内扣給委員解費銀二百八十七兩七錢三分七釐，計實解銀一萬四千零九十九兩零九分。已將前項經費銀兩飭委候補知州李士英解赴江海關驗收等情，詳請奏咨前來。臣覆核無異，除分咨外，謹會同南洋通商大臣兩江總督臣曾國荃、新授察哈爾都統湖北巡撫臣奎斌附片具陳，伏祈聖鑒。

該衙門知道。

揀員調補省會首邑要缺摺〔一〕 光緒十六年二月二十七日

竊照江夏縣知縣羅緗，於光緒十五年九月十七日聞訃丁母憂，當經題報開缺，聲明所遺要缺，應照例由外揀員請補。查例載，知縣應調缺出，令於現任人員内揀選調補。又，首府首縣缺出，應令於通省正途人員内揀選調補。如無合例堪以調補之員，或人地不宜，始准以各項出身内遴員調補各等語。今江夏縣知縣係衝繁難兼三要缺，爲湖北附省首邑，政務殷繁，且有華洋交涉事件，非才長識練之員，弗克勝任。臣等在於通省現任正途人員内逐加遴選，非現居要地，即人地未宜。惟查有監利縣知縣諸可權，現年五十一歲，浙江錢塘縣人，由附監生遵例報捐府經歷，指發湖北試用。同治二年三月初三日到省，委辦牙釐出力保奏。九年四月初二日奉旨：著免補本班，以知縣仍留原省歸候補班前先補用。欽此。十二年赴部引見，是年十二月初十日回省。光緒二年，經直隸總督臣李鴻章奏調，隨往烟臺辦理英員馬嘉理一案，保俟補缺後以知州歸候補班前補用。是年十二月十二日奉旨：依議。欽此。事竣回鄂，題補通城縣知縣。三年七月二十八日到任，四年加捐鹽運同銜，五年調補監利縣知縣，六年八月初二日到任，十二年大計卓異。

查該員諸可權，行端才裕，條理精詳，歷任各缺辦理一切，悉臻妥善，並無積案及欠解錢糧、承緝盜案已起降調革職參限。以之調補江夏縣知縣要缺，實堪勝任。且以繁缺人員請調省會首邑要缺，例得聲明奏請。據署湖北布政使覺羅成允、署按察使方恭釗會詳前來。合無仰懇天恩俯念員缺緊要，准以監利縣知縣諸可權調補江夏縣知縣要缺，實於地方吏治均有裨益。再，該員係現任知縣，請調知縣，銜缺相當，毋庸送部引見。所遺監利縣知縣要缺，容俟接准部覆，再行遴員請補。謹合詞恭摺具陳，伏乞皇上聖鑒，敕部核覆施行。

吏部議奏。

道府等飭赴新任並知府飭回本任片 光緒十六年二月二十七日

再，准補湖北督糧道惲祖翼、安陸府知府史書青，現均奉准部覆，應即飭赴新任。現署安陸府事宜昌府知府存厚，亦應飭回本任，以重職守。據署布政使覺羅成允、署按察使方恭釗會詳前來。除分檄飭遵外，謹合詞附片具陳，伏乞聖鑒。

吏部知道。

奏獎徵收錢漕掃數全完人員摺〔二〕 光緒十六年二月二十七日

竊照錢漕爲維正之供，催科乃有司專責。鄂省頻年奉提京餉以及指撥協濟鄰省各餉，全賴地丁等款徵解踴躍，藉資挹注。是州縣催科之勤惰，實爲餉項所攸關。其有催科勤奮，先期完解之員，歷經奏請獎叙，均奉俞允在案。茲據署湖北布政使按察使覺羅成允、署督糧道魏綱會詳稱，查麻城縣額徵光緒十五年司庫地

〔一〕以下二件録自《京報》第三三五〇號。

〔二〕録自《京報》第三三四九號。

丁等款錢糧，除坐支外，實應解銀二萬九千四百八十二兩八錢八分二釐，又應解道庫漕南正耗米折等款銀七千三百一十二兩八錢五分七釐，均於年内掃數全完等情，請奏獎前來。臣等查該縣額徵各項錢糧銀兩合計在三萬兩以上，均於年内掃數全完，洵屬催科勤奮，自應專案請獎。合無仰懇天恩俯准將麻城縣知縣張集慶照例加一級，以示鼓勵而昭激勸。謹合詞恭摺具陳，伏祈皇上聖鑒訓示。

著照所請。該部知道。

知縣煩簡各缺互相調補摺（一） 光緒十六年二月 日

竊照定例，煩簡互調人員，如才堪治繁現任偏僻，或止堪治簡現任煩劇，准該督撫酌量更調。部覆到日，將題調要缺調補部選缺分之員，送部引見。又，州縣等官，必於本任歷俸三年以上方准揀選調補等語。查湖北鍾祥縣知縣係煩疲難兼三要缺，爲安陸府附郭首邑，地近北方，風氣素强，政務殷煩，夙稱難治，必得寬猛相兼，方足以資整頓。且濱臨襄河，歷有隄防，爲下游各州縣田廬保障，尤關緊要。非精明幹練之員，弗克勝任。該本任知縣黄世崇，湖南舉人，保薦孝廉方正，朝考一等，以知縣用，分發湖北，題署興山縣，調補鍾祥縣。該員前在任時，辦理地方公事及審理案件，均屬勤慎盡心，尚無貽誤。惟謹厚有餘，於隄工未能熟諳，於斯缺不甚相宜，未便稍涉遷就，亟應酌量改調，以重地方。查有利川縣知縣徐嘉禾，直隸舉人，由保舉候選知縣選授利川縣，於光緒十一年正月二十八日到任，歷俸已滿三年。該員年富才明，行堅力果，於隄工修防事宜頗知講求。現委會辦鍾祥縣隄務，悉合機宜。以之調補鍾祥縣知縣要缺，實堪勝任。所遺利川縣知縣，係屬選缺，事簡民馴，擬請即以黄世崇調補，可期經理裕如。該員等任内均無積案及欠解錢糧、承緝盜案已起降調革職叅限。黄世崇係調簡缺之員，並無承追督催有關展叅之案，核與對調之例相符。據署湖北布政使覺羅成允、署按察使方恭釗會詳前來。合無仰懇天恩俯念員缺緊要，因地擇人，准以利川縣知縣徐嘉禾調補鍾祥縣知縣要缺。所遺利川縣部選簡缺，即以黄世崇對調。一轉移間人地各得其宜，實於地方有裨。再，該員黄世崇以煩調簡，容俟接准部覆，再行飭令赴部引見。徐嘉禾係以簡調煩，銜缺相當，毋庸送部引見。謹合詞恭摺具奏，伏乞皇上聖鑒，勅部核覆施行。

吏部議奏。

粤省訂購織布機器移鄂籌辦摺 光緒十六年閏二月初四日

竊准户部咨開：廣東司案呈准軍機處交出兩廣總督李瀚章奏，擬設織布局廣東礙難辦理情形一摺。光緒十五年十二月二十六日奉硃批：户部知道。欽此。欽遵交出到部。查原奏内稱，前付訂購機器銀二十二萬九千餘兩，係由闈姓商捐及軍需等項下（支墊）[墊支]。其未付之十七萬四千三百餘兩，明夏設法籌付等語。相應行文該督撫，即將闈姓捐款一項，已繳、未繳及所分年限，分

（一）録自《京報》第三三五〇號。

晰報部。至明夏應付之十七萬四千三百餘兩，動支何項一併聲覆等因。並准總理各國事務衙門咨，議覆詹事志鋭奏請整頓商務一摺。原奏内稱，棉布爲用甚廣，大利悉歸洋人。亟宜自謀織造，以塞漏卮。查上海已設織布機器局。本年兩廣總督張之洞亦經奏明於廣東設局織布，因時興利，實爲不可緩之舉。惟事甫刱辦，必須實力講求，認真經理。如果經費不敷，或撥官款，或招商股，隨時分別奏咨辦理等因。奉旨：依議。欽此。欽遵咨行到臣。

竊以購辦機器，設局織布，開中國自有之利源，杜外洋歷年之鉅耗，因時制宜，事不可緩。久在聖鑒之中。惟成本甚重，商股既不易集，庫款支絀，官本亦屬難籌。然若坐視其難而不爲，凡事何從創始。廣東地大物博，較之他省尚可有爲。臣上年在兩廣總督任内，督同司道籌議，均以購設布機，係屬振興商務。惟有設法勸令闈姓商人籌捐。時值舉行鄉、會試恩科。闈姓收數較贏，商力尚能辦到。當飭善後局員，多方開導，勸令認捐洋銀四十萬兩，爲訂購布機一千張及照配軋花、紡紗各機器之本。又以造廠及常年經費無出，復經設法鼓舞，令於光緒十六年冬間，接充新商時，另捐洋銀八十萬元，合銀五十六萬兩，爲將來建廠及常年經費之用。此兩款，經該局員殫竭心力口舌，督勸兼施，甫克議定，均已詳定批准有案。此係特籌專款，非闈姓商人原捐之數。所有與光緒十一年奏明該商六年匀繳四百四十萬元之正餉，絶不相涉。前因訂購布機時，此款尚未繳到，原奏聲明先行籌墊。旋據該商陸續呈繳，業將墊付半價銀二十二萬九千餘兩歸還。其未付之價銀十七萬四千三百餘兩，本年夏間機器運到，仍應由該商所捐布機成本一款内撥付。總計創議購機造廠以至豫籌常年經費，並未動用粵省司、局各庫款及闈姓原案奏明認捐之正餉。此臣在粵設法另籌專款購辦布機之實在情形也。

查購機織布，原奏本已聲明，[粵省]如營運有效，再推廣於沿江各省。鄂省沿江產棉之區甚多，自較廣東開設爲宜，第非倉卒所能興辦。今李瀚章既經奏請移機鄂省，事關爲民興利，臣自當力任其難。惟創建此廠，地廣工精，加以常年經費爲數甚鉅，鄂中物力艱窘，與粵省情形相去霄壤，此款一時實無從另籌。查闈姓商人認捐另款之八十萬元，本爲布機而設，與正餉無涉，原案具在。迭經電商李瀚章撥歸鄂省，現准李瀚章覆電，以粵省用宏費絀，未肯全撥。允於此項撥洋銀十六萬兩，爲鄂省布機建廠之用。粵省用度誠多，此廠既已移鄂，自不欲全數撥作他省之用。在李瀚章，已屬誼重睦鄰，不分畛域。臣亦未便固執前案，過於相强。惟運脚保險之費，本應即在購機價本之内合計，爲數約計四五萬兩，擬由粵省於另籌八十萬元一款項下支清。此外即不復索之於粵。至布局常年經費，臣前在粵，因海防緊急，借有山西善後局生息銀二十萬兩。此款原係晉省發交當商生息，作籌抵捐攤之用者。於光緒十年十二月，曾經由電奏明，奉旨允准在案。旋經山西撫臣匯寄到粵應用，按年由外籌足息銀寄晉，從無遲誤。年來粵省業將此款籌出，尚未歸還晉省。李瀚章來電，囑將此項晉省生息款，撥歸湖北作織布廠常年經費之用。臣竊思，此款在粵在鄂，同是納息，事同一律。鄂可借充成本，粵可免出息銀，亦屬兩益。當已應允撥借。擬仍照粵省認息九釐，按年匯還晉省，以之充布局常年購棉及工用一切經費。雖[尚]不[甚]敷（尚巨），亦可藉資周轉。此項息銀，自當由外設法籌措。此乃晉省辦公要需，臣服官晉省有年，誼斷不肯膜視。此又籌措建造布機廠屋及常年經費，不動鄂省庫款之現在辦法也。

鄂省對江之漢口鎮，貿易素盛，特闤闠輻輳，並無隙地可以設局。現在省城文昌門外，勘得官地一區，高廣堅實，近在江邊，便於轉運。地基縱横各百餘丈，間有民房，從寬給價購買。另片奏催江蘇補用知縣薛培榕由粵來鄂，監修工程。俟該員到鄂，即日興工。現今上海專設有軋花紡紗局，遠近爭購。多運至東洋銷售，爲用甚廣，獲利甚豐，是其明驗。向來四川、湖南、河南、陝西皆銷湖北棉布，(湘)〔溯〕江沿漢，歲運甚多，實爲鄂民生計之一大宗。近年洋花、洋紗、洋布，南北盛行。鄂省花布銷路頓稀，生計大減。故此局之設於鄂省尤爲切務。一俟布局落成開辦，臣當督飭員工，實力講求。務令機器作法，華工人人通曉。價本利息，華商人人共見。臣並當勸諭商民，集資購機，廣設布局，保我利源。似爲今日銷土貨、塞漏卮之要策。至將來成效大著時，應否動撥官款，擴充推廣之處，再當體察情形，遵照總理衙門原議，隨時分別奏咨辦理。

（硃批）該衙門知道。（欽此）〔一〕

武漢襄樊安設電綫片 光緒十六年閏二月初四日

再，准總理各國事務衙門咨：甘肅興辦電綫，由保定至嘉峪關，官商分辦，業經奏准開辦等因。仰見聖明思患預防無遠弗届之至意。伏查湖北襄陽、樊城地方，北省通衢，楚邊重鎮，界連陝、豫，刁痞、會匪伏莽滋多，時有竊發之案。而距省陸程七百里，水程幾及千里，郵遞需時。遇有緊要事機，呼應殊難靈捷。現在中國電綫四通八達，襄樊爲中原綰轂之區，獨無電綫，何以備緩急而資控制。且頻年漢水盛漲，沿河各屬隄工潰決，居民被灾甚重。若設有電綫，信息靈通，隨時捍患救灾，裨益尤非淺鮮。查湖北向無官綫，前經北洋大臣李鴻章奏請，改設鄂綫由川入滇，湖北籌借銀五萬兩，交商局領用，事竣，分年繳還歸款等因在案。臣體察情形，只可仍設商綫，由襄樊通至武漢，官報商情均臻便利。當飭總理電報事宜山東登萊青道盛宣懷籌議興辦。茲據該道電禀，知府周冕已由嘉峪關勘回西安。今飭由西安勘路至荆州沙市入鄂。一面派員購木、運料，俟勘至鄂省，即由鄂興工。並據禀稱，商綫較之自造官綫，可省常年用費。惟商綫造易養難，懇酌撥存款二萬兩，免利以示體恤等語。查鄂省甚爲艱窘，不能如數籌付。現飭司局籌銀一萬兩，撥交商局，作爲借款，不取利息，俾資周轉。仍飭令酌度情形，立定年限，俟限滿即將存款照案分年繳還歸款。

（硃批）該衙門知道。（欽此）

奏留同知聯興片〔二〕 光緒十六年閏二月初四日

再，湖北荆州理事同知聯興，自光緒十二年十二月十五日到任起，扣至十五年十二月十五日三年期滿。茲准荆州將軍祥亨咨稱，該同知聯興聽斷公允，辦事認真，請援照成案奏請留任，暫行停選等情前來。臣查荆州駐防兵民雜處，該員聯興辦事認真，聽斷公允，兵民相安。該同知甫經試俸三年期滿，自非頂選之員，

〔一〕以上衍、脱、舛六處，據中華書局一九九五年版《光緒朝硃批奏摺》第一〇一輯，第六九五至六九八頁删、補、校正。

〔二〕以下二件録自中國第一歷史檔案館編《光緒朝硃批奏摺》第六輯，第七五一至七五二頁，中華書局一九九五年版。

核與部咨歷辦核准停選成案相符。應請留任，暫行停選，庶於旗營、地方兩有裨益。合無仰懇天恩俯准將該員聯興留任三年，暫行停選，以資治理。謹會同荆州將軍臣祥亨附片陳請，伏祈聖鑒。

吏部議奏。

奏調薛培榕來鄂興建各廠片 光緒十六年閏二月初四日

再，江蘇補用知縣薛培榕，前經臣在粤奏調赴鄂差委，奉旨允准在案。嗣閲邸鈔，該員復經兩廣督臣李瀚章奏請暫留在粤經理錢局銀元開鑄事宜，已奉俞允。竊查現在布機、鐵機及槍礮等廠已准部咨暨海軍衙門來電，均經奏明移鄂。各廠工程多至數十萬，關繫太鉅。頭批織布機器業經運抵上海，疊准出使大臣劉瑞芬函電，並稱布機運到必須開工運動，逐日揩油，若堆擱不用，則受濕鏽壞。切囑到鄂，即須安裝舉辦。現已勘定廠基，刻日興工。槍礮廠基亦經勘定，一切估工購料，設機安爐，樸屬微至，稍不合法，即致虚縻帑項，兼恐損壞機器，無從收拾。目前諳習此項工程人員，除薛培榕之外，鄂省實無其人。他省縱有，倉卒既難尋訪，且未經倚任，亦未敢以此等重任相加。屢經電催，李瀚章覆電，以開鑄銀元需人監督爲詞。查廣東錢局章程久經核定，改鑄銀元之鋼模係向外洋改刻，到日照式鑄造，此時開鑄銀元只須監察工匠，稽核成色輕重，不令偷減，不過誠實可靠之員即可勝任，無須通曉機器工程，粤省此等人員尚多。而鄂中各廠工程則非薛培榕莫屬，兩事相權，當從其重者大者。銀元關繫固重，究屬粤省錢局中之一事。鄂省則織布、煉鐵、槍礮等廠，以次遞舉，一廠工本動關鉅萬，全局經始悉賴該員。以彼例此，自應以鄂事爲先。且銀元鋼模由外洋刻成，到粤尚需時日，似可先飭薛培榕迅來鄂省，將布機等廠工程勘估興建。如果將來銀元開鑄，必須該員經理，再飭由海道馳往料理。銀元開鑄後，即行回鄂，似屬兩便。合無仰懇天恩飭下李瀚章，催令奏調湖北差委江蘇補用知縣薛培榕迅速先行來鄂，俾要工不致久稽，機器得免鏽壞，實於各廠重務均有裨益。謹附片具陳，伏祈聖鑒。

薛培榕業經李瀚章奏准暫留廣東，著毋庸調赴湖北。

已革官犯母老丁單懇請留養摺(一) 光緒十六年閏二月初四日

竊查已革湖北撫標右營候補守備王永福，係孝感縣人，因知情違禁代伊堂姪王恩榮運送私磺案内，審依窩囤興販硫磺百斤以上發近邊充軍例，擬發近邊充軍。係已革職官，應從重發往新疆效力贖罪，聲明該革員有母劉氏，年逾八旬，親老丁單，是否屬實，應飭查明取結，照例核辦。經前督臣裕祿會同撫臣奎斌具奏，准部議覆。嗣據湖北按察使覺羅成允詳據武昌府知府李有棻詳稱，遵即行據孝感縣知縣亢廷鏞申覆，傳訊户首職員王祥棠、王恩渠、王恩澄供報，該革員王永福實係有母王劉氏，年逾八十，家無次丁。王劉氏因該革員在撫標當差，移居省垣有年。並經飭據署江夏縣知縣楊壽昌查訊，保正黄福元、鄰佑張正福僉供，該革員王

(一) 以下二件録自中國第一歷史檔案館編《光緒朝硃批奏摺》第四一輯，第三九三至三九五頁，中華書局一九九五年版。

永福之父已故，母王劉氏只生王永福一人，娶妻伍氏，生子幼小，實係家無次丁。王永福平日孝順，並無觸犯遊蕩忘親情事，不敢挾同捏飾等語。詰之王劉氏，與該革員王永福供均相符，取具各結，請照軍流人犯枷號四十日，准其存留養親。由司詳經咨准刑部咨覆，以官犯應否准予留養，向係奏明辦理。今王永福係已革守備，未便據咨核辦，應令專摺奏報到日，再行核議等因。又經轉飭遵辦去後。

茲據署湖北按察使方恭釗詳，據武昌府知府李有棻，轉據署江夏縣知縣楊壽昌，復傳王劉氏與保、鄰人等，及該革員查訊，供仍與前相同，取具各供，加具印結，由府詳經該署司覆查。該革員王永福既據查訊，保鄰人等僉供，實係母老丁單，該革員平日並無忘親不孝情事，核與留養之例相符，應請仍照原擬比照軍流人犯准其存留養親。事犯在光緒十五年三月十六日恭逢恩詔以前，惟該革員尚未到配，應否查辦，聽候部議等情具詳請奏前來。臣覆核無異，除將齎到印、甘各結咨送刑部核覆並咨兵部查照外，謹會同新授察哈爾都統湖北巡撫臣奎斌恭摺具奏，伏祈皇上聖鑒，敕部核覆施行。

該部議奏。

查明光緒十五年七月至十二月湖北各縣應襲職名摺 光緒十六年閏二月初四日

竊照前准部咨，同治元年二月十六日奉上諭：軍興以來，各省官紳士庶，凡臨陣捐軀，守義殉難者，一經統兵將帥及該地方督撫奏請旌卹，無不立予褒揚。嗣後著該督撫轉飭各州縣將應襲職名迅速查取，徑報督撫，毋庸由府司轉詳，予限半年彙案具奏，以免煩擾。欽此。歷經欽遵彙奏在案。茲自光緒十五年七月起至十二月底止，據湖北黃岡等縣先後查詳前來，所有請承襲雲騎尉世職發標學習之胡孚顯、王澤遠、邢建烈、黃鴻陞，又請接襲雲騎尉世職發標學習之蕭會章、胡傳先，又已襲雲騎尉世職現請發標學習之葉鳳鳴、黃秉鈞，又已襲雲騎尉世職請改作文生應試之舒直亨共九員，均年已及歲。經前督臣裕祿暨臣先後驗看，俱屬年力精壯，堪以承襲、接襲並發標學習及改作文生應試。又請承襲雲騎尉世職邢建潢，又請接襲雲騎尉世職趙炳林、周炳文、陳有慶共四名，均年未及歲，亦經查明與例相符，應請准其承襲、接襲。統俟接准部覆，分別辦理。除鈔録清單同宗圖册結，及已故世職蕭修文、胡獻瑞各原領敕書，一併咨送吏、户、兵各部辦理外，理合會同新授察哈爾都統湖北巡撫臣奎斌、湖北提督臣程文炳恭摺具奏，並繕具各世職姓名年貫清單，恭呈御覽。再，已故世職趙揚春、周恩澍、陳壽鵬均據聲明並未奉頒敕書，應請一併補頒給領，合併陳明，伏祈皇上聖鑒訓示。

兵部議奏。單併發。

光緒十五年秋季分宜昌川鹽總局抽收正加課錢文數目摺[一] 光緒十六年閏二月初四日

竊照湖北宜昌改設川鹽總局，抽課濟餉，委員辦理。所有光

[一] 録自中國第一歷史檔案館編《光緒朝硃批奏摺》第七五輯，第四七七至四七八頁，中華書局一九九五年版。

緒十五年夏季分抽收鹽課錢文數目業經恭摺奏報在案。茲據署湖北鹽法武昌道瞿廷韶查明光緒十五年秋季分抽收鹽課錢文數目，開報前來。臣覆加查覈，宜昌川鹽局光緒十五年七月分抽收正課錢三萬七千九百六十三串五百八十一文五毫，内提籌備京餉錢三千串文。加課錢一萬六千五百零五串九百零五文，内提籌備京餉錢三千串文。八月分抽收正課錢四萬五千七百零一串二百五十三文，内提籌備京餉錢一萬串文。加課錢一萬九千八百七十串一百一十文，内提籌備京餉錢一千七百串文。九月分抽收正課錢九萬三千五百四十五串六百五十七文五毫，内提籌備京餉錢一萬六千七百串文。加課錢四萬零六百七十二串零二十五文，内提籌備京餉錢一萬六千串文。除加課錢文照章截半分解淮鹽督銷局公費錢文留半歸外銷五成公費項下入收另報外，其正課全項内，共提籌備京餉錢二萬九千七百串文，加課一半解鄂内共提籌備京餉錢二萬零七百串文，下餘隨同節省五成公費，均照向章或現錢或易銀分别由局撥充荆州滿營兵餉、水師月餉，餘則儘數由道移解善後局接濟軍餉。除解支細數造册咨部外，謹將光緒十五年秋季分宜昌川鹽總局抽收正加課錢文數目，恭摺具陳，伏祈皇上聖鑒。

户部知道。

籌解協桂軍餉片[一] 光緒十六年閏二月初四日

再，前准户部咨，議復護理廣西巡撫李秉衡奏邊防各營請撥的餉案内，令湖北省自光緒十三年起，按月協解廣西邊軍餉銀一萬兩。業經前督臣裕禄於十三年分籌解銀二萬兩，旋因湖北庫款支絀，力難續籌，咨准户部覈覆，議令將調直武毅二營裁撤，騰出餉糈籌解廣西軍餉，並經北洋大臣李鴻章奏明，自光緒十四年起武毅二營由直籌餉，復於十四年分匯撥劃解，計共解銀十萬零三千八百六十六兩四錢。十五年分匯撥劃解，計共解銀七萬一千一百五十三兩二錢三釐四絲。由前督臣裕禄附片奏報在案。

茲據署湖北布政使覺羅成允會同善後局司道詳稱，本年復勉籌銀三萬兩，查照廣西來文，較準法碼，發交百川通、日昇昌商號領匯解赴廣西，以應要需等情，詳請奏咨前來。除分咨外，理合會同新授察哈爾都統湖北巡撫臣奎斌附片具奏，伏祈聖鑒。

户部知道。

籌解第三批甘肅新餉片 光緒十六年閏二月初四日

再，承准軍機大臣字寄，光緒十五年八月十九日奉上諭：户部奏籌撥甘肅新餉一摺，甘肅關内外各軍餉銀關繫緊要，現經該部將光緒十六年新餉指撥湖北省銀三十三萬兩。著該督撫等嚴飭司道按照部撥數目，於本年十二月底止趕解三成，至來年四月底止再解三成，其餘四成統限九月底掃數解清。等因。欽此。業經欽遵。於上年籌解第一、二批共銀十萬兩，附片奏報在案。

茲據署湖北布政使覺羅成允會同善後局司道詳稱，在於鹽課釐金項下籌撥第三批甘肅新餉銀六萬兩，於本年二月十六日照案發交漢鎮天成亨商號，匯解赴甘肅藩庫交收等情，詳請奏咨前來。除分咨外，理合會同新授察哈爾都統湖北巡撫臣奎斌附片具陳，

[一] 以下二件録自中國第一歷史檔案館編《光緒朝硃批奏摺》第五八輯，第五八八至五八九頁，中華書局一九九五年版。

伏祈聖鑒。

户部知道。

籌解第二批北洋海軍經費片〔一〕 光緒十六年閏二月初四日

再，承准海軍衙門咨開，光緒十六年分北洋海軍經費應撥湖北釐金銀三十萬兩，分批徑解北洋兑收等因。查湖北省釐金項下原撥南北洋海防經費銀三十萬兩，光緒六年三月經北洋大臣奏准，按八成分解，每年共應解銀二十四萬兩。所有十二至十五等年分應解前項銀兩，照案應改解海軍衙門，並專解北洋，均經遵照分别解清。本年已解過第一批銀四萬兩，附片具奏在案。

茲據湖北善後局司道詳報，籌撥本年第二批庫平銀二萬兩，飭委遊擊黄銘新於二月二十六日解交湖北淮軍收支轉運局兑收轉解北洋，以應要需等情，詳請奏咨前來。除分咨外，理合會同新授察哈爾都統湖北巡撫臣奎斌附片具陳，伏祈聖鑒。

該衙門知道。

江漢關籌解本年第一批京餉及邊防經費片〔二〕 光緒十六年閏二月初四日

再，前准户部咨，預撥光緒十六年分京餉，奏撥江漢關洋税銀十五萬兩。又，光緒十六年分東北邊防經費，奏撥江漢關六成洋税銀十萬兩各等因。均經轉飭遵照辦理。茲據湖北漢黄德道監督江漢關税務江人鏡詳報，在於所徵洋税項下動支足色庫平銀六萬兩，作爲本年第一批京餉。又在於第一百十八結所徵六成洋税項下動支庫平足色銀四萬兩，作爲本年第一批邊防經費銀兩。飭委儘先補用通判王璠、候補同知直隸州史醑，分别管解赴京交納等情，詳請奏咨前來。臣覆核無異，除分别給咨管解外，理合會同新授察哈爾都統湖北巡撫臣奎斌附片具陳，伏祈聖鑒。

户部知道。

請旨飭查摺 光緒十六年閏二月二十六日

竊臣恭閲邸鈔，署廣東撫臣游智開甄别屬員廣東候補知府王秉恩、署南海縣知縣王存善、候補通判魏恒等，均以貪劣奏參革職。奉旨允准在案。又據自粵來人紛紛傳述，升任左江道廣州府知府孫楫，亦被單銜糾參，係游智開事後自告衆人者。又欲參署番禺縣知縣楊文駿，屢次宣言於衆。經督臣李瀚章及兩司力争中止，仍將楊文駿撤任。皆上年十一、十二兩月内事也。

查王秉恩，係現署廣州府通判。魏恒，前署虎門同知。游智開署理撫篆甫經月餘，而粵省一首府、兩〔首〕廳、兩首縣，悉被單銜參撤，實爲從來各省未有之事。該署撫臣原參謂，接見僚屬，徵諸案牘，采諸輿論，確有可信。乃臣在粵時，游智開任藩司已經半年，察吏是其專責。如屬員中知有貪劣實蹟，即應據實詳參。乃於以上參撤各員，與臣公會、燕見，從無一言道及各員之短。與臣公牘、書函，從無一字論及各員之非。且各缺大率皆

〔一〕録自中國第一歷史檔案館編《光緒朝硃批奏摺》第六五輯，第七六頁，中華書局一九九五年版。

〔二〕録自中國第一歷史檔案館編《光緒朝硃批奏摺》第八六輯，第七六二頁，中華書局一九九五年版。

係游智開詳委者。豈半年之內，於案牘全無所考，於公論全無所聞，獨至署理撫篆一月之內，忽然詳察無遺，似不甚近情理。如（謂）［以］各員皆臣信任之人，藩司任内，暫行面從緘默，姑聽其誤公、殃民。游智開素以强直自居，當不出此。原奏既非據司道詳稟，又未會督臣銜，聞發摺已久，督臣、司道俱未聞知。直至今年正月半［間］，始抄奏稿咨行，無不駭異。夫以同城督臣及司道皆不與聞，不識采（之）［諸］僚屬公論者何人。且兩廣鹽務，係督臣專管。參革中有鹽經歷陳寶昉一員，既不會銜，並未先［行］知會，亦於例章不合。查參革各員，如王存善以辦理洋務，魏恒以創辦海口省河補抽釐金，經臣量才委用，卓著成效，［絶無網利牟利之迹。］近日通曉洋務人員甚少，王存善委辦督臣衙門洋務文案，幾乎日日接見，以勞見叙，何用鑽營。至王秉恩一員，尤屬爲守兼優，長於綜核。粤省前數年庫儲奇絀，洋款、部餉以及本省餉需異常浩繁，岌岌難支。自該革員坐辦善後局，裁節浮糜，力任勞怨，款項日臻寬裕。至臣去任之日，善後局存款充然有（裕）［餘］。此皆督撫衙門暨司局有案可稽者。至各局有關係款目者，委令兼理，以便通籌會計。其各局總理、坐辦，俱有專員。臣俱時時接見，各加詢考，各有責成。該革員從何把持。［若官員營私不過納賄，查該革員奏調來粤數年債負纍纍，人所共知。］其缺望無識者，但憾其核駁之嚴，從無人議其發款之濫。所謂營私，（又）［尤］不知其何據。臣斷不敢自謂任用皆賢，亦不敢保各員初終一轍，第以一省之大，人員之衆，而專取貪劣之員，萃之於省城，又適處之以首府、兩廳、兩縣，臣雖愚闇，何至於此。且臣離粤未及兩月，各員即易節改操，亦不能如此之速。乃游智開於臣任用諸員，去之惟恐不力，單銜空言，不謀於衆，誠不解其何心。竊念黜陟爲朝廷大典，用人係疆吏專責。臣渥荷厚恩，歷典封圻，竭力整飭吏治，最惡貪風。若以省會首劇，官民具瞻，所任各員盡屬貪、邪、愚、闇至斯，何能再勝疆寄。倘各員被參冤抑，臣離粤未及旋踵即遭此不白，顧乃明知其枉，緘默不言，他省屬員俱爲寒心，此後亦誰肯爲臣盡力。可否仰懇天恩飭下兩廣督臣李瀚章，將革員王秉恩、王存善、魏恒等，原參把持營私、鑽營牟利各實蹟，分晰查明覆奏，以定是非而昭折服。若所參皆實，情真罪當，該革員等既所甘心，臣任用非人，責有攸歸，亦應由李瀚章據實將臣奏參，請旨交部嚴議，以爲專用劣員者戒。是否有當，理合恭摺奏陳，不勝惶悚屏營之至。

（硃批）另有旨。（欽此）〔一〕

李壽蓉接署道缺片〔二〕

光緒十六年閏二月二十六日

再，准吏部咨開，光緒十六年二月十一日奉上諭：兩淮鹽運使員缺，著江人鏡補授。欽此。欽遵轉咨前來。臣等查江人鏡既經升任兩淮鹽運使，應即飭令交卸道篆，以便前赴新任。所遺漢黄德道及江漢關監督篆務，亟應委員接署，以專責成。查有湖北候補道李壽蓉，老成穩練，堪以署理。除檄飭遵照外，謹合詞附片具陳。再，查漢黄德道係煩疲難要缺，例應由外調補，容俟揀員另請補授，合併陳明。伏祈聖鑒。

吏部知道。

〔一〕以上衍、脱、舛十一處，據中華書局一九九五年版《光緒朝硃批奏摺》第六輯，第七六九至七七一頁删、補、校正。

〔二〕録自《京報》第三三八九號。

先期拏獲首要會匪就地懲辦摺[一] 光緒十六年閏二月二十六日

竊照湖北宜昌、鄖陽兩府屬地方毘連川陜，萬山叢雜，伏莽甚多，時有竊發之案。光緒十五年九月間，興山縣房縣交界之長坊河地方，有外來哥老會匪竄入境内，糾約該處流痞、饑民，煽誘脅從入會，陰謀爲逆，夜聚日散，附近居民紛紛遷避。經興山縣知縣熊爾卓先期訪聞，會同宜昌鎮標左營遊擊朱大珍，派撥兵役，馳往查緝。當時拏獲匪黨賈宗哲一名，搜出龍邊紅印花紙一方，傳教會書一本。該匪等結黨甚衆，下及荆州、宜昌一帶，均有亂耗。熊爾卓、朱大珍即將城鄉内外防守事宜部署妥協，會督兵役直搗三溪園巢穴，乘其不意，四面合捕。該匪等號召不及，望風奔逃。熊爾卓等率同世職高邦均、把總成善登時擒獲匪犯舒春山、吕世運、季天華、謝忝德、陳正發、吕大發等二十餘名，焚燬賊巢。因匪首劉良楝遠颺，購綫跟蹤踹緝，於房縣鴨子口地方拏獲。一面出示曉諭，解散脅從各黨，准令呈繳逆據投首免罪。長坊河一帶，幸已無事。並據各紳團拏獲匪犯十餘人送案，該縣逐一研訊録供，稟請嚴辦。經前督臣裕禄、臣奎斌批飭署宜昌府知府沈保祥提訊滋事確情，分別稟辦去後。茲據該府稟稱，季天華、陳正發、賈宗哲、吕大發四犯先後在監病故。提訊劉良楝、舒春山、吕世運、謝忝德，分隸四川重慶、湖北鄖西興山等處。劉良楝十五歲即在陜西入江湖會，後投入潘啓珍、張銀堂會内爲匪，領有龍邊僞印花。潘啓珍派劉良楝等潜到興山、房縣邊境，分散飄布，約人起事。該匪首並欲自立山堂，將飄紙賣錢，誘騙鄉愚可保身家，約定九月十三日聚集刊換木板飄布，與舒春山等歃血誓盟，加謝忝德等爲僞將。嗣探知該縣地方均集有團練，恐被圍拏，即約會夥黨在吕世運家分給刀械，希圖抗拒。隨經營、縣兜捕拏獲，各據供認不諱，起出該匪等僞書信件以及山堂詩句，語多悖逆，實屬罪大惡極，分別議擬稟辦前來。當經臣等批飭，將劉良楝、舒春山、吕世運、謝忝德四犯即行就地正法，以昭炯戒。此外尚有房縣拏獲尹長茂、李長壽二犯，飭令解交鄖陽府覆審妥擬稟辦。現在地方均已安静如常。

臣等查近年各處裁撤勇丁，游惰無歸，聯盟拜會，覬覦生事，沿江各省幾於無處無之。湖北宜昌、鄖陽兩府地方川陜交界，向爲川楚教匪糾黨起事之地。此次會匪劉良楝等潜謀不軌，黨羽未成即時撲滅，未致釀成巨患。

復准湖北提督程文炳函稱，接據河南南陽鎮南陽府密函，據鄧州知州蒯辰孫稟，湖北棗陽縣人連世傑、光化縣人張胡暗通逆信，語多狂悖，欲乘灾歉之餘，句結鄧民潜謀起事。當密飭營汛嚴拏，已將連世傑、張胡二犯弋獲訊辦等語。當經檄飭襄陽道府查緝餘黨研訊確供究辦在案。

以上兩起會匪，幸皆早經發覺登時破獲。而根株未净，亂徵已見，涓涓不塞，將爲江河。上年灾區甚廣，尤易句結煽惑。懲前毖後，防範詎可稍疏。臣之洞到任後，即經通飭各地方文武，振刷精神，嚴密查緝游會各匪，拏獲各犯。如有不法重情，訊明即行稟請就地懲辦，以杜亂萌。儻有漫不經心，毫無覺察，以致

[一] 録自《京報》第三三八七號。

黨衆滋蔓，定即從重叅辦。果能認真查緝拏獲著名要犯，亦必從優給奬。此次拏獲劉良棟等首要各犯，該管文武辦理尚屬妥速，已由臣等分别給予外奬，以示鼓勵。除飭勒拏案内逸犯潘啓珍、張銀堂等務獲究辦外，所有興山、房縣地方會匪潜謀滋事先期拏獲首要各犯審明就地懲辦緣由，謹合詞恭摺具陳，伏祈皇上聖鑒。

知道了。著即嚴拏逸犯潘啓珍、張銀堂等，務獲究辦，毋任漏網。

江漢關籌解第五年第三期洋款利銀片〔一〕光緒十六年閏二月二十六日

再，前准户部咨，神機營息借洋款，奏令各海關按期歸還一摺内稱：此次該營續收洋款一百四十四萬磅，均自光緒十一年八月二十三日爲第一年第一期歸付利銀之始，照每磅三兩五錢核算，共銀二百二十四萬六千四百磅，合廣平銀七百八十六萬二千四百兩。擬令津海、東海、江漢三關，各分派本息共銀一百五十七萬二千四百八十兩，江海關分派本息共銀三百十四萬四千九百六十兩。仍照光緒十一年二月奏定辦法，令各該關先期二十日解交江海關兑收，届期統由江海關道隨時照外洋磅價漲落作合磅價，或盈或絀，即由該關分别應墊應存，再與原派歸還之海關按期結算清楚等因。光緒十二年正月二十八日具奏。奉旨：依議。欽此。欽遵咨行前來。當經轉飭遵照辦理。所有江漢關應還第一年二期起至第五年二期止應付利銀，並第五年一期應補磅價銀兩，均經先後委員解交江海關驗收給領，附片奏報在案。

茲據湖北漢黄德道監督江漢關税務江人鏡詳稱，查光緒十六年閏二月十二日爲第五年第三期，即在第一百十八結所徵六成洋税項下動支庫平足色銀一萬七千六百四十兩，作爲第五年第三期應付利銀，飭委准補湖北竹谿縣典史沈國瑛，解赴江海關驗收，分别給領歸款等情，詳請奏咨前來。臣覆核無異，除分咨外，謹會同湖北巡撫臣奎斌附片具陳，伏祈聖鑒。

該衙門知道。

江漢關籌解息借洋款第五年第二期至第六年第一期應補鎊價銀兩片光緒十六年閏二月二十六日

再，前准户部咨，會議神機營息借洋款本息銀兩指關劃還一摺内稱：該營於光緒十年九月十四日初次收到借款六萬磅，合計十足廣平銀二十萬零一千九百六十八兩八錢。其利銀按一年四期，每期應付一千零五十磅。該營已於光緒十年十二月十七日將頭期利銀如數墊付，應照此次咨報本利銀兩數目，擬飭江漢關遵照議定章程期限，先期二十日照數解赴上海，交江海關查收，由該關按期作合磅價，兑付怡和洋行。至該洋行收到本利銀兩，應如何給與海關憑據爲將來結算之根，應令江海關道查照向辦借還洋款定章辦理，以期交割清楚等因。光緒十一年二月十五日具奏。本日奉旨：依議。欽此。欽遵咨行前來。當經轉飭遵照辦理。所有江漢關應付第一年頭期起至第六年二期止應付利銀，並第五年第

〔一〕以下二件録自中國第一歷史檔案館編《光緒朝硃批奏摺》第八一輯，第七二六至七二八頁，中華書局一九九五年版。

一期應補磅價銀兩，先後委員解交江海關驗收給領，分別附片奏咨在案。

茲據湖北漢黃德道監督江漢關稅務江人鏡詳稱，准江海關覆稱，解到第五年第二、三、四期及第六年第一期應付利銀，每期庫平銀三千五百三十四兩四錢五分四釐，申合規銀三千八百七十三兩七錢六分，四期共計規銀一萬五千四百九十五兩四分，按期轉交怡和收存。據該行送到總單內載，光緒十五年四月初二日第五年第二期應還利銀一千五十磅，照是日規銀買磅市價每兩作四先令一本士三七五算，合規銀五千一百三兩八錢，計短規銀一千二百三十兩四分。又光緒十五年七月初五日第五年第三期利銀一千五十磅，照是日市價每兩作四先令二本士五算，合規銀四千九百九十兩一錢，計短規銀一千一百十六兩三錢四分。又，光緒十五年十月初九日第五年第四期利銀一千五十磅，照是日市價每兩作四先令四本士二五算，合規銀四千八百二十二兩九錢七分，計短規銀九百四十九兩二錢一分。又十六年正月十二日第六年第一期利銀一千五十磅，照是日市價每兩作四先令四本士三七五算，合規銀四千八百十一兩四錢五分，計短規銀九百三十七兩六錢九分。以上四期，共計短規銀四千二百三十三兩二錢八分，請一併找付前來。當查上海外國各銀行光緒十五年四月初二及七月初五暨十月初九並十六年正月十二等日，由電匯寄英磅市價，前經按期逐家探詢，核與怡和所開各數相符。所短規銀四千二百三十三兩二錢八分，應行找給請補解清款等因，當在第一百十八結所徵六成洋稅項下，動支庫平足色銀三千八百六十二兩四錢八分二釐，申合規銀四千二百三十三兩二錢八分，作爲第五年第二期至第六年第一期四期應補磅價銀兩。飭委准補湖北竹谿縣典史沈國瑛解赴江海關驗收給領等情，詳請奏咨前來。臣覆核無異，除分咨外，謹會同湖北巡撫臣奎斌附片具陳，伏祈聖鑒。

該衙門知道。

請獎勵勸捐濟賑辦理緊要事件出力各紳摺[一] 光緒十六年三月十六日

竊據漢陽府知府逄潤古禀稱，光緒八年、十三年間，湖北省兩遇災荒，飢民麕集漢鎮凡數萬人。該處爲九省通衢，逼近省垣，毗連租界。沿江本多不逞之徒，若飢民無所仰給，暗被句煽，深慮滋事。維時人數日多，官款不足，嗷嗷待哺，其勢不可朝夕。賴有在籍紳士劉璘等，見義勇爲，分投勸捐。但就漢鎮一處論，每次集數不下三萬金，即由該紳等覈實散放，事必躬親，無一口之遺、一文之濫。賑務既畢，復以次資遣回里，飢民歡呼就道，咸慶更生。地方得以無患者，實惟該紳等勸捐濟賑之力。並能無分畛域，兼募直隸、山東、江蘇、安徽各省賑捐，分途接濟，事非一次。又，漢鎮近數年中，如江隄、河岸、城工、路工各項工程，此外尚有常年育嬰、敬節、義塾、粥館各經費，雖藉各紳商衆力同擎，實賴該紳等一手勸集鉅款，百廢具舉，深裨地方。祇因該紳等好義性成，各款又皆係民捐民辦，是以遞年以來，未經請獎。茲恭讀光緒十五年三月十六日恩詔條款，凡鄉紳富民全活貧民百人以上者，咸得據實具奏。該紳等以在籍紳士，或迭次勸

[一] 録自中國第一歷史檔案館編《光緒朝硃批奏摺》第三一輯，第二六一至二六二頁，中華書局一九九五年版。

捐濟賑，全活飢黎每次皆在數萬人，或勸辦各項工程、地方善舉，皆自備資斧，實心任事，成案具在，未便没其前勞。理合擇其尤爲出力者，二品封典三品銜江蘇試用道劉璘、從五品封典光禄寺署正銜李榮光、從三品封典同知銜黄毓瑞、同知銜余倍、舉人大挑一等改就教職張行簡等五員，稟請併案給奬。經先後飭據前湖北布政使蒯德標、現署布政使湖北按察使覺羅成允覆查屬實，詳請覈奏前來。

臣等伏查湖北省公款支絀，每遇地方賑務、工務，藉助紳富之力爲多。尤賴勸捐、辦事諸人，實心實力，毫無染指，素孚衆信，乃期踴躍。上年鄂中水災甚重，奏奉恩准在本省司道庫儲各項下兩次共提撥銀十五萬兩，俾資賑撫。臣等以災區太廣，用款不敷尚多，復援案奏開賑捐，幸蒙俞允。惟是紳富近年景况亦遜從前，若非藉地方紳董勸諭招徠，於事曷濟。儻歷來辦捐出力各員得仰荷恩奬榮施，庶有以作其向上之心而收集腋之效。查前安徽撫臣陳彝、浙江撫臣崧駿均將勸捐濟賑各員奏乞奬叙在案。該紳等事同一律，而遞年辦理地方緊要事件裨益於民生者，益非淺鮮。既據該司等覆查明確，委係紳董中最爲出力之員。合無仰懇天恩俯准併案給奬，將二品封典三品銜江蘇試用道劉璘賞給二品頂戴，從五品封典光禄寺署正銜李榮光賞給從四品封典，從三品封典同知銜黄毓瑞賞給四品頂戴，同知銜余倍賞給從四品封典，舉人大挑一等改就教職張行簡賞給國子監助教銜，以資激勸。出自聖主逾格鴻慈。臣等爲期裨賑務起見，除將各該員履歷咨部查核外，是否有當，謹合詞恭摺具陳，伏祈皇上聖鑒訓示。

著照所請。吏部知道。

請移駐同知摺[一] 光緒十六年三月十六日

竊照湖北施南府地方，界連四川，萬山叢雜，奸宄時虞潛迹，巡緝最關緊要。該府原設有同知一員，專司捕盗。昔以府屬利川縣之建南鎮，地屬繁盛，捕務關重，故以該同知駐防，並設巡檢一員，隨司緝捕。近年以來，該縣達川山徑一律開修，道路紛歧，形勢頓改。建南僻在一隅，已非孔道。體察情形，與昔迥殊，僅留巡檢一員足資彈壓，似無須同知坐鎮。現查有縣西六十里之汪家營地方，昔年偏僻，今成巨鎮，人煙稠密，商賈絡繹，實爲川楚咽喉扼要之區。值此游勇會匪到處潛匿，該處兩省通衢，行旅雜沓，薰蕕莫辨，深慮勾結爲患，巡防實較建南喫緊。該縣及分防縣丞、巡檢各員，均相距窎遠，殊有鞭長莫及之勢。必得設官駐防，以昭慎重而免疏虞。據該管道府查勘明確，請將該同知移紮，以資巡緝。由署湖北布政使覺羅成允、署按察使方恭釗會詳前來。臣等伏思朝廷設官分職，原期有裨地方。今施南府同知向駐之建南鎮，既屬僻壤，捕務較輕，而汪家營地當衝要，需員鎮壓，自應因時制宜，量爲改移，俾免貽誤。合無仰懇天恩俯念今昔情形不同，准將施南府同知移駐利川縣汪家營地方，以資鎮攝而期周密。如蒙俞允，並請敕部頒换施南府分防汪家營同知關防，俾昭信守。所有俸廉、書役等項，均仍循舊，毋庸另議。惟衙署應另行籌款修建，亦無須動用庫款。除咨部查照外，謹合詞恭摺具奏，伏祈皇上聖鑒，敕部覈議施行。

吏部議奏。

[一] 以下二件録自《京報》第三四〇三號。

官員覆舟殞命請恩卹摺 光緒十六年三月十六日

竊據署應城縣知縣程晸堃稟報，湖北補用知縣候補縣丞疏式金，係安徽桐城縣人，由供事議叙縣丞分發補用，俟補缺後以知縣歸候補班前補用，籤掣湖北。光緒九年三月到省，十五年四月奉委賫送恩詔謄黄赴襄陽府交收，事竣回省。於五月二十六日行至應城縣西河渡地方，乘舟過渡，陡遇風雨大作，山水暴漲，以致船遭傾覆，該員疏式金被溺殞命。經該縣撈獲屍身棺殮稟報等情，由署湖北布政使覺羅成允具詳前來。臣等查定例，官員因公差委，在内洋、内河遭風飄歿者，准予分别卹廕等語。今該員疏式金奉委恭賫恩詔謄黄赴襄陽府交收，事竣回省，行至中途，渡河遭風覆舟殞命，事屬因公差遣，情形深堪憫惻，核與卹廕之例相符，相應請旨將湖北補用知縣候補縣丞疏式金，照例從優議卹，以慰幽魂。除咨部查照外，謹合詞恭摺具奏，伏祈皇上聖鑒，敕部議卹施行。

著照所請。該部知道。

查明革員左雋獲咎緣由並現已自新情形摺（一） 光緒十六年三月二十二日

竊臣等恭讀光緒十五年三月十六日恩詔：自同治元年以來曾經任用現已革職官員，除大計貪贓及居官不職以及失守城池各員外，果有才力堪用者，在外聽該督撫查明詳開緣由，奏明請旨。等因。欽此。所有從前因案罣誤，才力堪用各員，疊經各該省督撫分别查明，奏奉恩旨在案。茲查有在籍已革鹽運使銜山西冀甯道左雋，現年五十八歲，湖南長沙縣人，由咸豐己未科庶吉士散館，改官禮部主事，洊升郎中。同治十年十一月簡放山西太原府遺缺知府，旋補大同府知府。十二年因前在禮部襄辦典禮，賞加鹽運使銜。光緒四年調補太原府知府，先後兩次保薦卓異。八年題補冀甯道。十年五月臣奎斌在護理山西巡撫任内，遵旨察看，查明該員沾染嗜好。奏奉諭旨：著即革職。欽此。是年十月隨班祝嘏，蒙恩照原官降二級，賞給職銜。茲據該員來鄂省稟稱，前因偶患氣疾，致有沾染。自奉參回籍後，深知愧悔，旋即痛除前癮，已閱五年等情。經臣等札交武昌府知府李有棻認真察驗，是否屬實。據該府稟覆稱，與該革道相對經日，驗得嗜好實已斷絶，並取具該同鄉官湖北候補道魏綱、試用道李壽蓉、候補知府余肇康等聯名印結，稟請核辦前來。

伏查該員奏補冀甯道時，居官才守暨以後沾染嗜好各節，均經臣之洞先後據實具奏並密陳各在案。臣奎斌從前覆奏摺内本聲明，該革道素性循謹，公事明晰，歷在大同、太原等府任内，於地方應辦事件咸能切實講求。即在冀甯道任内，公事亦尚無貽誤。惟因其時適在沾染嗜好，不能不據實陳明。是其獲咎之由，本屬無關他案。現已戒除習染，力圖振作，而從前久於服官，才力堪用，實與恩詔條款相符，理合查開緣由，奏明請旨，可否准其送部引見之處，出自聖主鴻慈。謹合詞恭摺奏陳，伏祈皇上聖鑒。

左雋前以沾染嗜好、處事優柔、未能振作革職。所請著毋庸議。

（一）以下二件録自中國第一歷史檔案館編《光緒朝硃批奏摺》第六輯，第八〇〇至八〇三頁，中華書局一九九五年版。

請准以方恭釗調補道員要缺摺 光緒十六年三月二十二日

竊照湖北漢黄德道江人鏡升任，遺缺係繁疲難三項要缺，例應由外調補。接准吏部咨照在案。前准部咨，漢黄德道一缺，准其酌改由外調補，不得作爲題補之缺，遇有缺出，令該督撫於本省現任道員内詳加遴選，擇其人地相宜者，奏請調補。所遺之缺，例應請旨者，仍應請旨簡放，係應歸月選者，仍歸部銓選等語。

查漢黄德道一缺，兼管江漢關監督及各國通商事務，駐劄漢口，政極殷繁。非通達治體熟悉情形之員，難期勝任。臣等在於現任實缺道員中逐加遴選，查有湖北荆宜施道方恭釗，年五十七歲，浙江仁和縣人，由監生中式，同治四年本省補行辛酉壬戌科舉人，報捐内閣中書。七年六月到閣，旋充國史館校對本衙門撰文。恭遇典禮，賞加二級，考取總理各國事務衙門章京，引見記名，光緒元年五月充實録館校對官，九月補中書。十二月丁本生母憂，三年二月服闋，四月復補中書，派充實録館詳校官。五年八月傳補總理各國事務衙門章京，十二月實録館全書告成，保奏以侍讀遇缺即補。七年七月經國史館總裁保奏，俟補侍讀後，以郎中分部，無論咨留遇缺即補。八年四月總理衙門保奏作爲郎中，簽分户、刑二部，仍無論咨留遇缺即補，並加四品銜簽分户部。十年九月補山東司郎中。十二年四月總理衙門保奏記名，以海關道員用，並俟得道員後，賞加二品銜。十四年三月二十九日奉旨補授湖北荆宜施道，十一月二十五日到任。十六年正月奏委署理湖北按察使篆務。該員守潔才練，穩慎精詳。自到任以來，兼理宜昌關監督事務，於辦理一切交涉事件，細心講求，皆有條理，緩急輕重，措置裕如。兹復調署臬司，於地方吏治，尤能認真整頓。以之調補斯缺，洵屬才堪勝任，人地相宜。查例載，應調各官，或係通理前俸之員，或初任人員，已扣足三年歷俸，遇有應調缺出，准該督撫一體揀調等因。該員方恭釗，自光緒十年九月補授户部山東司郎中，十二年經總理衙門保奏記名以海關道員用，十四年補授荆宜施道，截至本年三月，通理前俸，歷俸久逾三年，核與准調例章相符。合無仰懇天恩俯念員缺緊要，准以湖北荆宜施道方恭釗調補漢黄德道員缺兼管江漢關監督篆務，實於吏治、榷務均有裨益。該員係現任道員請調道缺，銜缺相當，毋庸送部引見。如蒙俞允，所遺湖北荆宜施道缺，係請旨要缺，併請簡放，以重職守。所有揀員調補道員要缺緣由，謹合詞恭摺具陳，伏祈

皇上聖鑒。

吏部議奏。

據情代奏謝恩摺〔一〕 光緒十六年三月二十二日

竊據署宜昌鎮總兵羅縉紳稟稱，竊總兵於光緒十六年二月十三日接奉照會内開，光緒十六年正月初七日内閣奉上諭：張之洞奏總兵丁憂開缺請旨簡放一摺，湖北宜昌鎮總兵羅縉紳，蒞任多年，熟悉地方情形，統帶勇船素稱得力，著改爲署任，以重職守。欽此。恭録照行到鎮，跪聆之下，感痛難名。當即恭設香案，望

〔一〕録自中國第一歷史檔案館編《光緒朝硃批奏摺》第四一輯，第四三七至四三八頁，中華書局一九九五年版。

闕叩頭恭謝天恩。於正月二十二日稟請給假一月，扶櫬回籍營葬，當蒙批准在案。伏念總兵一介武夫，毫無報稱，親年不待，子舍當歸，乃荷殊恩，特留署任。金革無辟，本職分所當爲。塵露未酬，豈捐縻所能報。徒以情形較熟，統帶有年，取其一節之長，有此殊常之遇。聞命驚悚，感激涕零。若引古人蓼莪廢讀之文，曷彰朝廷葑菲不遺之意。總兵惟有以身許國，移孝作忠。現值百日已滿，窀穸已安，應即遵批馳回署任。所有感激下忱，稟請繕摺代奏，叩謝天恩等情前來。理合據情繕摺代奏，叩謝天恩，伏祈皇上聖鑒。

知道了。

提督巡閱上江緣由片[一] 光緒十六年三月二十二日

再，長江水師定章，提督以半年駐下江，半年駐上江，周歷巡閱，歷經奏報在案。長江提臣李成謀，本年二月二十九日行抵湖北，巡閱水師營伍，考察官兵勤惰，與臣面商一切，即於閏二月初三日由湖北上駛，察閱湖南岳州鎮標各營，逐一簡校。事畢仍沿江東下，依次校閱。所有巡閱上江緣由，謹會同長江水師提督臣李成謀，附片具陳，伏祈聖鑒。

知道了。

江漢關籌解淮軍月餉片[二] 光緒十六年三月二十二日

再，前准户部咨：議覆直隸督臣李鴻章奏淮軍月餉支絀，請將江漢關應解額款於四六成洋税項下通融匀撥案內，議令江漢關應解淮餉，如六成洋税無款，即在四成洋税及五成二釐招商局税內按數提解等因。奉旨：依議。欽此。咨行欽遵辦理。查江漢關奉撥直隸督臣李鴻章淮軍月餉四成洋税銀二萬兩、六成洋税銀三萬兩，均解至光緒十五年十二月分止。隨時附片奏報在案。茲應解直隸督臣李鴻章及提督劉盛休所部淮軍本年正、二、閏二三箇月分四六成税銀，即在第一百十七結徵存四成洋税項下，動支庫平銀六萬兩。又在是結六成洋税項下，動支庫平銀三萬兩。並五成二釐局税項下，動支庫平銀六萬兩。委解湖北淮軍收支轉運局交收轉解。由署湖北漢黄德道監督江漢關税務李壽蓉具詳請奏前來。除分咨外，理合會同湖北巡撫臣奎斌附片具陳，伏祈聖鑒。

户部知道。

江漢關籌解本年第一批籌邊軍餉片 光緒十六年三月二十二日

再，前准户部咨，庚寅年籌邊軍餉奏撥江漢關四成洋税銀十二萬兩，六成洋税銀十六萬兩，行令遵照辦理等因。當經前督臣裕禄轉飭遵辦去後。茲據湖北漢黄德道監督江漢關税務江人鏡詳稱，在於第一百十七結徵存四成洋税項下動支庫平足色銀二萬兩，並在第一百十八結所徵六成洋税項下動支庫平足色銀四萬兩，共銀六萬兩，作爲本年第一批籌邊軍餉，飭委試用知縣王祜、曾紀雋會同管解赴京交納等情，詳請奏咨前來。除分咨外，理合會同

〔一〕録自《京報》第三四一一號。

〔二〕以下二件録自中國第一歷史檔案館編《光緒朝硃批奏摺》第五八輯，第六一六至六一七頁，中華書局一九九五年版。

湖北巡撫臣奎斌附片具陳，伏祈聖鑒。

户部知道。

江漢關籌解第六年第二期應付洋款利銀片[一] 光緒十六年三月二十二日

再，前准户部咨，會議神機營息借洋款本息銀兩指撥劃還一摺内稱：神機營於光緒十年九月十四日初次收到借款六萬磅，合計十足廣平銀二十萬零一千九百六十八兩八錢。其利銀按一年四期，每期應付銀一千零五十磅。該營已於光緒十年十二月十七日將頭期利銀如數墊付，應照此次咨報本利銀兩數目，擬飭江漢關遵照議定章程期限，先期二十日照數解赴上海，交江海關查收，由該關按期作合磅價，兑付怡和洋行。至該洋行收到本利銀兩應如何給與海關憑據爲將來結算之根，應令江海關道查照向辦借還洋款定章辦理，以期交割清楚等因。光緒十一年二月十五日具奏。本日奉旨：依議。欽此。欽遵咨行前來。當經轉飭遵照辦理。所有江漢關應付第一年第二期起至第六年頭期止應付利銀，已經委員解交江海關驗收給領，並將神機營墊付頭期利銀委解赴京交納，分别附片奏咨在案。

茲據湖北漢黄德道監督江漢關税務江人鏡詳稱，查光緒十六年三月十三日爲第六年第二期，即在第一百十八結所徵六成洋税項下，籌撥庫平足色銀三千五百三十四兩四錢五分四釐作爲第六年第二期應付利銀，飭委議叙知縣湛福春解赴江海關驗收給領等情，詳請奏咨前來。臣覆核無異，除分咨外，理合會同湖北巡撫臣奎斌附片具陳，伏祈聖鑒。

該衙門知道。

鄂省局卡業經裁併現存各局未能裁撤摺[二] 光緒十六年三月二十二日

竊准户部咨，内閣鈔出光緒十五年十一月十六日奉上諭：國家綜核度支，必先嚴除宂濫。從前各省辦理軍務，創立支應、採辦、轉運等局，本屬一時權宜，不能視爲常例。迨軍事敉定，又以善後爲名，凡事之應隸藩司者，分設各局，名目衆多。鹽務則督銷、分銷局卡林立，大率以候補道員爲總辦，而會辦、隨辦各員其數不可勝計。所有專管之藩、運兩司，轉以循例畫諾爲了事。又如清訟、保甲、捕盗等事，本係臬司專責，亦皆另設一局，授權委員。論公事則推諉轉多，論庫款則虚糜甚鉅。著將各局，通行查核，或删減，或歸併，其有必不能裁者，即將按月經費限定數目，不准任意增添。等因。欽此。咨行欽遵辦理。

臣等查湖北省自同治年間軍務肅清以後，所有征防營勇及原設局卡，疊經先後裁汰。光緒六年三月奉旨飭將營局酌核裁併，經前督臣李瀚章大加删減，節省銀十六萬兩有奇。十一年二月，户部會議籌畫各路餉需案内，經前署督臣卞寶第抽裁勇丁，局費節省銀二萬二千餘兩。各省協餉賴此節省銀兩，以爲應付。是年六月間，又經前督臣裕禄釐定緑營、勇營營制分别裁減案内，每年節省兵餉銀四萬六千餘兩，米折等銀七千餘兩，藩、糧兩庫約共節省銀五萬三千餘兩，善後局節省勇餉銀七萬餘兩。又於停止

[一] 録自中國第一歷史檔案館編《光緒朝硃批奏摺》第八一輯，第七三二頁，中華書局一九九五年版。

[二] 以下二件録自中國第一歷史檔案館編《光緒朝硃批奏摺》第八六輯，第七八〇至七八三頁，中華書局一九九五年版。

提撥善後一成釐金案內，將各局委員大加裁減，每年約可節省銀九萬餘兩。所有節省之兵餉、勇餉，均已按年全數解部，先後奏咨在案。

兹欽奉前因，臣等遵即督同司道通盤籌議。湖北各局自經疊次裁併，僅留善後、牙釐、保甲三項。而保甲之巡緝匪徒、清查户口，其事仍隸臬司。祇於省垣適中之地，設立公所，臬司隨時督飭總查委員分往各段稽查巡緝各委員差使勤惰，以爲聚會駐足之所。即清理詞訟，亦係臬司督同武昌府隨時經理，均未設有專局。惟善後局綜理餉糈、軍裝，事務繁重，本省留防各營及各路協撥餉項，其中籌畫騰挪，移緩就急，均由該局悉心區畫，竭蹷供支，俾專責成。如收支款目報銷册籍，藩司僅能總核其成，必需在局各員詳細句稽，常川經理，方免遲誤。至牙釐局爲通省釐金總匯，長江水師月餉、北洋海防經費等款，皆取給於此。句稽督查，事務紛繁，所轄省外局卡，自歷年裁撤後，僅存專局三十三處，分卡三十四處。鄂省襟江帶湖，港汊紛歧，處處可通，現留局卡，地皆扼要。若再議裁減，則商販貨物勢必繞越偷漏，與軍餉大有關礙。就目前情形而論，實有未能遽議裁併者。鄂省營局疊經大加裁併，善後一成經費亦經停止，節省實已不少，各局經費俱係力求撙節支用，絶不稍形寬裕，不過勉强支持，目前礙難再加裁減。倘以後遇有可裁、可省之處，自當體察情形，隨時斟酌辦理，用副朝廷撙節度支之至意。至漢鎮所設督銷淮鹽局，係歸兩淮主政，應由兩江督臣查核辦理。據署湖北布政使覺羅成允、署按察使方恭釗、署鹽法武昌道瞿廷韶、糧儲道惲祖翼，會同善後牙釐兩局司道詳請具奏前來。除咨户部查照，並飭將各局月支經費開單另行詳咨外，所有湖北原設局卡業經先後裁併，現存各局未能遽議裁撤緣由，謹合詞恭摺具奏，伏祈皇上聖鑒。

户部知道。

籌解本年第一批鹽釐京餉片 光緒十六年三月二十二日

再，前准户部咨，豫撥光緒十六年京餉案內，提撥湖北鹽釐銀十五萬兩，行令分批起解等因。當經轉飭遵辦去後。兹據署湖北布政使覺羅成允、署鹽法武昌道瞿廷韶籌撥本年第一批京餉鹽釐銀四萬兩，飭委試用知縣王祐、曾紀雋會同管解赴京交納等情，詳請奏咨前來。除分咨外，理合會同湖北巡撫臣奎斌附片具陳，伏祈聖鑒。

户部知道。

籌解裁兵節存餉乾米折等銀片[一] 光緒十六年三月 日

再，湖北省抽裁緑營額兵餉乾、米折等項，前准户部行令，將每年節省銀兩，自光緒十二年起陸續委員解部交納，歷經遵照辦理。兹據署湖北布政使覺羅成允、督糧道惲祖翼詳稱，湖北前議裁減緑營額兵，奏明以光緒十二年春季止，截清餉項，司庫即於夏季起照數扣發，計各營額設馬、步、守兵內，共裁兵二千九百二十一名。原奏聲明現在湖北章程，督撫標、漢陽協、武昌城

[一] 録自中國第一歷史檔案館編《光緒朝硃批奏摺》第五八輯，第六二八至六二九頁，中華書局一九九五年版。

守等七營，向支全餉，其餘各營皆暫按八成開支。今應均照額支數目核計，每年共節省餉乾、米折等銀五萬三千五百十一兩一錢二分，業將十二年夏季起至十五年秋季止節存銀兩，委員解部交納。所有十五年冬季並十六年春季分，按照奏定之數，共該解部庫銀三萬一千九百三兩二錢七分。現於應支各營十成、八成餉乾、米折内，共由司庫扣出銀二萬三千三百五十五兩一分，糧道庫扣出銀四千一百三十兩七錢。其現按八成支放，各營照額支數目扣解，計不敷扣撥銀四千四百一十七兩五錢六分，並於本年所收地丁項下動支，按數凑足，以符奏定照額節省十五年冬季並本年春季分應解之數。所有前項銀三萬一千九百三兩二錢七分，飭委試用知縣王祜、曾紀雋管解赴部交納等情，詳請奏咨前來。臣覆核無異，除給咨管解外，理合會同湖北巡撫臣奎斌附片具陳，伏祈聖鑒。

户部知道。

調署知府片〔一〕　光緒十六年四月十六日

再，漢陽府知府一缺，自新關改章以來，兼管税務，責成綦重。該關距府治三百六十里，必須精神周到，嚴禁吏役中飽、苛罰諸弊端，而後裕課恤商乃可益收實效。茲查有宜昌府知府存厚，年力富强，精明勤幹，辦事認真，不染習氣，堪以調署漢陽府篆務。於整頓關務及地方事體，實爲有裨。其本任漢陽府知府逢潤古，老成諳練，閱歷素深，即行調署宜昌府篆務。一轉移間彼此均屬相宜。至存厚未到署任以前，所有漢陽府篆務即就近委補用知府沈保祥暫行代理。據署布政使覺羅成允、署按察使方恭釗會詳前來。除檄飭遵照外，謹合詞附片具陳，伏祈聖鑒。

吏部知道。

飭藩臬各赴新任回本任片〔二〕　光緒十六年四月十九日

再，新授湖北布政使鄧華熙現已到省，應即飭赴新任。署布政使、本任按察使覺羅成允，署按察使、本任荆宜施道方恭釗，應飭各回本任，以重職守。除檄飭遵照外，謹合詞附片陳明，伏祈聖鑒。

知道了。

請奬叙辦理釐金出力人員摺〔三〕　光緒十六年四月十九日

竊照湖北釐金，爲濟餉大宗。前因漢口鎮釐局委員知府史書青收數增多，當經臣奎斌於光緒十三年九月在兼署督臣任内奏請奬勵。是年十月初二日奉到硃批：史書青著俟補道員後，賞加二品銜。該部知道。欽此。旋准部議，所請與嚴核保舉章程不符，請旨更正咨行，遵照在案。續因統計光緒十三年各釐局全年收數

〔一〕録自《京報》第三四三一號。

〔二〕録自中國第一歷史檔案館編《光緒朝硃批奏摺》第六輯，第八二七頁，中華書局一九九五年版。

〔三〕録自中國第一歷史檔案館編《光緒朝硃批奏摺》第七七輯，第二七五至二七七頁，中華書局一九九五年版。

暢增，經臣奎斌會同前督臣裕祿，於光緒十四年三月奏請將承辦各員擇尤保奬。是年四月二十二日奉到硃批：著准其酌保數員。該部知道。欽此。並附片請將前經部駁之史書青一員，一併給奬。同日奉硃批：著照所請。該部知道。欽此。當即遵旨擇尤酌保。合前後兩案，僅有列單之知府史書青、沈保祥，直隸州知州歐陽定果，通判方詠沂等四員請給加銜頂戴等項。是年五月二十八日奉到硃批：吏部議奏。單併發。欽此。部議以前據湖南巡撫卞寶第保奏湘省辦釐委員徐培元等三員，甫經照章議駁。湖北事同一律，未便兩歧，應毋庸議。嗣經查明徐培元等三員，續經升任湖南撫臣卞寶第瀝情覆奏，仰蒙恩准。因復於十四年九月附片請將史書青等四員仍照原請給奬。是年十月初一日奉到硃批：吏部議奏。欽此。部議以徐培元等三員，因係奉旨給奬，是以照准。此次係交議之件，仍不得援照辦理。復經議駁在案。

部議疊次核駁，臣等亦何敢固執前請。惟查鄂省進款素少，凡報解京協各餉及支應本省水陸營餉，全恃釐金經理得人，收數暢旺，始能勉濟要需。計自光緒十三年起截至十五年止，十三年銀錢併計共合錢二百八十萬餘串，十四年共收錢二百六十六萬串，十五年秋潦成灾，釐收減色，然收錢亦至二百五十五萬餘串，較之前三年共長收錢一百萬串左右，實爲從來所未有。收數既已遠逾舊案，奬勵自不能拘泥常格。臣等於釐金一事，殫竭心力，多方整頓，其辦理不善各員均經隨時叅撤。若辦理得力之員，自不能有懲而無勸。前保四員，均係始終其事，收數最多尤爲出力之員。如部議所謂釐金各員無不視爲優差，若能加倍多收，或留辦，或輪委，均聽督撫酌量辦理等語。查鄂省近因庫款支絀，經費屢裁，凡釐卡薪水局用無不格外節嗇。該員等若非潔己奉公，力除中飽，收數何從暢旺。故在今日，湖北各釐卡實不得謂之優差。若辦理得力，復令留辦，但有任勞任怨之實，並無沾潤之例。至委缺則人員擁擠，輪委正自無期。惟有仰藉朝廷奬叙之榮，得以鼓舞人材，裨益軍餉。今部議始則以湖南奬案未准，湖北事應一律議駁。迨經湘省奏准，復以湖南係奉旨給奬爲言。竊查史書青一員，前此亦係奉旨給奬，因部臣奏請更正，始行併案請奬，又奉俞允，似與湘省各員事同一律。且查湖南長收銀數以五年比較，前五年僅共多銀四十六萬餘兩。湖北則以三年比較，前三年已長收錢一百萬串，合銀六七十萬兩。若分年計算，爲數不止倍於湖南。湖南通判曾慶溥一員，係保同知直隸州補用實在升階班次。湖北則僅保虛銜，是各員等勞績較湖南爲著，而所請奬勵皆較湖南爲輕，乃湖南則已蒙照准，湖北則再三核駁，未免向隅。臣等極知釐金係屬應辦之件，惟承辦者果係異常出力，若猶與尋常供差之員等夷相視，竊慮委靡者有所藉口，勤奮者從而灰心。則非但關係釐金，即吏治恐亦無從整頓。合無仰懇天恩俯准將已奉硃批允准之安陸府知府史書青一員，仍照原保給奬。其餘候補知府沈保祥、知府銜候補直隸州知州歐陽定果、同知銜候補通判方詠沂三員，一併改爲交部從優議叙，以示微勞必録之意，則該員等既蒙甄叙，均戴天恩，以期免向隅而資鼓勵。是否有當，伏候聖裁。除仍照章飭取各該員履歷咨部外，謹合詞恭摺具陳，伏乞皇上聖鑒。

著照所請。吏部知道。

籌解第四批甘肅新餉片〔一〕 光緒十六年四月　日

再，承准軍機大臣字寄，光緒十五年八月十九日奉上諭：户部奏籌撥甘肅新餉一摺。甘肅關内外各軍餉銀關繫緊要，現經該部將光緒十六年新餉指撥湖北省銀三十三萬兩，著該督撫等嚴飭司道按照部撥數目，於本年十二月底止趕解三成，至來年四月底止再解三成。其餘四成統限九月底掃數解清。等因。欽此。業經欽遵籌解第一、二、三批共銀十六萬兩，附片奏報在案。茲據署湖北布政使覺羅成允會同善後局司道詳稱，在於鹽課釐金項下籌撥第四批甘肅新餉銀六萬兩，於四月初九日照案發交漢鎮天成亨商號匯解赴甘肅藩庫交收等情，詳請奏咨前來。除分咨外，謹會同湖北巡撫臣譚繼洵附片具陳，伏祈聖鑒。

户部知道。

揀員分别升補借補長江水師員弁摺〔二〕

光緒十六五月十五日

竊照長江水師員弁出缺，向係開單會奏請補。茲查有岳州營遊擊、陸溪營右哨二隊把總各缺，經臣成謀遴選歷練營伍、熟悉水師之周啓茂、陳德富二員，遵照奏定章程，分别升補、借補，咨商到臣之洞。查周啓茂係由已經借補官階，遞請升轉，可否准其升補，伏候欽定。陳德富一員，係初次借補，核與限制相符，理合分晰繕具清單，恭呈御覽。如蒙俞允，該員周啓茂前在都司任内引見未滿三年，邀免再行送部，並懇敕部一併頒給劄付，以昭信守。除飭取該員等履歷咨部外，謹會同兩江督臣曾國荃恭摺具奏，伏祈皇上聖鑒。

兵部議奏。單併發。

請准以熊朝鑑升補副將摺 光緒十六年五月十五日

竊查前准兵部咨：湖北施南協副將張言和開缺，撤省察看。遺缺係題調之缺，應令照例於湖北省現任人員内，揀員升調，以符定制等因。臣查湖北省現任副將四員，督標中軍副將蔣澤斌、漢陽協副將樊國泰、黄州協副將陳樹勳、竹山協副將文漢章，或缺居緊要，或人地不宜，實無可調之員。自應照例在於應升人員内揀員升補。查有湖北興國營叅將熊朝鑑，年五十九歲，湖南鳳凰直隸廳人，由行伍奉調出師，疊著戰功，歷保儘先叅將。同治七年補授湖南保靖營叅將，九年四月二十五日到任。因籍隸本省，例應迴避，調補湖北興國營叅將。光緒元年七月初二日任事。嗣届俸滿，於三年二月内赴部引見，奉旨照例回任。該員老成諳練，勇幹樸誠，以之升補斯缺，洵堪勝任。且歷俸早滿二年，核與升補之例相符。合無仰懇天恩俯念員缺緊要，准以興國營叅將熊朝鑑升補湖北施南協副將，實於地方營伍有裨。如蒙俞允，俟部覆至日，給咨送部引見，以符定制。除飭取該員履歷咨部外，其所遺湖北興國營叅將員缺，係部推之缺，湖北省現有應補人員，容俟接准部覆，由臣另行揀員請補。謹會同湖北巡撫臣譚繼洵、湖

〔一〕 録自中國第一歷史檔案館編《光緒朝硃批奏摺》第五八輯，第六四五頁，中華書局一九九五年版。

〔二〕 以下二件録自中國第一歷史檔案館編《光緒朝硃批奏摺》第四一輯，第五〇四至五〇六頁，中華書局一九九五年版。

北提督臣程文炳恭摺具陳，伏祈皇上聖鑒。

兵部議奏。

光緒十五年冬季分宜昌川鹽總局抽收正加課錢文數目摺〔一〕 光緒十六年五月十五日

竊照湖北宜昌改設川鹽總局抽課濟餉委員辦理，所有光緒十五年秋季分抽收鹽課錢文數目，業經恭摺奏報在案。茲據署湖北鹽法武昌道瞿廷韶查明光緒十五年冬季分抽收鹽課錢文數目，開報前來。臣覆加查核，宜昌川鹽局光緒十五年十月分抽收正課錢一十萬零二千八百九十一串七百九十九文五毫，內提籌備京餉錢三萬八千八百串文，加課錢四萬四千七百三十五串五百六十五文。十一月分抽收正課錢一十萬零一千一百二十九串八百三十一文，內提籌備京餉錢一萬九千四百串文，加課錢四萬四千零一十二串九百七十文，內提籌備京餉錢一萬六千串文。十二月分抽收正課錢三萬一千二百二十串零一百七十七文，內提籌備京餉錢一萬六千六百串文，加課錢一萬三千五百七十三串九百九十文。除加課錢文照章截半分解淮鹽督銷局公費，錢文留半歸外銷五成公費項下入收另報外，其正課全項內共提籌備京餉錢七萬四千八百串文，加課一半解鄂，內共提籌備京餉錢一萬六千串文，下餘隨同五成公費，均仍照向章或現錢或易銀分別由局撥充荊州滿營兵餉、水師月餉，餘則儘數由道移解善後局，接濟軍餉。除解支細數造册咨部外，謹將光緒十五年冬季分宜昌川鹽總局抽收正加課錢文數目，恭摺具陳，伏祈皇上聖鑒。

户部知道。

光緒十五年分應城竹山抽收鹽課錢文數目片 光緒十六年五月十五日

再，湖北竹山縣抽收川鹽課錢及應城縣井課錢文，前經奏明每年彙報一次。所有光緒十四年分抽收前項鹽課錢文數目，經前督臣裕祿附片奏報在案。茲據湖北布政使鄧華熙、署鹽法武昌道瞿廷韶將光緒十五年分徵收應城、竹山兩縣鹽課錢文數目開報前來。臣覆加查核。光緒十五年應城井鹽課税，春季分計共徵收錢二千八百八十三串三百五十一文，夏季分計共徵收錢三千六百六十五串四百七十三文，秋季分計共徵收錢三千二百二十五串三百七十四文，冬季分計共徵收錢三千一百零二串零三十八文。又，是年竹山縣川鹽陸課計共徵收錢二百四十串文。總計通年徵收應城縣井鹽課税並竹山縣川鹽陸課共錢一萬三千一百一十六串二百三十六文，均經隨時移解善後局，湊充軍餉。除收支細數彙案造報外，所有光緒十五年分抽收應城、竹山二縣鹽課錢文數目，理合附片具陳。伏祈聖鑒。

户部知道。

籌解協滇餉銀片〔二〕 光緒十六年五月十五日

再，前准户部咨，議覆四川總督劉秉璋奏滇省新舊協餉無力解足案內，令川省月協滇餉銀二萬三千兩，自光緒十五年九月起，

〔一〕以下二件録自中國第一歷史檔案館編《光緒朝硃批奏摺》第七五輯，第四八六至四八八頁，中華書局一九九五年版。

〔二〕以下四件録自中國第一歷史檔案館編《光緒朝硃批奏摺》第五八輯，第六五五至六五七頁，中華書局一九九五年版。

每月減去銀五千兩，改由湖北在於鹽貨等釐及司庫各款内按月協解銀三千兩，江漢關六成洋税項下按月協解銀二千兩。如六成洋税無款，應准在於四成洋税項下湊解等因。業將上年九月起至十二月止四箇月分，應協滇省餉銀照數撥解，附片奏報在案。

茲據署湖北布政使覺羅成允會同善後局司道及升任湖北漢黄德道監督江漢關税務江人鏡、現署湖北漢黄德道監督江漢關税務李壽蓉，先後詳稱，在於司庫減平項下動撥長沙平銀六千兩，局庫鹽貨釐金項下動撥長沙平銀六千兩，江漢關第一百十八、十九兩結所徵六成洋税項下動支庫平銀八千兩，作爲光緒十六年正月起至四月止四箇月分協滇餉銀，均發交雲南催餉委員知縣吴本仁領匯赴滇。所有動撥司庫銀兩，應請就款開除，以免轇轕等情，分別詳請奏咨前來。除分咨外，謹會同湖北巡撫臣譚繼洵附片具陳，伏祈聖鑒。

户部知道。

籌解貴州協餉片 光緒十六年五月十五日

再，前准貴州巡撫臣潘霨咨，貴州協餉鄂省欠解銀十五萬八千兩，請飭迅籌撥解等因。業於光緒十三年起至十五年止解過銀五萬二千兩，附片奏報在案。茲據湖北善後局司道詳稱，現復續籌長沙平銀一萬兩，查照貴州來文較準法碼，發交百川通商號，匯赴貴州，以應要需等情，詳請奏咨前來。除分咨外，謹會同湖北巡撫臣譚繼洵附片具陳，伏祈聖鑒。

户部知道。

籌解固本兵餉片 光緒十六年五月十六日

再，前准户部咨，原定各省應解固本兵餉，湖廣省按月應解銀五千兩，改令徑解部庫交納。又准户部咨，酌定分年帶解固本練餉欠款，擬定有閏之年解十五箇月，計銀七萬五千兩。無閏之年解十四箇月，計銀七萬兩。即自光緒十一年正月起，按年照數解清各等因。所有湖北省應解光緒十二年十二月以前固本兵餉銀兩，業經先後委員管解赴部交納，附片奏報在案。茲據湖北布政使鄧華熙詳稱：會同鹽法道在於鹽課項下，籌撥銀四萬兩，作爲光緒十三年正、二、三、四、閏四、五、六、七共八箇月固本兵餉，飭委補用知縣吴耀先管解赴京交納等情，詳請奏咨前來。臣覆核無異，除給咨管解，並飭司陸續補解外，謹會同湖北巡撫臣譚繼洵附片具陳，伏祈聖鑒。

户部知道。

搭解宜昌關籌撥各路軍餉片 光緒十六年五月十六日

再，據湖北布政使鄧華熙詳稱：准宜昌關咨，解應解奉文籌撥各路軍餉，詳請奏明每年解銀三千三百餘兩。現於該關應支光緒十五年三月初二日第一百十五結起至十六年閏二月十一日第一百十八結止，關用經費及傾鎔折耗項下，節出銀三千三百一十兩解司，遇有領解京餉便員，由司詳請搭解等因。茲查有候補知縣吴耀先堪以搭解赴京交納等情，詳請奏咨前來。臣覆核無異，除給咨搭解外，謹會同湖北巡撫臣譚繼洵附片具陳，伏祈聖鑒。

户部知道。

宜昌關第一百十八結收支各款税銀數目開單具陳摺[一] 光緒十六年五月十六日

竊照前准户部咨，鈔奏内開，各海關洋税收支數目辦理未能畫一，應令遵照定章，按結開列清單奏報一次，仍扣足四結開單奏銷一次，概不得以收支數目串入原摺，以致混雜不清。仍一面造具四柱清册暨支銷經費銀兩清册，分送户部暨總理各國事務衙門，以憑核銷等因。光緒十年二月二十五日具奏。本日奉旨：依議。欽此。又准户部咨，江漢關第九十五結期滿清單，僅有收支數目，以致各結總數未能聯貫。嗣後應令將舊管、新收、開除、實在，分爲四柱，逐款開列，以昭明晰各等因。先後轉行遵照辦理。

兹據署湖北荆宜施道監督宜昌關税務葉蔭昉詳稱，宜昌關徵收各項税銀，前經截至光緒十五年十二月初十日第一百十七結止，詳請奏咨在案。兹自光緒十五年十二月十一日起至十六年閏二月十一日止第一百十八結期滿，所徵税銀除照章開支外，連上結存銀及本結新收實存税銀六萬六千三百八十六兩九錢一分二釐。前經詳請咨明奉准部覆，歸入一年報銷案内，解存藩庫，委員解京。又遵照新章徵收洋藥税釐銀，除支傾鎔折耗外，實存銀六十七兩九錢二分五釐，存俟隨同正餉搭解。再，本結並無罰款銀兩。又，洋商僱用華船，現由常關徵料，毋庸造册報銷等情，詳請奏咨前來。臣覆核無異，除將清單、清册咨送總理各國事務衙門、户部户科查照外，所有宜昌關第一百十八結收支各款税銀數目緣由，謹會同南洋通商大臣兩江總督臣曾國荃、湖北巡撫臣譚繼洵恭摺具陳。並繕具四柱清單，恭呈御覽，伏祈皇上聖鑒。

該衙門知道。單併發。

江漢關第一百十八結收支款項數目開單具陳摺 光緒十六年五月十六日

竊照前准户部咨，鈔奏内開，各海關洋税收支數目辦理未能畫一，應令遵照定章，按結開列清單奏報一次，仍扣足四結開單奏銷一次。概不得以收支數目串入原摺，以致混雜不清。仍一面造具四柱清册暨支銷經費銀兩清册，分送户部暨總理各國事務衙門，以憑核銷等因。光緒十年二月二十五日具奏。本日奉旨：依議。欽此。又准咨，第九十五結期滿清單，僅有收支款目，以致各結總數未能聯貫。嗣後應令將舊管、新收、開除、實在，分爲四柱，逐款開列，以昭明晰等因。均經轉行遵照辦理。

兹據署湖北漢黄德道監督江漢關税務李壽蓉詳稱，江漢關徵收各項税鈔及支解各數目，前經截至光緒十五年十二月初十日第一百十七結止，詳請奏咨在案。兹查自光緒十五年十二月十一日起至十六年閏二月十一日止第一百十八結期滿，徵收洋商各項税鈔，除支解外，計六成洋税不敷銀三萬七千六百二十三兩零五分二釐，應歸於下結所收六成洋税項内動支彌補。又，上結報存四成洋税及本結新收四成洋税，除撥解外，計存四成洋税銀二萬四千九百七十五兩二錢一分二釐。又，另款徵收招商局各項税鈔，除撥解外，計存四成八釐各税銀三萬四千九百四十八兩四錢四分九釐，已如數歸併六成洋税内開報。至上結報存五成二釐局税及本結新收五成二釐局税，除撥解外，計存五成二釐局税銀四萬七

〔一〕以下三件録自中國第一歷史檔案館編《光緒朝硃批奏摺》第七二輯，第四五六至四六〇頁，中華書局一九九五年版。

千六百六十一兩七錢八分二釐。又，此結遵照新章徵收洋藥稅釐銀及上結報存銀，除支解外，計存銀七萬六千一百八十五兩八錢六分二釐。又收洋商局商在漢買辦土藥出口正稅銀一百零七兩二錢五分，半稅銀五十三兩六錢二分五釐，已歸於華洋各稅項内開報等情，詳情奏咨前來。臣覆核無異，除俟一年期滿按結造具收支經費各冊暨另繕總單分別報銷外，所有第一百十八結徵收洋商華商各項稅鈔及支解各數目，謹會同南洋通商大臣兩江總督臣曾國荃、湖北巡撫臣譚繼洵恭摺具陳，並繕具四柱清單，恭呈御覽，伏祈皇上聖鑒。

該衙門知道。單併發。

籌解出使經費片光緒十六年五月十六日

再，據署湖北漢黃德道監督江漢關稅務李壽蓉詳稱，前奉總理衙門劄開，會奏籌備出使各國經費，擬於各關所收六成洋稅作爲十成分算，每結酌提一成，另款存儲，聽候隨時指撥，以作出使經費之用。均自第六十五結爲始，一體遵照辦理。續奉行知令將每結提存之款，撥寄江海關彙收，以資分撥。又奉總理衙門劄，出使經費不敷撥用，擬於所收六成洋稅仍作十成分算，即於此十成内於原提一成之外再提半成，並令於商局留關備撥六成稅内亦按十成計算，酌提一成半，均自第七十一結爲始，按結解至江海關備用各等因。

查江漢關第一百十七結提存前項經費銀兩，業經委解江海關驗收，詳請奏咨在案。茲查第一百十八結所徵洋商進出口正稅六成銀兩不敷開支，無款提解出使經費。惟所收招商局輪船進出口正稅四成八釐銀兩，除開支傾鎔折耗外，實存銀一萬二千七百六十五兩九錢二分三釐，按十成計算，應提一成五釐出使經費銀一千九百十四兩八錢八分八釐，遵照户部核覆，每萬兩扣給解費銀二百兩，即在所提出使經費内扣給委員解費銀三十八兩二錢九分八釐，計實解銀一千八百七十六兩五錢九分。已將前項經費銀兩飭委候補知縣胡廷松解赴江海關驗收等情，詳請奏咨前來。臣覆核無異，除分別咨明外，謹會同南洋通商大臣兩江總督臣曾國荃、湖北巡撫臣譚繼洵附片具陳，伏祈聖鑒。

該衙門知道。

江漢關籌解第五年第四期洋款利銀片[一]光緒十六年五月十六日

再，前准户部咨，神機營息借洋款，奏令各海關按期歸還一摺内稱：此次該營續收洋款一百四十四萬磅，均自光緒十一年八月二十三日爲第一年第一期歸付利銀之始，照每磅三兩五錢核算，共銀二百二十四萬六千四百磅，合廣平銀七百八十六萬二千四百兩。擬令津海、東海、江漢三關，各分派本息共銀一百五十七萬二千四百八十兩。江海關分派本息共銀三百十四萬四千九百六十兩。仍照光緒十一年二月奏定辦法，令各該關先期二十日解交江海關兑收，届期統由江海關道隨時照外洋磅價漲落作合磅價，或盈或絀，即由該關分別應墊應存，再與原派歸還之海關按期結算

[一] 以下二件録自中國第一歷史檔案館編《光緒朝硃批奏摺》第八一輯，第七四〇至七四二頁，中華書局一九九五年版。

清楚等因。光緒十二年正月二十八日具奏。奉旨：依議。欽此。欽遵咨行前來。當經轉飭遵照辦理。所有江漢關應還第一年二期起至第五年三期止應付利銀並補磅價銀兩，均經先後委員解交江海關驗收給領，附片奏報在案。兹據署湖北漢黄德道監督江漢關税務李壽蓉詳稱，查光緒十六年五月十五日爲第五年第四期，即在第一百十九結所徵六成洋税項下動支庫平足色銀一萬七千六百四十兩，作爲第五年第四期應付利銀，飭委候補縣丞陳繼泰解赴江海關驗收給領等情，詳請奏咨前來。臣覆核無異，除分咨外，謹會同湖北巡撫臣譚繼洵附片具陳，伏祈聖鑒。

該衙門知道。

江漢關籌解息借洋款第五年第二三兩期應補磅價銀兩片 光緒十六年五月十六日

再，前准户部咨，神機營息借洋款，奏令各海關按期歸還一摺内稱：此次該營續收洋款一百四十四萬磅，均自光緒十一年八月二十三日爲第一年第一期歸付利銀之始，照每磅三兩五錢核算，共銀二百二十四萬六千四百磅，合廣平銀七百八十六萬二千四百兩。擬令津海、東海、江漢三關，各分派本息共銀一百五十七萬二千四百八十兩。江海關分派本息共銀三百十四萬四千九百六十兩。仍照光緒十一年二月奏定辦法，令各該關先期二十日解交江海關兑收，届期統由江海關道隨時照外洋磅價漲落作合磅價，或盈或絀，即由該關分別應墊應存，再與原派歸還之海關按期結算清楚等因。光緒十二年正月二十八日具奏。奉旨：依議。欽此。欽遵咨行前來，當經轉飭遵照辦理。所有江漢關應還第一年二期起至第五年三期止應付利銀，並第五年一期應補磅價銀兩，均經先後委員解交江海關驗收給領，附片奏報在案。兹據署湖北漢黄德道監督江漢關税務李壽蓉詳稱，准江海關先後抄送詳稿内稱，光緒十五年十二月十一日應付怡和第五年第二期利銀，查照是日上海電匯外洋市價核算，江漢關應還庫平銀二萬一千二百二十四兩一分二毫，較部撥銀一萬七千六百四十兩，實增庫平銀三千五百八十四兩一分二毫。又光緒十六年閏二月十二日應付怡和第五年第三期利銀，按照是日上海電匯外洋市價核算，江漢關應還庫平銀二萬一千五百八十七兩二錢九分四釐八毫八絲，較部撥銀一萬七千六百四十兩，實增庫平銀三千九百四十七兩二錢九分四釐八毫八絲。均由道墊付，咨請解滬歸款各等因。兹在於第一百十九結所徵六成洋税項下動支庫平足色銀七千五百三十一兩三錢零五釐零八絲，作爲第五年第二、三兩期應補磅價銀兩，飭委候補縣丞張南瑾解赴江海關驗收，分別給領歸款等情，詳請奏咨前來。臣覆核無異，除分咨外，謹會同湖北巡撫臣譚繼洵附片具陳，伏祈聖鑒。

該衙門知道。

江漢關籌解本年第二批京餉東北邊防經費及加放俸餉銀兩片[一] 光緒十六年五月十六日

再，前准户部咨，預撥光緒十六年分京餉奏撥江漢關洋税銀

[一] 録自中國第一歷史檔案館編《光緒朝硃批奏摺》第八六輯，第八〇四至八〇五頁，中華書局一九九五年版。

十五萬兩。又光緒十六年分，東北邊防經費奏撥江漢關六成洋稅銀十萬兩。又具奏各關應解抵閩京餉，請改爲加放俸餉銀兩，江漢關仍於四成洋稅項下，每結提解銀四千兩各等因。均經轉飭遵照辦理。所有奉撥前項銀兩，業已委員管解第一批京餉銀六萬兩、邊防經費銀四萬兩，並第一百十七結應解抵閩京餉改爲加放俸餉銀四千兩，分别赴京交納，均經奏咨在案。茲據署湖北漢黄德道監督江漢關稅務李壽蓉詳稱，在於所徵洋稅項下動支足色庫平銀五萬兩，作爲本年第二批京餉。又在於第一百十九結所徵六成洋稅項下，動支足色庫平銀三萬兩，作爲本年第二批東北邊防經費。又在於第一百十八、十九兩結所徵四成洋稅項下，各提足色庫平銀四千兩，共銀八千兩，作爲本年加放俸餉銀兩。飭委試用通判程懋昭分别管解赴京交納等情，詳請奏咨前來。臣覆核無異，除分别給咨管解外，謹會同湖北巡撫臣譚繼洵附片具陳，伏祈聖鑒。

户部知道。

委員代防萬城大隄摺[一] 光緒十六年五月十六日

竊照湖北荆州萬城大隄，濱臨荆江，爲全郡及下游各屬保障。每届夏、秋二汛，例應督撫輪年赴隄督防。如有應辦要事，未克分身前往，奏委該管道府就近駐工代防，歷經辦理在案。本年輪應總督前往督防，現據荆州府知府舒惠禀稱，江水驟漲，隄工險要。再查鍾祥縣襄河隄三、四、八、九等工及潛江縣隗家洲等隄，上年奏明借撥庫款，並勻撥賑款興修，現已修築完竣，亦須親往勘驗。臣現擬於本月中旬出省，先至荆州查勘江隄，親加籌度。於查勘荆隄後，即赴鍾祥、潛江等縣覆驗襄隄各工。惟省城事務重要，應隨時督同司道籌辦，未能在荆久駐。所有夏、秋二汛督防事宜，自應照案委員代防，以專責成。查有荆州府知府舒惠，於隄工修防事宜尚能認真講求，堪以委令代防。現經檄委該府督同廳營文武員弁親駐工所，晝夜梭巡，預備守水器具，遇有險要工段，即行搶護，務保無虞。並札飭荆宜施道方恭釗，隨時稽察，督同辦理，以期隄防穩固。所有委員代防萬城大隄緣由，謹會同湖北巡撫臣譚繼洵恭摺具陳，伏祈皇上聖鑒。

知道了。

道員葉蔭昉請開缺回籍修墓摺[二] 光緒十六年五月十八日

竊據湖北鹽法武昌道葉蔭昉禀稱，該道籍隸河南，備員部屬，由禮科掌印給事中俸滿截取，以道員用，選授今職。到省後，先委署理荆宜施道篆務，於光緒十四年十二月到鹽道本任。十六年二月，復調署荆宜施道。現已交卸，自應聽候飭回本任，勉供職守，藉報涓埃。惟自同治二年入都當差，離鄉迄已二十餘年，先人塋墓悉就荒圮，瞻望松楸，難安寢饋。原籍親族乏人，必得親身回籍修理。因思本任署任現在均無經手未完事件，原籍距鄂道亦匪遥，惟有據實陳情，懇即奏請開缺賞假三箇月，回籍修墓。一俟事畢，即當赴京銷假，斷不敢偷耽安逸等情前來。臣等伏查該道葉蔭昉，歷任鹽道暨荆宜施道，於鹽法通商及地方事務均能

[一] 録自《京報》第三四六二號。

[二] 録自《京報》第三四七五號。

措置合宜。茲以離鄉年久，塋墓荒圮，呈請開缺給假回籍修理，情詞懇切，出於至誠。合無仰懇天恩俯准開缺，賞假三箇月，俾該道得以回籍修墓。出自鴻慈。如蒙俞允，湖北部選道員之缺，照章應二留一，咨前已部選一次，留補一次，此次所出湖北鹽法武昌道選缺，應仍留歸外補。謹合詞恭摺具陳，伏祈皇上聖鑒，敕部查照施行。

著照所請。吏部知道。

江漢關籌解本年第二三兩批籌邊軍餉摺(一) 光緒十六年五月二十二日

竊前准户部咨，庚寅年籌邊軍餉奏撥江漢關四成洋税銀十二萬兩，六成洋税銀十六萬兩，行令遵照辦理等因。業經籌撥本年第一批四成洋税銀二萬兩，六成洋税銀四萬兩，經臣奏報在案。茲據署湖北漢黄德道監督江漢關税務李壽蓉詳稱：在於第一百十九結所徵四成洋税項下，動支庫平足色銀四萬兩，六成洋税項下動支庫平足色銀五萬兩，共銀九萬兩，作爲本年第二批籌邊軍餉。又在於第一百十九結所徵四六成洋税項下，動支庫平足色銀各一萬兩，共銀二萬兩，作爲第三批籌邊軍餉。飭委補用知縣譚家贊、吳耀先先後管解赴京交納等情，分別詳請奏咨前來。除分咨外，謹會同湖北巡撫臣譚繼洵恭摺具陳，伏祈皇上聖鑒。

户部知道。

籌解協桂軍餉片 光緒十六年五月二十二日

再，前准户部咨：議覆護理廣西巡撫李秉衡奏邊防各營請撥的餉案内，令湖北省自光緒十三年起，按月協解廣西邊軍餉銀一萬兩。業經前督臣裕禄於十三年分籌解銀二萬兩。旋因湖北庫款支絀，力難續籌，咨准户部覈覆，議令將調直武毅二營裁撤，騰出餉糈約銀七萬餘兩，籌解廣西軍餉。並經北洋大臣李鴻章奏明，自光緒十四年起武毅二營由直籌餉，奏准咨鄂查照在案。嗣於十四年分匯撥劃解，計共解銀十萬零三千八百六十六兩四錢。十五年分劃撥匯解，計共解銀七萬一千一百五十三兩二錢三釐四絲。本年閏二月已經籌解過銀三萬兩。均經隨時奏報在案。茲據湖北布政使鄧華熙會同善後局司道詳稱，現再籌銀一萬兩，查照廣西來文，較準法碼，發交百川通商號領匯解赴廣西，以應要需等情，詳請奏咨前來。除分咨外，謹會同湖北巡撫臣譚繼洵附片奏陳，伏祈聖鑒。

户部知道。

江漢關籌解海軍衙門常年經費片 光緒十六年五月二十二日

再，前准户部咨：奏撥補海軍衙門常年經費案内，指撥江漢、宜昌兩關銀六萬兩，均於一百十八結至一百二十一結洋藥釐金加徵項下按季匀撥，解交海軍衙門兑收等因。當經轉飭遵辦去後。茲據署湖北漢黄德道監督江漢關税務李壽蓉詳稱：宜昌關所徵洋藥税釐銀兩爲數無多，不敷撥解。自應查照成案，專由江漢關徵

(一) 以下四件録自中國第一歷史檔案館編《光緒朝硃批奏摺》第五八輯，第六六三至六六六頁，中華書局一九九五年版。

收洋藥稅釐項下，如數籌撥，分批解清，以供要需。現在於江漢關第一百十八、十九兩結徵存洋藥稅釐項下，動支庫平足色銀三萬兩，飭委補用知縣譚家贊管解赴京交納等情，詳請奏咨前來。除分咨外，謹會同湖北巡撫臣譚繼洵附片具陳，伏祈聖鑒。

該衙門知道。

籌解協滇餉銀片 光緒十六年五月二十二日

再，湖北省奉撥欠解雲南協餉三分之一，銀五十一萬七千餘兩，業經先後撥解銀四十六萬兩，附片奏報在案。茲據湖北布政使鄧華熙會同善後局司道詳稱，現復勉籌長沙平銀三萬兩，發交雲南催餉委員知縣吴本仁領匯赴滇，以應要需等情，詳請奏咨前來。除分咨外，謹會同湖北巡撫臣譚繼洵附片具陳，伏祈聖鑒。

户部知道。

江西省續還鄂省釐金摺[一] 光緒十六年五月二十二日

竊查湖南督銷局前挪鄂釐銀二萬兩，墊解前福建藩司王德榜定邊軍餉，應由江西省籌還，業准先後撥還銀一萬兩。茲因鄂省需款萬緊，復經委員前往守催，經江西省續籌庫平銀五千兩，發交候補知府喬聯寶領匯回鄂，當即照數彈收濟用，由湖北布政使鄧華熙會同善後局司道會詳請奏前來。臣等覆覈無異，除咨江西撫臣將尚欠銀五千兩迅速解還清款，並將此次續收銀五千兩咨明户部查照外，所有江西省籌還鄂省釐銀兩緣由，謹合詞恭摺具陳，伏祈皇上聖鑒。

户部知道。

委署道員片[二] 光緒十六年五月 日

再，現署湖北漢黄德道監督江漢關稅務李壽蓉，因與臣繼洵係屬兒女姻親，應行遵例迴避，業經另行恭摺具奏，陳請改省。所有漢黄德道及江漢關監督各篆務，亟應先行委員接署，以專責成。查有湖北候補道江麟瑞，老成歷練，穩慎精詳，堪以署理。除檄飭遵照外，謹合詞附片具陳，伏乞聖鑒。

吏部知道。

恭報兼署提篆日期謝恩摺[三] 光緒十六年六月十六日

竊臣於光緒十六年五月初十日准兵部咨開，光緒十六年四月十六日奉上諭：程文炳已准來京陛見，湖北提督著張之洞兼署。欽此。當經恭録咨會湖北提臣程文炳，欽遵辦理。茲於六月十三日准提臣程文炳委員齎送湖北提督印信前來，當即恭設香案，望闕叩頭謝恩祗領任事。

伏念臣久玷連圻，時虞短綆。茲復渥承巽命，俾其兼攝師干。自顧迂庸，尤深兢惕。竊惟政貴因時，故内輯外悠之並重。才防自囿，故左班右職之交資。此國家修明軍實之良謨，即聖主策勵臣工之深意。臣惟有申嚴軍律，體恤兵艱，董率干城，消除伏莽。

[一] 録自中國第一歷史檔案館編《光緒朝硃批奏摺》第八一輯，第七四三頁，中華書局一九九五年版。
[二] 録自《京報》第三四六〇號。
[三] 録自中國第一歷史檔案館編《光緒朝硃批奏摺》第四一輯，第五三八頁，中華書局一九九五年版。

江漢南紀，激揚洸武之人才。申息北門，鞏固方城之疆圉。不敢以暫時攝篆，稍涉因循，以期仰答高厚鴻慈於萬一。除恭疏題報外，所有微臣感激下忱，理合繕摺叩謝天恩，伏祈皇上聖鑒。

知道了。

查勘隄工摺光緒十六年六月十六日

竊照湖北荆州萬城大隄，本年夏、秋二汛輪應臣前往督防。業經奏明派委荆州府知府舒惠，駐工代防。並聲明，隄工險要，擬於五月中旬，親往查勘，並順道勘驗鍾祥、潛江等縣新修隄工等因在案。臣當即部署一切，輕裝減從，於五月二十四日自省起程，乘輪船上駛。二十六日前往石首縣屬大隄南岸藕池口楊發腦新開水道暨調絃穴等處，察看荆江南入洞庭湖水勢。二十七、八兩日駛赴北岸，沿途查看郝穴、登南局、觀音磯、楊林磯各工。該處頂衝迎溜均有挑水石磯，工程尚稱穩固。二十九日抵荆州府城。連日查勘北岸大隄，官民土石各工歷屆歲修均尚堅實，足資捍衛。周覽形勢，蓋自咸豐以來，石首之藕池口，公安之斗湖口，江陵之毛、楊二尖、松滋之黄家埠等處，相繼潰口。荆江分流入湖，盛漲之時，虎渡、調絃二口江溜均仍係南趨，得以分洩江水，北岸濱江各險江水衝激之力少減，是以歷年得免漫決之患。惟近歲，潦水泛漲異常，秋汛尤防陰雨。已切飭該府舒惠駐工督率防護，務保無虞。

臣勘畢荆隄，即由陸路馳赴安陸府鍾祥縣。於六月初三、四等日，勘驗鍾隄三、四、八、九各工新修坦坡、石壩、月隄及新築磯嘴。所有内外撑幫磩工收分均尚合法。惟六工迎溜内係深潭，四、五、七等工，上年積水亦多。今年三月内襄河即已盛漲，水來過早，新工甫竣，隄脚尚未乾透，間有被水沖刷之處。又十三工隄内脚、十六工壩頭，皆係舊工，微有坍塌，並飭趕緊（修補）[補修]〔一〕，設法疏消積水。隨即順道勘驗潛江瑰家洲新築月隄，工程尚屬完固。查襄河湍悍，各工沖刷最易。目前增漲未已，當飭安陸府知府史書青督率鍾祥、潛江兩縣，加意防護。多加内幫，築壩務令寬坦，不可過於峻狹。遇有險工，隨時搶築抵禦。前奏明添設襄陽、樊城等處商局電綫，已經開工，此後信息靈通，防護較易得力。

臣先後將各隄要工勘畢，即乘船由襄河下駛，於六月初六日回抵省城。

（硃批）知道了。（欽此）

察看藕池口情形片光緒十六年六月十六日

再，查湖北石首縣屬藕池口，本荆江南岸大隄，咸豐二年潰決成口。荆江横折，而南北岸隄防之患稍紓。而江水入湖，挾泥沙以南趨，西湖一帶淤地成洲，土人名曰南洲，地廣土沃，土客互爭。草澤嘯聚，實爲湖南隱患。且淤洲日寬，湖面愈狹，内水阻遏不消，濱湖州縣胥受其灾。前任湖南撫臣王文韶奏明有案。前經臣札飭署岳常澧道莊賡良查覆。據該道稱，湖南省紳民建議堵築藕池口，以止淤漲，分疏虎渡、調絃二口，以洩江水。臣此

〔一〕「修補」應為「補修」，據中華書局一九九五年版《光緒朝硃批奏摺》第九八輯，第八四七至八四八頁校正。

次親至藕池口察看，口門寬至五百餘丈，以三十年分流，巨口一旦堵塞，荆民必羣起相爭，勢難率行舉辦。至虎渡、調絃二口，冬令雖屬淤淺，現今盛漲，江水暢行。水患不在冬令，亦可勿庸分疏，只可另議妥善辦法，期於南、北兩省均無防礙。或酌量堵塞他口，或疏濬湖内水道，或禁止淤洲私築圍埝，以期讓地與水。至南洲地方縱横二百餘里，應如何清丈升科，設官分汛，以息鬭争而弭隱患，容與湖南撫臣張煦籌商周妥，再行會同奏明辦理。

（硃批）知道了。（欽此）

湖北襄鄖等府州試辦分銷淮鹽光緒十五年分收解鹺錢數目摺[一]　光緒十六年六月十六日

竊照湖北襄陽、鄖陽、安陸、荆州、宜昌五府，及荆門州暨湖南之澧州，前於同治十年奏定川淮二鹽分界行銷案内，此五府二州地方准銷川鹽，仍由淮商設店撥售零引。嗣於光緒九年經前兩江督臣左宗棠飭據督銷局議覆，擬於樊城、沙市、岳口、螺山等處設立局店，試辦分銷。所收淮鹺，按照川鹽章程津貼鄂餉，就中仍照川鹽加課數目扣回，應行分半解淮錢文等因，由左宗棠附片具奏。奉旨：户部知道。欽此。旋據湖北督銷淮鹽局會同湖北鹽道籌議，淮鹽向係按斤成引，又按引成批，照川税正課、加課、公費三項數目併計，每斤共應鹺錢十八文。其川税加課五文，淮、鄂各半分解一項，即在此款鹺錢十八文之内。今就款統算照劃，應以十五文半歸楚，二文半歸淮計，每批提鹽五十引，應得鹺錢五百四十千文。内應四百六十五千文歸楚，七十五千文歸淮。歸楚者徑解鹽道衙門查收，撥歸善後局充餉。所有鄂省經收湖北督銷淮鹽局報解樊、沙等局店，自光緒九年十月開設起至十四年十二月止，淮鹺錢文數目，並澧州津市子店停銷淮鹽，截清停收前項錢文日期，業經前督臣裕禄先後奏報在案。

茲據署湖北鹽法武昌道瞿廷韶詳稱，湖北督銷淮鹽局移解樊城、沙市等局店，光緒十五年分共售鹽一百一十批，計五千五百引，所收鹽鹺，照川税章程内應正課錢三萬七千九百五十千文，加課錢一萬六千五百千文。除加課錢文由局截半分解金陵防營支應局照收公費錢文留半歸外銷五成公費項下入收另報外，其正課全項同加課解鄂一半及公費一半充餉錢文，均解交善後局接濟餉糈等情，詳請奏咨前來。臣覆核無異，除咨户部外，謹恭摺具陳，伏祈皇上聖鑒。

户部知道。

江漢關第一百十九結收支款項數目開單具陳摺[二]　光緒十六年六月十六日

竊照前准户部咨，鈔奏内開：各海關洋税收支數目辦理未能畫一，應令遵照定章，按結開列清單奏報一次，仍扣足四結開單奏銷一次，概不得以收支數目串入原摺，以致混雜不清。仍一面造具四柱清册暨支銷經費銀兩清册，分送户部暨總理各國事務衙

〔一〕録自中國第一歷史檔案館編《光緒朝硃批奏摺》第七五輯，第四九一至四九二頁，中華書局一九九五年版。

〔二〕録自中國第一歷史檔案館編《光緒朝硃批奏摺》第七二輯，第四七五至四七六頁，中華書局一九九五年版。

門以憑核銷等因。光緒十年二月二十五日具奏。本日奉旨：依議。欽此。又准咨，第九十五結期滿清單，僅有收支款目，以致各結總數未能聯貫。嗣後應令將舊管、新收、開除、實在，分爲四柱，逐款開列，以昭明晰等因。均經轉行遵照辦理。

兹據署湖北漢黄德道監督江漢關税務李壽蓉詳稱：江漢關徵收各項税鈔及支解各數目，前經截至光緒十六年閏二月十一日第一百十八結止，詳請奏咨在案。兹查自光緒十六年閏二月十二日起至五月十四日止，第一百十九結期滿徵收洋商各項税鈔，除支解彌補外，計存六成洋税銀二萬六千零一十七兩一錢二分零九毫二絲。又上結報存四成洋税及本結新收四成洋税，除撥解外，計存四成洋税銀十二萬四千四百八十兩零二錢三分九釐。又另款徵收招商局各項税鈔，除撥解外，計存四成八釐各税銀五萬六千一百二十四兩二錢零六釐。已如數歸併六成洋税内開報。至上結報存五成二釐局税及本結新收五成二釐局税，除撥解外，計存五成二釐局税銀三萬八千八百三十六兩八錢四分四釐。又此結遵照新章徵收洋藥税釐銀及上結報存銀，除支解外，計存銀六萬二千九百四十一兩六錢二分六釐。又收洋商局商在漢買辦土藥煙膏出口正税銀六十五兩七錢，半税銀三十二兩八錢五分一釐，已歸於華洋各税項内開報等情，詳請奏咨前來。臣覆核無異，除飭俟一年期滿，按結造具收支經費各册暨另繕總單分别報銷外，所有第一百十九結徵收洋商華商各項税鈔及支解各數目，謹會同南洋通商大臣兩江總督臣曾國荃、湖北巡撫臣譚繼洵恭摺具陳。並繕具四柱清單，恭呈御覽，伏祈皇上聖鑒。

該衙門知道。單併發。

江漢關籌解本年三四五月分淮軍月餉片[一] 光緒十六年六月十六日

再，前准户部咨：議覆直隸督臣李鴻章奏淮軍月餉支絀，請將江漢關應解額款於四六成洋税項下通融匀撥案内，議令江漢關應解淮餉，如六成洋税無款，即在四成洋税及五成二釐招商局税内按數提解等因。奉旨：依議。欽此。咨行欽遵辦理。查江漢關奉撥直隸督臣李鴻章淮軍月餉四成洋税銀二萬兩、六成洋税銀三萬兩，均解至本年閏二月分止。隨時附片奏報在案。兹在第一百十八結所徵四成洋税項下動支庫平銀二萬兩，六成洋税項下動支庫平銀三萬兩。又在第一百十九結所徵四成洋税項下動支庫平銀四萬兩，並五成二釐局税項下動支庫平銀六萬兩。作爲直隸督臣李鴻章及提督劉盛休所部淮軍本年三、四、五三箇月分協餉，委解湖北淮軍收支轉運局交收轉解。由署湖北漢黄德道監督江漢關税務李壽蓉具詳請奏前來。除分咨外，謹會同湖北巡撫臣譚繼洵附片具陳，伏祈聖鑒。

户部知道。

江漢關撥解滿緑各營兵餉片 光緒十六年六月十六日

再，准户部咨，豫撥湖北省庚寅年滿緑各營兵餉案内，撥江漢關洋税銀十五萬兩等因。當經轉飭遵照辦理。兹據署湖北漢黄德道監督江漢關税務李壽蓉詳報，在於第一百十九結所徵六成洋

[一] 以下二件録自中國第一歷史檔案館編《光緒朝硃批奏摺》第五八輯，第六七八至六七九頁，中華書局一九九五年版。

稅項下動支庫平足色銀五萬兩，委員解赴藩司衙門交收，以供支放等情詳請奏咨前來。臣覆查無異，除分咨總理各國事務衙門暨户部查照外，謹會同湖北巡撫臣譚繼洵附片具陳，伏祈聖鑒。

該衙門知道。

江漢關籌解第六年第三期洋款利銀片〔一〕 光緒十六年六月十六日

再，前准户部咨，神機營息借洋款一百五十萬磅，於光緒十年九月十四日初次收到六萬磅，計合十足廣平銀二十萬零一千九百六十八兩八錢。利銀按一年四期，每期應付一千零五十磅，其頭期利銀已由神機營墊付，應照此次咨報本利銀兩數目，擬飭江漢關按照議定章程期限，先期二十日照數解交江海關查收，由該關按期作合磅價，兑付怡和洋行等因。光緒十一年二月十五日具奏。本日奉旨：依議。欽此。欽遵咨行前來，當經轉飭遵照辦理。所有江漢關應付第一年第二期起至第六年二期止前項利銀，均經解交江海關驗收，並將神機營墊付頭期利銀解京交納，分別奏咨在案。

茲據署湖北漢黄德道監督江漢關稅務李壽蓉詳稱，光緒十六年六月十六日爲第六年第三期，即在第一百十九結所徵六成洋稅項下籌撥庫平足色銀三千五百三十四兩四錢五分四釐，作爲本期利銀，飭委准補竹谿縣典史沈國瑛解赴江海關驗收等情，詳請奏咨前來。臣覆核無異，除分咨外，謹會同湖北巡撫臣譚繼洵附片具陳，伏祈聖鑒。

該衙門知道。

江漢關籌解出使經費片〔二〕 光緒十六年六月十六日

再，據署湖北漢黄德道監督江漢關稅務李壽蓉詳稱：前奉總理衙門劄開，會奏籌備出使各國經費，擬於各關所收六成洋稅作爲十成分算，每結酌提一成，另款存儲，聽候隨時指撥，以作出使經費之用，均自第六十五結爲始，一體遵照辦理。續奉行知令將每結提存之款，撥寄江海關彙收，以資分撥。又奉總理衙門劄，出使經費不敷撥用，擬於所收六成洋稅，仍作十成分算，即在此十成内於原提一成之外，再提半成。並令於商局留關備撥六成稅内，亦按十成計算，酌提一成半。均自第七十一結爲始，按結解至江海關備用各等因。

查江漢關第一百十八結提存前項經費銀兩，業經委解江海關驗收，詳請奏咨在案。茲查第一百十九結所徵洋商進出口正稅六成銀兩，除開支稅務司並關用經費及傾鎔折耗外，實存銀二十五萬九千五百零五兩二錢四分一釐。按十成計算，應提一成五釐出使經費銀三萬八千九百二十五兩七錢八分六釐。又收招商局輪船進出口正稅四成八釐銀兩，除開支傾鎔折耗外，實存銀三萬三千七百四十六兩四錢六分二釐，按十成計算，應提一成五釐出使經費銀五千零六十一兩九錢六分九釐。遵照户部核覆，每萬兩扣給解費銀二百兩，即在所提出使經費内扣給委員解費銀八百七十九

〔一〕録自中國第一歷史檔案館編《光緒朝硃批奏摺》第八一輯，第七四八頁，中華書局一九九五年版。

〔二〕録自中國第一歷史檔案館編《光緒朝硃批奏摺》第八六輯，第八一九至八二〇頁，中華書局一九九五年。

兩七錢五分五釐。計實解銀四萬三千一百零八兩，已將前項銀兩飭委候補知縣陳承澤解赴江海關驗收等情，詳請奏咨前來。臣覆核無異，除分別咨明外，謹會同南洋通商大臣兩江總督臣曾國荃、湖北巡撫臣譚繼洵附片具陳，伏祈聖鑒。

該衙門知道。

查明京控未結各案開單具陳摺[一] 光緒十六年六月十七日

竊查前准刑部咨，議覆光禄寺少卿延茂奏，稽核京控審限，每年將已、未完數目兩次彙開清單具奏，以歸劃一。並摘録案由，註明交審月日及未結各案因何未能審結緣由，於每年兩次覆奏時，詳細聲明等因。奉旨：依議。欽此。咨行遵辦在案。茲據湖北布政使鄧華熙、按察使覺羅成允詳稱，陸續奉到部院衙門奏交、咨交京控各案，隨時委提人卷，解省發審。其有距省較遠州縣之案，移送該管道就審，或委員前往會同該管府審辦，已將光緒十五年六月以前未結各案造册。茲值半年彙奏之期，查湖北省京控案件除已審結咨送供招及詳咨註銷各案毋庸開辦外，其未結之案，因要證遠出無從質訊，咨明展限者十一起，現在提到人證審辦之案十一起。核計尚無遲延等情，開呈清册請奏報前來。臣等覆核無異，除清册分送刑部、都察院、步軍統領衙門查照外，謹繕清單恭摺具陳，伏祈皇上聖鑒。

刑部知道。單併發。

感受暑疾懇恩賞假摺[二] 光緒十六年六月二十四日

竊臣於本年五月二十四日出省查勘荊州、鍾祥、潛江等府縣隄工，業將勘驗情形及回省日期奏報在案。臣前因江漢驟漲，隄工險要，水陸兼程前往，暑日炎蒸，晝夜奔馳往來各隄上，逐段閲視，感受暑熱，即覺頭眩氣乏。回省之後，清理文書，接見僚屬，尚覺能支。詎於六月十九日，寒熱大作，頭痛胸痞，氣虚多汗，連進清解之劑，迄未少減，精神委頓。據醫者云，積勞之軀，外感風邪，内有伏暑，若不避風静養，難以速痊。合無仰懇天恩賞假二十日，俾得息心調理，醫治速痊，即行銷假。所有臣衙門緊要公事，仍力疾照常辦理。謹繕摺具陳，伏祈皇上聖鑒。

著賞假二十日。

宜昌關第一百十九結收支各款税銀數目開單具陳摺[三] 光緒十六年六月二十四日

竊照前准户部咨，抄奏内開：各海關洋税收支數目辦理未能畫一，應令遵照定章，按結開列清單奏報一次，仍扣足四結開單奏銷一次，概不得以收支數目串入原摺，以致混雜不清。仍一面造具四柱清册暨支銷經費銀兩清册，分送户部暨總理各國事務衙門，以憑核銷等因。光緒十年二月二十五日具奏。奉旨：依議。欽此。又准户部咨，江漢關第九十五結期滿清單，僅有收支款目，

[一] 録自中國第一歷史檔案館編《光緒朝硃批奏摺》第一〇六輯，第一二三頁，中華書局一九九五年版。

[二] 録自中國第一歷史檔案館編《光緒朝硃批奏摺》第六輯，第八九七頁，中華書局一九九五年版。

[三] 録自中國第一歷史檔案館編《光緒朝硃批奏摺》第七二輯，第四七七至四七八頁，中華書局一九九五年版。

以致各結總數未能聯貫。嗣後應令將舊管、新收、開除、實在，分爲四柱逐款開列，以昭明晰各等因。先後轉行遵照辦理。

茲據湖北荆宜施道監督宜昌關税務方恭釗詳稱，宜昌關徵收各項税銀，前經截至光緒十六年閏二月十一日第一百十八結止，詳請奏咨在案。茲自光緒十六年閏二月十二日起至五月十四日止第一百十九結期滿，所徵税銀，除照章開支外，連上兩結存銀及本結新收，實存税銀九萬七千五百一十兩三錢六分一釐。前經詳請咨明，奉准部覆，歸入一年報銷案内解存藩庫，委員解京。再，本結並無洋藥進口，亦無罰款銀兩。又洋商僱用華船，現由常關徵料，毋庸造册報銷等情詳請奏咨前來。臣覆核無異，除將清單、清册咨送總理各國事務衙門、户部户科查照外，所有宜昌關第一百十九結收支各款税銀數目緣由，謹會同南洋通商大臣兩江總督臣曾國荃、湖北巡撫臣譚繼洵恭摺具陳。並繕具四柱清單，恭呈御覽。伏祈皇上聖鑒。

該衙門知道。單併發。

漢陽船廠光緒十四十五年修造戰船用過工料銀兩摺〔一〕 光緒十六年六月二十四日

竊查定例，各省工程動用銀兩數在五百兩以上者，應奏明後，造册具題核銷等因。茲據署湖北鹽法武昌道瞿廷韶詳，據漢陽船廠委員候選知縣彭覺先呈稱，該廠前辦委員候補知府劉瓊閣經手新造舢板、長龍及修整各營船隻，光緒十四年分用過工料銀一萬六千三百五兩零，十五年分修造各船並移造辦公房屋共用過工料銀一萬八千七百二十九兩零，核與同治十二年題定及歷年造報價值均不相上下，應請准予核銷。合將動用銀錢細數及船身丈尺、新造修整各船數目年分，分晰開造清册，呈請轉詳核辦等情，由該道覆查，並無浮冒，詳請先行循例具奏前來。臣查此項工程銀數在五百兩以上，例應先行奏明，除將賫到各册逐細核明另行恭疏題報並將清册送部外，謹會同湖北巡撫臣譚繼洵、湖南巡撫臣張煦、長江水師提督臣李成謀恭摺具陳，伏祈皇上聖鑒。

該部知道。

籌解第五批甘肅新餉片 光緒十六年六月二十四日

再，承准軍機大臣字寄，光緒十五年八月十九日奉上諭：户部奏籌撥甘肅新餉一摺，甘肅關内外各軍餉銀關繫緊要，現經該部將光緒十六年新餉指撥湖北省銀三十三萬兩，著該督撫等嚴飭司道按照部撥數目於本年十二月底止趕解三成，至來年四月底止再解三成，其餘四成統限九月底掃數解清。等因。欽此。業經欽遵籌解第一批至四批共銀二十二萬兩，附片奏報在案。茲據湖北布政使鄧華熙會同善後局司道詳稱，在於鹽課釐金項下籌撥第五批甘肅新餉銀六萬兩，於六月二十四日照案發交漢鎮天成亨商號匯解赴甘肅藩庫交收等情，詳請奏咨前來。除分咨外，謹會同湖北巡撫臣譚繼洵附片具陳，伏祈聖鑒。

户部知道。

〔一〕以下二件録自中國第一歷史檔案館編《光緒朝硃批奏摺》第五八輯，第六八六至六八七頁，中華書局一九九五年版。

籌解本年第三批北洋海軍經費片〔一〕 光緒十六年六月二十四日

再，承准海軍衙門咨開，光緒十六年分北洋海軍經費應撥湖北釐金銀三十萬兩，分批徑解北洋兑收等因。查湖北省釐金項下，原撥南北洋海防經費銀三十萬兩。光緒六年三月經北洋大臣奏准按八成分解，每年共應解銀二十四萬兩。所有十二至十五等年分應解前項銀兩，照案應改解海軍衙門，並專解北洋，均經遵照分別解清。本年已解過第一、二批銀六萬兩，附片具奏在案。

茲據湖北善後局司道詳報，續撥本年第三批庫平銀四萬兩，飭委遊擊黄銘新於六月十五日解交湖北淮軍收支轉運局兑收轉解北洋，以應要需等情，詳請奏咨前來。除分咨外，謹會同湖北巡撫臣譚繼洵附片具陳，伏祈聖鑒。

該衙門知道。

撥款電匯順天直隸助賑片〔二〕 光緒十六年六月二十四日

再，臣等接准北洋大臣李鴻章電稱，直隸自五月二十九至六月十一日，晝夜大雨，驟成鉅災，各河隄工無不漫決，平地水深二丈，房舍倒塌，禾苗淹没，工撫並舉，地廣款絀，速多方設法濟賑等語。臣之洞復准兼管順天府尹潘祖蔭、順天府尹陳彝電稱，順天五月晦至六月初五，大雨成奇灾，乞助賑撫等語。

查畿輔重地，潦水巨灾，凡屬疆臣亟應不分畛域，趕籌協賑，以紓民困而慰宸廑。當經督飭司道趕緊籌辦。茲據湖北藩臬兩司、督糧道、鹽法道、漢黄德道會同詳稱，順天、直隸境内霪雨爲灾，被水甚重，嗸鴻滿野，待拯孔殷，籌款助賑緩不濟急。近年鄂省疊被水灾，工賑並籌，物力窘乏，巨款尤難驟集。惟有先在司庫土藥税項下借撥銀一萬兩，鹽道庫鹽釐項下借撥銀一萬兩，共銀二萬兩，順天、直隸各一萬兩，由漢口鎮銀號電匯北洋大臣、順天府尹衙門交納，以助賑撫要需。應即設法勸辦順、直賑捐，分別籌還續解等情，詳請具奏前來。除飭令迅速籌捐歸款外，理合將撥款濟賑緣由，合詞附片陳明，伏祈聖鑒。

户部知道。

光緒十四年採運漕米用過米價運費及動撥漕折等款銀兩摺〔三〕 光緒十六年七月二十二日

竊照湖北省光緒十四年冬漕，經前任督臣裕禄會同前撫臣奎斌奏請，援照成案酌提漕折等款銀兩，由招商局委員採買正米三萬石運京。奉旨允准。旋准直隸督臣李鴻章咨，欽奉諭旨：截撥輪船起運南漕十萬石，運往山東被灾地方，及時分散。所有運通經費輕賫銀兩，一併解往備賑。等因。欽此。當經李鴻章奏明，截撥湖南、湖北漕米六萬石，江蘇漕米四萬石，飭令招商局如數

〔一〕録自中國第一歷史檔案館編《光緒朝硃批奏摺》第六五輯，第九八頁，中華書局一九九五年版。

〔二〕録自中國第一歷史檔案館編《光緒朝硃批奏摺》第一〇一輯，第一〇四至一〇五頁，中華書局一九九五年版。

〔三〕録自中國第一歷史檔案館編《光緒朝硃批奏摺》第七〇輯，第三七一至三七二頁，中華書局一九九五年版。

運赴山東鐵門關等處，依期交兑完竣。並飭將水脚等項，仍照運津開支，不准加增在案。茲據湖北布政使鄧華熙、督糧道惲祖翼會詳稱，此次招商局承辦鄂省漕糧正耗米三萬二千九百一十七石五斗，每石價銀一兩七錢一分九釐零，共應支庫平銀五萬六千六百兩一錢九分二釐零。又輪船水脚仍照運津開支，共應支庫平銀一萬一千三百七十兩七錢二分零。其由津運通經費等項共銀四千一十三兩三錢二分八釐。遵飭一併解交山東備賑，合共應支銀七萬一千九百八十四兩二錢四分一釐五毫。連價脚併計秈米每石合庫平銀二兩一錢八分零，由輪船招商局委員山東登萊青道盛宣懷等開摺，移經該司道逐款查核，與光緒十二年採運漕米部准銷數相符，應請查照支銷。所銷銀七萬一千九百八十四兩二錢四分一釐五毫，内係動支光緒十四年漕糧正米折銀三萬九千兩，耗米折銀三千九百兩，又動支光緒十二年漕糧水脚銀四千五百兩，節年隨淺蓆板銀一萬五千兩，光緒十二年兑費銀九千三百七十四兩八錢四分四釐，光緒十四年兑費銀二百九兩三錢九分七釐五毫，曾於光緒十五年春撥隨報漕糧正耗米價册内報支銀四萬二千九百兩，漕糧水脚册内報支銀四千五百兩，隨淺錢糧册内報支銀一萬五千兩，折漕兑費册内報支銀九千三百七十四兩八錢四分四釐。其餘銀二百九兩三錢九分七釐五毫，俟入於光緒十六年秋撥隨報折漕兑費册内開報等情，造册詳請奏咨前來。臣等覆核無異，除將清册咨送户部核銷外，所有湖北省光緒十四年採運漕米用過米價、運費及動撥漕折等款銀兩緣由，謹合詞恭摺具奏，伏祈皇上聖鑒。

户部知道。

湖北省應造光緒十五年當税徵信册籍照章遵辦摺[一]

光緒十六年七月二十二日

竊查前准户部咨，奏定整頓當税章程，並頒發徵信册式，令自光緒十三年爲始，核實舉辦，將當鋪牌名、住址、繳完税銀數目、解司月日於册内註明，飭發各府州分給當商紳民查閲，統限六月底分發完竣。另訂通省總册，隨同奏銷送部等因。行司通飭一體遵辦去後。茲據漢陽府、黄陂、孝感、麻城、黄梅、蘄州、江陵、石首、松滋、枝江、宜都、襄陽、宜城、均州、荆門、當陽等府州縣造賫光緒十五年當税徵信册籍到司，由司札委該司照磨蓋澧之等，督率工匠，照章擺印，核對明確，按縣分列，合一府一州總訂一册，蓋用司印，飭發該府州，分給當商紳民查閲。另訂通省總册分存臣等暨司道各署，並以一本送部備查。據湖北布政使鄧華熙具詳請奏前來。臣等覆核無異，除將送到册籍咨送户部備查外，謹合詞恭摺具陳，伏乞皇上聖鑒。

户部知道。

暑疾已愈如期銷假摺[二]

光緒十六年七月二十四日

竊臣於本年五月底出省查勘荆州、鍾祥、潛江等府縣隄工，因時值炎天，往返奔馳，積受暑熱。回省後於六月十九日寒熱大作，甚形委頓，服藥多劑，迄未少減。當於是月二十四日奏懇天

[一] 録自中國第一歷史檔案館編《光緒朝硃批奏摺》第七七輯，第二九八頁，中華書局一九九五年版。

[二] 以下二件録自《京報》第三五二九號。

恩，賞假二十日，俾資調理在案。發摺後，一面加緊醫治，嗣經連服消散風邪各劑，現在病勢漸減，雖尚見頭痛、欬逆諸證，所幸暑邪已解，徐加清理，可期全愈。現計假期已滿，既可支持從公，應即銷假。至假內凡屬地方緊要公事，均經臣力疾照常經理，並與撫臣及司道等隨時函商妥辦，足以仰慰宸廑。所有微臣暑疾已愈如期銷假緣由，謹繕摺陳明，伏祈皇上聖鑒。

知道了。

請仍准方恭釗調補漢黃德道摺 光緒十六年七月二十七日

竊查湖北漢黃德道江人鏡升任，遺缺係煩疲難三項要缺，例應由外調補。前經臣等恭摺奏請，以湖北荆宜施道方恭釗調補。茲准吏部咨，以該員歷俸未滿，亦未聲明有無捐免，核與調補之例不符，應令另行揀員調補等因。光緒十六年五月初一日具奏。奉旨：依議。欽此。自應遵照辦理。惟查湖北道員共五缺，鹽法武昌道葉蔭昉，業經告假修墓開缺。安襄鄖荆道員缺已補朱其煊，尚未到任。督糧道惲祖翼，甫於本年二月內到任，歷俸更淺。至漢黃德道一缺兼管江漢關監督，駐紮漢口，政務殷繁，責任綦重，又兼辦理通商事務，中外交涉尤關緊要。非明體達用、熟悉情形之員，難期勝任。臣等遵復再四熟商，實無堪調斯缺之員。查湖北荆宜施道方恭釗，浙江舉人，由内閣中書充補總理各國事務衙門章京。光緒五年十二月實録館全書告成，保奏以侍讀遇缺即補。八年四月總理衙門保奏，作爲郎中籤分户、刑二部，仍無論咨、留遇缺即補。十年九月補户部山東司郎中，十二年四月總理衙門保奏記名以海關道員用，並俟得道員後賞加二品銜。十四年三月二十九日奉旨補授湖北荆宜施道，十一月二十五日到任。十六年正月奏委署理湖北按察使篆務，四月飭回荆宜施道本任。查該員方恭釗，守潔才練，穩慎精詳，情形最熟。自到荆宜施道任以來，兼理宜昌關監督事務，辦理通商交涉事件，悉心講求，緩急輕重措置裕如。前經署理臬篆，於地方吏治尤能認真整頓。以之調補斯缺，洵屬才堪勝任。雖歷俸未滿，已飭該道遵例捐免，第與新章稍有未符。但人地實在相需，例得聲明奏請，合無仰懇天恩俯念員缺緊要，准以湖北荆宜施道方恭釗調補漢黃德道員缺，兼管江漢關監督篆務，實於吏治、關務均有裨益。該員係現任道員請調補道缺，銜缺相當，毋庸送部引見。如蒙俞允，所遺湖北荆宜施道缺係請旨要缺，併請簡放，以重職守。所有要缺道員人地實在相需仍請調補緣由，謹合詞恭摺具奏，伏祈皇上聖鑒訓示。

吏部議奏。

江漢關籌解本年第四批籌邊軍餉片[一] 光緒十六年七月二十七日

再，前准户部咨，庚寅年籌邊軍餉奏撥江漢關四成洋税銀十二萬兩、六成洋税銀十六萬兩，行令遵照辦理等因。業經籌撥本年第一、二、三批四成洋税銀七萬兩、六成洋税銀十萬兩，經臣隨時奏報在案。茲據署湖北漢黃德道監督江漢關税務江麟瑞詳稱，

[一] 録自中國第一歷史檔案館編《光緒朝硃批奏摺》第五八輯，第六九五頁，中華書局一九九五年版。

在於第一百十九結徵存四成洋税項下動支庫平足色銀二萬兩，並在第一百二十結所徵六成洋税項下動支庫平足色銀二萬兩，共銀四萬兩，作爲本年第四批籌邊軍餉，飭委候補同知章嘉謨、候補通判黄文桂會同管解赴京交納等情，詳請奏咨前來。除分咨外，謹會同湖北巡撫臣譚繼洵附片具陳，伏祈聖鑒。

户部知道。

江漢關掃解本年京餉及東北經費銀兩片[一] 光緒十六年七月二十七日

再，前准户部咨，預撥光緒十六年分京餉，奏撥江漢關洋税銀十五萬兩。又，光緒十六年分東北邊防經費，奏撥江漢關六成洋税銀十萬兩各等因。均經轉飭遵照辦理。所有奏撥前項銀兩，業已先後委員管解第一、二兩批京餉共銀十一萬兩、邊防經費共銀七萬兩，分别赴京交納，均經奏咨在案。茲據署湖北漢黄德道監督江漢關税務江麟瑞詳稱，在於所徵洋税項下，動支足色庫平銀四萬兩，作爲本年第三批京餉。又在於第一百二十結所徵六成洋税項下，動支足色庫平銀三萬兩，作爲本年第三批東北邊防經費銀兩。飭委候補同知章嘉謨、候補通判黄文桂分别管解赴京交納。所有江漢關本年奉撥京餉銀十五萬兩、東北邊防經費銀十萬兩，均已掃數解清等情，詳請奏咨前來。臣覆核無異，除分别給咨管解外，謹會同湖北巡撫臣譚繼洵附片具陳，伏祈聖鑒。

户部知道。

解部交納光緒十六年夏秋二季節省餉乾米折等銀兩片 光緒十六年七月二十七日

再，湖北省抽裁緑營額兵餉乾、米折等項，前准户部行令將每年節省銀兩，自光緒十二年起陸續委員解部交納。歷經遵照辦理。茲據湖北布政使鄧華熙、督糧道惲祖翼詳稱，湖北前議裁減緑營額兵，奏明以光緒十二年春季止截清餉項，司庫即於夏季起照數扣發。計各營額設馬、步、守兵内，共裁兵二千九百二十一名。原奏聲明現在湖北章程，督撫標、漢陽協、武昌城守等七營，向支全餉。其餘各營，皆暫按八成開支。今應均照額支數目核計，每年共節省餉乾、米折等銀五萬三千五百十一兩一錢二分。業將十二年夏季起至十六年春季止，節存銀兩委員解部交納。所有十六年夏、秋二季分按照奏定之數，共該解部庫銀二萬六千一百六十五兩四錢六分。現於應支各營十成、八成餉乾、米折内，共由司庫扣出銀一萬九千三十七兩四錢六分，糧道庫扣出銀三千五百四十兩六錢，其現按八成支放各營照額支數目扣解，計不敷扣撥銀三千五百八十七兩四錢，並於本年所收地丁項下動支按數湊足，以符奏定照額節省本年夏、秋二季分應解之數。所有前項銀二萬六千一百六十五兩四錢六分，飭委候補同知章嘉謨、候補通判黄文桂管解赴部交納等情，詳請奏咨前來。臣覆核無異，除給咨管解外，謹會同湖北巡撫臣譚繼洵附片具陳，伏祈聖鑒。

户部知道。

[一] 以下二件録自中國第一歷史檔案館編《光緒朝硃批奏摺》第八六輯，第八四一至八四三頁，中華書局一九九五年版。

整頓土藥税項籌擬辦法摺 光緒十六年八月二十四日

竊臣等承准軍機大臣字寄，光緒十六年四月十五日奉上諭：總理各國事務衙門、户部奏整頓土藥税釐一摺。内地栽種土藥，爲中國出産大宗。前據該衙門會奏，請飭各省酌量加税，當依議行。誠以洋藥充斥，久爲中國漏卮。近來民間栽種日多，獲利甚重，駸駸有不可復遏之勢。果能設法稽查，認真辦理，既可裨益餉需，且亦收回利權之一助，並可以徵爲禁，隱寓崇本抑末之意。乃各省數年之間，迄無切實辦法。近聞土藥出産日繁，各該省局卡徵收税項，弊端百出，盡飽私囊。徵多報少，於國課毫無裨補，含混欺飾，實堪痛恨。若不及時整頓，於洋藥併徵辦法大有關礙，税數必將日絀。著詳察各該省地方情形，或於出産之處就地徵收，或於販運過境嚴查走漏，或即就現在私收之項和盤託出，悉數歸公。其從前匿報之員，朝廷姑從寬典，不追既往，著一併免其參處。經此次嚴諭之後，各疆臣務當破除情面，實力稽核。即將各實數詳查聲覆，按季專款開報，不得於百貨釐金内籠統聲叙。著勒限三箇月，各將原定、新定各辦法迅速覆奏，不准空言塞責。該衙門前飭總税務司赫德查開各處出産銷路暨價值釐税數目，即著咨行，以備參考。等因。欽此。並准總理衙門鈔録原奏並赫德申呈二件咨行前來。即經札飭藩司、牙釐總局會議籌辦，[臣等]懔遵諭旨，就鄂省情形，詳加體察，切實整頓。謹將原辦情形及現擬辦法，分别爲我皇上陳之。

查鄂省土藥，先係抽收釐金。嗣於咸豐九年，遵照户部奏案，改釐爲税。照洋藥科則，每百斤征税銀三十兩，於宜昌之平善壩、襄陽之老河口，荆州之沙市，設局收税。嗣將老河口分局移設樊城。土藥完税後，經過本省局卡，驗票放行。落地售賣者，每兩收釐金錢九文。鄂中本非出産之處，近雖宜昌、施南、鄖陽等府山僻之處，間有種植，爲數無多。入鄂之土藥，以川土爲大宗，雲、貴、陜、甘各土，亦有來者，聚市於漢口、沙市等處，分由平善壩、沙市、樊城三局收税。宜、施等府所産，即在各該局一律納税。從前暢旺之年，曾收税銀七八萬兩，以後遞年漸減至三四萬兩。至光緒十三年間，於巴東縣屬之野三關設局收税。沙市一局改爲補抽，漸有起色。十五年一年始復徵至七萬餘兩。此鄂省原定藥税辦法及歷年收數之實在情形也。

查鄂省藥税之絀，各局卡尚無私收入己情弊。皆由此項土藥商販多係刁悍不逞之徒，挑夫百十爲羣，專以挾制闖越爲事，而山徑紛歧，防不勝防。各局卡多設於荒僻之區，止有巡丁一二十人，自揣力有不敵。其肯從該卡經過者，恐其抗拒生事，不得不含糊忍讓，減折抽收，愈趨愈下。其繞越山箐歧路者，亦不敢認真查緝。以致銷日多而税日少。藥税之（愈）絀，實由於此。臣之洞到任後，查知以上情形，即會商前撫臣奎斌鋭意整頓，密派委員，分投察訪。又查知川、黔等省土藥，由酉陽州繞運湖南等處者，多由來鳳縣南關過河，復經會同臣繼洵，派員設卡，嚴爲堵截。正在分别籌辦間，欽奉諭旨飭辦，自應欽遵，大舉整頓，以期一掃積弊。查赫德所議，土藥每百斤照洋藥税釐共徵一百一十兩。若能照此抽收，餉項自更可饒裕。惟土藥之質本遜洋藥，近來民間所以多種暢銷者，則以其價較洋藥略賤。究之洋藥整箱裝運，但須併徵一次，土藥則銷路愈遠，釐税愈多。今若加税過多，行銷必滯，透漏益工，轉恐有名無實。且毆魚毆爵，事在意中，亦未足仰副收回利權之聖意。臣等督飭司道牙釐局詳加籌議，歷查鄂省藥税短絀之故，非關税［收］數之少，實由各路偷漏減折之多。部章原定每百斤征税銀三十兩，實係折衷至當，若再有增加，商力亦難辦到。此時惟有恪遵部章，每百斤實收十成足數銀三十兩，隨征耗銀四兩七錢，不准絲毫減折，亦不准稍有浮收，實力稽征，嚴杜偷漏，庶於國課、商情兩無妨礙。而偷漏絶則貨數必旺，成數足則税項自贏，是已寓加於不加之内。

查川土入鄂，南路以宜昌、施南一帶爲水陸要隘，大幫皆出於此，必須奏派文武大員督辦，方足以資彈壓而期整飭。現於宜昌府設立土藥專局，檄委湖北候補道吴廷華總辦局務。其野三關、平善壩及新設卡之來鳳西關，均爲分卡，沙市爲查驗野三關及來鳳税票補收漏税之分卡。各處收數均歸宜昌專局考核稽查，以期水陸一氣，骨節靈通。其北路，則由四川大甯、陝西漢中運入鄖陽府屬之竹山、竹谿、房縣、保康等處，山徑紛歧，四通八達。襄樊一帶，亦頭頭是道。今照十成足數收税，土販惟利是視，必更將添約夥衆，鋌而走險，抗拒嘗試，斷非司事巡丁所能彈壓。且該販等，翻山踰嶺，四路繞越，亦非各卡寥寥數人所能追緝，非資兵力，斷無成效。惟是鄂省營勇無多，各有分防地段，無從抽調。緑營疊經裁汰，額少習疲，堵截難期得力。查有署宜昌鎮總兵羅縉紳，才長心細，辦事結實，久在宜昌任内，熟習川楚交界地方情形，素爲該處軍民所信服。當經照會該鎮會同道員吴廷華辦理，責成該鎮以緝私彈壓。現經該鎮親身周歷施南、宜昌山内，查明要隘歧途。在利川縣者，曰汪家營、李子坳兩處。咸豐縣者，曰忠堡。歸州者，曰龔家橋、平陽壩兩處。巴東縣者，曰野三關。東湖縣者，曰南津關、天柱山、羅天溪、龍泉鋪四處。宜都縣者，曰紅花套、茶店子兩處。恩施縣者，曰七里坪。宣恩縣者，曰李家河。來鳳縣者，曰西關。皆係私販熟由之路。飭令酌募緝私巡勇，分派地段查緝梭巡，如續有查出之路，及情形或有變遷，隨時酌量添改，務令無從飛越。其北路襄、鄖一帶，並已派員詳查，以光化縣屬之老河口爲扼要之地，應於此設立專局，於樊城設立分局。此外，如竹山縣屬之官渡河、馬門子河，竹谿縣屬之小河口、關埡子、郭家洲，鄖陽縣屬之黄龍灘，房縣城外及下店子、范家埡子，均州屬之孫家灣，均應設卡補抽駐勇巡緝。其有河道者，量設巡船，以杜趨避繞越。惟距南路過遠，宜昌專局不能兼顧，應另委幹練可靠之員，專辦北路，以與南路相輔而行。合計南、北兩路隘卡二十餘處，延袤一千七八百里。南路約需緝私巡勇三百餘名，北路約需二百餘名，始足以資彈壓、截緝之用。此項巡勇係爲杜緝土藥私販而設，所需經費應即在土藥税項下開支，就地取材，以免另行撥款。此條爲整頓藥税之根，斷不宜省。照此辦法，半年之後收數必可大有起色。各卡專爲杜截土藥繞越，不與百貨釐金相涉。其地均係山僻深遠邊防要地，即蜀、湘兩省交界處所，游會各匪亦可並資防緝。據該鎮道等會禀，宜昌專局已於七月十八日開辦。體察商販情形，皆知此係特旨飭辦之件，且派有文武大員督辦，各路分卡均有巡勇截緝，聲勢壯盛，似尚能遵章完納。臣等復經三令五申，嚴核委員功過，以後如再敢有仍前故縱減收者，立予撤參示懲，其官差兵勇各船夾帶私土者，查出一併從嚴參辦。至土藥落地釐金爲數有限，與税項係屬兩事，向來按兩抽收，行之既久，毫無弊竇，自可照舊辦理。（所收）［此項］藥釐，係於百貨册内專款開列，按半年奏報一次。土藥税銀，則係由司分年分款造册報銷。今既欽奉諭旨，以後自應將土藥税項按季另册造報。此又奉旨以後現擬辦法之實在情形也。

查鄂省現擬整頓藥税之法，實已不遺餘力。惟土藥通行甚廣，不盡銷售鄂省，必須鄰省通力合作，互相稽查，方能益收實效。應請旨敕下湖南、河南、江西、安徽各省，於交界處所設卡盤查。如有鄂來土藥，驗無湖北省税票印花者，即係偷漏無疑，應罰[令]全數充公。似於鄂省及鄰省餉項均有裨益。如此，則奸商無從趨避，税項必可日增。

（硃批）該衙門知道。（欽此）[一]

鄂省撥借晉款晉省讓減息銀片[二] 光緒十六年八月二十四日

再，織布局由粵移鄂，前經臣將在粵購辦布機用款並布局移鄂後籌措建廠及由粵撥借晉款爲常年經費等情，分晰奏明在案。旋准兩廣督臣李瀚章將晉款二十萬兩撥匯到鄂。查此款若照粵借認息九釐合計成本未免稍重。經臣函商山西撫臣劉瑞祺去後，茲准函覆，已與司道籌議，慨允讓減五釐，以四釐周年行息，俾布局得資周轉，屬即據情奏明等因前來。查晉省此項息銀，係籌抵捐攤之用，讓減五釐，一年驟少萬金進款，必須另籌抵補，自非撫臣劉瑞祺公忠體國，通籌大局，冀擴利源而杜外耗，詎肯舍己從人，贊成斯舉。前准户部咨，晉款撥歸湖北應用，應自本年三月初一日起照案認息。鄂省現在布局雖未開辦，此項息銀臣自當設法照四釐籌付，以應晉省要需。所有鄂省撥借晉款晉省讓減息銀緣由，除咨明總理各國事務衙門及户部外，理合附片具陳，伏祈聖鑒。

該衙門知道。

江漢關掃解本年提撥加放俸餉及籌節關費等銀摺[三] 光緒十六年八月二十四日

竊照前准户部咨，具奏各關應解抵閩京餉，請改爲加放俸餉銀兩。江漢關仍於四成洋税項下，每結提解銀四千兩。又，户部咨，具奏議停京員津貼案内，令各省關仍照原撥津貼之數按年全數解部，以備搭放俸餉之用。又，户部咨，會議總理各國事務衙門具奏統籌全局，請由户部通盤籌畫接濟各路軍餉案内，奏請在於江漢關解費經費項下格外撙節，每年匀撥銀五千兩以供軍餉各等因。均經行令遵照辦理。茲據署湖北漢黄德道監督江漢關税務江麟瑞詳稱，江漢關本年應解抵閩京餉改爲加放俸餉銀兩，業已解過第一百十八、十九兩結銀八千兩，詳請奏咨在案。現復在於第一百二十、二十一兩結所徵四成洋税項下，各提足色庫平銀四千兩，共銀八千兩，作爲本年加放俸餉銀兩。又在於解費經費内，籌備足色庫平銀一萬兩，作爲本年應解搭放俸餉銀兩。又在於光緒十六年分解費經費項下，竭力籌備足色庫平銀五千兩，作爲本

[一] 以上衍、脱、舛七處，據中華書局一九九五年版《光緒朝硃批奏摺》第七七輯，第三二七至三三一頁删、補、校正。

[二] 録自中國第一歷史檔案館編《光緒朝硃批奏摺》第一〇一輯，第六九八頁，中華書局一九九五年版。

[三] 録自中國第一歷史檔案館編《光緒朝硃批奏摺》第八六輯，第八五四至八五五頁，中華書局一九九五年版。

年應解籌節關費接濟各路軍餉銀兩。飭委補用知縣徐鼎臣、章冕會同管解赴京交納。並聲明江漢關本年應解京員津貼改爲搭放俸餉銀一萬兩、籌節經費銀五千兩，業已掃數解清等情，詳請奏咨前來。臣覆核無異，除分别給咨管解外，謹會同湖北巡撫臣譚繼洵恭摺具陳，伏祈皇上聖鑒。

户部知道。

江漢關撥解滿緑各營兵餉片〔一〕 光緒十六年八月二十四日

再，前准户部咨，豫撥湖北省庚寅年滿緑各營兵餉案内，撥江漢關洋税銀十五萬兩等因。業經飭據該關道籌解銀五萬兩，詳經臣附片奏報在案。茲據署湖北漢黄德道監督江漢關税務江麟瑞詳稱，復在於第一百二十結所徵六成洋税項下，動支庫平足色銀五萬兩，委員解赴藩司衙門交收，以供支放等情，詳請奏咨前來。臣覆核無異，除分咨總理各國事務衙門暨户部查照外，謹會同湖北巡撫臣譚繼洵附片具陳，伏祈聖鑒。

該衙門知道。

江漢關掃解本年籌邊軍餉片 光緒十六年八月二十四日

再，前准户部咨，庚寅年籌邊軍餉奏撥江漢關四成洋税銀十二萬兩、六成洋税銀十六萬兩，行令遵照辦理等因。業經籌撥本年第一批至四批四成洋税銀九萬兩、六成洋税銀十二萬兩，隨時奏報在案。茲據署湖北漢黄德道監督江漢關税務江麟瑞詳稱，在於第一百二十結所徵四成洋税項下，動支庫平足色銀三萬兩，並在是結所徵六成洋税項下動支庫平足色銀四萬兩，共銀七萬兩，作爲本年第五批籌邊軍餉，飭委補用知縣徐鼎臣、章冕會同管解赴京交納。所有本年奏撥前項銀兩，業已掃數解清等情，具詳請奏前來。除分咨外，謹會同湖北巡撫臣譚繼洵附片具陳，伏祈聖鑒。

户部知道。

撥解第四批北洋海軍經費片〔二〕 光緒十六年八月二十四日

再，承准海軍衙門咨開，光緒十六年分北洋海軍經費，應撥湖北釐金銀三十萬兩，分批徑解北洋兑收等因。查湖北省釐金項下原撥南、北洋海防經費銀三十萬兩，光緒六年三月經北洋大臣奏准，按八成分解，每年共應解銀二十四萬兩。所有十二至十五等年分應解前項銀兩，照案應改解海軍衙門，並專解北洋，均經遵照，分别解清。本年已解過第一、二、三批共銀十萬兩附片具奏在案。茲據湖北善後局司道詳報，續撥本年第四批庫平銀四萬兩，飭委遊擊黄銘新於八月十三日解交湖北淮軍收支轉運局兑收轉解北洋，以應要需等情，詳請奏咨前來。除分咨外，謹會同湖北巡撫臣譚繼洵附片具陳，伏祈聖鑒。

該衙門知道。

〔一〕以下二件録自中國第一歷史檔案館編《光緒朝硃批奏摺》第五八輯，第七一一頁，中華書局一九九五年版。

〔二〕録自中國第一歷史檔案館編《光緒朝硃批奏摺》第六五輯，第一〇四頁，中華書局一九九五年版。

江漢關籌解第六年第一期洋款利銀及第五年第四期應補鎊價銀兩片[一] 光緒十六年八月二十四日

再，前准户部咨，神機營息借洋款奏令各海關按期歸還一摺內稱：此次該營續收洋款一百四十四萬磅，均自光緒十一年八月二十三日爲第一年第一期歸付利銀之始，照每磅三兩五錢核算，共銀二百二十四萬六千四百磅，合廣平銀七百八十六萬二千四百兩。擬令津海、東海、江漢三關，各分派本息共銀一百五十七萬二千四百八十兩。江海關分派本息共銀三百十四萬四千九百六十兩。仍照光緒十一年二月奏定辦法，令各該關先期二十日解交江海關兑收，届期統由江海關道隨時照外洋磅價漲落作合磅價，或盈或絀，即由該關分別應墊應存，再與原派歸還之海關按期結算清楚等因。光緒十二年正月二十八日具奏。奉旨：依議。欽此。欽遵咨行前來。當經轉飭遵照辦理。所有江漢關應還第一年二期起至第五年四期止應付利銀並第五年第三期應補磅價銀兩，均經先後委員解交江海關驗收給領，附片奏報在案。

茲據署湖北漢黄德道監督江漢關税務江麟瑞詳稱，准江海關鈔送詳稿內稱，光緒十六年五月十五日應付怡和第五年第四期利銀，因是日無市，即照十六日上海電匯外洋市價核算，江漢關應還庫平銀一萬九千七百八兩九釐四毫八絲，較部撥銀一萬七千六百四十兩，實增庫平銀二千六十八兩九釐四毫八絲，由道墊付，咨請解滬歸款等因。茲查光緒十六年八月十八日爲第六年第一期，即在第一百二十結所徵六成洋税項下，動支庫平足色銀一萬七千六百四十兩作爲第六年第一期應付利銀，又支庫平足色銀二千六十八兩九釐四毫八絲作爲第五年第四期應補磅價銀兩，飭委候補巡檢陳毓焯解赴江海關驗收，分別給領歸款等情，詳請奏咨前來。臣覆核無異，除分咨外，謹會同湖北巡撫臣譚繼洵附片具陳，伏祈聖鑒。

該衙門知道。

請准以瞿廷韶補授道缺摺[二] 光緒十六年八月二十四日

竊照湖北鹽法武昌道葉蔭昉於交卸調署荆宜施道篆務後，稟請開缺回籍修墓，經臣等恭摺奏奉硃批：著照所請。該部知道。欽此。所遺部選道員之缺，應仍留外補，定例按照終養遺缺序補。接准吏部知照，於六月十八日奉旨，按五日後行文，照限減半計算，湖北扣程限二十五日，應以七月十八日，作爲本省接到部文開缺日期，應即照章遴員請補。查鹽法武昌道一缺，駐紮省垣，政務殷繁，察吏安民責任綦重。且鹽課爲鄂餉大宗，現川淮分成配銷，籌畫稽察尤關緊要。非精明練達，爲守兼優之員，難期勝任。臣等在於湖北候補道員中逐加遴選，查有二品頂戴補用道瞿廷韶，現年五十三歲，順天宛平縣舉人，同治四年由主事調赴河南軍營差遣，保舉分省直隸州知州花翎洊保分省知府補缺後，以道員用，遵例指省湖北。十年十月到省，歷委代理鄖陽、黄州等

〔一〕録自中國第一歷史檔案館編《光緒朝硃批奏摺》第八一輯，第七六〇至七六一頁，中華書局一九九五年版。

〔二〕録自《京報》第三五五六號。

府知府，署理宜昌府知府，派充軍需善後總局提調，籌餉出力，保加鹽運使銜，遵例捐離知府任以道員仍留湖北，歸原保班次補用，請咨引見。光緒五年十二月初十日欽派王大臣驗放，堪以發往，奉旨：依議。欽此。六年二月十二日到省，年滿甄别，奏請以繁缺留省補用。奉旨：吏部知道。欽此。歷委辦理通省牙釐總局、善後總局兼總理營務處，籌解甘餉出力，賞加二品頂戴。歷署鹽法武昌道、督理糧儲道，本年正月復委署理鹽法武昌道篆務。

查該員才長識練，穩慎精勤，在鄂二十年疊派要差，歷署府、道各篆，均能認真整頓，情形極爲熟悉。現在鹽道署任，裕餉恤商，整頓地方措施悉當，人地尤爲相宜，以之請補斯缺，實堪勝任。且係科甲出身，與應用候補班時先儘請補定例相符。合無仰懇天恩俯念員缺緊要，准以補用道瞿廷韶補授湖北鹽法武昌道缺，實於吏治課餉大有裨益。再，該員係補用道請補鹽道，銜缺相當，毋庸送部引見，合併陳明。所有揀員請補省會道缺緣由，謹合詞恭摺具奏，伏祈皇上聖鑒。

吏部議奏。

請旨建坊摺〔一〕 光緒十六年九月初八日

竊查定例，士民人等捐銀一千兩以上者，請旨建坊，給予樂善好施字樣等語。茲有四川萬縣人同知銜游鑑洋、文童周本軒，均因鄂省上年被水成灾，奏明開辦賑捐，該職等遵其故父遺命，各捐庫平銀一千兩，呈繳藩庫，如數兑收，以濟賑需。據賑捐局司道詳請具奏前來。臣等覆查，該職游鑑洋、該童周本軒，各捐銀數，核與建坊之例相符。合無仰懇天恩俯准游鑑洋之故父四品封職游道桂，周本軒之故父周仁興，各在本籍四川萬縣照例建坊，給予樂善好施字樣，以昭激勸而示旌獎。出自鴻慈。謹合詞恭摺具陳，伏乞皇上聖鑒訓示。

著照所請。禮部知道。

掃解本年甘肅新餉片〔二〕 光緒十六年九月 日

再，承准軍機大臣字寄，光緒十五年八月十九日奉上諭：户部奏，籌撥甘肅新餉一摺，甘肅關内外各軍餉銀關繫緊要，現經該部將光緒十六年新餉指撥湖北省銀三十三萬兩，著該督撫等嚴飭司道按照部撥數目，於本年十二月底止趕解三成，至來年四月底止再解三成，其餘四成統限九月底掃數解清。等因。欽此。業經欽遵籌解第一批至五批共銀二十八萬兩，附片奏報在案。茲據兼署湖北布政使按察使覺羅成允會同善後局司道詳稱，在於鹽課釐金項下籌撥第六批銀五萬兩，於九月初十日照案發交漢鎮天成亨商號匯解赴甘肅藩庫交收。所有光緒十六年分奉撥甘肅新餉銀三十三萬兩，現已掃數解清，詳請奏咨等情前來。除分咨外，謹會同湖北巡撫臣譚繼洵附片具陳，伏祈聖鑒。

户部知道。

〔一〕録自《京報》第三五七〇號。

〔二〕録自中國第一歷史檔案館編《光緒朝硃批奏摺》第五八輯，第七三三頁，中華書局一九九五年版。

江漢關籌解息借洋款第六年第一期應補鎊價銀兩片〔一〕 光緒十六年九月 日

再，前准户部咨，神機營息借洋款奏令各海關按期歸還一摺內稱：此次該營續收洋款一百四十四萬鎊，均自光緒十一年八月二十三日爲第一年第一期歸付利銀之始，照每鎊三兩五錢核算，共銀二百二十四萬六千四百鎊，合廣平銀七百八十六萬二千四百兩。擬令津海、東海、江漢三關，各分派本息共銀一百五十七萬二千四百八十兩。江海關分派本息共銀三百十四萬四千九百六十兩。仍照光緒十一年二月奏定辦法，令各該關先期二十日解交江海關兑收，届期統由江海關道隨時照外洋鎊價漲落作合鎊價，或盈或絀，即由該關分别應墊應存，再與原派歸還之海關按期結算清楚等因。光緒十二年正月二十八日具奏。奉旨：依議。欽此。欽遵咨行前來。當經轉飭遵照辦理。所有江漢關應還第一年二期起至第五年四期止，應付利銀、補鎊銀兩均經先後委員解交江海關驗收給領，附片奏報在案。

兹據署湖北漢黄德道監督江漢關税務江麟瑞詳稱，准江海關鈔送詳稿內稱，光緒十六年八月十八日應付怡和第六年第一期利銀，因是日無市，即照十九日上海電匯外洋市價核算，江漢關應還庫平銀一萬八千七百五兩九錢四分一釐六毫，較部撥銀一萬七千六百四十兩，實增庫平銀一千零六十五兩九錢四分一釐六毫，由道墊付，咨請解滬歸款等因。兹在第一百二十二結徵存六成洋税項下，動支庫平足色銀一千零六十五兩九錢四分一釐六毫，作爲第六年第一期應補鎊價銀兩。飭委准補竹谿縣典史沈國瑛，解赴江海關驗收歸款等情，詳請奏咨前來。臣覆核無異，除分咨外，謹會同湖北巡撫臣譚繼洵附片具陳，伏祈聖鑒。

該衙門知道。

飭委臬司兼署藩司片〔二〕 光緒十六年九月 日

再，准部咨，光緒十六年八月十三日奉上諭：江蘇布政使着鄧華熙調補，黄彭年着調補湖北布政使。均即赴新任，毋庸來京請訓。欽此。應即飭令鄧華熙交卸前赴新任。惟黄彭年到鄂尚需時日，所有湖北布政使篆務，自應委員署理以重職守。查湖北按察使覺羅成允，老成穩練，辦事認真，堪以兼署。除檄飭遵照外，謹合詞附片具陳，伏乞聖鑒。

知道了。

委員管解宜昌關應解京餉片〔三〕 光緒十六年十月初二日

再，據湖北布政使黄彭年詳稱，准宜昌關咨，解一百十七結起至一百二十結止應解户部京餉庫平銀十一萬三千九百二十五兩八錢六分七釐四絲四忽，又洋藥税釐庫平銀六十七兩九錢二分五釐。遇有領解京餉便員，由司詳請管解等因。查有補用知縣唐殿華、大挑本班儘先補用知縣蘇貽英，堪以管解赴京交納等情，詳

〔一〕録自中國第一歷史檔案館編《光緒朝硃批奏摺》第八一輯，第七六三頁，中華書局一九九五年版。
〔二〕録自《京報》第三五七〇號。
〔三〕録自中國第一歷史檔案館編《光緒朝硃批奏摺》第八六輯，第八八〇頁，中華書局一九九五年版。

請奏咨前來。臣覆核無異，除給咨管解外，謹會同湖北巡撫臣譚繼洵附片具陳，伏祈聖鑒。

户部知道。

本年冬漕仍請折徵兼籌採運摺[一] 光緒十六年十一月十八日

竊准户部咨，奏催江西等省折漕省分，應徵光緒十六年分新漕，設法起運本色，並催解漕折銀兩一摺。光緒十六年九月初九日具奏。奉旨：依議。欽此。鈔録原奏咨行到鄂。當經轉飭兼署布政使事按察使覺羅成允、督糧道惲祖翼妥議詳辦。茲據該司道等會詳請奏前來。臣等伏查漕糧爲維正之供，攸關京倉儲備及開支俸餉要需，急應力籌起運，何敢視爲緩圖。無如湖北省自咸豐七年改折以來，民閒相安已久，兼之各屬漕倉久燬，糧船朽爛無存，節經各前任督撫臣瀝情陳奏在案。本年入夏以來，江漢盛漲，低窪各屬多被漫淹。交秋後晴霽日久，高阜之區又復受旱，收成均屬歉薄，民食尚形匱乏，實難遽復本色。前於例應啓徵之期，臣等已督飭司道行令各屬仍照折徵章程趕緊催徵，現已徵有成數，陸續報解。惟思京倉需米孔殷，不能不併籌兼顧。查湖北省歷屆由輪船招商局採買米三萬石，承運赴京，悉臻妥速，辦有成效。雖折徵一石之銀不敷買運一石之用，第不敷之款係在各屬漕餘内所提兑費等款湊濟，並不動用漕糧正項，於解京漕折毫無虧損，而倉儲不無裨益。本届應請照章辦理，以供支放之需。至奉催漕折銀兩，委因近年各屬完解此項，先於年前發交招商局購買米石，以備來春起運，是以起解京餉稍遲。查各年分應解漕折項下，除動撥採運外，光緒十四年已解銀十三萬五千餘兩，十五年已解銀七萬兩。其十四年以前漕折銀兩，亦陸續分批起解。現仍嚴催各屬將尾欠十四、十五等年漕折銀兩，趕緊全完，解部交納。所有本年冬漕仍請折徵兼籌採運緣由，除咨户部外，謹合詞恭摺具奏，伏乞皇上聖鑒訓示。

户部知道。

湖北省光緒十五年冬漕採運米石由海運通交兑完竣摺 光緒十六年十月十八日

竊照湖北省光緒十五年冬漕，經前任督臣裕禄會同前撫臣奎斌奏請仍徵折色，並酌提漕折等款銀兩，由招商局委員採買正米三萬石運京，奉旨允准。當經轉飭遵辦在案。茲據湖北督糧道惲祖翼詳，准委辦輪船招商局山東登萊青道盛宣懷等移稱，湖北省光緒十五年漕糧奉飭採買正米三萬石，並商船耗米二千四百石、剥船食米三百四十五石、新增剥耗米一百七十二石五斗，共米三萬二千九百一十七石五斗，均經購辦足數，於十六年六月十八日由津全數起運至通，經倉場總督督同坐糧廳將正米三萬石如數驗收，於七月初三日交兑完竣。其商剥各船耗食等米，亦俱照章分別支給清楚等情，轉詳請奏前來。除飭將支用米價、運費等項數目核實報銷，並咨明户部外，謹合詞恭摺具陳，伏乞皇上聖鑒。

户部知道。

[一] 以下二件録自中國第一歷史檔案館編《光緒朝硃批奏摺》第七〇輯，第三八二至三八四頁，中華書局一九九五年版。

湖北徵收錢漕尚無積弊擬請免造徵信册摺〔一〕

光緒十六年十月二十一日

竊查光緒十二年，户部奏，定釐剔錢糧積弊章程，並頒徵信册式，令填註民欠花户銀數，刊示鄉閭，並送部備查等因。業經前督撫臣轉行司道通飭各屬一體遵辦，按年奏報在案。臣等伏查錢、漕兩項，均關正供。户部以缺額過多，臚陳五弊，奏請造册徵信，良法美意，允宜遵行，何敢忽議更變。惟悉心體察湖北錢漕情形，自前撫臣胡林翼清理定章後，鄉民完納稱便，三十餘年未之有改。且查户部原奏内開短徵各省，以安徽、江甯爲最，蘇州、江西次之，河南又次之，湖北僅渾入虧缺一二分各省之内。是未辦徵信册以前，湖北所短即屬無幾。其無前項弊端，尤可概見。由此言之，徵信册一項，在安徽等省或不能不辦，而在湖北似不必再辦。臣等敢就原奏内所指五弊確查爲湖北所無者，敬爲我皇上縷析陳之。

原奏一曰報荒不實。查他省荒地較多，或恐不實。湖北地瘠民貧，生齒繁庶，凡有可耕之處，無不墾熟陞科。除從前已報水衝沙壓，委係終成廢田外，實無新墾之地。此無報荒不實之弊也。

原奏一曰報災不確。查湖北所轄各府州縣衛，如鄖陽、施南、宜昌等府屬，均係年清年款，絲毫無欠。其餘如武昌府屬之江夏、武昌、咸甯、嘉魚、蒲圻，漢陽府屬之漢陽、漢川、黄陂、孝感、沔陽，黄州府屬之黄岡、蘄水、蘄州、廣濟、黄梅，德安府屬之應城，安陸府屬之鍾祥、京山、潛江、天門，荆門，直隸州荆州府屬之江陵、公安、監利、石首、松滋、枝江等二十七州縣，暨武昌、武左、沔陽、黄州、蘄州、荆州、荆左、荆右等八衛，濱臨江漢，每年夏秋盛漲，低窪必皆成災。一經稟報，該管道府即親詣查勘。及稟報到省，又復委員確查，總視受災重輕，以定蠲緩多寡，以額徵計之，從不過一分上下。奏請之後，欽奉恩旨謄黄，即委員賫往分貼。間有先期全輸者，皆令流抵次年正賦。小民習於已，事實亦無從欺罔、巧恣、侵漁，是無報災不確之弊也。

原奏一曰捏完作欠。查州縣經徵錢糧，處分極重，防制極密。湖北向用連三板串，刊刻大寫數目木戳，將已完銀米各數，印入串内。上司又遞相稽核，未完必調查串票，已完必核對紅簿串根，是以歷届奏銷雖有民欠未完之項，而奏後仍有續完，蒂欠實亦甚少，是無捏完作欠之弊也。

原奏一曰徵存不解。查湖北各屬錢糧，向係隨徵隨解，如遇新舊交替，間有移交後任代解之款，亦即據稟催提，不准存留屬庫，是無徵存不解之弊也。

原奏一曰交代宕延。查湖北各州、縣、衛之交代，光緒十年以前舊案，業於十一年七月一律清結。十一年正月以後交代，已遵部章將補署州縣到任日期專案報部，應造交代案册結節經按限咨部。如有虧短，立即叅追，是無交代宕延之弊也。

此五弊者，使其有一於此，雖朝廷未立明法，臣等職司所寄，猶將深惡痛恨，執當官不避事之義，剔除根株，嚴懲欺蠹。若既從嚴考察，徵諸既往，災緩不過一分，而强續完民欠，又復無歲不有。驗諸目前徵信册已辦三年，小民耳目周知，曾未見以前項諸弊控者，是不獨官可共信，即質之斯民，亦無不可共信。所有

〔一〕 録自中國第一歷史檔案館編《光緒朝硃批奏摺》第六六輯，第四〇六至四〇七頁，中華書局一九九五年版。

湖北徵信册擬請即自光緒十五年起，免其造辦，以省繁冗。且歲省刷印工本銀四千餘兩，略節虛糜，於財用亦有裨益。據湖北布政使黄彭年、督糧道惲祖翼會詳請奏前來。臣等查該司道所稱，尚係實在情形。臣等仍當督飭藩司、糧道暨該管道府隨時認真稽察，如有以上諸弊，即行據實嚴叅，不容稍有蒙混，以仰副聖主除弊恤民之至意。除咨部查照外，謹合詞恭摺具陳，伏乞皇上聖鑒，敕部核議遵行。

户部議奏。

請奬叙徵收錢漕年内掃數全完之員摺〔一〕 光緒十六年十月二十四日

竊照錢漕爲維正之供，催科乃有司專責。鄂省頻年奉提京餉，以及指撥協濟鄰省各餉，全賴地丁等款徵解踴躍，藉資挹注。是州縣催科之勤惰，實爲餉項所攸關。其有催科勤奮，先期完解之員，歷經奏請奬叙，均奉俞允在案。

茲據湖北布政使黄彭年、督糧道惲祖翼會詳稱，查黄安縣額徵光緒十五年司庫地丁等款錢糧，除坐支外，實應解銀一萬六千八百三十一兩九錢四分五釐。又應解道庫漕南正耗米折等款銀四千二百九十三兩二錢二分一釐，均於年内掃數全完等情，請奏奬前來。臣等查該縣額徵各款錢糧銀兩，合計在二萬兩以上，均於年内掃數全完，洵屬催科勤奮，自應專案請奬。合無仰懇天恩俯准將黄安縣知縣陶大夏，照例給予紀録三次，以示鼓勵而昭激勸。謹合詞恭摺具陳，伏祈皇上聖鑒訓示。

著照所請。該部知道。

籌解協滇餉銀片〔二〕 光緒十六年八月至十月　日

再，湖北省奉撥欠解雲南協餉三分之一，銀五十一萬七千餘兩，業經先後撥解銀四十五萬兩，附片奏報在案。茲據署湖北布政使覺羅成允會同善後局司道詳稱，現復勉籌長沙平銀一萬兩，發交雲南催餉委員知縣吴本仁領匯赴滇，以應要需等情，詳請奏咨前來。除分咨外，謹會同湖北巡撫臣譚繼洵附片具陳，伏祈聖鑒。

户部知道。

飭藩司黄彭年赴任片〔三〕 光緒十六年十月　日

再，新授湖北布政使黄彭年前因來鄂需時，所有藩司篆務經臣等奏明飭委按察使覺羅成允兼署。茲黄彭年業已到省，應即飭赴新任，以重職守。除檄飭遵照外，謹合詞附片具陳，伏乞聖鑒。

知道了。

保奬清文繙譯摺〔四〕 光緒十六年十一月初二日

竊據湖北布政使鄧華熙詳，據候補七品筆帖式繙譯舉人榮興

〔一〕録自中國第一歷史檔案館編《光緒朝硃批奏摺》第七輯，第九三頁，中華書局一九九五年版。

〔二〕録自中國第一歷史檔案館編《光緒朝硃批奏摺》第五八輯，第七四六頁，中華書局一九九五年版。據本册第三二八頁、三五九頁兩件《籌解協滇餉銀片》中所奏解銀數推算，此件具奏日期應介於兩件之間。似應為光緒十六年二月至五月　日。

〔三〕録自《京報》第三六一三號。

〔四〕録自《京報》第三六一八號。

稟稱，現年三十二歲，係荊州駐防京城鑲紅旗蒙古祥禧佐領下人，由繙譯生員考取候補筆帖式，於光緒十年九月充補湖北督撫衙門繙譯差使。十一年乙酉正科湖北鄉試中式第三名繙譯舉人。計自光緒十年九月到省當差起至本年九月止，六年期滿，幸無貽誤，理合造具履歷清册，呈由該司轉詳前來。

臣查前督臣官文，因督、撫兩衙門時有部咨清文事件，書吏多未諳習，奏請擬調荊州駐防旗員來省充當繙譯差使。旋准吏部咨，議覆於荊州將軍衙門現任筆帖式三員内，由該將軍揀選繙譯通順者一員，派往湖北省專辦督撫衙門繙譯事件，作爲差缺仍食本身俸餉員缺不必開選，六年期滿，如果辦事無誤，由該督撫出具考語保奏，以應陞之小京官主事等缺，即行陞用，不積應陞之缺等因。奏奉諭旨，允准在案。兹榮興係由繙譯生員候補筆帖式派赴來省充當繙譯差使，旋於乙酉科中式繙譯舉人。計自光緒十年九月起迄今六年期滿，尚無遺誤。臣查該員明白安詳，從公勤慎，自應遵照部章保獎。查小京官係繙譯生員八品筆帖式應陞之階，該員榮興由生員中式繙譯舉人七品候補筆帖式，當差年滿，情願赴京效力。相應仰懇天恩俯准候補七品筆帖式繙譯舉人榮興，以主事缺即行陞用，不積應陞之缺，以示獎勵。除履歷清册送部外，謹會同湖北巡撫臣譚繼洵、荊州將軍臣祥亨恭摺具奏，伏祈

皇上聖鑒訓示。

吏部議奏。

宜昌關第一百二十結收支各款税銀數目開單具陳摺〔一〕

光緒十六年十一月初二日

竊照前准户部咨，鈔奏内開：各海關洋税收支數目辦理未能畫一，應令遵照定章，按結開列清單奏報一次，仍扣足四結開單奏銷一次，概不得以收支數目串入原摺，以致混雜不清。仍一面造具四柱清册暨支銷經費銀兩清册，分送户部暨總理各國事務衙門，以憑核銷等因。光緒十年二月二十五日具奏。奉旨：依議。欽此。又准户部咨，江漢關第九十五結期滿清單，僅有收支款目，以致各結總數未能聯貫。嗣後應令將舊管、新收、開除、實在，分爲四柱，逐款開列，以昭明晰各等因。先後轉行遵照辦理。

兹據湖北荊宜施道監督宜昌關税務方恭釗詳稱，宜昌關徵收各項税銀，前經截至光緒十六年五月十四日第一百十九結止，詳請奏咨在案。兹自光緒十六年五月十五日起至八月十七日止第一百二十結期滿所徵税銀，除照章開支外，連上三結存銀及本結新收，實存税銀十二萬八千三百二十三兩九分二釐，前經詳請咨明，奉准部覆，歸入一年報銷案内，解存藩庫，委員解京。再，本結並無洋藥進口，亦無罰款銀兩。又洋商雇用華船，現由常關徵料，毋庸造册報銷等情，詳請奏咨前來。臣覆核無異，除將清單、清册咨送總理各國事務衙門、户部户科查照外，所有宜昌關第一百二十結收支各款税銀數目緣由，謹會同南洋通商大臣暨湖北巡撫臣譚繼洵恭摺具陳，並繕具四柱清單，恭呈御覽，伏祈皇上聖鑒。

該衙門知道。單併發。

〔一〕以下二件録自中國第一歷史檔案館編《光緒朝硃批奏摺》第七二輯，第五二二至五二四頁，中華書局一九九五年版。

宜昌關第一百十七結至一百二十結徵收税銀解存藩庫遇有便員解部交納摺 光緒十六年十一月初二日

竊照前准户部咨，宜昌關八十六結以前實存銀兩，准其解交藩庫，委員解部交納。其自八十七結以後各結，所存税銀，務於期内報解，先行詳咨備查。一俟關務暢旺，仍即查照奏案辦理。委員解費、川資，並准照江漢關章程，實解銀一萬兩，另款開支銀二百五十兩。又准總理衙門咨，宜昌關應提出使經費，應即查照各關定章，統作十成，查照本衙門兩次奏案提出一成半，按結解交江海關存儲，以備分撥並詳報本衙門查核各等因。歷經轉飭遵照辦理。所有宜昌關一百十六結以前徵存銀兩均已解交藩庫，委員解部交納，詳請奏咨在案。

茲據湖北荆宜施道監督宜昌關税務方恭釗詳稱，自光緒十五年九月初七日一百十七結起至十六年八月十七日一百二十結止，四結期滿，共徵收各項税銀二十萬七千四百十八兩九分八釐，除存票抵税、傾鎔折耗、關用經費、税務司經費外，存銀十二萬八千三百二十三兩九分二釐，照章作爲十成，仍再以六成分作十成扣算，應提出使經費一成半銀一萬一千五百四十九兩七分八釐二毫八絲，實存銀十一萬六千七百七十四兩一分三釐七毫二絲。又第一百十八結期内另款徵收洋藥税釐銀六十八兩七錢五分，除支傾鎔折耗外，實存銀六十七兩九錢二分五釐。查此項銀兩爲數無多，所有委員川資應請毋庸提給。其應領之京餉委員解費，按照定章解銀一萬兩，開支川資銀二百五十兩，共支銀二千八百四十八兩一錢四分六釐六毫七絲六忽。除解費外，實解京餉洋藥税釐兩款銀十一萬三千九百九十四兩零一分七釐四絲四忽，均經如數傾鎔足色，於光緒十六年九月二十日飭委候補通判趙家瑞解交藩庫彈收。遇有領解京餉委員，由司詳請給咨搭解。其自一百二十一結以後各結所存税銀，仍俟一年期滿，即行報解等情，詳請奏咨前來。臣覆核無異，除分咨外，謹會同湖北巡撫臣譚繼洵恭摺具陳，伏祈皇上聖鑒。

户部知道。

光緒十六年春季分宜昌川鹽總局抽收正加課錢文數目摺[一] 光緒十六年十一月初二日

竊照湖北宜昌改設川鹽總局抽課濟餉，委員辦理，所有光緒十五年冬季分抽收鹽課錢文數目，業經恭摺奏報在案。茲據署湖北鹽法武昌道瞿廷韶查明光緒十六年春季分抽收鹽課錢文數目開報前來。臣覆加查核，宜昌川鹽局光緒十六年正月分抽收正課錢六萬六千零五十五串二百一十八文，内提籌備京餉錢二萬二千八百串文，加課錢二萬八千七百一十九串六百六十文。二月分抽收正課錢五萬三千九百八十七串七百一十六文，内提籌備京餉錢八千串文，加課錢二萬三千四百七十二串九百二十文，内提籌備京餉錢五千九百串文。閏二月分抽收正課錢八萬八千五百四十八串五百八十五文五毫，内提籌備京餉錢三萬七千一百串文，加課錢三萬八千四百九十九串三百八十五文。三月分抽收正課錢七萬二

[一] 録自中國第一歷史檔案館編《光緒朝硃批奏摺》第七五輯，第五〇〇頁，中華書局一九九五年版。

千七百六十七串六百四十一文五毫，内提籌備京餉錢一萬八千三百串文，加課錢三萬一千六百三十八串一百零五文。除加課錢文照章截半分解淮鹽督銷局公費，錢文留半歸外銷五成公費項下入收另報外，其正課全項内共提籌備京餉錢八萬六千二百串文，加課一半解鄂内共提籌備京餉錢五千九百串文。下餘隨同五成公費，均仍照向章，或現錢或易銀，分别由局撥充荆州滿營兵餉、水師月餉，餘則儘數由道移解善後局接濟軍餉。除解支細數造册咨部外，謹將光緒十六年春季分宜昌川鹽總局抽收正加課錢文數目，恭摺具陳，伏祈皇上聖鑒。

户部知道。

籌墊順直賑款片[一] 光緒十六年十一月初二日

再，本年順直水灾極重，疊准北洋大臣李鴻章兼管順天府尹潘祖蔭等電屬助賑。當經督飭司道設法勸辦賑捐，先行籌墊銀二萬兩，分匯順直濟賑。俟收捐後，分别籌還續解等因，附片奏明在案。旋准李鴻章咨，奏准推廣賑捐條款，咨請廣爲勸辦。並准户部咨同前因。當即飭在省司道開辦順直賑捐局，並派員勸諭漢口鎮等處紳商、富户量力集捐，暨勸令行楚川淮鹽各商捐助。惟現值冬令，畿輔灾民飢寒交迫，待賑尤殷，捐款籌集需時，緩不濟急，復飭司道在於本省已收賑捐項下撥借庫平銀二萬兩，交百川通商號電匯順天、直隸各一萬兩，以應急需。俟順直賑捐收有成數，即行撥還。除分咨查照外，謹合詞附片陳明，伏祈聖鑒。

該衙門知道。

江漢關籌解滿緑各營兵餉片[二] 光緒十六年十一月初二日

再，前准户部咨，豫撥湖北省庚寅年滿緑各營兵餉案内，撥江漢關洋税銀十五萬兩等因。業經飭據該關道先後籌解銀十萬兩，詳經附片奏報在案。

茲又據署湖北漢黄德道監督江漢關税務江麟瑞詳稱，復在於第一百二十結所徵六成洋税項下動支庫平足色銀五萬兩，委員解赴藩司衙門交收，以供支放。所有奉撥前項銀兩，業經籌解清楚等情，詳請奏咨前來。臣覆核無異，除分咨總理各國事務衙門暨户部查照外，謹會同湖北巡撫臣譚繼洵附片具陳，伏祈聖鑒。

該衙門知道。

掃解協滇餉銀片 光緒十六年十一月初二日

再，湖北省奉撥欠解雲南協餉三分之一銀五十一萬七千餘兩，業經先後撥解銀四十九萬兩，附片奏報在案。茲據湖北布政使鄧華熙會同善後局司道詳稱，現復勉籌長沙平銀二萬七千九百零五兩五錢三分三釐三毫三絲三忽，除扣滇省應協湖北省本年燕豫塘餉長沙平銀八百二十七兩三錢七分四釐四毫六絲四忽外，實應解銀二萬七千零七十八兩一錢五分八釐八毫六絲九忽，發交雲南催餉委員知縣吴本仁領匯赴滇，以應要需。所有雲南三分之一欠餉

[一] 録自中國第一歷史檔案館編《光緒朝硃批奏摺》第三一輯，第二九八頁，中華書局一九九五年版。

[二] 以下六件録自中國第一歷史檔案館編《光緒朝硃批奏摺》第五八輯，第七五〇至七五四頁，中華書局一九九五年版。

銀兩現已掃數解清等情，詳請奏咨前來。除分咨外，謹會同湖北巡撫臣譚繼洵附片具陳，伏祈聖鑒。

户部知道。

江漢關籌解本年六七八月分淮軍月餉片光緒十六年十一月初二日

再，前准户部咨：議覆直隸督臣李鴻章奏淮軍月餉支絀，請將江漢關應解額款於四六成洋税項下通融匀撥案内，議令江漢關應解淮餉，如六成洋税無款，即在四成洋税及五成二釐招商局税内按數提解等因。奉旨：依議。欽此。咨行欽遵辦理。查江漢關奉撥直隸督臣李鴻章淮軍月餉四成洋税銀二萬兩、六成洋税銀三萬兩，均解至本年五月分止。隨時附片具奏在案。茲在第一百二十結所徵四成洋税項下動支庫平銀六萬兩，因六成洋税無款可撥，並在是結四成洋税項下動支庫平銀三萬兩，五成二釐局税項下動支庫平銀六萬兩。作爲直隸督臣李鴻章及提督劉盛休所部淮軍本年六、七、八三箇月分協餉，委解湖北淮軍收支轉運局交收轉解。由署湖北漢黄德道監督江漢關税務江麟瑞具詳請奏前來。除分咨外，謹會同湖北巡撫臣譚繼洵附片具陳，伏祈聖鑒。

户部知道。

江漢關掃解海軍衙門常年經費片光緒十六年十一月初二日

再，前准户部咨，奏撥補海軍衙門常年經費案内，指撥江漢、宜昌兩關銀六萬兩，均於一百十八結至一百二十一結洋藥釐金加徵項下按季匀撥，解交海軍衙門兑收等因。當經飭據署湖北漢黄德道監督江漢關税務李壽蓉詳稱，宜昌關所徵洋藥税釐銀兩爲數無多，不敷撥解，自應查照成案，專由江漢關徵收洋藥税釐項下如數籌撥，分批解清，以供要需。業由該署關道撥解銀三萬兩，詳經臣附片奏報在案。

茲據署湖北漢黄德道監督江漢關税務江麟瑞詳報，在於該關第一百二十、二十一結徵存洋藥税釐項内，動支庫平足色銀三萬兩，飭委補用知縣徐鼎臣、章冕管解赴京交納。所有本年奉撥前項銀兩現已解清等情，詳請奏咨前來。除分咨外，謹會同湖北巡撫臣譚繼洵附片具陳，伏祈聖鑒。

該衙門知道。

籌解光緒十三年八月至十一月固本兵餉片光緒十六年十一月初二日

再，前准户部咨，原定各省應解固本兵餉，湖廣省按月應解銀五千兩，改令徑解部庫交納。又准户部咨，酌定分年帶解固本練餉欠款，擬定有閏之年解十五箇月，計銀七萬五千兩。無閏之年解十四箇月，計銀七萬兩。即自光緒十一年正月起，按年照數解清各等因。所有湖北省應解光緒十三年七月以前固本兵餉銀兩，業經先後委員管解赴部交納，附片奏報在案。

茲據湖北布政使鄧華熙詳稱，會同鹽法道在於鹽課項下籌撥銀二萬兩，作爲光緒十三年八、九、十、十一四箇月固本兵餉，飭委補用知縣徐鼎臣、章冕管解赴京交納等情，詳請奏咨前來。除給咨管解並飭司陸續補解外，謹會同湖北巡撫臣譚繼洵附片具陳，伏祈聖鑒。

户部知道。

協桂軍餉轉解山東河南片 光緒十六年十一月初二日

再，前准户部咨，議覆護理廣西巡撫李秉衡奏邊防各營請撥的餉案内，令湖北省自光緒十三年起按月協解廣西邊軍餉銀一萬兩，業經前督臣裕禄於十三年分籌解銀二萬兩，旋因湖北庫款支絀，力難續籌。咨准户部覈覆，議令將調直武毅二營裁撤，騰出餉糈，約銀七萬餘兩，籌解廣西軍餉。並經北洋大臣李鴻章奏明，自光緒十四年起武毅二營由直籌餉，奏准咨鄂查照在案。嗣於十四年分匯撥劃解，計共解銀十萬零三千八百六十六兩四錢。十五年分劃撥匯解，計共解銀七萬一千一百五十三兩二錢三釐四絲。本年已經兩次解過銀四萬兩，均經隨時附片奏報在案。

茲據湖北布政使鄧華熙兼署湖北布政使覺羅成允，會同善後局司道先後詳稱，現奉轉行准廣西巡撫馬丕瑶來咨，户部奏續撥山東河工經費銀兩案内，撥廣西省豫交當税銀二千二百兩，又鄭工捐輸銀二萬二千八十四兩四錢。查山東相距廣西較遠，河工待用孔殷，誠恐緩不濟急，請在湖北欠解廣西軍餉項下就近劃撥庫平銀二萬四千二百八十四兩四錢，委員徑解山東兑收。又奉轉行准廣西巡撫馬丕瑶來咨，粤西所收鄭工捐輸，應即解交濟用，惟粤豫相距甚遠，委解維艱，請在湖北應解廣西協餉項下就近撥解庫平銀一萬五千九百七十七兩五錢三分九釐九毫，委員徑解赴河南兑收各等因。遵即在湖北應解廣西月餉項下，劃提長沙平銀二萬五千一百五十八兩六錢三分八釐四毫，折合庫平銀二萬四千二百八十四兩四錢，飭委湖北候補道凌卿雲解赴山東兑收。又籌撥長沙平銀一萬六千五百五十二兩七錢三分一釐三毫三絲六忽，折合庫平銀一萬五千九百七十七兩五錢三分九釐九毫，飭委候補知縣陳光斗解赴河南兑收，以應要需等情，分別詳請奏咨前來。除分咨外，謹會同湖北巡撫臣譚繼洵附片具陳，伏祈聖鑒。

户部知道。

掃解本年抽裁勇營節省餉銀片〔一〕 光緒十六年十一月初二日

再，湖北省抽裁水陸營哨勇夫，每年節省薪公口糧銀七萬三千七百四十餘兩。自光緒十二年三月起至十五年十二月止，業經按月扣出，分起委解赴部。由前督臣裕禄附片奏報在案。前准户部咨，奏撥湖北應解京餉劃抵鐵路經費銀九十五萬兩案内，劃撥旗兵加餉，即裁節勇營之餉銀七萬兩截留應用等因。當經轉飭遵辦去後。茲據湖北布政使鄧華熙會同善後局司道詳稱，本年連閏應解節省抽裁水陸營哨勇夫薪糧銀七萬九千八百九十一兩三錢七分，除截留劃撥銀七萬兩外，尚應解銀九千八百九十一兩三錢七分，飭委候補知縣徐鼎臣、章冕管解赴京交納。所有本年抽裁勇營節省餉銀，現已掃數劃解清楚等情，詳請奏咨前來。除分咨外，謹會同湖北巡撫臣譚繼洵附片具陳，伏祈聖鑒。

户部知道。

〔一〕以下二件録自中國第一歷史檔案館編《光緒朝硃批奏摺》第八六輯，第八八八至八八九頁，中華書局一九九五年版。

宜昌關籌解出使經費銀兩片 光緒十六年十一月初二日

再，據湖北荊宜施道監督宜昌關稅務方恭釗詳稱，宜昌關第一百十六結以前應解出使經費銀兩，業經解交江海關驗收分撥，詳請奏咨在案。茲查自一百十七結起至一百二十結止扣足四結，一年期滿，共收各項稅銀内照章應提出使經費銀一萬一千五百四十九兩七分八釐二毫八絲。所有委員解費川資仍照每萬兩支銀二百五十兩扣算，計提給銀二百八十一兩六錢八分四釐八毫三絲六忽，實應解出使經費銀一萬一千二百六十七兩三錢九分三釐四毫四絲四忽，飭委候補通判趙家瑞解赴江海關驗收分撥等情，詳請奏咨前來。臣覆核無異，除分咨外，謹會同湖北巡撫臣譚繼洵附片具陳，伏祈聖鑒。

該衙門知道。

籌解本年第五批北洋海軍經費片〔一〕 光緒十六年十一月初四日

再，承准海軍衙門咨開，光緒十六年分北洋海軍經費應撥湖北釐金銀三十萬兩，分批徑解北洋兑收等因。查湖北省釐金項下原撥南、北洋海防經費銀三十萬兩，光緒六年三月經北洋大臣奏准按八成分解，每年共應解銀二十四萬兩。所有十二至十五等年分應解前項銀兩，照案改解海軍衙門，並專解北洋，均經遵照分别解清。本年已解過第一、二、三、四批共銀十四萬兩，附片具奏在案。

茲據湖北善後局司道詳報，續撥本年第五批庫平銀六萬兩，飭委遊擊黄銘新於十月初六日解交湖北淮軍收支轉運局兑收轉解北洋，以應要需等情，詳請奏咨前來。除分咨外，謹會同湖北巡撫臣譚繼洵附片具陳，伏祈聖鑒。

該衙門知道。

總兵丁憂開缺請旨簡放摺〔二〕 光緒十六年十一月初五日

竊據湖南永州鎮總兵韓晋昌呈報，生母王氏於光緒十六年九月十六日在籍病故，例應丁憂，呈請奏報開缺。並請委員接署，以便交卸回籍守制等情前來。臣查永州鎮界連兩粤，民(猺)[瑶]雜處，控制巡防均關緊要。查有衡州協副將馬朝龍，老成幹練，營務認真，於地方情形最爲熟悉，堪以飭委署理。除檄飭遵照外，所有永州鎮總兵員缺緊要相應請旨迅賜簡放，以重職守。謹會同湖南巡撫臣張煦、護湖南提督臣周瑞龍恭摺具陳，伏祈皇上聖鑒。

另有旨。

查明光緒十六年正月至六月湖北各州縣應襲職名摺 光緒十六年十一月初五日

竊照前准部咨，同治元年二月十六日奉上諭：軍興以來各省

〔一〕録自中國第一歷史檔案館編《光緒朝硃批奏摺》第六五輯，第一一二頁，中華書局一九九五年版。

〔二〕以下二件録自中國第一歷史檔案館編《光緒朝硃批奏摺》第四一輯，第六八八至六九〇頁，中華書局一九九五年版。

官紳士庶，凡臨陣捐軀守義殉難者，一經統兵將帥及該地方督撫奏請旌卹，無不立予褒揚。嗣後著該督撫轉飭各州縣，將應襲職名迅速查取，徑報督撫，毋庸由府司轉詳，予限半年，彙案具奏，以免煩擾。欽此。歷經欽遵彙奏在案。茲自光緒十六年正月起至六月底止，據湖北黄岡等州縣先後查詳前來。所有請承襲雲騎尉世職發標學習之樊錫恩、歐陽標、黎慶霖、雷定邦、雷定國，又請接襲恩騎尉世職發標學習之李道楨，共六員，均年已及歲，經臣先後驗看，俱屬年力青壯，堪以承襲、接襲、發標學習。又請承襲雲騎尉世職車度、李貽標、龍繩武，又請接襲雲騎尉世職黄祖蔭、戴澤深共五名，均年未及歲，亦經查明與例相符，應請准其承襲、接襲。統俟接准部覆，分別辦理。除鈔録清單同宗圖册結及已故世職李榮、戴昆各原領敕書一併咨送吏、户、兵各部辦理外，理合會同湖北巡撫臣譚繼洵恭摺具陳，並繕具各世職姓名、年貫清單恭呈御覽，伏祈皇上聖鑒。再，湖北提督係臣兼署，毋庸會銜，合併陳明。

兵部議奏。單併發。

勘定煉鐵廠基籌辦廠工暨開采煤鐵事宜摺 光緒十六年十一月初六日

光緒十六年閏二月十八日承准總理海軍事務衙門咨，光緒十六年二月二十九日會同户部具奏，遵議粵督李瀚章奏請將廣東煉鐵廠量爲移置一摺，黏抄原奏内稱，查湘、鄂煤鐵，既經張之洞訪知可恃，自應准其將此項機器改運鄂省，擇地安設，較爲直截簡便。第煉鐵爲造軌之基，其後半價值及營建廠屋之需，自當由部撥每年二百萬兩内劃撥。究用若干，應令先行估定報明立案等因。本日奉旨：依議。欽此。咨行到鄂，欽遵辦理。當即於湖北省城設立鐵政局，遴派奏調差委指分湖北補用道蔡錫勇，會同在省司道總辦局務，陸續訪求外省通曉鑛學之委員、學生咨調應用。自臣到鄂後，隨時將籌辦煤鐵情形電請海軍衙門核示，遵照疊次覆電辦理。嗣於七月内承准海署七月二十八日電開，廠地既經勘定，令即舉行，由臣自行奏明等因。

伏查設廠煉鐵，濬利源而杜外耗，爲中國創辦之舉。工程浩大，端緒紛繁，約以開鐵、采煤、造廠爲三大端。自上年冬間，疊次承准海軍衙門咨電後，即將臣前在粵省訪募英、德各國鑛師、洋匠、化學教習人等，咨調來鄂，於上年冬臘間陸續到鄂。即經臣派員帶同外洋工師赴大冶、興國等州縣及沿江上下游一帶查勘煤鐵。並委員分赴湖南及四川邊界查訪煤窿，於本年春間先後查勘回省。查明大冶縣鐵山實係産旺、質良，取用不竭，距江邊黄石港僅五十餘里。興國州産有錳鐵，尤爲煉鋼所必需，適與大冶接界。至煉鋼、煉鐵以白煤、石煤爲最善，或用油煤煉成焦炭亦可。湖北之荆門、當陽産有白煤，興山、歸州、巴東亦産白煤，爲數較少。湖南之寶慶、衡州、永州三府所屬各縣地方及接界之四川奉節、巫山，江西萍鄉所産白煤、石煤、油煤、焦炭尤爲旺盛。均屬一水可通。帶回煤、鐵質樣，當發交洋匠用化學藥料詳細化煉，分别等差。大率鐵鑛，每百分以鐵質多至五六十分，内含硫質在二釐以内，燐質在一釐以内者爲合用。煤以灰在十分以内，炭質在八十五分及九十分以外者爲合用。大冶之鐵鑛，鐵質六十分有奇。湘、鄂各煤，合式可用者共有二十餘處。

至建廠一節，查大冶開采鐵鑛，煉鐵廠自以附近産鐵地方爲最善。惟該廠基及儲（廠）［鐵］屯煤處所，［地］長三百餘丈，寬六七十丈，地宜平原高阜，兼通水運。大冶通江之黃石港地方，現任山東登萊青道盛宣懷，曾於光緒三年帶同洋鑛師郭師敦查勘煤、鐵。據禀，周歷大冶縣屬，上自黃石港，下至石灰窑，尋覓安爐基地，或狹小，或卑濕，再三相度，僅有黃石港東吴王廟旁尚敷安置，惟地勢不高，難免水患，旁有高地一區，又形狹隘，道光二十九年曾被水淹。復赴樊口，履勘武昌、黃岡縣屬，南北兩岸上下百餘里。據鑛師云，南岸多山隴，少平（原）［陽］。北岸多沙洲，少堅土。合觀大概，即求如前勘黃石港東基地亦不可得等語，禀鄂有案。查該道所稱安爐基地，係擬設出鐵四十噸之機爐已難得地，今所購機爐，每日出鐵一百噸，兼有煉鋼、造軌及煉熟鐵、（鑄）［製］鐵貨機器，廠地寬廣宜加數倍。臣疊派鑛師、洋匠暨道員徐建寅，督率測繪員生，前往查勘。該港沿岸平處皆屬被水之區，其高阜僅寬數十丈，斷不能設此大廠。據徐建寅禀稱，須將山頭開低數丈，仍留山根高於平地三丈，再將平地填高，始可適用，勞費無等。山麓兼有墳數十冢，礙難施工。復飭於省城各門外及沿江沌口、金口、青山、金沙洲、沙口一帶，上下數百里，尋覓測量，非屬低窪，即多墳墓，否則距水較遠，濱江無一廣平高燥之處。

兹勘得漢陽縣大别山下有地一區，原係民田，略有民房，長六百丈、廣百餘丈，寬綽有餘。南枕大别山，東臨大江，北濱漢水，東與省城相對，北與漢口相對，氣局宏闊，運載合宜。當經督飭局員及學生、洋匠，詳加考核，僉以爲此地恰宜建廠。大率其利便共有數端。荆、湘等煤皆在上游，若下運大冶，雖止多三百餘里，上水回船既無生意，運脚必貴。今設漢陽，懋遷繁盛，商販争趨，貨多價賤，其便一也。鋼鐵煉成，亦須上運漢口銷售，並須運至槍礮廠製造。今煉成發售，如取如携，省重運之費，其便二也。人才難得，通達洋務諳習機器者尤不易覯。鄂省鐵、布、槍礮三廠並開，斷無如許之多精通得力委員分投經理。至西洋工師、繪算各生，尤不敷用。今鐵廠、槍礮廠並設一處，鑛學、化學各學堂俱附其中，布廠亦在對江，皆可通融任使，其便三也。員司虚浮，匠役懶惰，爲中國向有之積習，不可不防。廠距省遠，料物短數，煤斤攙雜，百人僅得八十人之用，一日僅作半日之工，出鐵不多不精，成本即賠。今設在對江，督察甚易，其便四也。官本二百餘萬兩，常年經費、貨價出入亦百［餘］萬（餘）兩。廠在省外，實缺大員無一能到廠者，歲糜巨款，易動浮言。今則督撫司道等皆可親往察看，百聞不如一見，其便五也。鑛渣、煤渣每年約出三萬餘噸，除填築本廠地基外，兼可運往漢口後湖填築湖身。漢口城垣可免盛漲沖灌，沿湖民居可免淹浸，其便六也。惟廠外（緣）［沿］漢水之舊隄低薄，須一律加高培厚，以防盛漲。全廠地基關繫最重，其生熟鐵爐座基址須填築丈餘，餘亦酌量墊高堅築。並須於沿江、沿漢分築馬頭，於江岸到廠之路安設鐵軌，以（便）［通］運鑛火車。據洋匠估計，此工若在外洋三年乃成，中國人工易集，自八月初勘定廠基之日起，兩年爲期，約可開爐造軌。現仍設法竭力趕辦，務期早成一日有一日之益。約計成本運費，將來造成鋼軌總較洋軌爲廉。現擬一面出示曉諭鄂、湘兩省及鄰近出産佳煤地方，令民間廣爲開采，酌定價值，隨時收買濟用。采運既多，自可不至居奇。一面派委員暨鑛學學生前往湘省覆勘，察其窿口形勢，運道難易，能否用機器開采，相機酌辦。近復於大冶之王三石、明家灣兩處地方探得石煤、油煤，業經試用土法開采，惟深入數層有無改變，目前購辦鑽地機器未經運到，尚無把握。如果煤質一色，出産亦旺，堪以鎔煉鋼鐵，即當速購機器，大舉開采，益爲合算。蓋武備所需及輪船、機器、民間日用、農家工作，無一不取資於鐵，而煤之爲用尤廣，實力開辦，可大可久，自强之圖實基於此。臣惟有殫竭愚忱，悉心經畫，督飭各員，趕購物料，趲辦廠工。一面興修大冶運道，開采鐵鑛並興國錳鐵，以備［廠］爐（廠）安妥即可煉造。一面籌辦運煤、采煤事宜，實事求是，務底於成。一切詳細事宜自當隨時電達咨呈海軍衙門，商請核示辦理。

查此項工程需款甚鉅。海軍衙門上年覆奏鐵路原摺内稱，西國中等煉鋼鐵爐約需銀一百四十餘萬兩，正定、清化分設兩爐，約需銀二百八十餘萬兩等語。第就購爐設廠而言，其修道運鑛、開采煤鐵等費均不在内。原奏言之甚詳。今鄂省開設煉鋼、鐵兩爐及抽條、夾板、造軌各機器，詢據外洋工師，僉稱爲上中等機爐，在外國亦稱大廠。更兼采鐵、煉鋼、開煤三事合而爲一，復有修運道、築江隄、設化學鑛務學堂、添修理機器廠，皆連類而及，必不可少之費所需尤多。前海署來電擬以二百萬兩撥歸湖北爲煉鐵之用，深恐不敷，前於三月初十日電達海軍衙門在案。現在約估大數需銀二百四十餘萬兩。計户部劃撥京餉暨鄂省本年認籌銀五萬兩，共撥到銀一百萬兩。目前趕辦工料及經始開采煤鐵等事動需鉅款。各項經費均須湊手，始能一氣呵成。以後續撥之款，必須源源接濟，方免停工待款，轉滋糜費。蓋此項工程以廠屋造竣，安就機爐，造成鋼軌、鐵料爲度，用費確有限制，並非永無底止之款。以後常年經費只須第一年先行籌墊若干，廠内所出之鋼軌、鐵料銷售得價，收回貨本即是經費。本年三月准北洋大臣李鴻章電稱，撥用鄂軌，隨撥隨付價，界限乃清等語，當以所籌甚當，電達海軍衙門在案。俟軌價付到以後即可藉資周轉，以後鋼軌、鐵料銷售愈推愈廣，循環不窮，無須另耗常款。臣自當隨事隨時核實撙節辦理，惟續撥之款必須於明年春間撥到，趲辦各工一切始能應手，已咨呈海軍衙門商請核辦。合無仰懇天恩飭下户部，即將續撥之款一百萬兩早爲籌定，俾得及時撥給，趕辦竣工，實於要需有裨。

（硃批）該衙門議奏。（欽此）［一］

湘省安設電綫片 光緒十六年十一月初六日

再，湖南、湖北兩省中隔重湖，文報往來，遇有阻風，動淹旬日。平時已覺呼應不靈，設遇地方緊要事件，尤虞遲誤。前擬將荆州商局電綫由沙市過江，接造至湖南澧州，經長沙省城直抵湘潭，以通緊要信報。湘潭以上能否旁出接造，應俟臨時體察，於本年閏二月間電商總理海軍事務衙門，聲明俟將路勘定後再行具奏。承准電復核准，並咨明總理各國事務衙門在案。旋即咨商湖南撫臣，札飭地方官，體察民情，妥爲曉諭，以便開辦。並委前湖南候補直隸州知州錢紹文，馳赴電綫經過之澧州、武陵、龍陽、益陽、沅江、甯鄉、長沙、善化、湘潭等州縣，會同該州縣等，剴切開諭，告以勘路、安綫均用華工不用洋匠，與民間墳墓、田廬毫無妨礙。兹先後接據湖南藩、臬兩司，署岳常澧道莊賡良，

［一］以上衍、脱、舛十處，據中華書局一九九五年版《光緒朝硃批奏摺》第一〇二輯，第一三八至一四二頁删、補、校正。

鹽法長寶道紹榮暨該印委會銜稟稱，經各該地方官出示曉諭，復會同委員傳集紳耆詳晰開導，告以此事有利無害，民間俱已曉然，並無異議等情前來，並准湖南撫臣張煦咨同前由。臣查電報之設，實於緊要政務有裨，久經通行各省。今既查明湘省民情並無阻礙，臣擬即札飭總辦電報事宜山東登萊青道盛宣懷，由商電局自行籌款承辦，趕備物料華工，隨勘隨造，早日觀成，以利文報而裨商務。將來修綫、養綫經費統歸商局。興工之日，飭各該州縣會同營汛照料彈壓，不令稍滋事端。

（硃批）該衙門知道。（欽此）

廣昌輪船撥歸鄂省片 光緒十六年十一月初六日

再，上年冬間，臣由粵省赴湖廣調任，奏明撥帶後膛精槍、車礮等件赴鄂，當經飭調粵省廣昌兵輪運載前來。到鄂後，因籌辦煤、鐵需輪船應用，查知鄂省輪船無多，以之轉運餉項、巡緝江面尚屬不敷。粵省輪船素多，臣在粵復添造廣甲、廣乙、廣元、廣亨等大、小兵輪十餘艘。平時緝私、捕盜，內河外海駛用有餘。查廣昌兵輪船身長中尺一百六十八尺，寬二十四尺，實馬力七百三十五匹，本係木舦商輪，便於裝運及長江行駛。隨即函商兩廣督臣李瀚章，以此輪係臣在粵由粵海關撥來，未出購價，擬即撥歸鄂省應用以省購買之費。旋准李瀚章覆函應允，並稱不須付價，囑由鄂省會奏。當將該輪改名楚材，專歸鐵政局調遣以供撥運機器及將來運煤、拖鑛之用。該輪在粵捕盜、緝私，時常出海，勇數較多，舵工、水手工費稍重，月需薪糧等項一千二百三十四兩二錢四分。現爲轉運煤鐵之用，長江非外海可比，勇數、薪糧均須核減。業於本年二月將礮勇、水手酌量裁減，每月共需薪工等項八百三十四兩二錢四分，油價、煤價行船計日核給，向不在內。除該輪薪工、油、煤等項分別開具清單，咨呈海軍衙門及分咨户、兵二部外，謹會同兩廣督臣李瀚章附片具陳，伏祈聖鑒。

（硃批）該衙門知道。（欽此）

荊江三汛安瀾萬城大隄防護穩固摺[一]

光緒十六年十一月初六日

竊查荊州萬城大隄，濱臨荊江，爲全郡及下游田廬保障，最關緊要。本年輪應總督赴隄督防，臣前因江水驟漲，該隄工程險要，先至荊州查勘江隄，並順道勘驗鍾祥、潛江等縣新修隄工。惟省城事務重要，應隨時督同司道商辦，未能在荊久駐。當經恭摺奏明，飭委荊州府知府舒惠督同文武員弁妥爲防護在案。

茲據該府稟稱，本年自夏徂秋，川江及沮漳河諸水同時併漲，最大之時，高過楊林洲石磯八尺有餘，兼之風浪衝擊，官民各隄節節危險，隄身間有溜矬、沖刷、殘缺之處。經該府督同在工文武員弁，隨時設法搶築，晝夜梭巡防護，幸得化險爲平。現已節屆霜降，水漸消退，全隄穩固，普慶安瀾等情前來。除仍飭實力巡防，俟水落歸槽再將應修各工詳細履勘，乘此冬晴水涸，循例派工興修，以禦來年汛漲外，所有本年防護荊州萬城大隄三汛安瀾緣由，理合會同湖北巡撫臣譚繼洵恭摺具陳，伏祈皇上聖鑒。

知道了。

[一] 録自《京報》第三六二二號。

江漢關第一百二十結收支款項數目開單具陳摺〔一〕 光緒十六年十一月初六日

竊照前准户部咨，鈔奏内開：各海關洋税收支數目辦理未能畫一，應令遵照定章按結開列清單奏報一次，仍扣足四結開單奏銷一次，概不得以收支數目串入原摺，以致混雜不清。仍一面造具四柱清册暨支銷經費銀兩清册，分送户部暨總理各國事務衙門，以憑核銷等因。光緒十年二月二十五日具奏，本日奉旨：依議。欽此。又准咨，第九十五結期滿清單僅有收支款目，以致各結總數未能聯貫。嗣後應令將舊管、新收、開除、實在，分爲四柱，逐款開列以昭明晰等因。均經轉行遵照辦理。

茲據署湖北漢黄德道監督江漢關税務江麟瑞詳稱，江漢關徵收各項税鈔及支解各數目，前經截至光緒十六年五月十四日第一百十九結止，詳請奏咨在案。茲查自光緒十六年五月十五日起至八月十七日止第一百二十結期滿，徵收洋商各項税鈔及上結報存銀除支解外，計六成洋税不敷銀二萬六千九百八十兩零七分九釐二毫八絲，應歸於下結所收六成洋税項内動支彌補。又上結報存四成洋税及本結新收四成洋税除撥解外，計存四成洋税銀五萬八千五百一十三兩一錢一分五釐。又另款徵收招商局各項税鈔，除撥解外，計存四成八釐各税銀七萬九千九百六十四兩五錢一分六釐，已如數歸併六成洋税内開報。至上結報存五成二釐局税及本結新收五成二釐局税，除撥解外，計存五成二釐局税銀五萬六千六百四十二兩二錢零六釐。又此結遵照新章徵收洋藥税釐銀及上結報存銀除支解外，計存銀六萬四千四百零五兩零八分四釐。又收洋商局商在漢買辦土藥出口正税銀三十七兩一錢四分四釐，半税銀十八兩五錢七分二釐，已歸於華洋各税項内開報等情，詳請奏咨前來。臣覆核無異，除另繕一年總單暨按結造具收支經費各册分别報銷外，所有第一百二十結徵收洋商華商各項税鈔及支解各數目，謹會同南洋通商大臣暨湖北巡撫臣譚繼洵恭摺具陳，並繕具四柱清單恭呈御覽，伏祈皇上聖鑒。

該衙門知道。單併發。

江漢關請留第一百二十二結税銀並動支洋藥税釐銀湊解明春應還洋款本息摺〔二〕 光緒十六年十一月初六日

竊照前准户部咨，神機營先後借用洋款應還本息銀兩，飭令江漢關遵照議定期限分派數目，先期二十日解交江海關兑收。届期統由江海關隨時照外洋磅價漲落作合磅價，按期結算清楚各等因。均經轉飭遵照，在於六成洋税項下按期撥解，先後奏咨在案。

茲據署湖北漢黄德道監督江漢關税務江麟瑞詳稱，江漢關自光緒十七年起至二十一年止，每年應解還前項洋款本息並補磅價等銀約需三十餘萬兩。内有十七年三月二十三日應還初借洋款息銀二千八百二十七兩五錢六分三釐，又二月二十三日及四月二十五日兩期應還續借洋款本息銀十九萬七千四百兩，連應補磅價約

〔一〕録自中國第一歷史檔案館編《光緒朝硃批奏摺》第七二輯，第五二五至五二六頁，中華書局一九九五年版。

〔二〕録自中國第一歷史檔案館編《光緒朝硃批奏摺》第八一輯，第七七四至七七六頁，中華書局一九九五年版。

共銀二十四萬餘兩，照章先期二十日解到上海，均須於二、三兩月内籌撥齊全，爲數既鉅，期限又迫，其時茶未上市，税收最爲減色，萬難籌此鉅款。設竟逾期無償，非特失信外人，且必利上加利，於帑項更多虧損，亟應豫爲籌備，免致貽誤要需。查江漢關自光緒十六年八月十八日起至十一月二十日止第一百二十一結所收税銀，因茶市已過，收數不旺，僅敷開支出使經費、關用、税務司各經費。十一、十二兩月内，應還先後借用洋款息銀及應解淮軍、滇省各協餉等款，約計抵用已無餘存。復查江漢關每年春結所收華洋各税實銀僅十七八萬兩，除開支關用、税司各經費並出使經費、鎔耗等銀，約六萬兩外，祇餘銀十一二萬兩。即不分提四成洋税、五成二釐局税，全數存留，湊還洋款尚不敷銀十萬兩有奇。再四籌維，實屬無款可撥。擬請奏明將該關自本年十一月二十一日第一百二十二結起，所收税項除開支關用、税司各經費、出使經費等款外，餘銀儘數存儲，以備明春按期解還洋款。其餘不敷銀兩，擬請在該關徵存洋藥税釐項下動撥湊用，俾得届期如數歸款，以昭大信而免枝節。所有明春奉撥京餉，胥關緊要，仍當設法騰挪籌解。其淮軍、滇省月餉實屬無可分撥，應俟六成税銀徵收有項，即當陸續分别籌解，不敢稍延。如蒙奏准，尚有以後四年應還洋款爲數較多，每年届還本息之期，應請由部另行改撥的款，以備償還等情，詳請具奏前來。臣等覆加查核，均係實在情形。該道所陳係爲慎重洋款豫杜轇轕起見，相應請旨敕下户部核議施行。除將每年每期應還洋款本息並補磅價銀兩各數目開具清單咨部外，謹會同湖北巡撫臣譚繼洵恭摺具陳，伏祈皇上聖鑒。

户部議奏。

籌解協滇餉銀片[一] 光緒十六年十一月初六日

再，前准户部咨，議覆四川總督劉秉璋奏滇省新舊協餉無力解足案内，令川省月協滇餉銀二萬三千兩，自光緒十五年九月起，每月減去銀五千兩，改由湖北在於鹽貨等釐及司庫各款内按月協解銀三千兩，江漢關六成洋税項下按月協解銀二千兩，如六成洋税無款，應准在四成洋税項下湊解等因。業將上年九月起至本年四月止，應協滇省餉銀照數撥解，附片奏報在案。兹據調任湖北布政使鄧華熙、前兼署湖北布政使覺羅成允、現任湖北布政使黄彭年會同善後局司道及卸署湖北漢黄德道監督江漢關税務李壽蓉、現署湖北漢黄德道監督江漢關税務江麟瑞先後詳稱，在於司庫減平項下動撥長沙平銀七千五百兩，局庫鹽貨釐金項下動撥長沙平銀七千五百兩，江漢關第一百十九、二十兩結所徵六成洋税項下動支庫平銀一萬兩，作爲光緒十六年五月起至八月止四箇月分，並補解閏二月分協滇餉銀，均發交雲南催餉委員知縣吴本仁領匯赴滇。所有動撥司庫銀兩，應請就款開除，以免轇轕等情，分别詳請奏咨前來。除分咨外，謹會同湖北巡撫臣譚繼洵附片具陳，伏祈聖鑒。

户部知道。

[一] 録自中國第一歷史檔案館編《光緒朝硃批奏摺》第五八輯，第七五四至七五五頁，中華書局一九九五年版。

江漢關籌解第六年第四期洋款本利及第二三期應補鎊價銀兩片[一] 光緒十六年十一月初六日

再，前准户部咨，神機營息借洋款一百五十萬鎊，於光緒十年九月十四日初次收到六萬鎊，計合十足廣平銀二十萬零一千九百六十八兩八錢，利銀按一年四期，每期應付一千零五十鎊，其頭期利銀已由神機營墊付，應照此次咨報本利銀兩數目，擬飭江漢關按照議定章程期限，先期二十日照數解交江海關查收，由該關按期作合鎊價，兑付怡和洋行等因。光緒十一年二月十五日具奏。本日奉旨：依議。欽此。欽遵咨行前來。當經轉飭遵照辦理。所有江漢關應付第一年二期起至第六年三期止前項利銀，並至第六年一期止補鎊價銀，均經解交江海關驗收，暨將神機營墊付頭期利銀解京交納，分别奏咨在案。

茲據署湖北漢黄德道監督江漢關税務江麟瑞詳稱，嗣准江海關復稱解到第六年第二、三兩期應付利銀，每期庫平銀三千五百三十四兩四錢五分四釐，申合規銀三千八百七十三兩七錢六分，兩期共計規銀七千七百四十七兩五錢二分，按期轉交怡和洋行收存。據該行送到帳單内載，光緒十六年三月十三日應付第六年第二期利銀一千五十鎊，照是日規銀買鎊市價，每兩作四先令六本士二五算，合規銀四千六百四十五兩一錢五分，除收計短規銀七百七十一兩三錢九分。又光緒十六年六月十六日應付第六年第三期利銀一千五十鎊，照是日市價，每兩作四先令十一本士三七五算，合規銀四千二百四十四兩二錢一分，除收計短規銀三百七十兩四錢五分，請一併找付前來。當查上海外國各銀行光緒十六年三月十三及六月十六日由電匯寄英鎊市價，按期、逐家探詢，核與怡和所開各數相符。所短規銀一千一百四十一兩八錢四分，應行找給咨請照數補解清款等因在案。茲查光緒十六年九月十九日爲第六年第四期，應付利銀三千五百三十四兩四錢五分四釐，並應還本銀四萬零三百九十三兩七錢五分七釐，即在第一百二十結所徵六成洋税項下籌撥庫平足色銀四萬三千九百二十八兩二錢一分一釐，作爲第六年第四期應付本利銀兩。又在是結六成洋税項下動支庫平足色銀一千零四十一兩八錢二分四釐八毫，申合規銀一千一百四十一兩八錢四分，作爲第六年第二、三兩期應補鎊價銀兩。飭委補用縣丞張南瑾、准補竹山縣典史江國屏解赴江海關驗收，分别照章給領等情，詳請奏咨前來。臣覆核無異，除分咨外，謹會同湖北巡撫臣譚繼洵附片具陳，伏祈聖鑒。

衙門知道。

江漢關籌解出使各國經費片[二] 光緒十六年十一月初六日

再，據署湖北漢黄德道監督江漢關税務江麟瑞詳稱，前奉總理衙門劄開，會奏籌備出使各國經費，擬於各關所收六成洋税作爲十成分算，每結酌提一成，另款存儲聽候隨時指撥，以作出使經費之用。均自第六十五結爲始，一體遵照辦理。續奉行知令將

[一] 録自中國第一歷史檔案館編《光緒朝硃批奏摺》第八一輯，第七七六至七七七頁，中華書局一九九五年版。

[二] 以下三件録自中國第一歷史檔案館編《光緒朝硃批奏摺》第八六輯，第八九一至八九四頁，中華書局一九九五年版。

每結提存之款撥寄江海關彙收，以資分撥。又奉總理衙門劄開，出使經費不敷撥用，擬於所收六成洋税仍作十成分算，即在此十成内於原提一成之外，再提半成，並令於商局留關備撥六成税内，亦按十成計算，酌提一成半，均自第七十一結爲始按結解至江海關備用各等因。查江漢關第一百十九結提存前項經費銀兩，業經委解江海關驗收，詳請奏咨在案。兹查第一百二十結所徵洋商進出口正税六成銀兩，除開支税務司並關用經費及傾鎔折耗外，實存銀十三萬三千八百零一兩九錢五分，按十成計算，應提一成五釐出使經費銀二萬零七十兩零二錢九分二釐。又收招商局輪船進出口正税四成八釐銀兩，除開支傾鎔折耗外，實存銀六萬一千零八十七兩四錢八分四釐，按十成計算，應提一成五釐出使經費銀九千一百六十三兩一錢二分三釐。遵照户部核覆，每萬兩扣給解費銀二百兩，即在所提出使經費内扣給委員解費銀五百八十四兩六錢六分八釐，計實解銀二萬八千六百四十八兩七錢四分七釐，已將前項銀兩飭委候補同知沈賦詩解赴江海關驗收等情，詳請奏咨前來。臣覆核無異，除分别咨明外，謹會同南洋通商大臣暨湖北巡撫臣譚繼洵附片具陳，伏祈聖鑒。

該衙門知道。

奉撥截留鐵路經費銀兩片 光緒十六年十一月初六日

再，承准總理海軍事務衙門咨開，准户部片呈：前據咨准湖廣總督電稱，鄂省籌辦煤鐵事宜等項，所費甚鉅，此時正在擇地購料建廠，以待機器急需之用。可否由部將鄂省應解京之的款劃抵，以省匯解之費等因。又據電稱，現計開辦煉鐵事宜應用等項已需銀九十餘萬兩，須於本年夏秋間撥齊一百萬，伏懇商明户部先行如數撥給餘款一百萬，並祈豫定準期，源源撥付各等因，咨行查照。查鐵路經費一款，户部籌撥銀二百萬兩，前經奏准由部庫提撥一百二十萬兩，由各省籌撥銀八十萬兩。現在鄂省需款甚迫，部中無論如何爲難，自應設法騰挪，勉爲籌措。兹擬先由漕折項下挪借銀三十萬兩，合現在庫存之六十萬兩，再由正項内提銀五萬兩，共撥銀九十五萬兩，併鄂省自行籌出咨明留用銀五萬兩，共湊集銀一百萬兩，撥鄂應用。並照前咨，於湖北本年解京款項下照數截留劃抵。下欠一百萬兩，俟各省一律報齊，再行陸續撥解。兹將鄂省應抵各項解京之款黏連清單一併咨呈，相應照録原單咨行查照辦理等因。當經轉飭遵照去後。

兹據湖北布政使鄧華熙會同按察使覺羅成允、糧儲道惲祖翼、署鹽法武昌道瞿廷韶暨善後局司道詳稱，遵查奉撥截留鐵路經費銀一百萬兩，除鄂省認籌五萬兩就地留用外，當經在於鄂省光緒十六年分應解京餉等款内劃撥地丁京餉銀三十六萬兩、西征洋款改爲加放俸餉銀二十萬兩、釐金東北邊防餉銀八萬兩、釐金京餉銀八萬兩、鹽釐京餉銀十六萬兩，旗兵加餉内劃撥銀七萬兩，詳蒙咨准户部查覆，即係鄂省節省勇營餉銀，共銀九十五萬兩，分别截留另款存儲，以備隨時提撥籌辦煤鐵各項經費之用等情，詳請奏咨前來。臣覆核無異，除咨呈海軍衙門並咨户部查照外，謹會同湖北巡撫臣譚繼洵附片具奏，伏祈聖鑒。

該衙門知道。

江漢關本年撥借嘉峪關經費片 光緒十六年十一月初六日

再，前准户部咨，會議陝甘總督譚鍾麟奏，嘉峪關經費仍照前議數目，准其開支，由江漢關洋税項下自光緒十一年爲始，每年撥借銀一萬二千兩，按結造册報銷。俟一年後，該關收數如果暢旺，即由該關税銀内動支。其撥借江漢關税銀，亦即由該關歸還，各清各款。又准户部咨，議覆陝甘總督譚鍾麟奏，嘉峪關税務難期暢旺，所需經費實力裁減，從光緒十三年正月起每年實借撥江漢關銀九千兩，以資急用各等因。所有江漢關撥借嘉峪關光緒十一、十二兩年分每年前項經費銀一萬二千兩，又十三、十四、十五等年每年改撥銀九千兩，均已發交各該商號承兑運甘應用，附片奏報在案。

嗣據甘肅安肅道嘉峪關監督張其濬詳，光緒十六年分撥借經費銀九千兩，自應仍照成案辦法，出具印領，由天成亨商號承運來甘，以濟要需。當經轉飭遵照去後。兹據署湖北漢黄德道監督江漢關税務江麟瑞詳稱，據天成亨商號呈送嘉峪關印領，即在第一百二十一結所徵六成洋税項下動支庫平庫色銀九千兩，於光緒十六年十月初八日發交該商號具領，兑甘應用等情，詳請奏咨前來。臣覆核無異，除分咨外，謹會同湖北巡撫臣譚繼洵附片具陳，伏祈聖鑒。

户部知道。

查明京控未結各案開單具陳摺[一] 光緒十六年十一月十八日

竊查前准刑部咨，議覆光禄寺少卿延茂奏，稽核京控審限，每年將已、未完數目兩次彙開清單具奏，以歸劃一。並摘録案由，註明交審月日，及未結各案因何未能審結緣由，於每年兩次覆奏時，詳細聲明等因。奉旨：依議。欽此。咨行遵辦在案。

兹據湖北布政使黄彭年、按察使覺羅成允詳稱：陸續奉到部、院、衙門奏交、咨交京控各案，隨時委提人卷，解省發審。其有距省較遠州縣之案，移送該管道就近提審，或委員前往會同該管府審辦。已將光緒十五年十二月以前未結各案，造册詳請奏報在案。兹值半年彙奏之期，查湖北省京控案件除已審結咨送供招及詳咨註銷各案毋庸開列外，其未結之案，因要證遠出，無從質訊咨明展限者十一起，現在提到人證審辦之案九起。核計尚無遲延等情，開呈清册請奏報前來。臣等覆核無異，除清册分送刑部、都察院、步軍統領衙門查照外，謹繕清單恭摺具陳，伏祈皇上聖鑒。

刑部知道。單併發。

江漢關籌解第六年第二期洋款利銀片[二] 光緒十六年十一月　日

再，前准户部咨，神機營息借洋款奏令各海關按期歸還一摺内稱：此次該營續收洋款一百四十四萬鎊，均自光緒十一年八月二十三日爲第一年第一期歸付利銀之始，照每鎊三兩五錢核算，共銀二百二十四萬六千四百鎊，合廣平銀七百八十六萬二千四百

[一] 録自中國第一歷史檔案館編《光緒朝硃批奏摺》第一〇六輯，第一二八頁，中華書局一九九五年版。

[二] 録自中國第一歷史檔案館編《光緒朝硃批奏摺》第八一輯，第七八一至七八二頁，中華書局一九九五年版。

兩。擬令津海、東海、江漢三關，各分派本息共銀一百五十七萬二千四百八十兩，江海關分派本息共銀三百十四萬四千九百六十兩。仍照光緒十一年二月奏定辦法，令各該關先期二十日解交江海關兑收，届期統由江海關道隨時照外洋鎊價漲落作合鎊價，或盈或絀，即由該關分別應墊應存，再與原派歸還之海關按期結算清楚等因。光緒十二年正月二十八日具奏。奉旨：依議。欽此。欽遵咨行前來，當經轉飭遵照辦理。所有江漢關應還第一年二期起至第六年一期止應付利銀，並第五年第四期應補鎊價銀兩，均經先後委員解交江海關驗收給領，附片奏報在案。茲據署湖北漢黄德道監督江漢關税務江麟瑞詳稱，查光緒十六年十一月二十一日爲第六年第二期，即在第一百二十一結所徵六成洋税項下動支庫平足色銀一萬七千六百四十兩，飭委補用縣丞陳繼泰解赴江海關驗收給領歸款等情，詳請奏咨前來。臣覆核無異，除分咨外，謹會同湖北巡撫臣譚繼洵附片具陳，伏祈聖鑒。

該衙門知道。

宜昌關籌解光緒十六年十月分另款加復俸餉銀兩片[一]

光緒十六年十一月　日

再，前准户部咨，宜昌關前解光緒十二年分原派京員津貼改爲另款加復俸餉銀四千兩，作爲彌補十年欠款。其十年、十一年所欠二萬兩，即由宜昌關此款按年解部抵補各等因。當經行令遵照辦理。所有宜昌關應解光緒十三、十四、十五等年，並十六年七月分前項銀兩，均經委員搭解赴京交納，分别奏咨在案。

茲據署湖北布政使陳寶箴詳稱，宜昌關應解光緒十六年十月分二批另款加復俸餉銀二千兩，現准宜昌關監督湖北荆宜施道方恭釗移解到司，由該司飭委管解京餉委員試用同知方藻、試用通判魏慶昭帶解赴京交納等情，詳請奏咨前來。臣覆核無異，除咨部外，謹會同湖北巡撫臣譚繼洵附片具陳，伏祈聖鑒。

户部知道。

光緒十六年夏季分宜昌川鹽局抽收正加課錢文數目摺[二]

光緒十六年十二月初二日

竊照湖北宜昌改設川鹽總局抽課濟餉，委員辦理，所有光緒十六年春季分抽收鹽課錢文數目業經恭摺奏報在案。茲據署湖北鹽法武昌道瞿廷韶查明光緒十六年夏季分抽收鹽課錢文數目，開報前來。臣覆加查覈，宜昌川鹽局光緒十六年四月分抽收正課錢七萬零一百四十七串五百一十六文、加課錢三萬零四百九十八串九百二十文，内提籌備京餉錢一萬一千七百串文。五月分抽收正課錢四萬五千八百零九串三百一十八文五毫、加課錢一萬九千九百一十七串零九十五文，内提籌備京餉錢八千一百串文。六月分抽收正課錢五萬一千七百二十七串零八十文五毫，内提籌備京餉錢八千串文，加課錢二萬二千四百九十串零三十五文，内提籌備京餉錢三千八百串文。除加課錢文照章截半，分解淮鹽督銷局公

[一] 録自中國第一歷史檔案館編《光緒朝硃批奏摺》第八六輯，第九〇四頁，中華書局一九九五年版。此件日期似應為光緒十六年十二月，因陳寶箴是在十六年十二月署理布政使的。見本册第四〇七頁。

[二] 録自中國第一歷史檔案館編《光緒朝硃批奏摺》第七五輯，第五〇六至五〇七頁，中華書局一九九五年版。

費錢文留半歸外銷五成公費項下入收另報外，其正課全項内共提籌備京餉錢八千串文，加課一半解鄂，内共提籌備京餉錢二萬三千六百串文。下餘隨同節省五成公費，均仍照向章，或現錢或易銀，分别由局撥充荆州滿營兵餉、水師月餉，餘則儘數由道移解善後局接濟軍餉。除解支細數造册咨部外，謹將光緒十六年夏季分宜昌川鹽局抽收正加課錢文數目，恭摺具陳，伏祈皇上聖鑒。

户部知道。

勘明湖北各州縣被淹受旱情形請緩徵新舊銀米摺[一] 光緒十六年十二月初二日

竊照湖北省應徵錢漕，遇有災傷，久經定章責成該管道府親勘稟辦。嗣准户部頒發釐剔錢糧積弊章程内載，災區初報，即令聲明免、緩銀糧數目，以除積弊等因，遵辦在案。本年春夏之交，施南、宜昌兩府屬地方因陰雨過久，春苗受傷，民情困苦，當經臣等籌撥銀兩分别撫卹。其濱臨江漢各屬，時當夏汛，水勢盛漲，低窪田地多被漫淹。迨入秋後，雨澤愆期，高阜之區又受乾旱。據各州縣先後稟報，均經臣等隨時奏明，一面批飭該管道府親詣確勘，不准稍有捏飾。兹據各該管道府覆勘加結稟由湖北布政使黄彭年、督糧道惲祖翼會核，酌擬分别緩徵新舊錢糧南米等項具詳前來。

臣等覆加查核，除施南、宜昌二府屬春收雖屬歉薄，嗣後雨暘應時，秋收豐稔，應毋庸再予調劑外，實勘得武昌縣神一等十九里，咸甯縣一都等九都内之艾家墩等四十九處，嘉魚縣宣化等四里内之二十九甲並九洲内之越塘等處及九屯内之斗塘等處，蒲圻縣坪下等二十二團内之任家橋等一百二十四處，漢陽縣菱角湖等八區、白釜池等二十區，漢川縣喝城等四十五垸畈，黄陂縣牛湖等五十七社，孝感縣務本西下等十九社内各社甲，沔陽州萬厢等二百二官垸，黄岡縣下獠等三十三區、道觀河等十九區、並羅霍洲等十七區，蘄水縣拆湖等三十二區、西壅洲一區，黄梅縣黄連等三鎮並白湖等三鎮内之胡家圩等二十四村莊及考田、謝灘二鎮内之白馬寺等三村莊，廣濟縣泰東鄉内之童司牌等六十五村莊、永東鄉内之李家園等四十七村莊、靈東鄉内之鳳嘴港等六十二村莊、永西鄉内之武山湖等四十村莊、靈西鄉内之花園宕等四十一村莊、安樂鄉内之宋家沖等四十一村莊，鍾祥縣河鄉内之楊林等十四村莊，湖鄉内之劉公菴等二十村莊，京山縣高集等四十五團，潛江縣西耳等二十二垸、垸灣等十七垸、馬昌等十九垸，天門縣杜橋等三十四垸内之一百九甲半、淖潑等四十七垸内之八十七甲半，應城縣葉嘴等五團區，江陵縣築支等六十六垸、長樂等一百六垸，公安縣毛一等九里並刀一等十九里内六十甲及枝六一所，石首縣民旺等十六垸並一都等十四坊垸内三十六甲，監利縣大蘇湖等一百六十三垸，松滋縣下八、上八二都並下五等十都及一所等八所，枝江縣涮浡等十三洲垸並羊角、壩洲二洲，荆門州青一等十九圖内之三汊河等八十六區，或濱江臨河，地勢低窪，或頻年潰淹，迄未涸復。本年春夏之閒，汛水漲發，田禾概被淹没，收成失望，情形均屬較重。又勘得京山縣晏王等八團，因地處高阜，雨澤愆期，禾苗枯槁，受旱情形亦重。

又勘得江夏縣河街等三十六里、金沙等六十屯、宣明等十七

[一] 録自中國第一歷史檔案館編《光緒朝硃批奏摺》第六六輯，第四三二至四三八頁，中華書局一九九五年版。

里、頂團等三十洲、天興等七洲，武昌縣神四等八里，嘉魚縣浄居等四里内之二十八甲，大冶縣猫磯等三十堡，漢陽縣坪坊等三十四區，黄陂縣靳家等八社，孝感縣昭青下等十社内各社甲，黄梅縣太白等十二鎮内之項獻等一百三十四村莊，或因被淹，涸復較遲，祇能補種菜蔬，或因受旱，禾苗多有傷損，情形均屬次重。

又勘得江夏縣興仁等十里、廣阜等十二屯、幫生等十洲，咸甯縣一都等四都内之下好橋等四處，嘉魚縣宣化等十二里内之六十甲及九洲九屯内歉收各處，漢陽縣陳家河等三十一區，漢川縣柘樹口等五廠畈、南湖下等二十九垸畈，黄陂縣石頭墩等六社，孝感縣啓祥等十六社、尚義三股等十五社内各社甲，黄岡縣王家店等二十二區，蘄水縣六畝徑等三十區、竹瓦店等三十四區，黄梅縣項橋等十八鎮，鍾祥縣河鄉内之歐家廟等四十一村莊、湖鄉内之龍山觀等八十七村莊、山鄉内之蕭家店等三十七村莊，京山縣石女等五團、蒲家等八團，潛江縣太平等二十九垸、古埠等五垸，天門縣丁吴等十八垸内之一百二甲、關廟等八十五垸内之二百四十三甲並上週等二十六垸内一百四十甲，江陵縣雷師等十九垸，公安縣大一等六里内九甲，監利縣永有等五十七垸，枝江縣永豐一垸，荆門州平四等五十三圖内之團林鋪等一百二十四區，或被淹後旋即涸復補種。或間受旱，尚可改種雜糧。惟收成究屬歉薄，情形較輕。

又江夏縣崇通等屯，漢陽縣崇信坊各房屋，自遭兵燹以後居民迄未復業，仍多荒蕪。以上江夏、武昌、咸甯、嘉魚、蒲圻、大冶、漢陽、漢川、黄陂、孝感、沔陽、黄岡、蘄水、黄梅、廣濟、鍾祥、京山、潛江、天門、應城、江陵、公安、石首、監利、松滋、枝江、荆門等州縣，被水受旱各區，均經勘不成灾。其屯坐各衛軍田同一情形，暨江夏、漢陽二縣房屋基地尚多荒蕪，均經各該管道府覆勘明確，又經臣等督飭司道逐細覆核駁查。現在勘報各情形均屬確實，委無捏飾情弊。所有應徵錢糧、南米等項，若責令照常完納，民力實有未逮。除擬緩漕糧另摺請旨外，合無仰懇天恩俯准將被淹較重之武昌縣神一等十九里，咸甯縣一都等九都内之艾家墩等四十九處，嘉魚縣宣化等四里内之二十九甲並九洲内之越塘等處及九屯内之斗塘等處，蒲圻縣坪下等二十二團内之任家橋等一百二十四處，漢陽縣菱角湖等八區、白釜池等二十區，漢川縣喝城等四十五垸畈，黄陂縣牛湖等五十七社，孝感縣務本西下等十九社内各社甲，沔陽州萬厢等二百二官垸，黄岡縣下獠等三十三區、道觀河等十九區並羅霍洲等十七區，蘄水縣拆湖等三十二區、西壅洲一區，黄梅縣黄連等三鎮並白湖等三鎮内之胡家圩等二十四村莊及考田、謝灘二鎮内之白馬寺等三村莊，廣濟縣泰東鄉内之童司牌等六十五村莊、永東鄉内之李家圍等四十七村莊、靈東鄉内之鳳嘴港等六十二村莊、永西鄉内之武山湖等四十村莊、靈西鄉内之花園宕等四十一村莊、安樂鄉内之宋家沖等四十一村莊，鍾祥縣河鄉内之楊林等十四村莊、湖鄉内之劉公菴等二十村莊，京山縣高集等四十五團，潛江縣西耳等二十二垸、垸灣等十七垸、馬昌等十九垸，天門縣杜橋等三十四垸内之一百九甲半、淖潑等四十七垸内之八十七甲半，應城縣葉嘴等五團區，江陵縣築支等六十六垸、長樂等一百六垸，公安縣毛一等九里並刀一等十九里内六十甲及枝六一所，石首縣民旺等十六垸並一都等十四坊垸内三十六甲，監利縣大蘇湖等一百六十三垸，松滋縣下八、上八二都並下五等十都及一所等八所，枝江縣洲淳等十三洲垸並羊角、壩洲二洲，荆門州青一等十九圖内之三汊河等八十六區，又受旱較重之京山縣晏王等八團，共應徵光緒十六年新賦錢糧、屯餉、閑丁、隄費、租餉、蘆課等項正耗銀二十一萬一千九百一十兩六錢五分八釐，南糧正耗米二萬七千九百二十八石七斗八合八勺，一併緩至光緒十七年秋後限一年帶徵。其各原緩光緒十四、十五兩年各項銀米併展至光緒十八年秋後遞展一年帶徵。

又被淹受旱次重之江夏縣河街等三十六里、金沙等六十屯、宣明等十七里、頂團等三十洲、天興等七洲，武昌縣神四等八里，嘉魚縣浄居等四里內之二十八甲，漢陽縣坪坊等三十四區，黄陂縣靳家等八社，孝感縣昭青下等十社內各社甲，各應徵光緒十六年南米照常徵收外，其應徵光緒十六年新賦錢糧、蘆課籽粒等項正耗銀三萬一千三百二十七兩六錢三分五釐，請緩至光緒十七年秋後限一年帶徵。至各原緩光緒十四、十五兩年各項銀米，一併展至光緒十八年秋後遞年帶徵。

又被淹受旱次重之大冶縣猫磯等三十堡，黄梅縣太白等十二鎮內之項獻等一百三十四村莊，共應徵光緒十六年新賦錢糧南折等款正耗銀九千九百二兩二錢二分一釐，緩至光緒十七年秋後限一年帶徵。其黄梅縣原緩光緒十四、十五兩年各項銀米，一併展至光緒十八年秋後遞年帶徵。

又被淹受旱較輕之江夏縣興仁等十里、廣阜等十二屯、幫生等十洲，咸甯縣一都等四都內之下好橋等四處，嘉魚縣宣化等十二里內之六十甲及九洲九屯內歉收各處，漢陽縣陳家河等三十一區，漢川縣柘樹口等五廠畈、南湖下等二十九垸畈，黄陂縣石頭墩等六社，孝感縣啓祥等十六社、尚義三股等十五社內各社甲，黄岡縣王家店等二十二區，蘄水縣六畝徑等三十區、竹瓦店等三十四區，黄梅縣項橋等十八鎮，鍾祥縣河鄉內之歐家廟等四十一村莊、湖鄉內之龍山觀等八十七村莊、山鄉內之蕭家店等三十七村莊，京山縣石女等五團、蒲家等八團，潛江縣太平等二十九垸、古埠等五垸，天門縣丁吴等十八垸內之一百二甲、關廟等八十五垸內之二百四十三甲，江陵縣雷師等十九垸，公安縣大一等六里內九甲，監利縣永有等五十七垸，枝江縣永豐一垸，荆門州平四等五十三圖內之團林鋪等一百二十四區，各應徵光緒十六年新賦錢糧、蘆課、屯餉、閑丁、隄費、南米等項照常徵收。其各原緩光緒十四、十五兩年銀米、蘆課、屯餉、閑丁、隄費等項一併緩至光緒十七年秋後遞展一年帶徵。

又天門縣上調等二十六垸內一百四十甲，原緩光緒十六年秋後帶徵十五年銀兩暨應徵光緒十六年新賦銀米，一律照常徵收。其原緩十四年銀米暨十五年南米，仍請緩至光緒十七年秋後遞展一年帶徵。

又江夏縣崇通等屯應徵光緒十六年楚課錢糧正耗銀三百九十七兩八錢二分五釐，緩至光緒十七年秋後限一年帶徵。原緩光緒十四、十五兩年銀兩，遞展一年帶徵。

又漢陽縣崇信坊應徵光緒十六年門攤銀兩，請徵七分，其應緩三分正耗銀六十八兩二錢六分一釐，緩至光緒十七年秋後限一年帶徵。原緩光緒十四、十五兩年銀兩遞展一年帶徵。又漢陽縣尚有光緒十五年奏銷案內，民欠未完地丁正耗銀六百九十二兩五錢一分，又沔陽州尚有光緒十五年奏銷案內，民欠未完地丁正耗銀六百一十六兩八錢七分八釐，又黄岡縣尚有光緒十五年奏銷案內民欠未完地丁等款正耗銀二千三百七十八兩四錢九分二釐，均因被水較重，無力完納，請一併緩至光緒十七年秋後，限一年帶徵。至武昌等衛軍田被淹受旱請緩坑區，均與屯坐各州縣民田相同。共應徵光緒十六年屯餉軍三安家閑丁幫津等款，正耗銀三萬五千二百四兩四錢八釐，請緩至光緒十七年秋後限一年帶徵。其各原緩光緒十四、十五兩年銀兩併請遞展一年帶徵，以廣皇仁而紓民力。

所有勘明江夏等州縣衛被淹、受旱分別請緩新舊銀米緣由，遵章開具各屬請緩銀米細數清單，謹合詞恭摺具陳。伏祈聖鑒訓示。再，此案因恐情形不確，往返駁查，以致未能依限辦理，合併陳明。

另有旨。

勘明湖北各州縣被淹地方請緩徵漕糧摺(一)　光緒十六年十二月初二日

竊准户部咨，緩徵漕糧，於地丁摺外另摺候旨遵辦。又前准户部咨，頒發釐剔錢糧積弊章程內載，災區初報即令聲明免、緩銀糧數目，以除積弊等因。遵辦在案。本年春夏之交，汛水時漲，濱臨江河各屬低窪田地，多被漫淹。飭據各該管道府確勘輕重情形，現經臣等另摺奏請緩徵錢糧南米等項。惟武昌、咸甯、嘉魚、蒲圻、漢陽、黄陂、孝感、沔陽、黄岡、蘄水、廣濟、黄梅、潛江、天門、應城、江陵、公安、石首、監利、松滋、荆門等二十一州縣，尚有應徵本年及節年漕糧。若責令照常完納，民力實有未逮。據湖北布政使黄彭年、督糧道惲祖翼轉據該管道府結報，會詳請緩前來。合無仰懇天恩俯准將被淹較重之武昌縣神一等十九里，咸甯縣一都等九都內之艾家墩等四十九處，嘉魚縣宣化等四里內二十九甲，蒲圻縣坪下等二十二團內任家橋等一百二十四處，漢陽縣白釜池等二十區，黄陂縣牛湖等五十七社，孝感縣務本西下等十九社內各社甲，沔陽州萬厢等二百二官垸，黄岡縣下璘等三十三區、道觀河等十九區，蘄水縣拆湖等三十二區，廣濟縣泰東鄉內之童司牌等六十五村莊、永東鄉內之李家圍等四十七村莊、靈東鄉內之鳳嘴港等六十二村莊、永西鄉內之武山湖等四十村莊、靈西鄉內之花園宕等四十一村莊、安樂鄉內之宋家沖等四十一村莊，黄梅縣黄連等三鎮並白湖等三鎮內之胡家圩等二十四村莊及考田、謝灘二鎮內之白馬寺等三村莊，潛江縣西耳等二十二垸、垸灣等十七垸、馬昌等十九垸，天門縣杜橋等三十四垸內之一百九甲半、淖潑等四十七垸內之八十七甲半，應城縣葉嘴等五團區，江陵縣築支等六十六垸、長樂等一百六垸，公安縣毛一等九里並刀一等十九里內六十甲，石首縣民旺等十六垸並一都等十四坊垸內三十六甲，監利縣大蘇湖等一百六十三垸，松滋縣下八、上八二都並下五等十都，荆門州青一等十九圖內之三汊河等八十六區，共應徵光緒十六年漕糧正耗米二萬八千二百一十九石六斗八升五勺，緩至十七年秋後限一年帶徵。原緩節年漕糧展至十八年秋後帶徵。

又漢陽縣尚有民欠未完光緒十五年漕糧正耗米四百七十四石二斗七升六合五勺，沔陽州民欠未完光緒十五年漕糧正耗米一百六十二石五斗一升五合六勺，黄岡縣民欠未完光緒十五年漕糧正耗米九百七十七石二斗六升三合七勺，蘄水縣民欠未完光緒十四年漕糧正耗米一千三百五石五斗九升一合三勺，均因被淹較重，無力完納，請一併緩至光緒十七年秋後限一年帶徵，以廣皇仁而紓民力。

(一) 録自中國第一歷史檔案館編《光緒朝硃批奏摺》第七〇輯，第三九二至三九四頁，中華書局一九九五年版。

所有勘明武昌等州縣被淹地方請緩徵漕糧緣由，遵章開具各屬請緩漕米細數清單，謹合詞恭摺由驛具陳，伏祈皇上聖鑒訓示。

另有旨。

查明湖北本年被水受旱各屬來春毋庸接濟摺〔一〕 光緒十六年十二月初二日

竊臣等承准軍機大臣字寄，光緒十六年十月初三日奉上諭：本年順天、直隸等處被水、被火、被風、被雹均經該督撫等查勘撫恤，小民諒可不至失所。惟念來春青黄不接之時，民力未免拮据，著傳諭該督撫等體察情形，如有應行接濟之處，查明於封印前奏到候旨施恩。等因。欽此。仰見聖主軫念灾區，加惠窮黎之至意。當即恭録行司分飭確查去後。茲據各州縣禀覆，由布政使黄彭年、督糧道惲祖翼會詳前來，臣等覆加查核。湖北地方本年春夏之交，施南、宜昌二府屬陰雨過久，春苗傷損，民情困苦，當經臣等撥款撫卹。嗣後該府雨暘時若，秋收豐稔，民困已蘇，無虞乏食。惟濱臨江漢各屬，前以夏汛盛漲，低窪田地多被漫淹。入秋後，又因雨澤愆期，高阜之區間受乾旱。前據江夏等州縣先後禀報，即飭該管道府親詣確勘，均尚不致成灾，無須賑撫。第收成歉薄，民情拮据，應完銀米力難輸納。業經臣等分別輕重情形，具摺籲懇恩施緩徵新舊銀米，足紓民力。現查被水受旱各處居民，或藉捕魚爲業，或已補種雜糧，俱尚餬口有資。二麥亦漸滋長，來春似可毋庸接濟。所有查明覆奏緣由，謹合詞恭摺由驛具陳，伏祈皇上聖鑒。

知道了。

查明抽收船釐情形摺〔二〕 光緒十六年十二月初二日

竊照光緒十六年九月二十七日臣等承准軍機大臣字寄，光緒十六年九月十六日奉上諭：有人奏湖北安陸府屬獅子口地方抽收船釐，近年逐漸加增，繳足後並不給票，往往留難數日不肯放行。該處船釐無補正款，徒累商民，懇恩撤免等語。各省徵釐，向有定章，豈容任意苛索。所叅各節，著張之洞、譚繼洵確切查明，據實具奏。此項船釐應否准予撤免之處，並著體查情形，奏明辦理。原片均著鈔給閱看，將此各諭令知之。欽此。遵旨寄信前來。臣等遵即查照鈔奏各節，密委湖北即用知縣趙五星馳往密查禀覆，批飭湖北布政司牙釐總局會同體察情形，核議詳覆。

茲據該司局覆稱，查咸豐初年安陸府屬獅子口潰決，襄河横流，直由潰口沖入民田，至下游始繞歸大河，正流淤斷，船行不由故道，其間或遇木樁、石碑及房屋、墳墓撞壞者甚多，舟楫阻滯，沿河貿易日衰，商民苦之。八年，前署府陳壽圖倡議，請於該府往來船隻，量抽船釐，修復鍾隄，未及舉辦。九年，始據前署府邢高魁禀明，設卡抽釐，築隄添建石磯，堵塞潰口，河歸故道，商船通行，民田亦多涸復，商民均以爲便。因將抽收船釐章程，於四工岸上刻石以垂久遠。此船釐創辦之始，邢高魁爲湖北著名循吏，安陸士民至今稱頌不忘。迨同治元年，船釐提充軍餉，鍾隄歲修循照從前章程，按畝派費興修。光緒九年因給事中黄元

〔一〕録自中國第一歷史檔案館編《光緒朝硃批奏摺》第九二輯，第八一六至八一七頁，中華書局一九九五年版。

〔二〕録自中國第一歷史檔案館編《光緒朝硃批奏摺》第七七輯，第三五〇至三五三頁，中華書局一九九五年版。

善奏，按畝收費，百弊叢生，奉旨查辦。十年經前督撫臣查明，奏請將船釐撥歸鍾隄歲修專款，裁汰畝費，以紓民力。是此項船釐關係隄防要工，既免派捐畝費，兼不至動撥庫帑，似不得如原奏所云無補正款。且每年約可收錢一萬數千串，亦非如原奏所稱所收無幾也。現據委員查覆，鈔呈原刊碑記初辦抽收章程。船隻有大、中、小之分，小船收錢自一百文起，中等船以次遞加一串、二串有零不等。大船至三千四百文而止。原奏所云，其始每船極多不過錢數百文，出自傳訛，委非事實。至所稱近年逐漸加增，非錢數千不能完釐一節。查船釐開辦時值兵燹之後，長江梗塞，船隻稀少，故碑記所載船名僅四十一種。至光緒十一年，船釐局册報船名已增至六十種。茲委員趙五星開呈手摺，又多出船名四種。船屬後增，式様日新，丈尺愈放，收數自漸加多。十餘年來，即係照現在章程辦理，然收捐溢於三千四百文外者，亦只滿江紅、五艙艑、大號平頭䑺三項。原奏所云非錢數千不能完釐者，乃指極大之船而言也。又原奏所稱繳足後並不給票，往往留難數日不肯放行一節。據委員查覆，沿途諮訪各船户，並密查該處所到船隻，均係隨到隨報，收捐後即行給票，或停或開，均聽各船自便，尚未見有留難苛索之弊。惟船釐局設在河東，若遇夏秋盛漲，河流近西岸之時，船户過河完釐，不免停待時刻，殊多未便等語。

竊查鍾隄歲修專恃此項船釐，全隄亘長九十里，爲鍾祥及下游七州縣民命田廬保障。每逢盛漲，迎溜頂衝各段危險萬狀，臨時既須搶護，平日尤賴培修。近因經費不敷，該州縣等時求借撥。上年鍾隄潰口，經前督撫臣奏明，借撥官款修復，分年攤還。現正據該府縣稟懇展限攤徵。而畝費久經奏明裁汰，各庫均皆支絀，實無另款可籌。且隄完即以利船行，船户相安已久，自未便輕議撤免。惟收捐章程歷來未能畫一，自應釐定章則，揭示局門，刊立碑記，俾免司事、巡丁等藉端苛擾。茲將各船收捐之數分别等差，一體量爲核減。大率多者減去三四成，少者減去二成。仍令小船收錢自一百文起，大船收至三千四百文而止。至多不得過原刊碑記之數，以紓商力。仍照初辦章程，商貨滿裝全抽，半裝折半，空船概不抽取，並飭令該局視水勢，或近東岸，或近西岸，隨時移設，驗船繳錢併歸一處，不得分而爲二，以免耽延而示體恤。至隄工用款，本年八月間業經臣等嚴定章程，由該府督率鍾祥縣核實勘估動支力求撙節，立有印簿，府縣局員互相稽核，通盤籌計，以節省之項抵減收之數。若商船暢旺流通，每年鍾隄經費尚可敷用。以上各節，由布政使黄彭年、牙釐局司道等會同詳請覆奏前來。

臣等查襄河連年盛漲，屢有潰決。沿河州縣民力困苦，上年奏借修復潰口分年攤還之款，該府縣尚請展限攤徵，斷無復抽畝費之理。而鍾隄爲鍾祥及下游各屬民命所關，此項船釐早經奏歸歲修專款，抽收已久，商民相安。既無另款可籌，自難輕議撤免。現據委員查覆，該司局將各船抽捐數目一體酌減，經臣等覆加核定，刊示定章，嚴禁苛擾。如此則商力既紓，隄工要款亦可不致無著。擬即檄飭勒石與原刊碑記一同樹立，以重要工而杜索擾。所有遵旨查明安陸府屬獅子口船釐抽收情形，現擬核減捐數刊示定章緣由，謹合詞恭摺覆奏，伏祈皇上聖鑒訓示。

知道了。

湖北第十案善後收支款目造册報銷摺〔一〕

光緒十六年十二月初二日

竊據委辦湖北善後局報銷事務湖北布政使黄彭年，署鹽法武昌道候補道瞿廷詔，候補道錫璋詳稱，案照前奉諭旨：同治三年六月以前各處辦理軍務未經報銷之案，准將收支款目總數分年分起開具簡明清單，奏明存案，免其造册報銷。其自本年七月起，一應軍需，凡有例可循者，務當遵例支發，力求撙節。其例所不及有應酌量變通者，亦須先行奏咨備案。事竣之日，一體造册報銷。並令將應如何分年分起覈實開報之處，先行妥議章程具奏。等因。欽此。業將咸豐八年六月起至同治三年六月底止收支款目總數，分作三起，開具清單。續將同治三年七月起至光緒五年閏三月底歸併善後之日止，收支各款分作十一案。並將光緒五年四月起至十三年十二月底止作爲善後第一案至第九案，造具細册分别開報，均經先後具詳請奏，奉部覆准在案。

兹復督飭局員詳細句稽所有十四年正月起至十二月底止，作爲善後第十案報銷，善後局舊管存銀六萬九千三百零四兩四錢七分七釐四毫四絲四忽八微八纖，新收藩司鹽道撥解庫款、淮鹽、鄂釐，宜昌鹽課，關稅釐金等項銀錢共合銀一百八十二萬零六百二十兩零四錢六分二釐八毫一絲二忽一微，管、收兩項總共銀一百八十八萬九千九百二十四兩九錢四分零二毫五絲六忽九微八纖，内撥解京餉協餉共銀一百二十六萬七千一百六十二兩五錢七分三釐一毫三絲四忽一微，應支各營官弁兵勇薪費、口糧、馬乾並問津小大輪船薪糧、工食、油漆、洋煤等款共銀四十二萬七千五百九十兩零二分三釐四毫三絲一忽七微，又支給水師各營礮船修費銀二千零六十兩，更换篷索銀二千四百一十兩，峽江救生紅船舵工水手月餉等銀五千四百零三兩三錢三分六釐三毫四絲八忽，小修經費錢合銀二百零四兩七錢六分七釐九毫九絲一忽六微，購辦外洋軍火價值銀二萬五千三百二十八兩一錢五分三釐五毫六絲四忽八微，委員盤費銀三十兩零八錢零四釐，運送水脚銀九百零四兩四錢一分四釐五毫，添製藥鉛、軍火、帳房、器械等件工料銀二萬一千四百一十九兩二錢零九釐四毫零八忽，水路運送留防各營餉銀軍火支給委員盤費銀六十九兩五錢八分八釐，船户水脚等銀九十九兩三錢二分四釐七毫九絲四忽八微。以上各款通共支銀一百七十五萬二千六百八十二兩一錢九分五釐一毫七絲三忽，除撥解京餉共銀四十四萬八千九百九十四兩六錢三分二釐九毫七絲九忽九微，撥解甘肅等省協餉共銀八十一萬八千一百六十七兩九錢四分零一毫五絲四忽二微，業經詳請分咨受協各省自行入收造報外，實請銷銀四十八萬五千五百一十九兩六錢二分二釐零三絲八忽九微。查前項支用銀兩，俱係實用實銷，並無浮冒，應請准銷。此案報銷共收銀一百八十八萬九千九百二十四兩九錢四分零二毫五絲六忽九微八纖，共支銀一百七十五萬二千六百八十二兩一錢九分五釐一毫七絲三忽，尚存銀一十三萬七千二百四十二兩七錢四分五釐零八絲三忽九微八纖，應歸入下次第十一案入收彙報。除兵勇花名清册另行詳咨外，繕齎收支總散各册並繪具水路轉運圖説，詳請奏銷前來。臣等覆加查核，俱係實用實銷，並無冒濫。除將各册並圖説分送部科查照外，謹合詞恭摺具陳，伏祈

〔一〕録自中國第一歷史檔案館編《光緒朝硃批奏摺》第五八輯，第七八八至七八九頁，中華書局一九九五年版。

皇上聖鑒，敕部覈銷施行。

該部議奏。

湖北省增添裁汰缺額兵馬戰船數目仍改題爲奏摺〔一〕 光緒十六年十二月初二日

竊查前准部咨，各省經制原額題撥裁汰安塘駐防缺額實在兵丁、馬匹數目，應每年造册送部查核彙題，並酌定簡明册式，頒發照造等因。湖北自兵燹後，各營馬匹年額倒斃，例由朋銀買補者，因餉乾積欠未發，尚未添補足額。其額設戰船，亦均被燬無存，歷經具奏將前項數目暫請改題爲奏在案。茲據湖北布政使黄彭年詳稱，湖北督標、撫標、提標，鄖陽鎮、宜昌鎮，漢陽、黄州、竹山、施南各協，武昌、荆州、襄陽、鄖陽各城守，興國、德安、均光、荆門、遠安、衛昌、蘄州、安陸、宜都、荆州隄防，二十三標鎮協營，自道光二十二年酌辦崇陽善後事宜，及咸豐八年酌議裁馬改步之後，舊設經制原額調撥裁汰，安塘駐防缺額兵丁二萬五百五名，營馬二千二百二十三匹，船九十七隻，內咸豐九年抽撤陸營兵丁備撥長江水師，暨同治八九年先後裁撤漢陽、荆州水師，武昌城守，黄州協道士洑等營兵二千一百五十七名，馬二百一十八匹，又於光緒十一年奉文裁兵節餉案內，裁兵二千九百二十一名，馬二百八十一匹。現在實存營兵一萬五千四百二十七名，內馬戰兵一千四百八十七名，步兵四千二百九十八名、守兵九千六百四十二名，又馬步額外外委二百四十九員，共計一萬五千六百七十六員名。騎操馬一千七百二十四匹，內經制外委馬一百三十四匹、額外外委馬一百七匹、安丁馬一千四百八十七匹，據各該營遵照部頒册式分晰造具光緒十六年清册，由司彙造總册，聲明年額倒斃馬匹仍因餉乾積欠未發，尚未添補足額，以及被燬戰船應俟庫款充裕，分别籌補齊全，方可循例題報。請仍照案改題爲奏等情前來。臣覆核無異，除將各册送部外，理合會同湖北巡撫臣譚繼洵恭摺具奏，伏祈皇上聖鑒。再，湖北提督係臣兼署，毋庸會銜，合併陳明。

兵部知道。

江漢關籌解九十十一月分淮軍月餉片〔二〕 光緒十六年十二月初二日

再，前准户部咨：議覆直隸督臣李鴻章奏淮軍月餉支絀，請將江漢關應解額款於四六成洋税項下通融匀撥案内，議令江漢關應解淮餉，如六成洋税無款，即在四成洋税及五成二釐招商局税内按數提解等因。奉旨：依議。欽此。咨行欽遵辦理。查江漢關奉撥直隸督臣李鴻章淮軍月餉四成洋税銀二萬兩、六成洋税銀三萬兩，均解至本年八月分止。隨時附片具奏在案。茲在第一百二十結徵存四成洋税項下，動支庫平銀二萬兩，並在一百二十一結所徵四成洋税項下，動支庫平銀四萬兩。因六成洋税無款可撥，在於第一百二十、二十一兩結四成洋税項下各動支庫平銀三萬兩，並在一百二十一結五成二釐局税項下動支庫平銀三萬兩。作爲直

〔一〕 録自中國第一歷史檔案館編《光緒朝硃批奏摺》第三四輯，第二七一至二七二頁，中華書局一九九五年版。

〔二〕 以下四件録自中國第一歷史檔案館編《光緒朝硃批奏摺》第五八輯，第七九〇至七九三頁，中華書局一九九五年版。

隸督臣李鴻章及提督劉盛休所部淮軍本年九、十、十一三箇月分協餉，委解湖北淮軍收支轉運局交收轉解。由署湖北漢黄德道監督江漢關税務江麟瑞具詳請奏前來。除分咨外，謹會同湖北巡撫臣譚繼洵附片具陳，伏祈聖鑒。

户部知道。

籌解固本兵餉片 光緒十六年十二月初二日

再，前准户部咨，原定各省應解固本兵餉，湖廣省按月應解銀五千兩，改令徑解部庫交納。又准户部咨，酌定分年帶解固本練餉欠款，擬定有閏之年解十五箇月，計銀七萬五千兩，無閏之年解十四箇月，計銀七萬兩。即自光緒十一年正月起，按年照數解清各等因。所有湖北省應解光緒十三年十一月以前固本兵餉銀兩，業經先後委員管解赴部交納，附片奏報在案。兹據湖北布政使黄彭年詳稱，會同鹽法道在於鹽課項下籌撥銀一萬五千兩，作爲光緒十三年十二並十四年正、二共三箇月固本兵餉，飭委補用知縣唐殿華、大挑知縣蘇貽英管解赴京交納等情，詳請奏咨前來。臣覆核無異，除給咨管解並飭司陸續補解外，謹會同湖北巡撫臣譚繼洵附片具陳，伏祈聖鑒。

户部知道。

籌解新疆南路工程款項片 光緒十六年十二月初二日

再，准護理甘肅新疆巡撫魏光燾咨，新疆南路工程銀兩案内，湖北省尚欠解銀三萬兩，催即趕解等因。當經轉飭籌解。兹據湖北布政使黄彭年會同善後局司道詳稱，前項工程銀兩奉准部咨，行令在積欠西征月餉内，湖北提銀四萬兩，業於光緒十五年五月間匯解銀一萬兩，詳經前督臣裕禄附片奏報在案。現值鄂省度支竭蹶，本屬籌措維艱，惟新疆城工待用孔急，自當竭力騰挪，以濟要需。兹籌集長沙平銀一萬兩，於十一月二十一日發交漢鎮天成亨商號領匯，赴甘肅藩庫兑收轉解。餘俟餉力稍紓，再當續籌匯解等情，詳請奏咨前來。除分咨外，謹會同湖北巡撫臣譚繼洵附片具陳，伏祈聖鑒。

户部知道。

籌解廣西南關礮費劃抵廣西協餉片 光緒十六年十二月初二日

再，臣前在兩廣總督任内具奏，籌定廣西鎮南關邊防添置礮臺一案，奏明應添新式十二生長礮二十尊，約需銀十八萬餘兩，其價由廣東陸續墊付，即在廣西協餉項下分作三年扣還，每年扣銀五萬，尚不敷銀三萬，俟臣到鄂竭力籌措，於每年實協桂餉之數，加解一萬，以裨防局等因。嗣經海軍衙門核准，會同户、兵、工三部於光緒十六年二月二十九日奏，奉諭旨允准，咨行到鄂。當經恭録咨行欽遵辦理在案。兹准兩廣督臣李瀚章咨稱，前項臺礮頭批造成，二批須付定銀，咨催迅將應解桂餉銀一萬兩匯解，以便湊付等因。復經檄行司局籌解去後。兹據湖北善後局司道詳稱，查湖北協解廣西月餉，前因鄂省庫款支絀，奏准裁撤調直武毅二營，騰出餉糈約銀七萬兩籌解廣西。光緒十五年實解銀七萬一千餘兩，今年除籌解銀四萬兩外，又查照廣西撫臣來咨，撥解山東河工長沙平銀二萬五千一百五十八兩六錢三分八釐四毫，折合庫平銀二萬四千二百八十四兩四錢，又撥解河南鄭工捐輸長沙平銀一萬六千五百五十二兩七錢三分一釐三毫三絲六忽，折合庫平銀一萬五千九百七十七兩五錢三分九釐九毫，共銀四萬一千七百一十一兩零，抵作廣西應解協餉。連前解四萬兩，本年實已解過銀八萬一千餘兩，較之上年實解之數本已多解銀一萬兩。茲復勉力籌措銀一萬兩，交百川通商號匯解廣東，作爲應解南關礮費，劃抵廣西協餉等情，詳請奏咨前來。除咨明户部暨廣西督撫臣並咨呈海軍衙門外，謹會同湖北撫臣譚繼洵附片具陳，伏祈聖鑒。

户部知道。

撥解本年海防經費銀兩片〔一〕光緒十六年十二月初二日

再，前准會辦海軍事務直隸督臣李鴻章咨，海軍衙門奏籌積鉅款用備海軍要需一摺，光緒十四年十二月十五日欽奉懿旨：依議。欽此。恭録咨行欽遵辦理。當經前督臣裕禄、前撫臣奎斌，督同司道，詳度鄂省餉力情形，認籌銀四十萬兩，分三年解清。即在鄂省所收川淮鹽斤加價項内開支造報，免動別項正款。所有光緒十五年分應解銀十四萬兩，業經分批解清。由前督臣裕禄、前撫臣奎斌附片具奏在案。茲據湖北善後局司道先後詳報，本年應解銀十三萬兩，於六月初十日籌撥庫平銀五萬兩，九月初十日籌撥庫平銀四萬兩，均解交湖北淮軍收支轉運局彈收，彙解北洋。旋奉准北洋大臣李鴻章來咨，嗣後飭交商號匯解來津，以歸簡便。現又籌撥庫平銀四萬兩，遵即較準法碼，發交百川通商號領匯至天津海防支應局兑收。所有本年認籌之十三萬兩，業已照數解清等情，詳請奏咨前來。除分咨外，謹合詞附片具陳，伏祈聖鑒。

該衙門知道。

撥解本年北洋海軍經費片光緒十六年十二月初二日

再，承准海軍衙門咨開，光緒十六年分北洋海軍經費，應撥湖北釐金銀三十萬兩，分批徑解北洋兑收等因。查湖北省釐金項下，原撥南北洋海防經費銀三十萬兩，光緒六年三月經北洋大臣奏准按八成分解，每年共應解銀二十四萬兩。所有十二至十五等年分應解前項銀兩，照案改解海軍衙門，並專解北洋，均經遵照分別解清。本年已解過第一批至五批共銀二十萬兩，附片具奏在案。茲據湖北善後局司道詳報，籌撥第六批庫平銀四萬兩，飭委遊擊黄銘新於十一月二十二日解交湖北淮軍收支轉運局兑收轉解北洋，以應要需。所有本年奉撥北洋海軍經費銀二十四萬兩，業已照數解清等情，詳請奏咨前來。除分咨外，謹會同湖北巡撫臣譚繼洵附片具陳，伏祈聖鑒。

該衙門知道。

〔一〕以下二件録自中國第一歷史檔案館編《光緒朝硃批奏摺》第六五輯，第一一二至一一三頁，中華書局一九九五年版。

宜昌關籌解另款加復俸餉銀兩片〔一〕 光緒十六年十二月初二日

再，前准户部咨，宜昌關前解光緒十二年分原派京員津貼，改爲另款加復俸餉銀四千兩，作爲彌補十年欠款。其十年、十一年所欠二萬兩，即由宜昌關此款按年解部抵補各等因。當經行令遵照辦理。所有宜昌關應解光緒十三、十四、十五等年分前項銀兩，均經委員搭解赴京交納，分别奏咨在案。兹據湖北布政使黄彭年詳稱，宜昌關應解光緒十六年七月分頭批另款加復俸餉銀二千兩，現准宜昌關監督湖北荆宜施道方恭釗移解到司，由該司飭委管解固本兵餉委員補用知縣唐殿華、大挑知縣蘇貽英帶解赴京交納等情，詳請奏咨前來。臣覆核無異，除咨部外，謹會同湖北巡撫臣譚繼洵附片具陳，伏祈聖鑒。

户部知道。

籌解光緒十六年加復俸餉銀兩片 光緒十六年十二月初二日

再，前准户部咨，京官放給全數俸銀，所有津貼應即停止。惟俸餉規復舊制，爲數甚鉅，當此庫款支絀之際，籌畫不易。行令各省關將應解前項津貼銀兩，仍照原撥之數，按年全數解交户部，以備搭放俸餉等因。查湖北省應解光緒十五年分加復俸餉銀一萬六千兩，業經解清在案。兹據湖北布政使黄彭年會同善後局司道籌撥光緒十六年分加復俸餉銀一萬六千兩，飭委補用知縣唐殿華、大挑知縣蘇貽英管解赴京交納等情，詳請奏咨前來，除給咨管解外，謹會同湖北巡撫臣譚繼洵附片具陳，伏祈聖鑒。

户部知道。

奏報交卸兼署提篆日期摺〔二〕 光緒十六年十二月初四日

竊臣於本年五月初十日欽奉諭旨兼署湖北提督篆務，當經具摺謝恩，報明接印任事日期在案。兹准提臣程文炳函稱，現已陛見，請假回籍省墓假滿，自籍起程回任等語。並派委署提標中營守備蔣明榮，赴省齎請印信。復准電稱，該提督已於本年十二月初三日抵襄。臣即於十二月初四日將湖北提督印信、王命旗牌以及文卷等件，添派督標左營遊擊竇麟，督同署提標中營守備蔣明榮，即日護送赴襄交提臣程文炳接受。臣即於是日交卸。所有微臣交卸兼署提篆日期，除恭疏題報外，理合繕摺陳明，伏祈皇上聖鑒。

知道了。

藩司黄彭年因病出缺請旨簡放摺〔三〕 光緒十六年十二月初八日

竊據武昌府知府李有棻呈報，湖北布政使黄彭年，於光緒十六年十二月初四日辰刻，陡患氣脱病症，即於是刻身故。請具奏開缺前來。臣等伏查，該司從前歷任各省，悉有政聲。本年恭承

〔一〕以下二件録自中國第一歷史檔案館編《光緒朝硃批奏摺》第八六輯，第九〇八頁，中華書局一九九五年版。

〔二〕録自中國第一歷史檔案館編《光緒朝硃批奏摺》第四一輯，第七四四頁，中華書局一九九五年版。

〔三〕録自中國第一歷史檔案館編《光緒朝硃批奏摺》第七輯，第一四五至一四六頁，中華書局一九九五年版。

恩命，調補湖北藩司，到任雖甫及兩月，而勵精圖治，事必親裁，昕夕從公，頗形勞瘁。且於署内開設學治館，儲備有益治道諸書，督率在省候補丞倅、牧令，隨時講習，實於吏治大有裨益。其病故前夕，尚集僚屬互相討論，手自批評。乃墨蹟未乾，遽爾溘逝。臣等聞信，即親往看視，身後蕭條，情形深堪憫惻。當飭府縣將該司身後事宜，督同親屬妥爲辦理。第藩司爲錢穀總匯，理財用人關繫匪輕，亟應先行委員署理，俾免曠誤，除由臣等遴員委署，另行奏報外，所有藩司因病出缺緣由，謹合詞恭摺由驛馳陳，請

旨迅賜簡放，以重職守，伏祈皇上聖鑒。

另有旨。

委署司道片〔一〕 光緒十六年十二月初八日

再，湖北布政使黄彭年因病出缺，所遺藩司篆務應即委員接署，以重職守。查有新任湖北按察使陳寶箴，才猷練達，志趣端正，堪以署理。所遺臬司篆務，查有督糧道惲祖翼，老成諳練，吏治素優，堪以接署。遞遺督糧道篆務，查有候補道恭釗，心地明白，勤謹趨公，堪以署理。除分檄飭遵外，合併附片陳明，伏祈聖鑒。

吏部知道。

湖北省光緒十五年採運漕米用過米價運費及動撥漕折等款銀兩摺〔二〕 光緒十六年十二月初八日

竊照湖北省光緒十五年冬漕，經前任督臣裕祿會同前撫臣奎斌奏請仍徵折色，並酌提漕折等款銀兩，由招商局委員採買正米三萬石運京，奉旨允准。旋因米價騰貴，例價不敷，又經奏准部覆每石加給銀一錢，均經轉飭遵辦去後。隨據輪船招商局委員山東登萊青道盛宣懷等，將採買湖北光緒十五年冬漕正耗米並剥船食米共三萬二千九百一十七石五斗，由輪船裝運赴京，經倉場總督督同坐糧廳如數驗收交兑完竣，復經臣等恭摺奏報在案。兹據湖北布政使黄彭年、督糧道惲祖翼會詳稱，此次招商局承辦鄂省漕糧正耗米三萬二千九百一十七石五斗，每石經部議准照向章加價銀一錢，連水脚剥價兑費等項，共支庫平銀七萬五千二百七十五兩九錢九分一釐零。按每米一石合銀二兩二錢八分零，由委員盛宣懷等開摺移經該司道等核與部准銷數相符，應請查照支銷。又海運漕糧每百石改解一半飯米折色銀一兩二錢九分三釐零，共銀三百八十八兩一錢二分五釐。以上共支銀七萬五千六百六十四兩一錢一分六釐零，内係動支光緒十五年漕糧正米折銀三萬九千兩、耗米折銀三千九百兩，又動支節年漕糧水脚銀四千五百兩、節年隨淺蓆板銀一萬五千兩、節年兑費銀一萬三千二百六十四兩一錢一分六釐零。曾於光緒十六年春撥隨報漕糧正耗米價册内報支銀四萬二千九百兩，漕糧水脚册内報支銀四千五百兩，隨淺錢糧册内報支銀一萬五千兩，折漕兑費册内報支銀九千三百七十四兩八錢四分四釐，又光緒十六年秋撥隨報折漕兑費册内報支加增米價銀三千二百九十一兩七錢五分，又報支一半飯米折色銀三百

〔一〕録自《京報》第三六四七號。

〔二〕録自中國第一歷史檔案館編《光緒朝硃批奏摺》第七〇輯，第三九四至三九五頁，中華書局一九九五年版。

八十八兩一錢二分五釐。其餘二百九兩三錢九分七釐零，俟入於光緒十七年春撥隨報折漕兑費册内開報等情，造册詳請奏咨前來。臣等覆核無異，除將清册咨送户部核銷外，所有湖北省光緒十五年採運漕米用過米價、運費及動撥漕折等款銀兩緣由，謹合詞恭摺具陳，伏祈皇上聖鑒。

户部議奏。

三省會哨事竣邊界静謐摺〔一〕光緒十六年十二月初十日

竊照湖北鄖陽、宜昌、施南等府，界連四川、陝西兩省，山深林密，最易藏奸。向係責成鄖陽、宜昌二鎮，於每年農隙時酌帶兵丁，各赴邊界地方與四川、陝西各鎮協、總兵、副將會同巡哨，年底專摺奏報，歷經遵辦在案。今届光緒十六年會哨之際，經臣照案咨會四川、陝西兩省督撫，並分飭湖北鄖陽、宜昌二鎮總兵，各赴邊界地方，認真會哨去後。茲據署湖北鄖陽鎮總兵樊國泰呈報，於本年十月初十日，行抵陝西湖北交界之蓮花寺，與陝西陝安鎮總兵姚文廣覿面會哨。又據署湖北宜昌鎮總兵羅縉紳呈報，於本年十月二十五日行抵四川湖北交界之火峰界嶺，與四川夔州協副將志山覿面會哨。並據該鎮等聲稱，查看沿途地方及邊界鄉村，均極静謐，並無匪徒混迹等情前來。臣查湖北鄖陽、宜昌、施南等府邊界，層巒疊嶂，道路紛歧，匪徒出没無常，禁暴詰奸不容稍懈。且時在冬防，巡緝尤當嚴密，除仍飭各該鎮暨地方文武員弁隨時督率兵役，認真巡防外，所有本年三省會哨事竣邊界静謐情形，謹會同湖北提督臣程文炳，循例恭摺具奏，仰慰宸廑，伏祈皇上聖鑒。

知道了。

密陳湖北湖南提鎮藩臬道府各官考語摺〔二〕光緒十六年十二月初十日

竊查定例，兩司道府賢否及提鎮各員能否勝任，俱應於年底密奏一次，歷經辦理在案。臣渥承恩命，調任兩湖，到任年餘，於所屬文武各員詳加考察。湖北兩司，本年疊有更調，其省外鎮道各府及湖南文武各屬，地方遼闊，深慮耳目難周，博訪輿情，參考公論，核其案牘，徵諸實事，務得其真。復密令各舉所知，各考所屬，以觀其論薦之公私，器議之高下。一年以來，於所轄司道各府賢否，及提鎮各員能否勝任，俱已得其梗概。茲届應行陳奏之期，除湖南提督鄭紹忠、新授永州鎮總兵賈起勝尚未到任，湖北鄖陽鎮總兵綦高會到任未及三月，湖北布政使黄彭年因病出缺，業經另摺奏報。按察使陳寶箴、安襄鄖荆道朱其煊甫經到任，漢黄德道孔慶輔、湖南岳常澧道廷杰、長沙府知府文綬，均未到任。寶慶府知府莊予楨、岳州府知府鍾英、永順府知府吴澍霖，均到任未及三月。湖北襄陽府知府鍾壎因病另疏題請開缺。俱毋庸列入清單外，其餘在任文武各員，謹就臣見聞所及，分别出具切實考語。其奏補鹽法武昌道瞿廷韶一員，雖甫接准部覆，惟查

〔一〕録自中國第一歷史檔案館編《光緒朝硃批奏摺》第五四輯，第四二六至四二七頁，中華書局一九九五年版。

〔二〕録自中國第一歷史檔案館編《光緒朝硃批奏摺》第七輯，第一五〇頁，中華書局一九九五年版。

該道委署斯缺已及一年，非到任未久者可比，應一併出具考語，分別密繕清單，恭呈御覽。臣仍當隨時認真考核，如有初終異轍，名實不符者，即行據實指參，以仰副聖主澄叙官方，整飭戎行之至意。所有密陳兩湖文武各員切實考語緣由，理合恭摺具奏，伏祈皇上聖鑒。

知道了。單二件、片一件留中。

光緒十六年湖北省查無應劾千總緣由片[一] 光緒十六年十二月初十日

再，恭查乾隆六十年二月十三日内閣奉上諭：各省甄别千總，倘實無可劾之員，准其聲明緣由，據實具奏。欽此。經部議奏，嗣後各省年終彙咨報部時，如該省果無衰庸戀棧應行甄别之處，令該督撫等將無可劾參緣由具奏等因。奉旨：依議。欽此。欽遵在案。茲届光緒十六年應行彙咨報部之期，查湖北省每年應甄别千總二員，經臣咨行撫提暨鎮協各營查覆，現任實缺千總均堪供職，尚無應劾之弁。除仍由臣隨時訪查，如有庸劣不職，即行參革。並湖南省應行甄别千總，循例咨報外，所有光緒十六年湖北省各標營，查無應劾千總緣由，謹會同湖北提督臣程文炳附片具陳，伏祈聖鑒，飭部查照施行。

兵部知道。

湖北各營損失軍械尚未補製足額請仍展緩題報摺[二] 光緒十六年十二月初十日

竊照湖北各標鎮協營軍火、器械、戰船、馬匹等項，例應每年十月委員盤查，造具册結，於封印前具題。惟自軍興以來，武漢等府前次屢被賊擾，各營軍械燬失居多，即未被擾之處，先後征調出師，遺失、損壞所存無幾，已責成各營於補領積欠俸餉内，督飭該兵丁自行陸續賠補，曾經奏明，俟各營補足原額，再行循例具題在案。

茲查各營軍械燬失動缺者多，祇以鄂省近年奉撥協餉以及工賑經費等項需用浩繁，庫款益形支絀，而緑營積欠俸餉又准部咨停給，以致原失軍械難以補製齊全。現届光緒十六年盤查具題之期，經臣委員逐一查驗，現存軍械尚屬堅利合用。其未經補製各件，應俟庫款充裕，補發欠餉，添製齊全，再行循例造册具題，以昭核實。據署湖北布政使陳寶箴詳請具奏前來，臣覆核無異，除咨部外，謹會同湖北巡撫臣譚繼洵、湖北提督臣程文炳恭摺具陳，伏祈皇上聖鑒。

兵部知道。

劉維楨捐繳鉅款備充槍礮廠經費請獎勵摺 光緒十六年十二月初十日

光緒十六年閏二月十八日承准總理海軍事務衙門咨，光緒十六年二月二十九日會同户部具奏，議覆廣東槍礮廠改移鄂省一摺，黏鈔原奏内稱，查鑄造槍礮儲鐵爲先，鄂省爲南北適中，若此處就煤鐵之便，多鑄精械，分濟各省處處皆便。臣等詳加酌度，自

[一] 録自中國第一歷史檔案館編《光緒朝硃批奏摺》第四一輯，第七五一頁，中華書局一九九五年版。

[二] 以下五件録自中國第一歷史檔案館編《光緒朝硃批奏摺》第五八輯，第八〇〇至八〇五頁，中華書局一九九五年版。

以移廠就鄂，庶收事半功倍之效。所有機器後半價值，仍應由粵省先行墊付。總之，訂購鑄造槍礮機器及建造廠屋等費，既經通盤籌定，即應照原議以捐足八十餘萬爲度，以成是舉，斷不可以必需之專款留作該省別項使用。至開廠後常年經費，應由湖廣總督張之洞豫爲妥籌，奏明辦理等因。本日奉旨：依議。欽此。咨行到鄂。並准户部咨同前因，當經恭録咨行欽遵辦理。

臣查槍礮廠常年經費，需款甚鉅。而開辦之始，尚須付給前訂機器運脚、保險等費，及應添造彈捲銅各機器，一一完備，方能開辦。鄂省物力艱窘，庫帑支絀，無可籌措。惟念海軍衙門原議移廠就鐵，多鑄精械，期緩急之足恃，實自强之要圖。本年正月，承准海軍衙門正月初三日電開，總以將來軍旅之事，無一仰給於人爲斷，雖不必即有其效，萬不可竟無其志等語。臣惟有力任其難，悉心經畫，博采周諮，訪知黄岡縣在籍記名提督劉維楨，輕財樂施，急公慕義，前於光緒十年曾捐助海防餉需及創設機器局經費銀二十萬兩，當經派員婉切勸捐。該提督慨允捐銀二十萬兩，充槍礮廠經費。仍照前案，三年繳足，洵爲深明大義，人所難能。查本年八月准出使大臣洪鈞來電，槍礮機器四批到滬，運脚、保險約銀三萬數千兩等語。計由滬運鄂，外洋船價與由英運滬約略相等，約共運保銀六七萬兩，所需甚鉅，不便再向粵索。又查臣前在粵訂購槍礮機器，因粵省製造局能造礮彈，嗣復經臣奏設槍彈局，造彈之機器俱齊，始議設廠，雖與新訂槍礮各式微有不同，尚可隨時添改。今移鄂省，有械無彈，且槍礮各彈均須隨槍隨礮製造方能脗合，斷不能分設兩地，亟應設法添置濟用，乃萬不可少之需。此項購機造廠等費約需銀八九萬兩以上，兩項共需銀十五六萬兩。此外捲銅料件及添購雜項機器，猝難詳盡。擬即以此項捐款，撥充槍礮機器運保暨購造槍礮彈機器廠各費，有餘即留充開廠以後經費。至常年經費，每年共需若干，容俟臨時估計，再行設法籌畫，奏明辦理。

查提督劉維楨光緒十年捐助軍餉及機器局銀二十萬兩，分三年交清，經前督臣裕禄奏請，將該提督之子劉國柱、劉國棟給予獎勵。奉旨：劉維楨報效銀二十萬兩，深明大義，殊堪嘉尚，俟呈繳過半，該督撫速行奏請，候旨施恩。等因。欽此。嗣於十一年十二月捐繳銀十二萬兩，復經前督臣奏明捐繳過半，奉旨：劉國柱、劉國棟均著賞給舉人，准其一體會試。該部知道。欽此。欽遵咨行遵照各在案。恭閲邸鈔，本年九月直隷督臣李鴻章片奏，浙江烏程縣紳士廪貢生龐元濟因近畿水灾，報捐銀三萬兩，已蒙聖恩賞給舉人。仰見朝廷鼓勵急公，至優極渥。茲該提督劉維楨情殷報國，因設廠製造槍礮關繫自强要圖，慷慨激發，罄家輸助，距前報效鉅款之時未及六年，又捐繳銀二十萬兩，有裨武備要需，較之龐元濟捐銀多至五倍有餘，似此竭誠報效，實屬不遺餘力。現在已繳銀十一萬兩，捐數業已過半。該提督之第五子劉國梁、第七子劉國標，讀書嚮學，均堪造就，由善後局司道詳請奏懇恩施從優獎勵前來。可否照案給予獎勵之處，出自逾格鴻慈。除咨呈海軍衙門及咨明户部外，理合恭摺具陳，伏祈皇上聖鑒訓示。

劉國梁、劉國標均著賞給舉人，准其一體會試。該部知道。

籌解協滇月餉片 光緒十六年十二月初十日

再，前准户部咨：議覆雲貴總督岑毓英等奏，四川省欠解協滇月餉請照數補解案內，令四川省協滇月餉，自光緒十五年起每月協解銀二萬三千兩，下賸銀七千兩改撥湖北按月協解。光緒十五年二月二十一日具奏。奉旨：依議。欽此。咨行欽遵辦理。疊經籌解銀五萬六千兩，由前督臣裕禄附片具奏在案。旋因鄂省餉源竭蹷，無款可撥，以致未能續解。茲復勉籌長沙平銀二萬兩，發交雲南催餉委員知縣吴本仁承領，轉發亙川通商號匯解赴滇，以應要需等情。由署湖北布政使陳寶箴會同善後局司道詳請奏咨前來。除分咨外，謹會同湖北巡撫臣譚繼洵附片具陳，伏祈聖鑒。

户部知道。

籌解九月至十二月協滇餉銀片 光緒十六年十二月初十日

再，前准户部咨，議覆四川總督劉秉璋奏滇省新舊協餉無力解足案内，令川省月協滇餉銀二萬三千兩，自光緒十五年九月起，每月減去銀五千兩，改由湖北在於鹽貨等釐及司庫各款内，按月協解銀三千兩，江漢關六成洋税項下按月協解銀二千兩，如六成洋税無款，應准在四成洋税項下湊解等因。業將上年九月起至本年八月止，應協滇省餉銀，照數撥解，附片奏報在案。

茲據署湖北布政使陳寶箴會同善後局司道暨署湖北漢黄德道監督江漢關税務江麟瑞詳稱，在於司庫動撥長沙平銀六千兩，局庫動撥長沙平銀六千兩，江漢關第一百二十一結所徵六成洋税項下動支庫平足色銀八千兩，作爲光緒十六年九月起至十二月止四箇月分協滇餉銀，均發交雲南催餉委員知縣吴本仁領匯赴滇等情詳請奏咨前來。除分咨外，謹會同湖北巡撫臣譚繼洵附片具奏，伏祈聖鑒。

户部知道。

豫撥光緒十七年第一批甘肅新餉片 光緒十六年十二月初十日

再，承准軍機大臣字寄，光緒十六年八月十五日奉上諭：户部奏籌撥甘肅新餉一摺，甘肅關内外各軍餉銀關繫緊要，現經該部將光緒十七年新餉指撥湖北省銀三十三萬兩，著該督撫等嚴飭司道，按照部撥數目，於本年十二月底止趕解三成，至來年四月底止再解三成，其餘四成統限九月底掃數解清。等因。欽此。當經恭録轉飭遵辦去後。茲據署湖北布政使陳寶箴會同善後局司道詳稱，在於鹽課釐金項下豫撥光緒十七年第一批甘肅新餉銀十萬兩，於本年十二月初八日發交漢鎮天成亨、百川通、協同慶等商號，匯解赴甘肅藩庫交收等情，詳請奏咨前來。除分咨外，謹會同湖北巡撫臣譚繼洵附片具陳，伏祈聖鑒。

户部知道。

江漢關第一百十七結至一百二十結收支款項數目開單具陳摺[一] 光緒十六年十二月二十六日

竊照前准户部咨，鈔奏内開：各海關洋税奏銷辦理未能畫一，應令遵照定章，將收支數目按結開單奏報一次，仍扣足四結開單奏銷一次，概不得以收支數目串入原摺，以致混雜不清。仍一面造具四柱清册暨支銷經費銀兩清册，分送户部暨總理各國事務衙

[一] 以下二件録自中國第一歷史檔案館編《光緒朝硃批奏摺》第七二輯，第五三四至五三六頁，中華書局一九九五年版。

門，以憑核銷等因。光緒十年二月二十五日具奏。本日奉旨：依議。欽此。又准咨開，第九十五結期滿清單，僅有收支款目，以致各結總數未能聯貫。嗣後應令將舊管、新收、開除、實在，分爲四柱，逐款開列，以昭明晰等因。均經先後轉行遵照辦理。所有江漢關光緒十四年八月二十六日起至十五年九月初六日止一年關期屆滿，分别造具收支數目各册，前經奏咨在案。

茲據署湖北漢黄德道監督江漢關税務江麟瑞詳稱，自光緒十五年九月初七日第一百十七結起至十六年八月十七日第一百二十結止，一年四結期滿，徵收洋商、招商局華商各項税鈔及支解數目，分結造具四柱清册，並經費銀兩清册，詳請奏咨前來。臣覆核無異，除將各册送部外，謹會同兼署南洋通商大臣署兩江總督臣沈秉成、湖北巡撫臣譚繼洵恭摺具陳，並繕具清單，恭呈御覽，伏祈皇上聖鑒。

該衙門知道。單併發。

宜昌關第一百十七結至一百二十結收支款項數目開單具陳摺 光緒十六年十二月二十六日

竊照前准户部咨，鈔奏内開：各海關洋税奏銷辦理未能畫一，應令遵照定章，按結開列清單奏報一次，仍扣足四結開單奏銷一次，概不得以收支數目串入原摺，以致混雜不清。仍一面造具四柱清册暨支銷經費銀兩清册，分送户部暨總理各國事務衙門，以憑核銷。奉旨：依議。欽此。又准咨，江漢關第九十五結期滿清單，僅有收支款目，以致各結總數未能聯貫。嗣後應令將舊管、新收、開除、實在，分爲四柱，逐款開列，以昭明晰等因。均經先後轉行遵照辦理。所有宜昌關自光緒十四年八月二十六日第一百十三結起至十五年九月初六日第一百十六結止，一年四結期滿，徵收各項税銀及支銷經費各數目，詳經奏報在案。

茲據湖北荆宜施道監督宜昌關税務方恭釗詳稱，自光緒十五年九月初七日第一百十七結起至十六年八月十七日第一百二十結止，一年四結期滿，所有徵收各項税銀及支銷經費並另款徵收洋藥税釐銀兩各數目，造具清册並開具清單詳請奏咨前來。臣覆核無異，除將徵收税項並支銷經費各册及四柱清單咨送總理各國事務衙門、户部户科查照外，謹會同兼署南洋通商大臣署兩江總督臣沈秉成、湖北巡撫臣譚繼洵恭摺具奏，並繕具清單，恭呈御覽，伏祈皇上聖鑒。

該衙門知道。單併發。

籌墊順直冬賑款銀摺[一] 光緒十六年十二月二十六日

竊照本年順、直水灾極重，民情困苦，湖北省雖已開辦順、直賑捐，若待收捐匯解，誠恐緩不濟急，疊經臣等督飭藩司、善後局分别籌撥借墊銀四萬兩，分匯順、直濟賑。俟捐有成數，即行撥還，先後附片奏明在案。惟現在時值隆冬，被水灾民，饑寒交迫，待賑尤殷。臣等公同商酌，茲復飭司局再行籌墊庫平銀二萬兩，交百川通商號電匯順天、直隸各一萬兩，分赴順天府尹臣、直隸督臣衙門交納，以應急需。俟順、直賑捐收有成數，即行撥

[一] 録自中國第一歷史檔案館編《光緒朝硃批奏摺》第三一輯，第三一九頁，中華書局一九九五年版。

還。除分咨查照外，臣等謹合詞恭摺陳明，伏祈皇上聖鑒。

户部知道。

借撥糧道庫存款以濟槍礮廠應用片〔一〕

光緒十六年十二月二十六日

再，臣承准海軍衙門來咨，光緒十六年十一月二十八日會同户部具奏，鄂省槍礮廠經費請由糧道庫存款内暫行借撥，以濟要需一摺，黏鈔原奏内開，查湖北糧道庫幫津、水脚、兑費等項，原係儘數徵解要款，今鄂督請於此款内暫借銀十五萬，既經粵督電准分年歸還，自應准如所請辦理。應令湖廣總督將前項所存幫津、水脚、兑費等項，除撥槍礮廠十五萬兩外，下餘銀兩即遵部奏案趕緊解部等因。本日奉旨：依議。欽此。當經恭録咨行欽遵辦理。

查此案前因開辦槍礮廠需款孔亟，經臣電請海軍衙門奏明於糧道庫上項各款内，暫借應用。將來由粵收專款捐項歸還。嗣於本年十二月初五日，承准海軍衙門復電内開，請由糧道庫暫借十五萬，已於十一月二十八日會同户部奏蒙俞允，令照提用等因。當經行據湖北督糧道惲祖翼詳稱，遵即提撥各屬解到節年幫津銀二萬兩、漕糧水脚銀三萬兩、折漕兑費銀十萬兩，共計糧庫平足色銀十五萬兩，解交善後局轉解槍礮局應用等情，詳請奏咨前來。除咨呈海軍衙門及咨明户部、兩廣督臣查照外，謹會同湖北巡撫臣譚繼洵附片具陳，伏祈聖鑒。

該衙門知道。

查明營員稟揭該管將官請旨降革摺〔二〕

光緒十六年十二月二十六日

竊臣於本年八月據湖北黄州協副將陳樹勳稟陳，署該協中營都司候補都司李先修，心地不明，振作毫無，當將李先修撤任回省察看。旋據該都司稟揭陳樹勳挾嫌起衅，臚列多款，稟懇查辦前來。當以營員稟揭該管將官，虚實均應澈究，疊經檄委黄州府知府李方豫、候補知府王開福秉公密查，據實稟覆。

兹據該府等先後查覆稟稱，按照都司李先修稟揭各條，調核案據，叅考衆論。如所稱陳樹勳袒庇營兵黄鴻鈞一節。卷查此案據黄岡縣民婦陶廖氏具控黄鴻鈞姦占氏子陶德才未婚之妻鄧氏，並將氏子毆跌塘内，經人救起等情。當經陳樹勳將黄鴻鈞革送黄岡縣訊明，並無姦占情事，惟因口角致將陶德才毆跌塘内，究有不合，笞責管押訊結詳銷。黄鴻鈞既經該副將革送訊責管押，其非袒庇可知。又如所稱塘汛缺出，陳樹勳之妻弟李斐章交通納賄一節。查李斐章不在黄州，該都司亦未指出塘汛何缺，交通何人，無憑查詢。又如所稱各兵名糧多係陳樹勳之諸子交條拔補一節。當將該都司原交各兵名條，調取陳樹勳之子筆跡查對，均不相符。又如所稱虧失火藥八百斤及已領未用火藥餘存過多，陳樹勳置之不論不議一節。詢據陳樹勳覆稱，同治三年前督臣官文巡閱營伍，以黄州爲武漢門户，特發火藥鉛彈作爲留防急需。歷年所存合計八千四百餘斤，係該都司接收專管，疊經失去火藥一千五百斤，

〔一〕録自中國第一歷史檔案館編《光緒朝硃批奏摺》第五八輯，第八二三頁，中華書局一九九五年版。

〔二〕録自《京報》第三六五四號。

曾經該副將將看守不力兵丁革除，移送地方官究辦有案等語。是此項火藥虧失，該都司責有攸歸，似不得歸咎該管將官。又如所稱需索供應一節。經該府等分別移查覆核，並無陳樹勳需索之據，顯有揑砌。惟據陳樹勳覆稱，營中向有湖場地稞各租，每年約收錢百數十串，歷係都司衙門存作歲修營署各費。該都司到任後，僅備竹簾三幅、京鑼二面，餘無所取等語。又如所稱本任黄州協中營都司楊得山與安陸營都司張金龍對調，由楊得山啗以重利，爲該副將所構一節。查都司互相調署，豈副將所能干預。乃該都司輒謂陳樹勳斡旋有力，尤屬率臆妄禀等情，禀覆核辦前來。

臣查李先修禀揭陳樹勳各條，現經查覆均無確據。惟該副將性情偏於寬和，治軍未能嚴整，於李先修供應竹簾、京鑼雖爲物其微，究不免屬員有所藉口。且經臣訪查，該副將諸子在署，不免干預公事。該副將雖無縱容等情，究屬失於覺察。相應請旨將黄州協副將陳樹勳以遊擊降補。候補都司李先修於被禀撤後，挾嫌妄訐本管將官，意圖反噬。火藥爲該中營都司專管，虧失多斤，反歸咎於該管上司，實爲昏謬。於都司楊得山調署安陸營都司一節，妄稱陳樹勳圖利斡旋，尤屬無根誣揑。查其平日所爲，鄙瑣任性，聲名甚劣，似此謬妄誣訐，實屬不守法紀。應請旨將都司李先修即行革職，以肅營伍。其陳樹勳所遺黄州協副將，鄂省現有應補人員，應請扣留外補，合併聲明。理合恭摺奏陳，伏祈皇上聖鑒。

著照所請。兵部知道。

謝賜福字摺[一] 光緒十六年十二月二十七日

竊照光緒十六年十二月二十六日，摺弁回鄂，賫到御賜福字一方。當即恭設香案，望闕叩頭謝恩祇領。欽惟我皇上德宏簫勺，政協璣衡。問寢龍樓，秉姒徽而纘績。裁篇鳳谷，調軒律而諧宫。履端位四序之元，敷錫頒萬方之朔。演泰亨於羲畫，仰巍焕於堯章。寰海衢樽，普挹晞陽之露。山林篳路，同瞻復旦之雲。一紙鸞迴，三山鼇戴。臣仰承天祐，豫卜農祥。分陰勵陶甓之勤，三品貢禹金之瑞。讀荆楚歲時之記，渡江之梅信知春。懸周官月吉之書，率土之葵忱向日。所有微臣感激榮幸下忱，謹繕摺叩謝天恩，伏祈皇上聖鑒。

知道了。

江漢關籌解息借洋款第七年頭期應付利銀片[二] 光緒十六年十二月 日

再，前准户部咨，神機營息借洋款一百五十萬磅，於光緒十年九月十四日初次收到六萬磅，計合十足廣平銀二十萬零一千九百六十八兩八錢。利銀按一年四期，每期應付一千零五十磅，其頭期利銀已由神機營墊付，應照此次咨報本利銀兩數目，擬飭江漢關按照議定章程期限，先期二十日照數解交江海關查收，由該

[一] 録自中國第一歷史檔案館編《光緒朝硃批奏摺》第七輯，第六七頁，中華書局一九九五年版。

[二] 録自中國第一歷史檔案館編《光緒朝硃批奏摺》第八一輯，第七九二至七九三頁，中華書局一九九五年版。

關按期作合磅價，兑付怡和洋行等因。光緒十一年二月十五日具奏。本日奉旨：依議。欽此。欽遵咨行前來。當經轉飭遵照辦理。所有江漢關應付第一年二期起至第六年四期止前項利銀，並第六年第四期應還本銀，均經解交江海關驗收，暨將神機營墊付頭期利銀解京交納，分别奏咨在案。

茲據署湖北漢黄德道監督江漢關税務江麟瑞詳稱，查光緒十六年十二月二十三日爲第七年頭期，即在第一百二十一結所徵六成洋税項下籌撥庫平足色銀二千八百二十七兩五錢六分三釐，作爲第七年頭期應付利銀，飭委補用知縣陳承澤解赴江海關驗收，届期照章給領等情，詳請奏咨前來。臣覆核無異，除分咨外，謹會同湖北巡撫臣譚繼洵附片具陳，伏祈聖鑒。

户部知道。

光緒十七年

學政按試荆宜援案改乘輪船摺[一]　光緒十七年正月十三日

竊照湖北荆州、宜昌兩府歲科兩試，學臣向由江夏雇坐民船，取道漢陽、漢川、沔陽、天門等州縣，至潛江縣屬之澤口，登陸前赴江陵棚次。中途阻水難行，到荆州後乘民船泝江上至宜昌，舟行異常濡滯，行程不能剋期，生童齊集守候需時，諸多未便。而臣尚輔前於光緒十五年十月歲試荆州，内河行舟，動淹旬日。而陸行驛路頻年被水沖坍，修理維艱，多半淪浸水中，無從辨認路徑，循行民垸之上，迂迴曲折，晝夜兼程，夫役倍形困苦。若遇深宵風雨，役夫失足墮水，時有淹斃，文卷、關防漂没損溼，在在可慮。沿途居民避水遠出，行程百餘里，無客店可以棲止，并少食物購買。本届科試若仍由襄河澤口一路行走，水陸均多稽滯，殊形窒礙。查近年廣東高廉潮州等府，學政按試，疊經奏明改坐輪船，欽奉諭旨允准在案。若由武昌省改乘輪船泝江而上，計程二三日可抵荆州。生童刻期取齊，無須守候，亦無文卷損失、夫役淹斃之虞。擬請援案奏明改乘輪船，與臣之洞、臣繼洵函商前來。當經檄行司局籌議詳辦去後。茲據湖北藩、臬兩司會同善後局司道詳稱，查學政按試荆州府，由襄河前往，水陸均多阻滯。

[一] 録自《京報》第三六七一號。

今若改道長江，乘坐輪船，行程迅速，試事剋期。既免生童守候之苦，亦省州縣供應之煩。應請即自本年荆州科試爲始，援照廣東成案，奏請改乘輪船。官輪、商輪均可隨宜乘坐。所有官輪油煤、商輪船價等費，應即在向來經行之各該州縣，於應支夫馬款内酌量提撥，所費甚屬有限。至由荆州上至宜昌府，官商各輪俱屬通行，若乘民船上駛，水程又多三百里，艱滯尤甚。將來學政按試宜昌，應請一併改乘輪船，以期利便等情，具詳請奏前來。

臣之洞、臣繼洵查學臣函商司局議詳各節，係屬實在情形。若改乘輪船，既足以惠寒儒，亦兼以恤州縣，實於試事有裨。合無仰懇天恩俯准自本年荆州府科試爲始，改道長江，乘坐輪船。將來按試荆州、宜昌兩府，均即照此辦理，以速行程而惠士林。出自聖主鴻慈，謹合詞恭摺具陳，伏祈皇上聖鑒訓示。

著照所請。該部知道。

援案借款修葺衙署摺[一] 光緒十七年正月十三日

竊照湖北荆州駐防旗營，大小官員衙署，遇有坍塌，例准借款修葺。前因修費無出，曾經於同治十年、光緒七年兩次奏准，在於宜昌川鹽局税課項下，借款興修各在案。兹准荆州將軍祥亨咨稱，荆州駐防，濱臨江河，潮溼極甚，又加近年雨水過多，各官衙署於光緒七年修理後，又及十年，椽柱墻垣諸多朽壞。若不及時修補，勢將坍塌，將成鉅工。查光緒七年撥借川鹽局税課銀一萬五千兩，由應解旗營俸餉内，分作十年扣還，扣至十七年六月，即已如數還清。今按大小官員借俸興修，共估需工料銀三萬三百二十兩，請照案借撥，以資修理等因。當經行令湖北藩司會同鹽道查案籌議詳辦去後。

兹據署湖北布政使陳寶箴、鹽法武昌道瞿廷韶會詳稱，遵查荆州駐防旗營大小衙署，皆爲棲止辦公之所。今因年久朽壞，借款修補，自不容緩。惟司庫各款湊解京協等餉以及例支一切要需，時虞不繼，實屬無可籌撥。擬請仍在宜昌川鹽局税課項下撥借銀一萬五千兩，解交旗營，擇要修補。由荆州將軍轉飭妥辦，俟工竣之日，照例造具册結，送部查核。所借銀兩，仍請分作十年扣還，由宜昌川鹽局於每月應解旗營俸餉項内，按月扣銀一百二十五兩，陸續歸還，以清借項等情，詳請具奏前來。

臣等查荆州駐防旗營各官衙署，自光緒七年借項修葺，迄今已及十年。既經勘明墻屋多形朽壞，自應及時興修，以資辦公。相應仰懇天恩俯准仍在宜昌鹽局川課項下借撥銀一萬五千兩，給發趕修，分作十年於應解旗營俸餉内按月扣還，以清款目。除咨部外，謹會同荆州將軍臣宗室祥亨合詞具奏，伏祈皇上聖鑒訓示。

該部知道。

籌匯順直賑災銀兩片[二] 光緒十七年正月十三日

再，湖北開辦順、直賑捐，前因捐款籌集需時，緩不濟急，冬令災黎飢寒交迫待賑尤殷，當飭司局先後籌墊借撥銀六萬兩，分别電匯順天、直隸以應急需。已於上年八月、十一月、十二月先後具奏在案。並經臣之洞、臣繼洵暨各司道率屬倡捐銀七千兩，

[一] 録自《京報》第三六七〇號。
[二] 以下二件録自中國第一歷史檔案館編《光緒朝硃批奏摺》第三一輯，第三二九頁，中華書局一九九五年版。

交商號電匯直隸督臣衙門交納濟賑。又勸集各紳商銀一萬兩，先後匯至京城交順直京官及外省京官分别轉發各善局暖廠散放，藉應要需。除俟續收有款再行匯寄外，謹合詞附片陳明，伏祈聖鑒。

知道了。

賑捐濟直請旌獎片 光緒十七年正月十三日

再，准湖北學臣趙尚輔咨稱，現有姻親四川萬縣職員鹽運判周仁勳，因直省上年被水成灾，奏明開辦賑捐，該職遵其故父五品封職周維誠遺命，捐庫平銀一千兩，以濟直賑等因。當經飭發司局交商號電匯直隸督臣衙門查收散放。臣等查該職周仁勳所捐銀數，核與士民捐銀一千兩以上請旨建坊之例相符。合無仰懇天恩俯准周仁勳之故父五品封職周維誠，在本籍四川萬縣，照例建坊，給與樂善好施字樣，以示旌獎而昭激勸。謹合詞附片具陳，伏祈聖鑒。

著照所請。禮部知道。

宜昌關第一百二十一結收支各款税銀數目開單具陳摺[一] 光緒十七年正月十三日

竊照前准户部咨，鈔奏内開：各海關洋税收支數目辦理未能劃一，應令遵照定章，按結開列清單奏報一次，仍扣足四結開單奏銷一次，概不得以收支數目串入原摺，以致混雜不清。仍一面造具四柱清册暨支銷經費銀兩清册，分送户部暨總理各國事務衙門以憑核銷等因。光緒十年二月二十五日具奏。本日奉旨：依議。欽此。又准户部咨，江漢關第九十五結期滿清單，僅有收支款目，以致各結總數未能聯貫。嗣後應令將舊管、新收、開除、實在，分爲四柱，逐款開列，以昭明晰各等因。先後轉行遵照辦理。

兹據湖北荆宜施道監督宜昌關税務方恭釗詳稱，宜昌關徵收各項税銀，前經截至光緒十六年八月十七日第一百二十結止，詳請奏咨在案。兹自光緒十六年八月十八日起至十一月二十日止第一百二十一結期滿，所徵税銀，除照章開支外，實存銀七萬九百兩二錢三分六釐，前經詳請咨明，奉准部覆，歸入一年報銷京内解存藩庫委員解京。再，本結並無洋藥進口，亦無罰款銀兩，又洋商雇用華船現由常關徵料，毋庸造册報銷等情，詳請奏咨前來。臣覆核無異，除將清單、清册咨送總理各國事務衙門、户部户科查照外，所有宜昌關第一百二十一結收支各款税銀數目緣由，謹會同署南洋通商大臣臣沈秉成、湖北巡撫臣譚繼洵恭摺具陳，並繕具四柱清單，恭呈御覽，伏祈皇上聖鑒。

該衙門知道。單併發。

查明湖北省光緒十三年以前民欠錢糧請豁免摺[二] 光緒十七年正月十七日

竊准户部咨，光緒十五年二月初四日欽奉恩詔，蠲免各直省民欠錢糧，經部酌核，奏請將光緒九年以前民欠及因灾緩徵、帶徵地丁正耗銀穀錢糧，並借給籽種、口糧、牛具以及漕項、蘆課、

[一] 録自中國第一歷史檔案館編《光緒朝硃批奏摺》第七二輯，第五四一頁，中華書局一九九五年版。

[二] 録自中國第一歷史檔案館編《光緒朝硃批奏摺》第六六輯，第四六八至四六九頁，中華書局一九九五年版。

學租、雜税等項，概行蠲免。又於光緒十五年三月十六日欽奉恩詔，豁免各直省民欠錢糧。經部酌核，奏請將光緒十三年以前民欠及因灾緩徵、帶徵地丁正耗銀穀錢糧並借給籽種、口糧、牛具以及漕項、蘆課、學租、雜税概行豁免，由各該督撫詳細查明開單具奏。均以已入奏銷實欠在民者爲準，一面造具應豁錢糧數目清册送部。如在欽奉恩詔以後，未接部文以前，有已輸在官之光緒十三年以前民欠錢糧，准其流抵次年正賦，即於具奏清單咨部細册內，詳細聲明等因。具奏。奉旨：依議。欽此。欽遵咨行到鄂。當經前督臣裕禄、前撫臣奎斌札行藩司糧道飛飭各屬，一體欽遵辦理在案。

茲據署湖北布政使陳寶箴、署督糧道恭釗會詳稱，此次恭奉恩旨豁免民欠錢糧，應自光緒六年起至十三年止，以已入奏銷之數爲準，遞年有無帶徵，則以州縣板串爲憑，時逾數年，款目繁雜，必須悉心句稽方足以昭覈實而杜欺隱。曾經前任司道援照成案，詳明由司設局，遴派補用同知章嘉謀專司其事，並委補用知府許炳恭、黄仁黼二員會同辦理，調查歷年實徵簿册串根，互相核對，必使鍼孔相符。如有徵存銀兩，立即掃數提解，不准稍有隱混。現據各該府州轉據所屬各州縣衛造具册結呈由該署藩司陳寶箴、署糧道恭釗覆加查核，計自光緒六年起至十三年止，積年民欠未完並潰淹挖壓緩徵地丁、屯餉、蘆課、正耗錢糧及牙茶崗行、河税共銀一百八十五萬七千三百五十二兩三錢八分三釐，未完漕南米折、隨漕驢脚南折、軍安正耗及閑丁幫津、加津蓆板、水脚兑費、租課等款共銀九十六萬一千三百七十三兩八錢八分三釐八毫五忽，未完籽粒銀二百五十二兩四分二釐，未完本色黄豆四百一十八石九斗五升九合二勺，未完耤田穀麥三百五十石一升，未完佃欠囚糧穀米三千五百五十五石六斗一升八合六勺。又荆門直隸州湖糧歲修隄費共未完銀八百二十三兩五錢三分五釐，均係實欠在軍、在民，並無絲毫隱混等情，造具清册詳請具奏前來。臣等覆核，均屬相符。所有查明光緒十三年以前湖北省民欠未完各款，共銀二百八十一萬九千八百一兩八錢四分三釐零，本色黄豆四百一十八石九斗五升九合二勺，耤田穀麥三百五十石一升，囚田穀米三千五百五十五石六斗一升八合六勺，謹繕清單，恭呈御覽，仰懇天恩俯准一併豁免，以廣皇仁。除清册咨送户部外，謹合詞恭摺具奏，伏祈皇上聖鑒訓示。

著照所請。户部知道。單併發。

籌解光緒十六年十一十二月固本兵餉片[一]

光緒十七年正月　日

再，前准户部咨，原定各省應解固本兵餉，湖廣省按月應解銀五千兩，改令徑解部庫交納。又准户部咨，酌定分年帶解固本練餉欠款，擬定有閏之年解十五箇月，計銀七萬五千兩，無閏之年解十四箇月，計銀七萬兩。即自光緒十一年正月起，按年照數解清各等因。所有湖北省應解十六年十月以前固本兵餉銀兩，業經按年照數先後解部，附片奏報在案。茲據湖北布政使王之春詳稱，

[一] 録自中國第一歷史檔案館編《光緒朝硃批奏摺》第五八輯，第六八一頁，中華書局一九九五年版。此件日期疑誤。本册第五〇七頁載，王之春是在光緒十七年十月十一日到任。不可能在正月「詳稱」。又，據本册第四五四頁載，該年七月二十八日始解光緒十五年正二月固本兵餉，不可能在此之前解十六年的。

會同鹽法道在於鹽課項下籌撥銀一萬兩，作爲光緒十六年十一、十二兩箇月固本兵餉，飭委大挑知縣司徒衮、候補知縣本任漢陽縣縣丞黄新鍔管解赴京交納等情，詳請奏咨前來。臣覆核無異，除給咨管解外，理合會同湖北巡撫臣譚繼洵附片具陳，伏祈聖鑒。

户部知道。

謝京察議敘摺 光緒十七年二月二十五日

光緒十七年二月二十三日准吏部咨，光緒十七年正月二十四日內閣奉上諭：三載考績，爲國家激揚大典，中外滿漢諸臣，有能恪共職守，勞勩最著者，允宜特加甄敘，以示優眷。湖廣總督張之洞、山東巡撫張曜，實心任事，勞勩不辭，均著交部議敘。等因。欽此。聞命之下，感悚難名。

伏念臣下駟極庸，上游濫領。澤國之偏灾甫弭，巖疆之伏莽猶潛。阜民則憂杼軸之空，肄武則慮火茶之懈。德薄力小，而所圖者皆任重道遠之功。困知勉行，而所創者乃委曲繁難之事。志迂效緩，疢重慙深，豈意鴻施，俯矜駑鈍。（青瑣縈滄江之夢，微物自荷夫天慈。黄州瞻玉宇之高，聖知不在於人後。）十年守土，（愧曾無仰報之涓埃）三考承恩。（乃疊荷褒榮之華衮）［竊惟實事是求，漢代經生之本分。先勞無倦，孔門政事之恒言。在臣職曾何足稱，而聖恩有加無已。］感侔高厚，惕等冰淵。臣惟有（益殫藿悃，不憚薪勞）［藿向依光，木雕忘朽。以至誠無欺率僚吏，以在勤不匱儆軍民。］江流奠宗海之瀾，簣土（勵）［積］爲山之（志）［址］。竊幸夔龍謬附，邀虞廷車服之輝。終期藍篳宏開，壯楚國山林之色。

［知道了］。［一］

知州循例迴避揀員對調摺［二］ 光緒十七年二月二十七日

竊照前准部咨，現任湖南茶陵州知州沈金潤與按察使沈晋祥，同係浙江歸安縣人，即係聚族一處，應令官小者迴避出省，應將茶陵州知州照例以總督兼轄省分相當之缺，酌量對調等因，行令揀員請調去後。茲據署湖北布政使陳寶箴、署湖北按察使惲祖翼、湖南布政使何樞會詳稱，遵查湖南茶陵州知州，係部選繁難中缺，既經部咨照例以總督兼轄省分相當之缺酌量調補。查湖北省選缺知州惟興國州、歸州兩缺係有字簡缺，除歸州知州畢大琛籍隸湖南應毋庸議外，查本任興國州知州宋熙曾，現年六十四歲，江蘇吴縣人，由附貢生在京報捐知州，指發湖北。咸豐十年七月十六日引見，奉旨：著照例發往。欽此。十月初七日到省，旋報捐分缺先補用並免試用，光緒八年委署興國州事務，五月二十七日到任，九年六月十六日奉文准補，先後委署襄陽、穀城、宜城、光化、蘄州、棗陽等州縣印務，均無展參處分，核與調補定例相符。應請以湖北興國州知州宋熙曾調補湖南茶陵州知州，所遺興國州知州即以茶陵州知州沈金潤對調。查該二員所調，均係有字選缺，銜缺相當，毋庸送部引見，湖北署藩、臬兩司均到任未及三月，例不出考。湖南臬司沈晋祥例應迴避，勿庸列銜，合併聲明等情，會詳呈請核奏前來。臣覆查興國州知州宋熙曾，精明幹練，果斷有爲，任內並無違礙處分，與調補之例相符，應請准其與湖南茶

［一］以上衍、脱、舛九處，據中華書局一九九五年版《光緒朝硃批奏摺》第七輯，第三〇九至三一〇頁删、補、校正。

［二］録自《京報》第三七二二號。

陵州知州沈金潤互相調補，俟接准部覆，再行分飭各赴調任，以符定制。所有知州循例迴避揀員對調緣由，謹合詞恭摺具陳，伏祈皇上聖鑒，敕部覈覆施行。

吏部議奏。

江漢關第一百二十一結收支各數目開單具陳摺[一] 光緒十七年二月二十七日

竊照前准户部咨，鈔奏内開：各海關洋税收支數目辦理未能畫一，應令遵照定章，按結開列清單奏報一次，仍扣足四結開單奏銷一次，概不得以收支數目串入原摺，以致混雜不清。仍一面造具四柱清册暨支銷經費銀兩清册，分送户部暨總理各國事務衙門，以憑核銷等因。光緒十年二月二十五日具奏。本日奉旨：依議。欽此。又准咨第九十五結期滿清單，僅有收支款目，以致各結總數未能聯貫。嗣後應令將舊管、新收、開除、實在，分爲四柱，逐款開列，以昭明晰等因。均經轉行遵照辦理。

茲據署湖北漢黄德道監督江漢關税務江麟瑞詳稱，江漢關徵收各項税鈔及支解各數目，前經截至光緒十六年八月十七日第一百二十結止，詳請奏咨在案。茲查自光緒十六年八月十八日起至十一月二十日止第一百二十一結期滿，徵收洋商各項税鈔六成洋税，除支解彌補外，計存六成洋税銀七萬四千八百四十九兩二錢八分四釐六毫四絲。又上結報存四成洋税及本結新收四成洋税，除撥解外，計存四成洋税銀二萬三千一百兩零四錢四分七釐。又另款徵收招商局各項税鈔，除撥解外，計存四成八釐各税銀五萬五千六百六十六兩二錢六分三釐。已如數歸併六成洋税内開報。至上結報存五成二釐局税及本結新收五成二釐局税，除撥解外，計存五成二釐局税銀四萬三千三百三十九兩四錢八分二釐。又此結遵照新章徵收洋藥税釐銀及上結報存銀，除支解外，計存銀六萬四千八百十三兩六錢六分四釐。又收洋商、局商在漢買辦藥土出口正税銀二十五兩九錢五分、半税銀十二兩九錢七分五釐，已歸於華洋各税項内開報等情，詳請奏咨前來。臣覆核無異，除俟一年期滿按結造具收支經費各册暨另繕總單分别報銷外，所有第一百二十一結徵收洋商華商各項税鈔及支解各數目，謹會同署南洋通商大臣臣沈秉成、湖北巡撫臣譚繼洵恭摺具陳，並繕具四柱清單，恭呈御覽，伏祈皇上聖鑒。

該衙門知道。單併發。

江漢關籌解出使各國經費片 光緒十七年二月二十七日

再，據署湖北漢黄德道監督江漢關税務江麟瑞詳稱，前奉總理衙門劄開，會奏籌備出使各國經費，擬於各關所收六成洋税作爲十成分算，每結酌提一成，另款存儲聽候隨時指撥以作出使經費之用。均自第六十五結爲始，一體遵照辦理。續奉行知令將每結提存之款，撥寄江海關彙收，以資分撥。又奉總理衙門劄開，出使經費不敷撥用，擬於所收六成洋税仍作十成分算，即在此十成内於原提一成之外，再提半成。並令於商局留關備撥六成税内

〔一〕以下二件録自中國第一歷史檔案館編《光緒朝硃批奏摺》第七二輯，第五四八至五五〇頁，中華書局一九九五年版。

亦按十成計算，酌提一成半，均自第七十一結爲始，按結解至江海關備用各等因。查江漢關第一百二十結提存前項經費銀兩，業經委解江海關驗收，詳請奏咨在案。茲查第一百二十一結所徵洋商進出口正稅六成銀兩，除開支稅務司並關用經費及傾鎔折耗外，實存銀三萬一千六百二十八兩五錢四分一釐，按十成計算，應提一成五釐出使經費銀四千七百四十四兩二錢八分一釐。又收招商局輪船進出口正稅四成八釐銀兩，除開支傾鎔折耗外，實存銀三萬四千八百六十八兩八錢九分七釐，按十成計算，應提一成五釐出使經費銀五千二百三十兩零三錢三分四釐。遵照户部核復，每萬兩扣給解費銀二百兩，即在所提出使經費內扣給委員解費銀一百九十九兩四錢九分二釐，計實解銀九千七百七十五兩一錢二分三釐。已將前項銀兩飭委候補同知狄雲章解赴江海關驗收等情，詳請奏咨前來。臣覆核無異，除分別咨明外，謹會同署南洋通商大臣臣沈秉成、湖北巡撫臣譚繼洵附片具陳，伏祈聖鑒。

該衙門知道。

光緒十六年秋季分宜昌川鹽總局抽收正加課錢文數目摺[一]

光緒十七年二月二十七日

竊照湖北宜昌改設川鹽總局抽課濟餉委員辦理，所有光緒十六年夏季分抽收鹽課錢文數目，業經恭摺具奏在案。茲據湖北鹽法武昌道瞿廷韶查明光緒十六年秋季分抽收鹽課錢文數目開報前來。臣覆加查核，宜昌川鹽局光緒十六年七月分抽收正課錢六萬二千五百零八串二百七十三文，內提籌備京餉錢二萬五百串文，加課錢二萬七千一百七十七串五百一十文。八月分抽收正課錢八萬零三百二十六串九百九十四文，內提籌備京餉錢四萬二千七百串文，加課錢三萬四千九百二十四串七百八十文。九月分抽收正課錢八萬八千三百三十串零四百五十三文五毫，內提籌備京餉錢四萬七千九百串文，加課錢三萬八千四百零四串五百四十五文，內提籌備京餉錢一萬六千串文。除加課錢文照章截半，分解淮鹽督銷局公費錢文留半歸外銷五成公費項下入收另報外，其正課全項內共提籌備京餉錢一十一萬一千一百串文，加課一半解鄂，內共提籌備京餉錢一萬六千串文，下餘隨同節省五成公費均仍照向章，或現錢或易銀，分別由局撥充荊州滿營兵餉、水師月餉，餘則儘數由道移解善後局接濟軍餉。除解支細數造册咨部外，謹將光緒十六年秋季分宜昌川鹽局抽收正課加課錢文數目恭摺具陳，伏祈皇上聖鑒。

户部知道。

江漢關籌解第六年第三期息借洋款利銀片[二]

光緒十七年二月二十七日

再，前准户部咨，神機營息借洋款，奏令各海關按期歸還一摺內稱：此次該營續收洋款一百四十四萬鎊，均自光緒十一年八月二十三日爲第一年第一期歸付利銀之始，照每鎊三兩五錢核算，共銀二百二十四萬六千四百鎊，合廣平銀七百八十六萬二千四百

[一] 録自中國第一歷史檔案館編《光緒朝硃批奏摺》第七五輯，第五一九至五二〇頁，中華書局一九九五年版。

[二] 以下二件録自中國第一歷史檔案館編《光緒朝硃批奏摺》第八一輯，第八〇九至八一一頁，中華書局一九九五年版。

兩。擬令津海、東海、江漢三關，各分派本息共銀一百五十七萬二千四百八十兩，江海關分派本息共銀三百十四萬四千九百六十兩，仍照光緒十一年二月奏定辦法，令各該關先期二十日解交江海關兑收，届期統由江海關道隨時照外洋鎊價漲落作合鎊價，或盈或絀，即由該關分別應墊應存，再與原派歸還之海關，按期結算清楚等因。光緒十二年正月二十八日具奏。奉旨：依議。欽此。欽遵咨行前來。當經轉飭遵照辦理。所有江漢關應還第一年二期起至第六年二期止應付利銀，並第五年第四期應補鎊價銀兩，均經先後委員解交江海關驗收給領，附片奏報在案。

茲據署湖北漢黃德道監督江漢關税務江麟瑞詳稱，查光緒十七年二月二十三日爲第六年第三期應付利銀，即在第一百二十二結所徵六成洋税項下，動支庫平足色銀一萬七千六百四十兩，飭委候補典史譚家劭解赴江海關驗收給領歸款等情，詳請奏咨前來。臣覆核無異，除分咨外，謹會同湖北巡撫臣譚繼洵附片具陳，伏祈聖鑒。

該衙門知道。

江漢關籌解第六年第四期應補洋款鎊價銀兩片 光緒十七年二月二十七日

再，前准户部咨，神機營息借洋款一百五十萬鎊，於光緒十年九月十四日初次收到六萬鎊，計合十足廣平銀二十萬零一千九百六十八兩八錢。利銀按一年四期，每期應付一千零五十鎊，其頭期利銀已由神機營墊付，應照此次咨報本利銀兩數目，擬飭江漢關按照議定章程期限，先期二十日照數解交江海關查收，由該關按期作合鎊價，兑付怡和洋行等因。光緒十一年二月十五日具奏。本日奉旨：依議。欽此。欽遵咨行前來。當經轉飭遵照辦理。所有江漢關第一年二期起至第六年四期止應付利銀，並第六年三期止補鎊價銀，又第六年四期應還本銀，委員解交江海關驗收給領，暨將神機營墊付頭期利銀業經委解赴京交納，分別奏咨在案。

茲據署湖北漢黃德道監督江漢關税務江麟瑞詳稱，准江海關復稱，解到第六年第四期應付本利庫平銀四萬三千九百二十八兩二錢一分一釐，申合規銀四萬八千一百四十五兩三錢一分九釐，送交怡和收存。據該行開具收單内載，光緒十六年九月十九日應付第六年第四期利銀一千五十鎊，照是日規銀買鎊市價每兩作四先令八本士算，合規銀四千五百兩，除收到規銀三千八百七十三兩七錢六分外，計短規銀六百二十六兩二錢四分。又應還本銀五分之一，計英金一萬二千鎊，合規銀五萬一千四百二十八兩五錢七分，除收本銀四萬四千二百七十一兩五錢六分，計短規銀七千一百五十七兩一分，請一併找付前來。當查上海外國銀行九月十九日由電匯寄英鎊市價，逐家探詢，核與怡和所開相符。所有是期共短本利規銀七千七百八十三兩二錢五分，咨請照數補解清款等因前來。茲在第一百二十二結所徵六成洋税項下，動支庫平足色銀七千一百零一兩五錢零六釐，申合規銀七千七百八十三兩二錢五分，作爲第六年第四期本利銀應補鎊價銀兩，飭委候補典史譚家劭解赴江海關驗收給領等情，詳請奏咨前來。臣覆核無異，除分咨外，謹會同湖北巡撫臣譚繼洵附片具陳，伏祈聖鑒。

該衙門知道。

胡文達留鄂差委片〔一〕 光緒十七年二月二十七日

再，儘先都司廣東撫標左營左哨千總胡文達，前因運解奏撥槍礮等件來鄂，需員照料，當經咨部照章開除底缺，改歸湖廣督標補用。旋准兵部咨，查胡文達於籌濟滇桂餉械出力奏保，俟補千總後，以守備留於廣東儘先補用。續經拔補廣東撫標左營左哨千總，應歸儘先守備班候補，並非儘先都司。該員既經保有守備，升階未便據咨率准，應令奏明辦理等因，移咨到臣。查該員胡文達，經臣於光緒十三年二月十七日在兩廣總督任內，奏保瓊州官軍攻克中、東兩路黎巢出力員弁案内奏請，由儘先守備以都司儘先補用。准兵部咨，瓊州官軍攻克中、東兩路黎巢及生擒西路客匪首逆保獎異常出力員弁，分別准駁，繕具清單，於光緒十三年九月二十五日具奏。本日奉旨：依議。欽此。欽遵咨行到粤。查黏鈔清單内開儘先守備胡文達，請以都司儘先補用，所請官階與定章成案相符，應請照准等因。當經轉飭遵照在案。該員自咨調到鄂，適值鄂省籌辦煤鐵各事宜，均屬創始，款鉅工繁，必須多得妥實勤幹之員方足以資彈壓照料。擬請即將該員胡文達留鄂差委補用，以資得力。伏查部定章程，奏調隔省實任人員差委者，於奉旨允准後，即將底缺開除，留於奏調省分，由該督撫遇缺先儘請補。其實缺人員曾經保有升階，先將原省開除，以奏調奉旨之日，歸新調省分歸升階本班，挨次序補等語。今該員係廣東實缺營弁，營中并無經手未完事件，曾經部議核准以都司儘先補用，欽奉俞允。茲既奏請留鄂，自應開除廣東底缺，以都司改歸湖廣督標，儘先補用，以符定章。相應仰懇天恩俯准，將儘先都司胡文達開除廣東千總底缺，改留湖廣督標歸升階本班序補。出自鴻慈。除飭取該員履歷咨部外，謹附片具陳，伏祈聖鑒。

著照所請。兵部知道。

請准以王金鼎升補副將摺 光緒十七年二月二十九日

竊准兵部咨，湖南永綏協副將劉超勝病故，遺缺係苗疆題調之缺，應令迅揀合例人員升調等因。查例載各省題調之缺，先儘現任人員題請調補。如無合例堪調者，准於現任應升人員内揀選保題升用等語。查斯缺駐紮永綏廳茶峝城，地屬苗疆，界連黔邊，撫馭土苗均關緊要，非精明幹練、熟悉邊情之員，難期勝任。臣當即在湖南省現任副將内詳加遴選，除沅州、靖州、永順各協副將俱係題調要缺，衡州協副將馬朝龍例應迴避本省，均不合例外，其餘長沙、寶慶、乾州、常德各協副將，或缺居緊要，或人地未宜，自應照例在於現任叅將應升人員内揀員升補。查有湖南保靖營叅將王金鼎，年五十七歲，四川巴縣人，由行伍出師粤、湘、鄂、皖等省，剿賊出力，遞保以叅將儘先補用。旋經兵部擬補四川峨邊營叅將員缺，因迴避本省，經前四川督臣丁寶楨咨商前署督臣卞寶第會奏，請與湖北均光營叅將滕加洪對調。該員將經手事件交代清楚到鄂時，復與迴避本省之湖南保靖營叅將謝憲章兩相調補，於光緒十二年四月二十六日到保靖營叅將調任。臣查該員老成穩重，訓練有方，以之升補湖南永綏協副將，洵堪勝任。

〔一〕 以下八件録自中國第一歷史檔案館編《光緒朝硃批奏摺》第四一輯，第八八六至八九五頁，中華書局一九九五年版。

且歷俸已滿二年以上，核與升補之例相符。合無仰懇天恩俯准，以湖南保靖營參將王金鼎升補永綏協副將，實於苗疆營伍有裨。如蒙俞允，俟部覆到日，再行給咨送部引見，以符定制。除飭取該員履歷咨部外，謹會同湖南巡撫臣張煦、護理湖南提督臣周瑞龍恭摺具陳，伏祈皇上聖鑒，敕部覈覆施行。再，所遺湖南保靖營參將員缺，係苗疆題補之缺，湖南省現有應補人員，容臣另行揀員請補，合併陳明。

兵部議奏。

請准以董文華借補遊擊摺 光緒十七年二月二十九日

竊准兵部咨，湖南鎮筸鎮標右營遊擊楊達章病故，遺缺係題補第二輪第七缺，應用儘先人員，行令照章揀員請補等因。查該缺駐劄得勝營，地處苗疆，毗連黔境，控馭巡防均關緊要，非精明諳練之員，難期勝任。臣當即在各營儘先遊擊班內逐加遴選，非人地不宜，即邊情未悉，實無合例堪補之員，未便拘泥成格，遷就擬補，致滋貽誤。伏查定章綠營各缺有必須借補者，准其奏請借補。嗣於光緒十三年十二月內准兵部咨，奏請展各省借補限期章程內開，借補限期逾限已久，未可漫無限制，擬請展緩五年。凡提鎮以下人員，准其通融借補五年之後，再行奏明停止各等語。今遊擊本班既不得人，自應照章揀員借補，以期得力。

查有花翎留南儘先補用副將董文華，年五十三歲，湖南長沙縣人，由武童投效軍營，出師江西等省迭次出力，歷蒙保獎，以副將儘先補用。同治二年十月二十日奉旨允准在案。嗣於克復金陵省城出力，經前大學士兩江督臣曾國藩等保奏，三年八月二十一日奉上諭：副將董文華著賞給正二品封典，並給予勵勇巴圖魯名號。欽此。續經前湖南巡撫臣邵亨豫奏留湖南歸標補用。該員才長守潔，撫馭有方，於苗疆軍民情形最爲熟悉。現署永綏協副將，辦理邊防營務，諸臻周妥。以之借補鎮筸鎮標右營遊擊員缺，洵堪勝任，核與借補限制亦屬相符，飭查前在本省及他省均無參革朦保情弊。合無仰懇天恩俯念苗疆員缺緊要，准以儘先副將董文華借補湖南鎮筸鎮標右營遊擊，實與邊防營伍均有裨益。如蒙俞允，俟部覆到日，給咨送部引見，以符定制。除飭取該員履歷咨部外，謹會同湖南巡撫臣張煦、護理湖南提督臣周瑞龍恭摺具陳，伏祈皇上聖鑒，敕部覈覆施行。

兵部議奏。

請准以黃星勝補授都司片 光緒十七年二月二十九日

再，准兵部咨，湖南河溪營都司鄒復泰病故，遺缺係題補第三輪第二缺，應用儘先人員，應令揀選儘先人員請補等因。查河溪營都司員缺，駐紮乾州廳屬河溪地方，係屬苗疆，非材技優長、熟悉邊情之員，難期勝任。臣當即在湖南儘先都司班內詳加遴選。查有遊擊銜花翎儘先補用都司黃星勝，年五十三歲，湖南長沙縣人，由武童投效軍營，在江西、四川等省攻剿力解城圍，迭次保獎，以守備儘先補用。嗣經前四川督臣駱秉章於擊散崇慶州石羊場等處逆匪案內保奏。同治元年八月十四日奉上諭：守備黃星勝著以都司儘先補用，賞換花翎。欽此。旋於眉州解圍克復丹稜出力案内，又經保加遊擊銜，奉旨允准在案。二年七月内請假回籍，由縣詳請收入撫標右營差遣，七年五月十七日到標。該員明白老成，戎行歷練，熟悉苗疆情形，以之擬補斯缺，洵堪勝任。且距籍在五百里以外，飭查本省及他省均無參革朦保情弊，與例符合。按照部册及續經收標註册各員内確查，該員名次係屬在前。合無仰懇天恩俯念苗疆要缺，准以儘先都司黄星勝補授湖南河溪營都司，實與營伍有裨。如蒙俞允，俟部覆到日，給咨送部引見，以符定制。除飭取該員履歷咨部外，謹會同湖南巡撫臣張煦、護理湖南提督臣周瑞龍附片具陳，伏祈聖鑒，敕部覈覆施行。

兵部議奏。

請准以史佐清補授守備片光緒十七年二月二十九日

再，前准兵部咨，湖北漢陽協中軍守備任學乾病故，遺缺係陸路部推之缺，該省已用過儘先三人、武進士一人，此次應用期滿差官人員，行令照章揀員請補等因。臣當即在分發湖北省期滿差官儘先守備班内詳加遴選。查有湖北撫標左營期滿差官儘先守備史佐清，年四十四歲，山東壽光縣人，由武舉會試未第，在部掣定正用差官。光緒二年三月初八日充補差官，丙子、丁丑兩科會試不告假免差六箇月。三年期滿，經兵部帶領引見，奉旨以營守備用。續經留差一年，呈請指分湖北，免其試用，以營守備儘先即補，收入湖北撫標左營差遣，於光緒七年四月初二日到營。歷經委署遠安、宜昌等營守備各事務，均無貽誤。該員年壯才明，操防勤奮，以之擬補斯缺，洵堪勝任。查部定章程，期滿差官請補員缺，應按到標先後爲序。今史佐清分發到標名次在前，現無事故且籍隸隔省，與例相符。合無仰懇天恩俯准以史佐清補授湖北漢陽協中軍守備，實於營伍有裨。如蒙俞允，該員係期滿差官分發之員，邀免送部引見。除飭取履歷咨部外，謹會同湖北巡撫臣譚繼洵、湖北提督臣程文炳附片具陳，伏祈聖鑒，敕部核覆施行。

兵部議奏。

請准以劉名貴補授守備片光緒十七年二月二十九日

再，准兵部咨，湖南鎮筸鎮標中營後軍守備沈光友病故，遺缺係題補第六輪第一缺，應用儘先人員，行令照章揀員請補等因。查鎮筸鎮標中營後軍守備，駐劄巖門汛，地處苗疆，撫輯巡防均關緊要，非營務老練、熟悉地方之員，難期勝任。臣當即在湖南儘先守備班内詳加遴選。查有花翎儘先守備劉名貴，年五十八歲，湖南澧州人，由行伍出師廣西、湖北、安徽、江南等省防剿打仗出力，歷次保獎，拔補鎮筸鎮標左營把總，管帶湖南三四起征兵，駐劄揚州、鎮江等處防剿。嗣於克復金陵案内保以守備儘先補用，同治三年十月初六日奉旨允准在案。旋由揚防遣撤歸伍，開除把總底缺，以守備飭發澧州營差遣。該員堅忍有爲，勞績久著，以之擬補斯缺，洵堪勝任。且係隔府別營，與例相符。飭查本省及他省均無參革朦保情弊。查部行章程，請補儘先班次，如係聲叙人地不宜，至多不得過二十員。茲按部册及續經到標儘先名次在前各員，逐一確查，除楊再源一員另摺請補守備員缺，凌學文、黄光才二員甫准兵部咨注册歸班序補，在此次出缺之後，毋庸議外，其儘先名次在劉名貴之前者，尚有謝殿元、蕭紹勝、李文亮、李壽祺、彭在上、黄國璋、鄒俊禄、陳高亮、陳鶴鳴、黄兆麟、蔣鳴桂、梁清華、曹明德、黄先瑩、汪定元、陳金太、曹金亮、汪友勝各員，或營務尚待練習，或未諳苗疆情形，均未便遷就擬補，致滋貽誤。今劉名貴雖儘先名次在後，而在營歷練有年，曾任鎮筸鎮標把總實缺，熟悉苗疆情形，實在人地相需。合無仰懇天恩俯念苗疆員缺緊要，准以儘先守備劉名貴補授湖南鎮筸鎮標中營後軍守備，實與邊防營伍均有裨益。如蒙俞允，俟部覆到日，給咨送部引見，以符定制。除飭取該員履歷咨部外，謹會同湖南巡撫臣張煦、護理湖南提督臣周瑞龍附片具陳，伏祈聖鑒，敕部覈覆施行。

兵部議奏。

請准以鄒南賓借補守備片 光緒十七年二月二十九日

再，准兵部咨，湖南長安營中軍守備唐天元勒休，遺缺係陸路題補第五輪第七缺，應用儘先人員，行令照章揀員請補等因。查斯缺駐紮綏甯縣屬，地處苗疆，撫馭巡防均關緊要，非精明練達、熟悉情形之員，難期勝任。臣當即在湖南省守備班内詳加遴選。現雖有儘先人員，均與該處苗疆情形不熟，未便遷就擬補，致滋貽誤。查部定章程，武職各缺有必須借補者，准其奏請借補。嗣於光緒十三年十二月内准兵部咨，奏請展各省借補限期章程内開，借補限期擬請展緩五年。凡提鎮以下人員，准其通融借補五年之後再行奏明停止各等語。茲守備儘先人員既不得其人，自應照章借補，以期得力。查有綏靖鎮標中營藍翎儘先都司鄒南賓，年四十六歲，湖南永綏直隸廳人，由行伍出師打仗出力，歷經奏保以都司儘先補用，奉旨允准在案。嗣因軍務肅清，請假回籍，收入綏靖鎮標中營差遣，迭經委署千總、守備各事務，均臻妥協。該員人材倜儻，强幹耐勞，於該處苗疆情形最爲熟悉，以之借補湖南長安營中軍守備，洵堪勝任，核與借補限制亦屬相符。飭查該員前在本省及他省均無參革朦保情弊。合無仰懇天恩俯念苗疆要缺，准以鄒南賓借補湖南長安營中軍守備，實於邊防營伍均有裨益。如蒙俞允，俟部覆到日，給咨送部引見，以符定制。除飭取該員履歷送部外，謹會同湖南巡撫臣張煦、護理湖南提督臣周瑞龍附片具陳，伏祈聖鑒，敕部覈覆施行。

兵部議奏。

請准以葉光耀補授守備片 光緒十七年二月二十九日

再，准兵部咨，湖南永州鎮標左營中軍守備滕加吉病故，遺缺係題補第五輪第六缺，應用揀發班内人員，行令照章揀員請補等因。查斯缺駐紮錦田所城，係屬苗疆，撫綏緝捕均關緊要，非精明練達、熟悉情形之員，難期勝任。臣當即在湖南省保舉補用升用守備班内詳加遴選。查有綏靖鎮標中營補用守備期滿雲騎尉世職葉光耀，年四十八歲，湖南永綏廳人，由世職奉派防剿在事出力，經前湖南巡撫臣李瀚章保以守備補用，同治六年五月二十八日奉旨允准在案。該員年强才壯，誠篤勤能，以之擬補斯缺，洵堪勝任。伏查湖南省保舉補用、升用守備班内，已經到標名次在葉光耀之前者，尚有田興國、汪炳麟、李家源等三員，均於苗疆邊情不熟。何正光一員，籍隸本府。王步高一員，甫經到標。李斌一員，行查保案未覆。均未便遷就擬補，致滋貽誤。葉光耀雖保舉名次稍後，而在營歷練有年，於該處風土人情最爲熟悉，且係應歸揀發班補用之員。飭查前在本省及他省均無參革朦保情弊，又係隔府別營，與例亦屬相符。合無仰懇天恩俯念苗疆要缺，准以葉光耀補授湖南永州鎮標左營中軍守備，實與邊防營伍有裨。如蒙俞允，俟部覆到日，給咨送部引見，以符定制。除飭取該員履歷咨部外，謹會同湖南巡撫臣張煦、護理湖南提督臣周瑞龍附片具陳，伏祈聖鑒，敕部核覆施行。

兵部議奏。

妥籌槍礮廠常年經費摺 光緒十七年三月十八日

竊照前承准總理海軍事務衙門來咨，光緒十六年二月十九日會同户部具奏議覆廣東槍礮廠改移鄂省一摺，粘鈔原奏内稱，開廠後常年經費應由湖廣總督張之洞豫爲妥籌奏明辦理等因。本日奉旨：依議。欽此。欽遵咨行到鄂，並准户部咨同前因，業經遵照籌辦。嗣因購造槍彈、礮彈機器及添購捲銅等機器一切雜費，勸令提督劉維楨捐助鉅款。復由粤籌專款，建造廠屋，暫借湖北糧道庫款應用，均經奏明，奉旨允准在案。查上年正月初四日承准海軍衙門電開：總以將來軍旅之事無一仰給於人爲斷。雖不必即有其效，萬不可竟無其志。又正月十三日電開：鐵爲廠根，移廠就鄂，分濟各省，事功亦有倍半之别各等語。方今時局多艱，武備最爲當務之急，故海署之意，亟欲講求軍實，開拓風氣，以爲自强之圖。經畫閎遠，志意堅定，指示剴切，臣自應遵照竭力籌辦。

竊以爲天下艱鉅之事，成效則俟之於天，立志則操之在己。志定力堅，自有功效可睹。海署前電誠爲今日自强扼要之論。臣督飭委員、洋匠，悉心考求通盤籌畫。計原定造槍機器一分每年能成新式連珠十響毛瑟槍一萬五千枝。造礮機器每年能成克虜伯七生半至十二生行營礮、臺礮共一百尊。又應添購造槍礮藥、造白藥、造彈、造礮車、造礮架各機器。每槍一枝，隨彈五百顆，每年須成槍彈七百五十萬顆。每礮一尊，外洋向規隨彈三百顆。茲權按最少辦法，亦須隨彈二百顆。每年須成實心、開花各種彈共二萬顆。統計一切工料、員匠、雜項常年經費，約需銀七十五六萬兩。計一年所造槍礮全分，比較外洋買價所省已多，特款鉅難籌。此次開廠試辦，所有槍礮藥彈先擬每年各造一半，約需銀四十餘萬兩。若製造之數再少，工本反貴，轉不合算。當此度支極絀之際，海軍衙門及户部既難籌撥，各省一時斷不能遽有撥款囑鄂代造。機器現已運到，閒閣必致鏽壞，且人工亦須練習始能漸臻精熟，惟有就鄂省財用自行籌畫騰挪。

查有湖北省土藥税一項，近二十年以來，所收税銀大率每年少者僅二三萬兩，多者六七萬兩，内光緒七年一年收數較旺，亦不能甚多。臣詳加體察，户部原定税章每百斤收銀三十兩，隨徵耗銀四兩七錢，本極允當，歷來未能核實徵收，漏税甚鉅，若照章收足，每年可成鉅款，可供槍礮〔廠〕之用。臣到任兩三月後，查知情形，即經力排衆議，詳考要隘，添設局卡，雇募巡勇，遴委文武大員多方勸諭，實力稽徵。嗣奉旨整頓，曾於覆奏摺内聲明在案。開辦之始，浮言萬端，臣一力堅持，自上年七月新章開辦之日起，截至十二月底止，較之光緒十五年收數已經加倍，商情帖服，接踵而來，毫無異議。雖月有（淡、旺）［旺、淡］，一年牽算，較之往年總可多收銀十數萬兩。上年十一月准户部咨，令將徵收前項税釐（等）［專］款存儲，聽候指撥，毋得擅行動用等因。查鄂省土藥税銀，歷年俱係撥充協餉及本省要需，與洋藥税銀向歸候部撥用者不同。臣與湖北撫臣譚繼洵暨司道等熟商，此項税銀現經竭力整頓，如事無更變，每年除局用經費外，約可收銀二十萬兩，擬即全數撥充槍礮廠常年經費。其每年應解協餉及本省要需，仍隨時騰挪籌撥不誤。若能格外暢旺，除去局用經費，能收至二十萬兩以外，仍當留充餉需。緣此項土藥税係新經整頓得來，其舊有者，本非向來解部之款，其新增者，更非湖北司局向來所有之款。查四川機器製造局即係奏明支用土藥税釐。今鄂省槍礮廠係海軍衙門奏明奉旨特辦，較之川省製造局，大小懸殊，關繫尤重，常年經費爲款甚距。惟有仰懇聖恩准將此項土藥税銀二十萬兩撥充槍礮廠常年經費。此係專案遵旨妥籌奏明辦理之件，他省自不能援以爲例。

又查光緒十年鄂省因辦理江防，奏請將楚岸行銷之川、淮各鹽每斤暫行加抽錢二文，以充江防餉需。嗣因籌解海軍衙門北洋海防經費，又奏明以此項湊解。約計淮鹽加抽，每年約可收銀六萬餘兩。川鹽加抽，約可收銀十萬兩。現與撫臣商酌，并督飭司局通盤籌計，設法騰挪。除淮鹽加抽江防銀六萬餘兩仍留作本省湊解北洋海防經費外，其不敷之數另行於釐金項下設法整頓騰挪湊撥，總以照案解足爲度。即將川鹽加抽銀約十萬兩騰出，一併撥作槍礮廠常年經費專款。合計土藥税及川鹽江防兩項，每年約可得銀三十萬兩以充槍礮廠常年經費。目前購機、購料待用孔亟，土藥税應請自上年七月新章開辦之日起，川鹽加抽本年尚須湊解餉需，應請自光緒十八年正月起。此外尚不敷銀十餘萬兩，容臣再行隨時籌畫奏明辦理，總以不誤解部之款爲斷。但僅造一（年）［半］究不足以盡此項機器之用，且核計工費亦較多。俟將來各省如能撥款由鄂代造，則隨時收回價本，即可推廣多造更爲相宜。

伏查鄂省新設槍礮廠所造各械，皆係南北洋、廣東、山東、四川等省製造局所無者。各省局間有一二處或能造槍，既係舊式且所出甚少。鄂廠所造克虜伯各種車礮，尤爲邊防、海防、陸路戰守必不可少之利器。德國陸戰以此制勝，雄視歐洲。方今外洋各國陸戰無不以礮隊當先，較之槍隊遠勝數倍，歷經詢考近年洋戰克捷之將士，所論僉同。此等精利軍械，若專恃購之外洋，不獨財用外耗，如前大學士左宗棠奏疏所言，以銀易鐵，實爲非計，且萬一遇有緩急，敵船封口，洋埠禁售，受制於人，購運均無從下手。況陸續遠購之器，種式參差，彈碼各異，動致誤事。兼之或係舊槍改造，或彈碼已受潮濕，矇混居奇，種種流弊，極費考察挑剔，此皆前數年海防緊急時臣所身歷而目睹者。懲前毖後，當此國家閒暇之時，未雨綢繆之計斷不可緩，故特建議奏陳設廠自造，在粤則訂購機器，來鄂則請移廠所。懔遵光緒十一年五月初七日諭旨，時時以事過輒忘爲切戒。計先後在粤、在鄂設法籌措購機、造廠、添製各彈機器等費共七十餘萬兩。均係由外另行籌捐之項，並未稍動司局各庫原有之款。查南北洋各省製造局，凡購機器、造廠屋等費，皆係奏請動支庫款，其常年經費又經部撥，歲有定款。鄂省開設槍礮廠，事同一律，而所造之械又出乎各局之外，地處南北之衝，分濟水陸各省均屬便利。以前購機、造廠等費，外籌實已不少。此後常年經費現經奉旨妥籌，惟有就鄂省力所能及通盤籌畫，於無礙京協各餉之款請旨撥定，以爲此項槍礮廠專款。查川鹽加抽一項，本係鄂省近年新增之款。至土藥税一項，雖係舊有，而新增之鉅款，實係新經臣整頓所得，且與向來聽候部撥之洋藥税迥然不同。舍此兩款之外，實屬無可再籌。合無仰懇天恩俯念此舉爲自强經久至計，利害所關不獨湖北一省，准將土藥税銀及川鹽加抽江防兩款撥充槍礮廠常年經費專款，俾得多造精械以備分濟各省，緩急有資，其爲裨益江海防務實非淺鮮。至於鄂省向來應解京協各餉，臣必當竭力籌措，照案解足。將來槍礮開廠後各項用款，臣自當督飭局員核實撙節辦理，專案咨報查核。

（硃批）該衙門議奏。（欽此）〔一〕

江漢關籌還第六年第四期續借洋款本利銀兩摺〔二〕

光緒十七年三月十八日

竊照前准户部咨，神機營息借洋款，奏令各海關按期歸還一摺内稱：此次該營續收洋款一百四十四萬鎊，均自光緒十一年八月二十三日爲第一年第一期歸付利銀之始，照每鎊三兩五錢核算，共銀二百二十四萬六千四百鎊，合廣平銀七百八十六萬二千四百兩，擬令津海、東海、江漢三關，各分派本息共銀一百五十七萬二千四百八十兩，江海關分派本息共銀三百十四萬四千九百六十兩，仍照光緒十一年二月奏定辦法，令各該關先期二十日解交江海關兑收，届期統由江海關道隨時照外洋鎊價漲落作合鎊價，或盈或絀，即由該關分别應墊應存，再與原派歸還之海關按期結算清楚等因。光緒十二年正月二十八日具奏。奉旨：依議。欽此。欽遵咨行前來。當經轉飭遵照辦理。所有江漢關應還第一年二期起至第六年三期止應付利銀，並第六年一期應補鎊價銀兩，均經先後委員解交江海關驗收給領，分别奏報在案。

兹據署湖北漢黄德道監督江漢關税務江麟瑞詳稱，查光緒十七年四月二十五日爲第六年第四期，應付利銀一萬一千七百六十兩，並應還本銀十六萬八千兩，爲數較鉅。時值春季，税收减色，此次應還本息銀兩六成税銀實屬不敷撥解，上年曾經詳奉奏明，春間應還洋款本息暨補鎊價各銀，請以一百二十二結所收税項儘數歸還，如有不敷即在洋藥税釐項下動撥，已蒙户部議准，應即遵辦。現擬在於第一百二十二結所徵四六成洋税、五成二釐局税項下勾撥庫平足色銀十萬二千兩，並在洋藥税釐項下勾撥庫平足色銀七萬七千七百六十兩，共銀十七萬九千七百六十兩，作爲第六年第四期應還本利銀兩，飭委候補知州凌兆熊、候補知縣吴元彬解赴江海關驗收給領歸款等情，詳請奏咨前來。臣覆核無異，除分咨外，謹會同湖北巡撫臣譚繼洵恭摺具陳，伏祈皇上聖鑒。

該衙門知道。

〔一〕以上衍、脱、舛六處，據中華書局一九九五年版《光緒朝硃批奏摺》第五八輯第八八〇至八八四頁删、補、校正。

〔二〕以下二件録自中國第一歷史檔案館編《光緒朝硃批奏摺》第八一輯，第八一六至八一八頁，中華書局一九九五年版。

江漢關籌解第七年第二期息借洋款利銀片 光緒十七年三月十八日

再，前准户部咨，神機營息借洋款一百五十萬鎊，於光緒十年九月十四日初次收到六萬鎊，計合十足廣平銀二十萬零一千九百六十八兩八錢。利銀按一年四期，每期應付一千零五十鎊，其頭期利銀已由神機營墊付，應照此次咨報本利銀兩數目，擬飭江漢關按照議定章程期限，先期二十日照數解交江海關查收，由該關按期作合鎊價，兑付怡和洋行等因。光緒十一年二月十五日具奏。本日奉旨：依議。欽此。欽遵咨行前來。當經轉飭遵照辦理。所有江漢關應付第一年二期起至第七年頭期止前項銀兩，並第六年第四期應還本銀，均經解交江海關驗收暨將神機營墊付頭期利銀解京交納，分别奏咨在案。

茲據署湖北漢黄德道監督江漢關税務江麟瑞詳稱，查光緒十七年三月二十三日爲第七年第二期，即在第一百二十二結所徵六成洋税項下籌撥庫平足色銀二千八百二十七兩五錢六分三釐，作爲第七年第二期應付利銀，飭委准補竹谿縣典史沈國瑛解赴江海關驗收，届期照章給領等情，詳請奏咨前來。臣覆核無異，除分咨外，謹會同湖北巡撫臣譚繼洵附片具陳，伏祈聖鑒。

該衙門知道。

籌解第二批甘肅新餉片〔一〕 光緒十七年三月十八日

再，前承准軍機大臣字寄，光緒十六年八月十五日奉上諭：户部奏，籌撥甘肅新餉一摺，甘肅關内外各軍餉銀關繫緊要，現經該部將光緒十七年新餉指撥湖北省銀三十三萬兩，著該督撫等嚴飭司道按照部撥數目，於本年十二月底止趕解三成。至來年四月底止再解三成。其餘四成統限九月底掃數解清等因。欽此。業經遵照，於上年籌解第一批銀十萬兩，附片奏報在案。茲據署湖北布政使陳寶箴會同善後局司道詳稱，在於鹽課釐金項下，籌撥第二批甘肅新餉銀六萬兩，於本年三月初九日發交漢鎮天成亨、蔚豐厚、百川通等商號匯解赴甘肅藩庫交收等情，詳請奏咨前來。臣覆核無異，除分咨外，謹會同湖北巡撫臣譚繼洵附片具陳，伏祈聖鑒。

户部知道。

江漢關籌解第一批京餉及東北邊防經費片 光緒十七年三月十八日

再，前准户部咨，豫撥光緒十七年分京餉，奏撥江漢關洋税銀十五萬兩。又光緒十七年分東北邊防經費，奏撥江漢關六成洋税銀十萬兩各等因，均經轉飭遵照辦理。茲據署湖北漢黄德道監督江漢關税務江麟瑞詳報，在所徵洋税項下動支足色庫平銀六萬兩作爲本年第一批京餉。又在第一百二十二結所徵六成洋税項下動支庫平足色銀二萬兩，作爲本年第一批東北邊防經費。飭委試用同知方藻、試用通判魏慶昭分别管解赴京交納等情，詳請奏咨前來。臣覆核無異，除分咨外，理合會同湖北巡撫臣譚繼洵附片

〔一〕以下三件録自中國第一歷史檔案館編《光緒朝硃批奏摺》第五八輯，第八八五至八八六頁，中華書局一九九五年版。

具陳，伏祈聖鑒。

該衙門知道。

江漢關籌解上年十二月及本年正二月淮軍月餉片光緒十七年三月十八日

再，前准户部咨：議覆直隸督臣李鴻章奏淮軍月餉支絀，請將江漢關應解額款於四六成洋税項下通融匀撥案内，議令江漢關應解淮餉，如六成洋税無款，即在四成洋税及五成二釐招商局税内按數提解等因。奉旨：依議。欽此。咨行欽遵辦理。查江漢關奉撥直隸督臣李鴻章淮軍月餉四成洋税銀二萬兩、六成洋税銀三萬兩，均解至光緒十六年十一月分止。隨時附片奏報在案。茲應解上年十二月及本年正、二兩月分四成淮餉，即在第一百二十一結徵存四成洋税項下動支庫平銀二萬兩，並在第一百二十二結所徵四成洋税項下動支庫平銀四萬兩。又應解上年十二月分六成淮餉，因六成洋税無款可撥，在於第一百二十一結五成二釐局税項下動支庫平銀三萬兩。作爲直隸督臣李鴻章及提督劉盛休所部淮軍月餉，委解湖北淮軍收支轉運局交收轉解。由署湖北漢黄德道監督江漢關税務江麟瑞詳請奏咨前來。臣覆核無異，除分咨外，謹會同湖北巡撫臣譚繼洵附片具陳，伏祈聖鑒。

該衙門知道。

籌撥本年第一批鹽釐京餉片〔一〕光緒十七年三月十八日

再，前准户部咨，豫撥光緒十七年京餉案内提撥湖北鹽釐銀十五萬兩，行令分批起解等因。當經轉飭遵辦去後。茲據署湖北布政使陳寶箴、鹽法武昌道瞿廷韶籌撥本年第一批京餉鹽釐銀三萬兩，飭委試用同知方藻、試用通判魏慶昭會同管解赴京交納等情，詳請奏咨前來，臣覆核無異，除分咨外，謹會同湖北巡撫臣譚繼洵附片具陳，伏祈聖鑒。

户部知道。

據情代奏謝恩摺〔二〕光緒十七年三月十八日

竊據湖北漢陽協副將樊國泰禀稱，竊副將前署鄖陽鎮總兵任内，奉兵部火票遞到劄開，内閣轉傳軍機大臣面奉諭旨：著查明現任内外文武一二品大員，有老親年届八十以上者，將實在年歲開單呈覽。等因。欽此。副將遵將生母何氏年歲逕報軍機處暨兵部在案。光緒十七年正月二十六日接奉兵部火票遞到恩賞副將生母何氏御書匾額一方、紫檀三鑲玉如意一柄、小卷江綢袍褂料二件、小卷八絲緞袍褂料二件。跪接之下，感悚莫名，當即恭設香案，望闕叩頭謝恩，敬謹祇領。所有感激下忱，呈請代奏，叩謝天恩等情前來。理合據情恭摺具陳，伏祈聖鑒。

知道了。

〔一〕録自中國第一歷史檔案館編《光緒朝硃批奏摺》第八七輯，第一三頁，中華書局一九九五年版。

〔二〕録自中國第一歷史檔案館編《光緒朝硃批奏摺》第二八輯，第二二四頁，中華書局一九九五年版。

湖北賑捐已届滿一年請展限半年摺〔一〕

光緒十七年三月十九日

竊查光緒十五年，湖北省被水各屬，地廣灾深，賑欵不敷。當經臣之洞會同前撫臣奎斌奏請援案開辦賑捐，欽奉諭旨允准。遵即在藩司衙門開設湖北賑捐局，並分飭各州縣廣爲勸辦，暨移知湖南省，一體分勸協助，俾資賑撫各在案。查此項捐輸自上年二月十五開辦之日起截至本年二月十五日止，業已一年限滿，自應遵照停止。惟各屬已捐未交之款多未收清，應造獎册亦未到齊，擬請展限六箇月，得以飭催各屬將未交之款如數收齊，並飭將請獎各册迅速造齊，依限賫送。以後不得再有展緩，以示限制。據湖北賑捐局司道具詳請奏前來。合無仰懇天恩俯准展限六箇月，俾得收齊捐數，趕造獎册。除咨明户部外，謹合詞恭摺具陳，伏祈皇上聖鑒。

著照所請。户部知道。

請准以彭福田補授遊擊摺〔二〕

光緒十七年三月十九日

竊准兵部咨，湖南武岡營遊擊姚華武病故，遺缺係陸路題補第二輪第六缺，輪用揀發班内人員，行令照章揀員請補等因。查斯缺駐紮武岡州城，地居邊隅，民（猺）〔瑶〕雜處，控馭巡防均關緊要，非精明幹練之員，難期勝任。臣當即在湖南省應歸揀發遊擊班内詳加遴選。查有藍翎留南補用遊擊彭福田，年六十三歲，湖南善化縣人，由武童投效軍營，出師湖南、廣西、湖北、江西等省，迭次打仗出力，歷經保獎以遊擊補用，咸豐十年七月二十六日奉旨允准在案。凱撤回湘，飭發撫標右營差遣。該員强健穩慎，歷練素深，於邊防情形最爲熟悉，以之擬補斯缺，洵堪勝任。該員係應歸揀發班内名次在前，飭查前在本省及他省均無參革朦保情弊，又距籍在五百里以外，核與輪章相符。合無仰懇天恩俯念員缺緊要，准以彭福田補授湖南武岡營遊擊，實與邊防、營伍均有裨益。如蒙俞允，俟部覆到日，給咨送部引見，以符定制。除飭取該員履歷咨部外，謹會同湖南巡撫臣張煦、護理湖南提督臣周瑞龍恭摺具陳，伏祈皇上聖鑒，敕部覈覆施行。

兵部議奏。

請准以楊懷森升補守備片

光緒十七年三月十九日

再，准兵部咨，湖南保靖營中營守備楊秀鍾病故，遺缺係題補第五輪第九缺，輪用應升人員，行令照章揀員請補等因。查斯缺駐紮保靖縣舊司治，地處苗疆，撫馭巡防均關緊要，非精明幹練、熟悉邊情之員，難期得力。臣當即在湖南省各營應升班内詳加遴選。查有湖南澧州營左哨千總楊懷森，年五十二歲，湖南澧州人，由行伍考取武生，遞拔今職。嗣因六年俸滿，經前督臣李瀚章考驗保送，光緒七年五月二十一日奉旨回任，照例候升。先於光緒六年辦理薦舉案内，曾經李瀚章保薦各在案。該員材力明幹，操防認真，於邊情極爲熟悉，以之升補斯缺，洵堪勝任。查

〔一〕録自中國第一歷史檔案館編《光緒朝硃批奏摺》第三一輯，第三四九頁，中華書局一九九五年版。

〔二〕以下四件録自中國第一歷史檔案館編《光緒朝硃批奏摺》第四一輯，第九二八至九三二頁，中華書局一九九五年版。

該員千總俸滿在先，應歸升用班内升用。又係隔府别營，核與例章均屬相符，飭查前在本省及他省亦無叅革朦保情弊。合無仰懇天恩俯念苗疆員缺緊要，准以楊懷森升補湖南保靖營中營守備員缺，實與邊防營伍有裨。如蒙俞允，俟部覆到日，給咨送部引見，以符定制。除飭取該員履歷咨部外，謹會同湖南巡撫臣張煦、護理湖南提督臣周瑞龍附片具陳，伏祈聖鑒，敕部覈覆施行。

兵部議奏。

請准以李友勝借補守備片光緒十七年三月十九日

再，准兵部咨，湖南鎮溪營中軍守備黄永祥病故，遺缺係陸路題補第五輪第八缺，應用儘先人員，行令照章揀員請補等因。查斯缺駐紮喜鵲營汛，係屬苗疆，撫綏彈壓均關緊要，非精明練達、熟悉情形之員，難期勝任。臣當即在湖南省儘先守備班内詳加遴選，均與該處人地不甚相宜，未便遷就擬補，致滋貽誤。伏查部定章程，武職各缺有必須借補者，准其奏請借補。嗣於光緒十三年十二月内准兵部咨，奏請展各省借補限期章程内開，借補限期逾限已久，未可漫無限制，擬請展緩五年。凡提、鎮以下人員，准其通融借補五年後，再行奏請停止各等語。兹查儘先守備既不得其人，自應照章借補，以期得力。查有藍翎儘先都司李友勝，年四十八歲，湖南長沙縣人，由武童投效軍營，在於四川、山東等處打仗出力，歷保今職，奉旨允准在案。該員年壯才優，營務明練，熟悉苗疆情形，以之借補斯缺，洵堪勝任，與借補限制亦屬相符，飭查前在本省及他省均無叅革朦保情弊。合無仰懇天恩俯念苗疆要缺，准以李友勝借補湖南鎮溪營中軍守備員缺，實與營伍有裨。如蒙俞允，俟部覆到日，給咨送部引見，以符定制。除飭取該員履歷咨部外，謹會同湖南巡撫臣張煦、護理湖南提督臣周瑞龍附片具陳，伏祈聖鑒，敕部覈覆施行。

兵部議奏。

請准以楊再源補授守備片光緒十七年三月十九日

再，准兵部咨，湖南永綏協左營守備符永茂病故，遺缺係陸路題補第五輪第五缺，輪用儘先人員，行令照章揀員請補等因。查斯缺駐紮永綏廳吉峝坪，地處苗疆，撫馭巡防、清理糧餉，均關緊要。非諳練營伍、熟悉苗情之員，難期勝任。臣當即在湖南省儘先守備班内詳加遴選。查有藍翎遇缺即補守備鳳凰廳永安卡屯千總楊再源，年六十五歲，湖南鳳凰廳人，由練勇遞拔今職。經前於截剿石逆股匪，克復湖北來鳳及保守龍山等縣出力案内，經前湖南巡撫臣毛鴻賓保奏，以屯守備遇缺即補，同治二年正月十九日奉旨允准在案。該員老練精强，撫綏得力，以之擬補斯缺，洵堪勝任。查部行官册及續經到標儘先守備名次在楊再源之前者，尚有謝殿元，前因原保外委千總各案不符，經部行查致未歸班，嗣准兵部咨免其查核前駮各案，仍以守備序補。又凌學文、黄光才二員，註册歸班序補之部咨，俱在此次出缺之後。該三員均係歸班到標未久，邊防營務尚待練習，未便遷就擬補。楊再源雖儘先名次稍後，而曾任屯防千總，歷練有年，於苗疆地方情形熟悉，且係隔府别營，核與例章均屬相符，飭查前在本省及他省亦無叅革朦保情弊。合無仰懇天恩俯念苗疆守備員缺緊要，准以楊再源補授湖南永綏協左營守備員缺，實與邊防營伍有裨。如蒙俞允，俟部覆到日，給咨送部引見，以符定制。除飭取該員履歷咨部外，謹會同湖南巡撫臣張煦、護理湖南提督臣周瑞龍附片具陳，伏祈聖鑒，敕部覈覆施行。

兵部議奏。

湖北省辛卯正科鄉試請依限題派考官摺[一] 光緒十七年三月二十日

竊照鄉試年分，例由禮部題派考官，督撫臣於四月內先期奏明，歷經遵辦在案。茲届辛卯正科鄉試之年，據署湖北布政使陳寶箴照案詳請具奏前來。臣等查湖北省光緒十七年辛卯正科鄉試，應請依限題派考官按期舉行，以宏作育而廣登進。其荆州駐防繙譯鄉試，亦應照案另場辦理。除咨明禮、兵二部並飭將科場應辦一切事宜次第趕辦外，謹會同湖北學政臣趙尚輔恭摺具奏，伏祈皇上聖鑒訓示。

該部知道。

請獎叙能員摺[二] 光緒十七年三月二十二日

竊照錢漕爲維正之供，催科乃有司專責。鄂省頻年奉提京餉以及指撥協濟鄰省各餉，全賴地丁等款徵解踴躍，藉資挹注。是州縣催科之勤惰，實爲餉項所攸關。其有催科勤奮先期完解之員，歷經奏請獎叙，均奉俞允在案。茲據署湖北布政使陳寶箴、署督糧道恭釗會詳稱，查隨州額徵光緒十六年司庫地丁等款錢糧，除坐支外，實應解銀一萬九千八百二十五兩二錢七分二釐。又應解道庫漕南、正耗、米折、水脚、兑費、隨驢、閑丁等款共銀一萬三百三十七兩一錢八分一釐，均於年内掃數全完等情，請奏獎前來。臣等查該州額徵各款錢糧銀兩合計在三萬兩以上，均於年内掃數全完，洵屬催科勤奮，自應專案請獎。合無仰懇天恩俯准將現署隨州知州本任崇陽縣知縣陳彰五，照例給予加一級，以示鼓勵而昭激勸。謹合詞恭摺具陳，伏祈皇上聖鑒。

著照所請。該部知道。

查明湖北省交代案内虧短銀兩應行分賠人員援詔豁免摺[三] 光緒十七年三月二十二日

竊准户部咨，常例豁免之案，核其參追奉旨日期，如在光緒十五年三月十六日恩詔以前者，一經題豁，即行銷案，無庸著落上司分賠，即業經行令分賠者，亦均予註銷完案等因。具奏。於光緒十六年十二月十二日奉旨：依議。欽此。鈔録原奏，咨行到鄂。即經轉飭欽遵辦理去後。茲據辦理湖北清查交代局署布政使陳寶箴、署按察使惲祖翼、署督糧道恭釗查明應豁各員具詳請奏前來。臣等伏查湖北省交代案内，有已故知縣謝蘭，前在監利縣任内虧短銀七千五百八十二兩九分，江陵縣任内虧短銀五百五十二兩三錢六分五釐，除查封家産變價備抵銀四百二十一兩一錢五

[一] 録自中國第一歷史檔案館編《光緒朝硃批奏摺》第一〇四輯，第八五一頁，中華書局一九九五年版。

[二] 録自中國第一歷史檔案館編《光緒朝硃批奏摺》第六六輯，第四七九頁，中華書局一九九五年版。

[三] 録自中國第一歷史檔案館編《光緒朝硃批奏摺》第八一輯，第八二〇至八二一頁，中華書局一九九五年版。

分，尚欠銀七千七百一十三兩三錢五釐。又已故知縣朱華，前在石首縣任内虧短銀四百三十九兩九錢八分七釐，除查封家産變價備抵銀一兩一分五釐，尚欠銀四百三十八兩九錢七分二釐。又已故知縣朱光耀，前在監利縣任内虧短銀一千七百四十四兩九錢六分六釐，除查封家産變價備抵銀一十兩二錢二分，尚欠銀一千七百三十四兩七錢四分六釐。以上三員虧短銀兩，曾經奏准部覆，以該員等家産既已查鈔備抵，毋庸再行著追，應令在於各該上司名下分賠。今恭逢光緒十五年三月十六日恩詔，核其叅追奉旨日期，均在恩詔以前，與部臣奏定豁免章程相符。合無仰懇天恩俯准一併豁免，以廣皇仁。除咨明户部查照外，謹合詞恭摺具陳，伏祈皇上聖鑒訓示。

著照所請。該部知道。

請奬叙能員摺〔一〕 光緒十七年四月十六日

竊照錢漕爲維正之供，催科乃有司專責。鄂省頻年奉提京餉以及指撥協濟鄰省各餉，全賴地丁等款徵解踴躍，藉資挹注。是州縣催科之勤惰，實爲餉項所攸關。其有催科勤奮先期完解之員，歷經奏請奬叙，均奉俞允在案。兹據署湖北布政使陳寶箴、署督糧道恭釗會詳稱，查麻城縣額徵光緒十六年司庫地丁等款錢糧，除坐支外，實應解銀二萬九千四百七十五兩八錢六釐。又應解道庫漕南、正耗、米折等款共銀七千三百一十二兩八錢五分七釐，均於年内掃數全完等情，請奏奬前來。臣等查該縣額徵各款錢糧銀兩，合計在三萬兩以上，均於年内掃數全完，洵屬催科勤奮，自應專案請奬。合無仰懇天恩俯准將現署麻城縣事補用知縣沈星標，照例給予加一級，以示鼓勵而昭激勸。謹合詞恭摺具陳，伏祈皇上聖鑒。

著照所請。該部知道。

請准以楊定得補授參將摺〔二〕 光緒十七年五月十一日

竊准部咨，湖南提標中軍叅將紀文鑑升任，遺缺係題補第一輪第四缺，應用儘先人員，行令照章揀員請補等因。臣伏查湖南提標中軍叅將員缺，駐紮常德府城，爲提標各營領袖，地處衝要，訓練操防均關緊要，非久歷戎行、才具幹練之員，難期勝任。查有花翎副將銜奏留湖南儘先補用叅將楊定得，年四十七歲，湖南長沙縣人，由行伍出師滇、黔等省，攻剿出力，迭經保奬。嗣於苗疆肅清三案併保案内，經前湖南撫臣王文韶保奏，光緒三年七月十八日奉上諭：以叅將仍留黔省儘先補用，並賞加副將銜，欽此。嗣因苗疆底定回湘，駐防西路，經前湖南撫臣卞寶第附奏，改留湖南歸標補用。光緒十三年四月十八日奉硃批：著照所請。兵部知道。欽此。收入撫標左營差遣。十四年六月内經升授閩浙總督湖南撫臣卞寶第附奏，請免騎射。奉硃批：著照所請。兵部知道。欽此。旋經委署長安營遊擊、鎮筸右營遊擊各事務，均能裕如。現署湖南提標中軍叅將，辦理營務甚爲得力。該員才幹明

〔一〕録自中國第一歷史檔案館編《光緒朝硃批奏摺》第六六輯，第四八六頁，中華書局一九九五年版。

〔二〕以下四件録自中國第一歷史檔案館編《光緒朝硃批奏摺》第四二輯，第七一至七六頁，中華書局一九九五年版。

爽，有守有爲，以之擬補斯缺，洵堪勝任。查部行章程請補儘先班次，如聲叙人地不宜，至多不得過二十員。茲按部册確查，除湖南儘先參將張定泰、陳登科均已離營外，其儘先名次在楊定得之前者，尚有兩湖儘先補用參將鄧紹級、楊茂盛、孫長鐸、鄭茂普、丁季陞各員，均在湖北省差遣，人地不熟。又湖南儘先參將楊正洪、嚴得勝、吴廣勝、李添永、劉漢臣、王敬徵、張開武、熊宏榮、藍廷青、周正新、唐斌、趙玉田、李廣信、龔紹基各員，或人地未宜，或與該處情形未熟，未便遷就擬補，致滋貽誤。今楊定得雖儘先名次稍後，而在營歷練有年，且係奏留湖南儘先補用參將，與例相符，飭查該員前在本省及他省均無參革朦保情弊。合無仰懇天恩俯念員缺緊要，准以楊定得補授湖南提標中軍參將員缺，實於營伍有裨。如蒙俞允，俟部覆到日，給咨送部引見，以符定制。除飭取該員履歷咨部外，理合會同湖南巡撫臣張煦、護理湖南提督臣周瑞龍恭摺具陳，伏祈皇上聖鑒，敕部核覆施行。

兵部議奏。

請准以趙金棠補授都司片光緒十七年五月十一日

再，前准兵部咨，湖北施南協中軍都司德亮病故，遺缺係陸路題補第一輪第四缺，應用儘先人員，行令照章揀員請補等因。查施南協中軍都司，駐紮施南府城，地處邊陲，巡防彈壓均關緊要，非精明强幹之員，難期勝任。臣在於湖北省儘先都司班内逐加遴選。查有遊擊銜儘先補用都司趙金棠，年五十七歲，湖北鄖縣人，由行伍出師軍營，剿賊著績，歷保儘先守備。嗣於克復安徽霍邱縣案内經前兩江督臣曾國藩保奏，以都司儘先補用，加遊擊銜。同治元年十二月十九日奉旨允准在案。嗣經遣撤回籍，收入鄖陽鎮標中營差遣。該員老練勤能，勞績久著，以之擬補斯缺，洵堪勝任。且距籍在五百里以外，與例相符，飭查本省及他省均無參革朦保情弊。查部行章程請補儘先班次，如聲叙人地不宜，至多不得過二十員。茲按部册確查，儘先名次在趙金棠之前者，僅有高洪陞一員，與此缺人地不甚相宜，未便遷就擬補。趙金棠雖名次稍後，而在營歷練有年，於邊境情形尤爲熟悉。合無仰懇天恩俯念員缺緊要，准以儘先都司趙金棠補授湖北施南協中軍都司，實於營伍有裨。如蒙俞允，俟部覆到日，給咨送部引見，以符定制。除飭取該員履歷咨部外，謹會同湖北巡撫臣譚繼洵、湖北提督臣程文炳附片具陳，伏祈聖鑒，敕部核覆施行。

兵部議奏。

請准以李國明補授守備片光緒十七年五月十一日

再，查湖北施南協中軍都司德亮，係由施南協右營守備升補都司，因未赴部引見，尚未開除守備底缺，旋即病故。所遺施南協右營守備員缺，前准兵部咨係陸路題補第二輪第四缺，應用儘先人員，行令揀員請補等因。查施南協右營守備，駐紮利川縣屬忠路汛，界連川省，萬山叢雜，最易藏奸。非精明幹練之員，難期勝任。臣在於湖北儘先補用班内詳加遴選。查有都司銜儘先補用守備李國明，年四十九歲，湖北漢陽縣人，由武童投效軍營，在湖北、安徽等省打仗出力，歷保千總。嗣於克復雲夢、應城案内經前署湖廣督臣李瀚章奏保，以守備儘先補用，加都司銜。同治六年十月初三日奉旨允准在案。嗣經遣撤回籍，收入漢陽協營差遣。該員明白幹練，久歷戎行，以之擬補斯缺，洵堪勝任，飭查本省及他省均無衮革朦保情弊。查部行章程，請補儘先班次如聲叙人地不宜，至多不得過二十員。茲按部册確查，在李國明之前者尚有劉春發、何如龍、徐才楚、馬福、張廷偉、徐明仁、王佐賢、高永錫、孟飛熊、段福田、胡得勝、易發家、閔文成、鄭家成、張文貴等十五員。除何如龍因案劾降，易發家已改湖南撫標候補外，其餘各員均屬人地不宜，未便遷就擬補，致滋貽誤。李國明雖儘先名次在後，而營務諳練，熟悉邊情，實在人地相需。合無仰懇天恩俯念員缺緊要，准以儘先守備李國明補授湖北施南協右營守備，實於營伍有裨。如蒙俞允，俟部覆到日，給咨送部引見，以符定制。除飭取該員履歷咨部外，謹會同湖北巡撫臣譚繼洵、湖北提督臣程文炳附片具陳，伏祈聖鑒，敕部核覆施行。

兵部議奏。

查明光緒十六年七月至十二月湖北各州縣應襲職名摺 光緒十七年五月十一日

竊照前准部咨，同治元年二月十六日奉上諭：軍興以來，各省官紳士庶凡臨陣捐軀守義殉難者，一經統兵將帥及該地方督撫奏請旌卹，無不立予褒揚。嗣後著該督撫轉飭各州縣，將應襲職名迅速查取，徑報督撫，毋庸由府司轉詳，予限半年彙案具奏，以免煩擾。欽此。歷經欽遵彙奏在案。茲自光緒十六年七月起至十二月底止，據湖北黄岡等州縣先後查詳前來。所有請承襲雲騎尉世職發標學習之周鵬翥、吴士豐、孫玉珩、姚錦湘，又請接襲雲騎尉世職賀承恩、陳敬熙、羅進賢、王慶槐、彭占元，又請兼襲雲騎尉世職劉清安、梅植，又已襲雲騎尉世職現請發標學習之洪良貞，又請承襲雲騎尉世職改作文生應試之舒承恩，共十三員，均年已及歲。經臣先後驗看，俱屬年力精壯，堪以承襲、接襲、兼襲，並發標學習，及改作文生應試。又請承襲雲騎尉世職傅录榮，又請接襲雲騎尉世職張抃富、劉振鐸、郁學源、黄積厚共五名，均年未及歲，亦經查明與例相符，應請准其承襲、接襲，統俟接准部覆，分別辦理。除鈔録清單同宗圖册結及已故世職羅繼緒、張安福、郁有惠各原領敕書，一併咨送吏、户、兵各部辦理外，查已故雲騎尉世職賀家忠、陳慶清、王家瑛、彭國棟、梅雄飛、劉玉喜均未奉頒敕書，應請一併補頒給領，合併陳明。理合會同湖北巡撫臣譚繼洵、湖北提督臣程文炳恭摺具陳，並繕具各世職姓名、年貫清單，恭呈御覽。伏祈皇上聖鑒。

該部議奏。單併發。

提督抵鄂巡閲水師片〔二〕 光緒十七年五月十一日

再，長江水師定章，提督以半年駐下江，半年駐上江，周歷巡閲，歷經奏報在案。本年三月十四日，長江提臣李成謀行抵湖北巡閲水師營伍，考察官兵勤惰，與臣面商一切，即於三月十七日由湖北上駛察閲湖南岳州鎮標各營，逐一簡校，事畢仍沿江東下，依次校閲。所有提督巡閲上江緣由，謹會同長江水師提督臣李成謀附片具陳，伏祈聖鑒。

知道了。

〔二〕録自《京報》第三七九三號。

委員採買馬匹請給票免税片〔一〕光緒十七年五月十一日

再，據湖北提督程文炳咨，駐防襄樊鳳字馬隊兩營應用馬匹，遇有疲弱不堪馳騁，均係隨時更换，以利操防。光緒十三、四年疊經派員赴張家口採買，咨由前督臣裕禄咨請兵部給票，並奏准免税在案。茲查該兩營馬匹已歷四年之久，口老疲弱甚多，亟應採買挑换。現派提標中營千總顧殿元、儘先都司王嵩陵等前往張家口一帶購買驃壯戰馬二百六十匹，回營换用，請奏咨免税前來。臣覆覈無異，除分咨兵部、察哈爾都統，並經過各省地方督撫臣查照外，相應請旨飭部給票行知張家口監督查驗免税放行。理合附片具陳，伏祈聖鑒。

兵部知道。

宜昌關第一百二十二結收支各款數目開單具陳摺〔二〕光緒十七年五月十一日

竊照前准户部咨，鈔奏内開：各海關洋税收支數目辦理未能畫一，應令遵照定章，按結開列清單奏報一次，仍扣足四結開單奏銷一次，概不得以收支數目串入原摺，以致混雜不清。仍一面造具四柱清册暨支銷經費銀兩清册，分送户部暨總理各國事務衙門，以憑核銷等因。光緒十年二月二十五日具奏。本日奉旨：依議。欽此。又准户部咨，江漢關第九十五結期滿清單，僅有收支款目，以致各結總數未能聯貫。嗣後應令將舊管、新收、開除、實在，分爲四柱，逐款開列，以昭明晰各等因。先後轉行遵照辦理。茲據湖北荆宜施道監督宜昌關税務方恭釗詳稱，宜昌關徵收各項税銀，前經截至光緒十六年十一月二十日第一百二十一結止，詳請奏咨在案。茲自光緒十六年十一月二十一日起至十七年二月二十二日止第一百二十二結期滿，所徵税銀，除照章開支外，連上結存銀及本結新收，實存税銀九萬八千九百七十四兩三錢五分一釐，前經詳請咨明，奉准部覆歸入一年報銷案内，解存藩庫委員解京。再，本結並無洋藥進口，亦無罰款銀兩，又未徵收洋商自備自雇華式之船鈔，毋庸造册報銷等情，詳請奏咨前來。臣覆核無異，除將清單、清册咨送總理各國事務衙門暨户部户科查照外，所有宜昌關第一百二十二結收支各款税銀數目緣由，謹會同南洋通商大臣兩江總督臣劉坤一、湖北巡撫臣譚繼洵恭摺具陳，並繕具四柱清單，恭呈御覽，伏祈皇上聖鑒。

該衙門知道。單併發。

江漢關第一百二十二結收支各款數目開單具陳摺光緒十七年五月十一日

竊照前准户部咨，鈔奏内開：各海關洋税收支數目辦理未能劃一，應令遵照定章，按結開列清單奏報一次，仍扣足四結開單奏銷一次，概不得以收支數目串入原摺，以致混雜不清。仍一面造具四柱清册暨支銷經費銀兩清册，分送户部暨總理各國事務衙門，以憑核銷等因。光緒十年二月二十五日具奏。本日奉旨：依

〔一〕録自《京報》第三七九四號。

〔二〕以下三件録自中國第一歷史檔案館編《光緒朝硃批奏摺》第七二輯，第五七三至五七七頁，中華書局一九九五年版。

議。欽此。又准咨，第九十五結期滿清單，僅有收支款目，以致各結總數未能聯貫。嗣後應令將舊管、新收、開除、實在，分爲四柱，逐款開列，以昭明晰等因。均經轉行遵照辦理。兹據湖北漢黄德道監督江漢關税務孔慶輔詳稱，江漢關徵收各項税鈔及支解各數目，前經截至光緒十六年十一月二十日第一百二十一結止，詳請奏咨在案。兹查自光緒十六年十一月二十一日起至十七年二月二十二日止第一百二十二結期滿，徵收洋商各項税鈔，六成洋税除支解外，計不敷銀二千五百九十一兩三錢一分零九毫六絲，應在下結六成洋税項内照數彌補。又上結報存四成洋税及本結新收四成洋税，除撥解外，計不敷銀一萬九千一百三十兩零一錢七分三釐，應在下結四成洋税項内照數彌補。又另款徵收招商局各項税鈔，除撥解外，計存四成八釐各税銀三萬二千一百一十兩零六錢五分，已如數歸併六成洋税内開報。至上結報存五成二釐局税及本結新收五成二釐局税，除撥解外，計不敷銀二萬零九百三十五兩四錢九分六釐，應在下結五成二釐局税項内照數彌補。又此結遵照新章徵收洋藥税釐銀及上結報存銀，除支解外，計存銀一千零八十五兩九錢九分四釐，又收洋商局商在漢販運土藥出口正税銀二十三兩四錢、半税銀十一兩七錢，已歸入華洋各税項内開報等情詳請奏咨前來。臣覆核無異，除俟一年期滿按結造具收支經費各册暨另繕總單分別報銷外，所有第一百二十二結徵收洋商華商各項税鈔及支解各數目，謹會同南洋通商大臣兩江總督臣劉坤一、湖北巡撫臣譚繼洵恭摺具陳，並繕具四柱清單，恭呈御覽，伏祈皇上聖鑒。

該衙門知道。單併發。

江漢關籌解出使經費片 光緒十七年五月十一日

再，據湖北漢黄德道監督江漢關税務孔慶輔詳稱，前奉總理衙門劄開，會奏籌備出使各國經費，擬於各關所收六成洋税爲十成分算，每結酌提一成，另款存儲，聽候隨時指撥以作出使經費之用，均自第六十五結爲始，一體遵照辦理。續奉行知令將每結提存之款撥寄江海關彙收，以資分撥。又奉總理衙門劄開，出使經費不敷撥用，擬於所收六成洋税仍作十成分算，即在此十成内於原提一成之外，再提半成，並令於商局留關備撥六成税内，亦按十成計算，酌提一成半，均自第七十一結爲始，按結解至江海關備用各等因。查江漢關第一百二十一結提存前項經費銀兩，業經委解江海關驗收，詳請奏咨在案。兹查第一百二十二結所徵洋商進出口正税六成銀兩，不敷開支，無款提解出使經費。惟所收招商局輪船進出口正税四成八釐銀兩，除開支傾鎔折耗外，實存銀一萬二千九百九十七兩三錢二分六釐，按十成計算，應提一成五釐出使經費銀一千九百四十九兩五錢九分九釐，遵照户部核覆，每萬兩扣給解費銀二百兩，即在所提出使經費内扣給委員解費銀三十八兩九錢九分二釐，計實解銀一千九百一十兩六錢零七釐，已將前項銀兩飭委候補知縣鄭夢庚解赴江海關驗收等情，詳請奏咨前來。臣覆核無異，除分别咨明外，謹會同南洋通商大臣兩江總督臣劉坤一、湖北巡撫臣譚繼洵附片具陳，伏祈聖鑒。

該衙門知道。

籌解光緒十四年三四月固本兵餉片[一]

光緒十七年五月十一日

再，前准户部咨，原定各省應解固本兵餉，湖廣省按月應解銀五千兩，改令徑解部庫交納。又准户部咨，酌定分年帶解固本練餉欠款，擬定有閏之年解十五箇月，計銀七萬五千兩，無閏之年解十四箇月，計銀七萬兩。即自光緒十一年正月起，按年照數解清各等因。所有湖北省應解光緒十四年二月以前固本兵餉銀兩，業經先後委員管解赴部交納，附片奏報在案。茲據署湖北布政使陳寶箴詳稱會同鹽法道在鹽課項下，籌撥銀一萬兩，作爲光緒十四年三、四兩箇月固本兵餉，飭委補用知縣陳光斗、任彤光管解赴京交納等情，詳請奏咨前來。臣覆核無異，除給咨管解並飭司陸續補解外，謹會同湖北巡撫臣譚繼洵附片具陳，伏祈聖鑒。

户部知道。

籌撥廣西協餉片

光緒十七年五月十一日

再，前准户部咨，議覆護理廣西巡撫李秉衡奏邊防各營請撥的餉案內，令湖北省自光緒十三年起，按月協解廣西邊軍餉銀一萬兩，業經前督臣裕禄於十三年分籌解銀二萬兩。旋因湖北庫款支絀，力難續籌，咨准户部覈覆，議令將調直武毅二營裁撤騰出餉糈約銀七萬餘兩，籌解廣西軍餉。並經北洋大臣李鴻章奏明，自光緒十四年起，武毅二營由直籌餉，奏准咨鄂查照在案。嗣於十四年分匯撥劃解，計共解銀十萬零三千八百六十六兩四錢。十五年分劃撥匯解，計共解銀七萬一千一百五十三兩二錢三釐四絲。十六年分解過銀四萬兩，並劃撥委解兩次，計共解銀四萬一千七百一十一兩零。又籌解南關礮費劃抵協餉銀一萬兩，均經隨時附片奏報在案。茲據署湖北布政使陳寶箴會同善後局司道詳稱，籌撥廣西協餉銀二萬兩，查照來文，較準法碼，發交百川通商號匯赴廣西交收，以應要需等情，詳請奏咨前來。除分咨外，謹會同湖北巡撫臣譚繼洵附片具陳，伏祈聖鑒。

户部知道。

江漢關籌解本年第一批籌邊軍餉片

光緒十七年五月十一日

再，前准户部咨，辛卯年籌邊軍餉奏撥江漢關四成洋税銀十二萬兩、六成洋税銀十六萬兩，行令遵照辦理等因。當經轉飭遵辦去後。茲據湖北漢黄德道監督江漢關税務孔慶輔詳稱，在於第一百二十三結所徵四成洋税項下動支庫平足色銀四萬兩，並於是結所徵六成洋税項下動支庫平足色銀六萬兩，共銀十萬兩作爲本年第一批籌邊軍餉，飭委補用知縣陳光斗、任彤光會同管解赴京交納等情，詳請奏咨前來。除分咨外，謹會同湖北撫臣譚繼洵附片具陳，伏祈聖鑒。

該衙門知道。

籌解湖北裁減緑營額兵節省餉項片

光緒十七年五月十一日

再，湖北抽裁緑營額兵餉乾、米折等項，前准户部行令，將

[一] 以下四件録自中國第一歷史檔案館編《光緒朝硃批奏摺》第五九輯，第二至四頁，中華書局一九九五年版。

每年節省銀兩，自光緒十二年起陸續委員解部交納，歷經遵照辦理。茲據署湖北布政使陳寶箴、署湖北督糧道恭釗會詳稱，湖北前議裁減緑營額兵，奏明以光緒十二年春季止，截清餉項，司庫即於夏季起照數扣發，計各營額設馬、步、守兵内，共裁兵二千九百二十一名。原奏聲明現在湖北章程，督撫標、漢陽協、武昌城守等七營，向支全餉，其餘各營皆暫按八成開支。今應均照額支數目核計，每年共節省餉乾、米折等銀五萬三千五百十一兩一錢二分。業將十二年夏季起至十六年秋季止節存銀兩，委員解部交納。所有十六年冬季並十七年春季分，按照奏定之數，共該解部庫銀二萬七千三百四十五兩六錢六分，現於應支各營十成八成餉乾、米折内，共由司庫扣出銀二萬一千八兩五錢八分，糧道庫扣出銀三千五百四十兩六錢。其現按八成支放，各營照額支數目扣解，計不敷扣撥銀三千七百八十六兩四錢八分，並於本年所收地丁項下動支按數湊足，以符奏定照額節省十六年冬季並十七年春季分應解之數。所有前項銀二萬七千三百四十五兩六錢六分，飭委補用知縣陳光斗、任彤光管解赴部交納等情，詳請奏咨前來。臣覆核無異，除給咨管解外，謹會同湖北巡撫臣譚繼洵附片具陳，伏祈聖鑒。

戶部知道。

查明茶商捐助書院學堂經費商情樂從摺 光緒十七年五月二十一日

竊臣承准軍機大臣字寄，光緒十七年三月初二日奉上諭：有人奏，風聞張之洞於上年四月間令湖南茶商分別輸捐，作爲創修兩湖書院經費。該商疊請邀免，批斥不准。近來茶商賠累，請飭一律撤銷等語。連年中國茶葉銷路不暢，由於成本太重，所奏茶商輸捐一節，如果屬實，自應裁撤以恤商困。著張之洞查明覆奏。原片著鈔給閱看，將此諭令知之。欽此。臣祗奉之餘，仰見聖主體恤商艱之至意，欽悚莫名。謹將修建書院緣起及籌捐辦法情形，敬爲我皇上陳之。

查湖北省城現在修建之兩湖書院即係舊日之經心書院。該書院係同治八年臣前任湖北學政時，會商督臣李鴻章、撫臣郭柏蔭籌款建造，專課經史古學。其時因經費不充，規模草創，齋舍無多。其地適濱都司湖畔，地勢頗窪，湖身日淤，積水日阻。自光緒十三年、十五年，湖北兩次大水，城内多被淹浸。經心書院内水深三尺有餘，院内諸生概行遷避他處。臣於光緒十五年冬間，調任湖廣總督。抵省後閲視書院，積水甫退，壁間水痕宛然。諸生仍未返院，墻宇屢經淹浸，多就傾頹。至江漢書院，屋宇尤少，膏火素薄。鄂省連歲災祲之後，寒士生計益覺蕭條。接見諸生，見其棲止無所，景況單寒，甚爲可憫。據該監院諸生等僉稱，近二十年來湖北績學好古之士日增月盛，率皆經心書院肄業之人，科名尤盛。以故來學日多，課額屢廣，齋舍既不能容，膏火亦復無多。其曾經學臣札調咨送入院而不得住院者，尚有二百數十人。聞臣來鄂，僉以重修書院、增加課額、膏火爲請，省内、省外耆紳、儒士異口同聲。臣察其嚮學情殷，情詞懇切，自不可無以慰其企望，當經就其在院貧苦者捐廉量予資奬。至十六年夏間，始建重修經心書院之議，埶高地基，疏消水道，添造齋舍，購置書籍，延訪名師，講求明體達用之學。而湖南人士游幕游學、僑寓鄂省者向來最多，聞有重建書院之舉，皆願附入肄業。查臣前在兩廣總督任内所建廣雅書院，係合廣東、廣西兩省士子俱入其中，今湖南諸生援此爲詞，自亦未便歧視。當經酌定課額，徧及邊遠各府州，以示公溥。今春咨行兩省選調諸生，即經聲明俟書院規模大定，再行專案奏明立案。此創建兩湖書院之原委也。

至書院兼括兩省，額數較多，用度較繁，當經與司道籌議。查湖北、湖南兩省，各書院經費大率皆出鹽務所捐，爲數已多。因查漢口商務以茶務爲大宗，向分湖南、湖北兩幫，每年貿易生理核計約有一千餘萬兩。向來籌捐亦惟茶捐爲最鉅。自同治初年以來，南茶向抽餉捐，每百斤捐銀二錢八分。至光緒五年，每百斤減爲一錢四分，專充漢口鎮團防緝捕之用。嗣於光緒十二年因漢口團防等事漸少，甫行停收。業北茶者，向係紅茶，每百斤捐銀七分，餘茶遞減至一二分不等，以充漢口堡工經費，行之已三十年，現仍照常抽收。上年二月因户部咨查茶釐情形，當經據實咨覆在案。查北茶有税、有釐。南茶因在湘省完釐，到漢口後並不抽其釐。然北茶有捐，而南茶無捐，南北辦法兩歧，亦欠平允。當經飭令署江漢關道李壽蓉暨湖北候補道曹南英等，前往商之南茶各商，勸令捐助書院經費，並詳體商情，照舊案每百斤減爲抽銀一錢，該商等均各欣然樂從，毫無勉强。其北茶亦勸令每百斤捐助書院經費銀三分，連堡工捐合計亦係一錢。俾令南北捐數畫一，以昭平允。大約南茶捐數每年不過一萬餘金，僅敷南省士子膏奬盤費一切之用。北省經費係屬另籌。此係就該商多年舊案之捐，爲該省嘉惠士林之舉。而捐數又甚輕減，楚弓楚得，似不致有拂商情。此南茶籌捐之原委也。自開辦以後，抽收極爲踴躍，僅止去年秋間，有人具禀求免。當飭署江漢關道江麟瑞及原辦道員曹南英查詢各商，乃係湘省一二家素無資本，好訟生事之人所爲，並非出於茶行公議，衆商均不以爲然。各商既輸捐如常，祇可置之不論不議。此次欽奉寄諭後，當經派委江漢關道孔慶輔會同鹽法道瞿廷韶暨候補道曹南英等查詢商情，切實籌議。

查中國茶葉爲出口商貨之大宗，近來洋貨暢銷，財用外耗，全恃絲茶兩項行銷外洋，藉資補救，事關大局。臣到任後，屢經檄飭江漢關道傳諭各商，並疊次商之各國領事，講求振興茶（葉）［業］之法。籌議設公棧，開船港，定公鎊，禁抑勒各章程，歷歷有案可稽。若果此捐於茶務稍有妨礙，及有商情不願之事，臣愚豈肯出此。惟查此項茶捐，每年總共所收不過一萬數千金，合之價值千分取一。衆擎易舉，其於茶務去取均無所增損，是以商情樂從，嚮風慕義，並請設商籍課額，爲造就其子弟之計。當經允其所請，於湖南、北課額二百名外，另立商籍課額四十名，羣情益深鼓舞。嗣臣復加考求，向來南北業茶各商，不通外國語言文字，與洋商交易，均另由洋行買辦爲之經紀，商情隔閡，弊竇叢生，南茶各商尤以爲病。復議於兩湖書院外，另設方言、商務兩學堂，專習泰西各國語言文字，及講求整頓茶務、種植製造之法，一切濬源、塞漏、通商、惠工之事。其經費即就該商等所捐匀撥，不敷之數另行籌足，不令再捐。各商子弟願入書院與學堂者，均聽其自便。昨經甄别書院肄業各生，商籍申送及投考者，至一百餘人之多，士論歡欣，羣情景附，毫無間言。

至原奏所言茶商虧折各節，現經該道等詳悉諮訪，茶商獲利與否，惟視乎資本之厚薄、茶色之美惡。茶務向以頭茶爲重，連年頭茶均屬得價，今年頭茶價值最昂，每百斤高者七八十兩，低者三四十兩。近年漢口洋人買茶，專以俄商爲大幫，買數既多，價值亦尚公平。緣印度産茶，澀而不香，别有一種氣味，熏製亦不能佳，故俄人概不食印度茶，專向中國購買，各省皆知。此次俄儲來華，復向臣面言如此。英人雖食印度茶，仍須攙和中國茶食之，此英領事自言如此，實無洋商賤視中國茶之説。每年茶市，貲本豐厚者，類皆獲利，若零星商販，資本微薄，不免揀焙粗率，攙和雜物，希圖朦售，以致洋商挑剔。以後惟有督飭産茶州縣董勸商民講求種植、揀焙之法，嚴禁攙和（朦）［蒙］混之弊，庶於商務可收實效。總之，商務之盈虧，全視乎出茶、製茶之佳否，實與此項捐輸無涉。該道等並傳集南茶各商，面加詢問，僉以書院培植本省人才，各商輸捐甚微，收效甚大。且學堂講習洋文、商務，兼於茶務有益，願仍照舊抽捐，並無異議。臣仰體朝廷恤商至意，當飭該道等諭知各商，再加輕減。自本年四月起，將湖南紅茶每百斤原議收銀一錢者，減爲六分五釐。青茶每百斤原議收銀七分者，減爲四分五釐。米觔茶每百斤原議收銀三分五釐者，減爲二分三釐。黑茶、甎茶、東西口套簍等茶每百斤原議收銀三分者，減爲二分。茶頭、茶末、茶梗等項每百斤原議收銀一分五釐者，減爲一分。北茶原議捐三分者，改爲二分，以紓商力。各商益爲欣感。大率南北茶價略分三等，每兩箱約將及一百斤，每百斤上等價值銀七十兩内外，中等四十兩内外，下等二十兩内外。姑即最少之價計之，每售價二十兩，僅捐銀六分五釐，爲數極屬輕微，斷無因此賠累之理，况尚有售價六七十兩者乎。是此項捐數之有無，實無關茶務之盈絀。業據南茶各商等稟覆江漢關道，毫無異詞。現擬即照此酌減之數抽收辦理。臣仍當隨時體察情形，如稍有妨礙及商情不便之處，即行奏明裁撤。據江漢關道孔慶輔等會同查明籌議詳請覆奏前來。除俟書院學堂規模悉定，再行將詳細章程分別奏明立案外，所有查明茶商捐助兩湖書院暨方言商務學堂經費，於士林、商務均有裨益，衆商樂從，並酌減捐數緣由，［是否有當］，理合恭摺據實覆陳，伏祈聖鑒訓示。

（硃批）知道了。（欽此）〔一〕

光緒十六年冬季分宜昌川鹽總局抽收正加課錢文數目摺〔二〕

光緒十七年五月二十一日

竊照湖北宜昌改設川鹽總局，抽課濟餉委員辦理。所有光緒十六年秋季分抽收鹽課錢文數目，業經恭摺具奏在案。茲據湖北鹽法武昌道瞿廷韶查明光緒十六年冬季分抽收鹽課錢文數目開報前來。臣覆加查核，宜昌川鹽局光緒十六年十月分抽收正課錢七萬一千七百四十三串五百五十五文，内提籌備京餉錢三萬三千七百串文，加課錢三萬一千一百九十二串八百五十文。十一月分抽收正課錢七萬三千九百九十四串二百七十七文，加課錢三萬二千一百七十一串四百二十五文，内提籌備京餉錢九千六百串文。十二月分抽收正課錢三萬四千三百四十七串四百零六文，内提籌備京餉錢二萬串文，加課錢一萬四千九百三十三串六百五十五文。除加課錢文照章截半分解淮鹽督銷局公費，留半歸外銷五成公費項下入收另報外，其正課全項内共提籌備京餉錢五萬三千七百串文，加課一半解鄂，内共提籌備京餉錢九千六百串文，下餘隨同節省五成公費，均仍照向章，或現錢或易銀，分別由局撥充荊州滿營兵餉、水師月餉，餘則儘數由道移解善後局接濟軍餉。除解

〔一〕以上衍、脱、舛五處，據中華書局一九九五年版《光緒朝硃批奏摺》第八〇輯，第二三七至二四一頁删、補、校正。

〔二〕録自中國第一歷史檔案館編《光緒朝硃批奏摺》第七五輯，第五三一頁，中華書局一九九五年版。

支細數造册咨部外，謹將光緒十六年冬季分宜昌川鹽局抽收正課、加課錢文數目恭摺具陳，伏祈皇上聖鑒。

户部知道。

籌解協滇月餉片〔一〕光緒十七年五月二十一日

再，前准户部咨，議覆雲貴總督岑毓英等奏四川省欠解協滇月餉，請照數補解案內，令四川省協滇月餉，自光緒十五年起每月協解銀二萬三千兩，下賸銀七千兩改撥湖北按月協解。光緒十五年二月二十一日具奏。奉旨：依議。欽此。咨行欽遵辦理。疊經籌解銀七萬六千兩，隨時附片奏報在案。茲復勉籌長沙平銀三萬兩，兩次發交雲南催餉委員知縣吴本仁承領，轉發百川通商號匯解赴滇，以應要需等情，由署湖北布政使陳寶箴會同善後局司道，先後詳請奏咨前來。臣覆覈無異，除分咨外，謹會同湖北巡撫臣譚繼洵附片具陳，伏祈聖鑒。

户部知道。

籌解第三批甘肅新餉片光緒十七年五月二十一日

再，承准軍機大臣字寄，光緒十六年八月十五日奉上諭：户部奏籌撥甘肅新餉一摺，甘肅關內外各軍餉銀關繫緊要，現經該部將光緒十七年新餉指撥湖北省銀三十三萬兩，著該督撫等嚴飭司道按照部撥數目，於本年十二月底止趕解三成，至來年四月底止再解三成，其餘四成統限九月底掃數解清。等因。欽此。業經欽遵籌解第一、二批甘肅新餉共銀十六萬兩，附片奏報在案。茲據署湖北布政使陳寶箴會同善後局司道詳稱，在於鹽課釐金項下籌撥第三批甘肅新餉銀六萬兩，於五月初三日發交漢鎮天成亨、蔚豐厚等商號，匯解赴甘肅藩庫交收等情，詳請奏咨前來。臣覆核無異，除分咨外，謹會同湖北巡撫臣譚繼洵附片具陳，伏祈聖鑒。

户部知道。

籌解本年第二批鹽釐京餉片〔二〕光緒十七年五月二十一日

再，前准户部咨，豫撥光緒十七年京餉案內，提撥湖北鹽釐銀十五萬兩。又續撥京餉案內，撥湖北鹽釐銀五萬兩。行令分批起解各等因。業經籌撥本年第一批鹽釐京餉銀三萬兩，委解赴京交納，附片奏報在案。茲據署湖北布政使陳寶箴、鹽法武昌道瞿廷韶籌撥本年第二批京餉鹽釐銀二萬兩，飭委補用知縣汪元澂、黄凝迪會同管解赴京交納等情，詳請奏咨前來。臣覆覈無異，除分咨外，謹會同湖北巡撫臣譚繼洵附片具陳，伏祈聖鑒。

户部知道。

江漢關籌解第二批京餉及東北邊防經費等款片光緒十七年五月二十一日

再，前准户部咨，豫撥光緒十七年分京餉，奏撥江漢關洋稅

〔一〕以下二件録自中國第一歷史檔案館編《光緒朝硃批奏摺》第五九輯，第一〇頁，中華書局一九九五年版。

〔二〕以下二件録自中國第一歷史檔案館編《光緒朝硃批奏摺》第八七輯，第四五至四六頁，中華書局一九九五年版。

銀十五萬兩。又光緒十七年分東北邊防經費，奏撥江漢關六成洋税銀十萬兩。又具奏各關應解抵閩京餉，請改爲加放俸餉銀兩，江漢關仍於四成洋税項下，每結提解銀四千兩各等因。均經轉飭遵照辦理。所有江漢關奉撥前項銀兩，業經委解第一批京餉銀六萬兩、東北邊防經費銀二萬兩，並第一百二十、二十一兩結應解抵閩京餉改爲加放俸餉銀八千兩，分别赴京交納，均經奏咨在案。兹據湖北漢黄德道監督江漢關税務孔慶輔詳稱，在於所徵洋税項下，動支庫平足色銀五萬兩，作爲本年第二批京餉。又在於第一百二十三結所徵六成洋税項下，動支庫平足色銀四萬兩，作爲本年第二批東北邊防經費。又在於第一百二十二、二十三兩結所徵四成洋税項下，各提庫平足色銀四千兩，共銀八千兩，作爲本年加放俸餉銀兩。飭委補用知縣汪元澂、黄凝迪分别管解赴京交納等情，詳請奏咨前來。臣覆核無異，除分别給咨管解外，謹會同湖北巡撫臣譚繼洵附片具陳，伏祈聖鑒。

户部知道。

籌解光緒十七年正月至四月協滇餉銀片[一]

光緒十七年五月　日

再，前准户部咨，議覆四川總督劉秉璋奏滇省新舊協餉無力解足案内，令川省月協滇餉銀二萬三千兩，自光緒十五年九月起每月減去銀五千兩，改由湖北在於鹽貨等釐及司庫各款内按月協解銀三千兩，江漢關六成洋税項下按月協解銀二千兩，如六成洋税無款，應准在四成洋税項下湊解等因。業將光緒十五年九月起至上年十二月底止應協滇省餉銀照數撥解，附片奏報在案。兹據署湖北布政使陳寶箴會同善後局司道暨湖北漢黄德道監督江漢關税務孔慶輔詳稱，在於司庫減平項下動撥長沙平銀六千兩，善後局動撥長沙平銀六千兩，江漢關第一百二十四結所徵四成洋税項下動支庫平足色銀八千兩，作爲光緒十七年正月起至四月止四箇月分協滇餉銀，先後均發交雲南催餉委員知縣吴本仁領匯赴滇。所有光緒十六年九月起至本年四月止，兩次動撥司庫銀兩均請就款開除，俾免轇轕等情，詳請奏咨前來。臣覆核無異，除分咨外，謹會同湖北巡撫臣譚繼洵附片具陳，伏祈聖鑒。

户部知道。

籌解本年夏秋二季裁減緑營額兵節省餉項片

光緒十七年六月初四日

再，湖北省抽裁緑營額兵餉乾、米折等項，前准户部行令，將每年節省銀兩自光緒十二年起陸續委員解部交納，歷經遵照辦理。兹據署湖北布政使陳寶箴、署督糧道恭釗詳稱，湖北前議裁減緑營額兵，奏明以光緒十二年春季止，截清餉項，司庫即於夏季起照數扣發，計各營額設馬、步、守兵内，共裁兵二千九百二十一名。原奏聲明現在湖北章程，督撫標、漢陽協、武昌城守等七營，向支全餉，其餘各營皆暫按八成開支。今應均照額支數目核計，每年共節省餉乾、米折等銀五萬三千五百十一兩一錢二分。業將十二年夏季起至本年春季止，節存銀兩解部交納在案。所有

[一] 以下三件録自中國第一歷史檔案館編《光緒朝硃批奏摺》第五九輯，第二一三至二一五頁，中華書局一九九五年版。

十七年夏秋二季分照奏定之數，共應解部庫銀二萬六千一百六十五兩四錢六分，現於應支各營十成、八成餉乾、米折内，共由司庫扣出銀一萬九千三十七兩四錢六分，糧道庫扣出銀三千五百四十兩六錢。其現按八成支放，各營照額支數目扣解，計不敷銀三千五百八十七兩四錢，並於本年所收地丁項下動支按數湊足，以符奏定照額節省本年夏秋二季分應解之數。所有前項銀二萬六千一百六十五兩四錢六分，飭委補用知縣汪元澂、王如松管解赴部交納等情，詳請奏咨前來。臣覆核無異，除給咨管解外，理合會同湖北巡撫臣譚繼洵附片具陳，伏祈聖鑒。

户部知道。

籌解光緒十四年五六月固本兵餉片 光緒十七年六月初四日

再，前准户部咨，原定各省應解固本兵餉，湖廣省按月應解銀五千兩，改令徑解部庫交納。又准户部酌定分年帶解固本練餉欠款，擬定有閏之年解十五箇月，計銀七萬五千兩。無閏之年解十四箇月，計銀七萬兩。即自光緒十一年正月起，按年照數解清各等因。所有湖北省應解光緒十四年四月以前固本兵餉銀兩，業經先後委員管解赴部交納，附片奏報在案。茲據署湖北布政使陳寶箴詳稱，會同鹽法道在於鹽課項下籌撥銀一萬兩，作爲十四年五、六兩箇月固本兵餉，飭委補用知縣汪元澂、王如松管解赴京交納等情，詳請奏咨前來。臣覆核無異，除給咨管解並飭司陸續補解外，理合會同湖北巡撫臣譚繼洵附片具陳，伏祈聖鑒。

户部知道。

光緒十六年分抽收應城竹山鹽課錢文數目摺[一] 光緒十七年六月初四日

竊照湖北竹山縣抽收川鹽課錢及應城縣井課錢文，前經奏明每年彙報一次。所有光緒十五年分抽收前項鹽課錢文數目，業經奏報在案。茲據署湖北布政使陳寶箴、鹽法武昌道瞿廷韶，將光緒十六年分徵收應城、竹山兩縣鹽課錢文數目開報前來。臣覆加查覈，光緒十六年應城井鹽課税，春季分計共徵收錢三千四百一十四串四百九十六文，夏季分計共徵收錢三千一百二十六串九百五十五文，秋季分計共徵收錢二千九百六十四串四百七十五文，冬季分計共徵收錢四千二百三十三串四百九十八文。又是年竹山縣川鹽陸課計共徵收錢二百六十串文，總共通年徵收應城縣井鹽課税並竹山縣川鹽陸課共錢一萬三千九百九十九串四百二十四文，均經隨時移解善後局，凑充軍餉。除收支細數彙案造報外，所有光緒十六年分抽收應城、竹山二縣鹽課錢文數目，謹恭摺具陳，伏祈皇上聖鑒。

户部知道。

江漢關籌解第六年第二第四期息借洋款應補鎊價片[二] 光緒十七年六月初四日

再，前准户部咨，神機營息借洋款，奏令各海關按期歸還一

[一] 録自中國第一歷史檔案館編《光緒朝硃批奏摺》第七五輯，第五三四至五三五頁，中華書局一九九五年版。

[二] 録自中國第一歷史檔案館編《光緒朝硃批奏摺》第八一輯，第八三五至八三七頁，中華書局一九九五年版。

摺内稱，此次該營續收洋款一百四十四萬鎊，均自光緒十一年八月二十三日爲第一年第一期歸付利銀之始，照每鎊三兩五錢核算，共銀二百二十四萬六千四百鎊，合廣平銀七百八十六萬二千四百兩。擬令津海、東海、江漢三關各分派本息，共銀一百五十七萬二千四百八十兩，江海關分派本息共銀三百十四萬四千九百六十兩。仍照光緒十一年二月奏定辦法，令各該關先期二十日解交江海關兑收，届期統由江海關道隨時照外洋鎊價漲落作合鎊價，或盈或絀，即由該關分別應墊應存，再與原派歸還之海關按期結算清楚等因。光緒十二年正月二十八日具奏。奉旨：依議。欽此。欽遵咨行前來。當經轉飭遵照辦理。所有江漢關應還第一年二期起至第六年四期止應付本利銀兩，並第一年二期起至第六年一期止應補鎊價銀兩，均經先後委員解交江海關驗收給領，分別附片奏報在案。

茲據湖北漢黄德道監督江漢關税務孔慶輔詳稱，准江海關鈔送詳稿内稱，光緒十六年十一月二十一日應付怡和第六年二期利銀，因是日西國元旦銀行無市，即照二十日上海電匯外洋市價核算，江漢關應還庫平銀一萬九千七百八兩九釐四毫八絲，較部撥銀一萬七千六百四十兩實增庫平銀二千六十八兩九釐四毫八絲，由道墊付，咨請解滬歸款。嗣於五月十三日又准江海關咨復内稱，所有解到光緒十七年四月二十五日應還怡和第六年四期本利銀兩，查照是日上海電匯外洋英鎊市價，每規銀一兩作四先令三本士二五算，計每鎊合規銀四兩六錢八分二釐九毫三絲。查江漢關應還息銀計英金三千三百六十鎊，合規銀一萬五千七百三十四兩六錢四分四釐八毫，照章以一零九六折合庫平銀一萬四千三百五十六兩四錢二分七釐七毫三絲七忽，除收息款銀一萬一千七百六十兩外，計短庫平銀二千五百九十六兩四錢二分七釐七毫三絲七忽。又應還本銀計英金四萬八千鎊，合規銀二十二萬四千七百八十兩六錢四分，折合庫平銀二十萬五千九十一兩八錢二分四釐八毫，除收本銀十六萬八千兩外，計短庫平銀三萬七千九十一兩八錢二分四釐八毫，當將解到銀兩先行付給怡和查收。所有是期共短本利庫平銀三萬九千六百八十八兩二錢五分二釐五毫三絲七忽，應請照數補解，以便轉付清款各等因前來。茲在第一百二十三結所徵六成洋税項下動支庫平足色銀二千六十八兩九釐四毫八絲，作爲第六年第二期利銀應補鎊價銀兩，又在是結六成洋税項下動支庫平足色銀三萬九千六百八十八兩二錢五分二釐五毫三絲七忽，作爲第六年第四期本利應補鎊價銀兩，飭委候補縣丞陳繼泰解赴江海關驗收，分别兑付歸款等情，詳請奏咨前來。臣覆核無異，除分咨外，謹會同湖北巡撫臣譚繼洵附片具陳，伏祈聖鑒。

該衙門知道。

揀員升補借補長江水師員弁摺[一]　光緒十七年六月初四日

竊查長江水師員弁出缺，向係開單會奏請補。茲查有因事出缺，經臣成謀遴選歷練營伍熟諳水師之劉勳駿、楊正興、邵有升、周蔚堂、趙仁華、徐勝松六員，均由已經借補官階遞請升轉，相應照章聲明，可否准其升補，恭候欽定。又施澤春、粟學敏、夏輝銀、袁有明均係初次借補，核與限制相符，理合分晰繕具清單，

[一] 録自《京報》第三八〇七號。

恭呈御覽。如蒙俞允，俟接准部覆，即將楊正興給咨送部引見。劉勳駿前在守備任内引見，未滿三年，邀免送部。邵有升、周蔚堂、趙仁華、徐勝松、施澤春、粟學敏、夏輝銀、袁有明並懇敕部，一併頒給劄付，以昭信守。除飭取該員弁等履歷咨部外，謹會同兩江督臣劉坤一恭摺具陳，伏祈皇上聖鑒。

兵部議奏。單併發。

奏陳湖北省光緒十六年實收淮鹽鄂釐數目摺〔一〕 光緒十七年六月初七日

竊查同治三年間，經前兩江督臣曾國藩招商領運淮鹽運銷鄂、湘，並委員會同湖北、湖南兩省鹽道，在於漢口、長沙二處設局督銷。所有運鄂之鹽到漢岸後，原議每引提鄂釐銀四兩二錢，嗣陸續減去二兩四錢，定爲每引提鄂釐銀一兩八錢。運湘之鹽，俟到湘岸後，每引提鄂釐銀一兩一錢零五釐，嗣減去三錢，定爲每引提鄂釐銀八錢零五釐。漢岸計自同治三年四月開售起，湘岸計自同治三年七月開售起，截至光緒十五年十二月止，實收鄂釐銀兩數目業經各前督臣及臣先後奏報在案。

茲查漢岸自光緒十六年正月起截至十二月止，應提鄂釐銀十九萬二千四百三十三兩五錢，由湖北督銷局陸續批解鹽道轉解善後局充餉。又運湘之鹽自光緒十六年正月起截至十二月止，應提鄂釐銀十萬零九百三十七兩七錢四分二釐五毫，由湖南督銷局分批撥解充餉，仍由鹽道移明善後局作收。以上兩款，光緒十六年全年共計實收銀二十九萬三千三百七十一兩二錢四分二釐五毫。臣據署湖北布政使陳寶箴會同鹽法武昌道瞿廷韶具詳請奏前來。臣覆覈無異，除分咨外，謹恭摺具陳，伏祈皇上聖鑒。

户部知道。

樊城沙市等局店光緒十六年分所收淮鹽釐錢充餉片〔二〕 光緒十七年六月初七日

再，湖北襄陽、鄖陽、安陸、荆州、宜昌五府及荆門州暨湖南之澧州，前於同治十年奏定川、淮二鹽分界行銷。光緒九年，經前兩江督臣左宗棠奏准，於樊城、沙市、岳口、螺山等處設立局店試辦分銷，所收淮釐，按照川鹽章程津貼鄂餉，就中仍照川鹽加課數目，扣回分半解淮錢文。旋據湖北督銷淮鹽局會同湖北鹽道籌議，照川税正課、加課、公費三項數目併計，每斤共應收釐錢十八文，其中加課五文，淮、鄂各半分解，應以十五文半歸楚，二文半歸淮。歸楚者，徑解鹽道衙門查收，撥解善後局充餉。所有鄂省經收湖北督銷淮鹽局報解樊、沙等局店，自光緒九年十月開設起至十五年十二月止，淮釐錢數並澧州津市子店停銷淮鹽截清停收前項錢文日期，業經前督臣裕禄及臣先後奏報在案。茲據湖北鹽法武昌道瞿廷韶詳稱，湖北督銷淮鹽局移解樊城、沙市等局店，光緒十六年分所收釐錢共售鹽一百零八批，計五千四百引，照川税章程内應正課錢三萬七千二百六十千文，加課錢一萬六千二百千文。除加課錢文由局截半分解金陵防營支應局照收，

〔一〕録自中國第一歷史檔案館編《光緒朝硃批奏摺》第七五輯，第五三七至五三八頁，中華書局一九九五年版。

〔二〕以下二件録自中國第一歷史檔案館編《光緒朝硃批奏摺》第五九輯，第二六至二七頁，中華書局一九九五年版。

公費錢文留半歸外銷五成公費項下入收另報外，其正課全項同加課解鄂一半及公費一半充餉錢文，均解交善後局充餉等情，具詳請奏前來。臣覆覈無異，除咨户部外，理合附片具陳，伏祈聖鑒。

户部知道。

江漢關籌解湖北省辛卯年旗緑各營兵餉片 光緒十七年六月初七日

再，准户部咨，豫撥湖北省辛卯年旗緑各營兵餉案內，撥江漢關洋税銀十五萬兩等因。當經轉飭遵照辦理。兹據湖北漢黄德道監督江漢關税務孔慶輔詳報，在於第一百二十三結所徵六成洋税項下，動支庫平足色銀五萬兩，委員解赴藩司衙門兑收，以供支放等情，詳請奏咨前來。臣覆核無異，除分咨總理各國事務衙門暨户部查照外，謹會同湖北巡撫臣譚繼洵附片具陳，伏祈聖鑒。

該衙門知道。

改委人員管解京餉片〔一〕 光緒十七年六月初七日

再，前據湖北藩司、鹽道報解第二批鹽釐京餉銀二萬兩，又據江漢關道報解第二批洋税京餉銀五萬兩，並東北邊防經費銀四萬兩，抵閩京餉改爲加放俸餉銀八千兩，均係詳委補用知縣汪元澂、黄凝迪會同管解赴京交納，附片奏報在案。兹據署湖北布政使陳寶箴、鹽法武昌道瞿廷韶、湖北漢黄德道監督江漢關税務孔慶輔詳稱，委解京餉之補用知縣黄凝迪現已委署應城縣事，所有前項京餉改委補用知縣王如松會同原委補用知縣汪元澂管解赴京交納等情，詳請分别奏咨前來。臣覆覈無異，除分咨外，謹會同湖北巡撫臣譚繼洵附片具陳，伏祈聖鑒。

户部知道。

請准以唐淦升補參將摺〔二〕 光緒十七年六月初七日

竊准兵部咨，湖南宜章營叅將焦克勝勒令休致，遺缺係題調之缺，應令迅即照章揀員升調等因。查例載，各省題調之缺，先儘現任人員題請調補。如無合例堪調者，准於現任應升人員内揀選保題升用等語。查斯缺駐紮宜章縣城，接壤廣東，爲由粤入楚衝途門户，奸宄最易混迹，彈壓巡防極關緊要，非精明幹練熟悉情形之員，難期勝任。臣當即在湖南省現任叅將内逐加遴選，除撫標中軍叅將長立現丁母憂，提標中軍叅將甫以儘先叅將楊定得請補，岳州城守營叅將璞玉甫經准調均未受劄，保靖營叅將王金鼎現准升永綏協副將，均不合例外，其餘澧州、臨武、桂陽各營叅將，或缺居緊要，或人地未宜，自應照例於現任遊擊應升人員内揀員升補。查有湖南鎮筸鎮標中軍遊擊唐淦，年五十二歲，湖南長沙縣人，由武童出師湘、黔、江、鄂、粤、閩等省，迭次攻克城隘，打仗出力，遞保叅將。嗣因凱撤回籍，收入湖南撫標左營差遣，續於湘軍援黔苗疆肅清並剿滅丹古亂苗及盪平四脚牛逆巢案内，經前湖南巡撫臣王文韶保奏，光緒三年七月十八日奉上

〔一〕録自中國第一歷史檔案館編《光緒朝硃批奏摺》第八七輯，第五五頁，中華書局一九九五年版。

〔二〕以下五件録自中國第一歷史檔案館編《光緒朝硃批奏摺》第四二輯，第一一九至一二五頁，中華書局一九九五年版。

諭：叅將唐湰，著以副將留南，無論題推缺出，先行拔補。欽此。六年借補今職，八年三月二十四日到任，五年邊俸期滿，經前督臣裕禄將該員豫保，經兵部議覆題准在案。該員明練老成，勇於任事，於邊防情形最爲熟悉，以之升補斯缺，洵堪勝任。且歷俸已滿，核與升補之例相符。飭查前在本省及他省均無叅革朦保情弊。合無仰懇天恩俯准以湖南鎮筸鎮標中軍遊擊唐湰升補宜章營叅將員缺，實於邊防營伍均有裨益。如蒙俞允，該員前於光緒十五年六月内邊俸期滿豫保併案引見，現在未滿三年，邀免送部。併懇敕部頒給劄付，以昭信守。除飭取該員履歷咨部外，謹會同湖南巡撫臣張煦、護理湖南提督臣周瑞龍恭摺奏陳。再，所遺湖南鎮筸鎮標中軍遊擊，係苗疆題補之缺，湖南省現有應補人員，容臣另行揀員請補，合併陳明，伏祈皇上聖鑒，敕部覈覆施行。

兵部議奏。

請准以趙玉田借補苗疆遊擊摺光緒十七年六月初七日

竊准兵部咨，湖南永州鎮標中營遊擊鄧禮堂劾降，遺缺係題補第二輪第八缺，應用儘先人員，行令照章揀員請補等因。查斯缺駐紮永州府城，地處邊疆，爲永鎮各營領袖，控馭巡防均關緊要，非精明幹練、熟悉情形之員，難期勝任。臣查定章，緑營各缺有必須借補者，准其借補，借補即在儘先班次之内等語。嗣於光緒十三年十二月准兵部咨，奏請展各省借補限期章程内開，借補限期逾限已久，未可漫無限制，擬請展緩五年。凡提、鎮以下人員，准其通融借補，五年之後再行奏明停止各等語。兹查有花翎副將銜湖廣儘先補用叅將趙玉田，年五十二歲，湖南湘潭縣人，由武童投效軍營，出師湖北、安徽等省打仗出力，歷保以都司儘先補用凱撤回籍，收入湖南撫標左營差遣。嗣因委解援黔軍餉，留黔防剿，迭保以遊擊儘先補用，並加副將銜，因病回籍，旋於湘軍援黔苗疆肅清並剿滅丹古亂苗及盪平四脚牛逆巢歸併請獎案内，經前湖南巡撫臣王文韶保奏，光緒三年七月十八日奉上諭：該遊擊趙玉田著免補遊擊，以叅將留於湖廣，儘先補用。欽此。該員精幹練達，軍律嚴明，於苗疆情形最爲熟悉，歷署常德、寶慶各協副將事務，現署湖南沅州協副將，辦理均能裕如。以之借補永州鎮標中軍遊擊員缺，洵堪勝任。核與借補限制亦屬相符，飭查前在本省及他省均無叅革朦保情弊。合無仰懇天恩俯念苗疆員缺緊要，准以儘先叅將趙玉田借補永州鎮標中軍遊擊，實與邊防營伍均有裨益。如蒙俞允，俟部覆到日，給咨送部引見，以符定制。除飭取該員履歷咨部外，謹會同湖南巡撫臣張煦、護理湖南提督臣周瑞龍恭摺具陳，伏祈皇上聖鑒，敕部覈覆施行。

兵部議奏。

請准以李壽祺補授守備片光緒十七年六月初七日

再，准兵部咨，湖南宜章營中軍守備羅占勝劾降，遺缺係題補第六輪第四缺，應用儘先人員，迅即照章揀員請補等因。查斯缺駐紮宜章縣城，界連廣東，俗悍民雜，稽察巡防均關緊要，非營務老練、熟悉地方之員，難期勝任。臣當即在湖南儘先守備班内詳加遴選。查有藍翎都司銜儘先守備李壽祺，年五十四歲，湖南長沙縣人，咸豐七年投效霆字營打仗出力，及隨同收復安徽黟縣及江西全省肅清案內，歷保千總。同治二年克復甯郡，進剿涇縣，迭復西河等隘出力。經前兩江督臣曾國藩保奏，是年六月初五日奉上諭：著免補千總，以守備儘先補用，加都司銜。欽此。請假回湘，收入撫標右營差遣。光緒元年七月十六日到標。該員年健技優，辦事勤奮，以之擬補斯缺，洵堪勝任。且係隔府別營，與例相符，飭查本省及他省均無參革朦保情弊。查部行章程，請補儘先班次，如係聲叙人地不宜，至多不得過二十員。茲按部册及續經到標儘先守備名次在李壽祺之前者，尚有凌學文、黄光才二員，到標未久，蕭紹勝一員另摺請補守備，謝殿元、李文亮二員均於邊防情形不熟，未便遷就擬補，致滋貽誤。今李壽祺雖儘先名次稍後，而在營歷練有年，熟悉邊防情形，人地實在相需。合無仰懇天恩俯念員缺緊要，准以儘先守備李壽祺補授湖南宜章營中軍守備，實與邊防營伍均有裨益。如蒙俞允，俟部覆到日，給咨送部引見，以符定制。除飭取該員履歷咨部外，謹會同湖南巡撫臣張煦、護理湖南提督臣周瑞龍附片具陳，伏祈聖鑒，敕部覈覆施行。

兵部議奏。

請准以羅雲嵩借補守備片 光緒十七年六月初七日

再，准兵部咨，湖南綏靖鎮標右營守備王懋政劾降，遺缺係題補第六輪第二缺，應用儘先人員，行令照章揀員請補等因。查斯缺駐紮永綏廳屬躍馬卡汛，地處苗疆，撫馭巡防均關緊要，非精明練達、熟悉情形之員，難期勝任。臣查部定章程，武職各缺有必須借補者，准其奏請借補，借補即在儘先班次之內等語。嗣於光緒十三年十二月內准兵部咨，奏請展各省借補限期章程內開，借補限期擬請展緩五年，凡提、鎮以下人員，准其通融借補，五年之後再行奏明停止各等語。茲查有湖南長沙協藍翎儘先補用都司羅雲嵩，年五十一歲，湖南長沙縣人，由武童出師貴州、江西、閩、浙等省，迭著戰功，歷保守備，儘先補用，加都司銜。嗣因剿辦福建各屬土匪出力，經前陝甘督臣左宗棠保奏，同治五年十一月十九日奉上諭：守備羅雲嵩，著以都司儘先補用，並賞戴藍翎。欽此。凱撤回籍，收入長沙協營差遣。同治六年十一月到標。該員强幹有爲，深諳營務，於該處苗疆情形最爲熟悉，以之借補綏靖鎮標右營守備，洵堪勝任。核與借補限制亦屬相符，飭查該員前在他省及本省均無參革朦保情弊。合無仰懇天恩俯念苗疆要缺，准以羅雲嵩借補綏靖鎮標右營守備，實與苗防營伍均有裨益。如蒙俞允，俟部覆到日，給咨送部引見，以符定制。除飭取該員履歷送部外，謹會同湖南巡撫臣張煦、護理湖南提督臣周瑞龍附片具陳，伏祈聖鑒，敕部覈覆施行。

兵部議奏。

請准以蕭紹勝補授守備片 光緒十七年六月初七日

再，准兵部咨，湖南永州鎮標右營中軍守備熊心美劾降，遺缺係題補第六輪第五缺，應用儘先人員，迅即照章揀員請補等因。查斯缺駐紮甯遠縣城，地處苗疆，界連粤境，巡防彈壓均關緊要。非精明幹練、熟悉苗情之員，難期勝任。臣當即在湖南儘先守備班内詳加遴選。查有花翎儘先即補守備蕭紹勝，年五十四歲，湖南長沙縣人，由武童出師湖北、安徽等省，迭次剿賊出力，歷蒙保奬今職。同治二年二月初十日奉旨允准在案。凱撤回籍，飭發撫標左營差遣，五年七月初一日到標。該員樸實老練，資格甚深，以之擬補斯缺，洵堪勝任。且係隔府别營，與例相符，飭查本省及他省均無叅革朦保情弊。查部行章程，請補儘先班次，如係聲叙人地不宜，至多不得過二十員。茲按部册及續經到標儘先守備名次在蕭紹勝之前者，尚有凌學文、黄光才、謝殿元三員，均於苗疆情形不熟，未便遷就擬補，致滋貽誤。今蕭紹勝雖儘先名次稍後，而在營歷練有年，熟悉苗疆情形，人地實在相需。合無仰懇天恩俯念苗疆員缺緊要，准以儘先守備蕭紹勝補授湖南永州鎮標右營中軍守備，實與營伍有裨。如蒙俞允，俟部覆到日，給咨送部引見，以符定制。除飭取該員履歷咨部外，謹會同湖南巡撫臣張煦、護理湖南提督臣周瑞龍附片具陳，伏祈聖鑒，敕部覈覆施行。

兵部議奏。

總兵綦高會營私妄爲請旨先行撤任摺(二)

光緒十七年六月　日

竊訪聞湖北鄖陽鎮總兵綦高會，自上年十一月到任以來，於營務一切多所更張，處事多未公允，開革操防營兵空糧甚多。去冬至今，除補該鎮由江南帶來之外省勇丁外，仍多空額。鄖陽向有馬廠地租一項，向由中軍經管，以備鎮署公用。經該鎮提歸署内，因致不免攤派，軍情不愜，嘖有煩言。查本年四月間，曾據該鎮稟請歸併操防馬步隊，裁減哨弁，加添薪水各條，外貌似係整頓，而更張太多，其中情節多有可疑。當以事關奏咨，所改能否核實有益，批行司局核議。又據稟請將江南提標都司連榮貴等，派委哨弁。當以緑營不比勇營，外省人員未經歸標，不能派委，批飭各在案。茲證以所聞無非更張舊制，藉便私圖起見。當經委員密查去後。現復據鄖陽鎮標中營雲騎尉世職李壽堂呈稱，鄖陽鎮標，向設操防馬步三營，共兵丁六百二十名，均係挑選，亦屬原營額兵，向無空缺。自去年綦高會到任，頓改舊章，撤革防兵百餘名，空糧不補，併空馬隊兵丁二十名、東營空步兵三十四名、西營空步兵四十七名，賣去操馬四十二匹，所空口糧、銀兩勒令三營管帶官呈繳。本年正月領得防營三個月口糧、薪水，私用銀二千餘兩。該世職係操防東營哨官，本年四月鄖陽城守營遊擊貴玉與該鎮巡捕千總李廷偉傳令，再撤去防兵三十名，以補該鎮帳項。因未遵辦，致觸其怒，遽以任性妄爲、目無上司等詞，撤去哨官。旋又將該世職詳革，突遭誣陷，情急奔訴。如虛甘坐等情，具控前來。查閲所呈各節，與臣訪查情形其數目雖有叅差，大略均屬相同，實堪駭異。查鄖陽爲著名邊要之區，鎮標兵丁素稱健樸可用，該鎮操防營練軍歷任向無缺額。果如該鎮所爲，紊亂舊章，不顧地方營伍，革兵如此之驟，空糧如此之多，實爲罕見罕聞。必致重鎮勁兵化爲殘缺無用，且軍心不服，必然激成事端，自未便稍事姑容。惟案關專閫大員空缺兵馬侵蝕餉項，情節甚重，必須飭查明確，據實具奏，始足以昭折服。現經檄飭安襄鄖荆道秉公澈查，如係確實，即行據實奏叅，請旨辦理。至世職李壽堂被該鎮詳革之案，甫經詳到，是否該鎮挾嫌誣陷，抑係咎有應得，

(二) 録自《京報》第三八〇四號。

即一併查明虚實，照例辦理。相應請旨將鄖陽鎮總兵綦高會先行撤任，聽候查辦，以儆官邪而安軍情。理合恭摺奏陳，伏乞皇上聖鑒訓示。

綦高會著先行撤任，聽候查辦。

請奬叙催科勤奮人員摺[一] 光緒十七年七月二十四日

竊照錢漕爲維正之供，催科乃有司專責。鄂省頻年奉提京餉以及指撥協濟鄰省各餉，全賴地丁等款徵解踴躍，藉資挹注。是州縣催科之勤惰，實爲餉項所攸關。其有催科勤奮先期完解之員，歷經奏請奬叙，均奉俞允在案。

兹據署湖北布政使陳寶箴、署督糧道恭釗會詳稱，查黄安縣額徵光緒十六年司庫地丁等款錢糧，除坐支外，實應解銀一萬六千八百三十一兩九錢四分五釐。又應解道庫漕南正耗米折等款，共銀四千二百九十三兩二錢二分一釐，均於年内掃數全完等情，請奏奬前來。臣等查該縣額徵各款錢糧銀兩，合計在二萬兩以上，均於年内掃數全完，洵屬催科勤奮，自應專案請奬。合無仰懇天恩俯准將現任黄安縣知縣陶大夏照例給予紀録三次，以示鼓勵而昭激勸。謹合詞恭摺具陳，伏祈皇上聖鑒。

著照所請。該部知道。

請准以沈星標補授知縣摺[二] 光緒十七年七月二十六日

竊照孝感縣知縣亢廷鏞在任聞訃丁父憂，當經題報開缺，聲明所遺要缺，容另遴員請補在案。查截缺章程内載，丁憂之缺，有本日可計者，即以本日作爲開缺日期。又例載，知縣應調缺出，令於現任人員内揀選調補。如無合例堪調之員，始准以候補人員題補。又准部咨，題調缺出，如果實無合例堪調之員，准以奉旨命往及曾任實缺候補並進士即用人員酌量補用，各等語。今孝感縣知縣亢廷鏞，係於光緒十七年三月二十三日丁父憂，應歸三月分裁缺，係衝繁疲難最要缺，例應在外揀員調補。該縣地廣民稠，政和紛繁，撫字催科在在均關緊要，非精明穩練、才識兼優之員，不能勝任。臣等在於通省現任知縣内，逐加遴選。非現居要地，即人地不甚相宜，一時實無合例堪調之員。惟查有曾任實缺候補班補用知縣沈星標，年四十九歲，浙江嘉善縣人，由附生應同治六年丁卯科，並補行甲子科本省鄉試中式舉人，辛未科會試中式貢士，殿試二甲朝考一等。五月初二日引見，奉旨：以主事用。欽此。簽分户部福建司行走。十二年呈請改歸知縣原班銓選。嗣在甘捐局報捐同知銜，光緒二年二月赴部投供，遵例截取指捐指湖北試用。三年二月初十日經欽派大臣驗放，四月初五日到省，五年准補京山縣知縣，六年二月二十一日到任。九年以領款修築張壁口月隄，於委員開挖老隄未能查阻，致將新隄沖潰，奏參革職。嗣將工費全數賠繳，並留工效力修復完固。經前督臣卞寶第、前撫臣彭祖賢奏請開復原參革職處分，並免繳捐復銀兩。十年十一月十一日奉旨：著照所請。該部知道。欽此。十一年四月請咨赴部，七月初十日經欽派王大臣驗放，堪以准其開復原

[一] 録自《京報》第三八六〇號。
[二] 録自中國第一歷史檔案館編《光緒朝硃批奏摺》第七輯，第五七一至五七二頁，中華書局一九九五年版。

官，仍發原省照例用，十一日覆奏。奉旨：依議。欽此。八月初十日到省，咨准部覆，該員係曾任實缺人員，應歸候補班補用。查該員沈星標，安詳穩慎，歷練最深，以之請補孝感縣知縣要缺，洵堪勝任。惟調缺請補，與例稍有未符，但人地實在相需，例得聲明奏請。合無仰懇天恩俯念孝感縣知縣員缺緊要，准以候補班補用知縣沈星標補授，實於地方吏治均有裨益。再，該員係補用知縣請補知縣，銜缺相當，毋庸送部引見。據署布政使陳寶箴、署按察使惲祖翼會詳前來。謹合詞恭摺具陳，伏乞皇上聖鑒，敕部核覆施行。

吏部議奏。

籌解光緒十四年十一十二月並十五年正二月固本兵餉片[一] 光緒十七年七月二十八日

再，前准户部咨，原定各省應解固本兵餉，湖廣省按月應解銀五千兩，改令徑解部庫交納。又准户部咨，酌定分年帶解固本練餉欠款。擬定有閏之年解十五箇月，計銀七萬五千兩，無閏之年解十四箇月，計銀七萬兩，即自光緒十一年正月起，按年照數解清各等因。所有湖北省十四年十月以前固本兵餉銀兩，業經先後委員管解赴部交納，附片奏報在案。茲據署湖北布政使陳寶箴詳稱，會同鹽法道於鹽課項下籌撥銀二萬兩，作爲光緒十四年十一、十二並十五年正、二共四箇月固本兵餉，飭委補用同知直隸州沈嵩高、即用知縣段承霖管解赴京交納等情，詳請奏咨前來。臣覆核無異，除給咨管解，並飭司陸續補解外，理合會同湖北巡撫臣譚繼洵附片具陳，伏祈聖鑒。

户部知道。

辦結武穴教案摺 光緒十七年八月十九日

竊查本年四月間蕪湖等處滋鬧教堂之後，沿江一帶謡言四起，人心惶擾，處處堪虞。疊經臣嚴飭地方文武密切防範，凡有育嬰教堂之處，尤爲加意保護。武穴地方距廣濟縣城七十餘里，僅有武黄同知及龍坪、馬口二巡檢駐紮。向有英國福音堂，而無育嬰教堂，民教相安已久。詎意四月二十九日傍晚，有廣濟縣人天主教民歐陽理然，肩挑幼孩四人，行至武穴街外，據云將送往九江教堂。適爲痞匪郭六壽等所見，誤信訛傳，疑幼孩送入教堂即遭剜眼、蒸食，肆口妄言，激動公憤。頃刻之間，人衆麕集，喧嚷肆鬧，竟誤以武穴教堂爲即收養幼孩之處，擲石奮擊入窗，以致屋内洋油燈擊破，失火延燒洋樓一層，餘亦多有殘毁，匪徒遂乘機攫取零星物件。該處洋關分卡委員候補通判華聘三、龍坪司巡檢鄒振清，急往彈壓，均被匪衆擲石毆傷。其福音堂内教士包姓、白姓兩洋人，已先期一赴興國，一往漢口，僅留眷屬婦孺在堂。適有武穴洋關分卡之扦手英國人柯姓，外來散書之英國教士金姓，當人衆喧雜之際，馳往救火，登時被匪毆斃。教士婦女三人、洋孩四人由後門逃出。先投馬口司巡檢署，該巡檢陳培周因衆勢汹汹，未敢收留。婦孺即經同知衙門及龍坪巡檢差役弓兵，陸續護送至武黄同知署。該同知顧允昌留住署内，查知該洋婦三人在途次亦被匪徒毆傷。次日，各回漢口。臣聞報之後，立飭地方官嚴拏首要各犯，一面抽調省外水陸勇營，分投彈壓、保護。並飭江

〔一〕録自中國第一歷史檔案館編《光緒朝硃批奏摺》第五九輯，第五九頁，中華書局一九九五年版。此件十七年七月奏明十四年十月以前固本兵餉已交納。但本册第四六七頁下欄，十七年九月十五日又奏報解十四年七月至十月的固本兵餉。存疑。

漢關道派員乘輪船至武穴，將斃命之英人二名照料護送回漢口。另派文武大員前往彈壓、撫慰。其時廣濟縣知縣彭廣心已經馳至武穴，緝獲多人。除無辜訊明省釋外，實獲匪犯十名。復經臣特委候補知府裕庚，馳往廣濟，會同黄州府知府李方豫，督同該縣切實審辦。並飭關道照會英領事，飭取武穴教堂男婦各供，並驗明洋婦各傷，以資參證研訊。旋據該領事録供照覆，並聲稱洋婦受傷甚重，其洋婦包氏一名，經洋醫驗明，恐致不能生育等情前來。旋經訊明此案實因挑孩懷疑，痞匪鼓煽滋鬧，事起倉猝，並無放火圖劫情事。滋鬧之時，適值該堂兩教士前數日早經他往，自非有意蓄謀與該堂尋衅。且該教堂内存有鐵櫃，向係存儲貴重物件，並未搶去，其非意在劫財無疑。據郭六壽供認，因見教民挑有小孩，聽信訛言，起意生事，以致戴鱲魚與各匪附和滋鬧，打毁教堂住屋、器物，並有毆傷委員、巡檢之事。實係該犯起意煽衆，並下手用刀連砍致斃救火之洋關扦手柯姓。戴鱲魚供認下手用刀連砍致斃救火之洋教士金姓等情不諱。查律載：共毆人致死，下手致命傷重者絞等語。該兩犯事不干己，鼓衆滋鬧，殃及無辜，均屬任意逞兇，形同土匪，比之尋常共毆情節較重。近奉五月初七日上諭：著各督撫迅飭該管文武，查拿首要各犯，訊明正法，以儆將來。等因。欽此。自應欽遵辦理。郭六壽、戴鱲魚二犯，既據該委員府縣覆訊明確，實係此案首要正犯，未便稍稽顯戮，當即批飭將該兩犯就地正法，傳首犯事地方示衆，以昭炯戒。其幫毆及毆傷洋婦、攫取零物之從犯八名，當飭委員知府裕庚會督該府縣覆訊確供，將英領事先後所指要證，民人陶春燦，及弓兵田德等三名，教民范修興等四名，柯扦手厨役王七賢一名，一共九名，一律傳到質訊明確，按照律例，擬議罪名核辦去後。旋據禀稱，據胡東兒供認，執有小鐵尺毆傷柯扦手頭上。據胡視生供認，拾起石塊打傷柯扦手頭上。吕二弟供認，摸著石塊擲傷金教士。許逢春、田福兒二犯各供認，於人叢中挫撞洋婦，不知是否受傷。許逢春並檢拾零物，旋即抛棄。陳連升供認檢拾零物，亦即抛棄。干老五、范四妹二犯各供認，聞亂想欲檢取物件，人多未能擁上。各供不諱，反覆研鞫，堅執不移。質之各要證，亦無異詞。供情毫無遁飾，應即擬結。查例載，凡同謀共毆人，除下手致命傷重者依律處絞外，其共毆之人，審係執持槍刀等項凶器傷人者，發近邊充軍。又律載，搶奪傷人，爲首，斬監候。爲從，減爲首一等，並刺字。若因失火而乘時搶奪人財物者，罪亦如之。又（例）［律］載，鬬毆令至篤疾、以致不能生育者，杖一百，流三千里。又例載，因失火而乘機搶奪，除有殺傷（又）［及］計贓重者仍照定例問擬外，其但經得財，罪應擬以杖徒者，俱照本例加一等治罪。［將］爲首之犯，杖一百，流三千里。爲從者，杖一百，徒三年，刺字。又例載，搶奪不得財，問不應。又律載，不應爲而爲，事理重者，杖八十［各］等語。此案，胡東兒因聞洋人住房火起，携帶鐵尺往看，見衆人圍打洋人，該犯亦用鐵尺打傷洋人頭上。查鐵尺係例載凶器，應照共毆之人審係執持凶器傷人者，發近邊充軍例，擬發近邊充軍。胡視生、吕二弟，各因洋房失火往看，見衆人趕打洋人，該犯等各拾摸石塊，打傷洋人。均應照搶奪傷人爲從減爲首罪一等律，各擬杖一百，流三千里，並於右小臂膊上刺搶奪二字。許逢春因洋房失火往看，見人擁擠，適遇洋婦，該犯亦跟隨挫撞，雖據供稱不知是否受傷，惟洋婦受傷已據該印委等查明屬實，即就傷至篤疾不能生育而論，按律罪應杖一百，流三千里。該犯檢拾物件，按照因失火而搶奪財物，亦應杖一百，流三千里，二罪相等，從一科斷。該犯許逢春，應擬杖一百，流三千里，並於右小臂膊上刺搶奪二字。田福兒在人羣中掽撞洋婦，雖據稱不知是否受傷，並未檢取物件，但掽撞洋婦與許逢春相同，亦應按照毆人至篤疾不能生育，杖一百，流三千里律，擬杖一百，流三千里。陳連升因聞洋房失火往看，見衆人圍打洋人，據供並未幫毆，惟檢取零星物件。該犯陳連升應照失火乘機搶奪人財物但經得財罪，擬以杖徒者，俱照本例加一等治罪，將爲從者，杖一百徒三年例，擬杖一百，徒三年，於面上刺搶奪字樣。干老五、范四妹各因洋房失火，衆人與洋人鬧事，想往檢取財物，未經得財，均應照搶奪不得財，問不應，杖八十例，各擬杖八十。未獲之犯，已懸賞緝拿，俟拏獲有人，隨時審實照例懲辦等情，稟由署湖北按察使惲祖翼覆核具詳前來。當經批飭照詳分別辦理。署馬口司巡檢陳培周因衆勢洶洶，未敢收留婦孺，以致被毆受傷，殊屬不合，前已行司撤任，並摘去頂戴，以示懲儆。武黄同知顧允昌，本係管理防護江堤，向無緝捕之責，惟捕務非其所長，現須會縣嚴緝未獲餘犯，已將顧允昌調省，飭司另委妥員署理武黄同知，飭令訪緝餘犯。已將審辦各犯照例從嚴科斷各節，由江漢關道照會英領事。旋據覆稱，均屬情罪允當，無可異議。此獲犯懲辦之大概情形也。

至柯扦手、金教士兩洋人，無辜殞命，情殊可憫，自應撫恤，以昭朝廷懷柔遠人，矜恤無辜之至意。擬給予該兩洋人家屬，各洋銀二萬元。武穴教堂素與該鎮民間無隙，此次因無干訛言懷疑鬨鬧，致被焚毁，並非該堂啓衅，自應由管給款，代爲修復，並補給堂内失物，以示體恤。應即從優酌給洋銀二萬五千元。所有此案各款全數共洋銀六萬五千元，合銀四萬五千餘兩。經江漢關税務司與漢口英領事商明應允，並無異言。該領事現已稟其公使，專候覆文到日，即可收款完案。此撫恤、修復等款之大概情形也。

查沿江各省數月來疊次滋鬧教堂，大都因收養幼孩而起，故匪徒得以信口造謡。愚民無知，易爲所惑，一旦事起倉猝，彈壓不及，遂釀鉅案。臣於武穴滋事之後，即飭江漢關道照會各國領事，轉飭各教士，暫勿收養幼孩，免滋疑惑，俟各案辦結，人心稍静，再行收養。各領事均以爲然。並飭關道會商領事妥議稽察章程，每月定期常有員紳前往察看，以釋羣疑。若各處教堂皆能遵行，使人無可疑之端，庶不至再有滋鬧之事。臣已嚴飭地方文武隨時訪查，如再有匿名揭帖，揑造無根之言，希圖煽亂，務即懸賞嚴拏。欽遵五月初七日諭旨，從重治罪，以杜亂萌。其未結之案，英國僅有德安府徐輝與教堂滋鬧，廣濟縣教民藍姓與族人争論入譜兩起，現均已辦理完結，飭關道照會領事在案。謹恭摺會奏，伏祈聖鑒。

（硃批）該衙門知道。（欽此）〔一〕

添募勇營摺 光緒十七年八月十九日

竊臣等於光緒十七年六月十九日欽奉寄諭：各省哥老會匪最爲地方之害，此等匪徒行蹤詭祕，動輒糾集黨與，乘機煽亂，甚至造謡惑衆，潛謀不軌。若不先事籌辦，絶其根株，則涓涓不息將成江河，後患何堪設想。著各直省將軍、督撫嚴飭地方文武，

〔一〕以上衍、脱、舛六處，據中華書局一九九五年版《光緒朝硃批奏摺》第一二〇輯，第一六七至一七一頁删、補、校正。

實力查緝，嚴懲首要，解散脅從。慎毋養癰成患，貽害地方。等因。欽此。仰見聖主思患預防、除暴安良之至意。當經恭録咨行欽遵辦理，並出示剴切曉諭各在案。

查此項會匪糾集夥黨，結盟拜會，開立山堂，散放飄布。黨與多者竟至數萬，少者亦過千人。歷來拏獲各犯，起出飄布、號簿、僞印等件，所有名目、匚號、詞意，顯然悖逆。該匪等蹤跡詭祕，聲氣靈通，布滿沿江、沿海各省，陰謀不逞。鄂省居江皖上游，南北交衝，匪黨尤易混迹。本年夏間，沿江焚毁教堂之案疊出，延及湖北武穴。會匪乘機煽惑，散布謡言。武漢地方華洋雜處，一夕數驚，亟需勇營彈壓。近年鄂省兩次裁營節餉，裁去步隊十六營，通省僅餘步隊六營。另有鼎字一營，係食淮餉，專爲零星分布，查緝淮北之私而設，不能移作他用。省城駐紮鴻字三營，尚須分防蒲圻茶山、大冶鐵山、江夏煤廠及武穴等處。漢口巨鎮，綿亘十餘里，華商洋行之所萃，僅駐有升字兩營，即專爲彈壓洋街已有不給，不得已飛調麻城緝私鼎字副營來省填紮防護，以顧根本。麻城僅駐鼎字一營，北私隨即充斥。旋又於六月内，以河南商城、固始等縣訛傳匪警，麻城、羅田、黄岡、黄陂、孝感一帶居民登時驚擾，紛紛遷徙。急切無營可調，乃於襄河汛段内，暫行抽撥礮船數號，馳往鎮撫，查拏匪棍，訛言始息。而沿江商賈，五月内以教堂多事，六月内以豫警謡傳，裹足不前，釐金收數因之大絀。計五、六兩月已短收錢三萬餘串。自五月以來，外府州縣凡有教堂、教民之處，無不乘機思逞，小有紛紜，經各地方文武竭力彈壓保護。乃近日宜昌又有焚毁教堂之案，情形尤重。假如再有一處生事，直無可以派往防護查辦之勇，事體何堪設想。此武漢勇營不敷調撥，顧此失彼之實在情形也。

襄陽毗連秦豫，僅有馬隊二營，共只三百餘名，亦爲巡緝潞私所占。荆州、宜昌、鄖陽、施南等府，界連湖南、川、陝，馬、步一營俱無。從前川、楚教匪即由湖北與川、陝交界地方起事。近年，興山、房縣一帶拏獲會匪首犯劉良棟、舒春山等，河南鄧州弋獲棗陽連世傑等，均經奏明有案。其安陸府屬之天門、潛江、京山，漢陽府屬之沔陽，襄陽府屬之襄陽、光化、均州等州縣及荆門州，凡沿襄河一帶，皆有會匪頭目，黨夥皆盈千累百。往往藉廟會拜神爲名，訂期聚會，私開爐座，製造軍器，兵役往拏，公然抗拒。現已經飭司委員密往查獲巢穴多處，若無水陸營勇協力兜擒，必致釀成巨患。

尤可慮者，湘省會匪所叢根株衆盛，幾於無縣無之。洞庭湖淤出之南洲，尤爲逋逃淵藪，即與湖北石首、公安等縣毗連。上年澧州匪首楊思沅、廖星階等滋事，重煩兵力，業經湖南撫臣張煦奏明在案。今年春間，復經兩省先後拏獲同夥在荆州、岳州放飄之會匪渠魁李典、葉坤山。現在溆浦縣復有會匪聚衆劫獄，焚搶衙署之案。澧州復有糾衆燒燬電桿之案。湘省各屬盜匪近日尤爲繁多。總由年來宿將彫謝，會黨日多，乘隙生心，亂徵已見。湘鄂接壤，若匪黨蠢動，四處響應，調撥則無兵可分，招募則咄嗟莫辦。上游有警，各路震驚，馴至燎原勢成，圖之已晚。且湖南匿名揭帖種類極多，雖經疊次查拏嚴禁，至今未息，岳、常、澧一帶，近日尤盛，因之傳播鄂省，舊帖方燬，新帖旋出。方今交涉事體最關緊要，何堪再有枝節，以致上貽宸廑。

臣等督同司道等籌商，僉以目前事勢，武漢地方總須添募三四營，極少亦必須添募步隊兩營，方可備有事調撥之用。臣等極知庫儲支絀，部臣方建裁減勇營一成之議，何敢不遵照籌辦，反爲添募之舉。惟體察現在時勢，鄂省勇營實係裁減過多，備禦空虛，會匪日滋，交涉緊要，情形岌岌可危。實不敢忘遠慮而貽近憂，惜小費而釀大患。設遷就貽誤，臣等罪戾滋深。特兩營餉項，殊不易籌，復令地方官與紳商再四籌商，均以此事專爲綏靖地方，暫添兩營斷不可少。其一營之餉，擬由商民籌捐，不動庫款。其一營之餉，容臣等督飭司道，於司局各款內極力騰挪匀撥，總以無誤每年京協各餉爲斷。俟一二年後，如果匪戢民安，再行裁撤。即以籌餉而論，兵力壯盛，民心安帖，商賈暢行，税釐鹽課等款亦必暢旺。鄂省餉章，每年一營，不過二萬一千餘兩。所保全之數，必遠逾於所費之數。籌之已熟，故敢披瀝上陳。如蒙俞允，此所添兩營共一千人，擬照他省辦法，就此勇數分爲四底營，每營二百五十人，調撥較便，聲勢較壯，合併陳明。

（硃批）著照所請。該部知道。（欽此）

鄂省勇營實難再議抽裁摺[一] 光緒十七年八月十九日

竊臣等承准軍機大臣字寄，光緒十七年四月二十五日奉上諭：户部奏庫款支絀，虧短甚鉅，酌擬籌餉辦法開單呈覽一摺。朕詳加披閱，所擬各條，於籌補庫儲尚屬切實，著依議行。惟籌餉一事，部臣雖盡心擘畫，全賴各省疆臣認真督辦，不避怨嫌，庶一切諉卸掩飾之弊可除，克臻實效。現當庫存奇絀，各直省將軍、督撫等受恩深重，必應顧全大局，共濟時艱，無待諄諄詳諭也。户部原摺並單内應由外辦四條，均著鈔給閲看，將此各諭令知之。欽此。仰見聖主廑慮時艱，力籌節用之至意。跪讀之下，欽悚莫名，當經恭録札行司道等欽遵籌議去後。數月以來臣等督飭司道詳慎籌商，伏查原單内開土藥税一條，業經户部議准每年截留銀二十萬兩，以充槍礮廠經費，餘銀儘數解部。購買外洋槍礮、船隻、機器一條，係專指南北洋而言，鄂省近年本無此舉。鹽商捐輸一條，鄂省係行銷川、淮兩鹽口岸，並非産鹽之區，川淮各商之如何捐輸，似應查照成案，由四川、兩江分别勸辦。以上三條鄂省均可毋庸議及。惟查馬步勇營裁減一條，湖北爲各省往來通衢，水陸交衝，華洋雜處，自軍務肅清後，所有防剿各軍，早經大加裁撤。又於光緒六年及十一年陸續抽裁釐定營制，僅存步隊六營，並向食淮餉之緝私步隊一營又馬隊二營、水師七營一隊，其每年裁節勇餉銀七萬三千七百餘兩，均係按年如數解部。論節餉則久已悉索輸將，論分防則實已動形掣肘。況近來沿江一帶，會匪散布句煽堪虞，武穴教堂先滋事端，宜昌繼之，情形尤重，各處匪徒無不乘機思逞。武漢一帶華洋雜處，極費防維。加以豫湘邊境，亦復漸有不靖，訛言四起，民心惶惑。應防之地太多，留紮之營太少，若不綢繆未雨，萬一貽誤事機，所關非細。臣等督同司道詳加體察，時切隱憂。正擬設法暫行添募步隊二營與原防各營，分布扼紮，俾資調遣而遏亂萌，另摺奏陳。明知庫款支絀，豈不願力求撙節，仰慰宸廑。無如鄂省勇營裁減過多，現在時勢與他省迥有不同，茲爲慎重地方起見，不敢不據實直陳。如將來伏莽漸清，有可抽裁之處，再當體察情形，奏明裁減，斷不令稍有虛糜。除暫添步隊兩營另行具奏外，所有原存馬步勇營，

[一] 録自中國第一歷史檔案館編《光緒朝硃批奏摺》第三四輯，第二九七至二九八頁，中華書局一九九五年版。

實難再議抽裁緣由，據湖北藩、臬兩司會同善後局司道具詳請奏前來。臣等覆加查覈，俱係實在情形，除咨户部外，謹合詞恭摺具奏，伏祈皇上聖鑒訓示。

户部知道。

委員接署總兵篆務片〔一〕 光緒十七年八月十九日

再，湖北鄖陽鎮總兵綦高會，因有被控重情，業經臣檄委安襄鄖荆道朱其煊馳往確查，恭摺具奏。七月十四日原摺賫回，奉硃批：綦高會著先行撤任，聽候查辦。欽此。當經欽遵轉行遵照在案。查鄖陽地方，界豫通秦，山川險要，游勇會匪出没堪虞，巡緝彈壓責任綦重。該鎮綦高會既已撤任，所有總兵篆務亟應委員接署，以重職守。查有竹山協副將文漢章，老成諳練，辦事細心，堪以署理。除俟該道朱其煊查覆到日再行奏明辦理，並檄飭遵照外，理合附片具陳，伏祈聖鑒。

兵部知道。

江漢關籌解淮軍月餉片〔二〕 光緒十七年八月十九日

再，前准户部咨：議覆直隸督臣李鴻章奏淮軍月餉支絀，請將江漢關應解額款於四六成洋税項下通融匀撥案内，議令江漢關應解淮餉，如六成洋税無款，即在四成洋税及五成二釐招商局税内按數提解等因。奉旨：依議。欽此。咨行欽遵辦理。查江漢關奉撥直隸督臣李鴻章淮軍月餉四成洋税銀二萬兩，解至光緒十七年二月分止，六成洋税銀三萬兩解至光緒十六年十二月分止。隨時附片奏報在案。茲應解本年三、四、五三箇月分四成淮餉，即在第一百二十二、三兩結所徵四成洋税項下，動支庫平銀六萬兩。又應補解本年正、二、三三箇月分六成淮餉，因六成洋税無款可撥，在於第一百二十二、三兩結所徵五成二釐局税項下動支庫平銀九萬兩。作爲直隸督臣李鴻章及提督劉盛休所部淮軍月餉，委解湖北淮軍收支轉運局交收轉解。由湖北漢黄德道監督江漢關税務孔慶輔詳請奏咨前來。臣覆覈無異，除分咨外，謹會同湖北巡撫臣譚繼洵附片具陳，伏祈聖鑒。

户部知道。

籌撥廣西協餉銀兩片 光緒十七年八月十九日

再，前准户部咨，議覆護理廣西巡撫李秉衡奏邊防各營請撥的餉案内，令湖北省自光緒十三年起按月協解廣西邊軍餉銀一萬兩，業經前督臣裕禄於十三年分籌解銀二萬兩。旋因湖北庫款支絀，力難續籌，咨准户部覈覆，議令將調直武毅二營裁撤騰出餉糈約銀七萬餘兩，籌解廣西軍餉。並經北洋大臣李鴻章奏明自光緒十四年起，武毅二營由直籌餉，奏准咨鄂查照在案。嗣於十四年分匯撥劃解，計共解銀十萬零三千八百六十六兩四錢。十五年分劃撥匯解，計共解銀七萬一千一百五十三兩二錢三釐四絲。十六年分解過銀四萬兩，並劃撥委解兩次，計共解銀四萬一千七百一十一兩零。又，

〔一〕録自中國第一歷史檔案館編《光緒朝硃批奏摺》第四二輯，第二三三頁，中華書局一九九五年版。

〔二〕以下三件録自中國第一歷史檔案館編《光緒朝硃批奏摺》第五九輯，第七四至七六頁，中華書局一九九五年版。

籌解廣東墊付鎮南關礮費劃抵協餉銀一萬兩，本年解過銀二萬兩，均經隨時附片奏報在案。茲據署湖北布政使陳寶箴會同善後局司道詳稱，現經籌撥廣西協餉銀二萬兩，查照來文，較準法碼，發交百川通商號匯赴廣西交收，以應要需等情，詳請奏咨前來。臣覆覈無異，除分咨外，謹會同湖北巡撫臣譚繼洵附片具陳，伏祈聖鑒。

户部知道。

江漢關籌解湖北省辛卯年滿緑各營兵餉片 光緒十七年八月十九日

再，前准户部咨，豫撥湖北省辛卯年滿緑各營兵餉案内，撥江漢關洋税銀十五萬兩等因，業經飭據該關道籌解銀五萬兩，詳經臣附片奏報在案。茲據湖北漢黄德道監督江漢關税務孔慶輔詳稱，復在於第一百二十三結所徵六成洋税項下，動支庫平足色銀五萬兩，委員解赴藩司衙門交收，以供支放等情，詳請奏咨前來。臣覆核無異，除分咨總理各國事務衙門暨户部查照外，謹會同湖北巡撫臣譚繼洵附片具陳，伏祈聖鑒。

該衙門知道。

查明總兵綦高會劣跡據實奏參摺〔一〕 光緒十七年八月二十一日

竊臣前因訪聞湖北鄖陽鎮總兵綦高會於營務一切，多所更張，處事多未公允，正委員密查去後。復據鄖陽鎮標雲騎尉世職李壽堂，以該總兵空兵賣馬，物議沸騰，所有空曠銀兩，勒令三營管帶官繳署，並冤遭誣陷撤差革職。及署鄖陽城守營遊擊貴玉，違例乘轎，私使兵丁各等情，具控前來。案關專閫大員空缺兵馬侵蝕餉項，情節甚重，經臣奏委安襄鄖荆道朱其煊馳往秉公澈查。奉硃批：綦高會著先行撤任，聽候查辦。欽此。

茲據朱其煊查覆禀稱，該道抵鄖後，按照臣訪聞情形，暨被控各節調核案據，查訊各營弁兵供情，并參考文武各員衆論。如所稱空兵賣馬一節，該鎮自上年十一月到任至本年五月，共已撤革各防營弁兵九十一名。又到任之初，點驗操防馬匹，諭令管帶馬隊營官變價後，即挑出二十二匹，分次變價。所有空額截曠、馬價、馬乾及倒斃馬匹皮臓變價各項，計銀六百六十餘兩，均經該營官等令巡營兵目陸續遝繳鎮署。因修理衙署籌款不敷，將此項挪用。又該鎮帶來江南提標都司連榮貴等十六人，多不馴良。凡該鎮所爲之事，多係若輩蒙蔽慫慂而成，且未經請准收標，遽行給補糧額，衆情不服，兼有改併防營裁減兵馬之議，軍士聞之愈加惶惑。厥後其議雖經臣批飭未准照行，而鎮署新立銀房名目，一切收支出入，中軍概不與聞，舊日章程因多變異。即如開兵存曠、易馬積乾，原營中嘗有之事，惟須隨時補填足額，以重營伍。尤必將存積數目填補日期，按月開報，方昭核實。該鎮於曠糧經旬累月，甚有經數月尚未挑補者。馬乾則積至五月有餘，因人言嘖嘖，聞將委員查辦，始行補購。又該鎮到任後，即札飭操防各營，遇有缺出，即由防所招補，並不照章移由原營另送。又訪聞該鎮雖有將修署之款攤派各營之説，而實在收到者甚少，其馬廠地租等項據查明現未收齊，尚無提用。又於三月專差赴省請領練

〔一〕以下三件録自中國第一歷史檔案館編《光緒朝硃批奏摺》第四二輯，第二三三至二三八頁，中華書局一九九五年版。

軍本年帳棚折價，暨正、二、三、四等月油燭，共錢六百六十餘串，至六月内始行回鄖散給。因道途遥遠，往返稽遲，致招物議。又查世職李壽堂因責罵誤操兵丁，署城守遊擊貴玉誤聽謂係詈罵上司，遂挾忿稟由該鎮撤差詳革。至所控貴玉違例乘轎、私役兵丁，因貴玉從前軍營受傷，請免騎射，平時瘡發，間有用竹輿代馬之時。其防營兵丁既自本營挑出，原以備操防之用，該遊擊令防兵姬長發等仍兼在本營當差，以致誤操各等情，開具各營兵馬開補日期、數目清摺，取具各營弁兵供結稟覆前來。

臣覆加查核，綦高會到任數月之間，驟將防營弁兵撤革至九十餘名之多，累月未補，變賣操馬馬價以及存曠積乾，積至五月有餘始行補足，不知邊陲重鎮力固藩籬，玩視操防，任意空缺，營中收支出入並不照例由中軍官經手，於鎮署擅立銀房，將空曠糧乾等項挪修衙署，雖無侵蝕情弊，究屬擅挪餉需。復任用江南帶來弁勇，輒令濫充營伍，受其蒙蔽，紊亂舊章，以致物議紛騰，軍情不服。據朱其煊查明稟覆，均有確實證據。似此營私妄爲，空缺兵馬，毫無顧忌，豈可令其仍居專閫，貽誤邊防。惟該鎮到任未久，於緑營章程未能深諳，不免受人蒙蔽，相應據實奏參。其應如何懲處之處，伏候聖裁。

署鄖陽城守營遊擊本任鄖陽鎮右營遊擊貴玉，前經受傷，平時瘡發。間用竹輿代馬，亦例所不禁。其令防兵兼在本營當差，以致誤操，雖與私役者有間，究屬不合。臣接見考察其精力尚未衰頽，惟鄖地邊要，該遊擊人地實不相宜，相應請旨將貴玉開缺留標另補。鄖陽鎮中軍遊擊胡永發於專司之事，任聽該鎮妄議更張，既不能婉言阻止，即應將情形密稟，何得畏威承順，以致變易舊章，亦有應得之咎。惟據朱其煊稟稱，該遊擊平日官聲尚好，應予撤任留省察看。如仍不知振作，再行參處。雲騎尉世職李壽堂所控，雖屬有因，而於操兵之時出言詈罵，擾亂營規，且於被參後始行訐告，亦屬違例。查其平日素不安分，應即革去世職，另飭該縣揀送承襲，以肅營伍。其江南帶來各弁，應令綦高會自行散遣回籍，并飭將挪用空曠糧乾銀兩照數補足，分別辦理。至綦高會處分，恭候欽定後，所遺鄖陽鎮總兵員缺緊要，相應請旨迅賜簡放，以重邊防。理合會同湖北巡撫臣譚繼洵恭摺奏陳，伏祈皇上聖鑒。

另有旨。

請准以汪杏林補授遊擊摺 光緒十七年八月二十一日

竊准兵部咨，湖北撫標右營遊擊赫成額病故，遺缺係陸路部推之缺，應用儘先人員，行令迅即照章揀員請補等因。查湖北撫標右營遊擊員缺，駐紮省垣，事務較繁，非精明幹練、熟悉營務之員，難期勝任。臣即在於湖北省儘先遊擊班内逐加遴選。查有湖廣督標儘先補用遊擊汪杏林，年五十二歲，湖北羅田縣人，由武童投效本省軍營，迭次在楚皖邊界打仗出力，歷保花翎都司銜儘先守備。嗣於肅清皖境案内經前安徽撫臣喬松年保奏，以遊擊儘先補用。同治四年五月初四日奉旨允准在案。嗣經遣撤回籍，收入湖廣督標中營差遣。該員老成幹練，勞績素優，以之擬補斯缺，洵堪勝任。查部定章程，請補儘先班次如係聲叙人地不宜，至多不得過二十員。茲按部册確查，儘先名次在汪杏林之前者，僅有張有功一員，與此缺實不相宜，未便遷就擬補，致滋貽誤。汪杏林雖名次稍後，而在營歷練有年，情形熟悉。飭查該員前在本省及他省均無參革朦保情弊。合無仰懇天恩俯念員缺緊要，准以儘先遊擊汪杏林補授湖北撫標右營遊擊，實於營伍有裨。如蒙俞允，俟部覆到日給咨赴部引見。

再，撫標右營距該員羅田原籍在五百里以内，惟查儘先册前二十名内籍隸五百里外者，僅有三人，皆在該員之後，其人材勞績亦遠遜於該員，未便遷就請補。應俟准補後，再行奏明對調，以符定制。除飭取該員履歷送部外，謹會同湖北巡撫臣譚繼洵、湖北提督臣程文炳恭摺具陳，伏祈皇上聖鑒，敕部覈覆施行。

兵部議奏。

請准以劉名貴補授守備片光緒十七年八月二十一日

再，湖南鎮筸鎮標中營後軍守備沈光友病故，遺缺前經臣請以儘先守備劉名貴擬補，並照章將儘先名次在前之謝殿元等與此缺不宜緣由分別聲明在案。茲准兵部咨，按照官册内查，尚有黄雨時、劉添益二員名次亦在劉名貴之前，漏未聲叙。核計該員儘先名次係在二十名以後，所請補授守備之處與定章不符，應令揀選合例人員請補，以符定制等因。移咨到臣。

查儘先守備黄雨時，於光緒九年九月内准前署湖南撫臣潘鼎新咨，以該員久未在營，不知去向，移行革標。又儘先守備劉添益，曾據署湖南撫標中軍叅將崧煜，以該員久假不歸，呈經前督臣裕禄於光緒十三年三月二十二日咨准兵部議覆，准其革退隨營各在案。是該二員早經革退隨營，原册内業已開除。核計劉名貴係在二十名之内，與應補定章亦屬相符，其儘先名次在劉名貴之前者，前摺業經按名聲叙。臣覆加考察，斯缺地居邊隅，民苗雜處，控制巡防均關緊要，非熟諳之員，難期勝任。該員劉名貴由行伍拔補鎮筸鎮標左營把總，出師廣西、湖北、安徽、江南等省剿賊出力，遞保今職，歷任邊疆，情形最爲熟悉。合無仰懇天恩俯念苗疆邊缺緊要，准以劉名貴補授湖南鎮筸鎮標中營後軍守備，實於邊防營伍均有裨益。如蒙俞允，俟部覆至日，給咨送部引見，以符定制。謹會同湖南巡撫臣張煦、護理湖南提督臣周瑞龍附片陳明，伏祈聖鑒訓示。

兵部議奏。

借撥粤省軍械分五年償還槍價等緣由片〔一〕光緒十七年八月二十一日

再，臣前由兩廣調任湖廣，曾經借撥粤省黎意槍二千枝、槍彈二百萬粒、七生半克虜伯行營車礮十八尊、礮彈九千枚，隨帶來鄂，發交軍火局存儲，隨時撥給各營操演以開風氣。聲明價值由湖北籌撥歸還，附片奏明在案。旋因鄂款支絀，咨商兩廣督臣李瀚章應還槍價及運保費共銀四萬八千三百十三兩二錢九分八釐九毫，分作五年由鄂歸還清款。又車礮、車架、子彈等件，俟鄂省槍礮廠開辦後，鑄成新礮，照數運還，均經由電商允。茲准李瀚章咨覆，請奏明備案前來。除飭湖北善後局籌款定期按五年歸還槍價，並俟槍礮廠開廠新礮鑄成即將車礮照數撥還外，謹會同湖

〔一〕録自中國第一歷史檔案館編《光緒朝硃批奏摺》第五九輯，第七七頁，中華書局一九九五年版。

北巡撫臣譚繼洵附片具陳，伏祈聖鑒。

該部知道。

宜昌關第一百二十三結收支各款數目開單具陳摺(一) 光緒十七年八月二十一日

竊照前准户部咨，鈔奏内開：各海關洋税收支數目辦理未能畫一，應令遵照定章，按結開列清單奏報一次，仍扣足四結開單奏銷一次，概不得以收支數目串入原摺，以致混雜不清。仍一面造具四柱清册暨支銷經費銀兩清册，分送户部暨總理各國事務衙門，以憑核銷等因。光緒十年二月二十五日具奏。本日奉旨：依議。欽此。又，准户部咨，江漢關第九十五結期滿清單，僅有收支款目，以致各結總數未能聯貫。嗣後應令將舊管、新收、開除、實在，分爲四柱，逐款開列，以昭明晰各等因。先後轉行遵照辦理。

茲據湖北荆宜施道監督宜昌關税務方恭釗詳稱，宜昌關徵收各項税銀，前經截至光緒十七年二月二十二日第一百二十二結止，詳請奏咨在案。茲自光緒十七年二月二十三日起至五月二十四日止，第一百二十三結期滿。所徵税銀除照章開支外，連上兩結存銀及本結新收，實存税銀十二萬八千二百十四兩七錢七分二釐，前經詳請咨明，奉准部覆歸入一年報銷案内解存藩庫，委員解京。再，本結並無洋藥進口，又未徵收洋商自備華式之船鈔，毋庸造册報銷等情，詳請奏咨前來。臣覆核無異，除將清單清册咨送總理各國事務衙門暨户部户科查照外，所有宜昌關第一百二十三結收支各款税銀數目緣由，謹會同南洋通商大臣兩江總督臣劉坤一、湖北巡撫臣譚繼洵恭摺具陳，並繕具四柱清單恭呈御覽，伏祈皇上聖鑒。

該衙門知道。單併發。

光緒十七年春季分宜昌川鹽局抽收正加課錢文數目摺(二) 光緒十七年八月二十一日

竊照湖北宜昌改設川鹽總局，抽課濟餉委員辦理。所有光緒十六年冬季分抽收鹽課錢文數目，業經恭摺具奏在案。茲據湖北鹽法武昌道瞿廷韶查明光緒十七年春季分抽收鹽課錢文數目，開報前來。臣覆加查核，宜昌川鹽局光緒十七年正月分抽收正課錢六萬七千零一十九串零六十七文五毫，内提籌備京餉錢二萬二千九百串文，加課錢二萬九千一百三十八串七百二十五文。二月分抽收正課錢八萬九千八百七十八串七百四十四文五毫，内提籌備京餉錢三萬四千四百串文，加課錢三萬九千零七十七串七百一十五文。三月分抽收正課錢九萬二千四百六十七串一百九十九文，内提籌備京餉錢二萬五千九百串文，加課錢四萬零二百零三串一百三十文。除加課錢文照章截半分解准鹽督銷局公費，留半歸外銷五成公費項下入收另報外，其正課全項内共提籌備京餉錢八萬三千二百串文，下餘隨同節省五成公費均仍照向章，或現錢或易銀，分别由局撥充荆州滿營兵餉、水師月餉，餘則儘數由道移解善後局接濟軍餉。除解支細數造册咨部外，謹將光緒十七年春季

(一) 録自中國第一歷史檔案館編《光緒朝硃批奏摺》第七二輯，第五九八至五九九頁，中華書局一九九五年版。

(二) 録自中國第一歷史檔案館編《光緒朝硃批奏摺》第七五輯，第五四八頁，中華書局一九九五年版。

分宜昌川鹽局抽收正加課錢文數目恭摺具陳，伏祈皇上聖鑒。

户部知道。

江漢關籌解第七年第一期應付洋款利銀並第六年第三期應補鎊價片〔一〕光緒十七年八月二十一日

再，前准户部咨，神機營息借洋款，奏令各海關按期歸還一摺内稱：此次該營續收洋款一百四十四萬鎊，均自光緒十一年八月二十三日爲第一年第一期歸付利銀之始，照每鎊三兩五錢核算，共銀二百二十四萬六千四百鎊，合廣平銀七百八十六萬二千四百兩。擬令津海、東海、江漢三關各分派本息，共銀一百五十七萬二千四百八十兩，江海關分派本息共銀三百十四萬四千九百六十兩，仍照光緒十一年二月奏定辦法，令各該關先期二十日解交江海關兑收，届期統由江海關道隨時照外洋鎊價漲落作合鎊價，或盈或絀，即由該關分別應墊應存，再與原派歸還之海關按期結算清楚等因。光緒十二年正月二十八日具奏。奉旨：依議。欽此。欽遵咨行前來。當經轉飭遵照辦理。所有江漢關應還第一年二期起至第六年四期止應付本利銀兩並第一年二期起至第六年四期止應補鎊價銀兩，均經先後委員解交江海關驗收給領，分別附片奏報在案。

茲據湖北漢黄德道監督江漢關税務孔慶輔詳稱，准江海關鈔送詳稿内稱，光緒十七年二月二十三日應付第六年第三期利銀，查是日銀行無市，即照二十四日上海電匯外洋市價核算，江漢關應還庫平銀二萬八百七十二兩八錢一分九釐七毫，較部撥銀一萬七千六百四十兩實增庫平銀三千二百三十二兩八錢一分九釐七毫，由道墊付解滬歸款等因亦在案。茲查光緒十七年七月二十八日爲第七年第一期，即在第一百二十三結所徵六成洋税項下動支庫平足色銀一萬四千七百兩作爲第七年第一期應付利銀，又支庫平足色銀三千二百三十二兩八錢一分九釐七毫作爲第六年第三期應補鎊價銀兩，飭委竹谿縣典史沈國瑛解赴江海關驗收，分别兑付歸款等情，詳請奏咨前來。臣覆核無異，除分咨外，謹會同湖北巡撫臣譚繼洵附片具陳，伏祈聖鑒。

該衙門知道。

江漢關籌解第七年第三期應付洋款利銀片光緒十七年八月二十一日

再，前准户部咨，神機營息借洋款一百五十萬鎊，於光緒十年九月十四日初次收到六萬鎊，計合十足廣平銀二十萬零一千九百六十八兩八錢。利銀按一年四期，每期應付一千零五十鎊，其頭期利銀已由神機營墊付，應照此次咨報本利銀兩數目，擬飭江漢關按照議定章程期限，先期二十日照數解交江海關查收，由該關按期作合鎊價，兑付怡和洋行等因。光緒十一年二月十五日具奏。本日奉旨：依議。欽此。欽遵咨行前來。當經轉飭遵照辦理。所有江漢關應付第一年二期起至第七年二期止前項銀兩，並第六年第四期應還本銀，均經解交江海關驗收暨將神機營墊付頭期利

〔一〕以下二件録自中國第一歷史檔案館編《光緒朝硃批奏摺》第八一輯，第八五六至八五八頁，中華書局一九九五年版。

銀解京交納，分別奏咨在案。

茲據湖北漢黃德道監督江漢關稅務孔慶輔詳稱，查光緒十七年六月二十七日爲第七年第三期，即在第一百二十三結所徵六成洋稅項下籌撥庫平足色銀二千八百二十七兩五錢六分三釐，作爲第七年第三期應付利銀，飭委補用縣丞張南瑾解赴江海關驗收，屆期照章給領等情，詳請奏咨前來。臣覆核無異，除分咨外，謹會同湖北巡撫臣譚繼洵附片具陳，伏祈聖鑒。

該衙門知道。

湖北省辛卯年正科武闈鄉試循例舉辦摺[一] 光緒十七年八月二十九日

竊查武闈鄉試，凡總督、巡撫同省者，例應以撫臣爲主考，督臣爲監臨，歷經遵照辦理在案。茲查湖北省光緒十七年辛卯正科武闈鄉試試期伊邇，亟應循例舉辦。所有内外場考試自應由臣譚繼洵主考，臣張之洞監臨，謹將應辦一切事宜豫爲籌備，並揀派提調監試，會同兩司隨同校閲，以期選拔真才，仰副聖主修明武備之至意。據署湖北布政使陳寶箴具詳前來。理合將舉行武鄉試監臨、主考循例分辦緣由，會同湖北學政臣趙尚輔恭摺具奏，伏乞皇上聖鑒。

知道了。

武穴教案償補各款請援照鎮江關賠款成案撥解摺 光緒十七年九月（三）十［五］日

竊查武穴地方焚燬教堂毆斃洋人一案，業經辦理完結。其英國人武穴洋關分卡扦手柯姓暨教士金姓無辜殞命，情殊可憫，自應酌予撫恤。教堂並失物，亦應修復補還。遵照總理各國事務衙門來電，從優議給。當經飭令江漢關道與稅務司，向漢口英領事商明，應允議給該兩洋人家屬撫恤各洋銀二萬元，修復教堂、補還失物洋銀二萬五千元。該領事現已稟（明）［其］公使，專候復文到日，即可收款完案。業經恭摺具奏在案。

惟查前項洋銀共六萬五千元，計漢平足色銀四萬五千三百七十兩，折合庫平足色銀四萬三千三百五十兩。現在司、關兩庫實無閒款可籌。擬請援照鎮江關上年賠款成案，在於江漢關所徵六成洋稅項下照數撥解，［以期速結］等情，由署湖北布政使陳寶箴、江漢關道孔慶輔會詳請奏前來。臣覆核無異，謹［會同湖北巡撫臣譚繼洵］恭摺具陳，伏（乞）［祈］聖鑒。

（硃批）該衙門知道。（欽此）[二]

甄別庸劣不職各員摺[三] 光緒十七年九月十五日

竊惟整飭吏治，乃綏靖地方之本原。湖北吏治向來尚稱平靜，其公然貪酷虐民者尚不多見，然疲玩成習，亦復不免。臣等到任以來，悉心考察，隨時督同藩、臬兩司虛公考核，徵諸實政，參以輿評。

[一] 録自中國第一歷史檔案館編《光緒朝硃批奏摺》第一〇四輯，第八七二至八七三頁，中華書局一九九五年版。

[二] 以上衍、脱、舛六處及日期，據中華書局一九九五年版《光緒朝硃批奏摺》第八一輯，第八六四至八六五頁删、補、校正。

[三] 録自《京報》第三八九〇號。

查有施南府同知唐貞吉，違例擅受，不知檢束。署隨州知州本任崇陽縣知縣陳彰五，心地糊塗，聽斷任性。署襄陽縣知縣本任宜城縣知縣舒善慶，疏縱要犯，庸懦無能。丁憂孝感縣知縣亢廷鏞，舉動乖謬，物議紛騰。棗陽縣知縣胡承均，才識迂疏，難膺繁要。枝江縣教諭黄元吉，違例擅受，浮躁糊塗。隨州吏目張錫鈐，控案纍纍，聲名甚劣。鹽運使銜道員用試用知府黄仁黼，承辦隄工，不洽輿論，惟才力强壯，尚屬可造。均應分別懲處。

所有唐貞吉一員，應請以州同降補。陳彰五、舒善慶、亢廷鏞三員均請以府經歷縣丞降補。胡承均一員應請開缺另補。黄元吉、張錫鈐二員應請即行革職。黄仁黼一員應請撤銷鹽運使銜。茲據湖北署布政使陳寶箴、署按察使惲祖翼查明稟請酌加懲儆前來，相應奏明，請旨分別懲處，以振痼習而肅官方。查施南府同知、宜城縣均係部選之缺，如蒙俞允，湖北省現有應補人員，應均請扣留外補，合併聲明。謹合詞恭摺奏陳，伏祈皇上聖鑒。

另有旨。

請飭催湖南提督迅赴新任片[一] 光緒十七年九月十五日

再，前准兵部咨稱，光緒十七年七月初三日内閣奉上諭：廣東水師提督著鄭紹忠調補，婁雲慶著補授湖南提督。等因。欽此。咨行到鄂。臣查湖南素號巖疆，向多伏莽，匪盗時萌，疊經陳奏。近日長江一帶，復經查出匪徒句結煽動情事，湖南地處上游，其視湖北省有建瓴拊背之勢，尤關重要。所有整飭營伍捍衛地方事宜，提督職任最爲喫重，非實任人員認真講求，難資鎮攝。該提督婁雲慶威望素著，老於軍務，相應請旨飭下兩廣督臣，飭催婁雲慶迅赴新任，以重職守。臣爲慎重地方起見，謹附片具奏，伏祈聖鑒。

即著張之洞咨行李瀚章，飭催該提督迅赴新任。

整頓營務情形片 光緒十七年九月十五日

再，據署湖南永州鎮總兵馬朝龍稟稱，現查得嶺東營守備謝上元，不守營制，貪婪冒餉。此皆由嶺東向例稱爲單立營頭，每見來文註稱嶺東專營守備字樣，因無親臨營將控制，以致肆行妄爲，歷空錢糧，是否招補，向不具報。該署鎮到任後，雖飭其開補必報，究不知所報是否相符。查永州鎮標左營遊擊，駐紮江華縣，距嶺東一百二十里，擬請將嶺東守備專營二字裁汰，撥歸永州鎮左營遊擊屬轄，改爲分防嶺東字樣。嗣後如有故革錢糧，開報考放等事，均歸左營遊擊核查，庶幾杜弊較易等情前來。臣伏查前據嶺東營呈賫營制册，内載嶺東營原係永州鎮左營江華縣屬嶺東汛，自嘉慶二十年奉文以嶺東橋頭地方緊要，應設一營，建立城堡，安設官兵。以資彈壓，作爲嶺東專營，改歸永州鎮統轄。嗣於道光十二年平（猺）[瑶]案内，部議將嶺東營守備改歸永州鎮左營遊擊兼轄，所有升任考拔員弁事件，應由左營遊擊核轉。其餘經管兵馬、錢糧以及一切文移册案、考拔、兵糧等件，仍照舊章管理在案。該營界連粤境，山路險遠，巡防緊要。茲既據該署鎮查明江華與嶺東相距較近，請將嶺東專營二字裁汰，改爲分防嶺東字樣，遇有革故錢糧開報考放等事，均歸永州鎮左營遊擊

[一] 以下二件録自《京報》第三八九二號。

核轉，以便考察，自係爲邊營僻遠整飭積弊起見，所陳尚屬有益。理合會同湖南巡撫臣張煦、護理湖南提督臣周瑞龍附片具陳，伏祈聖鑒，敕部核覆施行。

兵部議奏。

江漢關第一百二十三結收支各款數目開單具陳摺[一] 光緒十七年九月十五日

竊照前准户部咨，鈔奏内開：各海關洋税收支數目辦理未能畫一，應令遵照定章按結開列清單奏報一次，仍扣足四結開單奏銷一次，概不得以收支數目串入原摺，以致混雜不清。仍一面造具四柱清册暨支銷經費銀兩清册，分送户部暨總理各國事務衙門，以憑核銷等因。光緒十年二月二十五日具奏。本日奉旨：依議。欽此。又准咨，第九十五結期滿清單，僅有收支款目，以致各結總數未能聯貫。嗣後應令將舊管、新收、開除、實在，分爲四柱，逐款開列，以昭明晰等因。均經轉行遵照辦理。兹據湖北漢黄德道監督江漢關税務孔慶輔詳稱，江漢關徵收各項税鈔及支解各數目，前經截至光緒十七年二月二十二日第一百二十二結止，詳請奏咨在案。兹查自光緒十七年二月二十三日起至五月二十四日止第一百二十三結期滿，徵收洋商各項税鈔，六成洋税除支解外，計不敷銀五萬六千零九十一兩一錢八分五釐六毫七絲七忽，應在下結六成洋税項内照數彌補。又本結新收四成洋税，除撥解外，計不敷銀二萬七千三百七十七兩零七分三釐，應在下結四成洋税項内照數彌補。又另款徵收招商局各項税鈔，除撥解外，計存四成八釐各税銀五萬五千七百七十五兩二錢三分四釐，已如數歸併六成洋税内開報。至本結新收五成二釐局税，除撥解外，計不敷銀三萬五千八百一十兩零八錢八分一釐，應在下結五成二釐局税項内照數彌補。又此結遵照新章徵收洋藥税釐及上結報存銀，除支解外，計存銀一萬八千九百三十兩零八錢一分八釐，又收局商在漢販運土藥出口正税銀二兩一錢，半税銀一兩零五分，已歸入華商各税項内開報等情，詳請奏咨前來。臣覆核無異，除俟一年期滿按結造具收支經費各册暨另繕總單分别報銷外，所有第一百二十三結徵收洋商華商各項税鈔及支解各數目，謹會同南洋通商大臣兩江總督臣劉坤一、湖北巡撫臣譚繼洵恭摺具陳，並繕具四柱清單，恭呈御覽，伏祈皇上聖鑒。

該衙門知道。單併發。

籌解光緒十四年七月至十月固本兵餉片[二] 光緒十七年九月十五日

再，前准户部咨，原定各省應解固本兵餉，湖廣省按月應解銀五千兩，改令徑解部庫交納。又准户部咨，酌定分年帶解固本練餉欠款，擬定有閏之年解十五箇月，計銀七萬五千兩，無閏之年解十四箇月，計銀七萬兩。即自光緒十一年正月起，按年照數解清各等因。所有湖北省應解十四年六月以前固本兵餉銀兩，業經先後委員管解赴部交納，附片奏報在案。兹據署湖北布政使陳

[一] 録自中國第一歷史檔案館編《光緒朝硃批奏摺》第七二輯，第六一八至六一九頁，中華書局一九九五年版。

[二] 以下五件録自中國第一歷史檔案館編《光緒朝硃批奏摺》第五九輯，第八八至九〇頁，中華書局一九九五年版。

寶箴詳稱，會同鹽法道於鹽課項下籌撥銀二萬兩，作爲光緒十四年七、八、九、十四箇月固本兵餉，飭委試用知縣聯均、候補知縣黄廷松管解赴京交納等情，詳請奏咨前來。臣覆核無異，除給咨管解並飭司陸續補解外，理合會同湖北巡撫臣譚繼洵附片具陳，伏祈聖鑒。

户部知道。

委解本年第一批節省抽裁水陸各營哨勇薪糧銀兩片 光緒十七年九月十五日

再，湖北省抽裁水陸營哨勇夫，每年節省薪公口糧銀七萬三千七百四十餘兩，前經咨明户部自光緒十二年三月分起按月扣出，分起解部。業將十二年三月起至十六年十二月止，節省哨勇薪糧銀兩分起委解截留，附片奏報在案。茲據署湖北布政使陳寶箴會同善後局司道詳稱，扣出本年第一批節省抽裁水陸各營哨勇薪糧銀五萬兩，飭委試用知縣聯均、候補知縣黄廷松管解赴京交納，餘俟續撥委解等情，詳請奏咨前來。臣覆覈無異，除分咨外，謹會同湖北巡撫臣譚繼洵附片具陳，伏祈聖鑒。

户部知道。

江漢關籌解淮軍月餉片 光緒十七年九月十五日

再，前准户部咨：議覆直隸督臣李鴻章奏淮軍月餉支絀，請將江漢關應解額款於四六成洋税項下通融勻撥案内，議令江漢關應解淮餉，如六成洋税無款，即在四成洋税及五成二釐招商局税内按數提解等因。奉旨：依議。欽此。咨行欽遵辦理。查江漢關奉撥直隸督臣李鴻章淮軍月餉四成洋税銀二萬兩，解至光緒十七年五月分止，六成洋税銀三萬兩解至本年三月分止。隨時附片奏報在案。茲應解本年六、七兩月分四成淮餉，即在第一百二十三結所徵四成洋税項下動支庫平銀四萬兩。又應補解本年四、五兩月分六成淮餉，因六成洋税無款可撥，並在是結所徵四成洋税項下動支庫平銀六萬兩。作爲直隸督臣李鴻章及提督劉盛休所部淮軍月餉，委解湖北淮軍收支轉運局交收轉解。由湖北漢黄德道監督江漢關税務孔慶輔詳請奏咨前來。臣覆核無異，除分咨外，謹會同湖北巡撫臣譚繼洵附片具陳，伏祈聖鑒。

户部知道。

籌解本年正二月固本兵餉片 光緒十七年九月十五日

再，前准户部咨，原定各省應解固本兵餉，湖廣省按月應解銀五千兩，改令徑解部庫交納。又准户部咨，酌定分年帶解固本練餉欠款，擬定有閏之年解十五箇月，計銀七萬五千兩，無閏之年解十四箇月，計銀七萬兩，即自光緒十一年正月起，按年照數解清各等因。所有湖北省應解十六年十二月以前固本兵餉銀兩，業經按年照數先後解部，附片奏報在案。茲據湖北布政使王之春詳稱[一]，會同鹽法道在於鹽課項下籌撥銀一萬兩，作爲光緒十七年正、二兩箇月固本兵餉，飭委補用知縣羅忠祥、補用知縣江夏縣縣丞張南瑾管解赴京交納等情，詳請奏咨前來。臣覆核無異，

[一] 據本册第五〇七頁下欄，王之春於光緒十七年十月十一日到任，此件爲光緒十七年九月十五日具奏。似乎不可能由王「詳稱」。此件日期是否有誤，存疑。

宜。飭令選募健勇，廣購眼綫，會同管帶水師健捷前營提督謝得龍，乘輪沿江上下，查拏跴緝。旋據該府李謙督率委員縣丞胡子功、把總徐堂，拏獲匪首濮雲亭、楊清和、桂金亭等。並遠近訪緝匪蹤。提督謝得龍拏獲袁老么、章金彪。省城查街委員典史蔡鴻熙、巡檢王家瑞、把總馬玉陞等，拏獲陳華魁。署漢陽縣知縣陳夔麟督同漢陽縣丞黃新鍔，拏獲李紫榮，並協同李謙，捕獲各匪。候補副將張國棟拏獲聶海秋。漢鎮都司高長洪協同各員，緝獲各匪。署武昌府知府李方豫督飭代理武昌縣知縣鍾期濬，拏獲高德華、尹中安、余啓宇、楊老二，並搜出各匪頭目姓名單。又各該員等，先後緝獲匪目多名，及江陵縣知縣龍兆霖督率署沙市巡檢陸顯仁，先行拏獲之葉坤山，一併發交。武昌府［暨］委員等分別提犯，馳往會鞫訊。據高德華，即高松山供，係武昌縣人，向在揚州入會，後自開楚金山護國堂，供奉洪世武祖。光緒十五年五月在上海會遇因案正法已革提督李世忠之子李洪，號雨生，説他是會中大哥，擬邀各路同會的人與他父親報仇。已託洋人在外洋購辦軍火、器械，到齊即行約期起事。要該匪與他幫忙出力，後來定封大官。並説，各路頭目應授官職，候起事後，大衆公同商議。今年六月初間，李洪專信知會該匪及各處頭目説，軍器已經辦就，叫該匪等約齊會議起事。七月初一，到安慶蔣雲家，濮雲亭、劉高升、張慶庭、龍松年、許文魁們都先後趕到。商定十月十五日各人邀集黨與，分爲兩支。該匪同蔣雲等爲下游一支，在安慶會齊。李典同李得勝等爲上游一支，在沙市會齊。同時豎旗起事。又商量下游一支中，又分爲東、西、南、北、中五旗。濮雲亭統東旗，劉高升統西旗，張慶庭統南旗，該匪統北旗，蔣雲、許文魁統中旗。奉李洪爲大元帥。旋因下游一帶水陸各營甚多，礙難聚集。各頭目互相知會，七月十三、四、五、六等日都到大冶縣三夾地方，假名做盂蘭會，再行商議。該匪十五日前往，到齊五六十人。大家會商，沙市兵勇不多，又與湖南、四川連界，官兵追來，也有退步，仍約定十月十五日起事。並商派各頭目在漢口、黃州、樊口、黃石港、三夾、楊葉洲、武穴、九江、大通、蕪湖、金陵、鎮江十二圩各輪船碼頭，均行布置，預備船隻等項。該匪旋回鎮江。八月，在鎮江聽説鎮關、滬關查獲洋人軍火，該匪害怕，到漢口住了半月，因查拏甚嚴，又逃回本籍，就被兵差獲案。濮雲亭供，係貴州松桃廳人，幼爲髮匪擄去，後在淮軍當勇，入哥老會已二十餘年。先是天台山堂，後因認識陳華魁、高德華等，在清江浦開山，是聖龍山明義堂。今年六月，同在安慶蔣雲家與龍松年們商議十月十五日起事，派統東旗。因安慶查得嚴緊，龍松年與熊啓渭、袁孝春等坐堂議事，叫該匪八月到沙市安排十月十五日起事。陳華魁即陳德才供，係江夏縣人。向在安徽當勇，與濮雲亭同會開堂。經濮雲亭供指，陳華魁人極凶横，同會兄弟都畏懼他。凡開堂要陳華魁在場壓服。余啓宇供，係武昌縣人，向在李典名下入會。去年與劉金魁另開北山堂，爲正龍頭。各會頭目都曾見過，約於十月十五日在沙市起事，叫該匪在黃州、樊口預備船隻接應。尹中安供，係大冶縣人，向在李典名下，是蓮花山義順堂。今年各頭目約十月十五日起事，囑該匪到沙市河街找開茶館的葉坤山。李洪的事也聽高德華説過。李紫榮即李華堂供，係湖南耒陽縣人。聶海秋即聶海山供，係湖北雲夢縣人，曾與湖南耒陽［縣］拏獲之劉健宏等結爲哥老會。李華堂爲大哥，係北梁山荆義堂，因劉健宏被獲，逃至漢口，經耒陽縣稟聞密飭設法拏獲。聶海秋在漢口開堂賣（票）［飄］，被勇丁誘獲。於二犯起出（票）［飄］布及口號、海底簿，有坐堂、陪堂、刑堂、禮堂等名目，且多有悖逆語句。葉坤山供，係四川江北廳人，向在李典名下蓮花山義順堂，到處放（票）［飄］傳人入會。李典爲正龍頭，該匪爲副龍頭。搜出僞印、黄綾（票）［飄］件。並據尹中安供指，葉坤山是總頭目，龍松年的幫辦各等情。查以上各犯所供，約期十月十五日在沙市豎旗起事。或先到沙市糾黨布置或分布下游預備接應，悖逆情形顯然有徵，實屬罪大惡極。武漢人情浮動，華洋雜處，謡言沸騰。當令臬司督同武昌府訊取確供，均立予正法梟示，以昭炯戒而靖人心。其葉坤山一犯，亦經荆州府覆訊禀經批飭正法。至李典即李春陽在沙市客店，自帖記名提督銜條，向人又稱甘肅補用總兵。在岳州供稱，係湖南安化縣人，向在營當勇，領受揚州前經正法之匪首謝廷玉（票）［飄］布，付給總統玉龍、金象、飛虎、蓮花四山大元帥僞印。上年五月在沙市開立蓮花山義順堂，放（票）［飄］一二百餘人，嗣又來岳放（票）［飄］，在會内稱爲龍頭大爺，在福建稱小霸王等情。據被誘同夥之犯劉鵬摶供稱，李典開過山堂四次，自向劉鵬摶説曾放（票）［飄］六萬餘張，並親書李典所傳口號，語多悖逆，當將僞印（票）［飄］板搜獲。［並］查高德華、尹中安等供内，李典僞稱開山王，查出鈔録李典所傳口號夥黨與劉鵬摶在湖南所供無異。幸經管帶振字營副將顔武林等在岳州府城外拏獲。查該匪已在荆州布黨多人，復又至岳州勾煽，希圖將荆岳聯爲一氣，實屬狡謀叵測。經臣之洞批飭迅速正法，以杜逆謀。此案出力人員應由臣之洞會同湖南撫臣張煦另案奏請獎勵。至李洪即李雨生，雖據高德華供稱爲李世忠之子，查訪李世忠親子向來尚屬安分，有已中副榜者。聞其義子中有李洪之名，當經電達總理衙門在案。惟李世忠舊部多而且雜，其義子亦甚多，鄂省實無從得其確據。總之，高德華既供明其號爲李雨生，則以名號互相印證，當可蹤跡，現仍密飭員弁並咨會各省，嚴密查拏。其各匪供出匪首，多與沿江各省咨電所開匪首姓名符合，足見聲氣相通。其中如蔣雲即蔣潤、許文魁經安徽拏獲正法。劉金魁經安徽拏獲。譚金榜經江蘇拏獲正法。萬松亭經江蘇拏獲。至各匪供出而未獲之最爲著名匪首龍大勝即龍松年、吴有楚、張慶庭、龍海騰等，亦經鈔單電咨沿江各省，分投密拏。此緝獲長江會匪首要懲辦之情形也。

其襄河會匪，據署潛江縣知縣包鵬飛拏獲匪首周克明，並督同千總銜五品軍功羅心溶率帶勇丁拏獲陳隄、李朝奎、李朝寅、張庚萬、秦開耀、鞠老五即鞠長貴、黄明馨，候補知縣京山縣縣丞吕賢笙拏獲李得勝、徐光裕，湖北提標前營左哨外委彭廷富拏獲王耀亭，署襄陽縣知縣茹朝政拏獲敦五斤，署湖北提標中軍參將蒯德浦督弁拏獲張（榮）［漨］庭、李興五、翟寶庭等，鍾祥縣知縣徐嘉禾拏獲金配庵、鄢會文、李澤湘、張必瑞，並於該縣龍會山起獲槍礮、火藥、礮彈等件，荆門直隸州知州嚴鸞昌拏獲李爲書，隨州城汛把總武定雲拏獲楊華亭等。訊據李朝奎供，係天門人。李朝寅即李長寅供，係孝感人。周克明供，係潛江人。同供三犯均與已傷斃之陳隄於上年六月在朱家湖開天福（全）［金］龍山共掌一印，散放（票）［飄］布。起獲（票）［飄］板一方，所刊字樣悖逆已極。李得勝供，係江夏人，初入會充插花當家名目，後升爲會内新輔大爺。與在逃之匪首陳先知均爲大乾坤山頭目，散（票）［飄］糾黨，常在襄河一帶搶劫行船、商旅。本年二三月間，各該匪於襄河黑流渡搶劫當店。王耀亭供，係穀城縣人。光緒八年在穀城拜韓大發爲師，隨勾引多人入會。韓大發説，該匪能辦事，當給印布多張。該匪又添造印布，在河南邊界及襄屬各處放（票）［飄］坐堂。後因拏逃至南漳武安堰，改换姓名，仍依舊串會各等供。均屬糾黨煽惑，潛謀滋事。除陳隄一犯因拒捕格斃，李得勝一犯暫留質證，續獲各匪即行懲辦外，其李朝奎、李朝寅、周克明三犯均據武昌府審訊明確，批飭就地正法。王耀亭批飭安襄鄖荆道就地正法。此緝獲襄河會匪首要懲辦之情形也。

以上長江、襄河一帶拏獲各犯皆係會匪著名頭目。其在會中名次稍後者，或留作眼綫，或酌予監禁。其有供詞狡展，指證未確者，暫行監候質訊，應俟訊明，分別辦理。此外在逃著名匪目，仍飭一體嚴拏，重賞購緝，務獲究辦，以絶根株。其愚民被匪誘脅入會，僅止領受（票）［飄］布，並非充當頭目及曾經滋事犯案者，概令首悔自新，不准兵役藉端滋擾，以副朝廷除莠安良之意。

臣等查此次哥老會匪，勾通洋人，結連長江上下三千里匪黨，購運軍火，圖爲不軌，夥黨極多，蓄謀至爲深險。湖北地處衝繁，既便往來，尤易混匿。光緒九年三月，會匪潛入省城，約期爲亂，幸經發覺。兹查首匪高德華所供，各匪會商本擬十月十五日在安慶、沙市分支同時起事，後又改計十月十五日先在沙市豎旗起事。沿江口岸匪黨布滿，各犯供證亦皆符合。是長江一帶，上起荆、岳，下至武、漢以下，皆已聯爲一氣，一處蠢動，處處響應，使官兵應接不暇。若非先事破獲，倉猝揭竿而起，荆州重鎮先已可危。且本年湖南溆浦、靖州、黔陽、岳州等處，會匪滋事已有數起，必致湖、湘一帶匪黨紛起，武漢下游處處可虞。襄河一帶，匪徒亦必乘機煽動。湖北勇營素單，即使迅就勦除，而地方震驚擾害已不堪設想。仰賴廟謨深遠，先事欽奉嚴旨飭拏，疊獲首要，立予駢誅，弭此亂階。所有在事出力員弁，或越境跴緝不避艱險，或深入賊巢奮勇擒拏，該匪等逞凶拒捕，兵勇合力格鬬，實與臨敵無異，自應遵旨隨案奏請優獎，以資鼓勵。除襄陽、鍾祥、荆門、隨州等處所獲各匪首應俟覆加質訊批飭懲辦後，查明緝捕出力各員弁，再行彙案奏獎外，所有此次緝匪業經懲辦各案最爲出力之鹽運使銜湖北候補知府李謙，擬請免補本班，以道員仍留湖北，歸候補班前先補用。記名提督謝得龍，擬請交部從優議叙。候補副將張國棟，擬請加總兵銜。補用遊擊漢鎮都司高長洪，擬請俟補遊擊後，以參將儘先補用。署武昌府知府本任黄州府知府李方豫，擬請賞加鹽運使銜。調署漢陽縣蘄水縣知縣陳夔麟，擬請以直隸州知州在任候補。代理武昌縣事補用知縣鍾期濬，擬請免補本班，以直隸州知州仍留湖北，歸候補班前先補用。署潛江縣事補用知縣包鵬飛，擬請補缺後，以直隸州知州在任候補。候補直隸州知州江陵縣知縣龍兆霖，擬請俟補直隸州後，以知府在任候補。漢陽縣縣丞黄新鍔，擬請以知縣在任候補。署沙市巡檢本任湖北糧庫大使陸顯仁，擬請加六品銜。湖北試用縣丞胡子功，擬請免補本班，以知縣仍歸湖北儘先補用。補用典史蔡鴻熙、補用巡檢（玉）［王］家瑞，均請免補本班，以主簿仍歸湖北儘先補用。千總銜五品軍功羅心溶，擬請以千總留於湖北歸標儘先拔補，並賞戴藍翎。武昌縣城守營把總祝鎮清、督標中營頭司把總徐堂、督標左營二司把總馬玉陞，均請以千總在任拔補。據湖北按察使陳寶箴會同湖北布政使王之春具詳請奏前來。合無仰懇天恩俯准照獎，以昭激勸。出自逾格鴻慈。謹合詞恭摺具陳，伏祈聖鑒。

（硃批）李謙等均著照所請奬勵，餘依議。（欽此）〔一〕

〔一〕以上衍、脱、舛二十三處，據中華書局一九九五年版《光緒朝硃批奏摺》第一一八輯，第四〇四至四一一頁删、補、校正。

添撥勇營分段緝私片 光緒十七年十二月初七日

再，鄂省前因北私浸灌淮鹽引地，經前督臣李瀚章飭募鼎字一營，駐紮麻城、羅田一帶，堵緝北私。旋因地段寥闊，巡緝難周，准前兩江督臣左宗棠咨商，添募一營，共爲鼎字正、副兩營，駐紮巡緝。內有一營薪糧由淮鹽督銷局支放，經前兼署督臣彭祖賢附片奏明在案。本年夏間，沿江教案迭出，會匪乘機煽亂。武漢根本重地，勇營單薄，不敷分布，當經飛調鼎字副營來省駐紮，以資彈壓。但留提督周得升自帶之鼎字正營一營巡緝北私。此緝私之一營餉項，仍歸淮鹽督銷局支發。惟自鼎字副營調省以後，北私頗形充斥，疊准［兩］江督臣劉坤一咨，請另撥勇營堵緝。鄂省無可調撥，再四籌維，查有駐防襄樊鳳字馬隊前後兩營，共馬勇三百二十名，向係分派楚豫邊界，堵緝潞私。當與劉坤一商酌，惟有將此項馬勇添募足成五百名，上起襄、樊、隨、棗，下至應山、黃、孝，均撥分紮，協同鼎字正營聯爲一氣，將北、潞二私一律堵截。所有勇餉、馬乾、帳棚、雜費，每年約需銀一萬數千兩。鄂省款無所出，已准劉坤一商允咨覆，由江南撥給外籌之款以資添募。當經派委儘先副將劉恩榮，挑募淮北、河南精壯勇丁一百八十名，照數采買配足馬匹，編爲鳳字馬隊中營與鳳字馬隊前後兩營。原派營官參將丁季陞、守備楊紹文，勻分地段，實力巡緝。即委安襄鄖荊道朱其煊，兼充此三營營務處，就近考察約束。此一營專爲緝私而設，餉歸江南外籌，與鄂省勇營餉章無涉。如江南撥款不敷，由湖北另行籌捐補足。復於黃安、黃陂一帶，添撥提督宋德鴻鴻字營兩哨，補紮疏漏地段。計添撥之馬、步各隊人數，已與原紮之鼎字正、副兩營相等，通力合作，足可截堵北、潞兩私，以暢淮銷。至襄陽、德安、黃州一帶，現正查緝會匪，此項馬隊既經添募整飭，時常巡哨邊境，於皖豫邊界盜匪，亦可藉資防緝，於地方不無裨益。

（硃批）該部知道。（欽此）〔一〕

三省會哨事竣邊界靜謐摺〔二〕 光緒十七年十二月初七日

竊照湖北鄖陽、宜昌、施南等府，界連四川、陝西兩省，山深林密，最易藏奸。向係責成鄖陽、宜昌二鎮，於每年農隙時酌帶兵丁，各赴邊界地方，與四川、陝西各鎮協總兵副將會同巡哨，年底專摺奏報，歷經遵辦在案。今屆光緒十七年會哨之際，經臣照案咨會四川、陝西兩省督撫並分飭湖北鄖陽、宜昌二鎮總兵，各赴邊界地方，認真會哨去後。茲據署湖北鄖陽鎮總兵文漢章呈報，於本年十月十二日行抵陝楚交界之蓮花寺，與陝西陝安鎮總兵姚文廣見面會哨。又據署湖北宜昌鎮總兵羅縉紳呈報，於本年十月二十五日行抵川楚交界之火峰界嶺，與四川川北鎮總兵鄧全勝見面會哨。並據該鎮等聲稱，所過地方及沿邊一帶均極靜謐，並無匪徒混跡等情前來。臣查湖北鄖陽、宜昌、施南等府邊界層巒疊嶂，道路紛歧，匪徒出沒靡常，禁暴詰奸不容稍懈。且時在冬防，巡緝尤當嚴密。除仍飭各該鎮暨地方文武員弁隨時督率兵

〔一〕以上衍、脱三處，據中華書局一九九五年版《光緒朝硃批奏摺》第三四輯，第三一四至三一五頁刪、補。

〔二〕録自中國第一歷史檔案館編《光緒朝硃批奏摺》第五四輯，第四七五至四七六頁，中華書局一九九五年版。

役，認真巡防外，所有本年三省會哨事竣，邊界静謐情形，謹會同湖北提督臣程文炳循例恭摺具奏，仰慰宸廑，伏祈皇上聖鑒。

知道了。

嚴密防範會匪添建移建火藥庫片〔一〕 光緒十七年十二月初七日

再，承准總理各國事務衙門電開，滬關盤獲英人梅生，據供匪黨大小頭目均在漢口，武漢軍裝、火藥局，尤宜加意。又准南洋大臣劉坤一密咨，滬關拏獲洋槍，鎮關又拏獲炸彈，訊之洋人梅生，供係香港之匪託交鎮江會匪。現在各處會匪甚多，别處難保無私行接濟軍火之事，咨會嚴密防範各等因。當經轉飭火藥、軍裝各局所，加意防範在案。

查鄂省自兵燹後，就城内空曠之地分建火藥庫三所。近來户口繁滋，民居逐漸稠密，其武勝門内新興藥庫附近復建有洋房。本年秋間，宜昌教堂滋事，武漢人情汹汹，洋人驚惶特甚。適值查辦會匪之際，深恐奸宄溷迹，滋生事端。該庫年久坍敝，一時猝難修葺，當趕將該庫存藥暫移保安門内永靖庫存儲。乃八月二十七日晚間，竟有奸人在永靖庫墻外不知何時潜於草間，安放引火之物，危險已極。當經兵丁梭巡查見，趕即撲滅，幸而無事。查火藥庫關繫最爲緊要，防範不可稍疏，亟應購地加築外圍墻，以期穩固周密。且各庫儲藥過多，亦非妥慎之道。尤須擇地添造，以便分儲。舊日之新興庫專存外洋火藥，尤須完固。從前造法簡率，未能合法，擬略仿西式重爲建造。現尚未能興工，惟有暫於各庫分儲。查有賓陽門内高官山之側，地面尚屬僻静，堪以添建藥庫。該處係屬民地，當飭江夏縣向業户價買，並派熟悉工程之員核實勘估，鳩工興築，計用地價銀一千一百兩、工料銀二千五百二十三兩零。又督、撫兩標操防各營，火藥庫密邇民居，必須移建。查有保安門内楚望臺地方，人煙稀少，堪以移建藥庫。該處係屬官地，共用工料銀二千六百三十五兩零，其原有之永靖庫添買民地共用地價銀一千五十兩零，周圍填築湖塘，加築圍墻，共用工料銀一千八百七十二兩零。以上添建、移建各藥庫及加築原建藥庫圍墻，通共支用地價銀二千一百五十兩零、工料銀七千三十兩零。此項自應動撥善後局正款，彙歸善後案内造報。據湖北善後局司道詳請奏咨立案前來。臣覆覈無異，除分咨外，謹會同湖北巡撫臣譚繼洵附片具陳，伏祈聖鑒。

該部知道。

臚舉道府人才摺〔二〕 光緒十七年十二月初七日

竊惟澄叙官方之道，貴乎激揚並用，而後羣材觀感奮興，吏治日臻起色。臣等到楚以後，於所屬實缺、候補各官中詳加考察，隨時勸勉。其庸劣不職者，業經會同甄别，奏請分别懲儆，奉旨允准在案。其才守優裕有裨治理者，自當據實上聞，以備裁擇而資激勸。

查有湖北候補道曹南英，起家軍營，勞績卓著，在鄂候補幾

〔一〕録自中國第一歷史檔案館編《光緒朝硃批奏摺》第一一一輯，第三一二至三一三頁，中華書局一九九五年版。

〔二〕録自中國第一歷史檔案館編《光緒朝硃批奏摺》第七輯，第七六一至七六二頁，中華書局一九九五年版。

月餉，委解湖北淮軍收支轉運局交收轉解。據湖北漢黄德道監督江漢關税務孔慶輔詳請奏咨前來。臣覆覈無異，除分咨外，謹會同湖北巡撫臣譚繼洵附片具陳，伏祈聖鑒。

户部知道。

江漢關籌解第七年第四期應補洋款鎊價片[一]

光緒十七年十二月初七日

再，前准户部咨，神機營息借洋款一百五十萬鎊，於光緒十年九月十四日初次收到六萬鎊，計合十足廣平銀二十萬零一千九百六十八兩八錢，利銀按一年四期，每期應付一千零五十鎊。其頭期利銀已由神機營墊付，應照此次咨報本利銀兩數目，擬飭江漢關按照議定章程期限，先期二十日照數解交江海關查收，由該關按期作合鎊價，兑付怡和洋行等因。光緒十一年二月十五日具奏。本日奉旨：依議。欽此。欽遵咨行前來。當經轉飭遵照辦理。所有江漢關應付第一年二期起至第七年四期止本利銀兩，並至第七年三期止補鎊價銀，均經解交江海關驗收，暨將神機營墊付頭期利銀解京交納，分别奏咨在案。兹據湖北漢黄德道監督江漢關税務孔慶輔詳稱，准江海關電稱，應還九月三十日洋款本利共需找解規銀一萬三千零五十二兩九錢七分，請即日解赴。因遲付月餘，該行已屢次索利等因前來。當即在於第一百二十五結所徵六成洋税項下籌撥庫平足色銀一萬一千九百零九兩六錢四分五釐，申合規銀一萬三千零五十二兩九錢七分，作爲第七年第四期應補鎊價銀兩，飭委候補知縣胡廷松解赴江海關驗收，照章給領等情，詳請奏咨前來。臣覆覈無異，除分咨外，謹會同湖北巡撫臣譚繼洵附片具陳，伏祈聖鑒。

該衙門知道。

籌解光緒十七年分加復俸餉銀兩片[二]

光緒十七年十二月初七日

再，前准户部咨，京官放給全數俸銀所有津貼應即停止，惟俸餉規復舊制爲數甚鉅，當此庫款支絀之際，籌畫不易，行令各省關將應解前項津貼銀兩，仍照原撥之數按年全數解交户部，以備搭放俸餉等因。查湖北省應解光緒十六年分加復俸餉銀一萬六千兩，業經解清在案。兹據湖北布政使王之春會同善後局司道籌撥光緒十七年分加復俸餉銀一萬六千兩，飭委補用同知直隸州沈嵩高、即用知縣段承霖管解赴京交納等情，詳請奏咨前來。除咨部外，謹會同湖北巡撫臣譚繼洵附片具陳，伏祈聖鑒。

户部知道。

請開復知縣史恩緜摺[三]

光緒十七年十二月初八日

竊查光緒十五年三月十六日欽奉恩詔，内開：自同治元年以來曾經任用現已革職官員，若有事係冤枉被革，果有才力堪用者，

[一] 録自中國第一歷史檔案館編《光緒朝硃批奏摺》第八一輯，第八八六至八八七頁，中華書局一九九五年版。

[二] 録自中國第一歷史檔案館編《光緒朝硃批奏摺》第八七輯，第一六六頁，中華書局一九九五年版。

[三] 録自中國第一歷史檔案館編《光緒朝硃批奏摺》第七輯，第七六五至七六六頁，中華書局一九九五年版。

在外聽該督撫查明，詳開緣由奏明請旨。等因。欽此。欽遵在案。臣等查有已革湖北候補知縣史恩緜，順天宛平縣監生，報捐縣丞，歷保知縣花翎同知銜，留於湖北補用。光緒六年委辦釐局，因失察司事侵盗釐錢，經前督撫臣奏參革職。核其原案，該革員於司事伍宗城舞弊改寫票根，侵盗釐錢二百八十餘串，先雖失於覺察，旋經查知，即將錢文如數追繳。正擬檢舉，經總局查出先行詳揭，迨經審明實由司事侵盗入己，該革員並無通同侵蝕情事。該司事已因完贓照例免罪，該革員即按失察處分，例止罰俸。前議革職，似覺情輕法重。據布政使王之春會同牙釐局司道詳請奏懇開復前來。臣等查該革員原參案情既有可原，而其才具明幹，事理精詳，從前委辦各事悉能盡心出力，若任令廢棄，未免人才可惜。相應恭援恩詔查開被參案由，奏明請旨。合無仰懇天恩准將史恩緜開復原官、原銜、翎枝，仍留湖北補用。出自逾格鴻慈。謹合詞恭摺具陳，伏祈皇上聖鑒訓示。

著照所請。吏部知道。

湖北各營損失軍械尚未補足請展緩題報摺〔一〕 光緒十七年十二月初九日

竊照湖北各標、鎮、協、營軍火器械、戰船、馬匹等項，例應每年十月委員盤查，造具册結，於封印前具題。惟自軍興以來，武、漢等府前次屢被賊擾，各營軍械燬失居多，即未被擾之處，先後征調出師遺失損壞，所存無幾。已責成各營於補領積欠俸餉內，督飭該兵丁，自行陸續賠補。曾經奏明，俟各營補足原額，再行循例具題在案。茲查各營軍械燬失動缺者多尚未能補足，祇以鄂省近年協濟外省軍餉需用浩繁，庫款益形支絀。而緑營積欠俸餉，又准部咨停給，以致原失軍械，難以補製齊全。現屆光緒十七年盤查具題之期，經臣委員逐一查驗，現存軍械尚屬堅利合用。其未經補製各件，應俟庫款充裕補發欠餉，添製齊全，再行循例造册具題以昭核實。據湖北布政使王之春詳請具奏前來。臣覆核無異，除咨部外，謹會同湖北巡撫臣譚繼洵、湖北提督臣程文炳恭摺具陳，伏祈皇上聖鑒。

著照所請。該部知道。

湖北省增添裁汰缺額兵丁馬匹戰船各數目仍暫改題爲奏摺〔二〕 光緒十七年十二月初九日

竊查前准部咨，各省經制原額調撥裁汰安塘駐防缺額，實在兵丁、馬匹數目，應每年造册送部查核彙題，並酌定簡明册式頒發照造等因。湖北自兵燹後，各營馬匹年額倒斃，例由朋銀買補者，因餉乾積欠未發，尚未添補足額。其額設戰船亦均被燬無存，歷經具奏將前項數目暫請改題爲奏在案。茲據湖北布政使王之春詳稱，湖北督標、撫標、提標，鄖陽鎮、宜昌鎮，漢陽、黄州、竹山、施南各協，武昌、荆州、襄陽、鄖陽各城守，興國、德安、均光、荆門、遠安、衛昌、蘄州、安陸、宜都、荆州隄防，二十

〔一〕録自中國第一歷史檔案館編《光緒朝硃批奏摺》第五九輯，第一七〇至一七一頁，中華書局一九九五年版。

〔二〕録自中國第一歷史檔案館編《光緒朝硃批奏摺》第三四輯，第三一五至三一六頁，中華書局一九九五年版。

三標鎮協營，自道光二十二年酌辦崇陽善後事宜，及咸豐八年酌議裁馬改步之後，舊設經制原額調撥裁汰安塘駐防缺額兵丁二萬五百五名、營馬二千二百二十三匹、船九十七隻。內咸豐九年抽撤陸營兵丁備撥長江水師，暨同治八、九年先後裁撤漢陽荆州水師、武昌城守、黄州協道士洑等營兵二千一百五十七名、馬二百一十八匹，又於光緒十一年奉文裁兵節餉案內，裁兵二千九百二十一名，馬二百八十一匹。現在實存營兵一萬五千四百二十七名，内馬戰兵一千四百八十七名、步兵四千二百九十八名、守兵九千六百四十二名，又馬步額外外委二百四十九員，共計一萬五千六百七十六員名。騎操馬一千七百二十四匹，内經制外委馬一百三十四、額外外委馬一百七匹、兵丁馬一千四百八十七匹。據各該營遵照部頒册式分晰造具光緒十七年清册，由司彙造總册，聲明年額倒斃馬匹，仍因餉乾積欠未發，尚未添補足額，以及被燬戰船，應俟庫款充裕分别籌補齊全，方可循例題報，請仍照案改題爲奏等情前來。臣覆核無異，除將各册送部外，理合會同湖北巡撫臣譚繼洵、湖北提督臣程文炳恭摺具奏，伏祈皇上聖鑒。

該部知道。

凑解本年抽裁營勇節省餉銀片[一]

光緒十七年十二月初九日

再，湖北省抽裁水陸營哨勇夫，每年節省薪公口糧銀七萬三千七百四十餘兩，前經咨明户部自光緒十二年三月起，按月扣出，分起解部。業將十二年三月起至十六年十二月止分起委解截留，及本年已解過銀五萬兩，先後附片奏報在案。茲據湖北布政使王之春會同善後局司道詳稱，本年尚應扣出節省水陸營哨、勇夫薪公口糧銀二萬三千七百四十五兩八錢八分，現因奉撥關東鐵路經費，無款可撥，挪動銀二萬兩凑解，另片奏明。下餘銀三千七百四十五兩八錢八分，飭委候補知縣林長慶管解赴京交納。所有本年抽裁營勇節省餉銀，現已撥解清楚等情，詳請奏咨前來。臣覆覈無異，除分咨外，謹會同湖北巡撫臣譚繼洵附片具陳，伏祈聖鑒。

户部知道。

籌解光緒十八年第一批甘肅新餉片[二]

光緒十七年十二月初九日

再，承准軍機大臣字寄，光緒十七年八月三十日奉上諭：户部奏籌撥甘肅新餉一摺，甘肅關内外各軍餉銀關繫緊要，現經該部將光緒十八年新餉指撥湖北省銀三十三萬兩，著該督撫等嚴飭司道按照部撥數目，於本年十二月底趕解三成。至來年四月底止，再解三成。其餘四成，統限九月底掃數解清。等因。欽此。當經恭録轉飭遵辦去後。茲據湖北布政使王之春會同善後局司道詳稱，在於鹽課釐金項下豫撥光緒十八年第一批甘肅新餉銀十萬兩，於本年十二月初六日發交漢鎮天成亨、蔚豐厚、協同慶等商號，匯解赴甘肅藩庫交收等情，詳請奏咨前來。除分咨外，謹會同湖北

〔一〕録自中國第一歷史檔案館編《光緒朝硃批奏摺》第五九輯，第一七四頁，中華書局一九九五年版。

〔二〕録自中國第一歷史檔案館編《光緒朝硃批奏摺》第五九輯，第一七一頁，中華書局一九九五年版。

巡撫臣譚繼洵附片具陳，伏祈聖鑒。

户部知道。

遊擊患病請開缺休致回籍片〔一〕 光緒十七年十二月初九日

再，據署湖北宜昌鎮總兵羅縉紳禀，據宜昌鎮標後營遊擊劉步瀛禀稱，該遊擊現年五十九歲，係湖北天門縣人，由武生奉派出師，歷保儘先叅將，借補宜昌鎮標後營遊擊。前在軍營打仗受傷，本年九月因出營會哨，感冒風寒，觸發舊時傷疾，筋骨疼痛，手足麻木，行動維艱，曾經請假醫調。惟年近六旬，氣血兩虧，一時難期痊愈。懇請轉詳開缺，俾得回籍專心調理等情。該署總兵正值赴川會哨，道經歸州，查驗該遊擊劉步瀛患病屬實，且年力已衰，步履不能行動，勢難痊愈。請將該遊擊開缺休致回籍前來。臣查宜昌鎮標後營遊擊員缺，駐劄歸州，毗連川省，彈壓巡防均關緊要。劉步瀛現經患病，年力已衰，既據該總兵查驗屬實，未便以傷病之軀致滋貽誤。相應請旨將湖北宜昌鎮標後營遊擊劉步瀛即行開缺休致回籍。所遺遊擊員缺係陸路部推之缺，湖北現有應補人員，容臣另行揀員請補。謹會同湖北巡撫臣譚繼洵、湖北提督臣程文炳附片具陳，伏祈聖鑒。

著照所請。兵部知道。

江漢關第一百二十四結收支各數目開單具陳摺〔二〕 光緒十七年十二月初九日

竊照前准户部咨，鈔奏内開：各海關洋税收支數目辦理未能畫一，應令遵照定章按結開列清單奏報一次，仍扣足四結開單奏銷一次，概不得以收支數目串入原摺，以致混雜不清。仍一面造具四柱清册暨支銷經費銀兩清册，分送户部暨總理各國事務衙門，以憑核銷等因。光緒十年二月二十五日具奏。本日奉旨：依議。欽此。又准咨，第九十五結期滿清單，僅有收支款目，以致各結總數未能聯貫。嗣後應令將舊管、新收、開除、實在，分爲四柱，逐款開列，以昭明晰等因。均經轉行遵照辦理。

茲據湖北漢黄德道監督江漢關税務孔慶輔詳稱，江漢關徵收各項税鈔及支解各數目，前經截至光緒十七年五月二十四日第一百二十三結止，詳請奏咨在案。茲查自光緒十七年五月二十五日起至八月二十八日止，第一百二十四結期滿徵收洋商各項税鈔，六成洋税除支解外，計不敷銀三萬六千二百六十兩零三分一釐六毫七絲七忽，應在下結六成洋税項内照數彌補。又本結新收四成洋税，除撥解外，計存銀三萬四千八百一十九兩六錢七分六釐。又另款徵收招商局各項税鈔，除撥解外，計存四成八釐各税銀八萬九千三百一十七兩八錢九分三釐，已如數歸併六成洋税内開報。至本結新收五成二釐局税，除撥解外，計存銀一萬零三百四十一兩一錢四分九釐。又此結遵照新章徵收洋藥税釐及上結報存銀，除支解外，計不敷銀二萬四千二百九十三兩九錢四分二釐，應在於下結所收洋藥税釐銀内照數彌補。又英商在漢販運土藥出口正

〔一〕録自中國第一歷史檔案館編《光緒朝硃批奏摺》第四二輯，第四〇一頁，中華書局一九九五年版。

〔二〕録自中國第一歷史檔案館編《光緒朝硃批奏摺》第七二輯，第六五三至六五四頁，中華書局一九九五年版。

税銀二十七兩六錢，半税銀十三兩八錢，已歸入洋商各税項内開報等情，詳請奏咨前來。臣覆核無異，除按結造具收支經費各册暨另繕總單分别報銷外，所有第一百二十四結徵收洋商華商各項税鈔及支解各數目，謹會同南洋通商大臣兩江總督臣劉坤一、湖北巡撫臣譚繼洵恭摺具陳，並繕具四柱清單恭呈御覽，伏祈皇上聖鑒。

該衙門知道。單併發。

湖北省掃解本年加放俸餉銀兩摺〔一〕 光緒十七年十二月初九日

竊照前准户部咨，湖北省應解西征洋款改爲加放俸餉一款，仍令遵照奏案，自光緒十五年起每年應解銀二十萬兩，按年解部，以濟俸餉要需等因。光緒十四年十一月二十四日具奏。奉旨：依議。欽此。咨行欽遵辦理。

查光緒十五年分應解前項加放俸餉，業經改解雲南銅本銀十二萬兩，委解赴部交納銀八萬兩。十六年分，如數截留煉鐵經費，計均清款。本年又奉截留續撥煉鐵經費銀十萬兩，均經奏報在案。兹據湖北布政使王之春會同善後局司道詳稱，本年尚應解銀十萬兩，現已如數籌撥，飭委湖北候補知縣林長慶管解赴京交納。所有本年應解加放俸餉銀二十萬兩業已截留掃解清款等情，詳請奏咨前來。臣覆覈無異，除給咨管解外，謹會同湖北巡撫臣譚繼洵恭摺具陳，伏祈皇上聖鑒。

户部知道。

江漢關掃解本年籌邊軍餉銀兩片〔二〕 光緒十七年十二月初九日

再，前准户部咨，辛卯年籌邊軍餉奏撥江漢關四成洋税銀十二萬兩、六成洋税銀十六萬兩，行令遵照辦理等因。業經籌撥本年第一、二兩批四成洋税銀八萬兩、六成洋税銀十二萬兩，附片奏報在案。兹據湖北漢黄德道監督江漢關税務孔慶輔詳稱，在於第一百二十四結所徵四六成洋税項下，各動支銀四萬兩，共銀八萬兩，作爲本年第三批籌邊軍餉，飭委候補通判黄文桂管解赴京交納。所有奏撥本年籌邊軍餉銀兩現已掃數解清等情，詳請奏咨前來。除分咨外，謹會同湖北巡撫臣譚繼洵附片具陳，伏祈聖鑒。

户部知道。

江漢關掃解湖北省辛卯年滿緑各營兵餉片 光緒十七年十二月初九日

再，前准户部咨，豫撥湖北省辛卯年滿緑各營兵餉案内，撥江漢關洋税銀十五萬兩等因。業經飭據該關道先後籌解銀十萬兩，詳經附片奏報在案。兹又據湖北漢黄德道監督江漢關税務孔慶輔詳稱，復在於第一百二十四結所徵六成洋税項下動支庫平足色銀五萬兩，委員解赴藩司衙門交收，以供支放。所有奏撥前項銀兩

〔一〕録自中國第一歷史檔案館編《光緒朝硃批奏摺》第八七輯，第一七〇頁，中華書局一九九五年版。

〔二〕以下四件録自中國第一歷史檔案館編《光緒朝硃批奏摺》第五九輯，第一七二至一七三頁，中華書局一九九五年版。

業經籌解清楚等情，詳請奏咨前來。臣覆核無異，除分咨總理各國事務衙門暨户部查照外，謹會同湖北巡撫臣譚繼洵附片具陳，伏祈聖鑒。

該衙門知道。

籌解光緒十五年三四月固本兵餉片光緒十七年十二月初九日

再，前准户部咨，原定各省應解固本兵餉，湖廣省按月應解銀五千兩，改令徑解部庫交納。又准户部咨，酌定分年帶解固本練餉欠款，擬定有閏之年解十五箇月，計銀七萬五千兩，無閏之年解十四箇月，計銀七萬兩。即自光緒十一年正月起，按年照數解清各等因。所有湖北省應解十五年二月以前固本兵餉銀兩，業經按年照數先後解部，附片奏報在案。

兹據湖北布政使王之春詳稱，會同鹽法道於鹽課項下籌撥銀一萬兩，作爲光緒十五年三、四兩箇月固本兵餉，飭委補用同知直隸州沈嵩高、即用知縣段承霖管解赴京交納。計本年應解銀七萬兩，已經解清等情，詳請奏咨前來。臣覆核無異，除給咨管解外，理合會同湖北巡撫臣譚繼洵附片具陳，伏祈聖鑒。

户部知道。

江漢關籌解本年搭放俸餉等銀兩片光緒十七年十二月初九日

再，前准户部咨，具奏議停京員津貼案內，令各省關仍照原撥津貼之數，按年全數解部，以備搭放俸餉之用。又，户部咨，會議總理各國事務衙門具奏，統籌全局請由户部通盤籌畫接濟各路軍餉案內，奏請在於江漢關解費經費項下，格外撙節，每年匀撥銀五千兩以供軍餉各等因。均經行令遵照辦理。兹據湖北漢黄德道監督江漢關説務孔慶輔詳稱，兹在於解費經費內籌備庫平足色銀一萬兩，作爲本年應解搭放俸餉銀兩。又在於光緒十七年分解費經費項下，竭力籌備足色庫平銀五千兩作爲本年應解籌節關費，接濟各路軍餉銀兩。飭委候補通判黄文桂管解赴京交納。所有江漢關本年應解前項銀兩，業已解清等情，詳請奏咨前來。臣覆核無異，除分別給咨管解外，謹會同湖北巡撫臣譚繼洵附片具陳，伏祈聖鑒。

該衙門知道。

解清光緒十七年奉撥關東鐵路經費銀兩片〔一〕光緒十七年十二月初九日

再，光緒十六年准户部咨，奏撥鐵路經費案內，令湖北省按年攤籌銀五萬兩。當經行據司道籌議，擬在藩司、善後局無論何款，按年各籌挪銀二萬兩，江漢關籌挪銀一萬兩，共湊銀五萬兩。至如何騰挪之處，實未能指定專款，惟有臨時酌量緩急辦理等情，詳經臣咨呈海軍衙門，並咨報户部。旋承准海軍衙門咨，鄂省籌辦煤鐵事宜，令將自行籌出咨明留用銀五萬兩撥鄂應用等因。當即遵照辦理，並附片奏明在案。本年四月間，准户部咨，湖北每年籌撥鐵路經費銀五萬兩，除十六年指撥之款全數截留外，應自

〔一〕録自中國第一歷史檔案館編《光緒朝硃批奏摺》第八七輯，第一七二至一七三頁，中華書局一九九五年版。

光緒十七年起遵照諭旨，移作關東鐵路專款。並准北洋大臣李鴻章暨承准海軍衙門咨，徑解天津兑收各等因。茲據湖北布政使王之春、漢黄德道監督江漢關税務孔慶輔、善後局司道會詳稱，湖北省上年認籌煉鐵經費銀五萬兩，係在藩庫動撥藥土税銀〔一〕二萬兩、江漢關動撥六成洋税銀一萬兩，善後局無款可撥，暫挪湖北本省賑款銀二萬兩，湊成五萬兩。本年應解關東鐵路經費銀五萬兩，查司庫土藥税一項，除奏准留充槍礮局經費外，奉准部咨不准外省動撥。現經在於司庫留協鄰省項下借撥銀二萬兩，江漢關仍於六成洋税項下動撥銀一萬兩。至善後局餉項，仍前支絀。上年所借賑款甫經設法籌還，此次應行籌挪經費銀兩，委實無款可以再爲挪墊，惟有解部節省勇餉一項，本係近年外間撙節騰出之款，與向來歷奉部撥應解京餉額款不同。查湖南省奏解鐵路經費，曾經動撥善後局裁減薪糧項下銀兩湊解，經户部覆准有案。鄂省事同一律，應即暫在本省應解節省勇餉内動撥銀二萬兩，共湊成庫平銀五萬兩，於十月初七日發交百川通商號電匯赴天津北洋大臣行營銀錢所兑收，以應要需。所有光緒十七年分奉撥關東鐵路經費銀兩，現已解清等情，具詳請奏前來。臣覆覈無異，除分咨外，謹會同湖北巡撫臣譚繼洵附片具陳，伏祈聖鑒。

該衙門知道。

江漢關籌解本年海軍衙門經費銀兩片〔二〕 光緒十七年十二月初九日

再，前准户部咨，奏撥海軍衙門常年經費案内，指撥江漢、宜昌兩關銀六萬兩，均於一百二十二結至一百二十五結洋藥釐金加徵項下按季匀撥，解交海軍衙門兑收等因。光緒十七年四月初三日具奏。奉旨：依議。欽此。咨行欽遵辦理。茲據湖北漢黄德道監督江漢關税務孔慶輔詳稱，宜昌關所徵洋藥税釐銀兩爲數甚微，無款可提。本年奉撥海軍衙門經費銀兩，自應查照成案，專由江漢關徵收洋藥税釐項下如數籌撥，分批解清，以供要需。惟江漢關第一百二十二結以前所徵洋藥税釐銀兩，除動支撥解外，僅存銀一千零八十五兩九錢九分四釐。連第一百二十三、四兩結徵收洋藥税釐，共銀三萬六千九百零六兩零五分八釐，業經動撥銀三萬兩，委解赴京交納，詳請奏報在案。茲將前項所存洋藥税釐銀六千九百零六兩零五分八釐如數動支，並勉力挪墊銀二萬三千零九十三兩九錢四分二釐，共合庫平足色銀三萬兩，飭委候補通判黄文桂管解赴京交納。其挪墊銀兩，俟來年洋藥税釐徵收有項，再行提還歸款。所有本年奉撥海軍衙門經費銀兩，現已挪解清款等情，詳請奏咨前來。臣覆覈無異，除分咨外，謹會同湖北巡撫臣譚繼洵附片具陳，伏祈聖鑒。

該衙門知道。

江漢關籌解出使經費片〔三〕 光緒十七年十二月初九日

再，據湖北漢黄德道監督江漢關税務孔慶輔詳稱，前奉總理衙門劄開，會奏籌備出使各國經費，擬於各關所收六成洋税作爲

〔一〕「藥土」税銀，似應為「土藥」税銀。
〔二〕録自中國第一歷史檔案館編《光緒朝硃批奏摺》第六五輯，第一七一頁，中華書局一九九五年版。
〔三〕録自中國第一歷史檔案館編《光緒朝硃批奏摺》第八七輯，第一七一頁，中華書局一九九五年版。

十成分算，每結酌提一成，另款存儲，聽候隨時指撥以作出使經費之用。均自第六十五結爲始，一體遵照辦理。續奉行知令將每結提存之款，撥寄江海關彙收，以資分撥。又奉總理衙門劄開，出使經費不敷撥用，擬於所收六成洋稅仍作十成分算，即在比十成内於原提一成之外，再提半成，並令於商局留關備撥六成稅內，亦按十成計算，酌提一成半，均自第七十一結爲始，按結解至江海關備用各等因。查江漢關第一百二十三結提存前項經費銀兩，業經委解江海關驗收，詳請奏咨在案。茲查第一百二十四結所徵洋商進出口正稅六成銀，除開支稅務司並關用經費及傾鎔折耗外，實存銀十四萬二千九百四十四兩六錢零六釐。按十成計算，應提一成五釐出使經費銀二萬一千四百四十一兩六錢九分一釐。又收招商局輪船進出口正稅四成八釐銀兩，除開支傾鎔折耗外，實存銀五萬九千八百二十兩零五錢六分。按十成計算，應提一成五釐出使經費銀八千九百七十三兩零八分四釐。遵照户部核復，每萬兩扣給解費銀二百兩，即在所提出使經費内扣給委員解費銀六百零八兩二錢九分五釐，計實解銀二萬九千八百零六兩四錢八分。已將前項銀兩飭委候補同知沈賦詩解赴江海關驗收等情，詳請奏咨前來。臣覆核無異，除分咨外，謹會同南洋通商大臣兩江總督臣劉坤一、湖北巡撫臣譚繼洵附片具陳，伏祈聖鑒。

該衙門知道。

密陳兩湖文武各官考語摺[一]　光緒十七年十二月十三日

竊查定例，兩司道府賢否，及提鎮各員能否勝任，俱應於年底密奏一次，歷經辦理在案。臣渥蒙恩命，奉職湖廣已逾兩年，於兩省司道各府暨提鎮各員，其才具器識，人品官聲，隨時留心察看。考其所論之事，必見諸施行。所薦之人，必堪以任使。實事求是，是非賢否，考核一秉至公，不敢稍涉含混偏倚。凡道府之治行可稱，及鎮將之有礙軍政者，均已隨時分別舉劾。茲届年底應行陳奏之期，除湖南提督婁雲慶甫經赴任，鄖陽鎮總兵何長清、永州鎮總兵賈起勝、湖南按察使王廉均未到任，湖南衡州府知府文煥、常德府知府文杰均到任未及三月，湖北武昌府知府李有棻已經升授廣東高廉欽道，俱無庸列入清單外，其餘在任文武各官，謹就臣見聞所及，分別出具切實考語。其湖北布政使王之春係十月十一日到任，計至今年年終，亦將及三月，是以一併列考。謹密繕清單恭呈御覽。臣仍當隨時認真考核，如有初終異轍，名實不符者，自當據實奏陳，以仰副聖主澄叙官方，整飭戎行之至意。所有密陳兩湖文武各員切實考語緣由，理合恭摺具陳，伏祈皇上聖鑒。

知道了。單二件、片一件留中。

查明光緒十七年正月至六月湖北各州縣應襲各世職摺[二]　光緒十七年十二月十三日

竊照前准部咨，同治元年二月十六日奉上諭：軍興以來，各

[一] 録自中國第一歷史檔案館編《光緒朝硃批奏摺》第七輯，第七七五頁，中華書局一九九五年版。

[二] 録自中國第一歷史檔案館編《光緒朝硃批奏摺》第四二輯，第四〇四至四〇五頁，中華書局一九九五年版。

省官紳士庶，凡臨陣捐軀守義殉難者，一經統兵將帥及該地方督撫奏請旌卹，無不立予褒揚。嗣後著該督撫轉飭各州縣，將應襲職名迅速查取，徑報督撫，毋庸由府司轉詳，予限半年彙案具奏，以免煩擾。欽此。歷經欽遵彙奏在案。茲自光緒十七年正月起至六月底止，據湖北黄岡等州縣先後查詳前來。所有請承襲雲騎尉世職發標學習之朱以忠、鄧士誠、陳升庸、徐兆奎，又請接襲雲騎尉世職發標學習之劉國棟，又請接襲恩騎尉世職發標學習之周繼三，又已襲雲騎尉世職現請發標學習之徐全書、高承禧，又已襲恩騎尉世職現請發標學習之鄧家汜，又請承襲雲騎尉世職改作文生應試之方炳乾、劉運炎共十一員，均年已及歲，經臣先後驗看，俱屬年力精壯，堪以承襲、接襲，並發標學習，及改作文生應試。又請承襲雲騎尉世職黄本禄、陳耀光，又請接襲雲騎尉世職關肇清、何國華、楊鴻陞、段業宏、田家穀、萬繼惠、柳春榮、周庭桂共十名，均年未及歲，亦經查明與例相符，應請准其承襲接襲。統俟接准部覆，分別辦理。除鈔録清單同宗圖册結，及已故世職徐丹宸次子徐全書前於年未及歲承襲時所領敕書漏未送繳，今年已及歲，應彙同已故世職何承先、段經傳、田明經、萬承休各原領敕書一併咨送吏、户、兵各部辦理外，再，已革雲騎尉世職劉在鵾，已故雲騎尉世職周兆熊、關錫章、楊占春、柳鍾芹、周傳賢均未奉頒敕書，應請一併補頒給領，合併陳明。理合會同湖北巡撫臣譚繼洵、湖北提督臣程文炳恭摺具陳，並繕具各世職姓名、年貫清單，恭呈御覽，伏祈皇上聖鑒。

兵部議奏。單併發。

謝賞頭品頂戴摺 光緒十七年十二月二十三日

竊臣准户部咨，光緒十七年十一月二十五日奉上諭：户部奏，遵議楊昌濬奏請將解清甘肅新餉各員，分別奬叙一摺。湖廣總督張之洞、江蘇巡撫剛毅、安徽巡撫沈秉成，均著賞給頭品頂戴，以示鼓勵。等因。欽此。聞命之下，感悚難名。當即恭設香案，望闕叩頭謝恩訖。

伏念臣業本儒冠，任叨疆節。勉濟輪臺之遠戍，敢矜楚國之餘波。邀曲奬於絲綸，進崇階於金紫。勞輸轉餉，千秋明甬道之功。才謝籌邊，一品編會昌之集。華顛知幸，愚分增惶。臣惟有懇懇殫誠，源源濟運。飽塞垣之騰馬，籌夜唱以無憂。懔梁水之濡鵜，衣朝披而有愧。仰比戴山於天寵，冀裨撮壤於邊防。

[知道了]。[一]

江漢關第一百二十一結至一百二十四結收支款項數目開單具陳摺[二] 光緒十七年十二月二十六日

竊照前准户部咨，鈔奏内開：各海關洋税奏銷辦理未能畫一，應令遵照定章將收支數目按結開單奏報一次，仍扣足四結開單奏銷一次，概不得以收支數目串入原摺，以致混雜不清。仍一面造

[一] 據中華書局一九九五年版《光緒朝硃批奏摺》第七輯，第八〇六至八〇七頁補。

[二] 録自中國第一歷史檔案館編《光緒朝硃批奏摺》第七二輯，第六五九至六六〇頁，中華書局一九九五年版。

具四柱清册暨支銷經費銀兩清册，分送户部暨總理各國事務衙門，以憑核銷等因。光緒十年二月二十五日具奏。本日奉旨：依議。欽此。又准咨開，第九十五結期滿清單，僅有收支款目，以致各結總數未能聯貫。嗣後應令將舊管、新收、開除、實在，分爲四柱，逐款開列，以昭明晰等因。均經先後轉行遵照辦理。所有江漢關光緒十五年九月初七日至十六年八月十七日止一年關期届滿，分別造具收支數目各册，前經奏咨在案。茲據湖北漢黄德道監督江漢關税務孔慶輔詳稱，自光緒十六年八月十八日第一百二十一結起至十七年八月二十八日第一百二十四結止，一年四結期滿，徵收洋商招商局華商各項税鈔，及支解數目，分結造具四柱清册並經費銀兩清册，詳請奏咨前來。臣覆核無異，除將各册送部外，謹會同南洋通商大臣兩江總督臣劉坤一、湖北巡撫臣譚繼洵恭摺具陳，並繕具清單，恭呈御覽，伏祈皇上聖鑒。

該衙門知道。單併發。

湖北第十一案善後收支款目造册報銷摺[一]

光緒十七年十二月二十六日

竊據委辦湖北善後局報銷事務湖北布政使王之春，鹽法武昌道瞿廷韶，候補道錫璋、陳汝蕃詳稱，案照前奉諭旨：同治三年六月以前各處辦理軍務未經報銷之案，准將收支款目總數分年分起開具簡明清單，奏明存案，免其造册報銷。其自本年七月起，一應軍需，凡有例可循者，務當遵例支發，力求撙節。其例所不及有應酌量變通者，亦須先行奏咨備案。事竣之日，一體造册報銷。並令將應如何分年分起覈實開報之處，先行妥議章程具奏。等因。欽此。業將咸豐八年六月起至同治三年六月底止收支款目總數，分作三起，開具清單。續將同治三年七月起至光緒五年閏三月底歸併善後之日止，收支各款分作十一案。並將光緒五年四月起至十四年十二月底止，作爲善後第一案至第十案，造具細册分別開報，均經先後具詳請奏，奉部覆准在案。

茲復督飭局員詳細句稽所有十五年正月起至十二月底止，作爲善後第十一案報銷善後局舊管存銀，新收藩司鹽道撥解庫款，淮鹽鄂釐宜昌應竹各鹽課、關税、釐金等項銀錢，並湖北督銷淮鹽局撥解鼎字副營薪糧各款，共銀二百一十三萬一千七百六十兩零六錢八分二釐四毫四絲一忽七微八纖。內撥解京餉協餉共銀一百五十一萬二千八百四十一兩二錢二分五釐二毫一絲九忽，應支各營官弁兵勇薪費、口糧、馬乾並問津輪船月需、薪工、洋煤等款共銀四十二萬八千九百九十四兩一錢六分八釐一毫三絲五忽四微。又支給水師各營礮船修費銀一千九百兩，更換篷索銀二千二百一十八兩，峽江救生紅船舵工水手月餉等銀五千四百一十八兩六錢零一絲，小修經費錢折算合銀二百零六兩六錢一分六釐七毫四絲四忽七微。購辦外洋軍火價值銀三萬四千四百三十三兩二錢七分二釐三毫九絲，委員盤費銀二十三兩五錢五分六釐，運送水脚銀一千一百四十九兩六錢六分八釐七毫，添製礮船、藥鉛、軍火、鍋帳、器械等件用過工料銀二萬三千七百七十八兩五錢零三釐五毫五絲三忽六微。水路運送留防各營餉銀軍火支給委員盤費銀六十七兩零六分，船户水脚等銀八十九兩五錢零八釐七毫三絲

[一] 以下三件録自中國第一歷史檔案館編《光緒朝硃批奏摺》第五九輯，第二〇〇至二〇四頁，中華書局一九九五年版。

七忽四微。以上各款，通共支銀二百零一萬一千一百二十兩零一錢七分九釐四毫九絲零一微，除撥解京餉共銀四十三萬四千二百七十六兩三錢五分八釐零四忽，撥解甘肅等省協餉共銀一百零七萬八千五百六十四兩八錢六分七釐二毫一絲五忽，業經詳請分咨受協各省自行入收造報外，實請銷銀四十九萬八千二百七十八兩九錢五分四釐二毫七絲一忽一微。查前項支用銀兩俱係實用實銷，並無浮冒，應請准銷。此案報銷共收銀二百一十三萬一千七百六十兩零六錢八分二釐四毫四絲一忽七微八纖，共支銀二百零一萬一千一百二十兩零一錢七分九釐四毫九絲零一微，尚存銀一十二萬零六百四十兩零五錢零二釐九毫五絲一忽六微八纖，應歸入下次第十二案入收彙報。除兵勇花名清册另行詳咨外，繕齎收支總散各册並繪具水路轉運圖說，詳請奏銷前來。臣等覆加查核，俱係實用實銷，並無冒濫。除將各册並圖說分送部科查照外，謹合詞恭摺具奏，伏祈皇上聖鑒，敕部覈銷施行。

該部議奏。

江漢關籌解淮軍月餉片 光緒十七年十二月二十六日

再，前准户部咨：議覆直隸督臣李鴻章奏淮軍月餉支絀，請將江漢關應解額款於四六成洋税項下通融匀撥案内，議令江漢關應解淮餉，如六成洋税無款，即在四成洋税及五成二釐招商局税内按數提解等因。奉旨：依議。欽此。咨行欽遵辦理。查江漢關奉撥直隸督臣李鴻章淮軍月餉四成洋税銀二萬兩，解至光緒十七年九月分止，六成洋税銀三萬兩解至本年八月分止。隨時附片奏報在案。茲應解本年十月分四成淮餉，即在第一百二十五結所徵四成洋税項下動支庫平銀二萬兩。又應補解本年九月分六成淮餉，並在是結所徵六成洋税項下動支庫平銀三萬兩。作爲直隸督臣李鴻章及提督劉盛休所部淮軍月餉，委解湖北淮軍收支轉運局交收轉解。據湖北漢黄德道監督江漢關税務孔慶輔詳請奏咨前來。臣覆覈無異，除分咨外，謹會同湖北巡撫臣譚繼洵附片具陳，伏祈聖鑒。

户部知道。

籌解協滇餉銀片 光緒十七年十二月二十六日

再，前准户部咨，議覆四川總督劉秉璋奏滇省新舊協餉無力解足案内，令川省月協滇餉銀二萬三千兩，自光緒十五年九月起每月減去銀五千兩，改由湖北在於鹽貨等釐及司庫各款内，按月協解銀三千兩，江漢關六成洋税項下按月協解銀二千兩。如六成洋税無款，應准在四成洋税項下凑解等因。業將光緒十五年九月起至十七年四月止應協前項滇省餉銀照數撥解，附片奏報在案。茲據湖北布政使王之春會同善後局司道暨湖北漢黄德道監督江漢關税務孔慶輔詳稱，於司庫減平項下動撥長沙平銀一萬二千兩，於善後局各款動撥長沙平銀一萬二千兩，於江漢關第一百二十五結所徵六成洋税項下動撥庫平足色銀一萬六千兩，作爲自光緒十七年五月起至十二月止八箇月分協滇餉銀，均發交雲南催餉委員知縣吴本義領匯赴滇等情，詳請奏咨前來。臣覆覈無異，除分咨外，謹會同湖北巡撫臣譚繼洵附片具陳，伏祈聖鑒。

户部知道。

測繪輿圖懇請展限摺光緒十七年十二月二十六日

竊照光緒十五年十月二十八日准會典館咨，恭頒欽定輿圖格式，限期一年測繪省圖、府廳州縣圖各一分，附以圖説，解送到館等因。當經前督撫臣通飭遵辦。惟州縣諳悉輿地之學者甚少，又無測繪儀器，以故茫然無從下手。本年四月二十八日，復准會典館咨到續定章程五條及表格一紙，精切詳密，始獲有所遵循。疊經轉飭湖北藩司，會同善後局司道，分别撥款遴員設局開辦各在案。

竊惟會典一書，分典、例、圖三門。典、例所不能詳者，每藉圖以著明。而輿圖一門，關繫重要，爲用宏多。吏事、軍事皆所取資，而軍事尤爲切於實用。康熙間，中外戡定，遣使四出測繪輿圖，詳載經緯度分。乾隆間，（高宗純皇帝）欽定輿圖，列入會典兵部。迄今泰西各國咸以測繪輿圖專屬之武職各員。仰惟聖人立象垂法，範圍莫外，實足爲萬世準繩。查測繪輿圖，大要在詳於山水之形與道里之數。而地形與天度相應，非將經緯度數實測、實量，則山川形勢、道里遠近，必多差誤。湖北素稱澤國，境内之水，江、漢爲大。江水西自巴東，東至黄梅，約行二千三百餘里。漢水北自鄖西，南至漢陽，約行一千九百餘里。江、漢交匯，湖港雜出，民生利病，此爲大端。必應將流向曲折，經過郡縣，匯注分流之支派，交錯斷續之隄垸，吞吐順逆之穴口，漲落廣狹之水界，及當衝沙洲、緊要閘壩、從前湖身河道之可考者，一一實測，依率爲圖，始裨實用。至境内之山，則以鄖陽、施南、宜昌爲最多，襄陽、荆門次之。嘉慶中，教匪跳梁，賊蹤出没其間，致稽征討。山勢緜亘，毗連川、陜，多扼塞天險之區，人跡不到之地。測量者測山較難於測水，必應分别枝幹，以人行道里，繞測山麓及山峰立距、平距之數。深山僻遠，雖難遍歷，亦必測定山峰平距、高低，山脉斜度紆曲之勢。山水形勢不差，道里遠近悉合，則疆域、城鎮、驛站、營汛之類，始各有所附麗，以成分圖、總圖。前准會典館所頒表格，詳叙天度經緯，而山之要隘、鑛産，水之圩堰、津梁，均列其下，最爲得其要領。所有各府及直隸州廳各圖，自宜博考事實，附以圖説，簡括著明，不得空談形勢。其各州縣分圖，即遵照表格之式，詳悉填注，無庸另撰圖説。迭據鄂省各府州縣陸續繪送諸圖，查與會典館格式章程多不符合。自應博訪精通算學、能用儀器之人，分詣湖北六十八州縣治所，測天定度，詳審形勢，於四邊之界，測其經緯度分與地面鳥里及人行里，開方命率如法成圖，方有實際。當於本年五月，在省城開設輿圖總局，派委道員錫璋、蔡錫勇，會同藩司善後局司道，遴選人材，購置儀器，擬議舉辦。揀委分省補用知縣鄒代鈞爲總纂，湖北即用知縣劉翰藻爲提調。招致員紳，教授學生，以三十二人分爲四路，每路八人，共測一州縣之地。復派員紳三人，住局校定圖稿。共計專司測繪者［三］十六人，既須通曉測算，又須涉歷險阻，薪水夫馬之費，自宜略予從優。至於測量儀器有必須購備者，如經緯儀、度時表，以測天空各曜高弧，並校求時差，定各州縣治所及山川險隘、市鎮之經緯。測向儀、記里輪、銅鍊尺以測地面鳥里，及人行里、水道、湖隄、山勢之遠近。奪林儀、風雨表以測山峰之高低。均經轉向外洋價買，漸次購齊。惟各種儀器，殊鮮通曉善用之人，必須轉相教授，學習通曉之後，又須精練目力、手力，若持器稍有動摇，目力稍有模糊，在天度如差一度，在地面即差二百里。事理精微，非倉猝所能嫻熟。湖北各府、州、縣，西北多山，東南多水，既鮮平原曠蕩之區，跋涉艱難，復須實測、實量，以期詳審精當，實非會典館所定一年限期所能竣事。現在分爲四路測繪，八人共測一縣，約月餘可畢，四路可畢四縣。統計以兩年測地，一年繪圖，三年始可竣事。如能多得精於測量之人，設法趕辦，至速亦須兩年有餘。測量夫馬之費，概由局發，不致累及州縣，合計省內、省外，需用經費，及購備儀器、繪刻工紙各項，需款甚鉅。鄂省庫儲支絀，實無閒款可籌，又未便派累州縣。此係奉旨飭辦之件，關繫通省水利、江防、邊防，擬請即在善後局釐金項下動支，以應要需。總期於餉需不致貽誤。以上各節，據湖北藩臬兩司會同善後局、輿圖局司道，詳請奏咨前來。

臣等查湖北地處上游，綰轂南北，形勢最爲衝要。江、漢兩大水，腹地諸湖河，一切水道隄工，非有精確圖本，其形勢不能瞭然。而鄖、宜、施三府，萬山叢雜，界連川陝，伏莽易生，素爲邊防戰守喫重之地。輿圖之作，實於地方利害得失所關匪細。前撫臣胡林翼因繪本省輿圖，推及各直省，畫圖悉遵內府圖式，惟當軍務倥傯之際，未暇詳求測算。茲以寰宇鏡清，恭逢朝廷簡命儒臣纂修會典，頒發輿圖格式章程，自宜詳慎從事，方能精確適用。查會典館原奏內稱，多一圖有一圖之用，多一番考訂收一番考訂之功。此事亟須求詳，舉辦不宜更緩，期限卻不可太迫。又續發章程五條，內開實測天度經緯，以爲開方計里之根，宜詳毋略。此係第一要事，不得草率含糊，以圖塞責等語，實爲切中竅要。測繪事體繁重，原限一年，實難告竣。合無仰懇天恩俯准自本年五月起展限兩年。俾得詳細測繪，以求精當而免訛誤。臣等仍當隨時督催趕辦，不令稍有躭延。

（硃批）著照所請。該衙門知道。（欽此）〔一〕

添募勇營變通營制摺并清單　光緒十七年十二月二十六日

竊照鄂省前因會匪滋多，口岸衝要，兵力單薄，備禦空虛，當經奏請增募營勇一千名，以遏亂萌而維大局。並因統將乏人，附奏請將記名提督熊鐵生由湘調赴湖北差委。先後奉旨允准，咨行欽遵辦理各在案。

查鄂省水陸交衝均資控馭，陸勇需用固多，而荊州、宜昌地據上游，最爲喫重。南則重湖浩渺，北則襄河緜長，伏莽均多。長江、襄河雖有水師，然係按汛分駐，地闊船稀，不能多有移調。熟察近日事勢，遇有事端，防遏策應，非有活便肆應之水師不可。而鄂省餉力極絀，斷難再行奏請添募。臣等督同司道將領，再四籌商，兼權並計，惟有變通營制爲水陸兼顧之舉。現擬將新募勇丁，令其水陸兼習，編爲三營。每營設長龍船一號，每號勇丁二十名，舢板二十號，每號勇丁十三名。以四號爲一哨，分爲五哨。每船設哨官一員，每營設領哨官五員、營官一員。三營設統領一員。因係水陸兼用，統領未便兼帶中營，應另募親兵四十名。查水師舊章，舵工、頭工、礮手等爲一船，安危所繫，關係最重，各有專司，材藝既非一致，口糧自宜略有等差。前人立法，具有深意，自屢經改章裁減以後，營哨用度不敷，頭目同於散勇，火夫不能開支，動多窒礙。於是統領營官不能不自行設法通融，暗

〔一〕以上衍、脱四處，據中華書局一九九五年版《光緒朝硃批奏摺》第一〇四輯，第四〇七至四一〇頁删、補。

減勇數，以爲津貼哨官、頭目、火夫之用。不肖者以此藉口，短缺愈多，剋扣日甚，不可究詰，殊爲有名無實，徒令營制廢壞。茲仍查照從前水師舊章，其長龍艙長、舢板頭工、礮手之名目等差，未便概從删除，混於衆勇，以期駕駛可恃，臨陣得力。合計三營共勇丁八百四十名、親兵四十名，較之原奏募勇一千人之數，有減無增。水師一船之勇即作爲陸路一棚，遇有陸路調用，長龍留勇四名，舢板留勇三名守船，餘俱登岸。營哨隊伍仍各井然不紊。查長江水師章程，本於岸上操場兼習陸路技藝。茲於省外江岸，建造營房一所，令此三營中輪派一營駐紥岸上，精練陸路槍隊。其兩營在船，精練水師。每營一月，周而復始。如遇水陸何處需用，臨時酌量調派。或三營均作水師，或三營均作陸隊，或水陸分用，均可因時制宜。即委奏調湖北差委記名提督熊鐵生，充當三營水陸統領。此三營即名爲鐵字營，選派記名提督楊友益充當中營管帶，提督銜記名總兵張星元充當左營管帶，提督銜補用總兵羅進春充當右營管帶。均於本年十二月初一日分投開招，至十二日一律募齊，點驗成軍。所有應領器械等件，由善後局照章核發。長龍、舢板、礮船，委員估定價值，領款修造。現募之營，豫將營哨隊伍編定，先操陸隊，俟明春礮船造成，即行兼習水師。惟此三營，水陸兼操，一營抵兩營之用，應支月餉，自應參酌鄂省水陸營制餉章，變通辦理，略予從優，酌照舊章，以期得力。該營統領，每月支薪水銀一百兩，公費銀一百兩。營官仍照步隊營官，月支薪水銀五十兩，公費銀一百兩。領哨月支薪水銀十二兩。舢板哨官仍月支薪水銀九兩。長龍艙長、舢板舵工、親兵、什長各月支口糧銀三兩六錢。舢板頭工、礮手各月支口糧銀三兩三錢。其餘正勇仍月支口糧銀三兩。其稍優者亦皆係舊章所有。三營薪糧，統計大建月支銀四千一百八十兩零七錢，小建月支銀四千零八十八兩五錢一分。計照光緒十一年湖北改定步隊兩營章程，每月多支銀六百八十餘兩。

查鄂省地多澤國，水師尤不可少。現因限於餉力，不能添募水師，故爲此三營水陸兼用之計，餉需較之前奏一半之數，每歲僅多銀四千餘兩。設有緩急，隨宜調撥。既不爲江湖所阻，亦不爲山谿所限，一軍兩用，通盤籌計，所省已甚不少，實屬費少益多，不能不酌量變通，未敢拘泥前奏。此軍係水陸兼操，倍極辛勤，他營自不得援以爲例。所有餉需，查照此次奏案，以一半動支正款，一半由商民捐款支放。據湖北善後局司道開具清單，詳請具奏前來。除照章飭取統領營哨官弁勇丁銜姓花名清册，按季咨部外，謹照繕清單，合詞恭摺具陳，伏祈聖鑒。

（硃批）著照所請。該部知道。單併發。（欽此）

謹將湖北新募鐵字中、左、右三營酌定水陸兼操營制餉章，繕具清單，恭呈御覽。

計開

一、統領官一員，月支薪水銀一百兩，公費銀一百兩，不扣建。親兵四十名，内什長四名，月各支口糧銀三兩六錢，正兵三十六名，月各支口糧銀三兩。均扣建。

一、每營營官一員，三營營官三員，月各支薪水銀五十兩，公費銀一百兩，不扣建。

一、每營領哨官五員，三營領哨官十五員，月各支薪水銀十二兩，不扣建。

一、每營哨官十五員，三營哨官四十五員，月各支薪水銀九兩，不扣建。

一、每營長龍一號、舢板二十號，三營長龍三號、舢板六十號。每長龍，艙長一名，共艙長三名，月各支口糧銀三兩六錢，扣建。

一、每營舵工二十一名，三營舵工六十三名，月各支口糧銀三兩六錢，扣建。

一、每營頭工二十一名，三營頭工六十三名，月各支口糧銀三兩三錢，扣建。

一、每營礮手四十四名，三營礮手一百三十二名，月各支口糧銀三兩三錢，扣建。

一、每營勇丁一百九十三名，三營勇丁五百七十九名，月各支口糧銀三兩，扣建。

一、每營艙長、舵工、頭工、礮手、勇丁二百八十名，月支柴油銀八兩四錢，三營艙長、舵工、頭工、礮手、勇丁共八百四十名，月共支柴油銀二十五兩二錢，扣建。

一、舢板每號月支公費銀三兩，每營舢板二十號，共支公費銀六十兩。三營舢板六十號，總共支公費銀一百八十兩，不扣建。

以上通共大建月支薪工口糧銀四千一百八十兩零七錢，小建月支銀四千零八十八兩五錢一分。

湖北候補各員人數擁擠請暫停分發摺[一]

光緒十七年十二月二十七日

竊據湖北布政使王之春、按察使陳寶箴會詳稱，湖北省前因候補大小各員人數衆多，補署無期，曾經前司於光緒四年援案詳請前督臣李瀚章、署撫臣潘霨會同奏准，停止分發湖北一年。旋因停止分發一年限滿，仍形擁擠，又經奏准再停分發一年。行知遵照在案。計自光緒六年停止限滿，迄今十有餘年，湖北向稱中省，道府州縣以至佐貳雜職共三百餘缺，其間多由部選，尚須分別咨留，現計候補道府已有四十八人，同通州縣共二百七十餘員，佐雜多至七百二十餘員，其丁憂請假未經起復回省者尚不在内。微論歲計補署得缺不過十之一二，即各項差使事少人多，亦難徧及。候補各員既罕有差委之期，又别無謀生之術，債累逼迫，衣履不周，困苦情形較之前請停止分發之時尤甚。若需次時，苦累過深，即難望其廉隅。自飭鄂省辦理軍務最久，軍功保留較多，現在鄭工海防相繼開捐，湖北又濱大江，捐生取其便捷，捐納分發接踵而來。與其聽其自至無可安排，莫若乘其未來設法停止。該司等往返籌商，擬請援照前請停止分發成案，除由部籤掣各項正途人員仍照舊辦理外，所有捐納指省、勞績保舉兩項道府，以至未入流未經赴部分發人員，一律停止分發湖北一年。俟一年限滿，如果補署稍通，差委需員，再由該司等察看情形詳請奏明辦理等情，具詳請奏前來。臣等查該司等所陳均係屬實在情形。相應請旨准將捐納指省、勞績保舉兩項未經赴部分發人員，停止分發湖北一年，以疏壅滯而資整飭。限滿後，如果補署稍通，差委需員，再行察看情形奏明辦理。謹合詞恭摺具奏，伏祈皇上聖鑒訓示。

吏部議奏。

[一] 録自中國第一歷史檔案館編《光緒朝硃批奏摺》第一輯，第二一二至二一三頁，中華書局一九九五年版。

提督捐建昭忠祠落成奏明立案摺〔一〕光緒十七年十二月二十七日

竊據統領湖北鴻字三營記名提督宋德鴻稟稱，該提督自同治元年經原任直隸提督郭松林委帶松字後營，隨剿蘇、皖、閩、浙等省髮逆。六年改爲武毅後軍，並統中、左、右三營，追剿直、東、豫等省捻逆，隨克數十城，大小數百戰，歷次陣亡、傷亡員弁勇丁甚多。其攻克江蘇常州及直隸南鎮塘一戰，論功最偉，死事最烈。光緒六年接統湖北省防武毅軍，十一年改名鴻字營。該軍自同治九年由直調鄂，先駐河口，繼移襄樊，再調省防。十餘年來，員弁、勇丁或因傷發或因積勞，在營病故更屬不少。業經查明，前後陣亡、傷亡共計一千四百餘員名。雖從前戰功不在湖北，而留防湖北爲最久，物故於湖北爲最多。前曾稟經直隸督臣李鴻章奏明，自行捐資建祠列祀，並查照臺灣銘武軍建祠成案，由地方官春秋致祭，奉旨允准。恭録咨行欽遵辦理在案。旋經該提督捐資在於湖北漢陽府城西門外，購買基地，建造松武軍昭忠祠一所，落成後分别列牌致祭。更慮歲久廢弛，復經捐置田畝、房屋以爲祭祀、歲修經費之資。並於祠内設立義塾，凡各故員弁眷屬寄寓漢上，無力從師就讀者，悉令入塾肄業。約計所建祠宇七重，用費錢八千七百五十串文。購置莊田四百六十四畝，價值錢四千八百四十二串文。房屋大小六所，價值錢三千七百四十串文。總共捐用錢一萬七千三百三十串文，懇請奏咨立案等情。當經飭據署湖北漢陽縣知縣陳夔麟查明購置祠宇田畝捐用數目，造具清册，呈由布政使王之春詳賫請奏前來。臣查該提督宋德鴻，遵旨捐建松武軍昭忠祠，以祀淮軍陣亡傷亡員弁士卒，藉申報享。並於祠内設立義塾，以教死事各員子弟，用心尤爲周摯，洵足以彰忠烈而勸方來。除將清册咨送禮、兵二部外，謹會同湖北巡撫臣譚繼洵恭摺具奏，伏祈皇上聖鑒。

該部知道。

兩湖各標營查無應劾千總摺〔二〕光緒十七年十二月二十七日

竊臣恭查乾隆六十年二月十三日内閣奉上諭：各省甄别千總，倘實無可劾之員，准其聲明緣由據實具奏。欽此。經部議奏，嗣後各省年終彙咨報部時，如該省果無衰庸戀棧應行甄别之處，令該督撫等將無可劾叅緣由具奏等因。奉旨：依議。欽此。欽遵在案。兹屆光緒十七年應行彙咨報部之期，查湖北省每年應甄别千總二員，湖南省每年應甄别千總二三員不等。經臣咨行撫提暨鎮協各營查覆，現任實缺千總，均堪供職，尚無應劾之弁。除仍由臣隨時訪查，如有庸劣不職即行叅革，毋許濫竽貽誤外，所有光緒十七年湖北、湖南兩省各標營，查無應劾千總緣由，謹會同湖北提督臣程文炳、護理湖南提督臣周瑞龍恭摺具陳，伏祈皇上聖鑒，敕部查照施行。

兵部知道。

〔一〕録自《京報》第三九七一號。
〔二〕録自中國第一歷史檔案館編《光緒朝硃批奏摺》第四二輯，第四三七至四三八頁，中華書局一九九五年版。

飭令陳占鼇赴山西候補片〔一〕 光緒十七年十二月二十七日

再，山西候補道陳占鼇前於光緒十五年十月經臣由廣東奏調赴湖北差委，奉旨允准在案。查該道陳占鼇來鄂已及兩年，先後委辦織布局、煉鐵廠監修工程等事，俱屬勤奮得力。惟布局、鐵廠事宜均屬經久之局，該道係有省分人員，未便令其久羈。現該道在鄂並無經手未完事件，自應飭令仍赴山西原省候補，俾得及時自效。理合附片陳明，伏祈聖鑒。

吏部知道。

據情代陳請賞假俾提督回籍省墓片〔二〕

光緒十七年十二月二十七日

再，現准新授湖南提督婁雲慶函稱，雲慶籍隸湖南瀏陽縣，僑寓長沙省會，向帶霆軍征剿髮、捻各匪，復經調赴廣東辦理海防，先後在軍營三十餘年。南北奔馳，行蹤靡定，先人墳墓久曠祭掃，捫心午夜負疚滋深。茲由廣東潮州鎮總兵蒙恩簡任湖南提督，由粵赴任，道出長沙，先人墳墓近在瀏陽，瞻望松楸，益深懷戀。爲此函請據情代奏，仰懇恩施賞假一箇月，俾得就近回籍省墓。一俟假期届滿，即行馳赴常德新任，接受提篆等情前來。合無仰懇天恩賞假一箇月，俾該提督就近回籍省墓，藉遂孝思。謹據情附片代陳，伏祈聖鑒訓示。

婁雲慶著賞假一箇月。

籌解協滇月餉片〔三〕 光緒十七年十二月二十七日

再，前准户部咨，議令四川省協滇月餉自光緒十五年起，每月協解銀二萬三千兩。下賸銀七千兩，改撥湖北按月協解。光緒十五年二月二十一日具奏。奉旨：依議。欽此。咨行欽遵辦理。查前項奉部改撥協滇月餉，業於光緒十五、十六兩年分籌解銀七萬六千兩，十七年分應解銀八萬四千兩，現已如數解清，另案附片奏明在案。茲復據湖北布政使王之春會同善後局司道詳稱，滇省邊防緊要，待餉孔殷。現再籌撥長沙平銀二萬兩作爲補解十六年分欠解協餉，發交雲南催餉委員知縣吴本義轉發百川通商號領匯赴滇，以應要需等情，詳請奏咨前來。臣覆覈無異，除分咨外，謹會同湖北巡撫臣譚繼洵附片具陳，伏祈聖鑒。

户部知道。

籌解協桂邊軍餉銀片 光緒十七年十二月二十七日

再，前准户部咨，議覆護理廣西巡撫李秉衡奏邊防各營請撥的餉案内，令湖北省自光緒十三年起，按月協解廣西邊軍餉銀一萬兩。業於光緒十三年分籌解銀二萬兩。嗣因湖北庫款支絀，力

〔一〕録自中國第一歷史檔案館編《光緒朝硃批奏摺》第七輯，第八一四頁，中華書局一九九五年版。

〔二〕録自中國第一歷史檔案館編《光緒朝硃批奏摺》第四二輯，第四三七至四三八頁，中華書局一九九五年版。

〔三〕以下四件録自中國第一歷史檔案館編《光緒朝硃批奏摺》第五九輯，第二〇五至二〇七頁，中華書局一九九五年版。

難續籌，咨准户部覈覆，議令將調直武毅二營裁撤騰出餉糈約銀七萬餘兩籌解廣西軍餉，並經北洋大臣李鴻章奏准，自光緒十四年起武毅二營由直籌餉。旋於十四年分匯撥劃解，計共解銀十萬三千八百六十六兩零。十五年分劃撥匯解，計共解銀七萬一千一百五十三兩零。十六年分匯撥劃解，計共解銀八萬一千七百一十一兩零。又解廣東墊付鎮南關礮費劃抵協餉銀一萬兩。本年解過銀六萬兩，均經附片奏報在案。茲據湖北布政使王之春會同善後局司道詳稱，現復籌撥銀一萬兩，查照廣西來文，較準法碼，發交百川通商號匯赴廣西交收等情，詳請奏咨前來。臣覆覈無異，除分咨外，謹會同湖北巡撫臣譚繼洵附片具陳，伏祈聖鑒。

户部知道。

加撥銀兩湊付鎮南關礮費片光緒十七年十二月二十七日

再，臣前在兩廣總督任内，籌定廣西鎮南關邊防添置礮臺一案，奏明應添新式十二生長礮十二尊，約需銀十八萬餘兩。其價由廣東陸續墊付，即在應解廣西協餉項下分作三年扣還，每年扣銀五萬兩，尚不敷銀三萬兩，俟臣到鄂竭力籌措，於每年實協桂餉之數加解銀一萬兩，以裨防局等因。嗣經海軍衙門核准，會同户、兵、工三部於光緒十六年二月二十九日奏奉諭旨，允准咨行，欽遵辦理。業於十六年分籌撥銀一萬兩匯解廣東，附片奏報在案。茲據湖北布政使王之春會同善後局司道詳稱，現於十七年分實協桂餉之外，加撥銀一萬兩發交百川通商號電匯廣東善後局兑收，湊付鎮南關礮費等情，詳請奏咨前來。臣覆覈無異，除分咨外，謹會同湖北巡撫臣譚繼洵附片具陳，伏祈聖鑒。

該衙門知道。

掃解本年協滇月餉片光緒十七年十二月二十七日

再，前准户部咨，議覆雲貴總督岑毓英等奏四川省欠解協滇月餉，請照數補解案内，令四川省協滇月餉自光緒十五年起，每月協解銀二萬三千兩，下賸銀七千兩，改撥湖北按月協解。光緒十五年二月二十一日具奏。奉旨：依議。欽此。咨行欽遵辦理。查前項奉撥協餉，業於光緒十五、十六兩年籌解銀七萬六千兩，本年籌解銀五萬兩，隨時奏報在案。茲據湖北布政使王之春會同善後局司道詳稱，現復勉籌長沙平銀三萬四千兩。除劃扣滇省應解湖北本年燕豫塘餉庫平申合長沙平銀八百二十七兩三錢七分四釐四毫六絲四忽外，實解銀三萬三千一百七十二兩六錢二分五釐五毫三絲六忽，發交雲南催餉委員知縣吴本義承領，轉發百川通商號匯解赴滇。所有本年應協滇省月餉銀兩，業已掃數解清等情，詳請奏咨前來。臣覆覈無異，除分咨外，謹會同湖北巡撫臣譚繼洵附片具陳，伏祈聖鑒。

户部知道。

提督巡閲上江片〔一〕 光緒十五年至十七年 月 日

再，長江水師定章，提督以半年駐下江，半年駐上江，周歷巡閲，歷經奏報在案。長江提臣李成謀本年九月十四日行抵湖北，巡閲水師營伍，考察官兵勤惰，與臣面商一切，即於十六日由湖北上駛，察閲湖南岳州鎮標各營，逐一簡校，事畢仍沿江東下，依次校閲。所有巡閲上江緣由，謹會同長江水師提督臣李成謀附片具陳，伏乞聖鑒。

知道了。

守備賣糧冒餉請旨革職審辦摺〔二〕 光緒十七年 月 日

竊據署湖南永州鎮總兵馬朝龍禀稱，訪聞嶺東營守備謝上元貪婪妄爲，物議紛騰，當飭署鎮標左營遊擊劉河清就近密查具覆。旋據該遊擊禀覆稱，選派委弁馳往嶺東，潛行密訪，查得守備謝上元劣跡甚多，實有冒餉賣糧，受人財賄情弊，均有證據，開列款單二紙。如到任五年革兵過多，任意虛曠兵餉、馬價，侵吞入己。每遇巡閲，僱人跑隊借馬應操。復以革兵作故，冒領惠餉，拔補糧缺，勒索花銀五元至一二十元不等。前任移交公項爲修整衙署之用，該守備將公項吞蝕，勒派兵丁捐銀。所領公費並不製造火藥，以致庫存器械、鉛藥損壞稀少，所存無幾。此外貪鄙情事，不一而足。又經檄調該營把總樊二鼎來永面詢，據該把總面禀，守備謝上元自到任以來，每遇出有糧缺，或壓年餘，或壓數月，甚至有壓二三年之久不補者，合計名糧何止數十分。當將歷年開收兵丁各年月底本摘録清摺開呈，該署鎮復加詳查暗訪，款單所開及樊二鼎所禀各情，均係屬實，禀請撤參等情，並將查明款單暨兵丁開補日期清摺，抄送前來。臣查嶺東營，界連廣東僻遠邊境，專營巡防緊要。該守備謝上元乃竟敢冒餉賣糧，種種妄爲，虛曠營伍，廢弛操防，實屬貪劣異常，罔識法紀，情節甚重。若不嚴行懲辦，力挽頹風，必致各處緑營皆成虛設。既據該署永州鎮總兵馬朝龍據實禀揭前來，除先行撤任，委員接署外，相應請旨將湖南嶺東營守備謝上元即行革職提問，當飭湖南臬司嚴行查訊，按律懲辦，以除營弊而整戎行。謹會同湖南巡撫臣張煦、護理湖南提督臣周瑞龍，恭摺具陳，伏乞皇上聖鑒。

〔一〕録自中國第一歷史檔案館編《光緒朝硃批奏摺》第五二輯，第六三三頁，中華書局一九九五年版。此件年份疑誤。張之洞是在光緒十五年十一月二十五日到湖北。此件載提督於九月十四日到湖北與張會商，故不可能是在光緒十五年。又根據長江水師定章，提督每年一次上行，本册第三四六、四三七、五四〇頁的夾片，分別記載該提督在光緒十六年、十七年、十八年巡閲上江。故此件年份待考。或是否是張之洞的，存疑。

〔二〕録自東吴仰止廬主輯《南皮張宫保政書》，一九〇一年上海圖書集成印書局印。

光緒十八年

謝賜福字摺〔一〕光緒十八年正月十五日

光緒十八年正月十三日，摺弁回鄂，賫到御賜福字一方，當即恭設香案，望闕叩頭謝恩祇領。欽惟我皇上，乾符體道，泰運綏邦。元辰瑞啓於蓂階，懿矩馨承夫蘭膳。龍旂木鐸，徧四海以發生。玉燭醴泉，無一夫之不獲。正瑞雪占豐之候，澤下三霄。如紅雲□捧而來，榮叨一字。堯文遠被，楚望騰歡。臣薄植滋慚，鴻鈞仰荷。戀觚棱而北望，迎春律以東來。願偕荆衡兩地之軍民，共沐閶闔九天之雨露。陰陽和而山藪殖，陳毛詩福禄之徵。湘無波而江安流，紀楚辭太平之象。所有微臣感激榮幸下忱，理合恭摺具奏，叩謝天恩，伏祈皇上聖鑒。

知道了。

請准以唐華國補授同知摺光緒十八年正月二十日

竊照襄陽府同知王毓芑在任病故，當經題報開缺，聲明所遺要缺，容另揀員請補在案。查截缺章程内載，病故之缺，有本日可計者即以本日作爲開缺日期。又例載，州縣以上應調缺出，令於現任人員内揀選調補。如無合例堪調之員，始准以候補人員題補。又，道、府、同知、直隸州知州、通判、知州如係奉旨命往，或督撫題明留於該省候補，凡係應歸候補班補用者，均無論應題、應調、應選之缺，令該督撫擇其人地相宜者，悉准補用。又，題調要缺道、府、同知、直隸州知州、通判酌量以候補人員請補時，該省如有截取記名分發人員，應先儘酌量請補。如果實係人地不宜，始准聲叙以各項候補請補各等語。今襄陽府同知王毓芑，係於光緒十七年八月二十八日病故，歸八月分截缺，係衝繁難題調要缺，且經管老龍隄務，稽查防護，在在均關緊要。非精明練達之員，弗克勝任。臣等在於通省現任簡缺同知内逐加遴選，實無合例堪調之員。至記名分發班内，雖有楊萬慶一員，到省未久，地方情形不熟，未便遷就請補。惟查有候補班補用同知唐華國，年五十四歲，湖南善化縣人，由監生同知銜遵例報捐同知，指發湖北試用，十一年十二月到省。因前在貴州軍營出力，彙案保奏，光緒元年十一月二十八日奉上諭：著以本班歸候補班前補用。欽此。嗣報捐本班儘先補用。又因辦理牙釐出力保奏。三年八月二十五日奉上諭：著賞加知府銜。欽此。四年補授鄖陽府白河同知，五年四月初六日到任。六年五月二十五日聞訃丁母憂，服滿起復。十年六月赴部驗到，遵照新章呈請仍回原省歸候補班補用。七月初十日經欽派王大臣驗放，九月十六日到省。查該員唐華國安詳穩練，有守有爲，且在湖北年久，曾任實缺同知，地方情形熟悉，以之請補襄陽府同知要缺，實堪勝任。惟調缺請補與例稍有未符，但人地實在相需，例得專摺奏請，合無仰懇天恩俯念襄陽府同知員缺緊要，准以候補班補用同知唐華國補授，實於地方大有裨益。再，該員係候補同知請補同知，銜缺相當，毋庸送部引見。據布政使王之春、按察使陳寶箴會詳前來。謹合詞恭摺具奏，伏祈皇

〔一〕以下五件録自中國第一歷史檔案館編《光緒朝硃批奏摺》第七輯，第九〇八頁及九一四至九二〇頁，中華書局一九九五年版。

上聖鑒，敕部核覆施行。

吏部議奏。

請准以凌兆熊補授知州摺光緒十八年正月二十日

竊照蘄州知州封蔚礽病故，當經題報開缺，聲明所遺要缺容另揀員請補在案。查截缺章程内載，病故之缺，有本日可計者，即以本日作爲開缺日期。又例載，州縣應調缺出，令於現任人員内揀選調補。如無合例堪調之員，始准以候補人員請補。又各省知州如係奉旨命往，或督撫題明留於該省候補，並試用人員因軍營出力保奏歸候補班補用，無論應題、應調、應選之缺，令該督撫酌量才具，擇其人地相宜者悉准補用。又知州遇應用候補時，先儘科甲出身人員。又吏部奏定章程，嗣後道府以至未入流業經甄别人員，僅衹保加候補班次並未改官，均毋庸甄别各等語。今蘄州知州封蔚礽係於光緒十七年十月十六日病故，歸十月分截缺，係衝繁難兼三要缺，例應由外揀補。該州地廣賦繁，素稱難治，且界連江西、安徽等省，爲入楚門户，撫綏巡緝在在均關緊要，非精明幹練、才能出衆之員，難期勝任。臣等在於現任知州並應陞人員内逐加遴選，非現居要地，即人地不宜，實無堪以陞調之員。

惟查有候補班儘先補用知州凌兆熊，年四十三歲，安徽定遠縣人，由監生中式同治三年寄籍四川省鄉試舉人，呈明改歸原籍。光緒二年丙子恩科中式進士，以主事籤分户部雲南司行走。五年在江蘇滇捐局遵籌餉例改捐知州，指分廣西試用。六年二月初八日到省，一年期滿照例甄别留省補用。八年委署懷遠縣事。九年經前廣東撫臣倪文蔚奏調赴廣東差委。十二年以兩廣創設電線案内出力，保留原省歸候補班儘先補用。十五年以勦平關外陸之平逆匪案内出力，保俟補缺後以直隸州前先補用。均經吏部核准覆奏。奉旨：依議。欽此。是年二月，在廣東鄭工捐局捐離原省，改指廣東歸原班補用。十月經臣之洞奏調赴湖北差委。十一月二十六日到湖北省，十六年二月在湖北新海防捐局捐離廣東，改指湖北歸原班補用。接准部文坐光緒十六年六月二十日行文，按照限減半計算，應扣至是年七月十五日爲到省日期。該員前在廣西試用期滿，業經甄别留省補用，嗣保加候補班次，並未改官，照例毋庸再行甄别。查該員凌兆熊才學兼裕，辦事精能，且係知州候補班内科甲出身人員，例得先儘補用。以之請補蘄州知州要缺，洵堪勝任。惟調缺請補與例稍有未符，但人地實在相需，例得專摺奏請。合無仰懇天恩俯念蘄州知州員缺緊要，准以候補班儘先補用知州凌兆熊補授，實於地方吏治均有裨益。該員係候補知州請補知州，銜缺相當，毋庸送部引見。據布政使王之春、按察使陳寶箴會詳前來，謹合詞恭摺具陳，伏祈皇上聖鑒，敕部核覆施行。

吏部議奏。

請准以李九江補授知縣摺光緒十八年正月二十日

竊照棗陽縣知縣胡成均開缺另補，於光緒十七年九月三十日欽奉諭旨，吏部坐十一月初五日行文，按湖北省照限減半扣計，應以十一月二十九日爲開缺日期，歸十一月分截缺。係要缺，應照例揀員請補。查例載，知縣應調缺出，令於現任人員内揀選調補。如無合例堪調之員，准以奉旨命往及曾任實缺候補並進士即用人員，酌量補用等語。今棗陽縣知縣係繁疲難題調要缺，界連豫省，地廣政繁，夙稱難治，非精明練達、才識兼優之員，難期勝任。臣等在於通省實缺知縣内逐加遴選，非現居要地，即人地不宜，實無堪調之員。惟查有即用知縣李九江，年五十四歲，甘肅狄道州人，由廪生於同治五年投效精鋭全軍隨征出力，保以訓導儘先前遇缺即選，並戴藍翎。光緒七年選授隆德縣莊浪鄉學訓導，十二月十二日到任。應八年壬午科本省鄉試中式舉人，九年癸未科會試中式進士，殿試三甲，朝考三等引見。奉旨：以知縣即用。欽此。籤掣湖北，十年三月十三日到省。

該員李九江，樸誠穩練，才識俱優，以之請補棗陽縣知縣要缺，實堪勝任。惟調缺請補與例稍有未符，但人地實在相需，例得聲明奏請。合無仰懇天恩俯念棗陽縣知縣員缺緊要，准以即用知縣李九江補授，實於地方吏治均有裨益。

再，該員係即用知縣，請補知縣，銜缺相當，毋庸送部引見。據布政使王之春、按察使陳寶箴會詳前來。謹合詞恭摺具陳，伏祈皇上聖鑒，敕部核覆施行。

吏部議奏。

請准以包鵬飛補授知縣摺光緒十八年正月二十日

竊照黃陂縣知縣林元菼病故，當經題報開缺，聲明所遺要缺容另揀員請補在案。查截缺章程内載，病故之缺，有本日可計者即以本日作爲開缺日期。又例載，知縣應調缺出，令於現任人員内揀選調補。如果實無合例堪調之員，准以奉旨命往及曾任實缺候補並進士即用人員，酌量補用等語。今黃陂縣知縣林元菼係於光緒十七年九月十九日病故，歸九月分截缺，係衝繁難要缺，例應由外揀員調補。該縣界連豫省，地闊賦繁，撫字催科均關緊要，非精明練達、才望出衆之員，難期勝任。臣等在於通省實缺知縣内逐加遴選，非現居要地，即人地不宜，實無合例堪以調補之員。惟查有曾任實缺侯補班補用知縣包鵬飛，年五十歲，江西南豐縣人，由附生中式同治丁卯科本省鄉試舉人，辛未科會試中式貢士，殿試三甲進士，朝考三等，由翰林院帶領引見，奉旨以知縣即用。籤掣甘肅，親老告近改掣湖北，同治十一年到省。旋在黔捐局報捐本班儘先補用，復加捐同知銜，准補鍾祥縣要缺知縣。光緒三年到任，五年正月聞訃丁父憂回籍，服滿起復，經部覆准，例應仍歸甘肅原省補用，在京遵鄭工例捐離甘肅原省，改指湖北歸候補班補用。十四年六月初五日到省，接准捐離改指部文坐光緒十四年八月二十日行文，按照限減半計算，應扣至是年九月十五日爲到省日期。

查該員包鵬飛，才明識敏，奮發有爲，且係進士出身，曾任繁劇實缺人員。以之請補黃陂縣知縣要缺，洵堪勝任。惟調缺請補與例稍有未符，但人地實在相需，例得專摺奏請。合無仰懇天恩俯念黃陂縣知縣員缺緊要，准以曾任實缺候補班補用知縣包鵬飛補授，實於地方吏治均有裨益。

再，該員係候補知縣，請補知縣，銜缺相當，毋庸送部引見。據布政使王之春、按察使陳寶箴會詳前來，謹合詞恭摺具陳，伏祈皇上聖鑒，敕部核覆施行。

吏部議奏。

衛守備虧欠銀兩參追摺〔一〕 光緒十八年正月二十二日

竊照湖北省交代，經臣等督飭司道按限清理，不准稍有延欠。茲查前任蘄州衛守備龔恩培，於光緒十七年九月初九日卸事前，在任内有徵存未解司、道兩庫各款共銀一千九百九十七兩九錢三釐，屢經嚴催，迄今已逾二叅例限，尚未清解。由委員會同接署衛守備翟幹查明，稟經該管府揭報到司。據湖北布政使王之春、按察使陳寶箴、督糧道惲祖翼詳請叅追前來。臣等伏查州縣衛徵存應交銀兩，關係帑項，不容絲毫蒂欠。今該衛守備龔恩培任内未解銀兩已逾二叅例限，並不清繳，實屬延玩。相應請旨將前任蘄州衛守備龔恩培先行革職，勒限兩個月如數完繳。倘逾限不完，或完不足數，再行從嚴叅辦。並照章將應行分賠各職名，隨案開送。除咨明户部查照外，謹合詞恭摺具陳，伏祈皇上聖鑒訓示。

著照所請。該部知道。

漢陽江工完竣前借庫款還清摺〔二〕 光緒十八年正月二十二日

竊據湖北布政使王之春、鹽法道瞿廷韶會同善後局司道詳稱，前據漢陽府詳，郡城東關外至晴川閣一帶，漢鎮四官殿米廠等處，江岸坍塌，亟待興修，玉帶河工亦須疏濬。飭據該府縣督同紳商履勘，估需工料錢十四萬七千餘串。其時因庫儲支絀，無可籌畫，由該紳等公議就本地鹽商殷户量力捐輸，並與漢鎮百貨暨竹木各幫商民商定，各願按貨物資本值錢一串者，捐錢一文二毫，民捐民辦，惟工程萬緊，請借官款銀四萬兩開辦，分年歸還。當經據情詳經前督臣裕禄、撫臣奎斌奏明，借撥鹽道庫存長江水師申平銀四萬兩，限三年繳清，並聲明工竣邀免造報等因。光緒十三年三月初一日具奏。奉硃批：著照所請。該部知道。欽此。恭録咨行，欽遵辦理在案。

茲查此項江工所收捐項，專濟工需，並隨時攤還借款。現在江工已竣，借款亦陸續繳清。而漢鎮集稼嘴南北河岸以及各段碼頭江流沖刷，又起要工，該紳商情願并力兼修。查漢鎮爲商賈輻輳之區，江河各岸遇有工作，無論坐賈行商，不勞勸導，即行集辦，皆因保障隄防，藉可齊整市廛起見，是以向准民捐民辦，俾順輿情。以後應如何籌備歲修，及相機修理疏濬，應聽該紳商等自行籌辦。所有江工已竣，前借長江水師申平銀四萬兩業經如數歸還等情，詳請具奏前來。臣等覆核無異，謹合詞恭摺奏明，伏祈皇上聖鑒。

該部知道。

籌解貴州協餉片〔三〕 光緒十八年正月二十二日

再，貴州協餉，湖北省欠解銀十五萬八千兩。自光緒十三年起至十六年止，陸續解過銀六萬二千兩，光緒十七年十一月内解過銀二萬兩，均經附片奏報在案。茲據湖北善後局司道詳稱，現復籌撥長沙平銀一萬兩，於十二月内發交百川通商號電匯赴黔，

〔一〕録自《京報》第四〇〇四號。
〔二〕録自《京報》第四〇〇六號。
〔三〕録自中國第一歷史檔案館編《光緒朝硃批奏摺》第五九輯，第二三一頁，中華書局一九九五年版。

以應要需等情，詳請奏咨前來。臣覆覈無異，除分咨外，謹會同湖北巡撫臣譚繼洵附片具陳，伏祈聖鑒。

户部知道。

宜昌關第一百二十五結收支各款税鈔數目開單具陳摺〔一〕 光緒十八年正月二十二日

竊照前准户部咨，鈔奏内開：各海關洋税收支數目辦理未能畫一，應令遵照定章按結開列清單奏報一次，仍扣足四結開單奏銷一次，概不得以收支數目串入原摺，以致混雜不清。仍一面造具四柱清册暨支銷經費銀兩清册，分送户部暨總理各國事務衙門，以憑核銷等因。光緒十年二月二十五日具奏。本日奉旨：依議。欽此。又准户部咨，江漢關第九十五結期滿清單，僅有收支款目，以致各結總數未能聯貫。嗣後應令將舊管、新收、開除、實在，分爲四柱，逐款開列，以昭明晰各等因。先後轉行遵照辦理。

茲據湖北荆宜施道監督宜昌關税務方恭釗詳稱，宜昌關徵收各項税銀，前經截至光緒十七年八月二十八日第一百二十四結止，詳請奏咨在案。茲自光緒十七年八月二十九日起至十二月初一日止第一百二十五結期滿，所徵税銀除照章開支外，連留存上四結尾數銀及本結新收，實存銀二萬三千七百七十六兩九錢三分，前經詳請咨明，奉准部覆歸入一年報銷案内，解存藩庫委員解京。再，本結並無洋藥進口，又未徵收洋商自備華式之船鈔，毋庸造册報銷等情，詳請奏咨前來。臣覆核無異，除將清單清册咨送總理各國事務衙門暨户部户科查照外，謹會同南洋通商大臣兩江總督臣劉坤一、湖北巡撫臣譚繼洵恭摺具陳，並繕具四柱清單，恭呈御覽，伏祈皇上聖鑒。

該衙門知道。單併發。

酌議懲辦會匪章程摺〔二〕 光緒十八年正月二十五日

竊臣等承准軍機大臣字寄，光緒十七年六月初六日奉上諭：各省哥老會匪最爲地方之害，疊經降旨查拏，並經各該督撫先後獲案奏明懲辦。惟此等匪徒，行蹤詭祕，往往與游勇地痞暗相勾結，動輒糾集黨與，乘機煽亂，甚至造謡惑衆，潛謀不軌。近來江蘇、安徽、湖北、江西等省屢有焚燬教堂之事，其拒捕逞兇，搶刦衙署等案，更層見疊出。半由會匪從中主謀，游手之徒相率附和，以致愈聚愈多，動成巨案。犯事以後，四散逃逸，真犯十不獲一。若不先事籌辦，絶其根株，則涓涓不息，將成江河，後患何堪設想。著各直省將軍、督撫，嚴飭地方文武，隨時留心，實力查緝。如有訪獲會匪首犯，一面嚴行懲辦，一面准將出力員弁照異常勞績隨案奏請優奬。但須查有確實證據，不得因希圖保奬，妄拏無辜，致滋擾累。凡地方良民有誤買匪徒保家僞票，呈繳地方官者，免其治罪。其有向充會匪，自行投首，密報匪首姓名因而拏獲者，亦一律宥其既往，准予自新。該將軍、督撫務即出示曉諭，俾衆咸知。總期嚴懲首要，解散脅從，以除奸宄而安良善。慎毋養癰成患，貽害地方，是爲至要，將此通諭知之。欽

〔一〕録自中國第一歷史檔案館編《光緒朝硃批奏摺》第七二輯，第六六五頁，中華書局一九九五年版。

〔二〕録自中國第一歷史檔案館編《光緒朝硃批奏摺》第一一八輯，第四三六至四三八頁，中華書局一九九五年版。

此。臣等當即欽遵出示曉諭，並經臣之洞札飭署湖南按察使吕世田詳繹例意，參考成案，酌議章程，詳候會覈辦理去後。

茲據該署司詳稱，查湘省自軍務肅清之後，各路勇丁紛紛撤遣，回籍不能復安耕鑿，每踵軍營積習，結拜兄弟，謬立山堂名目，刊發僞票，煽誘愚民，謂可通融財物，謂可保衛身家。及至黨與既衆，始而糾夥搶刦，繼且揭竿起事。本年六月，辰州府屬之溆浦縣會匪，焚署刦獄。岳州、衡州疊獲渠魁。伏莽潛滋，厝薪可慮。亟應嚴拏重辦，以遏亂萌。惟其中良莠不齊，所犯情節亦輕重懸殊，有被誘勉從旋即悔悟者，有甘心爲匪百折不回者，自應酌量變通分別懲辦，悉心酌覈。除良民誤買僞票悔過呈繳，並會匪自首，均欽遵諭旨宥其既往，准予自新，概免治罪。如能供獲首匪仍從重給賞外，嗣後懲辦會匪，擬請分爲三等。如審係倡立山堂名目、自刊票板並僞印木戳等件固屬匪首，即領受票布輾轉糾人亦屬另夥匪首，其在會中充當坐堂、陪堂、刑堂、禮堂者，顯係頭目，均法無可貸。倘聚衆刦掠、或謀爲不軌，更屬罪大惡極。當此匪類充斥之時，非立置重典，不足以昭炯戒，均請即行就地正法，年底由司彙案詳奏。其領票入會，安心爲匪，尚未散放糾夥者，此等匪徒習慣游蕩，若擬以發遣軍流，既不因遠徙而知儆懼，且一經解配，無不潛逃。有治罪之名，無治罪之實。即或在配安置，勢必仍萌故智，貽害地方，應請永遠監禁。若偶被煽惑，甫領票布尚無不法情事者，視其平日行止如何，酌定年限監禁，限滿察看是否安靜守法，能否改悔自新，分別辦理。並責成地方文武隨時解散脅從，查緝首要。如能訪獲會匪首犯，消患未萌，遵旨隨案照異常勞績請給優獎。如妄拏無辜，擾累閭閻，嚴行參辦。似此寬嚴互用，勸懲兼施，庶可期化莠爲良，永弭後患，詳請具奏前來。臣等覆加查覈，該署司所擬懲辦會匪章程，除良民誤買僞票悔過呈繳，並會匪自首或密報匪首姓名因而拏獲者，均欽遵諭旨宥其既往，准予自新。此外衡量情罪分別三等辦法，於從嚴懲辦之中，仍不失執法持平之意。其供獲匪首者，仍從重給賞。該地方文武員弁如能訪獲會匪首犯，消禍未萌，遵旨照異常勞績隨案請給優獎。如妄拏無辜，擾累閭閻，亦即嚴行參辦。總期實力查緝，詳慎審辦，以清伏莽而安善良。所有遵旨懲辦會匪酌議章程各緣由，謹合詞恭摺覆陳，伏乞皇上聖鑒訓示。

知道了。

江漢關籌解第八年頭期洋款利銀片[一]

光緒十八年正月　日

再，前准户部咨，神機營息借洋款一百五十萬鎊，於光緒十年九月十四日初次收到六萬鎊，計合十足廣平銀二十萬零一千九百六十八兩八錢。利銀按一年四期，每期應付一千零五十鎊。其頭期利銀已由神機營墊付，應照此次咨報本利銀兩數目，擬飭江漢關按照議定章程期限，先期二十日照數解交江海關查收，由該關按期作合鎊價，兑付怡和洋行等因。光緒十一年二月十五日具奏。本日奉旨：依議。欽此。欽遵咨行前來。當經轉飭遵照辦理。所有江漢關應付第一年二期起至第七年四期止利銀，並第六、七兩年第四期應還本銀，委員解交江海關驗收給領，暨將神機營墊

〔一〕録自中國第一歷史檔案館編《光緒朝硃批奏摺》第八一輯，第九〇九頁，中華書局一九九五年版。

付頭期利銀委解赴京交納，分別奏咨在案。茲據湖北漢黃德道監督江漢關税務孔慶輔詳稱，查光緒十八年正月初三日爲第八年頭期，即在第一百二十五結所徵六成洋税項下籌撥庫平足色銀二千一百二十兩零六錢七分三釐，作爲第八年頭期利銀，飭委候補典史沈國榮解赴江海關驗收，届期照章給領等情，詳請奏咨前來。臣覆核無異，除分咨外，謹會同湖北巡撫臣譚繼洵附片具陳，伏祈聖鑒。

該衙門知道。

湖北省光緒十六年採運漕米用過米價運費及動撥漕折等款銀兩摺〔一〕

光緒十八年二月二十一日

竊照湖北省光緒十六年冬漕，經臣等奏請仍徵折色，並酌提漕折等款銀兩，由招商局委員採買正米三萬石運京。奉旨允准，當經轉飭遵辦去後。隨據輪船招商局委員山東登萊青道盛宣懷等將採買湖北光緒十六年冬漕正耗米並剥船食米共三萬二千九百一十七石五斗，由輪船運赴天津，轉運通州，經倉場總督督同坐糧廳如數驗收，交兑完竣，復經臣等恭摺奏報在案。

茲據湖北布政使王之春、督糧道惲祖翼會詳稱，此次招商局承辦鄂省漕糧正耗米三萬二千九百一十七石五斗，連水脚剥價兑費等項，共支庫平銀七萬一千九百八十四兩二錢四分一釐零。按每米一石合銀二兩一錢八分零，由委員盛宣懷等開摺移經該司道等核與部准銷數相符，應請查照支銷。又海運漕糧每百石改解一半飯米折色銀一兩二錢九分三釐零，共銀三百八十八兩一錢二分五釐。以上共支銀七萬二千三百七十二兩三錢六分六釐零。内係動支光緒十六年漕糧正米折銀三萬九千兩、耗米折銀三千九百兩，又動支十五年漕糧水脚銀四千五百兩、節年隨淺蓆板銀一萬五千兩、節年兑費銀九千九百七十二兩三錢六分六釐零。曾於光緒十七年春撥隨報漕糧正耗米價册内報支銀四萬二千九百兩，漕糧水脚册内報支銀四千五百兩，隨淺錢糧册内報支銀一萬五千兩，折漕兑費册内報支銀九千三百七十四兩八錢四分四釐。又光緒十八年春撥隨報折漕兑費册内報支一半飯米折色銀三百八十八兩一錢二分五釐，其餘二百九兩三錢九分七釐零，俟入於光緒十八年秋撥隨報折漕兑費册内開報等情，造册詳請奏咨前來。臣等覆核無異，除將清册咨送户部核銷外，所有湖北省光緒十六年採運漕米用過米價運費及動撥漕折等款銀兩緣由，謹合詞恭摺具陳，伏祈皇上聖鑒。

户部知道。

奏報拏獲盗犯就地正法摺〔二〕

光緒十八年二月二十三日

竊照湖北省盗案現難一律規復舊制，經前督臣涂宗瀛會同前撫臣彭祖賢於光緒九年奏明，請將土匪、馬賊、會匪、游勇之外，持械聚衆搶劫、拒捕傷人、搶奪婦女勒賣等案，暫行查照定章，

〔一〕録自中國第一歷史檔案館編《光緒朝硃批奏摺》第七〇輯，第四七九至四八〇頁，中華書局一九九五年版。

〔二〕録自臺北故宫文獻編輯委員會編《宫中檔光緒朝奏摺》第七輯，第二六頁，臺北故宫博物院一九七三年。

該州縣獲犯訊明稟報後，批歸道府督審，或委員會審，果係罪無可疑，即行就地正法，彙案奏報。是年四月十九日奉旨：刑部知道。欽此。歷經遵照辦理在案。茲查光緒十七年分，各屬稟報拏獲各案匪犯，除已叅疏防獲犯後應行查銷，或案内有餘犯罪應流徒之案，均經專案審辦奏咨外，其有報案即行獲犯各案，經臣等檄行臬司，分别移行該管道府督審，並委員會審。或係會匪强盗搶劫殺人，或係囤户匪徒掠賣婦女，俱屬賊證確鑿，罪干斬決，審明後，均照章批飭就地正法，計案十起，人犯二十六名。據湖北按察使陳寶箴開具各案犯名事由詳請彙奏前來。臣等覆核無異，理合將各案彙繕清單，恭摺具陳，伏祈皇上聖鑒。

刑部知道。單併發。

煉鐵廠添購機鑪請撥借經費摺光緒十八年二月二十七日

竊臣前於光緒十六年十一月將勘定煉鐵廠基籌辦廠工及開采煤鐵事宜分晰奏陳。並將機器、廠工一切經費約估大數，共需銀二百四十六萬八千餘兩，咨報海軍衙門暨户、工二部立案。並聲明事皆創辦，約略估計，不免疏漏。此外續添料件、續增用費，恐尚有溢於原估之數等因，各在案。旋承准海軍衙門會同户部先後奏撥煉鐵經費銀二百萬兩，令就撥定之數，開廠煉鑄，設法匀籌，撙節辦理各等因，咨行到鄂，均經轉行遵照辦理。

茲據湖北鐵政局司道詳稱：伏查鄂省開設煉鐵，大鑪日出生鐵百頓，並有煉熟鐵、煉鋼、煅礦各鑪（酌）［配］用抽條、夾板、造軌各項機器。詢據外洋工師，僉謂在外國亦稱大廠。更兼采鐵、煉鋼、開煤三事合而爲一，復有修運道鐵路，築江隄，設化學、礦務學堂，添修理機器廠，皆連類而及，必不可少之費。據洋匠約估，若在外洋，非銀三百餘萬兩不辦。當以中國人工易集，物料較廉，竭力撙節，約估需銀二百四十六萬八千餘兩。詳請奏咨在案。開辦以來，覈實動用，間有可以節省者，亦有溢乎原估之外者，截長補短，其在原估條目之内者，通牽覈計尚足相準。惟此等創辦大舉，並無成式可循。事理既極精微，情形亦與外洋多異，隨時變通補救，續添料件，續增用款，實有意料所不及，思慮所難周，萬不能省必須購辦者。即如各種鑪甎，長途轉運破壞過半，必須重向外洋購買方能敷用。鐵軌需用之鉤頭釘、魚尾片，必須添機自製，方免仰給於外洋。又外洋煉鐵，先看礦質再配機鑪。此項機鑪原係在粤購定，續經電商海軍衙門奏明移鄂安設以免另購。大冶鐵質過堅不甚合式，必須添配煆礦鑪煆過，方能入鑪鎔化。熱風鑪亦須添二座。此皆意料所不及，必須隨時添辦者也。原議以湘煤煉冶鐵，現經大冶開出煤礦均係油煤，可煉焦炭，正與煉鐵相宜。江夏縣屬馬鞍山又覓得油煤窿一處，較之用湖南白煤用度實省，自應舍彼就此，設法開采。惟開平開采煤礦，費至百餘萬金始見成效。鄂省部款有限，自難比照。現擬分開小井，以期節省。而添機需費，設焦炭鑪需費，煤窿修鐵路以接合鐵山軌道需費，遣工匠出洋學習煉鐵需費。此皆思慮所難周，必須變通辦理者也。至原估化學、礦務各學堂，即係爲采鐵、煉鐵、煉鋼、開煤本廠所用而設，以備分司各事，與此次遣工出洋學習煉鐵，均俟習成以後，即可少用洋匠，藉可稍節經費亦免造不如式，動需改作，耗棄工料，並非爲日後他處應用之計。修理機器廠，尤爲本廠時刻相須之事，此萬不能省者也。除煤窿添接之鐵路約可在原估款中勻撥應用外，共需續增款項三十二萬四千六百兩。合之原估二百四十六萬八千餘兩，共需銀二百七十九萬二千餘兩。此雖目前加增工料用款之需，皆實爲日後節省常年經費之（處）[計]。除部撥二百萬兩外，尚不敷銀七十九萬二千餘兩。明知撥款有定，續請殊難，苟有可以撙節之處，敢不設法勻籌。無如工程浩大，端緒紛繁，廠工須一氣呵成，機器皆相資爲用，闕一即難奏效。必須廠工告成，開出煤、鐵，製成鋼軌等鐵料，運行銷售，始能如部議所云收回價本。此時委實無從周轉。竊思此舉原以濬利源而杜外耗，是以海軍衙門始終主持，户部極力籌款，萬不能以款項不濟，中道停止，以致廢要政而棄前功。必須鐵廠早成，則關東鐵路有所取資，可以歲省中國漏卮鉅款。而部咨已力言無從應付，勢難再請添撥。再四籌維，惟有就本省設法騰挪、借撥，以濟要工。

茲查上年及本年冬春以來，因沿江一帶收成豐稔，釐金、鹽課兩項收數較旺，覈計除支撥京協各餉及本省餉需外，尚可勻撥應用。擬請在釐金項下動撥銀五萬兩，鹽釐項下動撥銀五萬兩，兩項共撥銀十萬兩。又查鹽道庫存長江水師申平銀一項，暨糧道庫存各雜款，皆有餘存，均係存儲暫不需用之款。擬請借撥鹽道庫存長江水師申平銀十萬兩、糧道庫存雜款銀十萬兩，兩項共借銀二十萬兩。俟鐵廠落成後，銷售鐵料獲有餘利，自光緒二十年起，分十年勻攤歸還。惟以上動撥借用銀三十萬兩之外，不敷尚鉅。又查製造槍礮，必鐵廠成後始有鋼鐵。第槍礮機器久擱，必致鏽壞。現已次第修廠設機，惟開造尚需時日。鐵廠與槍礮局本爲一事，相爲表裏，難分畛域。權衡緩急，擬即在上年奏定槍礮局常年經費内自行酌量勻撥應用。似此一轉移間，於部款不至再費籌撥，於本省正款毫無妨礙，而鐵廠工程即可指日觀成。該司道等自當督飭各員匠極力撙節動用，斷不致稍有虛糜。似此采鐵、煉鋼、開煤三事並舉，又兼有創修鐵路六七十里，較之從前海軍衙門原估但建鐵廠兩座已需銀二百八十萬兩之數，實不爲多。經此次續估之後，斷不至再有請添之款。開具續估數目清單，詳請奏咨等情前來。

臣查設廠煉鐵及開采煤鐵各事宜，開辦以來，皆經臣悉心督察，時時籌計，事事撙節。無如廠大、工精，端緒過繁，中國創辦此舉一切類非習見、習聞之事。至運道、馬頭、機鑪等事皆須因地制宜，洋匠估計亦實難周悉無遺。查前兩江總督沈葆楨開辦福建船政之時，營建鑄鐵、打鐵各廠，原估用款銀四十萬兩，續估多至一百餘萬兩，均經奏明有案具徵。創始之事，估計工料確數實難豫定。此案原估用款大數銀二百四十六萬八千餘兩，咨部立案即經聲明係約略估計，不免疏漏。此次續增用款銀三十二萬四千六百兩，均係隨時補救變通，萬不容已額外增出之款項，並非與原估前後參差。且增出用款，添購機器、鑪座居其大半，其工用需費亦屬無多。而添購之機器，增開之煤井，以及接修煤窿鐵路，資遣出洋學習工匠，皆係爲將來開濬利源節省經費之計，所增止此，所省實多。方今户部支絀，籌畫維艱，臣所稔知。前次部咨，既力言再請續籌，户部實無從應付，自係實在情形，斷不敢再請由内撥款。惟二百萬斷不敷用，臣早經計及。是以光緒十六年三月初十日曾經電達海軍衙門，聲明部款二百萬之外，其餘不足之款，當竭力籌畫等因在案。現在惟有就本省設法騰挪籌撥，以應急需。茲擬勻撥釐金、鹽釐兩項銀十萬兩，於部撥京協各餉不致妨礙。其擬借鹽道、糧道庫存申平雜款銀二十萬兩，由鐵廠分年攤還，於款項初無出入。其餘均在奏定槍礮廠常年經費項下，移緩就急，勻撥應用，並非格外請添之款。臣自當督飭該局司道等撙節迅速辦理。目前關東鐵路工程緊要，不能延緩。鐵廠早成一日，則中國漏卮早塞一日。將來鐵廠成後，臣當設法籌計。所有用過官款，仍可逐漸收回。合無仰懇天恩飭下海軍衙門、户部，迅速議覆，俾各項應手，得以趕辦廠工，早日觀成，以竟全功。

（硃批）該衙門議奏。（欽此）〔一〕

江漢關第一百二十五結收支各數目開單具奏摺〔二〕

光緒十八年二月二十七日

竊照前准户部咨，鈔奏内開：各海關洋税收支數目辦理未能畫一，應令遵照定章按結開列清單奏報一次，仍扣足四結開單奏銷一次，概不得以收支數目串入原摺，以致混雜不清。仍一面造具四柱清册暨支銷經費銀兩清册，分送户部暨總理各國事務衙門，以憑核銷等因。光緒十年二月二十五日具奏。本日奉旨：依議。欽此。又准咨，第九十五結期滿清單僅有收支款目，以致各結總數未能聯貫。嗣後應令將舊管、新收、開除、實在，分爲四柱，逐款開列，以昭明晰等因。均經轉行遵照辦理。

茲據湖北漢黄德道監督江漢關税務孔慶輔詳稱，江漢關徵收各項税鈔及支解各數目，前經截至光緒十七年八月二十八日第一百二十四結止，詳請奏咨在案。茲查自光緒十七年八月二十九日起至十二月初一日止第一百二十五結期滿，徵收洋商各項税鈔，六成洋税除支解外，計不敷銀五萬一千六百九十三兩零二分七釐八毫九絲六忽，應在下結所收六成洋税項内照數彌補。又上結報存及本結新收四成洋税，除撥解外，計存銀四萬八千二百九十一兩九錢五分六釐。又另款徵收招商局各項税鈔，除撥解外，計存四成八釐各税銀五萬三千八百零八兩六錢五分八釐，已如數歸併六成洋税内開報。又上結報存及本結新收五成二釐局税，除撥解外，計不敷銀一萬一千八百七十七兩二錢一分六釐，應在於下結所收五成二釐局税項下照數彌補。又此結遵照新章徵收洋藥税釐銀，除支解外，計不敷銀五千九百九十二兩六錢六分二釐，應在於下結所收洋藥税釐銀内照數彌補。又英商局商在漢販運土藥出口徵收正税銀十七兩七錢、半税銀八兩八錢五分，已歸入華洋各税項内開報。再，前奉札准户部咨，以歷年所借洋款同時還本，籌措維艱，飭令自十七年起將應減息銀專款提存備撥等因。自應遵辦。查江漢關上年解還神機營兩次借用洋款共應減息銀二萬零二百四十二兩六錢九分，已在於此結所收六成洋税内如數提存，合併聲明等情，詳請奏咨前來。臣覆核無異，除俟一年期滿按結造具收支經費各册另繕總單分别報銷外，所有第一百二十五結徵收洋商華商各項税鈔及支解各數目，謹會同南洋通商大臣兩江總督臣劉坤一、湖北巡撫臣譚繼洵恭摺具陳，並繕具四柱清單，恭呈御覽，伏祈皇上聖鑒。

該衙門知道。單併發。

〔一〕以上衍、舛四處，據中華書局一九九五年版《光緒朝硃批奏摺》第一〇二輯，第一四四至一四七頁删、校正。

〔二〕以下三件録自中國第一歷史檔案館編《光緒朝硃批奏摺》第七二輯，第六七六至六八〇頁，中華書局一九九五年版。

宜昌關第一百二十一結至一百二十四結收支款項各數目開單具陳摺光緒十八年二月二十七日

竊照前准户部咨，鈔奏内開：各海關洋税奏銷辦理未能畫一，應令遵照定章按結開列清單奏報一次，仍扣足四結開單奏銷一次，概不得以收支數目串入原摺，以致混雜不清。仍一面造具四柱清册暨支銷經費銀兩清册，分送户部暨總理各國事務衙門，以憑核銷。奉旨：依議。欽此。又准咨，江漢關第九十五結期滿清單僅有收支款目，以致各結總數未能聯貫。嗣後應令將舊管、新收、開除、實在，分爲四柱，逐款開列，以昭明晰等因。均經先後轉行遵照辦理。所有宜昌關自光緒十五年九月初一日第一百十七結起至十六年八月十七日第一百二十結止，一年四結期滿，徵收各項税銀及支銷經費各數目，業經奏報在案。茲據湖北荆宜施道監督宜昌關税務方恭釗詳稱，自光緒十六年八月十八日第一百二十一結起至十七年八月二十八日第一百二十四結止，一年四結期滿，所有徵收各項税銀及支銷經費各數目造具清册，並開具清單詳請奏咨前來。臣覆核無異，除將徵收税項並支銷經費各册及四柱清單咨送總理各國事務衙門、户部户科查照外，謹會同南洋通商大臣兩江總督臣劉坤一、湖北巡撫臣譚繼洵恭摺具奏，並繕具清單，恭呈御覽，伏祈皇上聖鑒。

該衙門知道。單併發。

江漢關籌解出使經費片光緒十八年二月二十七日

再，據湖北漢黄德道監督江漢關税務孔慶輔詳稱，前奉總理衙門劄開，會奏籌備出使各國經費，擬於各關所收六成洋税作爲十成分算，每結酌提一成，另款存儲，聽候隨時指撥以作出使經費之用，均自第六十五結爲始，一體遵照辦理。續奉行知令將每結提存之款，撥寄江海關彙收，以資分撥。又奉總理衙門劄開，出使經費不敷撥用，擬於所收六成洋税仍作十成分算，即在此十成内於原提一成之外，再提半成。並令於商局留關備撥六成税内，亦按十成計算，酌提一成半，均自第七十一結爲始，按結解至江海關備用各等因。查江漢關第一百二十四結提存前項經費銀兩，業經委解江海關驗收，詳請奏咨在案。茲查第一百二十五結所徵洋商進出口正税六成銀，除開支税務司並關用經費及傾鎔折耗外，實存銀三萬零二百二十五兩八錢零一釐，按十成計算，應提一成五釐出使經費銀四千五百三十三兩八錢七分。又收招商局輪船進出口正税四成八釐銀兩，除開支傾鎔折耗外，實存銀二萬五千七百三十七兩一錢七分九釐，按十成計算應提一成五釐出使經費銀三千八百六十兩零五錢七分七釐。遵照户部核覆，每萬兩扣給解費銀二百兩，即在所提出使經費内扣給委員解費銀一百六十七兩八錢八分八釐，計實解銀八千二百二十六兩五錢五分九釐。已將前項銀兩飭委候補知縣胡廷松解赴江海關驗收等情，詳請奏咨前來。臣覆核無異，除分咨外，謹會同南洋大臣兩江總督臣劉坤一、湖北巡撫臣譚繼洵附片具陳，伏祈聖鑒。

該衙門知道。

宜昌關搭解各路軍餉片〔一〕 光緒十八年二月二十七日

再，據湖北布政使王之春詳稱，准宜昌關咨，解應解奉文籌撥各路軍餉，詳請奏明每年解銀三千三百餘兩。現於該關應支光緒十六年閏二月十二日第一百十九結起至十七年二月二十二日第一百二十二結止，關用經費及傾鎔折耗項下，節出銀三千三百一十兩解司，遇有領解京餉便員，由司詳請搭解等因。茲查有管解京餉委員試用通判金講廉、試用知縣丁炳廷堪以搭解赴京交納等情，詳請奏咨前來。臣覆核無異，除給咨搭解外，謹會同湖北巡撫臣譚繼洵附片具陳，伏祈聖鑒。

該衙門知道。

江漢關籌解淮軍月餉片 光緒十八年二月二十七日

再，前准户部咨：議覆直隸督臣李鴻章奏淮軍月餉支絀，請將江漢關應解額款於四六成洋税項下通融匀撥案內，議令江漢關應解淮餉，如六成洋税無款，即在四成洋税及五成二釐招商局税內按數提解等因。奉旨：依議。欽此。咨行欽遵辦理。查江漢關奉撥直隸督臣李鴻章淮軍月餉四成洋税銀二萬兩，解至光緒十七年十月分止，六成洋税銀三萬兩解至九月分止。隨時附片奏報在案。茲應補解光緒十七年十一月分四成淮餉，即在第一百二十六結所徵四成洋税項下動支庫平銀二萬兩。又應補解上年十月分六成淮餉，因六成洋税無款可撥，並在是結所徵四成洋税項下提撥庫平銀三萬兩。作爲直隸督臣李鴻章及提督劉盛休所部淮軍月餉，委解湖北淮軍收支轉運局交收轉解。其餘欠解銀兩，容俟徵收有項，再行補解。據湖北漢黄德道監督江漢關税務孔慶輔詳請奏咨前來。臣覆覈無異，除分咨外，謹會同湖北巡撫臣譚繼洵附片具陳，伏祈聖鑒。

户部知道。

籌解本年第一批鹽釐京餉片〔二〕 光緒十八年二月二十七日

再，前准户部咨，豫撥光緒十八年京餉案內提撥湖北鹽釐銀十五萬兩，行令分批起解等因。當經轉飭遵辦去後。茲據湖北布政使王之春、鹽法武昌道瞿廷韶籌撥本年第一批京餉鹽釐銀三萬兩，飭委試用通判金講廉、試用知縣丁炳廷會同管解赴京交納等情，詳請奏咨前來。臣覆覈無異，除分咨外，謹會同湖北巡撫臣譚繼洵附片具陳，伏祈聖鑒。

户部知道。

委員查訊荆州旗民命案摺〔三〕 光緒十八年二月二十七日

竊臣等於光緒十八年正月二十九日接據荆宜施道方恭釗、荆州府知府舒惠電稟稱：本月二十五日距府城數里草市地方泰山廟

〔一〕以下二件録自中國第一歷史檔案館編《光緒朝硃批奏摺》第五九輯，第二五四至二五五頁，中華書局一九九五年版。

〔二〕録自中國第一歷史檔案館編《光緒朝硃批奏摺》第八七輯，第二〇六頁，中華書局一九九五年版。

〔三〕録自《京報》第四〇四〇號。

演戲酬神，旗民構衅，争鬬互傷，民人已斃二命等情。查荆州府江陵縣知縣龍兆霖，先期公出尚未回荆，當經電飭該道府速將起衅實情詳查稟覆。旋據該道府會稟，並准荆州將軍臣祥亨等來咨，已將此案具奏鈔録奏稿咨送前來。臣等查核該道府先後電稟，所稱旗民口角起衅争鬬互傷及旗丁報復先後致斃民人二命各情，暨續據江陵縣龍兆霖具稟情形，均與將軍臣祥亨等原奏、旗營協領等所報，地痞聚衆逞凶藉端搶奪情節迥異。當以該道府縣等所稟聲叙均欠詳晰，復經電飭確切查明分晰具稟，不得稍涉含糊。并檄委湖北候補知府裕庚馳往荆州秉公查辦去後。兹據江陵縣龍兆霖稟稱，查得荆州東門外距城五里之草市後街泰山廟，於正月二十五日演戲酬神。旗丁小禍等欲上臺看戲，當有管臺之龐家順攔阻，旗丁奪梯上臺，愈上愈多，將龐家順毆打摔至臺下，龐家順慘呼救命，以致激成衆怒。其時旗丁看戲者約百餘人，民人四路來看戲者約千餘人，衆情汹汹，即與旗丁混相毆打，轟逐出廟。各旗丁含忿回城，行至東門外二里之沙壩地方，途遇趕驢之王大福。知其爲草市之人，羣毆洩忿，見其傷重，委之而去。經該民王大福親屬聞信，將其負至泰山廟調治。而先回之旗丁已在滿城邀約數百人，執持刀槍，重往草市報復。斯時戲已早歇，人已四散，有佐領愛仁之眷屬尚在廟内，愛仁恐遭毆辱，即邀素識之民人郭光焕等，同護眷屬出廟。甫至廟門，適與旗丁相遇，不由分辯用刀連砍傷郭光焕倒地，并至廟内將看守王大福之邱學高等毆傷。草市民人見旗丁來勢凶猛，即鳴鑼喊同牌民齊集，旗丁始行散去，遺棄鬬刀一柄。地方文武官員聞信馳往彈壓，該處地保將首先上臺之小禍及旗人所遺鬬刀當場呈交，經荆州府將小禍交協領寶俊帶回，鬬刀存庫，并屬將受傷之旗丁查明，照章會驗立案，寶俊未允。次日，寶俊徑請理事同知聯興前往滿城查驗，報稱受傷者四十七人。二十七日被毆之民人王大福、郭光焕據報先後因傷斃命。經該府移委清軍同知蔡殿森，會同理事同知聯興詣驗，分别填格，移縣通詳，並驗明民人邱學高、龐家順、喬吉祥、蔡德俊等生傷，立單存案。復據該道方恭釗、該府舒惠續行電稟詳細情形，與該縣來稟相同。並稱理事同知驗明旗丁受傷四十七人，輕重不等。地保收獲旗丁鬬刀一柄，旗丁亦奪獲民人鐵叉一柄，民人傷輕者恐被訟累不敢報官，僅於相驗屍場擡驗重傷四人各等情。此旗民在草市起衅争毆之大概情形也。

又據該縣龍兆霖稟稱，小禍當時見荆州府並未有傷，次日報稱名係魁林，復請查驗，列入傷單。正月二十六、七等日，滿營兵丁復紮東門外，見有草市人進城賣貨，將貨掀棄，舉械朋毆，連日毆傷無干之民人楊開甲等十三名。東門爲東鄉買賣要道，難以進城。二月初八、十六等日又迭據呈報，岳州府客民孫鳳翔、曾科選、劉怡上及草市民人周延喜等進城，均被旗丁無故毆打，將周延喜毆傷。連日該縣會同理事同知提訊旗民，供情各執。且每於會審時，旗丁來看者約數百人，民人亦有聚觀者，誠恐又生事端。至該協領所指糾毆之程大、程二等，是否實係地痞，縣中並無控案，訪查明確，分别稟辦等情。此驗訊以後，正犯尚無端倪，旗民尚未相安之情形也。

臣等查道光二十六年，荆州旗民因觀划龍船，積衅未釋，旗丁尋隙糾毀咸甯、武昌二縣客民鋪面、會館，傷斃民人，經前督臣裕泰、前撫臣趙炳言奏請提省審辦，按律擬結在案。查從前旗丁焚毆咸甯、武昌客民，即在草市地方。以後往往因口角細故，互相尋衅。此案旗民在草市看戲，旗丁小禍因上臺被阻，羣毆龐家順，激成衆怒。其時人多且雜，不分皂白羣毆，旗丁受傷多人，旗丁含忿回城，途遇趕驢之民人王大福，因其爲草市之人，羣毆致斃。事後旗丁夥衆執持槍刀，重往報復，刃傷民人郭光焕斃命。查核情形，案因看戲起衅，旗民争鬭互傷，致斃民人二命。其中情節雖有重輕，而彼此皆互有曲直，亟應查出鼓衆羣毆旗丁之民人，按律嚴懲，斷不容稍涉輕縱。至程大、程二等無論是否地痞，果係在場羣毆之人，自亦應拏獲訊明懲辦。其致斃民人二命之旗丁，亦必迅速查出正兇，交案研訊，按律擬辦，方足以昭折服而弭衅端。若非審斷公平，妥爲辦理，分别各予懲儆，則積嫌愈深，斷非日久相安之道。臣等現已派委知府裕庚會同荆州府暨理事同知，提集旗民滋事人犯要證，虚衷研鞫，務得確情，秉公持平，按律分别擬辦，勿得稍涉偏倚。一面嚴切示諭民人，務須安分静候。一面移咨將軍臣祥亨等，勒令該管協領等趕緊將正兇查出交案，並飭令約束旗丁不得再滋事端。如該協領等延不交出正兇，該印委各員難以會審，臣等即查照道光年間成案，飭提此案應訊人犯要證來省，督同臬司研訊確情，分别定擬奏明請旨辦理。並移咨將軍臣祥亨等，將該管協領等指名參處，總期旗民相安，永弭後患。所有荆州旗民搆衅，現在委員查辦會審緣由，謹合詞恭摺具陳，伏祈皇上聖鑒訓示。

已有旨令祥亨等知照該督撫派員確查，仍著督飭委員等秉公訊辦，毋稍偏袒。

江漢關籌解第七年第三期應付洋款利銀第七年第二期應補鎊價銀兩片(一)

光緒十八年二月　日

再，前准户部咨，神機營息借洋款奏令各海關按期歸還一摺内稱：此次該營續收洋款一百四十四萬鎊，均自光緒十一年八月二十三日爲第一年第一期歸付利銀之始，照每鎊三兩五錢核算，共銀二百二十四萬六千四百鎊，合廣平銀七百八十六萬二千四百兩。擬令津海、東海、江漢三關各分派本息共銀一百五十七萬二千四百八十兩，江海關分派本息共銀三百十四萬四千九百六十兩。仍照光緒十一年二月奏定辦法，令各該關先期二十日解交江海關兑收，届期統由江海關道隨時照外洋鎊價漲落作合鎊價，或盈或絀，即由該關分别應墊應存，再與原派歸還之海關按期結算清楚等因。光緒十二年正月二十八日具奏。奉旨：依議。欽此。欽遵咨行前來。當經轉飭遵照辦理。所有江漢關應還第一年二期起至第七年第二期止應付本利銀兩，並至第七年第一期止應補鎊價銀兩，均經先後委員解交江海關驗收給領，分别附片奏報在案。兹據湖北漢黄德道監督江漢關税務孔慶輔詳稱，准江海關鈔詳内稱，解還光緒十七年十一月初一日第七年第二期利銀。查照是日上海電匯外洋市價核算，江漢關應還庫平銀一萬八千一百二十二兩三錢一分二毫一絲九忽，較部撥銀一萬四千七百兩，實增庫平銀三千四百二十二兩三錢一分二毫一絲九忽，由該道備齊轉發咨請解

(一) 以下二件録自中國第一歷史檔案館編《光緒朝硃批奏摺》第八一輯，第九二一至九二三頁，中華書局一九九五年版。

滬歸墊等因在案。茲查光緒十八年二月初二日爲第七年第三期，即在第一百二十五結所徵六成洋税項下動支庫平足色銀一萬四千七百兩，作爲第七年第三期應付利銀。又支庫平足色銀三千四百二十二兩三錢一分二毫一絲九忽，作爲第七年第二期應補鎊價銀兩。飭委候補巡檢吴愷元解赴江海關驗收，分别給領歸款等情，詳請奏咨前來。臣覆核無異，除分咨外，謹會同湖北巡撫臣譚繼洵附片具陳，伏祈聖鑒。

該衙門知道。

江漢關籌解第七年第三期應補洋款鎊價銀兩片光緒十八年二月　日

再，前准户部咨，神機營息借洋款奏令各海關按期歸還一摺内稱：此次該營續借洋款一百四十四萬鎊，均自光緒十一年八月二十三日爲第一年第一期歸付利銀之始，照每鎊三兩五錢核算，共銀二百二十四萬六千四百鎊，合廣平銀七百八十六萬二千四百兩。擬令津海、東海、江漢三關各分派本息共銀一百五十七萬二千四百八十兩，江海關分派本息共銀三百十四萬四千九百六十兩。仍照光緒十一年二月奏定辦法，令各該關先期二十日解交江海關兑收，届期統由江海關道隨時照外洋鎊價漲落作合鎊價，或盈或絀，即由該關分别應墊應存，再與原派歸還之海關按期結算清楚等因。光緒十二年正月二十八日具奏。奉旨：依議。欽此。欽遵咨行前來。當經轉飭遵照辦理。所有江漢關應還第一年二期起至第七年四［？］期止應付本利銀兩，並第七年第二期止應補鎊價銀兩，均經先後委員解交江海關驗收給領，分别附片奏報在案。

茲據湖北漢黄德道監督江漢關税務孔慶輔詳稱，准江海關鈔送詳稿内稱，光緒十八年二月初三日應付怡和第七年第三期利銀。查照是日電匯外洋市價核算，江漢關應還庫平銀一萬九千一百六十兩五錢八分三釐九毫四絲，較部撥銀一萬四千七百兩，實增庫平銀四千四百六十兩五錢八分三釐九毫四絲由道墊付，咨請解滬歸款等因。茲在第一百二十七結所徵六成洋税項下動支庫平足色銀四千四百六十兩零五錢八分三釐九毫四絲，作爲第七年第三期應補鎊價銀兩，飭委候補知縣陳承澤解赴江海關驗收，分别給領歸款等情，詳請奏咨前來。臣覆核無異，除分咨外，謹會同湖北巡撫臣譚繼洵附片具陳，伏祈聖鑒。

該衙門知道。

查辦湖南刊布揭帖僞造公文一案摺光緒十八年三月二十五日

竊臣等前經承准總理各國事務衙門咨開，匿名揭帖，本干例禁，立法甚嚴。自髮（逆）［捻］掃平後，地方乂安，而散勇惰民思欲藉端爲亂，輒假西人傳教爲言，刊爲書説，編作歌謡，繪爲圖畫，率皆鄙俚不經，不堪寓目。而愚民無識，往往爲所煽惑，甚或釀成巨案。迭准德國使臣屢次送到刊（板）［版］、書籍、説詞、歌曲、畫圖種種，並有捏造總理衙門公文及督撫文函各件，居心甚爲詭誕。此等謡言，微特有礙邦交，即中國内治亦宜嚴懲。咨行通飭各屬查禁，究查捏造之人，從重懲辦，以消隱患。並迭次承准電開，長沙府有周漢開設寶善堂、鄧懋華書舖刊刻詆毁洋教書籍，布散甚多。查各處教案之起，皆由造言生事者摇惑人心。

各書皆由湖南而來，有三家書鋪，鄧懋華、曾郁文、陳聚德，皆代周漢刻書各等因。均經通飭嚴禁，並行湖南臬司嚴切查究。本年二月承准總理衙門電催辦理，當經臣之洞電請總理衙門代奏，派委湖北督糧道惲祖翼馳往湘省，會同湖南臬司，確查稟覆，奏明懲辦，奉旨允准在案。

茲據該道惲祖翼自湘回鄂，會同署湖南按察使吕世（由）[田]稟稱，查此案先經該臬司飭據長沙府知府趙環慶稟稱，查得周漢係甯鄉縣人，由軍功薦保道員，留陝西補用，向以寶善堂之名在湖南省城刊刻善書，蹤跡無常，現在遠出未歸。鄧懋華、曾郁文、陳聚德三人均以刻字爲業。曾郁文已於上年身故。當訊據鄧懋華供，向在長沙省城小西門内路邊井獨自開店，刷賣帳簿，並未與周漢合夥刊刻書籍，惟與之熟識往來。上年周漢曾至店中寄居數日，隨即出省。有時言語荒誕，狀似瘋迷。其所輯各種善書，聞係陳聚德、曾郁文代爲刊刻。據陳聚德供，開設刻字店多年，曾代周漢刊刻得一録、官紳寶訓、育嬰良法、拯溺寶筏、格言聯璧、傳家寶訓、擴充惻隱各種善書。所有（板）[版]片，隨時取去，自行刷印。（夥）店[夥]人數衆多，不諳文義。向來刻書照字算錢，不問來歷。所有辣手文章等書並一切畫圖，是否間有店夥代刻，實在記憶不清。據曾郁文店夥吴東海供，店主曾郁文曾代周漢刊刻善書，已於上年身故。至於毁罵洋教書本曾否刊刻，實不知情。自奉將店門封閉，各夥俱已散去各等供。

該道到湘，當即會同該司，派委湖南候補通判蔣聯庚馳赴甯鄉，查傳周漢解省訊究。旋據該員會同甯鄉縣知縣鄭之梁稟稱，周漢自光緒十年由新疆請假回籍，隨即携眷出外，至今並未復回原籍。當將周漢胞姪周德之、户族周昆玉、團總唐篠楠、鄰右黄樹秋，一併傳解來省。經該府訊，據周德之供，周漢係其胞叔。自光緒十年回籍後即（携）[挈]眷出外，隨意遨遊，六七年來並未回至甯鄉。近患痰疾，時發時愈。病劇時，言語不清，有似癲狂。又羡慕神仙，自稱鐵道人，最信扶箕。平日雖不信洋教，並未編刊書歌、圖畫各處布散。或係不逞之徒，因伊叔周漢保至監司大員，託名刊刻，並捏造總署、湘撫公文，及致鄂撫書信，希圖聳聽，亦未可知。質之户族周昆玉、團鄰黄樹秋、唐篠楠等，各供相同。惟所有書歌、圖畫，究係何人秉筆，未能得其主名。自應先將（板）[版]片搜獲，銷毁凈盡，以副朝廷輯睦中外之至意。當經該府督同長沙、善化兩縣，懸賞購覓。並恐民間心懷疑懼，知而不舉，特於賞格内聲明，隨繳隨賞，並不追究來歷。復派差分路搜尋。始據長沙縣民萬富安等陸續繳到鬼叫該死、辣手文章、敬天柱、滅鬼歌、稟天主邪教，並圖畫各種（板）[版]片，計三十一面，共二十五塊。内多殘缺不全，自係畏罪毁棄。所有（板）[版]片及人證、供結，均由該府稟解該司道等親提覆訊。所供均與該府原訊相同。誠恐尚有不實不盡，究竟周漢是否在家避匿，並該書鋪等有無諱飾情事，復向周德之究詰。據供，伊叔周漢實係由新疆請假回籍，後携眷外出，行蹤靡定。平日不喜洋教，僅止信口詆訾，委無刊刻書畫，各處散布情事。且身係職官，斷不敢僞造公文。其致湖北巡撫信函，伊叔並未到鄂省，從不好與官場往來，顯係他人假託。總因伊叔是四品大員，平日好發議論，是以匪徒盜竊姓名，希圖易於煽惑。提訊户鄰周昆玉等，供詞俱同。復訊據陳聚德供，曾經代周漢刻過善書數種，實未刻過毁教書畫。該鋪在省開設多年，代人刊刻善書，主顧甚多，向來照字算錢，書（板）[版]隨刻隨取。其帳簿，或僅記一姓，或僅記一堂名，或係（輾）〔展〕轉交來，實不能概行登記姓名。且店夥甚多，來去無常，這辣手文章等書，其中是否有店夥刊刻者，委實無從查悉。如有代周漢刻過毁教諸書，亦只係工匠受雇，該鋪並不知情，儘可據實供明，何必代爲捏飾，自受拖累。又提鄧懋華，再三質對，堅不承認代刻書畫。惟據供，與周漢熟識，遇其肆口妄論之時，不免羣相稱贊，事所時有。反覆研鞫，供仍如前。加以刑嚇，矢口不移。該司道等因案關重大，不厭精詳，復飭長、善兩縣確查，周漢實係早經外出，久未在省。又經派員明查暗訪，咸謂周漢患有心疾，語言怪誕，近來痰迷更甚，見人動輒謾罵。至刊刻毁教等書圖等事，並無聞見。異口同聲。供證既屬確鑿，應即據供擬結。

查周漢遠出未歸，痰疾既劇，言語支離，即使傳喚到案，亦難訊取供詞。業已傳到該家屬及户族、團鄰人等，（嚴）〔研〕訊明確。僉供周漢並無刊播揭帖及捏造公文等件情事。衆供如一，稱係匪徒託名僞造，希圖煽惑，尚屬可信。即如致鄂撫信函一節，湖北撫署號房，並未接收此信，其爲假託捏造，更屬無疑。惟周漢以在籍道員，專好扶箕，諂信鬼神，語言怪誕，跡類瘋狂。病發之時，乖謬尤甚，逢人輒罵，此等形狀，仕途罕見。自應稟請奏明，予以懲處，以儆謬妄而免生事。書賈鄧懋華既知周漢形類瘋狂，性好生事，仍復與之往來，遇事稱贊，殊屬無知附和。陳聚德平日代人刊刻書籍並不查詢來歷，又不看明書畫内文義有無流弊，任令店夥誤行刊刻，以致滋生事端，均有不合。鄧懋華、陳聚德均請照不應重律，各擬杖八十，〔酌〕加枷號三箇月，滿日折責發落。吴東海訊係曾郁文幫夥，不知店務，應與病故之曾郁文均（無）〔毋〕庸議。仍將各該鋪永行封閉，不准復開。無干人證省釋免累。至匪徒竊名造言，刊播揭帖，希圖煽惑，已屬可惡。並膽敢僞造總署、督撫公文，四處傳播，尤爲大干法紀。除由司（道）〔通〕飭湖南各屬一體訪查，務得主名嚴拏究辦外，合將查起書圖各種（板）〔版〕片，彙同供招户族、團鄰甘結，並地方官印結呈繳，稟請會核具奏等情前來。

臣等查西人傳教，乃條約所准行，久已中外相安。民人入教與否，聽其自便，西人亦不强人必從其教。教堂如實有不近情理，不合條約之事，儘可稟官照會查辦，何得捏造不根之言，惑衆生事。況現值沿江各省嚴辦會匪之際，豈容推波助瀾，擾動大局。此案周漢雖查無刊播揭帖及僞造公文情事，惟該員以在籍四品職官，理應謹言慎行，矜式鄉里，乃平日專以扶箕爲事，惑於鬼神，言語荒誕，跡類瘋狂。近來痰迷更甚，見人動輒謾罵，以致匪徒假託其名，僞造公文，造言煽惑。自未便漫無懲戒，致令滋生事端。相應請旨，將在籍花翎陝西補用道周漢暫行革職，查傳到籍，交地方官嚴加管束，不准潛至省城，妄爲生事。仍隨時察看，將來痰疾如能痊愈，果能謹飭改過，再行申請核辦。倘瘋狂益甚，滋生事端，即據實稟請奏明嚴懲。其書賈曾（文）郁〔文〕業經身故。鄧懋華、陳聚德自應各予懲儆，應照該司道等所擬辦理。至竊名刊播揭帖、僞造公文信件之匪徒，臣等自當督飭該臬司嚴飭各屬，實力查緝。務獲究辦，以儆效尤。其起到書圖各種（板）〔版〕片，由臣之洞派委江漢關道孔慶輔眼同漢口領事銷毁。

（硃批）該衙門議奏。（欽此）〔一〕

〔一〕以上衍、舛十九處，據中華書局一九九五年版《光緒朝硃批奏摺》第一二〇號，第一八八至一九二頁删、校正。

知縣循例迴避揀員對調摺〔一〕 光緒十八年三月二十五日

竊照前准吏部咨，新選湖南桂陽縣知縣余良才與現任湖南桃源縣知縣余良棟係同胞兄弟，自應照例令後至之余良才迴避出省。應令迅將該員以總督兼轄之湖北省相當之缺酌量對調等因。當經行令揀員請調去後。茲據湖北布政使王之春、湖北按察使陳寶箴、湖南布政使何樞、署湖南按察使吕世田會詳稱，遵查湖南桂陽縣知縣係部選簡缺，應於湖北省簡缺知縣内酌量調補。茲查有咸豐縣知縣係無字簡缺，現任知縣吕福恒，年五十歲，山東濟甯直隸州人，由附貢生於同治八年在安徽捐局遵籌餉例報捐員外郎，光緒十二年遵海防例改捐知縣歸新班即選，十三年二月籤掣湖北咸豐縣知縣，三月初二日蒙吏部帶領引見。奉旨：著照例用。欽此。是月二十日領憑起程，五月二十日到省，十一月初一日到任。嗣在福建三十次捐案内捐同知升銜銷去試俸在案。該員老成穩練，任内並無展參處分有關降調之案，核與對調定例相符，應請調補湖南桂陽縣知縣。所遺湖北咸豐縣知縣員缺，應即以新選湖南桂陽縣知縣余良才對調。查該二員所調均係部選簡缺，銜缺相當，毋庸送部引見等情，會詳請奏前來。臣覆查咸豐縣知縣吕福恒，才具明晰，吏事講求，任内並無違礙處分，核與調補之例相符，應請與新選湖南桂陽縣知縣余良才互相調補。俟接准部覆，再行分飭各赴調任，以符定制。所有知縣循例迴避揀員對調緣由，謹合詞恭摺具陳，伏祈皇上聖鑒，敕部核覆施行。

吏部議奏。

鍾祥等縣隄工續挪釐金以工代賑接湊工用由受益田畝分年攤還摺〔二〕 光緒十八年三月二十五日

竊據湖北布政使王之春、鹽法道瞿廷韶會同善後局牙釐局司道詳稱，案查光緒十五年湖北安陸府屬鍾祥縣八、九兩工暨潛江縣隗家洲隄段，先後潰漫成口。其鍾祥三、四兩工隄段雖未潰口，亦多沖塌，隄脚刷空，受傷過甚，工程萬分緊要，民力驟難籌修，擬請借款興辦。委員會勘，估計鍾祥八、九兩工暨潛江隗家洲工段共需工費錢十一萬五千串有奇，於地丁、鹽課、釐金三項内各借撥銀二萬四千三百七十四兩，易錢合成前數，以濟工需。照章分限六年，由鍾祥、天門、京山三縣暨潛江一縣受益田畝分別隨糧徵還。其鍾祥三、四兩工應修工費估需四萬串，即在欽奉恩旨賞撥賑款項下提銀易錢二萬串，寓賑於工。下餘一半之數，仍於船釐歲修款内勻撥濟用，均經前督臣裕禄、撫臣奎斌奏奉俞允在案。嗣據鍾祥縣稟，三、四兩工應修工費除賑款撥用外下餘二萬串，因以前所收船釐並無餘存之款，工程緊急，請准就近暫借釐金應用，仍由以後所收船釐分年攤還。又據委辦隄工候補道吴廷華咨，並據該縣印委各員先後稟稱，四工月隄尚短錢二萬串，八、九兩工月隄尚短錢一萬五千串，九工月隄添修石磯需錢三千串，三工尹新廟下首添修月隄磯頭需錢一萬五千串，共請添撥錢五萬

〔一〕録自《京報》第四〇六八號。

〔二〕録自中國第一歷史檔案館編《光緒朝硃批奏摺》第九九輯，第一六四至一六六頁，中華書局一九九五年版。

三千串，藉可以工代賑。當查各工不敷及應修處所均屬實在情形，其時該兩縣積水未消，灾民衆多，情形困苦，賑款不敷分布，而工程正在喫緊之時，不得不一氣呵成，庶要工克竣，亦藉以寓賑於工，兩有裨益。即於各釐局就近如數暫爲借撥支領，飭催趕速蔵事。嗣於光緒十六年十月，據安陸府知府史書青禀稱，此項借撥釐金，擬仍令該三縣受益田畝分年接續攤還，當經詳請照辦。復因鄂省已開辦賑捐，該司道等籌議竊冀捐數踴躍，即可於捐項撥還，以免重累灾區民力。無如捐款不能甚旺，而灾區太廣，賑捐本款支用紛繁，加以添辦順直賑務同時並舉，收數更減。迨光緒十七年八月停止鄂捐，僅提還二萬三千串，其餘未能全數還清，此外又別無他款可以抵補。臣等督同該司道等再四籌商，除鍾祥三、四兩工因船釐無款暫借釐金錢二萬串，仍照案由船釐款内分年提還，惟鍾陽歲修專指此項船釐，未便多提，酌定分爲六年提還外，所短續撥錢三萬串，惟有仍責成該三縣受益田畝於前奏六年攤清前借地丁等款後，接續徵還，分二年還清，以期釐金有著而民力藉可稍紓等情，詳請具奏前來。臣等覆覈無異，除飭將鍾、潛兩縣各隄工程用過工料錢文造具册結另行專案咨銷外，所有續挪釐金以工代賑接湊工用，由受益田畝接續分年攤還緣由，謹合詞恭摺具陳，伏祈皇上聖鑒。

著照所請。該部知道。

請開復衛守備摺[一]

光緒十八年三月二十六日

竊查前任蘄州衛守備龔恩培交代案内有徵存未解司、道兩庫各款共銀一千九百九十七兩九錢三釐，因已逾二參例限，未據清解，經臣等奏參革職，勒限兩箇月完繳。奉硃批：著照所請。該部知道。欽此。欽遵轉行司道，勒限催完。茲查該守備龔恩培欠解各款銀兩，均已如數繳解清楚。據湖北布政使王之春、按察使陳寶箴、督糧道惲祖翼具詳前來。臣等覆查無異，相應請旨將前任蘄州衛守備龔恩培革職處分，照例開復。除將完解銀兩入撥造報緣由咨部查照外，謹合詞恭摺具陳，伏祈皇上聖鑒訓示。

著照所請。該部知道。

請奬勵光緒十四十五年鄂省采辦海運漕糧出力各員摺[二]

光緒十八年三月二十七日

竊據督辦輪船招商局山東登萊青道盛宣懷詳稱，鄂省漕糧自光緒十年分起至十五年分止，歷届采買海運，均經該道督飭各員兑裝輪船運至津通交收，顆粒無虧。其十四年分鄂漕正在兑運，旋奉文截撥山東賑米，復由輪船運至鐵門關交卸。該處大海汪洋，並無馬頭，必須雇船過駁，押運監兑。各員涉歷於風濤危險之中，較之津通交米倍形艱苦。查光緒十三年分，湖南省采買漕米海運出力各員，業經升任湖南撫臣王文韶專案奏獎，奉旨允准在案。湖北省事同一律，自應援照辦理。茲將光緒十四、十五兩年鄂省在事尤爲出力各員核明勞績，分別開具清單呈齎核辦等情，當經飭據湖北督糧道惲祖翼，會同布政使王之春覆核議詳，請予援案

[一] 録自《京報》第四〇六七號。

[二] 録自中國第一歷史檔案館編《光緒朝硃批奏摺》第七〇輯，第四八六至四八七頁，中華書局一九九五年版。

奏奬前來。臣等查鄂省采買漕糧與湘省米數相同，該道盛宣懷承辦鄂漕，歷届交兑無誤，在事各員均能勤奮趨公，不避艱險，實屬著有微勞。且皆係本省人員，並無外省人員及本省紳董在内，於部章亦屬相符。自應援照湘省成案辦理，以昭激勸而免向隅。謹將光緒十四、十五兩年鄂省采買海運在事尤爲出力各員，照繕清單，恭呈御覽，仰懇天恩俯准照奬。出自逾格鴻慈。除造具各員履歷咨部外，謹會同大學士直隸總督臣李鴻章、兩江總督臣劉坤一恭摺具陳，伏祈皇上聖鑒。

吏部議奏。單併發。

署任總兵服滿摺[一] 光緒十八年三月二十七日

竊照署湖北宜昌鎮總兵羅縉紳，前於光緒十五年十一月二十六日在宜昌鎮總兵任内丁親母周氏憂，經臣奏報開缺，請旨簡放。欽奉上諭：張之洞奏總兵丁憂開缺請旨簡放一摺，湖北宜昌鎮總兵羅縉紳莅任多年，熟習地方情形，統帶勇船素稱得力，著改爲署任，以重職守。欽此。欽遵。當准兵部换給署任劄付轉發該鎮承領報明在案。兹據該鎮羅縉紳禀稱，自光緒十五年十一月丁憂日起，遵即在署任内素服辦事。除閏不計外，扣至十八年二月二十六日，二十七箇月報滿，理合禀請奏報等情前來。臣查宜昌爲通商口岸，華洋雜處，界連川省，伏莽尤多。近年沿江教案迭出，痞棍造謡煽惑，愚民無知，動釀事端。羅縉紳在任二十餘年，兵民協和，素洽輿情，彈壓巡防，深資得力。該鎮係實任總兵，因丁母憂改爲署任，現届服滿應如何辦理之處，臣未敢擅擬，恭候聖裁。謹繕摺具陳，伏祈皇上聖鑒訓示。

另有旨。

籌解第二批甘肅新餉片[二] 光緒十八年三月二十七日

再，前承准軍機大臣字寄，光緒十七年八月三十日奉上諭：户部奏籌撥甘肅新餉一摺，甘肅關内外各軍餉銀關繫緊要，現經該部將光緒十八年新餉指撥湖北省銀三十二萬兩，著該督撫等嚴飭司道按照部撥數目，於本年十二月底趕解三成，至來年四月底止再解三成，其餘四成統限九月底掃數解清。等因。欽此。業經欽遵。於上年十二月豫解第一批銀十萬兩，附片奏報在案。兹據湖北布政使王之春會同善後局司道詳稱，在於鹽課釐金項下籌撥第二批甘肅新餉銀六萬兩，於本年三月十三日發交漢鎮天成亨、蔚豐厚、協同慶等商號匯解赴甘肅藩庫交收等情，詳請奏咨前來。臣覆覈無異，除分咨外，謹會同湖北巡撫臣譚繼洵附片具陳，伏祈聖鑒。

户部知道。

籌解協滇月餉片 光緒十八年三月二十七日

再，前准户部咨，議令四川省協滇月餉自光緒十五年起，每

[一] 録自《京報》第四〇六七號。
[二] 以下兩件録自中國第一歷史檔案館編《光緒朝硃批奏摺》第五九輯，第二七六頁，中華書局一九九五年版。

月協解銀二萬三千兩，下牘銀七千兩改撥湖北，按月協解。光緒十五年二月二十一日具奏。奉旨：依議。欽此。咨行欽遵辦理。查前項奉部改撥協滇月餉，業於光緒十五、十六兩年分籌解銀七萬六千兩，十七年分應解銀八萬四千兩掃數解清，並補解十六年分欠解銀二萬兩，均經附片奏明在案。茲據湖北布政使王之春會同善後局司道詳稱，現復籌撥長沙平銀二萬兩，發交雲南催餉委員知縣吴本義，轉發百川通商號領匯赴滇等情，詳請奏咨前來。臣覆覈無異，除分咨外，謹會同湖北巡撫臣譚繼洵附片具陳，伏祈聖鑒。

户部知道。

光緒十七年秋季分宜昌川鹽總局抽收正加課錢文數目摺〔一〕

光緒十八年三月二十七日

竊照湖北宜昌設立川鹽總局抽課濟餉，所有光緒十七年夏季分抽收鹽課錢文數目，業經恭摺具奏在案。茲據湖北鹽法武昌道瞿廷韶查明光緒十七年秋季分抽收鹽課錢文數目，開報前來。臣覆加查覈。宜昌川鹽局光緒十七年七月分抽收正課錢七萬六千九百六十串八百零六文，內提籌備京餉錢三萬七千二百串，加課錢三萬三千四百六十一串二百二十文。八月分抽收正課錢十萬四千三百一十七串六百三十八文五毫，內提籌備京餉錢四萬七千一百串，加課錢四萬五千三百五十五串四百九十五文。九月分抽收正課錢八萬四千一百七十八串二百八十六文五毫，內提籌備京餉錢一萬七千二百串，加課錢三萬六千五百九十九串二百五十五文，內提籌備京餉錢一萬二千串。除加課錢文照章截半分解淮鹽督銷局公費，留半歸外銷五成公費項下入收另報外，其正課全項內共提籌備京餉錢十萬一千五百串，加課一半解鄂，內共提籌備京餉錢一萬二千串，下餘隨同節省五成公費均仍照向章，或現錢或易銀分別由局撥充荊州滿營兵餉、水師月餉，餘則儘數由道移解善後局接濟軍餉。除解支細數造册咨部外，所有光緒十七年秋季分宜昌川鹽局抽收正、加課錢文數目，理合恭摺具陳，伏祈皇上聖鑒。

户部知道。

江漢關籌解本年第一批京餉及東北邊防經費片〔二〕

光緒十八年三月　日

再，前准户部咨，豫撥光緒十八年分京餉，奏撥江漢關洋税銀十五萬兩。又光緒十八年分東北邊防經費，奏撥江漢關六成洋税銀十萬兩各等因。均經轉飭遵照辦理。茲據湖北漢黄德道監督江漢關税務孔慶輔詳報，在所徵洋税項下動支足色庫平銀五萬兩，作爲本年第一批京餉。又在第一百二十六結所徵六成洋税項下動支庫平足色銀三萬兩，作爲本年第一批東北邊防經費。飭委試用通判金講廉、試用知縣丁炳廷分別管解赴京交納等情，詳請奏咨前來。臣覆核無異，除分咨外，理合會同湖北巡撫臣譚繼洵附片具陳，伏祈聖鑒。

户部知道。

〔一〕録自中國第一歷史檔案館編《光緒朝硃批奏摺》第七五輯，第五七七頁，中華書局一九九五年版。

〔二〕録自中國第一歷史檔案館編《光緒朝硃批奏摺》第八七輯，第二二三頁，中華書局一九九五年版。

提督巡閱到境日期片〔一〕 光緒十八年三月　日

再，長江水師定章，提督以半年駐上江，半年駐下江，周歷巡閱，歷經奏報在案。茲提臣李成謀於本年二月十三日，由太平府溯流而上，按營考察官兵勤惰，今於三月十九日行抵岳州府，調集鎮標四營，逐一簡校，事畢仍由長江下駛，依次校閱。所有到境日期，謹會同長江水師提督臣李成謀循例附片奏報，伏乞聖鑒。

知道了。

籌解本年第二批鹽釐京餉片〔二〕 光緒十八年二月至四月　日〔三〕

再，前准户部咨，豫撥光緒十八年京餉案内提撥湖北鹽釐銀十五萬兩，行令分批起解等因。業經籌撥本年第一批京餉鹽釐銀三萬兩，委解赴京交納，奏報在案。茲據湖北布政使王之春、鹽法武昌道瞿廷韶續撥本年第二批京餉鹽釐銀三萬兩，飭委補用知縣胡金鏜、試用知縣歐陽柄榮會同管解赴京交納等情，詳請奏咨前來。臣覆覈無異，除分咨外，謹會同湖北巡撫臣譚繼洵附片具陳。伏祈聖鑒。

户部知道。

籌解本年第四批鹽釐京餉片 光緒十八年四月　日〔四〕

再，前准户部咨，豫撥光緒十八年京餉案内提撥湖北鹽釐銀十五萬兩。又准户部咨，續撥本年京餉案内撥湖北鹽釐銀五萬兩，行令分批起解等因。業經籌撥本年第一批至三批京餉鹽釐銀共九萬兩，委解赴京交納，附片奏報在案。茲據湖北布政使王之春、鹽法武昌道瞿廷韶續撥本年第四批京餉鹽釐銀二萬兩，飭委補用知縣曾紀雋、試用通判王作霖會同管解赴京交納等情，詳請奏咨前來。臣覆核無異，除分咨外，謹會同湖北巡撫臣譚繼洵附片具陳，伏祈聖鑒。

户部知道。

江漢關籌解第八年第二期洋款利銀片〔五〕 光緒十八年四月　日

再，前准户部咨，神機營息借洋款一百五十萬鎊，於光緒十年九月十四日初次收到六萬鎊，計合十足廣平銀二十萬零一千九百六十八兩八錢。利銀按一年四期，每期應付一千零五十鎊，其頭期利銀已由神機營墊付，應照此次咨報本利銀兩數目，擬飭江漢關按照議定章程期限，先期二十日照數解交江海關查收，由該關按期作合鎊價，兑付怡和洋行等因。光緒十一年二月十五日具

〔一〕録自中國第一歷史檔案館編《光緒朝硃批奏摺》第五二輯，第六三九頁，中華書局一九九五年版。

〔二〕以下二件録自中國第一歷史檔案館編《光緒朝硃批奏摺》第八七輯，第二三三、二三五頁，中華書局一九九五年版。

〔三〕據本册第五三〇頁，籌解第一批鹽釐京餉在本年二月二十七日。第二批不可能再在二月，似應為光緒十八年三月至四月。

〔四〕據本册第五四六頁，籌解第三批鹽釐京餉在本年五月二十日，此為第四批，似應在五月二十日之後。不可能在四月。

〔五〕録自中國第一歷史檔案館編《光緒朝硃批奏摺》第八一輯，第九三七頁，中華書局一九九五年版。

奏。本日奉旨：依議。欽此。欽遵咨行前來。當經轉飭遵照辦理。所有江漢關應付第一年二期起至第八年頭期止利銀並第六、七兩年第四期應還本銀，委員解交江海關驗收給領，暨將神機營墊付頭期利銀委解赴京交納，分别奏咨在案。茲據湖北漢黄德道監督江漢關税務孔慶輔詳稱，查光緒十八年四月初六日爲第八年第二期，即在第一百二十六結所徵六成洋税項下籌撥庫平足色銀二千一百二十兩零六錢七分三釐，作爲第八年第二期利銀，飭委候補典史許士琛解赴江海關驗收，届期照章給領等情，詳請奏咨前來。臣覆核無異，除分咨外，謹會同湖北巡撫臣譚繼洵附片具陳，伏祈聖鑒。

該衙門知道。

江漢關籌解淮軍月餉片〔一〕 光緒十八年四月　日

再，前准户部咨：議覆直隸督臣李鴻章奏淮軍月餉支絀，請將江漢關應解額款於四六成洋税項下通融勻撥案内，議令江漢關應解淮餉，如六成洋税無款，即在四成洋税及五成二釐招商局税内按數提解等因。奉旨：依議。欽此。咨行欽遵辦理。查江漢關奉撥直隸督臣李鴻章淮軍月餉四成洋税銀二萬兩，解至光緒十八年二月分止，六成洋税銀三萬兩，解至正月分止。隨時附片奏報在案。茲應解光緒十八年三月分四成淮餉，即在第一百二十七結所徵四成洋税項下動支庫平銀二萬兩。又應解二月分六成淮餉，因六成洋税無款可撥，並在是結所徵五成二釐局税項下提撥庫平銀三萬兩。作爲直隸督臣李鴻章及提督劉盛休所部淮軍月餉，委解湖北淮軍收支轉運局交收轉解。其餘欠解銀兩，容俟徵收有項，再行補解。據湖北漢黄德道監督江漢關税務孔慶輔詳請奏咨前來。臣覆核無異，除分咨外，謹會同湖北巡撫臣譚繼洵附片具陳，伏祈聖鑒。

户部知道。

籌款合修同仁隄工竣摺 光緒十八年五月二十日

竊查湖北黄梅縣與江西德化縣、安徽宿松縣，濱江連界共管之同仁隄，關繫三省利害。係於道光十八年由湖北督撫臣奏明，蒙恩撥發庫款銀十萬兩創建。計長一千九百餘丈，隄成編列康、樂、和、親、安、平六字號，責令黄梅、德化、宿松三縣業民按畝分承，歲修保固。厥後，遂爲三省公隄。遇有改建大工，歷由三省勻籌借撥經費，通力合作。光緒十六年七月，因江水增漲，該隄沖刷塌卸，勢甚危險。由黄梅、德化、宿松三縣會稟估修。並准江西、安徽二省先後咨商到鄂。飭據該三縣會稟，勘得該隄和字號與親字一號起至五號止，隄岸坍塌。擬自樂字號老隄起至安字號丁家口止，勘定基址，改建長隄一道，藉資捍衛。計長一千一百三十八丈五尺，估需經費二萬五千九百七十餘兩。三省分派，每省應發銀八千六百五十七兩零。懇即撥款興修等情。

臣等查該隄雖係官督民修，遇有大工，向係三省勻籌經費。同治年間曾經撥給賑款應用，及借款興修。緣黄梅縣屬低鄉居多，每遇江水稍漲，田地輒被淹没。近年長江自九江一帶，南岸沙淤漸寬，北岸江溜衝刷日甚，是以連年以來均遭水患，民情困苦異

〔一〕録自中國第一歷史檔案館編《光緒朝硃批奏摺》第五九輯，第二九五至二九六頁，中華書局一九九五年版。

江漢關籌解淮軍月餉片〔一〕光緒十八年五月二十日

再，前准户部咨：議覆直隸督臣李鴻章奏淮軍月餉支絀，請將江漢關應解額款於四六成洋税項下通融匀撥案内，議令江漢關應解淮餉，如六成洋税無款，即在四成洋税及五成二釐招商局税内按數提解等因。奉旨：依議。欽此。咨行欽遵辦理。查江漢關奉撥直隸督臣李鴻章淮軍月餉四成洋税銀二萬兩，解至光緒十七年十一月分止，六成洋税銀三萬兩，解至上年十月分止。隨時附片奏報在案。兹應補解光緒十七年十二月分四成淮餉，即在第一百二十六結所徵四成洋税項下動支庫平銀二萬兩。又應補解光緒十七年十一月分六成淮餉，因六成洋税無款可撥，並於是結所徵五成二釐局税項下提撥庫平銀三萬兩。作爲直隸督臣李鴻章及提督劉盛休所部淮軍月餉，委解湖北淮軍收支轉運局交收轉解。其餘欠解銀兩，容俟徵收有項，再行補解。據湖北漢黄德道監督江漢關税務孔慶輔詳請奏咨前來。臣覆覈無異，除分咨外，謹會同湖北巡撫臣譚繼洵附片具陳，伏祈聖鑒。

該衙門知道。

籌解固本兵餉片光緒十八年五月二十日

再，前准户部咨，原定各省應解固本兵餉，湖廣省按月應解銀五千兩，改令徑解部庫交納。又准户部咨，酌定分年帶解固本練餉欠款，擬定有閏之年解十五箇月，計銀七萬五千兩，無閏之年解十四箇月，計銀七萬兩，即自光緒十一年正月起按年照數解清各等因。所有湖北省應解十五年四月以前固本兵餉銀兩，業經按年照數先後解部，附片奏報在案。兹據湖北布政使王之春詳稱，會同鹽法道於鹽課項下籌撥銀二萬兩，作爲光緒十五年五、六、七、八四箇月固本兵餉，飭委補用知縣胡金鏜、試用知縣歐陽柄榮管解赴京交納等情，詳請奏咨前來。臣覆核無異，除給咨管解並飭司陸續補解外，理合會同湖北巡撫臣譚繼洵附片具陳，伏祈聖鑒。

户部知道。

籌解協桂軍餉片光緒十八年五月二十日

再，前准户部咨，議覆護理廣西巡撫李秉衡奏邊防各營請撥的餉案内，令湖北省自光緒十三年起，按月協解廣西邊軍餉銀一萬兩。業於光緒十三年分籌解銀二萬兩。嗣因湖北庫款支絀，力難續籌，咨准户部核覆，議令將調直武毅二營裁撤騰出餉糈約銀七萬餘兩籌解廣西軍餉，並經北洋大臣李鴻章奏准，自光緒十四年起武毅二營由直籌餉。旋於十四年分劃撥匯解，計共解銀十萬三千八百六十六兩零。十五年分劃撥匯解，計共解銀七萬一千一百五十三兩零。十六年分匯撥劃解，計共解銀九萬一千七百一十一兩零。十七年分匯撥劃解，計共解銀八萬兩。均經附片奏報在案。兹據湖北布政使王之春會同善後局司道詳稱，現復籌撥銀二萬兩，查照廣西來文，較準法馬，發交百川通商號匯赴廣西交收等情，詳請奏咨前來。臣覆核無異，除分咨外，謹會同湖北巡撫

〔一〕以下四件録自中國第一歷史檔案館編《光緒朝硃批奏摺》第五九輯，第三〇一至三〇四頁，中華書局一九九五年版。

臣譚繼洵附片具陳，伏祈聖鑒。

戶部知道。

湊解湖北裁減綠營額兵節省銀兩片 光緒十八年五月二十日

再，湖北抽裁綠營額兵餉乾米折等項，前准戶部行令，將每年節省銀兩自光緒十二年起陸續委員解部交納。歷經遵照辦理。茲據湖北布政使王之春、督糧道惲祖翼會詳稱，湖北前議裁減綠營額兵，奏明以光緒十二年春季止，截清餉項。司庫即於夏季起照數扣發，計各營額設馬、步、守兵內共裁兵二千九百二十一名。原奏聲明，現在湖北章程，督撫標、漢陽協、武昌城守等七營，向支全餉。其餘各營，皆暫按八成開支。今應均照額支數目核計，每年共節省餉乾米折等銀五萬三千五百十一兩一錢二分。業將十二年夏季起至十七年秋季止節存銀兩，委員解部交納在案。所有十七年冬季並十八年春季分，按照奏定之數，共應解部庫銀二萬七千三百四十五兩六錢六分。現於應支各營十成八成餉乾米折內，共由司庫扣出銀二萬一千八兩五錢八分、糧道庫扣出銀三千五百四十兩六錢，其現按八成支放各營照額支數目扣解，計不敷扣撥銀三千七百八十六兩四錢八分，並於本年所收地丁項下動支按數湊足，以符奏案。所有前項銀二萬七千三百四十五兩六錢六分，飭委試用通判金講廉、試用知縣丁炳廷管解赴部交納等情，詳請奏咨前來。臣覆核無異，除給咨管解外，謹會同湖北巡撫臣譚繼洵附片具陳，伏祈聖鑒。

戶部知道。

籌撥本年第一批北洋海軍經費片〔一〕 光緒十八年五月二十日

再，前承准海軍衙門咨，光緒十八年分北洋海軍經費應撥湖北釐金銀三十萬兩，按八成分批徑解北洋兑收等因。查湖北省釐金項下原撥南、北洋海防經費銀三十萬兩，光緒六年三月經北洋大臣奏准，按八成分解，每年共應解銀二十四萬兩。所有十二年至十六年應解前項銀兩，先後改解海軍衙門專解北洋，均經解清。十七年全數截留劃撥煉鐵經費，附片奏報在案。茲據湖北善後局司道詳報，籌撥光緒十八年第一批庫平銀六萬兩，於三月二十八日解交湖北淮軍收支轉運局兑收轉解北洋，以應要需等情，詳請奏咨前來。臣覆覈無異，除分咨外，謹會同湖北巡撫臣譚繼洵附片具陳，伏祈聖鑒。

該衙門知道。

籌解第七年第四期應付洋款利銀片〔二〕 光緒十八年五月二十日

再，前准戶部咨，神機營息借洋款奏令各海關按期歸還一摺內稱：此次該營續收洋款一百四十四萬鎊，均自光緒十一年八月二十三日爲第一年第一期歸付利銀之始，照每鎊三兩五錢核算，共銀二百二十四萬六千四百鎊，合廣平銀七百八十六萬二千四百

〔一〕錄自中國第一歷史檔案館編《光緒朝硃批奏摺》第六五輯，第一八八頁，中華書局一九九五年版。

〔二〕錄自中國第一歷史檔案館編《光緒朝硃批奏摺》第八二輯，第七頁，中華書局一九九五年版。

兩。擬令津海、東海、江漢三關各分派本息共銀一百五十七萬二千四百八十兩，江海關分派本息共銀三百十四萬四千九百六十兩。仍照光緒十一年二月奏定辦法，令各該關先期二十日解交江海關兑收，届期統由江海關道隨時照外洋鎊價漲落作合鎊價，或盈或絀，即由該關分別應墊應存，再與原派歸還之海關按期結算清楚等因。光緒十二年正月二十八日具奏。奉旨：依議。欽此。欽遵咨行前來。當經轉飭遵照辦理。所有江漢關應還第一年二期起至第七年第三期止應付本利銀兩，並至第七年第二期止應補鎊價銀兩，均經先後委員解交江海關驗收給領，分別附片奏報在案。兹據湖北漢黄德道監督江漢關税務孔慶輔詳稱，光緒十八年五月初七日爲第七年第四期，除應還本銀奉准改撥外，即在第一百二十六結所徵六成洋税項下，動支庫平足色銀一萬四千七百兩，作爲第七年第四期應付利銀，已飭委候補巡檢陳毓焯解赴江海關驗收給領歸款等情，詳請奏咨前來。臣覆核無異，除分咨外，謹會同湖北巡撫臣譚繼洵附片具陳，伏祈聖鑒。

該衙門知道。

籌解本年第三批鹽釐京餉片[一] 光緒十八年五月二十日

再，前准户部咨，豫撥光緒十八年京餉案内提撥湖北鹽釐銀十五萬兩。又准户部咨，續撥本年京餉案内撥湖北鹽釐銀五萬兩，行令分批起解等因。業經籌撥本年第一、二兩批京餉鹽釐銀共六萬兩，委解赴京交納，附片奏報在案。兹據湖北布政使王之春、鹽法武昌道瞿廷韶續撥本年第三批京餉鹽釐銀三萬兩，飭委試用通判胡子斌、即用知縣劉延坦會同管解赴京交納等情，詳請奏咨前來。臣覆核無異，除分咨外，謹會同湖北巡撫臣譚繼洵附片具陳，伏祈聖鑒。

户部知道。

委員代防萬城大隄摺[二] 光緒十八年五月二十日

竊照湖北荆州府萬城大隄，濱臨荆江，爲全郡及下游各屬田廬保障。每届夏秋二汛，例應督、撫輪年赴隄督防。如有應辦要事，未克分身前往，奏委該管道府就近駐工代防，歷經辦理在案。本年輪應總督前往督防，惟省城事務重要，應隨時督同司道籌辦，未能在荆久駐。所有夏、秋二汛督防事宜，自應照案委員代防，以專責成。查有荆州府知府舒惠，詳慎老成，隄工熟悉，堪以委令代防。現經檄委該府督同在工文武員弁，親駐工所，晝夜梭巡，豫備守水器具。遇有險要工段，即行搶護，務保無虞。並札飭荆宜施道方恭釗，隨時稽察督同辦理，以期隄防穩固。所有委員代防萬城大隄緣由，謹會同湖北巡撫臣譚繼洵恭摺具陳，伏祈皇上聖鑒。

知道了。

[一] 録自中國第一歷史檔案館編《光緒朝硃批奏摺》第八七輯，第二三九頁，中華書局一九九五年版。

[二] 録自《京報》第四一二五號。

查明水師營員稟揭該管將官各情請旨革職降補摺[一]　光緒十八年五月二十一日

竊臣等前據署長江水師湖北荆州營前哨守備文朝清稟揭本任江南海門營副將調署荆州營副將王清和，肆虐無既，吞蝕軍餉等情，臚列多款，稟懇查辦。當經臣成謀檄委提標中軍副將謝濬畬確切查明，據實稟覆。旋准兩江督臣劉坤一咨，以該署守備文朝清稟揭前情，檄行漢陽鎮總兵派委中軍遊擊章文彬，會同謝濬畬前往確查，稟報臣之洞核辦。並經臣成謀查明，該副將王清和近來剛愎自用，不洽輿評，撤任聽候查辦各在案。兹據提標中軍副將謝濬畬、漢陽鎮中軍遊擊章文彬查明稟覆前來。臣等詳加查核，如原稟所稱，擅改營制久曠額兵吞蝕兵餉一節。查荆州營水師汛地五百餘里，荆江沙多湍急，舟行最難。每屆發餉，若拘泥定章，不獨有風濤之險，更有虚空汛地之虞。經歷任副將酌量變通，每次赴省請餉回營，船進荆河，即令挨汛放給，取具各哨員弁、兵丁花名清册，彙繳營官查考，行之已久，弁兵均以爲便。該副將查照向章，改令齊集衙署，當堂點名放給，雖非擅改營制，惟令各哨弁先半月投册，即有兵丁缺出，不准招補，則爲向章所無。至該兵額久曠，汛地空虚，不免疏防失事，自應仍令挨汛放給。至該營開補兵丁，由領哨考驗，以至營官考補，層遞展轉。汛地離營遠者，空至半月及一兩月不等。此項曠餉，經左哨都司呈繳該副將署内，該副將到任以來，共收銀二千八百兩有奇。除酌繳鹽道庫外，其餘銀兩或撥充公用，或移作酬應等用，均由該副將經理。查該營辦公、修署、添補什物等事，已有大公生息銀兩足以敷用。且該副將任内生息又經加多，此項截曠顯係藉名辦公移作私用。其原稟每船常川空額兵一名，細查尚無其事。

又，原稟稱常調隊船六號在營聽差，督陣舢板除頭舵礮兵以外，槳兵全無，防務空虚，迨經案出隊弁有受陷害死者一節。查該營向有未派汛地舢板六號，該副將以三號舢板停泊署前，以供巡江護餉迎送差使之用，以三號舢板兵丁調入署内當差。至督陣舢板額兵並不短少，緣荆州營衙署自遷石首縣羊發腦，地處荒洲，必須寬留隊船數號，輪流護衛，以壯聲威而資巡緝。衙署左右並無市廛，日用所需之物，由出差隊船代買，亦是實在情形。查水師向章，將官有親兵十二名，儘可供在署差遣，何得多調隊船兵丁入署私役，置操防於不顧，實屬違例妄爲。至空虚汛防隊弁受害一節，因該營四隊把總唐澤彪，經該副將調派來營挑隄，離汛接防之弁未到，地方報有竊案，唐澤彪病故，適逢其時。或因此案受急之故，事雖有因尚無陷害實事。

又，原稟稱收受節壽禮物及以大公銀兩生息重利盤剥一節。查該副將上年兒女婚嫁暨六十生日，各哨弁均出銀四兩，共醵資一百七十二兩，由左右都司製送禮物，該副將均行收受。至大公銀兩，係前兵部尚書彭玉麟因各營辦公無款，由鹽道庫協餉内，每標提銀一萬兩，發商生息，息銀自一分以至分半，各處情形不同。荆州營因分半行息不敷公用，該副將議令加至二分行息，由左右都司經手扣存動用，該副將尚無染指情事。

又，原稟稱該副將並未出江巡查，因家眷就醫始至荆州及在石首擅理民情一節。查該副將每年查閲轄地操防，必至荆州府城。

[一] 録自《京報》第四一二三號。

惟上年九月赴荆，適值眷屬有病，携往就醫，事出有因。至擅理民情，查詢石首紳民尚無其事。

又，原禀稱擅離營防回籍治産，因田土被族人控告一節。查光緒十五年該副將因前兵部尚書彭玉麟患病加劇，於是年秋操後，帶舢板一號赴衡州問疾，歸途便道至甯鄉原籍稽留一月，雖無治産被控之事，而擅離防營藉詞回家，已屬確實。

又，原禀稱不關緊要公文及私買物件動用排遞，並縱兵挾制官長一節。查該副將私刻排單屬實，惟尚無私買物件動用排遞情事。其隊兵籍隸甯鄉者十餘名，雖非盡出該副將所薦，而該兵丁倚勢假威在所不免。

又，原禀稱該署守備文朝清丁憂，懇求奔喪，該副將故意藉操坑延數月一節。查文朝清於上年二月丁母憂呈報之文，並無懇請解任奔喪字樣。該副將飭其循照向例在任穿孝百日。是年春操，文朝清自行赴操，並非出自該副將勒令。惟春操既畢，文朝清向該副將乞假回籍，該副將准其徑帶舢板回籍五十餘日。是該副將並無坑延不令奔喪情事。

又，原禀稱該副將藉詞顢頇公事，任性疏怠，將文朝清撤任，憑口栽誣一節。查上年九月初五日，該副將接到臣之洞排遞密緝會匪公文，文朝清於十二日來營，該副將詢以曾否接到，文朝清答以未見。又詢以初四日轉行臣成謀緊要公文，答以字多無人繕寫。該副將面加申斥，文朝清出言頂撞。該副將即將該守備撤任。乃文朝清回汛，輒將前項公文倒填日期繕發，怠忽緊要公事，文過飾非，咎有應得。惟該副將並不遵定章，禀請該岳州鎮核辦，徑行札飭將該守備撤任，致滋藉口。

至原禀稱該副將調補荆州營副將，於例不符，該副將百計鑽營於提鎮拜門聯姻一節。臣之洞查王清和前在海門營副將任內，經彭玉麟以該員調補荆州營副將要缺，人地相需，兩次奏補，均經部駁，是以仍留署理，並非該副將營幹而得。其在海門營副將任內，適值岳州鎮總兵張捷書在安徽統帶澄清水師，聯爲姻婭，本爲例所不禁。該副將前在行營中，並未蒙臣成謀保舉，訪查實無向提臣拜門情事，人所共知。且先經提臣查明該副將近來剛愎自用，不洽輿評，撤任聽候查辦，並無迴護。以上各情並由臣之洞檄飭荆宜施道方恭釗查明禀覆，大略相同。

臣等查長江水師經前大學士曾國藩、兵部尚書彭玉麟手定章程，各營遵守，長江數千里奸宄屏迹，規模宏遠，緩急可恃。近來積弊漸滋，沾染陸路勇營、緑營缺額剋扣惡習，且往往擅離汛地，弁兵不盡住船，均係顯違定章，漸不可長。目前長江巡查喫緊，荆州地處上游，水師尤爲要務，若不亟加整頓，將勁旅良法日就廢壞，關繫長江大局實非淺鮮。此案副將王清和多曠額兵，私用曠餉，濫調隊船兵丁多名入署當差，收受餽送禮物，擅離防營回籍，私刻排單發遞公文，縱容兵丁擅作威福，均經查有確據，實屬貪劣營私，廢壞營制，未便稍事姑容。相應請旨將調署荆州營副將本任海門營副將記名總兵王清和即行革職，以肅軍紀而儆效尤。並由臣成謀查明王清和擅動空曠，有作爲應酬私用之項，勒令賠繳，以重公款。已撤荆州營前哨守備文朝清，怠忽緊要公文，倒填欺飾，禀揭本管，雖間有不確，而重情皆已查實，惟事前並無一言，迨被撤任後始行列控，亦屬不合。應請旨將岳州鎮標候補遊擊、已撤荆州營前哨守備文朝清，以千總降補，以示懲儆。王清和所遺海門營副將缺，准劉坤一咨兩江現有應補人員應請扣留外補。再，此案疊准臣成謀咨函囑由臣之洞主稿辦理，合併聲明。所有查明水師營員稟揭該管將官各緣由，謹合詞恭摺具陳，伏祈皇上聖鑒訓示。

著照所請。兵部知道。

查閱營伍擬分別舉辦摺〔一〕

光緒十八年五月二十一日

竊臣准兵部咨，光緒十八年二月十八日奉上諭：本年輪應查閱湖北、湖南、雲南、貴州四省營伍之期。湖北即派張之洞逐一查閱，認真簡校。等因。欽此。欽遵咨行到臣。查巡閱營伍所以整飭戎行考核軍實，亟應依期舉行，以重大典。惟宜昌教案現尚未經議結，目前湖南、湖北兩省交涉事體尚多，臣應在省督同江漢關道及委員妥爲辦理，兼以漢陽煉鐵槍礮等廠工程正在喫緊之際，時有斟酌籌辦事件，尤須親督委員、洋匠等隨時考校督催，以期早日觀成，勢難離省。所有本年應閱湖北營伍，擬將督撫兩標及武昌城守、漢陽協共七營，於本年秋冬間先行調齊校閱，其餘省外各營應請展至明年再行舉辦，俾得從容簡校，以昭核實。理合恭摺具奏，伏祈皇上聖鑒。

著照所請。

籌解湖北省壬辰年滿緑各營兵餉片〔二〕

光緒十八年五月二十一日

再，前准户部咨，豫撥湖北省壬辰年滿緑各營兵餉案内，撥江漢關洋税銀十五萬兩等因。當經轉飭遵照辦理。茲據湖北漢黄德道監督江漢關税務孔慶輔詳稱，在於第一百二十七結所徵六成洋税項下動支庫平足色銀五萬兩，委員解赴藩司衙門交收，以供支放等情，詳請奏咨前來。臣覆核無異，除分咨總理各國事務衙門暨户部查照外，謹會同湖北巡撫臣譚繼洵附片具陳，伏祈聖鑒。

該衙門知道。

江漢關籌解淮軍月餉片〔三〕

光緒十八年五月二十一日

再，前准户部咨：議覆直隸督臣李鴻章奏淮軍月餉支絀，請將江漢關應解額款於四六成洋税項下通融匀撥案内，議令江漢關應解淮餉，如六成洋税無款，即在四成洋税及五成二釐招商局税内按數提解等因。奉旨：依議。欽此。咨行欽遵辦理。查江漢關奉撥直隸督臣李鴻章淮軍月餉四成洋税銀二萬兩，解至光緒十七年十二月分止，六成洋税銀三萬兩，解至十一月分止。隨時附片奏報在案。茲應解光緒十八年正月分四成淮餉，即在第一百二十七結所徵四成洋税項下動支庫平銀二萬兩。又應補解上年十二月分六成淮餉，因六成洋税無款可撥，並於是結所徵五成二釐局税項下提撥庫平銀三萬兩。作爲直隸督臣李鴻章及提督劉盛休所部淮軍月餉，委解湖北淮軍收支轉運局交收轉解。其餘欠解銀兩，容俟徵收有項，陸續補解。據湖北漢黄德道監督江漢關税務孔慶

〔一〕録自《京報》第四一二一號。

〔二〕録自中國第一歷史檔案館編《光緒朝硃批奏摺》第五九輯，第三〇六頁，中華書局一九九五年版。

〔三〕以下二件録自中國第一歷史檔案館編《光緒朝硃批奏摺》第五九輯，第三〇七至三〇八頁，中華書局一九九五年版。

江漢關籌解本年第一批籌備餉需摺 光緒十八年五月二十一日

竊照前准户部咨，壬辰年籌邊軍餉，奏撥江漢關四成洋税銀十二萬兩、六成洋税銀十六萬兩。旋又准户部咨，各省關應解籌邊軍餉，自光緒十八年起改作籌備餉需等因。均經轉飭遵辦去後。茲據湖北漢黄德道監督江漢關税務孔慶輔詳稱，在於第一百二十六結所徵四成洋税項下，動支庫平足色銀六萬兩，六成洋税項下動支庫平足色銀四萬兩，共銀十萬兩，作爲本年第一批籌備餉需，飭委補用知縣胡金鏜、試用知縣歐陽柄榮管解赴京交納等情，詳請奏咨前來。臣覆核無異，除分咨外，謹會同湖北巡撫臣譚繼洵恭摺具陳，伏祈皇上聖鑒。

户部知道。

請准以李方豫調補武昌府知府摺〔一〕 光緒十八年五月二十八日

竊查前准吏部咨，光緒十七年十一月二十七日奉上諭：湖北武昌府知府員缺緊要，著該督撫於通省知府内揀員調補。所遺員缺著高蔚光補授。欽此。臣等查武昌府知府係衝繁難、省垣首郡要缺，通省京控發審一切事宜，皆當經理。且有中外交涉以及江防隄防要務，非精明練達、才識兼優之員，弗克勝任。臣等於通省知府正途各員内逐加遴選。查有現署武昌府事黄州府知府李方豫，年五十四歲，江蘇江都縣人，由監生報捐員外郎，籤分工部。同治六年丁卯科順天鄉試中式舉人。七年十月奉旨，記名以軍機章京用，九年傳補軍機章京。十一年以校對方略出力，奉旨，遇有員外郎缺出，無論題選、咨留即行奏補。十一月經軍機大臣保俟補缺後免其試俸，以本部郎中不論題選、咨留，遇缺即補。十三年補營繕司員外郎。光緒元年丁繼母憂。二年校對印本方略出力，賞加四品銜，並隨帶加二級。三年四月服滿，充補軍機章京，九月奏留候補。四年十月補虞衡司員外郎。五年三月丁父憂。七年服滿，充補軍機章京，校對列朝聖訓、列聖御製詩文集出力，經軍機大臣保俟補郎中後，作爲歷俸期滿八月奏留候補。八年補屯田司員外郎。九年補製造庫郎中，六月俸滿截取，奉旨照例用。十二年九月十五日奉旨補授湖北黄州府知府，十三年三月初三日到任。十七年調署武昌府知府，七月二十日任事。該員穩練老成，講求治理，現在署任經理，一切悉臻妥善，實係知府中出色之員。且係正途出身，以之調補武昌府知府，洵堪勝任。據湖北布政使王之春、按察使陳寶箴會詳前來，合無仰懇天恩俯念武昌府知府員缺緊要，准以黄州府知府李方豫調補，實於地方吏治均有裨益。所遺黄州府知府，遵旨即以高蔚光補授。謹合詞恭摺具奏，伏祈皇上聖鑒，訓示施行。

吏部議奏。

江漢關籌解淮軍月餉片〔二〕 光緒十八年六月二十二日

再，前准户部咨：議覆直隸督臣李鴻章奏淮軍月餉支絀，請

〔一〕録自《京報》第四一二九號。
〔二〕録自中國第一歷史檔案館編《光緒朝硃批奏摺》第五九輯，第三二九至三三〇頁，中華書局一九九五年版。

將江漢關應解額款於四六成洋税項下通融勻撥案内，議令江漢關應解淮餉，如六成洋税無款，即在四成洋税及五成二釐招商局税内按數提解等因。奉旨：依議。欽此。咨行欽遵辦理。查江漢關奉撥直隸督臣李鴻章淮軍月餉四成洋税銀二萬兩，解至光緒十八年正月分止，六成洋税銀三萬兩，解至十七年十二月分止。隨時附片奏報在案。茲應解光緒十八年二月分四成淮餉，即在第一百二十七結所徵四成洋税項下動支庫平銀二萬兩。又應解正月分六成淮餉，因六成洋税無款可撥，並在是結所徵五成二釐局税項下提撥庫平銀三萬兩。作爲直隸督臣李鴻章及提督劉盛休所部淮軍月餉，委解湖北淮軍收支轉運局交收轉解。其餘欠解銀兩，容俟徵收有項，再行補解。據湖北漢黄德道監督江漢關税務孔慶輔詳請奏咨前來，臣覆核無異，除分咨外，謹會同湖北巡撫臣譚繼洵附片具陳，伏祈聖鑒。

户部知道。

江漢關籌解海軍衙門經費片[一] 光緒十八年六月二十六日

再，前准户部咨，奏撥海軍衙門常年經費案内，指撥江漢、宜昌兩關銀六萬兩，均於一百二十六結至一百二十九結洋藥釐金加徵項下按季勻撥，解交海軍衙門兑收等因。光緒十八年四月初五日具奏。奉旨：依議。欽此。咨行欽遵辦理。當經恭録轉飭遵辦去後。茲據湖北漢黄德道監督江漢關税務孔慶輔詳稱，從前每年奉撥海軍衙門經費銀六萬兩，均因宜昌關徵數甚微，無款可撥，專由江漢關徵收洋藥税釐項下如數籌撥分批解清，以供要需。自應查照成案辦理。現於第一百二十七結所徵洋藥税釐項内動支庫平足色銀三萬兩，飭委試用通判胡子斌、即用知縣劉延坦管解赴京交納。餘俟徵收有項，再行撥解等情，詳請奏咨前來。臣覆核無異，除分咨外，謹會同湖北巡撫臣譚繼洵附片具陳，伏祈聖鑒。

該衙門知道。

籌撥本年第二批北洋海軍經費片 光緒十八年六月二十六日

再，前承准海軍衙門咨，光緒十八年分北洋海軍經費應撥湖北釐金銀三十萬兩，按八成分批徑解北洋兑收等因。查湖北省釐金項下原撥南北洋海防經費銀三十萬兩，光緒六年三月經北洋大臣奏准按八成分解，每年共應解銀二十四萬兩。所有十二年至十六年應解前項銀兩，先後改解海軍衙門專解北洋，均經解清。十七年全數截留，劃撥煉鐵經費，本年已解過第一批銀六萬兩附片奏報在案。茲據湖北善後局司道詳報，籌撥本年第二批庫平銀六萬兩，於六月二十五日解交湖北淮軍收支轉運局兑收轉解北洋，以應要需等情，詳請奏咨前來。臣覆核無異，除分咨外，謹會同湖北巡撫臣譚繼洵附片具陳，伏祈聖鑒。

該衙門知道。

[一] 以下二件録自中國第一歷史檔案館編《光緒朝硃批奏摺》第六五輯，第一九三至一九四頁，中華書局一九九五年版。

所稱兩湖書院經費，該茶商迭控求免未准。聞茶商具控關道、督撫各衙門，前後十有餘次，均有案卷可稽等語。查創建兩湖書院，所有兩省人士企望欣忭各情及南茶籌捐經費原委，前奏均經陳明在案。此項茶捐，各商均知所出甚微，收效甚大。且所成就者，非其子弟，即其戚黨。楚弓楚得，衆情樂從，毫無勉强。惟辦運南茶商人，各省皆有賢愚不等，間有不知大體，好訟生事之人，曾於光緒十六年開辦之時，兩次赴江漢關道衙門呈請邀免。當經前署江漢關道李壽蓉、江麟瑞先後批飭，曉以善舉大義，遂無異説。同時，亦曾向臣及撫臣衙門具呈，前經奏明在案。自覆奏以後，即無一紙呈禀邀免者。至藩司衙門，則先後並無一商前來具呈。是茶商呈控督撫關道衙門，先後共只二次，均有案可稽。原奏所稱具控各衙門十有餘次等語，實爲傳聞無據之詞。現在此捐已停。有德豐、永聚、生和南北茶商十餘號，向督撫藩臬兩司各衙門具控茶（葉）[業]公所首事袁雲峰等勒抽私費，濫扣盤剥一案，詞内猶以創建兩湖書院爲三楚第一盛舉，茶商捐助經費，衆擎易舉，義所當輸，請革除該首事等向抽私費，專就書院捐款，免無益以成有益爲言。經臣批飭，以捐助書院經費，業經出示裁撤，應勿庸議。但飭該司道等，傳集各商，將該首事自行勒抽濫扣各節，澈底查究，妥籌裁減濫費，整頓茶務之法。此足爲商情樂輸，毫無勉强之一證。

又，原奏所稱，驗票、驗貨、給票、换票，雜費紛繁，藉故留難一節。查前收此捐時，係就關道署中派員經理，除筆墨紙張之費，其餘儘數歸公。每日按照茶税所入，核計所售茶箱，抽取捐費。本無驗票、驗貨之煩，何至有留難、擾累之苦。是又不待辯而自明者也。

又原奏所稱，國課日虧一節。查漢口茶税近年較前漸形短絀，已非一朝一夕之故。光緒十六年，一年收税銀九十五萬七千餘兩。十七年，一年收税銀一百零二萬四千餘兩。查十六年收捐書院經費之時，頭茶已過，所捐僅只數月，並未全收。而十七年全年抽取書院經費之時，税課轉較前加增，尤足爲書院捐費無損於茶務國課之明證。至近年，茶商虧本之由、洋商揹價之故，實因茶莊過多，每思僥倖朦混，製造粗率，煙薰水濕，氣味不佳，兼以劣茶攙雜。由於資本不足，重息借貸，更有全無資本，俟茶賣出以償借債者。洋商漸知其弊，於是買茶率多挑剔，故抑其價。茶商債期既迫，只求速銷償債，而成本之輕重不能復計。一經虧折，相率倒閉。其資本充足者，勢不能不隨衆賤售。茶務之壞，多由於此。即如安化茶莊上年甚少，安茶遂享大利。今年長沙高橋驟開四十餘莊，遂致成本大折。是茶市之壞，正因小販過多，開莊搶售之故。原奏所稱開莊各情，適與現在情形相反，亟應力籌整頓之法，方足維持茶務於不敝等情，詳請覆奏前來。

臣查該司道等詳覆各節，均係實在情形。至原奏稱，初議開捐時，道員曹秉哲揑詞迎合等語。查湖北道員[中]，並無曹秉哲其人。原奏或即隱指前派會同江漢關道勸辦之道員曹南英而言。惟查此項捐款，係委該道會同歷任江漢關道勸辦，非該道一人所能主持。

總之，此捐[之]無累於商，無損於國，有税課之可稽，有商情之足驗，非臣一人之私言。此捐本爲書院及方言、商務各學堂經費而設，不獨有益於士林，兼有裨於商務。惟現在茶市減色，恐論者不揣其本而齊其末，是以體察情形，亟議停收，以杜藉口。於奉到諭旨後即行裁撤。其兩湖書院及方言、商務學堂經費，自當另行妥籌辦理。

（硃批）知道了。（欽此）〔一〕

光緒十七年冬季分宜昌川鹽總局抽收正加課錢文數目摺〔二〕 光緒十八年閏六月二十六日

竊照湖北宜昌設立川鹽總局抽課濟餉，所有光緒十七年秋季分抽收鹽課錢文數目，業經恭摺具奏在案。茲據湖北鹽法武昌道瞿廷韶查明光緒十七年冬季分抽收鹽課錢文數目，開報前來。臣覆加查核，宜昌川鹽局光緒十七年十月分抽收正課錢九萬二千三百九十六串五百五十四文五毫，内提籌備京餉錢四萬八千七百串，加課錢四萬零一百七十二串四百一十五文。十一月分抽收正課錢十萬七千七百六十二串四百零六文，内提籌備京餉錢二萬四千五百串，加課錢四萬六千八百五十三串二百二十文。十二月分抽收正課錢二萬零四百零八串一百四十一文五毫，内提籌備京餉錢一萬七千七百串，加課錢八千八百七十三串一百零五文。除加課錢文照章截半，分解淮鹽督銷局公費留半歸外銷五成公費項下入收另報外，其正課全項内共提籌備京餉錢九萬零九百串文，下餘同解鄂一半加課節省五成公費，均仍照向章，或現錢或易銀，分别由局撥充荆州滿營兵餉、水師月餉，餘則儘數由道移解善後局接濟軍餉。除解支細數造册咨部外，所有光緒十七年冬季分宜昌川鹽局抽收正加課錢文數目，理合恭摺具陳，伏祈皇上聖鑒。

户部知道。

光緒十七年分抽收應城竹山二縣鹽課錢文數目摺 光緒十八年閏六月二十六日

竊照湖北竹山縣抽收川鹽課錢及應城縣井課錢文，前經奏明每年彙報一次。所有光緒十六年抽收前項鹽課錢文數目，業經恭摺具奏在案。茲據湖北布政使王之春、鹽法武昌道瞿廷韶將光緒十七年分徵收應城、竹山兩縣鹽課錢文數目開報前來。臣覆加查核，光緒十七年應城井鹽課税春季分計共徵收錢二千七百四十七串二百二十二文，夏季分計共徵收錢三千七百九十五串六百四十五文，秋季分計共徵收錢三千四百零一串六百三十一文，冬季分計共徵收錢三千零一十串五百五十四文。又，是年竹山縣川鹽陸課計共徵收錢二百四十串文。總共通年徵收應城縣井鹽課税並竹山縣川鹽陸課兩項錢一萬三千一百九十五串零五十二文，均經隨時移解善後局湊充軍餉。除收支細數彙案造報外，所有光緒十七年分抽收應城、竹山二縣鹽課錢文數目，謹恭摺具陳，伏祈皇上聖鑒。

户部知道。

〔一〕以上衍、脱、舛五處及日期，據中華書局一九九五年版《光緒朝硃批奏摺》第一〇五輯，第三七九至三八一頁删、補、校正。

〔二〕以下二件録自中國第一歷史檔案館編《光緒朝硃批奏摺》第七五輯，第五九五至五九七頁，中華書局一九九五年版。

揀員升補借補長江水師員弁摺〔一〕 光緒十八年閏六月二十六日

竊查長江水師員弁出缺，向係開單會奏請補。茲查有因事出缺，經臣成謀遴選歷練營伍熟諳水師之周芳明、王宗高、袁連陞、劉坤洪、蔣仁善五員，均由已經借補官階遞請升轉，相應照章聲明，可否准其升補，恭候欽定。又柳平邦一員，前由儘先叅將借補千總，嗣因槍技無準，以把總降補在案。今請以儘先叅將再行借補把總，理合彙繕清單，恭呈御覽。如蒙俞允，俟接准部覆，即將周芳明、王宗高、袁連陞、劉坤洪給咨送部引見。其蔣仁善、柳平邦二員懇敕部頒給劄付，以昭信守。除飭取該員弁履歷咨部外，謹會同兩江督臣劉坤一恭摺具陳，伏祈皇上聖鑒。

兵部議奏。單併發。

湘省拏獲會匪首要各犯請獎出力員弁摺 光緒十八年閏六月二十六日

竊臣等承准軍機大臣字寄，光緒十七年六月初六日奉上諭：各省哥老會匪最爲地方之害，疊經降旨查拏，並經各該督撫先後獲案奏明懲辦。惟此等匪徒，行蹤詭祕，往往與游勇地痞暗相勾結，動輒糾集黨與，乘機煽亂，甚至造謠惑衆潛謀不軌。若不先事籌辦，絶其根株，則涓涓不息將成江河，後患何堪設想。著各直省將軍、督撫嚴飭地方文武實力查緝，如有訪獲會匪首犯，一面嚴行懲辦，一面准將出力員弁照異常勞績，隨案奏請優獎。但須查有確實證據，不得因希圖保奬，妄拏無辜，致滋擾累。凡地方良民有誤買匪徒保家僞票，呈繳地方官者，免其治罪。其有向充會匪自行投首，密報匪首姓名，因而拏獲者，亦一律宥其既往，准予自新。該將軍、督撫務即出示曉諭，俾衆咸知。總期嚴懲首要，解散脅從，以除奸宄而安良善。慎毋養癰成患，貽害地方。等因。欽此。仰見聖主恩威並用，既除暴以安良，復微勞之必録。臣等欽遵恭録出示曉諭，一面分飭各屬文武員弁暨水陸防營嚴密訪緝，並由臣之洞飭署湖南按察使吕世田詳繹例意，參考成案，酌議懲辦章程，詳由臣等會覈奏明在案。

查湖南民氣好勝，勇敢性成，自咸豐初年軍興以後，湘民釋耒從戎，轉戰各省，湘軍幾徧寰區。迨軍務肅清，紛紛遣撤歸農。從軍既久，習於游惰，又兼家無恒産，遂不肯復安耕鑿。每踵軍營積習，結拜弟兄，謬立山堂名號，刊發票布，僞造歌謠，煽誘愚蒙，肆行强劫。甚至嘯聚思亂，乘間揭竿滋事。加以湖南上通黔粤，下達荆鄂，游民散勇本屬出没靡常。臣等隨時嚴飭所屬，認真緝拏，整頓保甲，以清内奸。復剴切示諭，有能繳票自首者，准予免罪自新。雖經屢次獲有匪徒，隨時懲辦，總未能盡絶根株。茲復欽奉諭旨，嚴飭查緝，並准將出力人員照異常勞績請奬。天恩高厚，該文武員弁莫不倍增感激，奮勉圖功。旋據署沅州府知府朱其懿，督飭黔陽縣知縣徐澤淮會同水陸防營，先後拏獲袁長脚蚊，供認斂錢拜會，歃血訂盟，自號長脚大王，散放票布，製造器械，糾夥强搶。迨奉差拏，復聚衆拒捕，並起獲槍礮刀矛多件。續獲吴半仙，供認與袁長脚蚊等結會爲匪，充當軍師，製造令旗，傳受口號。又獲袁雲花娘、陳如廓、陳大加奈奈、丁口水

〔一〕以下二件録自中國第一歷史檔案館編《光緒朝硃批奏摺》第四二輯，第七五四至七五九頁，中華書局一九九五年版。

牯、彭毛大皮、聶宏友、楊連邊翳子、蔣老七、袁初花娘、彭野未，均供認與袁長脚蚊、吴半仙結盟拜會，輾轉糾人，搶擄衣物，輪姦婦女，並拒傷兵役。又據靖州直隸州知州潘清督飭前綏甯縣知縣蔣恩澍，會同署靖州協副將劉盛國、管帶毅安左營都司龔盛喜、綏甯營游擊熊得壽、代防臨口汛把總楊進祥，暨團紳監生蔣廷琛，拏獲羅海山、楊鼎沅、舒洪章，並起獲票布、槍礮。訊據羅海山等供認，結盟拜會，均充當頭目，散放票布，製造器械。約期於八月十五日在靖州起事。又據統帶撫標親軍總兵劉樹元飭派外委文光宗，拏獲唐湘亭，解交衡州府，供認入會爲匪，散放票布五十餘張，並搶劫衡山縣羅家仰家錢物。又據永順縣知縣朱益濬拏獲晏鴻清即晏海鋒，供認入會充當老冒，曾在四川巴縣及浙江湖州府開立山堂，溆浦會匪滋事糾黨，前往助勢，並搶奪魯興寶煙土各等情不諱。先後稟經臣等查覈，各匪均屬首要，獲有確實證據，罪不容誅，法無可貸。或批飭解交本管道府，或委員馳往覆審明確，照章就地正法，傳首犯事地方，懸竿示衆，以昭炯戒。

維時四路偵緝，匪黨窮蹙，變計思逞，於上年九月十三日嘯聚岳州府巴陵、臨湘兩縣交界之大雲山地方，經統領振字營總兵余虎恩飭派營官提督陶國安、守備楊載勳、都司李運隆、把總謝澍泉、叅將歐陽勝會同岳州城守營千總蔣聲耀、長江水師營外委潘銘，各帶兵勇前往圍捕。匪衆開放槍礮，負隅抗拒。兵勇合力攻擊，當場格斃匪首劉義從、劉新耀、僧麥吉三名，不知姓名匪黨一名，奪獲僞印、器械、旗幟。是月三十日，匪衆復在飛鳴山依山結寨，時出焚掠。余虎恩帶同揀選知縣程頌芳親往督剿，匪衆放槍拒捕，弁勇奮勇直前，擒獲手執大旗匪目李起鳳，並李溪棠、熊善慶、李玉卿，立即正法。巴陵縣楊林、縣丞鄧振江亦帶領壯勇協同連日追捕至横頭坡，匪黨跳巖墜澗，紛紛逃竄。經岳州府督同巴陵縣出示曉諭，解散協從，地方始一律安静。

臣等竊維湘省人心浮動，伏莽滋多。該匪等或私藏軍械，約期起事，或聚衆焚劫，拒敵官兵，實屬叛逆已著。若非即時破獲，一旦乘機竊發，與下游鄂、皖各省匪徒聯絡響應，地方必遭蹂躪。在事文武員弁設法購拏，奮勇勦捕，消禍患於將萌，實屬異常出力。自應欽遵諭旨擇尤請獎，以昭激勸。統領振字營頭品頂戴儘先簡放提督前陝西陝安鎮總兵余虎恩、振字中營幫帶官記名提督陶國安、提督銜記名總兵署靖州協副將劉盛國、綏甯營遊擊熊得壽，均請交部從優議叙。升用副將補用叅將歐陽勝，請免補叅將，以副將補用。管帶毅安左營遊擊銜補用都司龔盛喜，請免補都司，以遊擊補用。補用都司李運隆，請加遊擊銜。補用守備楊載勳，請免補守備，以都司補用。岳州城守汛千總蔣聲耀，請以守備儘先補用。五品頂戴千總用儘先補用把總謝澍泉，請免補把總，以千總儘先補用，並加守備銜。代防臨口汛把總楊進祥，請以千總拔補。外委文光宗，請以把總拔補。長江岳州鎮標荊州營外委潘銘，請以把總補用。三品銜道員用在任候補知府靖州直隸州知州潘清，請俟過道班後加二品頂戴。三品銜升用道署沅州府知府朱其懿，請俟補缺後，以道員儘先補用。同知銜黔陽縣知縣徐澤淮，請以同知直隸州知州在任候補。同知銜永順縣知縣朱益濬，請以直隸州知州在任候補並加四品銜。五品銜揀選知縣程頌芳，請以知縣歸部，不論雙單月選用。巴陵縣楊林縣丞鄧振江，請以知縣在任候補。監生蔣廷琛請以巡檢，不論雙單月遇缺即選。據署湖南按察使吕世田會同湖南布政使何樞具詳請奏前來。合無仰懇天恩俯准勅部照奬。出自逾格鴻施。除飭取各員弁履歷送部查覈外，至拏獲搶劫案内隨時懲辦之犯，並非會匪及會匪黨與訊明情罪較輕之犯，均經隨時批飭，酌量監禁。其出力員弁均未敢濫竽開列。臣等仍督飭所屬文武員弁隨時查拏解散，務期有匪必懲。其誤買僞票呈繳及自行投首密報匪首姓名因而拏獲者，均遵旨宥其既往，准予自新，以仰副朝廷綏靖地方，並法外施仁之至意。所有擇尤保奬出力員弁緣由，謹合詞恭摺具陳，伏祈皇上聖鑒。

著照所請。該部知道。

湖北省光緒十七年實收淮鹽鄂釐數目摺〔一〕 光緒十八年閏六月二十八日

竊查同治三年間，經前兩江督臣曾國藩招商領運淮鹽至鄂、湘銷售，並委員會同湖北、湖南兩省鹽道，在於漢口、長沙二處設局督銷。所有運鄂之鹽到漢岸後，原議每引提鄂釐銀四兩二錢，嗣陸續減去二兩四錢，定爲每引提鄂釐銀一兩八錢。運湘之鹽，俟到湘岸後，每引提鄂釐銀一兩一錢零五釐，嗣減去三錢，定爲每引提鄂釐銀八錢零五釐。漢岸計自同治三年四月開售起，湘岸計自同治三年七月開售起，截至光緒十六年十二月止，實收鄂釐銀兩數目，業經各前督臣及臣先後奏報在案。

茲查漢岸自光緒十七年正月起截至十二月止，應提鄂釐銀十八萬六千五百八十三兩九錢五分，由湖北督銷局陸續批解鹽道轉解善後局充餉。又運湘之鹽，自光緒十七年正月起截至十二月止，應提鄂釐銀九萬四千二百八十二兩零二釐五毫，由湖南督銷局分批撥解充餉，仍由鹽道移明善後局作收。以上兩款光緒十七年分共計實收鄂釐銀二十八萬零八百六十五兩九錢五分二釐五毫，據湖北布政使王之春會同鹽法武昌道瞿廷韶具詳請奏前來。臣覆核無異，除分咨外，謹恭摺具陳，伏祈皇上聖鑒。

户部知道。

光緒十八年春季分宜昌川鹽總局抽收正加課錢文數目摺 光緒十八年閏六月二十八日

竊照湖北宜昌設立川鹽總局抽課濟餉，所有光緒十七年冬季分抽收鹽課錢文數目，業經恭摺具奏在案。茲據湖北鹽法武昌道瞿廷韶查明光緒十八年春季分抽收鹽課錢文數目開報前來。臣覆加查核，宜昌川鹽局光緒十八年正月分抽收正課錢八萬五千九串七百一十三文五毫，内提備解京餉錢四萬四千九百串文，加課錢三萬六千九百六十串七百四十五文。二月分抽收正課錢九萬九千七百六十二串二百七十文，内提備解京餉錢六萬一千七百串文，加課錢四萬三千三百七十四串九百文。三月分抽收正課錢七萬九千二百五十三串八百七十一文五毫，内提備解京餉錢三萬六千四百串文，加課錢三萬四千四百五十八串二百五文。除加課錢文照章截半，分解淮鹽督銷局公費留半歸外銷五成公費項下入收另報外，其正課全項内共提備解京餉錢一十四萬三千串文，下餘同解鄂一半加課節省五成公費，均仍照向章，或現錢或易銀，分別由局撥充荊州滿營兵餉、水師月餉，餘則儘數由道移解善後局接濟

〔一〕以下三件録自中國第一歷史檔案館編《光緒朝硃批奏摺》第七五輯，第五九八至六〇一頁，中華書局一九九五年版。

軍餉。除解咨細數造册咨部外，所有光緒十八年春季分宜昌川鹽局抽收正加課錢文數目，理合恭摺具陳，伏祈皇上聖鑒。

户部知道。

光緒十七年分樊城沙市等局店所收淮釐錢文數目片 光緒十八年閏六月二十八日

再，湖北襄陽、鄖陽、安陸、荆州、宜昌五府及荆門州暨湖南之澧州，前於同治十年奏定川淮二鹽分界行銷。光緒九年經前兩江督臣左宗棠奏准，於樊城、沙市、岳口、螺山等處設立局店，試辦分銷。所收淮釐，按照川鹽章程，津貼鄂餉。就中仍照川鹽加課數目，扣回分半解淮錢文，旋據湖北督銷淮鹽局會同湖北鹽道籌議，照川税正課、加課、公費三項數目併計，每斤共應收釐錢十八文。其中加課五文，淮鄂各半分解，應以十五文半歸楚，二文半歸淮。歸楚者徑解鹽道衙門查收，撥解善後局充餉。所有鄂省經收湖北督銷淮鹽局報解樊、沙等局店自光緒九年十月開設起至十六年十二月止淮釐錢數，並澧州、津市子店停銷淮鹽截清停收前項錢文日期，業經前任督臣及臣先後奏報在案。兹據湖北鹽法武昌道瞿廷韶詳稱，湖北督銷淮鹽局移解樊城、沙市等局店光緒十七年分所收釐錢，共售鹽九十八批，計四千九百引，照川税章程内，應正課錢三萬三千八百一十千文、加課錢一萬四千七百千文。除加課錢文由局截半，分解金陵防營支應局照收公費錢文留半歸外銷五成公費項下入收另報外，其正課全項同加課解鄂一半及公費一半充餉錢文，均解交善後局充餉等情，具詳請奏前來。臣覆核無異，除咨户部外，理合附片具陳，伏祈聖鑒。

户部知道。

江漢關籌解本年第二批籌備餉需摺〔一〕 光緒十八年閏六月二十八日

竊照前准户部咨，壬辰年籌邊軍餉奏撥江漢關四成洋税銀十二萬兩、六成洋税銀十六萬兩。旋又准户部咨，各省關應解籌邊軍餉，自光緒十八年起改作籌備餉需等因。業經撥解本年第一批籌備餉需四成洋税銀四萬兩、六成洋税銀六萬兩奏報在案。兹據湖北漢黄德道監督江漢關税務孔慶輔詳稱，在於第一百二十七結所徵四成洋税項下動支庫平足色銀四萬兩，六成洋税項下動支庫平足色銀六萬兩，共銀十萬兩，作爲本年第二批籌備餉需，飭委湖北補用知縣曾紀雋、試用通判王作霖管解赴京交納等情，詳請奏咨前來。臣覆核無異，除分咨外，謹會同湖北巡撫臣譚繼洵恭摺具陳，伏祈皇上聖鑒。

户部知道。

江漢關籌解淮軍月餉片〔二〕 光緒十八年閏六月二十八日

再，前准户部咨：議覆直隸督臣李鴻章奏淮軍月餉支絀，請

〔一〕録自中國第一歷史檔案館編《光緒朝硃批奏摺》第八七輯，第二七三頁，中華書局一九九五年版。

〔二〕録自中國第一歷史檔案館編《光緒朝硃批奏摺》第五九輯，第三七〇頁，中華書局一九九五年版。